长白山胜墨览

张福有题

著者：郑德权　张福有　郑昆

吉林文史出版社

**图书在版编目（CIP）数据**

长白山鉴览 / 郑德权 , 张福有 , 郑昆
著 . — 长春 : 吉林文史出版社 , 2021.12
ISBN 978-7-5472-8402-5

Ⅰ . ①长… Ⅱ . ①郑… ②张… ③郑… Ⅲ . ①长白山
—概况 Ⅳ . ① K928.3

中国版本图书馆 CIP 数据核字 (2021) 第 265350 号

# 长 白 山 鉴 览
## CHANGBAISHAN JIANLAN

出 版 人：张　强

著　　者：郑德权　张福有　郑　昆

责任编辑：任明雪　吴　枫

封面设计：张　娜

出版发行：吉林文史出版社

电　　话：0431-81629352

地　　址：长春市福祉大路5788号

印　　刷：吉林省优视印务有限公司

开　　本：880mm×1230mm　1/16

印　　张：36.5

字　　数：1500千字

版　　次：2021年12月第1版

印　　次：2021年12月第1次印刷

书　　号：ISBN 978-7-5472-8402-5

定　　价：790.00元

# 作 者 简 介

郑德权：1940年生，1962年毕业于黑龙江工学院（现哈尔滨理工大学）地质系，工作于吉林省地矿局第六地质调查所。曾任延边州政协委员，高级工程师，延边长白山文化研究会理事。曾参与吉林省海沟金矿地质勘探、夹皮沟金矿地质勘探研究、汪清大青沟铜矿地质勘探研究、长白山旅游地质项目研究。曾在《吉林地质》等刊物发表过学术文章。

张福有（别署养根斋）：1950年生，吉林省集安市人，中央党校研究生毕业，研究员。曾任吉林省委副秘书长兼办公厅副主任，白山市委副书记兼政协主席，吉林省委宣传部副部长兼省社科联、文联、作协党组书记副主席、省社科院副院长等。曾任中华诗词学会第二、三届副会长，中国文联全委，中国摄影家协会理事，吉林省长白山文化研究会第一、二届会长，吉林省诗词学会会长等。现为吉林省文史研究馆馆员。30年间，203次登长白山考察。出版了《长白山诗词选》《长白山诗词史话》《高句丽王陵统鉴》《高句丽千里长城》《高句丽古城考鉴》《夫余后期王城考》《集安麻线高句丽碑》《长白山诗派丛书》等百余部作品。有30多项考古新发现，填补了考古空白，改写某些误识误读。在加强长白山文化建设、培育长白山诗派等方面，做出开拓性贡献。

郑昆：1973年生，1995年毕业于河北地质学院，工作于吉林省地质科学研究所。高级工程师。曾参与吉林省1:5万地质填图项目、吉林省铜矿地质勘查项目、吉林省宝玉石地质勘查研究项目。

张海鹏　篆

# 目　录

# 序

　　《长白山鉴览》即将出版，这是一件很有意义的事情。作者希望我为其作序，恰逢此书准备出版，我亦感到应当为其道贺，并借此机会表达一下我对长白山和长白山文化研究问题的一些想法。

　　本书是长白山地质工作者和长白山文化研究工作者携手完成的一部作品。

　　郑德权先生长期从事长白山火山地质研究工作，积累了大量的科研资料，有很多都是不可多得的第一手材料，十分宝贵。以此为基础，向长白山的游客和关心长白山地质、历史地理问题的人士做一些深入浅出的介绍，在很大程度上带有科普的性质。这对于不大了解长白山火山地质和长白山历史地理知识的人来说，无疑是个很大的帮助。

　　张福有同志曾在长白山下的白山市委、政协工作5年，已逾百次登长白山考察，拍摄、积累了上万幅长白山图片资料，堪称当代"勤奋耐苦，谙练边情"的学者型官员。尤其是其担任吉林省长白山文化研究会会长以来，团结和带领全省有志于此道的文史工作者，编著《长白山诗词选》《长白山诗词论说》《长白山文化论丛》，著《长白山诗词史话》等，对刘建封的《长白山江岗志略》、张凤台的《长白汇征录》等前人著述烂熟于心，开口能述，廓清了长白山和长白山文化研究中的一些重大历史和现实问题。

　　正是基于对长白山的热爱之情，郑德权和张福有、郑昆携手完成《长白山鉴览》，做到了优势互补，使此书图文并茂。

　　《长白山鉴览》的出版，标志着对长白山的研究进入了一个新阶段，达到了新水平。但这并不意味着对长白山研究的终结，而恰恰是一个新的起点。愿凡有此志者，携手共进，不断取得新的研究成果。

2006 年 4 月 2 日

（时任中共吉林省委常委、延边州委书记）

# 前　言

我生于吉林省延边，1962年毕业于黑龙江工学院地质系，毕业后在长白山从事地质矿产普查勘探工作，现已退休。

在从事野外地质调查的几十年间，我接触到许多有关长白山的历史问题，对"绵亘乌拉之南，为松花、鸭绿、土门之源""长白山我朝发祥重地"，越发觉得有一些事情好像没有搞清楚。

长白山是我国古代先民肃慎族、女真族及其后裔满族生息繁衍之地，是清朝的"祖宗发祥之地"。清朝入主中原后，将长白山悉行封禁，旨在"保皇基"，但历史的发展却走向反面，清季、清政府不但没能保护好"龙兴之地"，反而使长白山受到重创，失去"半壁江山"，骨肉相连之躯折断一臂。

光绪三十四年（1908年），长白府设治委员们在向东三省总督密陈《延吉草约（注：指中日〈图们江中韩界务条款〉）误指穆石为定界碑，侵越甚多，并有碍长郡鸭绿江权禀》中愤然写道："查条约第一款内载：两国彼此声明，以图们江为中韩国界，其江源地方自定界碑起至石乙水为界……是直以审视碑为定界碑也。是又以定界碑为江源地方也。果如此说，于图们江所失地方未敢悬度，而于鸭绿江上游地方损伤实多……倘以今碑所在为界，长白山东南一带如胭脂山、小白山、七星湖、太平川、木头峰、玉带山等区域一网打尽矣……如尖锥形直入长白山之中心点，譬如利箭穿胸，几何不毙！发祥之区沦为异域，列祖有灵，饮恨何堪？"（《长白汇征录》238—241页，1987年，吉林文史出版社）

这是清季长白山历史上令人长痛的蒙羞之耻。

面对长白山，只是觉得，对历史问题不能躲闪，不能避讳。历史固然是一面镜子，深藏久了也会落满灰尘，难以看清本来面目，须得擦拭镜面。我们这一代，离长白山历史变故还不算太远，有责任把历史问题搞清楚，不想看见未来的旅行者在面对长白山时，一脸茫然。遂决然有《长白山鉴览》之著。此之书名，乃张福有先生所拟，甚佳。

本文所论皆与现今国界无关。科学方面和历史方面的学术观点皆为个人观点，如有错误，文责自负。

本书写作过程中和定名得到张福有先生的关心和支持，他拍摄的100多幅航空与在天池水面拍诸峰等照片，弥足珍贵，为本稿阐述长白山全貌起到重要作用，在此表示感谢。

郑德权

2004 年 11 月

# 第一章　长白山火山的形成与构造

长白山的位置及范围

从太空中看长白山

地球构造与长白山

长白山火山在时空隧道中的位置

东亚大裂谷（东亚大陆裂谷系）与长白山火山活动

长白山火山形成过程图说

## 1.1 长白山的位置及范围

长白山位于亚洲大陆东北缘，濒临太平洋。长白山的主体由长白山火山构成，长白山火山包含在长白山系的中段。长白山位于中国吉林省东部和朝鲜民主主义人民共和国北部，为中朝界山。

现代地理学和地质学上有"长白山系"之名称，其包含的范围相当广大，包括我国东北辽、吉、黑三省东部山地和朝鲜民主主义人民共和国东北部山地。长白山系北起完达山，南至辽东半岛的千山，总长1400千米，由一系列的东北——西南走向平行排列的山岭组成，它们主要是：完达山、老爷岭、张广才岭、吉林哈达岭、龙岗、千山，朝鲜内的咸镜山、狼林山、妙香山及中朝界山长白山。在地质学上认为长白山系是东北亚大陆濒临太平洋的隆起带，在此隆起带形成发展的地质历史中有强烈且频繁的火山活动，所以说，长白山系是以火山活动为主要特征的古老褶皱带。"长白山系"有时以"长白山脉"代之，意思差不多。

没有后缀"系"或"脉"的"长白山"，是我国古代文献中经常出现的专有名称。其范围是松花江、鸭绿江和图们江三江的源区，包括：长白山主峰、小白山、葡萄山、薛将军峰、望天鹅山等。这是清朝康熙皇帝关于长白山的谕旨中对其范围的划定，他在《圣祖仁皇帝御制文集·四集》中说："知泰山实发龙于长白山也。长白绵亘乌喇之南。山之四围百泉奔注，为松花、鸭绿、土门（图们）三大江之源。"（《吉林通志》99页）刘建封在《长白山江岗志略》290页开篇即说："长白为国朝发祥之地，又为鸭绿、图们、松花三江之源。"吴禄贞在《延吉边务报告》37页中说："长白山为我国东方诸山之祖，松花江发源于其北，鸭绿江发源于其西，图们江发源于其东。"

我国古代文献中的长白山范围与现代地质学上的长白山火山群范围差不多。古人虽然没有火山地质的概念，但主要就是指长白山火山而言。这是因为长白山由火山喷发形成，它高大峻峭，直入云霄，山峰上一年之中除盛夏外，总有积雪，那片片白光，使人们在百里之外就能望见它。先人说"盖以山顶四时积雪，故名长白山"，说的就是"长白山火山"这个范围。

在长白山火山群（含小白山火山、葡

萄山火山、望天鹅火山、甑峰山火山等）周围，形成放射状水系，松花江、鸭绿江、图们江发源于此，而三江的源区就是长白山火山形成之后，在火山周围发育起来的放射状水系。康熙皇帝所说的"山之四围，百泉奔注"，换成现代地质科学术语就是"放射状水系"。这就是我国先人所指的长白山的范围与现代长白山火山群的范围不谋而合的主要原因。

我国1989年出版的《长白山志》关于长白山的范围，有广义、一般意义和狭义之分。书中19页记载："广义的长白山，指长白山脉，或称长白山地，是中国东北东部和朝鲜北部山地、高原的总称，实质上具有山系或亚山系的性质。其范围北至松花江和三江平原南缘，西至'中长铁路'，东至乌苏里江、兴凯湖、双城子、绥芬河口及朝鲜北部沿海，南至中国的辽东半岛南端和朝鲜的平壤、元山一带……以主脉——长白山脉为中心，组成一个庞大的长白山文化系列。"

"一般意义的长白山，主要指长白山系的主脉——长白山脉，包括长白山火山中山、低山、丘陵、熔岩高原、台地和侵蚀剥蚀低山、残丘。其范围大致北至我国吉林省安图县的松江镇，西至抚松县，东至朝鲜

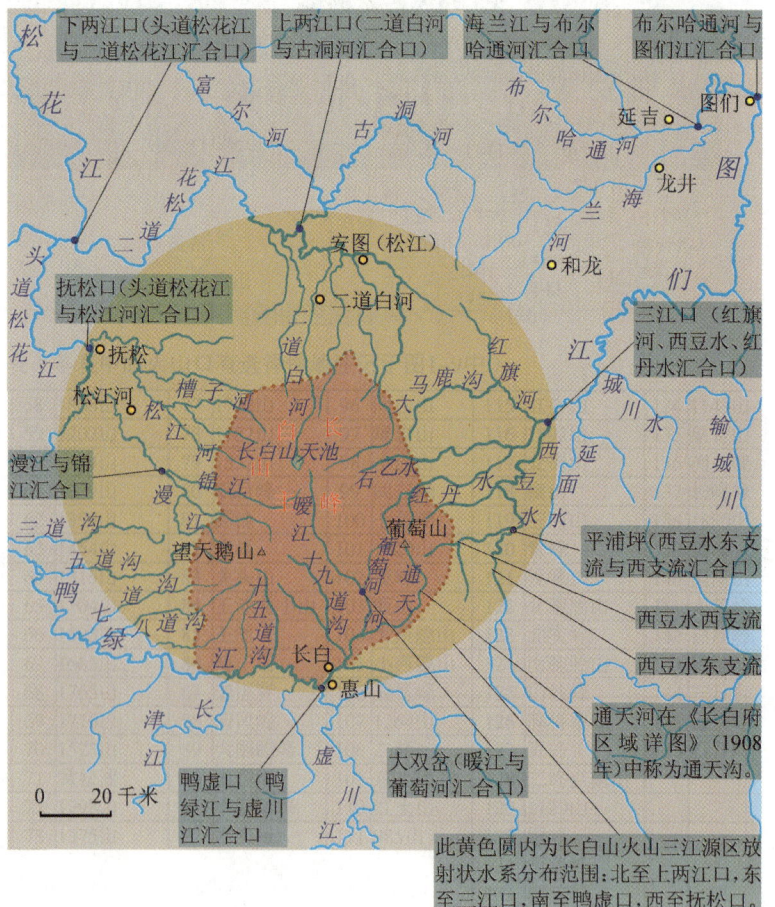

图1-3 长白山主峰及三江源区放射状水系图

民主主义人民共和国境内的西头水（江流名），南达盖马高原的甲山、白岩一带。南北长约 310 公里，东西宽约 200 公里，总面积近 7 万平方公里。"

"狭义的长白山，指长白山主峰，即海拔 1800 米以上的巨型火山锥体。"

将长白山以广义、一般意义和狭义来划分，是历史形成的结果。这种划分对解读长白山、论述长白山有实际意义，在有关长白山的文献资料、地理、地质、旅游等方面都可以见到广义、一般意义和狭义的描写，这种划分是我国古代至现代对长白山既有差别又一脉相承的表述。

## 1.2 从太空中看长白山

### 1.2.1 长白山地区卫星照片地名注记图

卫星照片是在宇宙空间拍摄的地球表面的影像资料，亦称航天遥感照片。人们通过在人造地球卫星装载自动摄像机或扫描仪，可以从太空对地面进行摄影或扫描，并将获得的信息从卫星上直接或间接地发送回地面接收站，地面工作人员经过处理可以将这些信息转换成可以直接观看的照片。

照片 1-1 是美国地球资源卫星 1973 年 10 月 18 日拍摄的，所拍摄的范围是长白山地区。

这是一幅色彩绚丽的图片，但须知，照片上的颜色并非是地面上的真实颜色，而是人们用不同波段合成的假彩色，这是为了判读的需要，因为这种假彩色更能反映出不同性质的地面事物之间的差别，所以切不可误认为这里的地面就是这种颜色。

我们对于卫星照片可能很陌生。人类自古以来都是在地面上活动，从来没有从几百千米的高度回首观察我们的家园。所以对地球表面形态，只限于从低角度观察所得到的印象，难怪把一幅卫星照片摆在我们面前时，我们难以将上面的影像与我们日常所见联系起来。

在这幅照片上，布满了树枝一样的图案，其实那是河系。河系是地球陆地上最主要的地貌形态。从高空看，河系是如此美丽和奇妙，每一条河系，无论大小，都像一棵枝繁叶茂的"树"。我们人类从古至今就是生活在这些"树枝"中。每一条河系都有自己发生、发展和衰亡的过程，如果河系的发展被中断而变形，一定是那里发生了什么意外的地质事件。在长白山地区，很多河系就出现了这样的地质变故，这个变故就是火山爆发。火山爆发中断了河系的发展，改变了河系应有的树枝状形态。在卫星照片上，我们在纵横交错的枝状河系中看到了一大片平坦而光滑的地方，很多树枝状河系都在此中断，它们都被从火山口喷出的大面积岩浆所覆盖，形成了完全不同于周围的地貌形态，这就是火山地貌形态。在平坦而光滑的覆盖区也有简单的河系，但那是火山喷发后形成的新河系，它们可以与老河系相连，但显得很不协调。从这些特征，我们也可以判断出火山喷发覆盖区的范围。我们通过地质调查可以知道：大面积覆盖区是玄武岩，这是一种如稀粥一样的岩浆，从火山口溢出后铺展了几千平方千米的面积，彻底改变了原始大地的面貌；小面积覆盖区是粗面岩和碱流岩，这种岩浆黏度大，堆叠成了高耸的山峰。

在大片火山岩分布区中，我们能很容易地找到最大的火山口。照片 1-1 的左上方，那里有一个椭圆形的黑体，边缘清晰，那就是长白山天池。天池周边是一圈悬崖，因为光线是从东南方向射过来的，所以东南面的悬崖留下了明显的阴影。还有一条明显的阴影接于天池向北延伸，那是二道白河峡谷东壁悬崖留下的阴影，其他呈放射状的黑色条带都是火山锥周围沟壑的阴影：如松江河峡谷、鹿鸣河峡谷、槽子河峡谷。

天池周边分布的浅蓝色是火山锥上的积雪，但照片中别处的浅蓝色不是雪而是富含水的沼泽、水田等。

天池周围的浅橘黄色是火山锥体，其上生长着高山苔原植物、岳桦林和高草地，不同的植被呈现出不同的色调，与周围的深色调有明显的差别。

照片1-1　长白山地区卫星照片地名注记图

我们看过了长白山卫星照片，它是一幅美丽的图画。那些大大小小的火山锥以其独特的纹理凸显在画面之中，每一座火山都犹如一朵盛开的花，更为奇妙的是，每朵花都能找到一根支撑它的花柄，这花柄便是发源于各火山的河流，这使我们觉得这些火山很像是自然界中的一朵朵鲜花，如把它们植入一个盆中，这岂不是一盆绝妙的盆景吗？

最上面的一朵花是天池火山，花柄是大旱河和暖江；旁枝有小白山火山，花柄是小白川；另一小旁枝是棋盘山火山，花柄是银川沟；右面的一朵花是葡萄山（注）火山，花柄是葡萄河和通天河；中间夹的一朵花是龙岗、横山火山，花柄是二十三道沟；左面的一朵花最大，是望天鹅火山，花柄是十五道沟。所有花朵及花柄均由鸭绿江这根粗枝支撑。这就是"长白金菊图"的整体结构。

图1-5系参考照片1-1制作，将卫星照片的方位调整为正南北方向，如图左上角的方向标。这一株"长白金菊"在卫星照片上有明显的地貌显示，宛如千里大地上盛开的朵朵鲜花，如果人们乘飞船绕地球飞行，来到长白山上空，有可能看到这些美丽的火山，使你震撼于长白山火山群的壮观和博大。

（注）：葡萄山，又名胞胎山，本书多不括注，但根据序文和图、照片注记需要有时括注，北葡萄山和南葡萄山亦如此。下同。

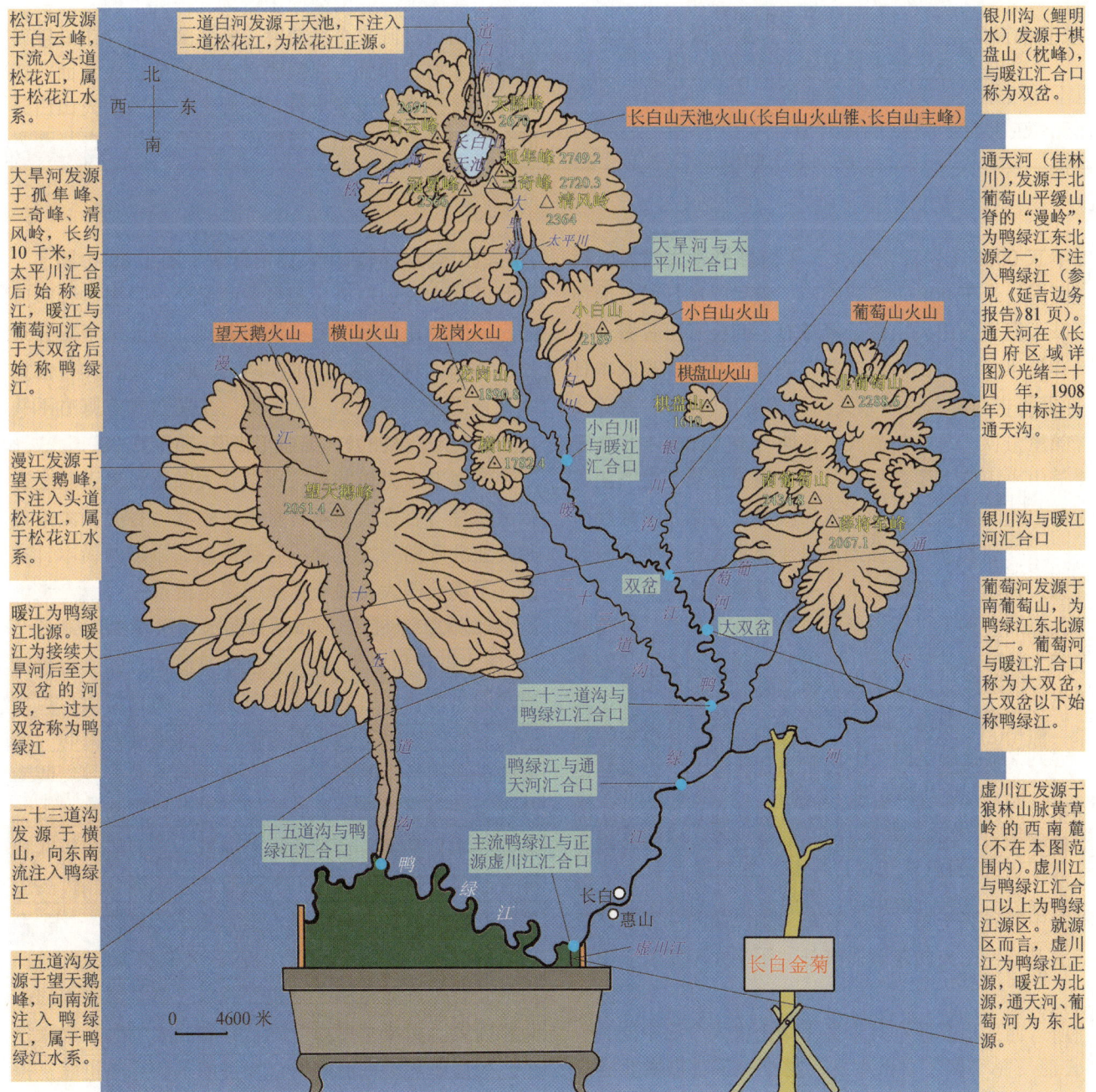

图1-5 "超级盆景"——长白山火山群——岩浆塑造的"长白金菊图"

对于我们人类来说，地球太大了，也太复杂了。怎样用简单而形象的比喻描述它？地质学家想到了人们熟知的鸡蛋。之所以用鸡蛋比喻地球是因为地球的内部构造大体而言与鸡蛋的构造相似。鸡蛋由蛋壳、蛋清和蛋黄构成，地球则由地壳、地幔和地核构成。蛋壳是薄薄的一层，地壳也是薄薄的一层；蛋清的层位相当于地幔，生蛋清是一种黏稠的液体，熟蛋清则是有弹性的胶体，一定要对比的话，地幔则是半生不熟的"蛋清"。人们对地幔的了解，更多的是地幔的上部，即上地幔，对下地幔我们依然所知甚少。我们这里主要说上地幔，尤其是上地幔的上部，即所谓的"软流层"，因为它与我们所要说的包括长白山在内的火山喷发有更直接的关系。这个软流层，既不是固体也不是液体，地质学家形象地称它为"可以流动的固体"，好比我们常见的沥青和蜡烛。这种东西放久了都会自动变形，这种变形实际上就是一种流动，只是它流动的速度相当缓慢而已，地幔就是这样一种东西。软流层的另一个特点是，一旦发生某种地质变化，譬如有一条断裂延伸到那里，改变了原先的温度、压力条件，那么，那里就会发生局部"液化"，即由"软的岩石"变成真正的流体，这就是我们通常所说的岩浆。在整个地球的软流层中总是蕴藏着岩浆，或者说，软流层中随时随地都可以产生岩浆。岩浆产生了，作为流体，它就要运行、流动、聚集，一旦遇到裂隙，在地下巨大的压力下，它就会冲破地壳，喷到地表，也就是我们所说的火山爆发。世界范围内，每年都有火山喷发，说明地幔中的岩浆是普遍存在的。

长白山地下深处就有这样的岩浆发生地，几百万年来，那里的上地幔或软流层就多次产生过岩浆，好像有一座岩浆

制造厂。还有岩浆库，专门用来储存各种成分的岩浆，一旦时机成熟就向地面输送。既然如此，长白山屡次发生火山爆发就没什么可奇怪的了。

如图1-6中所画，地幔中的"蛋清"——岩浆，溢出来了，此即表示火山喷发了。岩浆是炽热的、红色的，喷发到地表后，很快会冷凝固化，变成火山岩。

因为和整个地球相比，长白山火山太小了，所以在这幅图中把它所在的地块切下来放大，以便让读者清楚地看到长白山火山与整个地球构造的关系。

地核分外地核和内地核，一般认为外地核是液体的，内地核是固体的。它们离地球表层几千千米，实在是太深了，姑且不管它是液体还是固体，都与长白山火山爆发几乎没有很直接的关系，这里就不多说了。

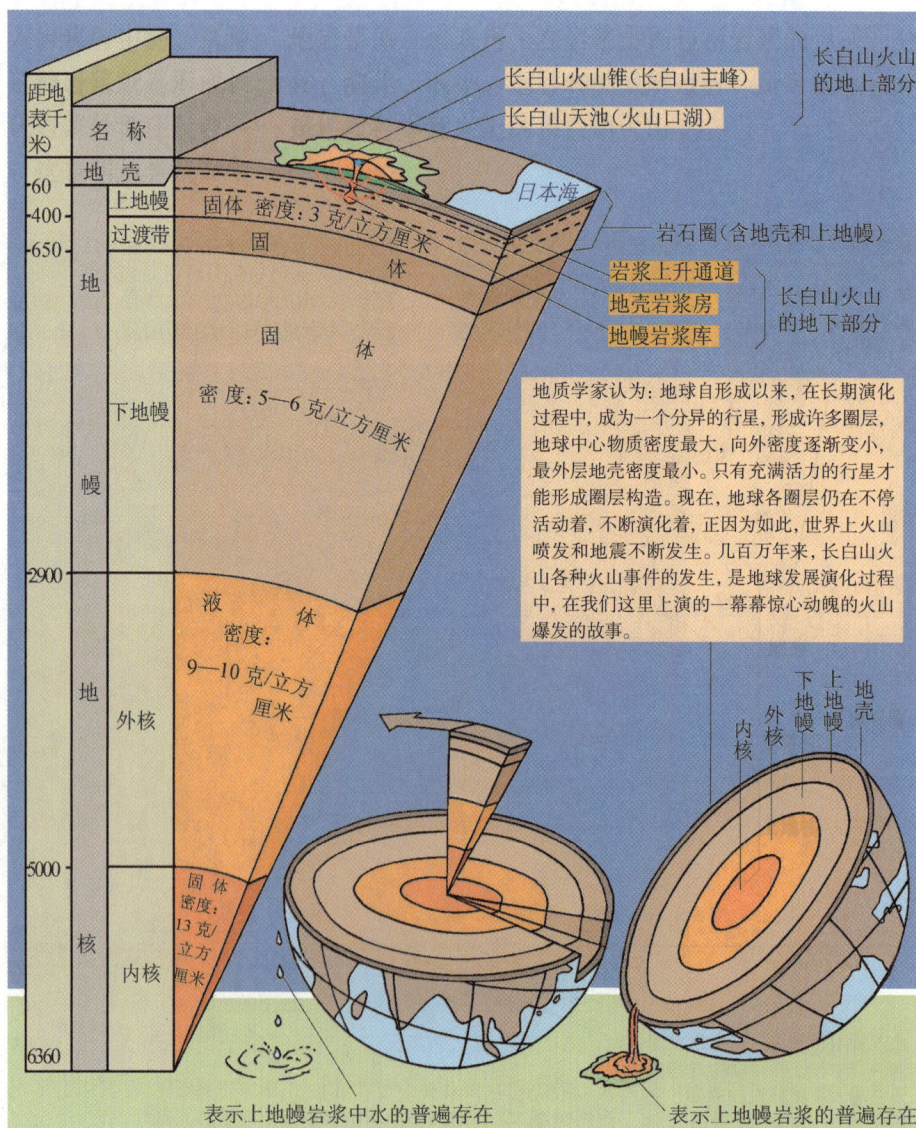

地质学家认为：地球自形成以来，在长期演化过程中，成为一个分异的行星，形成许多圈层，地球中心物质密度最大，向外密度逐渐变小，最外层地壳密度最小。只有充满活力的行星才能形成圈层构造。现在，地球各圈层仍在不停活动着，不断演化着，正因为如此，世界上火山喷发和地震不断发生。几百万年来，长白山火山各种火山事件的发生，是地球发展演化过程中，在我们这里上演的一幕幕惊心动魄的火山爆发的故事。

图1-6　地球构造与长白山火山在地壳、上地幔中的位置示意图

通常意义上（狭义）的长白山，是指在百里之外就能看见的长白山主峰。那巍峨的大山，被先民称为"东方诸山之祖"。它凸显在地平线上，在蓝天的背景下，山峰上白色浮岩和白雪闪烁着珍珠一样的光芒。

从火山地质角度来说，长白山的范围要比狭义长白山大得多，它不仅包括凸显于地平线之上的长白山火山锥，还包括承载火山锥的基座。

如果你从抚松方向登顶长白山，一过松江河镇，地质学家便会告诉人们，我们已经踏上长白山火山了。但你可能不以为然，因为那座闪光的火山锥还在很远的地方，眼前只是一片辽阔而平坦的台地。但从地质学角度讲，这片台地，确实是"火山"。地质学上的火山是指地下岩浆喷出地表所形成的火山岩体。地质学不以是否具有山的形态为火山的本质特征，而主要看这个地质体是不是由岩浆喷发到地表冷凝而形成。所以，火山岩体可能是高耸的火山锥，也可能是一片熔岩台地。熔岩台地，地质学上还称之为"盾状火山"或"火山盾"。"盾"的形状隐含着火山岩体的形态特

征。盾是遮挡刀箭的武器，盾的形状是中间厚，四周薄，将盾凸面向上平放在地上，就像一面锅盖。盾状火山表面平坦，从整体上看，中心部位较厚，向周围倾斜、变薄。长白山盾状火山的中心部位厚达300米，周边部分逐渐变薄，变为不足百米或几十米。盾状火山岩体，面积可达几千平方千米。盾状火山没有明显的山顶和山坡，不过是一个略有起伏的大平台。

将之称为长白山火山盾，还是为了与"长白山火山锥"相对应。如将锥视为"矛"，则有"以子之矛攻子之盾"的妙趣。相信读者会从此记住"长白山火山盾"和"长白山火山锥"组成的这对"矛盾"二元地质体。

长白山盾状火山，是地下深处玄武质岩浆溢出地表形成的。玄武质岩浆是黏度较小的高温熔融体，溢出地表后，像稀粥一样流淌，可铺展几百、几千平方千米。经过多次喷溢，层层叠加，形成一床厚厚的玄武岩"地毯"。在长白山火山形成过程中，盾状火山的形成，地质上称为"造盾阶段"，以与形成长白山火山锥的"造

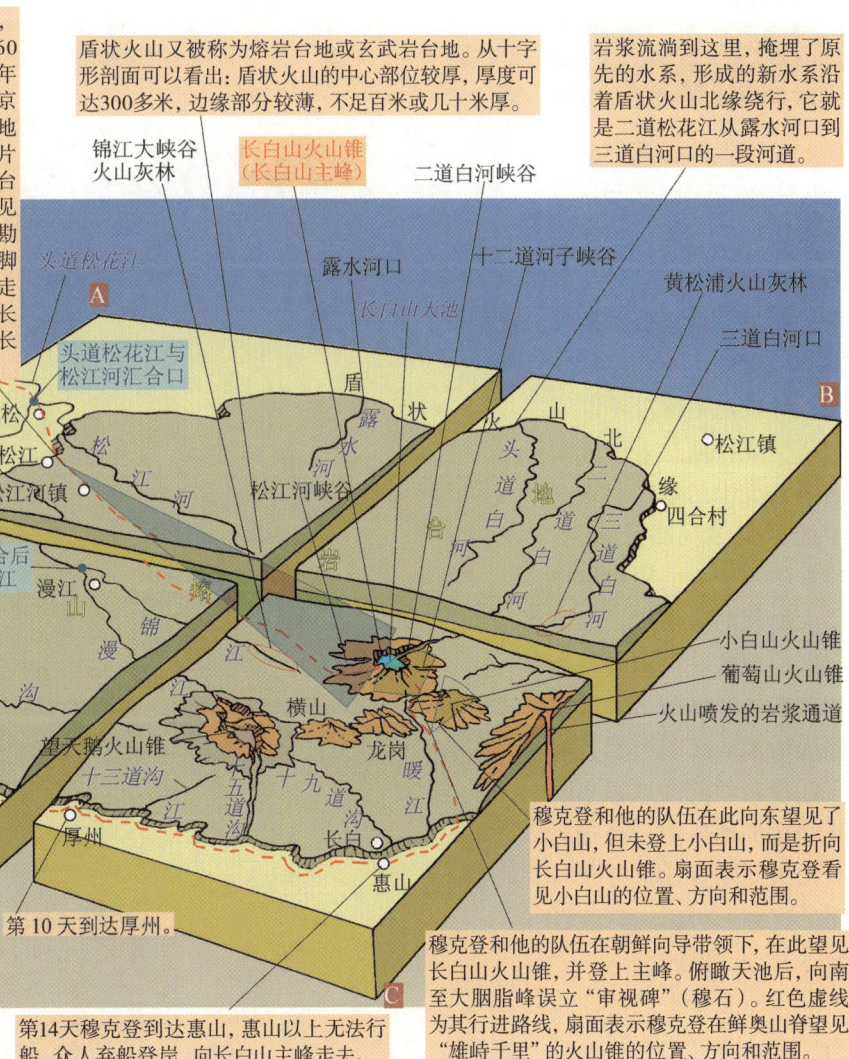

历史钩沉：长白山熔岩台地面积达数千平方千米，西部边界在松江（见图），从松江到火山锥顶约60千米。熔岩台地表面平缓，森林密布。康熙十六年（1677年），内大臣武木讷奉旨勘验长白山，从北京至吉林，沿松花江到达这里，就是行进在熔岩台地之上。他们先是远远地望见了长白山火山锥，见有片片白光，目测还有一百七八十里。这支队伍在熔岩台地上的大森林里走了4天，才来到火山锥山麓，足见熔岩台地之大。武木讷从长白山主峰西坡登顶，"勘验"天池、宣读圣旨后，当天下山驻扎在火山锥脚下……这是后话。图中用红虚线表示武木讷的行走路线，扇面表示他们在熔岩台地的西部边缘望见长白山火山锥的方向和范围。关于武木讷奉旨勘验长白山事详见509-514页。

本图位置及范围见图1—8中的ABCD框

盾状火山又被称为熔岩台地或玄武岩台地。从十字形剖面可以看出：盾状火山的中心部位较厚，厚度可达300多米，边缘部分较薄，不足百米或几十米厚。

岩浆流淌到这里，掩埋了原先的水系，形成的新水系沿着盾状火山北缘绕行，它就是二道松花江从露水河口到三道白河口的一段河道。

锦江大峡谷
火山灰林
长白山火山锥（长白山主峰）
二道白河峡谷
露水河口
十二道河子峡谷
黄松浦火山灰林
三道白河口
头道松花江
长白山天池
头道松花江与松江河汇合口
抚松
松江
松江河镇
漫江、锦江汇合后注入头道松花江
漫江
松江镇
四合村
小白山火山锥
葡萄山火山锥
火山喷发的岩浆通道
望天鹅火山锥
十三道沟
横山
龙岗
暖江
长白
惠山
厚州

第10天到达厚州。

历史钩沉：长白山熔岩台地的南部边缘有鸭绿江绕行。康熙五十一年（1712年）5月，乌拉总管穆克登奉旨查边，在江口造船，溯鸭绿江而上，实际上就是沿着熔岩台地南缘行进，到达惠山后，从熔岩台地南缘向北，步步抬升，途经小白山再向北，登上巍巍耸立于熔岩台地中心的火山锥（长白山主峰），俯瞰火山口湖（天池）后向东南下山。关于穆克登奉旨查边事详见520-530页。

第14天穆克登到达惠山，惠山以上无法行船，众人弃船登岸，向长白山主峰走去。

穆克登和他的队伍在此向东望见了小白山，但未登上小白山，而是折向长白山火山锥。扇面表示穆克登看见小白山的位置、方向和范围。

穆克登和他的队伍在朝鲜向导带领下，在此望见长白山火山锥，并登上主峰。俯瞰天池后，向南至大胭脂峰误立"审视碑"（穆石）。红色虚线为其行进路线，扇面表示穆克登在鲜奥山脊望见"雄峙千里"的火山锥的位置、方向和范围。

图1-7　长白山熔岩台地（盾状火山）和长白山火山锥模型图

007

锥阶段”和喷发火山灰并覆盖锥盾之上的“造席阶段”相对应，三者组成“盾、锥、席”三元结构的火山地质体。

造盾阶段形成的熔岩台地，为造锥阶段形成的火山锥打下了辽阔而坚实的基础，厚度只有几百米，但宽达几千平方千米，只有如此庞大的火山盾才能承载这座耸入云霄的巨大火山锥。在长白山火山区，盾锥组合不仅是一种现象，还是火山活动的一个规律，这将在以后细谈。

我们的祖先自古以来就生活在这片广阔而高耸的火山岩区。康熙十六年（1677 年）武木讷奉旨勘验长白山时，“望见长白山甚明，约有百余里，见有片片白光”，说的就是在火山盾的边上看见了那座高耸的火山锥。武木讷看见“片片白光”后，又在森林里从 5 月 13 日至 17 日走了 4 天才登上火山锥顶。由此可知，长白山火山盾是多么辽阔，长白山火山锥又是多么高大。武木讷一行人一路所见，在他们的头脑中留下了深刻的印象，他们在奏折中向康熙皇帝描述了这些情景。康熙五十一年（1712 年）乌拉总管穆克登奉旨巡查，他走的是盾状火山的南缘，然后登上了火山锥顶。本图也画出了行进路线，这是想让读者对本书后面所叙述的历史事件，结合这幅立体图有更深入全面且直观的了解，旨在多提供一种视角，以弥补平面图的不足。

长白山熔岩台地有不平凡的经历：我们脚下的地面曾经是一片火海，炽热的岩浆焚毁了森林和林中的生命，那情景是惨烈而恐怖的。在数以万年计的岁月里，多次的火山喷发反复焚毁这片大地，现在总算是平静了。几百米厚的熔岩“地毯”仿佛要销毁“罪证”似的，把被多次焚毁的原始大地严严实实地掩盖起来，现在在火山盾上生长着一望无际的原始森林。

图中示意性地画出了长白山火山盾（熔岩台地）和长白山火山锥的构造关系。“大展台”的台面表示原始大地，其上摊开的饼状体为长白山火山盾。从十字形剖开的剖面看，火山盾的中心部位较厚，向边缘逐渐变薄。从形态上来说，无论称之为“盾”还是“台地”都十分贴切。

## 1.3.3 长白山火山地质简图及说明

中国吉林省东部和朝鲜民主主义人民共和国北部这块地方，两千万年以来，特别是二三百万年以来，在太平洋板块的俯冲下，地壳处于不稳定的状态，导致地下深处不断有岩浆生成，使这一带成为活跃的火山活动区。这一带的岩浆多次冲开地壳，喷发到地表，凝固而形成了大面积的火山岩。地质学家们把这些火山岩分布的范围画在地图上，这便是火山地质图。当然，展现在读者面前的这幅小图是简化的地质图，真正的火山地质图要比这复杂得多。这幅图可以告诉读者以下几个方面的信息：

1. 地质学上所说的长白山火山不光是指那座高

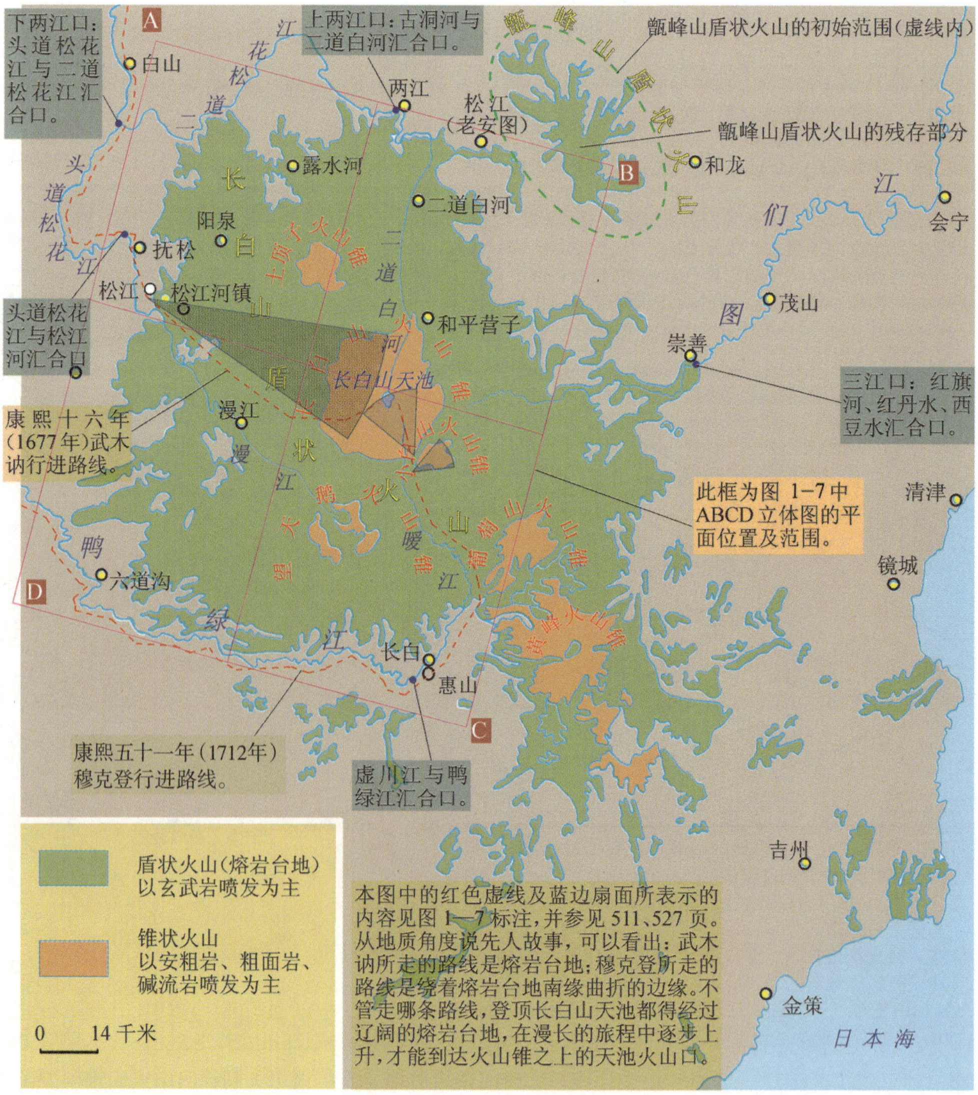

下两江口：头道松花江与二道松花江汇合口。
上两江口：古洞河与二道白河汇合口。
甑峰山盾状火山的初始范围（虚线内）
甑峰山盾状火山的残存部分
甑峰山盾状火山
白山
两江
松江（老安图）
露水河
和龙
二道白河
会宁
阳泉
抚松
松江
松江河镇
和平营子
茂山
崇善
头道松花江与松江河汇合口
长白山天池
三江口：红旗河、红丹水、西豆水汇合口。
康熙十六年（1677年）武木讷行进路线。
漫江
此框为图 1—7 中 ABCD 立体图的平面位置及范围。
清津
六道沟
镜城
长白
惠山
康熙五十一年（1712年）穆克登行进路线。
虚川江与鸭绿江汇合口。
吉州
金策
日本海
二道松花江
头道松花江
鸭绿江
图们江
二道白河
漫江
暖江
长白山盾状火山
A
B
C
D
盾状火山（熔岩台地）以玄武岩喷发为主
锥状火山 以安粗岩、粗面岩、碱流岩喷发为主
0 14 千米
本图中的红色虚线及蓝边扇面所表示的内容见图 1—7 标注，并参见 511、527 页。从地质角度说先人故事，可以看出：武木讷所走的路线是熔岩台地；穆克登所走的路线是绕着熔岩台地南缘曲折的边缘。不管走哪条路线，登顶长白山天池都得经过辽阔的熔岩台地，在漫长的旅程中逐步上升，才能到达火山锥之上的天池火山口。


图1-8 长白山火山地质简图

耸入云、顶端有一座天池的火山锥，还包括很多与之相伴的其他火山，如望天鹅火山、小白山火山、葡萄山火山、甑峰山火山、土顶子火山等。此外，还有许多坐落在广阔玄武岩台地上更小一些的火山，数以百计。因为这些火山集中而成群地出现，所以，地质学家称其为长白山火山群。

长白山火山群位于吉林省东部，濒临西太平洋，跨越中朝两国。东面是和龙市和朝鲜民主主义人民共和国北部，南面是长白县和朝鲜民主主义人民共和国吉州一带，西面是抚松县，北面是二道松花江。换一种说法，它覆盖了和龙县的西部，朝鲜两江道的东北部，长白县的几乎全境，抚松县的几乎全境，安图县的南部，总面积约有15000平方千米。流入日本海的图们江，流入鄂霍次克海的松花江，流入黄海的鸭绿江都发源于长白山火山群分布区。

2. 从图中可以看到，这些火山岩连成一大片，平面上呈东南—西北方向展布。这种分布特点是由其内在的地质因素决定的：一是这里的地壳断裂非常之多，纵横交错的断裂延伸到地下深处，为地下岩浆喷发准备了许多火山通道，从而导致火山口多而密集；二是这里的地下深处埋藏着岩浆库和岩浆房，那里存储着大量的岩浆，在适当的大地构造环境中，这些岩浆便会沿着断裂喷发到地表。这样一来，在漫长的地质历史上，岩浆多次喷发到地表形成规模巨大的火山群也就是必然的了。

3. 图中用两种颜色代表两大类火山岩，大片的绿色代表玄武岩，小片的橘黄色代表粗面岩、安粗岩、碱流岩等。两大类火山岩的分布并不是杂乱无章的，而是橘黄色的色块多被绿色包围着，也就是说，小面积的粗面岩等总是分布在大面积的玄武岩的中心部位，而这些部位正是火山活动最激烈的部位，也是火山口最集中的地方。从整幅图的火山岩分布情况可以看出，峰顶有天池的火山锥——长白山火山锥，是火山事件的多发地，周边数以百计的小火山如众星拱月般地烘托着这座巨大的火山锥。

---

## 1.3.4 长白山火山口分布图及说明

从时间上看，长白山火山在数以百万年计的漫长地质历史中发生过多次喷发；从空间上看，长白山火山分布于广阔的地面之上，它由很多火山群组成，每个火山群又由若干个火山口组成，大大小小的火山口共有300多个，假设我们在每一座火山上都点上一盏灯，夜晚从高空俯瞰，那就是星罗棋布。但除了天池火山、望天鹅火山、小白山火山、葡萄山火山以外，大多数火山规模都较小，有的只不过是个小火山丘而已，隐藏在茂密的森林里。这里所说的火山口，在地表上有各种表现形态，多数以火山锥的形式显示它的存在。火山锥的下面一般会有火山喷发口，所喷发的熔岩或火山碎屑，堆积起来形成火山锥。这样的火山锥，大多数从很远处就能看见。人们在平坦而辽阔的玄武岩台地之上行进时，若看见一座孤零零的小山突兀而立，那十有八九就是一个火山锥。如图中16号歪歪顶子、38号东土顶子、39号西土顶子、74号老房子小山、82号赤峰等，都是一目了然的丘状火山锥。

但也有一些火山口不以火山锥体的外形显示它的存在，甚至恰恰相反，是以低地或沼泽的形式出现的。上文已经说过：在地质学上，火山的定义不以其外表是否有"山"的形态而论，判断火山最本质的特征是看这个地质体是不是由岩浆喷发而形成。沼泽型火山的代表为图中所标注的47号火山口，它就是一片沼泽地，位于安图县奶头山村东南4千米处，从这个火山口溢出的岩浆沿着三道白河形成了一条长18千米，宽1千多米的玄武岩流。它附近还有几片沼泽，也可能是此种类型的火山口。还有一种火山则以低平火山口湖的形式展现它特殊的面貌，如图中81号圆池、85号王池等。

图中有很多火山没有名称，故用那里的高程代替，如66号1595山，表示那个火山锥的高度是海拔1595米。注意这里标出的是海拔高程，不是此山的视高度（相对高度），火山锥之下的地面高度已经是海拔1550米了，所以它是小矮人站在巨人的肩膀上，它的相对高度也就45米高，看上去不过是一座小山丘，爬上去很容易。还有一些火山口没有名称，也没编号，只在图中画了个火山口的符号。

图中所标定的火山口，只是选择主要的予以标定，很多根本没有画到图中。还有很多火山口因分布得太密集而无法画入这幅小图中，如长白山火山锥上的一些火山口，望天鹅火山锥上的一些火山口等。所以，实际存在的火山口的数量比图中所画的要多。

朝鲜境内的火山口，因为没有实地调查，不是第一手资料，所以，这些火山口的名称和位置可能不甚准确，仅供读者参考。

综观图1-9上的火山口分布情况，呈现出一个西北—东南方向的密集带，地质上称为长白山火山带。

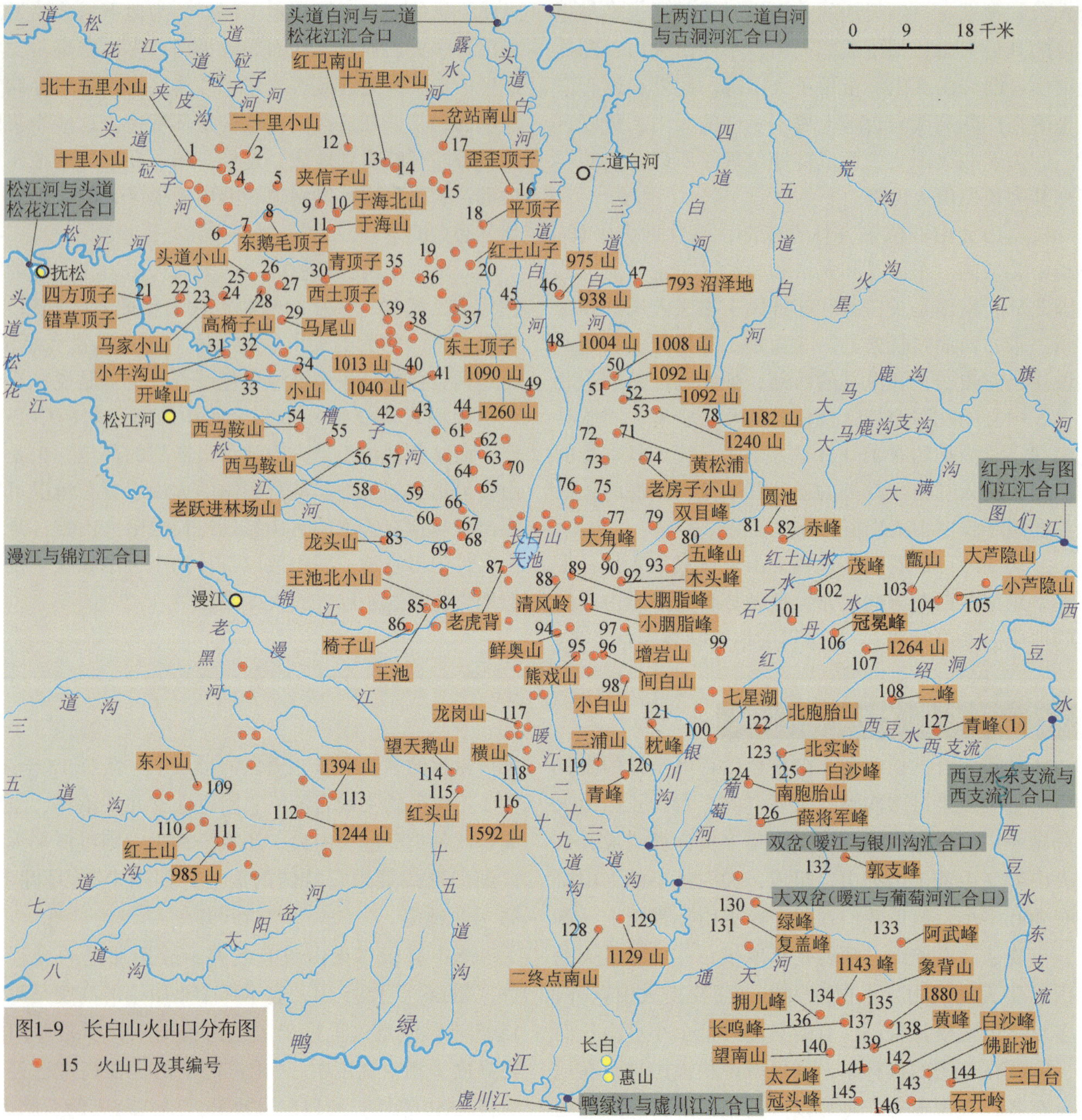

图1-9 长白山火山口分布图

15 火山口及其编号

表1-1 长白山火山口名称表（本表中的火山口有选择性地注记于图1-9中）

| 编号 | 名称 | 编号 | 名称 | 编号 | 名称 | 编号 | 名称 | 编号 | 名称 | 编号 | 名称 | 编号 | 名称 | 编号 | 名称 |
|---|---|---|---|---|---|---|---|---|---|---|---|---|---|---|---|
| 1 | 北十五里小山 | 20 | 红土山子 | 39 | 西山顶子 | 58 | 1808山 | 77 | 1792山 | 96 | 间白山 | 115 | 红头山 | 134 | 1143山 |
| 2 | 二十里小山 | 21 | 四方顶子 | 40 | 1013山 | 59 | 1202山 | 78 | 1182山 | 97 | 增岩山 | 116 | 1592山 | 135 | 象背山 |
| 3 | 十里小山 | 22 | 错草顶子 | 41 | 1040山 | 60 | 1524山 | 79 | 1532山 | 98 | 小白山 | 117 | 龙岗山 | 136 | 拥儿峰 |
| 4 | 913山 | 23 | 马家小山 | 42 | 1025山 | 61 | 1329山 | 80 | 双目峰 | 99 | 间三峰 | 118 | 横山 | 137 | 长鸣峰 |
| 5 | 865山 | 24 | 头道岔山 | 43 | 1063山 | 62 | 1399山 | 81 | 圆池 | 100 | 七星湖 | 119 | 三浦山 | 138 | 1880山 |
| 6 | 914山 | 25 | 头道小山 | 44 | 1260山 | 63 | 1454山 | 82 | 赤峰 | 101 | 1320山 | 120 | 青峰 | 139 | 黄峰 |
| 7 | 909山 | 26 | 二道小山 | 45 | 938山 | 64 | 1315山 | 83 | 龙头山 | 102 | 茂峰 | 121 | 枕峰 | 140 | 望南山 |
| 8 | 东鹅毛顶子 | 27 | 三道小山 | 46 | 975山 | 65 | 1704山 | 84 | 王池北小山 | 103 | 甑山 | 122 | 北胞胎山 | 141 | 太乙峰 |
| 9 | 夹信子山 | 28 | 高椅子山 | 47 | 793沼泽地 | 66 | 1595山 | 85 | 王池 | 104 | 大芦隐山 | 123 | 北实岭 | 142 | 白沙峰 |
| 10 | 于海北山 | 29 | 马尾山 | 48 | 1004山 | 67 | 1665山 | 86 | 椅子山 | 105 | 小芦隐山 | 124 | 南胞胎山 | 143 | 佛趾池 |
| 11 | 于海山 | 30 | 青顶子 | 49 | 1090山 | 68 | 1765山 | 87 | 老虎背 | 106 | 冠冕峰 | 125 | 白沙峰 | 144 | 三日台 |
| 12 | 红卫南山 | 31 | 小牛沟山 | 50 | 1008山 | 69 | 1716山 | 88 | 清风岭 | 107 | 1264山 | 126 | 薛将军峰 | 145 | 冠头峰 |
| 13 | 十五里小山 | 32 | 885山 | 51 | 1092山 | 70 | 1523山 | 89 | 大胭脂峰 | 108 | 二峰 | 127 | 青峰（1） | 146 | 石开岭 |
| 14 | 十五里小山东山 | 33 | 开峰山 | 52 | 1132山 | 71 | 黄松浦 | 90 | 大角峰 | 109 | 东小山 | 128 | 二终点南山 | | |
| 15 | 923山 | 34 | 小山 | 53 | 1240山 | 72 | 1298山 | 91 | 小胭脂峰 | 110 | 红土山 | 129 | 1129山 | | |
| 16 | 歪歪顶子 | 35 | 马鞍山 | 54 | 西马鞍山 | 73 | 1375山 | 92 | 木头峰 | 111 | 985山 | 130 | 绿峰 | | |
| 17 | 二岔站南山 | 36 | 五梅顶子 | 55 | 东马鞍山 | 74 | 老房子小山 | 93 | 五峰山 | 112 | 1244山 | 131 | 复盖峰 | | |
| 18 | 平顶子 | 37 | 1092山 | 56 | 老跃进林场山 | 75 | 1673山 | 94 | 鲜奥山 | 113 | 1394山 | 132 | 郭支峰 | | |
| 19 | 错草顶子 | 38 | 东土顶子 | 57 | 1058山 | 76 | 1673山 | 95 | 熊戏山 | 114 | 望天鹅山 | 133 | 阿武峰 | | |

## 1.3.5 长白山火山锥地质平面简图及说明

这是一幅简化的地质图，对图中的地质内容，仅从科普角度对其进行说明。

图中心部位的浅蓝色是天池。天池是火山口，天池的地质名称是"火山口湖"。

天池是美丽的，像一位绝代佳人，尊贵而娇艳，它吸引着许多来访者，它征服了许多诗人、画家和摄影家，人们无不为它唱赞歌。但是，它从前可不是这种形象。曾经的火山口有如"魔窟"，这只需看一看从天池里"爬"出来的东西就知道此名不虚。从图中可以看到，在天池周边分布着许多长条状的物体，人们可以根据生活经验揣摩它像什么：像远古时代灭绝的大爬虫，或者像蛞蝓那样的软体动物……且不管它像什么，总归它们是成群结队地从天池中"爬"出来，"爬"向四面八方，好比"爬"出隐居的巢穴。当年，这些巨大的长条状物体，是带着满腔怒火从地裂中"爬"出来的，奔向四面八方。它们遍体通红，冒着浓烟，一路上势不可挡，烧毁一切……后来它们耗尽了能量，速度慢下来，通体的红色先是变成暗红，然后变黑，流动的身躯逐渐变硬，最后，变成再也不能运动的条状物体俯卧在大山的斜坡上。

它们究竟是些什么东西呢？原来，它们是在火山喷发时从地下冒出来的岩浆，地质学上称之为熔岩流（本书中"熔岩流"一词既指岩浆溢出地表后所呈现的液态流又指其固结后的固态岩体）。

岩浆的温度高达1000多摄氏度，有如炼铁炉里的铁水。岩浆从地下深处喷溢到地表后，忽然与冷空气接触，会发出阵阵的爆裂声，一股股熔岩流便一路吼叫着沿着山坡向下冲去。熔岩流在流淌过程中温度下降，黏度变大，最后冷凝固化，成为岩石。

天池火山口周围有许多熔岩流。这些熔岩流长度不等，长的超过1万米，一般的几千米，短的也有几百米；它们宽度不一，从千米到几十米都有。熔岩流的形状大多数是长条形，但也有短粗形、扇形等；熔岩流的边缘，随着原始地形的变化而参差不齐。岩浆在复杂的原始山坡上流动，把流体的活力发挥到极致，那流动构造也真是千姿百态，我们在这幅图上虽然看不到那些细节，但从整体上也还是看得出熔岩流的复杂面貌。熔岩流有巨大的身躯，所以人们在地面上无法看到它的全貌，只能看见局部，那是一条条山脊，一座座山峰，一面面悬崖。如果我们到空中俯瞰，便可以看到熔岩流的全貌；如果升得更高，就会看到熔岩流的集合体。那时，我们看到的将是另一番景象：熔岩流很密集，从天池火山口向四周呈放射状伸展。熔岩流一层压一层，互相重叠、挤压、碰撞。这种情

景在本图中可以看到。

地质学家告诉我们，长白山火山锥的形成经历了149万年的历史。但这并不是说在漫长的历史时期中总有火山喷发，而是分好几个阶段，每个阶段又分好多次。总体而言，在这149万年间，火山喷发的每个阶段所持续的时间并不长，有的为几个月，有的则为几年，而每条熔岩流的喷发更是短暂，有的可以短到以天计。火山喷发间歇的时间却是漫长的，长到几千年、几万年，甚至十几万年。分阶段的喷发，使得那些熔岩流的"辈分"相差很大。通过对熔岩流采样测定岩石年龄，我们知道：火山锥底部的熔岩流是早期喷发形成的，年龄相当大；而火山锥顶部的熔岩流是晚期喷发形成的。当然，后喷发的熔岩流掩盖了先喷发的熔岩流。如此看来，长白山火山锥是在漫长的地质历史时期中由不同年代的熔岩流一层层堆积起来的。所以说，长白山火山锥是层状火山。

长白山火山锥的形成可划分为四个阶段，图顶部的表简明列出了每个阶段火山喷发的年代、火山岩类型、喷发面积、喷发量、岩浆房深度、岩浆温度、岩浆压力。

熔岩流从火山口溢出后，之所以能堆积成山，说明岩浆的性质是黏稠的，只有黏稠的岩浆才能堆起高耸的大山。我们通过地质调查得知，形成火山锥的岩浆以粗面质或碱流质岩浆等为主。这种黏稠的岩浆不同于火山锥周围形成熔岩台地的黏度小的玄武质岩浆。

需要说明的是：图中的色彩并非熔岩流的真实颜色，和所有地质图一样，只是一种表示方法。颜色的深浅表示不同时期的熔岩流，浅橘黄色表示早期喷出的熔岩流，深橘黄色表示晚期喷出的熔岩流。由于地质调查工作并没有对每条熔岩流都进行年龄测定，所以，对许多熔岩流只是根据它所产出的位置、高度和互相叠压情况来粗略区分它们的相对年龄，而在图中只是以颜色深浅表示它们年轻一些或年老一些。

此外，从图中还可以看到巨大的天池火山锥体上还有很多小火山锥，说明天池火山锥周围有很多裂隙，这些裂隙在不同时期还不断有岩浆喷溢出来。

美丽的火山锥和火山口湖，是大自然以火山爆发这种猛烈的方式形成的，雄伟的"十六峰"是由熔岩流、碎屑流、火山渣、火山灰等火山物质堆积起来的。这就是表象美丽而内在严酷的事实，它是地球在其发展过程中发生的气势磅礴的自然现象。长白山火山的喷发，火山锥的耸起，天池的形成皆有它的发生、发展规律。人们不仅欣赏自然美景，还在不断探索美景的成因，寻求美景的科学内涵。

| 长白山火山锥 | 喷发阶段划分及年代 | 火山岩类型 | 喷发面积 | 喷发量 | 岩浆房深度 | 岩浆温度 | 岩浆压力 |
|---|---|---|---|---|---|---|---|
| | 第1阶段：149万—100万年前 | 安粗岩—粗面岩 | 120平方千米 | 512亿吨 | 33千米 | 1070摄氏度 | 0.1GPa |
| | 第2阶段：61.1万—55万年前 | 粗面岩—碱长粗面岩 | 112平方千米 | 478亿吨 | 33千米 | 1070摄氏度 | 0.1GPa |
| | 第3阶段：44万—25.4万年前 | 粗面岩—碱长粗面岩 | 64平方千米 | 358.8亿吨 | 33千米 | 1140摄氏度 | 0.09GPa |
| | 第4阶段：8.76万—0.804万年前 | 碱长粗面岩—碱流岩 | 24平方千米 | 74.9亿吨 | 15—20千米 | 1040摄氏度 | 0.05—0.06GPa |

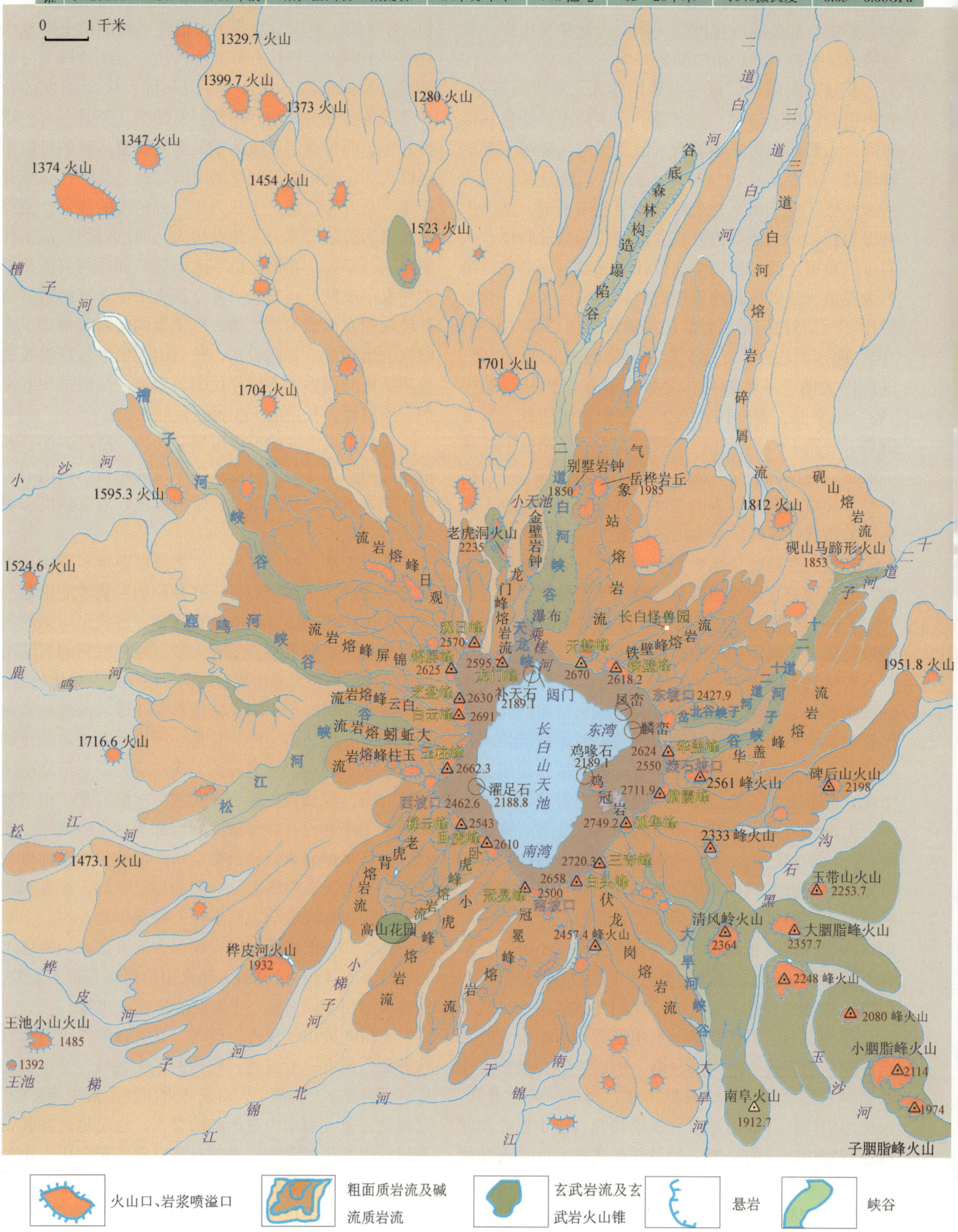

图1-10 长白山火山锥地质平面简图

## 1.3.6 漫谈长白山火山机构与地下岩浆

从火山科学意义上讲，人们所见到的长白山火山只是露出地表的部分。一个完整的火山机构，除了我们所看见的火山台地、火山锥、火山渣锥、火山口、火山熔岩流等，还有我们看不到的地下部分，它们是下地幔岩浆库、地壳岩浆房、纵横交错穿插的岩浆通道、火山颈、火山断裂等。火山机构是火山作用的各种产物的总体组合。我们通过地质研究得知：喷发形成长白山火山的地壳岩浆房深埋于地下几十千米，而更深的上地幔岩浆库最深可达102千米。对比起来，地上部分的长白山火山锥的高度仅为2.7千米，人们看到的只是整个火山机构的"冰山一角"，因此可以说，长白山火山的主要部分深深地埋藏在地下。

长白山火山机构庞大而复杂，它不只存在于地壳中，其纵深更是穿过莫霍面到达上地幔，也就是说，火山机构存在于岩石圈中（图1-11）。

岩石圈是地球最外面的一层刚性的岩石外壳，它的纵深范围包括我们通常所说的地壳和地壳以下的上地幔。换一种说法，即岩石圈是由地壳和上地幔两层组成的，两层之间的界面被称为莫霍面。

过去，人们认为地球表面火山喷发既然具有普遍性，那岩石圈中肯定有一个普遍存在的岩浆层。但现代地质科学研究和地球物理探测结果认为，岩石圈中并不存在一层连续的岩浆层，即岩石圈中的岩浆不具普遍性。岩浆是在地质条件发生变化，如构造断裂通过之处改变了温度、压力等物理条件，才能导致岩石圈局部熔融而"临时"产生岩浆，岩浆产生了，还需有穿插岩石圈的岩浆通道，才能发生火山喷发。

岩浆如果在上地幔中形成，岩浆就会聚集形成"上地幔岩浆库"，岩浆库里的岩浆便可直接喷到地表。但有时岩浆没能直接喷到地表，而是上升到地壳中，在那里停留，形成"地壳岩浆房"，之后，在适当的时机，这些岩浆房会通过地壳中的通道喷出地表，形成火山。鉴于这两种不同情况，地质学上就用"岩浆库"和"岩浆房"加以区别。

在长白山火山区，地下就深埋着岩浆库和岩浆房。虽然两者都是储存岩浆的场所，但岩浆性质有所区别。埋藏较深的上地幔岩浆库中的岩浆是原生玄武质岩浆，而埋藏较浅的地壳岩浆房中的岩浆多半经过分异，变成进化玄武质岩浆。进化玄武质岩浆再向上运移，到达地壳中更浅的地方，在那里停留形成岩浆房。

无论是上地幔岩浆库还是地壳岩浆房，其储存的岩浆要喷到地表并非易事，因为它上面覆盖着几千米或几十千米厚的刚性地壳。如果那里的地壳是铁板一块，岩浆只能待在地下深处等待时机。只有地壳在地应力场中发生变化，比如受到板块的挤压或拉伸，产生构造断裂，岩浆才能找到出路。

岩浆在地应力场中受到岩层强大的挤压，具有很强的活力，在地壳的断裂中流动，无孔不入，无缝不钻。如果断裂直达地表，这条断裂便可成为岩浆通道，当岩浆从通道中喷出来，我们就说：火山爆发了。

深达几十千米的断裂直通上地幔岩浆库，库里的原生玄武质岩浆便可不经演化直接喷到地表。地质学家特别重视这种"原装真品"——原生岩浆所形成的玄武岩，因为原生岩浆代表着上地幔的真实成分，使我们能了解到地下极深处的岩石性质和那里的物理化学条件，这对研究岩浆演化和火山喷发有重要意义。在长白山地区，大片的玄武岩大多是直接来源于上地幔岩浆库，所以可以说玄武岩大多数是原生岩浆从地下极深之处喷溢到地表形成的。这些玄武岩，代表了地下极深处岩石的原始面貌。

如果上地幔岩浆库中的岩浆没有找到直通地表的断裂，便不能直接喷到地表，上升的压力会把岩浆压进地壳中，从而形成地壳岩浆房。在岩浆房里存留期间，1000多摄氏度的岩浆会使周围的地壳岩石熔入一部分，好比"原装真品"掺了假，岩浆的岩石化学性质和物理性质都发生了变化。我们通过地质研究得知，形成长白山火山锥的岩浆大多来自地壳岩浆房。地壳岩浆房在纵深方向上往往呈串珠状分布，较深的约33千米，较浅的约15—20千米。就其成分而言，已由玄武质岩浆演化为粗面质岩浆或碱流质岩浆。构成长白山火山锥的主要岩石不再是玄武岩，而是粗面岩和碱流岩了。

这样，在长白山，我们既能看到直接由上地幔岩浆库喷发形成的广阔的玄武岩台地，也能看到由地壳岩浆房喷发形成的以粗面岩、碱流岩为主的高耸的火山锥。

针对长白山火山机构及岩浆的运移，我们设计了一幅示意图（图1-11）。"大桌面"表示由上地幔岩浆库里的玄武质岩浆所形成的玄武岩，因岩浆性质黏度小，喷到地表后散开来，形成了广阔的玄武岩熔岩台地。"桌面"中央部位的凸起表示由地壳岩浆房中的粗面质和碱流质岩浆形成的火山锥，粗面质和碱流质岩浆性质黏稠，能堆叠成高耸的火山锥，单从这一点来看，粗面质岩浆是形成火山景观的优质材料。

通过对岩石圈中岩浆的形成、运移、演化的了解，我们得知，研究长白山火山，除了要研究地表上的火山岩体，更要研究深埋于地下的火山爆发策源地，地下岩浆的形成机制，岩浆库、岩浆房的数量、位置和深度，岩浆演化的规律，地下断裂的分布状况等。总之，就是研究长白山火山的整个机构：空间上从地上到地下，即从地表上的各种火山岩体到地下岩石圈的构造。

为什么必须研究这些问题？因为这关系到下一次火山喷发的时间、地点、喷发类型、喷发强度、可能造成的火山灾害及对策等，地质学家们在努力做着火山喷发的预报工作。

从图中可以看到，在"大桌面"即玄武岩台地之下，有一个庞大的岩浆形成和运行系统在掌控着长白山火山活动，地下蕴藏着火山喷发的前奏，那里发生的火山事件我们虽然看不见，却很精彩。

在本图中，用简单的椭圆形表示岩浆库和岩浆房，两者是相通的，用以表示岩浆库是岩浆房的供给源，即岩浆是沿着图中的箭头方向升入岩浆房中的。这种演化的岩浆在图中用红色表示，这种岩浆就是形成长白山火山锥的岩浆。注意，在演化岩浆外面还包着一层与岩浆库中的岩浆相同的岩浆，这表明从岩浆库中

升到岩浆房的岩浆还包含着没有明显的演化，几乎是"原装"的岩浆。地质研究表明：长白山火山锥周围的玄武质火山，如老虎洞火山、砚山火山、老房子小山火山、八峰火山等小火山是由这些几乎是"原装"的岩浆形成的。

图中从上地幔岩浆库中分出两条通道，直接通到地面，表示有深的断裂通向上地幔岩浆库，从而导致原生玄武岩浆直接喷发到地面，形成大面积的玄武岩熔岩台地。此外，在玄武岩台地上还分布有许多小型火山，它们远离长白山火山锥，据地质调查，这些大多是进化玄武质岩浆喷到地表形成的。当然，原生的和进化的岩石在化学成分上是有差别的。

综上所述，本图旨在说明，地质意义上的长白山火山是个复杂而庞大的火山机构：包括地面上的熔岩台地、火山锥、火山穹丘、熔岩流、火山灰流等；在地下包括穿插交叉的岩浆上升通道，如火山颈、火山管、火山筒、没有固定形状的断裂，还有岩浆的发源地岩浆库、岩浆房；在岩浆方面包括岩浆的生成、分异、演化、混染、运移和喷发等过程。所有这些，才是地质科学意义上的长白山火山。

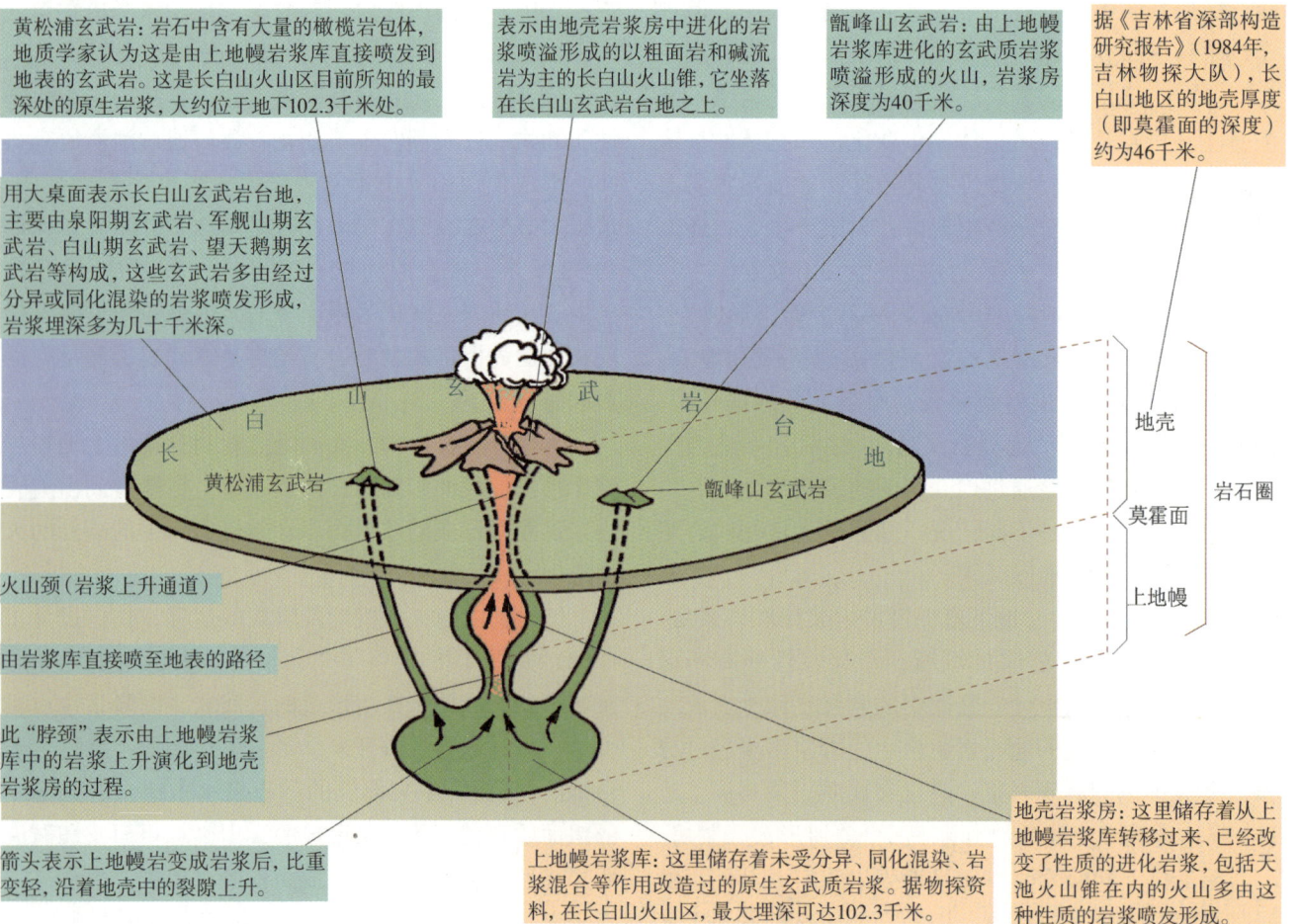

黄松浦玄武岩：岩石中含有大量的橄榄岩包体，地质学家认为这是由上地幔岩浆库直接喷发到地表的玄武岩。这是长白山火山区目前所知的最深处的原生岩浆，大约位于地下102.3千米处。

表示由地壳岩浆房中进化的岩浆喷溢形成的以粗面岩和碱流岩为主的长白山火山锥，它坐落在长白山玄武岩台地之上。

甑峰山玄武岩：由上地幔岩浆库进化的玄武质岩浆喷溢形成的火山，岩浆房深度为40千米。

据《吉林省深部构造研究报告》（1984年，吉林物探大队），长白山地区的地壳厚度（即莫霍面的深度）约为46千米。

用大桌面表示长白山玄武岩台地，主要由泉阳期玄武岩、军舰山期玄武岩、白山期玄武岩、望天鹅期玄武岩等构成，这些玄武岩多由经过分异或同化混染的岩浆喷发形成，岩浆埋深多为几十千米深。

长　白　山　玄　武　岩　台　地

黄松浦玄武岩

甑峰山玄武岩

地壳

莫霍面

岩石圈

上地幔

火山颈（岩浆上升通道）

由岩浆库直接喷至地表的路径

此"脖颈"表示由上地幔岩浆库中的岩浆上升演化到地壳岩浆房的过程。

箭头表示上地幔岩变成岩浆后，比重变轻，沿着地壳中的裂隙上升。

上地幔岩浆库：这里储存着未受分异、同化混染、岩浆混合等作用改造过的原生玄武质岩浆。据物探资料，在长白山火山区，最大埋深可达102.3千米。

地壳岩浆房：这里储存着从上地幔岩浆库转移过来、已经改变了性质的进化岩浆，包括天池火山锥在内的火山多由这种性质的岩浆喷发形成。

图1-11　长白山火山机构与岩浆运行示意图

## 1.3.7.1　从不同角度远眺长白山火山锥

图 1–12 是拍摄的长白山火山锥东北半面平面图，图 1–13 是素描图。此素描图根据几幅照片辅以野外观察综合制作而成。由于观察点的位置较火山锥顶部低 1300 多米，所以只能看见火山锥东北半面外坡的形貌。

我们从平面图的扇面范围可以看到，图中所画的范围视角是 180 度，所以，素描图左面是火山锥东坡的一部分，右面是北坡的一部分，东北坡只占了素描图中间的一段。东坡、东北坡和北坡的范围在素描图中皆做了文字注记。参照本书 56 页《十六峰及环池其他名胜方位划分图》可知，东北坡的具体范围包括：东坡口外坡、铁壁峰外坡、白石砬子外坡、天豁峰外坡（一部分）。

长白山火山锥东北坡是三道白河源头，三道白河许多冲沟发源于此，有的冲沟的尖端直抵火山口缘。在东北坡的坡面上布满了熔岩流、火山碎屑、风化碎石和火山灰，在这样的地方流水下切侵蚀得很厉害，形成复杂的地形，行进其上非常困难。但坡的下部逐

渐变缓，又因为在熔岩流上生长了苔原植物，攀爬起来比较容易。

素描图中还画入了十二道河子及其峡谷，该谷的上部及其岔谷虽然位于火山锥的东坡范围，但河流很快向北转向，所以，从大范围来看，属于火山锥东北坡。十二道河子发源于紫霞峰、华盖峰外坡，下游汇入三道白河，这样看来，长白山东坡和东北坡皆为三道白河源区。三道白河下游汇入二道白河，再汇入松花江，所以这里亦是松花江源头之一，即图中所出现的紫霞峰、2561 峰、华盖峰等皆属于松花江流域。

远望长白山火山锥东北半面，中间有一处凹下去的地方，那里就是东坡口。东坡口外坡有数条小冲沟向东北方向延伸，冲沟中有季节性流水，皆汇入三道白河，沿着这些小冲沟走下去，可以进入三道白河峡谷。东坡口火山口缘立有 6 号界碑。东坡口的内壁没有悬崖，坡度也比较缓，来到东坡的游人多从这里下临天池。长白山火山锥东北坡有一条熔岩流，其上保存着许多完好的岩浆流动构造。这些流动构造千姿百态，形成了许多奇形怪状的岩石，有的宛如怪兽，所以那里被称为"怪兽园"。

图 1–12 中还画有一个窄扇面，是用来解释在图 1–13 素描图中何以在华盖峰和紫霞峰之间能看见孤隼峰：按顺时针排序，孤隼峰应该在紫霞峰左面，但因为天池火山口是圆形的，孤隼峰已经转到对面去了，所以从这里看，它就出现在紫霞峰的右面了。

图 1–13：在这幅素描图中，左面是火山锥东坡的一部分，中间是东北坡，右面是北坡的一部分，由于透视关系，本来是弧形的山坡变成了一长列。在这里，对主要的景观按从左向右的顺序

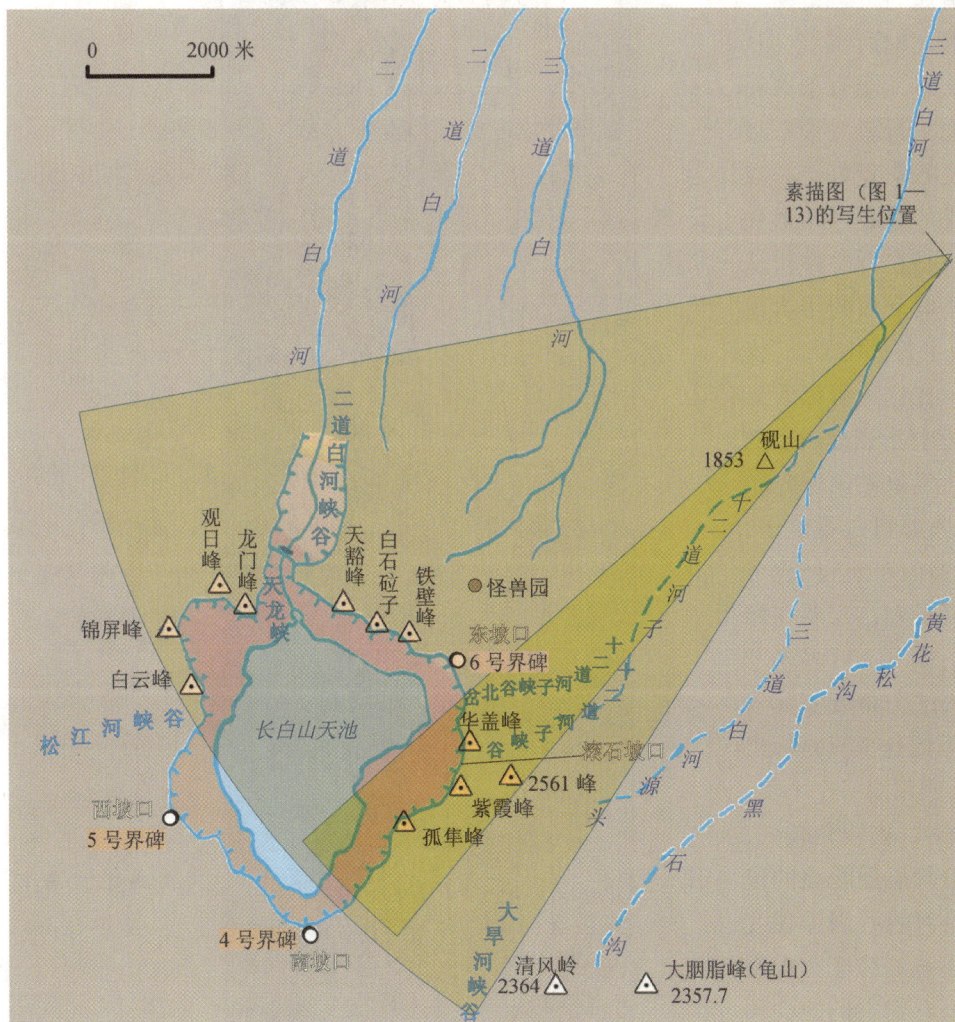

图1–12　长白山火山锥东北半面素描图视位图

做一下介绍：

（1）2561峰：此峰为紫霞峰东北方向的一座火山，距紫霞峰1050米，与紫霞峰外脊相连，形成一条高脊，峰无名，故以海拔高程代替名称。（2）十二道河子峡谷：这是十二道河子上游冲沟之一。画面标注的这条峡谷位于华盖峰和紫霞峰之间，谷尖直抵天池火山口上沿的滚石坡口。滚石坡口在长白山历史上占有一席之地，此图特意标定其位置。清朝末年，刘建封勘查长白山时，曾数次到达滚石坡口，从这里下临天池踏查名胜并命名。（3）砚山：是一座马蹄形火山。光绪三十四年（1908年）7月2日，刘建封踏查长白山，在清风岭拓印完穆克登审视碑后，返回露宿地时，在砚山迷失方向，发生"迷入砚山走三匝"事件，砚山即此处。（4）紫霞峰和孤隼峰位于火山锥东南坡，在此角度只能越过天池火山口看见这两座山峰的尖顶部分。（5）华盖峰位于火山锥东坡，在这里可以看见华盖峰完整的外坡形貌。三道白河源之十二道河子发源于华盖峰，南麓为十二道河子峡谷，北麓为十二道河子峡谷北岔所围绕，从图中可以看到：十二道河子峡谷顶端直抵滚石坡口，如果从砚山出发，这是旅行者登滚石坡可供选择的路线，因为沿着峡谷毕竟好走一点儿。华盖峰由火山灰堆积形成的等腰三角形尖顶在环池十六峰中独树一帜，是在群峰中辨认它的重要标志。（6）铁壁峰外坡众多的熔岩流是构成长白山火山锥东北坡的主要火山岩，"怪兽园"位于铁壁峰外坡中段，在这里可以看到它的位置，在平面图和素描图中已经标出。前往怪兽园的路途比较艰难，从气象站出发是条不错的路线：先沿着火山口缘走到白石砬子，再向东北方向下坡，就能到达怪兽园。回程可按原路返回，从素描图的标高可知，需要在布满火山碎屑和火山灰的陡坡上攀爬400多米才能回到气象站停车场。（7）从这个角度实际看不到乘槎河峡谷（天龙峡），因此这里只是标出它的位置，它的西面是龙门峰，刚露出一个小尖。（8）气象站熔岩流可以看到全貌，因视角较低，形状改变很大，但可以从梯田状层层叠叠的流动构造认出它来。（9）二道白河峡谷因透视变成一条窄缝。（10）观日峰和锦屏峰位于火山锥的北坡和西北坡，从这里可以看到它们的尖顶部分。

图1-13 在黄松浦一带看长白山火山锥东北半面地貌素描图

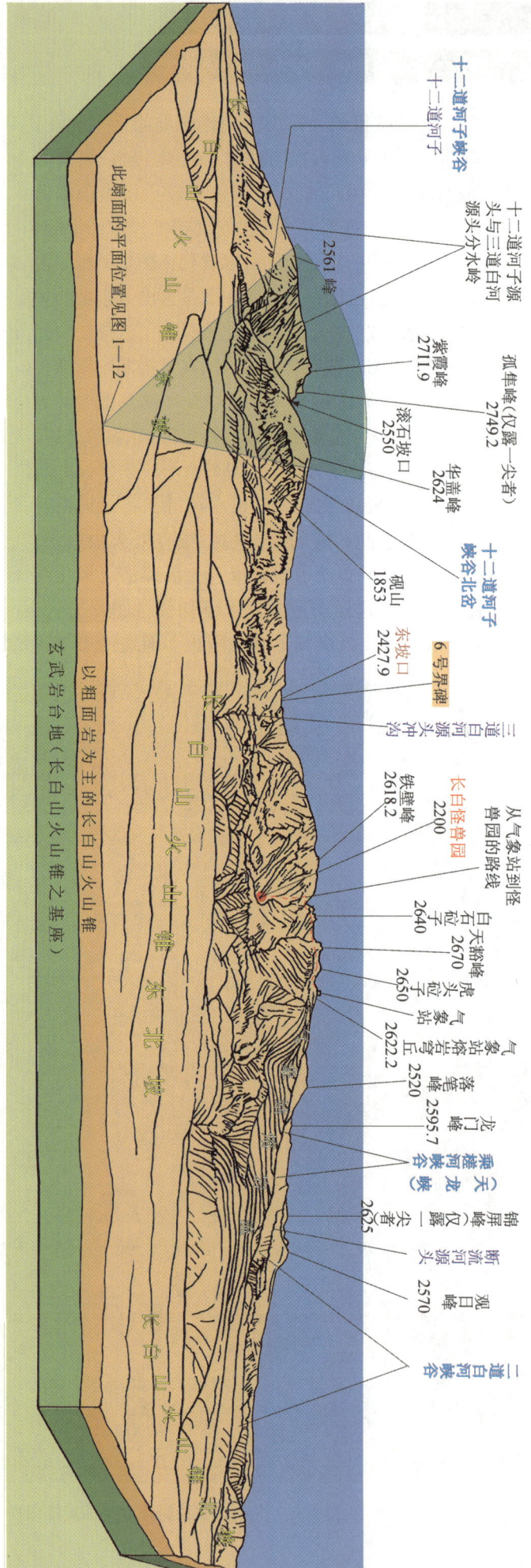

此幅面的平面位置见图1-12

十二道河子峡谷
头与三道白河源头
十二道河子

2561峰

长白山火山锥东坡

白山火山锥东北坡

以粗面岩为主的长白山火山锥

玄武岩台地（长白山火山锥之基座）

长白山火山锥北坡

孤隼峰（仅露一尖脊）
2749.2

紫霞峰
2711.9

滚石坡口
2550

华盖峰
2624

十二道河子
峡谷北岔

砚山
1853

东坡口
2427.9

6号界碑

长白怪兽园

三道白河源头冲沟

铁壁峰
2618.2

从气象站到气象站的路线

白天鹅峰
2670

虎象岩
2650

气象站
落差岩丘 2520

龙门峰
2622.2

观日峰
2595.7

乘槎河峡谷（天龙峡）

锦屏峰
2625

断流河源头
观日峰 2570

三道白河峡谷

位于东坡的华盖峰和紫霞峰以及位于东南坡的孤隼峰皆在天池对面。

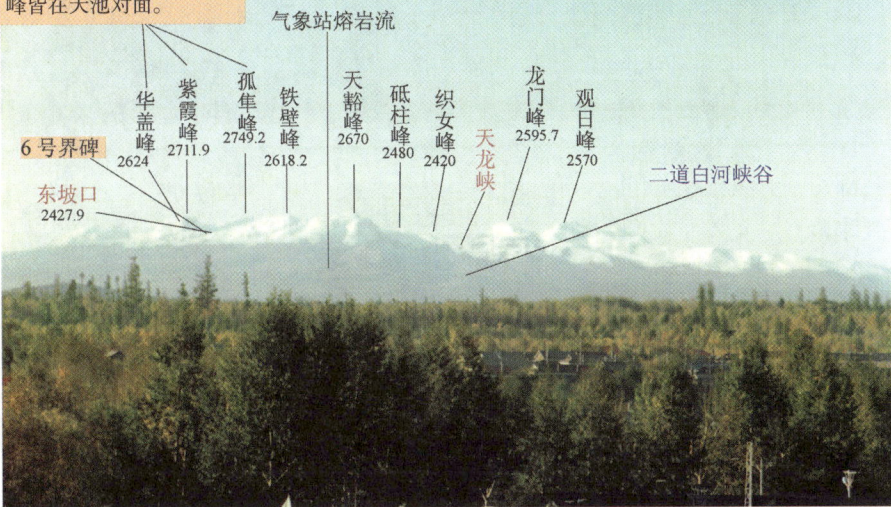

长白山自然博物馆所在地。1986年6月27日，我国自然保护区第一座自然博物馆——长白山自然博物馆建成。建筑面积2268平方米，包括序厅、生态厅、资源厅、综合厅四个部分。全馆展出标本数千件。

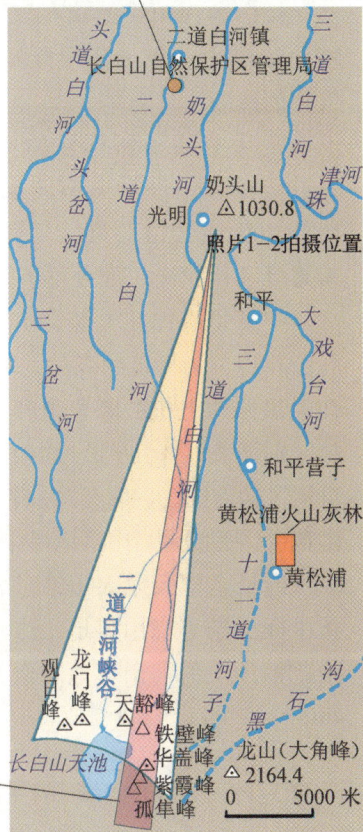

6号界碑

东坡口 2427.9

华盖峰 2624　紫霞峰 2711.9　孤隼峰 2749.2　铁壁峰 2618.2　天豁峰 2670　砥柱峰 2480　织女峰 2420　天龙峡　龙门峰 2595.7　观日峰 2570

气象站熔岩流

二道白河峡谷

照片1-2　在奶头山光明村一带看长白山火山锥北半面

照片1-2：这是长白山火山锥北半面（拍摄位置见图1-14）。火山锥笼罩在云雾中。位于火山锥东坡的华盖峰、紫霞峰和东南坡的孤隼峰隐约可见，但东南坡的三奇峰和南坡的白头峰被铁壁峰和天豁峰遮挡。天豁—龙门峡（天龙峡）只展现一倒三角形豁口，它的北面（照片中由里向外）是二道白河峡谷。气象站熔岩流隐没在阴影中，似隐似现，照片中标注的是气象站熔岩流前缘的位置。

用这个粉色扇面可以解释照片1-2和图1-15中孤隼峰和紫霞峰为何出现在铁壁峰和华盖峰之间。实际上这两座山峰位于圆形的天池火山口对面，只因透视关系，才使这两座山峰在平面上出现在这个位置上。

图1-14　长白山火山锥北半面拍摄位置图

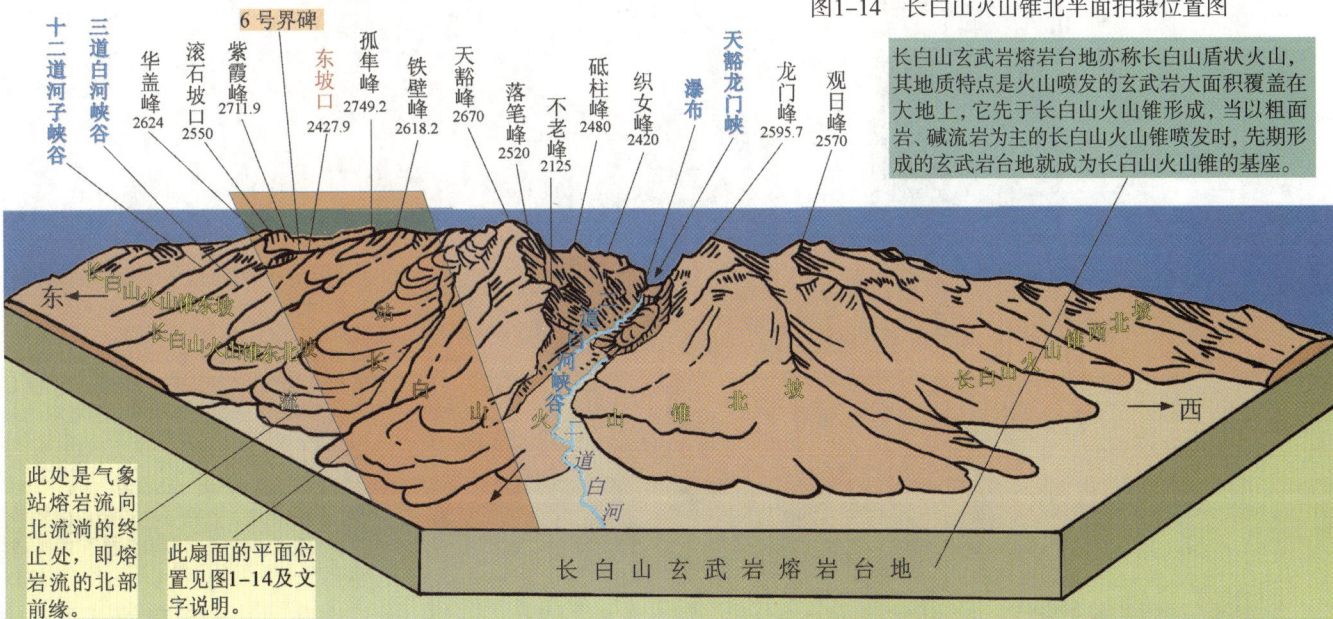

长白山玄武岩熔岩台地亦称长白山盾状火山，其地质特点是火山喷发的玄武岩大面积覆盖在大地上，它先于长白山火山锥形成，当以粗面岩、碱流岩为主的长白山火山锥喷发时，先期形成的玄武岩台地就成为长白山火山锥的基座。

十二道河子峡谷　三道白河峡谷　6号界碑

华盖峰 2624　滚石坡口 2550　紫霞峰 2711.9　东坡口 2427.9　孤隼峰 2749.2　铁壁峰 2618.2　天豁峰 2670　落笔峰 2520　不老峰 2125　砥柱峰 2480　织女峰 2420　瀑布　天豁龙门峡　龙门峰 2595.7　观日峰 2570

东　西

此处是气象站熔岩流向北流淌的终止处，即熔岩流的北部前缘。

此扇面的平面位置见图1-14及文字说明。

长白山玄武岩熔岩台地

图1-15　在奶头山一带看长白山火山锥北半面地貌素描图

为弥补照片1-2的不足，我们特意在相同位置画了一幅素描图（图1-15），读者可将素描图与照片对照着看。图中标注的天龙峡再往南就是天池，但在这个位置看不见。与天龙峡相接的是瀑布，瀑布之下是二道白河峡谷，峡谷中有二道白河蜿蜒流过。图中标注的十二道河子峡谷在华盖峰和紫霞峰外坡之间一直延伸到火山口沿的滚石坡口，此峡谷在这里只能看见一条线。图中标注的华盖峰、滚石坡口和紫霞峰位于天池东面，孤隼峰位于天池东南面，这几座山峰仅可以越过火山口看见其尖顶的部分。

照片1-3（拍摄位置见图1-16）：这是在杜香道班西南3300米处的望火楼上拍摄的长白山火山锥西南半面。

长白山火山锥笼罩在浓厚的雾中，清晰面貌难得一见。连绵群峰与白云相接，气势磅礴。

照片中除了所标注的火山锥西南坡外，火山锥南坡和东南坡也带入一部分。照片中标注的白头峰、三奇峰、孤隼峰、紫霞峰和伏龙岗，如今位于朝鲜境内。

中景是南锦江上游高山草地和熊虎沟高山草地，为稀疏的森林、草地和沼泽地，在卫星照片上植被颜色很容易与茂密的森林区别开来（见卫星照片1-1中标注"高山草地"的南锦江、熊虎沟一带两块不规则的橘黄色，那就是高山草地特殊的假彩色）。

近景是望天鹅火山锥东北坡，大片森林中间夹杂着高山草地，这些高山草地与张草帽顶上的高山草地相似，只是面积较小。

图1-16　长白山火山锥西南半面拍摄位置图

图及照片中的"南锦江上游高山草地"和"熊虎沟高山草地"均为稀疏的森林、草地和沼泽地，在卫星照片上为明显不同于周围颜色的橘黄色。

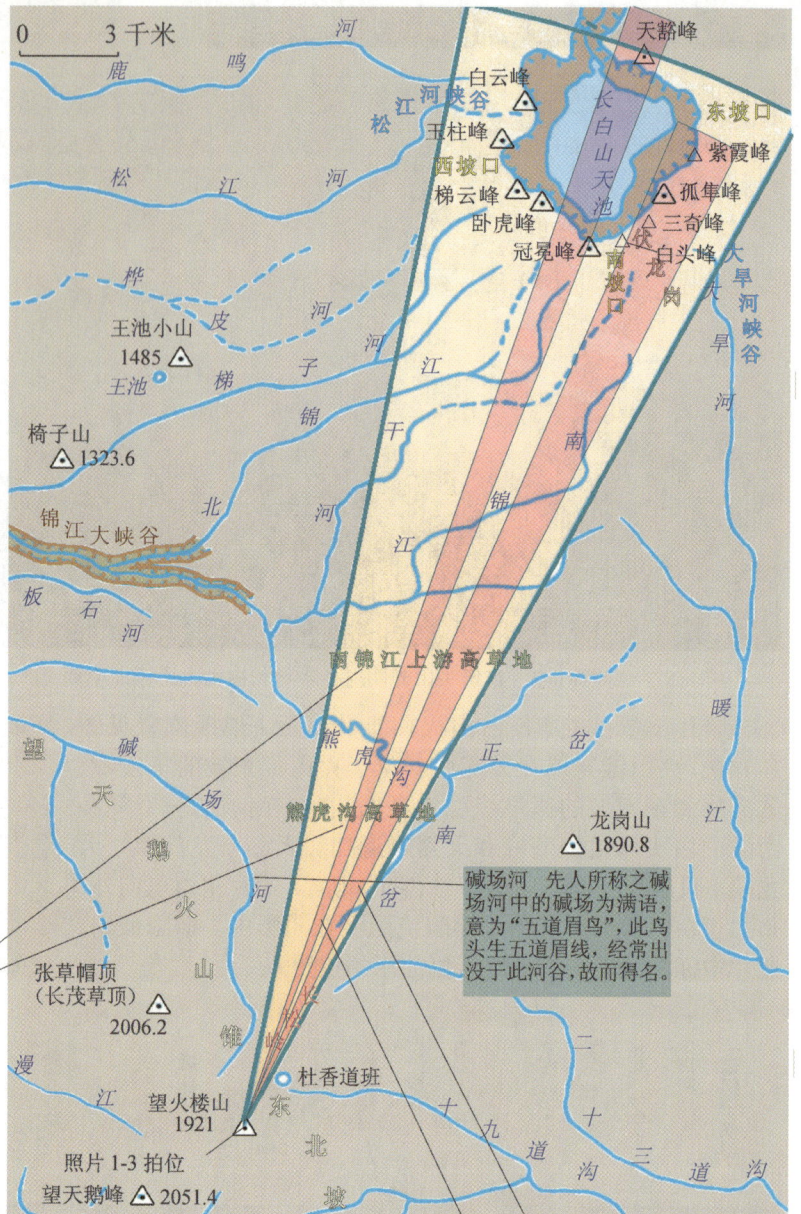

碱场河　先人所称之碱场河中的碱场为满语，意为"五道眉鸟"，此鸟头生五道眉线，经常出没于此河谷，故而得名。

用图1-16中这2个粉色扇面可以解释照片1-3中天豁峰何以会出现在卧虎峰和冠冕峰之间。实际上，天豁峰位于天池对面，是透过卧虎峰和冠冕峰之间的凹处，越过天池看见天豁峰的（见左面的扇面）。还可以解释白头峰、三奇峰、孤隼峰、紫霞峰这4座山峰排列顺序何以会颠倒，因为从拍摄地点看，这4峰位于天池对面，所以才出现照片中那样的排列顺序（见右面的扇面）。在照片1-3中，两个发自望火楼山的扇面的平面位置见图1-16，望火楼山为摄影者所站立的地方，故不在照片内。

这幅照片的拍摄地点距熊虎沟高山草地约10千米，距南锦江上游高山草地约17千米，距长白山火山锥约30千米。

照片1-3　在望天鹅火山拍摄长白山火山锥西南半面

## 1.3.7.4  在维东一带看长白山火山锥西半面

这里拍摄的是长白山火山锥西半面，拍摄位置在维东一带，相距 18 千米。

在这里遥望长白山火山锥，但见在地平线之上，长白山火山锥宛如一条白色巨龙横卧在大地之上，巍峨苍茫，气势非凡。

从火山地质角度看，这"巨龙"来自地下深处，是岩浆喷发到地面上冷却、凝固的火山锥，如此巨大的火山锥，让人不禁要感叹自然之力的巨大。由此我们可知：在遥远的过去，这里曾发生过惊天动地的"火山事件"。那大山和台地，现在静静地卧在大地之上，被厚厚的积雪覆盖着，寂静而冷清，构成一片冷峻的风光，但当年完全是另一番景象：隆隆的雷声响彻云霄，烈火冲天，浓烟滚滚，火山灰遮天蔽日，熔岩流"爬"向四周，吞噬着它面前的生灵，火山泥石流席卷大地……这样的浩劫反复发生过多次，大地被一次次掩埋、毁灭。如果历史老人一直站在这里观看这些地质变化，一定会被这种沧桑变化所震惊。人们不能经历漫长的地质变化过程，但聪明的人类，可以用科学的头脑以既存现实推知过去，所以，当我们面对这座被积雪覆盖的大山，遥想它的历史，一定会有难以言表的感受。

在照片中还隐藏着一个有趣的现象：

在维东一带看长白山火山锥西坡，能隐约辨认出所谓的"长白卧佛"。"长白卧佛"是人们发现的山形视觉组合，并非真的是那里躺着一尊卧佛，只不过是从恰当的方向和角度去看，会发现环绕天池的参差不齐的山峰看上去有点像躺卧的人形，如此而已。这是很有趣的地质现象。人们不妨对着照片仔细端详。乍看也许看不出什么奇妙之处，一经指出，那"卧佛"便会从群山之中浮现出来，很有意思。在照片 1-4 中已将"长白卧佛"标示出来。

为使读者更清楚地了解火山锥西坡，我们依据照片制作了一幅素描图（图 1-18），将照片中模糊之处强调画出，如各山峰的位置，松江河峡谷的范围和走向，白云峰熔岩流和玉柱峰熔岩流的范围和走向，都一一标注了。另外，在素描图中我们还画出了长白山火山锥和玄武岩熔岩台地的地质构造关系：先期形成的作为基座的玄武岩熔岩台地，承载着后期形成的火山锥。

用该扇面表示在拍摄地点看见"长白卧佛"的范围，那是从白云峰至西坡口一带的山形所形成的视觉现象。天气晴朗时，看得还是很清楚的（参见照片8-17和图8-17）。

在照片1-4中三奇峰出现在卧虎峰和冠冕峰之间，这是透视所致，在拍摄位置与三奇峰之间用一个粉色的扇形面相连就可以得知为何会出现这样的情况：这个窄的扇面穿过卧虎峰和冠冕峰之间，越过南湾直取三奇峰，卧虎峰和冠冕峰之间的火山口缘刚好低下去，所以便在这个凹处看见对面的三奇峰了。

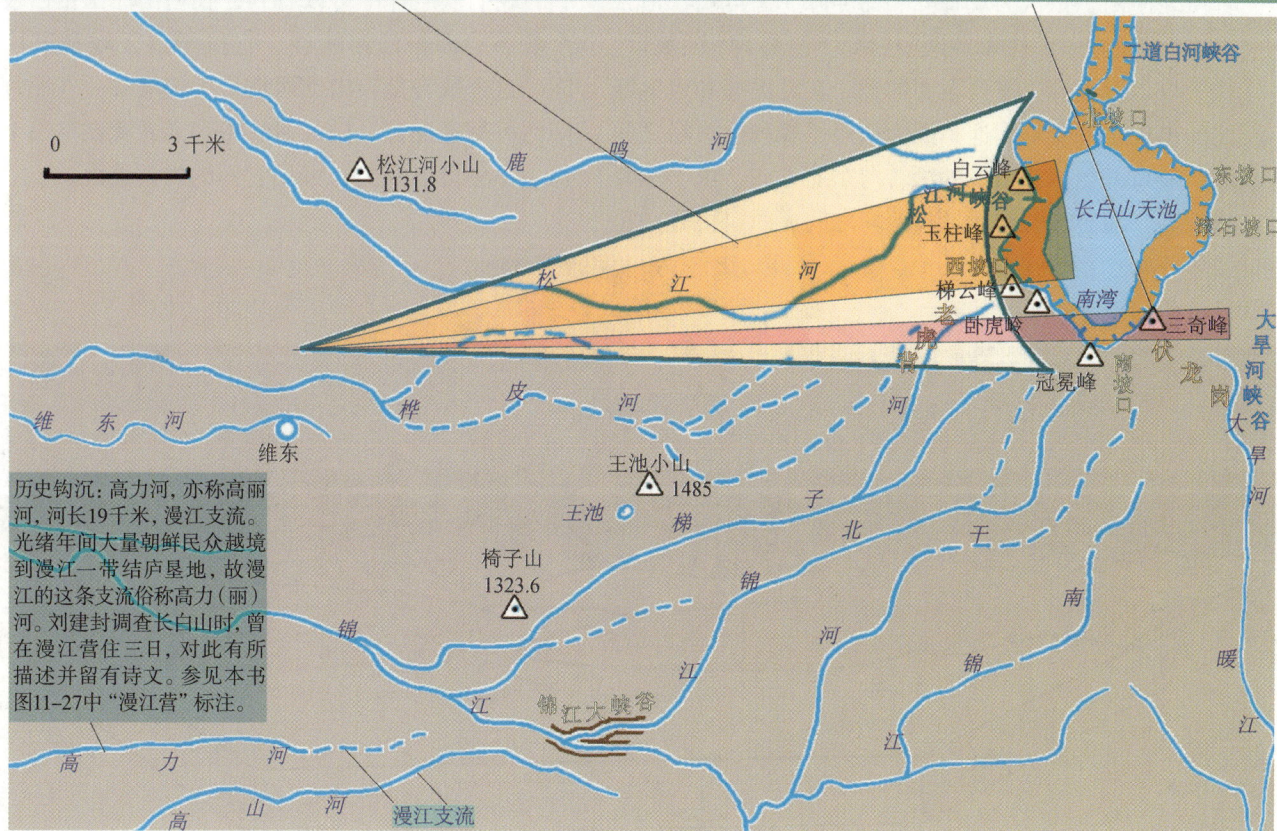

历史钩沉：高力河，亦称高丽河，河长19千米，漫江支流。光绪年间大量朝鲜民众越境到漫江一带结庐垦地，故漫江的这条支流俗称高力（丽）河。刘建封调查长白山时，曾在漫江营住三日，对此有所描述并留有诗文。参见本书图11-27中"漫江营"标注。

图1-17  长白山火山锥西半面拍摄位置图

观日峰 2570　锦屏峰 2625　芝盘峰 2630　白云峰 2691　玉柱北峰 2520　玉柱峰 2662.3　小玉柱峰 2560　5号界碑　西坡口 2462.6　梯云峰 2543　卧虎峰 2610　三奇峰（位于长白山天池对面）2720.3　冠冕峰 2566　南坡口 2500　白头峰 2658

长白山火山锥西北坡　松　江　河　长白山火山锥西坡　老虎背　长白山火山锥西南坡

照片1-4　在漫江南岗上看长白山火山锥西半面（张福有 摄）

照片1-4：这是长白山火山锥西半面（拍摄位置见图1-17）。照片中标注的山峰，由左至右（实地位置由北向南）依次为观日峰、锦屏峰、芝盘峰、白云峰、玉柱北峰、玉柱峰、小玉柱峰、5号界碑、西坡口、梯云峰、卧虎峰。需要说明的是：在卧虎峰和冠冕峰之间出现了三奇峰，这是因为从冠冕峰和白头峰之间的南坡口开始，火山口外缘转向东北方向，由于三奇峰很高，而卧虎峰和冠冕峰两峰之间火山口壁有一稍低处，已经转到火山口外轮东南壁的三奇峰便在这里被看见了。

我们从照片中可以看到，长白山火山锥西坡有一个峡谷，即松江河峡谷，它位于白云峰和玉柱峰之间。这个峡谷是火山锥西坡最大的峡谷。在照片中还隐约可见老虎背。松江河峡谷和老虎背在本书卫星照片1-1中可以找到，可见它们的规模很大。

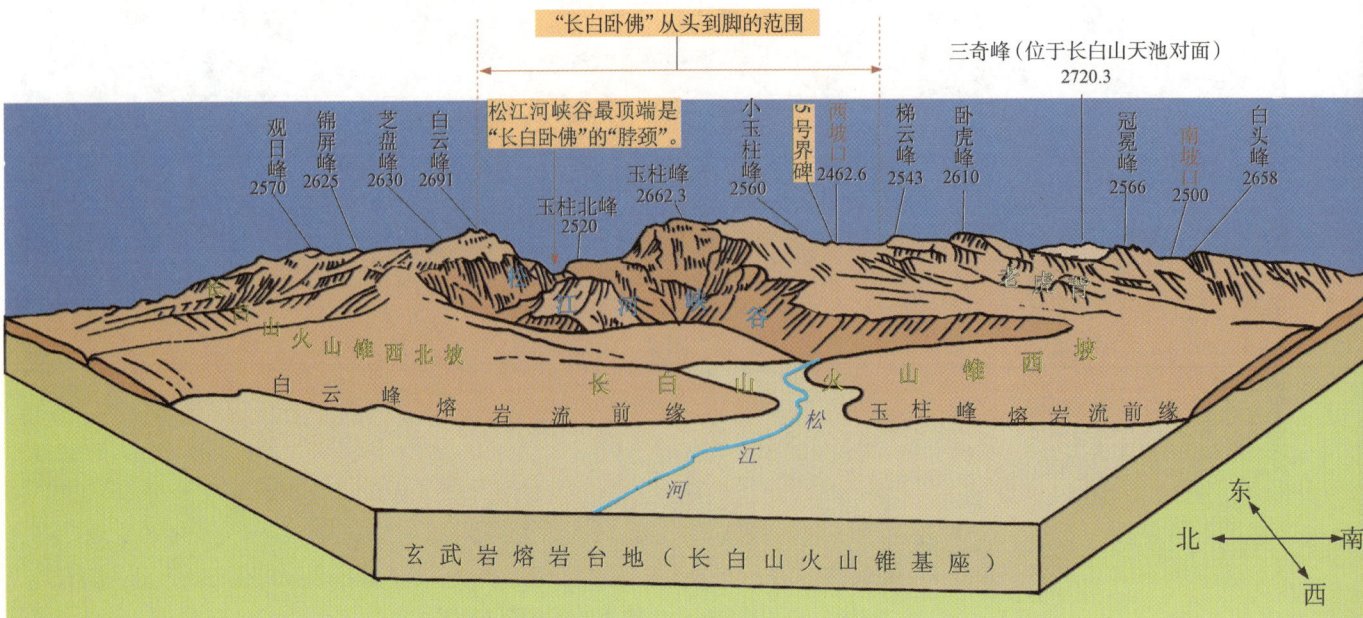

"长白卧佛"从头到脚的范围

松江河峡谷最顶端是"长白卧佛"的"脖颈"。

三奇峰（位于长白山天池对面）2720.3

观日峰 2570　锦屏峰 2625　芝盘峰 2630　白云峰 2691　玉柱北峰 2520　玉柱峰 2662.3　小玉柱峰 2560　5号界碑　西坡口 2462.6　梯云峰 2543　卧虎峰 2610　冠冕峰 2566　南坡口 2500　白头峰 2658

火山锥西北坡　白云峰熔岩流前缘　长白山火山锥西坡　玉柱峰熔岩流前缘　松江河

玄武岩熔岩台地（长白山火山锥基座）

东　北　南　西

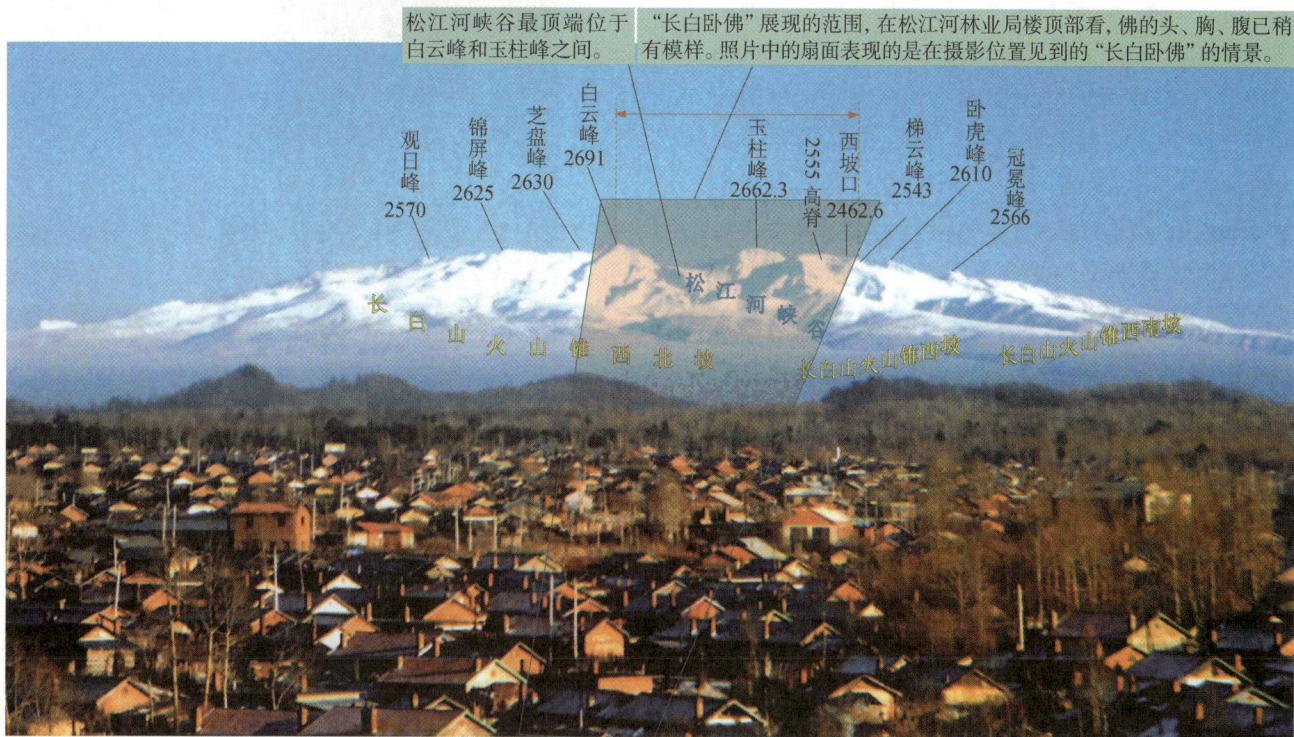

松江河峡谷最顶端位于白云峰和玉柱峰之间。

"长白卧佛"展现的范围，在松江河林业局楼顶部看，佛的头、胸、腹已稍有模样。照片中的扇面表现的是在摄影位置见到的"长白卧佛"的情景。

照片1-5 在松江河林业局楼顶部看长白山火山锥西北半面

照片1-5：在松江河镇可以很清楚地看见长白山火山锥西北半面（拍摄位置见图1-19）。冠冕峰所在的南坡也摄入一部分。在照片中，松江河峡谷清楚地展现出来，它将火山锥西坡豁开一条大口子，其性质和规模可与火山锥北坡的二道白河峡谷相比（参见图1-15）。

这幅照片中的长白山主峰，我国早有记载：康熙十六年（1677年）内大臣武木讷奉旨勘验长白山，所走的路线就经过当今松江河镇一带，他勘验并在山上"跪诵纶音"回北京后，给皇帝的奏折中有"望见长白山不甚遥远，似止有一百七八十里"，"又至一高山顶上，望见长白山甚明，约有百余里，见有片片白光"等描述（《长白汇征录》49页）。武木讷到达这里时是六月十二，天气已经转暖，山上积雪已开始融化，所见是"片片白光"，此幅照片所摄是大雪覆盖的景象，只因季节不同。

近年发现的山形视觉组合"长白卧佛"横跨松江河峡谷，从白云峰经玉柱峰至西坡口，但因观察方位和距离关系，"卧佛"形貌尚未逼真展现，尚需继续前行。

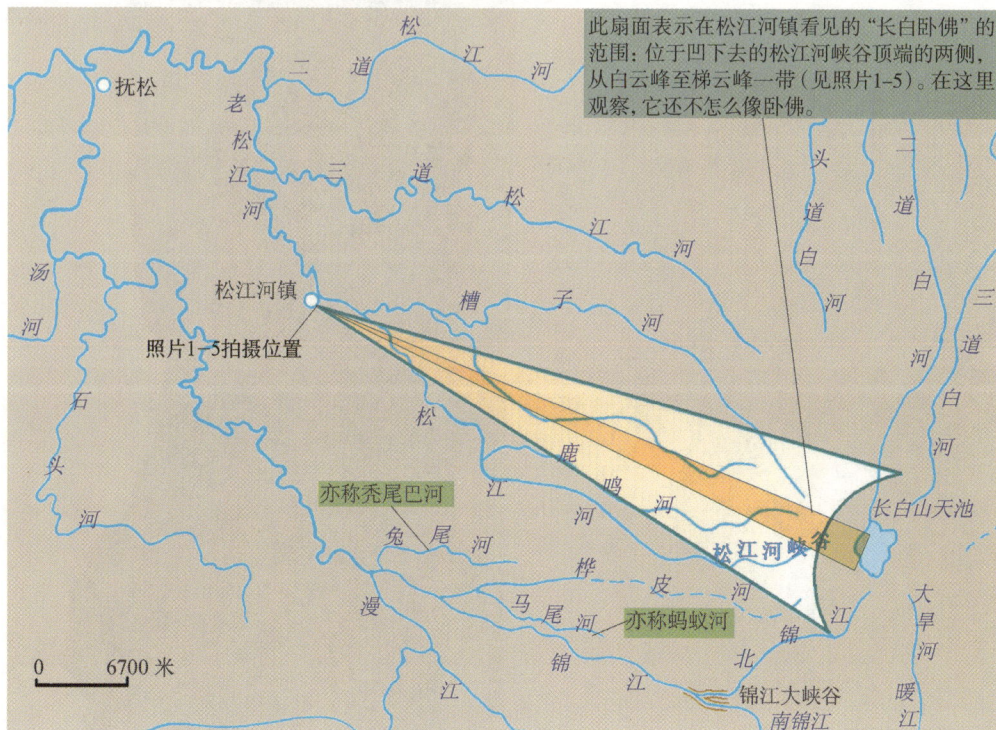

此扇面表示在松江河镇看见的"长白卧佛"的范围：位于凹下去的松江河峡谷顶端的两侧，从白云峰至梯云峰一带（见照片1-5）。在这里观察，它还不怎么像卧佛。

图1-19 长白山火山锥西北半面拍摄位置图

照片1-6：这幅照片展示的是从玉柱峰经梯云峰、卧虎峰至冠冕峰的外坡形貌（拍摄位置见图1-20）。这些山峰的外坡构成了长白山火山锥的西南坡。这里主要有老虎背熔岩流、小梯子河源头的西北岔、中岔、东南岔3条冲沟、卧虎峰和小虎峰熔岩流等。

从西坡或西南坡登顶天池，据文献记载和今人考证，先人多选择从老虎背攀登（照片左面）。小梯子河西北岔也可以攀爬，但有几处悬崖和冲沟顶部的浮岩层爬起来非常艰难且危险，先人不大可能走这样的路线，就是现在也很少有人走这条路线。其实，老虎背路线也很艰难，因有坡度很陡的喘气坡——老虎背熔岩流前缘，所以后来人们在修路时放弃了老虎背路线，选择了老虎背西侧的梯子河，现在的登山公路就修筑在梯子河以西的山坡上。

康熙十六年（1677年）内大臣武木讷奉旨勘验长白山，六月十六日到达长白山脚下，据考证，他们当天一行人就在这一带驻扎，第二天清晨登上主峰，勘验天池，宣读康熙谕旨。武木讷选择的登山路线应该就在这一带。

照片下部平坦的台地是长白山火山锥的基座，由先期喷发的玄武岩构成。

图1-20　长白山火山锥西南坡拍摄位置图

## 1.3.7.7　在卧狮峰一带看长白山火山锥东南坡（朝鲜民主主义人民共和国境内）

图1-22的观察位置在卧狮峰上，距长白山主峰较远，约14千米，这个距离足可以把长白山火山锥东南坡全部纳入素描图的视域，图中最左边是冠冕峰，最右边是小胭脂峰，火山锥顶部尽收眼底。

为方便旅游者观光，我们在图1-21中粗略标定了国界线的走向。1号界碑位于伏龙岗的末端，即伏龙沟与大旱河交汇处，沿着伏龙沟向西北方向走约2950米，沟底为2号界碑。离开伏龙沟底向西北方向走约475米，登上一座小型火山锥，海拔2457.4米，相对高度177米，该峰又称"3号界碑峰"，其上立有3号界碑。一过3号界碑峰就从鸭绿江流域进入松花

江流域了，也就是说，松花江与鸭绿江的分水岭通过了这座山峰。3号界碑离4号界碑约1700米，因其间没有明显的地貌特征，国界线是以直线相连的，沿着这条直线攀登向北望，可见到的最明显的景物就是"形如佛顶"的白头峰。4号界碑位于冠冕峰旁的悬崖上，从4号界碑向西北方向，国界线的走向就沿着火山口缘走了，这已超出素描图的范围了。

伏龙岗因透视关系被大大缩短了。伏龙岗的表面有密集的沟壑，成为火山劣地，给攀爬伏龙岗造成很多困难，难怪当年刘建封在伏龙岗上爬到半山腰就无奈而返，他在书中说是因一场倾盆大雨兜头浇下，想

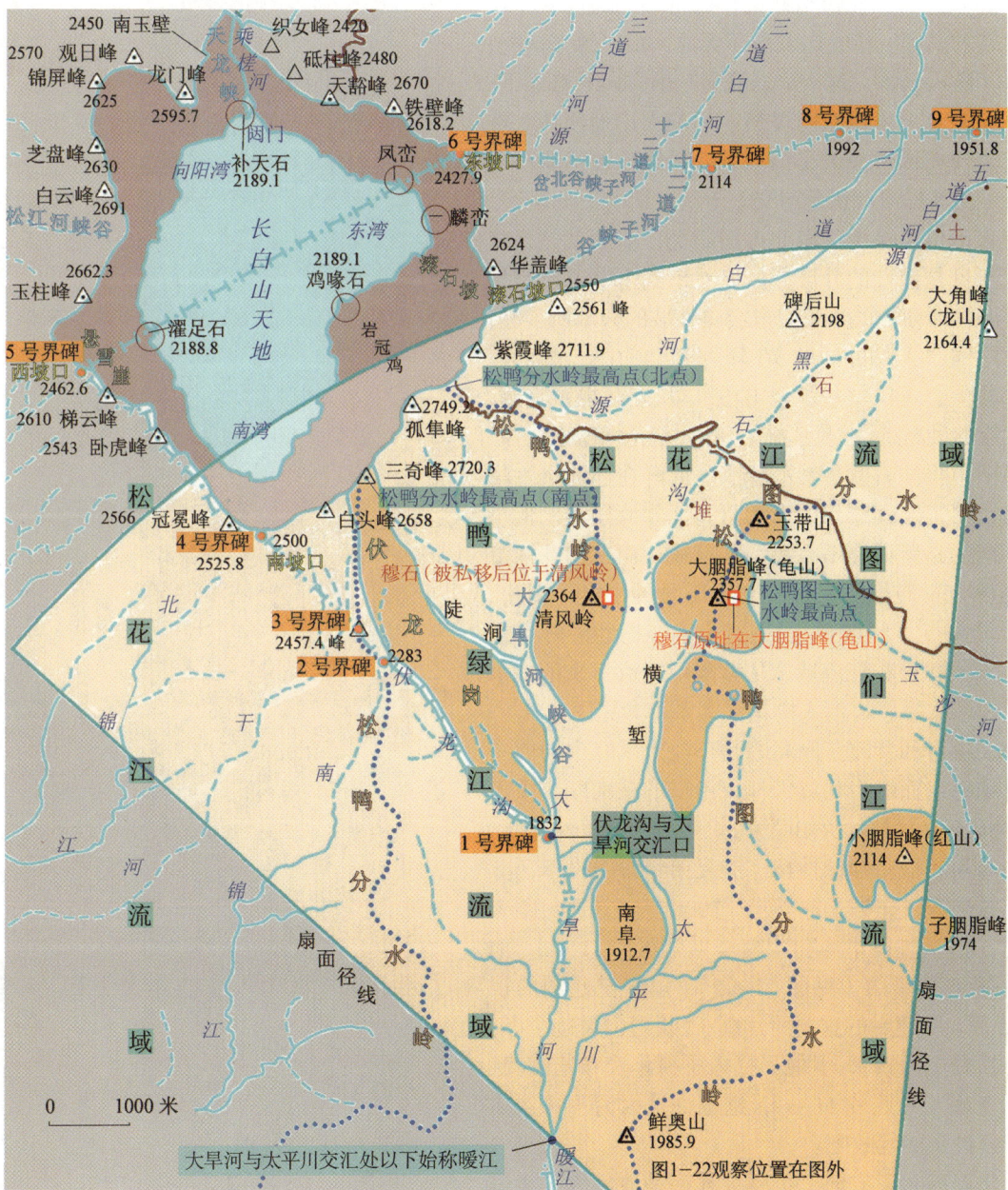

图1-21　长白山火山锥东南坡（朝鲜民主主义人民共和国境内）素描图观察位置及范围平面投影图

观察视域的扇面径线交汇处在图外，画素描图（图1-22）的观察位置在卧狮峰，卧狮峰的位置参见图12-1、图12-2、图12-3、图12-4及照片12-1。

必是火山劣地那些大大小小的冲沟里都是泥水，导致登山者无法攀爬，连素有登山癖的刘建封也只能望而却步，可见在这样的山坡上攀爬是何其艰难。事后他在书中说，很遗憾没能从伏龙岗爬上白头峰，但他后来从南坡口登上了白头峰，总算遂了登白头峰的心愿。

素描图中展示了白头峰的位置和形貌。白头峰位于松花江流域，从白头峰流下来的雨水进入干河，汇入锦江，再汇入松花江。素描图中白头峰的右面是三奇峰，从白头峰向三奇峰攀爬虽然并不困难，也略显平淡，却是跨进了鸭绿江流域，三奇峰是松鸭分水岭最高点（南点）（见图1-21）。从火山地质上讲，伏龙岗始于三奇峰，在三奇峰内壁能看到一条垂直的火山颈，形成伏龙岗的岩浆正是从这个火山颈向外喷涌的。三奇峰能有如此高度，全仰赖于那条火山颈，换句话说，三奇峰的高度就是伏龙岗起始端的高度。伏龙岗发端于天池火山口缘东南壁，高高崛起，矗入云霄，这条熔岩流向东南方向顺势而下，气吞山河，成为火山锥东南坡最明显的火山地质体。在伏龙岗熔岩流东缘形成大旱河峡谷，西缘形成伏龙沟峡谷，峡谷中的大旱河和伏龙沟交汇于伏龙岗的最末端。

沿着火山口边缘再往东北方向攀登，前面就是孤隼峰。因为所见是该峰的外坡，所以看不到内壁巨隼展翅翱翔的英姿，即使如此，我们也会被外坡的巍峨所震撼，它是峰中之峰，从高度上讲，在环池十六峰中它是老大。站在孤隼峰上，可以"一览众山小"。从宏观视野来讲，它是东北亚的最高点，在孤隼峰上环视，就是俯瞰东北亚。

素描图中再往右就是紫霞峰了。此峰在环池十六峰中高度排行第三，其雄伟的形象可与孤隼峰媲美。但与孤隼峰不同的是紫霞峰不在鸭绿江流域，而在松花江流域，孤隼峰与紫霞峰之间有一个不明显的小脊，即松、鸭分水岭最高点（北点），正是这个小脊把紫霞峰引进三道白河流域即松花江流域，从紫霞峰上流下来的雨水进入三道白河水系，再汇入松花江水系（参见图5-5）。

孤隼、三奇和紫霞三座高峰是环池十六峰中的前三名，三兄弟并肩而峙，构成天池火山口的东南壁，顶天立地，气势磅礴。猛烈的火山喷发，炽热岩浆的骤然冷凝，铸就了山峰粗犷而坚强的性格。三兄弟经常隐没于云雾之中，半显半露，充满了神秘感。1908年，刘建封踏查长白山时，拍摄过孤隼峰和紫霞峰（见照片11-6），他是在木头峰上拍摄的（见图11-25），角度比此图的视角偏东45度。刘建封的这幅照片载于《长白山灵迹全影》第4幅《长白山远景》，但他只摄入了孤隼峰和紫霞峰，没摄进三奇峰（见照片11-6），这也许是因为一百年前还没有广角镜头的缘故吧。

从孤隼峰向东南方向，跨越大旱河是清风岭。清风岭四周有许多侵蚀细沟和深切冲沟，构成了难以行走的火山劣地，但清风岭的顶面还是平坦光滑的。清风岭地

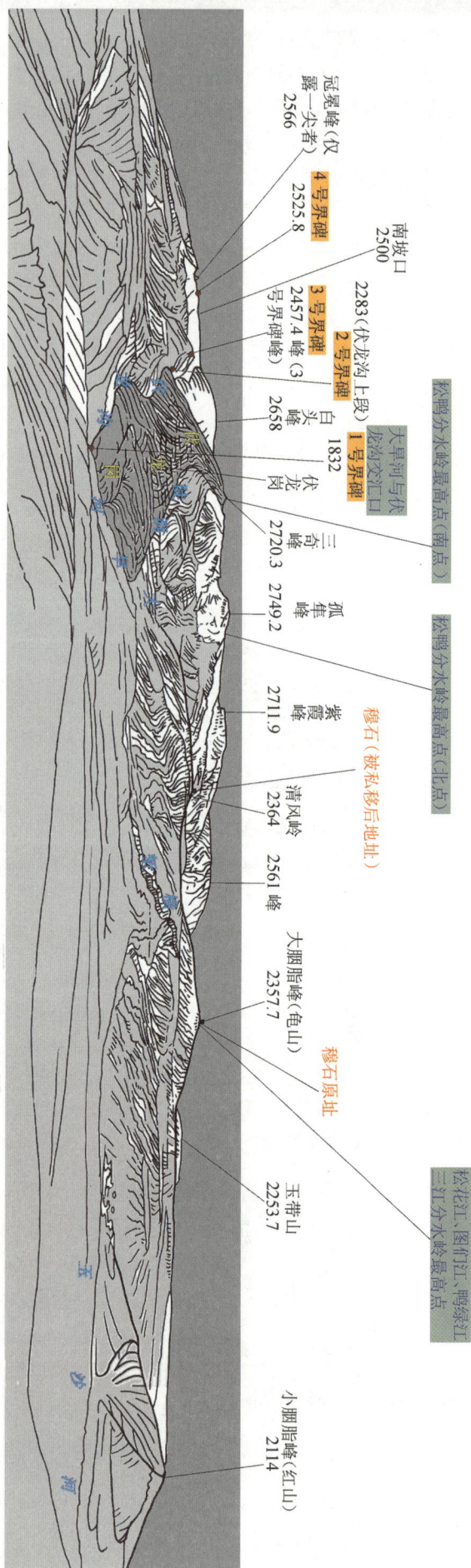

图1-22　在邱狮峰一带看长白山火山锥东南坡（朝鲜民主主义人民共和国境内）地貌素描图

冠冕峰（仅露一尖者）
2566

南坡口
2500

4号界碑
2525.8

2283（伏龙沟上段）
2457.4峰（3号界碑峰）
3号界碑

白头峰
2658
2号界碑

大旱河与伏龙沟交汇口
1832
1号界碑

松鸭分水岭最高点（南点）

伏龙岗

三奇峰
2720.3

孤隼峰
2749.2

松鸭分水岭峡最高点（北点）

紫霞峰
2711.9

穆石（被私移后地址）

清风岭
2364

2561峰

大胭脂峰（龟山）
2357.7

穆石原址

玉带山
2253.7

松花江、图们江、鸭绿江三江分水岭最高点

小胭脂峰（红山）
2114

024

理位置特殊，它位于松鸭分水岭之上。

　　清风岭上原立有被人私移至此的穆石（即"穆克登审视碑"。简称"审视碑"，亦称"穆克登查边碑"或"查边碑"。下同）。光绪三十四年（1908年）刘建封曾在清风岭上拓印穆石文字。拓印时遇到大雨，再加上那时纸张还是稀罕物，所以仅拓印了两张。但穆石上的文字得以保存下来，使人们在今天还能见到穆石的原貌。从清风岭上很容易就能走到大胭脂峰（即龟山，下同）上，此峰是当年穆克登凿立穆石之地，本书有专门叙述清风岭、大胭脂峰和穆石的章节，这里只是从地理角度介绍它们的相对位置。素描图中最右侧是小胭脂峰（即红山，下同），从这个角度能看出它的马蹄形外貌。

　　素描图中还有一座山峰，它就是躲在大胭脂峰后面刚露顶的玉带山。此山离大胭脂峰很近，从很多角度看，它总是被大胭脂峰挡住，但在本图视角恰可以看到玉带山的峰顶。玉带山在历史文献中屡被提及，是一座很重要的山峰，所以这里着重介绍给读者。据

《长白山江岗志略》第327页记载："玉带山，东距木头峰十二里。山背有一沙河，斜缠腰间。望之如玉带，故名之。高二里。"

　　玉带山是一座火山锥，西南距大胭脂峰1100米（见图1-21），海拔2253.7米，相对高度100米，峰顶平缓，锥体四周有密集的细沟。黑石沟从玉带山西北麓流过。松、图分水岭通过玉带山。历史上，玉带山曾是外国人多次踏足之地，《长白山记》记载说："（光绪）三十年四月，俄员、德员以马车由官道进至玉带山后，积雪尺许，舍车步行数里，未至东坡口"（《长白山江岗志略》449页）。这里所说的"官道"是吴大澂在光绪十二年（1886年）所修。刘建封在《勘界说》中也记载说："吴大澂之修官道也，砍树至木石河边。"（见《长白设治兼勘分奉吉界线书·勘界说》，《长白山江岗志略》452页。）木石河离玉带山15千米，那时道路已修至玉带山。现在的公路就是绕过玉带山，跨黑石沟盘曲而上的，再向西北方向攀登，就能依稀看见远处与云天相接的孤隼峰和紫霞峰了。

## 1.4　长白山火山在时空隧道中的位置

### 1.4.1　长白山主要火山活动与地球重要事件进程对应图及说明

　　图1-23所画是一条通向遥远过去的时空隧道，让我们从长白山火山的现在出发，逆着时间进程走向远古，走向宇宙之始。沿途我们会看见无以计数的风光，会看见在长白山这块不平静的大地上，过去都发生过什么样的火山事件。如把这些事件与地球发展的重要进程及人类发展的历史加以联系和对应，那将是一次有趣的旅行。

　　在地球46亿年的历史进程中，长白山火山事件的发生实在是很晚的事，但以人类的历史来看，却是遥远的过去。约1991万年前，即第三纪中新世，长白山地区喷发了甑峰山玄武岩。那时候，在非洲刚出现一种古猿。为什么说到非洲古猿？长白山与遥远的非洲古猿何干？是的，毫无关系，这只不过是一种时间对比，因为亚洲没有发现相应时期人类进化的史前遗迹，所以说到非洲。我们想要告诉读者的是：那时候，地球上还没有人类，只有人类的祖先——古猿在非洲游荡。311万年前，长白山区的红头山一带发生火山爆发时，地球上正处于从猿进化到猿人时期。进入第四纪，长白山区喷发形成白山期玄武岩，在中国云南出现了元谋猿人。149万年前，长白山火山锥第一阶段开始形成，是人类学会打制石器的时代。55万年前，长白山火山锥第二阶段喷发形成时，北京猿人已经在他们居住的山洞里小心地保护着雷电击出的火种，用来取暖和烧烤东西吃了。33万年前，长白山火山锥第三阶段喷发形成时，是早期智人学会钻木取火的

岁月，他们不必再为火种的熄灭而担忧了。20万年前，长白山火山锥第四阶段喷发形成时，晚期智人已经穿上了兽皮，可以制造出更好的石器，开始集体打猎，过集体生活了。根据吉林大学和吉林省文物考古研究所考古发掘，桦甸寿山仙人洞旧石器遗址，距今16万年。2014年10月20日，张福有发现的抚松县漫江枫林旧石器遗址，同时发现我国首例标准手斧，经吉林大学陈全家教授鉴定，与蛟河砖厂距今6万年的遗址相近，年代约距今5万年。经中国科学院古脊椎动物与古人类研究所与吉林省文物考古研究所考古发掘，获得2000多件黑曜岩石叶石核等，文化层4.2米深，距今约3万年。这证明，长白山地区已有人类活动。这期间，即距今两三万年前，在长白山地区总算是找到了古人类活动的直接证据，这就是"安图人"。安图人的出现在长白山是件了不起的大事。安图人穴居之地在图们江流域布尔哈通河谷中，离长白山不是很远。与安图人同时生活的动物有披毛犀、猛犸象等。我们可以设想，他们在追逐猛犸象或披毛犀时，很可能已经可以远远地望见高耸入云的长白山火山锥了。安图人生活的时代比现在要冷，长白山的积雪也要比现在厚得多，更为显眼，那时说不定已有安图人出于好奇和崇拜而登上了它的顶峰。六七千年前，长白山有过猛烈的爆发，同期我国已有半坡人在刀耕火种，从事渔猎活动。三四千年前，长白山又有数次爆发，此时，我国已进入五帝时期，舜将位传于禹，大禹治

水，三过家门而不入。约公元1千年前后，长白山有过一次猛烈的爆发，火山灰覆盖了很大的面积，这时正是金朝册封长白山之神为"兴国灵应王""开天弘圣帝"的时候，不管这是历史的巧合还是必然，把这两件事摆在一条时间横线上是可以对应的。公元17世纪，长白山又有火山活动，尽管规模不大，也可能惊动了清王朝，遂有康熙皇帝派内大臣武木讷勘验长白山之举，然后全面封禁长白山。这种自然现象和社会活动的同时出现也不应视为纯粹的巧合，所以把它们置于同一时间横线上……在时空隧道上溯源旅行的详情请看图1–23。

时间以永恒的速度无限地向宇宙深空延伸着，在时空隧道上，长白山火山还会有更精彩的故事讲下去。未来的人们会比现在的我们更幸运，他们肯定能在这片神奇的大地上看到更精彩的火山活动所带来的地质变化和无限美好的自然风光。

## 1.4.2 长白山新生代主要火山事件简表及说明

对于表1–2，一般读者可能不习惯表上的时间单位。地质时间动辄以万年、十万年、百万年甚至亿年作为时间单位，这与我们日常生活中的天、月、年、世纪相差太远了。进入地质历史，我们必须改变时间观念，因为作为个体的人对千年以上的时间恐怕已经没有感性认识了。追溯人类的历史，有文字记载的也就三千多年。说起夏、商、周，几乎是无法想象有多么遥远。实际上，我们人类从猿进化到现在，也就是几百万年前的事，这个时间跨度已经不可想象了。但上述这些时间较之地质时间的长度，实在太小。人类无法直接感受到地质时间的长度，人类无法适应以千百万年为单位计算时间的长度。

在地球46亿年的时间长河中，这张地质年表只是列出了有关长白山火山事件2700万年以来的时间长度。那么，2700万年有多遥远呢？枯燥的数字是难以留给人们深刻印象的，用空间长度来表达时间长度也许会让人们多少有点感性认识。比如，现在有一只蜗牛，假设它的时速为每小时1米，够慢的吧，昼夜不停地爬，每天24米，每年8760米，这样，在2700万年间，爬行的距离为236，520，000千米，这个距离相当于绕地球赤道5905圈，或者往返地球到月球622次，或者去火星3次，这就是2700万年的长度！

现在再来看这张表，你可能会对表上的时间有了一点感性认识。长白山火山最早活动于望天鹅火山区，时间是2700万年前；天池火山区的火山活动始于1500万年前，那座巨大的火山锥经过149万年的堆积才有了现在的模样；甑峰山火山区火山活动始于1991万年前。这3个火山活动区，尤其是天池火山区，基本可以代表长白山火山事件的全过程。

如此看来，长白山火山活动可以追溯到遥远的过去。尽管如此，正如前文所说，与地球地质时间相比，长白山火山事件还是晚近的事，所以这张表的下限仅起始于新生代第三纪渐新世。一句话，站在地球老人面前，长白山不过是个儿童。

对于长白山火山事件的期次划分，不同地质学家有不同的划分方法。毕竟是遥远的地质历史时期发生的事情，研究者只能依据火山活动遗迹和科学方法对千百万年以来火山活动进行分期。在地质研究过程中，获取的资料会日益丰富，科学理论在发展，技术手段在革新，人们的认识水平会不断提高，对长白山火山的认识会不断加深，就这张表来说，所列的火山活动期次的划分，一定会不断得到修正。

关于表1–2中天池火山区中的"白头山期"：

长白山新生代火山活动的规模之大、持续之久和喷发之频繁，是我国之最。我国几代地质工作者对长白山火山进行了全面深入的研究，取得了丰富的成果。郑德权参与过对长白山的地质调查，多年来有一个问题始终不能放下，就是关于"白头山期"的命名。"白头山期"之名源于日本。1927年10月，日人川崎太郎等进入长白山进行动植物及地质综合考察，提出火山锥体是由碱性流纹岩及粗面岩组成，并命名为"白头岩"，该文见于《朝鲜博物学会杂志第四号别册》。1933年渡边武男、1935年小仓勉、1942年浅野五郎等多次进入长白山进行地质考察，沿用"白头岩"这个名称。1960年，吉林省地质局对漫江幅、长白幅进行1／20万区域地质测量，沿用"白头岩"建立"白头岩组"。1971年，进行白头山幅1／20万区域地质测量，把"白头岩组"改名为"白头山组"。1980年，孙建中等提出"白头山期"说。1988年《长白山地质志》沿用"白头山期"一说，此后一直沿用至今。1992年1月17日，吉林省地名委员会发布《关于长白山标准地名使用的通知》指出：白头山是朝鲜、韩国对长白山的称呼，故将"白头山天池"改称为"长白山天池"。但在地质界并未类推，仍用"白头山期"。这种情况不应该继续下去，应该有我国的名称。据此，建议用"祖峰期"代替"白头山期"。

"祖峰"之名源于我国历史文献：长白山是清朝"祖宗发祥之地"（康熙语），"为我国东方诸山之祖"（吴禄贞语），1932年有《万山之祖老白山江岗全图》，等等，可从中选取"祖峰"二字。

"祖峰期"的内涵等同于"白头山期"，即祖峰期喷发粗面岩形成长白山火山锥。

更名的建议，目前还只是建议而已，仅供地质学家们参考。

表1-2 长白山新生代主要火山事件简表

| 地质时期 | | | 距今年代（万年） | 长 白 山 火 山 喷 发 事 件 | | |
|---|---|---|---|---|---|---|
| 代 | 纪 | 世 | | 望天鹅火山区 | 天池火山区 | 甑峰山火山区 |
| 新生代 | 第四纪 | 全新世 | | | 公元七八百年喷发八卦庙期熔结凝灰岩及火山灰（碱流－粗面岩浆） | |
| | | | | | 公元一千多年喷发白云峰期浮岩、火山灰（碱流－粗面岩浆） | |
| | | | | | 3930年前喷发气象站期熔岩流（碱流－粗面岩浆） | |
| | | | | | 6440—4105年前喷发冰场期浮岩（碱流－粗面岩浆） | |
| | | | 1 | | 149—20万年前喷发白头山期（见28页注）粗面岩形成长白山火山锥（碱流－粗面岩浆） | |
| | | 更新世 | | | | |
| | | | 164 | | | |
| | 第三纪 | 上新世 | | 166万年前喷发灵光塔期玄武岩（玄武岩浆） | 159万年前喷发白山期玄武岩（玄武岩浆） | |
| | | | | 311万年前喷发红头山期安粗岩－碱流岩（安粗－碱流岩浆） | 247万年前喷发头西期安粗岩－碱流岩（安粗－碱流岩浆） | |
| | | | | 375万年前喷发沿江村期玄武岩（玄武岩浆） | 260万年前喷发军舰山期玄武岩（玄武岩浆） | |
| | | 中新世 | 520 | 1300—1000万年前喷发望天鹅期玄武岩－粗安岩（玄武岩浆） | 450万年前喷发泉阳期玄武岩（玄武岩浆） | |
| | | | | 1640万年前喷发长白期玄武岩（玄武岩浆） | 1500万年前喷发奶头山期玄武岩（玄武岩浆） | 1991万年前喷发甑峰山期玄武岩（玄武岩浆） |
| | | 渐新世 | 2330 | 2840—2700万年前喷发马鞍山期玄武岩（玄武岩浆） | | |

本表参考了金伯禄、孙建中、刘嘉麒、刘祥、靳克、彭玉鲸、王彦生、许文良等人的资料，与郑德权的资料综合编制而成。

## 1.4.3 长白山火山——"地球母亲怀抱里的婴儿"

图1-24是长白山火山年龄和地球年龄的对比示意图。

地质学家怎样计算长白山火山事件的起始年龄？应当从这里最早出现火山活动开始算起。那么，长白山地区最早出现火山活动是在什么时候？这要追溯到2700万年前。

对于人类来说，这实在太遥远了，这样计算长白山的年龄，它显然是太老了。人类进化的历史不过几百万年，在人类还远未出现之前，长白山地区就已经有了火山活动。但是，地质学家们却说，长白山火山是座年轻的火山，这是为什么？这是相比较而言。如果与人类比，长白山火山是一位老人；如果与地球比，长白山火山不过是一个婴儿。

现代科学证明，地球的年龄是46亿年，如此一对比，2700万年当然还很年轻。光是数字的对比太抽象，很难让读者直观理解两者的差别。让我们换一个与日常生活贴近的方式来进行对比可能好一些。

现在，我们把地球年龄46亿年的那个"亿"字去掉，换成"岁"字。这样一来，地球的年龄一下子变成了46岁，这是人的中年时期。再把地球女性化，现在，在茫茫宇宙中绕太阳运行的就是一位端庄美丽的中年女性了，她是地球上万物之母。长白山是她所生、所育。她在46岁这一年的9月18日开始孕育腹中的"婴儿"——长白山火山。这时候，在长白山地区边远角落已经有早期的火山活动了，如人们在鸭绿江上游八道沟马鞍山盆地就发现了2700万年前喷发的玄武岩。约12月26日至30日下午，她娩出长白山火山锥，就是人们百里之外就能看见的那座巍巍大山。距年终还有22分36秒，地球母亲猛烈地咳嗽了一次，这是4300多年前的那次火山大喷发，喷发的浮岩覆盖了火山锥。在元旦时敲响新年钟声前的4分12秒，她又咳嗽了一次，这是发生在公元1000年左右的那次大喷发，冲入高空的火山灰一直飘落到日本北海道……如此看来，较之地球母亲，长白山火山只不过是个刚诞生的婴儿。

因版面所限，长白山火山的年龄柱只能在地球母亲的年龄柱上截取放大来表示。如果不这样做，画这幅图得用5张A4纸拼接起来才行。

| 地球年龄<br>（亿年） | 去掉亿字<br>换成年岁 |
|---|---|
| 0 | |
| 5 | 5 岁 |
| 10 | 10 岁 |
| 15 | 15 岁 |
| 20 | 20 岁 |
| 25 | 25 岁 |
| 30 | 30 岁 |
| 35 | 35 岁 |
| 40 | 40 岁 |
| 45 | 45 岁 |
| 46 | 46 岁 |

地球母亲年届46岁

9.5天前 长白山火山锥的基座形成

3.7天前 长白山火山锥开始形成

26分前 天池火山猛烈爆发

4分12秒前 天池火山近代爆发

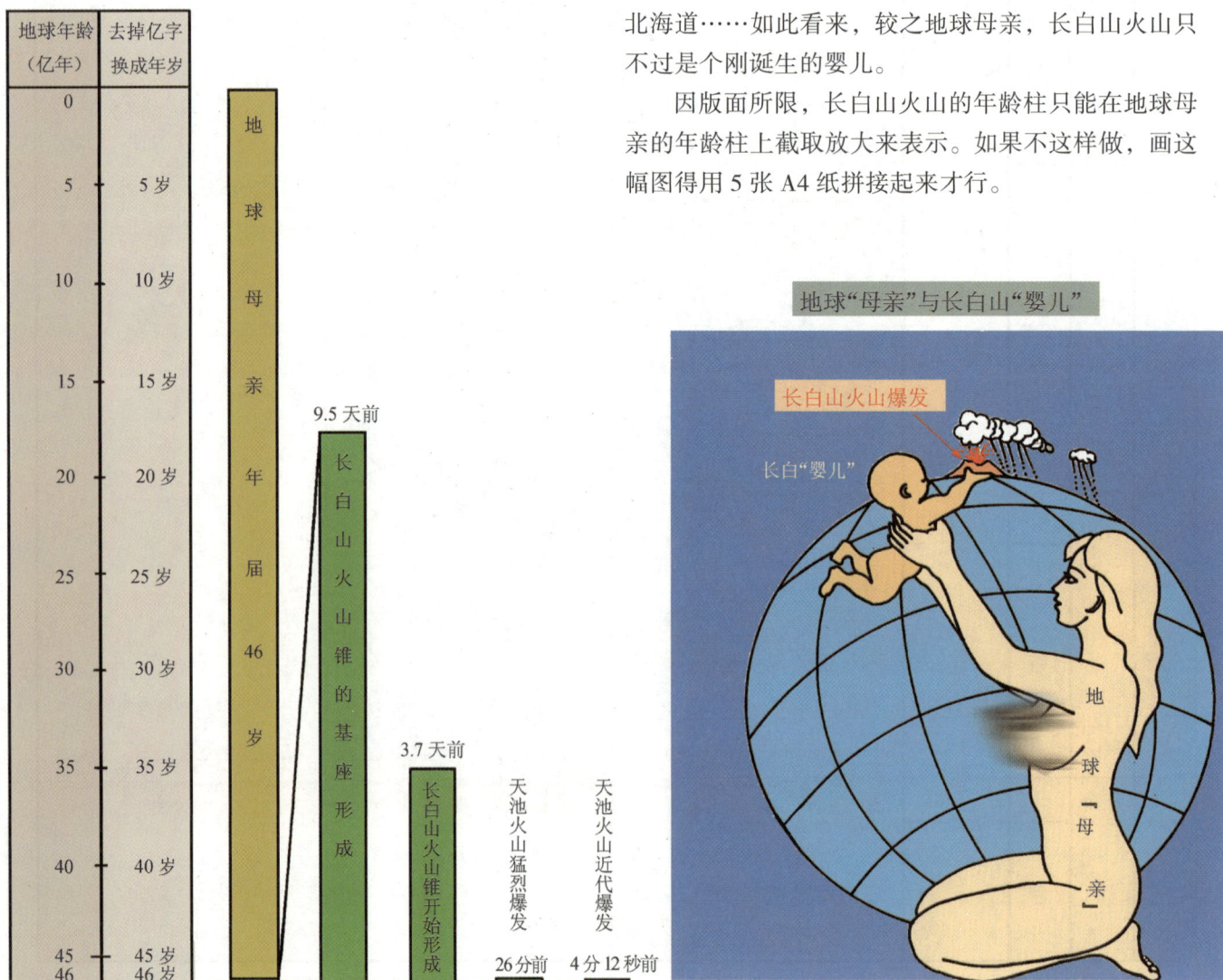

地球"母亲"与长白山"婴儿"

长白山火山爆发

长白"婴儿"

地球"母亲"

图1-24　长白山火山"婴儿"与地球"母亲"年龄对比图

长白山火山的形成不是一蹴而就的，而是经历了漫长的地质时期，地质学家们将其形成过程概括为既分明又有内在联系的三个阶段（图1-25）：

第一阶段:早期造盾阶段。这里的"盾"是指"长白山盾状火山"。什么是盾状火山？玄武质岩浆的性质决定了它所形成的熔岩是铺展型的，它在几千平方千米范围铺展开来，中间部分厚，边缘部分变薄，整个形态像一面古代战士使用的盾。"长白山盾状火山"又称"长白山熔岩台地"。这台地便构成了长白山火山锥的基座。以塑像比喻，犹如长白女神塑像的底座。

第二阶段：中期造锥阶段。是指长白山火山锥主体的形成阶段，人们一般所说的长白山火山多是指这座规模巨大的火山锥而言。长白山火山锥并不是一个完整的尖锥形，地质学上称它为"截顶火山锥"。从时间上看，这座火山锥喷发形成于盾状玄武岩台地之后，从空间上看，坐落于长白山熔岩台地之上。犹如将女神塑像置于建造完毕的底座之上。经过此期火山喷发，长白山火山锥"主体工程"竣工。

第三阶段：晚期造席阶段。长白山火山锥主体形成之后，又有数次火山活动，但对整座火山锥的形态没有很大的改变，所喷发的火山物质多以浮岩、火山灰和火山碎屑为主，这些火山喷发物多覆盖在先期形成的玄武岩台地和火山锥上，所以称为"造席"，意即造了一张席子覆盖在上面。仍以塑像比喻，好比给女神披上一件斗篷或一袭薄纱，将女神着意打扮了一番。

岩浆喷发打造长白山火山，有如艺术家建造一座塑像。前者是自然创造，后者是人工创造。自然创造有自然之美，人工创造有人工之美，就其造美的本质和造美的结果来看，都给我们展示出了事物的美好。美丽的长白山和传说中的长白山仙女的种种神话，前者是自然遗产，后者是长白山文化，它们都是无价瑰宝。

用艺术家雕塑石像来比喻长白山火山的构造和形成过程，也许会使读者对长白山的外在美和内涵的科学性有更深刻的了解。

| 早期造盾阶段 | 中期造锥阶段 | 晚期造席阶段 |
|---|---|---|

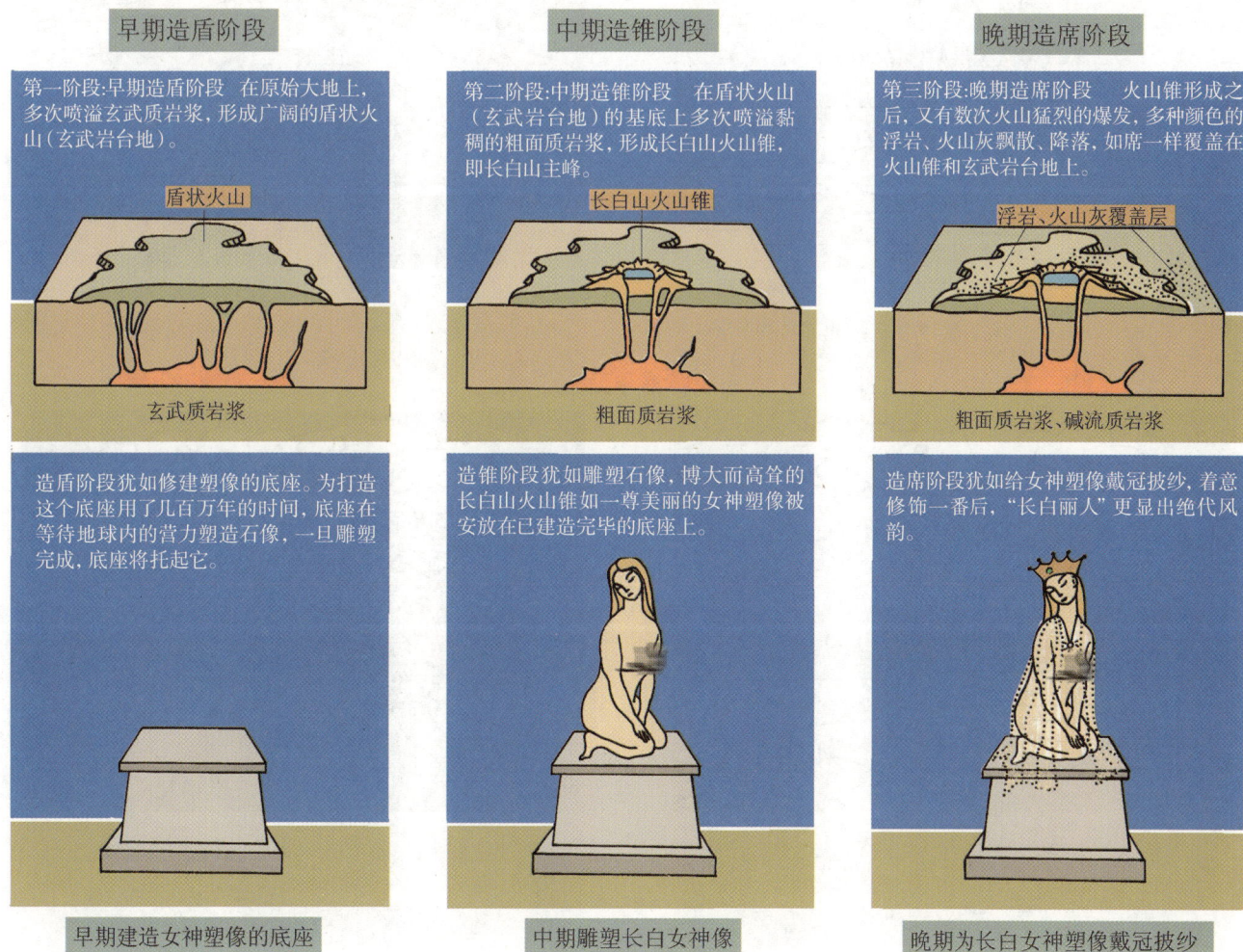

第一阶段:早期造盾阶段　在原始大地上，多次喷溢玄武质岩浆，形成广阔的盾状火山（玄武岩台地）。

盾状火山

玄武质岩浆

第二阶段:中期造锥阶段　在盾状火山（玄武岩台地）的基底上多次喷溢黏稠的粗面质岩浆，形成长白山火山锥，即长白山主峰。

长白山火山锥

粗面质岩浆

第三阶段:晚期造席阶段　火山锥形成之后，又有数次火山猛烈的爆发，多种颜色的浮岩、火山灰飘散、降落，如席一样覆盖在火山锥和玄武岩台地上。

浮岩、火山灰覆盖层

粗面质岩浆、碱流质岩浆

造盾阶段犹如修建塑像的底座。为打造这个底座用了几百万年的时间，底座在等待地球内的营力塑造石像，一旦雕塑完成，底座将托起它。

造锥阶段犹如雕塑石像，博大而高耸的长白山火山锥如一尊美丽的女神塑像被安放在已建造完毕的底座上。

造席阶段犹如给女神塑像戴冠披纱，着意修饰一番后，"长白丽人"更显出绝代风韵。

| 早期建造女神塑像的底座 | 中期雕塑长白女神像 | 晚期为长白女神塑像戴冠披纱 |
|---|---|---|

图1-25　长白山火山形成三部曲

## 1.4.5 关于火山爆发的通俗解释

笔者有一次外出旅行，同行的有众多旅游爱好者，其中，有一位女士不明白火山爆发的原理，但她不希望专业人士长篇大论地向她讲解，因为她不能忍受那些听起来似懂非懂的专业术语。她又不想白来长白山一趟，觉得怎么也得带回去一点关于火山爆发的知识。

她吃完午餐就要下山了，汽车就在外面等她，她想让同桌吃饭的人在几分钟内就让她明白，火山爆发的情景是怎样的。

我看了看这位女士，问她，你在家做不做饭？她说，当然做。又问，你用没用过高压锅？她几乎是倒吸了一口凉气说，用过的，但以后永远不会用了。

我立刻明白了她的遭遇，心里叫道，太好了，连教材都是现成的。于是我对她说，那你说说当时的情景吧。从她的叙述中我得知，那次高压锅爆炸尽管没有造成伤害，但还是使她全家从此与高压锅无缘了。她说，当时全家人正在客厅看电视，高压锅里煮着午饭，没有人在厨房，厨房的门也是紧关着的。那个惊天动地的响声和气浪把整个楼道都惊动了，人们争先恐后地跑出来，以为发生了地震。等到确认是她的高压锅发生了爆炸，并肯定不会发生第二次爆炸后，在她丈夫的带领下，人们进入厨房，她说看见了十分可怕的场面……

我说，你不用对我形容厨房里的情景了，你所经历的就是一次小型的火山爆发，可以说是长白山火山爆发的一个模型。

尽管用高压锅比喻火山爆发不很贴切，但两者产生高温高压和冲开束缚它的壳体，并将内容物崩向四周的这些特点是有共性的（图1-26）。

长白山火山爆发原理通俗解释图

家庭主妇离开了厨房，没有调小火焰，排气阀门因故堵塞，高压锅胶圈损坏，先是导致锅内的米汤溢出，淌了一地。

长白山火山爆发原理示意图

长白山的岩浆房埋在地下，里面是高温高压的岩浆，岩浆先是沿着地壳的裂隙溢出地表，淌了几千平方千米。

高压锅内温度继续升高，产生大量的气体，压力超过锅体承受极限，高压锅爆裂，锅盖飞起，锅内的米饭崩出来，厨房里一片狼藉。

地下岩浆中所含的气体大量释放，压力急剧增大，上覆地壳承受不住，被高压气体和岩浆撑破，火山灰、火山碎屑和岩浆被崩上天空，长白山地区也是一片狼藉。

图1-26 长白山火山爆发原理示意图

## 1.5 东亚大裂谷（东亚大陆裂谷系）与长白山火山活动

地质学家认为："受印度—亚欧板块的强烈碰撞和太平洋板块的再次俯冲作用造成的边界条件限制，右行斜列式的东亚大陆裂谷系于中新世开始形成。"长白山火山活动与此大陆裂谷系有关（池际尚，1988，金伯禄、张希友：《长白山火山地质研究》189页）。

为了说明这个问题，先向读者简单通俗地介绍有关板块、裂谷和火山活动等方面的基本知识：

图1-27左上方的小图是我们世世代代生活其上的地球。我们对地球表面已经了解很多了，但对于地球内部构造和它的运动也许知之不多。读者也许听说过"大陆漂移""板块构造"这样一些术语，虽然陌生但是不难理解。地球外层是岩石圈，岩石圈尽管由岩石构成，但并不"坚如磐石"，就整个地球来说，不得不遗憾地指出：美丽的地球，我们人类的家园，实际上是一个布满了断裂的"破球"。打一个比方，你煮熟了一枚鸡蛋，鸡蛋不小心掉在地上，摔得不很重，还保持着球形，但蛋壳已经破碎了，上面布满了裂缝，碎蛋壳的边缘，有的翘起来，有的塌下去，有的还错开并且重叠，这就是一个缩小版的地球。破裂的蛋壳单就每片碎块而言还保持着弧形，就是地球的岩石圈的模样，那些裂开或错开的"蛋壳"就是板块。但地球板块构造比摔碎的鸡蛋要复杂得多，两者有一个很大的不同点是：鸡蛋摔碎了，那些碎蛋壳只能剥下来，却不能移动，而地球上的板块是可以移动的，这就是地质学家所说的"大陆漂移"。地球岩石圈板块的裂开和移动，会导致板块间互相挤压、碰撞，由此，便生出许多事端，引发许多灾难，地震、火山皆由此而生。

地质学家告诉我们，地球外层主要由6大岩石圈板块组成，它们是：(1)太平洋板块(2)亚欧板块(3)美洲板块(4)非洲板块(5)印度板块(6)南极洲板块。此外，大板块之间还夹着若干小板块，如图中所画的菲律宾板块就是小板块之一。上文已经说过，板块是可以移动的，但移动得非常缓慢。亚欧板块的东面是太平洋板块，太平洋板块以每年几厘米的速度向西移动，与亚欧板块碰撞，碰撞的结果是密度较大的太平洋板块俯冲到密度较小的亚欧板块底下。这条俯冲带在图中用粗实线表示，系列箭头表示太平洋板块俯冲的方向。

图的左下方，是印度板块由南向北碰撞亚欧板块，正是这个碰撞抬高了那里的地块，形成了喜马拉雅山和青藏高原，其碰撞带也用一条粗实线表示。注意：图中的小板块——菲律宾板块，它也向亚欧板块挤压。

前面说了这许多，要说的就是：在这样复杂的板块互相挤压、碰撞、俯冲的动力环境中，产生了东亚大裂谷，而东亚大裂谷是"孕育"长白山火山的"温床"。在图中，用一条粗实线表示东亚大裂谷。东亚大裂谷在亚洲大陆东部占有重要地位，它与半个中国都有关系，它是中国东部的地震带。东亚大裂谷的走向，呈东北—西南方向，与太平洋西海岸走向一致，也与日本列岛走向一致，这不是巧合，而是它们之间有着内在联系。长白山火山就位于东亚大裂谷的北端。因为用左上角的小图来进一步展现东亚大裂谷显得太拥挤，所以现在就把那个地块"切"下来放大，再填进更多的地质内容加以说明。

该幅图是按照一定的比例和透视关系绘制的，"切"下来的这块大地，南北长2700千米，东西长3060千米，面积8，262，000平方千米。在图中，东亚大裂谷十分醒目地纵贯全区。请注意，这里说的仅仅是在图中醒目，在实际的大地上并不能看到这样一条大裂缝。它在地貌上的形态，从南向北依次是华北平原、渤海湾、松辽平原、三江平原、鄂霍次克海等这样的低洼地，这些地貌的组合，就是东亚大裂谷在地球表面上的实际表现。

与地球上所有的裂谷一样，东亚大裂谷也是一条多灾多难的裂谷，有频繁的地震和火山活动。1966年邢台7.2级地震、1969年渤海湾7.4级地震、1975年海城7.3级地震、1976年唐山7.8级地震，都发生在东亚大裂谷上。火山活动虽然没有地震那样频繁，但在地质历史上也发生过很多次。长白山火山则是东亚大裂谷最近地质时期曾喷发过的著名火山。

为了说明板块、裂谷和火山之间的关系，这里还要对图中其他地质内容做一下简单介绍。我们生活在地球表面的固体外壳上，在大陆上是大陆地壳，在海洋中是大洋地壳。大陆地壳和大洋地壳的性质不同。地壳之下是地幔盖层，它是地幔最上面的一层刚性岩石，它与地壳共同组成地球的岩石圈。岩石圈之下是软流层，正是这个软流层，总是给地球的生灵带来灾难。所谓的软流层是一种柔软的岩石，这与我们日常的生活经验完全不同，我们的经验是没有比岩石更坚硬的东西了，但地质学家告诉我们，在软流圈中，岩石是柔软的，因为那里的温度很高、压力很大，岩石被软化得像面团一般，成为一种"塑性固体"。这样的"软岩"，在持久的外力作用下可以变形，可以流动。在软流圈中，固体能流动，固体和液体的物理性质完美地结合了。我们在日常生活中也可以见到类似的"流动的固体"，如沥青和蜡烛。久堆的沥青块体可以慢慢摊开成为扁饼状，久立的蜡烛也可以弯成一个弧形垂下来，但它们都是固体，用锤子猛击它们，它们会变成碎块。软流层中岩石的流动是极其缓慢的，慢到每年仅有几厘米。不要小看这个流速，只要有足够长的时间，流动的距离就是相当可观的。如以每年5厘米计，5千万年就是2500千米，也就是从北京到广州那么远。就这样，流动的软流圈驮着它上面的岩石板块在地球表面漫游不止，我们世世代代都享受着免费旅游，只是速度太慢，以人生百年计，一辈子也就几米远，人们根本无法觉察到。

软流层除了能缓慢流动外，还有这样一种性质：在某处特定的地方，在特殊的情况下会局部熔融，形成熔融体，这种东西我们叫它"岩浆"。岩浆在地下受到压力即可上升喷出地面，形成火山。

我们再看东亚大裂谷，它的底下就是上文所说的"特定的地方"，正是在这里，几千万年前，出现了"特殊的情况"，在软流圈中形成了岩浆，岩浆沿着地壳断裂向上涌来，长白山火山开始活动了，这种活动时强时弱，频繁发生。分布地域广，持续时间长。地质变化虽然是个非常缓慢的过程，但也遵循着由量变到质变的规律。地质变化的缓慢积累——岩浆的生成、运移、分异、同化、混染等演化，要经过几千年、几万年，甚至几十万年之久，但质变——火山爆发却可能是突然的。

这就是长白山火山发生的大背景。东亚大裂谷有几千万年的活动历史，那里的地震和火山活动从来没有停止过，一直到现在。

东亚大裂谷是深大断裂，一般认为从中新世开始形成，由一系列右行斜列式裂谷和断裂组成。金伯禄、张希友：《长白山火山地质研究》195页指出："长白山区裂谷系属'扩张—收缩闭合型'大陆裂谷类……开始阶段显示后退式裂谷型，而后期转化为前进式裂谷型。"这些次一级的裂谷和断裂形成的时间先后不同，其扩张、闭合活动时间和长短也各不相同。与长白山火山活动关系密切的次级裂谷主要有：(1)马鞍山—三道白河裂谷、(2)图们江裂谷、(3)长白—甑峰山裂谷。这些次级裂谷将在以下各节中详细叙述。

图1-27　长白山天池南（张福有　摄）

## 1.6 长白山火山形成过程图说

无论谁从远处看见那座闪烁着雪光的长白山火山锥，都不由得惊叹于它的雄伟和美丽。高高耸立的山峰直插云霄，即使多次来到这里的人也常会把云当成山，或者把山当成云，这种错觉让人感到格外惊喜。

地球的历史有46亿年之久，它经历了复杂的地质变化。地球上的每一座山峰、每一条沟壑都是这种变化的结果。长白山火山就是在地球历史发展中，经过漫长而复杂的地质变化形成的。

人类的历史较之地质历史实在是太短了。不要说人类的个体不可能观察到长白山火山形成的全过程，就是整个人类史再也比不了长白山火山的年龄，那么，我们是不是无法知道遥远地质历史时期长白山发生的地质故事呢？人类充满智慧的头脑对任何既存的事物都想知道它的来龙去脉，相信每个来到长白山的旅行者，面对火山遗迹也会究根问底。我们怎样才能知道长白山火山的来龙去脉呢？科学家们的方法是以结果推断过去，以既存的火山遗迹，用地质科学的理论和方法来恢复火山历史。但是，若想理清长白山火山的形成历史绝非易事。就地质变化而言，后面的变化总是把前面的变化抹掉，回望历史的视线在宇宙深空中是逐渐衰减的，越往远古追寻，所残存的信息量就越少，越模糊不清。因而，对于几百万年甚至是几千万年前发生的事情我们只能进行某些科学推测。

多年以来，地质学家对长白山火山形成和发展的研究，取得了丰富的成果，产生了许多著作。本书拟将这些成果以通俗的文字和图解进行叙述。笔者在本书中尝试将长白山火山的形成划分为五"幕"，好比话剧导演将故事划分为小段一样，从而便于条理分明地进行叙述。"幕"的划分，综合了多位地质学家的研究成果。不过，要想将千百万年的地质变化，用几页文字和几幅图来表现，只能进行概括和简略处理。况且，这种划分还有许多值得改进之处。

### 1.6.1 第一幕：长白山火山活动大平台的构建

图1-28上图：像长白山火山这样大规模的火山，地球必须提供一个活动背景区，长白山火山的活动背景区位于东北亚。具体情况，我们还得追溯到遥远的过去，大约是4000万年以前吧。那时候，日本列岛并不在现在的位置上，或者说，太平洋中还没有日本列岛。4000万年前，相当于地质时代的第三纪始新世。在全球板块运动的大背景下，亚欧板块东北缘产生了数条大陆裂谷，其中一条是日本海大裂谷，它就是现在日本海的雏形。这条裂谷不断扩大，使东北亚大陆边缘裂开，一条长条形的地块开始从大陆分离了，这个长条地块就是原始的日本列岛（注）。它的形状虽然与现在的日本列岛不完全一样，但也没有很大差别，所以可以像拼图一样把日本列岛现在的形状推回到原位，即拼接到东北亚大陆边缘上。实际上，现在日本海两岸的形状也刚好拟合：日本列岛本州凹弧与锡霍特山脉的凸弧可拼接，四国和九州凸弧可以拼接到朝鲜北部的凹弧上，这应该不是巧合，而是日本列岛从亚洲大陆分裂出去的证据之一。此话怎讲？大陆分裂现象并不鲜见，十九世纪人们发现非洲大陆的凸凹弧海岸可以和美洲大陆的凹凸弧海岸"锯齿状拟合"，当时人们就觉得，这种"拟合"不可能是巧合，所以后来发展成"大陆漂移"和"板块"学说。我们继续讲：那里的裂缝不断扩大，代表列岛漂移动力的三个大力士的牵引绳已经绷紧，他们拉着日本列岛向着波涛汹涌的太平洋起程了。大力士们用了4000万年的时间，使日本"巨轮"向南移动了800千米。说到这里，读者也许会问：你解释长白山火山的形成，却说日本列岛与大陆的分裂，这与长白山火山的形成有什么关系？有的，有很密切的关系。板块学说告诉我们：正是日本海的扩张，即日本列岛的漂移，对这里的岩石圈产生了深远的影响，从而导致了长白山火山长期而频繁的活动。日本列岛本身亦从此地震和火山活动连绵不绝，成为世界上最活跃的火山地震带。

日本列岛的漂移换一个角度看就是日本海大裂谷的扩张，这种扩张对长白山地区产生了哪些深远的影响呢？日本海大裂谷的扩张，引发与其相邻的大陆边缘形成了东亚大陆裂谷系及其次级裂谷带，这些次级裂谷主要有：(1)松辽裂谷；(2)三江裂谷；(3)伊通—依伊兰裂谷；(4)抚顺—密山裂谷。这几条裂谷都标在了图上，读者可以对照它们的位置，探求它们和日本海大裂谷的关系。在如此密集的裂谷带中，地壳变得又脆又薄，在地下深处涌动的岩浆怎能不选择这个薄弱环节施展它的威力呢？这样一来，位于裂谷群中的长白山地区就不太平了，长期而频繁的火山活动从此就开始了。

图中三个大力士牵引整个日本列岛出发前，他们只在北海道打了一个桩，在本州打了两个桩，那么，在牵引过程中九州和四国能否被丢下？不会的，日本列岛表面上看是四个大岛和若干小岛，其实下面是连成一体的。还有一个情景：岛上那位看起来颇为悠闲的先生虽然没干什么体力活儿，但他有一个重要的工作，那就是每隔一段时间测量一次日本海的裂开程度，也就是日本列岛的"航速"。经过测量得知，日本列岛的航速各地质时期不同，平均每年约2厘米，这速度够慢的了，但只要有足够的耐性，航行距离还是非常可观的：日本列岛在4000万年的岁月里，向南漂移了800千米左右，终于把日本列岛牵引到现在的位置。

图1-28下图：在这些裂谷带中，长白山所发生的火山活动与其说与这些裂谷有关，不如说与这些裂谷派生的次一级裂谷和断裂有更密切的关系，即火山活动直接受这些次一级裂谷的控制。火山活动的"露天大舞台"最终被选定于此。纵贯大舞台的是几条次一级的裂谷和断裂：它们是：(1)马鞍山—三道白河裂谷；(2)长白—甑峰山裂谷；(3)鸭绿江—图们江裂谷；(4)西北—东南方向的白山—金策断裂。长白山区地下

注：关于日本海的扩张，即日本列岛从亚洲大陆分裂出去的学说，许多著作都曾提及，这里摘录几段：

《中国大百科全书·地质学》："太平洋板块的西界沿千岛、日本和小笠原—马里亚纳海沟分布，向西为同名火山岛弧，新生代初通过裂陷作用发育起来的鄂霍次克海、日本海、东海和南海等弧后盆把它们与大陆隔开。"

《长白山火山地质研究》："始新世或渐新世由于受强烈太平洋板块的俯冲及印度板块向欧亚板块的碰撞，使欧亚大陆东缘发生分离，日本等岛屿从大陆分离并形成朝鲜—日本海弧后盆地。"

《中国火山》"……新生代以来，东亚大陆边缘发生的最主要的地质事件是一系列海沟、岛弧和边缘海的形成……现在越来越多的理由支持分裂成因说，即在弧后扩张作用下，它们由大陆边缘解体拉开而成。……同时，日本岛弧既然是从大陆分离出去的，那么在没有分离之前它就是大陆的一部分。"

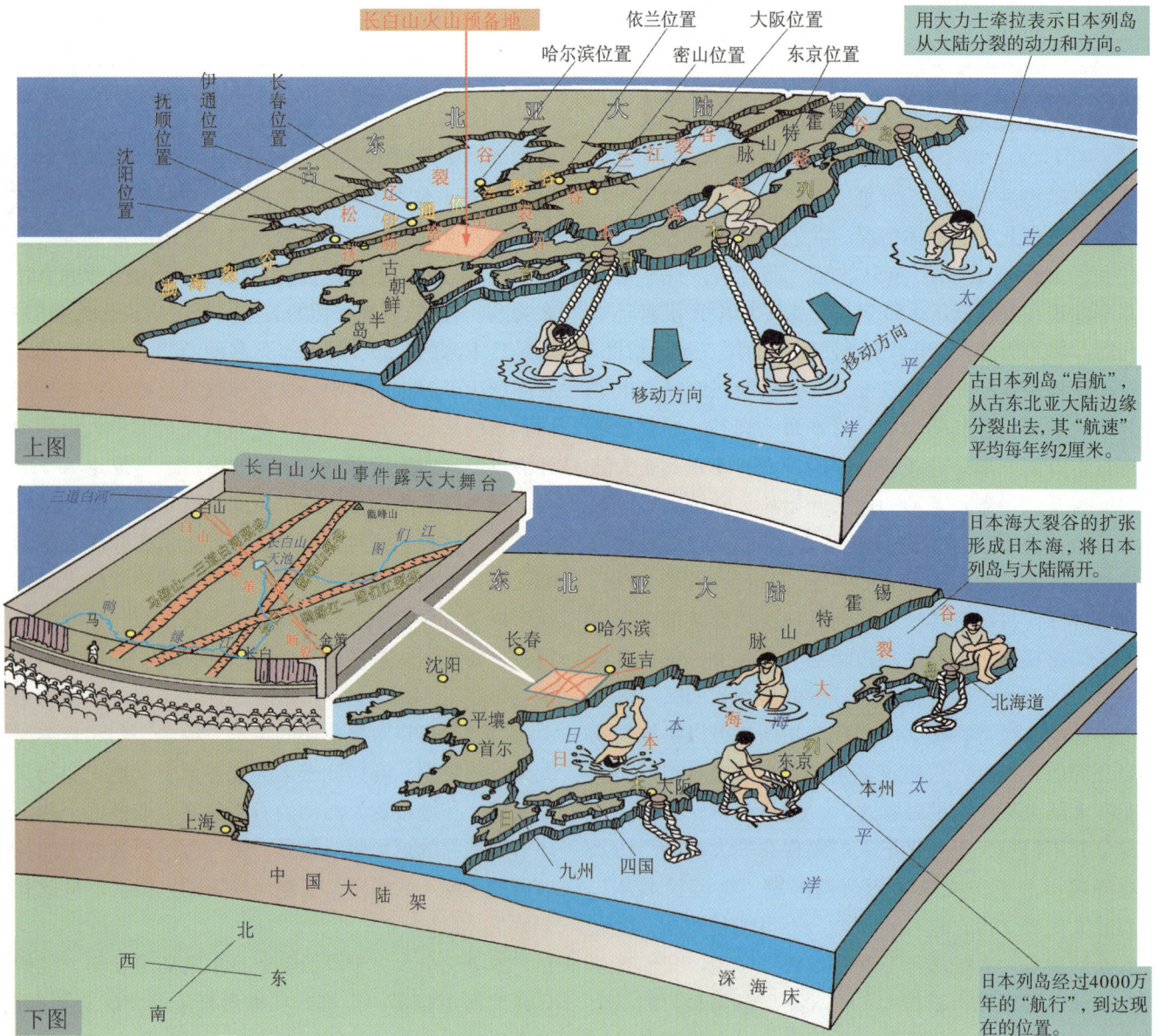

图1-28　日本列岛从亚洲大陆分裂图

图1-29上图：随着日本海的扩张即日本列岛逐渐远离东北亚大陆，属于次一级的小裂谷马鞍山—三道白河裂谷（以下简称马—三裂谷）的活动也加强了。大约在2840万年前，马—三裂谷被慢慢拉开。图中

用两个大力士向外拉，表示大地构造处于拉伸应力场。在拉伸应力场中，这里的地幔上拱，好比俯卧在地下深处的巨人慢慢弓起了腰，其上面的地壳当然被撑拉着，因此地壳变薄并充满了断裂，使一些地块陷落，

马鞍山期火山喷发事件：
喷发年代：2840万年
火山岩类型：石英拉斑玄武岩
喷发面积：90平方千米
喷发量：57945亿吨
岩浆房深度：30千米
岩浆温度：1250摄氏度
岩浆压力：0.9GPa

甑峰山火山喷发事件：
喷发年代：2058—1928万年
火山岩类型：碱性玄武岩—橄榄拉斑玄武岩—响岩
喷发面积：418平方千米
喷发量：3651亿吨
岩浆房深度：40千米
岩浆温度：1130摄氏度
岩浆压力：0.7GPa

奶头山火山喷发事件：
喷发年代：1887—1500万年
火山岩类型：碱性橄榄玄武岩—拉斑玄武岩
喷发面积：479平方千米
喷发量：4941亿吨
岩浆房深度：56千米
岩浆温度：1260摄氏度
岩浆压力：1.7GPa

长白期火山喷发事件：
喷发年代：1640万年
火山岩类型：橄榄拉斑玄武岩—粗安岩
喷发面积：4250平方千米
喷发量：18904亿吨
岩浆房深度：33千米
岩浆温度：1180摄氏度
岩浆压力：1.0GPa

古湖（沉积盆地）沉积有砾岩、砂岩、黏土层和劣质煤层，马鞍山盆地有硅藻土矿床层。这些湖相沉积岩中夹有多层火山喷溢的玄武岩。

此处地壳拉伸、变薄、裂开、滑动，形成马鞍山—三道白河裂谷。

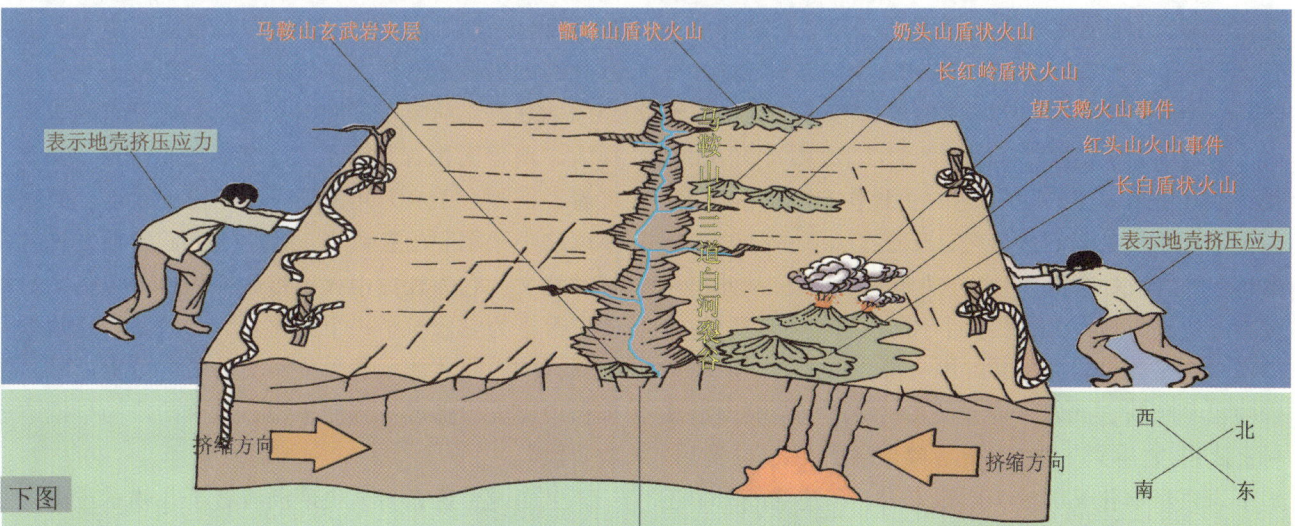

红头山期火山喷发事件：
喷发年代：556—311万年
火山岩类型：安粗岩—碱流岩
喷发面积：19平方千米
喷发量：86亿吨
岩浆房深度：20千米
岩浆温度：1095摄氏度
岩浆压力：0.06GPa

马鞍山—三道白河裂谷属大陆裂谷不完整的演化系列，地壳演化没有继续扩张，到后期转化为挤压应力场，使裂谷由扩张转为收缩、闭合并上升。

图1-29　马鞍山—三道白河裂谷地壳拉伸与闭合图
图中火山喷发数据引自《长白山火山地质研究》38页、185页。

望天鹅期火山喷发事件：
喷发年代：1400—1000万年
火山岩类型：石英拉斑玄武岩—粗安岩
喷发面积：1080平方千米
喷发量：5404亿吨
岩浆房深度：30千米
岩浆温度：1180摄氏度
岩浆压力：1.1GPa

成为盆地，在现在的长白县八道沟镇马鞍山一带就形成了几处断陷性质的盆地湖泊，流入湖盆的河流必然会带来许多泥沙沉积在湖底，形成湖相沉积岩。由于裂谷带内充满了断裂，一些断裂可以达到地下很深的地方，那里的岩浆便沿着这些深断裂喷发到地面。这些喷发物有的覆盖在湖底沉积的泥沙之上，喷发结束后，湖泊继续接受沉积，沉积岩便把这些火山喷发物夹在其间且保存在沉积岩中，就好比在一本书中夹进一张照片。地质学家在这条裂谷的湖相沉积岩中共发现7张这样的"照片"，即这里保存了7次岩浆喷发记录。实际的喷发次数要比这个数目多，因为会有许多喷发没有被保存下来。后来，在马—三裂谷的东侧，即现在的安图、和龙一带，又相继发生多次火山喷发。较大的火山喷发，地质学上称之为某某火山事件，这些都已标在图面上。

图1-29下图：经过了漫长的地质历史时期，马—三裂谷并没有像日本海大裂谷那样一直扩张下去，没有成为海洋，不然现在地图上会多出一个"马鞍山海"。马—三裂谷不但没有继续扩张下去，相反，在复杂的大地应力场变大力士向里推，代表这种挤压应力场。这种由拉伸变为挤压的变化，地质学上称为"裂谷闭合"。对于一个裂谷来说，无论是处于拉伸状态还是处于闭合状态，都是一种强烈的地质活动，对地下岩浆都是一种触动，都可以引发火山喷发。地质学家研究认为：马—三裂谷闭合时期，相继发生了望天鹅火山事件和红头山火山事件。其中望天鹅火山事件是马—三裂谷最重要的火山活动，它形成了一座巨大的火山锥，称望天鹅火山锥，它坐落在长白山火山锥的西南方向。

1.6.3　第三幕　鸭绿江— 图们江裂谷活动及其火山事件（450万年前至今）

马—三裂谷火山活动走向衰落后，不久就完全闭合了，长白山地区进入了一个相对平静的地质时期，万物竞生，欣欣向荣。但是到了距今约450万年前，由于太平洋板块和菲律宾板块向亚欧板块加剧俯冲，这里的地壳又变得不稳定了，在长白山地区又出现了拉伸应力场地质环境。这里仍用两幅图表示此次地质事件：

图1-30上图：用两匹马向外拉，表示拉伸应力场地质环境。拉伸引起地幔上拱，地壳被拉开变薄产生许多断裂，有的断裂深达地下几十千米。被拉伸的地壳又形成了一个裂谷，地质学家称这个裂谷为鸭绿江—图们江裂谷（以下简称鸭—图裂谷）。鸭—图裂谷在地面上的范围为从鸭绿江上游到图们江上游，走向东北，长约350千米，宽约20千米。大地构造环境的改变，加快了地下深处岩石的熔融，形成了大量的岩浆，越聚越多的岩浆对地壳产生的压力也越来越大，从此鸭—图裂谷及其两侧火山喷发事件不断发生，一直到现在，再也没有平静过。先是裂谷中央部位即图们江上游一带喷出平顶村玄武岩，接着又在鸭绿江上游喷出沿江村玄武岩，之后又在裂谷西北翼喷出泉阳玄武岩。此后，地下岩浆经演化又喷出头西粗安岩。请注意，图中还画了一条"白山—金策火山断裂"（以下简称白—金断裂），它与鸭—图裂谷的方向几乎垂直相交。白—金断裂是地质学家发现的重要断裂，它发生的时间稍晚于鸭—图裂谷，因为白—金断裂与下面即将发生的天池火山事件有密切关系，所以特别提请注意。

图1-30下图：地质变化同样遵循周而复始，螺旋式发展规律：鸭—图裂谷同马—三裂谷一样，也没有继续分裂下去，到了后期，这里的大地构造环境又变为挤压应力场。图中用两头牛相抵，表示这种挤压状态。上文提请注意的白—金断裂在两头牛的相抵作用下，扩大并加深了。这时，尽管鸭—图裂谷处于闭合状态，但在与白—金断裂的交会部位，因地壳变得更脆弱，布满了更多的断裂，地下处于高压状态的岩浆当然会在这个最薄弱的环节寻找出路，岩浆一次次冲破地壳，终于使这里再次成为惊天动地的火山活动的大舞台。图中把这个"舞台"单独画了出来，以后发生的火山喷发事件大多集中在这个舞台上：先是在距今260万年前喷发军舰山玄武岩，喷发出的岩浆量很大，覆盖面积有几千平方千米，厚度100-200米；接着，在距今159万年前喷发了白山玄武岩，面积和厚度略小于军舰山玄武岩。这两次玄武岩喷发具有独特的意义，它为长白山火山锥的堆积打下了坚实的基础，等于为它修筑了一个无比巨大的底座。恐怕也只有这样的底座才能承载无比巨大的长白山火山锥。如按长白山火山形成三部曲来说，这个阶段为早期"造盾阶段"。

上面说了这么多，也请读者看了几幅示意图，但真正的主角还没出场，它就是长白山火山锥。长白山火山锥以其高大雄伟的身姿、磅礴无比的气势耸立于大地之上，不过因其要演出的剧目场面太过宏大，此舞台太小无法施展，所以只好为其另外设了舞台，拉开新的一幕，请看第四幕。

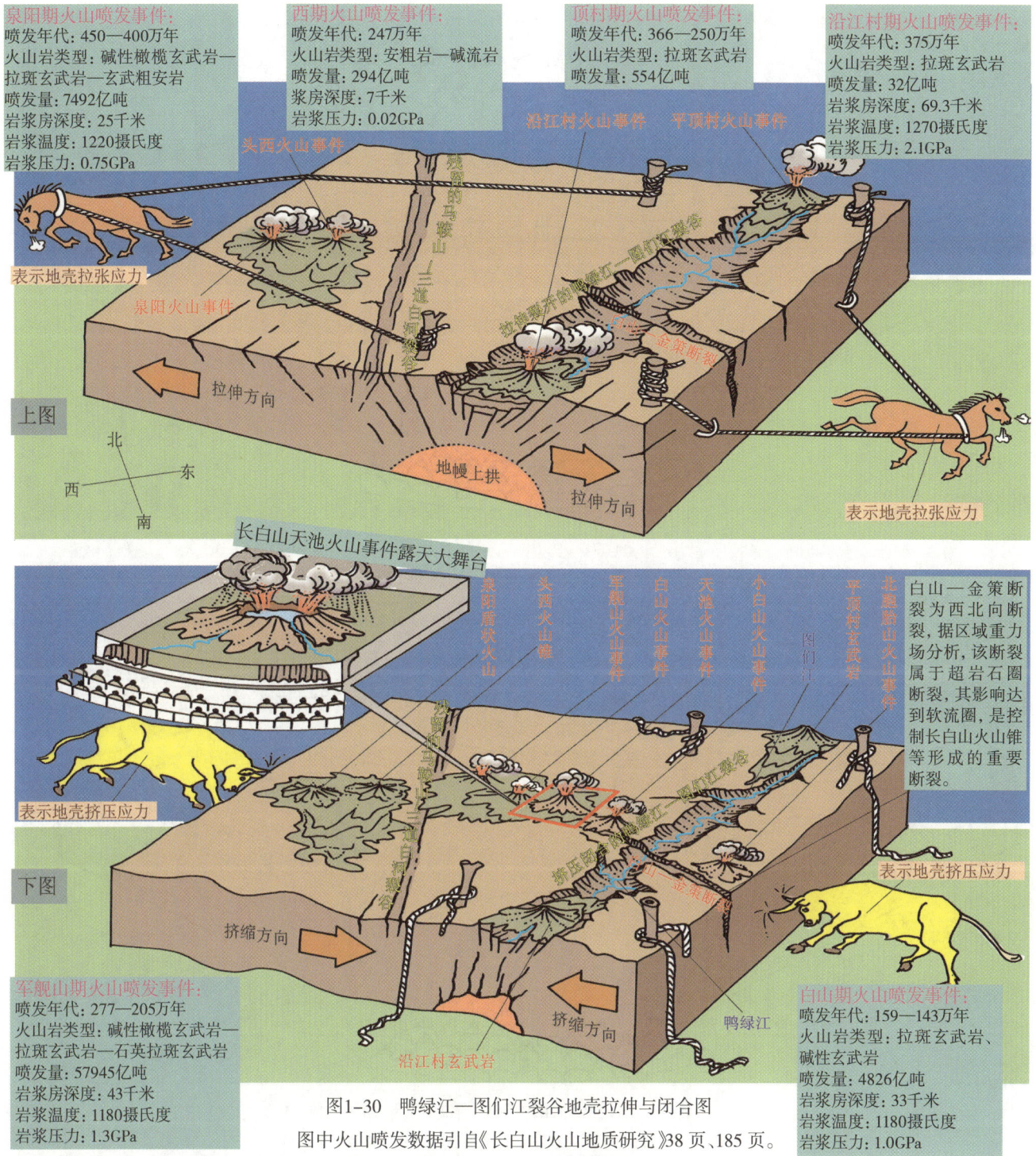

泉阳期火山喷发事件：
喷发年代：450—400万年
火山岩类型：碱性橄榄玄武岩—
拉斑玄武岩—玄武粗安岩
喷发量：7492亿吨
岩浆房深度：25千米
岩浆温度：1220摄氏度
岩浆压力：0.75GPa

西期火山喷发事件：
喷发年代：247万年
火山岩类型：安粗岩—碱流岩
喷发量：294亿吨
浆房深度：7千米
岩浆压力：0.02GPa

顶村期火山喷发事件：
喷发年代：366—250万年
火山岩类型：拉斑玄武岩
喷发量：554亿吨

沿江村期火山喷发事件：
喷发年代：375万年
火山岩类型：拉斑玄武岩
喷发量：32亿吨
岩浆房深度：69.3千米
岩浆温度：1270摄氏度
岩浆压力：2.1GPa

表示地壳拉张应力

拉伸方向

上图

北 东
西
南

地幔上拱

拉伸方向

表示地壳拉张应力

长白山天池火山事件露天大舞台

白山—金策断裂为西北向断裂，据区域重力场分析，该断裂属于超岩石圈断裂，其影响达到软流圈，是控制长白山火山锥等形成的重要断裂。

表示地壳挤压应力

下图

挤缩方向

挤缩方向

鸭绿江

表示地壳挤压应力

军舰山期火山喷发事件：
喷发年代：277—205万年
火山岩类型：碱性橄榄玄武岩—
拉斑玄武岩—石英拉斑玄武岩
喷发量：57945亿吨
岩浆房深度：43千米
岩浆温度：1180摄氏度
岩浆压力：1.3GPa

沿江村玄武岩

图1-30 鸭绿江—图们江裂谷地壳拉伸与闭合图
图中火山喷发数据引自《长白山火山地质研究》38页、185页。

白山期火山喷发事件：
喷发年代：159—143万年
火山岩类型：拉斑玄武岩、
碱性玄武岩
喷发量：4826亿吨
岩浆房深度：33千米
岩浆温度：1180摄氏度
岩浆压力：1.0GPa

## 1.6.4 第四幕：长白山火山锥的形成（约149万年前至今1万年）

　　虽然经过数以百万年计的火山活动，喷发了大面积的玄武岩，但其实只是为长白山火山的出场做了铺垫，也就是前面所说的"造盾阶段"，这些都仅仅是为长白山火山锥的构建打了个基础而已，主角尚未登场。第四幕开始，才开始形成长白山主峰。主峰才是通常意义（狭义）上的长白山，也就是人们在百里之外便能看见的被白雪覆盖的大山。地质学上把长白山主峰称为"长白山火山锥"。

　　长白山火山锥的形成并非一蹴而就，而是在本幕的大舞台上，经历了149万年的漫长岁月才得以形成。

　　在此期间，火山喷发时断时续，火山锥是由不同时期多次喷出的火山物质堆积起来的。长白山火山锥的形成期，在地质年表上被称为"白头山期"（即"祖峰期"）（注）。本书将其划分为4个阶段（之所以称为"阶段"而不是"次"，因为每个阶段包括多次喷发），对应绘制了4幅图表示长白山火山锥的形成过程。这些图把形成过程和复杂的构造都做了很大的简化，是原理图，实际情况远非如此简单。

　　第1阶段（图1-31上图）：有一位站在火山喷发大舞台前的主持人说："大约在149万年前，火山爆本阶段喷发的熔岩流覆盖在玄武岩台地上,形成火山锥底层。

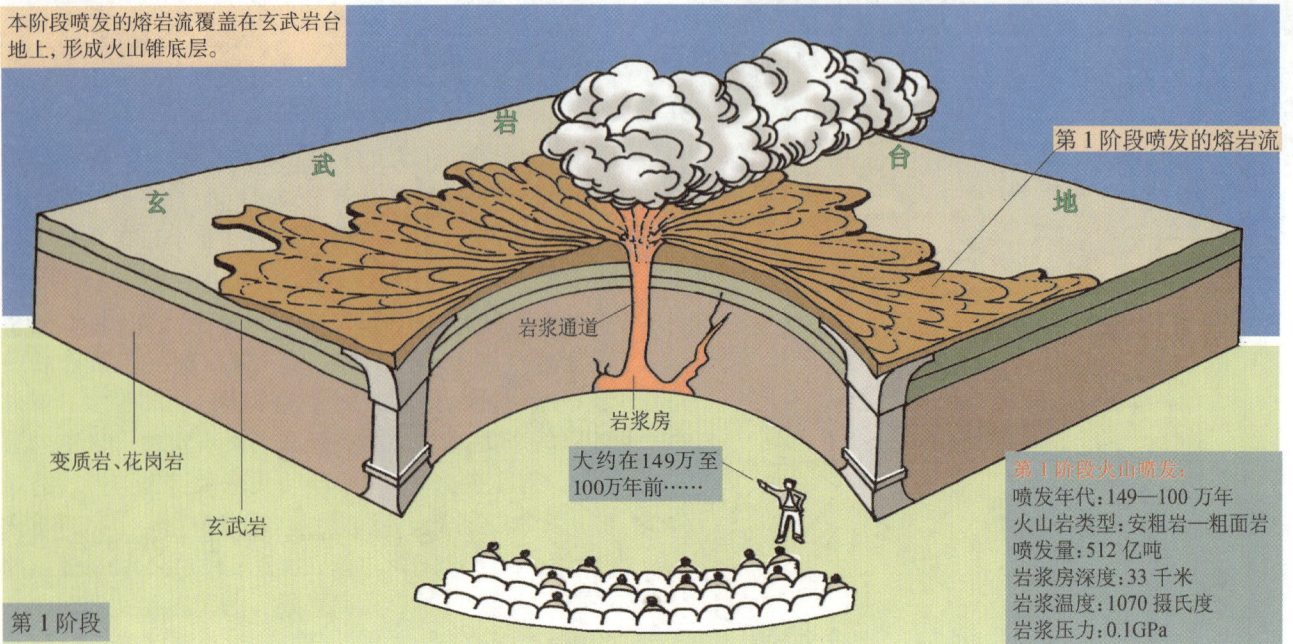

玄 武 岩 台 地

第1阶段喷发的熔岩流

岩浆通道

岩浆房

变质岩、花岗岩

玄武岩

大约在149万至100万年前……

第1阶段

第 1 阶段火山喷发:
喷发年代:149—100 万年
火山岩类型:安粗岩—粗面岩
喷发量:512 亿吨
岩浆房深度:33 千米
岩浆温度:1070 摄氏度
岩浆压力:0.1GPa

本阶段喷发的熔岩流大多数覆盖在底层之上,少数超覆于底层,直接覆盖在玄武台地上(图中画红圈处)。

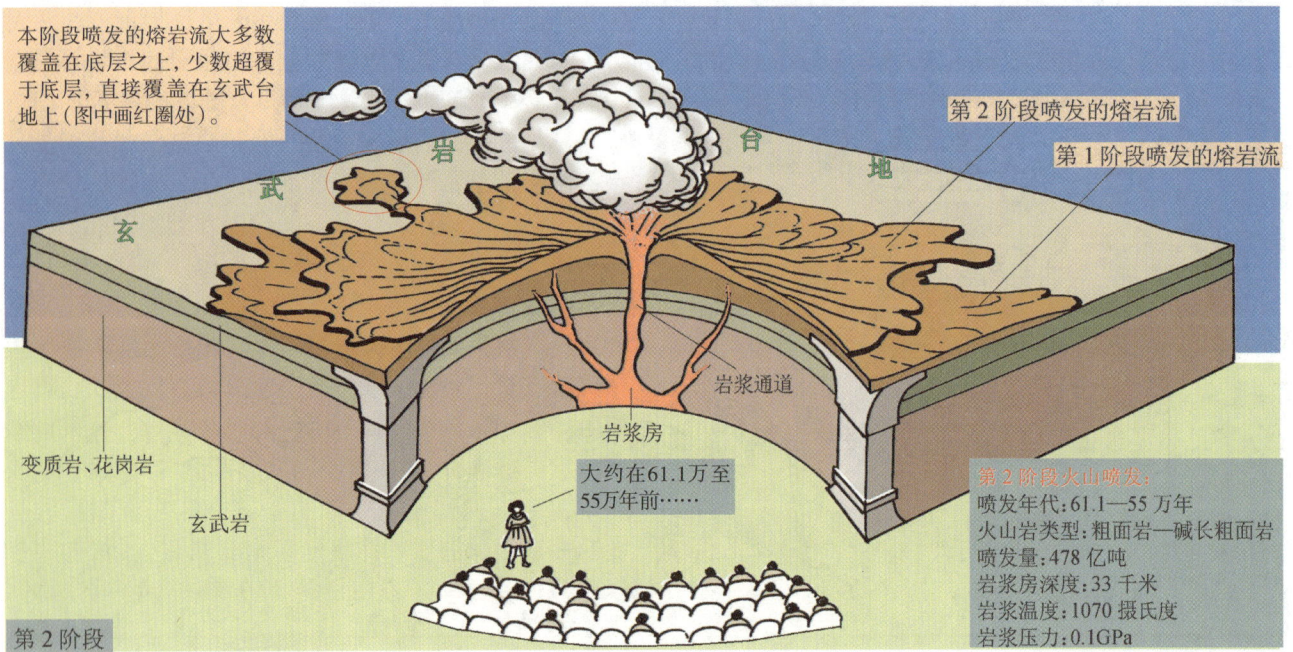

玄 武 岩 台 地

第2阶段喷发的熔岩流
第1阶段喷发的熔岩流

岩浆通道

岩浆房

变质岩、花岗岩

玄武岩

大约在61.1万至55万年前……

第2阶段

第 2 阶段火山喷发:
喷发年代:61.1—55 万年
火山岩类型:粗面岩—碱长粗面岩
喷发量:478 亿吨
岩浆房深度:33 千米
岩浆温度:1070 摄氏度
岩浆压力:0.1GPa

图1-31　长白山火山锥第1、第2阶段形成图
图中的火山喷发数据引自《长白山火山地质研究》38页、185页。

发了,我们假定那是一个寂静的夜晚,为什么是夜晚?因为在夜间火山爆发会更显壮观。从地下喷出的火焰照亮半面天空,浓烟滚滚上升,一声声巨响震耳欲聋,一条条火龙向四面八方爬行,引发森林大火,林中鸟兽惊恐逃散。假如有猿人生活在这里(包括长白山在内的东北地区尚没有发现此期猿人化石,这里只是假设),我们的祖先一定是又惊又喜,惊的是大火烧毁了家园,喜的是他们发现烧过的野兽比生吃香多了。"

主持人说完开场白后,进入正题:"这个阶段火山喷发形成了长白山火山锥的底层。它们在火山锥南部出露得较多。火山岩近水平铺展,多分布在海拔1700—2000 米的高度,总厚度约 300 米。火山岩以粗面岩为主,经岩石年龄测定为 149 万年。"

第 2 阶段（图 1-31 下图）:新换的主持人还是先向人们讲述这个阶段火山喷发的情景,她的想象力更具浪漫色彩,她把火山爆发定位在一个秋日的傍晚,彩霞把天空浸染成一幅美丽而安谧的图画。她说:"大约在 61.1 万至 55 万年前,这里又频频发生火山喷发。通过地质调查得知,这个阶段喷发的火山岩除大部分堆积在第 1 阶段火山岩之上外,还有一部分超覆于第 1 阶段范围,也就是说,直接覆盖在玄武岩基座之上了,请看图中画红圈的地方。喷发的熔岩流像一条

本阶段喷发的熔岩
流构成环池十六峰
的中下部。

第3阶段喷发的熔岩流

第2阶段喷发的熔岩流

第1阶段喷发的熔岩流

玄 武 岩 台 地

变质岩、花岗岩

玄武岩

岩浆通道

岩浆房

大约在44万至25.4
万年前……

第3阶段火山喷发：
喷发年代：44—25.4 万年
火山岩类型：粗面岩—碱长粗面岩
喷发量：358.8 亿吨
岩浆房深度：33 千米
岩浆温度：1140 摄氏度
岩浆压力：0.09GPa

第3阶段

本阶段喷发的熔岩流和碎
屑流构成环池十六峰的上部。

第4阶段喷发的熔岩流和碎屑流

第3阶段喷发的熔岩流

第2阶段喷发的熔岩流

第1阶段喷发的熔岩流

玄 武 岩 台 地

变质岩、花岗岩

玄武岩

岩浆通道

岩浆房

大约在21.9万至
9.78万年前……

第4阶段火山喷发：
喷发年代：21.9—9.78 万年
火山岩类型：碱长粗面岩—碱流岩
喷发量：74.9 亿吨
岩浆房深度：15—20 千米
岩浆温度：1040 摄氏度
岩浆压力：0.05—0.06GPa

第4阶段

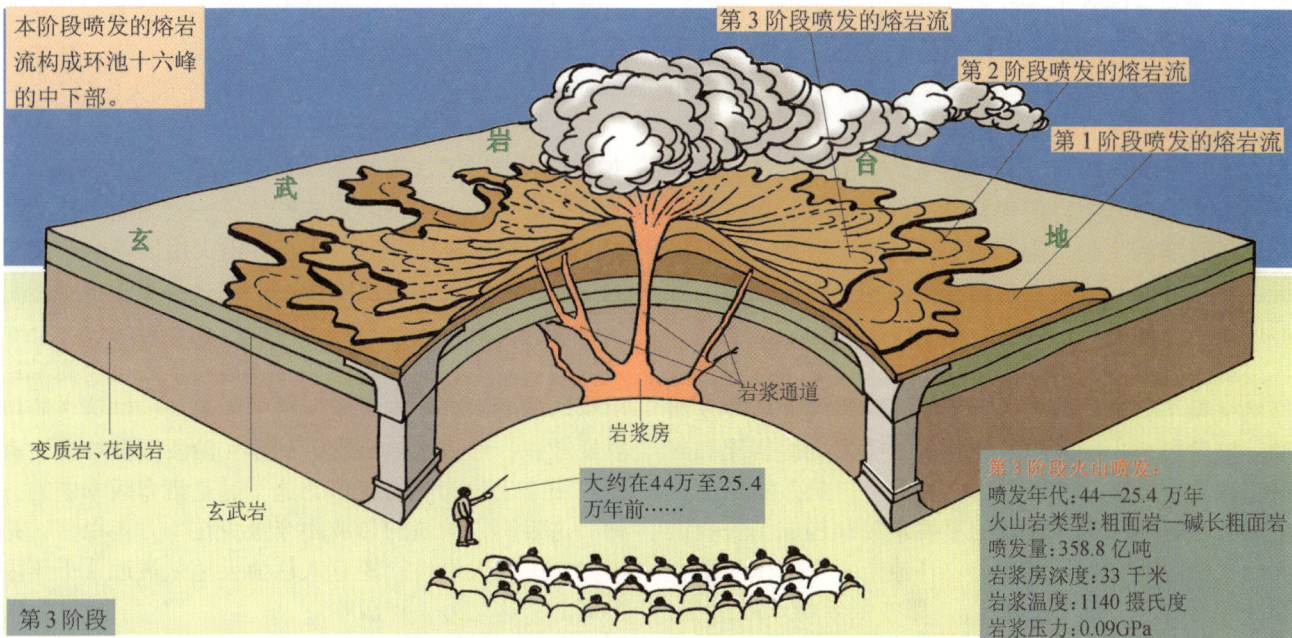

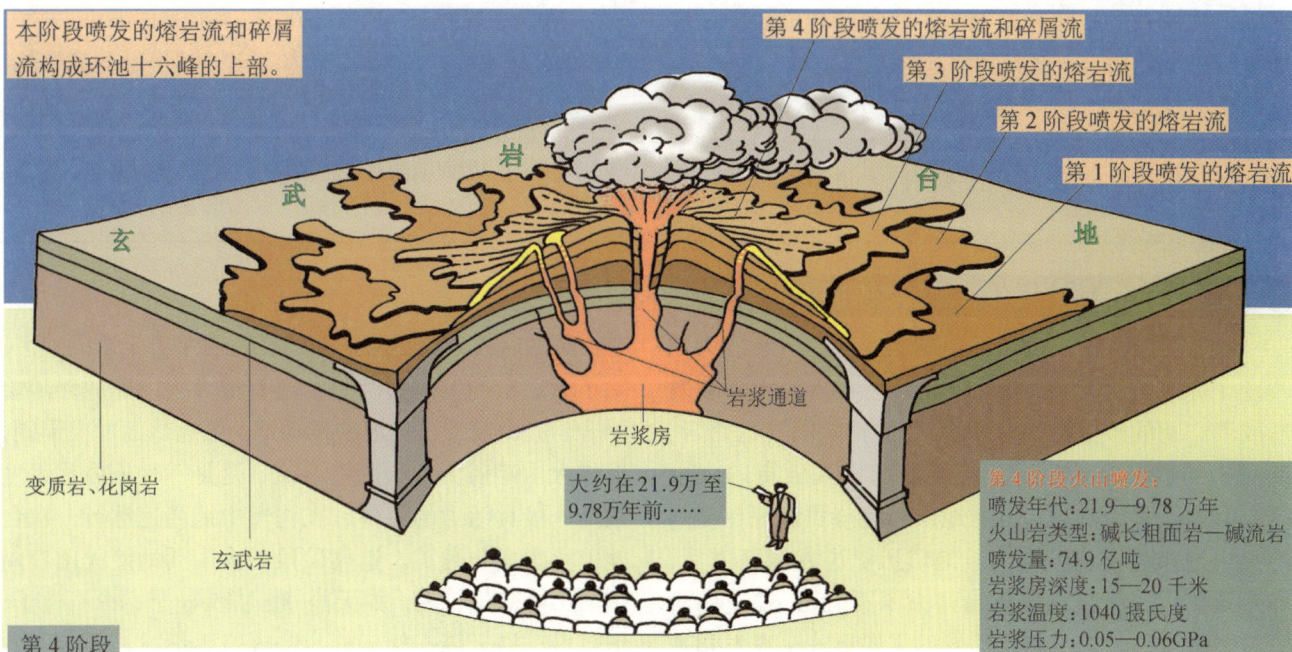

图1-32 长白山火山锥第3、第4阶段形成图
说明：图中的火山喷发数据引自《长白山火山地质研究》38页、185页。

条河流向四面八方伸展，分布的高度在海拔 1600 至
1900 米之间，主要岩性为粗面岩。"

第3阶段（图1-32 上图）：又过了很久很久，主
持人已不是那位浪漫的女士了，换了一位男士，他以
神秘的声音说："我要告诉大家，44 万至 25.4 万年
前，长白山又进入了火山喷发的恐怖时期……"主持
人滔滔不绝地述说着，可观众个个面无表情，无动于
衷。有观众说："我们已经在长白山看过太多的火山
爆发了，所以对这里再发生什么恐怖事件都不觉得奇
怪了。"但主持人说："这回不太一样，请耐心听我讲。"
下面是他所讲的内容：通过对该阶段所喷发的火山岩

研究得知，该阶段的喷发物中含有大量的火山碎屑岩，
这说明了什么呢？火山岩中火山碎屑的含量反映了火
山爆发的猛烈程度，地质学上称之为"爆发指数"，
指数越高碎屑含量越多，猛烈程度越大。该期火山岩
中含有的火山碎屑多达 30% 以上，说明火山爆发很
猛烈。科学家通过地质调查还得知，此阶段火山爆发
不但猛烈，而且喷发量也比前两个阶段多，堆积的火
山岩总厚度超过 537 米。这次喷发的熔岩构成了天池
水面以上环池外轮山的中下部分。从这时起，天池具
备了拢水的条件。天池水面的海拔高度为 2189.1 米。
天池水面以上环池外轮山的中下部分，是十六峰的腰

部，比天池水面高出 300 米上下。这些火山岩的年龄测定值为 44 万—25.4 万年（因采样位置不同或测定方法不同而有所差别），这个阶段喷发的火山岩以粗面岩、碱流岩及其同质碎屑岩为主。正因为火山岩中含有大量的火山碎屑，所以除了熔岩流外，还有许多碎屑熔岩流；其中碎屑含量更多的，变成了熔岩碎屑流；以碎屑为主的，则变成了碎屑流。这些，在火山锥上十六峰表面皆可以看到。十六峰是火山锥塌陷后形成的。与此同时，天池雏形已经形成。

第 4 阶段（图 1—32 下图）：过了许多年，主持人当然又换了，他给我们讲解了第 4 阶段的火山喷发活动。该阶段火山喷发也较为猛烈，喷发的熔岩流和碎屑流主要覆盖在第 3 阶段火山岩之上。虽然喷出的火山岩数量远小于第 3 阶段的喷发量，却构成了长白山火山锥最具观赏价值的部分。环顾十六峰悬崖峭壁上那些狼牙锯齿状的嶙峋怪石，那些张牙舞爪的造型，那些布满裂隙的狰狞面孔，大多是由这个阶段火山喷发形成的。这些火山岩又经过长期的风化剥蚀，自然之手以它非凡的技法精雕细刻，终于呈现给我们一座神奇的巨型雕塑——长白山火山锥。

该阶段的另一个重要地质事件就是天池的形成。经过前几个阶段的喷发，火山锥之下的岩浆房已经空虚，其结果是它承载不了山体的巨大重量，于是，火山口塌陷了，即在火山锥顶上出现了一个大坑，这个大坑就是天池的定型状态。这种塌陷的大坑，在地质学上称为"破火山口"，天池就是一个破火山口。

关于天池的形成过程，从理论上讲，149 万年以来，应该经历了如下步骤：岩浆喷发到地表——地下变得空虚——火山口陷落成凹坑——风化崩塌使凹坑扩大——集水成池。但因为长白山火山活动是个漫长的过程，经历了无数次喷发，上述这些步骤很可能是交替或反复进行的，所以天池的形成不可能是一下子完成的。至于天池形成于何时，地质学界至今尚难给出确切的时间表。本书中所说的随着火山锥第 3 阶段喷发堆积，形成天池雏形，到第 4 阶段喷发堆积，火山口塌陷成为天池的定形，这不过是诸多版本中的一种。这表明，天池的形成距今至少在 1 万年以前，是第四幕中的大事件。还有人认为天池是最近几千年才形成的，这是另一种版本。

注：第四幕长白山火山锥的形成，时间跨度达 149 万年，在长白山火山地质年表上，称为"白头山期"火山岩喷发。本书对于此期火山岩喷发在"白头山期"字样后括注"祖峰期"字样。"祖峰期"与"白头山期"虽然名称不同，但地质含义完全相同。如此括注的缘由请见本书 037 页的说明。

## 1.6.5　第五幕：长白山近 1 万年以来的火山事件

经过前四幕的火山活动，东北亚这片广袤的大地改变了原来的面貌："造盾阶段"玄武岩的大量喷发形成了广阔的长白山熔岩台地，"造锥阶段"粗面岩、碱流岩的喷发在熔岩台地上堆积起插入云霄的火山锥。但这些火山活动造就的地质面貌与我们现在见到的火山地貌还不完全相同。地质历史进入全新世后，即 1 万年以来，长白山火山迎来了第五幕："造席阶段"。"造席"是该幕火山喷发的主要形式：喷发物主要是火山碎屑、浮岩、火山灰等，这些喷发物覆盖在熔岩台地或火山锥上。"造席阶段"火山灰的掩埋和覆盖虽然没有强烈改变"盾""锥"组合的大格局，但在火山灰较厚的地方，地貌还是变得"面目全非"。

长白山火山活动进入全新世以来，火山活动的频率有所增加；从总趋势看，火山喷发的强度也有所增强。火山喷发的方式主要是猛烈爆炸式，以浮岩火山灰为主的火山喷发物就说明了这一点。浮岩是火山猛烈爆炸的产物，浮岩的形成说明地下聚集了很大的压力，因而才能把岩浆喷射到高空，使岩浆中的气体快速逸出，形成"岩浆泡沫"，最终冷凝后形成充满气孔的浮岩。火山地质学称这种爆炸式的喷发为"布里尼式喷发"。浮岩被喷射到高空后，能扩散到很远的地方，当有大风的时候，飘得更远，可覆盖几百平方千米的地区。除了火山灰的空降覆盖外，还有很多火山碎屑伴随着浮岩、火山灰，在气浪的推动下，贴近地面冲向周围，形成火山碎屑流和火山泥石流。这是一种流体化程度很高，极具活力的流体，在沟壑中能高速运行，在台地上可大面积覆盖。造席阶段的火山活动使火山口周围的山峰变化较大，如天豁峰、虎头砬子、白石砬子、华盖峰、白云峰、梯云峰、卧虎峰等都披上了美丽的火山灰外衣。

图 1—33 上图：表示 7854 年前、6440 年前、5200 年前、4300 年前、3450 年前、1000 年前发生的火山事件。火山爆炸方式是这些火山事件的共同特点。图中，火山灰被上冲的气浪冲上高空，翻滚着向四周扩散，纷纷落下，覆盖在火山锥上和玄武岩台地上。注意：图中还画有两股贴地面运行的火山碎屑流，它们以覆盖方式冲进沟壑，掩埋台地。

此期火山喷发的频率高，每隔千年左右就有一次大爆炸，这是火山预报工作者应该深入研究的。

上述这些火山喷发的年代确定，主要依据火山灰的 14C 同位素年代测定，并结合地质剖面对比而来。

近代（1万年至千年）以来，发生过多次猛烈的火山爆发，被强大的喷射气流带到空中的火山物质形成火山喷发柱，进而形成火山灰云，遮天蔽日，飘向四周，火山灰和浮岩覆盖大地。

西北季风

火山喷发柱

火山灰云

散落的火山灰和浮岩颗粒在黄松浦厚近百米，在圆池一带厚十数米至数米。

玄武岩台地

黄松浦

圆池（天女浴躬池）

火山碎屑流、火山泥石流冲下来，覆盖在火山锥上，还有的一直冲到玄武台地上，泛滥开来。

岩浆房

岩浆通道

1万年以来，爆炸式的火山喷发有好多次……

上图

溢席阶段火山喷发：
喷发年代：7854年—1050年
火山岩类型：粗面质熔结凝灰岩、黄色及白色浮岩、火山灰
喷发量：156.55亿吨
岩浆房深度：8千米
岩浆温度：1055摄氏度
岩浆压力：0.025GPa

近代（几百年）以来，火山活动规模较小，仅有少量火山物质分布在火山周围；现代仍有火山热气喷发和火山温泉涌溢。

火山热气（梯云峰、芝盘峰喷气口）

火山温泉（梯河温泉群）

火山温泉（聚龙温泉群）

玄武岩台地

岩浆房

岩浆通道

最近几百年的火山活动有减弱的趋势……

近代火山喷发，地下岩浆房距地表仅1650米。虽然离地表很近，但岩浆的压力很小，仅为0.005GPa。

下图

追席阶段（近代）火山喷发：
喷发年代：875年—约300年
火山岩类型：粗面质熔结凝灰岩、暗灰色火山灰
喷发量：30亿吨
岩浆房深度：1.65千米
岩浆温度：1070摄氏度
岩浆压力：0.005GPa

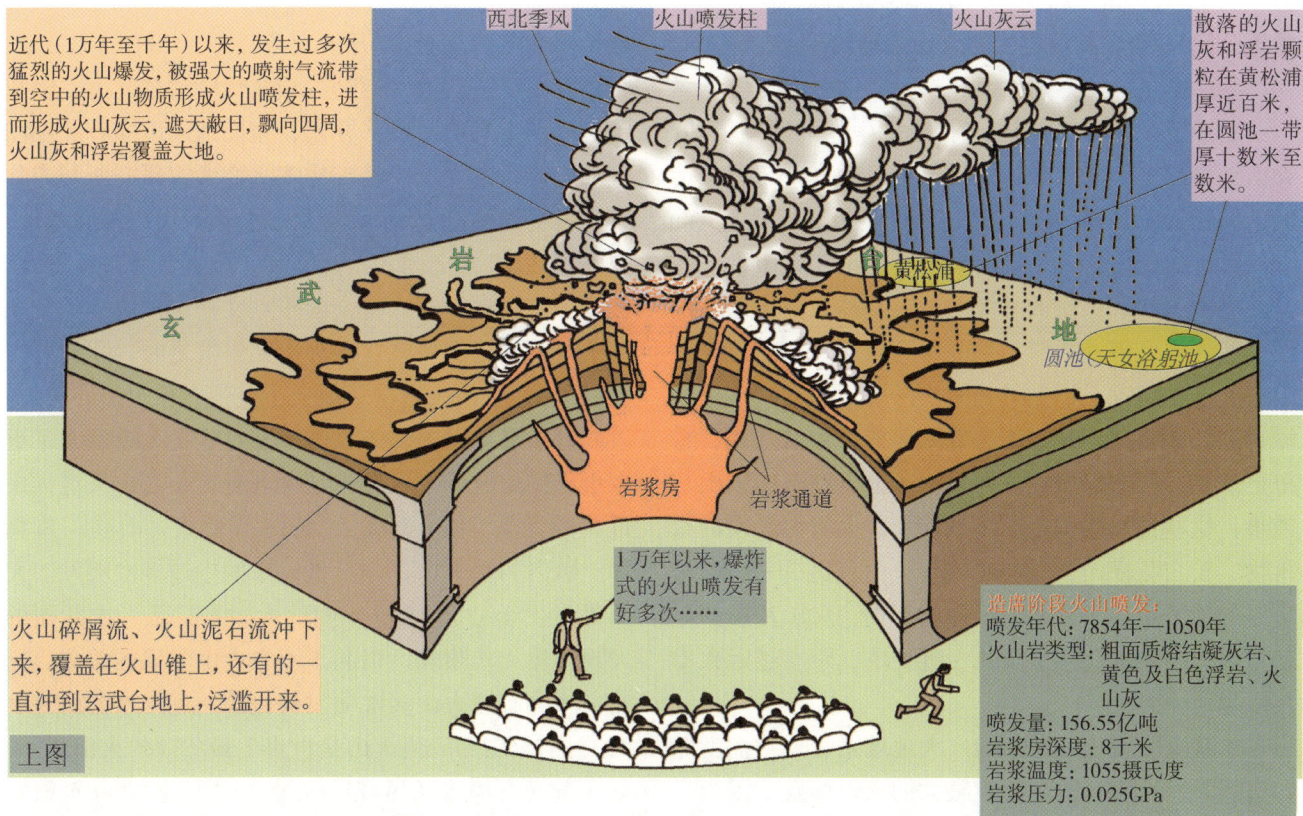

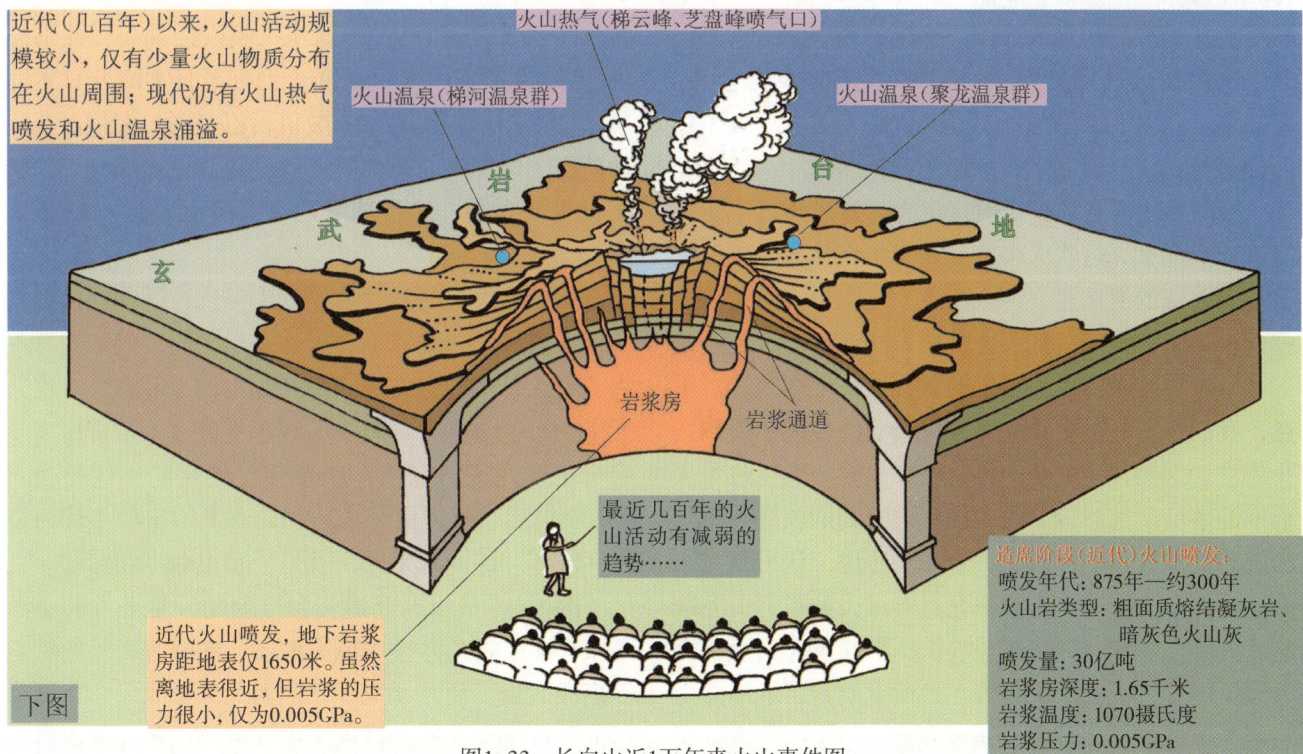

图1-33　长白山近1万年来火山事件图
图中的火山喷发数据引自《长白山火山地质研究》38页、185页。

图1-33下图：图中表示千年以内的火山喷发，用两小股火山灰升空表示此期的火山活动已经大大地减弱了。这些火山喷发物主要是沿着天池周边断裂零星喷溢的熔岩碎屑流，分布在天池内外壁的坡、崖面上和天池水面以上的"箕斗"底部。地质学家称此期火山喷发为"八卦庙火山事件"。但他们对喷发年代的看法不一致，有认为发生于一千多年前的，有认为

发生于七八百年前的，还有认为三四百年前的。

另外，据朝鲜发生编年体史书《李朝实录》记载，公元1597年、1668年、1702年天池亦有过火山喷发。这条史料，从20世纪50年代就曾被广泛引用。但近年来的研究认为，这些历史记载尚不能得到确切的证实。从地质调查角度讲，目前还没有发现相应的火山堆积产物，或仅有少量的烟尘和喷气散发，亦未可知。

**关于公元1000年前后发生的火山大爆发：**

参见图1-34：

关于公元1000年前后长白山发生的大爆发事件，火山地质界多年来都颇为关注，这里综合介绍有关情况，并绘制示意图一幅，仅供读者参考。

到过长白山的人一定会发现，无论在火山锥体还是在周围岗岭和广阔的林海中，尤其是长白山以东地区，如赤峰和圆池一带，都能看到松散分布的浮岩火山灰。这种情况无需钻进林海去踏查，坐在汽车里就能看到。在公路两侧，因为修路而揭去植被之处，看得更清楚，很多路段就修在火山灰上，路基用火山灰铺垫。这些铺垫物都是千年以前那次火山大爆发的散落物。长白县横山，安图县汉阳，火山灰达3—5米厚，最厚的地方可达十几米。经地质调查，火山灰层的厚度与离火山锥的距离成反比：近处厚，距离越远火山灰层越薄。

单从这些火山灰分布的广大地域来看，我们就能知道这是一次很猛烈、规模很大的火山爆发。因为只有这样猛烈的大爆发，才能将如此大量的火山灰射向高空，并扩散到很远的地方。据相关地质文献资料记载：火山灰越过日本海，一直飘落到日本的北海道。要知道，从长白山到北海道有1000千米的距离（图1-34）。

国内外很多地质学家对这次大爆发进行过不少专门研究。那么，这次大爆发究竟发生在什么时候呢？学者们普遍的看法是，离今天不太远，也就是千年左右，相当于我国宋、辽、金时期。

但有关这次火山大爆发的直接文字记载很少。不过，我们可以从长白山先民有关天池的传说中得到一些信息。这些传说曲折地传达出那里曾经发生过惊天动地的事情。那时的目击者把他们看到的火光、浓烟和听到的爆炸声加以神化，变成了传说，认为是有很多龙从那里飞出来。传说中龙具有巨大的威力，龙既能喷火又能喷水，还能呼风唤雨，但凡有龙出没都会电闪雷鸣，黑云翻滚，龙若在地面上游走，就能劈山豁岭……这些传说都可以转换成火山爆发的情景。居住于此的女真人，因此对长白山产生了无限的敬畏之情。敬畏一座大山，那座山必定有许多不可思议的、惊天动地的事情发生，恐怕没有什么能比火山爆发这样的自然现象可以在一个民族的记忆中留下更深刻的印象了。这样，我们似乎可以从先民传说中得到这次火山大爆发的信息。公元1172年，即金世宗完颜雍大定十二年，封长白山之神为"兴国灵应王"，建庙宇祭祀；1193年，即金章宗完颜璟明昌四年，金朝把长白山之神复册为"开天宏圣帝"。2013年2月2日，张福有在二道白河"宝马古城文化研讨会"上，阻止了对安图宝马城的经济开发，建议请示国家有关部门批准先搞考古发掘。经吉林省文物考古研究所与吉林大学考古发掘，确认宝马城就是金代长白山神庙遗址，被评为2017年全国"六大"和"十大"考古新发现，被国务院公布为第八批全国重点文物保护单位。金朝的这些举措均发生在这次火山大爆发之时，我们可以大胆推测：火山大爆发，促成了金朝对长白山的册封。

近年来，国内外的火山学家对这次大爆发有了更多更新的研究成果。国内学者著有《长白山天池火山近代喷发》，书中记载："长白山天池火山是一座世界上著名的活火山，全新世以来发生过多次喷发。尤其是发生于公元1215年间的大喷发，是一次猛烈的大规模爆炸式喷发，引起了不少火山学家的关注，历史文献也有该火山多次喷发的记录。近年来的研究表明，目前长白山天池火山是世界上最危险的火山之一，存在着潜在喷发的可能。天池火山大约1000年前发生的那次大喷发，是近2000年以来地球上最大规模的火山喷发之一。"关于这次大喷发的规模，此书还说："这次喷发的火山灰降落到远至日本海及日本北部。""李晓东等人得出的数值模拟表明，大喷发释放到高空大气层中的硫酸气溶胶，曾对全球气候变化产生过重要影响，北半球平均最大降温可达0.85摄氏度。"

关于这次大喷发具体的发生年代，科学家们各自给出了自己的研究成果，虽然不尽相同，但相差并不大。有人认为爆发的时间是公元1215年前后，或公元1199到1200年，日本学者中村俊夫（名古屋大学宇宙地球环境研究所，2004年）给出的年代是公元936年前后。早川由纪夫、小山真人给出的年代为公元946年。综合起来看，就是公元1000年前后。

图1-35是根据上述资料绘制的，左上方的小图是东北亚一带的冬季季风方向图，在蒙古高压的影响下形成气旋，使东北亚冬季刮西北风和北风。正是这样的气候条件，使得这次大喷发的火山灰大多都飘向长白山的东南方。此次火山爆发正值冬季，长白山正处在冬季季风中。主图以一条张牙舞爪的巨龙所吹出的大风表示季风方向。强劲的西北风或北风，把喷射到高空的火山灰吹到很远的地方，图中用直断线表示长白山至朝鲜半岛和日本北海道的方向和距离，用虚线圈出的椭圆形表示火山灰飘落的范围。从这幅图中我们可以直观地看出这次火山大爆发的威力是多么巨大，波及的范围是多么广阔。

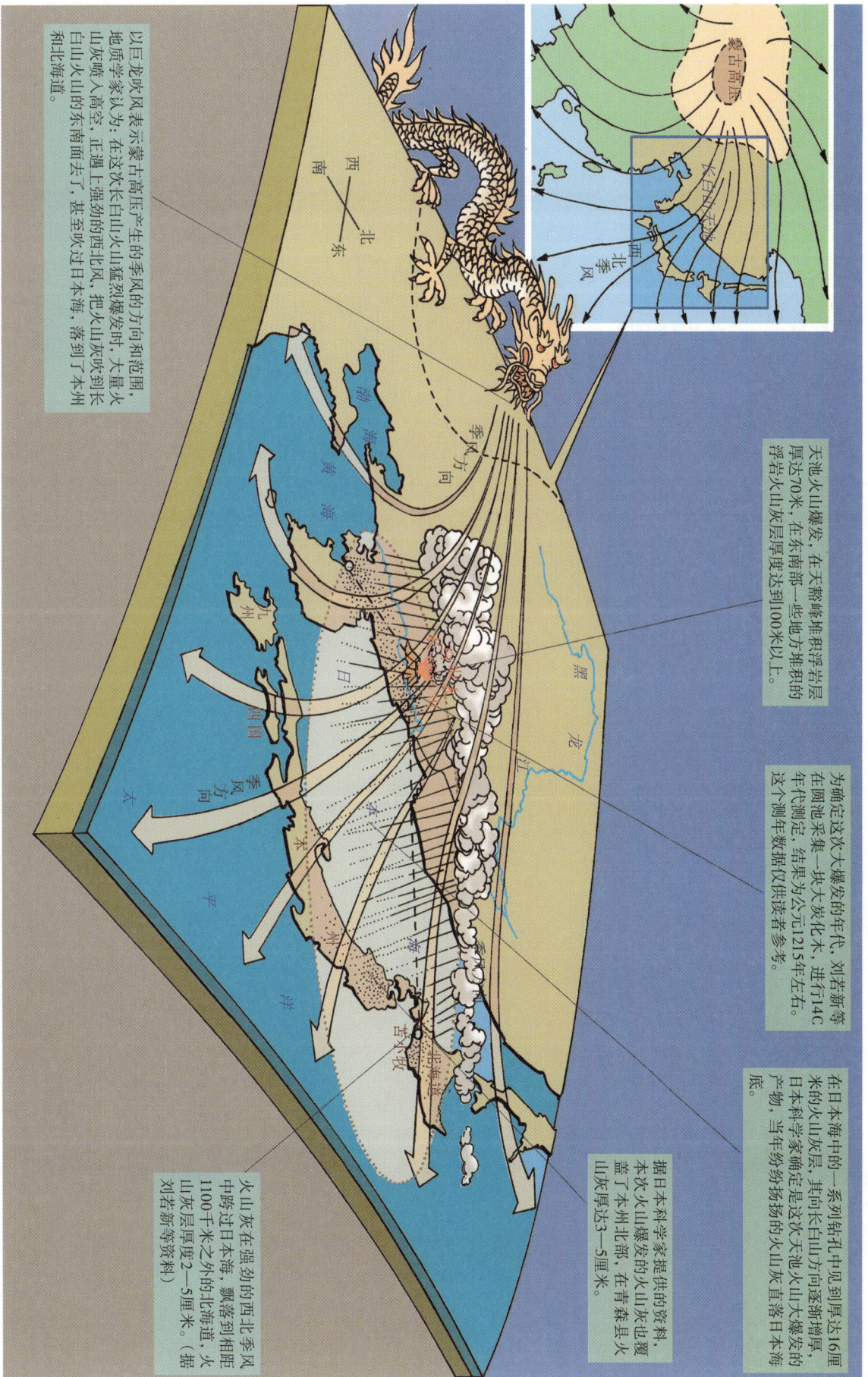

天池火山大爆发，在天豁峰堆积浮岩层厚度达70米，在东南部一些地方堆积的浮岩灰层厚度达到100米以上。

为确定这次大爆发的年代，刘若新等在圆池采集一块大炭化木，进行14C年代测定，结果为公元1215年左右。这个测年数据仅供读者参考。

在日本海中的一系列钻孔中见到到厚达16厘米的火山灰层，其中向长白山方向逐渐增厚，日本科学家确定是这次天池火山大爆发的产物，当年纷纷扬扬的火山灰直落日本海底。

据日本科学家提供的资料，本次火山爆发的火山灰也覆盖了本州北部，在青森县火山灰厚达3—5厘米。

火山灰在强劲的西北季风中跨过日本海，飘落到北海道，火山灰层厚度2—5厘米。（据刘若新等资料）

以巨龙吹风表示蒙古高压产生的季风的方向和范围。在这次长白山火山猛烈爆发时，大量火山灰喷入高空，正遇上强劲的西北风，把火山灰吹到长白山火山的东南面去了，甚至吹过日本海，落到了本州和北海道。

地质学家认为：

图1-34　公元1000年前后长白山火山大爆发的影响范围

043

# 第二章　环池十六峰

刘建封绘制的长白山天池十六峰图

环池十六峰位置考证及定位

俯瞰长白山主峰（火山锥）

## 2.1 刘建封绘制的长白山天池十六峰图

### 2.1.1 光绪三十四年（1908年）刘建封绘制的《长白山天池图》

光绪三十四年（1908年）七月，刘建封踏查长白山时，发生过这样一件事：

在新民屯北有一处叫"黄花松甸"，又名"一里阔街"的地方。所说的"街"，实际上就是几间用树皮搭建的房子而已。那时长白山深处人烟稀少，"一人两屋即成村"。刘建封与踏查队员们来到这里时，他们所带的粮食已经所剩无几，面临断粮的危险。这时，他们在"街"里遇见了吉林边防局测绘员孙兰芬，孙兰芬正领着测夫在测绘地图。深山老林中两支队伍相会，自然都很高兴。刘建封便向孙兰芬开口借三天的粮食，孙兰芬当然乐意相助，并以野猪肉款待他们。交谈中，孙兰芬得知刘建封已经对天池进行过踏查，并对天池群峰命了名，便向刘建封索取天池群峰名称，刘建封欣然答应。日后，刘建封绘制了一幅《长白山天池图》，图中注明了十六峰的方位和名称，派兵还粮时，一并带给孙兰芬，赠图表示酬谢。此事记载于刘建封著《长白山江岗志略》331页。

这里所说的《长白山天池图》，绘制的时间是1908年阴历七月八日，也就是刘建封带队从滚石坡下临天池的那天，是他在野外画的草图。刘建封遇见孙兰芬并向其借粮也是在这个月内。此时，刘建封还没有回到室内整理踏查资料，这样说来，他送给孙兰芬的应该就是这种草图。那时纸张是稀罕珍贵之物，但更珍贵的是图上的内容——天池群峰的方位和名称。那么，孙兰芬也许是第一个目睹《长白山天池图》的人。孙兰芬其人，在历史文献中只有一个名字，其他情况概无记述，当然，刘建封送给他的那张图也已无法考查下落。所幸，类似的图出现在《长白汇征录》的附图《长白府区域详图》中。

《长白汇征录》为长白府首任知府张凤台编撰，是一部优秀的地方志书。在书中"区域图说"部分有一张附图：《长白府区域详图》。该图长47厘米，宽50厘米，原图的比例尺相当于四十万分之一。图幅范围西起五道沟口，东至七星湖，北起天池，南至鸭绿江边，即长白府全境。在该图的右上角，放大绘制了《长白山天池图》，这当然是为了能把天池十六峰的方位和名称展现在图中。这应该就是刘建封酬谢孙兰芬的那幅图的样子了。该图的方位已经采用上北下南左西右东的方式了，使今天的读者阅读起来很方便。本书这里复制的是《长白府区域详图》的局部，即天

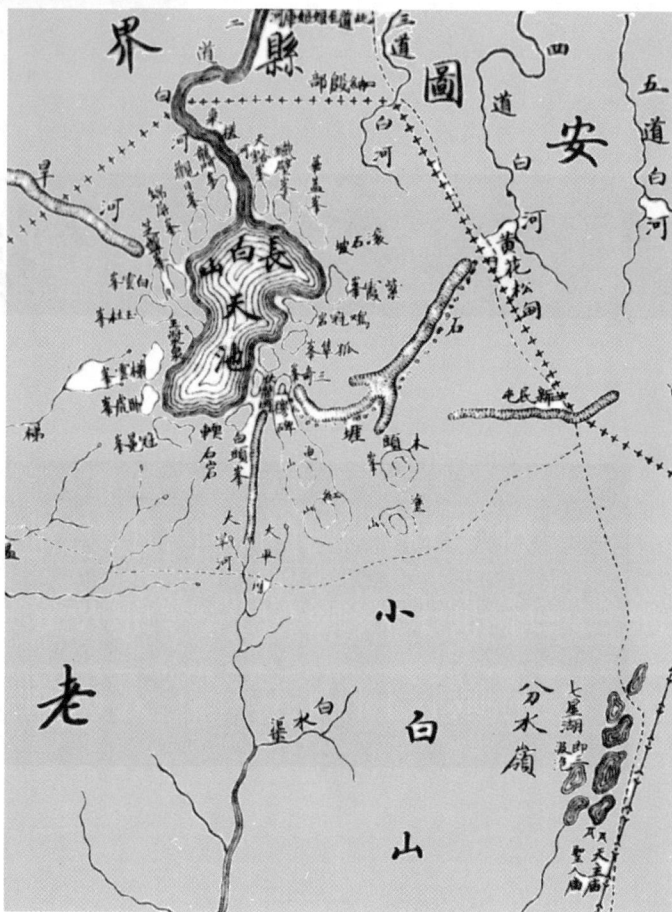

图2-1　1908年：《长白府区域详图》（局部）

池部分（见图2-1）。从图中可以见到：天池"池形如莲叶"，周围是刘建封"相形命名"的环池十六群峰。尽管各峰的位置不十分准确，但峰与峰的相对位置却表现得清清楚楚。这样，再结合文字描述，互为印证，便可相当准确地标定各峰的位置了。无疑，这是一幅极其珍贵的地图，它是当今研究长白山峰名和定位的最有价值的资料。

综观当下各种书刊，也声称采用刘建封的命名，但许多峰的定位并不准确，甚至错误，或用域外之名，或更改了名称，这对叙述和研究长白山的历史绝对有害无益。所以，对刘建峰的命名和定位，我们应该继承，应该谨慎考证，不可以忽视这些来之不易的资料，不能认为那不过是山峰的符号而已。凡名称的来历，都蕴含着历史的、政治的、地理的、民俗的等诸多意义。长白山的"奇峰十六，名胜百二"概莫能外，它们何止是个名称，它们是长白山文化的珍贵遗产。

## 2.1.2 民国二十一年（1932年）行者禅松绘制的《万山之祖老白山江岗全图》

此前文献中还有一幅珍贵的地图：《万山之祖老白山江岗全图》，作者是禅松，他是五台山西台顶挂月峰法雷寺道人，又号长白山道人，自称行者。此人游历天下，遍访名山。禅松于民国二十年（1931年）九月不远千里从关内来到长白山，在长白府抄录《长白山江岗志略》，并阅王海涛注《长白山神仙大路图》。阅后禅松感慨万千，方知长白山为一绝大名山。从禅松绘制的这张图来看，与刘建封绘制的《长白山天池》图大同小异，但又新增了一些地名，如悬雪崖、补天石、仙人岛、钓鳌台、清风岭、龙山、玉带山、黑石沟、

木石河、又一泡等，丰富了刘建封的图，为我们对某些地名的定位考证提供了新的证据。这些新增地名说明，禅松或汇集了别处的资料或进行过实地调查。

此图长56厘米，宽64厘米。该图没有统一的比例尺，原图天池部分的比例尺约为1比38000，即图上的1厘米约等于实地380米（本书复制图的比例尺约为1比73000）；其他部分的比例尺则小得多，显然，这是为了详细描绘天池及环池十六峰的平面位置。

附：《万山之祖老白山江岗全图》中的《长白山记》：

长白山，古不咸山也。帝舜时，为息慎氏所居，即肃慎国。唐人名为徒太山刘仁轨曾至此，亦名为保太白山。五代时亦名为太白山，又名大白山，土人名为老白山。《辽志》及《金史》始名为长白山，因辽设长白部，在山之阳故也。山上土少沙多，海浮石居其半，石轻如粉故名之，树木不生，冬夏积雪，四时望之，色白异常，故名曰长白。中有天池，环池多奇峰，大者有六：曰白云峰、冠冕峰、白头峰、三奇峰、天豁峰、芝盘峰；小者有十：曰玉柱峰、梯云峰、卧虎峰、孤隼峰、紫霞峰、华盖峰、铁壁峰、龙门峰、观日峰、锦屏峰。又有伏龙岗、鸡冠岩、汩石坡、悬雪崖、软石坡，四周环绕。池之左右有三泉：曰金线泉、玉浆泉、隐流泉。池之东北有三山：曰麟峦、凤峦、碧螺，更有钓鳌、放鹤、双台、松甸、草塘二处。偶值天朗气清，临池一观，怪石壁立，绚烂照人，其气象之雄厚，山势之峥嵘，实为辽东半岛第一名山，为清朝发祥之主峰也。自麓至巅，高约三十六里，周约二百四十里。昔闻天女吞朱果生圣子，即清始祖爱新觉罗·布库里雍顺发端及此地也。古云天无一不晴，地无一不宁，人无一不能成圣。夫世之吃斋念佛，出家修道者，不可胜数，然成仙成佛者万无一也。呜呼，皆曰名师未遇耳。松自幼慕道欲参太极，曾于甲寅秋九月登泰山，壬戌五月游五台山，于西台法雷寺出家，己巳秋九月朝南海、普陀、落伽，遍访名山未遇。不意，辛未秋九月，来辽东长白府，录《长白山江岗志略》天池钓叟所志，阅《长白山神仙大路图》王海涛仙师注，始知长

图2-2 《万山之祖老白山江岗全图》（局部）

白为灵气所钟，襟三江，领三岗老岭、南岗、龙岗，奇峰十六，名胜百二，崔巍磅礴，蜿蜒于亚细亚东北海隅，为一绝大名山，于乎盛矣！天池在长白山巅，为中心点，群峰环抱，离地高约二十六里，故名曰天池。西南东北，长约二十九里，横分三段，北段宽二十里，中段宽十里，南段宽约十三里，周约七十里，韩人以为六十里，日人以为八十里，均就水面大概言之。池形如莲叶初出水状，三面壅注不流，惟北偏东一隅，水溢流如线，为乘槎河，实松花江之正源。

壬申二月上浣。大五台山西台顶挂月峰法雷寺退居、定川车站五台山十方院宝兴寺监院退居、长白山道人、行者禅松圣闻著。

047

## 2.2　环池十六峰位置考证及定位

此《长白山记》与刘建封所著《长白山江岗志略》中的《长白山记》，名同文异。开篇写道："长白山，古不咸山也。帝舜时，为息慎氏所居。息慎即肃慎国。唐人名为徒太山刘仁轨曾至此，亦名为保太白山。五代时，名为太白山，又名大白山。土人名为老白山。《辽志》及《金史》始名为长白山。因辽设长白部在山之阳故也。山上土少沙多，海浮石居其半，石轻如粉故名之。树木不生，冬夏积雪，四时望之，色白异常，故名曰长白。中有天池，环池多奇峰。大者有六：曰白云、曰冠冕、曰白头、曰三奇、曰天豁、曰芝盘。小者有十：曰玉柱、曰梯云、曰卧虎、曰孤隼、曰紫霞、曰华盖、曰铁壁、曰龙门、曰观日、曰锦屏。"

环池十六峰在刘建封命名以前并无固定名称，峰的数目也有不同说法。康熙十六年（1677 年）武木讷勘验长白山后，在上奏康熙的奏折中说："山顶有池，五峰环绕。"说的是有五座山峰环绕天池。故此后多沿用"五峰"之说。吴禄贞在《延吉边务报告》37、38 页中记载："长白山为我国东方诸山之祖……山顶五峰并峙"，沿用"五峰"之说，说的是有五座山峰并肩而立。

环绕天池火山口的是一圈参差不齐的悬崖峭壁，怎样划分成单个山峰的呢？我国古代有"五道坡口"的说法：围绕天池的悬崖峭壁，有的地方可以下临天池，这样的地方先人称之为坡口，如此坡口共有五道。在坡口处，悬崖在此中断，或者说，这五道坡口将环池悬崖分成五部分，被分割的部分可以视为一座山峰。显然，对环绕天池的山峰，先人是用"五道坡口"将环池诸峰概略地划分为五座山峰，这应该是"五峰"的来历。

光绪三十四年（1908 年），东三省总督徐世昌为巩固边防，拟请添设府治，勘查长白山圣武发祥之地，委任奉天候补知县刘建封为勘界委员，勘查奉吉界线兼查长白山三江之源。刘建封带领测绘员、队兵、仆役历时数月，行程几千里勘查长白山。这次勘查最大的意义就是对长白山"奇峰十六，名胜百二"的定位和命名。刘建封在"五峰"的基础上，对五道坡口之间的悬崖详细划分，确定为十六座山峰并一一"相形命名"。

从地质学观点，即从火山口外轮山地质构造和熔岩流分布情况来看，刘建封所划分的"奇峰十六"是恰当的。在刘建封那个时代，西方近代地质科学知识还没有传入中国，刘建封当然也不可能有火山地质方面的知识，他只是以自己的学识和智慧，在实地考察和观测环池悬崖中，不知不觉地客观反映出火山口周边的地质情况，因此，刘建封划分的"十六峰"，从火山地质学的角度看，也是较为恰当的。

刘建封将环池悬崖划分为十六座山峰，并对各峰

"相形命名"。他把各峰的方位、距离、峰与峰之间的位置关系、各峰的外貌特点加以描述。在用文字记载于《长白山江岗志略》的同时，更珍贵的是，绘制了《长白山天池图》，将十六峰的位置和排列明确标定于图上。

刘建封在长白山踏查期间，为后人留下的另一珍贵遗产是《长白山灵迹全影》，共拍摄 42 幅照片，每幅照片下面附有详细说明的"具图贴说"。《长白山江岗志略》《长白汇征录》和《长白山灵迹全影》三部著作，是考证、研究长白山者不可不读的历史文献。

然而先人给我们留下的这些珍贵遗产几近湮没，幸得有识之士史海钩沉，才使之得以流传。但是，这里又不能不遗憾地说，今人对"奇峰十六，名胜百二"的位置和名称的研究和应用，存在一些问题。浏览当下有关长白山的著作，对"奇峰十六，名胜百二"的位置和名称，多有某些错误：有的标错位置，有的标错名称，有的标注外国人的命名，有的重新命名或替换刘建封的命名，有的山峰只有位置没有名称，有的将刘建封的命名和其他名称混在一起，等等。有鉴于此，这里详细对环池十六峰及其他名胜的定位和名称予以认真的考证。

首先，对环池十六峰有明确定位、叙述或很少有分歧的山峰考证如下：

1. 天池北面有闼门，池水从这里泻出，中有乘槎河在流淌。那么，据"龙门峰，在乘槎河西，与天豁峰对峙"和"乘槎河，水自天池泻出天豁、龙门两峰之间"之描述，可知天豁峰和龙门峰的位置（参见照片 4-52）。

2.《长白山灵迹全影》中有《滚石坡》之照片，在滚石坡两侧有两座高峰赫然耸立，刘在"具图贴说"中记载"泪石坡（滚石坡），在紫霞、华盖两峰之间"，据此，紫霞峰和华盖峰的位置可确定无疑（参见照片 4-41）。

3.《长白山灵迹全影》中有《鸡冠岩》之照片，其"具图贴说"有"鸡冠岩……回头结与孤隼、三奇，两峰相联络"的描述，在《长白山江岗志略》中有"鸡冠岩，在孤隼、紫霞两峰之间"的描述，据此，孤隼峰、紫霞峰和三奇峰的位置可确定无疑。

4. 南坡口，即软石崖，位于天池最南端，这个位置向来并无分歧，那么，"软石崖，在白头、冠冕两峰之间"的描述则可使白头峰和冠冕峰的位置确定无疑（参见照片 4-52）。

5.《长白山灵迹全影》中有《天豁峰》之照片，这幅照片也摄入了铁壁峰和华盖峰的局部，据《长白山天池图》中山峰的排列次序，可将这三座峰的位置确定下来（参见照片 3-2）。

6. 刘建封从西坡口（悬雪崖）下临天池，有"悬

雪崖，在玉柱、梯云两峰之间"的描述，据此，玉柱峰和梯云峰的位置可确定无疑（参见照片4-34）。

其他证据如下：

1. 刘建封对天豁峰有"峰石皆黄，作淡金色"的记载，这样的山峰，唯天豁峰莫属（参见照片3-1）。

2. 在天豁峰和华盖峰之间有"铁壁黑如漆"的描述，环池诸峰中唯铁壁峰莫属（参见照片3-2）。

3. 有人将华盖峰标定在天豁峰或白石砬子上，这是不对的。如果华盖峰在这里，那么站在所谓的华盖峰上，不可能看到列宿泊（黑石沟一带的水泡），而《长白山江岗志略》323页记载，登上华盖峰可以看见列宿泊，所以这样的标定肯定错了。

4. 有人把三奇峰标定在华盖峰的位置上，这是不对的。三奇峰如果在那里，刘建封怎能从三奇峰外坡走下来对鸭绿江进行勘查？因为华盖峰那里是松花江流域。与三奇峰外坡对应的是鸭绿江流域，从三奇峰上走下来是暖江（鸭绿江北源）之北的大旱河峡谷。松花江、鸭绿江两大流域在火山锥周围界线分明，方向相悖。

5. 三奇峰南麓是大旱河，《长白山江岗志略》360页记载："大旱河，出三奇峰之南麓。"如果三奇峰在华盖峰的位置上，从它的外坡走下来应是十二道河子，可据记载，它的南麓止于十二道河子峡谷，哪里能出现大旱河？所以将三奇峰标定在华盖峰的位置上是不对的（参见图5-5）。

6. 有人将白头峰标定在孤隼峰上，这也是不对的。白头峰如果在孤隼峰的位置，刘建封就无须从三奇峰外坡下来勘查大旱河后，攀爬伏龙岗再攀登白头峰，因为错误标定的"白头峰"（即刘建封标定的孤隼峰的位置）在三奇峰东北方向，而刘建封定位的白头峰在三奇峰西南方向，两者刚好相悖（参见图3-41）。

7. 《长白山江岗志略》309页记载："白云峰……长白山此峰最高，由岗后东上二百里外，即见此峰。"实际白云峰并不是最高峰，这是刘建封目估产生的错觉，它低于孤隼峰、三奇峰和紫霞峰。虽说白云峰不是环池最高峰，但在天池北面此峰最高。从北面登山，二百里外就能看见白云缭绕的白云峰。在这里，孰为长白山最高峰与定位关系不大，故撇开这点而专论定位，北面的最高峰就是刘建封定位命名的白云峰无疑（参见照片2-3、照片2-4、照片3-137）。

8. 至于锦屏峰，因有"形若城垣"的描述，又有"城墙砬子"的俗称，所以也好找，远远望去，它高耸在那悬崖之上，果然就像一面城墙。因此，锦屏峰的位置也不难确定（参见照片3-138）。

9. 至于芝盘峰，因为顶峰有圆形草甸，可据此确定芝盘峰的位置。

10. 至于观日峰，有"东接龙门三里余"的描述，而且它一定在锦屏峰和龙门峰之间，那么，只有观日峰的位置最高，视野最开阔，"可以观日出日入"。所以，这座浑圆的山峰，即刘建封定位的观日峰无疑。

此外，刘建封在《长白山灵迹全影》第6幅照片《白云峰》（注）的"具图贴说"中有一段全方位的定位描述，他把站在白云峰上看到的各峰位置说得很清楚："白云峰……一览众山皆小。云气咻咻，肤寸遍诸峰，前有玉柱拔地孤峙，再南为悬雪崖。每岁积雪飞尘幂其上，如削墨引绳，黑白厘然。乌丝比栉，丛绝鏊历，梯云、卧虎两峰突起，若覆盂者，为冠冕峰。峰下多蜂窠石，土人呼为软石坡，汤泉沟及清水渠，皆出冠冕之西南，此白云峰前面诸山也。逾坡口则为白头峰矣。白云峰后，绵亘数里，一峰高矗，上有平台，名曰芝盘。再北列岫如画，名曰锦屏。历观日峰迤东，阴阳开阖，是为龙门，与天豁峰相连，中有补天石，天然扃钥。纵观白云以后诸峰，环抱雄奇，得未曾有。"

刘建封在白云峰顶的这一段描述，居高临下，俯视天池全貌，犹如面对一幅航空照片（参见照片3-137），说出了11座山峰的位置和它们之间的相对位置关系，这是难得的总体描述，是后人定位考证的重要依据。

刘建封绘制有《长白山天池图》，图中标定了十六峰在天池周围的排列顺序，这种顺序好比车轮上的辐条，错位或空位一峰，则所有山峰须得在环池悬崖这个大轮上跟着移动，可使十六峰排不下去；反过来，只要定准其中的几个峰，其他诸峰就可以按顺序各就其位。所以，刘建封的《长白山天池图》，是可靠的考证依据。

刘建封对各峰的形象比喻也是定位的重要依据。这些形象的比喻多具专属性，没有多解释的余地，自然成为考证的依据。

下面，将历史文献的文字描述和《长白山天池图》的图面内容，皆置于现代地形图上，在图面上互相印证、对比、定位（图2-3、图2-4）。

注：对历史照片《白云峰》的考证。《长白山灵迹全影》主要摄影者是跟随刘建封勘查的王瑞祥。底版和相片洗印由他完成，刘建封撰写"具图贴说"。因为从照片印制到编排、装帧成册不是同一人作业，在当时时间紧迫、条件困难的情况下，出现编辑上的差错在所难免。第6幅照片《白云峰》误将瀑布东侧悬崖，今人命名为织女峰的照片置于《白云峰》"具图贴说"之下，故出现照片与"具图贴说"不符之误。

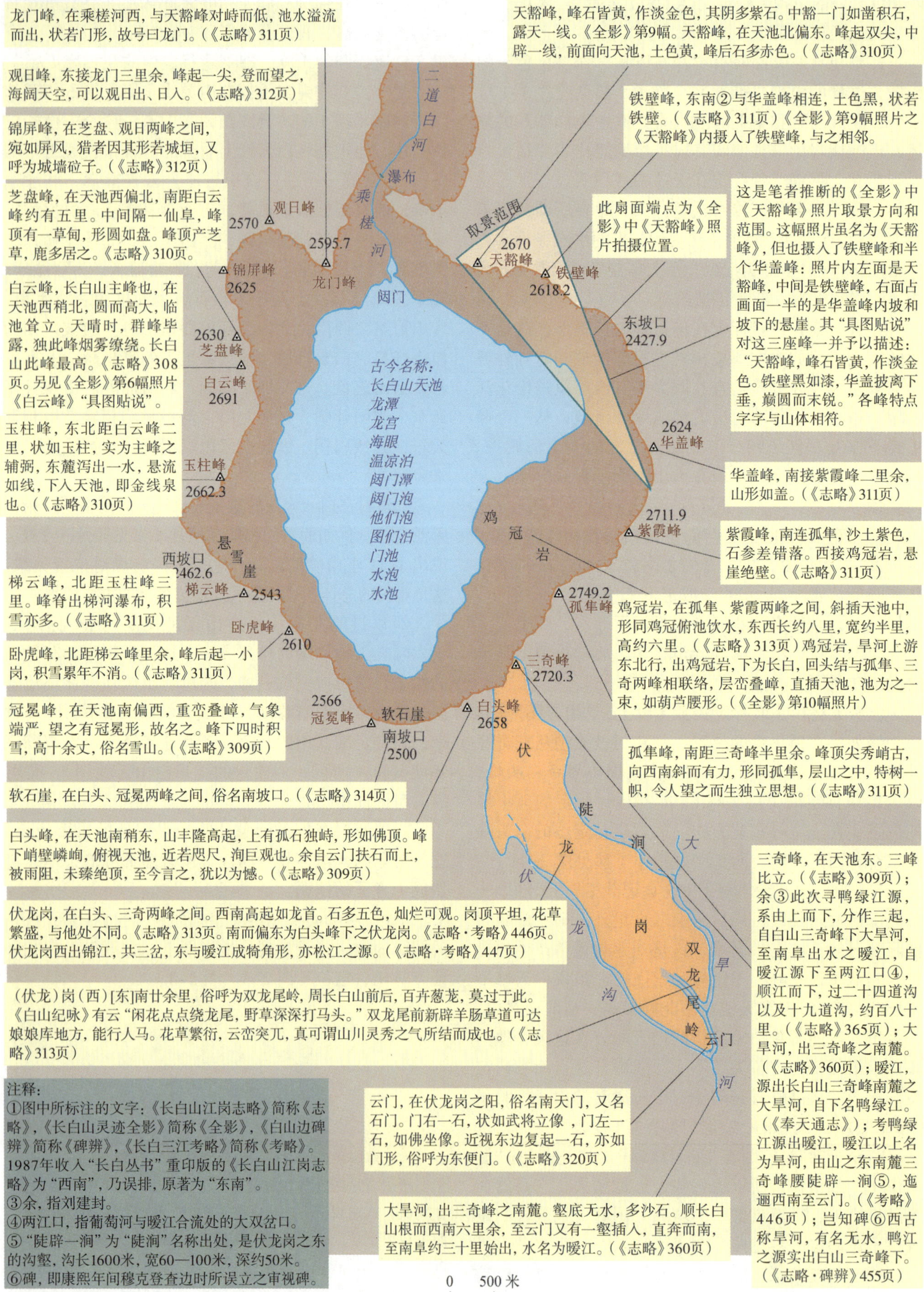

龙门峰，在乘槎河西，与天豁峰对峙而低，池水溢流而出，状若门形，故号曰龙门。（《志略》311页）

观日峰，东接龙门三里余，峰起一尖，登而望之，海阔天空，可以观日出、日入。（《志略》312页）

锦屏峰，在芝盘、观日两峰之间，宛如屏风，猎者因其形若城垣，又呼为城墙砬子。（《志略》312页）

芝盘峰，在天池西偏北，南距白云峰约有五里。中间隔一仙阜，峰顶有一草甸，形圆如盘。峰顶产芝草，鹿多居之。《志略》310页。

白云峰，长白山主峰也，在天池西稍北，圆而高大，临池耸立。天晴时，群峰毕露，独此峰烟雾缭绕。长白山此峰最高。《志略》308页。另见《全影》第6幅照片《白云峰》"具图贴说"。

玉柱峰，东北距白云峰二里，状如玉柱，实为主峰之辅弼，东麓泻出一水，悬流如线，下入天池，即金线泉也。（《志略》310页）

梯云峰，北距玉柱峰三里。峰脊出梯河瀑布，积雪亦多。（《志略》311页）

卧虎峰，北距梯云峰里余，峰后起一小岗，积雪累年不消。（《志略》311页）

冠冕峰，在天池南偏西，重峦叠嶂，气象端严，望之有冠冕形，故名之。峰下四时积雪，高十余丈，俗名雪山。（《志略》309页）

软石崖，在白头、冠冕两峰之间，俗名南坡口。（《志略》314页）

白头峰，在天池南稍东，山丰隆高起，上有孤石独峙，形如佛顶。峰下峭壁嶙峋，俯视天池，近若咫尺，淘巨观也。余自云门扶石而上，被雨阻，未臻绝顶，至今言之，犹以为憾。（《志略》309页）

伏龙岗，在白头、三奇两峰之间。西南高起如龙首。石多五色，灿烂可观。岗顶平坦，花草繁盛，与他处不同。《志略》313页。南而偏东为白头峰下之伏龙岗。《志略·考略》446页。伏龙岗西出锦江，共三岔，东与暖江成犄角形，亦松江之源。（《志略·考略》447页）

（伏龙）岗（西）[东]南廿余里，俗呼为双龙尾岭，周长白山前后，百卉葱茏，莫过于此。《白山纪咏》有云"闲花点点绕龙尾，野草深深打马头。"双龙尾前新辟羊肠草道可达娘娘库地方，能行人马。花草繁衍，云峦突兀，真可谓山川灵秀之气所结而成也。（《志略》313页）

注释：
①图中所标注的文字：《长白山江岗志略》简称《志略》，《长白山灵迹全影》简称《全影》，《白山边碑辨》简称《碑辨》，《长白三江考略》简称《考略》。
1987年收入"长白丛书"重印版的《长白山江岗志略》为"西南"，乃误排，原著为"东南"。
③余，指刘建封。
④两江口，指葡萄河与暖江合流处的大双岔口。
⑤"陡辟一洞"为"陡洞"名称出处，是伏龙岗之东的沟堑，沟长1600米，宽60—100米，深约50米。
⑥碑，即康熙年间穆克登查边时所立起之审视碑。

云门，在伏龙岗之阳，俗名南天门，又名石门。门右一石，状如武将立像，门左一石，如佛坐像。近视东边复起一石，亦如门形，俗呼为东便门。（《志略》320页）

大旱河，出三奇峰之南麓。壑底无水，多沙石。顺长白山根而西南六里余，至云门又有一壑插入，直奔而南，至南阜约三十里始出，水名为暖江。（《志略》360页）

天豁峰，峰石皆黄，作淡金色，其阴多紫石。中豁一门如凿积石，露天一线。《全影》第9幅。天豁峰，在天池北偏东。峰起双尖，中辟一线，前面向天池，土色黄，峰后石多赤色。（《志略》310页）

铁壁峰，东南②与华盖峰相连，土色黑，状若铁壁。（《志略》311页）《全影》第9幅照片之《天豁峰》内摄入了铁壁峰，与之相邻。

这是笔者推断的《全影》中《天豁峰》照片取景方向和范围。这幅照片虽名为《天豁峰》，但也摄入了铁壁峰和半个华盖峰：照片内左面是天豁峰，中间是铁壁峰，右面占画面一半的是华盖峰内坡和坡下的悬崖。其"具图贴说"对这三座峰一并予以描述："天豁峰，峰石皆黄，作淡金色。铁壁黑如漆，华盖披离下垂，巅圆而末锐。"各峰特点字字与山体相符。

华盖峰，南接紫霞峰二里余，山形如盖。（《志略》311页）

紫霞峰，南连孤隼，沙土紫色，石参差错落。西接鸡冠岩，悬崖绝壁。（《志略》311页）

鸡冠岩，在孤隼、紫霞两峰之间，斜插天池中，形同鸡冠俯池饮水，东西长约八里，宽约半里，高约六里。（《志略》313页）鸡冠岩，旱河上游东北行，出鸡冠岩，下为长白，回头结与孤隼、三奇两峰相联络，层峦叠嶂，直插天池，池为之一束，如葫芦腰形。（《全影》第10幅照片）

孤隼峰，南距三奇峰半里余。峰顶尖秀峭古，向西南斜而有力，形同孤隼，层山之中，特树一帜，令人望之而生独立思想。（《志略》311页）

三奇峰，在天池东。三峰比立。（《志略》309页）余③此次寻鸭绿江源，系由上而下，分作三起，自白山三奇峰下大旱河，至南阜出水之暖江，自暖江源下至两江口④，顺江而下，过二十四道沟以及十九道沟，约百八十里。（《志略》365页）；大旱河，出三奇峰之南麓。（《志略》360页）；暖江，源出长白山三奇峰南麓之大旱河，自下名鸭绿江。（《奉天通志》）；考鸭绿江源出暖江，暖江以上名为旱河，由山之东南麓三奇峰腰陡辟一洞⑤，迤逦西南至云门。（《考略》446页）；岂知碑⑥西古称旱河，有名无水，鸭江之源实出白山三奇峰下。（《志略·碑辨》455页）

此扇面端点为《全影》中《天豁峰》照片拍摄位置。

二道白河

瀑布

乘槎河

取景范围

2670 天豁峰

铁壁峰 2618.2

东坡口 2427.9

观日峰 2570

2595.7

锦屏峰 2625

龙门峰

阆门

2630 芝盘峰

白云峰 2691

玉柱峰 2662.3

2624 华盖峰

2711.9 紫霞峰

鸡冠岩

2749.2 孤隼峰

三奇峰 2720.3

古今名称：
长白山天池
龙潭
龙宫
海眼
温凉泊
阆门潭
阆门泡
他们泡
图们泊
门池
水泡
水池

悬雪崖

西坡口 2462.6

梯云峰 2543

卧虎峰 2610

2566 冠冕峰

软石崖
南坡口 2500

白头峰 2658

伏龙岗

陡洞

大旱河

伏龙河

龙岗

旱沟

双龙尾岭

云门河

0  500米

图2—3　十六峰位置考证图①

## 2.2.2 十六峰位置考证图

乘槎河，水自天池泻出天豁、龙门两峰之间，下流五里，飞泉挂壁，宛成瀑布，俗名吊水湖。《志略》312 页）

玉壁，在龙门峰北，乘槎河顺壁而下。《志略》322 页）

山之上有潭，曰闼门，就乘槎河自天池出水而言。《八旗通志》、《志略》307 页）

补天石，在龙门峰东，天池出水之处。石半居水中，半居峰上。窥其形势杜池水口，作中流砥柱，亦似有补天池缺陷之象，故名之。《志略》317 页）

鹤燕居，在观日峰前。野鹤、海燕每聚于此。偶闻猎枪声，其骇窜飞触之状，尤足耐观。《志略》321 页）

向阳草塘（仙人牧场），在锦屏峰下，长约四里，宽约二里。前有人见草塘中，牧牛羊人时常往来，呼之不应，人皆以为仙人牧场。《志略》319 页）

仙阜，在白云、芝盘两峰之间。中间高起一阜，故名为仙阜。长约四里，高约六里。《志略》313 页）

濯足石，在金线泉下，池水围绕有情，高出水五尺。《志略》320 页）

金线泉，源出玉柱峰东，流入天池，斜垂如线，水线长约五里余。《志略》317 页）

悬雪崖，在玉柱、梯云两峰之间，俗名西坡口。坡度急处，积雪丈余。长约十数丈，累年不消，故名之。《志略》314 页）

玉浆泉，西南距天池六步余，流入天池，水净沙明，清澈可悦，故名之。《志略》318 页）

鹿径，在梯云峰前，斜插天池，登山者常见麋鹿麂麂，骈田逼仄之象。《志略》321 页）

白花溪，在卧虎峰下。溪多四坠花，溪长二里。《志略》319 页）

隐豹崖，在冠冕、卧虎两峰之间。崖下深僻，与白花溪相接。《志略》320 页）

软石崖，在白头、冠冕两峰之间，俗名南坡口。崖峻而险。《志略》314 页）

鸡喙石，《志略》313页："鸡冠岩……形同鸡冠，俯池饮水，生机活泼，出自天然。"据此意引申鸡冠岩插入天池水面"俯池饮水"处为鸡喙。

不老峰，在落笔峰北偏西。《志略》322 页）

二道白河，即乘槎河下游，松花江正源也。《志略》344 页）

槎河瀑布，天池东北流为乘槎河，松花江之正源也，悬崖直泻，瀑布轰隆，经落笔、不老、砥柱三峰，曲折奔腾，万弩齐发。《全影》第 5 幅照片）

落笔峰，在天豁峰北偏东，形如笔尖。《志略》322 页）

砥柱山（峰）①，在不老峰西，乘槎河由山根下流，声闻数里外。《志略》322 页）

牛郎渡，在乘槎河口，一石斜横如小桥，水流石上，高石尺余，往来可以渡人，故名之。《志略》317 页）

凤峦，东距麟峦半里许。上多沙石，高半里。《志略》317 页）

麟峦，在天池东北，铁壁峰下，高约半里。《志略》317 页）

七里滩，在华盖、铁壁、天豁三峰之下。《志略》322 页）

放鹤台，南距钓鳌台六十余步，临池沙滩，约有数里，光明如镜，真仙境也。台高五丈余。余带向导与兵仆三名，遨游于二台之上。《志略》316 页）

避风石，在泪石坡上，游山者一遇寒风，借石避之，故号为避风石。余三至石前，坐而休息，因于石上镂六字曰："天池钓叟②到此"。《志略》319 页）

泪石坡，在紫霞、华盖两峰之间。《志略》315 页）

仙人岛，在鸡冠岩北，长三里，宽里余。《志略》318 页）

钓鳌台，在天池东北岸，东距泪石坡半里余。顶平，高起如台，碎石颇多，高七丈有余。台上有一石堆，相传女真国王登白山祭天池，曾筑石于台上③。《志略》316 页）

碧螺山，又名小蓬莱，在鸡冠岩下，天池之东，山多五色石、四坠花。《志略》316 页）

风月窝，在鸡冠岩西。夏日花草满畦，登山者每见仙鹿出没其中，长约三里。《志略》319页）

支机石，在鸡冠岩下。五色玲珑，光芒射眼，时有黄云围绕其上，故名之。《志略》317 页）

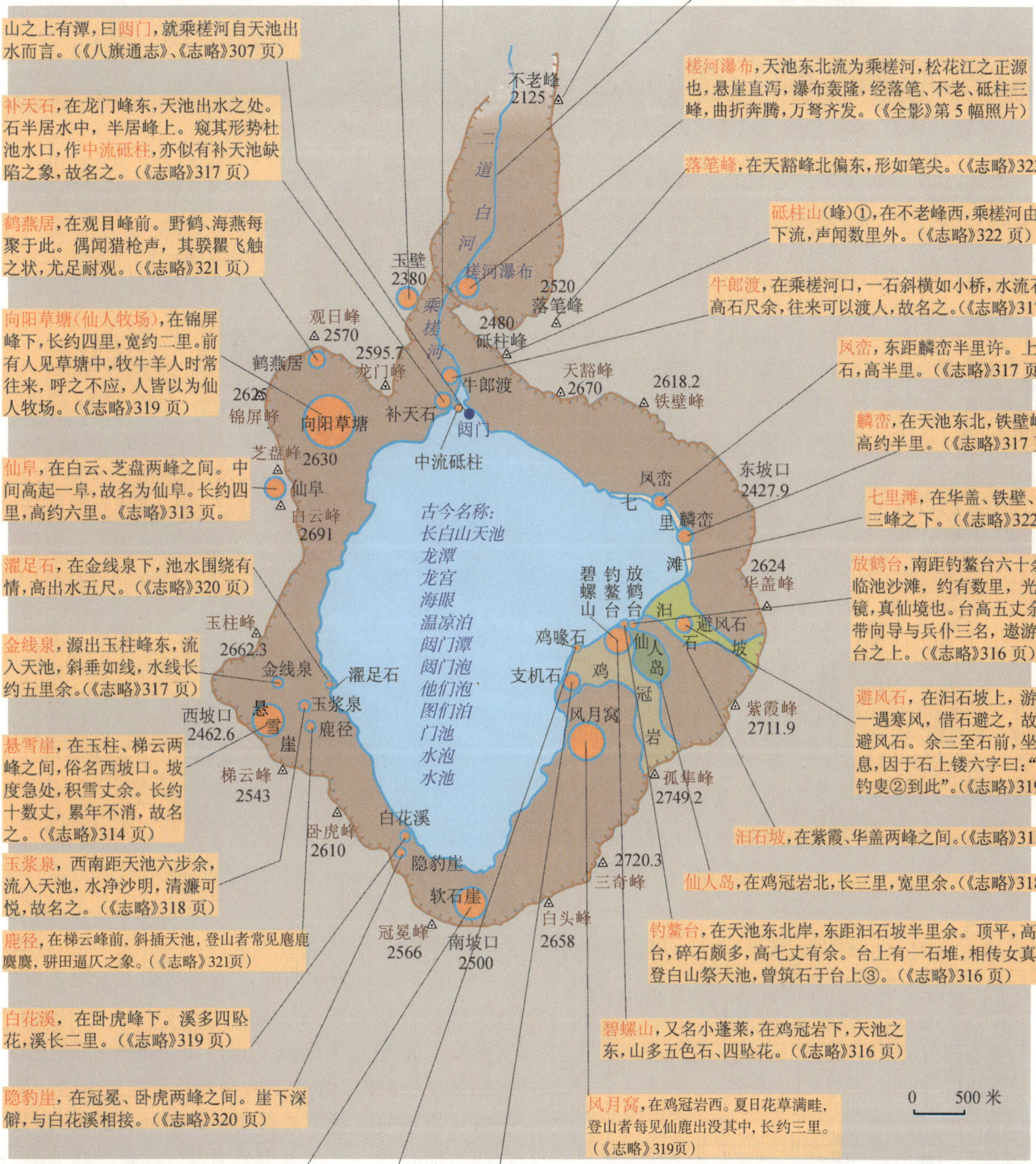

古今名称：
长白山天池
龙潭
龙宫
海眼
温凉泊
闼门潭
闼门泡
他们泡
图们泊
门池
水泡
水池

不老峰 2125
二道白河
玉壁 2380
槎河瀑布
2520 落笔峰
2480 砥柱峰
观日峰 2570
2595.7 龙门峰
鹤燕居
2628 锦屏峰
向阳草塘
补天石
芝盘峰 2630
仙阜
白云峰 2691
中流砥柱
天豁峰 2670
2618.2 铁壁峰
凤峦
东坡口 2427.9
七里滩
麟峦
2624 华盖峰
放鹤台
钓鳌台
碧螺山
避风石坡
紫霞峰 2711.9
玉柱峰 2662.3
金线泉
濯足石
鸡喙石
支机石
鸡冠岩
仙人岛
风月窝
孤隼峰 2749.2
悬雪崖
西坡口 2462.6
玉浆泉
鹿径
梯云峰 2543
白花溪
卧虎峰 2610
隐豹崖
软石崖
2720.3 三奇峰
冠冕峰 2566
南坡口 2500
白头峰 2658

0  500 米

注释：
①砥柱山，本书改"山"为"峰"。
②天池钓叟，刘建封号。
③台上，后人称此为"女真祭坛"。

图2-4　环池其他名胜位置考证图①

051

## 2.2.3 十六峰以天池中心为极点的极坐标定位图及数据表

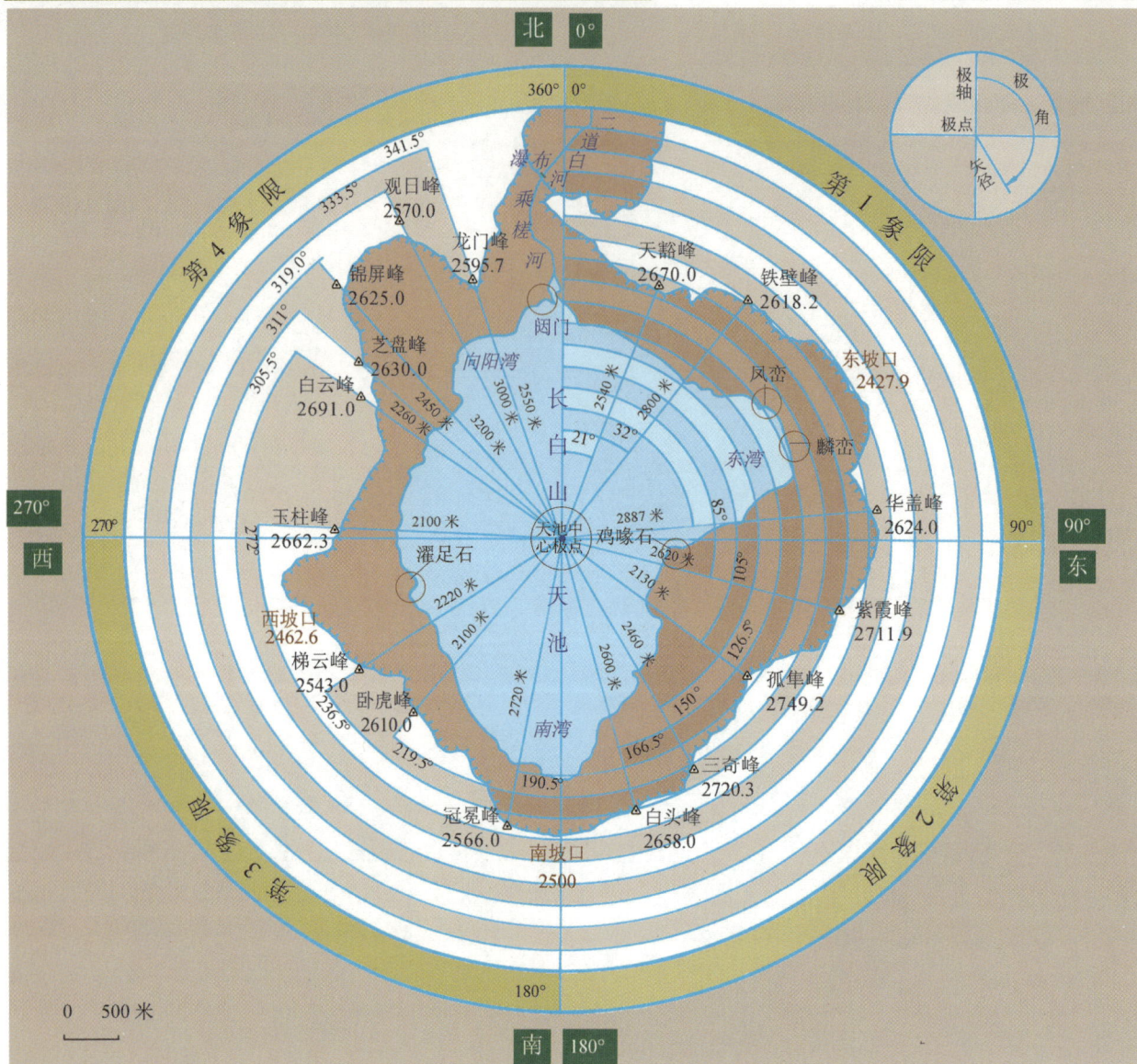

图2-5 环池其他名胜位置考证图②

表2—1 十六峰以长白山天池中心为极点的极坐标定位数据表

| 编号 | 峰名 | 方位角（度） | 距天池中心（米） | 海拔高程（米） | 距天池水面高（米） | 高度排序 |
|---|---|---|---|---|---|---|
| 1 | 天豁峰 | 21.0 | 2540 | 2670.0 | 480.9 | 5 |
| 2 | 铁壁峰 | 32.0 | 2800 | 2618.2 | 429.1 | 11 |
| 3 | 华盖峰 | 85.0 | 2887 | 2624.0 | 434.9 | 10 |
| 4 | 紫霞峰 | 105.0 | 2620 | 2711.9 | 522.8 | 3 |
| 5 | 孤隼峰 | 126.5 | 2130 | 2749.2 | 560.1 | 1 |
| 6 | 三奇峰 | 150.0 | 2460 | 2720.3 | 531.2 | 2 |
| 7 | 白头峰 | 166.5 | 2600 | 2658.0 | 468.9 | 7 |
| 8 | 冠冕峰 | 190.5 | 2720 | 2566.0 | 376.9 | 15 |
| 9 | 卧虎峰 | 219.5 | 2100 | 2610.0 | 420.9 | 12 |
| 10 | 梯云峰 | 236.5 | 2220 | 2543.0 | 353.9 | 16 |
| 11 | 玉柱峰 | 272.0 | 2100 | 2662.3 | 473.2 | 6 |
| 12 | 白云峰 | 305.5 | 2260 | 2691.0 | 501.9 | 4 |
| 13 | 芝盘峰 | 311.0 | 2450 | 2630.0 | 440.9 | 8 |
| 14 | 锦屏峰 | 319.0 | 3000 | 2625.0 | 435.9 | 9 |
| 15 | 观日峰 | 333.5 | 3300 | 2570.0 | 380.9 | 14 |
| 16 | 龙门峰 | 341.5 | 2550 | 2595.7 | 406.6 | 13 |

说明：

在刘建封为十六峰定位的基础上，笔者以极坐标法标定各峰的位置。方法如下：在图面上，选取天池中心为极点；长白山天池中心的选取，是选在长白山天池南北方向最长径的二分之一处，将从极点向北射出的射线定为极轴，此极轴与经线方向一致，此线方位角为零。这样，环池十六峰在平面上便可以用方位角和距极点的距离即矢径的长度来标定，平面位置再加上海拔高程，各峰的三度空间位置便可以用3组数字来确定了。

以长白山天池中心为极点的极坐标只能在图面上量得和计算，因为极点是虚拟的，长白山天池中心是水面，所以这样的定位只是图面上的定位。

北 0°

观日峰 2570.0
285.0° 700 米
龙门峰 2595.7
296.0° 1500 米
273.5° 1940 米
锦屏峰 2625.0

二道白河瀑布
乘槎河

天豁峰 2670.0
铁壁峰 2618.2

270° 西

85° 1050 米
91° 1830 米

90° 东

250.5° 1830 米
240.5° 1950 米
芝盘峰 2630.0
向阳湾

补天石极点

122.5° 3600 米
东坡口 2427.9
凤峦
鳞峦
东湾
华盖峰 2624.0

白云峰 2691.0
221° 2930 米

长白山天池

137° 

玉柱峰 2662.3
205.5° 3850 米
濯足石
鸡喙石
151.5° 4000 米
162° 
紫霞峰 2711.9

196.5° 4070 米
183.5° 4920 米
169.5° 4570 米
169.5° 4800 米
孤隼峰 2749.2

西坡口 2462.6
梯云峰 2543.0
卧虎峰 2610.0
南湾
三奇峰 2720.3

0 500 米

冠冕峰 2566.0
南坡口 2500
白头峰 2658.0

南 180°

图2-6

表2-2 十六峰以补天石为极点的极坐标定位数据表

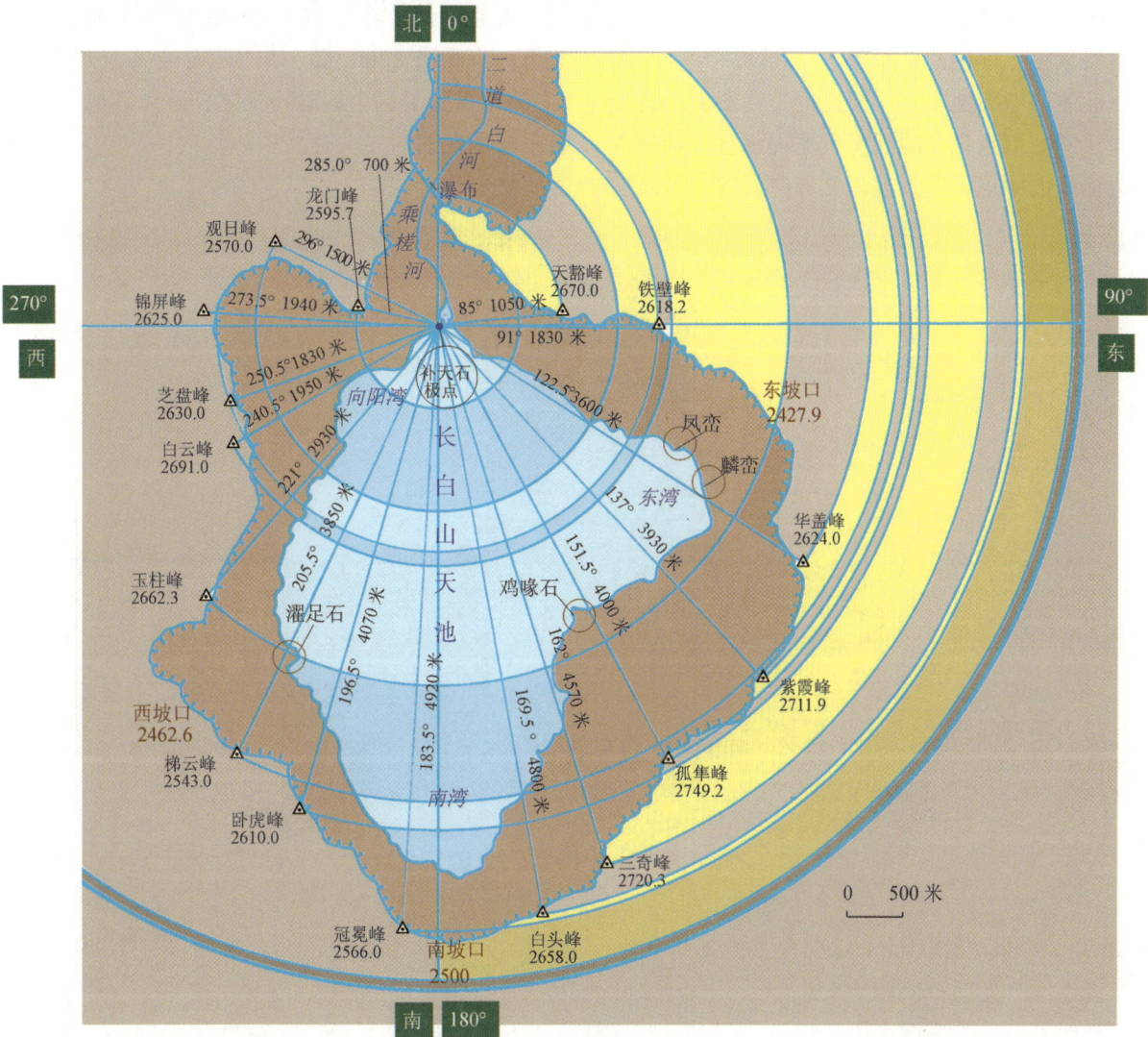

| 编号 | 峰名 | 方位角（度） | 距天池中心（米） | 海拔高程（米） | 距天池水面高（米） | 高度排序 |
|---|---|---|---|---|---|---|
| 1 | 天豁峰 | 85.0 | 1050 | 2670.0 | 480.9 | 5 |
| 2 | 铁壁峰 | 91.0 | 1830 | 2618.2 | 429.1 | 11 |
| 3 | 华盖峰 | 122.5 | 3600 | 2624.0 | 434.9 | 10 |
| 4 | 紫霞峰 | 137.0 | 3930 | 2711.9 | 522.8 | 3 |
| 5 | 孤隼峰 | 151.5 | 4000 | 2749.2 | 560.1 | 1 |
| 6 | 三奇峰 | 162.0 | 4570 | 2720.3 | 531.2 | 2 |
| 7 | 白头峰 | 169.5 | 4800 | 2658.0 | 468.9 | 7 |
| 8 | 冠冕峰 | 183.5 | 4920 | 2566.0 | 376.9 | 15 |
| 9 | 卧虎峰 | 196.5 | 4070 | 2610.0 | 420.9 | 12 |
| 10 | 梯云峰 | 205.5 | 3850 | 2543.0 | 353.9 | 16 |
| 11 | 玉柱峰 | 221.0 | 2930 | 2662.3 | 473.2 | 6 |
| 12 | 白云峰 | 240.5 | 1950 | 2691.0 | 501.9 | 4 |
| 13 | 芝盘峰 | 250.5 | 1830 | 2630.0 | 440.9 | 8 |
| 14 | 锦屏峰 | 273.5 | 1940 | 2625.0 | 435.9 | 9 |
| 15 | 观日峰 | 296.0 | 1500 | 2570.0 | 380.9 | 14 |
| 16 | 龙门峰 | 285.0 | 700 | 2595.7 | 406.6 | 13 |

说明：

补天石位于天池北畔，半入水中，是旅行者登天池必到之地。此处视野开阔，在此观赏环池诸峰，除铁壁峰被天豁峰遮挡，锦屏峰和观日峰被龙门峰遮挡外，其余13座山峰均历历在目。如以补天石为圆心画一大圆，可建立极坐标系统，以此标定各峰位置。补天石由凝灰角砾岩构成，可在其上建立极坐标原点，以供旅行者观测诸峰之用。

## 2.2.5 十六峰经纬度定位图及数据表

图2-7：本图中的经纬度数据并非实测，皆从地形图上粗略量得，仅供读者参考。

图中标注的"天池中心"的选定是在图面上进行的，亦非实测。该点选在闼门（天池泻水口）与南湾最南岸边连线的中点，即天池南北方向长的二分之一处。天池南北方向长4400米，所以，从天池中心到南、北天池岸边各2200米。如此标定纯属为方便读者记忆，故该点除了这个地理特征之外并无其他地理意义，与中朝现在的国界没有关系。

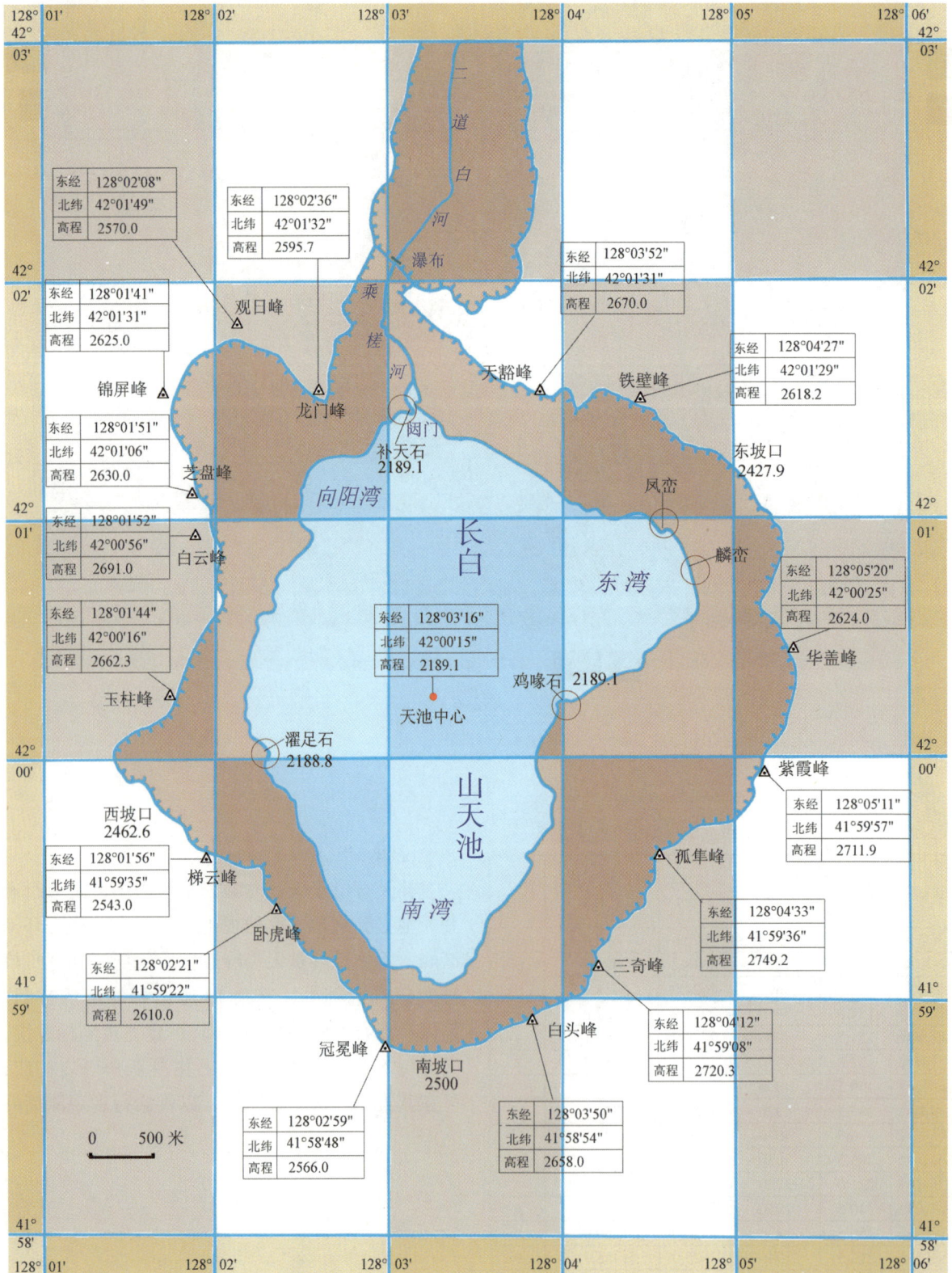

| 东经 | 128°02′08″ |
|---|---|
| 北纬 | 42°01′49″ |
| 高程 | 2570.0 |

| 东经 | 128°02′36″ |
|---|---|
| 北纬 | 42°01′32″ |
| 高程 | 2595.7 |

| 东经 | 128°03′52″ |
|---|---|
| 北纬 | 42°01′31″ |
| 高程 | 2670.0 |

| 东经 | 128°01′41″ |
|---|---|
| 北纬 | 42°01′31″ |
| 高程 | 2625.0 |

观日峰

| 东经 | 128°04′27″ |
|---|---|
| 北纬 | 42°01′29″ |
| 高程 | 2618.2 |

铁壁峰

锦屏峰

天豁峰

| 东经 | 128°01′51″ |
|---|---|
| 北纬 | 42°01′06″ |
| 高程 | 2630.0 |

龙门峰

芝盘峰

闼门

补天石
2189.1

东坡口
2427.9

凤峦

向阳湾

长白

东湾

麟峦

| 东经 | 128°01′52″ |
|---|---|
| 北纬 | 42°00′56″ |
| 高程 | 2691.0 |

白云峰

| 东经 | 128°05′20″ |
|---|---|
| 北纬 | 42°00′25″ |
| 高程 | 2624.0 |

| 东经 | 128°01′44″ |
|---|---|
| 北纬 | 42°00′16″ |
| 高程 | 2662.3 |

| 东经 | 128°03′16″ |
|---|---|
| 北纬 | 42°00′15″ |
| 高程 | 2189.1 |

华盖峰

玉柱峰

鸡喙石 2189.1

濯足石
2188.8

天池中心

紫霞峰

西坡口
2462.6

山天池

| 东经 | 128°05′11″ |
|---|---|
| 北纬 | 41°59′57″ |
| 高程 | 2711.9 |

| 东经 | 128°01′56″ |
|---|---|
| 北纬 | 41°59′35″ |
| 高程 | 2543.0 |

梯云峰

孤隼峰

卧虎峰

南湾

| 东经 | 128°04′33″ |
|---|---|
| 北纬 | 41°59′36″ |
| 高程 | 2749.2 |

| 东经 | 128°02′21″ |
|---|---|
| 北纬 | 41°59′22″ |
| 高程 | 2610.0 |

三奇峰

| 东经 | 128°04′12″ |
|---|---|
| 北纬 | 41°59′08″ |
| 高程 | 2720.3 |

冠冕峰

白头峰

南坡口
2500

0    500米

| 东经 | 128°02′59″ |
|---|---|
| 北纬 | 41°58′48″ |
| 高程 | 2566.0 |

| 东经 | 128°03′50″ |
|---|---|
| 北纬 | 41°58′54″ |
| 高程 | 2658.0 |

图2-7 十六峰经纬度定位图

## 2.2.6 十六峰高程对比排序图

环池十六峰围绕天池构成了一幅美丽的图画。各峰高低不同，排列错落有致。最高峰为孤隼峰，海拔2749.2米；最低峰为梯云峰，海拔2543.0米。十六峰平均高度为2640.3米。天池水面的海拔高度为2189.1米，十六峰平均距天池水面高度为451.2米。

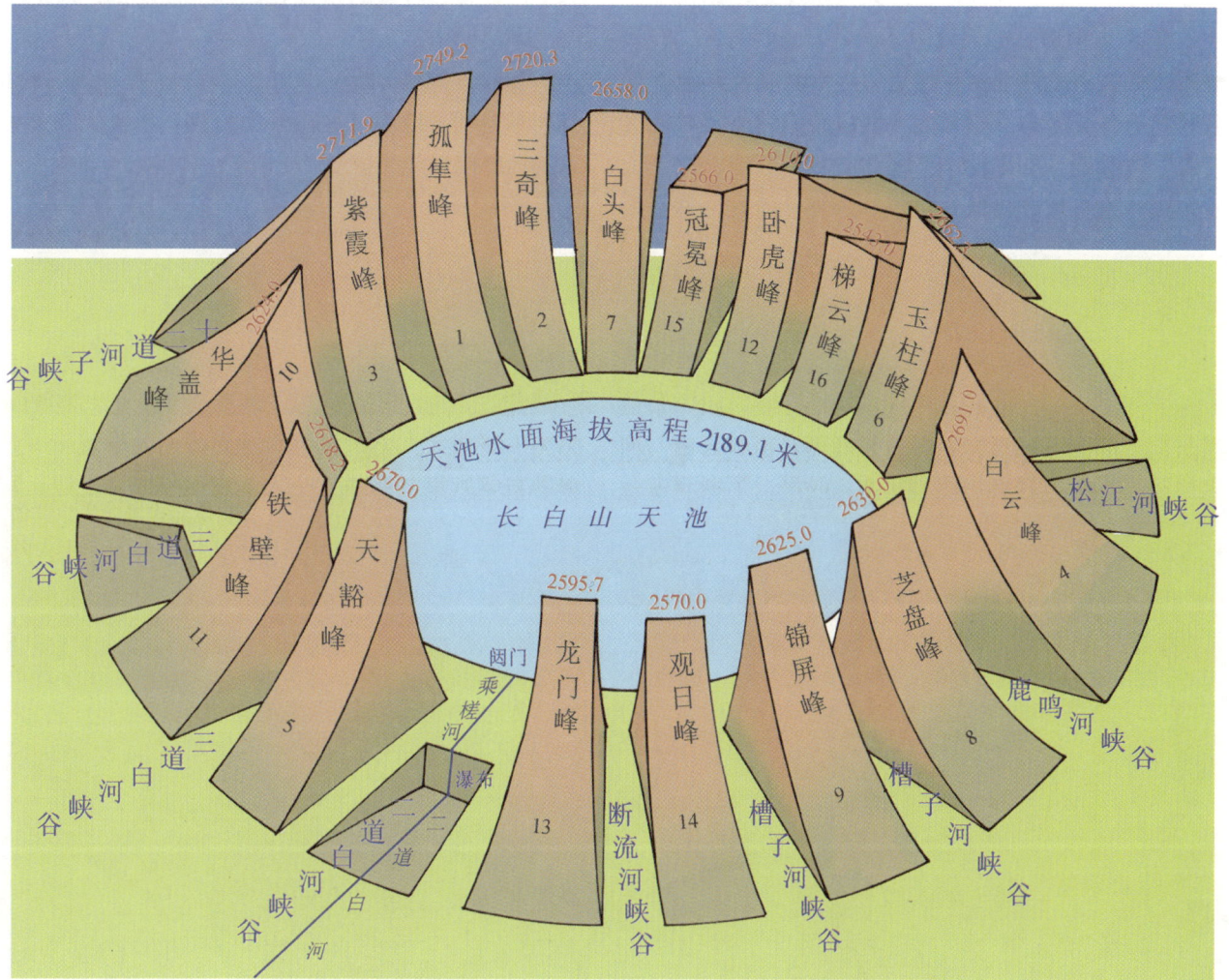

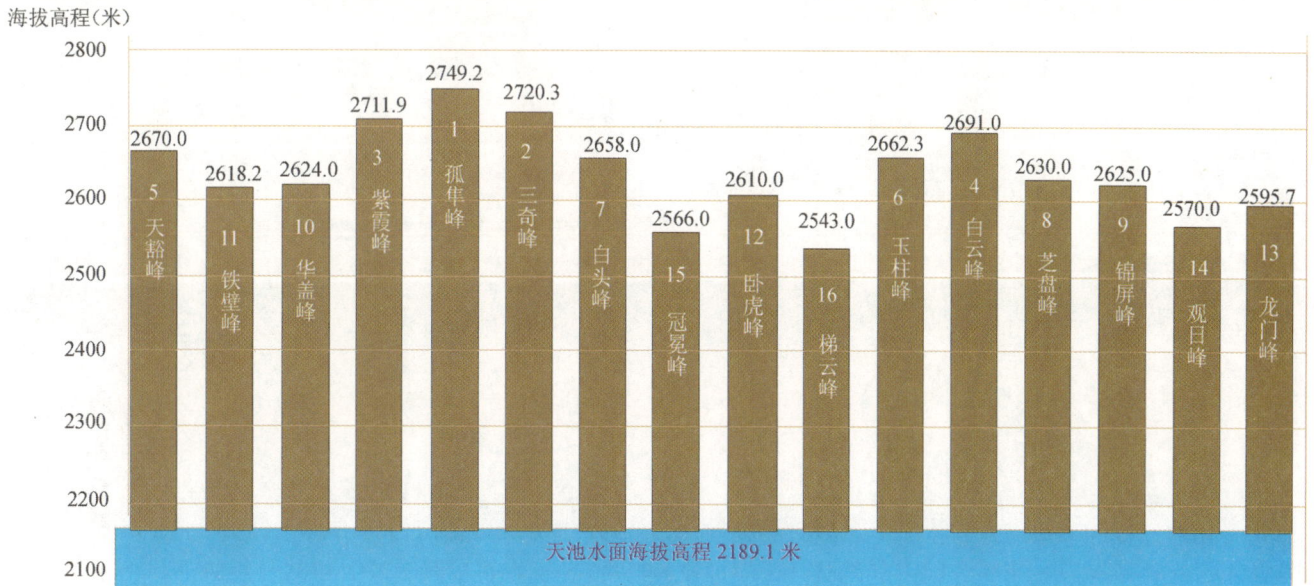

图2-8 环池十六峰高程对比排序图
柱状图顶端的数字为环池十六峰海拔高程，柱状图内的数字为环池十六峰山峰高程排序。

## 2.2.7 十六峰及环池其他名胜方位划分

环池十六峰及环池其他名胜，因观察者所处位置不同，故而对某某峰视方位称呼多有不同，从而引发混乱。笔者主张以天池中心为原点，将天池划分为8个方位分区：1.天池北区，2.天池东北区，3.天池东区 4.天池东南区，5.天池南区，6.天池西南区，7.天池西区，8.天池西北区。然后，将十六峰及环池其他名胜置于各分区中，这样，在叙述它们的位置时便可冠以方位称谓，如：位于天池北区的天豁峰、位于天池东区的滚石坡和避风石，等等。统一的方位称谓可

以改变以往因观察位置和角度的不同而引发的对同一峰、坡、崖等有不同的方位称谓这一弊病。如紫霞峰，以前多称它位于天池东南方向，按本图则位于天池东区；再如梯云峰，向来称它位于天池以西，按本图则位于天池西南区。

按方位准确划分峰、坡、崖等名胜，统一称谓，有利于地理、地貌、地质科学研究，也便于旅游规划编制等部门的应用。

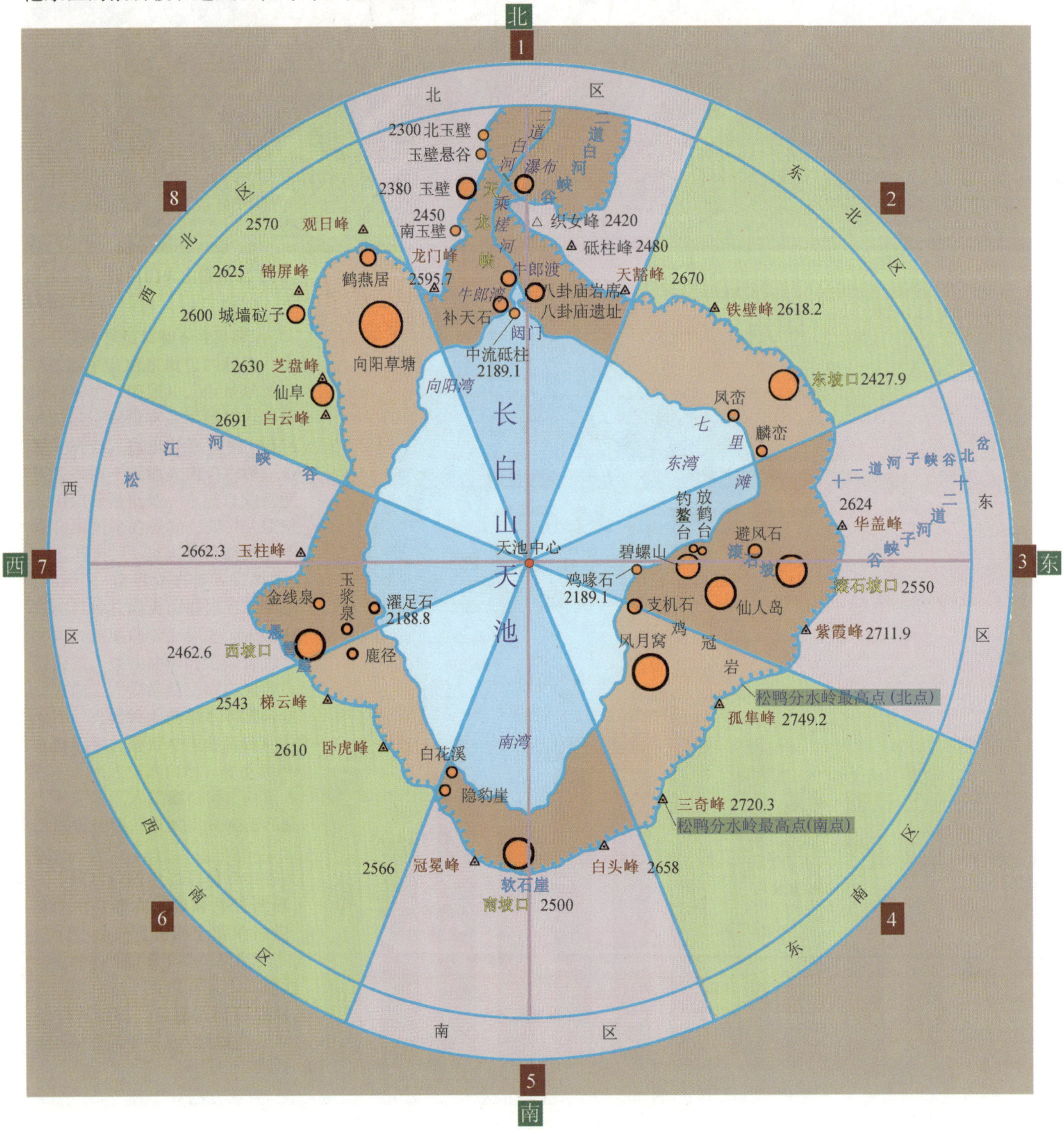

图2-9 十六峰及环池其他名胜方位划分图

表2-3　环池十六峰及环池其他名胜方位划分表

| 区号 | 划分名称 | 十六峰及其他名胜名称 |
|---|---|---|
| 1 | 北区 | 天豁峰　龙门峰　织女峰　砥柱峰　南玉壁　玉壁　北玉壁　玉壁悬谷　牛郎渡　牛郎湾　补天石　中流砥柱　八卦庙岩席　八卦庙遗址　瀑布　天龙峡　乘槎河　闼门　二道白河峡谷　二道白河 |
| 2 | 东北区 | 铁壁峰　东坡口　凤峦　麟峦　东湾　七里滩（北段） |
| 3 | 东区 | 华盖峰　紫霞峰　鸡冠岩（北部）　鸡喙石　碧螺山　滚石坡　滚石坡口　避风石　仙人岛　钓鳌台　放鹤台　七里滩（南段）　十二道河子峡谷及其北岔 |
| 4 | 东南区 | 孤隼峰　三奇峰　鸡冠岩（南部）　支机石　风月窝　松花江和鸭绿江分水岭最高点（含北、南两点） |
| 5 | 南区 | 白头峰　冠冕峰　南坡口　软石崖　南湾　白花溪　隐豹崖 |
| 6 | 西南区 | 卧虎峰　梯云峰　鹿径 |
| 7 | 西区 | 松江河峡谷　玉柱峰　西坡口　悬雪崖　金线泉　玉浆泉　濯足石 |
| 8 | 西北区 | 白云峰　芝盘峰　锦屏峰　观日峰　仙阜　城墙砬子　向阳草塘　鹤燕居　向阳湾 |

# 2.3　俯瞰长白山主峰（火山锥）

## 2.3.1　俯瞰长白山主峰（火山锥）几何造型示意图

　　狭义的长白山指长白山主峰，从地质角度讲，长白山主峰就是长白山火山锥。这是一座巨大而复杂的火山锥。图2-10旨在以简单的几何造型从俯瞰视角描绘长白山火山锥的构造和外形。从总体上看，长白山火山锥是由(1)先期喷发的玄武岩基座、(2)中期喷发的粗面岩火山锥和(3)后期塌陷形成的火山口湖组成的，可以概括为"座、锥、湖"的三元组合。单就火山口湖而言，由(1)环池峰崖（图中赭色）、(2)环池倒石堆（图中黄色）和(3)水体（图中蓝色）组成，可称为"崖、堆、水"的三元组合。示意图以这两个组合为纲，再纳入各名胜景观，以使看似杂乱无章的长白山火山条理化、系统化，从而便于广大读者记忆和使用。

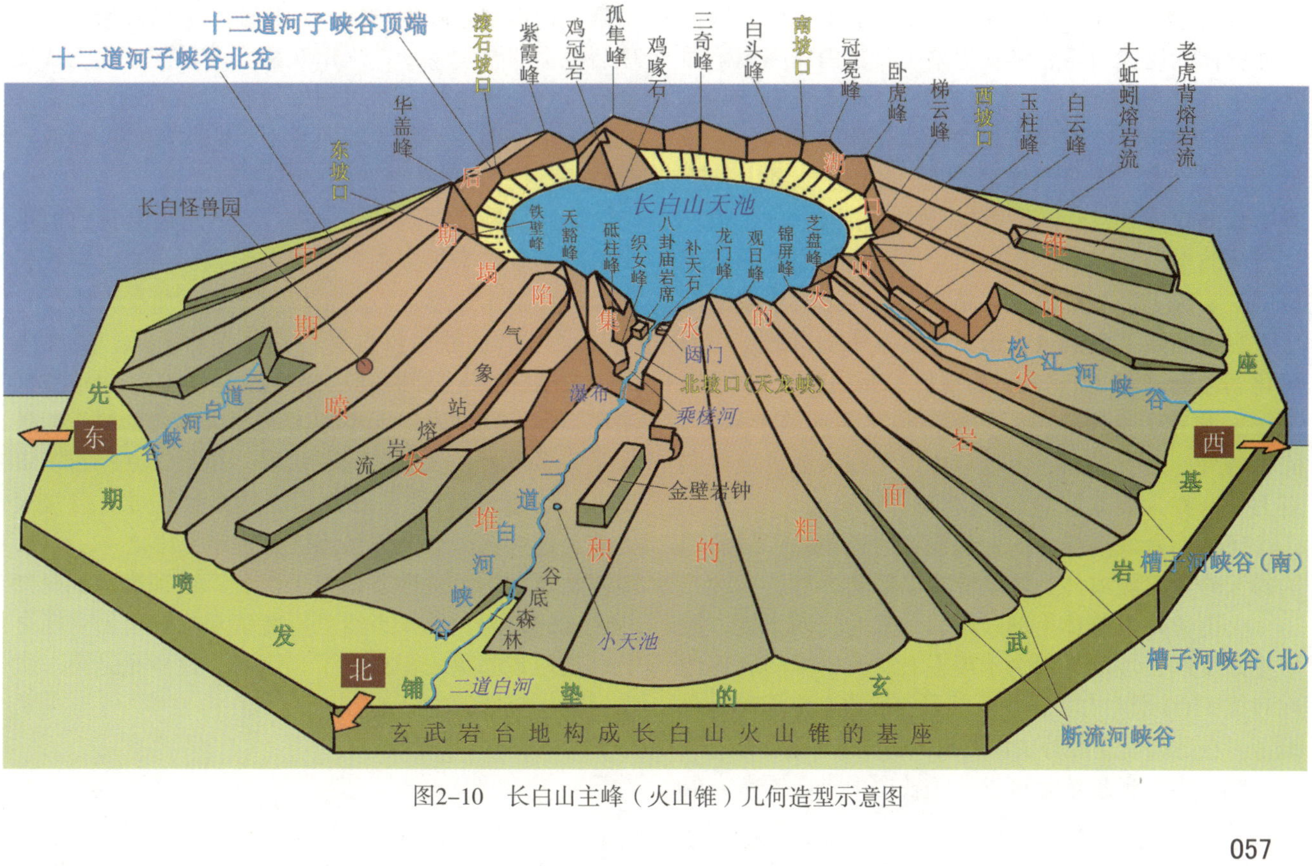

图2-10　长白山主峰（火山锥）几何造型示意图

照片 2-1（拍位见图 2-11）：这是一幅航空照片，张福有 1999 年 6 月 28 日拍摄于槽子河上游上空。在照片中，可以俯瞰长白山火山锥的整体形态。这次航拍，经多方严格审批许可。前三次定的时间，均为阴雨天。最后只有一次机会，张福有请吉林省气象局预报一周天气，决定在 28 日拍摄，最终一举成功。本书中夏季长白山航拍照片，均为这次拍摄。现以此照片为样本漫谈。

根据火山的形态和构造，可以对火山进行分类，火山的类别主要有盾状火山、锥状火山、层状火山、穹状火山等。长白山属于锥状火山（更确切地说属于复合型锥状火山）。锥状火山属于中心式喷发火山，所喷出的岩浆、火山渣、火山灰等火山物质可以层层堆积成一座山体，好比从地下一条垂直管道中冒出来的流沙堆成的沙堆一样。世界著名火山日本本州岛上的富士火山，就是一座标准的锥状火山。但长白山火山锥与富士火山锥不同，它没有富士火山那样的尖顶。这一点无论从地面照片看还是从航空照片看，都是显而易见的。可以说，长白山火山锥虽然也被冠以"锥"字，但它并不是标准的锥状火山。世界上这样的火山锥也不少，地质学家称这种锥状火山为"截顶火山锥"。从火山形成和发展的一般规律看，长白山火山在形成过程中，也应该有过"尖顶"。如果按着现在锥体斜面向上延伸的趋势，"修复"火山锥的锥顶，它恐怕要比现在高出 1000 多米，那就与富士火山（海拔 3776 米）差不多高了。但长白山火山锥的发展自有其规律：火山喷发后，地下岩浆房变得空虚，因托不住锥体的巨大重量，锥顶塌陷了，火山口因塌陷而扩大了许多，地质学上称之为破火山口（参见图 5-9），破火山口集水后变成一座火山口湖。这样看来，它虽然失去了尖顶，但自然规律给我们补偿了天池，从人类赏景的角度看，以一顶"草帽"换一池琼浆玉液，值！

从航空照片来看，破火山口内壁为一圈悬崖峭壁所围。实际上，悬崖峭壁就是火山口塌陷时形成的断层上盘，断层下盘陷入火山口中。本来垂直的悬崖因风化剥蚀而崩落，在悬崖下形成巨大而壮观的倒石堆。悬崖上共有十六座山峰，刘建封称之为环池十六峰。除山峰外，还有坡口，由坡口可以下临天池，坡口共有五处，称为五道坡口。

环池十六峰高低不同，最高峰为孤隼峰，最低峰为梯云峰。除坡口外，峰崖皆难以攀登。

火山锥外坡锥体上部较陡，一般为三四十度，向下逐渐变缓，坡度一般为十度左右。火山锥的底部约在海拔 1700 米左右，再往下就是玄武岩基座即熔岩台地了。在这幅航空照片中没有摄入玄武岩基座。

照片中的远景依稀可见位于长白山火山锥东南的山峰：白头峰后面是卧狮峰，三奇峰后面是小白山和间白山，孤隼峰后面是增岩山，孤隼峰和紫霞峰之间的凹处后面是小胭脂峰，华盖峰后面是更为模糊的葡萄山（胞胎山）。照片左边有一处模糊的三角形山，那是龙山（大角峰）。（远景山峰的平面位置参见图 12-1，立体位置参见图 12-2）。

概括地说，长白山火山锥上主要有两种地貌单元：一是熔岩流。熔岩流多呈长条状、丘岗状、扇状等形态，熔岩流从火山口向周围呈放射状分布。二是冲沟（火山濑）。大多数冲沟是在相邻熔岩流的夹缝中发展形成的。锥体上部的冲沟很陡，常形成瀑布。冲沟有季节性流水，水的来源是雨水和雪水。冲沟可以汇聚成河流。上述这两种地貌单元共存于火山锥上，从地质角度来说，熔岩流和冲沟是一对不可调和的组合，是一对"天敌"。长白山火山锥既然是地球发展变化的组成部分，当然就是地球内力和外力相互作用的结果。构成火山锥的熔岩流由火山喷发形成，这是地球内力运行的结果；熔岩流之间的冲沟对火山锥进行切割和侵蚀，使火山锥变矮、缩小，这是地球外力运行的结果。面对长白山火山锥，我们所看到的就是地球内力与外力的较量。这种较量是永无休止的，不分胜负的。但对于目前的长白山火山而言，外力成为主导力量：长白山火山锥正在被无数的细沟、冲沟、河流侵蚀着、挖掘着、搬运着，照片上那些冲沟每年都会运走无数的火山灰、火山渣，改变着火山锥的面貌。

对照片中标注为"断流河"的说明：在长白山火山锥上，由岩浆喷发形成的熔岩流、火山碎屑流等节理裂隙会非常发育；在火山灰覆盖的地区，火山灰又具有良好的渗透性，所以河水流到这样的地方，常渗入地下不见踪迹。在本幅照片上，将这样的冲沟或河流姑且称为断流河，前人称为"伏流"。

如此"断流河"或"伏流"，不光是给长白山水文地质调查带来很多困难，也曾给我国历史上调查长白山边界带来过麻烦。这里仅举一例：康熙五十一年（1712 年），打牲乌拉总管穆克登奉旨查边，他在龟山（大胭脂峰）见到一股"细流"（伏流），但这股细流在不远处就渗入地下不知去向。伏流究竟属于哪条水系关系重大。穆克登判断错误，结果误立穆石（审视碑）。误立穆石的主要原因固然是被误导，但被火山锥上这些忽隐忽现的伏流愚弄也是原因之一。不过，即使是现在的水文地质调查工作者，也都难以准确判断伏流的去向，后人当然也不能苛求在长白山主峰之上只是短暂停留的穆克登了。当时，他毕竟是第一次来到他所统辖的这个地方。

照片 2-1  长白山火山锥西北半面航空照片之一（张福有  摄）

远景是隐约可见的南、北葡萄山（南、北胞胎山）

这条白色虚线是延边朝鲜族自治州和白山市的行政区划线。此线系农村地形的界线际用仪器实测，并在航空照片上按实际地形勾画的，故仅供参考。

059

照片2-2（拍位见图2-11）：这幅照片张福有拍摄于龙门峰西北方向约5千米的上空。因飞行高度较低，在海拔3300米上下，故天池仅摄入一小部分，环池十六峰和坡口没有全部摄入。梯云峰、西坡口皆被白云峰挡住了，东坡口被铁壁峰挡住了，瀑布和乘槎河被北玉壁挡住了，补天石被玉壁挡住了。

照片中间部位摄入的龙门峰熔岩流较为完整，可以看见阶梯状流动构造。观日峰熔岩流没有全部摄入，但熔岩流上的流动构造较为清晰，可以分辨出微微向前凸的流动弧。龙门峰熔岩流和观日峰熔岩流之间的断流河为一条冲沟，其走向与两侧的熔岩流大致平行，说明此冲沟是在这两条熔岩流的夹缝中形成的。在照片中可以看到，该冲沟中有很多积雪，这些积雪融化后经此冲沟渗入地下不见踪迹，所以被称为断流河。

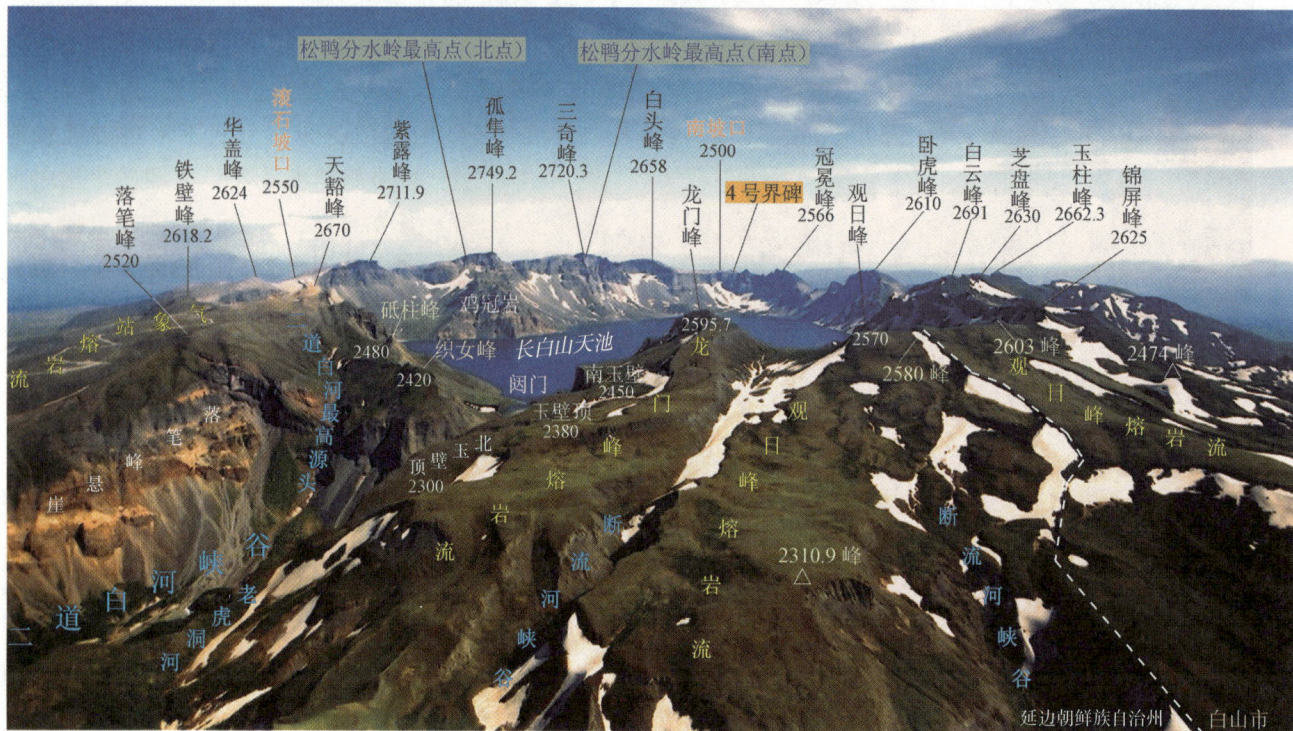

照片2-2　长白山火山锥西北半面航空照片之二（张福有　摄）

照片2-3（拍位见图2-11）：这幅照片张福有拍摄于天池西北方向小沙河源头上空。飞行高度略高一些，海拔高度约为3500米，所以，天池水面全部摄入，环池十六峰一览无余，五道坡口尽在眼底。龙门峰熔岩流、观日峰熔岩流（参见图3-86）、锦屏峰熔岩流、白云峰熔岩流、大蚯蚓熔岩流、玉柱峰熔岩流等皆摄入镜头。这些熔岩流互相挤在一起，构成长白山火山锥山体的斜坡。熔岩流集合体在火山锥上呈放射状分布。各熔岩流上都可以看到阶梯状的流动构造，只是有的明显，有的不太明显。熔岩流之间的夹缝往往形成冲沟，这些冲沟的走向皆与条状熔岩流大致平行。冲沟的侵蚀往往破坏了熔岩流的完整性，这一点从照片中可以看到。冲沟继续发展，成为河流的源头：如槽子河源头、鹿鸣河源头、松江河源头、断流河源头等。照片右面的松江河源头形成了松江河峡谷，它是长白山火山锥西半面最大的峡谷，在百里之外就能看见它（参见图1-18）。

因为这幅航空照片可总览长白山主峰，所以可使读者凭借此照片对环池十六峰的位置和众山峰的相互间关系一目了然。这里，借助于可高空俯瞰长白山主峰的便利，从地理的角度展示一下本书中提到的两件发生在长白山主峰上的历史事件。把历史事件发生的地点展示在航空照片上，对读者了解历史事件发生的地理环境，较之单纯文字叙述更直观一些。这两件历史事件一是武木讷奉旨勘验长白山，二是乌拉总管穆克登奉旨查边：康熙十六年（1677年）内大臣武木讷奉旨勘验长白山，他在今西坡口至卧虎峰一带"看验"并宣读康熙皇帝谕旨。这里用3个扇面表示他所勘验的内容：指向南坡口的扇面在奏折中的描述是"瞻视正南一峰较诸峰稍低，宛然如门，池水不流"；指向鸡冠岩的扇面在奏折中的描述是"正中一峰特立，群峰旁如门峙"；指向天豁峰的扇面在奏折中的描述是"池北岸有立熊，望之甚小"。

康熙五十一年（1712年）乌拉总管穆克登奉旨查边来到孤隼峰，在孤隼峰上向北看到天池。《东国文献备考》记载了当日的情形："……行至山顶，有池如囟穴，周可二三十里，复不可测，若糊丹垣，圻其北数尺，水溢出，为黑龙江源，又东有石狮子，色黄尾鬣如欲动者,中国人谓为望天吼云。"文献中的"凼穴"指天池;"坼"指乘槎河峡谷（天龙峡）;"水溢出"指闼门泻水口;"石狮子"指天豁峰。以孤隼峰为原点的两个扇面即表示当年穆克登观察的方向和内容。

以孤隼峰为原点的2个扇面表示穆克登站在孤隼峰上眺望的方向和范围,正文选择了历史文献中对天豁峰和闼门的描述。

以卧虎峰、梯云峰和西坡口为原点的3个扇面分别表示武木讷眺望南坡口、鸡冠岩和天豁峰的方向和范围,文字描述见正文。

松鸭分水岭最高点（北点）　　松鸭分水岭最高点（南点）

2457.4峰（松鸭分水岭通过此峰）

十二道河子峡谷
十二道河子峡谷北岔
华盖峰 2624
滚石坡口
紫霞峰 2711.9
孤隼峰 2749.2
三奇峰 2720.3
白头峰 2658
3号界碑
6号界碑
铁壁峰 2618.2
天豁峰 2670
东坡口 2427.9
冠冕峰 2565
卧虎峰 2610
气象站 2622.2
南坡口 2500
4号界碑
梯云峰 2543
二道白河最高源头
织女峰 2420
砥柱峰 2480
鸡冠岩
乘槎河峡谷
闼门
龙门峰
长白山天池
东　北　南　西
白云峰 2691
玉柱北峰 2520
玉雪峰
2662.3
5号界碑
西坡口 2462.6
观日峰
2580峰
2570
城墙砬子
2603峰
锦屏峰
2630
2600
2625
玉柱峰
△2474峰
2382峰
鹿鸣河源
大蚯蚓熔岩流
观日峰熔岩流
锦屏峰熔岩流
槽子河源
延边朝鲜族自治州　白山市
③
△2308.1

照片2-3　长白山火山锥西北半面航空照片之三（张福有　摄）

照片2-4（拍位见图2-11）：这幅照片张福有拍摄于小沙河与鹿鸣河上游上空,较之照片2-3的拍摄位置向西南方向移动了大约3000米。镜头正对着白云峰及白云峰熔岩流。注意看松江河峡谷,它位于白云峰熔岩流和玉柱峰熔岩流之间。如将峡谷北的2382峰和峡谷南的2300峰看作谷肩,则峡谷宽约1400米。它是长白山火山锥西半面最大的峡谷。该峡谷的顶端直抵天池火山口缘,在玉柱北峰熔岩流两侧形成两个支谷（参见图3-76、图3-77）。峡谷中还有一条熔岩流——大蚯蚓熔岩流（参见照片3-133和图3-78）。

从照片中可以看到：白云峰是松江河和鹿鸣河的发源地。玉柱峰也是松江河的发源地（参见图3-69、图3-80）。锦屏峰是槽子河的发源地。

注意看天池东湾之畔的麟峦和凤峦,这是刘建封由滚石坡下临天池踏查时命名的两处名胜。如今国界线经过凤峦,麟峦则位于朝鲜民主主义人民共和国境内（参见照片4-43、照片4-44及图4-34）。

注意看照片2-4右上角的2457.4峰,那是一座小火山锥,它的位置离天池火山口缘还有相当的距离。这座小火山锥是一个重要的地理标志。读者还可以在照片2-1和2-3中找到该峰,由于透视关系,在照片中它好像是位于天池火山口缘上,其实它离火山口缘还有1700米的距离。之所以在这里强调它的地理位置,是因为这座小山火锥位于松花江和鸭绿江的分水岭上,除此之外,它还有其他重要的地理意义。

我们在这幅照片中还能看到：在长白山火山锥西北半面,白云峰是最高的。刘建封所说的"长白山此峰最高,由岗后东上二百里外,即见此峰"是针对西坡而言。在抚松、松江河、泉阳一带遥望长白山,在连绵群山中,白云峰的确巍峨壮丽,出类拔萃（参见照片1-5）。

松鸭分水岭最高点(北点)
松、鸭、图三江分水岭最高点
松鸭分水岭最高点(南点)
小胭脂峰 2114
2457.4峰(松鸭分水岭通过此峰)
3号界碑
冠冕峰 2566
铁壁峰 2618.2
华盖峰 2624
滚石坡口 2550
紫霞峰 2711.9
孤隼峰 2749.2
大胭脂峰 2357.7
白头峰 2658
天豁峰 2670
清风岭 2364
三奇峰 2720.3
南坡口 2500
4号界碑
砥柱峰 2480
东坡口 2427.9
6号界碑
织女峰 2420
龙门峰
凤峦 麟峦
岩冠 鸡冠
东湾 长 白 山 天 池
北 西 南
南湾
卧虎峰 2610
梯云峰 2543
西坡口 2462.6
5号界碑
观日峰 2570
2603峰
锦屏峰 2625
2580峰
芝盘峰 2630
白云峰 2691
玉柱北峰 2520
玉柱峰 2662.3
2610峰
△2520峰
小玉柱峰 2560
槽子河源
2474峰
锦屏峰
白云峰
玉柱北峰熔岩流
玉柱峰熔岩流
△2300峰
2610峰熔岩碎屑流
2600峰熔岩碎屑流
槽子河源流
鹿鸣河源
2382峰
松江河峡谷
大蚯蚓熔岩流

④　照片2-4　长白山火山锥西北半面航空照片之四（张福有　摄）

照片2-5（拍位见图2-11）：这幅照片拍摄于鹿鸣河上游上空，为2-4照片的拍位向南移动2500米。镜头正对松江河峡谷。松江河峡谷为"V"形谷，峡谷的顶端直抵火山口缘。从照片中，我们可以清楚看见位于峡谷中的玉柱北峰熔岩流和大蚯蚓熔岩流。大蚯蚓熔岩流为长条垄岗状，呈"S"形卧在峡谷底部，长2000米，宽300米，总走向与松江河峡谷走向一致，为东西方向。它两侧形成的冲沟，为松江河源头的中岔和南岔（参见图3-78）。

松鸭分水岭最高点(北点)
松鸭分水岭最高点(南点)
天豁峰 2670
铁壁峰 2618.2
华盖峰 2624
滚石坡口 2550
紫霞峰 2711.9
孤隼峰 2749.2
三奇峰 2720.3
白头峰 2658
4号界碑
南坡口 2500
龙门峰(被云遮) 2595.7
东坡口 2427.9
6号界碑
冠冕峰(被云遮) 2566
观日峰(被云遮) 2570
锦屏峰 2625
芝盘峰 2630
白云峰 2691
玉柱北峰 2520
玉柱峰 2662.3
2610峰
5号界碑
西坡口 2462.6
卧虎峰(被云遮) 2610
梯云峰(被云遮) 2543
槽子河源
鹿鸣 2382峰
玉柱北峰熔岩流
玉柱峰熔岩流
大蚯蚓熔岩流
△2520峰
△2350峰
2610峰熔岩碎屑流
2600峰熔岩碎屑流
松 江 河 峡 谷
2151峰
△2264峰
2052.2峰
鹿鸣河
2142峰

⑤　照片2-5　长白山火山锥西北半面航空照片之五（张福有　摄）

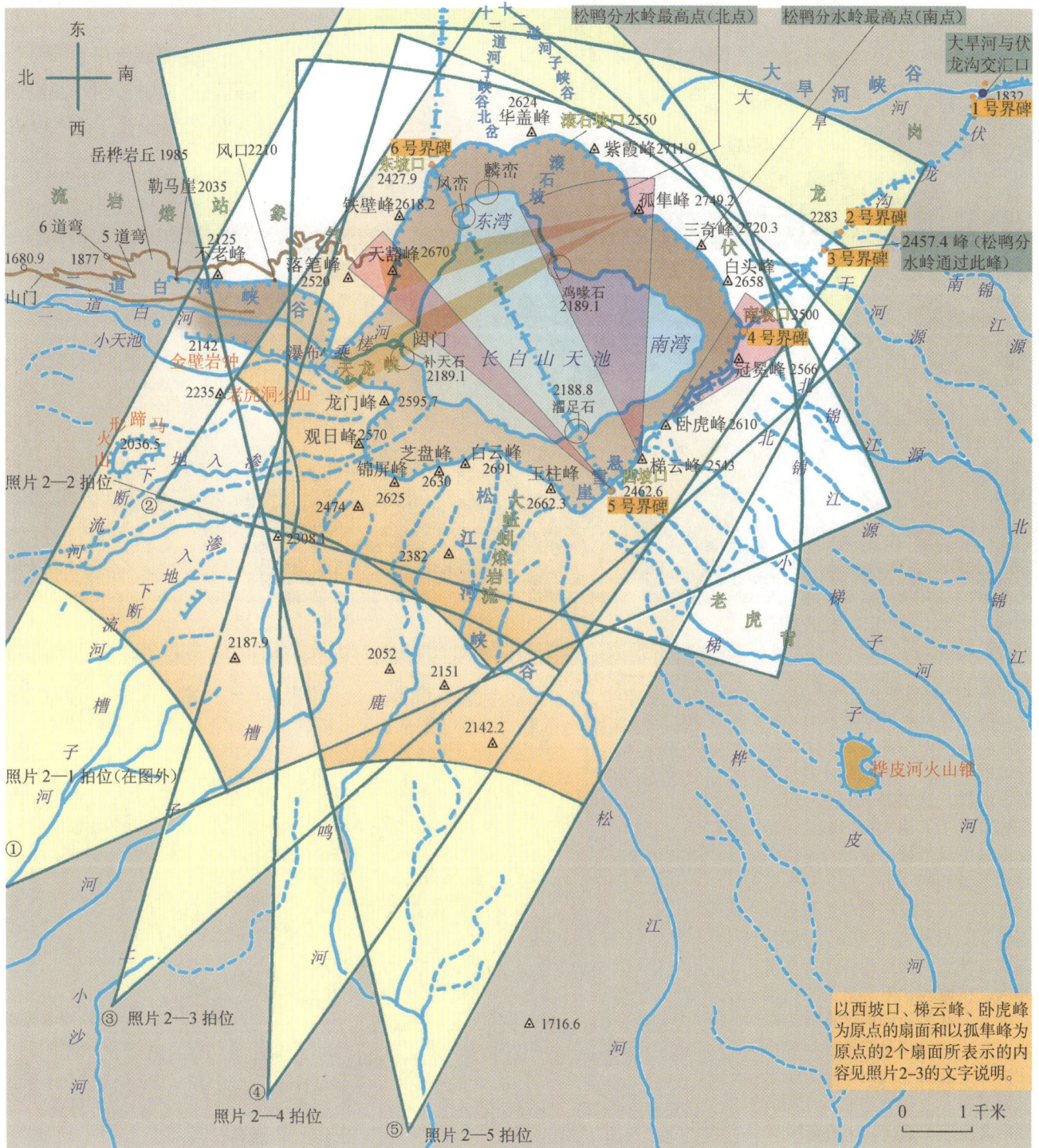

图2-11　长白山火山锥西北半面航空照片之五

东北 / 东南 / 西北 / 西南（方向标）

松鸦分水岭最高点（北点）　松鸦分水岭最高点（南点）

大旱河与伏龙沟交汇口
1832　1号界碑

十二道河子峡谷北岔　十二道河子峡谷

2624　华盖峰

溅石窗口2550

紫霞峰2611.9

6号界碑
东坡口　2427.9

风口2210

风峦

麟峦

溅石坡

岳桦岩丘1985
勒马崖2035
站　象

铁壁峰2618.2

孤隼峰2749.2

三奇峰2720.3

2号界碑 2283

2457.4峰（松鸦分水岭通过此峰）
3号界碑

6道弯　5道弯
2125
1680.9　1877.9　不老峰

落笔峰2520

天豁峰2670

东湾

鸡喙石2189.1

白头峰2658

南坡口2500
4号界碑

山门　二道白河　一道白河峡谷

长白山天池

南湾

小天池
2142

2235　老虎洞火山

金壁岩冲

闷门

补天石2189.1

冠冕峰2566

蹄马火山
2036.5

龙门峰2595.7

2188.8
濯足石

卧虎峰2610

梯云峰2543

照片2—2拍位

观日峰2570

芝盘峰
锦屏峰
2474

白云峰2691
2630

玉柱峰2662.3

2625

弹庫峰2462.6
5号界碑

2308.1

2382

大望崖

松花江河源峡谷

2187.9

2052
2151

2142.2

桦皮河火山锥

照片2—1拍位（在图外）

①

1716.6

③　照片2—3拍位

④
照片2—4拍位

⑤　照片2—5拍位

以西坡口、梯云峰、卧虎峰为原点的扇面和以孤隼峰为原点的2个扇面所表示的内容见照片2-3的文字说明。

0　　1千米

## 2.3.3　俯瞰长白山主峰（火山锥）东北半面航空照片

照片2-6（拍位见图2-12）：这幅照片拍摄于三道白河上游上空，摄入长白山火山锥东北半面上部。从火山口缘向外坡，沟谷密集，呈放射状向下延伸。从气象站熔岩流向左，皆为三道白河源头区，照片中标注的十二道河子峡谷也属于三道白河水系。

照片中在铁壁峰熔岩流旁标注的"长白怪兽园"，实际是熔岩流局部的流动构造，只因为这些流动构造扭曲、折叠，形成许多怪异形态，有如怪兽，故此命名，与近年传说的"天池怪兽"无关。

照片2-6 长白山火山锥东北半面航空照片

关于东坡口和6号界碑：

本书有对东坡口的叙述，也附有东坡口的照片，但是东坡口外坡的情况没有这幅照片看得清楚，所以，这里补充说明一下：东坡口位于天池火山口东缘，是火山口缘最低处。东坡口是铁壁峰和华盖峰的分界，即：从铁壁峰走下来，一过东坡口就踏上华盖峰了。这里立有原6号界碑。东坡口外坡的火山锥体上有多条冲沟，在地理学上称之为火山濒型沟系。这些冲沟的走向皆为东北方向，它们都是三道白河源头冲沟。火山锥上的雨水和雪融水汇聚起来，通过冲沟曲折迂回一直向北流入三道白河，再流淌80千米左右汇入二道白河，再汇入二道松花江，东坡口属松花江流域。

照片中的十二道河子峡谷及其北岔分布在华盖峰外坡两侧，它们亦是三道白河上游的冲沟，华盖峰的外坡属于松花江流域。

照片左上可以看见十二道河子峡谷顶端，它直抵滚石坡口，滚石坡亦属于松花江流域。

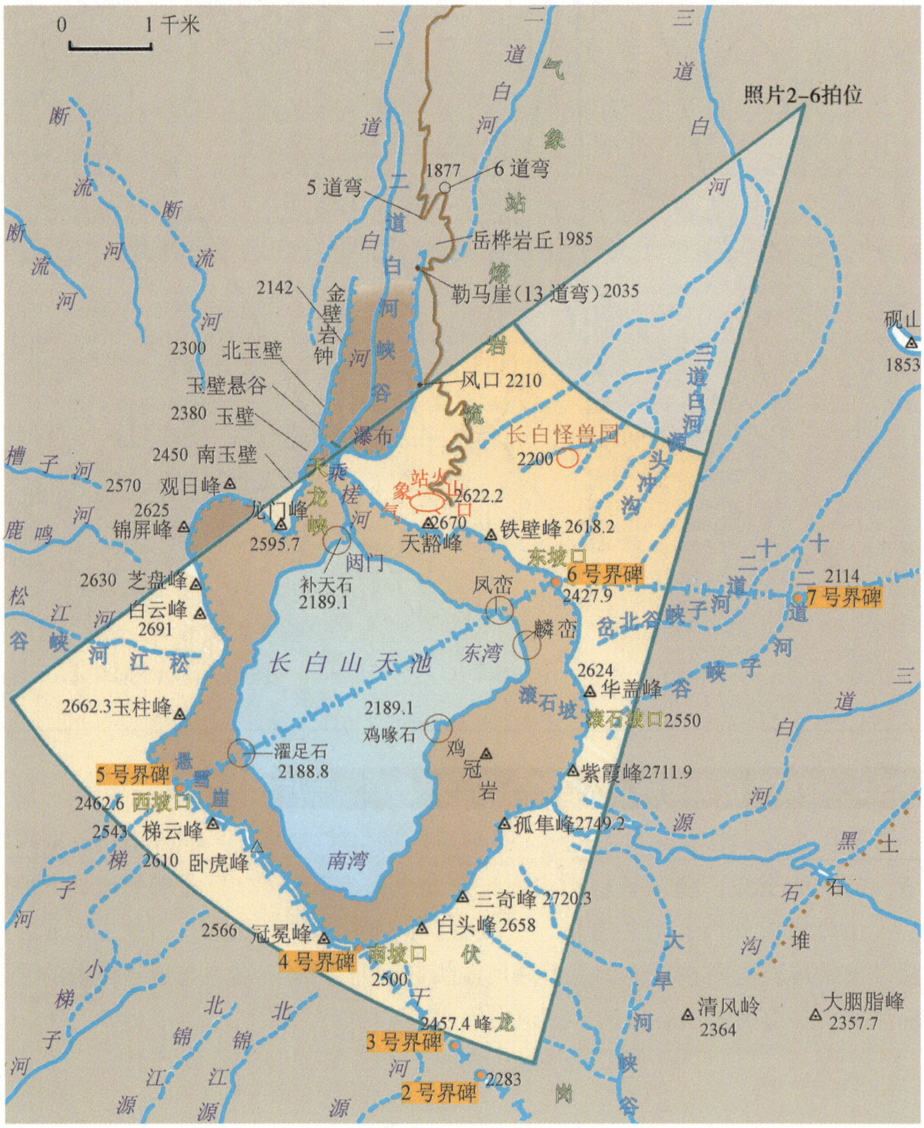

图2-12 长白山火山锥东北半面航空照片拍摄位置地面投影图

064

# 第三章　环池十六峰各展风采

天豁峰——"峰起双尖"

铁壁峰——"铁壁黑如漆"

华盖峰——"山形如盖"

紫霞峰——"朱霞常留此间"

孤隼峰——"形同孤隼"

三奇峰——"三峰比立"

白头峰——"形如佛顶"

冠冕峰——"望之有冠冕形"

卧虎峰——"临池多虎踪"

梯云峰——"峰脊出梯河瀑布"

玉柱峰——"状如玉柱"

白云峰——"独此峰云雾缭绕"

芝盘峰——"草甸形圆如盘"

锦屏峰——"宛如屏风"

观日峰——"可以观日出日入"

龙门峰——"状若门形"

如果将长白山天池比喻为一座火山博物馆，那么，环绕天池的十六座山峰就是十六个展览大厅，它们在各自的展厅中尽展独特风采，相信每位参观者对它们的魅力都会留下深刻印象。十六峰高低不同，形象各异，"性格"也不一样。它们比肩而立，好比一大群孩子，围绕在"天池母亲"的周围，组成了一个热闹的大家庭。这些孩子在地下岩浆房中被孕育，从火山口中诞生，经历了自然界的风吹雨打，在酷暑严寒中生长。无情的侵蚀磨难，使它们崩塌陷落，失去了原来的模样。虽然多次遭遇"水火之灾"，但它们却永远不会离开母亲身边。它们诞生于同一母体，有同样的成长经历，与它们美丽而圣洁的天池母亲一起，在未来的岁月中，还将共同受到风霜雨雪的考验。环池十六峰从诞生起便注定要"生死与共"的。

我们人类到长白山火山来旅行、做客，欣赏它们的美丽，切不可仅仅为愉悦我们的感官，那太狭隘了。人类有聪明的头脑，无尽的智慧，能深谋远虑，当然知道该怎样用善良的心和科学的方法去保护它们。长白山火山喷发的历史比我们人类的历史悠久得多，它是几百万年才能出现一次的地质现象，是全人类的自然遗产。智慧的人类须以爱心对待长白山每一处美丽的风光。

---

# 3.1 天豁峰——"峰起双尖"（附：虎头砬子、白石砬子）

## 3.1.1 天豁峰

天豁峰，位于天池北，海拔2670米，高出天池水面480.9米，在环池十六峰中排行第五。

《长白山江岗志略》310页记载："天豁峰，在天池北偏东。峰起双尖，中辟一线，有豁然开朗，令人不可思议之趣，前面向天池，土色黄，望之如二龙蟠踞顶上。峰后石多赤色，亦颇耐观。每至冬日，雪凝峰间，直同白虹，插入天汉，尤觉十分出色。由池至巅，约九里有奇。"

天豁峰在十六峰中是最出色的。无论站在天池火山口缘的什么位置看，它都能以鲜艳的颜色和奇特的造型独树一帜，远眺和近观都会使人为之一惊。

关于天豁峰的名称，必须予以说明。1958年，吉林省气象部门在天豁峰北面的一座山丘上建立了气象站。气象站的名称却令人犯难，有人说，就以与其相邻的山峰为名吧。但这座山峰叫什么？年轻的气象工作者并不知道，他们更不知道我们的先人早已为它命了名。他们在满天繁星的夜晚，看着奇美的峰尖直抵银河，联想到宇宙的深邃和神秘，又联想到观象台，有一位便脱口而出"叫天文峰怎样"，他这一说，立刻得到大家的赞同。于是，天豁峰有了新的名称，而气象站则被命名为"天文峰气象站"（还有"天池气象站"一名）。从此，天文峰这个名称便传播开来，后来竟变成正式的名称；而天豁峰之名不是被移到毫不相干的峰崖上，就是根本不出现了。

这个小故事并非杜撰，是郑德权40多年前在气象站夜宿时听来的。《安图县志》（1993年版）21页也记载："1958年，是年，吉省气象部门在长白山天豁峰东侧建立天池气象站，后该峰改名天文峰。"

不管这名称的来历怎样，天豁峰被改作天文峰已成事实，而且延续至今。

对于天豁峰改称天文峰，历来有不同意见，郑德权亦曾有过提案，建议恢复刘建封的命名，理由如下：

"奇峰十六"的命名具有特殊的历史意义。"长白山为圣武发祥之地"，是"龙兴之地"。清末，长白山形势危殆，日俄步步紧逼，由于清政府的腐败无能导致长白山遭到蚕食。失去长白山，或使长白山受到损伤，都是国人所不能容忍的。朝野内外，官吏庶民，皆奋起捍卫这座曾经被封禁二百多年的长白山。遂有东三省总督徐世昌受命筹设长白府、安图县和抚松县，委派刘建封等朝廷命官勘查长白山。刘建封等不辞劳苦，历时数月，行程数千里，对长白山进行全面勘查，绘制地图，撰写报告，把凡没有名称、名称不确定或为外国夺名的山川，一律重新命名。这是长白山历史上一次重大的事件，对捍卫领土主权做出了不可磨灭的贡献。我们不但要怀着对先辈的崇敬和感激之心记住这件事，更要把先辈对长白山的捍卫事业进行到底。前贤已把长白山的主权固化在山川的名称中，这看似平常的名称便不平常了，这名称即具有了历史的、主权的、民族的、文化的、国家的意义。随着岁月的流逝，如果这种记忆淡忘了，就应该恢复这个记忆，以使我们的后代时时警醒。所以，不能将山峰名称视为小事。

说来说去就是一句话，应该恢复原来的名称：天豁峰！如果考虑天文峰之名已用多年，此名可以用括注的形式注记于地图之上。

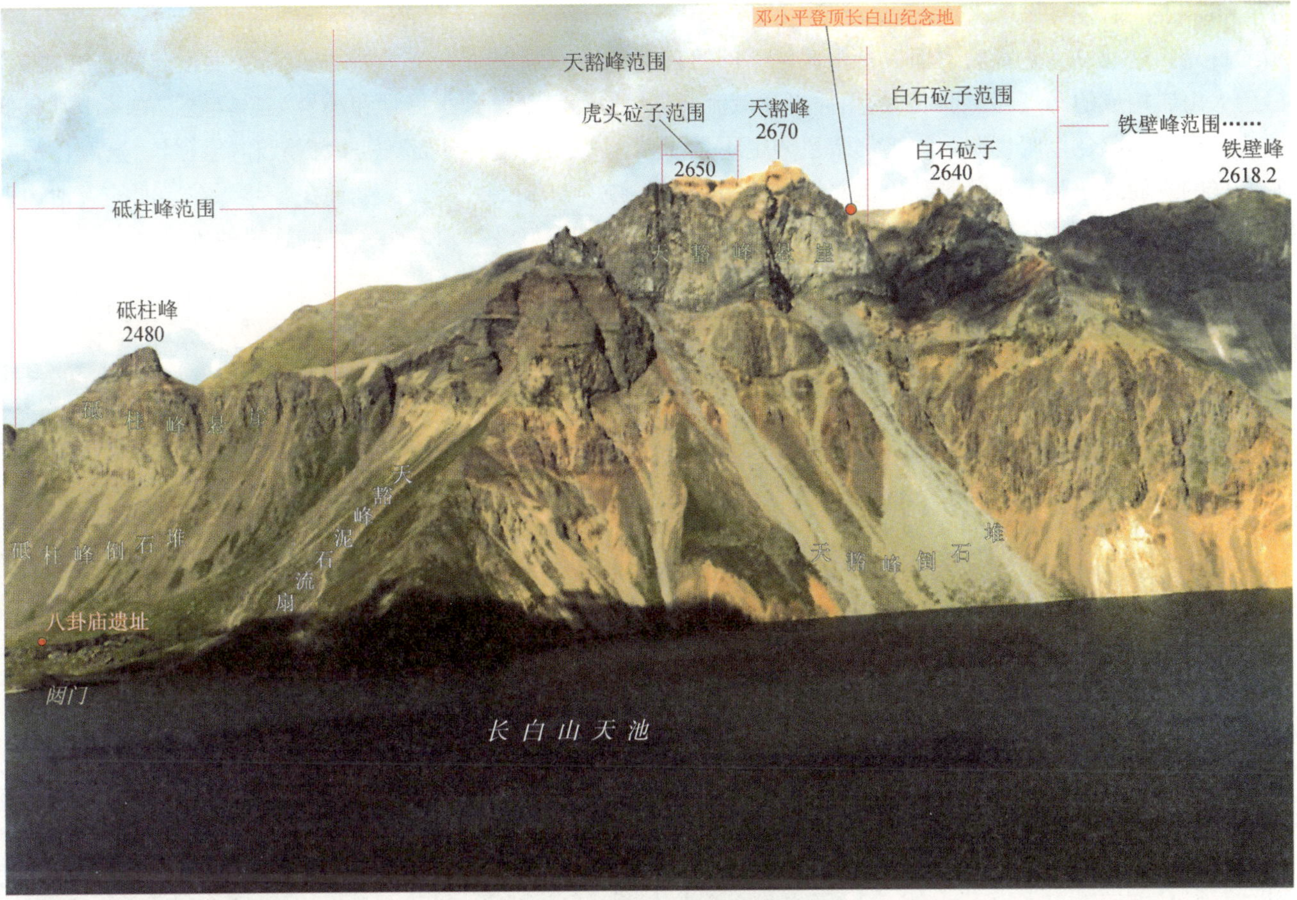

照片 3-1 的图中标注：

邓小平登顶长白山纪念地

天豁峰范围

虎头砬子范围　天豁峰 2670　白石砬子范围

铁壁峰范围……铁壁峰 2618.2

砥柱峰范围

2650　白石砬子 2640

砥柱峰 2480

天豁峰倒石堆

砥柱峰倒石堆

天豁峰泥石流扇

天豁峰倒石堆

八卦庙遗址

阔门

长白山天池

① 　　　　照片3-1　天豁峰

照片 3-1（拍位见图 3-1）：这是在天池西面西坡口悬雪崖上拍摄的天豁峰南面的形貌。从这里看，天豁峰呈三角形，屹立在天池之北，巍然扼守着天池阔门。环视环池诸峰，唯此峰的颜色最鲜艳夺目，黄色的浮岩尖顶在蓝天、白云的映衬下，熠熠闪光，仿佛在抖动。康熙十六年（1677年）内大臣武木讷在西坡口至卧虎峰一带看见天豁峰，说它像"立熊"。康熙五十一年（1712 年）穆克登奉旨查边，站在天池对面的孤隼峰上向北望，一眼便注意到颜色鲜艳、形象奇特的天豁峰，历史文上说它像"色黄尾鬣"的"石狮子"。时间过去了几百年，这种描述依然逼真生动。

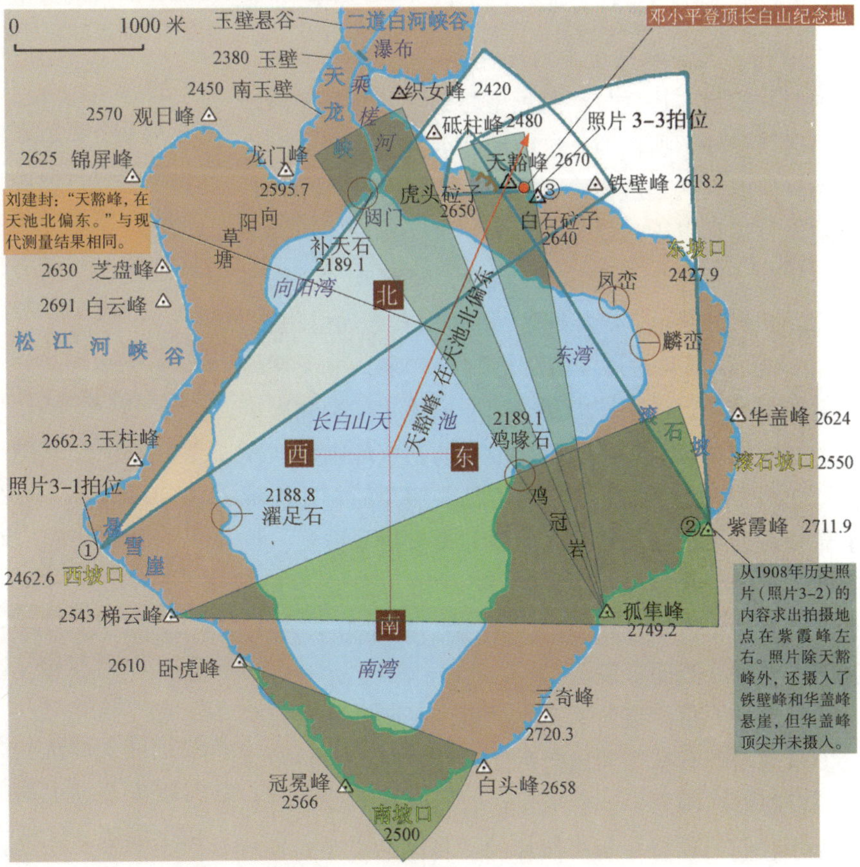

天豁峰的西边是虎头砬子，东边是白石砬子，三个峰尖宛如亭亭玉立的三姊妹并排威风而立，争奇斗艳。无论在火山口缘的什么位置看，它总是最吸引人

图3-1 的图中标注：

0　1000 米

玉壁悬谷　二道白河峡谷

2380 玉壁　瀑布

2450 南玉壁　天乘龙楼　织女峰 2420

2570 观日峰　砥柱峰2480　照片 3-3拍位

邓小平登顶长白山纪念地

2625 锦屏峰　龙门峰　天豁峰 2670

2595.7　虎头砬子　铁壁峰 2618.2

刘建封："天豁峰，在天池北偏东。"与现代测量结果相同。

阳向草塘　2650　白石砬子 2640

2630 芝盘峰　补天石 2189.1　凤峦　东坡口 2427.9

向阳湾　北

2691 白云峰　麟峦

松江河峡谷

华盖峰 2624

2662.3 玉柱峰　长白山天池　2189.1　漫石坡口 2550

西　东　鸡喙石　漫石坡

照片3-1拍位

2188.8 濯足石　冠岩　②紫霞峰 2711.9

从1908年历史照片（照片3-2）的内容求出拍摄地点在紫霞峰左右。照片除天豁峰外，还摄入了铁壁峰和华盖峰悬崖，但华盖峰顶尖并未摄入。

①　西坡口

2462.6　南

2543 梯云峰　南湾

2610 卧虎峰

孤隼峰 2749.2

三奇峰 2720.3

冠冕峰 2566　白头峰 2658

南坡口 2500

图3-1　天豁峰拍摄位置及我国先民眺望天豁峰位置图

们的目光。这几座黄色峰尖下面，是由截然不同的灰绿色火山岩构成的，这是先期喷发的粗面岩和碱流岩。这些火山岩的颜色以暗色调为主，那暗色调也不是浑然一体的，而是分为不同色阶和层次，层层相叠。火山喷发的多样性，岩浆凝固的变化，还有不同颜色的火山灰、火山碎屑夹杂其间，好似幻化的舞台背景。

假如天豁峰是一首交响曲，浮岩尖顶就是高音谱表，是女声部，是小提琴和小号；浮岩之下的基座则是低音谱表，是男声部，是大提琴和低音号。这颜色的交响乐，和谐地交织、叠加在一起，在美丽的天池边上奏响，好像在对着每个来到这里的人吟唱它那不平凡的身世。

历史照片3-2（拍位见图2-3、图3-1、照片3-22、照片3-32）：100多年前，天豁峰已被摄入照片。那时照相技术不发达，设备简陋，所拍出来的照片当然不能与现在相比。但它的文献价值是珍贵的。这里选择了《长白山灵迹全影》中的第9幅照片供读者欣赏。

看了这幅照片，读者也许会感到疑惑，这分明是铁壁峰的照片。须知，这是一百年前的照片，我们不能苛求摄影者的构图。不错，在这幅名为《天豁峰》的照片中，与其说是天豁峰的"标准像"，不如说是几座山峰的合影。实际摄入了三座山峰，天豁峰这位主角反被安排到照片的最左边，位于照片中心部位的却是天豁峰的邻居铁壁峰，所以似乎这幅照片名为《铁壁峰》更恰当。但前人就是这样构图的。不过,这幅照片的"具图贴说"还是以天豁峰为主角的。其文字描述再现了一百年前天豁峰的形象："天豁峰，峰石皆黄，作淡金色。其阴多紫色，烂若丹砂，中豁一门，如凿积石，露天一线。"刘建封用"淡金色"三个字，把天豁峰的美丽写尽了，又用"中豁一门"描述主峰尖和鹰嘴砬子之间的缺口。对位于照片中心的铁壁峰则用"铁壁黑如漆"五个字描述了它的特征。照片的右半面被华盖峰占据了，但华盖峰的尖顶并没有摄入镜头，只摄入了它的"裙裾"——华盖峰的内坡。内坡之下的垂直部分是华盖峰悬崖，"具图贴说"描述为："华盖披离下垂，巅圆而末锐。"

照片左下角，摄入了天池水面，在那里被称为东湾，东湾之畔有麟峦和凤峦两处名胜。照片中的麟峦和凤峦隐没在阴影中，看不到它们的形象，只好用文字标注它们的位置。历史照片的"具图贴说"对这2处名胜的描述是："麟峦、凤峦近在怀抱。"句中的"怀抱"二字是指铁壁峰和华盖峰的内壁，其倒石堆转弯合围，如怀抱麟峦和凤峦一般。那里的地形的确是这

照片3-2　1909年拍摄的天豁峰

样的。

天豁峰历来引人注目。康熙十六年内大臣武木讷奉旨勘验长白山，从西坡口登顶，在梯云峰上看见天豁峰，他说"望之甚小"，像"立熊"，回北京后，将这种情况写进奏折，向康熙皇帝陈述了。

古代文献对天豁峰的另一处记载是朝鲜《通文馆志》的《纪年编》：1712年乌拉总管穆克登奉旨查边时，人们站在孤隼峰上向北望，看见了形象和颜色都很奇特的天豁峰，文中记载："行至山顶，有池如囟穴，周可二三十里，复不可测，壁削立，若糊丹垣，坼其北数尺，水溢出，为黑龙江源，又东有石狮子，色黄尾鬣如欲动者，中国人谓为望天吼云。"这段文字说出了天豁峰的位置、形貌和颜色，还有很重要的一点是，那时天豁峰已似有我们先人起的名称：望天吼。

天豁峰上方天空背景处有一个不规则的黑块，猜测是前人冲洗底版时因破损留下的瑕疵。那时的底版是玻璃片，上面的胶膜很容易脱落，因此会在印相时留下黑迹。

照片3-3（拍位见图3-1）：这是1970年拍摄的天豁峰，为黑白照片。虽然不能从颜色上欣赏天豁峰的风采，但它的造型与众不同，尤其是那个像鹰嘴一

样的峰尖，向天空啄去，气势非凡。正是因为这个鹰嘴造型，使得天豁峰还有一个“鹰嘴砬子”的称呼。当有浓雾缭绕峰顶，朦胧显现的天豁峰便像一只仰卧的大鹰，“鹰嘴”喙尖啄进云端。“鹰嘴”是天豁峰最险峻、最美丽之处。

鹰嘴砬子“在世”时，郑德权曾计算过它的体积和重量：把鹰嘴砬子看成一正一倒的两个三角锥，上面的三角锥瘦长，下面的三角锥矮粗。鹰嘴的高度无法用尺丈量，可以用峰顶的人影作比例尺求得，约 38 米高，三角锥底边长目测 16 米，这样，算得三角锥的体积约为 1621 立方米。鹰嘴由浮岩组成，浮岩的比重比水轻，按每立方米 0.8 吨计算，则鹰嘴的重量约为 1297 吨。如此大的一个鹰嘴，应该算得上世界之最了。

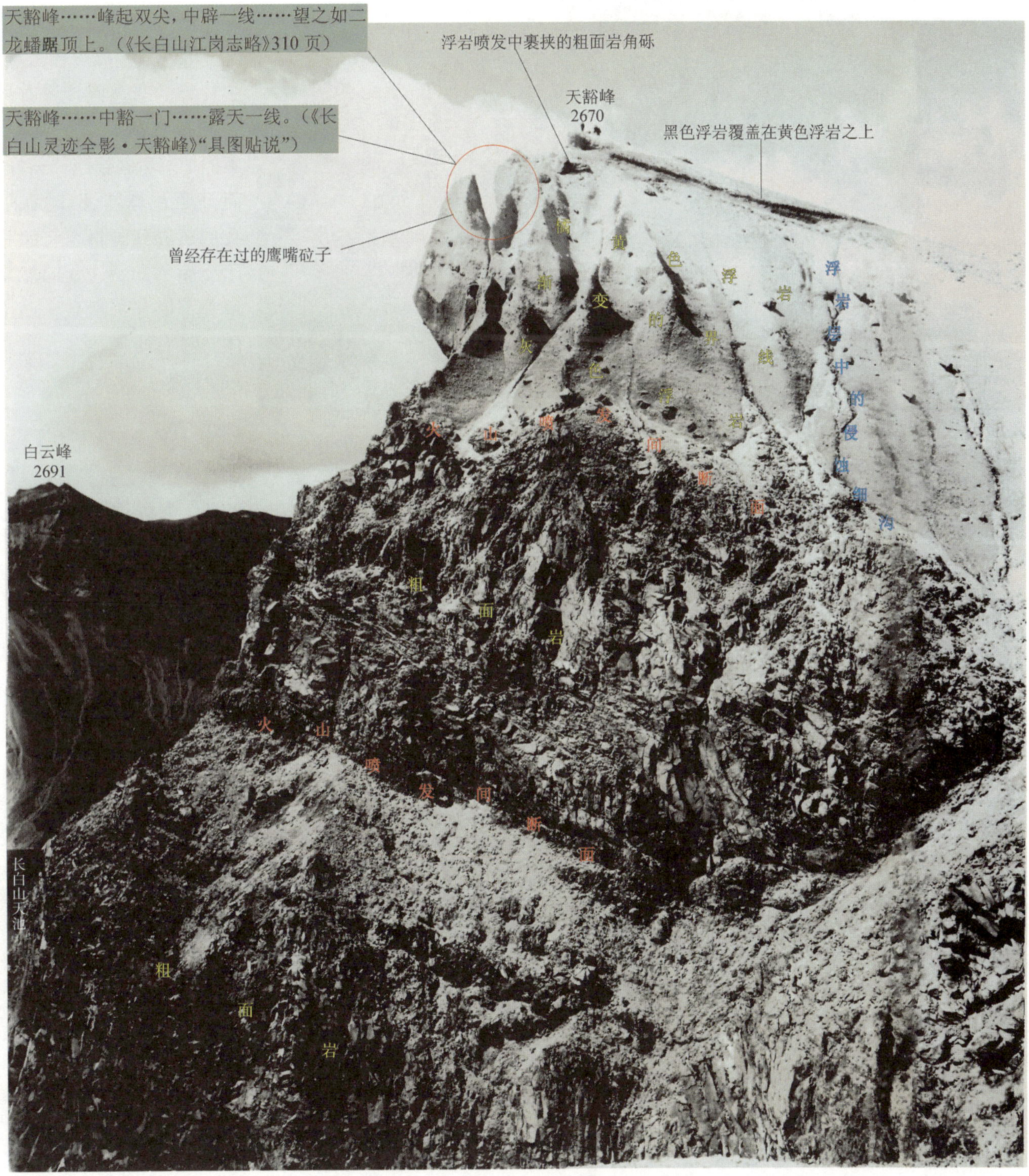

天豁峰……峰起双尖，中辟一线……望之如二龙蟠踞顶上。（《长白山江岗志略》310 页）
天豁峰……中豁一门……露天一线。（《长白山灵迹全影・天豁峰》“具图贴说”）
曾经存在过的鹰嘴砬子
浮岩喷发中裹挟的粗面岩角砾
天豁峰
2670
黑色浮岩覆盖在黄色浮岩之上
橘黄色浮岩
渐变的界线
灰色浮岩
浮岩层中的侵蚀细沟
火山喷发间断面
白云峰
2691
粗面岩
火山喷发间断面
粗面岩
长白山天池

③

照片3-3　1970年拍摄的天豁峰

照片 3-4 及照片 3-5（拍位见图 3-2）：这是天豁峰西面的形貌。天豁峰造型复杂多变，在不同位置和不同高度观看和拍摄，都可能表现出不同的形貌特征，天豁峰是个"多面人"，很容易被认错，以致有一些书籍错将它当成别的山峰。例如，某志书的彩色照片插页，就把从这个角度拍摄的天豁峰当成了青石峰（青石峰是玉柱峰的别称），又把"天文峰"（即本书的天豁峰），当成标错位置的"华盖峰"，如此以讹传讹，被转载引用，造成混乱。不仅天豁峰是"多面人"，长白山中的"多面人"还真不少，使人难以分辨，往往搞错。例如，某旅游方面的图书，书中卧虎峰、冠冕峰、梯云峰、玉柱峰的彩色照片皆有峰名和位置的错误，甚至，不但把冠冕峰错当梯云峰，而且照片竟然还印反了。我们还看到画报也将照片印反而不知。这些固然是调查不够仔细所致，而山体、峰形的复杂多变也是一个原因。

照片3-4　天豁峰、虎头砬子、白石砬子西面尖顶上的浮岩堆积

照片3-5　天豁峰西面形貌

从此处看，天豁峰的尖顶改变了形状，但我们依然可以从它特有的橘黄色确认它是天豁峰。天豁峰西面是虎头砬子，东面是白石砬子，我们也可以从它们特有的颜色辨认出它们。黄色浮岩尖顶下的重峦叠嶂，这些黑绿色的粗面岩构成了天豁峰的基座，正是这个坚实的基座托起了淡金色的天豁峰。天豁峰西面基座之下是从天豁峰悬崖冲下来的泥石流扇，降雨将天豁峰的风化产物冲到天池水畔（图3-4）。天豁峰南面的悬崖之下则是重力崩落形成的倒石堆，在照片右面只能看见这个倒石堆的上部，倒石堆下部直抵天池边，在这里看不见。

从平面图3-2中可以看到，照片3-4是在龙门峰内壁悬崖上拍摄的，镜头朝东，越过牛郎湾、补天石、闼门，直取天豁峰西坡。

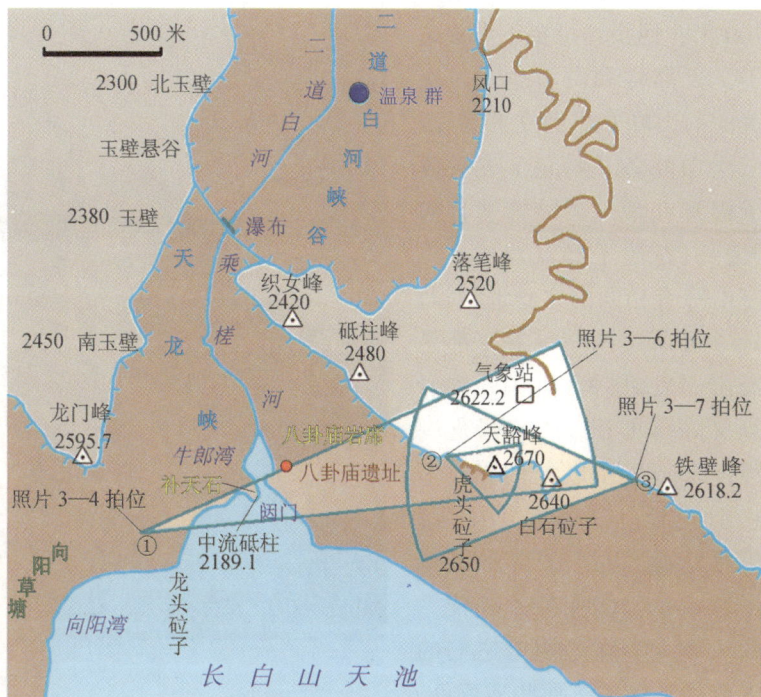

图3-2　天豁峰照片拍摄位置图

② 照片3-6　长白瀑布（张福有　摄）

照片3-6（拍位见图3-2）：从不同方向走近天豁峰能拍出不同风格的照片。这幅照片是在虎头砬子基座上向东拍摄的，它是天豁峰西面的形貌。这个位置是人们欣赏天豁峰的好地方。在这里不知产生了多少天豁峰的"明星照"，也不知有多少诗人、画家曾徜徉于此。好比明星总是将自己最具魅力的一面展现给观众一样，这个角度的天豁峰是最美的。

不过，此刻笔者却要说几句有些煞风景的实话：天豁峰的美丽是在令人窒息的环境中生成的：它是火山猛烈爆发的产物，也就是说，这里曾经是大自然的"逞凶"之地。火山爆发曾将这里化为灰烬，那场景真是异常恐怖。当然，猛烈的地质活动现在早已偃旗息鼓，炽热的浮岩火山灰已把一切都掩埋了起来，又用美丽的色调和奇特的造型把曾经的灾难粉饰一新，向不知情的人们展现出一幅美景。所以，我们切不可只陶醉于天豁峰的美丽，还须追寻这美景产生的原因和过程，才会对美丽的天豁峰有更深刻的理解。火山喷发可以带来毁灭，毁灭之后可以产生美，这恐怕是大自然也不曾想到的吧。

照片3-7（拍位见图3-2）：从天豁峰上走下来，向东走700米，回头即可摄下虎头砬子、天豁峰和白石砬子三座美丽的山峰并肩而立的照片。三座山峰各具特色：虎头砬子匍匐在地，天豁峰翘首向天，白石砬子鹤立鸡群。三座山峰有相同的"身世"，乃是一母所生的三姊妹，都是火山爆发时射入空中的浮岩复又降落堆积，再经风化剥蚀而形成，所以它们有很多相似之处。三胞胎出生后，历尽沧桑，在千百年的风化侵蚀后，仍能保持绝代佳人的风姿，实在是因为它们的本色就是美的。那些橘黄色、灰黄色、灰白色的浮岩，无论经历怎样的冰霜雨雪和风吹日晒都不会改变其鲜艳的本色，因为浮岩虽然表面疏松，但化学性质稳定，不易经化学变化变成其他岩石，所以很难改变岩石原来美丽的颜色，能永葆青

邓小平登顶长白山纪念地：1983年8月13日，邓小平登顶长白山，在天豁峰上眺望天池，此处是邓小平留影之地。

白石砬子 2640　天豁峰 2670　虎头砬子 2650

白石砬子基座

③

照片3-7　虎头砬子、天豁峰、白石砬子三峰竞秀

春，永远拥有鲜艳的肤色，而且由于浮岩的特性使得这些山峰在侵蚀风化过程中总能被雕刻出美丽又奇特的形态。

照片3-8（拍位见图3-3）：这是在天池畔仰拍的天豁峰。在这个角度的天豁峰以另外一种形象展现着它的魅力。因为是仰拍，橘黄色的峰尖显得很小，而本来就很大的基座显得更大。尖峰的颜色和形状与基座形成鲜明的对比，但两者又是那么和谐地组成了一个整体，这就是天豁峰的特点。照片右半部不属于天豁峰，那些由柱状节理形成的整齐排列的柱状岩石是白石砬子的基座，但白石砬子美丽的峰尖却被自己的基座遮住了，在这里看不见，无法摄入镜头。照片中标注的"天豁峰和白石砬子分界线"是天然分界线，是根据各峰之下倒石堆和碎石流的归属而划分的。

天豁峰顶尖，橘黄色浮岩风化残留体。

灰色浮岩位于橘黄色浮岩之下。

天豁峰基座（粗面岩）　白石砬子基座（粗面岩）

④

照片3-8　在天池畔仰拍的天豁峰

这幅照片是印刷品，取自一本介绍长白山的书。原照片中没有文字，文字为郑德权所加。

照片3-9（拍位见图3-3）：这是2006年拍摄的天豁峰。此照片可与拍摄于1970年的照片3-3相对照。对比这两幅照片，我们可以看出，经过并不太长的岁月，风化侵蚀已经使天豁峰发生了很多变化。最大的变化当数那个巨大的"鹰嘴"不见了，它崩落到了天池中。刘建封描述的"峰起双尖"失去一尖，自然界的风化侵蚀作用不可抗拒，人们只能望峰兴叹。失去了鹰嘴碰子的天豁峰显得孤单而瘦削。另外，在灰色和橘黄色的浮岩层中镶嵌的那些火山角砾，也缺失了一些，它们也跌落到了天池之中。但同时也出现了一些从前没有的角砾，那是从黄色浮岩中剥露出的新角砾，它们成为天豁峰"整容"后的"美人痣"。

利用站在天豁峰上的这些人影为比例尺，可以大致推算出天豁峰尖顶浮岩层的厚度，约为63米。

天豁峰，峰石皆黄，作淡金色。其阴多紫石，烂若丹砂。（《长白山灵迹全影》天豁峰照片"具图贴说"）

天豁峰顶有一层约1米厚的黑色浮岩，覆盖在橘黄色浮岩之上，地质学家认为这层黑色浮岩是火山喷发形成的，有七八百年的历史，还有人认为它就是文献记载的公元1668—1702年那次小规模火山喷发形成的。

天豁峰 2670

白云峰 2691

2650 虎头碰子

长白山天池

照片3-9 2006年的天豁峰

天池火山口周围的悬崖和山峰之下，皆有风化崩落的倒石堆和碎石流，尽管倒石堆和碎石流的分布纵横交错，但它们的来源各有归属，所以在划分环池诸峰的范围时应将这些倒石堆和碎石流一并划分，这有利于地貌、地质、旅游规划工作的开展。郑德权在野外勘查中也试图这样做并在本书中有所体现。在照片3-8和这幅图中，笔者就把从白石碰子及其基座上崩落的倒石堆和碎石流划入了白石碰子范围。天豁峰和白石碰子的分界线及白石碰子和铁壁峰的分界线就是根据这样的原则划分的，这两条分界线在图3-3中以白色虚线标出。

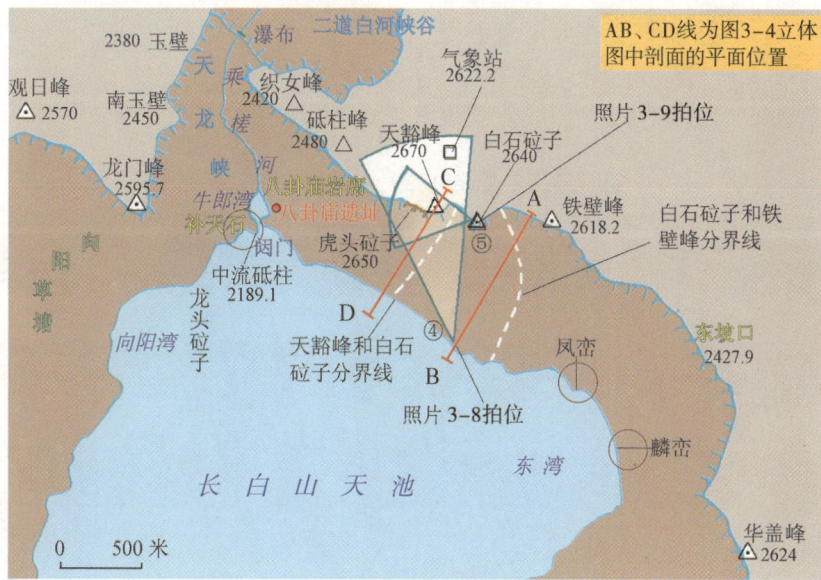

AB、CD线为图3-4立体图中剖面的平面位置

二道白河峡谷
2380 玉壁
瀑布
气象站 2622.2
观日峰 2570
南玉壁 2450
织女峰 2420
砥柱峰 2480
天豁峰 2670
白石碰子 2640
照片3-9拍位
天乘槎河
龙门峰 2595.7
龙门峡
八卦庙熔岩
八卦庙遗址
牛郎渡神天石
铁壁峰 2618.2
白石碰子和铁壁峰分界线
闯门
虎头碰子 2650
向阳潭
中流砥柱 2189.1
龙头碰子
天豁峰和白石碰子分界线
向阳湾
凤峦
东坡口 2427.9
照片3-8拍位
东湾
麟峦
长白山天池
0 500米
华盖峰 2624

图3-3 天豁峰、白石碰子、铁壁峰分界图

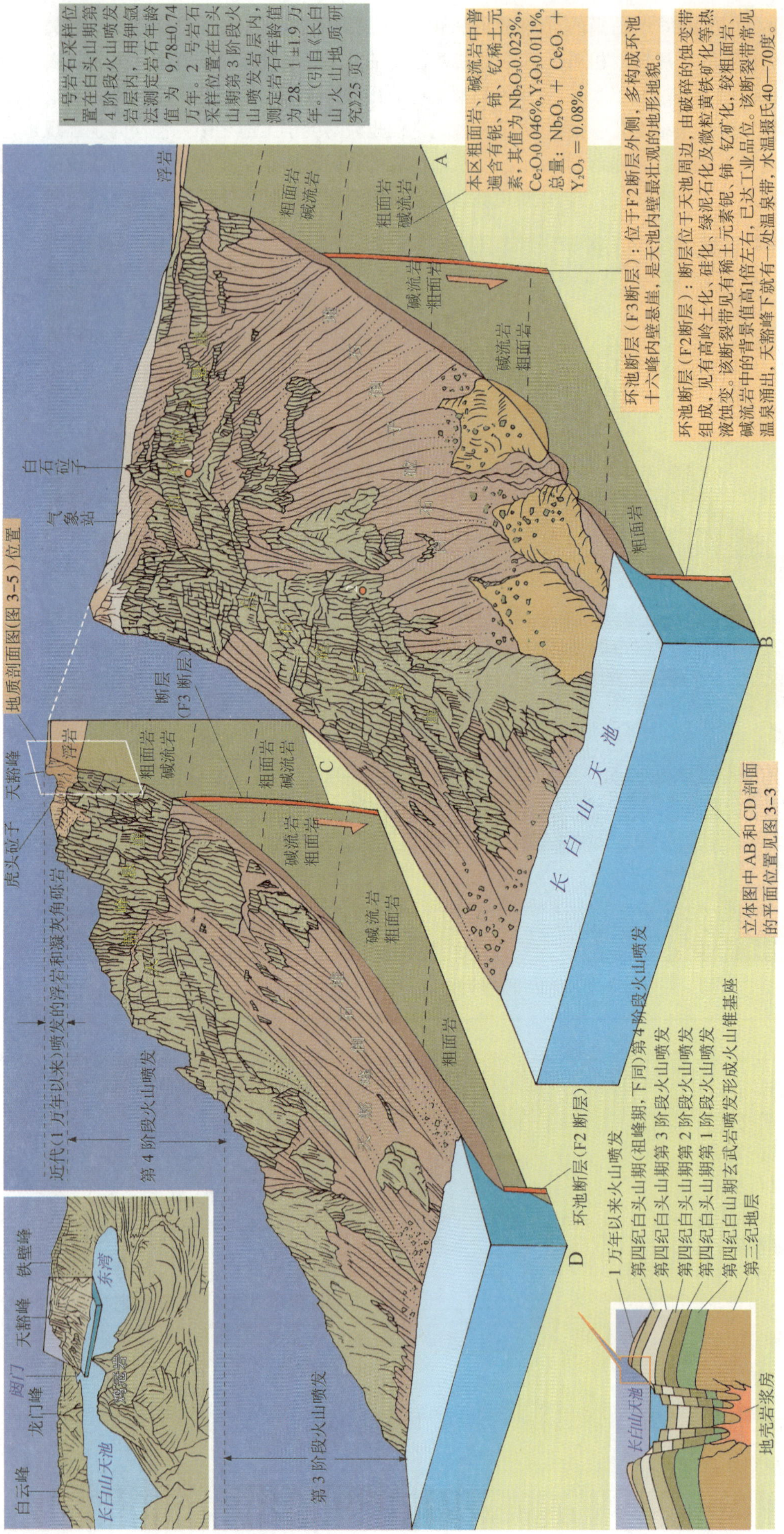
1 号岩石采样位置在白头山期第 4 阶段火山喷发岩层内，用钾氩法测定岩石年龄值为 9.78±0.74 万年。2 号岩石采样位置在白头山期第 3 阶段火山喷发岩层内，测定岩石年龄值为 28.1±1.9 万年。（引自《长白山火山地质研究》25 页）
本区粗面岩、碱流岩中普遍含有铌、钟、钇稀土元素，其值为 $Nb_2O_5$ 0.023%，$Ce_2O_3$ 0.046%，$Y_2O_3$ 0.011%，总量：$Nb_2O_5 + Ce_2O_3 + Y_2O_3 = 0.08\%$。
环池断层（F3 断层）：位于 F2 断层外侧，多构成环池十六峰内壁悬崖，是天池内壁最壮观的地形地貌。
环池断层（F2 断层）：断层位于天池周边，由破碎的蚀变带组成，见有高岭土化、硅化、绿泥石化及微粒黄铁矿化等热液蚀变。该断裂带中见有稀土元素铌、钇矿化，较粗面岩、碱流岩中的背景值高 1 倍左右，已达工业品位。该断裂带常见温泉涌出，天豁峰下就有一处温泉带，水温摄氏 40—70 度。
浮岩
粗面岩
碱流岩
A
B
C
D
白石砬子
气象站
地质剖面图（图 3-5）位置
天豁峰
虎头砬子
断层（F3 断层）
近代（1 万年以来）喷发的浮岩和凝灰角砾岩
第 4 阶段火山喷发
第 3 阶段火山喷发
环池断层（F2 断层）
长白山天池
立体图中 AB 和 CD 剖面的平面位置见图 3-3
1 万年以来火山喷发
第四纪白头山期（祖峰期，下同）第 4 阶段火山喷发
第四纪白头山期第 3 阶段火山喷发
第四纪白头山期第 2 阶段火山喷发
第四纪白头山期第 1 阶段火山喷发
第四纪白山期玄武岩喷发形成火山锥基座
第三纪地层
长白山天池
地壳岩浆房
白云峰
龙门峰
闼门
天豁峰
铁壁峰
东湾
长白山天池

图3-4 天豁峰南面形貌及构造示意图

### 3.1.3 天豁峰南面形貌及构造示意图

为了方便广大读者更深入地了解天豁峰，我们将天豁峰从火山锥上切下来，再从中间剖开，这样可得两个地质剖面，于是在图 3-4 这幅立体图上便可以看到天豁峰的内部构造了。从整体上看，天豁峰是层状山峰，即由多层火山岩相叠而成。这些不同层位的火山岩是不同年代火山喷发形成的，它们的形成年代差别很大，从山峰底部到顶部，可以相差几万年至十几万年。所以，天豁峰的形成是经过漫长而复杂的地质过程，一层一层地堆积起来的。

地质学家对天豁峰的研究资料很多，画这幅立体图时参考了这些资料，特别是岩石年龄测定资料，这里选了 2 个岩石测年资料（中科院刘嘉麒采样测试），分别标注在采样地点上。通过岩石测年资料我们可以得知火山喷发的年代。图中标注的采样地点，下面的一处采自第 3 阶段喷发的火山岩层，年龄值为 28.1 万年；上面的采自第 4 阶段喷发的火山岩层，年龄值为 9.78 万年（图中用红点标出）。仅这两处采样地

点的岩层对比，就跨越了约 18.32 万年，而它们仅是天豁峰的中上部，可见整个天豁峰的形成过程是多么漫长而久远。

本图中画了两条断层，对此解释如下：天池火山锥形成后，在重力作用下经过多次塌陷，成为破火山口，形成一圈圈环状断裂，断裂的性质为张性，致使天池周边形成陡峻的悬崖。这些环状断裂有 4 条，由天池中心向外依次被命名为 F1、F2、F3、F4。其中 F1 断层在天池水下，F2 断层位于天池周边，F3 断层构成了环池十六峰的悬崖峭壁，F4 断层位于瀑布悬崖。本图中只出现了 F2、F3 两条断层。地质工作者通过地质调查还得知，主断层两侧皆有次级断层存在，呈阶梯状错断。为概括和简化，图中所画的断层实际上是断层带，由主断层和不规则的次级断层组成。

### 3.1.4 天豁峰东面形貌及地质剖面图

照片 3-10 是天豁峰东面顶尖形貌，照片 3-11 是天豁峰上半部，其右侧的地质剖面图是依据照片和实地考察编绘的。

我们在这两幅照片中可以看到几种不同颜色的岩石组合，自下而上依次为：灰黑色、灰绿色粗面岩，中间隔一层喷发间断面，向上变为灰色浮岩，再向上渐变为橘黄色浮岩，最上面覆盖了一薄层黑色浮岩。这里，浮岩从深灰色渐变为灰色—浅灰色—灰黄色—橘黄色，这些变化好比一组富有音乐感的色阶。浮岩也分很多层，细心观察，可依稀辨认出不同厚度的层理。这些层理主要是浮岩颗粒变化所致，说明火山爆发时被喷射到空中的浮岩颗粒在风力的作用下，一层层散落下来，略有分选，好比打谷场上借风力分选粮食一样。浮岩颜色为什么有变化？地质学家认为，那是喷发条件变化引起的，比如氧化环境的改变就能引起浮岩颜色的变化。尽管有这些不同，实际上，这些不同颜色的浮岩在矿物成分、化学成分和岩石结构、构造等方面并无太大差异，可视为一次连续喷发。天豁峰上保留下来的浮岩层，现在厚度近 70 米。注意覆盖在最上面的那层薄薄的约 1 米厚的黑色浮岩层，它与橘黄色浮岩不是同期产物，地质学家认为，那是隔了很长一段时间后，火山再次爆发形成的（见照片 3-9）。剖面图中没有将这层画上去，但在照片 3-10 中以"黑色浮岩"字样标注在了它所在的位置上。

这些林立的浮岩峰尖是风化侵蚀形成的，随着风化侵蚀的继续进行，这些峰尖必将消失，再产生一批新的峰尖，最后的结局恐怕是这些美丽的浮岩层侵蚀殆尽，那时，天豁峰就会改变形象了。

天豁峰（天文峰）

黑色浮岩：覆盖在橘黄色浮岩之上的这层厚约1米多的黑色浮岩是最后一次火山喷发形成的。

橘黄色浮岩

大气降水侵蚀

灰色浮岩

大气降水侵蚀细沟

细沟

这些侵蚀细沟对天豁峰的浮岩层构成很大的威胁。无论是雪融水还是雨水都在不断地冲走松散堆积的浮岩颗粒，使天豁峰逐渐变形、缩小。然而，风化侵蚀是不可抗拒的自然规律，是不会停止的。

照片3-10　天豁峰东面峰尖局部放大照

075

# 地质描述

黑色浮岩：这层覆盖在橘黄色浮岩之上约1米厚的浮岩，是晚期火山喷发的浮岩。

橘黄色浮岩：火山猛烈爆发，将岩浆喷入空中，形成多孔浮岩，回落堆积，其中夹有巨大的火山角砾。

灰色浮岩：成因同上，因喷发环境变化，浮岩颜色不同。

火山角砾岩层：代表一次火山喷发间断。

粗面岩：由粗面岩浆溢面而成，有向北倾斜的流动层面，不规则的柱状节理贯通整个岩层，表明在短时间内一次喷溢形成。

火山角砾岩层：代表一次火山喷发间断。

粗面岩

天嶅峰上部火山岩分层

天嶅峰（天文峰）2670

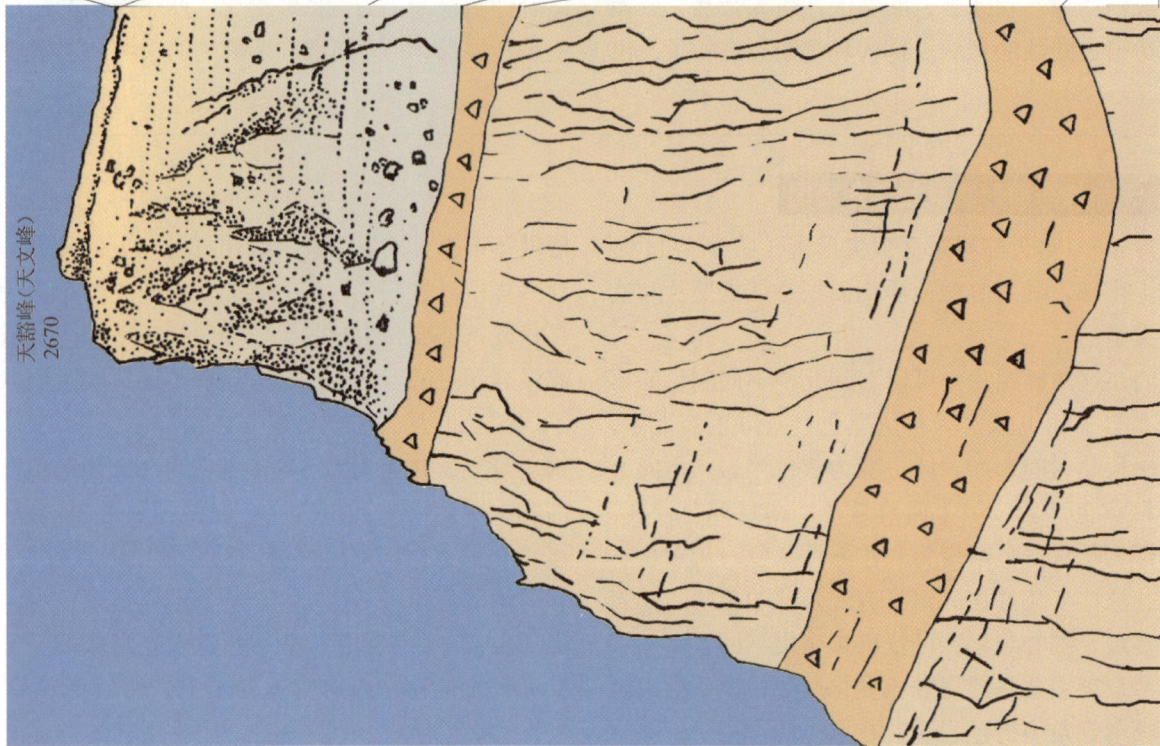

图3-5　天嶅峰东面地质剖面图

黑色浮岩：这是覆盖在橘黄色浮岩之上约1米厚的一层黑色浮岩，是晚期火山喷发形成的。

天嶅峰（天文峰）2670

照片3-11　天嶅峰东面形貌

### 3.1.5 松花江（黑龙江最大支流）最高源头

照片3-12（拍位见图3-6图）：这是天豁峰北坡的集水坡。此坡俗名羊尾沟，坡面的大气降水大都先汇集在这里，之后再顺着天豁峰的背坡流入松花江。人们早就认定松花江发源于天池，但松花江的最高发源地并不在天池。天池水面海拔2189.1米，它流出去的水不是最高位置的，最高位置的集水坡在天豁峰外坡。这里海拔2670米，比天池水高出480米，是这里首先从云层里接收大气降水的。如果仅从水位的高低来决定源头，那么这里才算是松花江的最高发源地之一。之所以不这样说，是因为判定孰为河流的发源地还要考虑历史渊源，不能光以水位的高度来确定。

另外，仍需说明的

一点是：环池十六峰中除了孤隼峰和三奇峰外坡的大气降水流入鸭绿江外，其余的14座山峰的外坡水都流入松花江，它们都属于松花江水系，都可以称得上是松花江的最高发源地（参见图5-5）。

位于天豁峰北坡的羊尾沟（亦称雪蚀洼地），首先将大气降水（雨水和雪融水）汇聚于此，再流进三道白河。

天豁峰 2670

羊尾沟

三道白河最高源头冲沟

① 照片3-12　天豁峰北坡松花江最高发源地之一的羊尾沟

照片3-13（拍位见图3-6）：这是虎头砬子外坡集水坡。虎头砬子仅比天豁峰低20米，也是松花江最高发源地之一。照片中的这几条明显的火山细沟是侵蚀虎头砬子的主角，它们将疏松的浮岩搬运到山下，冲到河里。如果我们站在虎头砬子外坡，将一桶水倒进细沟中，这桶水将携带着许多浮岩颗粒，沿着如下的路线完成一次数千千米的长途旅行：火山细沟—源头冲沟—二道白河—松花江—黑龙江—鞑靼海峡，最后来到北太平洋鄂霍次克海（图3-6）。曾有历史文献说到有"江石沫子"（浮岩）漂浮在黑龙江上，那很可能就是长白山上的浮岩经过上述途径漂过去的。这里强调"如果"，是因为这桶水

玉壁顶 2380　　北玉壁顶 2300　　老虎洞火山 2235　　金壁岩钟顶 2142

织女峰 2420

砥柱峰 2480

二道白河峡谷

火山细沟

水坡

我国先民很早就认识到长白山和黑龙江这种一脉相承的关系，故东北大地素有"白山黑水"之称。

② 照片3-13　虎头砬子外坡——松花江最高发源地集水坡之二

倒下去后，眨眼间就会被疏松多孔的浮岩吸收，或很快蒸发。世界范围内的水循环是个复杂的整体过程，我们刚才倒下去的那桶水，只能说参与了循环，一桶水很难自始至终完成水循环的全过程。

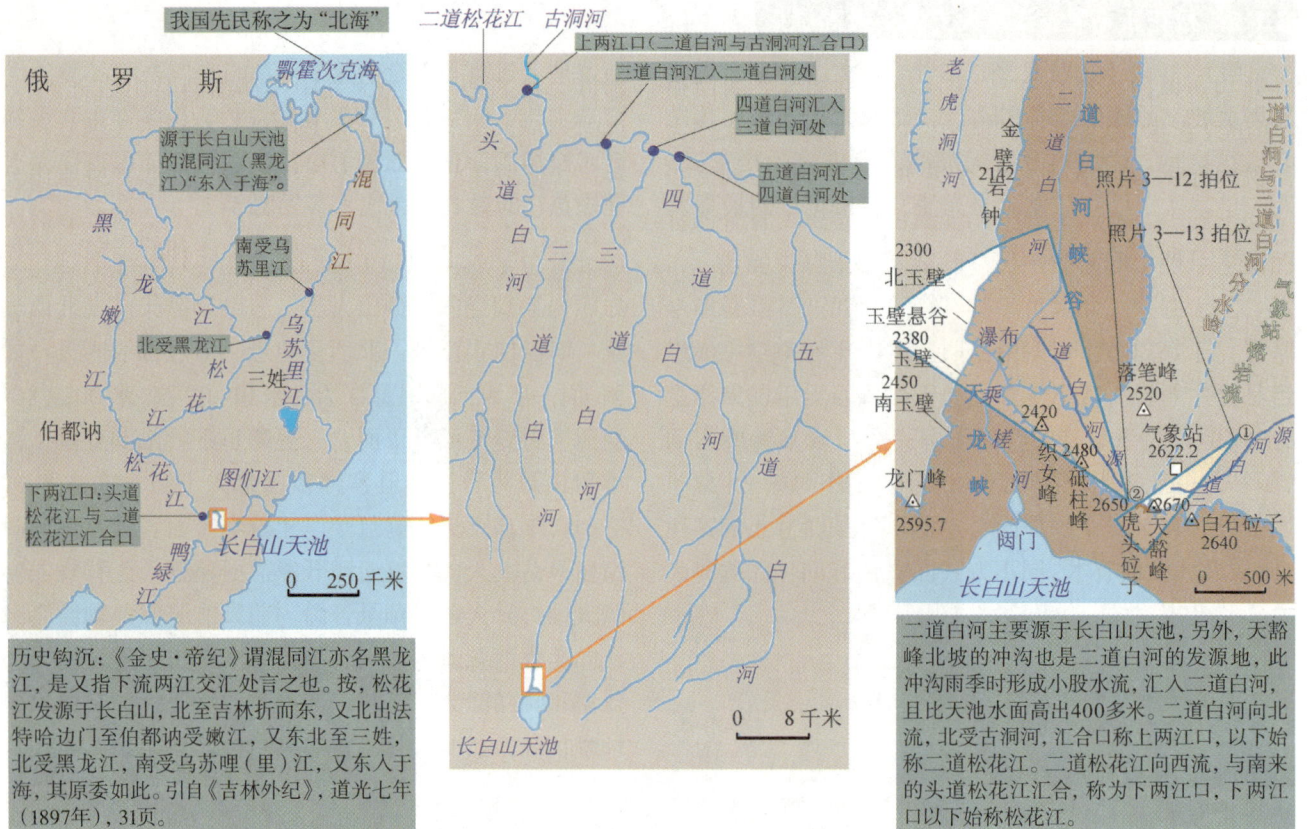

图中文字标注（由左图至右图）：

**左图：**
俄 罗 斯
鄂霍次克海
我国先民称之为"北海"
二道松花江 古洞河
上两江口（二道白河与古洞河汇合口）
源于长白山天池的混同江（黑龙江）"东入于海"。
南受乌苏里江
北受黑龙江
黑龙江
嫩江
乌苏里江
三姓
松花江
伯都讷
图们江
下两江口：头道松花江与二道松花江汇合口
鸭绿江
长白山天池
0 250 千米

历史钩沉：《金史·帝纪》谓混同江亦名黑龙江，是又指下流两江交汇处言之也。按，松花江发源于长白山，北至吉林折而东，又北出法特哈边门至伯都讷受嫩江，又东北至三姓，北受黑龙江，南受乌苏哩（里）江，又东入于海，其原委如此。引自《吉林外纪》，道光七年（1897年），31页。

**中图：**
三道白河汇入二道白河处
四道白河汇入三道白河处
五道白河汇入四道白河处
头道白河
二道白河
三道白河
四道白河
五道白河
长白山天池
0 8 千米

**右图：**
老虎洞河
二道白河峡谷
金壁 2142
石钟
照片3—12拍位
照片3—13拍位
二道白河与三道白河间分水岭
气象站熔岩流
2300
北玉壁
玉壁悬谷 2380
玉壁 2450
南玉壁
瀑布
天豁峰
落笔峰 2520
2420
气象站 2622.2
①
龙槎河
织女峰 2480
源
龙门峰 2595.7
龙门峡
砥柱峰 2650
②
闸门
虎头砬子峰 2670
白石砬子 2640
长白山天池
0 500 米

二道白河主要源于长白山天池，另外，天豁峰北坡的冲沟也是二道白河的发源地，此冲沟雨季时形成小股水流，汇入二道白河，且比天池水面高出400多米。二道白河向北流，北受古洞河，汇合口称上两江口，以下始称二道松花江。二道松花江向西流，与南来的头道松花江汇合，称为下两江口，下两江口以下始称松花江。

图3-6　天豁峰——松花江最高源头图

### 3.1.6　俯瞰天豁峰、虎头砬子、白石砬子三座峰尖

看过照片3-7虎头砬子、天豁峰、白石砬子三峰竞秀后，我们再升空，看这张将三峰一起纳入的立体图（图3-7）。

这个角度只有在直升机上才能看到，本图就是根据航空照片加上地质内容绘制的。在这里，我们说一点火山地质专业方面的知识。

该图所画的范围边长800米，平面上呈正方形，面积0.64平方千米。该图所在的平面位置及范围在图左上角的平面图中能找到。我们先看图中各火山岩层的覆盖关系：

(1)这三座山峰的峰尖都是由橘黄色的浮岩构成的。有的地方过渡为灰色调，颜色虽不同，却是同期产物。这些橘黄色的浮岩，覆盖在黑色或深灰色的粗面岩和碱流岩之上，这种覆盖关系说明粗面岩和碱流岩形成在先，橘黄色的浮岩形成在后；(2)在天豁峰向东不远处能看到一层深灰色的浮岩覆盖在橘黄色的浮岩之上，这说明深灰色浮岩形成于橘黄色浮岩之后；(3)在气象站旧址石头房子南20多米处的小陡崖下面，能看到从气象站火山口喷溢的熔岩流覆盖在一层深灰色浮岩之上，这说明气象站熔岩流形成于深灰色浮岩之后；(4)还有一层很薄的黑色浮岩覆盖在所有的火山岩之上，这说明它是最后一次火山喷发的产物，喷发的时间离现在最近，也就是说，此后再没有发生过火山喷发。而这次离现在最近的火山喷发的准确年代的确定，无疑对长白山火山爆发的预报、防灾、减灾等具有重要的意义。

下面，就可以用地质学上的叠覆原理来划分层序和理清火山喷发的回次了。所说的叠覆原理就是年轻的地层应位于年老的地层之上。我们根据上面所观察到的火山岩层的分布和叠覆关系可以知道，仅在这0.64平方千米的范围内就可以划分出5次喷发：

第5次喷发：黑色浮岩
第4次喷发：气象站熔岩流
第3次喷发：深灰色浮岩
第2次喷发：橘黄色浮岩
第1次喷发：粗面岩、碱流岩

根据每次喷发的岩性、分布范围、厚度、岩石化学成分等，可以推测出每次火山喷发的形式和猛烈程度，再对每层火山岩进行岩石年龄测定等方面的研究，就可以制出一张火山活动事件表了。

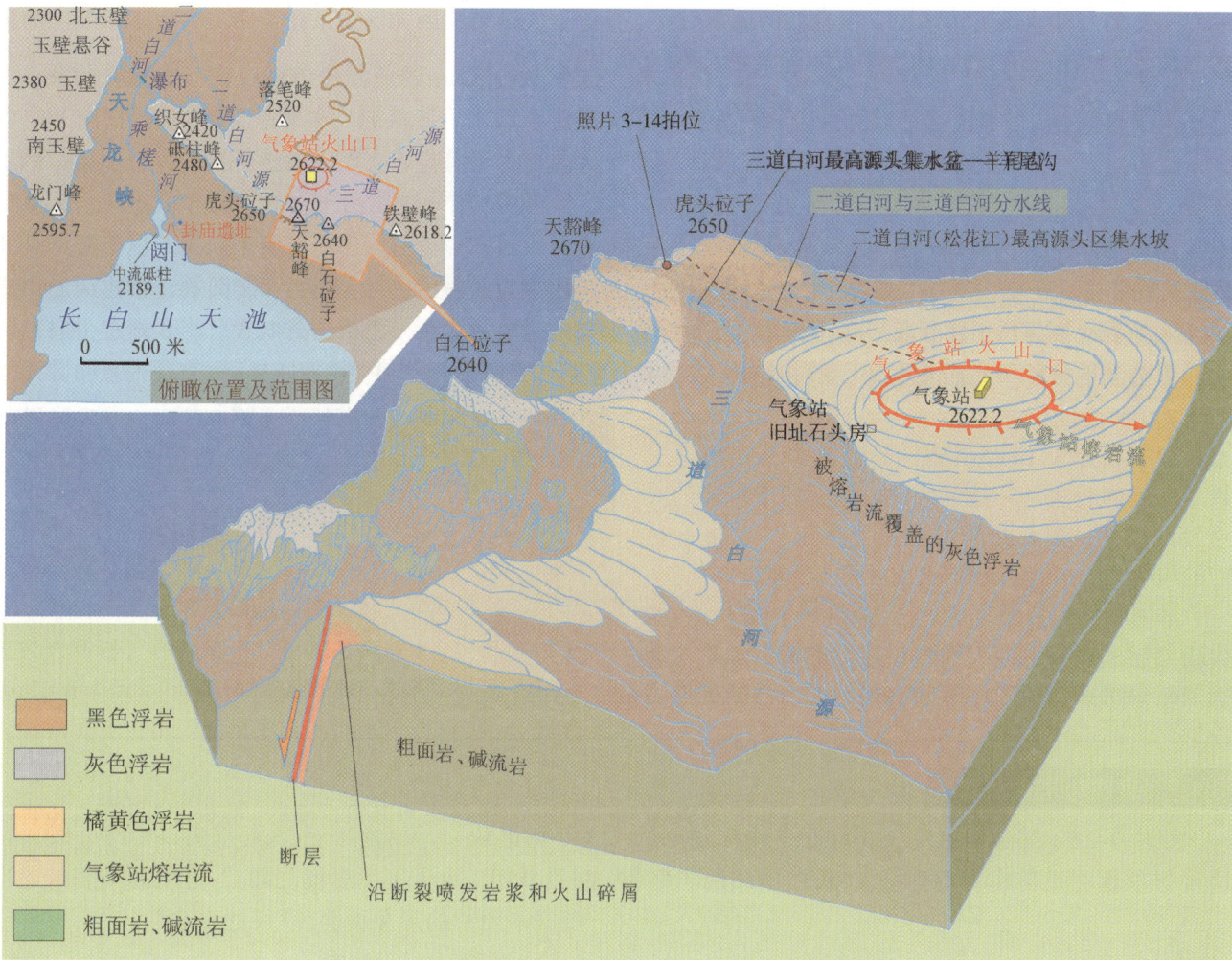

图3-7　天豁峰、虎头砬子、白石砬子俯瞰及构造示意图

图例：
- 黑色浮岩
- 灰色浮岩
- 橘黄色浮岩
- 气象站熔岩流
- 粗面岩、碱流岩

断层

沿断裂喷发岩浆和火山碎屑

粗面岩、碱流岩

### 天豁峰上两种不同颜色的浮岩接触带

照片3-14　天豁峰上两种不同颜色的浮岩接触带

照片3-14（拍位见图3-7）：这是两种不同颜色的浮岩接触带。在天豁峰上能见到这样一种地质现象：橘黄色浮岩和黑色浮岩界线分明的接触带。照片左边是橘黄色浮岩，右边是黑色浮岩，在白雪映衬下，构成了一幅图案。这两种不同颜色的浮岩接触隐含着什么信息？能告诉人们什么秘密吗？我们首先得看看它们是怎样接触的。用铁锤砸一下就能知道：原来是黑色浮岩覆盖在橘黄色浮岩之上。有了这样的覆盖关系，我们就可以说橘黄色浮岩是先喷发形成的，黑色浮岩是后喷发形成的，所以后者才能盖在前者上面。

接下来，对地质工作来说，很自然的问题就是它们是在什么时间喷发的，两次喷发间隔了多长时间，岩性和岩石化学成分有哪些不同，两次火山活动的方式是怎样的，强度又如何等等。

需要进行的工作还有采集样品、分析测试、与周围地质情况进行对比。如果是近代的火山事件，还要到浩瀚的史海中去搜寻与火山喷发有关的文字记载。历史文献记载往往是可靠的信息来源（如五大连池火山喷发就有文献记载）。地质工作就是要将这些零散的资料一点点收集起来，综合起来，从而理清火山喷发的历史。

对于照片 3-14 拍摄到的地质现象，地质学家趋于一致的看法是：橘黄色浮岩是约四千年前的大喷发形成的，黑色浮岩可能是发生于公元 1668 至 1702 年间的一次小规模的火山喷发形成的。

本书工作人员根据照片 3-14 绘制了图 3-8，立体描绘出了橘黄色浮岩和黑色浮岩的覆盖关系。准确判断每次火山喷发的时间，列出火山活动事件表

等至关重要，因为这关系到长白山火山未来喷发的预报。

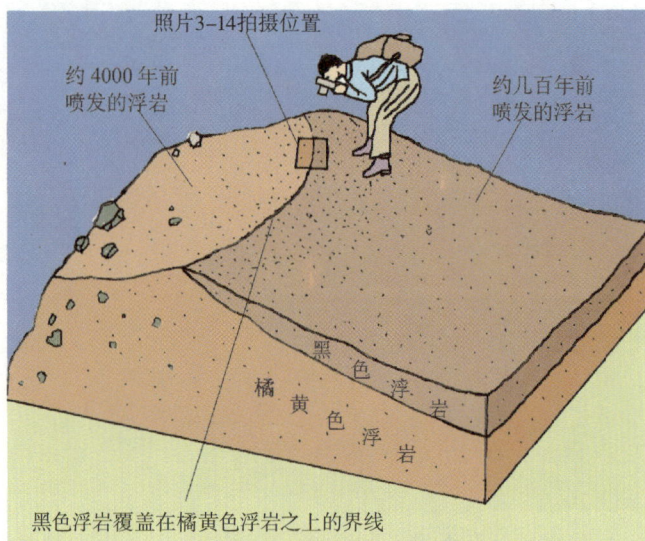

图3-8　天豁峰上两种不同颜色的浮岩覆盖关系图

### 3.1.7　鹰嘴砬子轰然跌落

照片 3-15（拍位同照片 3-3）：照片中天豁峰的这种形象现在是再也看不到了。《长白山江岗志略》

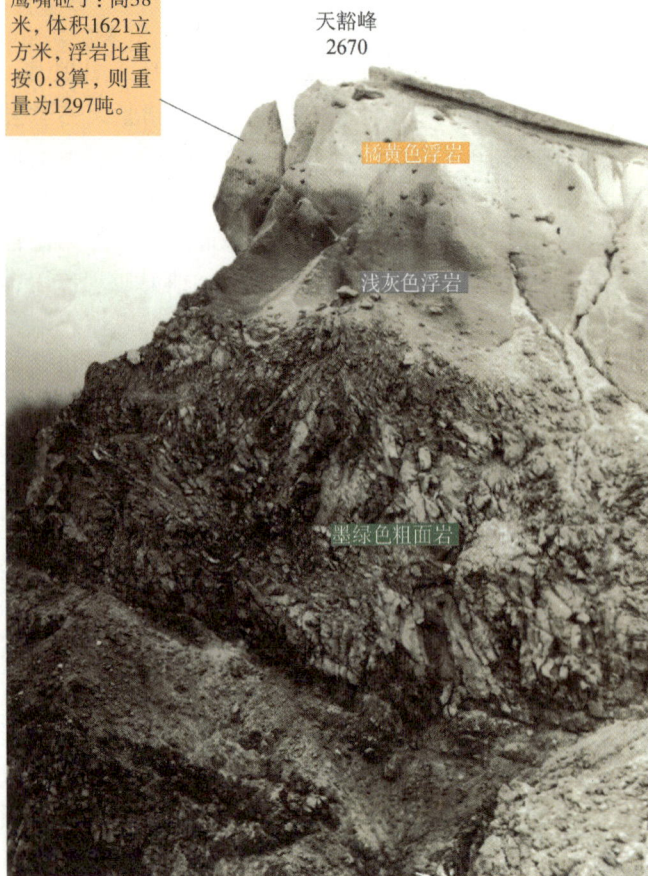

鹰嘴砬子：高38米，体积1621立方米，浮岩比重按0.8算，则重量为1297吨。

天豁峰
2670

橘黄色浮岩

浅灰色浮岩

墨绿色粗面岩

照片3-15　天豁峰上曾经存在过的鹰嘴砬子

310 页记载："天豁峰……峰起双尖，中辟一线，有豁然开朗，令人不可思议之趣。"这里的文字叙述当指这幅照片的形象而言。"峰起双尖"，现在失去了一尖，它坠入了天池中。也可以说，它回归了天池，因为它原先就是从天池火山口喷射上来形成的。它在世上待了千百年，向人们充分展现了它的美丽，现在它落叶归根，圆满地结束了不平凡的一生，所以我们也不必为失去鹰嘴砬子而太过遗憾。

它的形象我们从旁边的照片中可以看到，像一个鹰嘴，嘴尖朝上，啄天不已，所以又有鹰嘴砬子之称，很贴切的名称，只可惜这个名称现在已名不副实了。"鹰嘴"由浮岩构成，很疏松，很软，还不如真的鹰嘴结实。因此，不管它有多么美丽，命中注定是短寿的，风化侵蚀对鹰嘴砬子毫不留情。那个由风化形成的豁口是祸根。原先的豁口只是一条冷却节理，一条垂直裂缝而已。风化侵蚀的"刀"却不断向下切割，导致缝隙逐渐变深变宽，最后到了不可收拾的地步，连接鹰嘴的地方再也承受不住鹰嘴的巨大重量——要知道，鹰嘴38米高，重达1千多吨。它终于轰然倒下，一头栽进 500 米的深渊。当时就跌得粉身碎骨，发出一连串的巨响，升起滚滚烟尘。那情景真是惊天动地，可惜当时没被摄入镜头，幸运的见证者只能向人们口述那可怕的一幕。据说，事情发生得非常突然，没有任何征兆，待烟

尘散去后，巨大的鹰嘴已经不存在了，天豁峰从此缺失了一角，成了现在的模样，不管怎么说，也是一个让人很遗憾的地质事件。郑德权事后赶到现场，愣愣地看着没了鹰嘴的鹰嘴砬子，不敢相信鹰嘴已经永远离开了我们，几十年看惯的地方如今空空荡荡，天豁峰一下子瘦了一圈，脱相了。

图3-9生动说明了鹰嘴砬子的垮塌过程。

上图：猛烈的火山喷发将大量的浮岩喷入空中，这些浮岩是炽热的，带有黏性的，升空复又降落的浮岩堆积在一起，冷却之后，产生许多冷却节理和裂隙，这些节理、裂隙是浮岩层中最薄弱之处，有良好的渗透性，风化侵蚀首先从这些裂缝开始。大气降水的冲刷将裂隙扩宽加深，进一步形成侵蚀细沟。图中摘要画出了这些细沟。

下图：用凿岩工人向裂缝上打进一个大楔子表示"冰楔风化"作用。在鹰嘴砬子尚存的时候，那个大豁口总是积满了冰雪，冰的膨胀力是鹰嘴坠落的主要地质营力。晶莹剔透的冰多么纯洁无瑕，但它却是长白山寒冻风化的主力军，它可以一点一点地、无声无息地把最坚硬的岩石劈成碎块，把几百米高的悬崖毁坏，最后使之变成一个坟丘样的碎石堆，侵蚀这不堪一击的浮岩更不在话下。冰晶那美丽的外表具有巨大而无情的破坏力。鹰嘴砬子的坠落，让我们又看到了一个真实的风化侵蚀案例。但是，一个鹰嘴砬子倒下了，还会有更多的鹰嘴砬子"站出来"。摧毁可以是一瞬间，形成却慢条斯理，人们恐怕得等几百年、上千年才能看到下一个鹰嘴出现，而且，是不是鹰嘴形态还很难说。但后继者的前景也好不到哪里去，最终也会跌入天池中。如此看来，美丽的天豁峰会愈来愈矮，愈来愈瘦，愈来愈干瘪，将面目全非，让人认不得了。但愿人类聪明的头脑能研究出一种办法，延长天豁峰的青春和美丽。

由冷缩节理裂隙形成的侵蚀细沟，是破坏天豁峰完整性的"罪魁祸首"，它们无休止地切割着天豁峰，制造一个个类似鹰嘴砬子的垮塌事件。

天豁峰（天文峰）2670
豁口
鹰嘴砬子
橘黄色浮岩
浅灰色浮岩
墨绿色粗面岩

用凿岩表示寒冻风化作用，结冰的膨胀力犹如在豁口中打楔子，使岩石崩裂。

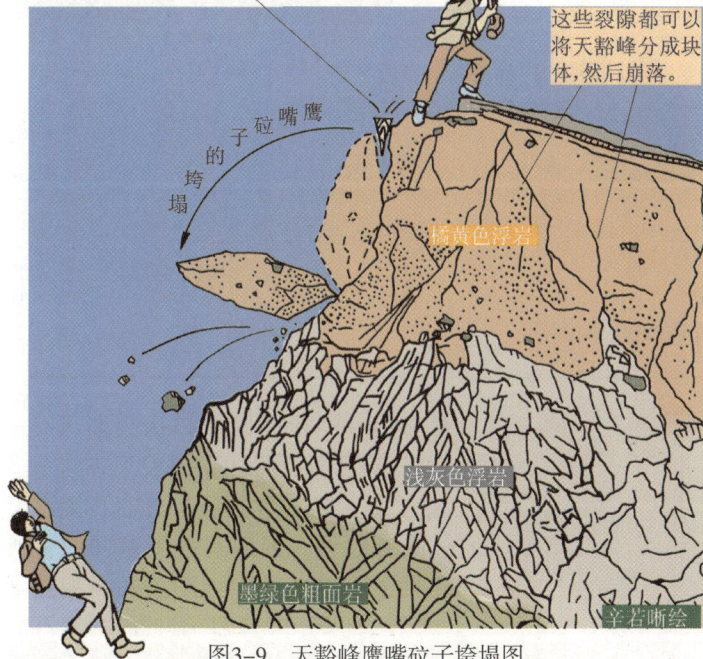

这些裂隙都可以将天豁峰分成块体，然后崩落。

鹰嘴砬子的垮塌
橘黄色浮岩
浅灰色浮岩
墨绿色粗面岩
辛岩晰绘

图3-9　天豁峰鹰嘴砬子垮塌图

## 3.1.8　由浮岩堆积而成的天豁峰并不牢固

由浮岩堆积而成的天豁峰并不牢固，浮岩虽然也叫岩石，但不能用"稳如泰山""坚如磐石"之类的词语来形容它。天豁峰上疏松的浮岩堆积层根本抵不住风吹雨打，甚至一场大雨过后那山峰都会被打掉一些碎块。

在自然界，风化侵蚀是永恒的规律，高山大岭、坡崖峰谷，只要是处在大气条件下，经历风霜雨雪、寒来暑往、昼夜交替，都要经受风化侵蚀的考验。即使是坚硬的花岗岩和玄武岩也会被分割而变成一堆碎石，何况如天豁峰那般疏松的浮岩堆积体？它哪里经受得了长白山上如此恶劣的气候？美丽的天豁峰实在是弱不禁风！

观察天豁峰的侵蚀风化，那些镶嵌在橘黄色浮岩中的黑色火山角砾是最好的参照物。火山角砾点缀着天豁峰，不能想象天豁峰上如果没有了角砾会变得多么平淡无奇。浮岩层中的角砾并不是永远存在的，当包裹着它的浮岩纷纷松动并散落的时候，这块角砾的地位也就不稳了。失去了浮岩的托举，它必将坠落，回到它的出生地——天池火山口中。

对照着看两幅分别摄于1983年和1995年的照片（见照片3-16和3-17），我们不难发现，浮岩堆积层中的许多原先暴露在外的火山角砾都不见了。它们去哪里了？它们坠落了。但又有许多新面孔出现，它们从哪里来？它们是被埋在浮岩层中的角砾因浮岩侵蚀而终见天日的。

天豁峰这座闻名于世的"美女峰"，只因为太软弱、太秀美，在太阳辐射、严寒酷暑、风吹雨打之下，很容易变样而逐年苍老。几年不见，人们就会发现它有明显的变化。"年年岁岁花相似，岁岁年年人不同"这种人生感慨，竟在天豁峰上得到验证。我们很怀念天豁峰从前丰满的体态。自从鹰嘴砬子垮塌之后，"人面桃花"破了相。笔者曾与长白山的摄影家们谈到天豁峰的风化侵蚀问题，众人皆为日渐消瘦的天豁峰感到担忧、那美丽的颜色，那奇特的造型还能维持多少年？

图3-10中的两位旅行家，建议采取措施保护天豁峰，但这样的方法恐怕收效甚微。不知他们是否意识到自己正在违反自然规律办不可能办成的事。其实笔者认为更应该先从防止人为破坏来着手，以保护这座娇美的山峰。

这里向关心并采取有效措施保护长白山的人们致敬！

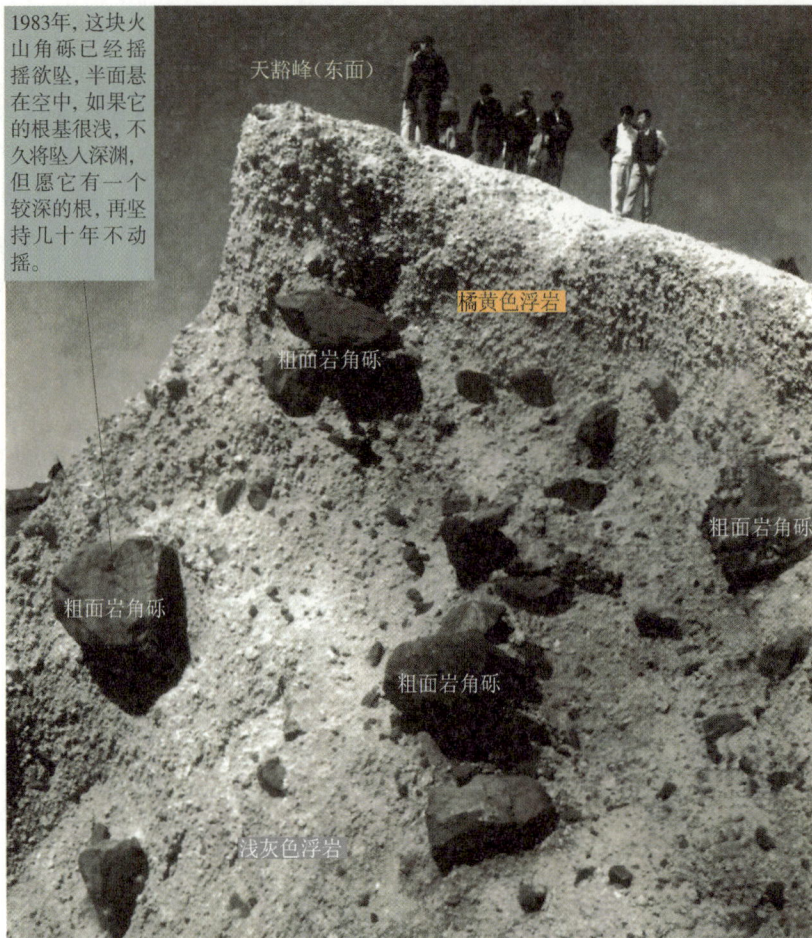

1983年，这块火山角砾已经摇摇欲坠，半面悬在空中，如果它的根基很浅，不久将坠入深渊，但愿它有一个较深的根，再坚持几十年不动摇。

天豁峰（东面）

橘黄色浮岩

粗面岩角砾

粗面岩角砾

粗面岩角砾

粗面岩角砾

浅灰色浮岩

照片3-16　天豁峰上的火山角砾（摄于1983年）

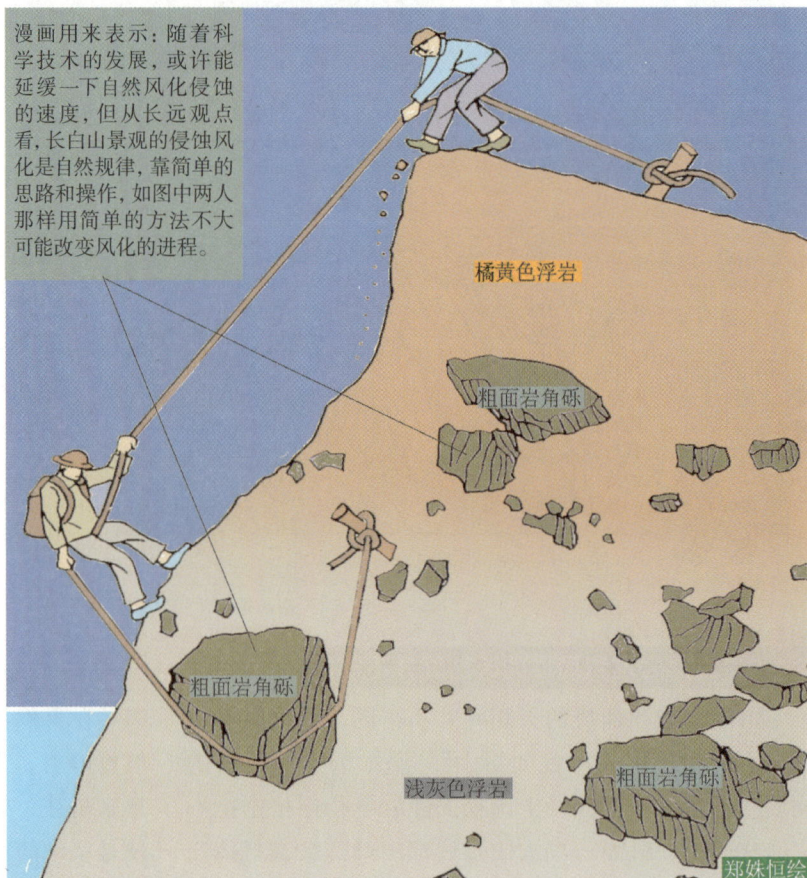

漫画用来表示：随着科学技术的发展，或许能延缓一下自然风化侵蚀的速度，但从长远观点看，长白山景观的侵蚀风化是自然规律，靠简单的思路和操作，如图中两人那样用简单的方法不大可能改变风化的进程。

橘黄色浮岩

粗面岩角砾

粗面岩角砾

浅灰色浮岩

粗面岩角砾

郑姝恒绘

图3-10　天豁峰尖的疏松浮岩堆积中的火山角砾崩落图

1993 年拍摄的天豁峰照片，那块摇摇欲坠的火山角砾（见照片3-16）已经不见了，仅留下曾经存在过的痕迹。

由于松散堆积的浮岩不断剥落，又有新的火山角砾从埋藏的地方露头，照片3-17中标出了近年才出现的火山角砾。这样的地质变化还会不断进行下去。

1983年拍摄的照片3-16中那块火山角砾，过了十年，于1993年崩落跌入天池，如今"人去楼空"，再也不会见到这颗镶嵌了几十年的火山角砾的熟悉的"面容"了。

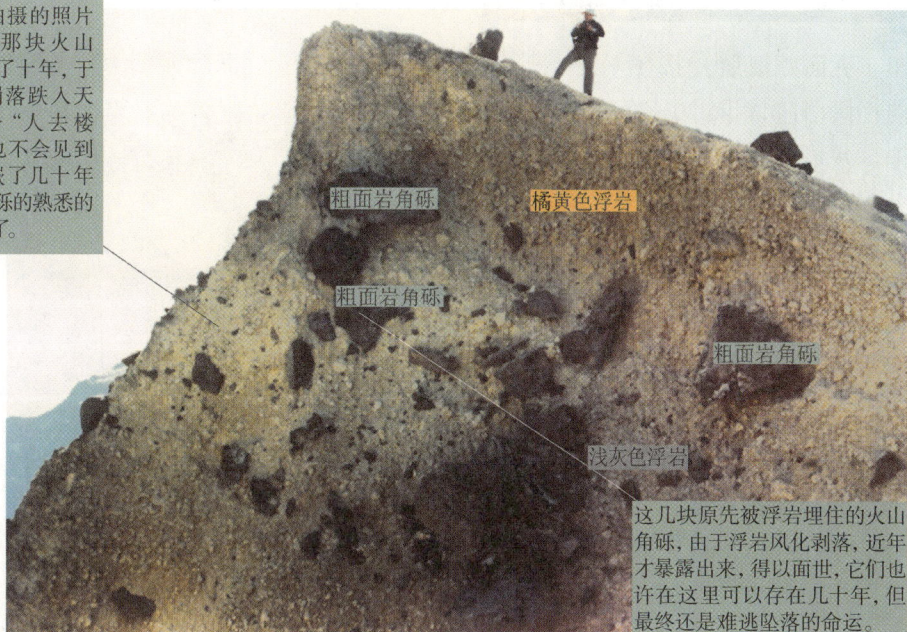

粗面岩角砾

橘黄色浮岩

粗面岩角砾

粗面岩角砾

浅灰色浮岩

这几块原先被浮岩埋住的火山角砾，由于浮岩风化剥落，近年才暴露出来，得以面世，它们也许在这里可以存在几十年，但最终还是难逃坠落的命运。

照片3-17　天豁峰上火山角砾的崩落与出现

## 浮岩中的火山角砾

在天豁峰浮岩堆积体中，我们可以看到很多黑色的火山角砾镶嵌其中，它们颜色虽黑，不反光，却是天豁峰的亮点，是"黑珍珠"，没有这些黑色块状岩石的点缀，天豁峰将大失风采。譬如美女脸上的痣，谁能说那是瑕疵？那么，天豁峰的"痣"来自何方？

通过地质调查得知，这些火山角砾是与浮岩一齐被喷射到空中落下来堆在一起的。它们多半是先前火山喷发形成的玄武岩和粗面岩等坚硬的岩石，通过对这些角砾的外形、岩性、结构构造的研究可以得知它们的来源，它们来自火山通道或火山颈中。在后来的火山爆发中，这些既存的岩石被强大的岩浆压力崩成碎块，与浮岩一起从黑暗的地壳中飞散出来。这些火山角砾大小不均，最大的差不多有2米长，估计有三四吨重。别看它现在安静地躺在那里供人欣赏，并不构成威胁，人们还可以攀到它的上面去拍照片，当年它可不是这种性格，火山爆发时，它和无数的同伴是带着满腔怒火被岩浆冲到空中，再砸下来的。

图3-11示意画出了从火山口强劲上冲的浮岩把大大小小的火山角砾一齐喷射到空中的情景。这位惊慌失措的逃跑者，当然是虚拟的，画面上他落荒而逃，丢盔弃甲，那只是为了营造一种紧张气氛才这样画的，如果他当时果真在此徜徉，那样猛烈的火山爆发，他不是被浮岩埋住烧成灰，就是被火山角砾砸得粉身碎骨，哪还来得及逃跑？不过，在几千年前发生这次火山爆发时，长白山一带还人烟稀少，能否有人目睹这次火山爆发，还是一个未知数。

地质学家认为：这次火山爆发事件可能发生于约4000多年前。

从火山颈中飞散出来的既存的粗面岩或玄武岩角砾

火山爆炸喷发的浮岩

橘黄色浮岩

浅灰色浮岩

火山颈

图3-11　天豁峰浮岩堆积中火山角砾来源说明图

下面3幅照片摄于不同年代,时间相隔20多年,拍摄角度虽略有不同,但可以作为对照。20多年,以地质时间而论,就是一瞬间,然而我们可以看到天豁峰北坡(外坡)风化侵蚀的严重状况。在1980年拍摄的照片(照片3-18)中,天豁峰北坡有一处羊尾状的侵蚀沟,名曰"羊尾沟",它发育在天豁峰浮岩堆积层中。羊尾沟是地质学上的名称,因其形状像绵羊的尾巴而得名,主要为流水侵蚀和雪蚀所形成。天豁峰海拔2670米,属于高山荒漠带,没有植被保护,浮岩层裸露在大气层中,降雨时,松散的浮岩颗粒被溅起,在面流和重力作用下,被挟带进了羊尾沟。在羊尾沟内,因汇聚了大气降水,流量加大,冲刷加剧,侧蚀和底蚀同时进行。这个羊尾沟正处于强烈侵蚀阶段,它发展得很快,已经切穿了黑色的浮岩层,正在切割下面的橘黄色浮岩层。

在1984年冬季拍摄的照片(照片3-19)中,羊尾沟虽然被积雪覆盖,但还可以看得出来。

在2002年拍摄的照片(照片3-20)中,原先的羊尾沟已经不见了,变成了大片侵蚀洼地,浮岩层被切割得支离破碎,原先那光洁的面容已不复存在,而是浑身是疤,满目疮痍,全然失去了往日的风采,真是令人惋惜。注意天豁峰外坡和虎头砬子外坡,那里有三道白河与二道白河最高源头分水线。这条分水线的位置每年都在慢慢移动和降低,在地质

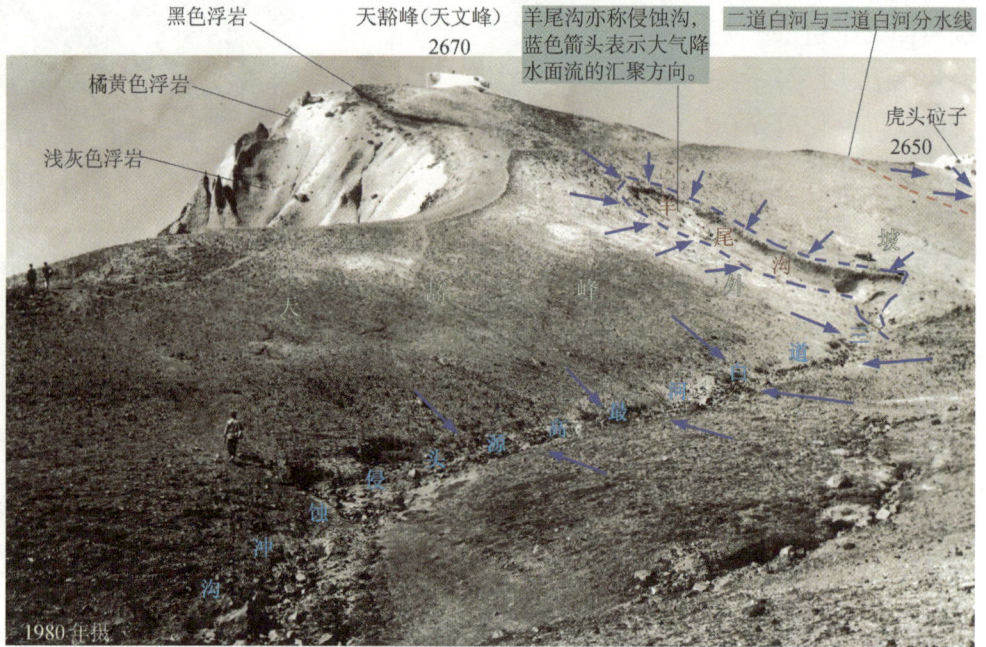

照片3-18 1980年天豁峰北坡的风化侵蚀情况

照片3-19 1984年天豁峰外坡的侵蚀羊尾沟还隐约可见

照片3-20 2002年天豁峰北坡的风化侵蚀情况

学上这叫"向源侵蚀"。天豁峰已经遭到严重破坏，但事情并没有到此结束，或者说远没有结束，更令人担忧的事情还在后头。天豁峰的向源侵蚀近年在以更快的速度进行，再加上近年来难以遏止的人为破坏，使天豁峰的境况雪上加霜。如此下去，覆盖在天豁峰上的那些橘黄色的浮岩都将被风化侵蚀掉。一旦天豁峰美丽的黄皮肤（浮岩）和黑眼睛（镶嵌在浮岩中的墨绿色火山角砾）都没有了，就会露出浮岩层下面的粗

面岩底座，到那时候，天豁峰将由丰腴多姿的美女变成瘦骨嶙峋的老头儿，还会整天摆出一副阴沉沉的黑面孔，没有一点儿鲜艳之处，谁还会前往观赏？

怎样为天豁峰护肤，使其永葆青春，怎样延缓自然风化速度，怎样遏止人为破坏，应该是关心长白山的人们应抓紧着手解决的问题。

为了说明天豁峰的侵蚀破坏，本书编写人员绘制了图3-12，以供读者对照照片参考。

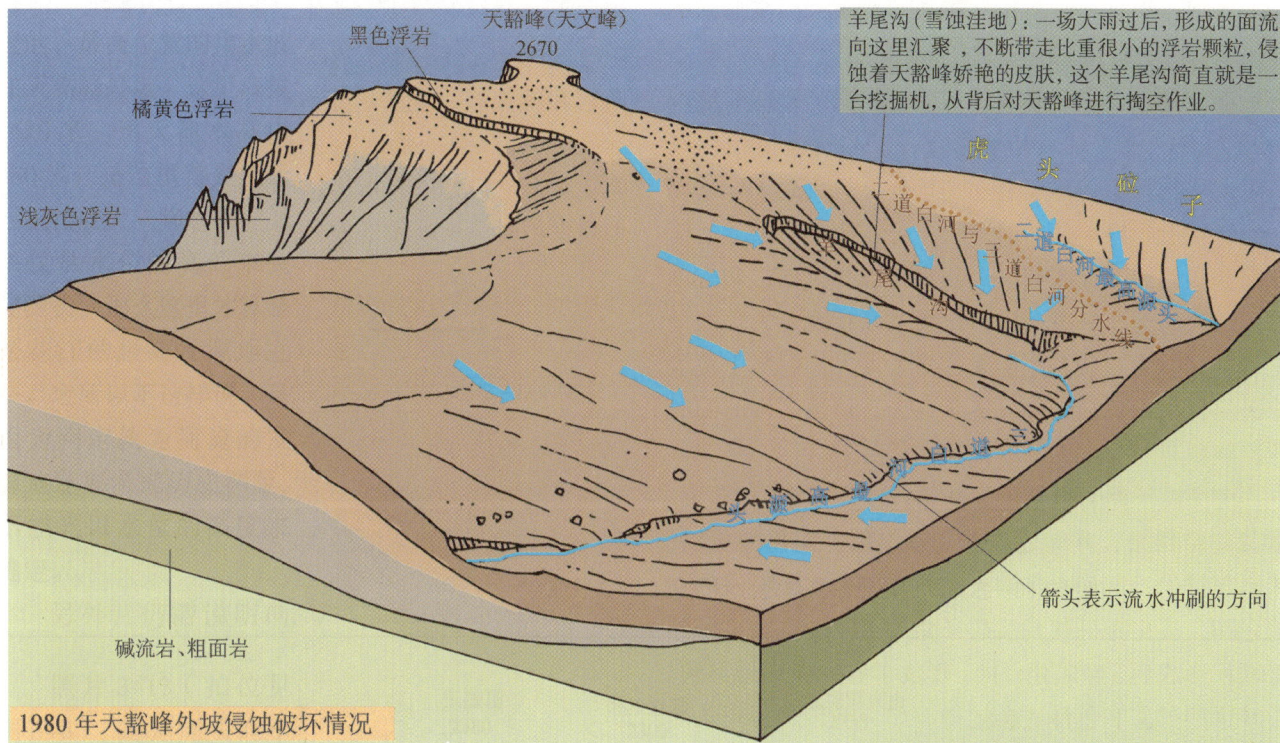

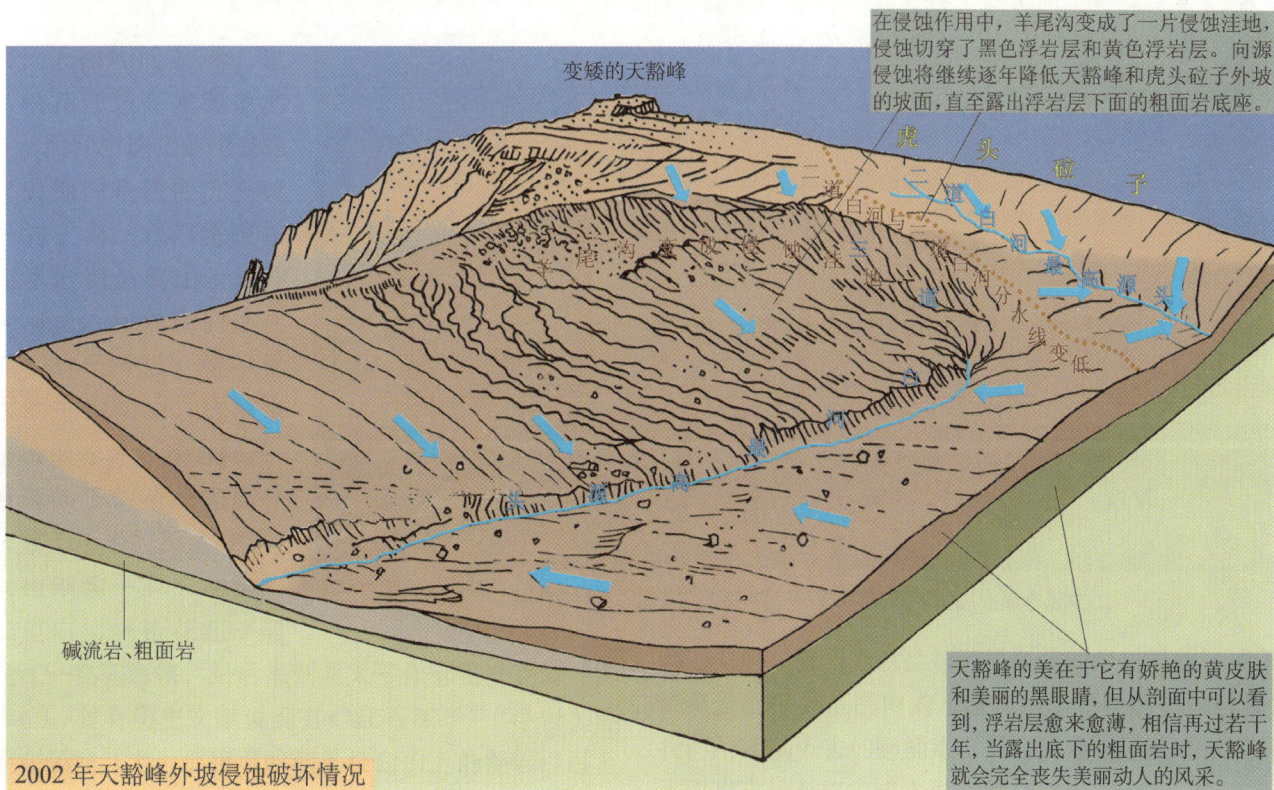

图3-12　天豁峰外坡风化侵蚀破坏图

　　《长白山江岗志略》中并无虎头碚子之名，刘建封将其归入天豁峰。我们认为从这一片美丽而奇特的火山地貌所处的位置和形态来看，可以单独划出，与天豁峰并列。

　　照片3-21（拍位见图3-13）：虎头碚子位于天豁峰西北，与天豁峰相连，是火山喷发的空降浮岩形成的一长列浮岩悬崖。悬崖呈西北—东南方向延伸，全长约200米，高20-40米。浮岩悬崖面向天池一面（南面）垂直陡峭，不可攀登，背面（北面）较缓，坡度30度左右，接于气象站熔岩穹丘。旅行者可由停车场向南从其背面徒步爬上。一旦登上虎头碚子，站在它的脊背上，眼前便豁然开朗，碧蓝的天池及环池诸峰都会骤然展现在眼前。倘若是晴朗的天气，阳光灿烂，白云悠远，一览众山小，天池以壮观而秀美的形象尽展其魅力；倘若是阴天，乌云在人们的脚下覆盖着天池，火山口内仿佛只盛着乌云，环池诸峰时隐时现，飘飘忽忽，似无却有，神秘莫测。

　　虎头碚子浮岩以黄色为基调，浅黄、土黄、金黄、橘黄交错糅杂，其间还镶嵌许多黑色、褐色的斑点，那是随浮岩一起崩上来的火山角砾，是火山喷发的点睛之作，火山角砾使虎头碚子格外美丽。虎头碚子浮岩堆积形成后，经风化侵蚀，形成了各种怪异的形状。揣摩这些形态和色泽，会觉得有如一群斑斓猛虎从地下探出头来，引颈向天池窥视。"虎头"之名，只取虎的形象而已。由浮岩构成的悬崖并不坚固，人们会发现虎头碚子实际上不堪一击。"虎头"上疏松的浮岩真是辜负了如此大气之名，有点儿对不住天下的猛虎，不必是彪形大汉的巨掌，就是纤纤素手也可以轻而易举从"虎头"上抠下一块，它的结构太疏松了。

　　俗话说"老虎屁股摸不得"，在这里人们却可以放心大胆地去"拔"它的"虎须"，说来说去，笔者只想说，这实际上是一群"纸老虎"，人们尽可以闲适地爬上它的脊背，一览长白风光。

　　但虎头碚子的基座却是另一种模样，照片左面的悬崖就是基座的一部分。其颜色黑绿，坚硬无比，休想赤手空拳掰下一块，即使用铁锤也难以敲下。这基座形成的年代远远早于虎头碚子浮岩，岩性主要是粗面岩和碱流岩。虎头碚子和它的基座形成鲜明对比，形象上一柔一刚，颜色上一浅一深，硬度上一软一硬，但实际上它们是一母所生，同属一个岩浆房，只是因为喷发的时间和喷发的方式不同，才有如此大的差别。

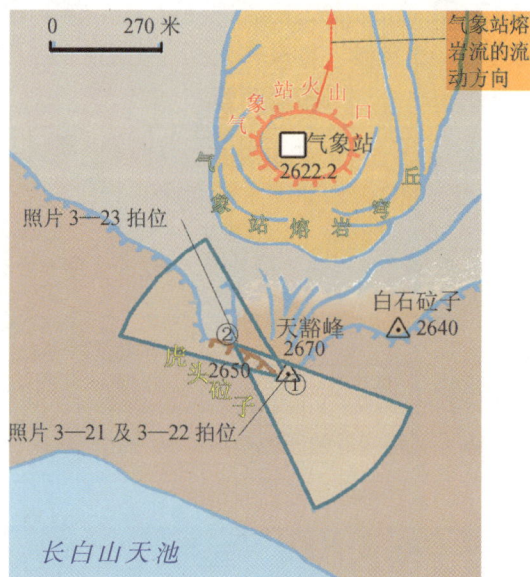

图3-13　虎头碚子的位置及拍摄位置图

照片3-22（拍位同照片3-21）：虎头砬子的虎头形象无论从颜色还是造型皆见眉目。当然，人们也无须对大自然的风化作用过于苛求，嫌它不够逼真，这已经勉为其难了。无意识的自然之手，能塑造出这等形象供人们欣赏，已是极为难得了。虎头砬子这种类型的火山地貌，在我国仅此一处，尤显珍贵。

历史钩沉：光绪三十四年（1908年），刘建封在紫霞峰一带向天豁峰方向拍摄了一张照片，名为《天豁峰》，其"图贴说"曰："峰石皆黄，作淡金色。其阴多紫岩，烂若丹砂。"刘建封的天豁峰是包括虎头砬子在内的。从现在的照片看，他对天豁峰的描述还是很贴切的。

虎头砬子的外形像沙漠地区头大颈细的"风蚀蘑菇"。在这里，风蚀对虎头砬子的造型起了一定的作用。虎头砬子面朝西，终年迎面接受强烈西风的吹刮，大风扬起脚下的浮岩颗粒，经过长期磨蚀，使浮岩悬崖底部凹进去，形成较细的"虎颈"。

照片3-22 虎头砬子的虎头造型

历史钩沉：康熙五十一年（1712年）穆克登奉旨查边，站在孤隼峰上向北眺望，看"水溢出"的天池泄水口和天豁峰（含虎头砬子），文献记载，"望天吼"（即天豁峰）像一头"色黄尾鬣"的石狮子，仿佛在抖动。（以孤隼峰为原点的绿色扇面表示眺望的方向和范围。）

照片3-23 虎头砬子和它的基座

照片3-23（拍位见图3-13）：这是从不同角度拍摄的虎头砬子。照片中左面圆头圆脑的橘黄色形体就是虎头砬子，右面的那些崎岖古怪的黑色石崖是其基座，两者的接触界线很明显。两种外貌不同的岩石摆在一起，形成了鲜明的对比。在虎头砬子浮岩未形成前，基座就是原先的山峰。后期火山喷发了大量的浮岩，覆盖在这些黑色的岩石之上，使它由山峰变成基座，如同给原先的山峰戴了一顶帽子，原本不怎么漂亮的丑小鸭变成了白天鹅，它们共同组成了一组奇特的火山地貌。请注意，照片右下还摄入了一块浑身都是黑色的武士样的岩石，它有着方形的大头颅和窄肩

膀，神情凝重，若有所思，大有太平洋中复活节岛上石像的风度。它已经在这里孤独伫立千百年。在长白山风起云涌的历史上，它与我们的祖先一起守卫着长白山。它还没有名称，姑且称它为天池守护神吧。人们对这块岩石充满了敬意，来到这里，无不向这位天池守护神行注目礼。

照片中的远景山峰，从左至右依次是：华盖峰（仅露出三角形尖顶）、紫霞峰、孤隼峰、鸡冠岩、三奇峰。中景是天池东南畔的临池沙滩、仙人岛、放鹤台、钓鳌台（其上有女真祭坛）、鸡啄石。

### 3.1.11 虎头碚子构造图

虎头碚子由先期喷发的粗面岩基座和后期空降堆积的浮岩盖层构成，后者覆盖于前者之上。浮岩层从颜色上看，下部为灰色，上部为橘黄色。虎头碚子最上面还有一薄层黑色浮岩，它与橘黄色浮岩不是同期产物，据地质学家研究，那是最后一次火山喷发形成的，可能只有几百年的历史。

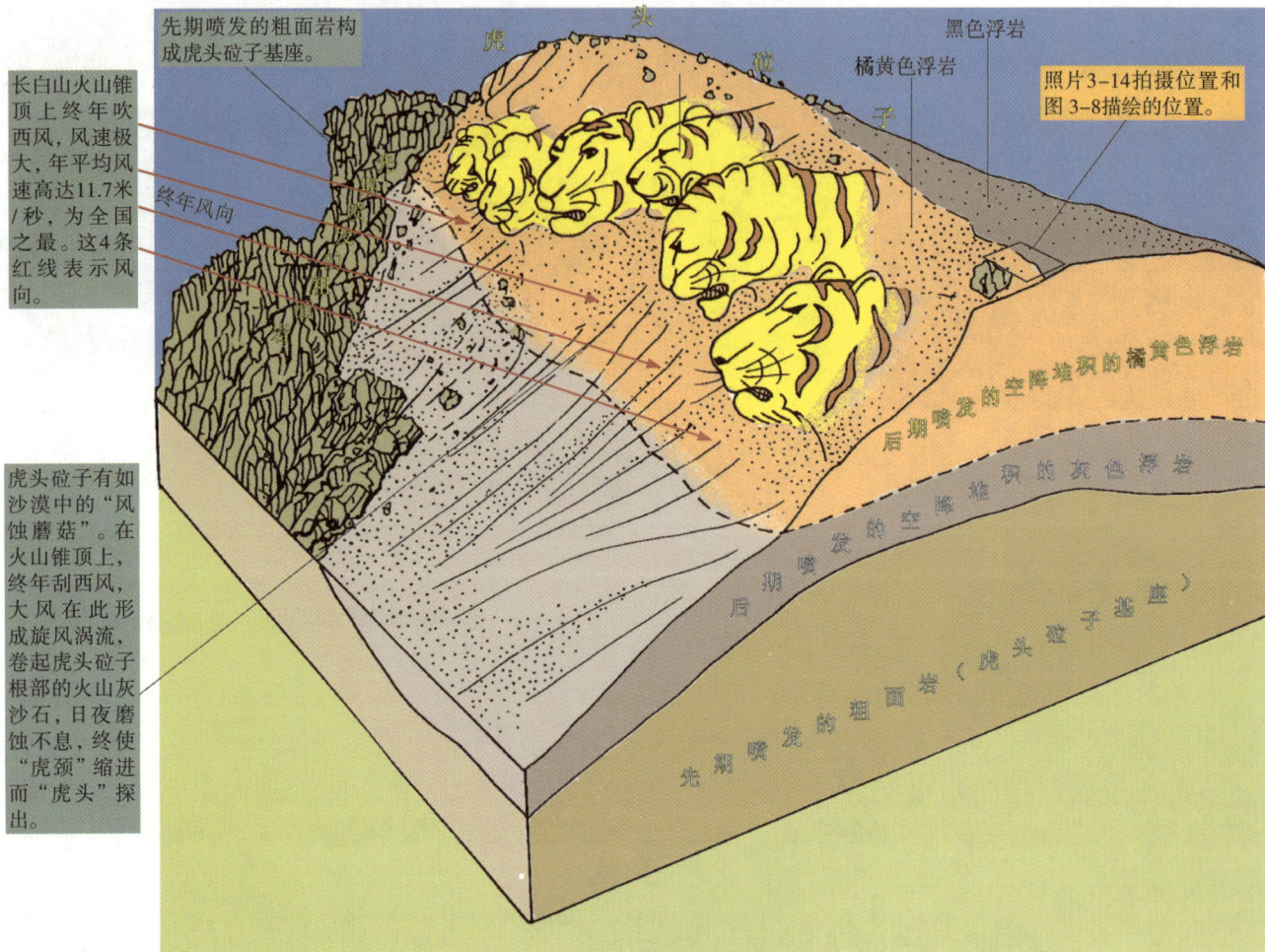

图3-14 虎头碚子构造示意图

### 3.1.12 虎头碚子的过去、现在和未来

图 3-15 描绘了虎头碚子的过去、现在和未来：

假如有人问虎头碚子从前是什么样子，那得要问，你问的这个"从前"是指什么年代。如果指的是 4000 多年以前，那么，那时还没有虎头碚子，因为它是 4000 多年前才由火山喷发形成的（注）。那一年，发生了一次猛烈的火山爆发，从火山口喷出大量的火山抛出物，那些物质升到空中飘向四方，也有不少就近堆积在火山口缘，它们后来成了现在的虎头碚子和天豁峰。

火山喷发时，冲上天空的岩浆泡沫冷凝成浮岩后，又从空中落下来，所堆积的范围和厚度要比现在大得多。我们可以根据虎头碚子现在的形态粗略勾画出那时虎头碚子的模样（图3-15 上图）。

虎头碚子主要由浮岩和角砾这两种火山抛出物组成：在橘黄色的浮岩中夹杂着很多墨绿色的粗面岩或玄武岩角砾。那些角砾是虎头碚子的点睛之石。初始，角砾被浮岩包裹着，深深地掩埋着，生活在黑暗中。随着岁月的流逝，在长白山严酷的环境中，虎头碚子遭受风化侵蚀，疏松堆积的浮岩层层剥落，被埋在里面的火山角砾才终于得以亮相。在风化侵蚀过程中，角砾并不能永远待在原来的地方，它们在世上露面的时间不可能很长，它们之中，有的移向低处，有的坠落到了天池里。时间到了现在，虎头碚子变成了人们现在看到的模样。但是事情并没有到此结束，并且永远也不会结束，风化侵蚀还要继续进行下去，虎头碚子将继续变矮缩小，已经暴露出来的大大小小的火山角砾，还将不可避免地位移、滚落，无一幸免。

再过 2000 年又会怎样呢？逝去的历史可以告诉我们：未来，虎头碚子将按自然规律继续风化剥蚀。较从前有所不同的是，现在又出现了人为破坏因素；而且，人的"侵蚀破坏"远大于自然风化。每年有成千上万的游客到此旅游，虎头碚子上脆弱的浮岩哪能经得起这许多人的践踏？被人脚碾碎的浮岩粉末一层层地被大风吹走或被雨水带走，加速了浮岩的流失。还有喜欢收藏奇石者或只是出于好奇者，从虎头碚子上抠下几块浮岩带回家。还有人批量挖掘浮岩，然后到山下卖个好价钱。虎头碚子上的浮岩就这样被拿走，这比残酷的自然风化还要残酷。看着人们如此对待这宝贵的火山地貌，笔者既怒又无奈。较之二十年或三十年前的虎头碚子，对比一下照片我们可以看出，它消瘦且变了许多。虎头碚子不可能修复，掉下一块就少一块，它今后的命运实在堪忧。当今的人们常常无奈地呼吁"救救某某"，但有如孤雁哀鸣，势单力薄。无奈的呼吁，又能起多少作用？尽管如此，笔者在这里还是要呼吁：请人们手下留情，珍爱和善待这不可再生的火山地貌，尽可能地留住虎头碚子的青春和美丽！

注：关于虎头碚子和天豁峰的形成年代，地质学家的意见并不一致。刘若新等：《长白山天池火山近代喷发》，科学出版社，1998 年 3 月，第 26 页记载："浅黄褐色浮岩（本书作者注：含虎头碚子和天豁峰）的时代问题……可能发生于距今 4105±80 年，即公元前 2155 年左右。"本书采用的便是这个数据。

推测的虎头碚子原始形貌

假设先人曾到过这里，他们看到的应该是一座比现在高大的山峰。

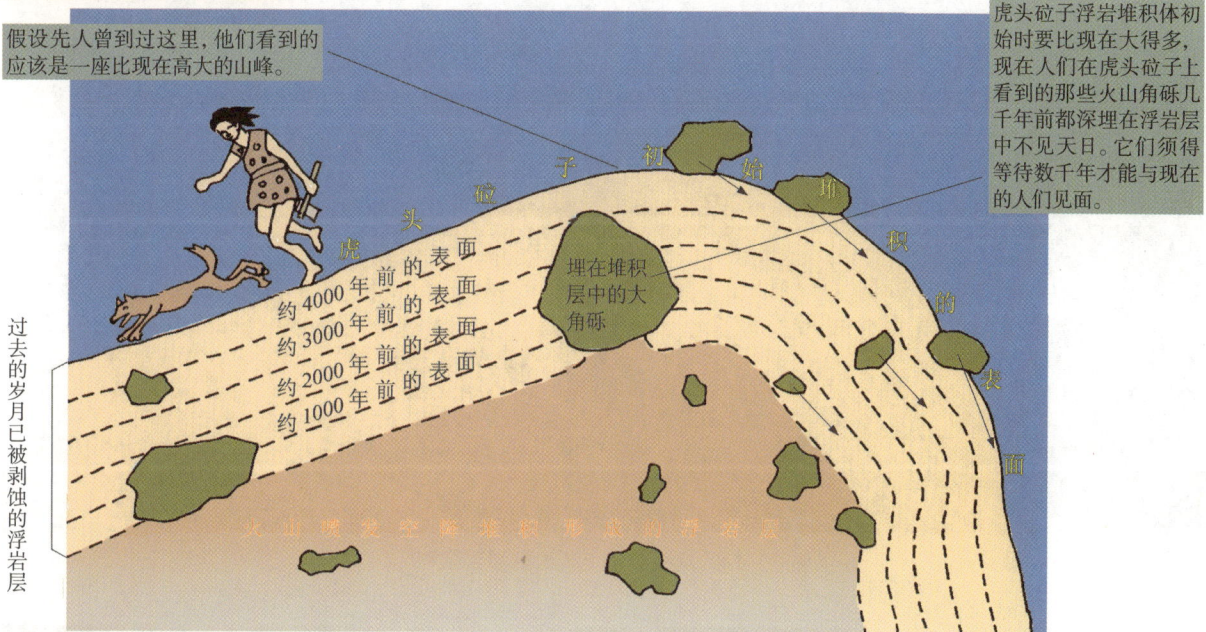

虎头碚子浮岩堆积体初始时要比现在大得多，现在人们在虎头碚子上看到的那些火山角砾几千年前都深埋在浮岩层中不见天日。它们须得等待数千年才能与现在的人们见面。

约 4000 年前的表面
约 3000 年前的表面
约 2000 年前的表面
约 1000 年前的表面

埋在堆积层中的大角砾

过去的岁月已被剥蚀的浮岩层

虎头碚子现在的形貌

现代人所看到的景象未来人肯定是看不到了，他们所看到的将是低矮的虎头碚子，甚至是没有"虎头"的虎头碚子。照相者所依托的"角砾明星"注定要离开高高在上的位置，滚落到低洼之处。

经剥蚀暴露在地表的角砾

现在虎头碚子上的火山角砾自"出世"后，也许在世上能"生存"几百年，风风光光的同时也会遭受不可避免的风化侵蚀，一旦它存在的根基被剥蚀殆尽，它将重新回到它的出生地——天池。

约 1000 年后的表面
约 2000 年后的表面

未来岁月将剥蚀掉的浮岩层

郑姝恒绘

图3-15　虎头碚子浮岩堆积的风化剥蚀

089

照片 3-24 近摄虎头砬子的浮岩堆积。人们走在上面似乎没有脚踏实地的感觉，倒好像是走在空箱子上面。由浮岩构成的悬崖，是很不牢固的，没有比浮岩更不能抗风化的了，一阵大风，一场暴雨都会使浮岩碎块从母体剥落。所以，虎头砬子的橘黄色外表是脆弱而娇嫩的。由于风化侵蚀，这些堆积体的形状每年都在发生变化，我们通过对比不同年代拍摄的照片就会发现，这种变化很明显，而且速度很快。

> 浮岩充满了气泡，结构疏松，由浮岩堆积的虎头砬子胶结程度很低，这是虎头砬子最致命的弱点。它"弱不禁风"，面对长白山严酷的风化环境，它几乎无力抵抗。到了现代，旅游大军来到这里，虎头砬子更是经不起游人的践踏，鞋底的碾压就能把浮岩碾成粉末，大风一吹，粉尘飞扬，大雨过后，虎头砬子便被洗去一层，剥蚀之快是自然风化的几百倍。如能借鉴外地经验，在天豁峰和虎头砬子旅游景点架设悬空阶梯和观景台，也许能起到保护作用。

照片3-24 虎头砬子上疏松的浮岩堆积

照片 3-25：虎头砬子的"面颊"上，布满了密密麻麻的暗色"雀斑"，近看这些"雀斑"，都是镶嵌在浮岩中的火山角砾。这些角砾镶嵌得并不牢固，随时都有脱落的可能，切记不要轻易接近它们。暗色角砾在浮岩堆积体中不只是镶嵌在表面，在内部也是密密麻麻，去掉表面的，埋在里面的还会露出来。不要以为失去了这些"雀斑"会让"佳人"的面庞变得美丽。对于风景，这些角砾不是瑕疵，恰恰相反，正是虎头砬子的美丽之处。

照片3-25 橘黄色浮岩与墨绿色粗面岩角砾的混杂堆积

## 3.1.14　大出风头的角砾"明星"

这是虎头碚子上的一块火山角砾。它高高在上，也许是长白山最高的一块火山角砾（照片3-26）。这个显赫的位置使它大出风头，凡到虎头碚子者无不与它合影留念，它已进入千家万户的相簿。它作为长白山火山锥上的一位"大明星"，除了不会签字外，不比人间的明星差，但愿它的形象能让人们永远记住虎头碚子的奇特和美丽。

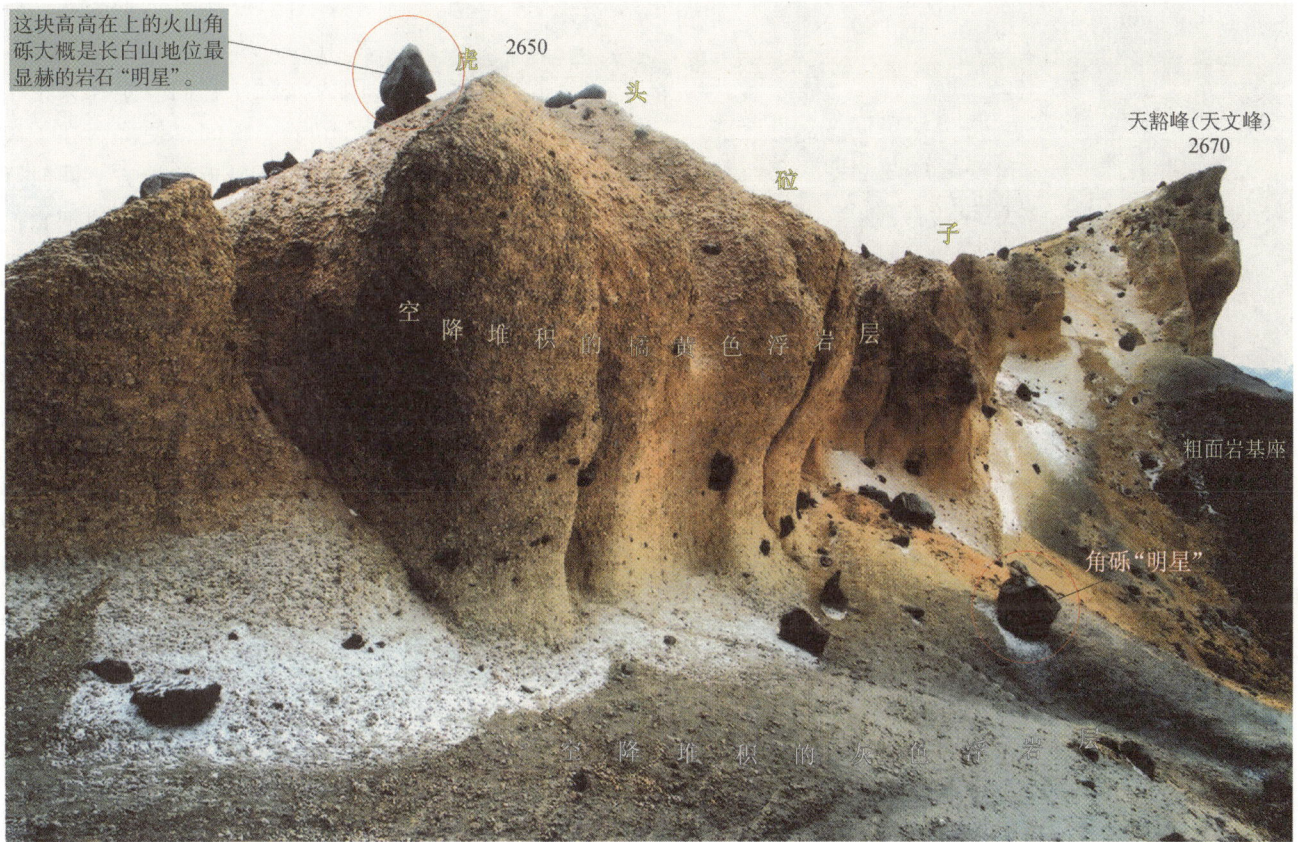

这块高高在上的火山角砾大概是长白山地位最显赫的岩石"明星"。

虎 头 碚 子

2650

天豁峰（天文峰）
2670

粗面岩基座

角砾"明星"

空降堆积的褐黄色浮岩层

空 降 堆 积 的 灰 色 浮 岩 层

照片3-26　虎头碚子上傲视群峰的角砾"明星"

岌岌可危的角砾"明星"：通过力学分析，得知这位"明星"在斜面分力作用下将滚到气象站方向去。

2650
虎 头 碚 子

斜面分力
300千克

重力
1000千克

照片3-27　岌岌可危的角砾"明星"

白云峰
2691

芝盘峰
2630

锦屏峰
2625

2603 峰
2580 峰

观日峰
2570

只有角砾之下的一小块浮岩在艰难地托举着"明星"，维持着它高高在上的显赫地位。

50年前角砾的底部是埋着的，浮岩层的表面在上面的虚线处。以照片中的帽子为比例，得知此处降低了50厘米，原因除自然风化侵蚀外，游人鞋底的践踏磨损也是重要原因。

50cm

照片3-28　虎头碚子浮岩层表面风化侵蚀降低的实例

我们从照片中可以看出，这位高高在上的"明星"的显赫地位并不稳固，前景也不乐观，因为它位于斜坡上。目测它的体重约为1吨，通过简单的计算就可以知道，斜坡向外倾，坡度角约35度，这样，就总有一个约300千克的分力，在持之以恒地向下坡的方向推它。"各界"都想把它打倒，一旦脚下不稳，它必将跌入深渊。看来，当"明星"果然很难。虎头碚子表面的浮岩已经剥蚀了很厚一层，被"明星"压住的地方还保留着一点，这点浮岩很难负担得起"明星"的"开销"，艰难地托着它的主人，勉强维持着"明星"的地位。风化继续进行，"明星"有朝一日必将陨落。其实，如果想巩固它的地位，只需在它的座下挖一个浅坑，使它的地位降低一点就行了。这不会影响"明星"的声望，可惜人们只想与"明星"合影留念，并不关心它的生存环境。

疏松的浮岩被剥蚀后,这些都是重见天日的粗面岩火山角砾。

虎 头 碰 子

照片3-29 被风化作用"拯救"出来的火山角砾

这里是大角砾集中出现的地方。如果岩石有记忆,它们应该都还记得:它们都诞生于火山颈,后来,火山颈被突如其来的岩浆的巨大的上冲力炸碎,岩石碎块被气浪裹挟,腾空升起,从地下深处来到地面。因为太沉,它们只是在天空中停留了一瞬间,便降落在了离火山口缘最近的地方。同时降落的浮岩又严严实实地把它们掩埋了起来。风化侵蚀剥去了裹住它们的"厚被",把这些来自火山颈的岩石"拯救"了出来。

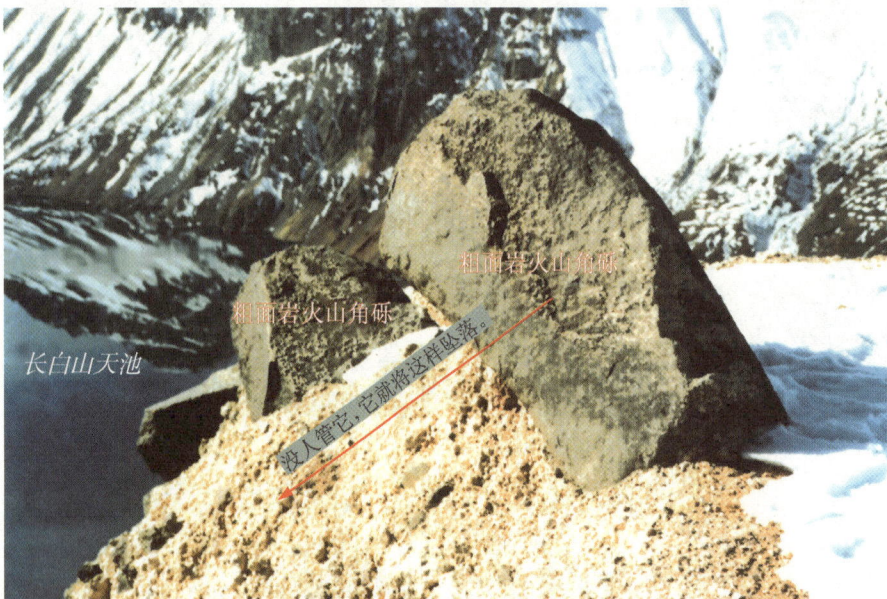

粗面岩火山角砾
粗面岩火山角砾
长白山天池
没人管它,它就将像这样坠落。

照片3-30 又一块高高在上的火山角砾在等待着被"拯救"

这块巨大的火山角砾,由于埋住它的浮岩被剥蚀掉了,几乎全身都暴露在外。较之浮岩,它相当耐风化,眼前所见的应该就是它原来的形状。从它的坐姿看,它未来很可能会坠入天池。真希望景区管理员能把它拉回来,办法很简单,在它的"屁股"后面挖一个浅坑使它后倾就行了。要知道,缺少火山角砾的虎头碰子将会失去其独有的特色。

请当心那块悬空的火山角砾,它暗藏杀机,已在此蹲守了几十年。不要接近它!它所依托的浮岩一旦松动,它就会变成自由落体,砸到下面的不幸者。它是一个"捕鼠器",请人们离开这个地方,到旁边去拍照留念。

照片3-31 可能惹祸的火山角砾

这就是那块悬在空中可能惹祸的火山角砾。

虎 头 碰 子
火山角砾
火山角砾
火山角砾

浮岩虽然也叫岩石，但是没有岩石的沉重感和坚硬感，浮岩比重很小，还没有木头沉，能漂在水上。"坚如磐石"中的"磐石"，说的肯定不是浮岩。诗云："君当作磐石，妾当作蒲苇，蒲苇纫如丝，磐石无转移"，这首诗中的"磐石"也不可能是浮岩，浮岩不能为娇妻当靠山。譬如虎头砬子，疏松得直掉渣，哪里能靠得住？"搬起石头砸自己的脚"这句俗语恐怕对浮岩来说也不怎么恰当，浮岩太轻，搬起来很容易，即使失手砸到了脚上也不怎么疼。浮岩不但轻，还很软，用指甲就能抠下来，用指头就能将浮岩颗粒碾成粉末。

这样的东西怎么能被称为岩石？但它的确是一种岩石，无论从它的矿物成分、化学成分还是结构构造上说，它都是真正的岩石。那么，问题到底出在哪里，使它看起来完全没有岩石的阳刚之气？仔细观察你便会发现，问题出在它那浑身的气孔上面。浮岩几乎是由气孔组成的，肉眼看是这样，把它切成薄片放在显微镜下看也是这样。它那仅有的重量是来自气孔之间的孔壁，薄薄的孔壁如框架一般支撑着整块岩石，它哪能不轻飘飘的？

那么，气孔又是怎么来的呢？这还得从岩浆喷发的方式说起。岩浆是一种含有大量气体的炽热的熔融物质，当它沿着地壳中的裂隙快速向上涌动接近地表的时候，因压力忽然减小，岩浆中所含的气体便会突然析出，这时候的岩浆如同一锅沸腾的糖浆，当它趁热喷上天空时，实际上是岩浆的泡沫在向天空抛射。岩浆泡沫在空中快速冷却凝固，把气体也包在里面了，这种物质落在地上，便成为浮岩。我们拿起一块泡沫状的岩石，当然没有重量感。但它也是由岩浆形成的，哪能不跻身岩石的行列？

浮岩的兄弟，被浮岩覆盖的那些坚硬的岩石叫粗面岩，它的面貌与浮岩完全不同，漆黑、粗糙、坚硬、沉重，但粗面岩与浮岩又是一母所生，或者说，它们来自同一岩浆房，它们的化学成分、矿物成分无大差别，只是因为出生的方式不同，外貌才有了这样明显的差别。粗面岩是岩浆较为平静溢出地表后凝固形成的，岩浆中所含的气体在岩浆喷溢前就已经释放完了，所以凝固后的粗面岩中不含气孔或仅含有少量气孔。

把这两种岩石摆在一起，很难相信它们是孪生兄弟，然而大自然就是这样奇妙。

图3-16用漫画形式对浮岩和粗面岩的比重进行了比较。浮岩的比重经测试为0.2-0.8克/立方厘米，比木头还轻，粗面岩的比重为2.7克/立方厘米，两者相差好几倍。难怪坐在浮岩上的旅行家比站在木头上的安稳得多。

尽管我们如此"贬低"浮岩，但浮岩还是一种有用的岩石。浮岩多孔，质轻，导热系数小，在化学工业上应用很多，可作过滤剂、干燥剂、催化剂、吸收剂、化学分子筛等。还能作软性的磨料，加工成轻质建筑材料等。在长白山周围和松花江两岸，浮岩都被当作矿产开采。

不过，即便浮岩是有用的岩石，在长白山火山锥上的也不应该被开采，因区区小利而破坏长白山火山的科学性、完整性，实在得不偿失。

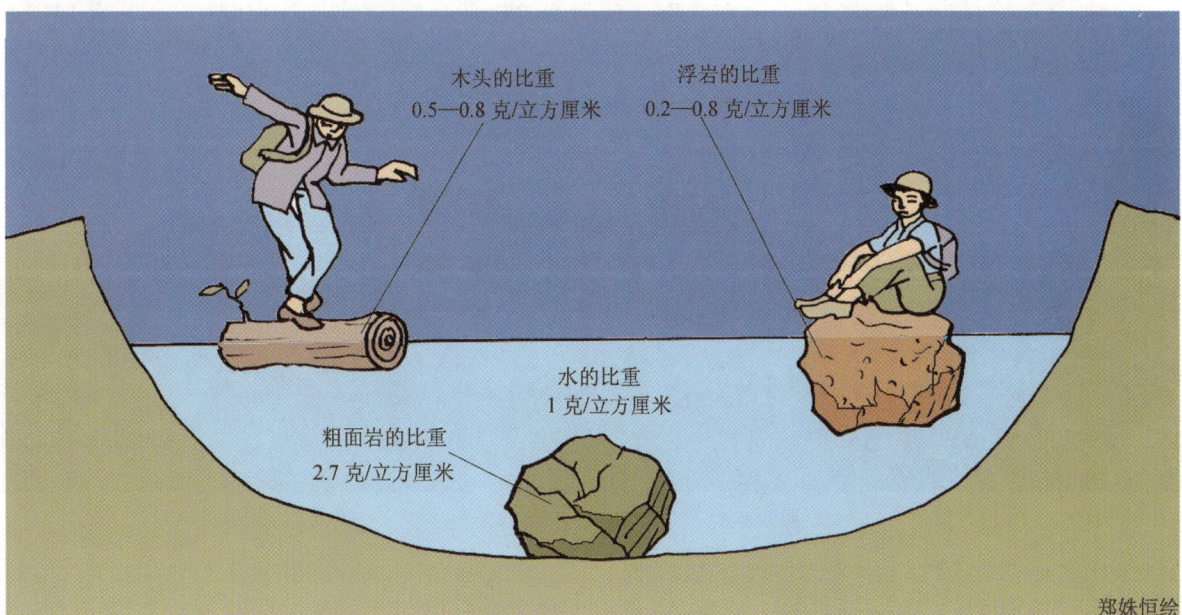

木头的比重
0.5—0.8 克/立方厘米

浮岩的比重
0.2—0.8 克/立方厘米

水的比重
1 克/立方厘米

粗面岩的比重
2.7 克/立方厘米

郑姝恒绘

图3-16　面貌截然不同的"孪生兄弟"——浮岩和粗面岩

## 3.1.16 在虎头砬子观景点俯瞰天池全貌

如能遇上一个晴空万里的天气，请登上虎头砬子，尽管这将消耗你不少力气，但你得到的回报会令你终生难忘。你将忘掉旅途的疲劳，被眼前的情景所震撼，这是长白山天池少见的光、色、形的奇妙组合，是大自然的杰作。

照片 3-32（拍位见图 3-17）：这 5 幅相连的照片是在虎头砬子上看到的天池全景，可以观赏环绕天池的 16 座山峰。细心的读者可能会发现，照片只拍进 15 座山峰，少一座铁壁峰。为什么把铁壁峰排除在外？因为天豁峰把铁壁峰遮住了。真是"遥知兄弟登高处，遍插茱萸少一人"，16 个兄弟只有一个不在其中，不算是全家福，令人遗憾。

在虎头砬子观景点，面对天池及环池诸峰，除欣赏天池风光外，请对照本幅照片中的文字标注、拍摄位置图中的圈码标注以及简要撰文，在实景中寻找长白山历史上曾经发生过的重要事情。照片中的红圈码、平面图中的红圈码与撰文中的红圈码都是一一对应的。

① 位于华盖峰和紫霞峰之间的滚石坡，光绪三十四年（1908 年），刘建封在滚石坡下临天池，再为环池十六峰"相形命名"。后他又连续两次从滚石坡下临天池踏查，并在避风石上刻字留念。

② 刘建封、王瑞祥在勘踏长白山时，共拍摄 42 幅照片，并"将山景全图，进呈御览"，其中就有在紫霞峰顶向北隔着天池对天豁峰和铁壁峰拍摄的《天豁峰》照片和向西对鸡冠岩拍摄的《鸡冠岩》照片。

③ 刘建封踏查天池周边时，在放鹤台上"把酒同斟，烹茶分饮"，赋诗言志，畅想在天池"建成四百兆华国公园"。

④ 位于孤隼峰以东的松花江和鸭绿江分水岭最高点（北点）与位于三奇峰上的松花江和鸭绿江分水岭最高点（南点）之间相距约 1200 米，这段处于火山口缘的外坡属于鸭绿江流域；除此之外，火山口内、外坡皆属于松花江流域。在光绪年间中朝界务争端中，我国勘界员对这样的流域分布是清楚的。

⑤ 康熙五十一年（1712 年），乌拉总管穆克登奉旨查边，被朝鲜人误导行至孤隼峰顶，他站在孤隼峰顶向北眺望到"有池如囟穴""壁削立""周可二三十里"的天池，还眺望到"水溢出，为黑龙江源"的乘槎河，还眺望"色黄尾鬣如欲动者"的"望天吼"（天豁峰）。然后他向南行至龟山（大胭脂峰）上"勒石为记"，凿立"穆克登审视碑"，从而酿成中朝边界史上让人疑窦丛生的"穆克登查边案"。（详见 523 页）。

⑥ 光绪三十四年（1908 年），刘建封率兵、仆、引路人从三奇峰下到大旱河，"寻鸭绿江源，系由上而下，分作三起"对鸭绿江北源暖江至十九道沟一段

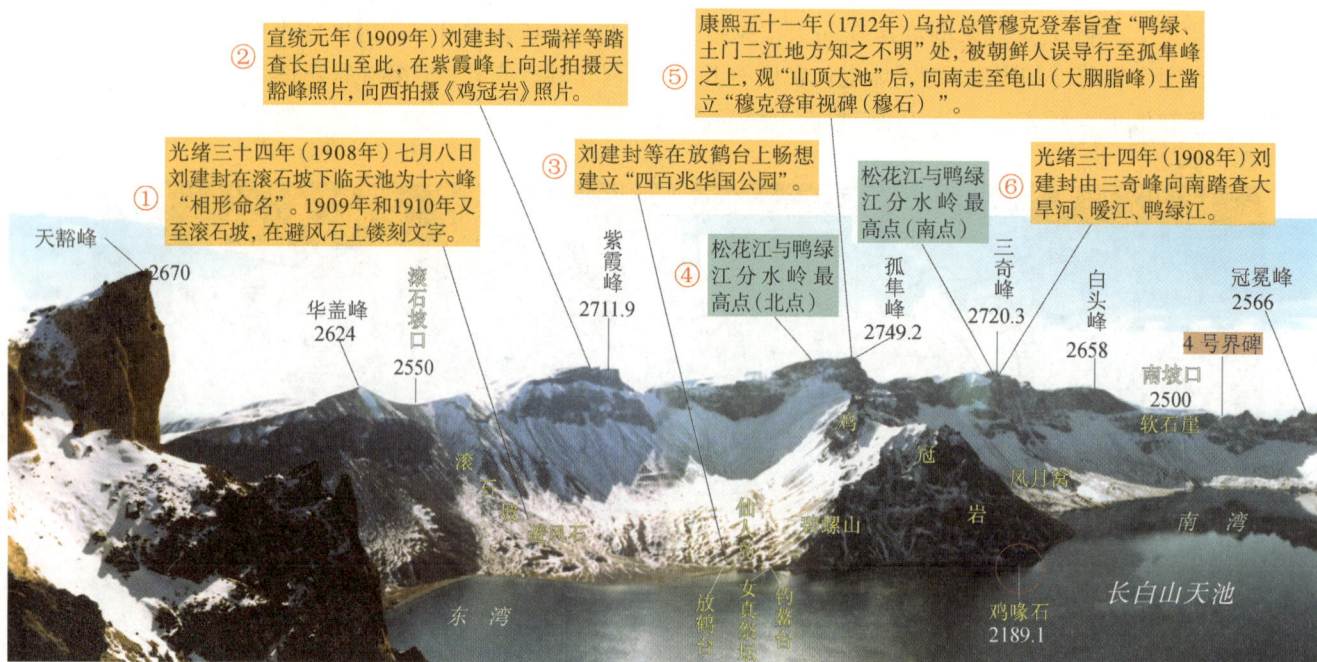

② 宣统元年（1909 年）刘建封、王瑞祥等踏查长白山至此，在紫霞峰上向北拍摄天豁峰照片，向西拍摄《鸡冠岩》照片。

① 光绪三十四年（1908 年）七月八日刘建封在滚石坡下临天池为十六峰"相形命名"。1909 年和 1910 年又至滚石坡，在避风石上镂刻文字。

③ 刘建封等在放鹤台上畅想建立"四百兆华国公园"。

⑤ 康熙五十一年（1712 年）乌拉总管穆克登奉旨查"鸭绿、土门二江地方知之不明"处，被朝鲜人误导行至孤隼峰之上，观"山顶大池"后，向南走至龟山（大胭脂峰）上凿立"穆克登审视碑（穆石）"。

松花江与鸭绿江分水岭最高点（北点）

松花江与鸭绿江分水岭最高点（南点）

⑥ 光绪三十四年（1908 年）刘建封由三奇峰向南踏查大旱河、暖江、鸭绿江。

天豁峰 2670
华盖峰 2624
滚石坡口 2550
紫霞峰 2711.9
孤隼峰 2749.2
三奇峰 2720.3
白头峰 2658
冠冕峰 2566
4 号界碑
南坡口 2500
软石崖
鸡冠岩
风门峰
女真祭台
钓鳌台
放鹤台
个个人岩
螺山
东湾
南湾
长白山天池
鸡喙石 2189.1

照片 3-32　在虎头砬子上俯瞰天池全貌

天池历史上发生不少大事件，欣赏风景的时候，请以"四维"（三度空间再加上时间轴）思维法看长白山。实际上，自然景观和人文景观从来就是不可分开的。长白山人文景观很少，有历史的原因，也有现实的原因。姑且在照片 3-32 和图 3-17 中构建几处纸上的人文景观，以备读者翻阅本书其他章节时对某些历史事件发生地点进行地理位置的对照。

（详见 145 页）。

⑦光绪十七年（1891年），测绘官荣和"奉大宪长命"抵长白山天池，在梯云峰一带援绳测量"闳门泡"（天池）。

⑧康熙十六年（1677年），武木讷奉旨勘验长白山，经过42天的跋涉，于六月十七日至梯云峰宣读皇帝谕旨。

⑨刘建封从悬雪崖下临天池，为环池十六峰"相形命名"。

⑩光绪三十四年（1908年）六月，刘建封来到濯足石上，因雨雾，遂摆开祭场，拜龙君乞晴。天晴后对环池十六峰定位和"相形命名"。

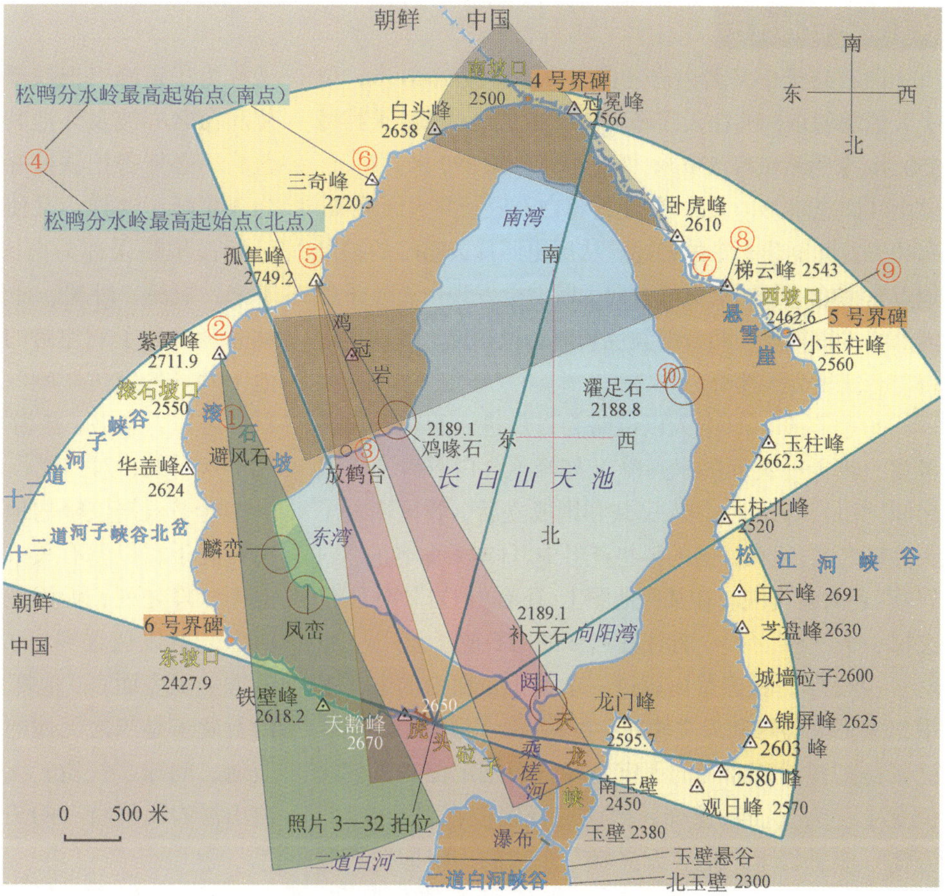

图3-17 在虎头砬子俯瞰天池拍摄位置图

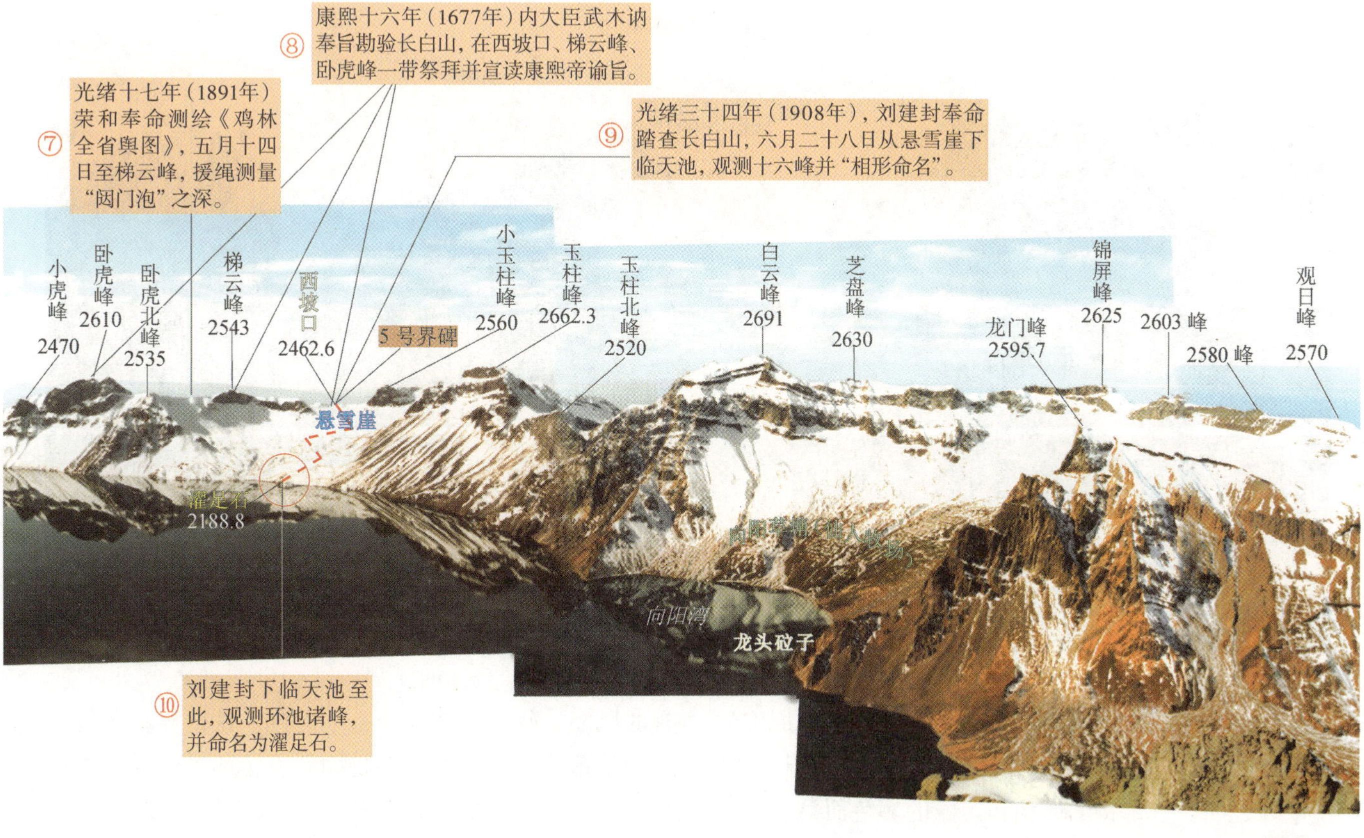

康熙十六年（1677年）内大臣武木讷奉旨勘验长白山，在西坡口、梯云峰、卧虎峰一带祭拜并宣读康熙帝谕旨。

光绪十七年（1891年）荣和奉命测绘《鸡林全省舆图》，五月十四日至梯云峰，援绳测量"闳门泡"之深。

光绪三十四年（1908年），刘建封奉命踏查长白山，六月二十八日从悬雪崖下临天池，观测十六峰并"相形命名"。

⑩刘建封下临天池至此，观测环池诸峰，并命名为濯足石。

095

## 3.1.17　白石砬子

　　白石砬子，又名白岩、白岩峰，海拔2640米，位于天池北偏东，夹在天豁峰和铁壁峰之间，西距天豁峰350米，东距铁壁峰530米，西北距气象站380米。在《长白山江岗志略》310页中，刘建封将白石砬子并入天豁峰，有"二龙蹯踞顶上"的描述。从历史照片天豁峰的拍摄地点紫霞峰一带向天豁峰方向远眺，会发现白石砬子和天豁峰挨得很近，两者的颜色和形态也相近，故刘建封将二者统视为天豁峰。

　　20世纪初，日本人以侵略为目的进入我国长白山考察，将天池北面的最高峰天豁峰（含白石砬子）改名叫"白岩峰"。中华人民共和国成立后，我国恢复了天豁峰之名，但在我国的某些资料中，日本人命名的"白岩峰"还时有出现。在某些地图上，还有"白岩"字样（仅去掉一个"峰"字），标注在当今的白石砬子上。

　　1982年，我国曾出版过一本关于长白山的书，书中出现了天豁峰和天文峰并存的情况，但此"天豁峰"已不是刘建封所命名的那座山峰，而是定位在砥柱峰位置上。为安插铁壁峰，把铁壁峰定位在"天文峰"旁侧一座悬岩上，把"天文峰"东边的山峰即白石砬

子称为华盖峰，把铁壁峰称为紫霞峰，这种混乱的定位和命名亦波及环池其他山峰。把白石砬子误称为华盖峰，必然得把铁壁峰误称为紫霞峰，把紫霞峰误称为孤隼峰；这样，又使得三奇峰没有地方安插，因为已把孤隼峰误称为白头峰（此书标注为将军峰）；接下来，冠冕、卧虎、梯云诸峰皆出现定位错误，这样，就完全打乱了刘建封的定位和命名系统。此书关于环池十六峰的定位影响深远，影响了许多出版物，包括科学著作、志书、旅游资料、有关长白山的电视片等，数十年沿讹，对当代长白山研究起了误导作用。

　　本书根据该峰的地质特征、形态、颜色等称其为白石砬子，以备有关人员议定。白石砬子虽然不在环池十六峰之列，但因位于火山口缘上，与天豁峰并肩而立，所以位置突出。在环池诸峰中，除天豁峰外，就秀美多姿而言，他峰均不可与之争妍，若长白选美，白石砬子是当之无愧的"长白小姐"。它的造型、色泽、质地、韵味、气质，无不令人赞叹，无处不渗透着长白山浮岩山峰特有的美。

照片3-33　笼罩在夕阳中的白石砬子及远眺龙山（大角峰）

　　照片3-33（拍位见图3-18）：在环绕天池周围的山峰中，白石砬子不在十六峰之列，它夹在天豁峰和铁壁峰之间，以奇特的形状和美丽的颜色而显露出独有的风姿，较之相邻大峰毫不逊色。铁壁峰和华盖峰之间是东坡口，过东坡口是朝鲜境，远景隐约可见的龙山（大角峰），如今在朝鲜民主主义人民共和国境内。

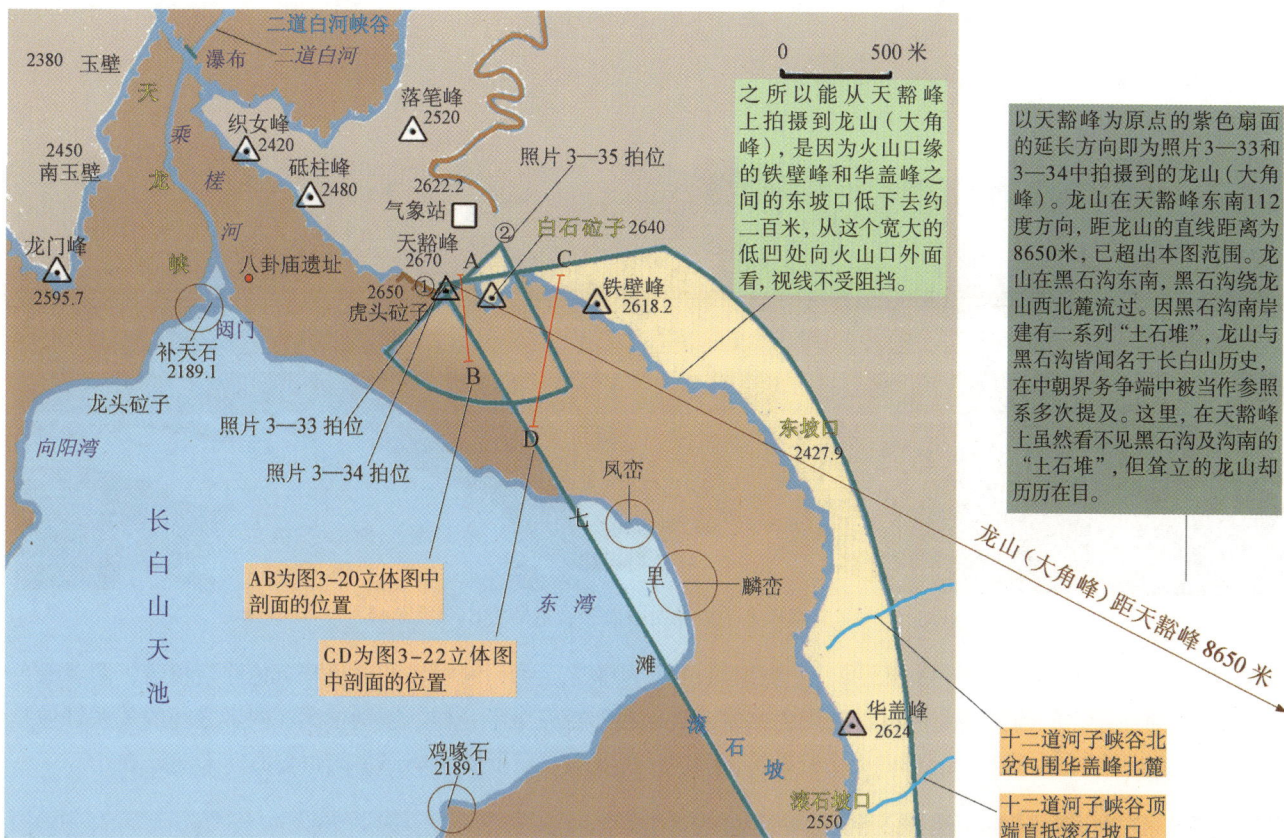

图3-18　白石砬子拍摄位置及龙山拍摄位置图
照片3-33中龙山（大角峰）的平面位置超出本图范围，不在本图内。

### 3.1.18　白石砬子的美仰赖于风化"雕刀"的精雕细刻

白石砬子是一座非常美丽的浮岩山峰，它的造型和色泽在长白山群峰中独树一帜。白石砬子是由火山喷射到空中的浮岩和火山角砾降落堆积而成，堆积在先期喷发形成的火山碎屑岩上。但是光靠浮岩、火山角砾和火山灰的堆积是堆不出白石砬子现在的模样的，还须经过后期风化侵蚀的再塑造才能形成。火山爆发之初，所堆积的浮岩层肯定要比现在厚，其分布范围也比现在大。火山灰堆积只是提供了塑造白石砬子的毛坯，还需等待大自然这位非凡的艺术大师来进行艺术创造。风化的雕刀在漫长的岁月中，昼夜不息地雕琢，终于将这座"火山维纳斯"呈现于天池边上。在风化侵蚀作用中，大气降水是最主要的地质营力。每降大雨，白石砬子都会在沐浴中洗去一层"皮屑"，使其不断更新"皮肤"，变得越发漂亮了。冬季的降雪也是一种侵蚀力。披上银妆的白石砬子虽然更显美丽素雅的风度，被摄影家无数次摄入镜头，但积雪的侵蚀无疑也改变了白石砬子的面貌。"冰楔作用"长久地对白石砬子起着破坏作用，岩隙中的水夜间冻成冰产生膨胀力，白天又化成水浸泡脆弱的浮岩，之后夜间再结冰膨胀，如此反复膨胀收缩，每天一次，

再健康的躯体也承受不了这样的折磨，于是，"美女"的脸庞有了损伤，有时干脆就掉下去一块，破相了。但话又说回来，这种风化侵蚀究竟是使白石砬子变得更美还是变丑，可能无法给出结论，风景的奇形怪状本身就是一种美，这种说法对白石砬子再适合不过了。总之，是风化侵蚀成就了白石砬子。

我们在照片3-34中可以清楚地看到，以白色和浅黄色浮岩为主的白石砬子坐落在以暗色角砾凝灰岩为主的悬崖上，两者形成鲜明对比，它们的叠覆关系明确。正是这种叠覆关系表明了它们形成的先后顺序。地质学家告诉我们，白石砬子的底座——黑色的凝灰角砾岩形成的时间很早，大约在几万年前，而白石砬子是在之后的一次火山爆发中形成的，地质学家给出的形成时间是距今约4000年左右。因为还有其他说法，所以，这个年龄值仅供参考。

注意：照片中在白色、黄色浮岩之上又覆盖了一层深灰色的浮岩，好比给白石砬子披上了一件披肩。有地质学家认为这是公元1000年左右的那次火山大爆发时形成的，当然这也仅是一个参考年龄（参见图3-20）。

照片3-34　在天豁峰上拍摄的白石砬子及远眺龙山（大角峰）

照片3-34（拍位与照片3-33相近）：主要拍摄白石砬子和它的基座之间的关系。可以看到黑色的基座，它由熔结角砾岩等组成。基座向北即向火山锥外坡倾斜，基座之上为后来喷发的白色和黄色浮岩覆盖，两者颜色和形貌完全不一样，差别很大。两者之间的关系好像是黑壮大汉背驮着柔弱白皙的娇妻面向天池屹立。

照片3-35　日渐消瘦的白石砬子

照片3-35：由于风化侵蚀作用，白石砬子的浮岩堆积层不断剥落，每年都有一些变化，从而露出它内部的火山角砾，但这些火山角砾也不会长久待在那里，迟早有一天会陨落到天池中去。对比几年前拍摄的照片，可以明显看出，原先美丽而丰腴的白石砬子"两颊"已消瘦许多，"长白小姐"出现老态，令人惋惜。

白石碴子由粗面岩基座、浮岩南尖和浮岩北尖组成。从照片上看，三者风格各异，在远处就能分辨出来。基座生成的年代要早得多，而由浮岩组成的南尖和北尖则是在基座形成很久之后才由一次猛烈的火山喷发喷发出的浮岩堆积而成。

白石碴子南尖
白石碴子北尖
白
石
碴
子
基
座
冠冕峰
2566

照片3-36　白石碴子东面形貌

白石碴子北尖
白石碴子基座

照片3-37　在这个位置拍摄，白石碴子北尖挡住了南尖

白石碴子南尖　白石碴子北尖

照片3-38　积雪盖不住白石碴子

白石碴子外坡（北坡）
白石碴子北尖

白石碴子外坡熔岩流上覆盖着很多火山灰和火山角砾，走在上面很艰难。这里的坡度角约有30度，虽然不算很陡，但攀爬时也必须手脚并用。照片中所看到的是白石碴子北尖，即那个像熊一样的峰尖，其实只有在这个角度看，才有点熊的样子。因为摄影者所站的位置低，所以看不见南尖，也看不见白石碴子黑色的基座。

照片3-39　白石碴子外坡（北坡）

## 3.1.19 白石砬子的浮岩堆积

在照片3-40中可以看到构成白石砬子的主要岩石是白色和黄色的浮岩。浮岩中夹杂着许多深色的大小不等的火山角砾。这些火山角砾虽然和浮岩同时被火山喷射出来，但角砾生成的时间比浮岩要早得多，它们多半是堵塞在火山颈或火口壁上的岩石，在地下岩浆强大的喷射力的作用下，被崩成碎块和浮岩一齐升到空中，纷纷落下后便掺杂堆积在一起。白石砬子的火山角砾从岩性上讲主要是粗面岩、碱流岩，偶尔还能见到玄武岩。玄武岩角砾是更深部位的既成岩石，那是构成长白山火山锥底座的岩石，只有十分强大的冲力才能将其抛射上来。

照片3-40 白石砬子的浮岩堆积

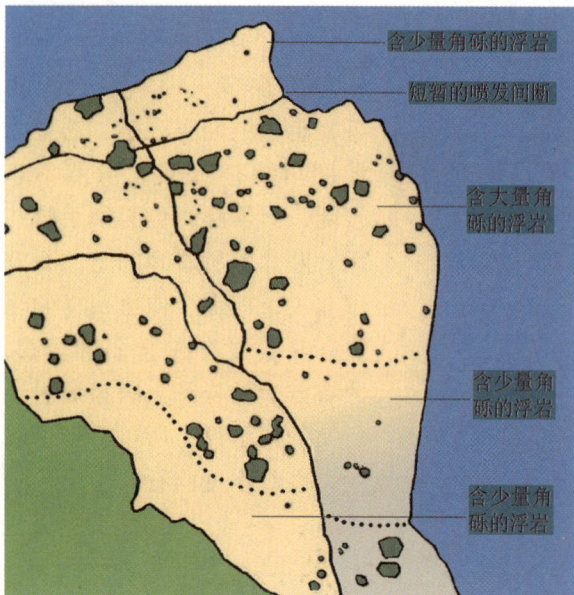

图3-19 白石砬子浮岩堆积中的火山角砾分析图

照片中还有一个现象值得注意：白石砬子底部的角砾很少，向上逐渐增多，但分布不够均匀，最上部又变少了。这种现象包含着什么信息呢？它说明火山爆发有时强有时弱：喷发冲力特别强大时，可以把很多很大的角砾抛向空中；喷发冲力较弱时，则以浮岩喷发为主，只有少许小块角砾掺杂其间。

浮岩堆积层中的火山角砾有的很大，目估有一吨重，但这还不是最大的，如此大的角砾都被喷到空中，可见当时的火山喷发有多么猛烈。

图3-19是依据照片3-40和实地调查所绘，将照片中的地质现象进行分析归纳，用图解方式说明白石砬子是在时强时弱的喷发中由浮岩火山灰堆积形成的。

深灰色浮岩和黄色浮岩的分界，表明两者之间的覆盖关系。在剖面图中可以看到，深灰色浮岩覆盖在黄色浮岩之上，说明黄色浮岩喷发在先，深灰色浮岩喷发在后。

夹杂在浮岩中的火山角砾，多为粗面岩或碱流岩碎块，有时还能找到玄武岩角砾。

火山猛烈爆发形成的黄色空降浮岩堆积在灰色浮岩之上。

火山猛烈爆发形成的灰色空降浮岩堆积覆盖在"基座"之上。

先期喷发形成的黑色的熔结凝灰岩、熔结角砾岩和集块岩构成白石砬子的基座。

北尖　南尖

白　石　砬　子

深灰色空降浮岩堆积

黄色空降浮岩堆积

碱流质熔结凝灰岩、火山角砾岩、集块岩

A

F3断层的次级断层

碱流岩

AB剖面的平面位置见图3-18。

断层（F3断层）：在本图中，F3断层是形成白石砬子基座悬崖的环池断层，断层下盘已经塌陷，这是残留的上盘。上盘悬崖经风化崩塌后退成现在的形态。

粗面岩

倒石堆（垮塌堆积）

B

图3-20　白石砬子西面形貌及构造图

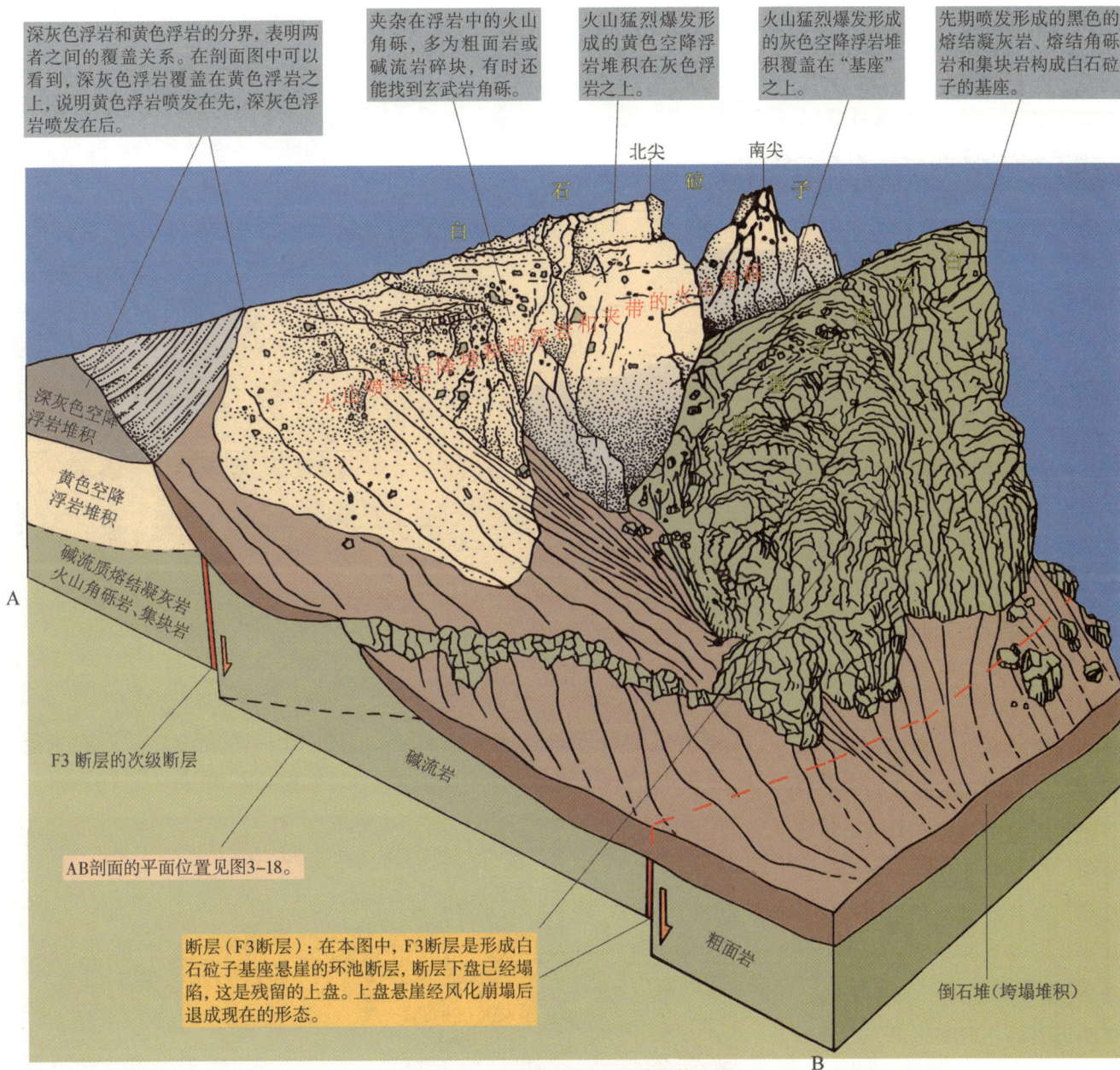

　　图 3-20 是参照白石砬子照片资料和野外调查综合绘制，用以表现在这里能看到的火山喷发事件的时间顺序和火山喷发岩石的空间构成。通俗地讲，表现在白石砬子这个小范围内所能看到的火山喷发次数，每次火山喷发的特点、性质、强度等地质问题。

　　本图侧面的地质剖面实际就是一张火山喷发事件顺序表和火山岩层柱状图。现简述如下：

　　（1）最下面的一层是碱流岩和粗面岩，是先期火山喷发的产物，此期火山岩构成环池悬崖的上部，在白石砬子这里构成白石砬子基座的下部。

　　（2）其上是碱流质熔结凝灰岩、火山角砾岩、集块岩等，为又一次火山喷发所形成，它构成了白石砬子基座的上部。也就是说，白石砬子基座至少由两次火山喷发而成。

（3）白石砬子基座形成后，火山活动经过长期停顿，又于数千年前忽然猛烈喷发了。之所以说它"猛烈喷发"是因为只有猛烈喷发才能把大量的浮岩射到空中再降落堆积形成浮岩层。这些浮岩层构成了白石砬子的主体部分，也就是我们看见的美丽秀气的白石砬子南、北峰尖。

（4）最上面的一层是深灰色空降浮岩堆积层，它的形成晚于白石砬子黄色浮岩，也由一次强烈的火山喷发形成，它覆盖在白石砬子黄色浮岩之上。

综上所述，在这里我们可以看到由4次火山喷发形成的4层火山岩。图3-20左侧的剖面表示火山喷发的先后顺序和火山岩之间的覆盖关系。

## 3.1.21 白石砬子——一组熊、鹤雕塑

照片3-41呈现的是白石砬子北面的形貌，图3-21是根据照片绘制的漫画。

从这个角度看，白石砬子由南、北两座峰尖组成，两峰尖联袂展示自身不同的形象。两座峰尖虽然都由浮岩组成，但风格迥异。照片中，稍远处的南尖细腻柔和，色调淡雅，挺拔俏丽，下部为深灰色，向上渐变为灰黄色，再向上变为白色，形成色调的韵律，其间夹杂着几颗黑色的火山角砾，有如美人痣，格外显眼。

近处的北尖则外表粗糙，敦实粗犷，浮岩的颗粒较大，夹杂着较多较大的火山角砾，整个山峰颜色较深。在这幅照片中，南尖像断了颈的鹤身，如将与它相伴的那几个矮峰尖看作是鸡，则是一幅"鹤立鸡群图"。鹤虽是一只断颈鹤，但鹤的英姿仍在群鸡之上，被群鸡簇拥仰视，鹤已不再因无颈而悲哀。鹤是三色鹤，灰、黄、白交替渐变，鸡也是三色鸡，身上点缀着黑色的斑点，鹤和鸡都显得很美。

再说北尖，从这个角度观看，像一头卧地熊，似乎在仰天长啸，憨态可掬。

鹤与熊，一个秀气俊美，一个粗壮憨厚，两者相依为命千百年，亘古未有，实为天池一奇观。当然，换一个角度看，它们就几乎没有鹤

照片3-41　白石砬子"鹤""熊"形象照

白石砬子南尖断颈鹤伫立　　白石砬子北尖卧熊长啸

白　石　砬　子

孤隼峰 2749.2　三奇峰 2720.3　白头峰 2658　南坡口 2500　冠冕峰 2566　卧虎峰 2610　梯云峰 2543

南湾

卧熊

断颈鹤

长白山天池

图3-21　白石砬子——熊、鹤模拟图

或熊的模样了。

颗粒细密的浮岩堆积中夹有少量的火山角砾是南尖的特征，"鹤身"断颈处和"鹤翅"均呈现出尖锐的刃状，很薄，很尖。这种情况说明浮岩从火山口喷出升到空中又从空中降落堆积时，整个的堆积体还相当热，浮岩颗粒还有相当的黏性，所以颗粒和块体之间胶结在一起，比较硬，只有硬的浮岩堆积才能在风化过程中形成刃状、片状。如果浮岩降落堆积时已经冷却，那么胶结便不会紧密，呈松散状的浮岩堆积也不会出现刃状峰尖，而是多半呈浑圆状，虎头砬子的浮岩堆积就较为松散，所以虎头砬子的浮岩体就都虎头虎脑的。

尽管如此，构成石砬子南尖和北尖的毕竟是疏松的浮岩，较之这里的粗面岩、玄武岩等火山岩，抗风化能力还是很弱。这导致白石砬子先天不足，也是它的悲哀，它不会像玄武岩那样千百年都无大变化。颜色鲜艳的浮岩峰尖太娇嫩，寒来暑往，风吹日晒，雪打雨淋，都会伤害它，使它很快便会变瘦变老，最后消失。对比隔几年在同一位置拍摄的照片，能明显看出白石砬子的变化：每年都会出现几条新裂缝，或峰尖变钝变矮了，或掉下去几块火山角砾。这种状况很令人惋惜，而又让人无可奈何。人类帮不了它，自然界的风化侵蚀残酷无情，无论多么美丽的山峰都会在它的永无休止的磨砺下变成一堆碎石或一盘散沙，白石砬子最终也逃脱不了自然界的规律。但我们也不必担忧以后看不到它美丽的容姿了，地质变化是个漫长的过程，相对于个体的人来说，白石砬子还是长寿的。

孤隼峰
2749.2

白石砬子南尖

冠冕峰
2566

照片3-42　白石砬子"断颈鹤"的"白鹤亮翅"照

103

## 3.1.22　白石砬子东面形貌及构造图

图 3-22 描绘的是白石砬子东面的形貌。在同等风化条件下，由于岩性的差异，可以让岩石呈现出不同的风化形态，这一点在白石砬子及其底座上表现得特别明显。白石砬子底座主要由熔结凝灰岩构成，岩石胶结较紧，裂隙不甚发育，相较而言，较耐风化，所以形成浑圆状砬子；南尖主要由细粒状浮岩颗粒胶结而成，含有少量的火山角砾，质地均一，垂直冷却节理发育，所以形成尖锐的刃状峰尖；北尖含有大量的火山角砾，难以形成上下贯通的垂直节理，所以风化不出如南尖那样的刃状峰尖。

在这幅图中，白石砬子和它的底座无论从岩石的颜色还是结构构造都很容易区分开来，两者的接触关系也很明确。

本立体图侧面的地质剖面可与图 3-20 的剖面对比、参照着看，火山岩的层次划分、各层火山岩的岩性等皆可参见图 3-20 的文字解说。

在白石砬子底座形成后，火山喷发有一个漫长的间断，这个间断长达万年，应该会形成风化壳黏土。

在火山地质调查中，风化壳黏土的存在是火山喷发间断的重要证据。但在火山喷发中，风化壳黏土很难保留下来。那么，在长白山火山锥上能否找到风化壳黏土？可以找到的：《长白山火山地质研究》23 页载：在《长白山天文峰至冰场公路白头山期碱性粗面岩剖面图》中，其中第 6 层就是风化壳黏土。

在白石砬子和它的基座之间能否找到类似的风化壳黏土？在野外地质调查时仅发现少量黏土，这可能是风化壳黏土的残存，但需做进一步研究才能加以证实。

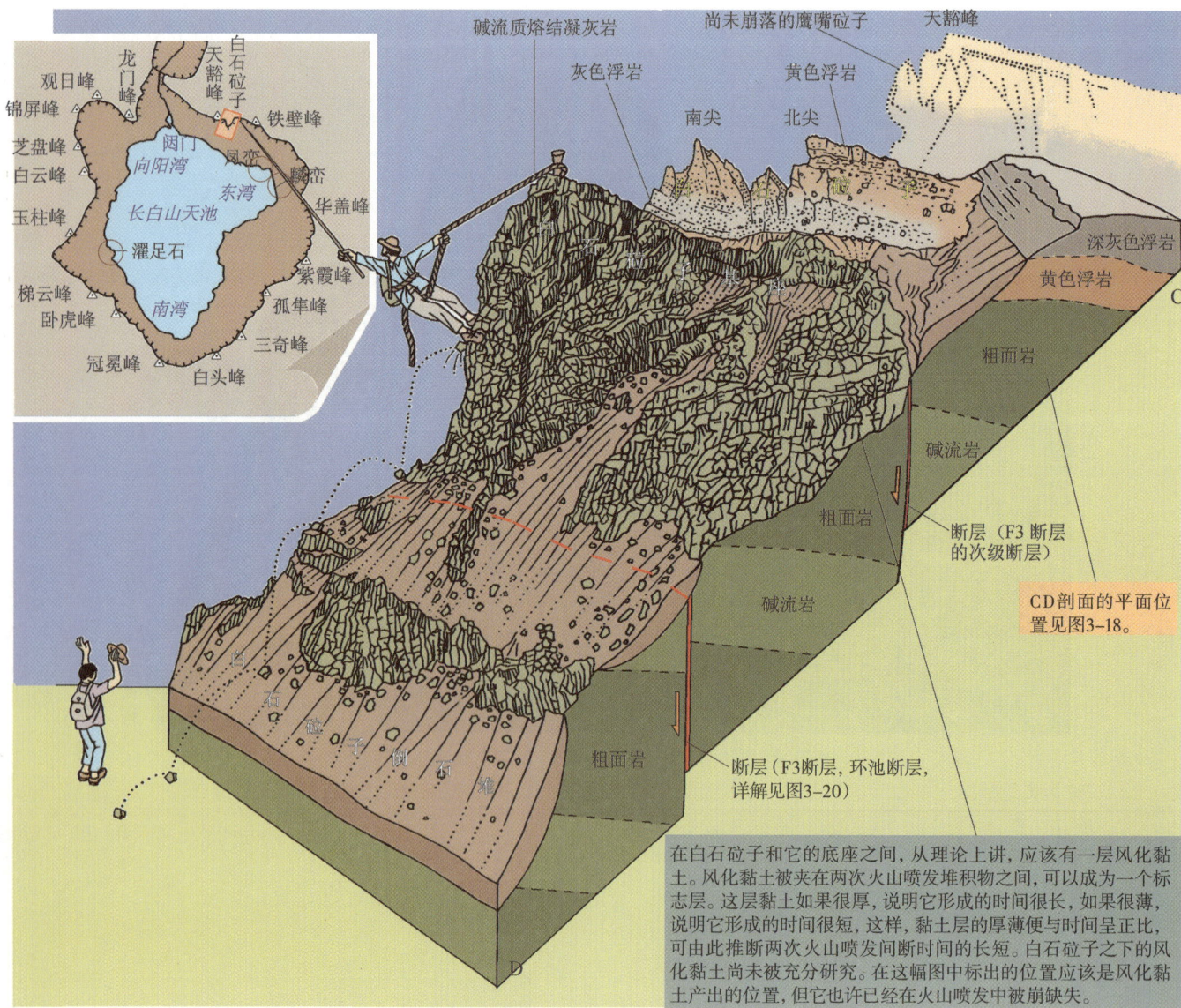

在白石砬子和它的底座之间，从理论上讲，应该有一层风化黏土。风化黏土被夹在两次火山喷发堆积物之间，可以成为一个标志层。这层黏土如果很厚，说明它形成的时间很长，如果很薄，说明它形成的时间很短，这样，黏土层的厚薄便与时间呈正比，可由此推断两次火山喷发间断时间的长短。白石砬子之下的风化黏土尚未被充分研究。在这幅图中标出的位置应该是风化黏土产出的位置，但它也许已经在火山喷发中被崩缺失。

图3-22　白石砬子东面形貌及构造图

## 3.2　铁壁峰——"铁壁黑如漆"

### 3.2.1　铁壁峰（附：龙山）

铁壁峰位于天池东北，海拔2618.2米，高出天池水面429.1米，在环池十六峰中排第十一位。

《长白山江岗志略》311页记载："铁壁峰，东南与华盖峰相连。土色黑，状若铁壁。由池至巅，约七里余。"

《长白山灵迹全影》关于铁壁峰的描述只有一句话，即在《天豁峰》照片的"具图贴说"中的"铁壁黑如漆"5个字。字数虽少，却将铁壁峰的特点概括得很精准。无论从远处还是从近处看铁壁峰，它都像一面城墙。铁壁峰由一系列的悬崖峭壁构成，其内壁构成天池火山口的东北壁，其外坡构成长白山火山锥的东北坡。刘建封以"铁壁"之名相称，盖

历史钩沉：《长白山江岗志略》323页："龙山，在黑石河南。"《间岛问题》275—276页记载了大角峰、碑后山、黑石沟之事：光绪十一年（1885年），朝鲜勘界使李重夏启曰："以定界碑形便言之……东偏数步有沟壑，为土门之源，连设石堆，土高数尺，明是当年标限。而至大角峰尾，中间沟形忽窄，土岸对立如门，盖指此也。"光绪二十四年（1898年）北咸镜道观察使赵存禹提出五条意见，其中有："碑东有湿浦，南挟大角峰，北挟碑后山，两峰土壁如门，故曰土门。"

照片3-43　铁壁峰、东坡口、碑后山、龙山（大角峰）照

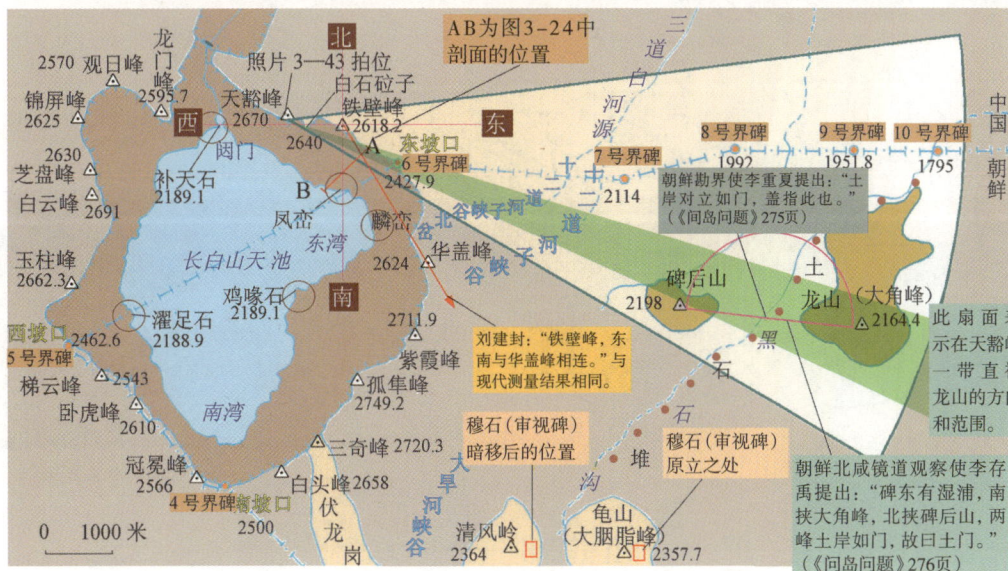

图3-23　铁壁峰拍摄位置及龙山（大角峰）位置图

源于此系列悬崖如铜墙铁壁，坚不可摧。

照片3-43（拍位见图3-23）：铁壁峰的范围自白石砬子起向东南方向至东坡口为止。

在这幅铁壁峰照片中出现龙山（大角峰），鉴于龙山在本书中没有单独照片，因此借此机会史海钩沉，简单说一下龙山。

105

铁壁峰没有明显的峰尖，由一系列高耸的黑色悬崖峭壁构成，刘建封对铁壁峰的"相形命名"十分贴切，其在《长白山灵迹全影》第9幅照片"具图贴说"中所说的"铁壁黑如漆"，概括了如长城般耸立的铁壁峰的特征。

在这面"长城"上，铁壁峰的标定选在"铁壁"的最高处，以此点代表整个铁壁峰，铁壁峰在三度空间的定位数据就是用的此最高点的数据。

从图3-24中可以看到，整个铁壁峰悬崖就是天池环状断裂的断层面，环状断层的上盘形成了铁壁峰悬崖，断层下盘已塌陷坠入天池火山口中。这个断层面在风化侵蚀和重力崩塌作用中后退很多，崩落的碎石在悬崖下形成了很大的倒石堆。

环状断层不仅使火山口塌陷，而且成为火山口塌陷后火山再次喷发的通道，地质学家认为：铁壁峰内壁的岩席就是沿着这条环状断裂喷发的。据研究，火山口塌陷后的火山活动距今较近，实地考察可以看到，有的凝灰角砾岩碎屑流覆盖在倒石堆上，说明它比倒石堆年轻，只有倒石堆形成在先，碎屑流才有可能盖在它的上面，而倒石堆是在火山口塌陷后才形成的。这种覆盖关系可以判定铁壁峰岩席形成的上下时限。地质学家一般认为：铁壁峰岩席与八卦庙岩席和补天石岩席为同期产物，那么，距今也许只有七八百年的历史。该立体图侧面的剖面图就是把铁壁峰内壁火山碎屑流岩席画在倒石堆之上（见图3-24两侧剖面中画白圈处）。

另外，在铁壁峰悬崖面上，可以看到火山岩的层状构造（参见照片3-43、3-45），说明铁壁峰是经过多次火山喷发一层层叠加形成的。长白山火山锥从总体上来看，是由熔岩和火山碎屑岩互层组成的，所以又被称为复合火山锥。这种互层组成的特点在铁壁峰悬崖上再次得到验证。

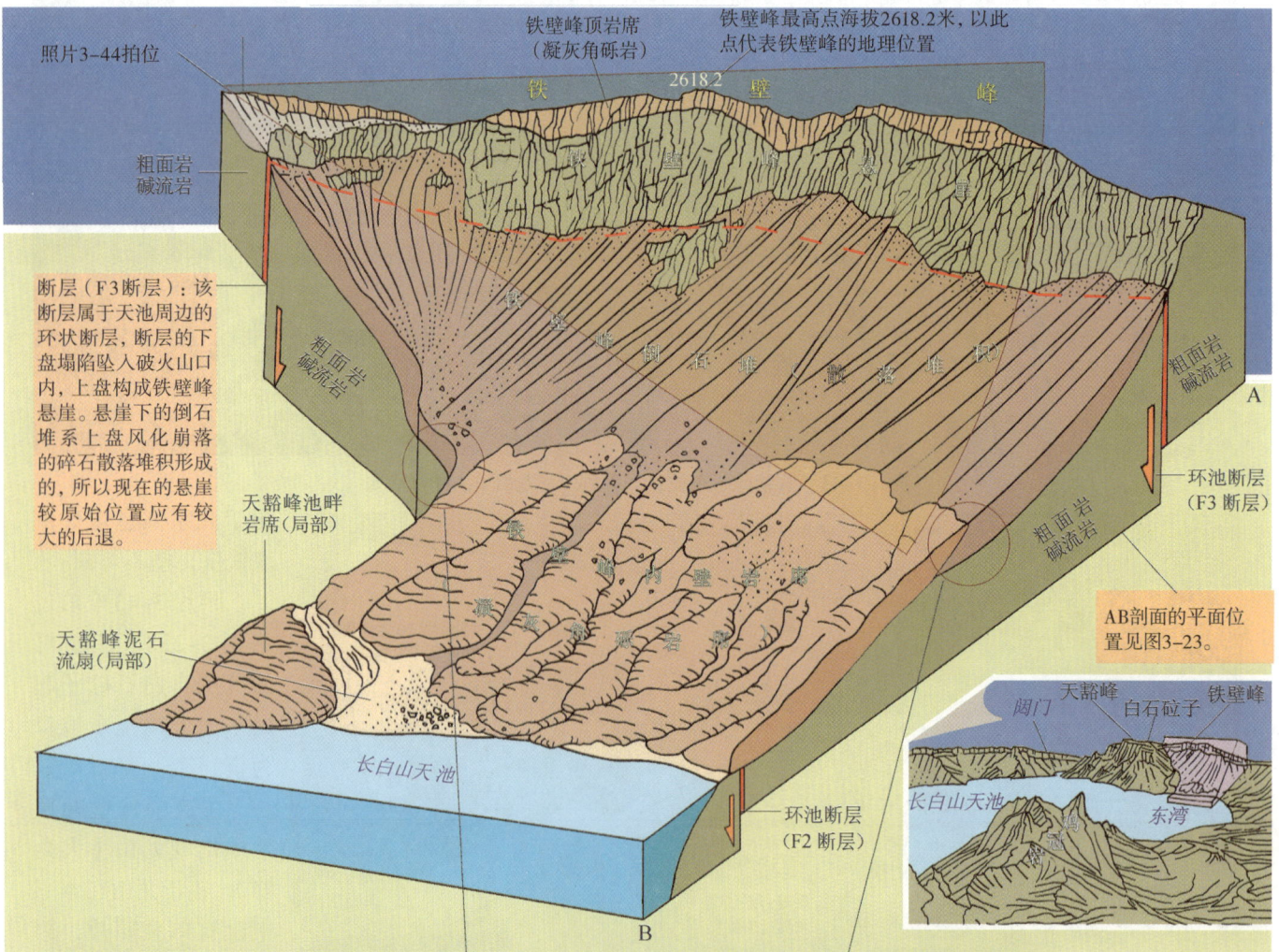

照片3-44拍位

铁壁峰顶岩席（凝灰角砾岩）

铁壁峰最高点海拔2618.2米，以此点代表铁壁峰的地理位置

铁　　壁　　峰

2618.2

粗面岩碱流岩

断层（F3断层）：该断层属于天池周边的环状断层，断层的下盘塌陷坠入破火山口内，上盘构成铁壁峰悬崖。悬崖下的倒石堆系上盘风化崩落的碎石散落堆积形成的，所以现在的悬崖较原始位置应有较大的后退。

粗面岩碱流岩

天豁峰池畔岩席（局部）

天豁峰泥石流扇（局部）

长白山天池

B

粗面岩碱流岩

A

环池断层（F3断层）

AB剖面的平面位置见图3-23。

天豁峰　白石砬子　铁壁峰
阆门

长白山天池　东湾

环池断层（F2断层）

铁壁峰内壁岩席覆盖在铁壁峰倒石堆上，说明前者形成的时间晚于后者，所以这一片岩席是近期火山喷发形成的，地质学家认为此岩席与八卦庙岩席是同期产物，年龄值为公元1124~1573年。

图3-24　铁壁峰内壁形貌及构造示意图

照片 3-44（拍位见图 3-24）：照片拍摄的是铁壁峰内壁悬崖及倒石堆。在环池十六峰内壁悬崖之下皆有倒石锥，倒石锥相连形成带状，如同山峰的裙裾围绕着天池，形成倒石裙，倒石裙又称倒石堆，本书使用后者作为名称。悬崖及其倒石堆属斜坡重力地貌，其堆积物为散落堆积。

环池十六峰由熔岩和火山碎屑岩构成，岩体结构不牢固，充满了节理和裂隙，在风化作用下，岩体表面变得松散，形成石块和碎屑，在重力作用下石块不断崩落，以散落形式堆积在悬崖之下，形成倒石堆。天池周边的倒石堆规模很大，坡长几百米至近千米。倒石堆上石块的分布由重力分选：大块的石块因为动量大，能滚落到倒石堆的坡脚，有的可一直滚落进天池中，有的石块很大，直径可达 1 米以上。有时我们可以目睹一块很大的岩石从悬崖上崩落，它被弹起、落下又被弹起，以雷霆之势一路奔下，溅起一连串灰土，向天池边飞去，那情景实在令人难忘。当然还与石块的形状有关，扁条形的石块尽管很大也滚不多远便会停

照片3-44　铁壁峰内壁的悬崖及倒石堆

下来。较小的石块或岩屑多停留在倒石堆的上部。天池倒石堆皆有这种上细下粗分选形貌。

因为石块和岩屑几乎没有磨蚀，棱角尖锐，石块间的摩擦力很大，所以天池周边倒石堆的坡度一般大于天然休止角，有的可以达到 40 度。倒石堆几乎没有风化的细粒物质充填，只是松散堆积，极不稳定，走在上面，踏转一石都会引起周围众多石块一起下滑，是很危险的。刘建封在攀爬滚石坡倒石堆时记载："石悬坡而动，遇有大风，石即转移。"

照片 3-45（拍位见照片 3-53 及图 3-28）：这是在铁壁峰外坡顶部拍摄的照片。铁壁峰顶部分布着一系列火山岩残留锥，这些残留锥被纵横交错的节理裂隙切割得支离破碎，风化成许多石块，从岩体上剥离、散落，石块在重力作用下逐渐向坡下移动，坠落到悬崖下便形成倒石堆。这些大石块是近年才崩落的，因为它们形状扁平，无法滚动，只是滑动，滑动的速度虽然很慢，但对比不同年代所拍摄的照片，还是可以看出石块的位移。

照片3-45　狼牙锯齿铁壁峰

照片3-46 铁壁峰上的风化巉岩

照片3-47 铜墙铁壁般的铁壁峰

照片3-36：铁壁峰上覆盖着厚度不等的凝灰角砾岩，最厚处可达十几米。这幅照片摄入的那些突出巉岩便是凝灰角砾岩风化残留下来的，左面的小峰尖高约十米，右边的小峰尖高约五米。这样的峰尖在铁壁峰上还有很多。照片3-47：《长白山灵迹全影》第9幅照片"具图贴说"中说到铁壁峰时记载："铁壁黑如漆。"看这幅照片，真是恰如其分。在白雪映衬下，铁壁峰果然是"黑如漆"。

### 3.2.3 铁壁峰内壁山麓的七里滩、麟峦和凤峦

《长白山江岗志略》322页记载："七里滩，在华盖、铁壁、天豁三峰之下。"顾名思义，七里滩，七里长，滩者，水畔的沙滩地。在天池东湾的水湾畔，有美丽的火山灰沙滩，细粒的火山灰碎屑被天池水冲刷得干干净净，呈灰白色或淡黄色，平坦地铺在天池畔。洁净的天池水在微风吹拂下，轻轻地涌上沙滩，又悄悄地退去，发出如婴儿呼吸般似有似无的声息，这灰黄色的沙滩和碧蓝池水的私语，有如真诚的交流和坦诚的倾诉，这就是七里滩的性格。七里滩由多段沙滩组成，并不连续，其间被伸向天池水面的火山碎屑流隔断。（见照片3-48、3-49、3-50。）

七里滩的后缘由火山碎屑流构成，岩石主要为熔结或弱熔结角砾凝灰岩。其岩性和喷发形成年代与八卦庙岩席相当，距现代相当近，地质学家认为，也就是近几百年前的事。这些火山碎屑流的前缘多呈手指状伸向天池水面。由如此形状我们可以想象当年的情景：一股股暗红色的炽热的岩浆流到水边，自然界中两种完全不同的物质在此强烈对抗，火与水相遇了；碰撞的瞬间，发出阵阵鸣响，热气翻腾，天池水沸腾了；最后，水战胜了暗红色的炽热的火山碎屑流，岩浆被水冷却了，完全失去了威风，不再流动，僵硬在水边，形成天池边畔熔岩碎屑流。

七里滩熔岩碎屑流，或称七里滩岩席，直抵水面的手指状前缘，有两处为刘建封当年在天池边踏查时所关注并命名。光绪三十四年（1908年）七月七日，刘建封从滚石坡下临天池为环池十六峰再度"相形命名"，他沿天池东岸向北调查途中，发现七里滩与天池接触地带并非全是由火山灰组成的沙滩，有几处地势升高，表面是黑色的岩石直抵水面，将七里滩截成几段。他将这两处丘垄状高地分别称为麟峦和凤峦。麟、凤二峦相距不远，刘建封说是"半里"，差不多，目测也就是三四百米的样子。自此，麟、凤二峦成为天池畔的名胜，载入《长白山江岗志略》和《长白山灵迹全影》。从此，在天池东畔，在严酷的自然环境下，有麟峦和凤峦同舟共济，相依为命。我们从这两处的命名中可以体会到刘建封对二峦定位命名的良苦用心。

麟是中国古代传说中的神兽，即所谓麒麟，似鹿似狮似龙，遍身鳞甲，尾梢呈球状膨大，有长毛。中国很多古建筑上刻有这种神兽，古人以此兽象征吉祥、幸福。麟，富阳刚之气，集神勇、刚烈、威风于一身。刘建封又将另一处手指状熔岩流命名为凤峦。在中国古代传说中，凤是美丽的象征，有阴柔之美。这样，在天池畔便有了神勇、刚烈的麟和美丽、善良的凤，长白山天池又多了一个美好的去处。麟峦和凤峦代表着和谐美满，这是诗人刘建封人性化的安置。

想看麟峦和凤峦的人们可以站在铁壁峰上眺望，照片3-49和3-50就是在铁壁峰上向东南方向拍摄的

麟、凤二峦。如果想登上麟、凤二峦，可以下临天池。一条路线是从铁壁峰沿火山口缘走下来到东坡口，再从东坡口下临天池。还有一条路线是从白石砬子和铁壁峰之间的坡口下临天池，然后沿天池边向东走，就能到达麟、凤二峦（见图3-25中的红色虚线）。

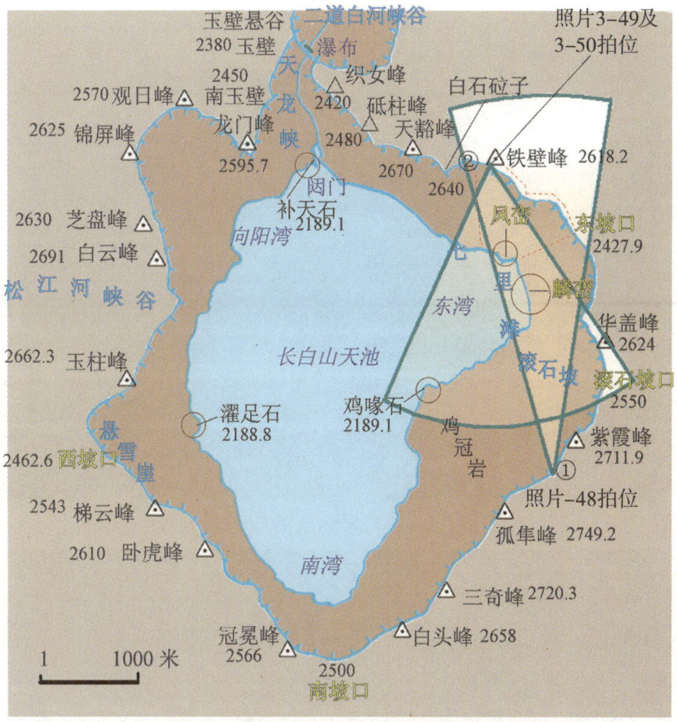

图3-25　七里滩、凤峦、麟峦拍摄位置图

照片3-48　天池东湾畔七里滩、凤峦和麟峦

照片3-48（拍位见图3-25）：这是在火山口东南缘紫霞峰一带从南向北看七里滩、麟峦和凤峦。

形成麟峦和凤峦的熔岩碎屑流上生长了茂盛的植被，但碎屑流伸向天池的指状前缘的形状还是可以辨认出来的。七里滩上也生长了茂密的植被，甚至连铁壁峰倒石堆上也有植物向上生长，这是几十年前少见的现象。究其原因，一是天池周围的气温逐年上升，二是风化土逐年增多。照这样下去，天池周围将充满生机，也许会成为植物园。不过，这种变化是喜是忧，还很难下结论。

109

照片3-49 天池东湾周边名胜

Photo labels (top panorama): 华盖峰 2624、紫霞峰坡面岩席、紫霞峰 2711.9、孤隼峰 2749.2、三奇峰 2720.3、白头峰 2658、南坡口 2500、冠冕峰 2566、滚石坡口 2550、滚石坡、鸡冠岩、仙人岛、碧螺山、临池沙滩、钓鳌台、放鹤台、长白山天池、鸡唤石 2189.1、七里、麟峦、凤峦、铁壁峰内壁火山碎屑流

照片3-49（拍位见图3-25）：这是在铁壁峰向东南方向拍摄的天池东湾周围名胜，主要有：碧螺山、仙人岛、钓鳌台（含其上的女真祭坛）、放鹤台、临池沙滩、滚石坡下段、七里滩、麟峦、凤峦。

刘建封在《长白山江岗志略》开篇即有"奇峰十六，名胜百二"之论。东湾诸名胜含在"名胜百二"之中，皆为刘建封所命名和描述。现摘录该书部分内容置于照片3-50各名胜处，以便读者与文献相对照。

照片3-50 刘建封天池东湾之行的路线及名胜详注

Photo labels: 滚石坡缘下段、碎屑流、麓坡、华盖峰内壁、火山灰沙滩、七里、屑流指状前缘、碎屑流、东湾、铁壁峰内壁、火山碎屑流、火山灰沙滩、刘建封踏查路线、长白山天池、临池沙滩、南、东、西、北、火山灰沙滩

光绪三十四年（1908年）刘建封率兵仆踏查天池东湾诸名胜路线。

临池沙滩约有数里，光明如镜，真仙镜也。（《志略》316页）

七里滩，在华盖、铁壁、天豁三峰之下。（《志略》322页）

麟峦，在天池东北，铁壁峰下，高约半里。（《志略》317页）

凤峦，东距麟峦半里许，上多沙石，高半里。（《志略》317页）

照片3-50（拍位见图3-25）：照片中白色虚线为刘建封踏查路线：滚石坡—仙人岛—放鹤台—钓鳌台—碧螺山—临池沙滩—七里滩—麟峦—凤峦—白石砬子脚下—天豁峰脚下。

## 3.2.4 铁壁峰外坡（东北坡）碎屑熔岩流

照片3-51（拍位见图3-26）：长白山火山锥东北坡主要由铁壁峰熔岩流和碎屑流构成。这幅照片拍摄的是外坡靠近顶部的碎屑流。这些碎屑流形成的年代较晚，分布面积不大，多覆盖在先期形成的熔岩流之上，构成了铁壁峰的峰脊和峰尖。岩性主要是火山角砾岩、凝灰岩、集块岩等火山碎屑岩。岩石冷却节理非常发育，经风化即成碎块，所以，这里到处可见碎石分布。外坡虽然不很陡峭，但行进在这些由碎石组成的山坡上，仍旧非常艰难。在碎屑流上还覆盖有更晚期形成的浮岩。浮岩多被剥蚀掉了，仅在低洼处存留一些，登山者可以选择这样的地方爬行，稍微好走一点，危险性也小一些。

照片3-52（拍位见图3-26）：镜头朝北，以远处的地平线为远景，铁壁峰外坡和长白山火山锥的基座便可全部纳入镜头。这幅照片在横向上可以明显分成三部分：远景是一片苍茫的绿色，那就是平坦而广阔的玄武岩台地，这就是承载着长白山火山锥的巨大基座，其上生长着茂密的森林，在植物分带上构成针阔叶混交林带。拉近些，在照片的中部，地形和颜色都有明显的不同，那是长白山火山锥的中下部，由许多长丘状的山体构成。这些巨大的垄状圆岗主要是火山喷溢的熔岩流，它们虽然经历了千百年的风化侵蚀，但在熔岩流的两侧和末端，基本上还保留着岩浆冷凝时的整体外貌。这些熔岩流的岩性主要是粗面岩，其中也夹有粗面质凝灰岩或熔结角砾岩。由于这种岩浆的黏度很大，流动起来缓慢，可以堆起高垄，所以没能流得很远，便凝固在那里。在照片3-52中摄入的那些熔岩流，长度不超过2600米。正因为这些熔岩流高出地面几百米，其上的气温降低很多，森林便逐渐稀疏了，最后，连耐寒的针叶林也消失了，代之以更耐寒的岳桦，形成岳桦林带。再向上，岳桦林也不能生长了，只有紧贴地面生长的一些低矮的苔原植物，构成高山苔原带。高山苔原带很有特色，较之刚刚走出来的茂密的森林，这里忽然显得苍茫而荒凉。整个长白山火山锥的半坡都被苔原带覆盖着。熔岩流表面坡度小，也不太崎岖，行进在这样的地方并不艰难。这里视野开阔，没有森林的阴暗，没有悬崖的危险，没有倒石堆的坍塌，脚下是软绵绵的地毯样的苔原植被，随时可以坐卧休息，游人的心情自然会很舒畅。面对满目的苍凉和极度的静谧，让人只觉得融入了大自然的神奇变化之中，难免产生远离尘世的感觉。就整个长白山火山锥而言，熔岩流上的高山苔原带是长白山最美的地带。照片的下部，已经接近铁壁峰峰顶了，这里是火山碎屑流分布的地带，一般在海拔2000米以上，可以称之为高山荒漠带。这里连苔原植物都非常稀少了，只在岩缝中能见到一些纤小的植物。

　　照片3-52摄入了长白怪兽园。长白怪兽园位于铁壁峰北坡中部的苔原带。如果去那里，从这个位置走下去就可以到达。

①

照片3-51　铁壁峰外坡火山碎屑流和火山灰堆积

②

照片3-52　铁壁峰外坡垄岗状熔岩流及植物分带

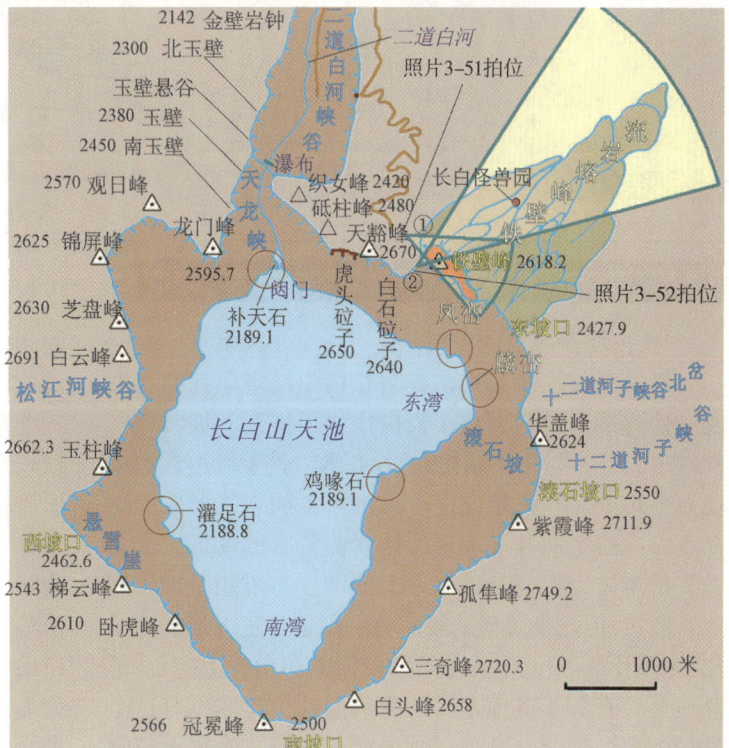

图3-26　铁壁峰外坡拍摄位置图

### 3.2.5 铁壁峰外坡构造及碎屑熔岩流分布图

沿着铁壁峰环状断裂喷发的熔岩流大部分流淌到铁壁峰外坡并凝固在那里，这些熔岩流构成了长白山火山锥东北坡。图中的环状断裂画了两条，一条沿铁壁峰悬崖，一条沿天池边，后者是推断的，它可能位于水下（图3-27）。何以推测有这样一条断裂？因为这一带天池边有水下温泉活动，冬季这里靠池边的水面不结冰，必定有一条热水运行的通道，所以做出上述推断。在铁壁峰外坡众多的熔岩流中，有几条熔岩流不像是从环状断裂中溢流出来的，从位置和形态上看，具备寄生火山的特征，所以图中画了寄生火山。

铁壁峰外坡有一条奇特的熔岩流，它形成了许多奇形怪状的流动构造，我们从这些保存完好的流动构造可以得知，这条熔岩流要年轻一些。它展现出许多怪异的火山岩造型，将其称为"长白怪兽园"，很值得旅行者来看看，在这里，人们也许能获得不少有关岩浆流动方面的感性知识。

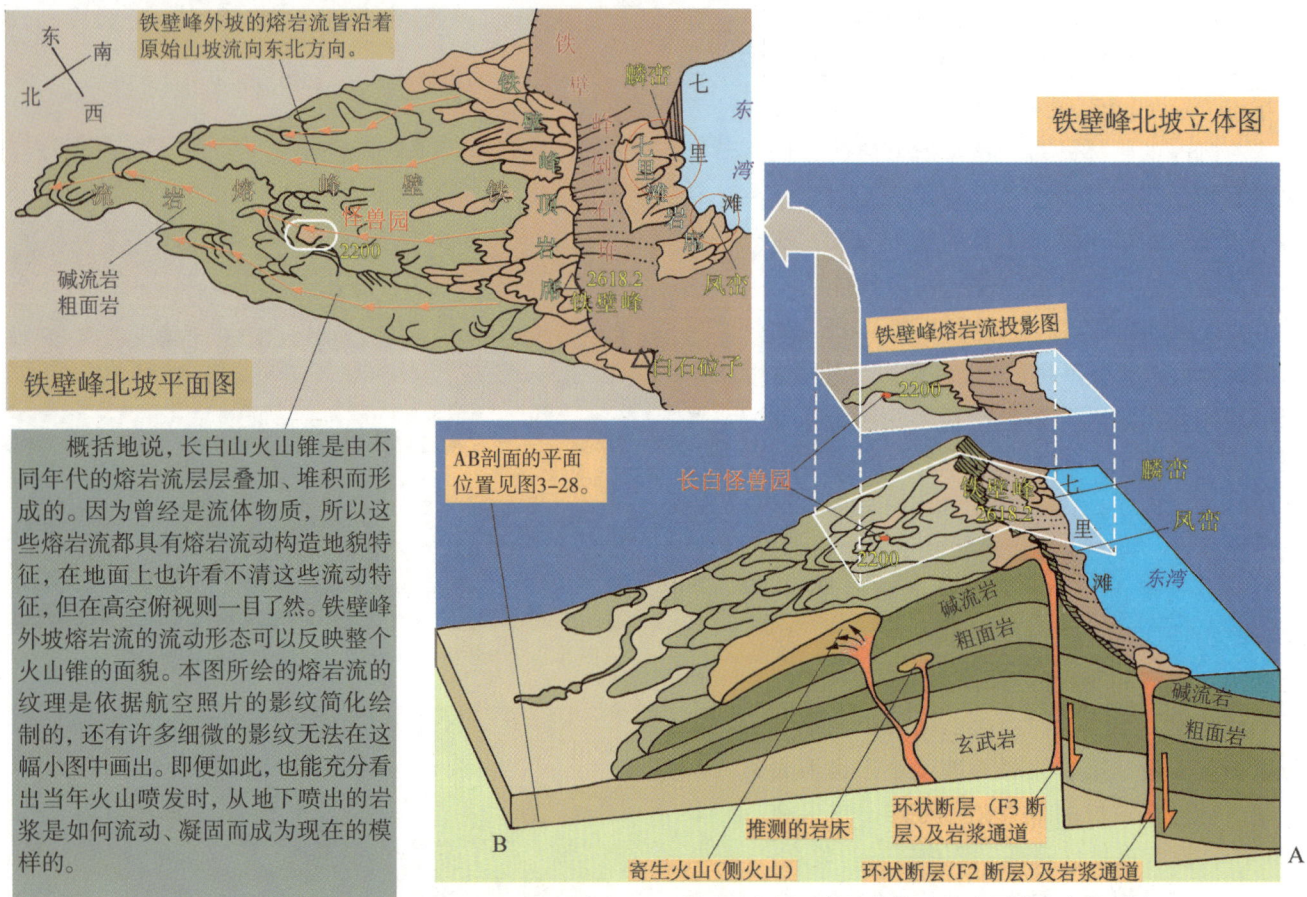

概括地说，长白山火山锥是由不同年代的熔岩流层层叠加、堆积而形成的。因为曾经是流体物质，所以这些熔岩流都具有熔岩流动构造地貌特征，在地面上也许看不清这些流动特征，但在高空俯视则一目了然。铁壁峰外坡熔岩流的流动形态可以反映整个火山锥的面貌。本图所绘的熔岩流的纹理是依据航空照片的影纹简化绘制的，还有许多细微的影纹无法在这幅小图中画出。即便如此，也能充分看出当年火山喷发时，从地下喷出的岩浆是如何流动、凝固而成为现在的模样的。

图3-27 铁壁峰北坡（外坡）构造及碎屑熔岩流分布图

### 3.2.6 踏查铁壁峰熔岩流及游览"怪兽园"趣事

"长白怪兽园"的发现，还有一个小故事：

很早之前，郑德权在查阅长白山航空照片时，发现一处可疑地貌，它位于长白山火山锥东北坡，在气象站东北方，与气象站相距1650米，铁壁峰熔岩流中较为平坦处。一般情况下，火山喷溢的岩浆形成的熔岩流，在航空照片上表现为熔岩流特有的纹理。因为岩浆是流体，在复杂的地形上流动，不可能呈现出规整的形状，但这个可疑地貌却有一副近于正方形的"脸孔"（照片3-53，拍位在三道白河的白山桥上空）。笔者马上又查看了其他不同角度的照片，竟然也有这个"正方形"，这便让郑德权越发觉得奇怪，他越看越觉得此处不像天然生成的熔岩流。忽然，郑德权念头一闪，精神为之一振，莫非是人造的平台？连忙按航片比例计算其大小，一量，边长竟有100多米，放得下一个足球场，从投下的阴影估算，厚度约10米。郑德权一下子愣住了，好大的一个平台！假如它是人造的，那该是多么浩大的工程。于是他顺着这个思路往下想：是什么人、在什么时候、为什么堆积这样一个平台。这时，他忽然又想到了"女真祭坛"，大概是因为多年来笔者太想在长白山找到女真祭坛了吧。刘建封在《长白山江岗志略》316页记载："相传女真国王登白山祭天池，曾筑石于台上，故至今尚有遗迹。"多年来，女真祭坛的位置备受关注，有人认为它在天池畔，并以一堆石块为证。郑德权不以为然，觉得女真祭坛不可能那样小而简，那堆石块好像是现代人堆积的，且位置亦觉不妥。现在，这个正方形，是否就是女真祭坛？于是郑德权邀友人一起去看个究竟。

沿着天池火山口缘行进是相当危险的，一边是火山口内壁，万丈深渊，一边是喷溢的熔岩流形成的火山锥体外坡，尽是火山灰和乱石堆。行进中，真是步步惊心，一不小心，就会失足跌倒，防不胜防。走了一段路程后，从航空照片分析，我们离目标应该已不远了，且已远远地看见了被怀疑为"女真祭台"的地方。

那个愚弄人的"正方形"，越来越近了，终于快到跟前了，原来，它并不是什么"人造平台"，更不是"女真祭坛"，而是一条无可争辩的熔岩流，自然形成的。

从整体上看，这条熔岩流的边缘较为整齐，加上光影作用，在航空照片上便呈现为一个近乎正方形的形态。它保存了清晰而多样的流动构造，这样的流动构造可以说把岩浆在流动过程中表现出的流体特征"刻画"得淋漓尽致。在长白山数以百计的熔岩流中保存如此完好的流动构造并不多见。

在火山喷发的时候，炽热的岩浆夹杂着岩屑从地下喷涌而出，沿着山坡翻滚而下，在流动过程中，有时平稳流淌，有时形成激流，有时形成旋涡，有时拧成麻花状，有时打卷儿翻滚，一层层，一圈圈，互相挤压、叠加，当岩浆冷却而凝固后，就会把这些流动形态固定下来，形成人们眼下所见到的各种各样的流动构造。

面对着尽展魅力的熔岩流，在那些翻滚、扭曲、叠加、卷折的岩石旁，又忽然觉得这些冷凝的岩石以液体的形态来自地下深处又凝固在这里，好像包含着什么秘密。看着这些奇形怪状的东西，感觉它们忽然有了灵性，有了生命……猛然间，郑德权看见了一只巨大的"恐龙"俯卧在那里，头、颈、身、尾、爪俱全，活灵活现，使他好像回到了远古时代恐龙独霸世界的侏罗纪。再走几步，移动一个角度，他又看到了一头张大了嘴仿佛对天呐喊的怪东西，无以命名，只能叫它"仰天长啸兽"。此后，他又看见了一个巨大的鹰形"石雕"，又看见了一个类似猿人头部的东西，也许叫它"长白猿人"比较合适吧，随后看见了一座卧佛，与西坡白云峰、玉柱峰一

在长白山火山锥东北坡上，众多的熔岩流呈长条状、垄状从火山口向下延伸，它们相叠、挤压，形成独特的熔岩流地貌。在诸多熔岩流夹缝之间，侵蚀成许多冲沟，发育了火山濑型沟谷。在如此地貌之中，有一块与周围地貌很不协调之地：从直升机上拍得的这幅航空照片中可以看到，它的形状为扁长方体，夹在正常的熔岩流之间，似乎覆盖在熔岩流之上，看上去好像拦截了从山顶俯冲而下的冲沟，使冲沟不得不绕开这个长方形向下延伸似的，这个形状怪异的长方体引起了人们的注意。

照片3-53　铁壁峰外坡（北坡）的"长白怪兽园"

图3-28　"长白怪兽园"位置图

带的卧佛有异曲同工之妙……如果继续寻找下去，还会看到更多"怪兽"。如此多的"怪兽"聚集在一个并不很大的范围内，这不就是一座"怪兽园"吗？

照片3-54 近摄"长白怪兽园"

照片3-54（拍位见照片3-53）：走近看"长白怪兽园"就是这般模样。在平面上大体为长方形，四周由参差不齐的悬崖构成，表面布满了大石块，正是这些形态各异的悬崖和石块构成了诸多"怪兽"。

照片3-55（拍位见图照片3-53及图3-28）："长白怪兽园"的西部边缘可以看作是它的西"围墙"，这堵"围墙"好像因年久失修已经完全坍塌了，只剩下许多石块。实际上，这些石块的确是"怪兽园"熔岩流边缘崩塌的。在航空照片3-53上，这条碎石带表现为长方体的一条边。

对熔岩流动过程中形成的各种流动构造，上述所谓"怪兽"只是观察者处于某一个合适的角度，加上想象才能显现在头脑中。换一个角度，再不赋予点想象力，便什么也不是了。

还要说的是，由火山熔岩流形成的"怪兽园"是大自然留给我们的宝贵自然遗产。人类尽可以观察它、欣赏它、赞叹它，但不可以毁坏它，这些奇形怪状的流动构造实际上是很脆弱的，是不可再生的。

这里介绍的，是张福有拍摄的一些"怪兽"的照片，供读者欣赏。

照片3-55 "长白怪兽园"西界（张福有 摄）

114

照片3-56 一只横卧的"蜥蜴"（张福有 摄）

所谓"长白怪兽"不过是观察者头脑中的联想，再看这只"蜥蜴"，虽然从头到尾各部件一应俱全，其实就是熔岩扭曲的流动构造，换一个角度或方向却什么都不像了。

照片3-57 仰天长啸兽和护园佛（张福有 摄）

"长白猿人"

熔岩流边缘浑圆状流动构造

层层剥落

照片3-58 "长白怪兽园"中的"长白猿人"（张福有 摄）

## 3.2.7 "长白怪兽"——一条披甲的石龙

如照片3-59所摄，眼前这个怪物拥有浑圆的身躯，僵卧在地上，身上披着"鳞甲"，像远古时代的恐龙，也像巨蜥，又像巨鳄。它浑身布满了纵横交错的裂纹，它的"鳞甲"不少已经脱落，散落在身躯周围。它有多层"鳞甲"，脱落一层又现一层，如蛇蜕皮。这个庞然大物，我们就叫它"石龙"吧。

那么，它究竟是什么东西？它的学名叫熔岩流。人们一定很失望，说来说去，不就是一种岩石吗？是的，但是这种岩石在别处很难见到，只有在火山喷发地区才有，而且须得是年轻的火山。这里所说的"年轻"是地质年龄，从地质角度来说，这条叫"石龙"的熔岩流算是年轻的。

"石龙"身上那些所谓的鳞甲，是熔岩流因冷凝产生的冷缩节理所形成的。试想，从火山口喷溢的熔岩，由1000多摄氏度的高温降到几摄氏度，甚至零下，熔岩体积哪能不收缩？收缩哪能不产生节理裂隙？所以"石龙"冷凝后浑身布满了节理裂隙。请看照片，这些节理裂隙并不是杂乱无章的，而是有规律地分布着，大致可分为3种：①水平节理；②垂直节理；

③层面节理。水平节理和垂直节理将"石龙""鳞甲"切成大大小小的方块，层面节理则使"鳞甲"沿着熔岩流的层面裂开，使它平行于熔岩流浑圆的表面，呈现皮壳状弧形，好像屋顶上的瓦片。层面节理发育时，"鳞甲"可以很薄，而且很容易就能揭下来。正是这几组节理摧残着"石龙"，使它变得非常脆弱，别看它"活"着的时候张牙舞爪，红红火火，沿途把所遇到的一切都烧成灰烬，但冷却凝固后，却不堪一击。它浑身的节理和"鳞甲"使"石龙"很不牢固，经过风化侵蚀，裂隙扩大了，"骨质疏松"了，"鳞甲"剥离了，它自己也日渐消瘦。

"石龙"存在于自然环境中，风化侵蚀作用每时每刻在进行。在长白山严酷的环境中，"石龙"更是遭受到了迅速的破坏。尤其是寒冻风化，昼夜温差大，昼间灌进岩缝中的水，到了夜里结成冰，体积膨胀，每天重复数次，"鳞甲"便会剥落。从石龙残破的躯体来看，有些地方的"鳞甲"已经剥落了好几层，剥落的"鳞甲"散落在"石龙"周围。长白山上强烈的风化作用，最后会使"不堪一揭"的"石龙"变成一堆石块。

那么，像铁壁峰外坡这样的熔岩流在我国其他地区还有吗？有的，在黑龙江省五大连池火山就可以看到。五大连池老黑山和火烧山之间有一大片熔岩流，当地称为石龙熔岩，在那里也能看到许多奇形怪状的流动构造，有爬虫状、巨蟒状、巨蜥状、蛤蟆状、蘑菇状等。这些"怪兽"外貌奇特，与铁壁峰外坡的"怪兽园"有异曲同工之妙。五大连池火山爆发见载于历

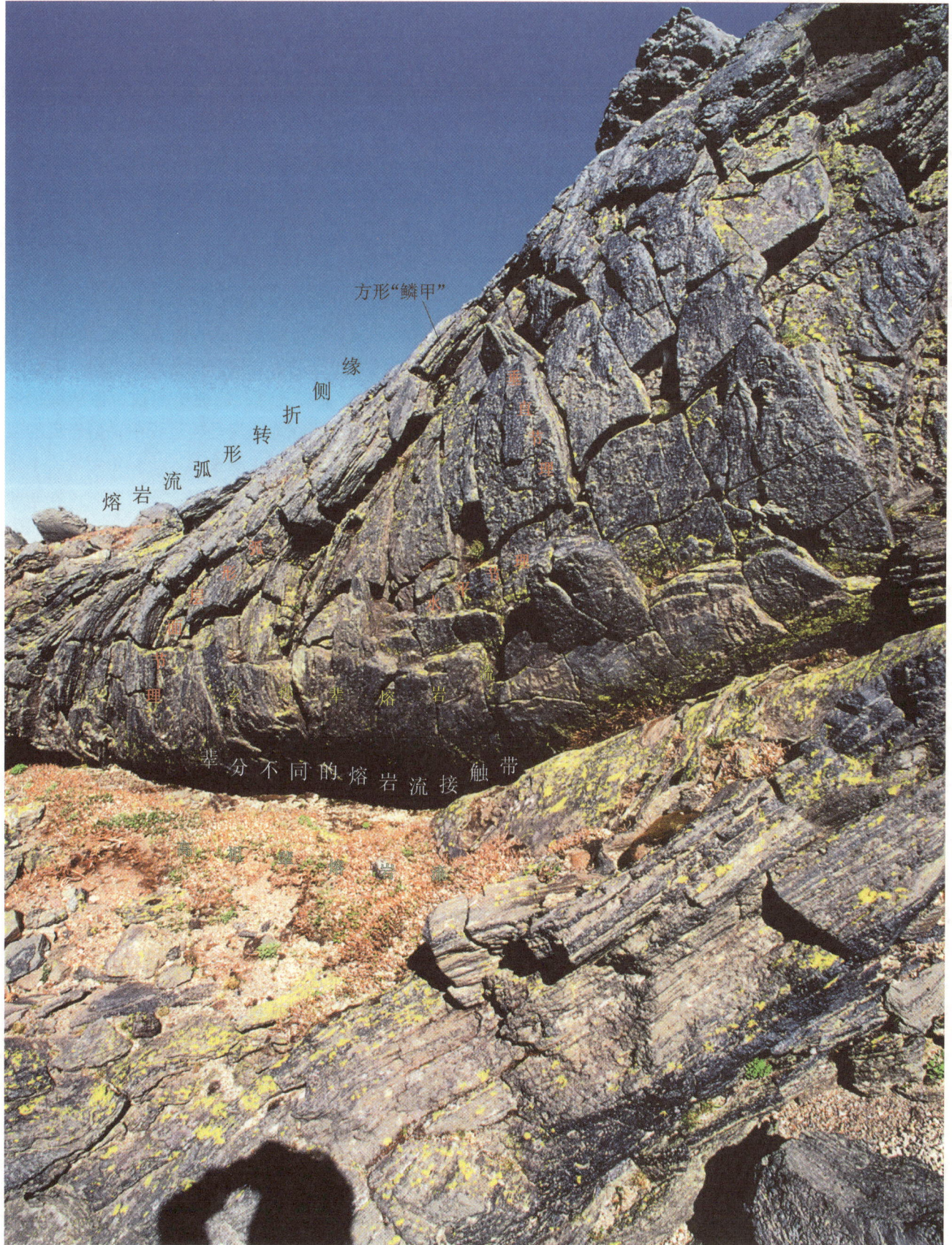

照片3-59　一条披甲的"石龙"（张福有　摄）

117

史文献，《黑龙江外纪》记载："墨尔根东南，一日地中忽出火，石块飞腾，声震四野，越数日火熄，其地遂成池沼。此康熙五十八年（1719年）事。"说的就是这片熔岩流形成的情形，距今已逾三百年。如果从两地熔岩流外貌特征和新鲜程度对比，可以推知，铁壁峰外坡"怪兽园"中的"怪兽""年龄"也不会很大，也就是几百年吧。目前还没见地质学家对这条"石龙"进行年龄测试的报道。

但是铁壁峰外坡的熔岩流并不都如此年轻，更多的熔岩流有几万年的"高龄"。这些熔岩流是不同地质时期火山喷发形成的，也就是说，它们的辈分差别很大，有的很老，是高祖辈的；有的不太老，是爷爷辈的；而"怪兽园"中的熔岩流则是孙子辈的。在张福有拍摄的这幅照片中，"龙体"之下就是一条年纪很老的熔岩流，漫长的风化岁月使它失去了当年的风采，完全没有了初始的模样（见照片中的文字标注）。

现在，新鲜的孙辈伏在前辈的脊背上。或者说，爷爷背负着孙子，共同构成了铁壁峰的外坡。其实，整个长白山火山锥就是由这种不同年代的熔岩流堆积形成的，熔岩流之间也覆盖和掺杂着不同时期的火山灰和火山碎屑等喷发物。

### 3.2.8　铁壁峰熔岩流的鞘状流动构造

照片3-60所摄是铁壁峰熔岩流典型的"鞘状构造"。

鞘是什么？古代战士随身携带的武器是刀剑，这种锋利的武器带在身上容易刺伤自己。再说，刀剑也需要保护，于是人们便用皮革或木头做一个套子，把刀剑插入其内，挂在腰上，用的时候可以方便地抽出来。这种装刀剑的套子，就叫鞘。请看照片3-60中这两块裸露的岩石，它们的断面像不像刀鞘？一层层的熔岩被弯成鞘形，鞘的尖部甚至是封闭的。

熔岩流动构造有很多种类型：绳状构造，像一条条长绳盘绕；麻花状构造，像一根根拧劲儿的麻花挤在一起；翻花状构造，破碎的熔岩块凌乱堆积，又被黏稠的岩浆粘在一起，像波涛翻花；垄状构造，像一条条地垄台和地垄沟；鞘状构造，就像一把刀鞘。当然，这些都是地质学家用人们熟知的事物形象比喻地质现象而已。

那么，这种鞘状构造是怎样形成的呢？

熔岩溢出火山口后，是炽热的液体，到处流淌，随着温度降低越发黏稠，流速也随之越来越慢。熔岩的成分很复杂，包含气体、岩浆、半凝固的塑性块，还有晶体、岩石颗粒、碎屑等。在流动过程中，岩浆中这些不同成分、不同颜色、不同粒度的物质会形成一条条或一层层流动构造，表现为照片所摄的岩石断面上呈现的流动层面。如果读者对熔岩流动层面和流动构造的生成感到陌生，我们可以用一个实验来说明：在厨房中和面时，将几块彩色面块掺进去，经过几次揉搓、拉伸、重叠，然后切开面团观察断面，会发现那几块彩色面块并不是均匀散布在整个面团中，而是呈丝状、条状或片状分布，其实，这就是面团的"流动构造"。

这些一层层的东西是怎么弯曲成"鞘"的呢？

一条喷溢出来的熔岩流，刚刚离开火山口时温度很高，有1000多摄氏度，流速也很快，像从炼钢炉中流出来的钢水。在地面流动的过程中，熔岩流的温度逐渐降低，流动速度也缓慢下来。整条熔岩流不是同时降温的，最先降温的是熔岩流的最外层，外层部分首先形成一层塑性壳，使得熔岩流像一根塑性软管。这层壳成为隔热保护层，延缓了壳里面岩浆速度降温，使其在"软管"里可以流得更远。我们在五大连池火山可以看到一个有趣的现象：管状熔岩里的岩浆都流空了，只剩下一个先前固化的空壳。这当然更像一把刀鞘了，不过这种现象很少见，在铁壁峰外坡熔岩流中尚未发现。

尚未完全凝固的熔岩流还有相当的塑性，在凹凸不平的地面上，或遇到障碍，或遇到沟坎等复杂地形，在流动挤压碰撞中，弯曲、打卷、拧劲儿、叠覆、变形。随着温度的持续下降，炽热的熔岩流由红色变成黑红，再变成黑色，冷凝在它最后到达的地方，完全固化后，便保留下来冷凝前各种扭曲的姿势。鞘状构造就是扭曲姿势的一种。

眼前这两块大岩石（照片3-60）就是铁壁峰熔岩流的残骸，它在塑性流动中被折叠起来，那些一层层的流动构造也同时被弯曲折叠，每个流动层面都是连续的，看起来好像一本卷折压叠的厚书。它虽然不是真的书，但它却以自己最后的形态告诉人们许多知识。科学家们可以从中得知岩浆的组成，喷发时的温度，岩浆流动方式和距离等等岩浆流体力学方面的信息。让我们从中得知，别看现在这里冷冷清清，荒凉而寂静，当年可是红红火火，热烈非凡。

熔岩流的鞘状断面

刀鞘般的鞘状流动构造

熔岩流最早冷凝固化的原始外壳

照片3-60 "长白怪兽园"中的熔岩流鞘状构造（张福有 摄）

照片3-61 天眼（张福有 摄）

天眼

照片3-62 石牛（张福有 摄）

照片3-63 神鹰（张福有 摄）

## 铁壁峰外坡熔岩流的球状风化

照片3-64、3-65：在长白山火山区，岩石的球状风化是很常见的地质现象。

球状风化不仅火山岩可以发生，花岗岩、砂岩等岩石都可以发生。发生球状风化的先决条件是岩石必须被较有规律的节理裂隙切割成块体。人工建筑也可以发生球状风化，因为这些人工建筑多用规整的块状岩石堆砌，块体之间的缝隙正是球状风化容易发生之处。长城的砖墙、故宫的台基、埃及的金字塔、耶路撒冷的哭墙等等，都可以看到很典型的球状风化现象。

长白山的火山岩，不论是玄武岩还是粗面岩，都充满了节理裂隙，更容易发生球状风化。

这里拍摄的是铁壁峰外坡一条熔岩流前缘所形成的球状风化。眼前这面悬崖像一座城堡，好像由浑圆的石块堆砌而成，其实这是岩石风化的结果。冷却节理把岩石切割成无数块体。对于每个块体来说，风化进行速度在块体的面上、棱上和角上是不同的，这就使得每块岩石在风化深入过程中总是先失去角，再失去棱，没了棱角，由表及里，层层剥离，自然呈现为球形。

关于球状风化的成因，书中已有详细介绍，不再赘述。

此范围见照片3-65

照片3-64 铁壁峰外坡（北坡）熔岩流的球状风化

浑圆的球状风化

照片3-65 近摄球状风化

《长白山江岗志略》311页记载："铁壁峰……相传，有人采药至此。忽见峰上悬灯结彩，金碧辉煌，中间悬朱字无数，多不能识。唯'福''寿'字不篆不隶，形似鸟虫，尚可辨。归语人皆以为诞。再往始终不见。"（图3-29）

这虽然是一个传说，但似乎能让人从中看出点什么。许多民间传说看似捕风捉影、牵强附会，但往往能透过迷雾使我们隐隐约约地看到背后似乎隐藏着的真实的科学内容。譬如这个故事，就不应被看作无稽之谈。那么，铁壁峰上能否真的曾经"金碧辉煌"？是完全可能的。长白山发生过多次火山喷发，当年沿着铁壁峰环状断裂有炽热的岩浆喷射出来并不奇怪，火光照亮了夜空，滚滚的火球从山上飞下来，这不就是"悬灯结彩"吗？这当儿，如果刚巧有采药人从很远的地方看去，那不就是"金碧辉煌"吗？采药人说得一点也不过分。此人把这个惊人的消息传开来，一传十，十传百，不断被艺术加工，越传越离奇，于是有了不篆不隶的"福""寿"字等情节，故事由真实的自然现象描述进入了离奇传说的境界。故事中还有"再往始终不见"，这又可能是一个真实的情节，可以解释为那一次火山爆发的时间很短，再有人想去看稀奇时，已经看不到了。一句话，这个传说反映了许多年前那次沿着铁壁峰环状断裂发生的是一次规模不大的火山喷发，喷发量不大，持续的时间也很短，这些现象与现在地质学家对几百年前那次小规模火山喷发的研究成果相符。

长白山火山喷发直接记载于历史文献中的很少，但文献中关于长白山上龙的传说却很多，甚至天池在古代就叫龙潭，人们还传说从天池中有龙飞出来，有喷水的龙，也有吐火的龙。其实，这些传说都曲折地反映出与火山喷发有关的信息。《长白山江岗志略》记载："……徒有黑云从西北来，大雨雹至天池不见，阅数日忽由池中突起五色云"，"见池中三五明星，忽起忽落……自空中落一火球，大如轮。水面万千灯火如白昼……炮声轰隆，宛如霹雳"，"池中雷声时作，音同炮弹，百里外犹闻其声……"等等。历史告诉我们，许多古代传说不是空穴来风，很多都是真实发生过的事情，只要以科学的思路重新审视，总能曲曲折折地找到真相。

与长白山有关的种种传说，肯定是自然科学和社会科学的一种资源，只待我们去发掘。

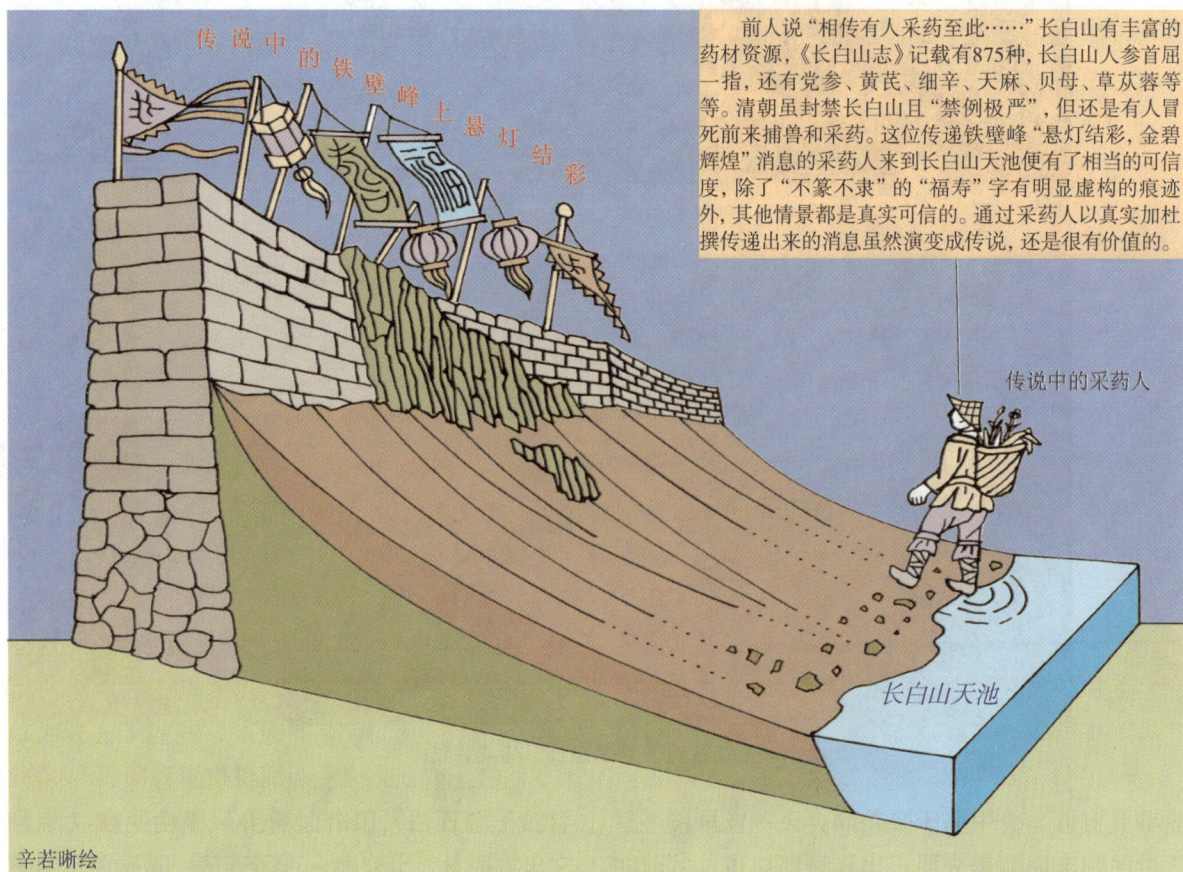

前人说"相传有人采药至此……"长白山有丰富的药材资源，《长白山志》记载有875种，长白山人参首屈一指，还有党参、黄芪、细辛、天麻、贝母、草苁蓉等等。清朝虽封禁长白山且"禁例极严"，但还是有人冒死前来捕兽和采药。这位传递铁壁峰"悬灯结彩，金碧辉煌"消息的采药人来到长白山天池便有了相当的可信度，除了"不篆不隶"的"福寿"字有明显虚构的痕迹外，其他情景都是真实可信的。通过采药人以真实加杜撰传递出来的消息虽然演变成传说，还是很有价值的。

传说中的铁壁峰上悬灯结彩

传说中的采药人

长白山天池

辛若晰绘

图3-29 采药者奇遇——隐含火山喷发信息的传说

本书照片3-33、3-34、3-43中，皆有龙山（大角峰）出现。尤其是在照片3-43中，在铁壁峰背后，龙山赫然显现，遂借得铁壁峰版面单表龙山。

龙山在朝鲜民主主义人民共和国境内。

在天豁峰一带，刚好能从火山口缘最低处的东坡口望出去，如果天气晴朗，可将龙山看得清晰真切。

《长白山江岗志略》323页记载："龙山，在黑石河（沟）南。高约二里。土人云，'曾前山迤东，鹿窖不少，野刀亦有之。'盖刀用丝线挂于树根，可以砍野兽。"

龙山其名，为我国长白先民俗称，刘建封踏查长白山时确认并载入书籍。但现在知道它本名的人已经不多了。朝鲜人、日本人称其为"大角峰"，国人的诸多书籍和地图上也名曰"大角峰"，甚少见"龙山"之名。面对这种情况，在图和照片中标注龙山时，或文中叙述到龙山时，皆用括号注明，又为了兼顾阅读历史文献方便，二名皆用，或互为括注。否则说到龙山，许多人会一头雾水，不知道大角峰就是刘建封命名的龙山。

龙山，或大角峰，位于黑石沟（黄花松沟）南岸，或者说，龙山脚下就是黑石沟，黑石沟绕龙山而过。黑石沟是五道白河源头，五道白河是松花江源流之一。龙山位于松花江流域，可以说，龙山是松花江发源山岭之一。

龙山海拔2164.4米，相对于山脚下264米高的黑石沟，它看起来很高大，如鹤立鸡群般屹立在万顷林海之上，特别引人注目。龙山顶上不长森林，为高山苔原植物所覆盖，远远望去，浑圆光洁，每到秋天时，披覆的植被颜色很美，更为夺目。

龙山何以得到如此重视，在不少历史文献中都提到它的名字？盖因为它脚下黑石沟南岸的那些土石堆。这些人工筑设的土石堆，在康熙到光绪年间，在中朝界务争端中占有重要地位，龙山就在黑石沟旁，所以龙山也跟着出名了。

康熙五十一年（1712年）穆克登奉旨查边，在龟山（大胭脂峰）上立了一块石碑，即"穆克登审视碑"（穆石），穆石上凿有文字"西为鸭绿，东为土门"等字样。本来，碑文"东为土门"中的"土门"二字与"西为鸭绿"中的"鸭绿"二字一样，都是指河流而言，即"土门"是指土门江，又因土门江历史上有同音而无专字，故后来又有"图们江"之称，毫不奇怪。只是碑文中省略了尾缀"江"字而已，犹如碑文中的"鸭绿"就是指鸭绿江。这是汉语言的惯例，穆克登撰写碑文时，把土门江和鸭绿江置于同样的语境中，是用同样的语言格式表述的，同样省略尾缀"江"字而简化的，不会是"鸭绿"指鸭绿江，而"土门"指某种地形。

但朝鲜方面在没有尾缀上大做文章，认为"东为土门"中的"土门"不是指河流，即不是土门江的简化，而是指一处"土岸如门"的地形。"土岸如门"在哪里？这就牵连到龙山，即大角峰了。

光绪十三年（1887年），中方勘界员德玉等禀吉林将军文曰："……（黑石）沟之东南岸有石堆百余，石堆尽处已至长白山正东为大角峰（注：在历史上的中朝边界争端中，我国文献皆用的大角峰称谓，其原因一是不知道我国民间的称谓，二是迁就朝鲜方面的称谓），过此仍东北行，沟之东南岸又有土堆数十，堆上有树，与堆旁平地之树大小高低相等，土堆尽处距碑已九十里，又东北行数十里，此沟始见水下入娘娘库，折而西北流入松花江。"（《延吉边务报告》81-82页）这里牵连到大角峰。

光绪十一年（1885年），朝鲜勘界使李重夏说："东偏数步有沟壑（指黑石沟），为土门之源，连设石堆，土高数尺，堆上林木繁衍，已有老而拱者，明是当年标限，而至大角峰尾，中间沟形忽窄，土岸对立如门，盖指此也。"（《间岛问题》275页）光绪二十四年（1898年），北咸镜道观察使赵存禹说："碑东有湿浦，南挟大角峰，北挟碑后山，两峰土壁如门，约数十里，故曰土门。"（《间岛问题》276页）

无论是中方还是朝方都屡次提到的这个大角峰，就是读者在照片上所看到的模样（照片3-43）。

当年，朝鲜的"土岸如门"之说流布很广，并且，就是以这样荒谬的说法向清政府索要长白山从而向北扩张的。

再说碑后山，注意照片3-43右侧，有"碑后山"犹抱琵琶半遮面。碑后山位于黑石沟北岸，距大角峰2500米，海拔高2189米，相对于此处的黑石沟高仅98米，所以它看起来并不高大。说它是"土岸如门"的另一边"门框"，与大角峰这个"门框"相对，实在是太牵强了，读者可以看图3-23、图3-31、照片3-43，位于黑石沟南岸的龙山和北岸的碑后山，判断下这两座斜对相距2500米的山，能不能构成"土岸如门"。

后来，因为"土岸如门"之说太牵强附会了，朝鲜方面自动放弃了这个主张。

龙山（大角峰）和碑后山的平面位置参见图3-23、图3-31、图11-18。

## 3.3 华盖峰——"山形如盖"

华盖峰位于天池东，海拔 2624.0 米，高出天池水面 434.9 米，在环池十六峰中排行第十。

《长白山江岗志略》311 页记载："华盖峰，南接紫霞峰二里余。山形如盖，其出云还云，状亦如盖。每至春冬，常见五色云遮掩顶上，即风雪交加，亦不散去。"《长白山灵迹全影》在《天豁峰》这一照片中摄入了半边华盖峰（见照片 3-2），该照片的"具图贴说"中对华盖峰的描述是："华盖披离下垂，巅圆而末锐。"

刘建封命名此峰为"华盖"，何谓华盖？华盖，是古代帝王所乘车子上伞形的遮蔽物。将华盖之名冠于此峰，乃以峰形为据，即"山形如盖"。前后左右上下远近端详此峰，尤其是此峰内壁即向天池一面，三角形的峰顶下面是垂直的悬崖，宛如车体，顶、体相连，确像一辆篷车（见照片中的白色虚线）。

照片 3-66 华盖峰

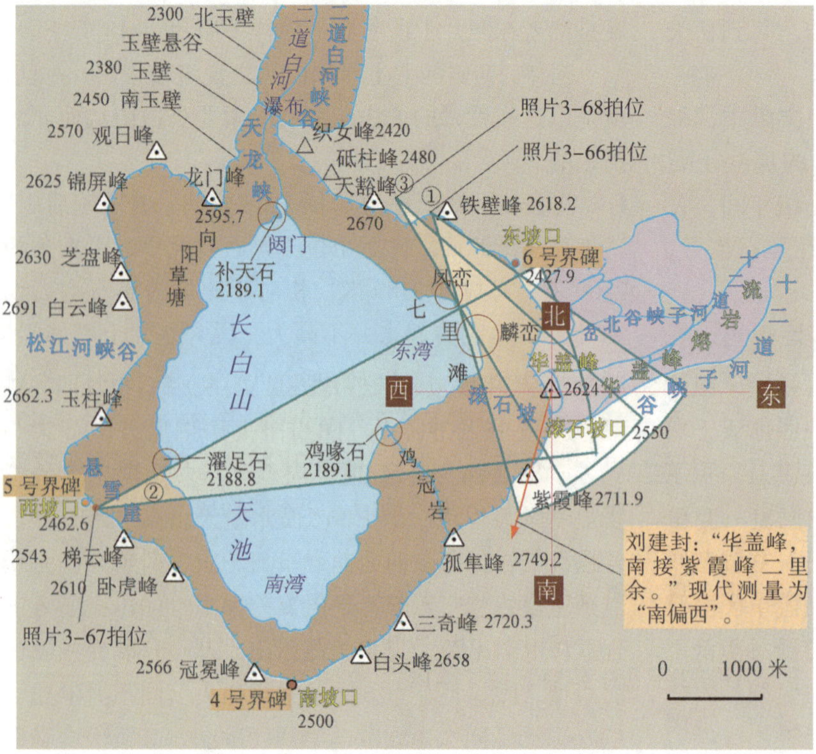

图 3-30 华盖峰拍摄位置及华盖峰熔岩流分布图

照片 3-67（拍位见图 3-30）：华盖峰，西北隔东坡口与铁壁峰相望，南隔滚石坡与紫霞峰相望，位于东坡口与滚石坡口之间，也就是说，两个坡口之间是华盖峰的范围。本幅照片中东坡口的实际位置被铁壁峰所遮，滚石坡口的实际位置被华盖峰所遮，所以照片中标注的东坡口和滚石坡口皆离实际位置有点距离。为了说明华盖峰的范围是在滚石坡口与东坡口之间，特将这两处坡口以箭头指示标注在照片中。

华盖峰由 (1) 华盖峰三角形峰顶、(2) 华盖峰悬崖、(3) 华盖峰倒石堆和 (4) 华盖峰岩席组成。

刘建封描述华盖峰用了一个"山形如盖"的比喻，甚为恰当。我们从照片中也可以看到，华盖峰顶部是一个等腰三角形，在环池十六峰中独此峰有这样的形状。它的形成过程大致如下：当年火山爆发时，大量火山灰散落于此，由于堆积于此的火山灰在空中已经冷却，所以这些火山灰胶结性甚差，有的完全呈松散状态。当这些呈颗粒状的松散物堆积时，是遵循松散堆积物天然休止角规律的，就好像打麦场上的粮食堆，麦粒在自然散落堆积时，不可能堆得很高，只能堆成一个底角约35度的锥体，大于此角便向周围摊开。华盖峰的外形刚好呈三角形，底角也差不多是35度。这就是华盖峰之所以成为现在这种形状的原因。

华盖峰外坡由熔岩流构成，这些熔岩流向东北方向流淌。熔岩流之间的几条冲沟有季节性流水，皆为三道白河上游冲沟，所以华盖峰属于松花江流域，即华盖峰内、外坡之大气降水全部流入松花江。

华盖峰范围
华盖峰三角形峰顶
华盖峰 2624
滚石坡口 2550
东坡口 2427.9
华盖峰悬崖
华盖峰倒石堆
华盖峰岩席
段下坡石滚
临池沙滩
东湾
鸡喙石 2189.1
风月窝
长 白 山 天 池

照片3-67　华盖峰的范围在东坡口和滚石坡口之间

滚石坡口：光绪三十四年（1908年）、宣统元年（1909年）、宣统二年（1910年）刘建封三次经由滚石坡口下临天池，踏查天池周边及观测环池十六峰。

照片3-67（拍位见图3-30）：这是在悬雪崖（西坡口）拍摄的华盖峰。滚石坡中段被鸡冠岩遮挡看不见，只能见到顶上的滚石坡口和滚石坡下段近天池之处。刘建封就是从滚石坡口下临天池的。钓鳌台、放鹤台被鸡冠碴子遮挡。注意照片右面的风月窝，在这里看得比较清楚。

照片3-68（拍位见图3-30）：这是在天豁峰以东拍摄的华盖峰，注意呈等腰三角形的峰顶，与其他环池山峰迥然不同，这是华盖峰最具特色之处。刘建封在《长白山灵迹全影》第9幅照片《天豁峰》"具图贴说"中说华盖峰"巅圆而末锐"，就是说的这个三角形峰顶。"巅圆"是对等腰三角形的钝角顶角而言，"末锐"是对等腰三角形的两个锐角底角而言。

华盖峰三角形峰顶
华盖峰 2624
滚石坡口 2550
华盖峰悬崖
③

照片3-68　华盖峰三角形峰顶

## 3.3.1 关于华盖峰定位的旁证

关于华盖峰的定位，本书已多次考证，这里再提供给读者一个旁证，那就是在华盖峰上能看见列宿泊（图3-31）。

何为列宿泊？《长白山江岗志略》323页记载："列宿泊，在黑石河（沟）前后。水二三尺不等，沙底毕露，涟漪可爱。大者周约三十步，其方圆宽窄不一。登华盖峰望之，灿若列星。"

这里提到了黑石河（刘建封等在文献中又称此河为"黄花松沟"），那么，黑石河在哪里？《长白山江岗志略》344页记载："黑石沟，一名黑石河，源出清风岭。西北距穆石百余步，河身微细，多黑石。有水之处甚鲜。南岸上游垒有石堆若干，下游积有土堆若干。沟长四十六里，至黄花松甸，即平衍无踪。"

在图3-31中沿着黑石沟（黄花松沟）画有一系列土石堆。《长白府区域详图》（1908年）和《万山之祖老白山江岗全图》（1931年）中皆明确标注了"土石堆"。

列宿泊在黑石沟前后，在华盖峰上可以看得到。图3-31画出了华盖峰、黑石沟和列宿泊的平面位置关系。从华盖峰向列宿泊眺望，中间没有可以遮挡视线的山体，可以看见那些"灿若列星"的列宿泊。

反证推理：如果华盖峰不在这里，如我国某些书籍或文献那样，把华盖峰定位在天豁峰或白石碰子上，从那里眺望，是不可能看见列宿泊的，所以那是错误的定位。

另外，在列宿泊一带还有碑后山、大角峰、黑石沟、土石堆值得关注，这些地点在光绪年间中朝界务争端中多次成为争论的焦点。

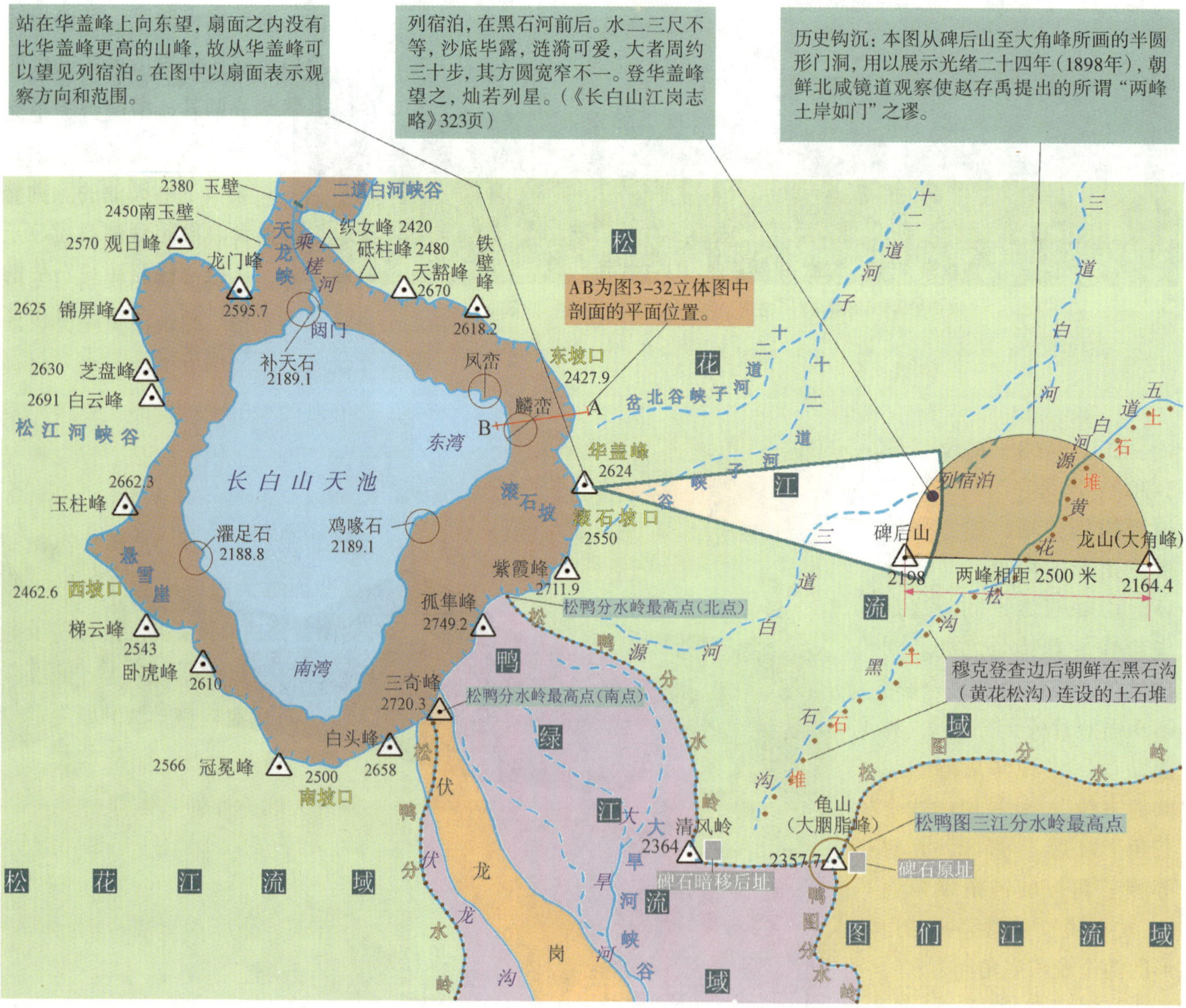

站在华盖峰上向东望，扇面之内没有比华盖峰更高的山峰，故从华盖峰可以望见列宿泊。在图中以扇面表示观察方向和范围。

列宿泊，在黑石河前后。水二三尺不等，沙底毕露，涟漪可爱，大者周约三十步，其方圆宽窄不一。登华盖峰望之，灿若列星。（《长白山江岗志略》323页）

历史钩沉：本图从碑后山至大角峰所画的半圆形门洞，用以展示光绪二十四年（1898年），朝鲜北咸镜道观察使赵存禹提出的所谓"两峰土岸如门"之谬。

图3-31 华盖峰定位旁证图

126

图3-32左上角的小图选自《中国古代图案选》185页的"汉砖印纹"图样：一匹马拉着一辆车，车上坐着两个人，中间有一立柱，立柱之上是一个伞状车篷。马前面还有一个牵马的人，这车很可能是朝廷官员乘坐的车。伞状车篷的形状是钝角等边三角形。皇帝巡幸所乘坐的车比这大，还有车篷，但车篷的形状与此差不多。皇帝的车上面的车篷叫华盖，即"帝王的车盖"。

刘建封在踏查长白山时，在环绕天池的十六座山峰中，发现有一座山峰像帝王的车盖，这位博学而浪漫的诗人便据此"相形命名"此峰为"华盖峰"。华盖峰不仅与帝王的车盖形似，那端然风格亦具有帝王之神气。他描述华盖峰曰："山形如盖，其出云还云，状亦如盖。每至春秋，常见五色云遮掩顶上，即风雨交加，亦不散去。"这样的描述，当来自崔豹《古今注·舆服》："华盖，黄帝所作也，与蚩尤战于涿鹿之野，常有五色云气，金枝玉叶，止于帝上，有花葩之象，故因而作华盖也。"这样一来，华盖峰的命名不仅依据峰形相似，还包含了华盖峰上的气象变化，正如白云峰上的气象变化那样"群峰毕露，独此峰烟雾缭绕"。

这样，西北有白云峰的"烟雾缭绕"，东有华盖峰的"五色云遮"，环池十六峰风云变幻，气象万千，难怪先人惊叹"真仙境也！"

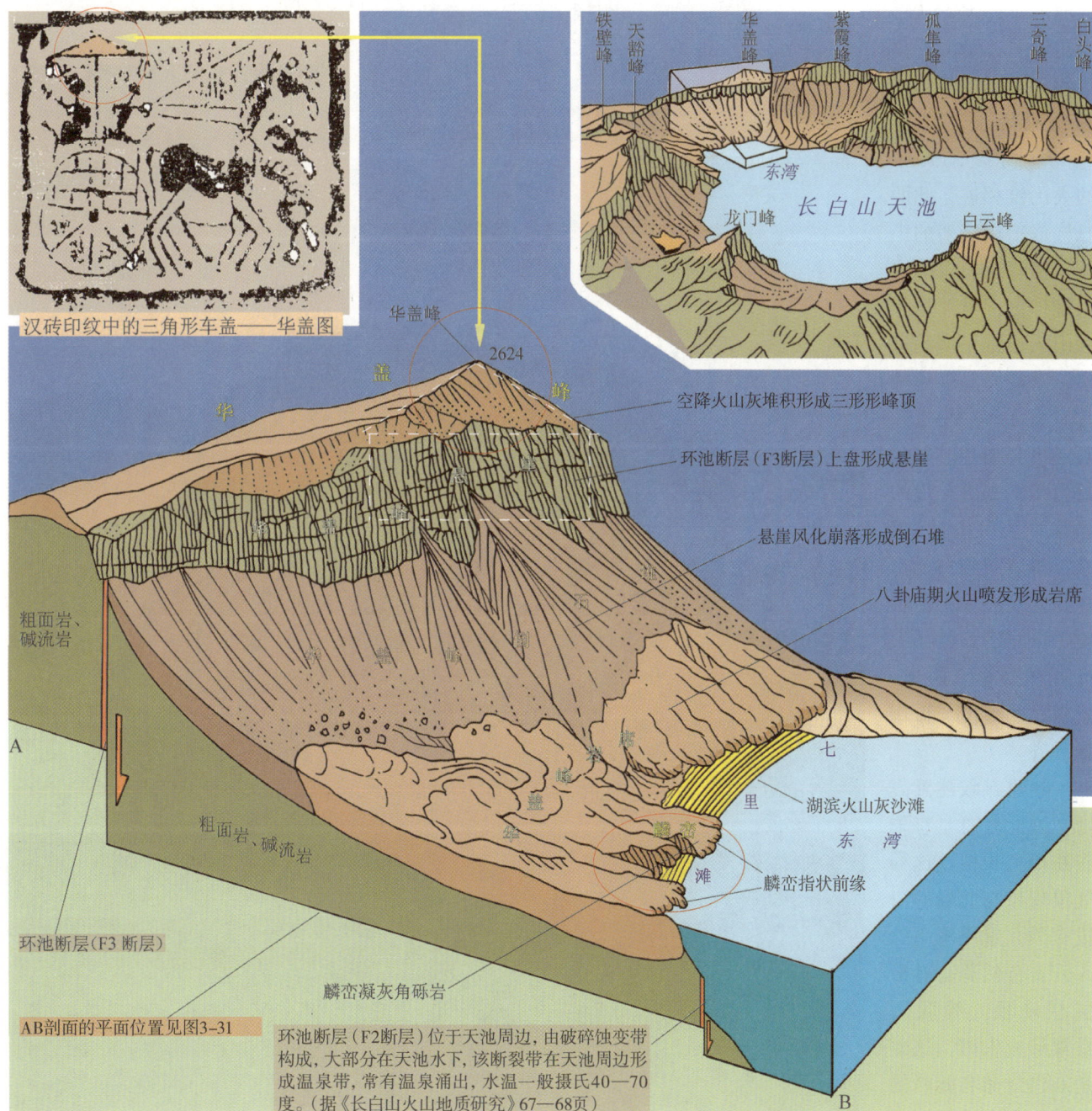

汉砖印纹中的三角形车盖——华盖图

华盖峰

2624

空降火山灰堆积形成三形形峰顶

环池断层（F3断层）上盘形成悬崖

悬崖风化崩落形成倒石堆

八卦庙期火山喷发形成岩席

湖滨火山灰沙滩

麟峋指状前缘

东湾

粗面岩、碱流岩

粗面岩、碱流岩

环池断层（F3断层）

麟峋凝灰角砾岩

AB剖面的平面位置见图3-31

环池断层（F2断层）位于天池周边，由破碎蚀变带构成，大部分在天池水下，该断裂带在天池周边形成温泉带，常有温泉涌出，水温一般摄氏40—70度。（据《长白山火山地质研究》67—68页）

铁壁峰 天豁峰 华盖峰 紫霞峰 孤隼峰 三奇峰 白头峰

东湾 长白山天池 白云峰

龙门峰

图3-32 华盖峰内壁形貌及构造示意图

127

## 3.4 紫霞峰——"朱霞常留此间"

紫霞峰，位于天池东，海拔2711.9米，高出天池水面522.8米，在环池十六峰中排行第三。

《长白山江岗志略》311页记载："紫霞峰，南连孤隼，沙土紫色，石参差错落，颇有生气。每至天暮，池中出云，缠联峰顶，如丝如缕。其纠缦之状，宛然天半朱霞长留此间。西接鸡冠岩，悬崖绝壁，星垣睥睨，尤为出色。由池至巅，约八里有奇。"

紫霞峰的高度仅次于孤隼、三奇两峰。它巍巍峨峨，耸立于天池之东。无论从哪个角度看，紫霞峰都雄伟高大，气势不凡。紫霞峰外坡东北脊与一座海拔2561米的火山锥相连，此两峰构成一堵墙般的山体，横亘于长白山火山锥体之东坡。从长白山火山锥东南麓远眺，紫霞峰与孤隼峰并肩而立，在视觉效果上不分伯仲。刘建封当年踏查时拍摄的照片《长白山远景》中，将紫霞峰与孤隼峰并置于照片中心位置（见照片11-6），可见在摄影者眼里，紫霞峰的地位与孤隼峰平齐。

刘建封叙述紫霞峰，说此峰总是有朱霞在峰上长留，这种气象现象与此峰的海拔有关，紫霞峰高耸入云，自然总是有云层在峰顶"缠联"，常常形成朱霞，这也是刘建封命名此峰的依据。本书所拍摄的

这张照片，亦有朱霞，可惜不甚明显，那峰上的云层只是稍微带点红色而已（照片3-69，拍位见图3-33）。

紫霞峰外坡的流水汇入三道白河，再汇入松花江，所以，紫霞峰属于松花江流域源头之峰。

历史钩沉：《长白山灵迹全影》第4幅摄有《长白山远景》照片，那是从紫霞峰东南相距9900米的木头峰上拍摄的孤隼峰和紫霞峰，所摄为紫霞峰的外坡即东南坡（见553—554页）。笔者这里所摄的是紫霞峰的内壁，内壁和外坡形貌当然不同。刘建封在调查紫霞峰期间，在紫霞峰一带对天池拍摄了名为《长白山天池》（第3幅）、《天豁峰》（第9幅）和《鸡冠岩》（第10幅）的照片，这些照片皆载入《长白山灵迹全影》。

紫霞峰范围

紫霞峰
2711.9

紫霞峰坡面岩席

紫霞峰悬崖

长 白 山 天 池

①

照片3-69　紫霞峰

紫霞峰范围　紫霞峰

紫霞峰悬崖

紫霞峰倒石堆

滚石坡

②

照片3-70　在东坡口拍摄的紫霞峰（拍位见图3-33）

以东坡口为界，在这幅照片中可以看到：北面的补天石、中流砥柱、阆门、天龙峡、玉壁、织女峰、砥柱峰、虎头砬子、天豁峰、白石砬子、铁壁峰、七里滩的一半、凤峦的一半、东湾的一半在中国境内；南面的凤峦的一半、麟峦、东湾的一半，七里滩的一半，滚石坡，放鹤台，钓鳌台（其上有女真祭坛）、仙人岛、华盖峰、紫霞峰在朝鲜境内。

补天石
阆门（泻水口）
天龙峡
玉壁顶 2380
织女峰 2420
砥柱峰 2480
虎头砬子 2650
天豁峰 2670
白石砬子 2640
铁壁峰 2618.2
东坡口 2427.9
华盖峰 2624
紫霞峰 2711.9
紫霞峰悬崖

2189.1 中流砥柱

长白山天池　东湾　凤峦　麟峦
钓鳌台　放鹤台
仙人岛
滚石坡下段

③

照片3-71　在孤隼峰上拍摄紫霞峰（拍位见图3-33）

紫霞峰 2711.9

紫霞峰悬崖（上层）

火山喷发间断面

紫霞峰悬崖（下层）

④

照片3-72　在孤隼峰上近摄紫霞峰西面形貌（拍位见图3-33）

紫霞峰的外坡（东南坡）发育有四五条冲沟，这些冲沟里的季节性流水先向东南流，又转向东流，再转向东北流，皆汇入十二道河子，再汇入三道白河，再汇入松花江，所以，紫霞峰属于松花江流域。紫霞峰海拔2711.9米，高度在环池十六峰中排第三。排行第一的孤隼峰（海拔2749.2米）和排行第二的三奇峰（海拔2720.3米）的外坡位于鸭绿江流域，排除这两座山峰，紫霞峰外坡就是松花江流域的最高集水坡。也就是说，在紫霞峰顶人们能从云中最先接到松花江流域最高的一筋大气降水。

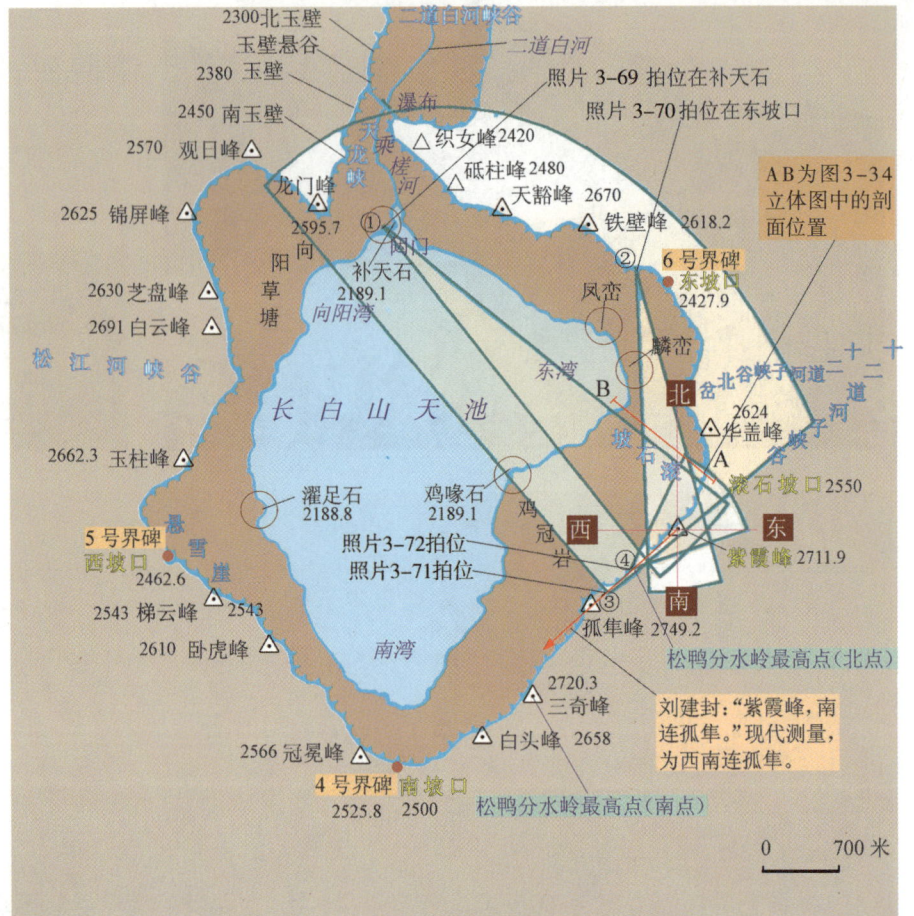

图3-33　紫霞峰拍摄位置图

## 3.4.1　紫霞峰内壁形貌及构造示意图

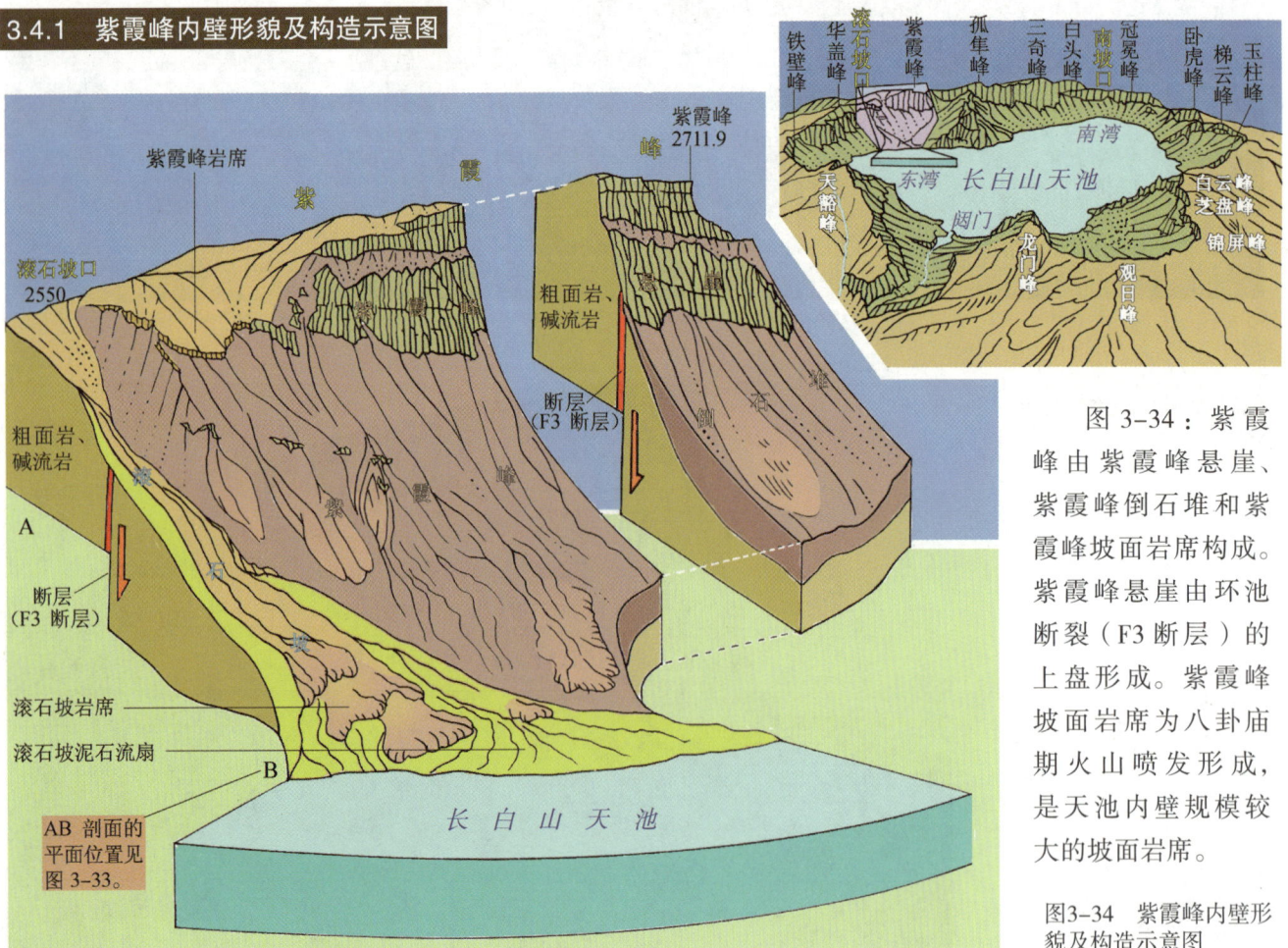

图3-34：紫霞峰由紫霞峰悬崖、紫霞峰倒石堆和紫霞峰坡面岩席构成。紫霞峰悬崖由环池断裂（F3断层）的上盘形成。紫霞峰坡面岩席为八卦庙期火山喷发形成，是天池内壁规模较大的坡面岩席。

图3-34　紫霞峰内壁形貌及构造示意图

孤隼峰，位于天池东南，海拔2749.2米，高出天池水面560.1米，在环池十六峰中，排行第一。

《长白山江岗志略》311页记载："孤隼峰，南距三奇峰半里余。峰顶尖秀峭古，向西南斜而有力，形同孤隼，层山之中，特树一帜，令人望之而生独立思想。"

《长白山灵迹全影》两次将孤隼峰摄入照片，一幅是在第4幅照片《长白山远景》中，与紫霞峰同时摄入镜头；另一幅是在第11幅照片《滚石坡》中，将华盖峰的半面、紫霞峰和孤隼峰同时摄入镜头。我们从这些历史照片中可以看到一百年前孤隼峰的雄姿。

在第10幅照片《鸡冠岩》中，刘建封虽未将孤隼峰摄入镜头，但在该照片的"具图贴说"中，他在叙述鸡冠岩时，提到了孤隼峰："旱河上游东北行，出鸡冠岩。下为长白，回头结与孤隼、三奇，两峰相联络。"这一句话将鸡冠岩、孤隼峰和三奇峰三者之间的位置关系阐述得非常明白，其中，孤隼峰的定位最明确。但我国很多书籍不标注孤隼峰，遍览有关长白山的书，竟没有发现一本在刘建封定位的孤隼峰上标注为孤隼峰的。但有标注为"白头峰"的，虽然这也是一个错误的标注，但毕竟用了刘建封的命名。大多数是只标注外国的命名。那么，孤隼峰到哪里去了？有人认为华盖峰是孤隼峰；有人只是在文字里模糊叙述，不落实在地图上，让人摸不着头脑；有人连文字叙述也没有，完全忘掉了孤隼峰。

其实，在天池东南面，孤隼峰是最明显的参照物，它位置突出，高大威猛，俯瞰群峰，前有狼牙锯齿般的鸡冠岩护驾，东有紫霞峰并肩而立，西有"三峰比立"的三奇峰辅佐，三座高峰联袂构成天池火山口的东南壁。所以刘建封说它"特树一帜，令人望之而生独立思想"。

孤隼之名是刘建封据此峰的特殊形象而命名的。从远处眺望此峰，该峰的形貌就像一只巨隼展翅欲飞（见照片3-73、3-75、3-77、3-78），跃然纸上。尤其是照片3-78，那只"巨隼"在弥天的云雾之中已经展开双翅，即将腾空跃起。腾起的大雾隐去了右翅的尖端，更加衬托出"巨隼"的威猛。隼是一种猛禽，是鸟中之王，在天空翱翔如风，捕猎时如流星飞弹，隼一旦

图3-35 孤隼峰位置及拍摄位置图

展翅，便可威震四方，没有比孤隼能将此峰的气势表达得更贴切的了，这是刘建封命名此峰的神来之笔。

孤隼峰外坡的水流入大旱河，大旱河的水流入暖江，暖江的水流入鸭绿江，所以孤隼峰外坡属鸭绿江流域。孤隼峰内坡的水流入天池，而天池属松花江流域，所以孤隼峰内坡亦属松花江流域（参见图5-5）。

孤隼峰与紫霞峰之间有一高地，此高地东北距孤隼峰400米，位于火山口缘，海拔2650米，比孤隼峰低100米左右，这是一处特殊之地，此处就是松花江和鸭绿江分水岭的最高点（北点）。因此，该点具有重要的地理意义：此点以东的水经三道白河进入松花江，此点以西的水经大旱河、暖江进入鸭绿江。

松、鸭分水岭最高点（北点）是登顶观赏天池的极佳地点，从长白山火山锥东南坡登顶的公路就终止于该点外坡。如果人们站在此点上，那么就是站在松花江和鸭绿江分水岭的最高点上了。如果在此你遇上了一场大雨，你左右手两侧的大气降水，一边最终会流入遥远的鄂霍次克海，一边最终会流入黄海，两者的归属相差2800千米，使你深切体会到什么叫"失之毫厘，谬以千里"。

131

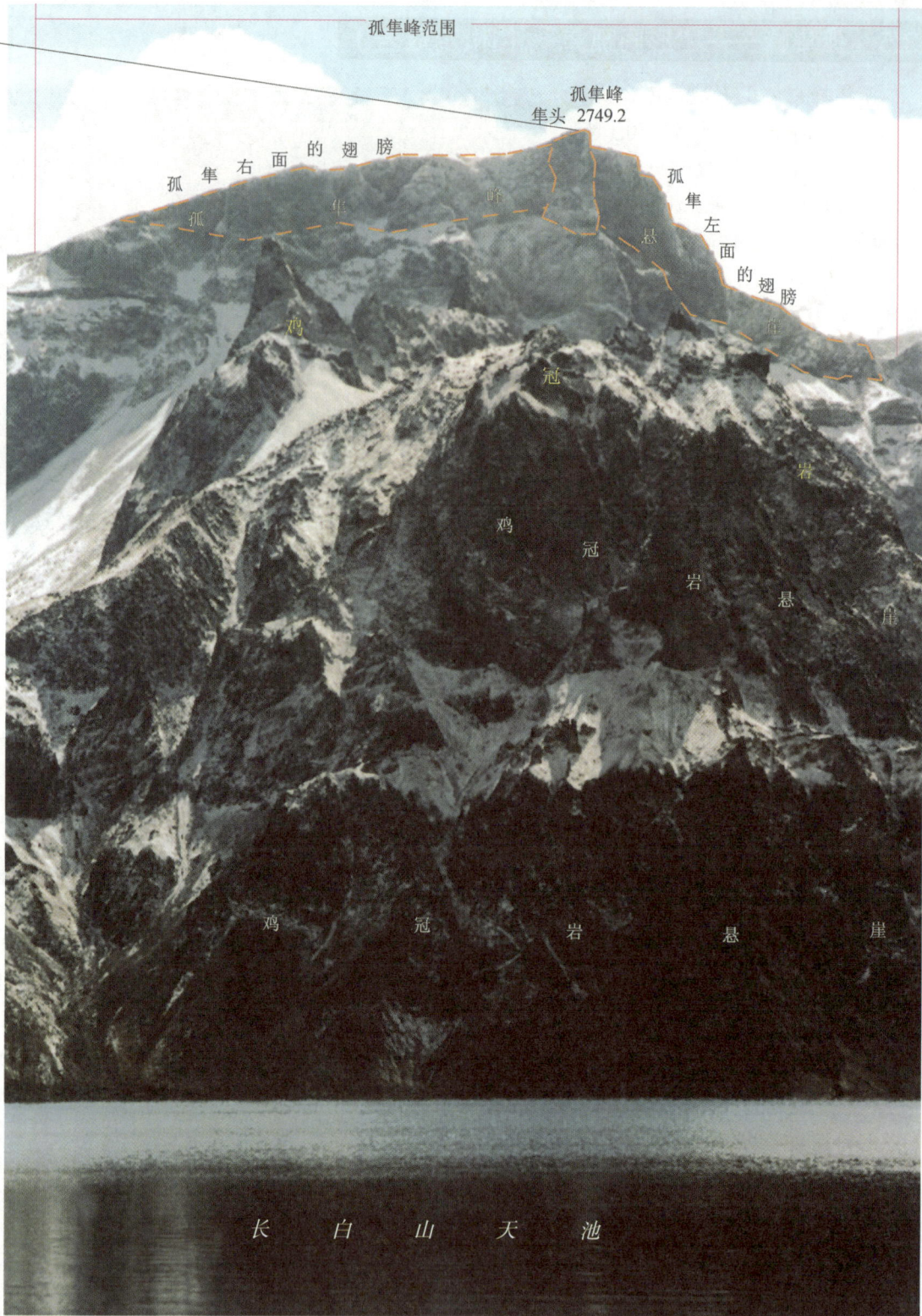

孤隼峰范围

孤隼峰隼头 2749.2

孤隼右面的翅膀

孤隼左面的翅膀

孤隼悬崖

鸡冠

鸡冠岩

岩悬崖

鸡　冠　岩　悬　崖

长　白　山　天　池

照片3-73　孤隼峰
（张福有　摄）

①

照片 3-73（拍位见图 3-35）：这是在天池北畔补天石用长焦距镜头拍摄的。因为拍摄位置仅略高于天池水面，约处于海拔 2190 米处，而孤隼峰海拔 2749.2 米，高出天池水面 560.1 米，所以孤隼峰显得特别高大雄伟。位于孤隼峰前面的是鸡冠岩，鸡冠岩向天池突出的悬崖峭壁离拍摄者较近，它占据了照片中的主要部分。从火山地质角度讲，孤隼峰和鸡冠岩形成年代不同，火山喷发的形式也有所差别，所以孤隼峰内壁那高峻陡峭的悬崖与鸡冠岩之间是断层（F3

断层）接触，鸡冠岩不是孤隼峰悬崖的延续，鸡冠岩位于天池的中心偏南，两者是各自独立的火山地质体，不可以认为孤隼峰坐落在鸡冠岩之上。即使不从地质角度，我国前人也不曾把孤隼峰与鸡冠岩看成一体。刘建封在《长白山江岗志略》中，把孤隼峰和鸡冠岩都列为单独的条目。因两者挨得很近，所以无论从什么角度拍摄孤隼峰，都难以避开鸡冠岩，从而表现为如本幅照片这样的构图。

132

照片中标出了孤隼峰的范围。孤隼峰2749.2 孤隼峰悬崖 孤隼峰范围 在鸡冠岩后面隐约可见三奇峰 鸡冠岩范围 后大冠 前大冠 鸡冠岩悬崖

照片3-74 在东坡口拍摄的孤隼峰

照片3-74（拍位见图3-35）：这幅照片后大冠的后面有三奇峰隐约露出来，因为拍摄角度的关系，将远景三奇峰与后大冠重叠在一起。

"仙人岛，在鸡冠岩北，长三里，宽里余。"《长白山江岗志略》318页。

②

照片中标出了孤隼峰的范围。在孤隼峰的前面，占据照片中心的是鸡冠岩。鸡冠岩与孤隼峰是以断层接触的，两者是不同性质的火山岩体，它们不是同一喷发期形成的。鸡冠岩的位置也不在火山口缘之上，它更靠近天池中心，是"正中一峰特立，群峰旁如门峙"（引自康熙十六年内大臣武木讷勘验长白山后奏折中的文字）的中心之峰；是"足插天池""结长白山之来脉"（刘建封语）之峰。在天池中，鸡冠岩独树一帜，虽然在照片中常将孤隼峰和鸡冠岩拍在一起，但不可以将孤隼峰与鸡冠岩看成一体。

照片3-75 在西坡口看孤隼峰

照片3-75（拍位见图3-35）：从这个角度看孤隼峰，"隼"的两只大翅伸展着，振翅欲飞，头部昂然向上，气势雄伟。

紫霞峰 2711.9 鸡冠岩范围 孤隼峰范围 2749.2 隼右翅 隼头 隼左翅 三奇峰范围 一峰 2650 二峰 2670 三峰 2700 以断层与孤隼峰接触的鸡冠岩"斜插天池" 风月窝 长白山天池

风月窝，在鸡冠岩西。夏日花草满畦，登山者每见仙鹿出没其中。长约三里。《志略》319页

③

照片3-76（拍位见图3-35）：《长白山江岗志略》311页记载："孤隼峰，南距三奇峰半里余。"依现在长度即300米左右。这个距离并不是指与三奇峰主峰的距离，而是指距三奇一峰的距离。从这幅照片中可以看到刘建封所说的"三峰比立"的情形：如果从孤隼峰向西南望，离孤隼峰最近的是三奇一峰，依次是三奇二峰、三奇三峰，再到三奇峰。注意，这幅照片中未标注三奇二峰，因为从这个角度看，它被三奇三峰挡住了。

照片3-76 孤隼峰和三奇峰的位置关系

孤隼峰范围 三奇峰范围 三奇三峰 2720.3 三奇一峰 2650 孤隼峰 2749.2

④

照片3-77 "孤隼"正面雄姿（这幅照片是照片3-75的局部放大）

照片3-78是从国外一本书上剪下来的印刷品。薄云笼罩着孤隼峰，作为孤隼头身的峰尖高高耸立着，说它像巨隼站在悬崖上真是恰如其分的比喻，那飘忽不定的云彩使巨隼若隐若现，伸展的巨翅似乎开始扇动，即将一飞冲天，仿佛能把整个悬崖都带上天空，不愧是十六峰之首。当年刘建封"相形命名"，一定是看见了这样的景色，才定为孤隼之名。

照片3-78 "巨隼"展翅欲飞图

刘建封何以将长白山最高的山峰命名为"孤隼"？当有植根于肃慎及其后裔"打牲"民族的情结。在东北，民间有"棒打狍子瓢舀鱼，野鸡飞到饭锅里"的俚语，可见当年飞禽走兽多到何等程度。古代没有枪，如何猎取空中飞禽？在长白先民狩猎文化中便有了海东青。这是一种猛禽，先民捕捉驯养用来擒获空中猎物，这种风俗一直流传到现在。东北狩猎民族对海东青的重视犹如中原农耕民族对牛马的重视，所以他们向中原进贡，常有这种极珍贵的贡品。乾隆皇帝对海东青情有独钟，曾说："海东青，羽族之最鸷者。有海东青焉，身小而健，其飞极高，能擒天鹅，搏兔亦俊于鹰鹘。"又赋诗《海东青》："鸷鸟从来有窟窠，海东青窝鲜逢他。徒传飞至沧瀛左，亦自投于丛樾罗。鹘骨雕周早

输健，蝇营狗苟底须多。禽中虎也却愁燕，演雅名言可会吗。"（《吉林通志·天章志》98页。）

海东青就是隼，是一种翱翔天空的猛禽，孤隼峰直入云霄，不但神似且形似，恐怕没有比孤隼更恰当的"相形命名"了。隼而孤，更显其翱翔、俯瞰之气势。

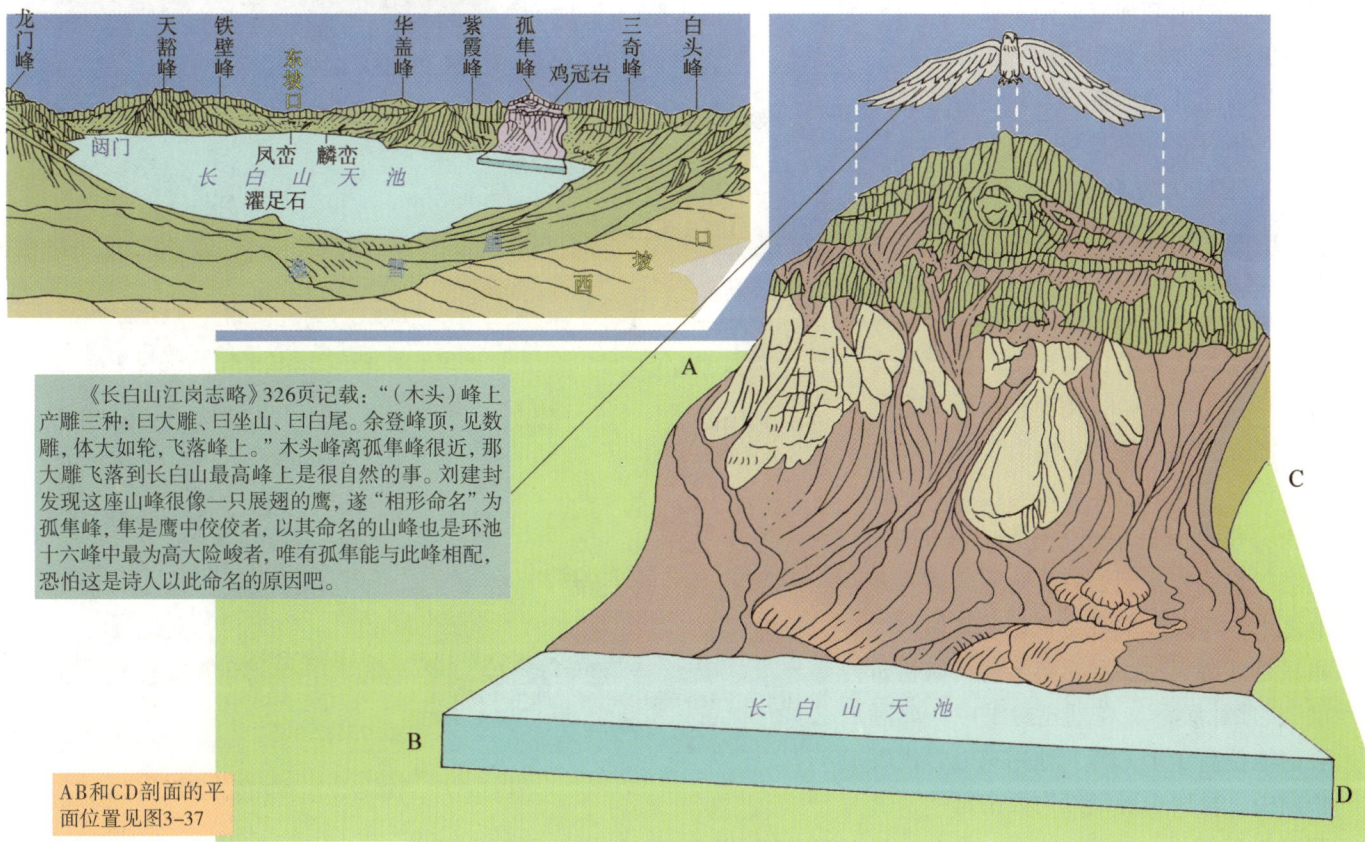

《长白山江岗志略》326页记载："（木头）峰上产雕三种：曰大雕、曰坐山、曰白尾。余登峰顶，见数雕，体大如轮，飞落峰上。"木头峰离孤隼峰很近，那大雕飞落到长白山最高峰上是很自然的事。刘建封发现这座山峰很像一只展翅的鹰，遂"相形命名"为孤隼峰，隼是鹰中佼佼者，以其命名的山峰也是环池十六峰中最为高大险峻者，唯有孤隼能与此峰相配，恐怕这是诗人以此命名的原因吧。

AB和CD剖面的平面位置见图3-37

图3-36　孤隼峰内壁形貌及构造示意图

## 3.5.2　狼牙锯齿的鸡冠岩

鸡冠岩位于天池火山口东南壁，为一系列伸向天池中心的悬崖，鸡冠岩为长白先民的俗称。

《长白山江岗志略》313页记载："鸡冠岩，在孤隼、紫霞两峰之间。石土多黄、赤、黑色。危崖高耸，起伏争妍，斜插天池中。形同鸡冠，俯池饮水，生机活泼，出自天然。但异常陡险，人不能登耳。东西长约八里，宽约半里，高约六里。按，鸡冠岩是结长白山之来脉。"

此段叙述，明确标定出鸡冠岩在孤隼峰和紫霞峰两峰之间，为一斜插入天池之悬崖。

据航空照片分析，鸡冠岩与孤隼峰靠得更近一些，而离三奇峰更远一些。从地形来说，从孤隼峰是不能直接下到鸡冠岩的，因为两者之间以陡直的悬崖相接。从地质上看，鸡冠岩与孤隼峰不是同一地质年代形成的，鸡冠岩有自己的岩浆喷溢口，地质成因类型也不相同。与其说鸡冠岩是火山口壁的突出部分，不如说它更接近火山口中心部位。初步研究结果表明，鸡冠岩是较晚时期火山喷发的产物，但它继承了天池火山口内岩浆上升的通道，它喷发的范围没有超出天池火山口。

《长白山灵迹全影》第10幅是《鸡冠岩》，其"具图

贴说"曰："旱河上游东北行，出鸡冠岩。下为长白，回头结与孤隼、三奇，两峰相联络，层峦叠嶂，直插天池。池为之一束，如葫芦腰形。石多五色，黑者如墨精。环视群峰，如朝如拱。仙人岛在其北，碧萝山（即碧螺山）峙其旁，苍翠欲滴，有大江中流，金山独耸之胜。"

此段叙述进一步明确了鸡冠岩的位置，说鸡冠岩"回头结与孤隼、三奇"，那是鸡冠岩系列悬崖的走向。据航拍照片看，鸡冠岩的走向趋向于三奇峰。如此看来，鸡冠岩与天池火山口东南壁这两座高大山峰，无论在地理上还是地质上，关系都是很密切的。

我国先人对鸡冠岩有特殊的认识：康熙十六年（1677年），内大臣武木讷奉旨勘验长白山，他在给康熙皇帝的奏折中写道："山顶有池，五峰围绕，临水而立碧水澄清，波纹荡漾，池畔无草木。"（《长白汇征录》，吉林文史出版社1987年版，第49页）"正中一峰特立，群峰旁如门峙。"（说明：武木讷勘验长白山的奏折，在不同的历史文献中略有不同。"正中一峰特立，群峰旁如门峙"12字，在《长白汇征录》中没有，在吉林文史出版社1987年版《长白先民传》第145页中有这12个字）。这个"特立"之峰指的就

是靠近天池中心的鸡冠岩，而鸡冠岩两侧及后面的山峰如紫霞峰、孤隼峰和三奇峰就是"群峰旁如门峙"之峰。古人这样的描述准确地道出了鸡冠岩及其周围山峰相对的位置关系。

刘建封认为鸡冠岩是长白山脉的"转结点"。《长白山江岗志略》300页记载："长白山脉出自东北海隅。由通肯山蜿蜒千余里而来，曰老岭……又南为玉带山，为长山，为连山。折而北为富春皋，为清风岭，湾而东北，为鸡冠岩，插入天池，是为长白山。"

我们从这段叙述可以看出，刘建封认为，长白山自东北方绵延千里而来，归结于鸡冠岩，因为只有鸡冠岩插入天池之中，与天池关系更密切，其他十六峰只是环绕天池，并对鸡冠岩"如朝如拱"，顶礼膜拜。在刘建封眼中，鸡冠岩的地位高于十六峰。他用鸡冠岩代表长白山：长白山脉继续向西南延伸，由鸡冠岩转结而"承前启后"。可见，刘建封赋予鸡冠岩极为显赫的中心地位。正因为他非常重视鸡冠岩，所以在《长白山灵迹全影》中特别拍摄了鸡冠岩的照片（照片3-83）。

关于鸡冠岩的定位和名称，因为有历史照片在，学界向无分歧，本书转载这幅历史照片，请读者欣赏

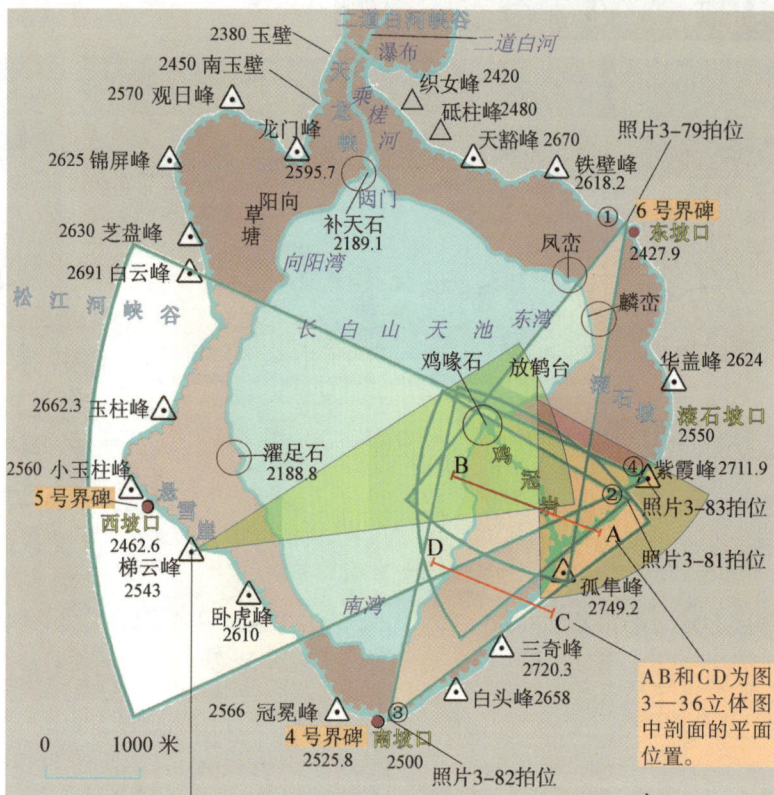

图3-37 鸡冠岩位置及拍摄位置图

AB和CD为图3—36立体图中剖面的平面位置。

历史钩沉：以梯云峰为原点的扇面表示1677年武木讷站在梯云峰上观察鸡冠岩的方向和范围，他描述"正中一峰特立，群峰旁如门峙"。描述的就是鸡冠岩。

以放鹤台为原点的扇面表示刘建封在放鹤台上观测"鸡冠岩，在孤隼、紫霞两峰之间"的方向和范围。文见《长白山江岗志略》313页。

一百多年前刘建封眼中的鸡冠岩。

考证环池十六峰及环池其他名胜位置时，鸡冠岩是重要的参照物。除上述紫霞、孤隼、三奇三峰的定

① 照片3-79 鸡冠岩（拍位见图3-37）

位直接以鸡冠岩为参照物外，还有仙人岛、碧螺山、支机石、风月窝等环池名胜也以鸡冠岩为参照物。在《长白山灵迹全影》中的《鸡冠岩》幅"具图贴说"中记载："仙人岛在其北，碧螺山峙其旁。"此二名胜位置因此确凿无疑。《长白山江岗志略》316页记载："碧螺山，又名小蓬莱，在鸡冠岩下，天池之东。"再为碧螺山定位。同书317页记载："支机石，在鸡冠岩下。"为支机石定位。同书319页记载："风月窝，在鸡冠岩西。"为风月窝定位。

以鸡冠岩为间接参照物的还有钓鳌台、放鹤台、女真祭坛等。可见，鸡冠岩在长白山历史考证中具有他峰不可替代的作用。

照片3-80　近摄前大冠

照片3-81　在孤隼峰和紫霞峰之间拍摄的鸡冠岩（拍位见图3-37）

照片3-82　在南坡口拍摄的鸡冠岩（拍位见图3-37）

137

### 3.5.3  鸡冠岩形貌及构造示意图

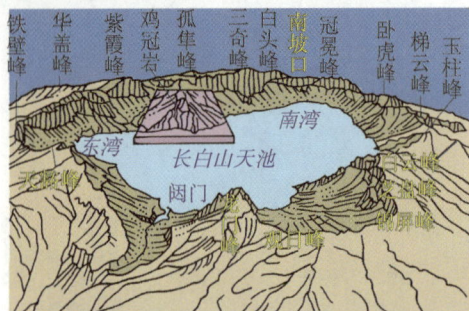

鸡喙石出处：《长白山江岗志略》313页记载："鸡冠岩……形同鸡冠处，俯池饮水，生机活泼，出自天然。但异常险陡，人不能登耳。"据此引申"俯池饮水"处为"鸡喙石"。鸡喙石位于鸡冠碴子尖端，直插天池水面，故以天池水面海拔高程为其高程，即2189.1米。

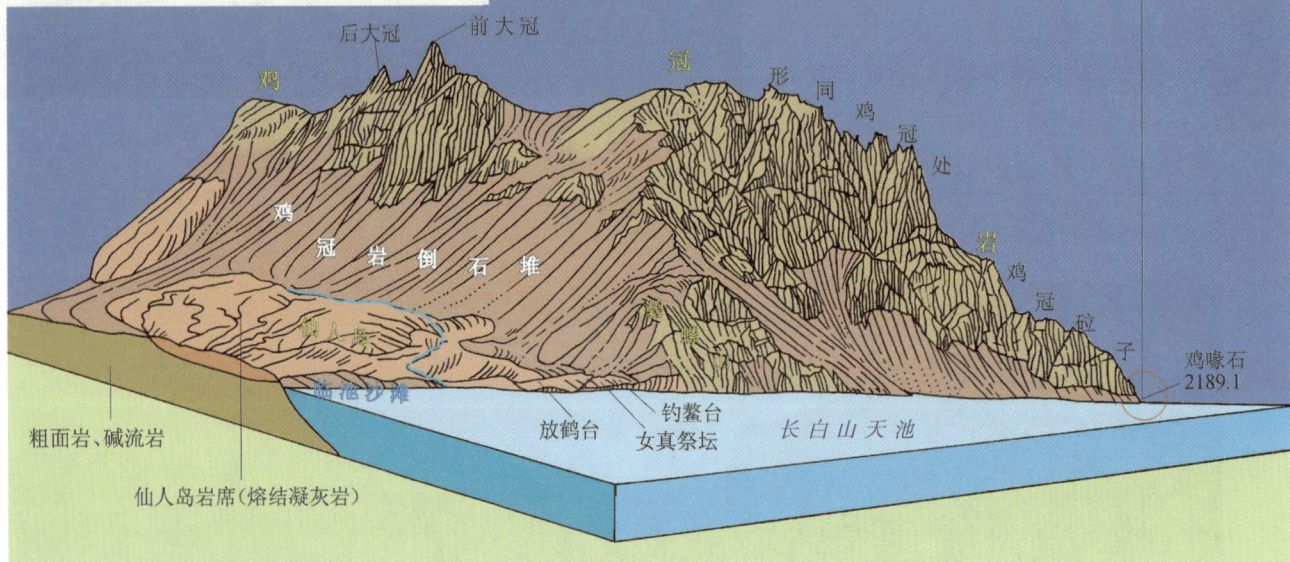

图3-38　鸡冠岩形貌及构造示意图

---

### 3.5.4  《长白山灵迹全影》中的《鸡冠岩》照片

照片3-83（拍位见图3-37）：这是历史照片《长白山灵迹全影》中的第10幅——《鸡冠岩》。用地物交汇法得出此照片当年拍摄地在紫霞峰偏南一点。照片中的近景为紫霞峰内壁坡麓；中景为鸡冠岩，横贯照片中部，右端可见鸡冠岩伸向天池的"俯池饮水"之"喙"部——鸡喙石，中景还有仙人岛和碧螺山，钓鳌台和放鹤台等名胜，因为太小，看不清楚；远景，自左至右为：卧虎峰（被鸡冠岩遮住下部，只露出上部）、梯云峰、悬雪崖、小玉柱峰、玉柱峰、白云峰（只摄入南半部分，北半部已出镜头）。

长白先民称天池的形状为"葫芦腰形"，两头宽，中间窄。这种形状的形成是因为鸡冠岩向天池探出所致。历史照片《鸡冠岩》"具图贴说"曰："鸡冠岩……层峦叠嶂，直插天池，池为之一束，如葫芦腰形。"我们从照片中可以看到：鸡冠岩从南向北拦腰伸入天池，把天池挤成细腰形，说天池像葫腰形是很形象的比喻。

此幅照片与《长白山灵迹全影》中第3幅照片《长白山天池》可以衔接，组成宽幅的天池全景照，它们是在同一地点拍摄的。

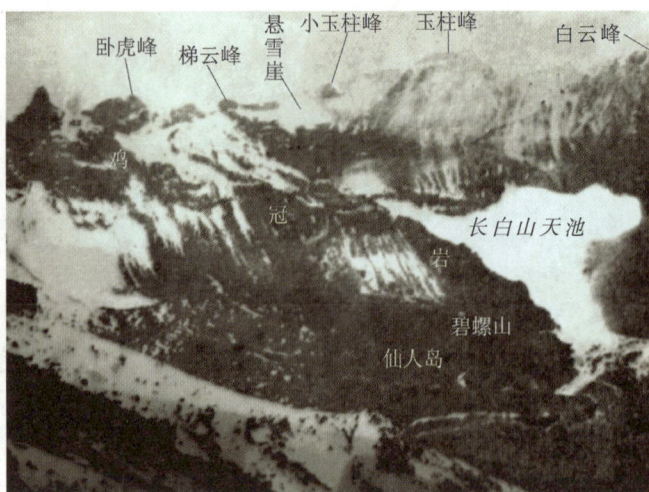

④　照3-83　历史照片《长白山灵迹全影》中的鸡冠岩

## 3.6 三奇峰——"三峰比立"（附：伏龙岗）

三奇峰，位于天池东南，海拔 2720.3 米，高出天池水面 531.2 米，在环池十六峰中排行第二。

《长白山江岗志略》309-310 页记载："三奇峰，在天池东。三峰比立，石岈琳琅，影印天池，其秀色可掬，仿佛海上三山留在人间。峰下多五色石，鲜妍光润，令人喜爱。登山者每拾赤黑黄各种，置之案上，朝夕作供，其生机勃勃，颇有异趣，黑者尤佳。"

松花江与鸭绿江分水岭最高点（北点）

"孤隼峰南距三奇峰半里余"是指此段距离。

这个扇面表示刘建封站在三奇峰主峰向东看，有三座辅峰"比肩继踵"相随而立，故曰"三峰比立"。此扇面的平面位置见图3-39。

松花江与鸭绿江分水岭最高点（南点）

孤隼峰范围
孤隼峰 2749.2

三奇峰范围
一峰 2650
二峰 2670
三峰 2700
三奇峰 2720.3

暴露出来的火山颈（用白色虚线画出）：在天池火山口内壁悬崖中，三奇峰火山颈最为突出，它穿过不同时期喷发形成的层状火山岩，从火山口底部直达三奇峰顶，上下贯通，火山锥外坡的伏龙岗熔岩流即通过该火山颈喷溢而成。

① 照片3-84 三奇峰

照片 3-84（拍位见图 3-39）：这是在梯云峰和卧虎峰之间拍摄的。所说的"三峰"在照片中用一峰、二峰、三峰标注。说"三峰比立"，是指站在三奇峰上向东北看，有三座辅峰并肩耸立，在照片中用扇面表示眺望的方向和范围。一峰悬崖与孤隼峰悬崖之间有一中断处，成为孤隼与三奇的天然分界线，悬崖下的倒石堆也以各自悬崖崩落碎石的归属形成天然分界线，照片中用白色虚线画出了这条分界线。

刘建封所说的三奇峰是一个范围，所以他在叙述孤隼峰时有"南距三奇峰半里余"之语，说的是从孤隼峰到三奇峰辅峰一峰只有"半里余"，也就是约 300 米，因此踏上一峰就算是踏上三奇峰了。

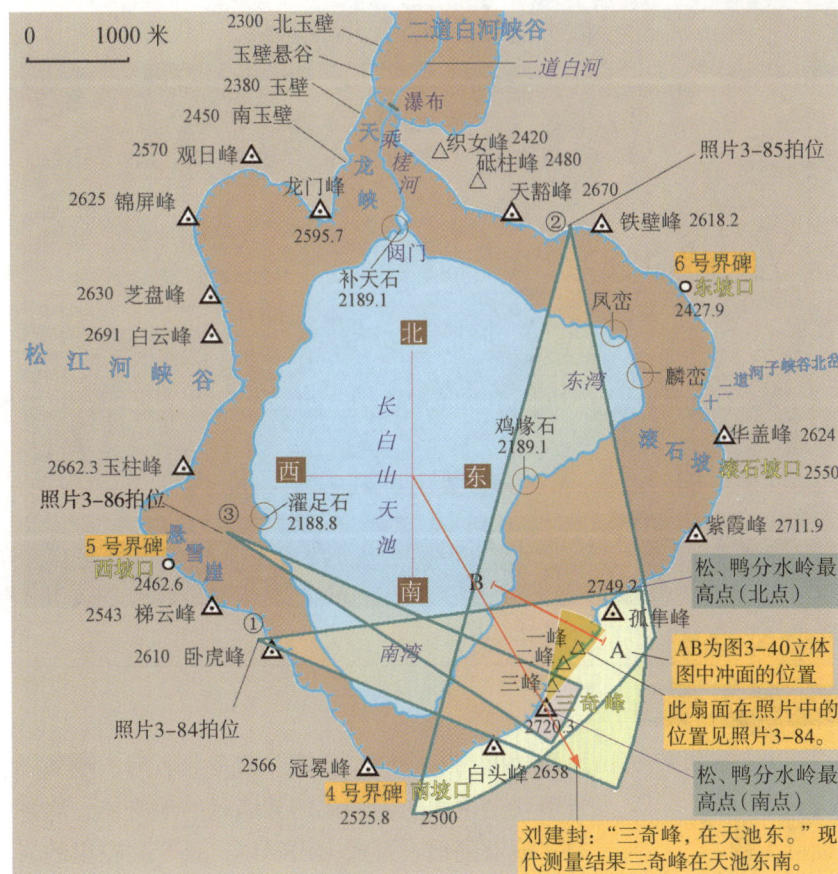

图3-39 三奇峰拍摄地点图

照片3-85（拍位见图3-39）：这是在铁壁峰上拍摄的，视线越过鸡冠岩可看到三奇峰内壁。三奇峰是环池十六峰中高度仅次于孤隼峰的第二高峰，不但"身高出众"，而且"体宽超群"，在照片中用虚线标画出三奇峰东北与孤隼峰、西南与白头峰的天然分界线。

在照片3-85中，请注意松花江和鸭绿江分水岭与天池火山口缘的两个交汇点，分别以"松、鸭分水岭最高点（北点）"和"松、鸭分水岭最高点（南点）"标注，此两点之间的距离为1200米。其地理意义是：两点之间火山口外坡属鸭绿江流域。注意这里说的只是"火山口外坡"，火山口内壁在这两点之间并无缺口，也就是说，天池水并不与鸭绿江流域相通。火山口内壁的大气降水完全汇入天池，环绕火山口只有闼门这个外泄口，天池水通过乘槎河流入松花江，所以，天池火山口湖完全属于松花江流域。

之所以特别强调这一点，是因为在中朝边界史上，

有些历史问题必须在地理层面予以澄清，以还历史以本来面貌。三百多年前的"穆克登奉旨查边"疑案记载：

康熙五十一年（1712年），打牲乌拉总管穆克登奉旨查边，巡视"鸭绿、土门二江之间地方知之不明"之处，朝鲜接伴使在穆克登尚未出发时就上书穆克登，信中说："山顶大池之水，溢而西下为鸭绿上流。"又说："鸭绿江发源于山顶大池，派脉连接，洞谷分明，不待明者而一见可知。"显然，这是朝鲜接伴使对穆克登的欺骗，旨在阻止穆克登前往长白山实地巡查。朝鲜方面又建议穆克登不必亲自巡查，朝鲜可以派引路人，带上穆克登的画师替他到长白山画一张图归奏康熙就行了。穆克登虽然"严词以拒"，但因为他不了解长白山的情况，还是被朝鲜向导引至"山顶大池"旁，在错误地点"勒石为记"，误立"审视碑"（穆石），从而引发中朝界务争端。

照片3-85　远摄三奇峰内壁及其火山颈

## 3.6.1　三奇峰有一条上下贯通的火山颈——三奇峰岩墙

在环池十六峰中排行第二的三奇峰之所以能有如此高度，是因为它有一条上下贯通的火山颈（照片3-86，拍位见图3-39）。这条火山颈如一面巨大的"残垣断壁"，穿透并支撑着三奇峰。说到残垣断壁，在

火山地质学上有一个叫"岩墙"的专业名词。顾名思义，岩墙就是由火山岩构成的如墙状的地质体。岩浆通过裂隙喷溢到地表形成火山岩体，狭窄裂隙里的岩浆也冷凝固化了，于是就形成了墙一样的岩体。那么，

三奇峰岩墙是怎样形成的？

天池火山口，地质学家称之为"破火山口"，从字面上看，就是被破坏的火山口。像天池这样宽敞的火山口湖，并非都是岩浆喷发口，地质学家认为，真正能喷射岩浆的火山口直径不会超过200米，而天池火山口的直径之所以能达到四五千米，是因为后来火山口塌陷造成的。这个过程可以简单描述如下：岩浆沿断裂拱破地壳，大量喷出地表后，地下岩浆房变得空虚，失去了支撑力，喷到地表的岩浆所形成的巨大的火山锥，锥体的重量就足以压塌任何地基，结果是火山锥自己压塌了自己，本来并不太大的火山口塌陷了，出现了一个巨坑，其大小远远超过岩浆喷发口，地质上就叫它破火山口。

岩石是刚性的，在如此大规模的塌陷中，必然导致火山口周围发生许多断裂。这些断裂看上去杂乱无章，但可以把它们分成两类：一类是围绕着火山口的环状断裂；一类是垂直于这些环状断裂的辐状断裂。所谓辐状断裂，就好比是自行车辐条那般分布的断裂。这些断裂不但破坏了火山锥的完整性，还可以成为下一次岩浆喷发的通道。当聚集于地下深处的岩浆卷土重来，再度拱向地面的时候，很可能就选择了这些断裂，沿着断裂喷发到地面。说来说去，三奇峰就有这样一条辐状断裂，它便是形成三奇峰火山颈或三奇峰岩墙的先决条件。晚近时期，大约与天池北面的气象

站熔岩流的形成处于差不多的时期，三奇峰断裂被利用了，岩浆从这里溢出，于是形成了这面火山岩墙。气象站熔岩流的火山颈埋在地下，我们看不见；三奇峰火山颈因为天池周边沿环状断裂的塌陷，使其暴露在外，让我们直接就看见了它的"喉咙"——岩墙。在环池十六峰中，这是不多见的地质现象。

三奇峰岩墙的厚度目测有四五十米，这墙当然不可能像万里长城那样规整，而是有厚有薄。岩墙的厚度并不说明此处原先有一条空荡荡的大裂缝，等着岩浆从这里溢出。断裂一般是闭合的，即使是张性断裂也总是被碎屑物填充。但岩浆的压力是巨大的，岩浆可以用高压把岩石中的裂缝撑开；岩浆又是炽热的，可以用高达1000多摄氏度的高温把裂缝两侧的岩石变软、熔化。于是，高温、高压的岩浆便沿着这个断裂喷溢出来。如此看来，三奇峰的雄伟高大是来之不易的，是历经磨难的结果。沿着三奇峰断裂所喷溢的岩浆形成了伏龙岗熔岩流，当"一鼓作气"形成伏龙岗熔岩流之后，这股岩浆便"再而衰，三而竭"了，失去了上冲的力量，滞留于断裂通道中的岩浆便冷却凝固在上升的裂隙中，这就是我们现在看到的火山颈（照片3-86）。严格说来，三奇峰火山颈之名并不太贴切，它毕竟是裂隙状而非管状，所以人们又用三奇峰岩墙之名来称呼这个墙一样的火山岩体。

红色虚线范围内就是三奇峰火山颈，亦称三奇峰岩墙，此岩墙贯通所有火山岩层，从天池水下直达三奇峰顶，成为三奇峰最高点。

③　　　　照片3-86　三奇峰火山颈（火山岩墙）

# 3.6.2 三奇峰内壁形貌及构造示意图

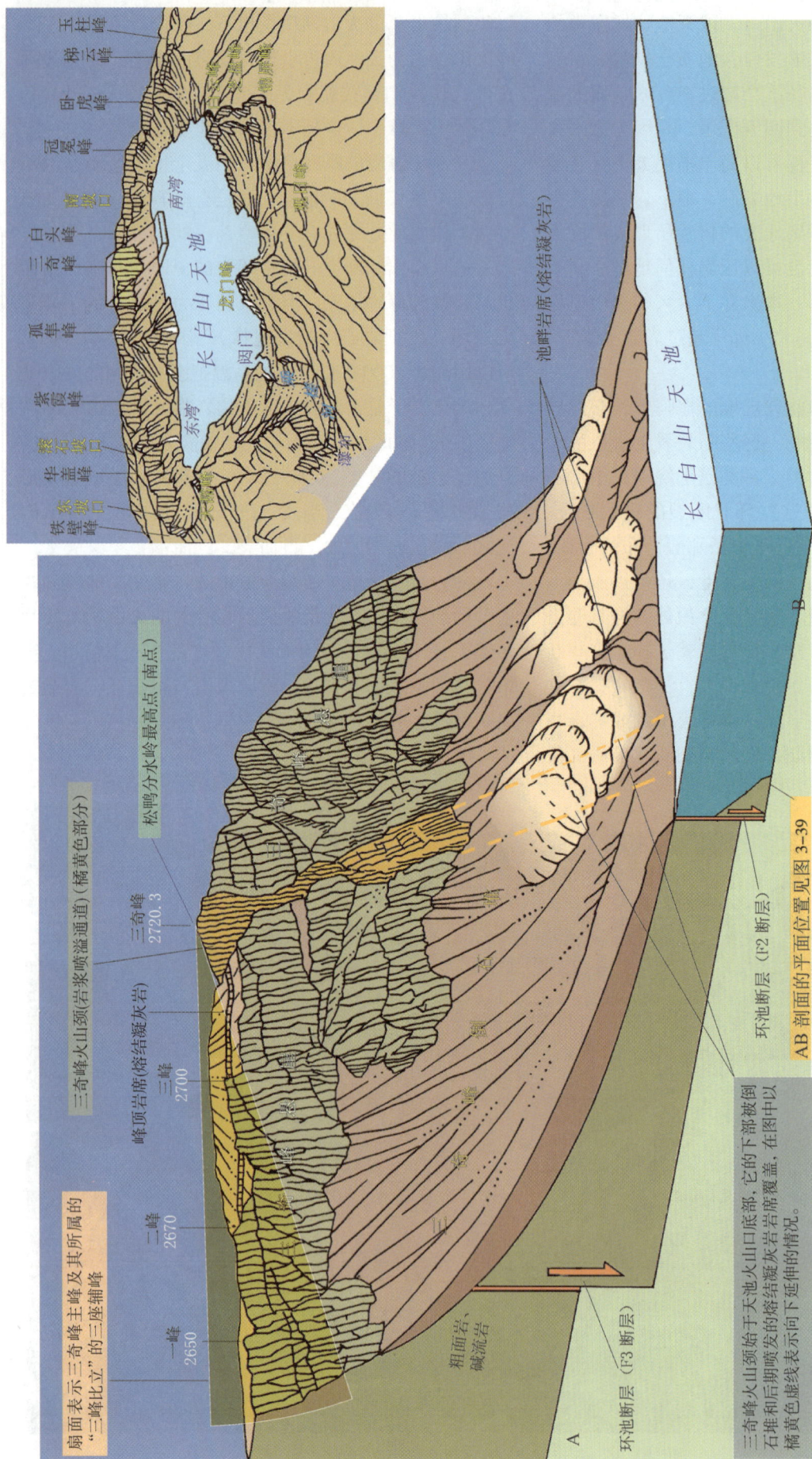

三奇峰由多层火山岩堆积而成，这从三奇峰悬崖断面的层状构造就可以看出来。不同时期喷发的火山岩层之间一般会有一个间断面，其将悬崖分成厚度不等的火山岩层。地质学家就是根据这些岩层的层位及叠覆关系来划分火山喷发期次的。

在这幅图中，三奇峰火山颈（岩墙）以不同颜色表示，它穿过所有组成三奇峰悬崖的火山岩层，说明它的形成晚于那些火山岩层。一般认为，该火山颈与三奇峰外坡伏龙岗的形成有密切关系。至于它形成的年代，目前尚没见到这方面的报道。

图3-40 三奇峰内壁形貌及构造示意图

### 3.6.3　三奇峰定位考及刘建封探寻鸭绿江北源

三奇峰的位置，许多书籍标定有误；有些志书并不在图上标定其具体位置，仅仅引用刘建封对三奇峰的文字描述。因为三奇峰的定位涉及许多重要的历史问题，所以不能不认真考证它的位置。

《长白山江岗志略》309页记载："三奇峰，在天池东。"刘建封这里所说的"在天池东"，系以天池南湾为视点而言。311页说到孤隼峰时记载："南距三奇峰半里余。"说明三奇峰在孤隼峰南。313页说到伏龙岗时记载："伏龙岗，在白头、三奇两峰之间。"明确了三奇峰与伏龙岗和白头峰的地理位置关系。

在《长白山灵迹全影》中，有三奇峰的"具图贴说"记载："三奇峰，峰在天池东面。"《长白汇征录》240页记载："自去年（光绪三十四年，1908年）四月至今年（宣统元年，1909年）九月，勘界员刘建封三至长白山顶周围查阅，穆碑在今长白山天池偏南三奇峰下，与当时穆克登所称之分水岭系在小白山顶，相距六十余里之遥，见有确据，实非原碑故址。"这里说到了三奇峰和被朝鲜方面暗移至清风岭的穆克登审视碑（穆石）之间的位置关系。

除了文字记述外，还有前人绘制的地图可以证实三奇峰的位置。《长白府区域详图》（1908年），明确标定了三奇峰的位置。《万山之祖老白山江岗全图》（1932年）也标定了三奇峰的位置。

三奇峰和鸭绿江北源的位置关系：《长白三江考略》（载《长白山江岗志略》446页）记载："考鸭江源出暖江（注：此处出现的'源出暖江'），指的是鸭绿江北源的暖江源，这里并无暖江为鸭绿江正源之意。鸭绿江正源是虚川江。暖江以上名为旱河。由山之东南麓三奇峰腰陡辟一涧，迤逦西南至云门，土名南天门。又南二十六里始见细流，走九里许，东有太平川水来会，又南偏东二里小白川水入焉，又南偏西百五十里与胞胎河汇流，始名鸭绿，即昔之鸭绿部。"这段文字很明确地说明了三奇峰与鸭绿江北源暖江和大旱河的关系：三奇峰外坡属鸭绿江水系。

《长白山江岗志略》360页在说到大旱河时记载："大旱河，出三奇峰之南麓。壑底无水，多沙石。顺长白山根而西南六里余，至云门又有一壑插入，直奔而南，至南皂约三十里始出，水名为暖江。"这里再次说明了三奇峰和大旱河、暖江的关系。

《白山边碑辨》（载《长白山江岗志略》455页）记载："鸭江之源，实出白山三奇峰下，非由岭成一派也，下流曰暖江，去碑较远，水亦无多，又南偏西百七十里与葡萄山所出之葡萄河汇流，始名鸭绿。是暖江为鸭江之源，葡萄河为来会鸭江之一派也。"这段文字再次说

明鸭绿江北源出自三奇峰腰。

《长白汇征录》55页记载："鸭绿江上源：鸭绿江，古马訾水，其上源有二：一爱滹江，一葡萄河。爱滹江即暖江，源出长白山南麓，距天池四十余里。由三奇峰腰向西南去，至南天门，水脉若伏若断，有沙石无水线，土人名旱沙河，又南二十余里，细流涓涓，向东南流，土人名爱滹河，暖江之名始此。"

以上历史文献都明确地说明三奇峰、大旱河、暖江、鸭绿江之间的关系，用现代地理概念就是：三奇峰外坡位于鸭绿江流域，大旱河属鸭绿江水系。刘建封勘查鸭绿江北源之一的暖江源时，就是从位于鸭绿江流域的三奇峰开始的。他详细记述了寻找鸭绿江暖江源的行程。《长白山江岗志略》365页记载："余此次寻鸭绿江源，系由上而下，分作三起。第一起带兵一、仆一、引路人一，自白山三奇峰下大旱河，至南皂出水之暖江，约二十八里。越数日，率测绘员刘韵琴、队长谢鸿恩等，自暖江源下至两江口与葡萄河合流处（注：暖江与葡萄河合流处亦称大双岔或大双岔口），约百三十里，均属步履。陵谷崎岖，并无鸟道，实为人力所难通，此第二起也。又数日，顺江而下，过二十四道沟以及十九道沟，约百八十里，此第三起也。宿两江口，《白山纪咏》有云：'二水居然合而一，鸭绿汩汩向南流。'又云：'二十四沟明月夜，江边露宿不知愁。'"

依据上述历史文献，将刘建封在这次踏勘大旱河、暖江源之后所做文字描述展绘到现代地形图上（图3-41），以使读者更清楚地看到三奇峰、大旱河、暖江和鸭绿江的位置关系。因为图幅所限，图中只绘出刘建封踏勘的第一起，即从三奇峰出发，沿三奇峰南坡下至大旱河，沿大旱河走二十八里到太平川的一段。第二起和第三起的行程超出了本图的范围。此次踏勘，到达大旱河后，刘建封还从南天门（云门）折向西北方向，本想由伏龙岗登上白头峰，但沿着伏龙岗攀登了一段后遇上大雨，没有登成，退了回来。图中也画了这条登白头峰而"未臻绝顶"的路线。

另外，还须说明的是，在天池周边，只有松花江流域和鸭绿江流域直抵天池火山口缘，图们江流域并没有到达火山口缘。环池十六峰中，只有三奇峰和孤隼峰外坡位于鸭绿江流域，其余十四座山峰均位于松花江流域（见图5-5）。有人将三奇峰定位于松花江流域，并将三奇峰东北方向的孤隼峰也定位进松花江流域，将华盖峰定位在白石砬子或天豁峰上，将铁壁峰挤到一座毫不相干的悬崖上，从而使天池东南的五座山峰有峰无名，任由外人随意标注，这是不负责任的做法。

大旱河为鸭绿江北源最北端之河，发源于孤隼峰和三奇峰外坡，为季节性河流，在大旱河峡谷中从北向南流淌，形成多级瀑布。大旱河峡谷也称"大壑"。

大旱河与黑石呈交尾状。大旱河总长约12千米，与发源于南阜的太平川合流处始称暖江，所以可以说大旱河是暖江源头，即鸭绿江北源源头之一。

长白山天池
天池火山口内壁属松花江流域

松鸭分水岭最高点（北点）

2749.2
△孤隼峰

松鸭分水岭最高点（南点）

2720.3
△三奇峰

白头峰
△
2658

光绪三十四年（1908年），刘建封从三奇峰始发调查鸭绿江北源。

余自三奇峰下大旱河，至南阜出水之暖江，约二十八里。

三道白河源

松　花　江　流　域

碑（石）（郑德权注：指暗移后的）在今长白山天池偏南三奇峰下，与当时穆克登所称之分水岭系在小白顶，相距六十余里之遥，见有确据，实非原碑故址。（《长白汇征录》240页）关于穆石见本书520—530页。

五土
道石
白黑
河石
源堆
沟图
松
岭

龟山
（大脑脂峰）
2357.7
△

大壑发源于孤隼峰。"大壑"之名取自于《东国文献备考》："峡坼为大壑，中注。"大壑就是今大旱河峡谷。

文献记载，刘建封已经望见白头峰了，却未能登上，该扇面表示他只能在此望峰兴叹了，他写道："至今言之，犹以为憾。"

余自云门扶石而上

鸭　分　水　岭　图

穆石（脂移后址）
清风岭
2364
△

穆克登曾立审视碑原址

松、鸭、图三江
分水岭最高点

图们江流域

陡涧

被雨阻，未臻绝顶。

鸭

鸭绿江源

绿

岗

横堑

横堑发源于龟山（大脑脂峰）。"横堑"之名取自于《东国文献备考》："成堑，横如带"，故此沟称为"横堑"。

陡涧发源于三奇峰腰。"陡涧"之名取自《长白三江考略》："由山之东南麓三奇峰腰陡辟一涧。"故此沟称为"陡涧"。

松花江源

松花江流域

南锦岭

伏龙沟

龙

（伏龙）岗（西）[东]南廿余里，俗呼为双龙尾岭，周长白山前后，百卉葱茏，莫过于此。《白山纪咏》有云："闲花点点绕龙尾，野草深深打马头。"双龙尾前新辟羊肠草道可达娘娘库（今松江）地方，能行人马。花草繁衍，云峦突兀，真可谓山川灵秀之气所结而成也。（《长白山江岗志略》313页）

大旱河与伏龙沟交汇处

双龙尾岭

云门，在伏龙岗之阳，俗名南天门，又名石门。门右一石，高而耸起，状如武将立像……门左一石，如佛坐像。（《长白山江岗志略》320页）

大旱河，出三奇峰之南麓。壑底无水，多沙石。顺长白山根而西南六里余，至云门又有一壑（笔者注：指伏龙沟）插入，直奔而南，至南阜约三十里始出，水名为暖江。（《长白山江岗志略》360页）

刘建封此次从云门北上，沿伏龙岗攀爬，拟登顶白头峰，但未获成功，系因遇上大雨，加之伏龙岗上冲沟纵横交错，雨水横流，无法攀登，只好返回云门。他说：今天想起来还感到遗憾。

鸭绿江

大旱河峡谷

南阜最高点
△1912.7
南阜流域
太平川

《长白山江岗志略》无单独对南阜的定位及描述，但可以从对太平川的描述反推之：太平川既然"出南阜东南隅"，那么，太平川之西北自然就是南阜了。

暖江，源出大旱河。其发源处，东有太平川一水，南流十余里自东来注。（《长白山江岗志略》361页）
考鸭江源出暖江，暖江以上名为旱河，由山之东南麓三奇峰腰陡辟一涧（笔者注：指陡涧），迤逦西南至云门，土名南天门。又南二十六里始现细流，走九里许，东有太平川水来会，又南偏东二里小白川水入焉，又南偏西百五十里与胞胎河（笔者注：即葡萄水）汇流，始名鸭绿，即昔之鸭绿部（笔者注：鸭绿部，即鸭绿江女直大王府）。（《长白山江岗志略·长白三江考略》446页）

太平川发源于南阜。《长白山江岗志略》362页记载："太平川，出南阜东南隅，西距暖江四里余。下流十二里，入于暖江。产鲫鱼。"

鸭绿江分水岭

松花江流域

0　500米

暖江岭

暖江

南阜出水处，太平川与大旱河交汇处以下始称暖江。

图3-41　刘建封自三奇峰下大旱河路线图

## 3.6.5 从三奇峰向东南爬出来的"巨龙"——伏龙岗熔岩流

《长白山江岗志略》313 页记载:"伏龙岗,在白头、三奇两峰之间。西南高起如龙首。石多五色,灿烂可观。平时池水逐石,鼓隆之声,闻十余里。所谓洞天福地者,此也。岗顶平坦,花草繁盛,与他处不同。西南东北长约六里,高约七里。"

相传,岗下池内多石洞,为龙所居。传曰,深山大泽,实出龙蛇,信然。按:龙岗脉发端于此。

按:岗西南廿余里,俗呼为双龙尾岭,周长白山前后,百卉葱茏,莫过于此。一望而知,为龙岗之起点。《白山纪咏》有云:'闲花点点绕龙尾,野草深深打马头。双龙尾前新辟羊肠草道可达娘娘库,能行人马。花草繁衍,云峦突兀,真可谓山川灵秀之气所结而成也。'

《长白三江考略》447 页记载:"伏龙岗西出锦江。"

《长白山灵迹全影》中《白头峰》幅"具图贴说"记载:"暖江西岸为伏龙岗,陂陀千里,势如神龙昂首,尤森然不可逼视。"

通过刘建封的地理调查,我们可知:

(1)伏龙岗发端于三奇峰和白头峰之间;

(2)伏龙岗的走向为西北—东南(注);

(3)伏龙岗东南端分叉处被称为双龙尾岭;

(4)双龙尾岭之下沿大旱河谷已经开辟小路,可通向娘娘库(今松江)。

长白府筹设之初,开辟了一条道路,绕山麓通向娘娘库。彼时,为加强边防,在红旗河口(今和龙市崇善镇)筹划设立安图县。此"羊肠草道"已是初具规模的道路:由长白府到伏龙岗双龙尾岭,沿大旱河峡谷北上,转向东,经木头峰、木石河、新民屯(董棚),再转向北,经义士阜、孝子山、黄

花松甸。使长白府与安图县连成一体。《长白汇征录》19 页记载:"距长白府东北四百余里为红旗河流域,控图们江上游,拟定为建署地点,名曰安图县,以为韩民东渡越垦之防。"

从现代地质角度讲,伏龙岗是长白山火山锥上向东南伸展的熔岩流,该熔岩流无论从规模大小、成因类型还是地貌形态,均可与天池北面另一条熔岩流——气象站熔岩流类比,这一南一北两条熔岩流如同从天池火山口爬出来的两条巨龙,背道而驰,各奔南北。气象站熔岩流发端于气象站火山口,看不见它喷发岩浆的"喉咙";伏龙岗熔岩流发端于三奇峰,可以清楚地看见它的"喉咙"——火山颈。岩浆即由此喷溢并沿着原始山坡向东南流淌而形成伏龙岗熔岩流,从而构成从喷溢到形成熔岩流的完整系列,可作为火山地质学研究的样本。

伏龙岗熔岩流长约 4900 米,岗起始端较窄,约

图3-42 伏龙岗熔岩流平面图

图中①为照片 3-87 拍摄位置;②为图 3-43 素描图范围(红线范围),但素描图的观察位置在本图之外,即观察扇面两径线交汇处,在鲜奥山一带。

300米宽，中段800米宽，下段约1100米宽，再向东南，岗分东、西两岔，称"双龙尾岭"。双龙尾之东岔较短，长1000米，西岔稍长，长1600米。两岔夹一条与伏龙岗走向平行的小冲沟，沟长约1000米（见图3-42）。伏龙岗起始端在天池火山口缘上。该起始端有特殊的地理意义：它是松花江与鸭绿江分水岭最高点（南点）。另一点即松、鸭分水岭最高点（北点）在孤隼峰东约400米处的火山口缘上，南北两点间的火山口缘的外坡属于鸭绿江流域。

伏龙岗的末端海拔1810米，从岗顶到岗尾，在5千米距离内降差870米，可见伏龙岗熔岩流形成时是多么壮观：好像一条火龙向下俯冲，一定映红了半面天空。现在回头看这条巨大的熔岩流，仿佛从云端冲下，磅礴的气势仍令人无比震撼，难怪刘建封说伏龙岗"云峦突兀，真可谓山川灵秀之气所结而成也"。

伏龙岗熔岩流东部侧缘，上段是名为陡涧的冲沟，沟深壁陡，难以攀登，中有季节性流水，下段汇入大旱河峡谷。岗之西侧是伏龙沟。伏龙沟源于伏龙岗上端，沿伏龙岗西侧向东南方向流动，沟长4000米，与大旱河交汇于伏龙岗之末端。伏龙沟虽属季节性河流，但几乎整年有水，只是冬季水少而已，沟内结有冰坎、冰瀑。

伏龙岗末端有一被称为"云门"之地，《长白山江岗志略》320页记载："云门，在伏龙岗之阳，俗名南天门，又名石门。门右一石，高而耸起，状如武将立像，有凛然不可犯之势。门左一石，如佛坐像。近视东边复起一石，亦如门形，俗呼为东便门。中间一石，斜卧如梯，黑色，光洁如墨精然。"

云门之地，因已位于朝鲜，未曾实地考证，亦未拍得照片，但云门的位置刘建封已经说得很明白，就在伏龙岗末端，即"伏龙岗之阳"。

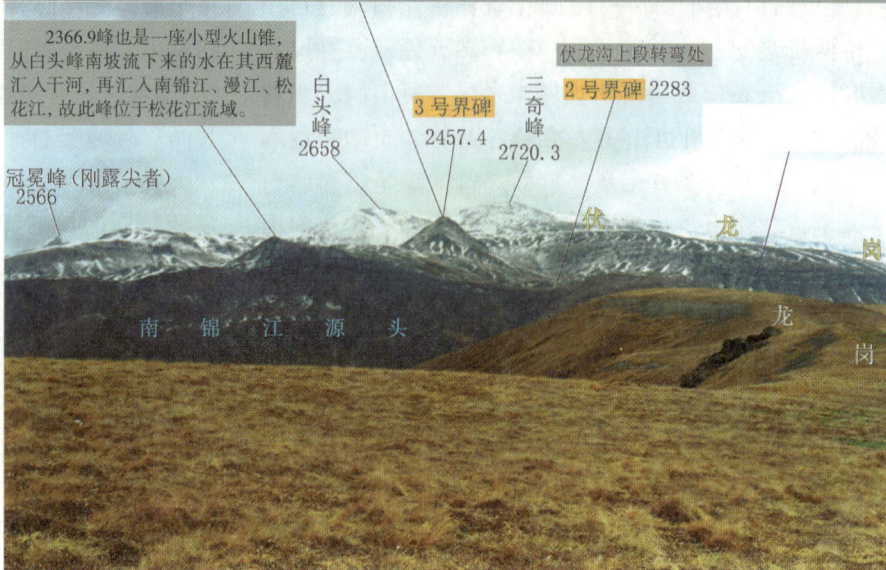

2457.4峰具有特殊的地理、历史意义，它是一座小型火山锥，位于松鸭分水岭上，距南坡口1700米，在航空照片2-1航空照片2-3航空照片2-4中皆可从长白山主峰（天池火山锥）西北坡的上空向东南方向越过天池看见这个小型火山锥，照片中有文字标注，其平面位置请参阅图2-11。

2366.9峰也是一座小型火山锥，从白头峰南坡流下来的水在其西麓汇入干河，再汇入南锦江、漫江、松花江，故此峰位于松花江流域。

伏龙沟上段转弯处
2号界碑 2283

3号界碑 2457.4

三奇峰 2720.3

白头峰 2658

冠冕峰（刚露尖者）2566

伏 龙 岗

龙 岗

南 锦 江 源 头

① 照片3-87 远眺伏龙岗（拍位见图3-42）

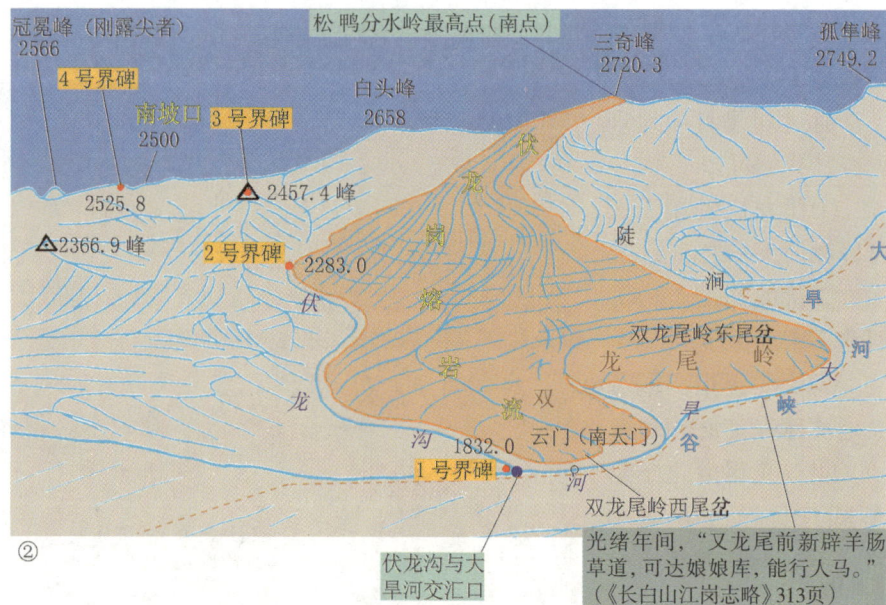

② 图3-43 伏龙岗素描图（视位见图3-42）

冠冕峰（刚露尖者）2566

松鸭分水岭最高点（南点）

三奇峰 2720.3

孤隼峰 2749.2

4号界碑

南坡口 2500

3号界碑

白头峰 2658

2525.8

△2457.4峰

陡 涧

大 旱 河

△2366.9峰

2号界碑 2283.0

伏 龙 岗 熔 岩 流

双龙尾岭东尾岔

龙 尾 岭 峡

伏 龙 沟

双 熔 岩 流

旱 河

云门（南天门）

1832.0

1号界碑

双龙尾岭西尾岔

伏龙沟与大旱河交汇口

光绪年间，"又龙尾前新辟羊肠草道，可达娘娘库，能行人马。"（《长白山江岗志略》313页）

现在，伏龙岗及其西侧的伏龙沟具有重要的地缘意义。1962年中朝划界后，国界的走向由大旱河与伏龙沟的交汇处，沿伏龙沟向西北方向，在伏龙沟上段，从沟底转向2457.4峰，在此峰跨越龙岗，横切干河源头东冲沟和西冲沟，抵火山口缘之南坡口。这样，仅在图3-43范围内就可以看到伏龙岗、白头峰、南坡口的一半，三奇峰、孤隼峰、陡涧、大旱河峡谷、双龙尾岭、云门等都被划归朝鲜。

注：关于伏龙岗的走向，《长白山江岗志略》313页有"西南东北，长约六里"的描述，但在《长白三江考略》中却有"南而偏东为白头峰下之伏龙岗"的描述，两处描述方向不一样，前者是西南—东北走向，后者是西北—东南走向，据实地考察和航空照片分析，伏龙岗为西北—东南走向。

## 3.7　白头峰——"形如佛顶"

白头峰，位于天池南，海拔2658米，高出天池水面468.9米，在环池十六峰中排行第七。

《长白山江岗志略》309页记载："白头峰，在天池南稍东。山丰隆高起，上有孤石独峙，形如佛顶。朝鲜名为白头山，以其形相似也。峰下峭壁嶙峋，俯视天池，近若咫尺，洵巨观也。"

关于白头峰的定位，刘建封明确地说在"天池南稍东"。天池最南端是软石崖，即南坡口。南坡口的位置向无歧义，所以南坡口可以成为白头峰定位的参照物。同书314页记载："软石崖，在白头、冠冕两峰之间，俗名南坡口。"进一步确定了白头峰的位置。再说"形"，文中说"形如佛顶"，观白头峰，峰顶由浮岩火山灰覆盖，无论从内坡还是从外坡看，皆为浑圆状，符合刘建封"佛顶"之比喻。

《长白山灵迹全影》中有《白头峰》这一照片，其"具图贴说"曰："天池南面，最高者为白头峰。上有终古不融之雪。南下山势愈陡，……下有伏流，土人名曰旱河，历十余里复见……"

这里所说的"天池南面"，即南坡口一带，与《长白山江岗志略》记述一致。必须指出，对什么是"天池南面"，向有不同理解。有人认为，"天池南面"是指天池的"南半面"：将天池从中间分为南北两部分，其南半部都是"天池南面"。如果这样划分，便将华盖、紫霞、孤隼、三奇、白头、冠冕、卧虎、梯云8座山峰都算"天池南面"之峰了，这显然不合理。认为"天池南面"所指的范围只有两座，即白头峰（海拔2658米）和冠冕峰（海拔2566米）。白头峰比冠冕峰高92米。无论从方向的感知上，还是在地理方位图上都是如此（见图2-9）。

"天池南面"这个范围也不能扩大到天池东南面，也就是说，不应该把属于天池东南面的三奇峰和孤隼峰包括在"天池南面"之内。这样，刘建封从南面登天池，当然可以说"天池南面，最高峰为白头峰"了。

还须说明，刘建封命名的"白头峰"与朝鲜所称的"白头山"是两个不同的概念，不能把刘建封的"白头峰"和"白头山"混为一谈。刘建封的白头峰位置十分明确，是环池十六峰之一，位于天池南面；而白头山则是朝鲜对长白山的总称呼，例如，朝鲜国际旅行社出版的《朝鲜旅游地图册》（1995年）称："白头山为朝鲜五大名山之一。"显

而易见，此处的"白头山"并不是单指某峰而言。然而我国许多书，包括某志书，皆把朝鲜对长白山的称呼"白头山"改一字变为"白头峰"后，标定在环池十六峰的第一高峰孤隼峰（朝鲜称将军峰）上，这不是刘建封"环池十六"峰的定位和命名。

白头峰位于松花江流域。刘建封有白头峰"下有伏流，土人名曰旱河，历十余里复见"的叙述，此句中的"旱河"就是现代地图上标注的干河。干河为季节性河流，发源于白头峰两侧的东冲沟和西冲沟（见图3-44）。"干"和"旱"音近意同，古今文献出现字面差异，不奇怪。干河为锦江上源之一，锦江是松花江上源。这就无可争议地确定了白头峰位于松花江流域的事实（参见图3-42中松花江流域与鸭绿江流域交界线），更进一步确定了刘建封定位的白头峰的位置。

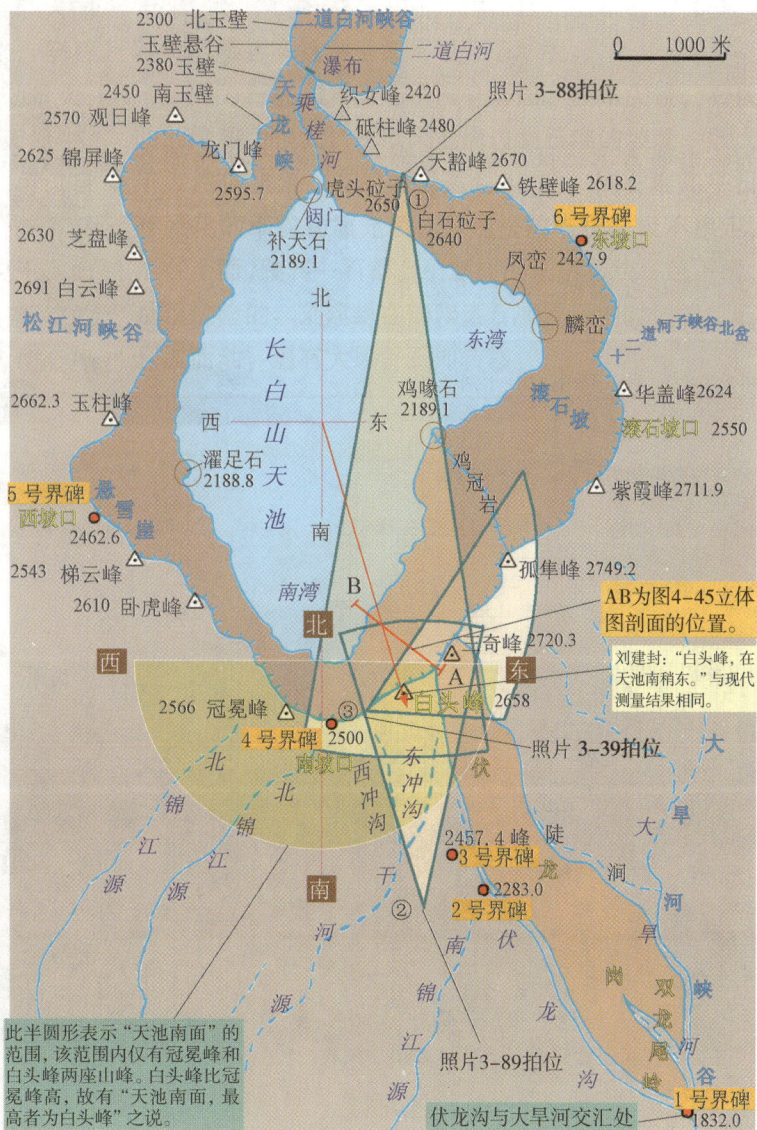

图3-44　长白山天池南面的最高峰——白头峰拍摄位置图

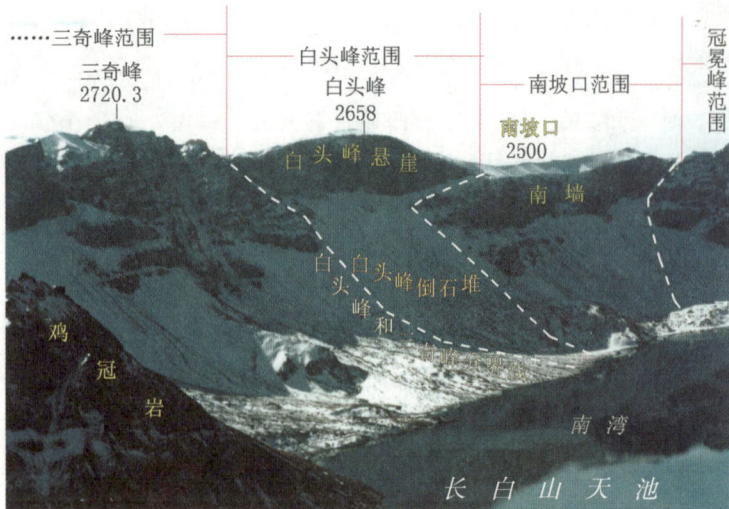

照片3-88 在火山口内壁看白头峰及南墙

照片3-88（拍位见图3-44）：在火山口内壁看白头峰，峰顶浑圆，"形如佛顶"，在环池十六峰中极容易与他峰分开。白头峰旁侧下面有一层火山岩层，高耸的悬崖如一面大墙立于火山口南壁，根据其位置和形貌，称之为"南墙"。从火山岩层的叠置关系来看，白头峰坐落在南墙上，说明南墙形成在先，白头峰喷发在后。

在火山口内壁，白头峰的范围如照片中所画，白头峰上覆盖着厚厚一层火山灰，南墙上即南坡口，亦覆盖着厚厚的火山灰。从南坡口不能直接下临天池。

照片3-89（拍位见图3-44）：这是白头峰南坡（外坡）的照片。"形如佛顶"之状仍如天池内壁所见。

白头峰两侧的东冲沟和西冲沟所汇集的大气降水汇合于白头峰外坡，合流后为干河源头，干河为南锦江支流，南锦江为头道松花江支流，头道松花江为松花江支流，故白头峰位于松花江流域，为松花江最高发源地之一。

照片3-89 白头峰南坡及干河（松花江源流之一）最高源头的地势

这是松鸭分水岭，翻过此分水岭就是鸭绿江流域。

白头峰内、外坡皆位于松花江流域。在本幅照片中可见：白头峰外坡（南坡）有东冲沟和西冲沟，两冲沟之水向南流约2000米后汇合为干河，转而向西南方流去，与南锦江汇合，再依次与北锦江汇、漫江、松花江汇合。

照片3-90（拍位见图3-44）：这是在南坡口拍摄的白头峰西南坡，坡麓被南墙上的火山灰层遮挡，干河源头集水坡仅露出上半部。那里的大气降水汇集为干河源头——西冲沟。

软石崖内坡的3个集水箭头表示大气降水汇入天池，属于松花江流域。

这是白头峰外坡扇状集水面，大气降水沿此扇面集水冲刷，形成西冲沟，可以说这里是松花江最高发源地之一。

照片3-90 白头峰西南坡

图4-45：白头峰悬崖和南墙悬崖皆为天池环状断裂所形成。图中以断层表示下降盘的相对塌陷。

白头峰和南墙为一处天然地质剖面，从剖面中可以看到：南墙火山岩位于剖面下部，白头峰火山岩位于剖面上部，两者之间是喷发间断风化面，图中以红色虚线表示此面。这个剖面告诉我们：两层火山岩是

白头峰被火山灰覆盖着，无论从火山口的内壁看，还是从火山锥外坡看，白头峰都是以浑圆形的峰顶展现它的特征，刘建封对该峰的"相形命名"显然是从多角度观察的结果，这名称十分贴切地反映了它的特征。在火山口内壁，白头峰悬崖有壮观的柱状节理，尤其是悬崖的中下部，密集的石柱紧密排列，高达几十米。白头峰悬崖下与南墙之间有一层火山喷发间断风化面，风化面以上和以下的火山岩层迥然不同，表明南墙火山岩形成后有一个长期的喷发间断，而后才有白头峰火山岩喷发覆盖在南墙火山岩之上，从而将这层风化面夹在白头峰悬崖和南墙悬崖中间。

不同时期喷发形成的，南墙火山岩喷发形成在先，喷发后，岩石表面经过长期风化；后期火山再次喷发时，形成白头峰火山岩，覆盖在南墙火山岩上，同时把喷发间断风化面埋在两层火山岩之间。此两层不同时期形成的火山岩的接触面在地形上表现为阶梯状，在照片中和实地观察时都很容易识别。

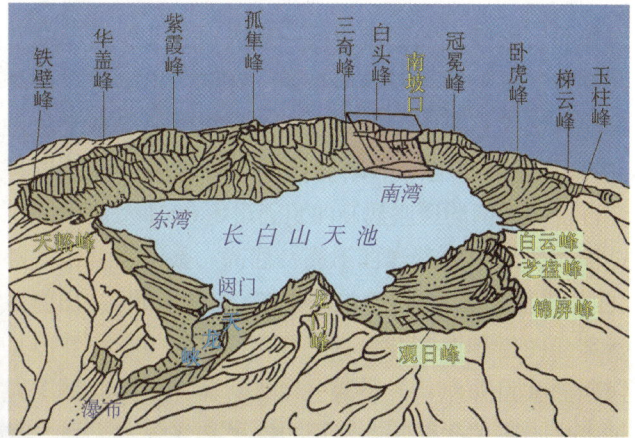

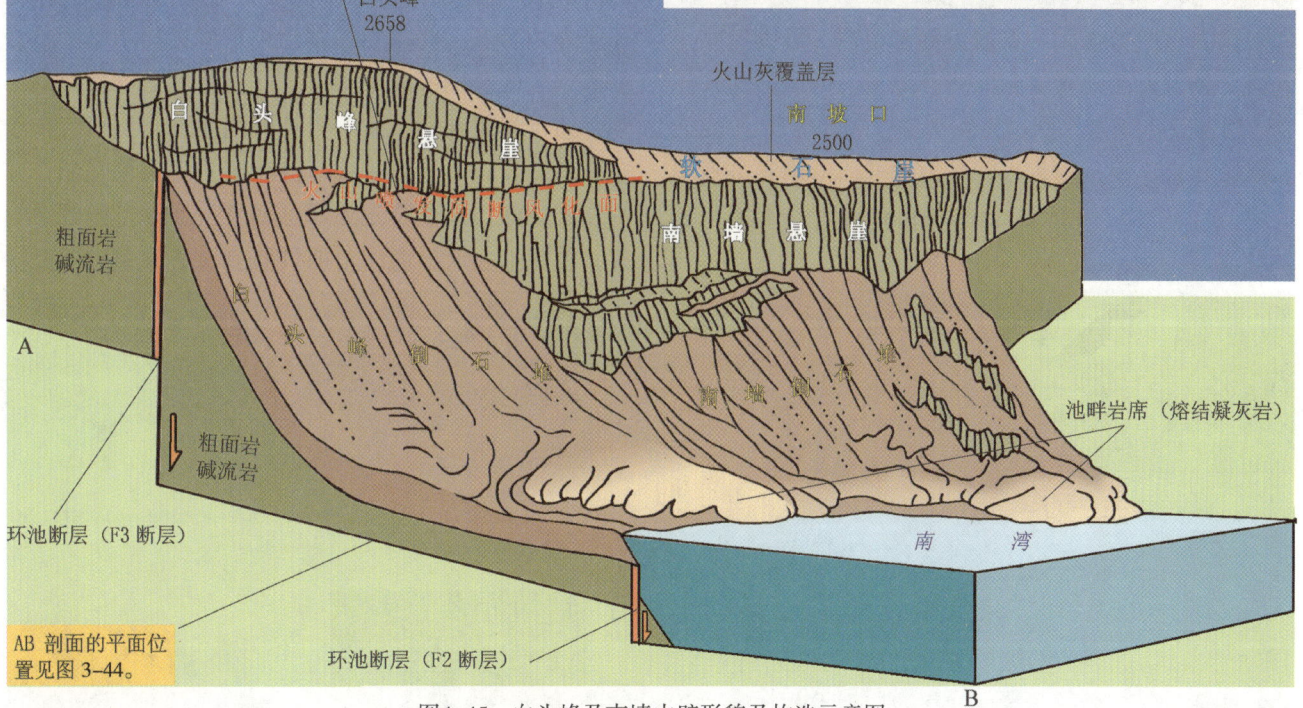

图4-45　白头峰及南墙内壁形貌及构造示意图

## 3.8　冠冕峰——"望之有冠冕形"

冠冕峰，位于天池南，海拔2566.0米，高出水面376.9米，在环池十六峰中排行第十五。

《长白山江岗志略》309页记载："冠冕峰，在天池南偏西，重峦叠嶂，气象端严。望之有冠冕形，故名之。"

关于冠冕峰的定位，除了"在天池南偏西"这一依据外，同书314页还有"软石崖，在白头、冠冕两峰之间"的描述，从而更清楚地说明冠冕峰隔软石崖（南坡口）与白头峰相望，故冠冕峰的位置可以得到

确定。冠冕峰的形状，刘建封比喻为"冠冕形"。那么，"冠冕"做何解释？"冠"字的意思是帽子，如皇冠，是皇帝的帽子；儒冠，是知识分子的帽子；"冕"字的意思也是帽子，是更高级的帽子。对"冠冕"的另一种解释是：如鸡冠一样的帽子，冠冕峰远看近看都像大公鸡头顶上那个鲜红的鸡冠。总之，这座山峰像一顶帽子。

对锯齿状的冠冕峰，为叙述方便，将诸多峰尖分别编号命名，共有5个峰尖，从左（东）向右（西）

依次为：(1)冠冕峰东尖、(2)冠缨一、(3)冠缨二、(4)冠缨三、(5)冠冕峰西尖。有了称谓，人们到此一游，便可以从不同角度欣赏那些林立的峰尖而不至于弄混（照片3-91、3-92）。

图3-46　冠冕峰拍摄位置图

环池十六峰中，冠冕峰很矮，海拔2566米，排行十五，仅比梯云峰略高一点，它让人感觉天池火山口周围高耸一圈的悬崖明显低了下去，这种情况前人早有记载和描述：

图3-46中画有从卧虎峰到南坡口的扇面，表示1677年武木讷从卧虎峰向包括冠冕峰在内的南坡口的勘验方向和范围。他在给皇帝的奏折中写道："瞻视正南一峰较诸峰稍低，宛然如门，池水不流。"其中"正南一峰"指的是南坡口和冠冕峰一带，"池水不流"指的是那里没有泄水口。

图3-46中还画有从白云峰至冠冕峰的扇面，那是表示1908年刘建封从白云峰向冠冕峰的观测。刘在白云峰这一照片的"具图贴说"中描述冠冕峰"若覆盂者，为冠冕峰"。所说的"盂"指的是那里的地形凹下去，像一个敞开口的盛器覆置于山峰之上（照片3-91，拍位见图3-46）。

历史钩沉：《长白山灵迹全影》中《白云峰》幅照片"具图贴说"记载："……若覆盂者，为冠冕峰。"这是刘建封以白云峰为观察点描述的系列山峰中的冠冕峰形象。"盂"是敞口的盛具（见照片中盂器图），中间低，周沿高，说冠冕峰"若覆盂者"与1677年武木讷所见冠冕峰"正南一峰较诸峰稍低"的描述一致。

历史钩沉：康熙十六年（1677年）内大臣武木讷奉旨看验长白山，在奏折中写道："山顶有池……五峰环绕，临水而立……瞻视正南一峰较诸峰稍低，宛然如门，池水不流。"这"正南一峰"指的就是冠冕峰和南坡口一带。《大清一统志》记载此事有"南一峰稍下如门"，刘建封认为：这是指软石崖而言（俗名南坡口）。（见《长白山江岗志略》301页）

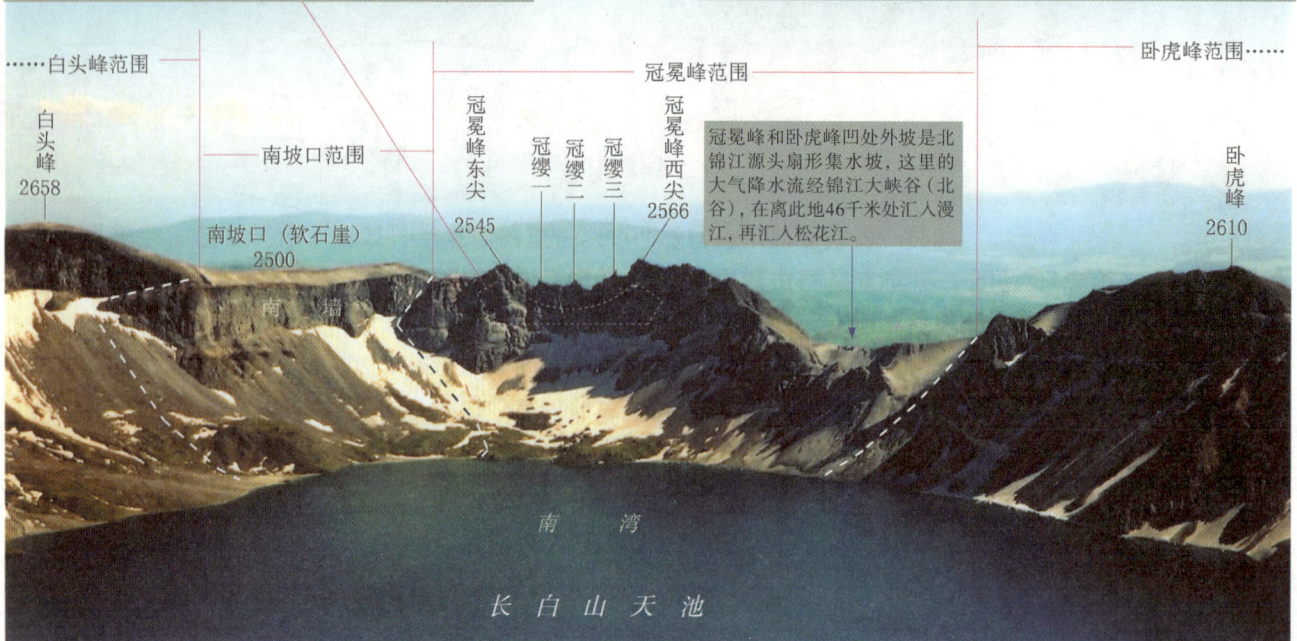

① 照片3-91　"若覆盂者，为冠冕峰"

照片 3-92（拍位见图 3-46）：冠冕峰顶峰为锯齿状。从正面看好像是一列横排，从平面上看，火山口缘从冠冕峰东尖到冠冕峰西尖是一个向西南方向突出的弧形，这些峰尖位于弧线之上，并非排成直排。

从纵向看，冠冕峰由(1)冠冕峰悬崖、(2)冠冕峰倒石堆和(3)南坡口岩席组成。

照片3-92　冠冕峰内壁之组成

## 3.8.1　冠冕峰外坡（西南坡）的火山岩岩墙——冠墙

照片 3-93（拍位见图 3-46）是在北锦江源头附近拍摄的冠冕峰外坡（西南坡）形貌。峰脊由一系列尖锐状悬崖构成，走向近东西方向，呈向外突出的弧形分布。峰脊的狼牙锯齿在天空下可清晰分辨出来，每个"牙齿"的形状与内壁所见并无太大差别。这些峰尖由左向右依次为：冠冕峰西尖、冠缨三（被冠冕峰西尖挡住下部，刚露出一个小尖）、冠缨二、冠缨一、冠冕峰东尖。因为这是从冠冕峰外坡拍摄的，所以各峰尖的排列顺序与在内壁见到的排列顺序刚好相反，在照片中已用文字标注。

注意峰脊外坡有两个扇状集水坡，集水坡将大气降水汇集起来，沿着火山锥斜坡向西南方向流进北锦江，所以，可以说：此二集水坡是头道松花江上流北锦江的最高源头之一。越过这列峰脊就是冠冕峰内壁

照片3-93　冠冕峰西南坡（外坡）形貌及扇状集水坡

了，内壁之水则向北流入天池，经阆门进入乘槎河，再经瀑布跌入二道白河，再汇入二道松花江。站在这列峰脊之上，就是站在头道松花江与二道松花江的分水岭上。峰脊外坡和内壁两面的大气降水最后都汇入松花江，整个冠冕峰，无论是内壁还是外坡，都属于松花江流域，冠冕峰是松花江源头峰之一。

冠冕峰的这条狼牙锯齿的峰脊如今有中朝国界线经过这里，即：冠冕峰内壁属朝鲜，外坡属中国。

151

照片3-94（拍位见图3-46）较之照片3-93（拍位见图3-46）的拍摄位置，向东移动了约800米，故此，冠缨三从冠冕西尖的背后完全"走"了出来，但冠缨一却被冠冕峰东尖挡住，完全看不见了。冠冕峰东尖由一系列"锯齿"组成，这些"锯齿"是一面火山岩墙。在照片中画了一面规整的墙体示意岩墙形成的位置、走向、厚度。初始的岩墙应该较为完整，后由于风化剥蚀，在墙体上出现了几个大豁口，破坏了岩墙的完整性，因此不太看得出墙

用红色的长方体表示火山岩墙的产出位置和原始形态，冠墙就像一面墙斜插在冠冕峰顶上。

冠冕峰西尖 2566
冠缨三
（冠缨一被冠墙遮住）
冠缨二

照片3-94　冠冕峰西南坡（外坡）的形貌和峰脊上的岩墙

的模样了，这些"残垣断壁"原先应该是连成一体的。

此火山岩墙被称为"冠墙"，用以区别其他岩墙。因为它侵入了冠冕峰既存的火山岩层，所以它形成的时间应该较晚。目前，尚未见到对这条岩墙进行岩石年龄测定的资料，所以不能给出具体的形成年代数据。关于冠墙的岩性，仅凭肉眼观察判断，当为粗面岩，但须得在显微镜下鉴定和做化学分析才能确定。

照片3-94和3-95（拍位见图3-46）是张福有于1999年到冠冕峰拍摄的火山岩墙，即冠墙。

从整体形状上看，这面残存的火山岩墙还保留着墙的样子，还能看出岩墙的厚度和岩墙的走向。岩墙突出于山峰之上，说明它比较坚硬，耐风化。

在照片中可以看到，岩墙中突显出许多球状物，使得岩墙好像由许多球状岩石堆砌而成。实际上这就是地质学上所说的"球状风化"。球状风化是岩墙在冷凝过程中形成的纵横交错的节理经风化所致。这种地质现象在长白山火山中常见，如位于玉柱峰以南的2600峰的

冠冕峰上火山岩墙保留的"残垣断壁"好像由许多圆形石块砌成，其实这是岩石球状风化所致。

冠冕峰内坡在朝鲜境内，外坡在中国境内，照片中的冠墙位于冠冕峰外坡，故冠墙位于中国境内。到冠墙考察可以从南坡口沿火山口缘外侧向西走，从冠冕峰外坡旁绕过即可。

照片3-95　冠冕峰上火山岩墙的球状风化

球状风化，位于铁壁峰外坡的球状风化等等，都是比较典型的球状风化。

照片3-96（拍位见图3-47）是冠冕峰的外坡，即西南坡形貌。照片摄入了冠冕峰西尖、冠缨三和冠缨二，冠缨一被冠冕峰东尖的外坡挡住，冠冕峰东尖顶部未摄入镜头。冠冕峰的这些尖峰是由火山碎屑流经风化剥蚀形成的，岩性主要为火山角砾岩、角砾凝灰岩等。奇形怪状的尖峰参差不齐地排列是冠冕峰的特色。冠冕峰外坡是北锦江最高发源地之一，所以，这里属松花江流域。

冠冕峰外坡是北锦江的发源地，大气降水在斜坡上由面流汇集成细沟，再汇入冲沟，形成北锦江源头，流经锦江大峡谷（北谷）后汇入漫江，再汇入松花江。

松花江流域

① 照片3-96 冠冕峰西南坡（外坡）

照片3-97（拍位见图3-47）是冠冕峰的内壁形貌。冠冕峰东尖和西尖均纳入镜头，但因为两尖之间呈一向南凸出的弧形，所以除冠缨三刚露出一点外，冠缨二和冠缨一均被冠冕峰东尖遮挡。又因透视关系，冠冕峰东、西两座峰尖好像离得很近，实际相距约有300米。我们在这幅照片中可以清楚地看到冠冕峰的层状构造，说明火山喷发时，喷发物是一层一层地叠加上去的。由于喷发条件的变化，在悬崖上表现出不同的色调。

这些横向条纹是冠冕峰的层状构造，说明火山喷发活动的多期次性，山峰是一层一层地叠覆堆积起来的。

② 照片3-97 冠冕峰的层状构造

照片 3-98（拍位见图 3-47）所摄是冠冕峰东尖。站在南坡口上，最常见到的就是冠冕峰的这个形象，它常代表冠冕峰出现在书刊、画报上，但从高度上看，它低于西尖。在本幅照片中，请注意那条风化裂隙。由于重力作用，这条垂直裂隙会逐渐扩大加宽，在未来的岁月，已显倾斜的那块岩体最终将崩塌落入天池，到那时，冠冕峰的形貌将发生很大的变化，"前车之鉴"就是天豁峰和鹰嘴砬子（参见图 3-9）。

照片右面依次摄入的是卧虎峰、玉柱峰和白云峰。这样的排列顺序，刘建封在《长白山灵迹全影》中《白云峰》这一照片的"具图贴说"中有明确的观测描述，在图 3-47 中以白云峰为原点的扇面表示观测方向和范围。需说明的是，在照片中，位于卧虎峰和玉柱峰之间的梯云峰看不见，它被卧虎峰挡住了。

再请注意看天池畔伸入水中的濯足石，1908 年刘建封就是站在濯足石上对包括冠冕峰在内的 12 座峰进行定位和命名的。图 3-47 中以濯足石为原点的扇面表示这次观测的方向和范围（参见图 4-28）。

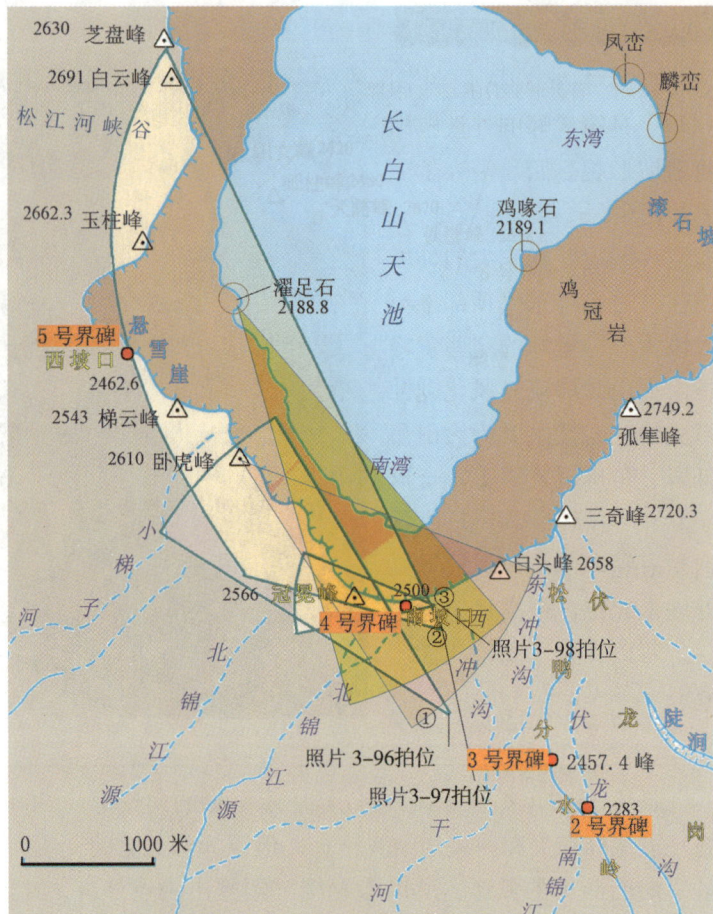

图3-47　不同视角的冠冕峰拍摄位置图

冠冕峰上这条裂隙是由火山岩层的垂直节理发展起来的，对比几十年前拍摄的照片可以看出裂隙在扩大。这个分离的峰尖是冠冕峰的"鹰嘴砬子"。天豁峰的鹰嘴砬子已于多年前坠落，这个"鹰嘴砬子"的前景大抵也是如此吧。坠落的原因主要是"临空释重"，偌大的块体没有依托，坠落是不可避免的，再加上雨水的侵蚀，寒冻作用的冰楔扩张，峰尖的前景不容乐观。

历史钩沉：康熙十六年（1677 年），武木讷遵旨勘验长白山，从西坡口至卧虎峰观察冠冕峰及南坡口一带（图 3-47 中以卧虎峰为原点的扇面）。

历史钩沉：光绪三十四年（1908 年）刘建封从西坡口下临天池，在濯足石上对包括冠冕峰在内的 12 座峰进行定位和命名（图 3-47 中以濯足石为原点的扇面）。在白云峰上对包括冠冕峰在内的 11 座峰进行观测描述（以白云峰为原点的扇面）。

照片3-98　冠冕峰东尖沿垂直节理发育的风化裂隙

### 3.8.3 冠冕峰熔岩流平面图及说明

冠冕峰熔岩流位于长白山火山锥西南坡。

此熔岩流发端于冠冕峰悬崖，向西南方向流淌。围绕该熔岩流形成了河流，其东南边缘有干河流过，干河发源于白头峰，在白头峰两侧有东冲沟和西冲沟两岔（图3-49），两岔汇合后，沿冠冕峰熔岩流东南缘向西南流。熔岩流西北边缘有北锦江流过。故冠冕峰熔岩流实际上是夹在干河和北锦江之间的。因为这两条河流均属于锦江水系，故该熔岩流位于锦江流域，即属松花江流域。

冠冕峰熔岩流规模巨大，构成了长白山火山锥体西南坡。在西南方向远眺长白山火山锥，冠冕峰熔岩流巍峨绵延，气势宏大。

冠冕峰熔岩流长5000米，平均宽约2300米，起始端海拔2566米，末端海拔1730米，降差836米。在熔岩流前缘终止于玄武岩台地处，形成一条醒目的丘岗状陡坡，爬上这个陡坡就是登上冠冕峰熔岩流了（见照片3-106）。

冠冕峰熔岩流是由多个岩浆喷溢口不同时期喷发形成的，可辨认出来的就有8处熔岩喷溢口，图中用火山口符号标出了它们的位置。这些岩浆喷溢口大致呈西南方向排列，多数位于冠冕峰辐状断裂带上。该断裂带是天池周边辐状断裂带之一，与相近的小虎峰断裂带和F11断层（注）近乎平行。熔岩流的岩性主要是粗面岩，由多期次火山喷发堆积而成，最上部为晚期喷发的火山碎屑岩所覆盖，正是这些火山碎屑岩经后期风化崩落构成了冠冕峰狼牙锯齿的峰尖。

冠冕峰熔岩流的上部地形陡峻而复杂，在多条熔岩流的夹缝中形成许多冲沟，从峰顶冲下来的流水在陡峭而复杂的沟壑中形成瀑布、跌水和湍流。

冠冕峰熔岩流与其间的沟壑构成许多美丽的风光。覆盖在冠冕峰熔岩流上的植被主要是岳桦林和苔原植物，夏季一片翠绿，秋季一片金黄，冬季，整条熔岩流都被积雪覆盖，远远望去，如一条巨大的白龙卧在长白山中。

注：金伯禄、张希友：《长白山火山地质研究》，东北朝鲜民族教育出版社，1994年版，第68页记载："F11断层位于天池西南……呈南西向展布，长约8公里。"

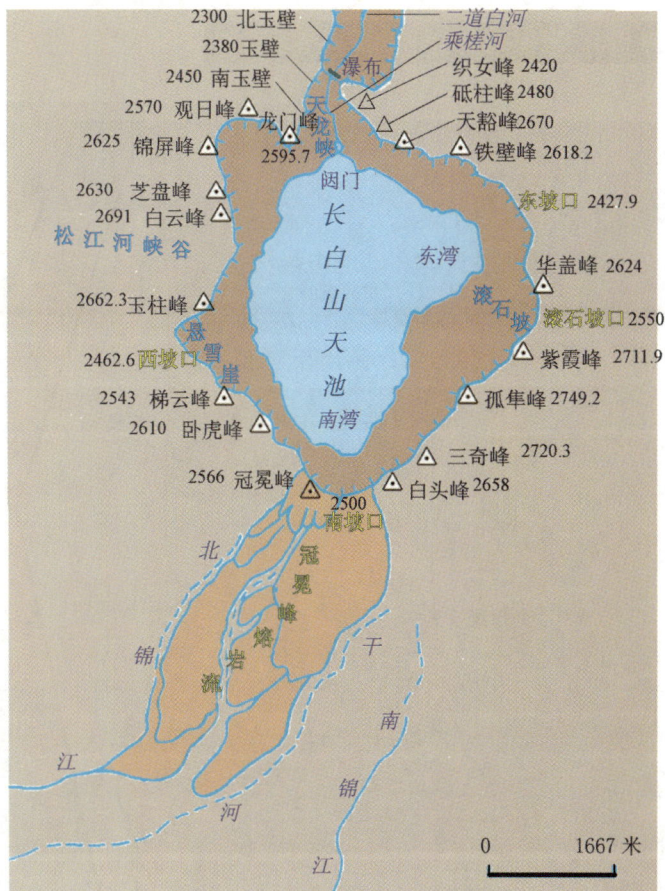

图3-48　冠冕峰熔岩流位置图

图3-49　冠冕峰熔岩流平面图

155

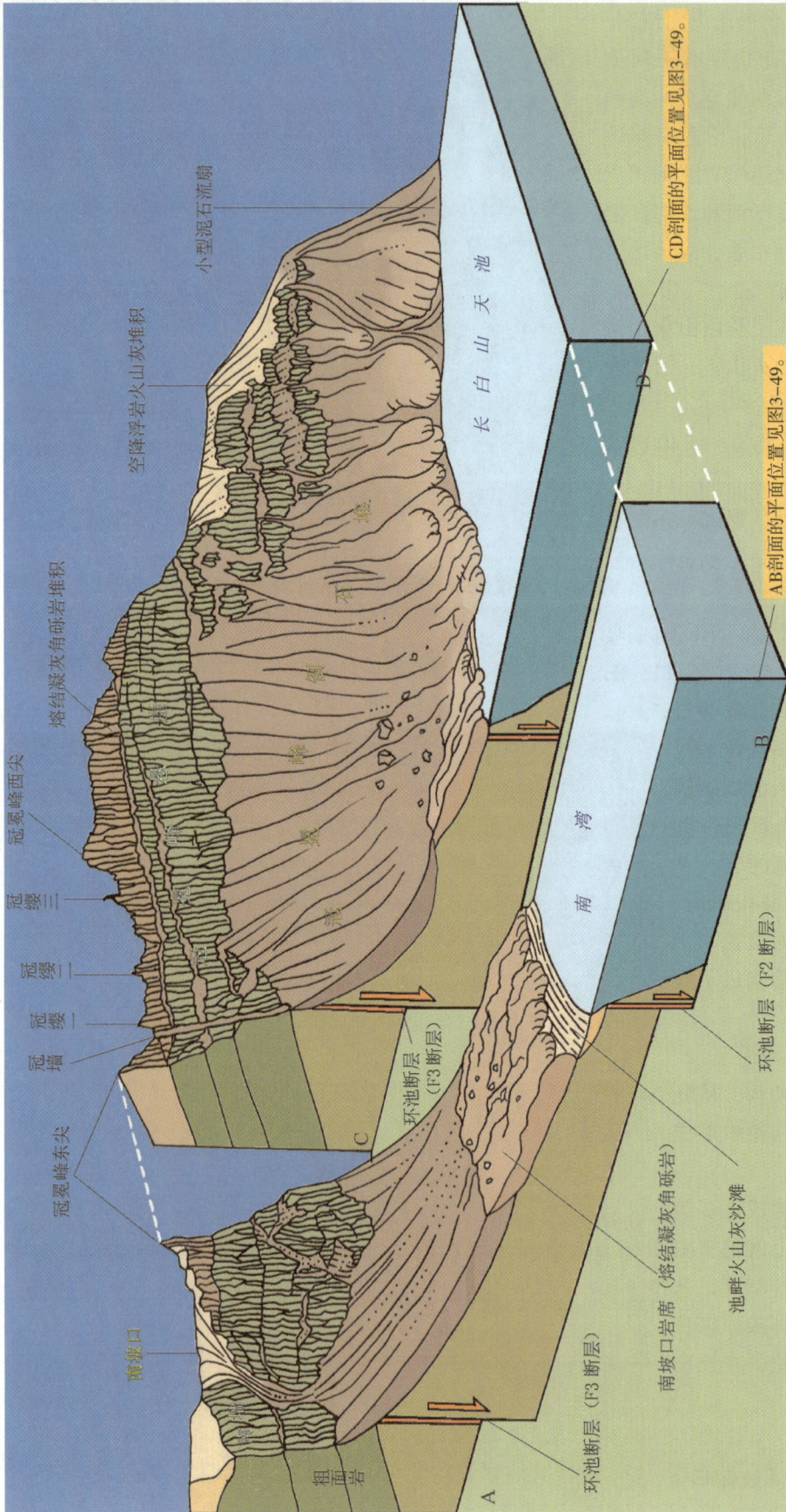

图3-50 冠冕峰内壁形貌及构造示意图

冠冕峰最具特色之处莫过于峰脊上锯齿状排列的峰尖，形成峰尖的火山岩主要是熔结凝灰岩、熔结角砾岩等。这种火山岩由火山角砾、火山灰、浮岩颗粒等胶结组成，胶结的程度较差，岩石结构很不均匀，多为角砾状构造，表面上显得很粗糙。颜色以黑色为主。这样的火山岩在风化过程中容易形成奇形怪状的尖峰和刃脊。

冠冕峰峰顶的这些熔结凝灰岩是长白山火山锥全新世火山喷发形成的，距今较近，所以多覆盖在山峰上。在图中用赭石色以区别被它覆盖的岩石。

156

照片3-99　登冠冕峰途中见到的岳桦林

在长白山火山锥上，岳桦林生长在海拔1700米至2000米范围内，在攀登冠冕峰途中到了这个高度，就能看到一片片岳桦林。这种耐寒树种生长在如此恶劣的环境中，虽长相弯曲，少有笔直树干，但性格坚忍，在松柏都退缩的高寒地带繁衍，千百年来与长白山共存，令人肃然起敬。

照片3-100　冠冕峰附近的雪菊花

覆盖在岩石上的积雪，在寒风中被雕刻成美丽的雪菊花，一丛丛迎风展现它们的美丽。在恶劣而寒冷的环境中，长白山依然有许多令人意想不到的景色供人欣赏。

照片3-101　风蚀雪菊花

# 3.9 卧虎峰——"临池多虎踪"

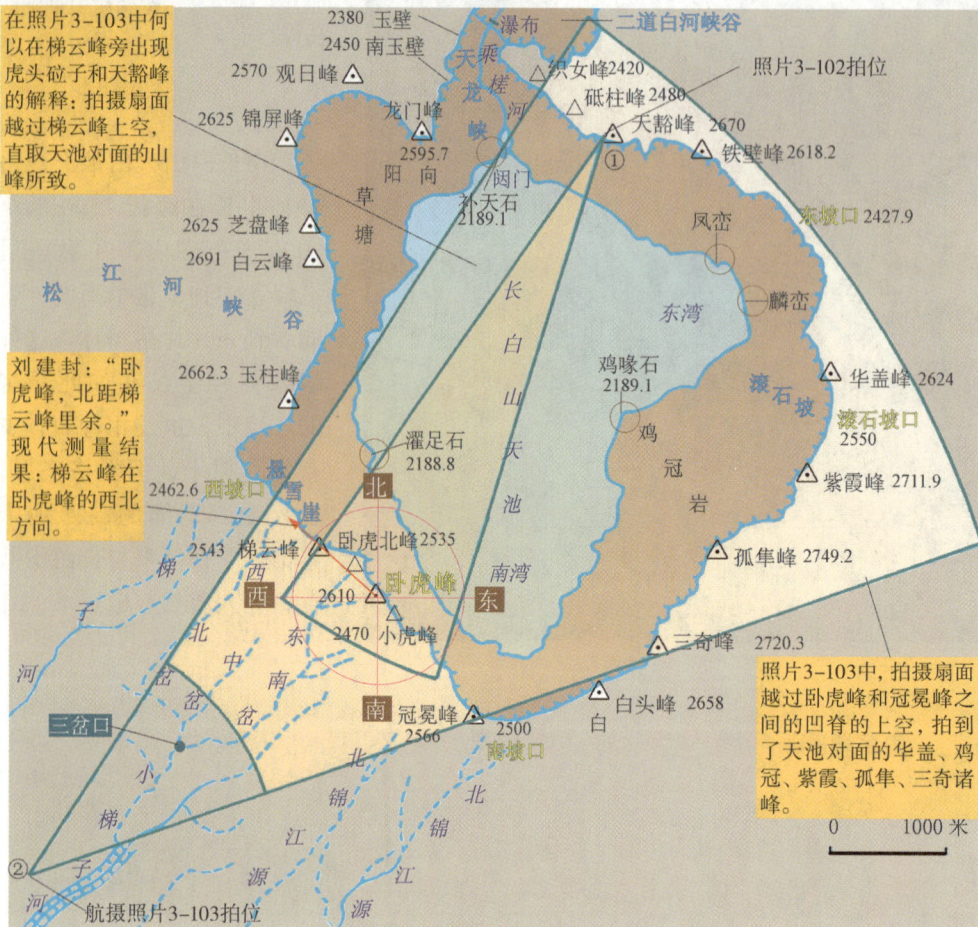

在照片3-103中何以在梯云峰旁出现虎头碰子和天豁峰的解释：拍摄扇面越过卧云峰上空，直取天池对面的山峰所致。

2380 玉壁
2450 南玉壁　　瀑布　二道白河峡谷
2570 观日峰　　　　织女峰2420　　照片3-102拍位
　　　　　天乘　　　砥柱峰2480
2625 锦屏峰　龙门峰　　　天豁峰 2670　①
　　　　2595.7　龙　　　　　铁壁峰 2618.2
　　　阳　向　门峡　　　　　　　
　　　　　　闵门　补天石　　　　　东坡口 2427.9
2625 芝盘峰　　草塘　2189.1
2691 白云峰　　　　　　　凤峦
松　江　河　峡　谷　　　　　麟峦
　　　　长　　　东湾　　华盖峰 2624
2662.3 玉柱峰　白　　鸡喙石　漫石坡
　　　　　山　　2189.1　　漫石坡口
　　濯足石　天　　　　鸡冠　　2550
　　2188.8　池　　　　　岩　紫霞峰 2711.9
2462.6 西坡口　雪　　南湾
　　　卧虎北峰2535　东　　孤隼峰 2749.2
2543　梯云峰　西　卧虎峰
　　　北　2610　　三奇峰
梯　中　南　2470 小虎峰　　　2720.3
云　岔　　南　　　　　白头峰 2658
子　　东　北　冠冕峰　　2500　白
河　　南岔　南 2566　　南坡口

三岔口

刘建封："卧虎峰，北距梯云峰里余。" 现代测量结果：梯云峰在卧虎峰的西北方向。

照片3-103中，拍摄扇面越过卧虎峰和冠冕峰之间的凹脊的上空，拍到了天池对面的华盖、鸡冠、紫霞、孤隼、三奇诸峰。

0　　1000 米

② 航摄照片3-103拍位

图3-51　卧虎峰位置及拍摄位置图

卧虎峰，位于天池西南，海拔2610米，高出天池水面420.9米，在环池十六峰中排行第十二。

《长白山江岗志略》311页记载："卧虎峰，北距梯云峰里余。临池多虎踪，人不易行。峰后起一小岗，积雪累年不消。前有虎径，斜长五里余。由池至巅，约有七里。"

1930年版整理本《抚松县志》记载："卧虎峰，形如卧虎，故名卧虎峰，山势狞狰，怪石嵯峨，偶一登临，则惊神骇目，大有战战兢兢之慨。"

刘建封将其命名为卧虎峰，当以"临池多

照片3-102　卧虎峰内壁形貌

照片3-102中标注的卧虎峰范围包括卧虎峰及南面，并峙联袂组成。它们的平面位置见图3-51。

158

虎踪"为据；《抚松县志》则以"形如卧虎"为据。不管怎样，卧虎峰得名都与虎踪或虎形有密切关联。这当然是一百多年前的情况了。刘建封踏查长白山时，长白山还是野生动物的乐园，刘建封的勘查队就曾多次遭遇猛兽，甚至有踏查队员被猛兽咬伤的事情发生（见《长白山江岗志略》334页、349页、386页、390页）。现今的卧虎峰，早已没有虎的踪迹，徒有其名罢了。不仅是卧虎峰没有了虎的踪迹，就连整个长白山也难寻虎的踪迹了。今天的人们若是想在卧虎峰看到虎是不可能了，这也许是命名此峰的刘建封想不到的吧。

刘建封说卧虎峰"峰后起一小岗"，今人通过航空照片分析和地质调查确认，那是一条熔岩流。请注意卧虎峰内壁以南约500米处，有一个三角状山峰，上述那条熔岩流就是由这里喷溢的岩浆形成的。该三角状峰在卧虎峰南侧，笔者为称呼这条可以单独划出的火山地质体，将其称为"小虎峰"，与小虎峰有成因关系的熔岩流则为"小虎峰熔岩流"。

小虎峰，海拔2470米，高出天池水面280.9米。小虎峰离卧虎峰平均距离约430米，离得太近了，不能单独"成家"，辈分又低，故不能与十六峰平起平坐，虽然有了自己的名称，但仍属于卧虎峰范围。

卧虎峰内壁形貌见照片3-102（拍位见图3-51）。

照片3-103是卧虎峰外坡（西坡）航摄照片。卧虎峰外坡最显著的特点是山坡上覆盖着大片的白色浮岩。从远处看这些白色浮岩盖层，常被误认为是未消融的积雪。但仔细观察还是能分辨的，积雪的白色是冷色调，浮岩的白色是暖色调。照片拍摄的时间是夏初，沟壑中尚有残雪，可以看到两者颜色的差别。

还须说明的是，因为这是航空照片，视点很高，所以能看见天池对面的山峰，但只能看见这些山峰的峰尖部分。在照片中，由于透视关系，天池对面的山峰与近景玉柱峰、卧虎峰和冠冕峰好像"粘"在一起了，难以分辨，所以在照片中用白色线把近景勾勒了出来，以区别天池对面被摄进的山峰，这样，凡白线以上诸峰（虎头碰子、天豁峰、华盖峰、鸡冠岩、紫霞峰、孤隼峰、三奇峰）皆位于天池对面。

卧虎峰外坡也有天然界线，其范围可用沟壑划分，北界以小梯子河东南岔为界，隔界与梯云峰相望；南界以北锦江最高源头为界，隔界与冠冕峰相望。

虎头碰子、天豁峰位于天池对面，出现在这里的原因见图3-51的解释。

华盖峰、鸡冠岩、紫霞峰、孤隼峰、三奇峰皆位于天池对面，出现在这里的原因见图3-51的解释。

······梯云峰范围

天豁峰（在天池对面）2670

虎头碰子（在天池对面）2650

梯云峰 2543

卧虎峰范围

卧虎峰 2610

华盖峰 2624

鸡冠岩

冠冕峰范围······

紫霞峰 2711.9

孤隼峰 2749.2

三奇峰 2720.3

冠冕峰 2566

小梯子河中岔

北锦江最高源头

照片中用蓝色箭头表示集水扇面及面流的流动方向。大气降水先在扇面内形成面流，面流集中在扇面顶端，因流量加大，流水侵蚀能力增强，形成细沟，进而形成冲沟。因此细沟和冲沟在火山锥体上密集分布。

② 照片3-103 卧虎峰外坡（西坡）照片

## 3.9.1 终年披着白纱的卧虎峰

卧虎峰外坡（西坡）有很厚的火山灰堆积层。这些火山灰呈白色或灰白色，宛如尚未消融的积雪。前人说长白山上有"终年不消融的积雪"。现在，盛夏时节，除非深沟背阴处，长白山上很少见到未消融的积雪了，从远处看到的泛白的山峰，实际上是火山灰。

照片3-104　在冠冕峰拍摄卧虎峰

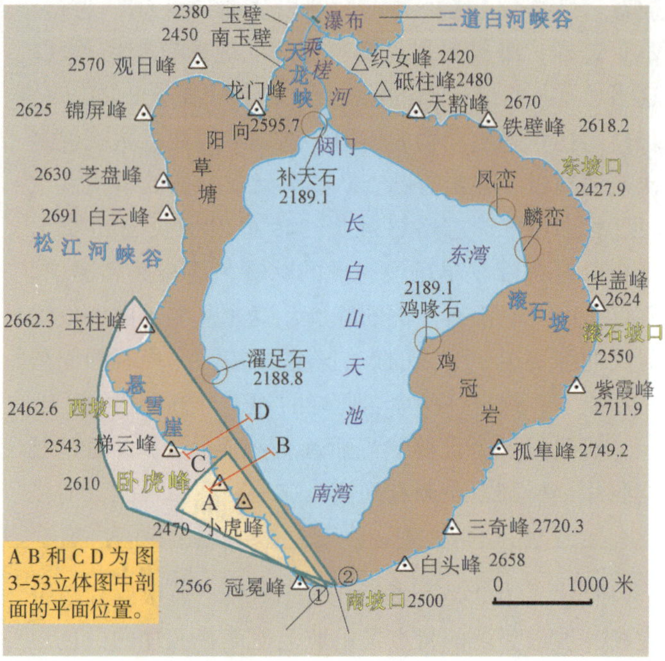

图3-52　卧虎峰不同角度拍摄位置图

AB和CD为图3-53立体图中剖面的平面位置。

照片3-104（拍位见图3-52）是在南坡口拍摄的卧虎峰东南侧面形貌。因为拍摄者是站在冠冕峰旁拍摄的，所以将冠冕峰也收进镜头，照片中左侧上下贯通的就是冠冕峰悬崖，右面中景是卧虎峰，卧虎峰的前面是小虎峰。两峰的外坡大部分被浮岩火山灰覆盖着。火山口缘部分堆积层很厚，堆积层断面可以清楚看到粒序层构造。说明这些火山灰从空中降落时，是阵发性的，强时，火山灰的颗粒变粗，弱时，火山灰的颗粒变细，强度的变化导致火山灰堆积形成粒序层。卧虎峰的火山灰厚度有几十米。

照片3-105（拍位见图3-52）是卧虎峰内壁东侧面照片。覆盖在外坡的火山灰，又被未消融的积雪所覆盖，让人难以分辨哪里是积雪，哪里是火山灰。卧虎峰悬崖之下的倒石堆，是天池内壁最壮观的倒石堆，倒石堆斜坡的长度可达七八百米，倒石堆由疏松堆积的碎石组成，斜插入天池水中，坡面极不稳定，很难在上面行走。

此处是卧虎峰和冠冕峰之间凹处外坡，由扇状集水坡汇成冲沟，为北锦江最高发源地之一。

照片3-105　在南坡口拍摄卧虎峰

160

## 3.9.2 卧虎峰内壁形貌及构造示意图

图 3-53 是依据照片 3-102 编绘的。长白山火山锥层状构造在这里也可以被看得很清楚，我们从照片中可以看到，卧虎峰悬崖可以被粗略地划分为四五层，岩层并不规整，有的层很厚，有的层变薄，有的层不连续，反映出不同时期喷发的熔岩流叠置的复杂性。

最下面的岩层被倒石堆埋住了，只露出一部分；最上面的岩层被浮岩火山灰覆盖。火山灰主要分布在外坡（见照片 3-103、3-107），在内壁仅在南、北两侧平缓处有少量分布。

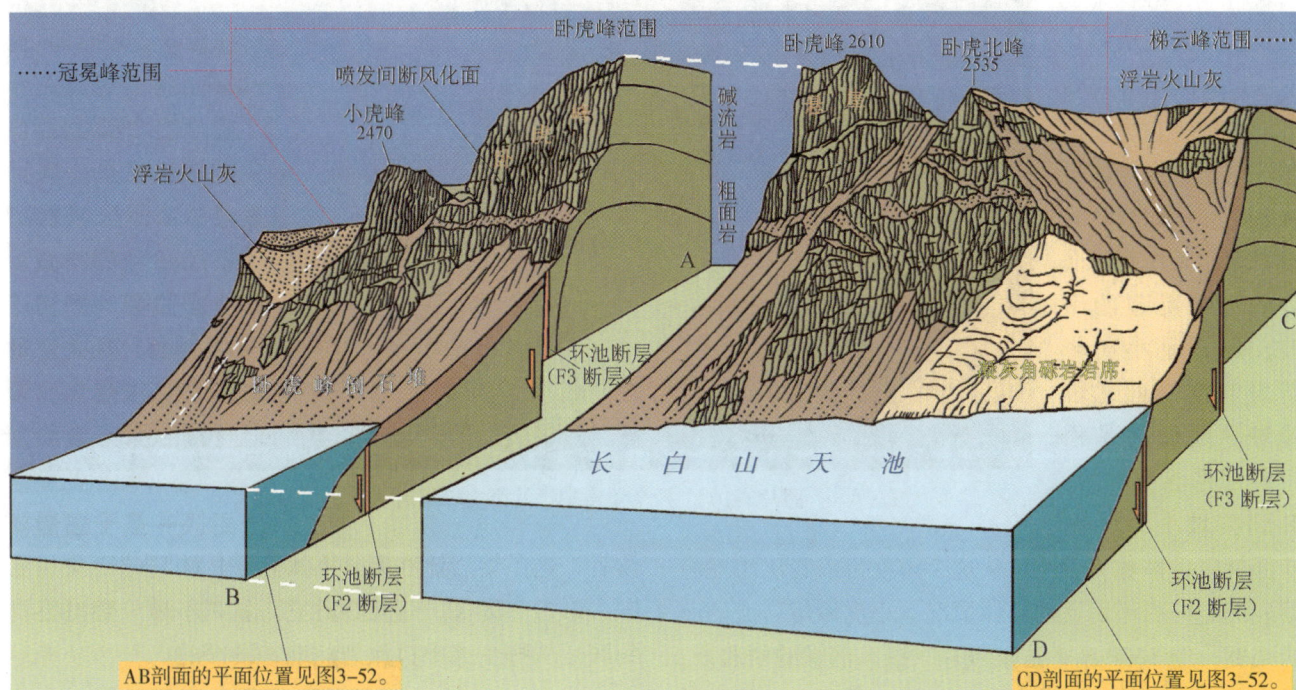

图3-53 卧虎峰内壁形貌及构造示意图

## 3.9.3 卧虎峰及小虎峰熔岩流

照片 3-106（拍位见图 3-3-54）拍摄的是卧虎峰外坡熔岩流和小虎峰外坡熔岩流。卧虎峰熔岩流不长，仅 2500 米。卧虎峰熔岩流构成了卧虎峰外坡，熔岩流前缘终止于小梯子河外岔（图 3-55）。

占据照片 3-106 下半部的并不是卧虎峰熔岩流的前缘，而是相邻的小虎峰熔岩流的前缘。也就是说，如果从这里爬上熔岩流前缘陡坎，沿着熔岩流顶面攀登，只能到达小虎峰。当然，小虎峰与卧虎峰相距已不远，只需再向西北方向攀爬约 430 米平距、上升约 140 米高度就可以登上著名的卧虎峰了。

照片3-106 卧虎峰和小虎峰熔岩流

161

照片 3-107（拍位见图 3-54）是从西南方向拍摄的卧虎峰熔岩流和小虎峰熔岩流。

摄影者脚下是玄武岩台地，熔岩流坐落其上。我们从照片中可以看到：卧虎峰熔岩流较小，延伸距离较短；小虎峰熔岩流却是一条巨大的熔岩流，照片前面横卧的一面陡起的山坡，那就是小虎峰熔岩流前缘西北段陡坡。陡坡前是松树和岳桦混交林带，升到陡坡上因气温

② 照片3-107　换个角度拍摄的卧虎峰熔岩流和小虎峰熔岩流

变低就以岳桦林为主了。从这个角度可以看出小虎峰熔岩流走向由远而近的延伸情况。小虎峰熔岩流的前缘很宽，约 1600 米，这幅照片只摄入前缘的西北段，其余部分在照片右面范围之外。如此提醒，是想告诉读者，这条熔岩流在野外不太容易目测它的走向和范围，因为它太大，越是接近它，就越不易分辨出熔岩到底是从哪个火山口流到此地并凝固的。

③ 照片3-108　从卧虎峰喷射过来的火山弹

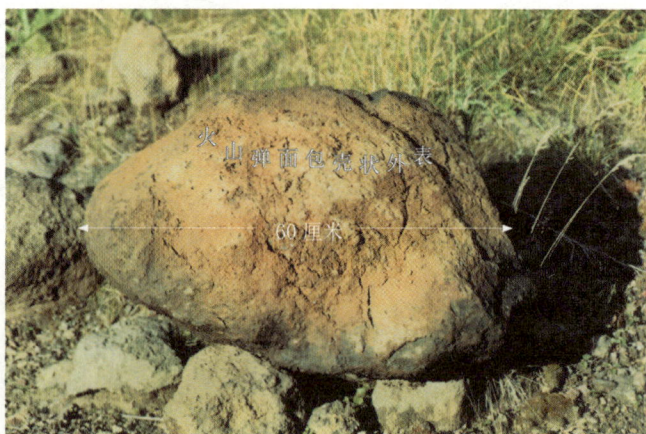

照片3-109　近摄火山弹

照片 3-108、3-109（拍位见图 3-54）：攀爬长白山火山锥时，经常能看见火山弹。什么是火山弹？火山在猛烈喷发时，常从火山口喷射出一种半软半硬呈塑性状态的岩浆团块，这种团块在空中飞行时是高速旋转的，往往发生塑性变形，形成纺锤状、扁圆状、甚至拧成麻花状，这就是地质学上所说的火山弹。这里拍摄的火山弹，是扁圆状火山弹。火山弹落地后并没有完全凝固。有时它的表面已经凝固了，但内部还是软的，岩浆中含有气体，当气体膨胀时，会把已经凝固的外壳胀裂，使外壳像烘烤干裂的面包壳，照片中这个火山弹的外壳就像面包壳。这个火山弹的直径为 60 厘米，估计重 200 千克。从火山口飞出这么大的东西，像炮弹一样划过天空，落到几千米外，足见火山喷发时爆炸的气浪冲力有多么巨大。

## 3.9.4 卧虎峰及小虎峰熔岩流平面图

卧虎峰和小虎峰熔岩流位于天池西南，是构成长白山火山锥西南坡的主要火山岩体。在这两条熔岩流的两侧，沿东南侧边缘流淌着北锦江源，沿西北侧边缘流淌着小梯子河源的东南岔。

两条熔岩流离得很近，从火山口喷溢后，两者边缘相叠、碰撞，沿着原始山坡向西南方向流淌。因为是多次喷发叠覆，所以两条熔岩流的形态都很复杂。

卧虎峰熔岩流短而窄，长2500米，宽200米到500米；熔岩流始发端海拔2500米左右，前缘海拔1690米，从喷溢口到熔岩流前缘，落差达810米。

小虎峰熔岩流大得多，长5300米，宽500米到1000米。在熔岩流终止处形成一面陡坎，从照片3-106、3-107、3-108中皆可看到小虎峰熔岩流前缘陡坎；在平地上看，在平缓的玄武岩台地上横卧着一面变陡的山坡——黏稠的岩浆流到这里冷凝固化，变成这面陡坎。

在小虎峰熔岩流喷发口处有一列齿状山脊，那是裂隙式岩浆喷溢口，齿状崖应该是残留的火山颈（见照片3-106）。小虎峰熔岩流属裂隙式喷发，是岩浆沿着小虎峰断裂喷溢形成的。小虎峰辐状断裂与F11断层（注）大致平行，都属天池周围的辐状断裂。小虎峰断裂向西南方向延伸，属于张性断裂，倾角直立，长度大于5000米。

卧虎峰熔岩流和小虎峰熔岩流岩性相同，以粗面岩、碱流岩及碎屑岩为主。熔岩流表面有的地方被后期火山喷发的碎屑流覆盖，其上又被浮岩火山灰大面积覆盖。

注：金伯禄等《长白山火山地质研究》68页记载："F11断层位于天池西南……呈南西向展布，长约8公里，倾角直立。F11为两条平行的张性断层。"

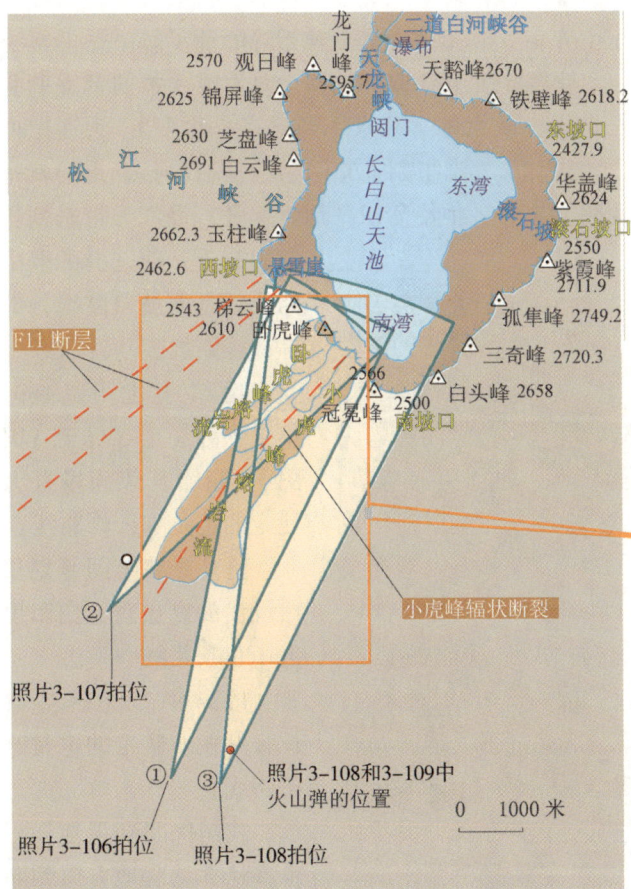

图3-54 卧虎峰熔岩流及小虎峰熔岩流拍摄位置图

小梯子河源头主要由3条冲沟组成：(1) 小梯子河西北岔；(2) 小梯子河中岔；(3) 小梯子河东南岔。3条冲沟汇合成小梯子河，汇合口称为三岔口。小梯子流经高山花园，再向西南方向流，汇合梯子河，再汇合锦江，再注入漫江，再注入松花江，所以，当你徜徉于高山花园一带时，须知那里是松花江发源地之一。

图3-55 卧虎峰及小虎峰熔岩流平面图

齿状山脊：裂隙式喷发残留的火山颈（见照片3-106）。

小虎峰熔岩流走向西南，长5300米，是北锦江与小梯子河之间的分水岭。

## 3.10　梯云峰——"峰脊出梯河瀑布"

梯云峰，位于天池西南，海拔2543米，高出天池水面353.9米，在环池十六峰中排行第十六。

《长白山江岗志略》311页记载："梯云峰，北距玉柱峰二里。峰脊出梯河瀑布，积雪亦多。由池至巅，约有七里。"

刘建封对梯云峰的命名，与发源于此峰的梯子河有关。梯子河源头有阶梯状瀑布，所以被称为梯子河。梯子河是民间称谓。先民攀登梯云峰，沿着梯子河一步步爬升，当看到高峰与蓝天白云相接时，会产生沿着天梯登向云端的感觉，这大概是先民命名梯子河的原因吧。1908年阴历六月二十八日，刘建封第一次登长白山就是沿着梯子河向梯云峰攀登的。刘建封把攀登梯云峰宛如登天的感觉和民间称谓融合在一起，将其命名为梯云峰。细品"梯云"二字，极富诗意，刘建封将高耸的山峰、攀登的艰难、升入云端的新奇和愉悦之情全都融入"梯云"二字之中了。

梯云峰的东南方向是环池十六峰中高度排行第十二的卧虎峰，西北方向是排行第六的玉柱峰，而位于两峰之间的梯云峰排行第十六，是众峰之中最低的。

从远处看长白山火山锥的西坡，这里是低下去的，先民选择登山路线自然会选择这里。梯云峰的外坡较之相邻的玉柱峰和卧虎峰亦不算太陡，悬崖较少，危险性小，这也是人们选择梯云峰为登顶路线的原因。

梯云峰路线也称西坡口路线，简称西路。人们在攀爬过程中，实际上还不是照直由梯云峰外坡攀爬的，而是先爬上西坡口。而西坡口无论从火山口缘的形状还是从火山地质角度来说，它都应该是梯云峰向西北方向自然延伸的峰脊，所以，西坡口属于梯云峰范围。但我国先民历来将这里单称为西坡口，刘建封在《长白山江岗志略》中就有单独的西坡口条目。现在，西坡口已经完全从梯云峰独立出来，成为一处重要的景观。

攀登梯云峰必须先登西坡口，再沿着火山口缘向东南方走570米就能登上梯云峰峰顶了。

康熙十六年（1677年），内大臣武木讷奉旨勘验长白山，从京师（北京）到盛京（沈阳），到乌拉地方（吉林），到讷殷地方（抚松、松江河），走的就是西路。之后，他沿着松江河、锦江、漫江一带来到长白山脚下，他选择的登山路线就是西坡口路线，即梯云峰路线。

光绪十七年（1891年）为编制《吉林全省舆图》，测绘官荣和攀登天池走的也是梯云峰路线。

清朝光绪年间筹划长白设治的官员登长白山也走了这条路线。

1926年，抚松县县长张元俊率队走的也是这条路线。

我国民间到天池祭祀也多从"讷阴地方"到西坡口登顶梯云峰一带跪拜。

现在，从西面登顶长白山，人们还是沿着古人的路线到达梯云峰。

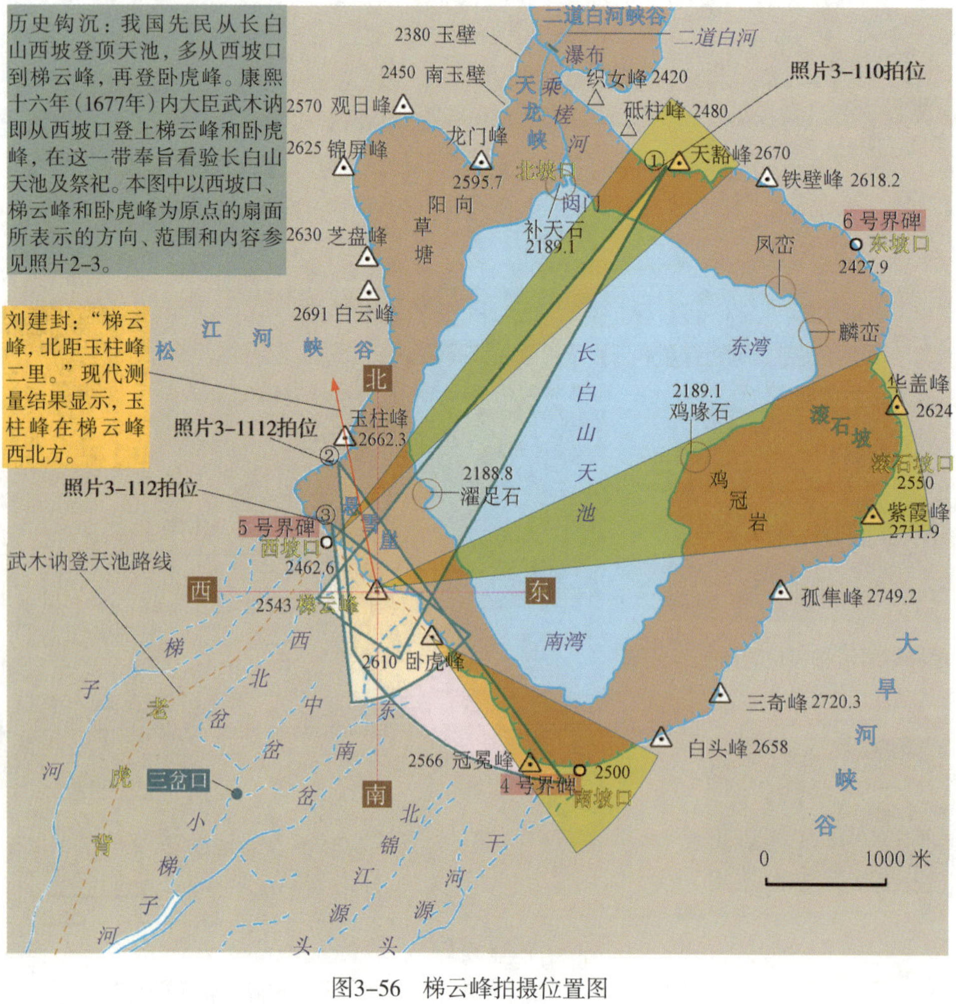

历史钩沉：我国先民从长白山西坡登顶天池，多从西坡口到梯云峰，再登卧虎峰。康熙十六年（1677年）内大臣武木讷即从西坡口登上梯云峰和卧虎峰，在这一带奉旨看验长白山天池及祭祀。本图中以西坡口、梯云峰和卧虎峰为原点的扇面所表示的方向、范围和内容参见照片2-3。

刘建封："梯云峰，北距玉柱峰二里。"现代测量结果显示，玉柱峰在梯云峰西北方。

图3-56　梯云峰拍摄位置图

### 3.10.1 梯云峰的内壁和外坡

照片 3-110（拍位见图 3-56）拍摄的是梯云峰内壁，即它面向天池的正面。在环池十六峰中，梯云峰最矮也最小，形象无法恭维，怎么看也不过是一系列高低不同的悬崖而已，我们无法用华美的词句赞美它，也几乎没有以梯云峰为主题的绘图或摄影作品，它被人们冷落了。环视天池十六峰，但见它被夹在卧虎和玉柱两大高峰之间，很容易被人们忽略。但请注意，这说的是梯云峰的正面，如果来到梯云峰的背面，你就会有一种全新的视觉感受：它是一座披着白纱的娇美秀气的丽人峰。

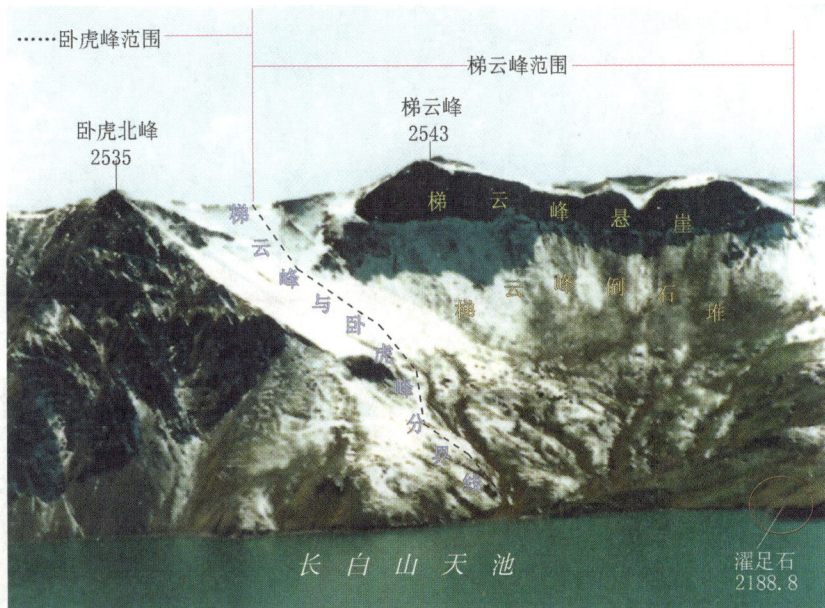

照片3-110　梯云峰内壁形貌

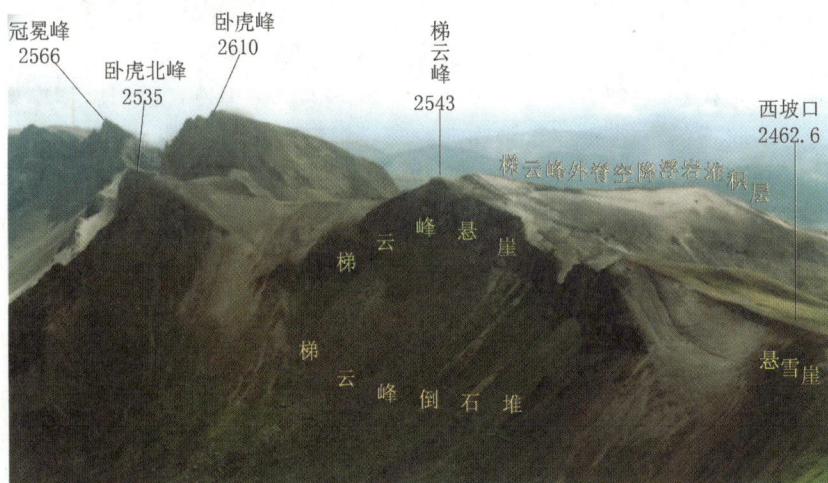

照片3-111　梯云峰侧面（西北面）形貌

照片 3-111（拍位见图 3-56）是梯云峰侧面即西北面的形象，但是它并没有摆脱丑小鸭的模样。从这个角度给梯云峰拍照，怎么也躲不开它的近邻，那座比它高大英俊的卧虎峰。但多数摄影师并不计较卧虎峰占据画面的主要位置，可以容忍这种喧宾夺主的画面布局。

照片 3-112（拍位见图 3-56）是在最贴近梯云峰的位置上拍摄的照片。

在这里看，梯云峰被大大地看扁了。在照片中，还是躲不开位于梯云峰南的卧虎峰的身躯，但是卧虎峰总算收敛了一些，只是从梯云峰背后露出头来向镜头窥视而已。

照片3-112　在悬雪崖边上拍摄梯云峰

165

照片 3-113（拍位见图 3-59）是梯云峰外坡照片，此照片摄于一场大雪之后。看了这幅照片，你一定会改变对梯云峰的看法，它的外坡与火山口内壁相比，云泥之别。内壁的丑小鸭，从背后看，竟是美丽的白天鹅。看来，对梯云峰的风光，不能只看一面就下定论，而是应换一个角度观赏，就可能看到意想不到的风光。

这幅照片把梯云峰美丽的背影放在画面的中心，卧虎峰仅作为伴娘陪在旁边。梯云峰以其应有的地位和美丽的形象为自己挣足了面子。这是一身冬装打扮的

照片中标注：
小玉柱峰范围　小玉柱峰 2560　西坡口范围　西坡口 2462.6　梯云峰范围　梯云峰 2543　卧虎峰范围……　卧虎峰 2610

高山花园入口处

照片中的西北岔、中岔、东南岔皆为小梯子河源头的冲沟。3条冲沟汇合为小梯子河，再汇合梯子河、锦江、漫江，最后汇合松花江，所以，这里是松花江最高发源地之一。

④ 照片3-113　梯云峰外坡（西南坡）及其山麓的"世外桃源"

梯云峰，皑皑的白雪覆盖了整个山体，洁白的裙裾如婚纱般把整座梯云峰打扮得如新娘一般。

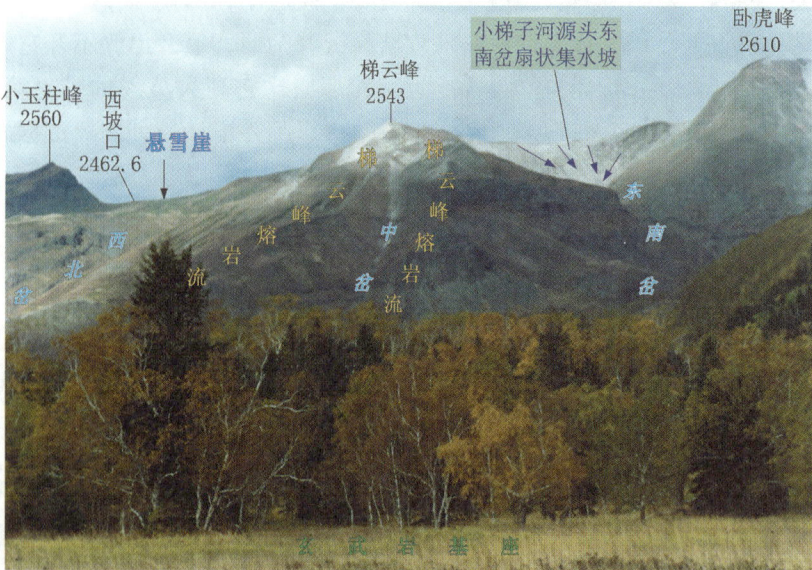

照片中标注：
小玉柱峰 2560　西坡口 2462.6　悬雪崖　梯云峰 2543　小梯子河源头东南岔扇状集水坡　卧虎峰 2610　西北岔　梯云峰熔岩流　梯云峰中岔　梯云峰熔岩流　东南岔

⑤ 照片3-114　梯云峰上永不消融的"积雪"——浮岩堆积层

照片 3-114 是在与照片 3-113 相近的位置上拍摄的（拍位见图 3-59），是在夏末秋初所摄。但是，山峰上怎么还是白雪皑皑？难道经过一个夏天，雪还没融化？不是的，那不是雪，而是永远不会融化的火山灰，它是梯云峰终年的婚纱。十六峰中，身披白色婚纱者不在少数，但就其洁白的程度来说，梯云峰及其近邻卧虎峰最为耀眼，若就服装样式来说，梯云则更胜卧虎一筹。洁白的峰顶与坡面，终年闪着白光，使

人们在百里之外就能看见它。长白山的美名传遍天下，梯云峰展示的白纱般漂亮的山峰功不可没。

但这里还得"杞人忧天"一下：梯云峰外坡那 3 条冲沟，即在照片中标注的西北岔、中岔和东南岔，它们正在以不可低估的速度侵蚀着美丽的梯云峰，覆盖在梯云峰上的那些白色火山灰，在风化侵蚀过程中，正在流失。这层火山灰上不长植物，直接暴露在大气层中，长白山暴风骤雨的冲击力非同小可，火山灰本来就是松散的堆积层，又处于陡坡地形之上，怎能耐得住流水冲刷？这种侵蚀过程是可以观察到的。如果在梯云峰上遇到一场暴风雨，你会看到山坡上那些浮岩颗粒是怎么被倾盆大雨敲打得乱蹦乱跳，又是怎样被坡面汇集的流水冲下山坡，带进沟壑的。远的不说，对比三十年前的照片，我们就能看出火山灰层的流失变化。风化剥蚀是不可抗拒的自然规律，梯云峰的浮岩火山灰将被剥蚀得越来越少，直至消失，露出下面黑色的粗面岩。

## 3.10.2 梯云峰内壁形貌及构造示意图

图 3-57：梯云峰位于天池火山口内壁的西壁。梯云峰内壁由一列悬崖构成。火山喷发时大量的岩浆喷射到地面，地下变得空虚，火山口沿着环状断层发生塌陷，形成破火山口。梯云峰悬崖就是火山口塌陷时断层的上盘，下盘已经陷落。实际上，梯云峰悬崖是断层上盘的断层面。该断层面在风化侵蚀过程中不断剥落，大量的碎石堆积在悬崖底下，形成倒石堆。

覆盖在悬崖上的浮岩火山灰是后期火山喷发形成的。分布在天池畔包括濯足石在内的熔岩流也是后期喷发形成的。

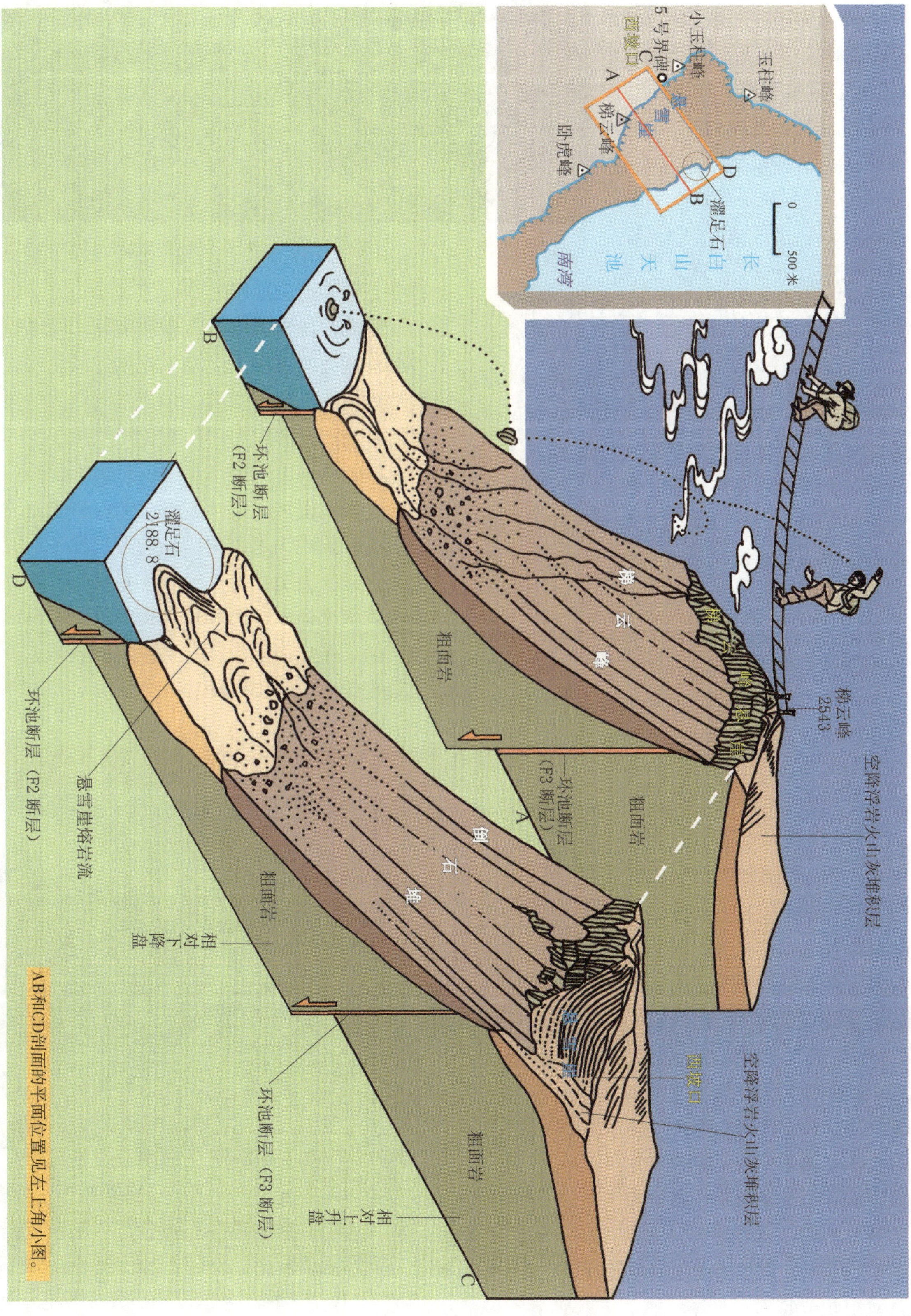

图3-57 梯云峰内壁形貌及构造示意图

AB和CD剖面的平面位置见左上角小图。

167

### 3.10.3 梯云峰峰顶的火山灰

照片 3-115（拍位见图 3-58）：面对梯云峰峰顶那厚厚的火山灰层，人们会发现那些火山灰并不是杂乱无章地堆在一起的，而是具有规整的层理。所谓层理，就是堆积物在颜色、颗粒大小等方面在垂直方向上呈现出的有规律的变化，表现为一层一层的堆积特征。在梯云峰顶部，这些层理近于水平，在山坡上，层理向坡下稍微倾斜。

这些层理是怎么形成的呢？层理的发生说明火山灰在堆积的过程中经过了分选，然后才一层一层地撒下来。你一定见过打谷场上的情景，人们为了把谷粒和壳屑分开来，把它们一起扬到空中，借助于风力和重力让它们自由降落，较重的谷粒先落下来，较轻的壳屑则会被风吹到远处再落下来，这就把谷粒和壳屑分开了；但有时由于风力变小，壳屑落得较近，这层壳屑就会夹在谷粒中间，所以农民得反复地吹扬才行。如果我们将没有分选好的谷堆解剖，就会看到它是层状构造的：一层谷粒，一层谷壳，相间重叠。现在来看火山灰是怎样堆积的：含有比重小的浮岩颗粒和比重大的粗面岩、玄武岩颗粒的火山灰升入空中，飘向火山口外，不同比重的颗粒从空中降落时，会自然地进行分选，就像打谷场上一样；在火山喷发和风力吹扬强弱不断变化中，梯云峰的大"谷堆"上就出现了层状构造。这种构造在地质学上称为"粒序层构造"。

那么，我们该用什么办法剖开"谷堆"去看它的内部构造呢？不用人类动手挖掘，风化侵蚀已经替我们把火山灰堆积层切开，形成了天然的地质剖面，使我们看到了它的粒序层构造（见照片 3-115）。

梯云峰火山灰层未来的前景会怎样呢？好像并不乐观，风化侵蚀在继续，剥离的浮岩先是被雨水形成的面流带到冲沟里，再由冲沟带进梯子河，再进入锦江，再进入夹道松花江，积年累月，不断有浮岩颗粒或块体就这样永远离开了美丽的家乡长白山，四处流浪。如果在江面上看到一块漂流的浮岩，说不定它的家就是长白山的梯云峰。

这是火山灰堆积层中呈水平状态的粒序层构造，一层一层地叠置在梯云峰顶上，十分好看。

梯云峰 2543

梯云峰外坡（西坡）被厚厚的火山灰覆盖

梯云峰悬崖

火山灰堆积层

照片3-115　梯云峰顶的火山灰

照片 3-116（拍位见图 3-58）：这是一幅满目荒凉的照片，如果没有天上的白云，会让人误以为是月球表面。这就是堆积在梯云峰外坡上的火山灰层的景色。我们弯下腰就可以抓起一把，看看都是什么。这里火山灰的成分主要由白色浮岩颗粒和深色的岩屑组成，后者主要是玄武岩、粗面岩或碱流岩的碎块，有黑色、棕色、灰色、灰绿色等。其中浮岩的比例可占一多半，所以总体上看它是灰白色的。但这个比例在各处是不同的，有的地方浮岩可以占到百分之八九十，那里的火山灰层就显得白些。当暗色岩屑颗粒占到一半以上时，那里的火山灰层就是灰色或深灰色的了。

梯云峰外坡被厚厚的火山灰覆盖，这些火山灰几乎没怎么胶结，只是松散堆积着，一场大雨就会把火山灰剥蚀掉一层。长期剥蚀下来，火山灰层将剥蚀殆尽。

梯云峰 2543

火山灰盖层

小梯子河西北岔冲沟

梯云峰外坡的火山灰堆积层

照片3-116　梯云峰外坡火山灰的物质组成

### 3.10.4 梯云峰熔岩流平面图

梯云峰熔岩流是梯云峰火山口多次喷溢后形成的，熔岩流层层叠加，沿着原始山坡地形向西南流动。在照片3-114上标注了梯云峰熔岩流的位置。因透视关系，照片中的熔岩流好像一面短山坡，实际上，这条熔岩流很长。此熔岩流长约2000米，宽平均800米。熔岩流终止处的前缘是一面很明显的陡坎，陡坎的高度差不多有100米高，陡坎之下是平坦的玄武岩台地。

在照片中这个陡坎前缘被岳桦林带遮住了。

在冬季拍摄的照片3-113中，左面是高山花园的入口处，从这里进去，穿过岳桦林带就能到达梯云峰的坡麓，即梯云峰熔岩流的前缘。但很少有人从这条路线攀登梯云峰，因为那里有好几处悬崖很难爬过去。

梯云峰熔岩流主要的岩性为粗面岩，其中夹有同质的火山碎屑岩。

图3-58　梯云峰熔岩流平面图

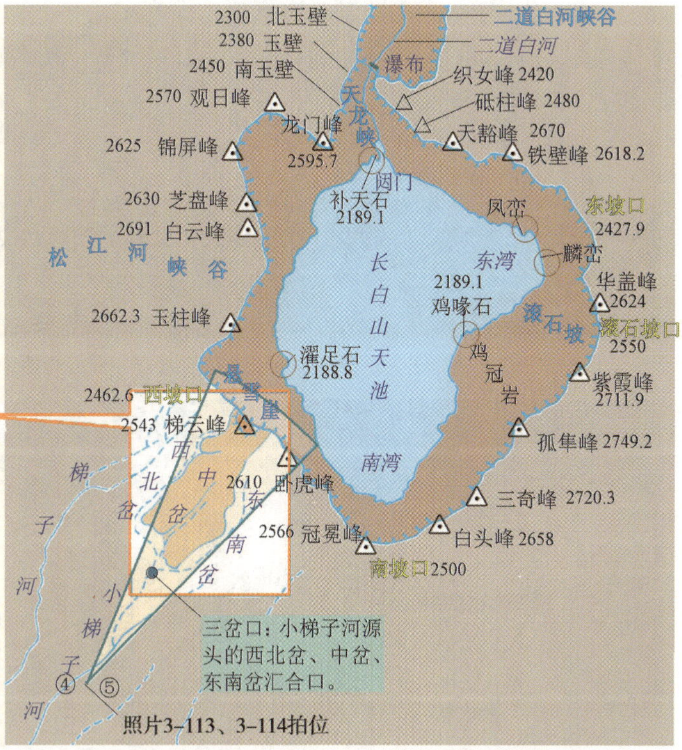

图3-59　梯云峰熔岩流位置及照片3-113、3-114拍摄位置图

### 3.10.5 梯云峰外坡山脊构造示意图

梯云峰表面为白色的浮岩覆盖，其下为粗面岩。在照片3-117（拍位见图3-60）中可以看到这样的双层构造。小梯子河源头西北岔的切割提供了一个天然剖面。在这里可以看见两个台阶，下面的较高、较明显，上面的较矮且不甚清晰，但它们都露出了浮岩底下的火山岩层，如图3-61中所画。粗面岩的形成年代要比覆盖其上的浮岩早得多。前者是长白山火山"造锥阶段"形成的，年代久远；后者是"造席阶段"的产物，属近代喷发。火山活动的方式也不一样，前者是较为平静的喷溢，后者是猛烈的爆发。

面对上述地质剖面，有一个问题摆在我们面前：天池火山由较为平静的喷溢转为猛烈的爆发，这意味着什么？是必然的转变还是偶然的地质事件？这让我们不能不研究：如果未来长白山火山再次爆发，会以什么样的方式爆发？还有可能是猛烈的爆发吗？如果再次发生猛烈的火山爆发，火山灰云将弥漫天空，飘向四方，大量的火山灰将掩埋森林、耕地

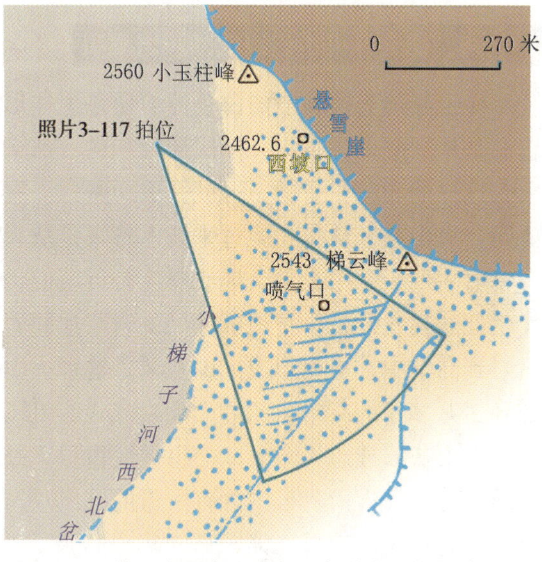

图3-60　梯云峰西南山脊火山灰分布及拍摄位置图

和城镇，必将造成重大损失。所以，地质学家肩负着一个重要的任务，那就是进行火山灾害的预报。研究既存的长白山火山，尤其是研究近代曾经发生过的大规模火山喷发，比如近代（1万年以来）梯云峰、卧虎峰及其外围大面积火山灰覆盖层，对于预测未来火山喷发的时间、方式、规模，从而进行火山灾害的预防和评估，是必不可少的基础研究工作。研究长白山火山喷发历史、火山活动规律、火山构造等地质问题固然是地质学家的重要任务，但比这更重要的是火山监测和预报。长白山火山监测工作三十多年前就已经开始，进行火山预报和制订火山灾害对策亦是地质学家的重要任务。

照片3-117　梯云峰西南山脊上的火山灰层

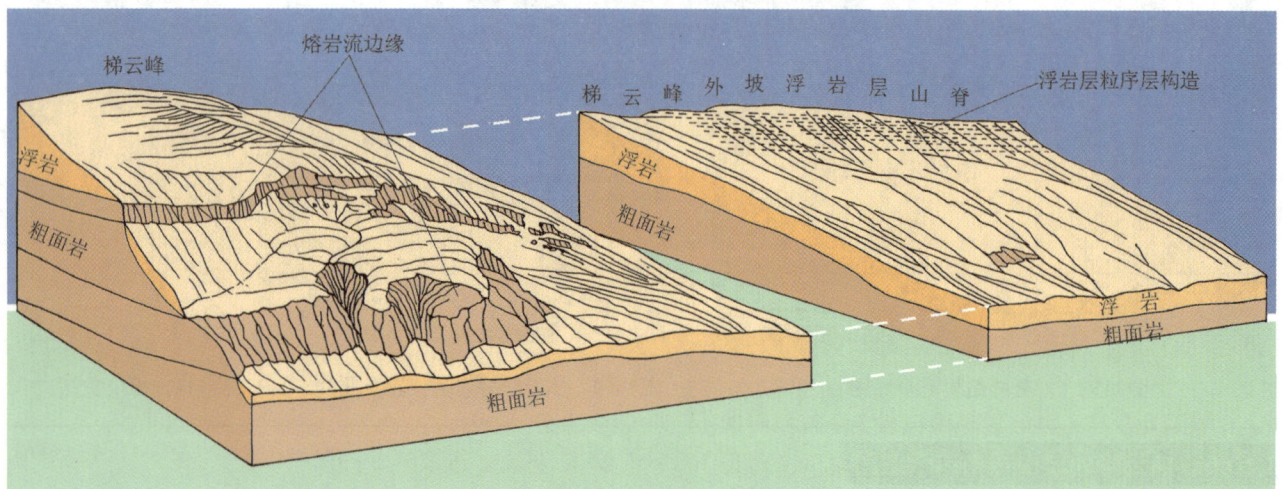

图3-61　梯云峰外坡山脊构造示意图

### 3.10.6　梯云峰火山口缘空降浮岩堆积

梯云峰顶上披纱般的白色浮岩层是怎样形成的？它们是从天空中像下雪一样层层堆积的。那么，天空中有这样的云吗？有的，这就是火山灰云。有人也许要问，火山灰云从哪儿飘过来的？答案是从天池火山口喷射喷到天空中去的。地质学家告诉我们，当火山发生猛烈喷发时，会把地下深处的岩浆连同岩屑一齐喷射到高空中，从而形成火山灰云。这种火山灰云能升到3万多米的高空，超过大型喷气式客机飞行的高度。火山灰云能遮天蔽日，使世界变得昏天黑地，情景异常恐怖。火山灰云中含有大量的火山灰，成分主要是浮岩和火山碎屑。浮岩是岩浆"泡沫"在喷射飞扬过程中凝固的，因为凝固得太快，浮岩中含有大量的气孔，使浮岩变得很轻，更容易在火山灰云中飘浮；而那些碎屑是先期形成的岩石被炸碎形成的，这些火山物质一起被强大的喷射气流带到空中。喷射气流具有强大的力量，它从火山口射出的初始速度可以超过音速，所以火山爆发时能在短时间内就形成巨大的火山灰云。

人们通过对这次火山爆发的降落物的分布情况研究得知，当时长白山区正刮着西风，所以大部分的火山灰都飘落到长白山东面去了，最远达到日本海和北海道。但在西风减弱的时候，火山灰云也会迅速向四周扩散，所以天池西边也有不少地方被这些火山灰覆盖了，如梯云峰、卧虎峰西坡、锦江一带、暖江一带。

图3-62描绘了这次火山爆发升入空中的火山灰云分布状态，看得出整个火山灰云倒向东面，在东面降落，但也有一些火山灰飘落到西面。

右上的小图表现了从火山灰云中下火山灰雨的情景。云中的火山灰因重力作用而纷纷降落，在梯云峰上堆积起来，当然离火山口缘最近的地方堆得最厚，最厚之处可达几十米，向外则越来越薄。这些火山灰层堆积得很松散，几乎没胶结，人们走在上面，像是走在沙漠上。

有地质学家认为，梯云峰浮岩火山灰是由两期火山爆发形成的，刘若新等《长白山天池火山近代喷发》记载："……五号界（碑）等地，均见到了两期空降浮岩的直接覆盖关系"，并给出了这两期爆发的时间：第一期是公元前2155年左右，第二期是公元1215年。这就是说，从地质时间来说，它们形成的时间距今很近。另外，从风化剥蚀程度也可推测出它的形成年代，如此松散的浮岩火山灰没有被风化剥蚀殆尽，说明它堆积的时间不是很长，否则，在长白山顶上强烈的风化侵蚀下，梯云峰早就被剥去了美丽的白纱，从而露出被浮岩遮盖的瘦骨嶙峋的粗面岩肩膀了。

当地下的压力足够大时，气浪冲开火山口，挟带着大量的火山灰、岩浆泡沫、火山角砾、火山弹、有毒气体、水蒸气等腾空而起，形成连续的喷泉状的"喷发柱"。"喷发柱"扩散形成伞状云，伞状云可以到达35千米的高空。伞状云可分为：①气冲区，喷发物获得最大的上升动力；②对流区，在这里，上升的喷发物和因失去动力而降落的喷发物交替进行；③扩散区，较轻的颗粒和粉尘状的火山灰飘浮在几十千米高的平流层中，逐渐扩散，飘向远方，有的火山灰可以飘到几千千米之外，甚至可以环绕地球，在平流层中飘浮几年也不降落。

图3-62　梯云峰火山口缘空降浮岩火山灰堆积形成示意图

### 3.10.7　梯云峰喷气口

长白山大规模的猛烈的火山喷发虽然停止了，但地下岩浆活动并没有偃旗息鼓，还向周围散发着携带热量的深源气体，形成喷气口，或称之为气泉。长白山喷气口很多，不光是梯云峰上有喷气口，芝盘峰等许多地方也有。如此看来，长白山依旧不会平静。

地质学家对长白山深源气体的喷发现象历来有两种看法：第一种看法：认为这是火山活动的余热，喷气是火山最后的喘息，它将越来越弱，最终将不再喘息，喷气现象表明火山活动的结束。第二种看法与第一种看法相反，认为热气的喷发表明长白山是活火山，

火山活动并未结束，它正在补充能量，一旦在地下重新聚集起岩浆和足够大的压力时，火山还会喷发，喷气现象是火山喷发的前奏。

从前地质学家普遍以第一种看法为主，但随着观察研究的深入，第二种看法逐渐占了上风。例如：刘若新等《长白山火山地质研究》203页记载："……该区火山活动正在进行中，应该说所谓的休眠火山变为活火山。"刘若新等：《长白山天池火山近代喷发》，科学出版社，1998年版，第151页记载："天池火山是中国大陆危险性最大的巨型现代活火山。"

同书 153 页记载："世界著名的火山学家 Walker Schmincke，90 年代初期到天池火山考察后，也认定天池火山是目前世界上危险性最大的火山之一。"

既然如此，我们就不能再把这些喷气口看作是火山活动的最后喘息了，而要深入地了解它，研究它。地质学家们已经这样做了，他们用现代科学方法对长白山喷气现象进行了普遍调查和研究。

除喷气口外，长白山还有很多温泉，这些温泉在向外涌出的时候，大都伴随着大量的气泡，站在温泉旁边，有时能听见咕嘟咕嘟的声音，这是地下的气体在释放，这样的温泉实际是水泉和气泉的混合泉。气体比水更无孔不入，水上不去的地方气体可以从水中逸出，独往独来，成为单独的喷气口。气泉和温泉的存在都说明：在长白山火山锥底下有不断向外散发热量和气体的地方。这是什么地方？地质学家用地下存在岩浆房来解释。岩浆中饱含水和气体，不断向外释放着，天池周围有很多裂隙，这些气体便沿着裂隙冒到地面上来。

气泉主要由水蒸气、二氧化碳、氮、硫化氢、氢、氦、氩、氡等气体组成。地质专家根据对气体采样分析研究，推测了这些深源气体释放的深度。

这里画了一幅梯云峰喷气口的形成原理图，在图中用垂直坐标表示未冷却的岩浆房所处的深度，约在地下 15—20 千米处。这个深度相当于白头山期（祖峰期）第 4 阶段喷发时岩浆房所处的深度（刘若新等《长白山火山地质研究》190 页图 10-1 ）。

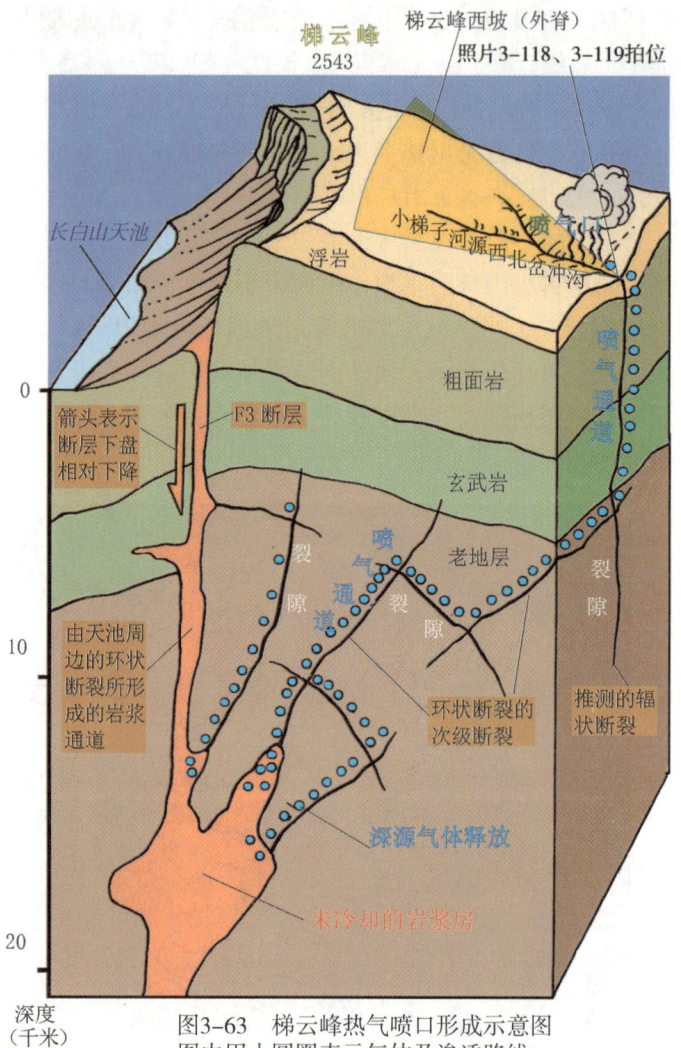

图3-63 梯云峰热气喷口形成示意图
图中用小圆圈表示气体及渗透路线。

---

照片 3-118、3-119（拍位见图 3-63）：在梯云峰西南坡小梯子河源头西北岔冲沟顶部有一处喷气口。人们来到这里时，在迎面扑来的微风中能闻到一股硫黄味，一阵阵热气从裂隙中飘散出来，在阳光的照耀下随风摇曳。但这幅照片没能把飘散的热气表现出来，只好用文字标注在喷气口上。

地质学上称喷气口为气体释放点，也称气泉。在长白山上，除此处有气泉外，还有多处气泉，如芝盘峰顶也有气泉。

照片3-118 梯云峰外坡的喷气口

照片3-119 近摄喷气口

## 3.11 玉柱峰——"状如玉柱"（附：小玉柱峰、玉柱北峰）

### 3.11.1 小玉柱峰

小玉柱峰位于天池西，北距玉柱峰900米，南距梯云峰700米，海拔2560米，高出天池水面370.9米。

小玉柱峰属玉柱峰范围，但无论从地形、地质还是视觉感受上，小玉柱峰都应该单独成为一座有名称的山峰。况且，从西坡登山的人，有不少常把这座低矮的小山峰误认为玉柱峰，这就更有必要将这座山峰予以命名了，所以，笔者以玉柱峰为词根，加前缀"小"字，命名为"小玉柱峰"。

从西坡登山者，在长白山脚下就能看到在西坡口北侧有一座三角状山峰，那就是小玉柱峰。

图3-64　小玉柱峰拍摄位置图

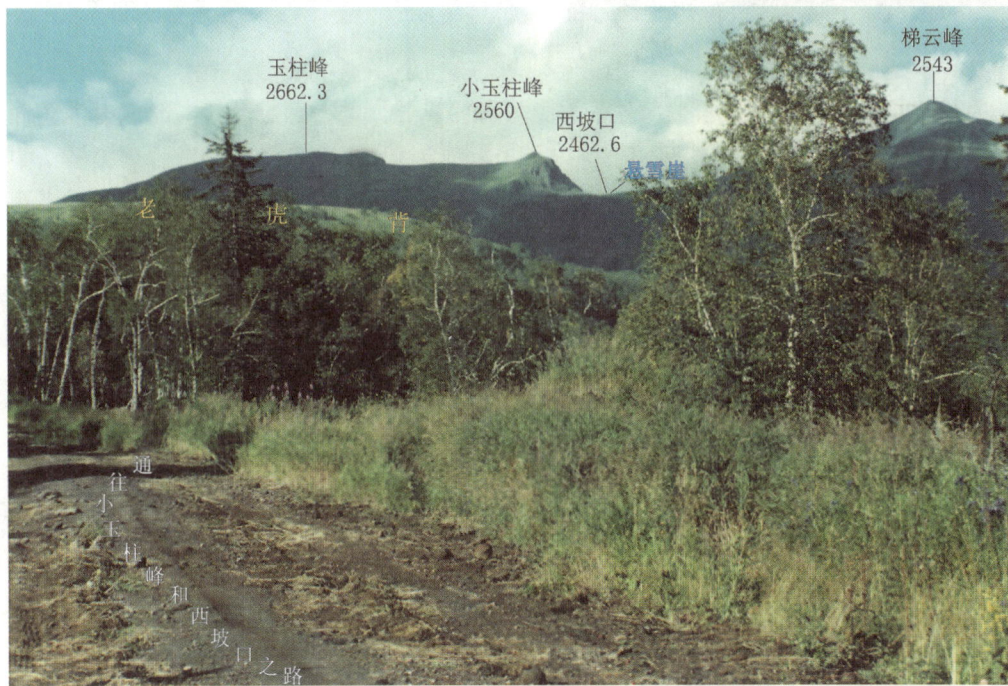

照片3-120　从火山锥西坡一带拍摄小玉柱峰

照片3-120（拍位见图3-64）：这是在离西坡边防站不远的公路旁拍摄的小玉柱峰。从西坡口平台向左，突兀而立者即小玉柱峰，再向左的高漫岗处才是玉柱峰。与小玉柱峰相连的西坡口，看上去像一个平缓的"台基地"，因为如今中朝国界线的走向是沿着环池悬崖，所以从西坡口向右（东南方向），只是火山口内壁位于朝鲜，火山锥外坡为中国领属，在这幅照片上见到的梯云峰外坡至摄影者所站之处，皆为中国领土。

康熙十六年（1677年）内大臣武木讷奉康熙谕旨勘验长白山时，就是从这一带登上天池的。他在给康熙皇帝的奏折中说："中间有平坦胜地，如筑成台基，遥望山形长阔，近观地势颇圆"，说的大致就是本幅照片摄入的景色，武木讷观察描述的地点就在今边防站一带。奏折中的"如筑成台基"，相当于今西坡口。"遥望山形长阔"指高漫岗状的玉柱峰外坡。"近视地势颇圆"，就是本幅照片中标注的老虎背。

173

照片 3-121（拍位见图 3-65）：这是快要登上西坡口时拍摄的小玉柱峰。从这里看，小玉柱峰并不高大，仅比西坡口高 97.4 米，从外坡攀登小玉柱峰是很容易的。这幅照片的看点是小玉柱峰熔岩流的分层构造。照片摄入的部分至少可以分为 3 层，在图中分别用上层、中层和下层字样标出。当然，整个小玉柱峰并不仅由 3 层熔岩组成，其他部分已超出镜头。层与层之间为层面，层面在地形上的表现是小石碴子。由于风化剥蚀，小石碴子往往成为一条碎石带。碎石带上没有风化土，几乎没有植被，跨过这些碎石带时，会感到绊绊磕磕，走过这样的地方就是走过了一条层面。但在熔岩流表面则不同，多为松软的高山苔原植物所覆盖，走在上面畅快轻松。实地踏查时，每走过一条碎石带或一个小陡坎，就是走过了一个熔岩流的层面。上述这种地表差异，在航空照片上看得十分清楚，所以地质学家们就可以通过实地踏查和解读航空照片，比较准确地画出这些形态复杂的熔岩流。在图 3-69 中在小玉柱峰外坡画了几条平行的弧线，虽然在图上只有几毫米长，但每一条弧线都不是随意画上去的，而是依据野外作业和对航空照片的分析画上去的。其中的几条短弧线，就是在这幅照片上看到的那几条用文字标注的碎石带。

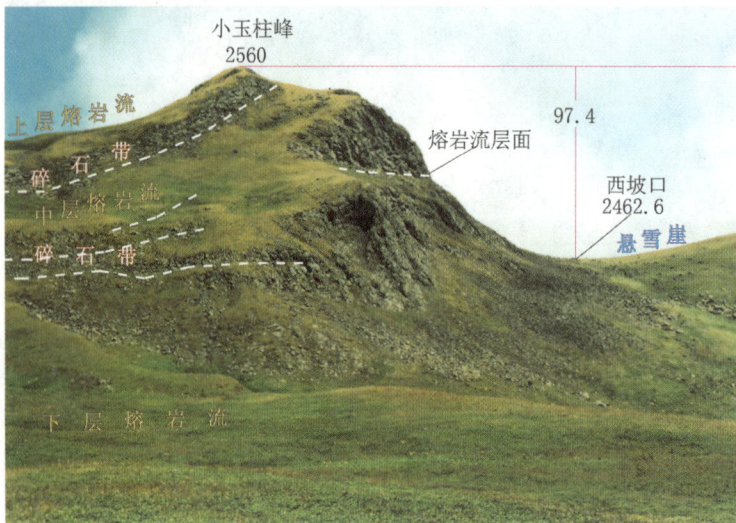

② 照片3-121 将登上西坡口时拍摄的小玉柱峰外坡

图3-65 小玉柱峰位置图

照片 3-122（拍位见图 3-65）是小玉柱峰面向天池一面的形貌，由悬崖及其下的倒石堆构成。它实在算不上高大雄伟，只是平脊末端的一个突起。它是攀登玉柱峰的台阶，人们只需沿着这个平脊向北走，就能到达玉柱峰。这幅照片就是在前往玉柱峰的途中（2610 峰北面一点）回头向南对小玉柱峰进行拍摄的。

③ 照片3-122 小玉柱峰内壁形貌

## 3.11.2 有趣的地质现象——球状风化

如果你来长白山游览，在从小玉柱峰向玉柱峰攀登途中，请在离小玉柱峰约300米的2600峰前停一下，察看一个有趣的地质现象——球状风化。

什么叫球状风化？请看照片3-123（拍位见图3-67），整座山峰好像是由浑圆的石头堆起来的，其实，这不是它的本来面貌。它其实是由岩浆冷凝固化形成的，岩浆冷凝时体积收缩，必然会产生许多裂隙，地质学上称之为冷缩节理。冷缩节理有规律地排列，

把火山岩从里到外切割成许多块体，但整个岩体并不散开。如果从中取下一块，可以看到它是棱角分明的。

对于组成岩体的每个石块来说，不管它的模样如何，都是由面、棱、角构成表面的。岩石风化是从每块岩石的表面开始的，在风化过程中，面、棱、角的风化速度是不一样的。面上的风化是从一个方向上进行的，棱是由两个面相交构成的，所以棱的风化就是从两个方向上进行的，角是由三个面相交构成的，所

只要我们稍加注意，就会发现，球状风化是很普遍的自然现象。走过长城的人就能看见：长城的砖墙有很多地方出现球状风化，那垒砌的方砖变成椭球体，有如河里的大卵石；埃及金字塔的大石块也是很多已经没了棱角，变得圆润。那么，能不能防止球状风化对自然遗产和文化遗产的侵蚀破坏？答曰：不能，或者说，很难。就如照片中的2600峰悬崖，即使用水泥在石块中勾缝，也只能延缓它的寿命，不能改变它最终走向坍塌的结局。

照片3-123  2600峰的球状风化

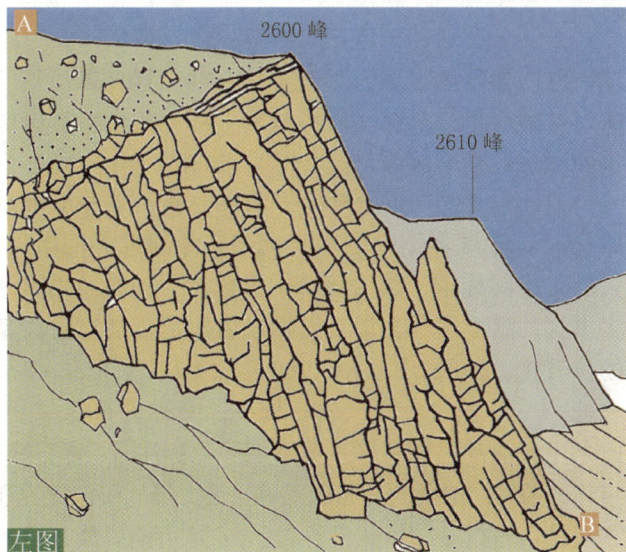

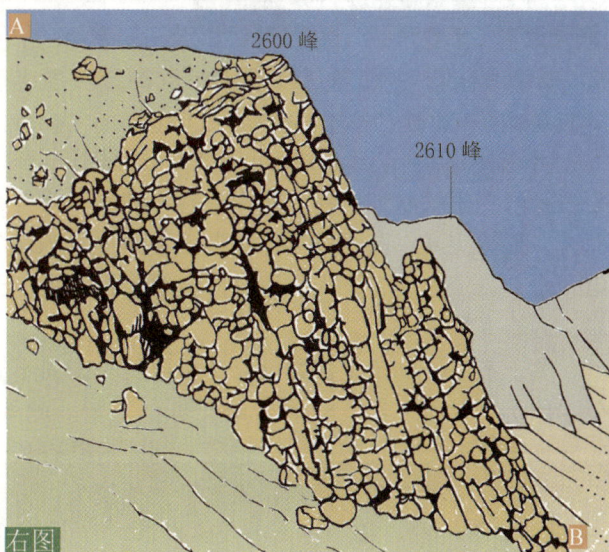

图3-66  2600峰悬崖球状风化演变过程示意图

左图：喷到地表的岩浆在冷凝过程中体积收缩，体内生成许多冷缩节理、裂隙，这些节理、裂隙把岩体切割成无数石块，每个石块都是棱角分明的。岩体虽然充满节理、裂隙，但并没散开，节理、裂隙为日后风化提供了先决条件，风化将从节理、裂隙开始。

右图：原先棱角分明的石块在风化过程中，角和棱最容易被侵蚀，每块石头都趋向圆润、光滑，最后变成球形，于是，整个悬崖看起来就像是由许多石球堆砌起来的。石块变成球形后，这个岩石球还会继续层层脱皮，越变越小，最后成为一堆碎石，当然这需要很长时间。

175

以角的风化就是从三个方向上进行的。我们以 V 表示风化速度，假设面的风化速度是 1V，那么，棱的风化速度就是 2V，角的风化速度就是 3V。

我们在日常生活中到处可以见到这种现象，如，凡家具的边角部位总是先掉漆、磨损、变圆；又如，我们穿的衣服也总是膝盖和肘部先破，因为这些部位总是从两个方向或三个方向进行磨损。还有房檐下面破损的椽木，是从三个方向被风化侵蚀的，俗话说"出头的椽子先烂"就是这个道理。故宫石栏的柱头用汉白玉精雕细刻而成，因暴露在外，很多也已经变圆，失去了那些美丽的饰纹。古代遗留下来的石像，最先失去的是突出的鼻子和耳朵，最后变成一个三扁四不圆的球，圆得休想让人认出它的本来面目，更难了解它的历史。卢沟桥上的那些石狮子，在岁月的磨蚀也是个个变得浑圆。这些都是球状风化的结果。

再回到这些被切割的石块上来。石块上每条棱都以 2 倍于面的速度被风化，每个角都是以 3 倍于面的速度被更快地风化，在同等风化条件下，先是角没有了，接着棱也没有了，对于一块石头，没了棱角，当然就变成一个浑圆体了。风化的时间越长，石块就越圆润，甚至变得如同河卵石。河卵石原先也是棱角分明的石块，在河水搬运磨蚀过程中，总是角先被磨掉，然后棱被磨掉，成为圆球后，在滚动中磨成小球，最后变成一粒沙子。这就是 2600 峰上那些浑圆石头的

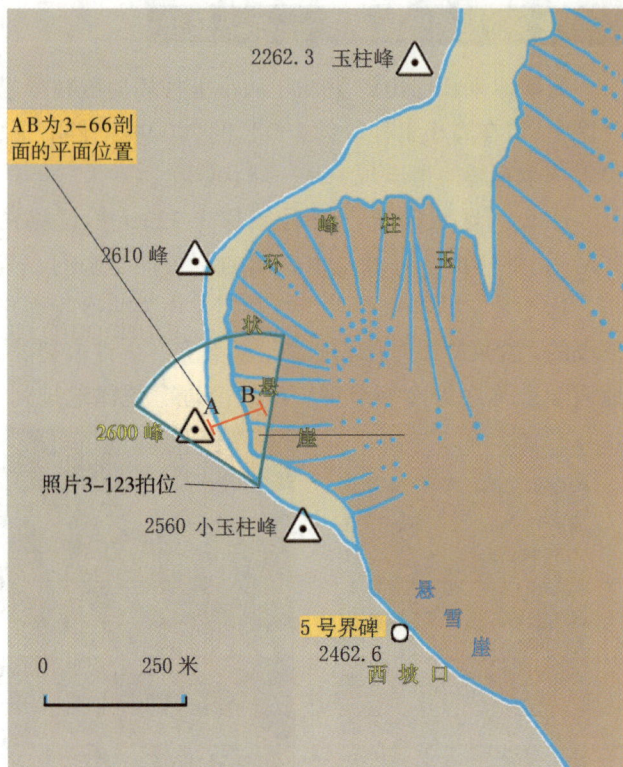

图3-67　2600峰球状风化拍摄位置图

成因。当然，由方形石块变成圆球并不能阻止风化的持续进行，风化对没有棱角的岩石一视同仁，球体会沿球面层层剥落，由大球变成小球，由小球再变成更小的石块，最后变成沙粒。由圆球组成的这座山峰会越来越不稳固。

### 3.11.3　玉柱峰——"状如玉柱"

玉柱峰位于天池西，海拔 2662.3 米，高出天池水面 473.2 米，在环池十六峰中排行第六。

《长白山江岗志略》310 页记载："玉柱峰，东北距白云峰二里，状如玉柱，实为主峰之辅弼。峰耸起而秀，形势突兀，高不可攀，过者无不仰视。东麓泻出一水，悬流如线，下入天池，即金线泉也。由池至巅，约有九里。"

关于玉柱峰的定位，如仅以"相形"为据尚不充分，因为"状如玉柱"这种比喻，见仁见智。此外，还有如下考证可反推玉柱峰的定位：刘建封踏查长白山时，以那时的观测条件和认识水平，他认为白云峰为"长白山主峰"，说"长白山此峰最高"，显然上文所说的"主峰"是指白云峰，说到玉柱峰时，则以玉柱峰为"主峰之辅弼"来形容，也就是说，玉柱峰是白云峰的"副手"，这便为后人对玉柱峰的定位提供了考证依据。玉柱峰作为白云峰的辅弼之峰，必是与白云峰相邻而又相距最近之峰。符合此条件者只有两座山峰，除玉柱峰外，另一峰就是芝盘峰，但芝盘峰位于白云峰西北，不符合"东北距白云峰二里"的条

件，方向相悖，所以，只有玉柱峰的位置符合"东北距白云峰二里"和"主峰之辅弼"这两个条件，由此可确定玉柱峰的位置。

玉柱峰还有"青石峰"一名，但此名不是刘建封所命，刘建封著作中也未见此名。考察此名的出处，可能是民间称谓，意为该峰由青色岩石构成。我国许多书刊和科学著作多以青石峰之名标定在刘建封命名的位置上。《长白山志》（1989 年版）122 页记载："玉柱峰……因玉柱由青色岩石构成，又称青石峰。"但此名用法混乱。该书彩页第 4 面照片标注有"青石峰"字样的照片，拍摄的却是天豁峰（天文峰）和它背后刚露头的白石砬子，显然是弄错了。《延边朝鲜族自治州地名录》未出现青石峰字样。《长白山游览》（1981 年版）在"长白山景观图"中以青石峰为主名，其下括注为玉柱峰。还有的资料，玉柱峰和青石峰同时出现。

鉴于我国许多文献资料采用青石峰之名，建议此峰两名皆可使用；或以玉柱峰为主名，括注青石峰，以维护刘建封环池十六峰名称系列的完整性。

照片3-124（拍位见图3-68）：这是张福有在补天石拍摄的玉柱峰北侧面，为玉柱峰"全家福"，包含了小玉柱峰、玉柱峰、玉柱北峰。从地质角度看，小玉柱峰和玉柱峰关系密切，玉柱北峰则是一条独立的熔岩流，之所以把它纳入玉柱峰范围，是因为它紧挨着玉柱峰。照片右面是龙头碰子，龙头碰子后面是向阳草塘和向阳湾，但这里只能看见向阳湾的开口部分。白云峰伸向天池的峰脊与玉柱北峰之间是松江河峡谷直抵火山口缘的顶端。

玉柱峰和玉柱北峰之间的倒三角形凹处的外坡是松江河峡谷顶端的中岔（见图3-69）。

从火山口内壁看，玉柱北峰和白云峰之间有一倒三角形的凹处，这里就是位于外坡的松江河峡谷顶端的北岔（见图3-69）。

玉柱峰（青石峰）
2662.3

玉柱北峰
2520

小玉柱峰
2560

西坡口
2462.6

向阳湾

长 白 山 天 池

① 照片3-124 玉柱峰北侧面形貌

照片3-125（拍位见图3-68）：这是张福有在南坡口拍摄的玉柱峰南侧面照片。小玉柱峰未能纳入镜头，它被卧虎峰挡住了，玉柱北峰只摄入一半。玉柱峰倒石堆气势宏大，直插天池。照片中出现的濯足石位于悬雪崖脚下，此石是悬雪崖熔岩流伸入天池的前缘，注意看熔岩流上的梯田状地形，那是熔岩流的流动构造。

光绪三十四年（1908年）刘建封下临天池时曾在濯足石上观测环池十六峰并"相形命名"。如今，中朝国界线通过濯足石。

历史钩沉：光绪三十四年（1908年）六月二十八日，天气忽阴忽晴，刘建封从悬雪崖下临天池后，在濯足石上祭拜龙君以求天晴，使山峰"全形毕露"，然后观测十六峰并"相形命名"。（《长白山江岗志略》307页）

玉柱峰
2662.3

玉柱峰外坡和白云峰外坡之间是松江河峡谷

玉柱北峰

濯足石
2188.8

② 照片3-125 玉柱峰南侧面形貌

177

③　照片3-126　玉柱峰西南侧面形貌

照片3-126（拍位见图3-68）：这是玉柱峰西南侧面形貌。玉柱峰尖顶刺入蓝天，刘建封形容为"峰耸起而秀，形势突兀，高不可攀"，信然。此处坡度甚陡，坡面乱石成堆，爬玉柱峰须手脚并用。

照片3-127（拍位见图3-68）：这是玉柱峰外坡（西坡）照片，玉柱峰被厚厚的积雪覆盖，银装素裹，峰崖错落有致，尽显长白仙女冷峻而高贵的气质。左面的玉柱北峰和右面的小玉柱峰依稀可见峰尖部分。

照片3-127　玉柱峰西坡形貌

照片中标注的"佛胸""佛腹""佛下腹""佛腿"系所谓长白卧佛的组成部分，但在这幅照片中因方位和取景范围的差异，没有摄入"长白卧佛"的头，所以，还看不出"长白卧佛"完整的模样，但如果仔细端详标注的"胸""腹""腿"山形，卧佛似乎已隐约成形。

④

照片3-128（拍位见图3-68）：这是玉柱峰内壁东南侧面形貌，从悬雪崖下临天池的途中能看到这个侧面。照片右侧的绿地是悬雪崖凹斗，因为有火山灰覆盖，土质不算瘠薄，加上气温较峰顶部高一些，所以生长了一层低矮的苔原植物。

这里是下临天池之坡，游人到此多从这里前往濯足石。前人曾在濯足石洗脚，今人也应该去洗洗脚，以怀念前人捍卫长白山的业绩。

刘建封下临天池观测十六峰时就是从这里爬下、攀上的。《长白山江岗志略》314页记载了他攀爬此坡的情景："下临天池以此崖较易，但浮石碎而柔滑，自池至崖，每有进三步退两步之艰。"

此坡经实地测量坡度在35度左右，坡面上有些地方为浮岩颗粒覆盖，一走一滑，像敷了一层润滑材料，跌跟头是难免的。不过，这里没有攀崖跃涧的危险，加之近年气温升高，植被逐年茂盛，坡面又踏出小路，还算是好走的。所以，既已到达西坡口悬雪崖上，倘有余勇和余力，不妨到濯足石走一走，看一看一百年前刘建封下临天池观测十六峰的地方。

⑤

照片3-128　玉柱峰内壁东南侧形貌

关于刘建封从西坡口悬雪崖下临天池至濯足石上观测、命名环池十六峰事，文献记载，那天，"天气忽阴忽晴，霎时雾起，眼前一物无所见"，刘建封因之祭拜天池以乞晴天，以便进行观测，老天有眼，不一会儿，"雨止天晴，池中西南一带，全形毕露，因致祭焉"，天骤晴，使刘建封得以观测。他因此还留有诗句："愿看白山真面目，乞晴还得拜龙君。"（《长白山江岗志略》307 页）

刘建封拜龙君祭祀地点就在濯足石的平台上。

这些事情发生在西坡口、玉柱峰内壁、悬雪崖、濯足石一带，国人不应使这些曾经发生过的事情湮灭于历史文献中，应当拂去浮尘，擦亮镏金，看前人所为，识前人风骨，还历史真实，国人应该知道这些历史事件发生的时间、地点和场景。

图3-68 玉柱峰拍摄地点图

### 3.11.4 玉柱峰火山群碎屑熔岩流

横卧在大地上的长白山火山锥并不是由单一的火山口喷发形成的，不能认为只是天池这个火山口曾经喷发过岩浆，在整个火山活动中，它不过是领衔主演，除了这位"大明星"外，还有其他许多"演员"共同参与表演。试想，在以百万年计的漫长岁月中，在千百平方千米的广阔范围内，没有一大群各种不同角色的"主演"和不可计数的"群众演员"，这台火山表演的大戏是不能完成的。不说整个长白山火山区那大小不同的 300 多个火山口，光是在天池周围就有上百个辅弼天池的喷发口（其中一部分在地质上被称为寄生火山口），它们在不同时期以各种不同的方式喷发过岩浆，形成自己小范围的火山岩堆积体，它们为打造这个庞大而美丽的巨型复式火山做出了不可磨灭的贡献。它们虽然不像天池那样美丽动人、人人皆知，有的甚至没有名字，但我们不能忽略天池周围这些喷发口的作用。在玉柱峰以西，就有这样一大群默默无闻的火山，我们可称之为玉柱峰火山群。这里为它们分了类，制了图，标注了位置。

玉柱峰火山群位于天池西部，是组成长白山火山锥西坡的主要山体，由众多的火山口、熔岩流和碎屑流组成。图 3-69 系根据航空照片、地面照片及野外调查资料所绘，现将这些复杂的熔岩流和碎屑流分述如下：

（1）玉柱北峰熔岩碎屑流：发端于玉柱北峰喷发口，向西流淌，熔岩碎屑流长 1300 米，宽 200 米，由海拔 2520 米降至 2120 米，落差为 400 米。熔岩碎屑流表面布满了叠瓦状流动构造，地形上表现为逐次下降的陡坎。

（2）大蚯蚓熔岩流：在航空照片上的平面形态有如一条扭曲的大蚯蚓，故名。这条熔岩流属裂隙式喷发，由 3 个长条形的喷发口向外喷溢。此 3 个喷发口呈东西向鱼贯排列，这是长白山火山锥上典型的由辐状断裂喷溢而成的熔岩流。熔岩流整体为东西走向，略有蛇曲，长 2500 米，宽 250 米，"蚯蚓"头部高程海拔 2330 米，尾部高程海拔 1900 米，落差 430 米，是一条向东翘卧的"大蚯蚓"。

（3）玉柱峰熔岩碎屑流：玉柱峰主体是个残存的熔岩喷溢口，此图中画出的仅为玉柱峰外坡最末期喷发形成的熔岩碎屑流，它覆盖在先期形成的熔岩流之上。这条熔岩碎屑流围绕着玉柱峰呈扇面分布，面积不大，

179

岩流长约 300 米。

(4) 2610 峰熔岩碎屑流：此峰无名，故以海拔高程代替名称。这是沿火山辐状断裂，由一系列东西走向鱼贯排列的长条形喷发口喷溢形成的熔岩碎屑流，有多条熔岩流挤压重叠于此，表明它们不是同期形成的。2610 峰喷发口喷溢的熔岩碎流覆盖在最上面，为末期喷发产物。整体岩流长 2400 米，平均宽 650 米，坡降从海拔 2610 米降至海拔 1960 米，落差 650 米。

(5) 2600 峰熔岩碎屑流：此峰亦无名，也以海拔高程代替名称。岩流是沿火山锥辐状断裂形成，由多个喷发口所喷溢。在这条熔岩碎屑流上，在航空照片上至少还能辨认出 2 个喷溢口，即 2555 高地和 2500 高地。此条岩流走向为西南，长 3000 米，宽 500 至 800 米，从海拔 2600 米降至海拔 1980 米，落差 620 米。

(6) 小玉柱峰熔岩碎屑流：此岩流与 2600 峰岩流紧紧挤在一起，岩浆喷溢口也不止小玉柱峰一处，其

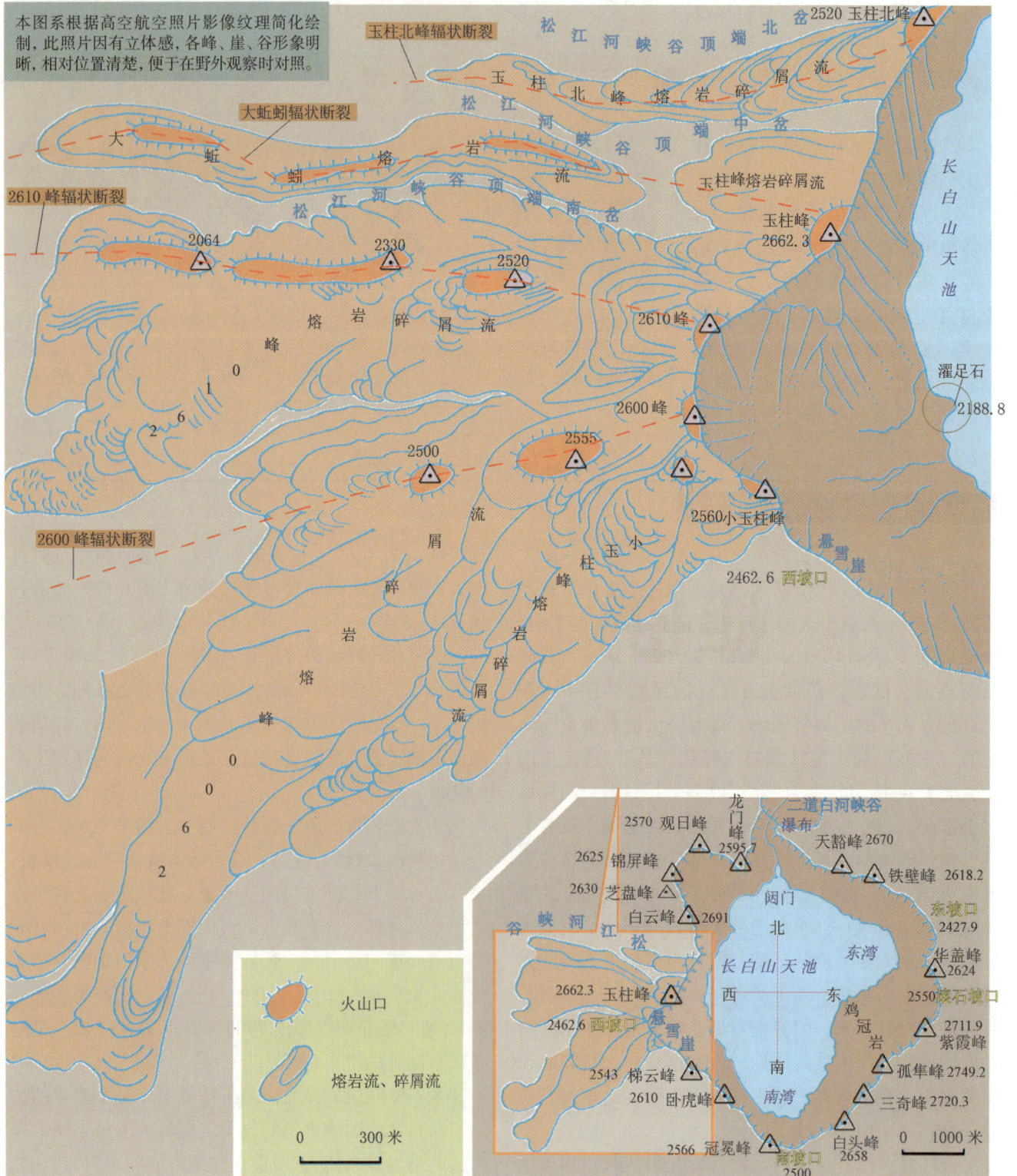

图3-69　玉柱峰火山群及其熔岩流、碎屑流分布图（根据航空照片绘制，未做视差校正）

本图系根据高空航空照片影像纹理简化绘制，此照片因有立体感，各峰、崖、谷形象明晰，相对位置清楚，便于在野外观察时对照。

西约 300 米处有一个不很明显的喷溢口，沿此口向西南方向的山坡上有很多碎石坎，均为因风化破坏而不明显的流动构造。岩流走向为西南，岩流长 2000 米，由海拔 2560 米降至海拔 2000 米，落差 560 米。

上述各条熔岩流或碎屑流主要岩性为粗面岩、碱流岩及同质火山碎屑岩。由于熔岩中碎屑物含量不同，岩浆性质有所变化，所以在流动构造上的表现也不同，这点无论是从本图的纹理、航空照片的纹理还是在野外实地观察都有所不同。凡纹理复杂密集，变化多样者多为火山碎屑流，而火山碎屑流多是长白山火山锥造锥阶段的末期产物，它们覆盖在火山锥的最上面，正是这些火山碎屑流构成了雄伟、奇特而美丽的山峰。

## 3.11.5 玉柱峰内壁形貌及构造示意图

图 3-70：玉柱峰内壁由悬崖与其下的倒石堆构成。玉柱峰倒石堆极为壮观，斜坡长 700 米，宽 700 米，坡角 35 度，以笔直的锐角直插天池水面。玉柱峰悬崖为环池断裂，断层下盘陷入天池上盘断层面形成悬崖，倒石堆将断层面下部覆盖住。从玉柱峰悬崖断面可见火山岩的分层构造，至少有四五层之多，层间有喷发间断面，说明为多次喷发形成。从中间切开的剖面可见现存玉柱峰的下部主要由粗面岩和碱流岩构成，玉柱峰尖顶部分主要由同质的火山碎屑流构成。

构造图右侧是玉柱北峰构造。玉柱北峰是后期火山喷发物，岩浆和所含碎屑是沿环池断裂上涌而形成玉柱北峰熔岩碎屑流的，图中用不同颜色表示它。

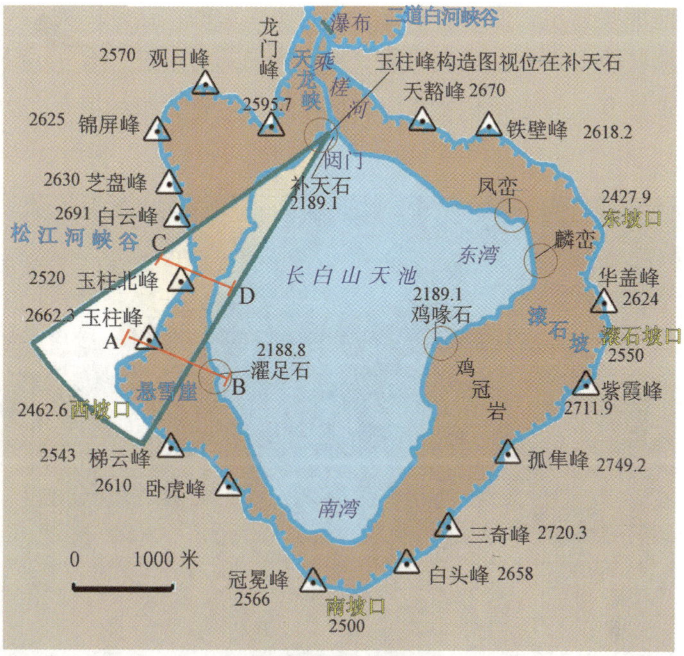

玉柱峰内壁视位图

图3-70 玉柱峰内壁形貌及构造示意图

## 3.11.6  玉柱峰——小玉柱峰半圆状悬崖

照片3-129（拍位见图3-71）：这是在小玉柱峰顶拍摄的照片。人们站在长白山火山口缘的任何地方，都能看见天池被一圈高耸的悬崖围绕着，能感觉到你是站在一个巨大的陷坑边上，这陷坑就是火山口。地质学家概括它的成因是：火山喷发大量的岩浆后，因地下空虚塌陷而成。既然是个大陷坑，从整体上看，就应该是圆弧形或近似圆弧形的模样。但我们看着面前那些悬崖，似乎看不出它们是圆弧形的，这是因为那些弧形太大，我们只能看见它的局部。不过，有一个地方，当你站在悬崖边上抬眼望去，就能明显地看出它们是圆弧形的，这地方就是玉柱峰和小玉柱峰之间的悬崖。请看照片3-129：摄影者脚下是小玉柱峰顶，镜头向北对着玉柱峰拍摄，这就是一圈圆弧形悬崖。它们是天池这个大塌陷坑周围悬崖上的组成部分。小玉柱峰位于摄影者脚下，当然看不见它的悬崖，向前看，是2600峰悬崖，再向前看是2610峰悬崖，最远处是玉柱峰悬崖，刚好绕了半圈，一个近乎完美的半圆形。从地质构造上讲，这个半圆形悬崖就是天池周边环状断层留在地面的上盘，环状断层内的岩体即下盘已经陷落到天池火山口中去了。

照片3-129  从小玉柱峰至玉柱峰所看见的半圆形环状悬崖

照片3-130（拍位见图3-71）：这是在玉柱峰上拍摄的环状悬崖。这幅照片与照片3-129的拍摄位置正好对调，是站在玉柱峰上向小玉柱峰方向拍摄的，脚下是玉柱峰悬崖，向右应该是2610峰悬崖，遗憾的是无法把它拍进镜头，因而圆形的顶弧缺失，再向前是2600峰悬崖，走过一段平脊便是小玉柱峰了。虽然缺失弧顶，但还是可以看出它的半圆形模样，只不过是它太扁了，看起来像个深沟。

照片3-130  从玉柱峰至小玉柱峰所看见的半圆形环状悬崖

图3-72、3-73是根据照片3-129、3-130绘制的，只是把视点升高，使之成为俯瞰图，这是为了便于说明。图3-72是整体形象，半圆形环状悬崖显得更清楚了。图3-73从中间剖开，表示环状悬崖是怎样沿着环状断裂发生的。图中画了两条环状断裂，里面这条断裂被倒石堆埋住了，在地表看不见，但根据对整个天池环状断裂的研究，它是存在的。注意环状悬崖之下的倒石堆，那是从悬崖上崩落的石块堆积的，假如把这些崩落下来的石块都恢复原位，悬崖的位置一定更靠近天池，且更高峻，也就是说，我们现在看见的断层面是经过风化剥落后的残留部分。

图3-74是环状断裂塌陷原理图，表示这个塌陷是像阶梯一样的，我们在山顶上看到的那圈悬崖是最上面的台阶。作为原理图，只能用最简单的线条把复杂的地质现象简化，实际地质情况要复杂得多。

注：图3-73和图3-74中出现的F2断层和F3断层的位置参考了《长白山火山地质研究》67-68页的文字资料和69页的图5-20资料绘制。

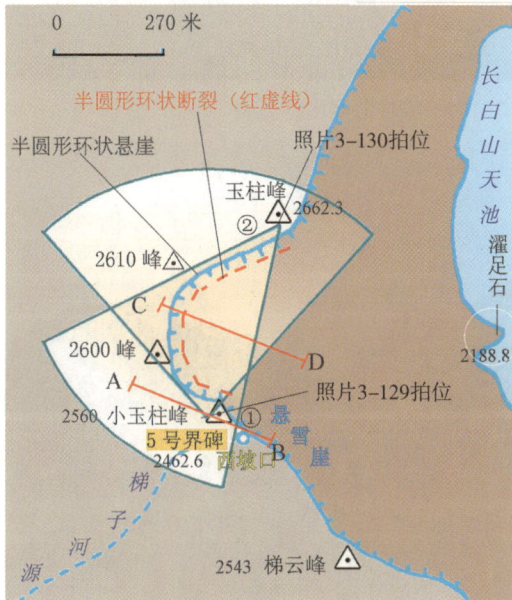

AB和CD为图3-72、图3-73立体图中剖面的平面位置

图3-71 玉柱峰环形悬崖（断裂）拍摄位置图

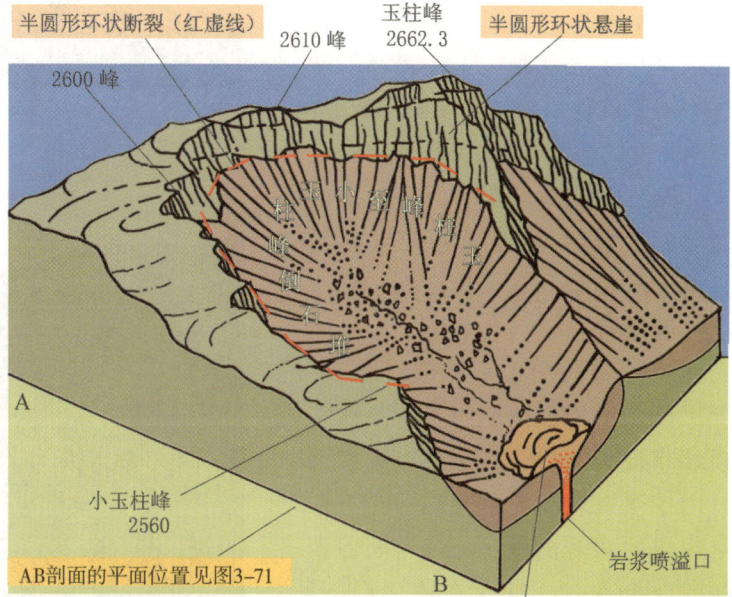

AB剖面的平面位置见图3-71

图中用这片熔结凝灰岩表示悬雪崖火口群熔岩碎屑流，这些熔岩碎屑流沿着悬雪崖斜坡流至天池边，以手指状伸向天池，凝固在水边，成为天池边一道美丽的风景，这就是濯足石。

图3-72 玉柱峰—小玉柱峰半圆形悬崖立体示意图

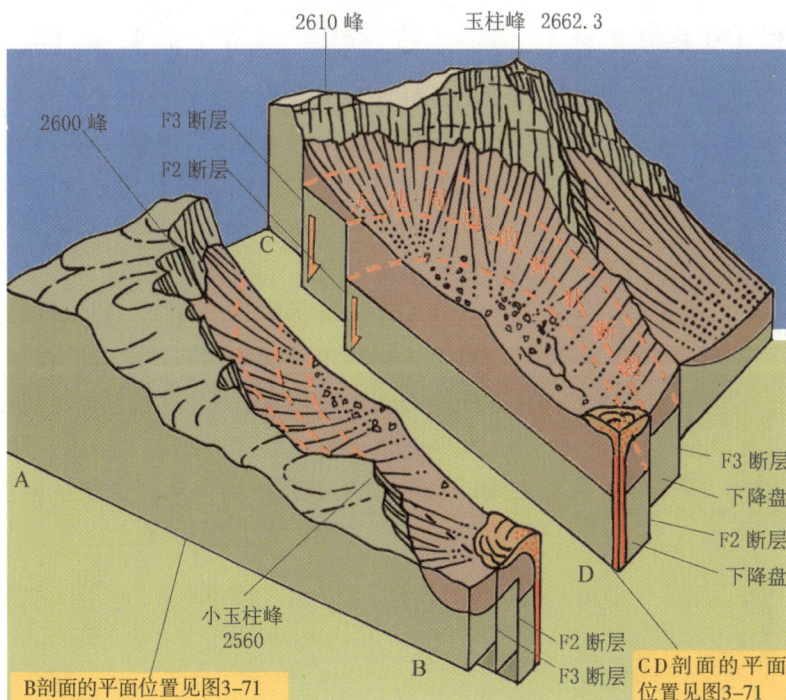

B剖面的平面位置见图3-71

CD剖面的平面位置见图3-71

图3-73 玉柱峰—小玉柱峰环状断裂形成解析图

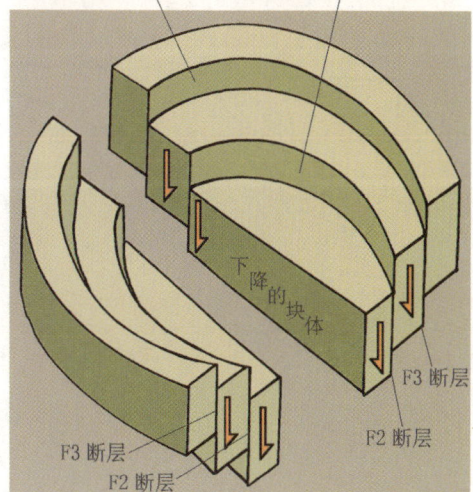

此弧形面表示暴露在地表的环状断裂（F3断层），即眼前所见的悬崖。

此弧形面表示埋在倒石堆下或位于天池水下的环状断裂（F2断层），在地表看不见。

图3-74 玉柱峰—小玉柱峰环状悬崖（断裂）形成原理图

183

## 3.11.7　玉柱北峰

玉柱北峰，位于天池西，西南距玉柱峰800米，西北距白云峰600米，夹在玉柱、白云两座高大的山峰中间。海拔2520米，高出天池水面330.9米。之所以把此峰单列，是因为它有特殊的地质意义，它是一次性火山喷发形成的，其间没有喷发间断，所形成的熔岩流岩性比较均一，从而形成上下贯通的柱状节理，所切割的岩柱高达几十米，十分壮观。玉柱北峰的颜色也不同于其他山峰，是新鲜的灰绿色，表明岩性的差异与形成时间的不同。

长白山火山锥西半面有一条很大的峡谷，它就是松江河峡谷。这条峡谷位于玉柱峰和白云峰之间，在百里之外就能看见它，本书照片1-15《在松江河镇看长白山火山锥西北半面》中，摄入了松江河峡谷。这条峡谷的顶端直抵天池火山口缘，以致在火山口内壁可以看见它的顶端：在玉柱北峰内壁的两侧出现了松江河峡谷顶端的北岔和中岔，南岔在这里看不见。在遥远的未来，松江河峡谷的溯源侵蚀很可能在此首先打开天池第二个泄水口。

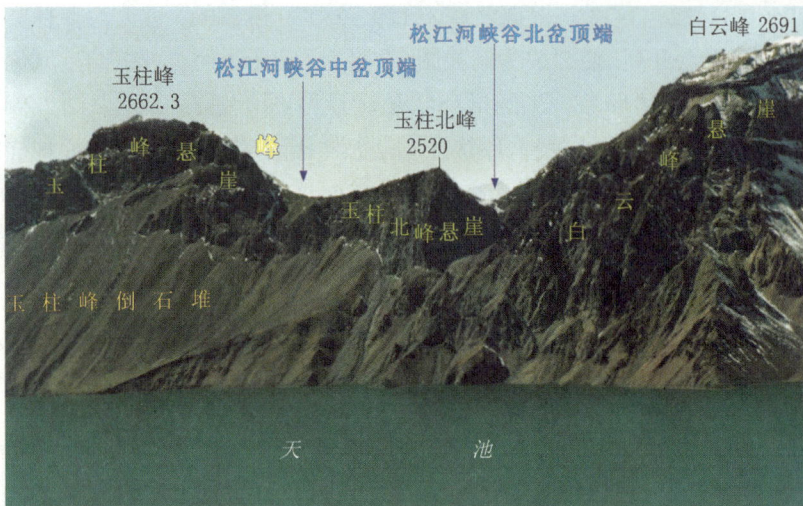

照片3-131　玉柱北峰内壁形貌

照片3-132　玉柱北峰南侧面形貌

照片3-131、3-132（拍位见图3-75）所摄的玉柱北峰夹在巍峨的众峰之中，有如小矮人蹲在巨人脚下，看上去没有出奇之处，但走近它会发现，在玉柱北峰悬崖上，垂直节理把岩石切割出许多石柱，整齐地排列着，高达几十米至百余米，非常壮观。

接近玉柱北峰不容易，可先爬到玉柱峰倒石堆上，再向玉柱北峰倒石堆前进，在玉柱北峰倒石堆爬起来更艰难，感觉好像更陡。

在倒石堆上攀登须十分小心，登脱一块石块，会引起众多石块的移动，这很危险。如果不是特殊需要，还是远远眺望为好，尽量别过去。

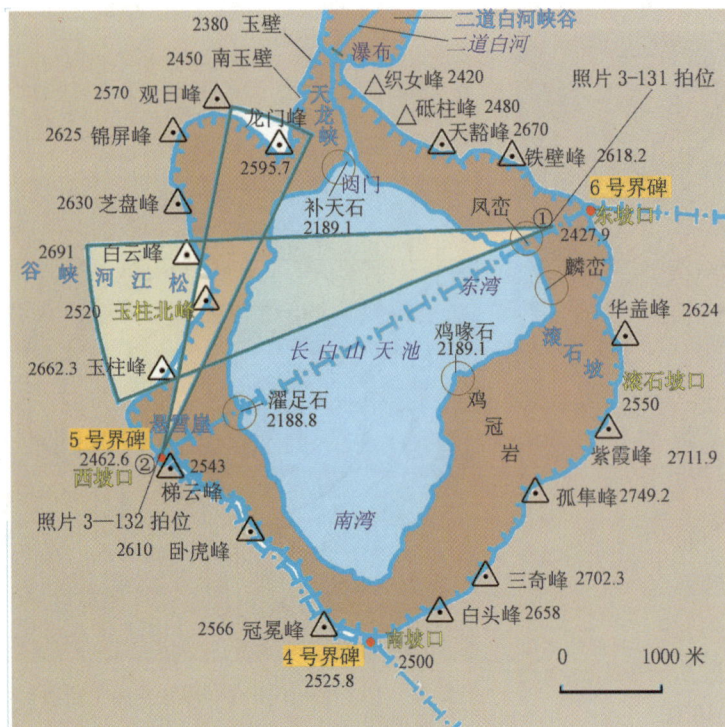

图3-75　玉柱北峰拍摄位置图

图 3-76：这是玉柱北峰正面即面向天池的一面，呈三角形悬崖，悬崖底部被倒石堆覆盖。

玉柱北峰熔岩流的溢出通道与天池周围的辐状断裂有关。溢出的岩浆向西流淌，在航空照片上显出一条短小的熔岩流，图中所画的熔岩流的形态就是依据航空照片上的纹理所绘。环池断裂切断了溢出通道，现在看到的是火山颈的残留部分。

松江河峡谷的最顶端直抵天池火山口缘，它的溯源侵蚀不断向火山口挖掘着，虽然这种地质变化是缓慢的，但是不会停下来。在图中，特意标出松江河源头的两条冲沟，它们分别位于玉柱峰熔岩流的两侧，其中北岔最接近火山口缘，它的溯源侵蚀对火山口的威胁最大。这里用"威胁"二字，也许是失当了，有杞人忧天之嫌。不过，从长远的地质变化来看，它终会在遥远的未来，以不可抗拒的自然规律，以溯源侵蚀之锄，一寸一寸地把天池火山口湖再豁开一个泄水口。

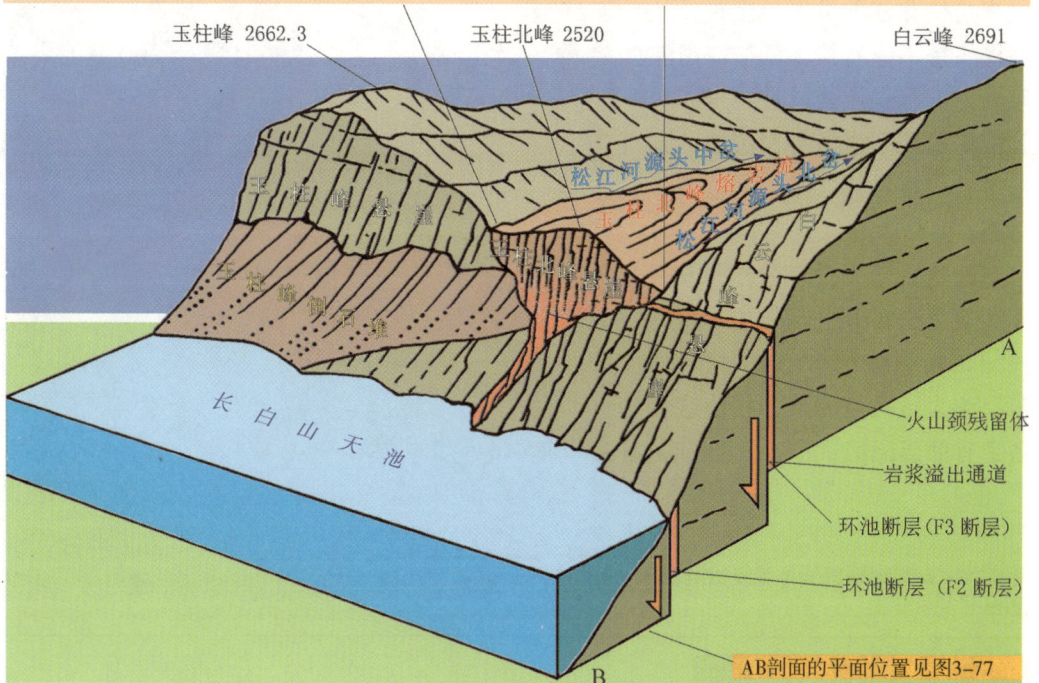

图3-76　玉柱北峰熔岩流形成示意图

### 3.11.8　大蚯蚓熔岩流

大蚯蚓熔岩流位于玉柱峰外坡北侧，伏卧在松江河峡谷上段，很像一条扭曲的大蚯蚓（照片3-133，拍位见图3-77及图3-78）。熔岩流平面上呈"S"形长垄岗，垄岗走向近东西向，长2000米，底部宽约300米。如果顺着垄岗即东西方向走，可见垄岗东端高高翘起，海拔高约2350米，向西逐渐降低，到了西端高度降至海拔约2000米。垄岗东端比西端高出350米，在2000米距离内就有如此大的坡降，可见这是一条从高处俯冲而下的"大蚯蚓"。如果以南北方向翻越，可见垄岗两侧地形陡峭，多处为悬崖，不可攀登，只有少数几处可以勉强爬到垄岗顶部。垄岗脊部平缓，为浑圆形岗脊。垄岗之上林地稀疏，多为苔原植被，垄岗西端树林渐密。漫步于垄岗之上，视野开阔，松江河峡谷尽收眼底，风光优美。从地质角度说，这是一条垄形熔岩流，熔岩流的两个侧缘已经剥蚀成悬崖，悬崖之下是崩塌碎石组成的倒石堆。垄岗顶部的平缓地貌就是熔岩流的表面，表面为阶梯状缓丘地形，那是熔岩流动构造形成的熔岩坎。松江河源头的两条冲沟在垄

照片3-133　松江河源头顶端的大蚯蚓熔岩流

185

岗两侧由东向西延伸，在垄岗西端交汇，为松江河源流。松江河为松花江支流，所以，大蚯蚓熔岩流是松花江的发源地之一。从玉柱峰是不能直接下到松江河峡谷的，都是悬崖或陡坡，得先从玉柱峰西坡下来，寻稍缓坡，方可避开危险悬崖，来到大蚯蚓熔岩流。

这条熔岩流没有名称，没有称谓便无法对其进行描述，所以根据该熔岩流的形态，"相形命名"为大蚯蚓熔岩流，相信这个名字有助于记忆。

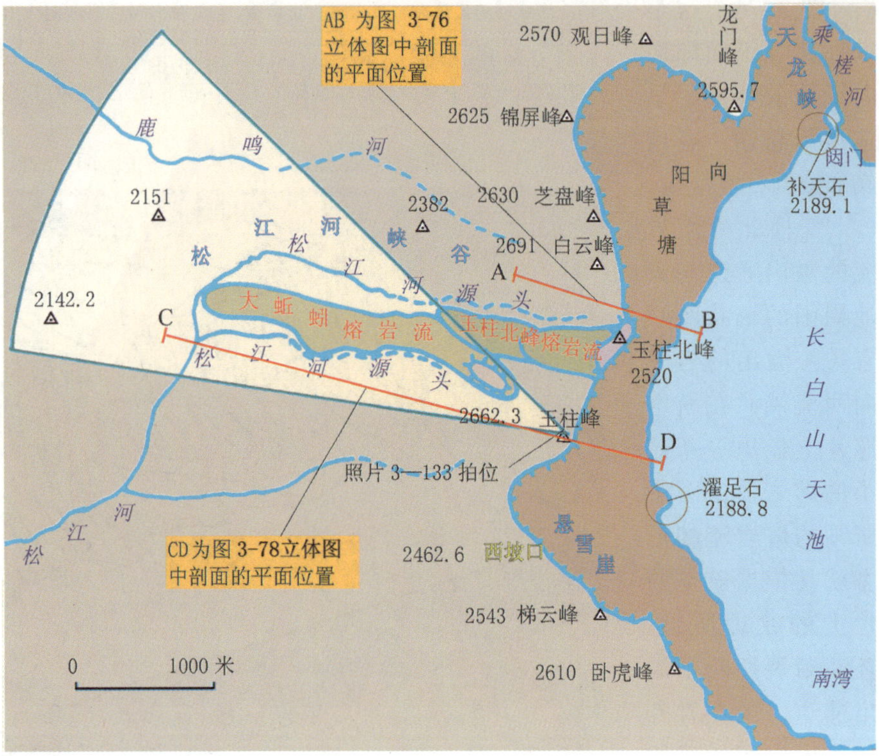

图3-77　大蚯蚓熔岩流位置及拍摄位置图

## 大蚯蚓熔岩流的形成与构造

天池周边的辐状断裂往往成为岩浆溢出的通道，大蚯蚓熔岩流就是沿着这样一条辐状断裂形成的，在图3-78中标注为大蚯蚓辐状断裂。岩浆沿着这条辐状断裂喷溢而出，由于岩浆的性质较为黏稠，喷溢出来后大都堆积在裂隙两侧，凝固成一条长垄状熔岩流。从这条熔岩流的整体看，它属于裂隙式喷发。

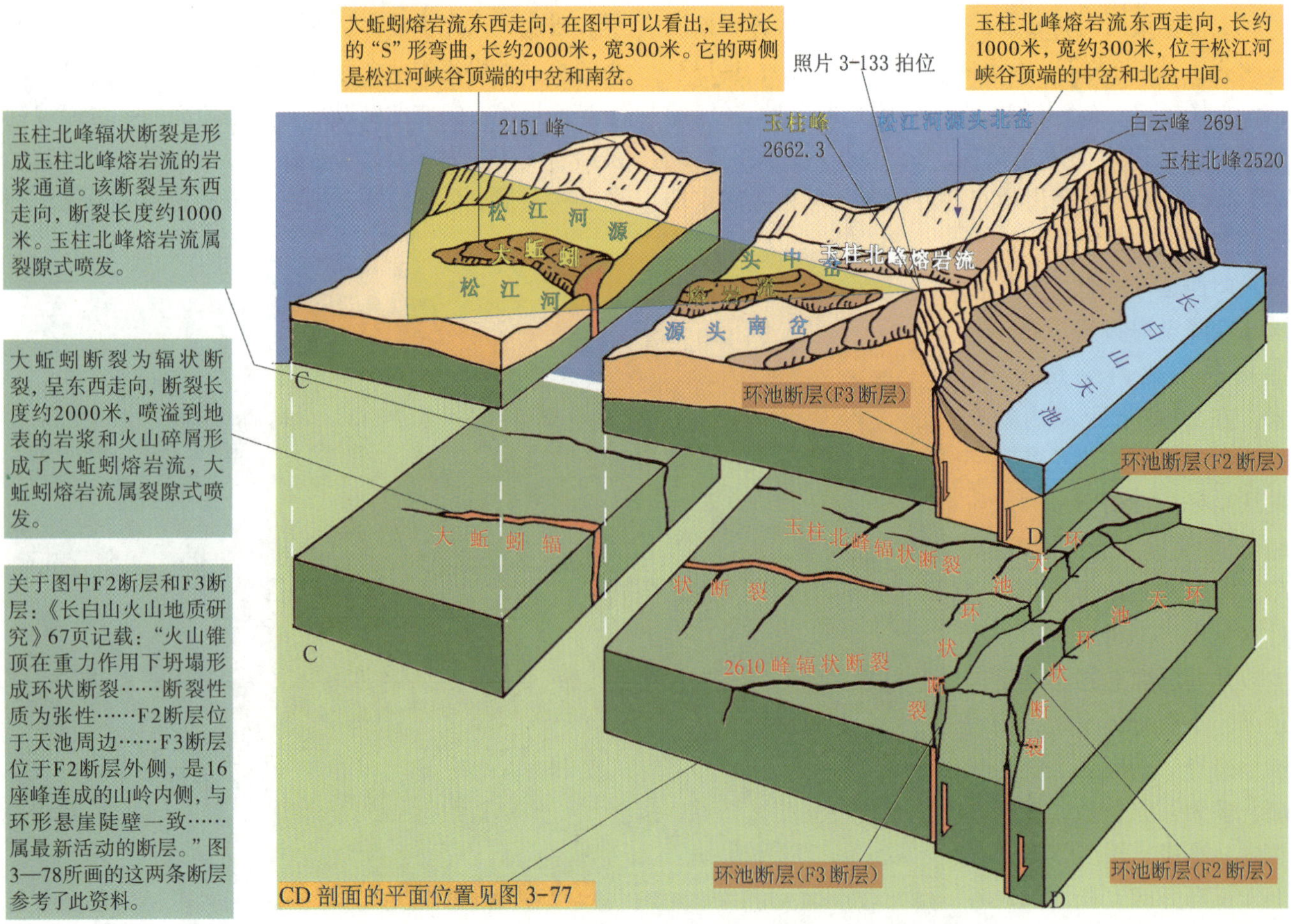

图3-78　大蚯蚓熔岩流的形成与构造示意图

186

## 3.12 白云峰——"独此峰烟雾缭绕"

白云峰位于天池西北，海拔2691米，高出天池水面501.9米。在环池十六峰中排行第四。

《长白山江岗志略》308页记载："白云峰，长白山主峰也，在天池西稍北，圆而高大，临池耸立。崔巍磅礴，望之直插星汉。云触石而出，多白色。天晴时，群峰毕露，独此峰烟雾缭绕，或终日不散。峰顶气势雄壮，崇山隐天石，玲珑若云窟。他峰逊之。自池至巅，约有十二里。"又有："长白山此峰最高，由岗后东上二百里外，即见此峰。白云遮绕，乃其常也。《白山纪咏》有云：'看罢归来回首顾，白山依旧白云封。'"

刘建封说"长白山此峰最高"，这种说法在今天看来虽然不准确，但可以理解。长白山是一座地形复杂的火山锥，围绕火山口湖是一圈参差不齐的悬崖峭壁。身处复杂的群峰之中，仅凭目测和简单的仪器难以准确判断各峰之高低。1908年刘建封踏查长白山时，虽然带着多名毕业于北洋陆军测绘学堂的专业测绘生，但因时间和装备有限，并未对环池十六峰用测量仪器进行准确测量。各峰间相互距离只是概数：刘建封随身带着迷达表（测步表），这种表靠步伐振动使表针移动而读步数，以此法测量距离在地形简单之地尚可，在复杂地形条件下，陡峭而多变的坡崖沟壑和行进路线的曲折，不能保证步幅均匀，再加上坡度和折线的换算非常麻烦，因而会有相当大的误差，所提供的环池十六峰之间的距离数据相当粗略。十六峰的高度观测只有相互对比的视高度：刘建封虽然带着罗盘，用来测方位还可以，但用这种手持罗盘测量高程误差则很大。这样，他所提供的环池十六峰的视高度便难免有误差。平距和高程的误差导致刘建封对环池十六峰的划分很粗略。他仅把环池十六峰划分为大、小峰。他说："环池多奇峰。大者有六：曰白云、曰冠冕、曰白头、曰三奇、曰天豁、曰芝盘。小者有十：曰玉柱、曰梯云、曰卧虎、曰孤隼、曰紫霞、曰华盖、曰铁壁、曰龙门、曰观日、曰锦屏。"他

的这种划分在很大程度上是依靠视觉，但视觉会因观察者所处的位置不同而不同。正如俗语所说"这山望着那山高"，当是这种仅凭视觉误差的经验之谈。

因此，后人不能以现代科技水准苛求前人，但白云峰是天池北部最高峰则是对的。刘建封说："由岗后东上二百里外，即见此峰。"这个"岗后"是指白云峰的岗后，这就是说，如果从天池西北方向，即今泉阳、北岗、露水河一带，甚至包括两江、汉阳一带，遥望长白山，巍巍峨峨之中，直上云端者就是白云峰，而排在前三位的孤隼峰、三奇峰和紫霞峰都被白云峰遮住了。所以才有"长白山此峰最高"的说法。

① 照片3-134　白云峰内壁形貌

照片3-134（拍位见图3-79）：白云峰的层状构造看得十分清楚。这些火山岩层并不平行，呈交错状，说明火山喷发的多期次性；各层的厚度变化很大，说明火山喷发的强度、喷发物的数量、火山岩的性质等都有所变化。

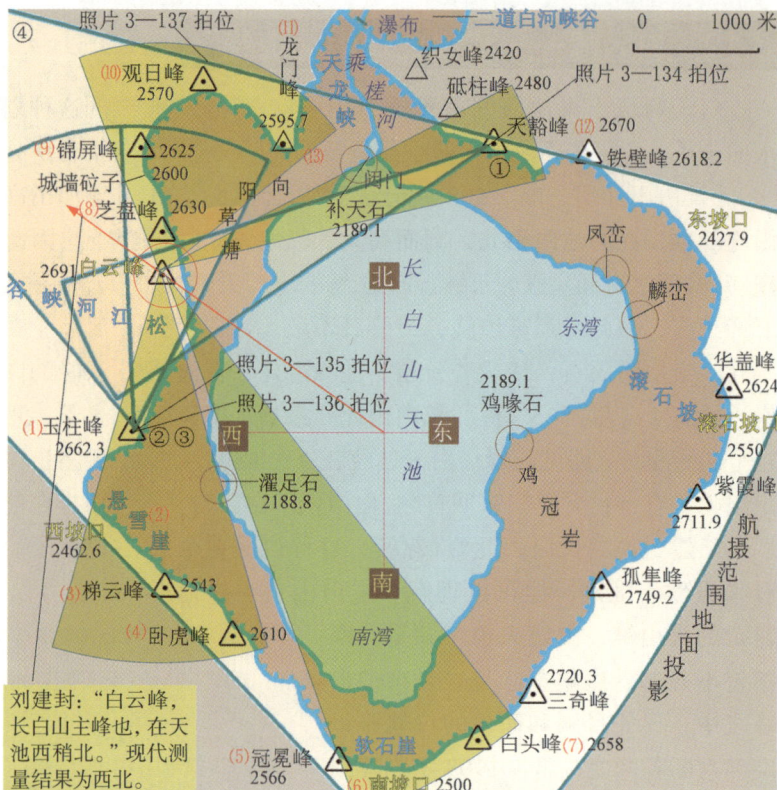

照片3—137 拍位
(11) 龙门峰 2595.7
(00) 观日峰 2570
(9) 锦屏峰 2625 2600
(13) 阴门
城墙砬子 2630
(8) 芝盘峰
2691 白云峰
(1) 玉柱峰 2662.3
悬雪崖 (2)
西坡口 2462.6
(3) 梯云峰 2543
(4) 卧虎峰 2610
(5) 冠冕峰 2566
(6) 南坡口 2500

瀑布 — 二道白河峡谷
0 1000 米
织女峰 2420
砥柱峰 2480
照片3—134 拍位
(12) 天豁峰 2670
铁壁峰 2618.2
补天石 2189.1
东坡口 2427.9
凤峦
麟峦
东湾
华盖峰 2624
滚石坡口 2550
紫霞峰 2711.9
航摄范围地面投影
照片3—135 拍位
照片3—136 拍位
2189.1
鸡喙石
北 长白山天池
西 东
南
鸡冠岩
孤隼峰 2749.2
2720.3
三奇峰
软石崖
白头峰 (7) 2658
南湾
松江河峡谷

图3-79 白云峰拍摄位置图

白云峰 2691
白云峰西南面悬崖
白 云 峰 熔 岩 流
白云峰西南坡倒石堆

② 照片3-135 白云峰西南面形貌及白云峰熔岩流向西延展的情况（拍位见图3-79）

照片3-136(拍位见图3-79)：这是在玉柱峰上拍摄的白云峰西南面。在玉柱峰上能看见白云峰的外坡侧面，所以在这个角度能摄入锦屏峰和城墙砬子的外坡侧面，在照片中已经标注出来。但紧挨着白云峰的芝盘峰却看不见，它被白云峰顶部的山脊挡住了。白云峰的这个侧面是一处天然地质剖面，有丰富的地质内容，将在图3-83中图解说明。

锦屏峰 2625
城墙砬子 2600
白云峰 2691
白 云 峰 西 南 面 悬 崖

照片3-136 白云峰与城墙砬子、锦屏峰的位置关系 ③

## 3.12.1 白云峰火山口群及其熔岩流

照片3-137（拍位见图3-79）：这是张福有在长白山火山锥西北坡上空的航摄照片，将白云峰置于中心位置。从照片上可以看到，在长白山火山锥北面，白云峰是最高峰。刘建封所说的"由岗后（今露水河、泉阳、松江河一带）东上二百里外即见此峰"相符。

白云峰外坡有众多的次一级火山口（寄生火山）成群分布，形成了形态复杂的熔岩流，在照片中已用文字标注。这些熔岩流位于长白山火山锥西北坡，熔岩流北侧是鹿鸣河源头，南侧是松江河峡谷。熔岩流总体走向近东西方向，总长2750米，平均宽约1000米，熔岩流始发端海拔2690米，终止端海拔2050米，降差640米。该熔岩流结构复杂，形态变化多端，由多个喷溢口涌溢的岩浆堆积而成。在航空照片上和实地勘查中，可分辨的喷溢口有10个。这些喷溢口并非杂乱无章地分布，而是大致按西偏北方向排列，这说明它们受控于天池周边的辐状断裂带。该熔岩流由粗面岩、碱流岩及其同质的碎屑岩组成。其中碎屑含量多者，形成碎屑流。碎屑流多为后期喷发产物，覆盖在先期形成的熔岩流之上。碎屑流和熔岩流，在航空照片上或实地均可以分开。在白云峰熔岩流和碎屑流之上，为更晚期的火山爆发时喷射到天空的浮岩火山灰所覆盖，尤其在白云

航空照片中对如下景观进行了数字序号标注：(1)玉柱峰、(2)悬雪崖、(3)梯云峰、(4)卧虎峰、(5)冠冕峰、(6)软石坡（南坡口）、(7)白头峰、(8)芝盘峰、(9)锦屏峰、(10)观日峰、(11)龙门峰、(12)天豁峰、(13)补天石。

④ 照片3-137 白云峰火山口群及其熔岩流航空照片（张福有 摄）

峰顶部，覆盖较厚的浮岩火山灰层，表明这次火山爆发的强度和规模都很大。所以，白云峰顶的火山灰盖层，历来是地质学家研究长白山火山的好场所，许多火山地质科学著作中都涉及白云峰上浮岩火山灰的资料。

航摄照片3-137所摄范围很大，可以从这个角度认识白云峰熔岩流及其相邻各峰的位置关系。须知，一进入万山丛中，不借助航空照片，是很难准确地辨认这些复杂的山峰和交错、重叠的熔岩流的。

图3-80　白云峰火山口群及其熔岩流平面图

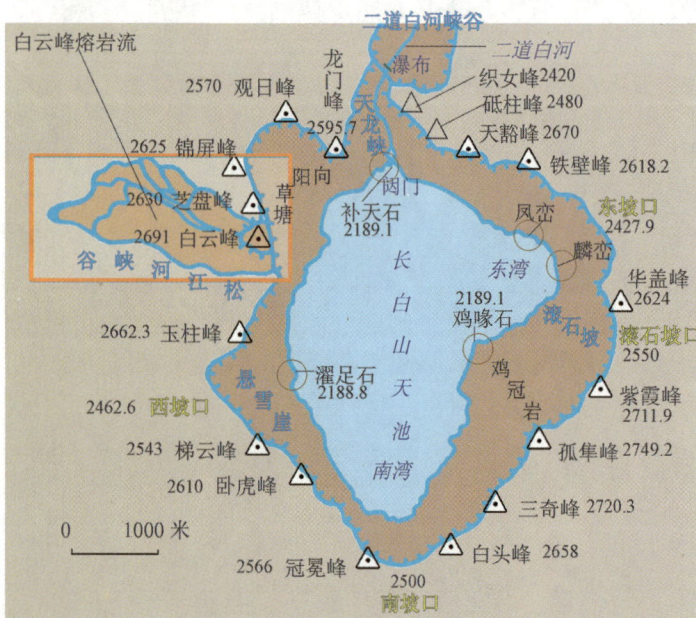

图3-81　白云峰熔岩流位置图

图 3-80：白云峰熔岩流由多处岩浆喷溢口形成，可分辨出的喷溢口至少有 10 个，多条熔岩流挤压重叠，形状复杂多变，在航空照片上展现层层曲折的纹理，这幅图就是依据航空照片所绘，那些弯曲的线条都是熔岩流的边缘或流动构造。

白云峰熔岩流属裂隙式喷发，其喷发通道为白云峰辐状断裂，该断裂为天池周围的辐状断裂之一，相当于金伯禄编号的 F10 断层。《长白山火山地质研究》68 页记载："F10 断层位于天池西，白云峰南沟至松江河小山，近东西向展布……断裂曲折，属张性断裂，长约 20 公里，倾角直立。在白云峰北坡南北向砬子中见到宽 3 米的霓辉正长岩岩株。"

## 3.12.2　白云峰内壁形貌及构造示意图

白云峰内壁是壮观的悬崖峭壁，它顶天立地，高达 500 米，悬崖陡立，峥嵘的怪石直插天池，正是这些悬崖给我们展现了它的内部构造。观察这面悬崖，会发现尽管犬牙交错，参差不齐，但还是能在其中找到许多水平线并把它们联结起来，这就是火山层状构造的表现，从而使我们得知它的形成是经过多次喷发而逐层堆积起来的。图 3-82 中把白云峰从中间剖开展示这种层状构造，当然这是示意性的分层。图中也示意性地画出了两条环状断裂（F2 断层及 F3 断层），沿断裂塌陷而形成悬崖。断层下盘塌陷进火山口中，白云峰内壁的悬崖是断层的上盘，悬崖底下是剥落的倒石堆。

白云峰顶上的浮岩堆积层，是晚期火山强烈爆发时，喷射到空中的浮岩火山灰空降堆积所致，它们覆盖在火山锥体的最上部，构成白云峰的顶尖。

图右有向阳草塘岩席，那是更晚期火山喷发的产物，有地质学家认为，它是八卦庙期火山喷发形成的，即与八卦庙岩席、补天石岩席同期，距今七八百年，还有的地质学家认为是更近期喷发形成，也许只有三四百年。所喷溢的熔岩碎屑流数量不大，流动距离也不远，布满向阳草塘低凹处，其前缘抵达天池水面。

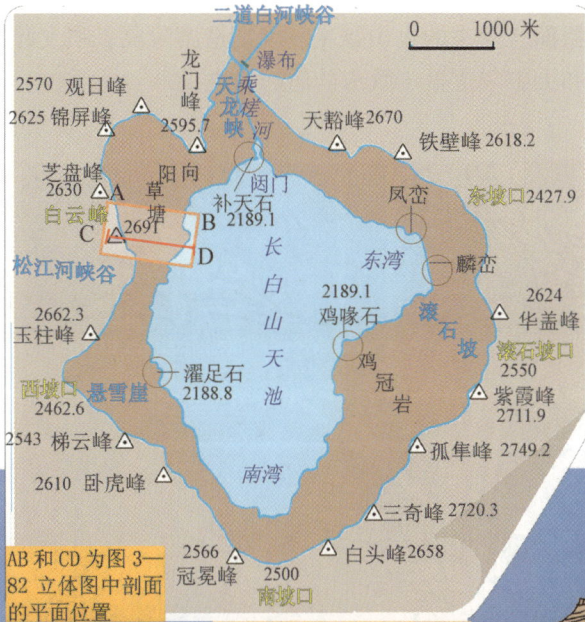

構造示意圖所在位置圖

二道白河峽谷

0　1000 米

龍門峰　瀑布　天乘龍樓峽谷
2570 觀日峰
2595.7
2625 錦屏峰　龍虎峰
天豁峰 2670
鐵壁峰 2618.2
芝盤峰　陽向
2630
白雲峰　補天石
C　2691　B　閻門　草塘
松江河峽谷　D
東坡口 2427.9
鳳崟
長白山天池
東灣
2189.1
2189.1　渡石坡
麟崟
2662.3
玉柱峰　雞喙石
2550
西坡口　懸雪崖
濯足石　雞冠岩
2462.6
2188.8
紫霞峰 2711.9
2543 梯雲峰
南灣
2610 臥虎峰
三奇峰 2720.3
2566　孤隼峰 2749.2
冠冕峰
2500
白頭峰2658
南坡口

AB 和 CD 為圖3—82 立體圖中剖面的平面位置

2624 華蓋峰

白雲峰頂上的浮岩層，在長白山火山地質研究中歷來備受重視，早在 1960 年吉林省地質局區調大隊開展 1 比 20 萬區域地質測量時就進行過研究，後來又有許多地質學家進行過調查。一般將白雲峰頂上的浮岩及周圍廣大地域同期浮岩形成時間稱為"白雲峰期"。《長白山火山地質研究》29 頁記載："白雲峰期鹼流質浮岩及火山灰，根據噴發先後劃分上、中、下三部分。"該書將白雲峰頂浮岩劃入上部層，年齡值為 1489—1153 年。《中國—朝鮮長白山區新生代火山事件的劃分及對比》8—9 頁記載："白雲峰火山事件……在以天池為中心，600km² 的範圍內，為浮岩所覆蓋……而浮岩中盛產炭化木，近 40 個 14C 同位素年齡資料，也表明此次火山事件發生在距今 895—1489 年，即 1000 年前的一次災難性大噴發。"（注：這些炭化木並非採自白雲峰，白雲峰浮岩年齡值是通過層位對比而來的。）

立體圖中 AB 和 CD 剖面的平面位置見上面的小圖《構造示意圖所在位置圖》

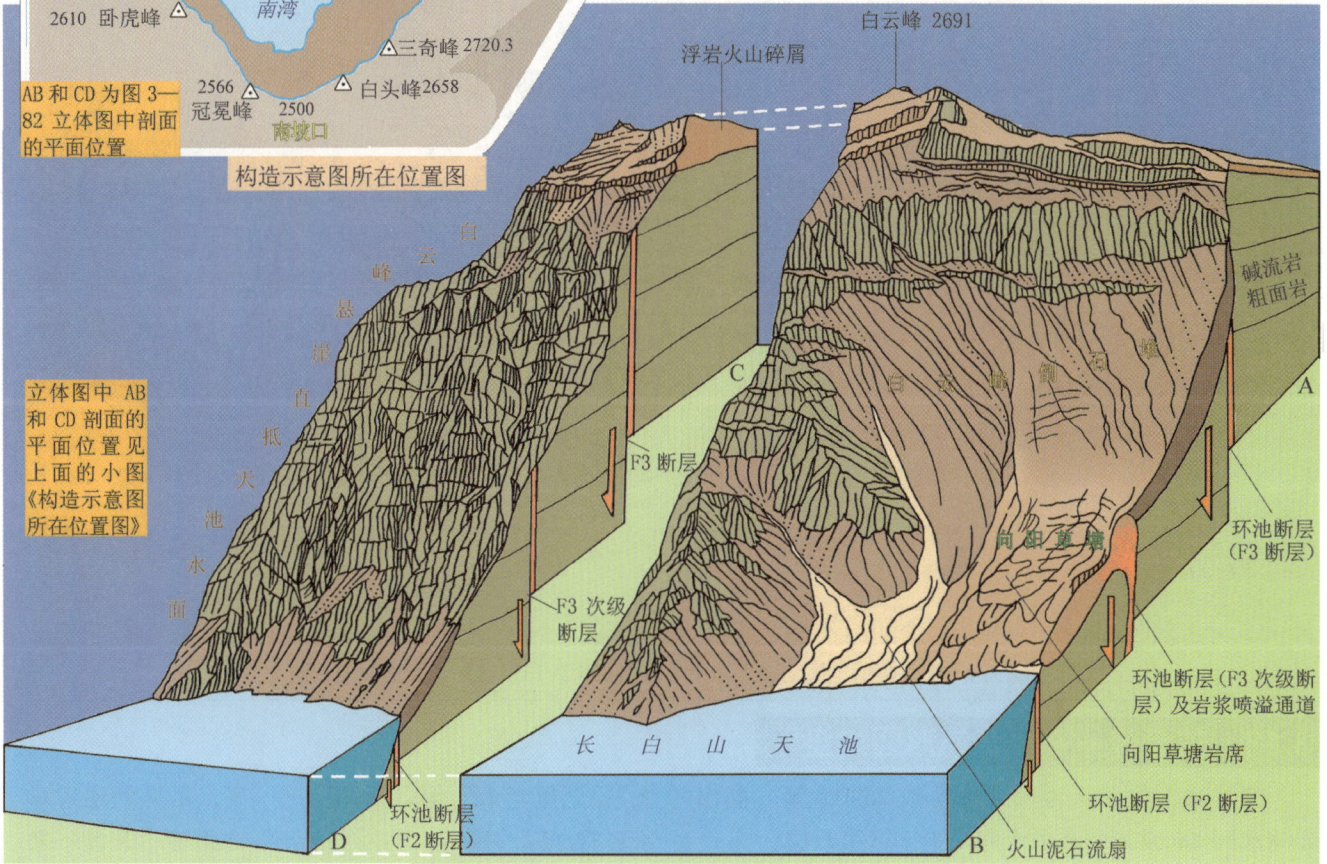

白雲峰 2691

浮岩火山碎屑

鹼流岩粗面岩

白雲峰懸崖直抵天池水面

F3 斷層

F3 次級斷層

環池斷層（F3 斷層）

環池斷層（F3 次級斷層）及岩漿噴溢通道

向陽草塘岩席

環池斷層（F2 斷層）

長白山天池

環池斷層（F2 斷層）

火山泥石流扇

圖3-82　白雲峰內壁形貌及構造示意圖

### 3.12.3　白雲峰西南壁懸崖是一處天然地質剖面

　　白雲峰西南壁的懸崖為我們提供了一處天然的地質剖面，圖 3-83 是根據照片 3-135、3-136 繪製的。從中能看出不同火山噴發物的疊置關係，了解它們的噴發順序，再根據它們的岩性來推測火山噴發類型，這樣就可以恢復這裡的火山活動過程、形式和當時的情景，為研究長白山火山噴發的歷史和火山爆發預測提供依據。

　　左上面的小圖：表示在先期形成的玄武岩台地上，多階段、多期次噴溢出的粗面質熔岩，這些岩石構成了白雲峰的主體部分。

　　中間的小圖：火山噴發間歇了相當長一段時間後，火山發生幾次猛烈的爆炸式的噴發，火山灰升入高空，紛紛落下堆積在山峰上，形成了一層以浮岩為主的火山灰層（關於白雲峰頂浮岩層在本頁上圖中有較詳細的說明）。

　　右上面的小圖：火山噴發又間歇了一段時間，但不是很長（因為如果間歇的時間很長，這些浮岩層便會被剝蝕掉），火山活動再次復活，但規模較小，猛烈程度也遠不如上次，岩漿挾帶著碎屑噴出來，這些噴發物沿著山坡堆積且緩緩流動，但並沒有完全覆蓋住先期形成的浮岩層，據地質學家研究，這是一次距今相當近的火山噴發事件，也許只有七八百年或三四百年的歷史。

右上小图的说明：从白云峰的地质构造可以表述长白山火山形成的三部曲：(1)早期造盾阶段，以玄武岩喷发为主，形成火山锥基座；(2)中期造锥阶段，形成以粗面岩为主的火山锥；(3)晚期造席阶段，喷发碎屑流和火山灰覆盖于既成的盾、锥之上。

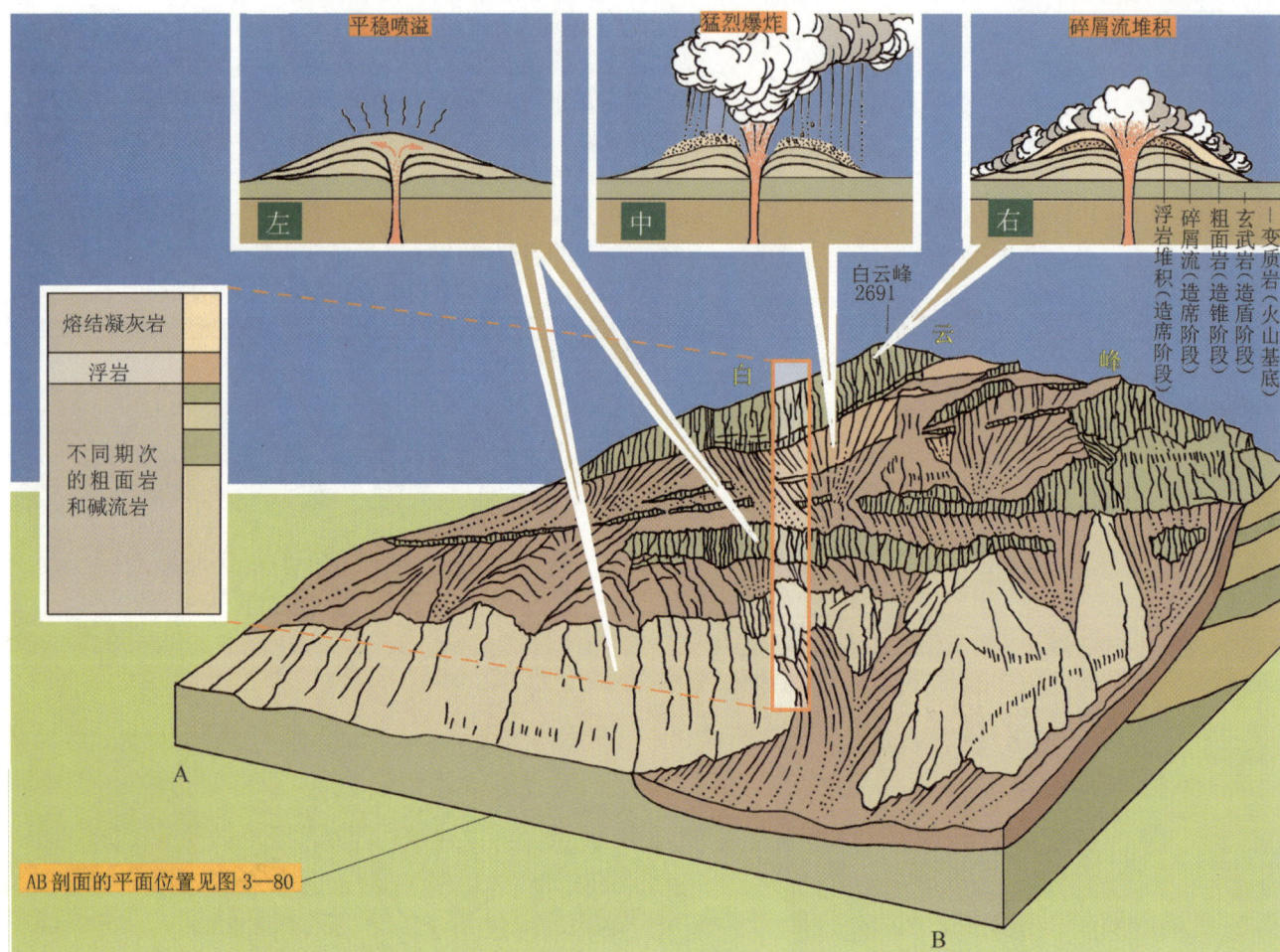

图3-83　白云峰西南壁地质剖面立体图（依据照片3-135、136和实地调查绘制）

## 3.13　芝盘峰——"草甸形圆如盘"

芝盘峰，位于天池西北，海拔2630.0米，高出天池水面440.9米，环池十六峰中排行第八位。

《长白山江岗志略》310页记载："芝盘峰，在天池西偏北，南距白云峰约有五里，中间隔一仙阜，峰顶有一草甸，形圆如盘。每至严冬，他峰雪积如山，唯此峰独露其顶。由池至巅，约十一里余。土人云，顶峰产芝草，鹿多居之。峰高而险，为人所罕到，常见鹤、雀、雕、燕不时飞落其上云。"

芝盘峰名称之由来，系由刘建封出生地之名演变而来。刘建封出生于山东安丘（原属诸城县）临吾乡芝畔村。刘建封为纪念其出生地，有号曰"芝叟道人""芝里老人"等，皆用"芝"字，足见刘建封对家乡有深厚的感情，他用"芝畔"之谐音"芝盘"来命名长白山的一座山峰，足见他对长白山同样怀有深厚的感情。这种感情还表现在他的另一号"天池钓叟"上，他甚至把这个号刻在滚石坡的避风石上。《长白山江岗志略》319—320页记载："余三至石（避风石）前，坐而休息。因于石上镂六字曰'天池钓叟到此'，聊识长白之游。《白山纪咏》有云：'石边镂字者，也是避风人。'"可见，刘建封把自己和长白山紧紧地联系在一起，与之共存。

## 3.14　锦屏峰——"宛如屏风"（附：向阳草塘）

锦屏峰，位于天池西北，海拔2625.0米，高出天池水面435.9米，环池十六峰中排行第九位。

《长白山江岗志略》312页记载："锦屏峰，在芝盘、观日两峰之间，宛如屏风。猎者因其形若城垣，又呼为城墙砬子。由池至巅，约八里有奇。相传，女真国王夜半闻白山崩裂声，命人往视。至时，积雪满山，不易登。候月余，自山右上，他峰毫无形迹，唯此峰后，见一巨雹，大约六十余围。试之，坚不可破，因名为雹山。闻国初尚有遗痕，今则见有白雪一堆而已。"

锦屏峰位于天池火山口外轮山西北，从火山口内壁看，位于向阳草塘（仙人牧场）后缘的悬崖峭壁上，这面长达数百米的悬崖如一面高耸的城墙，民间称其为城墙砬子是很贴切的比喻。城墙砬子的走向近于南北，锦屏峰在其北端，是城墙砬子的最高点。所谓"锦屏"就是形容此峰如一列屏风。

还须指出的是，距锦屏峰东北 260 米远的悬崖上有一个三角形的尖峰，此尖峰海拔 2603 米，无名，这里以 2603 峰称呼。有资料误把 2603 峰视为锦屏峰，这是不对的。理由是：2603 峰与城墙砬子没有关系，城墙砬子没有延伸到 2603 峰，或者说，2603 峰不是城墙砬子的组成部分（见照片上的标注）；但按刘建封的定义，锦屏峰就是城墙砬子，而城墙砬子是一列很长的悬崖，如果要找一个"峰点"确定锦屏峰的位置的话，那么这个"峰点"必须在城墙砬子范围之内，而且应是其最高点。这就完全排除了与城墙砬子没有关系的 2603 峰了。何况，2603 峰比锦屏峰低 23 米，更没有资格成为十六峰之一了。

锦屏峰的外坡是槽子河的最高源头（见航空照片 3-137），槽子河流入松花江，所以锦屏峰是松花江的发源山峰之一。

照片 3-138 是在天豁峰上越过龙门峰上空拍摄的照片，龙门峰作为前景占据了画面的大部，因透视关系，近景和远景"粘"在一起，其实中间尚隔着很宽的向阳草塘（仙人牧场）（参见照片 5-8 及图 5-6），为将龙门峰与锦屏峰分开，用白线勾画出龙门峰的轮廓。

照片3-138　远摄锦屏峰

## 向阳草塘

向阳草塘位于天池西北，锦屏峰内壁倒石堆之下，是天池周边最大的"箕斗"地貌。箕斗是簸箕，农家生产工具，三面有沿，前面开口，用来簸粮食的。向阳草塘箕斗后沿由白云峰到龙门峰的半圆形系列悬崖构成，前面向天池倾斜开口，像一个巨大无比的"簸箕"（见图 3-84 并参见照片 5-7 及照片 5-8）。

《长白山江岗志略》319 页记载："向阳草塘，在锦屏峰下，长约四里，宽约二里。讷殷部白某云，前有人见草塘中牧牛羊人时常往来，呼之不应。人皆以为仙人牧场。"

天池周边这个最开阔的倾斜缓坡地，冬季是个巨大的雪窝，夏日，则有繁茂的苔原植被，盛开着各色花朵，呈现出一派欣欣向荣的景象。难怪讷殷部先民把这里想象为牧场。讷殷部，是指居住在今抚松、松江一带的古代女真先民，按流域来讲，是头道松花江和二道松花江流域。他们经常会沿着河谷登上天池，并下临到向阳草塘中，先民们对这里的繁茂景象感到吃惊。按常理，这里应该成为牧场，应该看见牛羊在吃草，然而什么也没有。但是，先民们会浪漫想象，会把美好的愿望附丽于眼前的风景，于是便有仙人放牧的传闻。可以设想，向阳草塘的传说一定在讷殷部广为流传，连刘建封都听说并记在书中了。

那么，在芝盘峰和锦屏峰一带活动的鹿群有没有可能下到向阳草塘，而被误认为是牛羊？观察向阳草塘周围地形，在悬崖峭壁之中，有几处可以走下来，当然得冒点险。如此看来，民间传说不一定都是空穴来风。至少，透过向阳草塘的传说，我们隐约感到，当年，长白山的野生动物是相当多的。

现在，向阳草塘没发现大型食草动物如鹿等出没的痕迹，不过，可以看见野鼠之类的小动物。

向阳草塘平面素描图

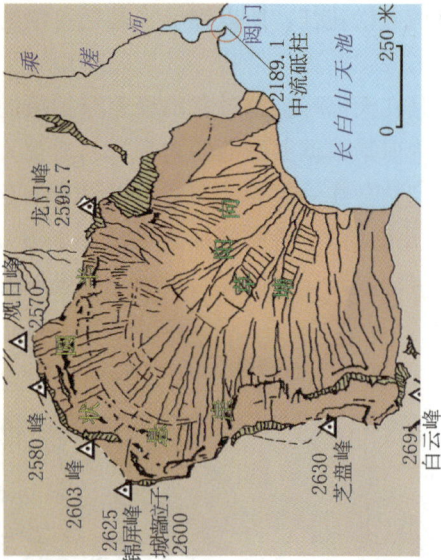

向阳草塘位置图

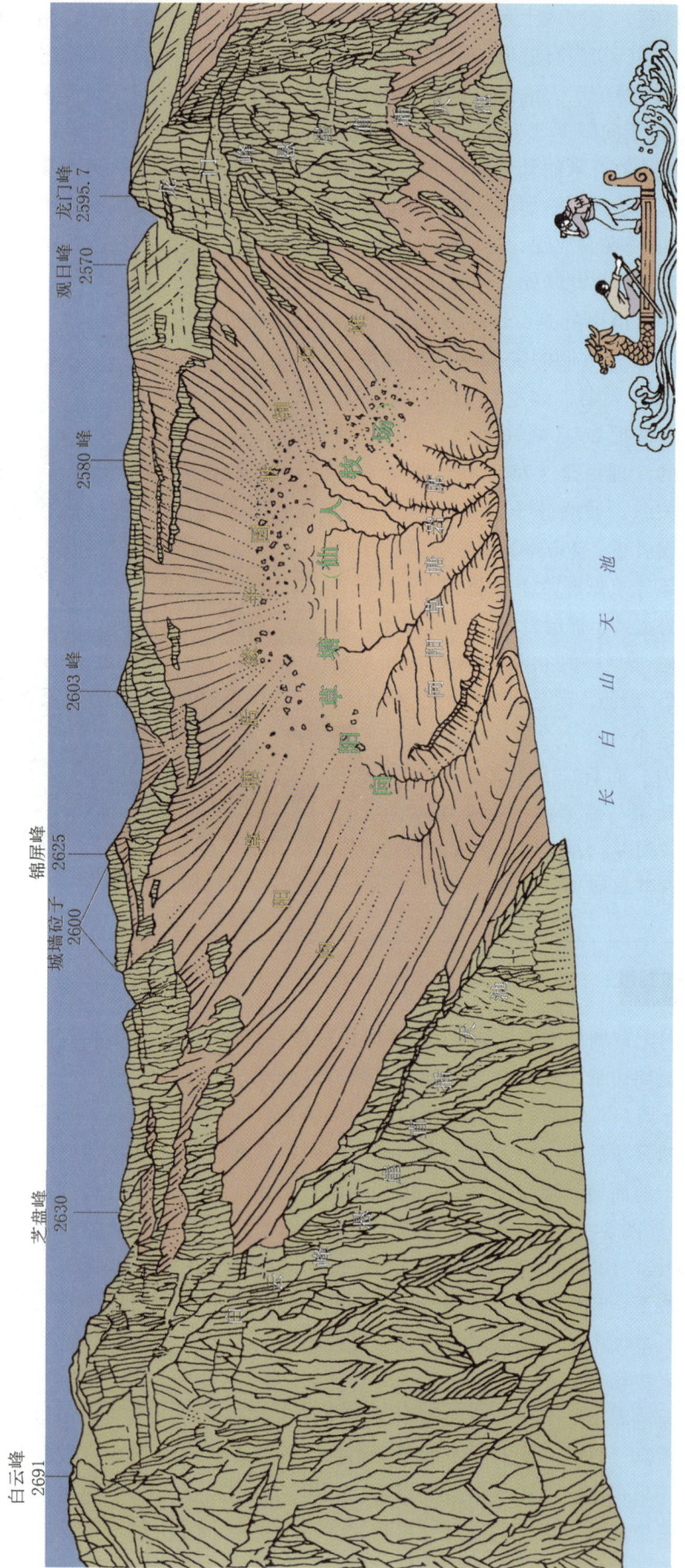

图3-84 向阳草塘箕斗形地貌及其后缘山峰素描图

## 3.15  观日峰——"可以观日出日入"

观日峰，位于天池西北，海拔 2570 米，高出天池水面 380.9 米。环池十六峰中排行第十四位。

《长白山江岗志略》312 页记载："观日峰，东接龙门三里余。峰起一尖，登而望之，海阔天空，可以观日出、日入。由池至峰约八里。土人云，每年三月三日夜半时分，一遇天晴，见日如红球，自海中出。出时三起三落，而水之波翻浪涌，忽上忽下，历历在目，尤足令观者，移情海上。"

确定观日峰的位置，无"相形命名"依据，但依据其与龙门峰、锦屏峰等的位置关系，亦不难定位。

刘建封在《长白山灵迹全影》第 6 幅照片《白云峰》"具图贴说"中记载："白云峰后……名曰芝盘。再北列岫如画，名曰锦屏，历观日峰迤东，阴阳开阖，是为龙门。"意思是说，从锦屏峰至龙门峰必须经过观日峰。在野外实地踏查中，按照这条路线走一趟，可遇到三座峰，一是 2603 峰，此峰距锦屏峰仅 260 米，相对高度 40 米，再转向东北遇一小丘岗，海拔 2580 米，相对高度 20 米，再向东走，可见一馒头形高丘，登上此丘，向东遥望，顿觉眼前海阔天空，这与刘建封的文字描述相符，观日峰的位置非此莫属。

照片 3-139（拍位见图 3-85）：这是远摄的观日峰。拍摄的时间是清晨，太阳的位置还很低，整个二道白河峡谷还处在阴影中，但见观日峰上已是阳光灿烂。由此反推，此时如果站在观日峰上，一定是身浴日光，能看见一轮红日被云海浮起，如海上日出之景。

观日峰不易到达，从二道白河峡谷几乎是不可能直接攀登到那里的，得绕很大的弯，从龙门峰的背后爬上去，再越过一条凹沟，方可到达观日峰，但这也是一条很艰难的路线。

① 照片3-139  远眺观日峰

② 照片3-140  观日峰及观日峰熔岩流

照片 3-140（拍位见图 3-85）：这是在虎头砬子上拍摄的观日峰，可以看到源于观日峰的熔岩流。这是一条很大的熔岩流，照片摄入的仅为其上段局部，关于这条熔岩流的情况见航空照片 3-142 及图 3-86。

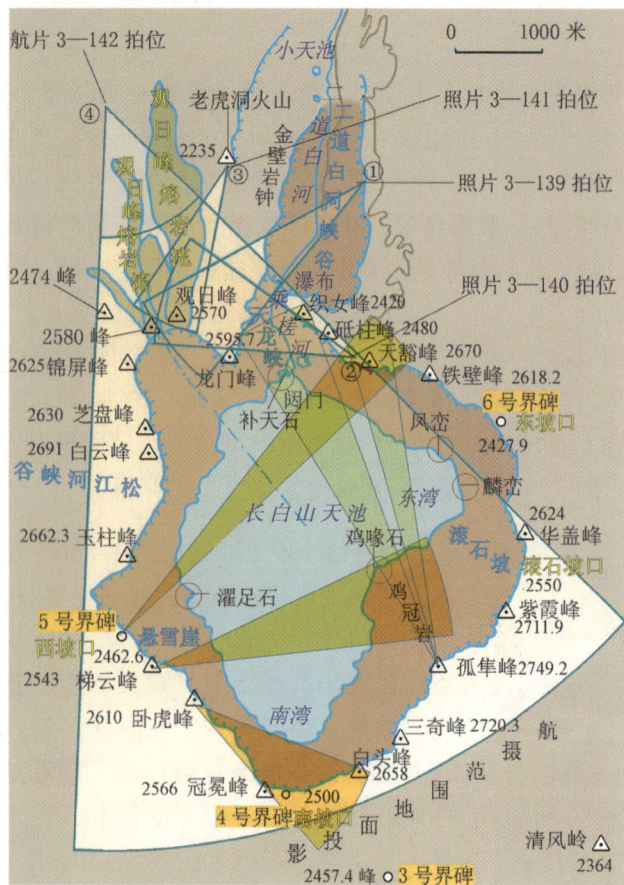

图3-85 观日峰照片拍摄位置图

照片3-141（拍位见图3-85）：这是在老虎洞火山向南拍摄的观日峰。注意观日峰与龙门峰之间有一处集水扇面，大气降水从此扇面汇入其下的冲沟，冲沟中有季节性水流，称为断流河。

照片3-141 南望观日峰

以孤隼峰为原点的2个扇面是康熙五十一年（1712年）穆克登俯瞰天池之地。三维地貌见照片3-142。

分别以西坡口、梯云峰、卧虎峰为原点的3个扇面是康熙十六年（1677年）武木讷奉旨勘验长白山之地。立体地貌见照片3-142。

## 3.15.1 在观日峰上空俯瞰天池全貌

照片3-142（拍位见图3-85）是张福有在观日峰上空拍摄的天池火山口照片。拍摄的时间是1999年6月28日，从柳河机场起飞，共飞两次，上午与下午各飞一次，每次拍三个回合。山上的积雪尚未完全融化。在长白山主峰上，每年这个季节都是这样的景色：尚未消融的积雪分布在阴坡和沟壑低凹处，在暗色的山石的底色上，黑白分明，对比强烈，这是长白山季节性风光。积雪须等到8月初，除沟壑深处少量残留外，方才能融化消失。由此想到先人曾经描述过这样的景色：康熙十六年（1677年）武木讷遵旨勘验长白山，先头部队向武木讷报告："望见长白山甚明，约有百余里，见有片片白光"。武木讷不清楚那"片片白光"是何物，追登到山顶时方知，"所见片片白光，皆冰雪也"。

古人对长白山"所见片片白光"的描述，真实而准确，与我们现在在这幅照片上看到的景色"古今所见略同"。我们可以从中体会到他们从北京用42天的时间行走两千余里，克服无数险阻到长白山"勘验"的艰辛，体会到那种对"祖宗发祥之地"的敬畏和虔诚的心情。

本幅照片拍摄于观日峰外坡（北坡）上空，因此，可以看到以观日峰至2580峰一带为起点的3条熔岩流的分布情况，可以看到熔岩流的流动构造；尤其是照片中左边（图3-86中的东边）那条熔岩流，其表面一圈圈的叠瓦状弧形构造十分清晰，凭借日常生活经验，就知道那是一种黏稠的流体，从山顶上顺坡向下流动。但人们在地面上看不到照片上那样的弧形叠瓦状构造，因为它太大，人在其上，只能看到弧形叠瓦陡坎的局部。叠瓦在地面上的表现是逐次降低的陡坎或台阶状地形：顺着熔岩流的脊部行进时，每遇到一处突然变陡的坎，那就是在照片中看到的叠瓦前缘。

在本幅照片中还可以看到向阳草塘箕斗状地貌：一个巨大的天然"簸箕"，开口直抵天池水面。在地质学上，有时也比喻为"围椅"状地貌，"围椅"两边的扶手，北为龙门峰，南为白云峰，背靠则是从芝盘峰到观日峰的半圆形悬崖，向阳草塘是天池周边最大的"簸箕"或"围椅"。

除此而外，再说说这幅照片所包含的其他内容：

(1)照片在长白山天池中画出了现今的国界线：从濯足石到凤峦的连线，此线将天池一分为二，南为朝鲜，北为中国。

(2)画出了现今的行政界线，即延边朝鲜族自治州和白山市的分界线，此界线是沿着观日峰中间那条熔岩流的东部边缘划分的。

(3)可以看到长白山主峰和小白山的关系。吴禄贞写道："小白山在长白主山东南四十五里，实连长白为一

本干，以其别起一峰，故俗呼曰小白山。山南为中韩旧界，其山脉南行散布于朝鲜境内。"（《延吉边务报告》38 页）

（4）照片摄入了清风岭、大胭脂峰和黑石沟等处，康熙五十一年（1712 年）穆克登奉旨查边和光绪年间中朝边界争端中，这些地点都是至关重要的。

（5）照片右上角处可以看到 2457.4 峰的位置：它并不

在天池火山口缘上，还差 1700 米。该峰位于松鸭分水岭上。该峰之上如今立有 3 号界碑，从该峰到火山口缘的南坡口上的 4 号界碑，国界以直线相连，从南坡口起国界线是沿着火山口缘的冠冕峰、卧虎峰、梯云峰到西坡口的 5 号界碑，再跨越天池到东坡口（东坡口未摄入本照片，请参见照片 2-3，该片摄入了东坡口）。

历史钩沉:康熙五十一年（1712年），乌拉总管穆克登奉旨查边，在孤隼峰俯瞰天池，以孤隼峰为原点的2个扇面的平面位置见图3-85。

历史钩沉:康熙十六年（1677年）内大臣武木讷奉旨勘验长白山。在这幅航空照片上分别以西坡口、梯云峰、卧虎峰为原点的3个扇面可以立体地、直观地表示其看验的方向和范围。各扇面的平面位置见图3—85。

照片3-142　在观日峰上空航拍长白山天池全貌（张福有　摄）

197

## 3.15.2 观日峰熔岩流

观日峰熔岩流位于长白山火山锥西北坡顶部，由观日峰至2603峰的环状断裂和与之垂直的辐状断裂为通道，形成喷溢岩浆。观日峰熔岩流不是单一的熔岩流，主要由3条熔岩流组成（图3-86）。以观日峰为喷溢口的熔岩流，它的北面还有3个次一级的喷溢口，这些喷溢口组成一个火山口群。这是一条规模较大的熔岩流。该熔岩流长3000米，平均宽500米，坡降较大，从海拔2570米的观日峰喷溢口至熔岩流末端的2000米，降差达570米。该熔岩流有明显的叠瓦状流动构造。这些流动构造在地面上表现为逐次下降的陡坎。在航空照片上表现为弧形纹理，图中所画的叠瓦状弧即此种纹理的简化。其余3条熔岩流规模均较小，其走向明显受原始地形影响，呈"S"形分布。

在各条熔岩流的夹空中都发育有火山冲沟，冲沟中有季节性流水，流水多在下游不远处渗入地下，不见踪迹。熔岩流群西边的几条冲沟是槽子河源头，这里的流水汇入槽子河（见照片3-142）。

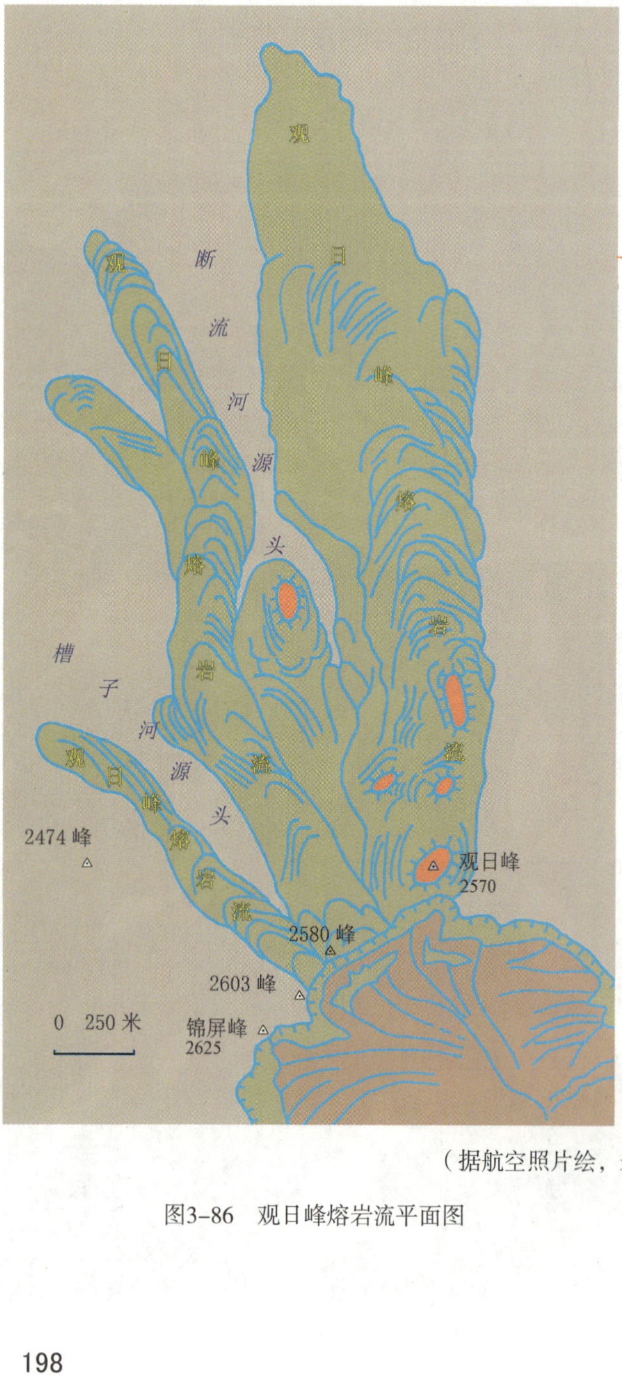

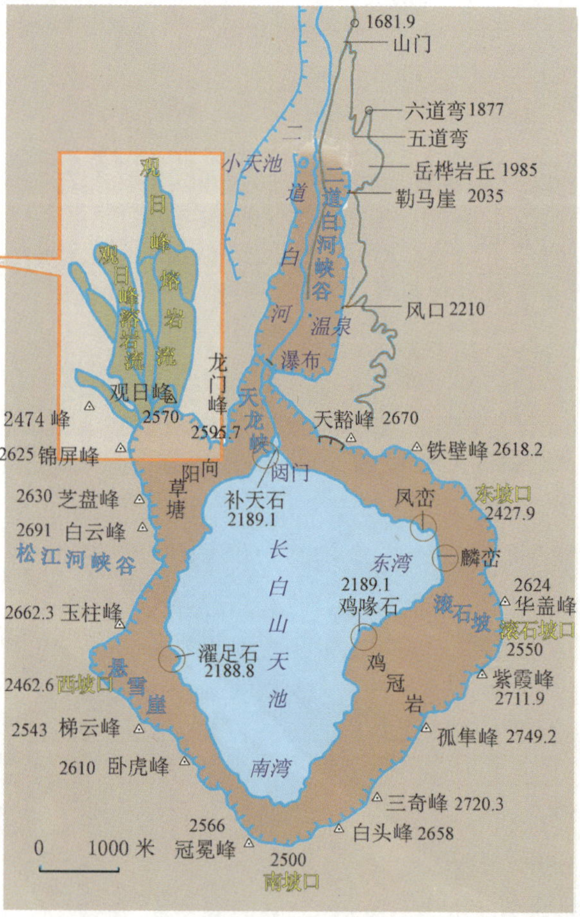

（据航空照片绘，未做视差校正。）

图3-86 观日峰熔岩流平面图

图3-87 观日峰熔岩流位置图

198

## 3.16 龙门峰——"状若门形"

### 3.16.1 不同视角的龙门峰

龙门峰位于天池北，海拔 2595.7 米，高出天池水面 406.6 米，在环池十六峰中排行第十三位。

《长白山江岗志略》311 页记载："龙门峰，在乘槎河西，与天豁峰对峙而低。池水溢流而出，状若门形，故号曰龙门。由池至巅，约有七里。世传，大禹治水曾至峰上，旁有一石，上似蝌蚪字形。人目之为神碑，今已模糊难辨。土人云，数年前有人至峰前，见鱼数尾，红黄色，跳跃乘槎河上，以石击之，霎时狂风大作，白雨暴落，连声霹雳，而鱼亦逝。"

关于龙门峰的位置，刘建封记载的是"在乘槎河西，与天豁峰对峙而低"。与天豁峰隔乘槎河对峙者，唯有这一座山峰，非龙门峰莫属，一句话即已指明了龙门峰的定位。"状若门形"系指龙门峰与天豁峰共同构成的峡谷，是象征意义的"峡谷之门"，两峰分别为东西两大门柱，所以这也是一种"相形命名"。

民间传说"大禹治水曾至峰上"，大禹治水的故事发生在古代中原地区，将中原的大禹故事和东北的长白山联系起来，传说大禹治水曾登顶龙门峰，这应该视为中华民族神话传说的"同一性"。从文化角度说明中原和东北的关系是多么密切，自古以来就有着文化渗透和交流。

① 照片3-143 龙门峰东面形貌

龙门峰东坡有两个泥石流扇，在照片中用白色虚线勾画了它们的轮廓。大雨滂沱或积雪消融时，有泥水从悬崖上冲下来，堆积在谷底，形成扇状地貌。在天池周边，类似的泥石流扇还有很多。它们与悬崖下的倒石堆无论是成因还是形成的地貌都有本质上的不同。前者属重力崩落堆积地貌，后者属泥石流性质的堆积地貌。需要说明的是：这里所说的泥石流扇与传统意义上的泥石流扇不完全相同，它还兼有洪积锥的特点：在暴雨时节，可以直接看到流水瞬时冲蚀及所携带的泥石的堆积作用，因缺乏恰当的名称，这里姑且借用泥石流扇之名称呼天池周边这种特殊的地貌。泥石流扇的边缘直抵牛郎湾和乘槎河。从瀑布到补天石的小路在泥石流扇的边缘绕行。

照片 3-143（拍位见图 3-88）：这是在乘槎河东岸砥柱峰倒石堆上拍摄的龙门峰，是龙门峰东面的形貌。以乘槎河为界，龙门峰的范围占据了天龙峡的西半部。龙门峰的范围由龙门峰顶、龙门峰熔岩流、龙门峰悬崖、龙门峰倒石堆、龙头砬子悬崖、龙头砬子和龙门峰泥石流扇组成。

图3-88 龙门峰东面拍摄位置图

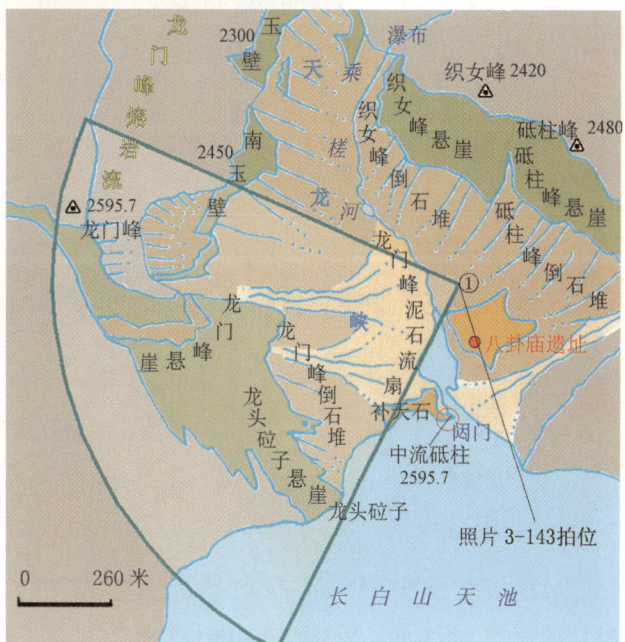

照片3-144 龙门峰南面形貌

峰上有一处明显的火山喷发间断风化面，此风化面在照片中用红虚线勾画出来。这个风化面代表着火山喷发有一个很长时间的中断。地质学家在这个面上找到了一层风化黏土。这层黏土是先期喷发形成的熔岩流的表面经过漫长岁月的风化而形成的，所以才有上述推断。当下一次火山喷发时，喷出的岩浆便把这层风化黏土掩埋起来，等于保留了那段风化历史。地质学家非常重视对风化面的研究，因为它是在野外划分火山喷发期次的重要依据，当然还要进行岩石的同位素年龄测定，最终把长白山火山活动的历史展现出来。

照片3-144（拍位见图3-89）：这是在天池西坡口悬雪崖上拍摄的龙门峰南面形貌。从这个角度看，作为"龙门"西柱的龙门峰和作为"龙门"东柱的天豁峰，分立于天龙峡两侧，确有扼守天池的宏大气势。

从地质角度讲，这幅照片有一个看点是，龙门

## 不同视角的龙门峰

刘建封记载："龙门峰，在乘槎河西，与天豁峰对峙而低。池水溢流而出，状若门形。"从平面图中可以看出两座山峰的对峙状态，分立于天龙峡两侧，扼守闼门、乘槎河。在这两幅图中用半圆形门洞表示这种"状若门形"的关系。

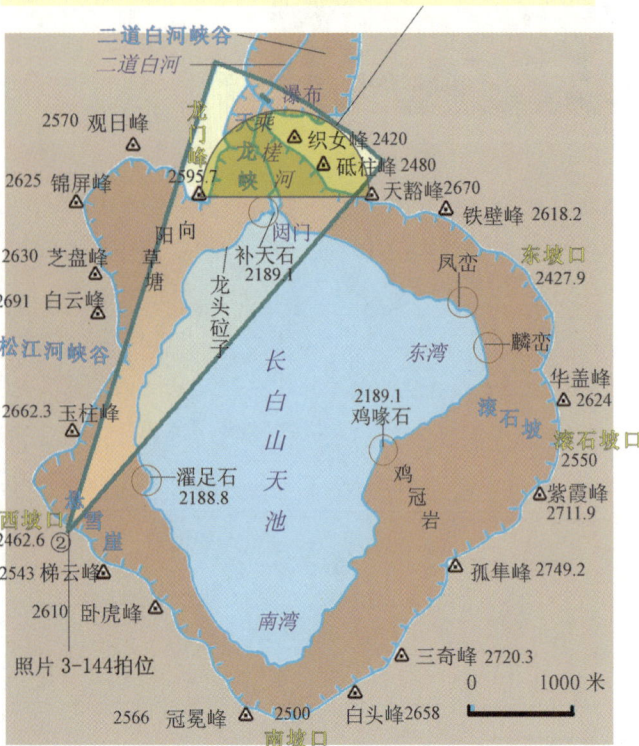

图3-89 龙门峰南壁拍摄位置图

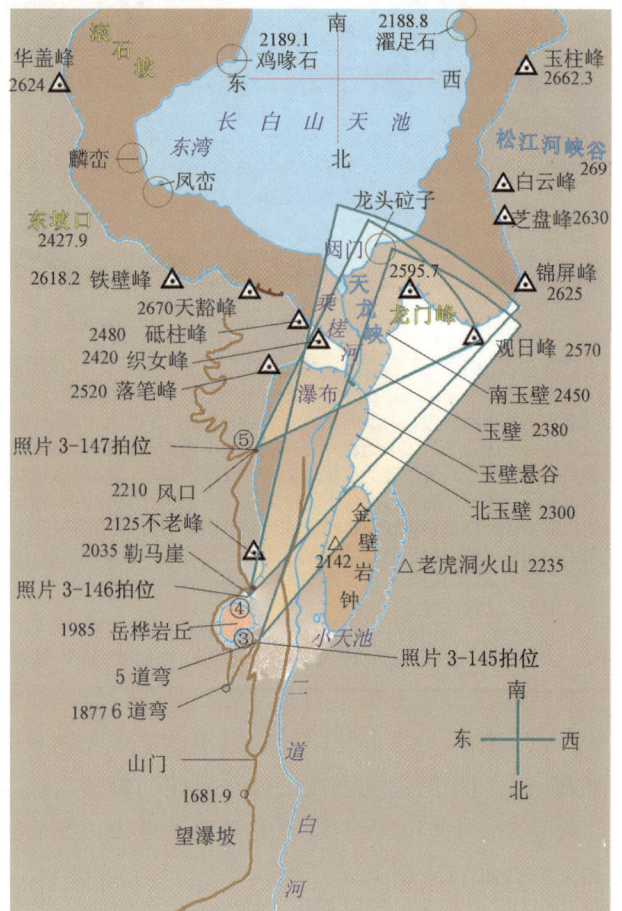

图3-90 不同视角拍摄的龙门峰位置图

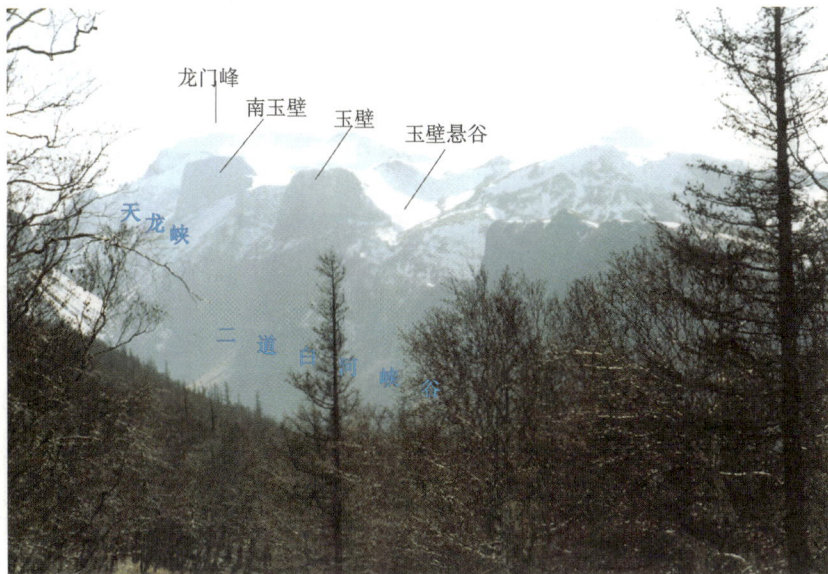

照片3-145（拍位见图3-90）：这是在登天豁峰途中，在公路急转弯处（五道弯）隔着二道白河峡谷拍摄的龙门峰。龙门峰被浓重的雾气笼罩着，若隐若现。照片中标注的南玉壁和玉壁位于天龙峡西壁，玉壁悬谷位于二道白河峡谷西壁之上。

照片3-145　在五道弯拍摄的龙门峰

③

照片3-146（拍位见图3-90）：这是在岳桦岩丘上拍摄的龙门峰。二道白河峡谷南端的瀑布已经初露"芳容"，天龙峡初显规模，乘槎河的下段也可以看见了。

照片3-146　在岳桦岩丘上拍摄的龙门峰

④

照片3-147（拍位见图3-90）：这是在风口一带拍摄的龙门峰。玉壁系列悬崖已经看得很清楚了。

照片3-147　在风口一带拍摄的龙门峰

⑤

201

照片3-148（拍位见图3-92）：这是在天豁峰上拍摄的龙头碰子。龙门峰有一条向南延伸的峰脊直插天池，其形状有如一条巨龙从山峰上俯身而下，抵达水面作吸水状，这条峰脊称为龙头碰子悬崖，它的头部即峰脊末端俗称龙头碰子。

照片3-148　俯拍龙头碰子

照片 3-149（拍位见图 3-91）：这是龙头碰子陡直插入天池的尖脊状悬崖，悬崖顶部有分叉的龙角，有锯齿状的背鳍，仿佛龙嘴直触水面做吸水状。

照片3-149　近摄龙头碰子

照片 3-150（拍位见图 3-91）：这是龙门峰下一处小景，俗称门神爷。由于岩石节理裂隙非常发育，把山体切割得支离破碎，再经风化侵蚀，形成许多奇形怪状的石块，这是位于龙头砬子悬崖上的一根孤立石柱，远远望去有如一位巨人，民间称为门神爷。它可能已经在这里守护了几百年。从岩石风化的程度来看，门神爷浑身已经布满了裂隙和伤痕，尤为令人担忧的是，它的基础已经不牢，岌岌可危，真不知道哪一天它会轰然倒下。

③ 照片3-150　伫立于龙头砬子悬崖上的天池"守护神"——门神爷

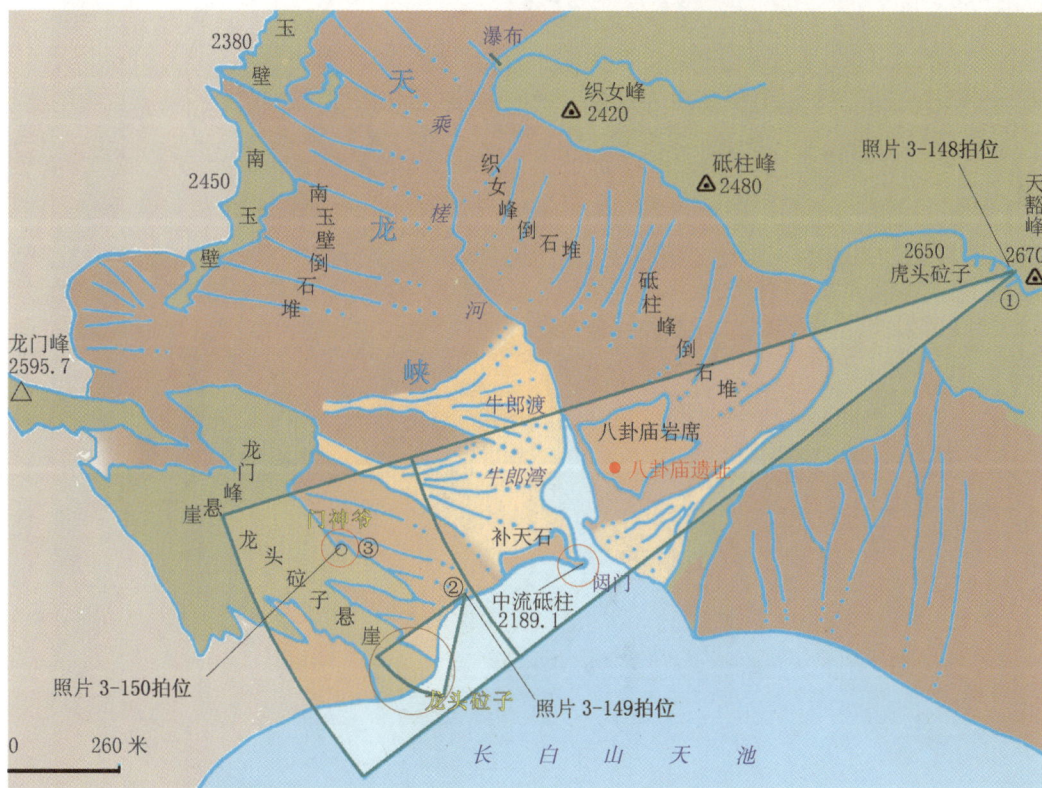

图3-91　龙头砬子及门神爷拍摄位置图

## 3.16.3　龙门峰东面形貌及构造图说明

图 3-92：观察龙门峰，在它的悬崖壁上，最明显的特点是层状构造，即它是由一层层的火山岩相叠而成的，这些层状构造虽然与那些密集的垂直节理交叉，但仍可以看出它们大致呈水平状态，在图 3-92 中画了这些线，虽然表面上是断断续续的，实际上是相连的。在图中的剖面上，用深浅不同的绿色示意性地表示这种层状构造。龙门峰的主体由粗面岩、碱流岩构成，山峰的表面多被晚期喷发的火山碎屑岩所覆盖，在图中用橘黄色表示这种覆盖关系。除此之外，在该峰的东面有两个泥石流扇。它们是由悬崖上被水冲下来的碎屑和泥沙形成的，这些碎屑物主要是火山灰和碎石块，因为堆积的形状如扇形，故称为泥石流扇。两个泥石流扇并列，扇缘相挤且相叠。泥石流扇上因有较多的火山灰，所以长有苔原植物，看起来较他处更绿些。乘槎河沿着泥石流扇的边缘由南向北流淌，泥石流扇的继续发展可使乘槎河愈发向八卦庙岩席方向弯曲。补天石岩席位于泥石流扇南扇的边缘，从龙门峰上冲下来的碎屑物直抵补天石北缘的小砬子。

203

图中通过龙门峰的AB剖面的平面位置见左上小图《龙门峰向天池面图》范围平面图。

坡面岩席（凝灰角砾岩）

粗面岩 碱流岩

龙门峰 顶部 凝灰角砾岩

龙门峰
2595.7

龙门峰
A

火山喷发间断形成的风化面

B

北 扇 流 扇

粗面岩、碱流岩

牛郎湾

门神谷

龙头碰子

长白山天池

火 山 灰 沙 滩

朴天石岩席（凝灰角砾岩）

中流砥柱
2189.1

阀门

图3-93 龙门峰东面形貌及构造示意图

龙门峰向天池面位置及范围平面图

0 500米

观日峰
2570

锦屏峰
2625

龙门峰
2595.7

A

B

朴天石
2189.1

阀门

龙头碰子

瀑布

乘槎河

牛郎湾

天豁峰
2570

长 白 山 天 池

阳草塘

芝盘峰
2630

白云峰
2691

AB为图3-93立体图中剖面的平面位置。

沿乘槎河的小路向补天石方向行进，请注意观察右面的龙门峰山坡，能看到照片中所摄的景象：在悬崖下或悬崖上的山坡上有一层像席子一样的东西覆盖着，在地质学上称为岩席（照片3-151，拍位见图3-93）。由于有这样明显的覆盖关系，所以可以判断这岩席是最末期火山喷发的产物。这些岩席的岩性是熔结凝灰岩、熔结角砾岩和熔结集块岩等，它们的成因是地下岩浆夹杂着火山碎屑物从喷溢口溢出来的（见图3-94），在天池周边有这样的岩席，这只是其中之一。此处岩席厚度为2-4米，岩席边缘多已被剥落成小陡碴子，使其在地貌上更有明显特征。

地质学家告诉我们，天池周边的这些岩席可以代表最末期的火山活动，离现今最近。有地质学家认为只有七八百年左右的历史，还有人认为只有三四百年的历史，还有人认为也许就是公元1668—1702年间发生的小规模火山喷发形成的。不管怎样，因为这些岩席是最末期火山喷发形成的，所以对这些岩席的调查研究，对预报未来火山喷发有重要意义。

这样的坡面岩席在紫霞峰内壁以东还有一处。它的形成年代应该与龙门峰坡面岩席差不多。不过它的面积和厚度要大一些，目测厚度10米左右。《长白山江岗志略》315页记载的刘建封从滚石坡下临天池遇到的避风石，经研究认为就是从紫霞峰坡面岩席上崩落下来的大石块。

照片3-151 龙门峰坡面岩席

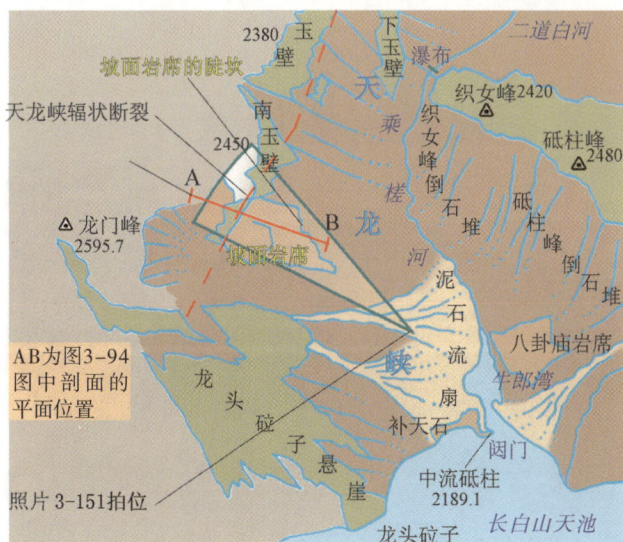

图3-93 龙门峰坡面岩席拍摄位置图

图3-94 龙门峰坡面岩席形成示意图

图3-94：龙门峰坡面岩席的形成与天龙峡辐状断裂有关。天龙峡辐状断裂（见图3-94）的走向顺天龙峡西壁切断南玉壁、玉壁、北玉壁，向东北方向延伸，接续F8断层。这是一条近期活动的断层。龙门峰坡面岩席及坡顶岩席就是在该断层活动期，岩浆沿着该断裂及其次级断裂喷溢形成的。

龙门峰熔岩流位于长白山火山锥北坡上，由龙门峰向北，由层层叠加的熔岩组成。其上共有 5 个岩浆喷溢口，这 5 个喷溢口连成一线，南北方向排列，这种分布特点说明这里有一条南北方向的断裂存在，这条断裂是天池周边的辐状断裂之一——龙门峰辐状断裂。该熔岩流在地貌上有明显的特征，在航空照片上表现为弧形流动构造线，图 3-97 就是依据航空照片的纹理描绘的。该熔岩流长约 2000 米，宽 200—600米，坡降由龙门峰的海拔 2595.7 米降至 2150 米，降差为 449.7 米，是个很陡的熔岩流。

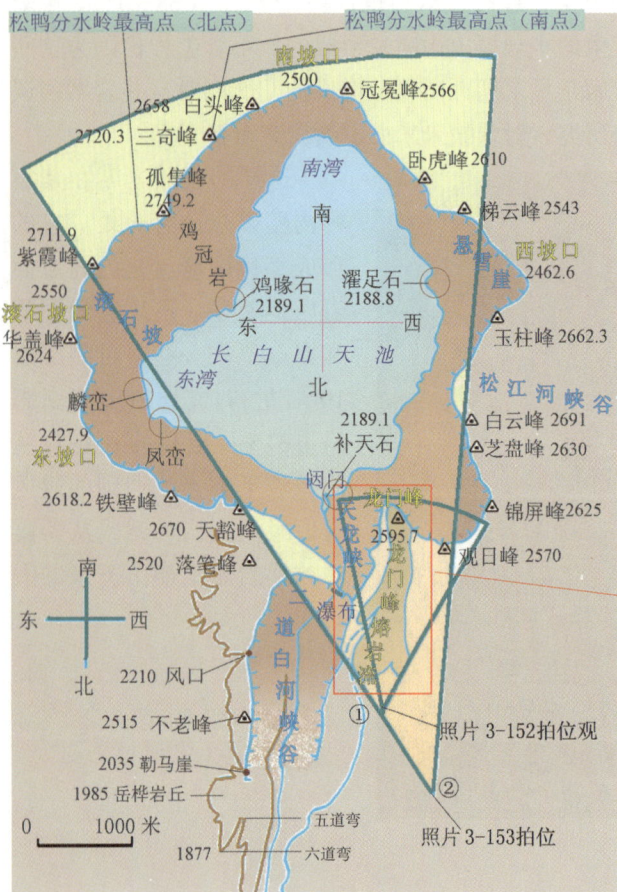

图3-95　龙门峰熔岩流拍摄位置图

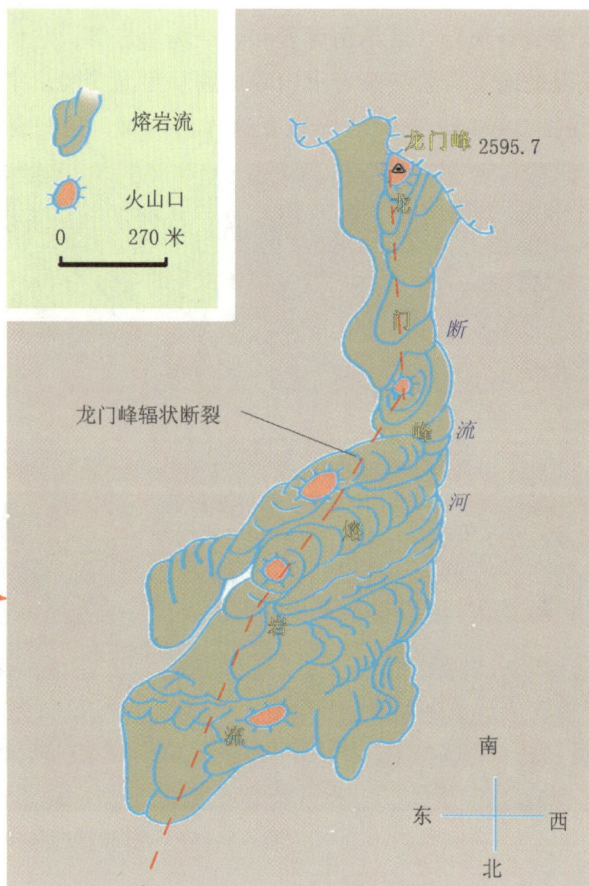

图3-96　龙门峰熔岩流平面图

照片 3-152（拍位见图3-95）：这是在老虎洞火山南坡向龙门峰方向拍摄的。因为老虎洞火山比龙门峰低得多，所以照片中只能拍摄到龙门峰熔岩流北部边缘。熔岩流表面上的那些陡坎状地形即平面图中那些线条，为弧形流动构造。照片右边熔岩流边缘标注的断流河是从龙门峰和观日峰中间的凹地流下来的，该河流淌到中途便不见踪迹了，所以称为断流河。

照片3-152　在老虎洞火山上拍摄的龙门峰熔岩流

## 3.16.6 高空俯瞰龙门峰熔岩流

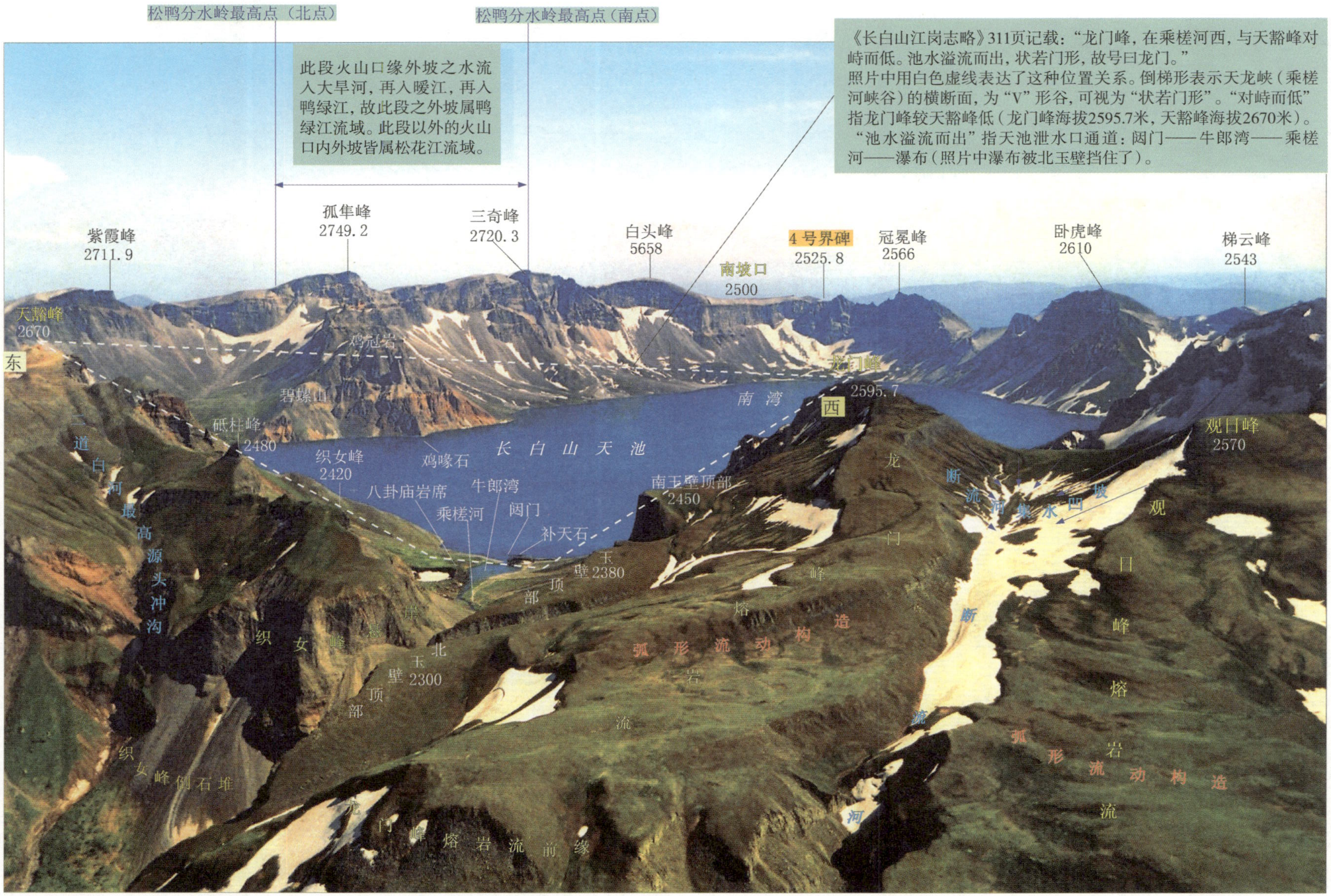
松鸭分水岭最高点（北点）
松鸭分水岭最高点（南点）
此段火山口缘外坡之水流入大旱河，再入暖江，再入鸭绿江，故此段之外坡属鸭绿江流域。此段以外的火山口内外坡皆属松花江流域。
《长白山江岗志略》311页记载："龙门峰，在乘槎河西，与天豁峰对峙而低。池水溢流而出，状若门形，故号曰龙门。"
照片中用白色虚线表达了这种位置关系。倒梯形表示天龙峡（乘槎河峡谷）的横断面，为"V"形谷，可视为"状若门形"。"对峙而低"指龙门峰较天豁峰低（龙门峰海拔2595.7米，天豁峰海拔2670米）。
"池水溢流而出"指天池泄水口通道：闼门——牛郎湾——乘槎河——瀑布（照片中瀑布被北玉壁挡住了）。
紫霞峰 2711.9
孤隼峰 2749.2
三奇峰 2720.3
白头峰 5658
南坡口 2500
4号界碑 2525.8
冠冕峰 2566
卧虎峰 2610
梯云峰 2543
天豁峰 2670
东
鸡冠岩
碧螺山
龙门峰 2595.7
西
南湾
观日峰 2570
砥柱峰 2480
织女峰 2420
鸡啄石
长白山天池
八卦庙岩席
牛郎湾
乘槎河
闼门
补天石
南玉壁顶部 2450
玉壁2380
顶部
北玉壁2300
顶部
二道白河最高源头冲沟
织女峰
织女峰倒石堆
龙门峰熔岩流前缘
龙门峰熔岩流
弧形流动构造
断流河集水凹坡
断流河
观日峰熔岩流
弧形流动构造

②

照片3-153　航空拍摄的龙门峰熔岩流及天池全貌（张福有摄，拍位见图3-95）

照片3-153：这是张福有在老虎洞火山上空拍摄的航空照片，由于拍摄位置较高，约在海拔3400米左右，龙门峰及其熔岩流的大部分都摄入镜头。熔岩流前缘已被风化剥蚀，其下有倒石堆，但熔岩流原始总体形状并没有受到很大的破坏。由于摄入的范围很大，所以龙门峰及其相邻的观日峰也被摄入镜头。从照片中可以看到，从龙门峰到观日峰须越过一条沟壑。沟壑顶端直抵火山口缘，呈扇面由南向北收拢。此扇面是一处向北倾斜的集水凹坡，集水凹坡靠龙门峰一侧原先也有很厚的积雪，到6月28日已经融化，露出密集的细冲沟；靠近观日峰一侧还有很厚的尚未融化的积雪，到7月中旬便会完全融化，雪层下也有同样密集的细冲沟。这些密集的细冲沟在航空照片上看，宛如扇子呈放射状散开的骨架。这个集水凹坡中的雪融水和夏季汇聚的雨水在扇柄处形成一股水流，这股水流虽然水量不大，但有很强的侵蚀能力，在龙门峰熔岩流和观日峰熔岩流之间侵蚀出一条很深的冲沟。这条冲沟中的水在流经老虎洞火山西坡麓不久便渗入地下不见踪迹，断流了。这样的河流在长白山火山锥还有不少，无以名之，本书在照片中和平面图中皆以"断流河"呼之。

在照片中还标注了天池火山口南沿上的两处具有特殊地理意义的点：即松花江和鸭绿江分水岭与天池火山口南沿相交之地。该两点用以表明长白山火山锥内坡和外坡的流域归属。本书其他地方还有对该问题的叙述。但在这个方位和角度，在这幅照片中看得更清楚，所以标注在照片中。

# 第四章　五道坡口

北坡口（天龙峡、乘槎河峡谷）

西坡口（悬雪崖）

滚石坡口（汩石坡、滚石坡）

东坡口

南坡口（软石崖）

天池由火山口喷发、塌陷、积水而成，火山口外缘为悬崖峭壁所环绕，悬崖高低错落，刘建封划为十六座山峰。山峰并非为连续的悬崖，其间有布满火山灰渣、浮岩碎屑、风化碎石之处，可以由此下临天池，这样的地方先民称之为坡口。坡口共有五处，合称"五道坡口"。先民们熟知这些坡口，并各有名称。

我国众多史料记载了这些坡口。如：光绪三十四年（1908 年）《长白设治兼勘分奉吉界线书·长白山记》中记载："白山之上，天池之旁……合十六峰头，五道坡口。"

坡口还称为"门"，如：1930 年抚松县县长、辽宁宽甸人张元俊巡视长白山，在《白山天池记》中记载："……池周约四十里，略呈斜方形，如城，四面峰峻，仰不可视，各有坡口，如门，俗称天池四门（注：未包括滚石坡）。北门流水，为安图二道白河之源。"

"坡口"或"门"，名称不同，含义一样。

综合已有文献和民间习惯，本书用"坡口"。

对五道坡口的称谓解释如下：

(1)北坡口：又称乘槎河峡谷、天龙峡、天池泻水口、阆门。这是天池唯一通向外界之"门"；

(2)东坡口：有史料称东北坡口，民间称东坡口，本书取民间称谓；

(3)滚石坡口：刘建封命名为"泪石坡"，民间称为滚石坡，本书两名皆用；

(4)南坡口：刘建封命名为软石崖，民间称为南坡口，本书两名皆用；

(5)西坡口：刘建封命名为悬雪崖，民间称为西坡口，本书两名皆用。

## 4.1　北坡口（天龙峡、乘槎河峡谷）

### 3.16.1　不同视角下的龙门峰

人们由北向南走到了二道白河峡谷的尽头，要去天池，却被面前的织女峰悬崖和玉壁悬崖挡住了去路。如果在从前，那可就是"山重水复疑无路"了，须得自己在倒石堆和悬崖边上寻找可攀登之处，才能到达天池。想见天池不容易，得有勇气和体力，在充满危险的地方一步一滑，边爬边喘向上攀登两个小时，才能"柳暗花明又一村"。十年前，这里有修好的"天梯"，还有"天篷"保驾护航，人们可以省力而安全地从二道白河峡谷攀登到乘槎河峡谷中，再沿着乘槎河边的小路走就能到达天池。人们攀爬的这个地方就是北坡口，或称乘槎河峡谷、天龙峡等。现在，为了保证安全，这个天梯已经封闭了。

乘槎河峡谷位于天池北。天池火山口周围"合十六峰头，五道坡口"，唯北坡口，即天豁峰和龙门峰之间的大豁口通向外界，将天池水泻出。这个豁口是在天池火山口塌陷时形成的，也算是"天意"。刘建封命名为天豁峰，当包含着对这个大豁口的"相形"之意——"天豁之口"。天豁之口的东面是天豁峰，西面是龙门峰，天意豁出一个龙门，何等气魄。这个"豁口"从地貌角度看，是一条峡谷，符合"河流经过的深而狭窄的山谷，两旁有峭壁"之定义。峡谷中的河流是乘槎河，峡谷两壁，东面是天豁峰、砥柱峰、织女峰三座山峰相连的悬崖，西面是龙门峰悬崖、南玉壁悬崖、玉壁悬崖。这些悬崖峭壁皆高耸入云，构成一条走廊地形，深而狭窄，这是一个完整的峡谷地貌单元。只是这条峡谷还没有名称，只能以乘槎河之名代替：称为乘槎河峡谷。那么，能否起一个与龙相配的名称呢？其实，名称是现成的，只需根据峡谷所处的位置用现成的名称加以组合就行了。它既然位于天豁和龙门两峰之间，"天豁—龙门峡"这个名称应当是现成的名称，不过这个名称有点长，可以简化为"天龙峡"，写和说都方便，我们就叫它"天龙峡"。

天龙峡的范围在地貌上有明确的天然界线，请看照片 4-1 和 4-5。照片中圈定的范围是：南起天池水边，北至瀑布砬子，东起天豁、砥柱、织女三峰之脊，西至龙门、南玉壁、玉壁之脊。平面上呈一南宽北窄的梯形。天龙峡向天池方向敞开大口，向瀑布方向收缩成窄口，有天龙吞下天池之势，气度非凡。天龙峡长约 1200 米，南部宽约 1000 米，北部宽约 200 米，峡谷底部由天池北畔向瀑布方向倾斜，坡度由南向北逐渐加大，在瀑布砬子与二道白河峡谷南端以断层相接。

天龙峡雄伟美丽，两侧的山峰和悬崖峭壁令人望而生畏，悬崖之下是巨大的倒石堆和火山泥石流扇。天龙峡是旅行家接近天池的最好去处，进入天龙峡，好比进入一座天然地质博物馆，在这里不光能观赏到美丽的风光，还可以看到很多火山地质现象，相信攀登的辛苦会给人们带来意想不到的收获。

天龙峡中的主要景观有：天豁峰、砥柱峰、织女峰、龙门峰、八卦庙岩席、八卦庙遗址、补天石、玉壁、阆门、中流砥柱、牛郎湾、牛郎渡、乘槎河等（见图 4-1）。

## 4.1.1 天豁—龙门峡（天龙峡）平面图

图4-1：本图系依据航空照片、地形图及野外简易地形测量而绘制。航空照片未做视差校正，故图的比例尺仅供参考。

天龙峡平面呈喇叭形，喇叭口朝向天池，以补天石岩席为界；喇叭颈朝向瀑布，以瀑布碴子为界，与二道白河峡谷衔接。天龙峡以天豁峰悬崖、砥柱峰悬崖、织女峰悬崖及其下的倒石堆为东壁；以龙头碴子、龙门峰悬崖、南玉壁、玉壁及其下的倒石堆为西壁。天龙峡谷底，有阊门（天池泻水口）、牛郎湾、牛郎渡、乘槎河至瀑布，一脉相承，将天池水导入二道白河，再导入松花江。天龙峡是松花江第一峡。

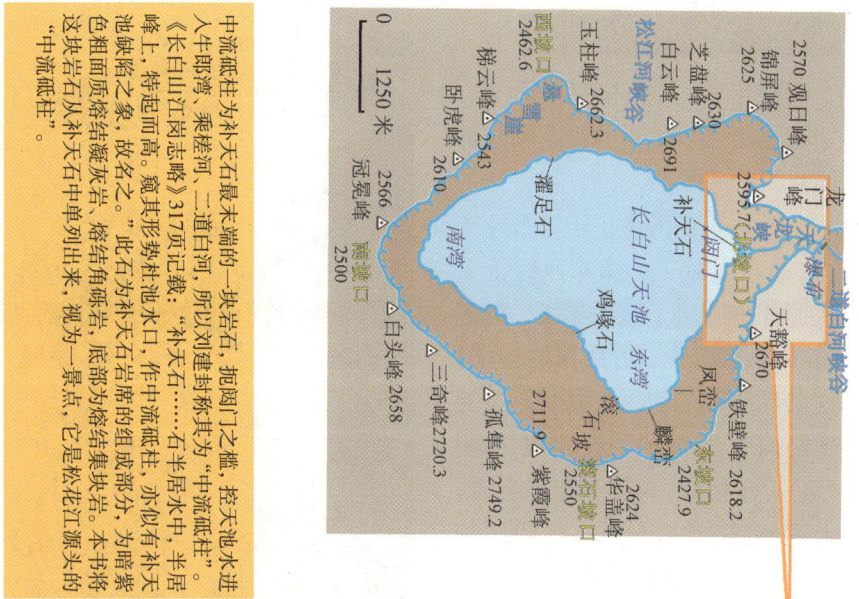

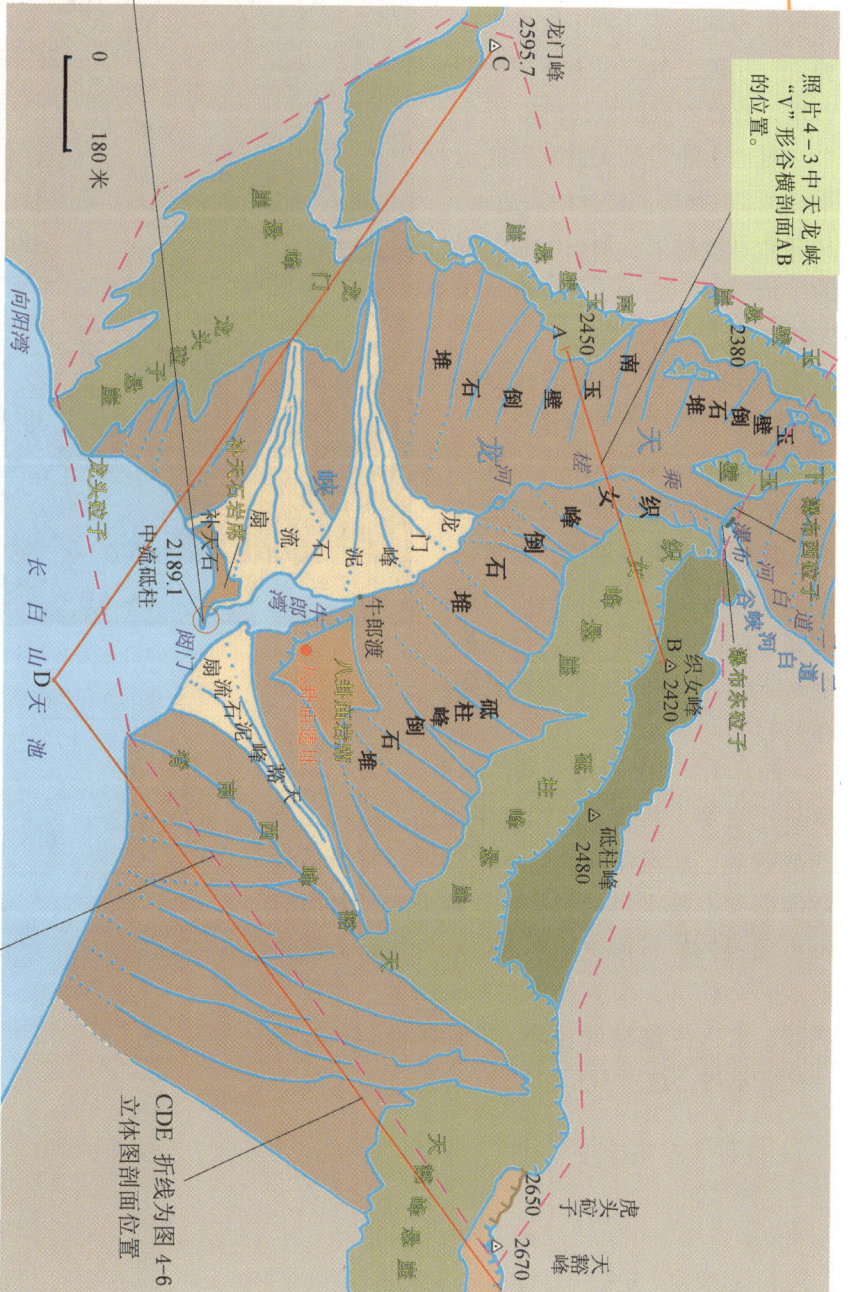

中流砥柱为补天石最末端的一块岩石，扼阊门之艟，控于天池水进入牛郎湾，乘槎河，二道白河，所以刘建封称其为"中流砥柱"。《长白山江岗志略》317页记载："补天石……石半居水中，半居池畔，特起而高。觇其形势杜池水进入牛郎湾，砥柱之多，故名之。"此石为补天石席的组成部分，为暖紫色粗面质熔结集块岩，底部为熔结角砾岩。本书将这块岩石从补天石中单列出来，视为一景点，它是松花江源头的"中流砥柱"。

0　1250　2500 米

龙门　天豁峡　瀑布　二道白河峡谷

2570 观日峰
锦屏峰 2625
白云峰 2630
芝盘峰 2662.3
△2691
卧虎峰 2543
△2610
△2566
冠冕峰 2500
松江河峡谷
长白山天池
朴天石
南湾
碟足石
鸡冠石
天豁峰 △2670
铁壁峰 2618.2
东坡
风蚀石
华盖峰 2550
△2624
紫霞峰 2427.9
2711.9
2749.2
三奇峰 2720.3
白头峰 2658
2595.7（三道白河出口）
阊门

照片4-3中天龙峡"V"形谷横剖面AB的位置。

0　180 米

龙门门峰 2595.7 C
南玉壁 2450
玉壁 2380
织女峰 2420
砥柱峰 2480
南天门
乘槎河
玉壁东碴子
瀑布西碴子二道白河
龙门峰倒石堆
织女峰倒石堆
砥柱峰倒石堆
天豁峰倒石堆
龙头碴子
牛郎渡
牛郎湾
补天石
中流砥柱 2189.1
阊门
向阳湾
长白山D天池
八卦庙遗址
天豁峰 2650　2670
天豁碴子
虎头碴子

**图4-1　天龙峡（北坡口）位置及平面图**

天龙峡的平面范围（玫瑰红色虚线内）：天池边—龙头碴子悬崖—龙门峰悬崖—南玉壁悬崖—玉壁悬崖—南玉壁—瀑布—玉壁东碴子—瀑布—织女峰—砥柱峰—虎头碴子—天豁峰西两特—天豁峰西—天池边。

CDE折线为图4-6立体图剖面位置。

211

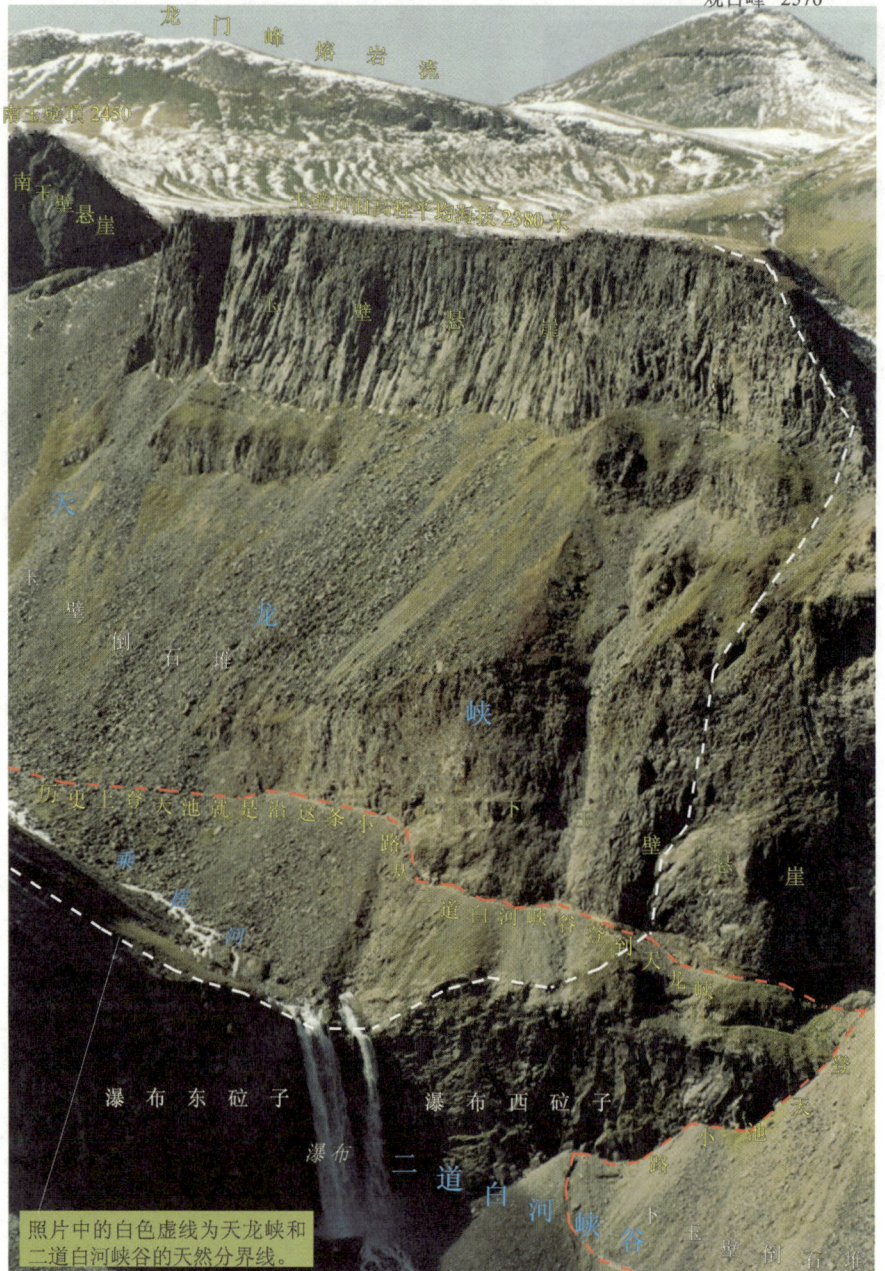

照片4-1 天龙峡和二道白河峡谷的天然分界线

## 4.1.2 不同视角的天龙峡

照片4-1（拍位见图4-2）：这是在黑风口拍摄的天龙峡北部照片。

天龙峡范围终止于瀑布砬子（含瀑布东砬子、瀑布西砬子），在照片中画出了这条界线，过了这条界线就是二道白河峡谷了。这条界线刚好切出天龙峡北端的横断面，看得出，这个横断面呈"V"形，所以，从地貌形态上讲，天龙峡是"V"形谷。这幅照片拍摄的是天龙峡的西壁，谷肩是玉壁悬崖，谷坡是玉壁倒石堆，玉壁倒石堆之下又有下玉壁悬崖伸进一小段，其下又有下玉壁倒石堆，直抵谷底的乘槎河床。

照片中能看见天龙峡谷底的乘槎河。由乘槎河输送的天池水，从瀑布悬崖跌下，形成瀑布，成为二道白河。送走了天池水，天龙峡完成了它的使命。

天龙峡"V"形谷的两壁陡峻，垂直的悬崖不可以攀登。悬崖之下的倒石堆规模宏大，大大小小的碎石块堆积成不稳定的坡面，使倒石堆难以攀爬，也潜伏着危险，踏转一块岩石可能引起相邻石块同时滑动，一旦行人被裹挟进去，后果难料，旅行者须谨慎行事。

照片中标出原先登天池的小路，它紧贴下玉壁悬崖底部。从前，攀爬这条小路，行人无不战战兢兢，汗流浃背，脚下是深渊，直抵滔滔激流，头上是垂悬的岩壁，直顶天穹，时而有不可预料的岩石崩飞下来，很小一块石头就可造成致命伤害，简直就是在过鬼门关。现在好多了，有人工修筑的台阶，有保护棚盖，万无一失。不过，这里不开放。

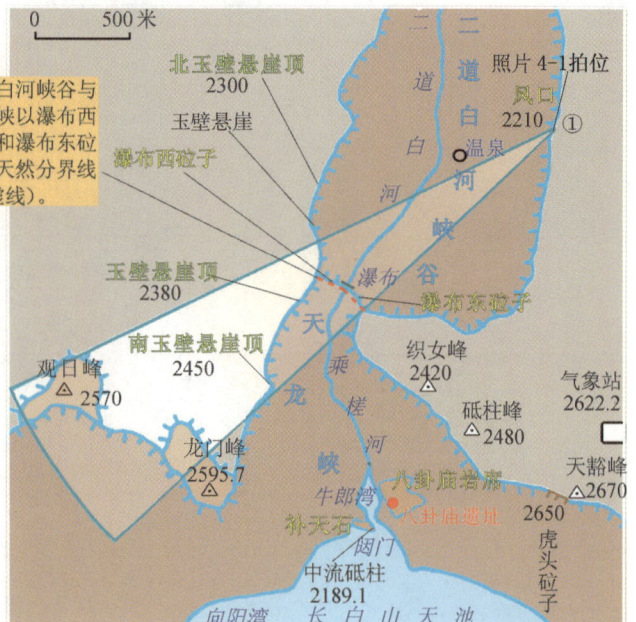

图4-2 天龙峡与二道白河峡谷分界线拍摄位置图

照片中的向阳草塘"箕斗"、城墙砬子、锦屏峰、2603峰、2580峰、观日峰皆位于龙门峰后面。

照片4-2　天龙峡南部照

照片4-2（拍位见图4-3）：这是在虎头砬子拍摄的天龙峡南部。天龙峡西壁摄入镜头的有龙头砬子悬崖、龙门峰、龙门峰悬崖、龙门峰倒石堆、龙门峰泥石流扇、南玉壁、玉壁等。天龙峡东壁则有砥柱峰和织女峰摄入镜头。

照片右面有一条小路，在东壁谷肩上向北延伸，绕过砥柱峰外坡（北坡）消失在砥柱峰和织女峰之间的豁口处。不可小视这条小路，据说它已有一百多年的历史了，传说当年八卦庙的道士经常走这条小路（见照片中的八卦庙岩席上的八卦庙遗址）。绕过砥柱峰后，小路在坡崖间蜿蜒下降，非常难爬，但因为它是从天豁峰下临天龙峡唯一的捷径，所以十几年前还时常看见人们踏上这条小路。现在，已拦上绳索，不许入内。

天龙峡谷底的补天石、牛郎湾、乘槎河和谷坡的八卦庙岩席也摄入了镜头。

在本幅照片中，在龙门峰后面，隔着向阳草塘"箕斗"还摄入了"箕斗"后沿的城墙砬子、锦屏峰、2603峰、2580峰和观日峰，薄雾笼罩中这些远景依稀可见，为与前面的龙门峰区分开来，照片中用赭石色峰名予以标注。

上述这些远景山峰的位置和形貌，请参见航空照片3-137、3-142，观之宛如在高空俯视这些山峰，它们的相对位置和形状，一目了然。其平面位置参见图3-87。

图4-3　天龙峡南部拍摄位置图

213

照片4-3（拍位见图4-4）：这是在补天石上由南向北拍摄的天龙峡北段景观。牛郎湾只摄入西半边，八卦庙岩席只摄入西北角。龙门峰泥石流扇占据了画面的中部，泥石流扇的边缘有牛郎渡和乘槎河。从这个角度看天龙峡，宛如一条宽敞的大街，大街的尽头变窄，向右转弯，消失在玉壁和织女峰所夹的"V"形谷底，乘槎河水由那里流向外面的世界。

天龙峡"V"形谷形态要素包括谷肩、谷坡、坡麓、谷底几部分，都标注在照片中，各要素所含景观如下：

谷肩：在西为龙门峰悬崖、南玉壁悬崖、玉壁悬崖；在东为织女峰悬崖、砥柱峰悬崖、天豁峰悬崖。

谷坡：在西为龙门峰倒石堆、南玉壁倒石堆、玉壁倒石堆、坡面岩席；在东为织女峰倒石堆、砥柱峰倒石堆、八卦庙岩席。

坡麓：倒石堆坡脚碎石堆、龙门峰泥石流扇、八卦庙岩席崩塌碎石堆。

谷底：补天石岩席、中流砥柱、牛郎湾、牛郎渡、阊门、乘槎河河床、火山灰边滩。

照片4-3　在补天石北望天龙峡"V"形谷及AB横剖面各部分名称

图4-4　北望天龙峡拍摄位置图

天龙峡"V"形谷河谷的形态要素如照片中所标注。AB剖面的长度约600米，剖面深度约248米。

照片4-4：这是在砥柱峰麓拍摄的天龙峡西壁北段（拍位见图4-5），谷底的乘槎河被砥柱峰坡麓所遮，但河边的小路隐约可见，这条小路是从天龙峡登天池的游人必走的。在南玉壁和玉壁之间有一个坡口，从这里可以爬到南玉壁的顶面，但这是一条艰难的小路，大部分都是在倒石堆上行进。

照片4-4　天龙峡西壁照

图4-5　天龙峡西壁拍摄位置图

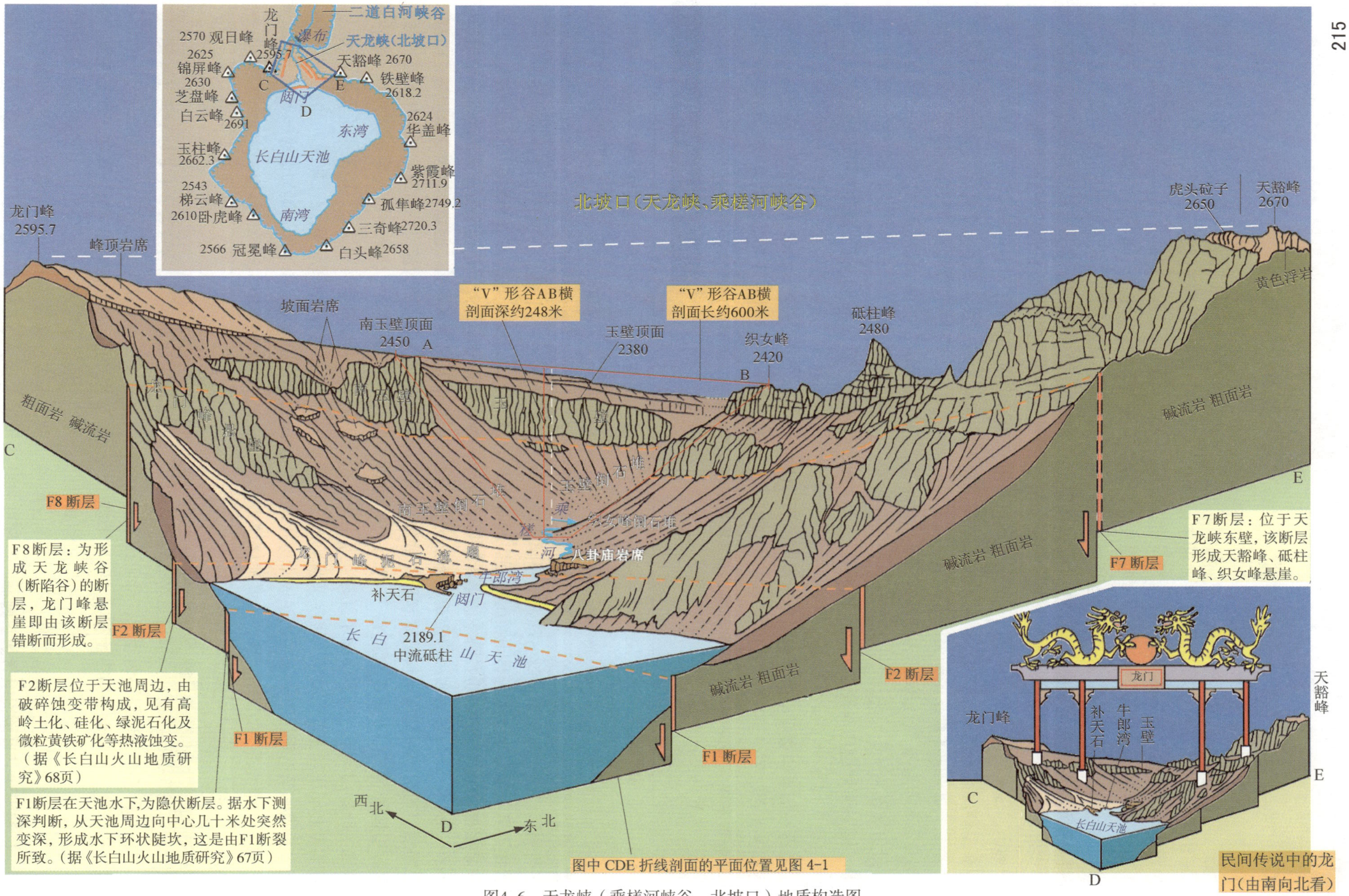

图4-6 天龙峡（乘槎河峡谷、北坡口）地质构造图

**F8断层**：为形成天龙峡谷（断裂谷）的断层，龙门峰基即由该断层错断而形成。

**F2断层**位于天池周边，由破碎蚀变带构成，见有高岭土化、硅化、绿泥石化及微粒黄铁矿化等热液蚀变。（据《长白山火山地质研究》68页）

**F1断层**在天池水下，为隐伏断层。据水下测深判断，从天池周边向中心几十米处突然变深，形成水下环状陡坎，这是由F1断裂所致。（据《长白山火山地质研究》67页）

峰顶岩席

粗面岩 碱流岩

龙门峰 2595.7

F8断层

F2断层

F1断层

西北

D

东北

碱流岩 粗面岩

F1断层

碱流岩 粗面岩

F2断层

F7断层

C

龙门峰

长白山天池

朴天石 玉壁 天豁峰

民间传说中的龙（门由南向北看）

D

E

**F7断层**：位于天豁峰东壁，该断层形成天豁峰，织女峰基即由该断层错断。

长白山天池 朴天石 2189.1 阎门

天豁峰

北坡口（天龙峡、乘槎河峡谷）

坡面岩席

南天壁顶面 2450 A

"V"形谷AB碑 剖面深约248米

玉壁顶面 2380

"V"形谷AB碑 剖面长约600米

织女峰 2420 B

砥柱峰 2480

一二道白河峡谷

龙门瀑布

天豁峰 2670

铁壁峰 2618.2

C

观日峰 2570

2625

2630

2635

储屏峰

芝盘峰

白云峰 2691

2543

2662.3

梯云峰

2610 回山虎峰

2566 冠冕峰

2624 华盖峰

南湾

长白山天池

东湾

2711.9 紫霞峰

2749.2 孤隼峰

白头峰 2658

三奇峰 2720.3

虎头砬子 2650

天豁峰 2670

黄色浮石

碱流岩 粗面岩

E

图4-6：这是天龙峡（乘槎河峡谷、北坡口）俯瞰图，视点在天池水面上空，由南向北望，整个天龙峡尽入画面。这个视角在孤隼峰和紫霞峰一带也能看到角度相同的画面。由于透视关系，天龙峡的深度变浅，宽度变宽。天龙峡从天池朝瀑布方向开口，左为龙门峰，右为天豁峰。在这个视位看不见天龙峡的收口，因为天龙峡向北不是笔直延展，而是在玉壁和织女峰之间向东转弯，峡谷的收口被织女峰倒石堆挡住。乘槎河就是从这个弯曲的夹空将天池水送到瀑布而落进二道白河的，图中用箭头表示乘槎河的流向。天龙峡在图中如同一条伸向画里的大街，而我们是站在街心由南向北望。"街道"两侧分布着各种景观。

天龙峡是天池火山口北面的构造塌陷谷。在火山活动中，大量的岩浆喷出地表后，岩浆房变得空虚，这会导致火山口大面积塌陷，形成破火山口。在塌陷过程中，火山中心塌陷得最深，形成天池，火山口周边的塌陷形成悬崖。在天池周边，有些塌陷往往形成"箕斗"状地形，天龙峡就是这样的"箕斗"，不过它是一个被辐状断裂切割破坏的"箕斗"。天龙峡两壁的悬崖就是断层，断层中间的塌陷豁开了"箕斗"后缘，使火山口通向外界。在立体图两侧即西北和东北两组垂直剖面，用阶梯状断层表示天龙峡是呈阶梯状

塌陷的，即越向天池中心塌陷越深。画在水体中的那条环状断层，曾做过简易物探测量，数据表明，在离池边不太远的地方有陡坎状地形，所以推测这里存在环状断层。

综上所述，天龙峡是构造塌陷谷。有人认为天龙峡是流水侵蚀谷，由乘槎河侵蚀形成；还有人认为天龙峡是由冰斗发育形成的冰川槽谷侵蚀谷，众说纷纭，有待于进一步研究。不管是哪种认识，人们的讨论不影响天龙峡的科学价值和旅游价值，它毕竟是天池北畔最美丽的地方。

左上角小图表示天龙峡在天池周边的位置，图中用红线表示形成天龙峡的断层在平面上的分布情况。

右下角小图是大图的缩图，在龙门峰和天豁峰之间画上一个龙门。天龙峡上的龙门，是我国长白先民对天池北坡口特殊地貌所附丽的神话传说，传说曾有巨龙呼风唤雨，浓烟滚滚地从龙门中飞出来。这个传说引起地质学家的兴趣，他们认为这种传说隐含着火山喷发的信息。传说中各种离奇古怪甚至是荒诞的描绘，如果剥去神秘的外衣，换一种思路，很像是天池火山喷发时火山灰流、火山泥石流奔腾的情景。关于龙门，下一节将详细描述。

### 4.1.4　传说中横跨天龙峡的龙门

天池有飞龙和北坡口有巨大龙门的传说在长白先民间广为流传，如上文所说，这种传说很可能是火山喷发的情景在长白先民头脑中的反映。用龙来解释种种惊天动地的自然现象，有历史渊源。龙是中华民族的图腾，龙的根也深深植入长白先民心中，所以长白山天池总是与龙有缘。光绪三十四年（1908年）刘建封对环池十六峰"相形命名"时，正是基于民间传说而命名"龙门"旁的山峰为龙门峰的。

长白山是清朝"圣武发祥之地"，是"龙兴之地"，与水不可分离的龙当然应该居住在天池中，所以天池又称为龙潭、龙宫。龙潜伏于天池，一旦人间有难，要飞出来为人间造福。龙要呼风唤雨以使人间风调雨顺，龙要惩恶扬善以使人间和谐，龙必须时时飞出天池去完成大业。龙的出入应该有龙门，于是天池龙门应运而出现在传说中。我国古代对龙门特别重视，皇帝出入的门就称龙门。在先民的头脑中，皇帝就是龙，是真龙天子，所以在传说中对龙门就有特别的描绘。

刘建封有"龙门峰与天豁峰对峙而低。池水溢流而出，状若门形，故号曰龙门"的叙述，这确定了天池龙门的位置。郑德权将先民头脑中抽象的龙门具象化，在天池出水口"建造"了规模巨大的龙门（照片4-5、图4-7）。设计图上的龙门如按山峰高度比例，比天豁峰和龙门峰要高出许多。传说中天池龙的出行，腾云驾雾，龙门必须有足够的高度；龙奔行时左右摇摆，横扫千军，所以龙门还必须有很大的宽度，于是，这龙门就从天豁峰跨越天龙峡一直修到龙门峰。龙门的形制以龙宫传统龙门造型为准，四楹三门，中间的正门为龙王门，只有龙王才能走此门，龙子、龙孙、龙臣走两侧边门，以遵循我国古代等级森严的典章制度。龙门的楹和横梁的结合部，采用中国传统的榫卯结构。龙门上的装饰为双龙戏珠，楹柱为鲜红色，基座用汉白玉雕刻，楹柱上皆有铜制楹联。总之，本书尽可能把传说中的细节都画入，以表现天池龙门的非凡气势。

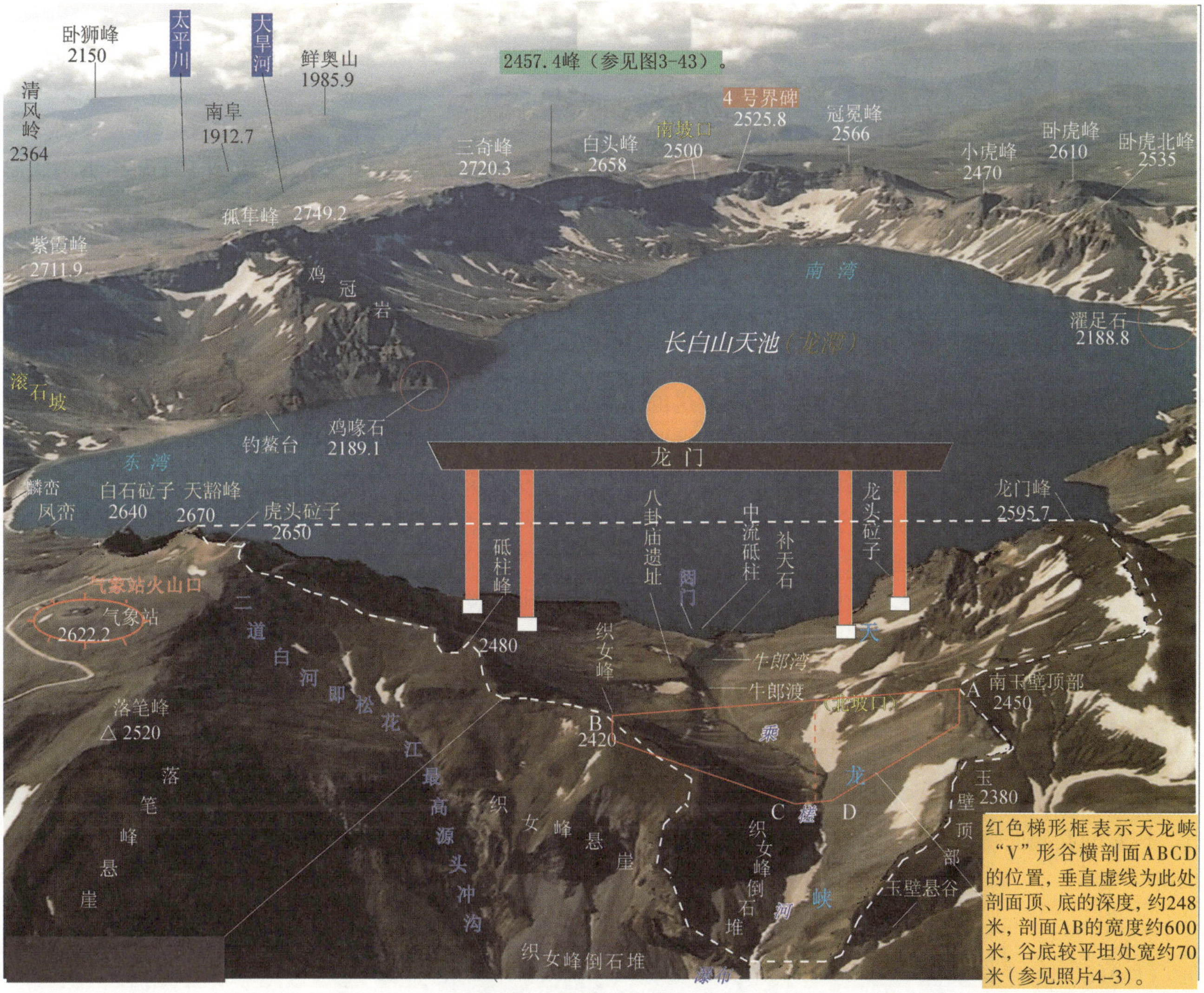

卧狮峰 2150　太平川　大旱河　鲜奥山 1985.9　2457.4峰（参见图3-43）。　4号界碑 2525.8　冠冕峰 2566　小虎峰 2470　卧虎峰 2610　卧虎北峰 2535
清风岭 2364　南阜 1912.7　三奇峰 2720.3　白头峰 2658　南坡口 2500
紫霞峰 2711.9　孤隼峰 2749.2　鸡冠岩　南湾　濯足石 2188.8
长白山天池（龙潭）
滚石坡　钓鳌台　鸡喙石 2189.1　龙门
东湾　麟峃凤崭　白石砬子 2640　天豁峰 2670　虎头砬子 2650　八卦庙遗址　中流砥柱　补天石　龙头砬子　龙门峰 2595.7
气象站火山口　气象站 2622.2　二道白河即松花江最高源头冲沟　砥柱峰 2480　织女峰　阀门　天　牛郎湾　牛郎渡　北坡口　A　南玉壁顶部 2450
落笔峰 △2520　B 2420　乘槎河　玉壁顶部　龙　织女峰悬崖　C　D　天龙峡　玉壁 2380　玉壁悬谷
落笔峰悬崖　织女峰倒石堆　瀑布

红色梯形框表示天龙峡"V"形谷横剖面ABCD的位置，垂直虚线为此处剖面顶、底的深度，约248米，剖面AB的宽度约600米，谷底较平坦处宽约70米（参见照片4-3）。

照片4-5 天龙峡和传说中的龙门

图4-7：天池龙的传说由来已久。《长白山江岗志略》305页记载："有猎者四人至钓鳌台，见芝盘峰下，自池中有物出水，金黄色，首大如盘，方顶有角，长项多须，低头摇动如吸水状。众惧登坡，至半，忽闻轰隆一声，回顾不见，均以为龙。""池中雷声时作，音同炮弹，百里外犹闻其声，俗呼龙宫演操。""平时水声澎湃，响如鸣金夏玉，俗呼为龙宫鼓乐。"306页记载："每年三月间……相传，黑龙江龙王会同天池龙王，朝宗东海云。"344页记载："……唯一蛟从乘槎河豁山劈岭，向东北狂奔而去。池水随流，波浪滔天，水汩汩直下无阻。故至今河岸深险异常。"

紫霞峰　孤隼峰　三奇峰　白头峰　南坡口　冠冕峰　卧虎峰　梯云峰　西坡口
南湾　长白山天池（龙宫、龙潭）　濯足石
麟峃凤崭　东湾　钓鳌台　天豁峰　虎头砬子　白石砬子　龙门　龙门峰　补天石　牛郎湾　阀门　天（北坡口）　龙　峡　玉壁

白线范围内为天龙峡，传说为龙"豁山劈岭"形成，龙门就建在天龙峡内。

辛若晰绘

图4-7 古代民间传说中龙门的样式——四楹三门双龙戏珠门

217

《长白山江岗志略》内容丰富，书中含有许多逸闻趣事，民间故事、珍禽异兽传说等，现选择几则，摘录并绘图，供长白山文化研究之用。

牛郎织女的故事：牛郎织女的故事是中华民族流传了几千年的神话。故事发生在何地是不能确定的，长白先民将牛郎迁移到长白山天池无疑是先民朴素的愿望。于是，在乘槎河上有了牛郎渡——牛郎渡河之地。此名虽为刘建封所记载，但故事源于民间是没有疑问的。但牛郎在长白山的故事并不完美，因为没有织女，这也许是长白先民的疏忽。1981年，延边朝鲜族自治州地名委员会在进行地名普查时发现了这个缺憾，为一劳永逸解决牛郎的"百年孤独"，遂把近旁一座山峰命名为织女峰，从而组成天池第一家庭，天龙峡一改冷清寂寞的面貌。这算是现代人让牛郎永驻长白山天池的举措吧。

补天石的故事：《长白山江岗志略》317页记载，在龙门峰东，天池出水之处有一块大石头，高七丈，名补天石。刘建封觉得这大石头"似有补天池缺陷之象"，那意思是先民们拟用补天石堵闼门，虽然有将补天石挪作他用之嫌，刘还是把这事记录在书中。不过，执着的女娲坚持擎石补天，如图中所画，结果闼门依然敞开着，天池至今还泻出不止。

乘槎升天的故事：天龙峡中有乘槎河。槎，是一种小木筏，我国古代传说，乘这种小船可以升天，在银河中遨游。《长白山江岗志略》312页记载："小白山猎户徐某，十数年前，曾见河边有一独木舟，横于东岸……此处树木不生，人迹罕到，一木自何而来，令人莫解。"

蛟龙出水的故事：有蛟龙从天池中飞出的传说很多，这里画一条蛟龙跃出天池，但它没有从龙门飞过，而是飞上天豁峰，向砥柱峰方向吐水，砥柱峰大显中流砥柱之威，遂有"砥柱遏浪"。

传说长白山中有奇禽异兽，如大头鸟、横宽兽、四翼鸟、三足兽、双脊鱼、飞蛇、九尾狐等。以现代科学观点看，生长在长白山火山区的动物，也许受特殊火山环境和火山岩中某些元素的影响（长白山碱性粗面岩中含有较高的铌、铈、钇等稀土元素），也许会发生某种变异，这样的畸形变异一旦被发现，便会以奇闻流传于民间，几经传播，自然会变成神话故事流传开来。

| | | | | | | |
|---|---|---|---|---|---|---|
| 山产大头鸟。嘴短毛白，身长三寸，惟头大于身。飞落石上，每见其首，不见其尾。（《长白山江岗志略》298页，以下书名略，只标页码） | 有猎者在山后击毙一兽，状如豕，前身白，后身黑，首尾甚小。身长六尺余，宽丈余，毛软如绵而暖。人皆呼为横宽兽。（298页） | 山产四翼鸟。头圆尾细，前两翼长，后两翼短，淡黄色，形同蛺蝶，声似黄鹂。（298页） | 山产三足兽。形如狸，前二足，后一足，行即跳跃，善食倒根草。（298页） | 山沟有水处，产双脊鱼。色紫无鳞，其背双脊，尾亦双尖。偶一得之，味苦不能食。（298页） | 金线泉，相传，泉中有双蛇，生翼能飞。每一出，天降大雨。（318页） | 涂山，西北距木头峰六里。相传，九尾狐产此山中。（337页） |

图4-8 长白山的传说

辛若晰绘

长白山火山锥顶部的碗状火山口，千百年来承接大气降水，形成火山口湖。如果是一个完整的"碗"，随着湖水的不断增加，必将盈满，人们将看到一座更大的天池。可惜它不是一个完整的碗，之所以未盈满，是因为有一个缺口，这就是北坡口，即天龙峡。天龙峡底部有一处泻水口——阀门，将天池水通过乘槎河导向外界。

阀门之名有怎样的来历？《东三省舆地图说》记载："顶有潭，曰他们泡。"《东三省纪略》记载："山顶有潭曰图们泊。"文献中的"他们"和"图们"皆为满语，意为万水之源。又有历史文献将满语"他们""图们"音译为"阀门"。如《八旗通志》记载："（长白）山之

上有潭曰阀门。"《吉林通志》1556页记载："五峰环立，中有潭曰阀门，东南一峰稍下如门，故名。"又有："五峰外抱，阀门潭渊然其间。"《延吉边务报告》38页记载："山顶五峰并峙，中央有湖，周围约三十里，称为天池，亦称阀门潭。"上述文献皆称天池为"阀门潭"。"阀门"本来是满语用汉字音译，但是"阀门"在汉语中另有含意，颜师古注："阀，宫中小门也。"所以，按汉字字面解释，"阀门潭"就变成了"有小门的潭"。而天池刚好有一个泻水口，恰好符合"有小门的潭"之意，阀门潭是先人对天池用得最多的称呼。

既然"阀门潭"是"有小门的潭"，那么，把这个"小门"称为"阀门"，合理、合意又恰当。

刘建封在《长白山江岗志略》307页对"山之上有潭曰阀门"的解释是："就乘槎河自天池出水而言。"这里说得很明白，阀门潭的出水口就是阀门。这就是由阀门潭引申出阀门的来龙去脉，阀门之名遂为后人所用：1963年版《长白山自然地理概观》28页记载："天池的四周，都是巍峨陡峭的峰头环绕着，唯有北侧，有一缺口，称为阀门，池水经此外流。"1982年版《白头山天池》67页记载："天池池水的出口处——阀门。"1990年版《长白山古今揽胜》一书的《长白山天池景观图》中，在天池泄水口处标注为"阀门"。1993年版《关东第一山长白山》60页记载："天池水由阀门溢出。"启功先生有诗句："阀门如镜沐晨光，想见朱申世望长。"以"阀门"代天池。"朱申"即肃慎，满族先祖。

因此，本书沿用了"阀门"这个名称。

图4-9　阀门拍摄位置图

照片4-6（拍位图见4-9）：这是在天豁峰上拍摄的阀门。阀门是一条狭窄的通道，呈喇叭形。阀门之东是火山灰沙滩，之西是补天石岩席。补天石的尖端如手指一般伸进天池，刘建封说"窥其形势杜池水口，作中流砥柱"。补天石是阀门的门槛，其尖端的岩石，称为中流砥柱，中流砥柱根在池底，顶与天池水面平齐，海拔2189.1米。

照片4-6　阀门和中流砥柱

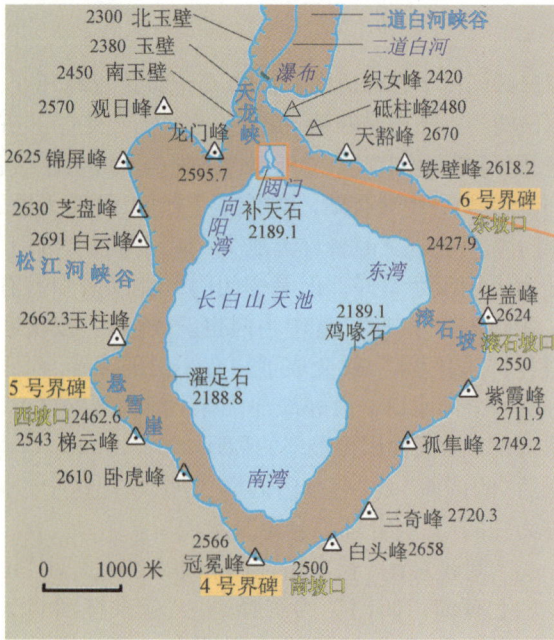

图4-10 阄门位置图

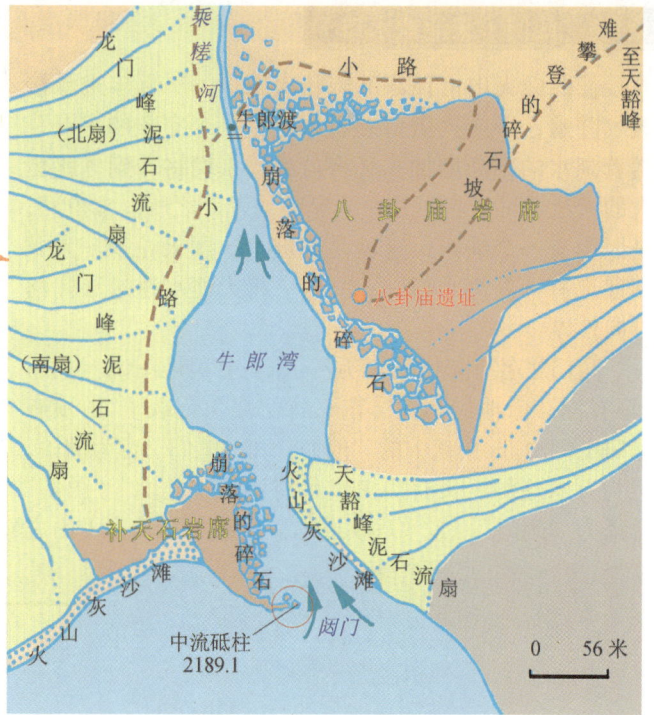

图4-11 阄门平面图

图4-11：这是用手持罗盘定向，以步测距，并用照片4-6、4-7校正后绘制的草图。阄门实际上是一个"门洞"，犹如古代城墙的大门都有门洞一样。阄门的"门洞"是呈喇叭形的水道，长约百米，从补天石最尖端的中流砥柱开始，向牛郎湾收口，天池水经过约100米的流程，缓缓导入牛郎湾，又导入乘槎河。阄门"门洞"西为补天石，东为从天豁峰上冲下来的泥石流扇和火山灰沙滩。天豁峰泥石流扇前缘的延展迫使阄门向补天石方向弯曲，但不会被泥石流堵塞。

照片4-7（拍位见图4-9）：这是在八卦庙岩席上的八卦庙遗址处拍摄的阄门。补天石横亘天池畔，其尖端如手指般指向天池水面，在天池和牛郎湾之间形成一堵似隔非隔的屏障，有如四合院进门即见的照壁，难怪刘建封说补天石"窥其形势杜池水口"。这里选在八卦庙遗址拍摄阄门是想寻求一种历史的体验。

照片4-7 在八卦庙岩席西缘悬崖边拍摄阄门

220

## 4.1.7 牛郎湾——袖珍湖湾

天池是火山口湖，从整体上看，虽然可以说是椭圆形，但又不很规则，形成几个水湾：向东伸出的水域称为东湾，向南伸出的水域称为南湾，向西北伸出的水域称为向阳湾，除此而外，还有一个很小的水湾，就是天池向北伸出的水域，称为牛郎湾。

牛郎湾位于天池北畔，南受来自闼门的天池水，北接向外泻水的乘槎河，是承上启下的蓄水湾。牛郎湾东面是八卦庙岩席，西面是补天石岩席和龙门峰泥石流扇的前缘。平面上呈一枚白杨树叶形，叶尖朝北，叶柄朝南。南北方向长200米，东西方最宽处约120米，面积8000平方米，目估最深处不超过3米。

关于牛郎湾的成因，一般认为它是一个低平火山口，形成于八卦庙期火山喷发，与八卦庙岩席和补天石岩席同期形成。期间，熔岩堵塞了通道，地下高压气体聚集升压，达到临界压力时，爆炸冲开了一个坑。它是这次火山喷发的"副产品"。从现存牛郎湾的规模看，显然是一次小规模爆炸形成的。

牛郎湾是一片美丽的水湾，泛着碧蓝的光，天池水进入牛郎湾似乎变得更加晶莹剔透。水在牛郎湾中流速很慢，所以，牛郎湾总是那么平静而温和。从牛郎湾流淌出去的水恐怕永远不会再回到天池了，每一掬水仿佛都恋恋不舍似的，无奈而凄婉地向天池告别，在牛郎湾旁，永远上演着这种依依惜别的场面。

这处水湾原先没有名称，人们将其归入乘槎河。但无论从自然角度还是人文角度，都已经构成一处独立的景观，如此美景连名称都没有，对不住这湾晶莹之水。考虑到水湾与乘槎河相接处有个牛郎渡，就是牛郎每年与织女相会涉渡之地，所以，借用牛郎渡之名演变为牛郎湾。还有一层意思就是：让牛郎和他的两个孩子及那头老黄牛就近生活在这片水湾旁边，每年与织女相会，不必来回奔波。平常日子里，从牛郎湾抬头就能看见织女（峰），又何其温馨。

位于牛郎湾东岸的八卦庙岩席和西岸的补天石岩席的周界用白色虚线勾画出来，这是现在的面积。火山喷发之初始形成的岩席当然要比现在大一些，但也大不了多少，因为从岩席上崩落的岩石并不是很多，这也说明这两个岩席形成的时间距今天较近。从岩席上崩落的石块位移并不大，乘槎河这条柔弱的小河无力把这些大石块搬运到很远的下游去。

照片4-8　袖珍湖湾——牛郎湾

照片4-8（拍位见图4-12）：这是在龙门峰山麓的悬崖上拍摄的牛郎湾。看照片，牛郎湾的水总是比天池水来得浅淡。天池水因为深，所呈现出来的颜色是浓重的碧蓝，是一种令人敬畏的颜色；牛郎湾的水因为浅，所呈现的颜色是一种稀释的碧蓝，是一种使人感到亲切的颜色。牛郎湾之美与天池之美相比，犹如落在大片荷叶边上的一滴雨水。水滴虽小，却能折射出整片荷叶的美丽。牛郎湾是天池边上一个可爱的小姑娘。

照片4-9（拍位见图4-12）：牛郎湾清澈见底，五颜六色的火山碎屑颗粒在一波波的水纹中轻轻摇曳。因为牛郎湾周围不生树木，也没有花丛，只有岩石和火山灰，所以牛郎湾水面上没有落叶、花瓣之类的漂浮物，永远是一尘不染，无法产生"秋叶传情"或"落花有意，流水无情"之类的故事。牛郎湾总是对自己轻描淡写，仅以一片晶莹的水域在高耸崎岖的峰崖岩石之间，以最低的姿态寂静无声地注视着来到这里的人们。直奔天池的人们很可能未加注意就从牛郎湾旁边走过去，不过，等人们登上补天石环视时，牛郎湾便会以它的平静和俊俏吸引人们的眼光。牛郎湾不愧是天池仙女衣裙上的一枚玉珮。照片标注的下临天池的小路，其实那里并没有路，只因为经常有人从那里上下，踩出一些可以踏足之地，当然是很难爬的。除了这条所谓的小路之外，在照片范围内，都难以从天豁峰或砥柱峰悬崖下临牛郎湾。

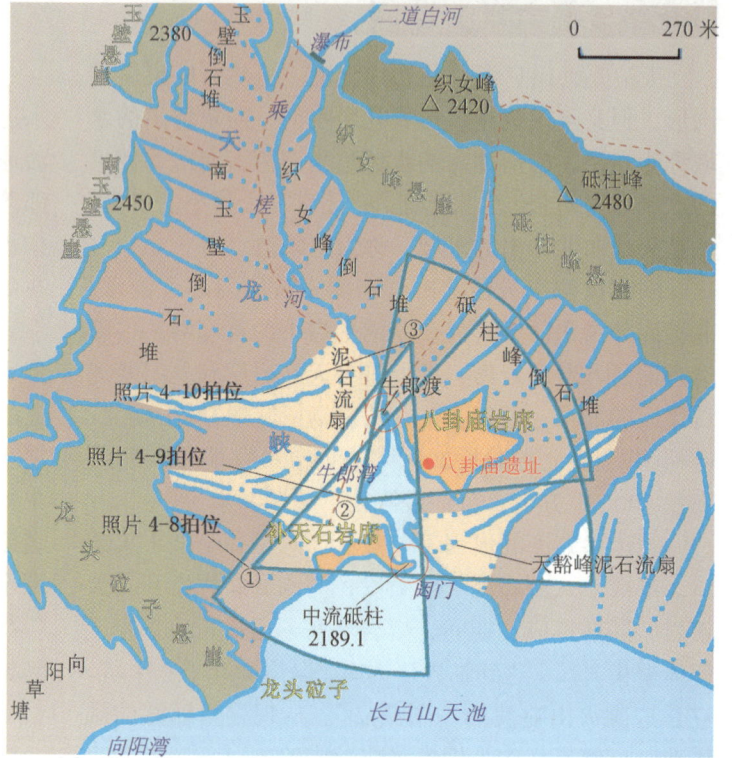

图4-12　牛郎湾和牛郎渡位置及拍摄位置图

② 　　　　　　　照片4-9　近摄牛郎湾（张福有　摄）

## 4.1.8 牛郎渡

牛郎渡，在牛郎湾与乘槎河相接之处。

《长白山江岗志略》317页记载："牛郎渡，在乘槎河口。一石斜横如小桥，水流石上，高石尺余，往来可以渡人，故名之。"这里所说的"乘槎河口"在哪里？有人说，河口指河流注入海洋、湖泊或其他河流之处，乘槎河与瀑布相连，可以说乘槎河注入瀑布，所以，那里是"河口"。经过实地考察得知，乘槎河此段坡陡流急，河床中碎石狼藉，激流翻滚，涛声震天，根本无法涉渡，牛郎不会选在如此危险之处渡河去会织女。刘建封所指的河口当在乘槎河与牛郎湾相接处，这里水势平稳，波光粼粼，流水潺潺，一派好风光，这里才是乘槎河口。

照片4-10（拍位见图4-12）中的那几块半露在水面上的石头，都能踩踏着渡过乘槎河。但这些石块摆得并不恰到好处，距离也不均等，都是从八卦庙岩席上崩落下来的，显然不是为有利于人们跨越而设，只是自然崩落而已。水流小的时候还可以踩踏跨越，水流大的时候石块半露，莫要造次，看似平静，实则危险，尽管"泾溪石险人兢慎"，却是"时时听闻倾覆人"。如果真想去对面的八卦庙遗址拜谒，或像牛郎一样去织女峰与织女相会，还是到别的河段找一处浅滩，老老实实挽起裤腿蹚河为好，总之，牛郎渡不好渡，当年，牛郎想见织女也不容易，得冒点风险。

刘建封当年命名的牛郎渡是否就是这几块石头？从地质角度说，不一定。现在距刘建封命名之时已有一百年，所谓"一石斜横如小桥"的那块石头已无法考证。乘槎河床中的石块并非永远固定在原来的位置上，石块是逐渐移动的。沙底河床的流体动力学表明，承载石块的沙子被涡流掏空后，石块将翻滚并向下游位移。无论是多大的石块都可以被这种方式移动，长年累月，石块便离开了原来的位置。何况乘槎河也有大水年份，水流增加一倍，冲力可增大数倍，石块的移动更是不可避免。所以，牛郎渡的位置比具体到某块石头更有实际意义，不必非要找到那块"一石斜横如小桥"的石头。

照片4-10 牛郎渡

③

### 4.1.9 补天石——女娲立足之地

补天石位于天池北畔，天龙峡谷底，乘槎河之西。

《长白山江岗志略》317页记载："补天石，在龙门峰东，天池出水之处。石半居水中，半居峰上，特起而高。窥其形势杜池水口，作中流砥柱，亦似有补天池缺陷之象，故名之。石出水面，高约七丈余。"

补天石平面上呈三角形，其尖端向东南伸进天池，好像一条堤坝要挡住天池水外泄，所以刘建封说"杜池水口，作中流砥柱"。刘建封定义的补天石，以"石"相称，应该不是很大。从地质角度定义的"补天石岩席"则要大一些。

何谓"岩席"？岩席是火山喷发形成的铺在地面上的火山岩体，其宽度比厚度大，像一张席子。有的岩席很大，达几百甚至几千平方千米。补天石岩席是个微型岩席，且是一张很不规整、厚薄也不均匀的"席子"。地质学上借用了"补天石"之名，把这次火山喷发铺展在近旁的火山岩都纳入补天石岩席。补天石岩席位于龙门峰山麓，龙门峰泥石流扇的边缘。补天石岩席是一个很小的火山岩岩体，与东北面比它大的八卦庙岩席隔牛郎湾相望。岩席东西长约150米，南北最宽处约50米，平面形状不规整，以照片4-11中站在补天石岩席上的人当比例尺可以知道，面积不大，连一个足球场也放不下。补天石岩席北缘是悬崖，悬崖高约10米，相当于四五层楼高，这应该是岩席的最厚之处。从最厚处向南即向天池方向很快变薄，止于天池水面，这样看来，补天石岩席是个平卧的楔形体。岩席南麓，在天池边形成一小片由浮岩火山灰铺成的沙滩，碧蓝的天池水一波接一波滑过沙滩，非常美丽。

站在补天石上，向南面遥望天池对面的华盖峰、紫霞峰、孤隼峰、三奇峰、白头峰、冠冕峰，还像一百年前刘建封所描述的那样，山峰的倒影依然在天池水面上依稀摇曳，越发感到天池及群峰的美并不因时序变迁和岁月流逝而改变，令人感慨万千。

补天石岩席由粗面质熔结凝灰岩、熔结角砾岩和熔结集块岩组成。它代表一次小规模的火山活动。它的形成年代不很远，地质学界普遍认为它与对面的八卦庙岩席同龄，只有几百年的历史，是天池边上最年轻的火山地质体之一。

关于补天石和它的名称，刘建封给出的一句话是："补天石……窥其形势杜池水口，作中流砥柱，亦似有补天池缺陷之象。"余想，补天石是专门用来补天的，把它拿来补天池之缺陷，即堵天池出水口，有专用岩石挪作他用之嫌。所以，力求恢复补天石原先的用途，

即还用来补天。因此，在图4-8中画的女娲站在天池畔，把一块巨石高高擎起送上天穹用以补天，这与刘建封用来补"天池缺陷"完全不同，毕竟是神话传说，相信刘建封先贤是不会计较的。

在长白山，除了在天池畔有补天石传说外，还有一个类似的传说，就是红岩洞补天石冶炼厂的传说。《长白山江岗志略》339-340页记载了这个传说，说的是明朝成化年间，辽阳有一位叫惠豆根的人游长白山时，误入一个洞口，发现洞的极深处，人烟繁盛，别有天地，还有一工厂，许多工人在劳动，"惠问曰：'是何工厂？'黑人曰：'实告君，此女娲炼石厂也。'惠曰：'女娲补天，事属荒诞。即或有之，自黄帝甲子四千余年，毫无缺陷，炼石何为？'黑人曰：'吾闻工师有言：有形之天，天不满西北；无形之天，天尚有九重。就'先天不足'一语推之，焉得无缺？今厂中炼石，乃预备耳。'惠曰：'共有几厂？'黑人曰：'东西中三厂：一预备厂，一岁修厂，一储蓄厂。'"

对于红岩洞曾有一座专业补天石熔炼厂的传说，刘建封当然觉得很有趣，他也不相信，故文中说"其果有是事乎？姑志之"。当然，这些都是神话传说，是民间文学，刘建封也是戏说，读者也只能当神话来听。

红岩洞在天池东，图们江南岸，距天池的补天石57千米。

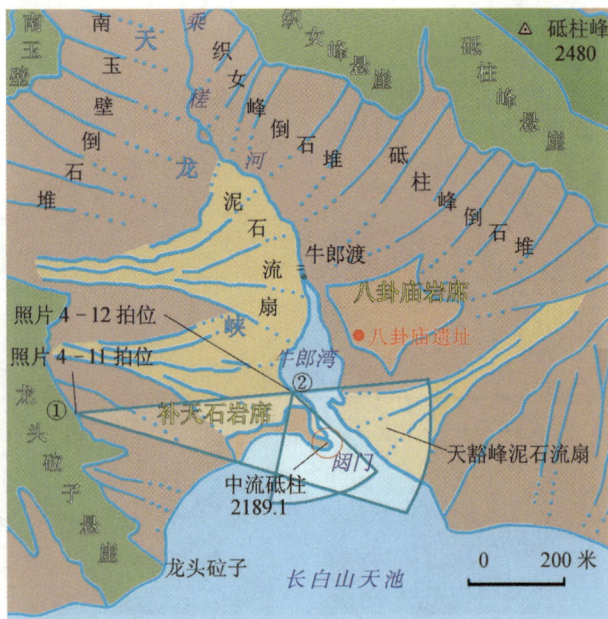

图4-13 补天石的位置及拍摄位置图

照片4-11（拍位见图4-13）：这是在龙门峰东麓悬崖上拍摄的补天石岩席全貌。从这个角度看，补天石岩席的平面轮廓好像一只孔雀，孔雀头是伸入池水中的尖端。中间膨大部分是孔雀身，向西逐渐降低且收拢处像孔雀尾，因为尾短而小，像一只雌孔雀。

补天石伸入天池最末一块岩石，刘建封云："石半居水中，窥其形势，杜池水口，作中流砥柱，"据此，"中流砥柱"应是此石的"相形命名"。石半没水中，其海拔应与天池水面高度相同，即2189.1米。

照片4-11　补天石岩席全貌

照片4-12　补天石北面的悬崖及其崩落的大石块

照片4-12（拍位见图4-13）：这是在牛郎湾拍摄的补天石岩席北面的悬崖和悬崖之下的石块。这些大石块都是从悬崖上塌落下来的，离悬崖较近处的石块还可以在悬崖上找到塌落前的位置。如果将这些石块都恢复到原来的位置，补天石岩席要比现在大。从岩石体积看，形成补天石岩席的那次火山喷发规模很小。从岩席的地质特征看，它形成的时间相当晚，以地质时间而论，补天石岩席还是个"儿童"。

## 4.1.10 八卦庙岩席

如有机会从瀑布旁边的悬崖攀上天龙峡（乘槎河峡谷），沿着乘槎河西岸向天池前进时，请注意左边即乘槎河东岸，那里平卧着一个庞然大物，有如一座古代的城堡，这就是八卦庙岩席。为何叫八卦庙岩席？并非它的形状像八卦，而是因为它的上面曾经有过一座寺庙，俗称八卦庙。所以，把这个由火山喷发形成的地质体称为八卦庙岩席。八卦庙岩席位于天池北岸、牛郎湾东、砥柱峰和天豁峰倒石堆之下（照片4-13，拍位见图4-14）。八卦庙岩席在平面上呈一不规则菱形，在剖面上呈一东薄西厚的楔状体。岩席东西方向长200米，南北方向宽210米，面积约4万平方米，最厚处在岩席的西缘，为一垂直的悬崖，厚约15米，

平均厚约7米。由此看来，八卦庙岩席只能算个小型岩席。八卦庙岩席由火山喷发的熔结凝灰岩、熔结角砾岩和熔结集块岩构成。喷发形成的时间距今较近，地质学界普遍认为是最近五六百年，或七八百年前喷发形成的。《中国—朝鲜白头山区新生代火山事件的划分及对比》记载："将这套黑色碱性火山堆积物暂定为早期历史记录的喷发，即代表公元1124年、1200年、1265年、1373年、1401年、1573年的喷发产物。最近王非等（1999）用铀系不平衡热电离质谱法获得其浮岩年龄750±430年，亦可用之为佐证。"

照片4-13　八卦庙岩席

图4-14　八卦庙岩席拍摄位置图

图4-14此平面图的底图依据航空照片绘制，未做视差校正，较高处山体的位置和轮廓有所变形，所以图的比例尺仅供参考。

226

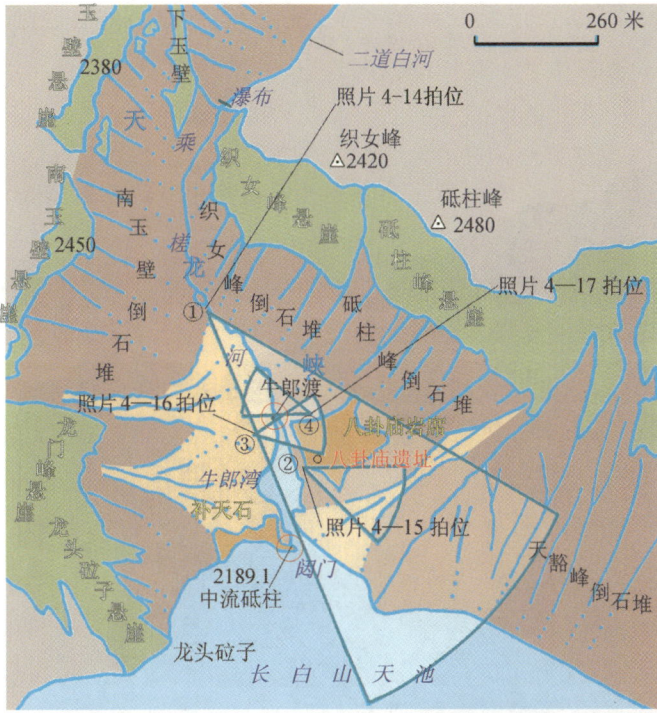

图4-15 八卦庙岩席不同部位拍摄位置图

图4-15 此平面图的底图是依据航空照片绘制的，未做视差较正。读者可以与图4-14对比，除天池和牛郎湾的边界无大变化外，天龙峡东、西两壁山体的位置和形状均有差异，所以读者从这两幅图上量得的平面距离也会有差异，这种差异不是绘图误差。

照片4-14（拍位见图4-15）：这是八卦庙岩席北缘悬崖。由岩席的边缘风化剥落形成。这个断面能清楚地看到八卦庙岩席厚度变化的情况，在照片中从左至右厚度越来越大，呈楔形；从方向上说，岩席东面薄西面厚。东面大约有10度的倾角，西面呈水平状态。乘槎河绕过八卦庙岩席西缘由南向北流淌。

照片4-14 八卦庙岩席北缘悬崖

照片4-15（拍位见图4-15），这幅照片拍摄的是八卦庙岩席西南缘，从这个断面上可以清楚地看到岩席的内部构造，它是层状的。由此可以推断，八卦庙岩席的形成主要是火山灰和火山碎屑层层堆积、压实形成的，因为喷出时还相当热，便胶结起来，经过短距离蠕动，冷却固化后，形成岩席。

照片4-15 八卦庙岩席西南缘悬崖

照片4-16（拍位见图4-15）：这是八卦庙岩席西缘崩落形成的倒石堆。如果把从八卦庙岩席上崩落下来的岩石块体都复位，就是岩席的原始边缘。绕着该岩席走一圈，估算一下崩落岩块的数量，得知崩落体积只占八卦庙岩席总体积的一小部分。乘槎河边上的这些崩落块体没有很大的位移，靠近悬崖根部的石块只是堆在那里而已。崩落的石块棱角分明，以地质时间尺度衡量，说明并没有经过长期的风化。

从上述情况看，八卦庙岩席形成的时间相当晚，地质学家认为是近五六百年或七八百年前的事。

从这个角度看，八卦庙岩席像一个大城堡耸立在乘槎河东岸，乘槎河在它的倒石堆下缓缓流过。

这是于天池对面的孤隼峰，隔天池距八卦庙岩席 4140 米，峰顶之上的"孤隼"展翅欲飞之势依稀可见。

八卦庙岩席西北角

八卦庙岩席

垂直节理

八卦庙岩席西缘悬崖

孤隼峰 2749.2

从八卦庙岩席风化崩落的大石块堆积在乘槎河东岸

乘槎河

牛郎湾

③ 照片4-16 八卦庙岩席西缘崩落形成的倒石堆

照片4-17（拍位见图4-15）：这是八卦庙岩席北缘崩落造成的倒石堆。大石块的岩性与八卦庙岩席的岩性是一致的，说明它们原来是一体的。风化使岩席分崩离析，散落四周。石块显现的流动构造已不是水平的了，有的变成垂直，说明它们从母体崩落后经过移动和翻转。仔细观察，有的相邻的石块，虽然相距几米远，断面的形状却可以拼起来。如果把这些散落的石块都拼在一起，那么，这里应该就是原始八卦岩席的北部边缘。如此看来，现存的八卦庙岩席已经缩小了。散落大石块之间的

南玉壁悬崖

玉壁

天龙峡

从八卦庙岩席北缘崩落的大石块

④ 照片4-17 从八卦庙岩席北缘崩落的大石块

地面应该就是八卦庙岩席形成前的原始地面，两者的风化形态是完全不同的，说明原始地面经过长期的风化，而八卦庙岩席的岩石还很新鲜。看着七零八落的岩块，可以想象千百年后八卦庙岩席的状态。风化剥蚀最终将使这座"城堡"从边缘开始，先变成大石块，再变成小石块，最后变成一堆碎石。

照片中的远景是南玉壁悬崖，更远的是玉壁悬崖。它们与八卦庙岩席崩落的大石块并非连在一起，其间还隔着天龙峡及谷底的乘槎河。为区分它们，照片中将远、近景用白线隔开。平面位置关系见图4-15中的拍摄扇面所示。

照片 4-18（拍位见图 4-17 之下图）：这是在牛郎湾北、乘槎河西，镜头朝东拍摄，拍摄的主题是八卦庙岩席西北角的风化剥落现象。从照片中可以看到岩席中分布着纵横交错的节理、裂隙，其中以垂直节理（柱状节理）、裂隙最为发育。先说节理、裂隙的形成：

火山口喷出的火山抛散物温度很高，还带有一定的黏性，这些火山物质不断从空中降落，一层层地积累。这些炽热的火山物质可以堆积成相当厚的火山"热毯"。八卦庙火山"热毯"最厚之处有二三十米。在火山灰和火山碎屑自身巨大的压力下，黏性的、松散的火山物质便熔结在一起，形成的岩石就是凝灰岩或熔结角砾岩、熔结集块岩等。当这些岩石冷却时，其体积自然要收缩，收缩的结果便是在冷凝的岩石中产生许多节理、裂隙。节理、裂隙有的能明显看出来，有的则是隐性的，看不到，好比一只震裂的缸，虽然看不见裂纹，却往外渗水。这样，对于火山岩体，看似"坚如磐石"，实际已经暗暗地裂成小块，岩石已经不再是"铁板一块"了。一句话，冷却节理、裂隙已经埋下了隐患，给日后侵蚀风化的持续进行创造了

照片4-18  八卦庙岩席西北角的风化崩落

条件。

照片左面悬崖边上那条裂隙是柱状节理，在八卦庙岩席上这样的柱状节理很多，尤其是岩席的表面，因为表面直接暴露在外，最先冷却收缩，所以，柱状节理非常发育。照片中的这条柱状节理已经很宽了，因为拍摄的距离远，裂隙好像不怎么宽，实际上它的上部有 1 米多宽，人的身体可以挤进去。这条裂缝已

经把悬崖割裂开来，形成一个独立的石柱，只是根部还连在一起，因而没倒下去。与这条宽的垂直裂隙大致平行的隐性裂隙还有很多，在未来的岁月中，它们都将变成显性裂隙，进而分割出独立的石柱，在风化的进程中，它们等待着"独立日"的到来，虽然独立对它们来说并不乐观，因为那就意味着脱离母岩的独立者将倾倒、崩塌和消亡。

对于风化来说，裂隙的存在只是一个先决条件，在地表，外营力无处不在，它巧妙而实在地利用了岩石上的裂隙和孔洞，这就是下面要说到的"冰楔作用"。

不知道读者是否知道从前采石场在冬天里劈开岩石的办法：采石者在大石块上打出一排孔，然后向里面灌水，第二天早晨，岩石已经沿着那结了冰的一排孔裂开了，这就是利用水结成冰的膨胀力来劈开岩石，真是奇妙而省力。

长白山上的降水量很大，有足够的水灌进所有悬崖上的岩缝和孔隙。这里的气温很低，年平均气温为零下7.3度，给冰楔作用创造了条件。尤其是在昼夜温差大的季节，白天，水渗进岩缝中，夜间结冰，产生膨胀力挤压岩石。物理学告诉我们，水结成冰后，体积要增大9%，每平方厘米可产生100千克的膨胀力，这是一个很大的张力，如照片中那条裂隙，所产生的膨胀力可达到几百吨、上千吨，好比用汽锤钉入

一个大楔子。冰楔作用反复进行，日复一日，年复一年，永无休止，结果裂缝被撑大了，岩石被分割成石柱，石柱一个接一个地倒下去，悬崖一点点后退了。柔软的水以巧妙的冰楔作用战胜了坚硬的岩石。

在图4-16中，用采石者向石缝中打进楔子表示冰楔作用；在圆形图中，用箭头表示对岩壁侧面产生的压力及膨胀力的方向。毫无疑问，这个很大的张力会将裂隙逐渐扩大，并向下延伸，直至到底。在未来的岁月中，首先，悬崖边上的那个石柱会倒下去，接着，相邻的石块也得裂开、倾倒，一个接一个，谁也难逃厄运。不用说，八卦庙岩席会越来越小、越来越矮。

那么，这一切会很快发生吗？大概不会很快，上面说的是地质变化过程，是以地质时间尺度来说事的。须知，地质作用固然有时是短时间即可发生的，如地震、火山爆发、滑坡、泥石流，但坚硬岩石的风化一般来说，变化的过程是很缓慢的，动辄以百年、千年为基本时间单位。相对来说，八卦庙岩席的岩石比较坚硬，对比40年间拍摄的照片，除细节有变化外，大体还是老样子，例如：照片中拍摄的那条裂隙几十年没有明显扩大。但长期的风化还会有明显的变化，几百年或上千年后，我们的后代拿出老祖宗的照片来比对时，可能会发现那个独立的石柱倒在地上了。

以两位凿岩工表示自然风化犹如开山凿石，使岩石不断分崩离析。这不过是形象的比方，实际是不允许的。

图4-16 八卦庙岩席风化崩落解析图

辛若晰绘

230

## 4.1.12 八卦庙岩席形成示意图及说明

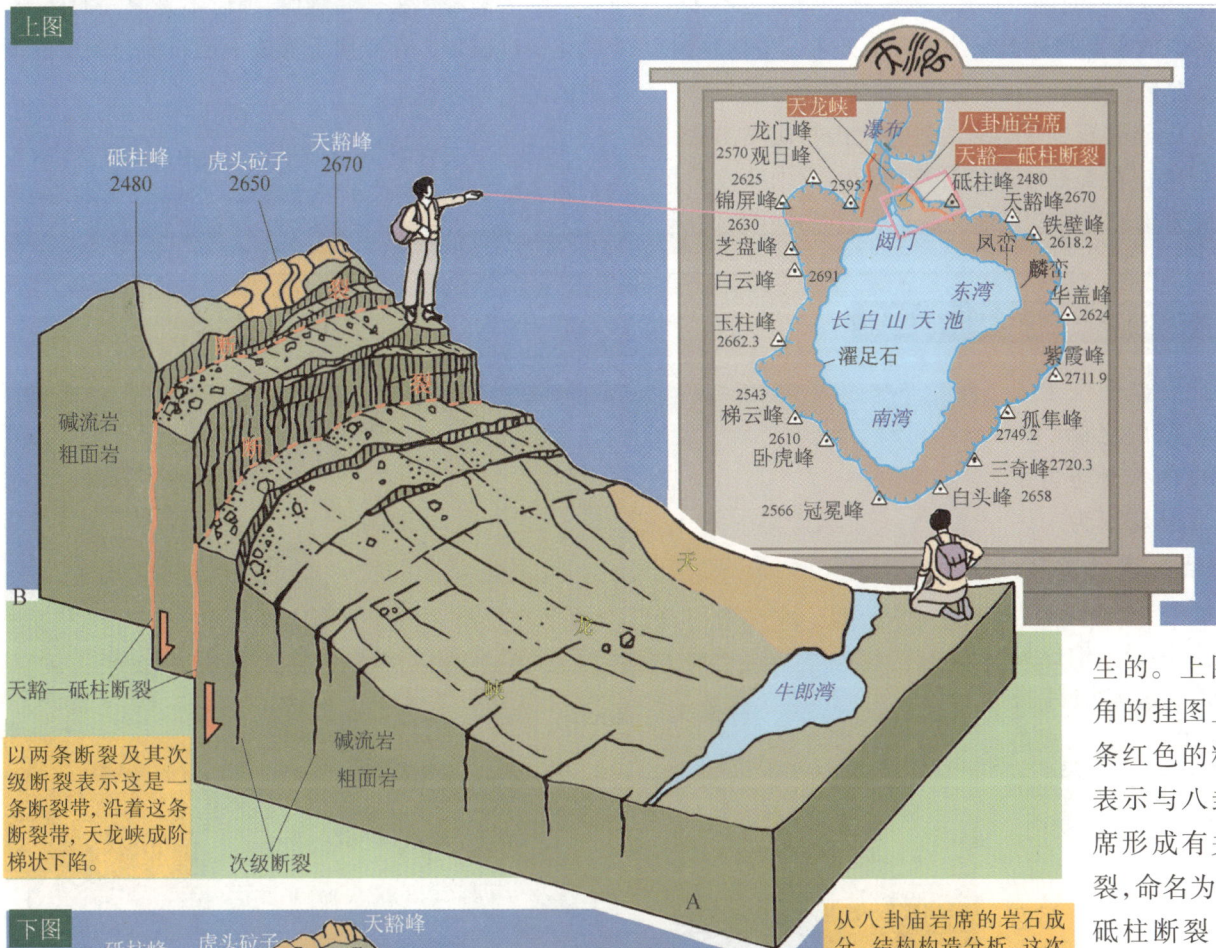

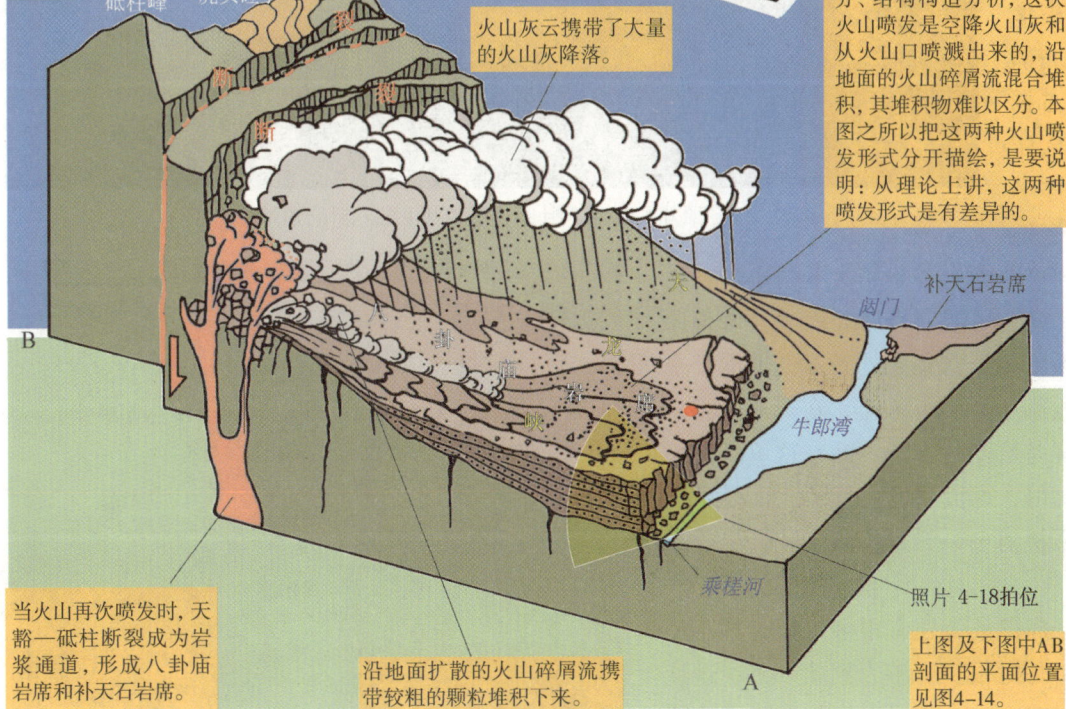

上图

砥柱峰 2480
虎头砬子 2650
天豁峰 2670

碱流岩 粗面岩

B

天豁—砥柱断裂

以两条断裂及其次级断裂表示这是一条断裂带，沿着这条断裂带，天龙峡成阶梯状下陷。

碱流岩 粗面岩

次级断裂

天龙峡
龙门峰 2570 观日峰 2625 瀑布 2595
锦屏峰 2630
芝盘峰
白云峰 2691
玉柱峰 2662.3
梯云峰 2543 2610
卧虎峰 2566 冠冕峰

八卦庙岩席
天豁—砥柱断裂
砥柱峰 2480
天豁峰 2670
铁壁峰 2618.2
凤峦
麟岙
华盖峰 2624
紫霞峰 2711.9
孤隼峰 2749.2
三奇峰 2720.3
白头峰 2658

长白山天池
东湾
濯足石
南湾

闼门

牛郎湾

A

下图

砥柱峰
虎头砬子
天豁峰

火山灰云携带了大量的火山灰降落。

补天石岩席
闼门

B

当火山再次喷发时，天豁—砥柱断裂成为岩浆通道，形成八卦庙岩席和补天石岩席。

沿地面扩散的火山碎屑流携带较粗的颗粒堆积下来。

牛郎湾

乘槎河

照片 4-18 拍位

上图及下图中AB剖面的平面位置见图4-14。

从八卦庙岩席的岩石成分、结构构造分析，这次火山喷发是空降火山灰和从火山口喷溅出来的，沿地面的火山碎屑流混合堆积，其堆积物难以区分。本图之所以把这两种火山喷发形式分开描绘，是要说明：从理论上讲，这两种喷发形式是有差异的。

A

照片4-17　八卦庙岩席形成示意图

上图：经过大规模喷发后，大量的岩浆和气体喷出地面，使得地下骤然变得空虚，原先承载着地表火山锥的顶托力大大减弱了，于是，天池火山口塌陷了。天池火山口的塌陷主要是沿着天池周边的断裂发

生的。上图右上角的挂图上用一条红色的粗实线表示与八卦庙岩席形成有关的断裂，命名为天豁—砥柱断裂（注）。在立体剖面图上，手持长杆的旅行者站立的位置就是天豁—砥柱断裂。图中画出两条断层用以表示天龙峡的阶梯状塌陷。

这里所说的断裂并非是光滑而又规整的面状，实际是一个断裂带，两侧还伴生着次级断裂。在断裂带右面，就是旅行者坐着的块体，称为断层

的下降盘。如果这个断裂带达到一定的深度，直抵岩浆房，那么，等到岩浆房中重新聚集起岩浆时，火山活动很可能在这里再次发生。八卦庙岩席就是沿着天豁—砥柱断裂喷发岩浆形成的。

231

下图：沿着天豁—砥柱断裂发生的火山喷发，其规模较小，喷发的时间也很短，喷发物的数量也不多，根据测算，八卦庙岩席面积约4万平方米，平均厚约7米，喷发量约为28万立方米；喷发物质大多是火山灰、火山碎屑及少量熔岩。这些火山物质喷出后，大多就近堆积在天豁峰和砥柱峰山麓。火山喷发后，堆积的喷发物经冷却、压缩、胶结，就是现在我们所看见的八卦庙岩席。天豁—砥柱断层的上盘就是现在所看到的天豁峰和砥柱峰悬崖，但已不是原先的样子，经风化侵蚀破坏，在悬崖下形成了倒石堆，断层的下盘则被倒石堆埋住了。

注：天豁—砥柱断裂，在《长白山火山地质研究》68页图5-20中属于F7断层向南延伸的南段。这里之所以将此段断裂命名为天豁—砥柱断裂，是为了与F7断层的北段予以区别。

## 4.1.13 八卦庙岩席上的八卦庙遗址

八卦庙遗址位于天池北畔、阊门之北，牛郎湾东岸的八卦庙岩席之上。八卦庙原为一座木质寺庙，现已毁坏，仅存遗址。

照片4-19（拍位见图4-18）：这幅照片摄于1979年。从这个视角可以清楚地看到八卦庙岩席、补天石岩席、阊门、牛郎湾、牛郎渡之间的位置关系。照片下部隐没在阴影中平卧的楔形悬崖是八卦庙岩席北部断面，八卦庙岩席占据了画面的左下部。岩席表面坡度很小，整体平坦，但也分布着许多细小的冲蚀沟，靠近岩席北面有一条稍大些的小沟，雨季时成为沥沥小溪，甚为可爱。岩席表面生长着苔原植物，以牛皮杜鹃最繁茂，密集之处看不见地面，在上面行走犹如走在地毯之上。1928年，在天池边将八卦庙建筑于此，无疑是恰当的选址。站在这里，南面是天池，东面是天豁峰，西面是龙门峰，北面是南玉壁和玉壁，脚下是乘槎河……天龙峡诸多胜景尽收眼底，一派优美风光。

四十年前的八卦庙遗址旁还有很多木板，甚至还有几根立着的木柱。那时很少有游人到此一游，遗址很少受到人为破坏。现在，木板早已腐朽，除了几块基础石，几乎什么都没有了。

照片4-19 八卦庙岩席及其上的八卦庙遗址

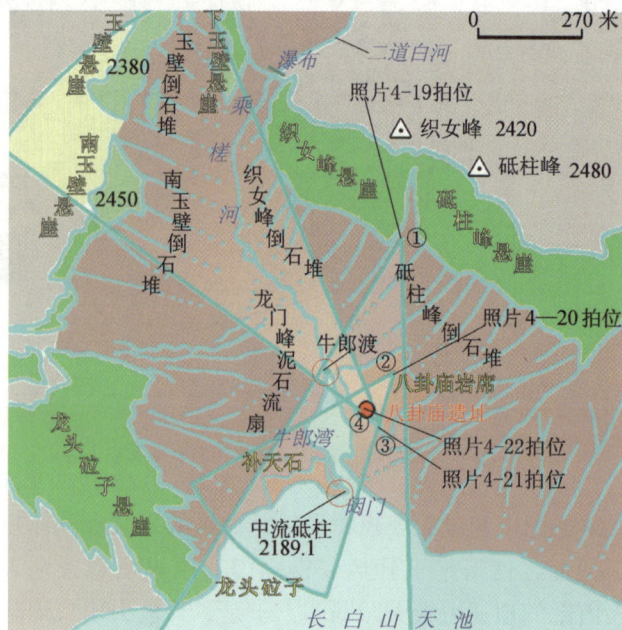

图4-18 八卦庙遗址及拍摄位置图

图中标注：长白山天池、中流砥柱 2189.1、阀门、补天石、火山灰滩沙脉、火山岩碎屑边缘、从上塌落的白块、牛郎湾、八卦庙遗址、八卦庙墁顶面

② 

照片4-20（拍位见图4-18）：这是照片4-19拍摄15年后的照片。遗址外面的方形，中间的八角形还隐约可见。注意八卦庙岩席表面散布的石块，这些石块大多是由砥柱峰悬崖上崩落下来的，石块沿着斜坡滚落到这里。离遗址较近的几个大石块上刻有文字，大多已模糊不清。

照片中勾勒的白线是八卦庙岩席西面边缘，白线之下是悬崖。

照片4-20 1994年的八卦庙遗址

照片4-21（拍位见图4-18）：这是八卦庙遗址近照。可以看到散落四周的木板。八角形遗址中心的黑点，现在看清楚了，是两块相叠的石块，这就是"天河神碑"。照片中勾勒的白线是八卦庙岩席西北部边缘，白线之下是悬崖，悬崖之下是乘槎河，但被悬崖挡住了。乘槎河从玉壁和织女峰悬崖之间流向瀑布，再跌入二道白河峡谷。

照片4-21 近摄八卦庙遗址

天龙峡是"V"形谷，谷底乘槎河从这里流向瀑布，跌入二道白河峡谷。

图中标注：南玉壁倒石堆、天龙峡、玉壁倒石堆、天河神碑、八卦庙遗址、织女峰倒石堆、散落的火山

③

照片 4-22（拍位见图4-18）：这是八卦庙遗址中心的两块相叠的石碑"天河神碑"。可以看清上面刻的字：上面一块刻一个"神"字，下面一块刻"天河"二字。此二碑俗称"天河神碑"。碑的石质就地取材，为熔结凝灰角砾岩，石质粗糙，经过简单打磨。字体似楷似隶。此两块石碑未见文献记载，来历不明。

图中标注："天河神碑"

④

照片4-22 八卦庙遗址中心的"天河神碑"

233

照片4-23（拍位见照片4-19、照片4-24及图4-19）：这是尚未完全毁坏的八卦庙房架。这是历史文献中的印刷品，拍摄者和拍摄时间皆不详。此时，八卦庙的木架尚存，只是壁板已经散落，丢弃在一旁。八卦庙的基本形状还可以辨认，内外层的结构还算清楚。以当时的条件，把如此多的木料从山下攀崖爬坡，搬运至此并筑成一座不算小的寺庙，实属不易，动用的人力、财力不会很少，令今人感叹不已。

需要说明的是，这幅照片拍摄的角度、方向容易引起错觉。我们看照片中的

照片4-23 历史照片——尚未完全毁坏的八卦庙房架

照片中的字是作者所加

八卦庙，好像是位于龙门峰悬崖之下，庙后好像是龙门峰泥石流扇南扇，其实它们中间隔着乘槎河。八卦庙位于岩席西缘悬崖之上，因为悬崖是垂直而下的，被地面完全遮住，在照片上看不到。这样，在拍得的照片上，便把远景"粘"到悬崖边的地面上了，使看照片的人产生错觉。实际上，八卦庙与龙门峰毫不相干。在同样位置拍的照片，也把八卦庙遗址的地面和龙门峰泥石流扇"粘"到了一起（见照片4-24），看上去好像从八卦庙遗址直接就能走到龙门峰泥石流扇上，这是透视的错觉。为使"粘"在一起的龙门峰泥石流扇和八卦庙岩席分开，在照片上用白线勾画出岩席西缘悬崖与地面转折的界线，白线之下便是八卦庙岩席西缘悬崖和乘槎河。

注意历史照片左面有一个倾斜的方框木架，这个散落的框子位于寺庙西南3米处，是道士居住的房舍架子，距离和方向都与前人文献描述相符。如此看来，

修行的道士到了晚上一定是走出寺庙，回到房舍中睡觉，那里有温暖的火炕，可以解除白天打坐的疲劳。好在离得不远，也就是几步的距离，很方便的。

八卦庙当年一度香火颇盛，后来再没有下文，给我们考证八卦庙留下许多课题。

另外，尚有待考证的问题：五台山西台顶挂月峰法雷寺、到过南海和普陀寺，最后到长白山的长白山道人、行者禅松——圣闻，与八卦庙寺庙有何关系，也是值得研究的。他是一位虔诚的道人，在关内曾遍访名山，后慕名来到东北长白山，1931年9月到长白府，"录《长白山江岗志略》，1932年撰写《长白山记》，绘制《万山之祖老白山江岗全图》，前后有一年的时间。那时八卦庙已经建成，他是否到过八卦庙，没有文字记载。但从他多年遍访名山的经历和对长白山的虔诚信仰，揣测他很可能在攀登长白山时会不辞艰苦到八卦庙拜访。

照片4-24 建庙八十年后在同一地点拍摄的八卦庙只残留几块朽木

照片4-25（拍位见照片4-19）：因透视和特殊地形的原因，照片中八卦庙岩席和龙门峰泥石流扇好像"粘"在一起，其实两者之间尚隔着乘槎河，在照片中用白线勾画出以区分。白线之下是八卦庙岩席西缘悬崖，悬崖之下是乘槎河，乘槎河以西是天龙峡西壁。在这幅照片中，天龙峡西壁谷坡有：龙门峰泥石流南、北两扇、龙门峰坡面岩席、南玉壁倒石堆；天龙峡西壁谷肩有：龙门峰悬崖、龙门峰顶面岩席、南玉壁悬崖。

八卦庙简介：

八卦庙位于天池北畔牛郎湾东岸悬崖上，现庙已毁，仅存遗址。八卦庙是用细木方和薄木板构筑，为三重壁，中间有立柱两根，四周多窗，面积206.6平方米。最外层为不等距八角形，长边11.4米，短边2.5米，东、西、南、北各宽14.6米。门址在南墙中心，北层内又有一方形墙壁，边长11.2米。门址在南、北二墙中部，壁内侧各有一长方形基石，基石长60厘米，宽40厘米，高30厘米，顶部有长28厘米、宽6.5厘米、深11.5厘米的凹槽，当作立柱的基石。此方形墙壁内，还有正八角形墙，各边长2.6米，宽6.3米，门开在南墙偏东处。此八角亭内，置有八个基石，排列成八角形，间距1.9米，基石呈方形或长方形，长40至50厘米，宽30至40厘米，厚约20厘米。因庙呈八角形，俗称八卦庙，原名宗德寺，又称崇德寺、尊德寺等。建庙时间说法不一，一说建于1929年，主建人崔时玄；一说建于1931年，主建人曹周奎。

此庙最里面立有两个高70厘米，宽40厘米，厚约3厘米的圭形木牌，正面为楷书，背面为篆书。右边正面碑文，竖写三行：

道根载源舍堂更造

地于灵宫本无币寺

北接法大道主张宇白氏月氏善愿文

左边碑文，上部横书"康、严"二字，下部竖写两行：

崔氏时玄功德

戊辰四月五日立碑

戊辰年为1928年，从上述情况看，此庙应是建于1928年，建庙人崔时玄。

另外，在寺庙西南角外侧，相距3米处，有一平面呈长方形之土木结构的住房遗址，南北长6.7米，东西宽1.9米，面积为12.7平方米。门址在西墙偏北处，屋内铺有火炕，当为修行道人宿舍。这里一度香火较盛。此庙20世纪40年代末已失修毁坏。

## 4.1.15　八卦庙历史照片拍摄地点及方位考证图

　　这幅图是依据历史照片远景、中景和近景地物，用交汇法绘制的，用以确定当时的拍摄地点、镜头朝向和取景范围。考证得知拍摄者站在八卦庙东约10米的地方，镜头朝西，即龙门峰方向，隔牛郎湾和乘槎河摄取龙门峰山麓的泥石流扇，构成远景；中景为八卦庙岩席西缘悬崖，从考证图中可见，牛郎湾和乘槎河是在十多米高的悬崖下，拍摄者完全看不见，所以，在所拍摄的照片上只有一条模糊不清的线，那是悬崖的边沿，与远景牛郎湾对岸的地面混在一起，所以，仅看照片是看不到牛郎湾和乘槎河的，造成八卦庙好像位于龙门峰泥石流扇边缘的假象。前景是八卦庙房架和庙旁边的石块。摄影者拍摄时只有这个房架子了，但这个房架却是弥足珍贵的视觉资料，弥补了历史文献文字描述的不足。寺庙周围的石块都能与现在拍摄的照片一一对应。如历史照片4-32中标注为"石块1"和"石块2"的石块，相隔数十年还在原来的位置上。

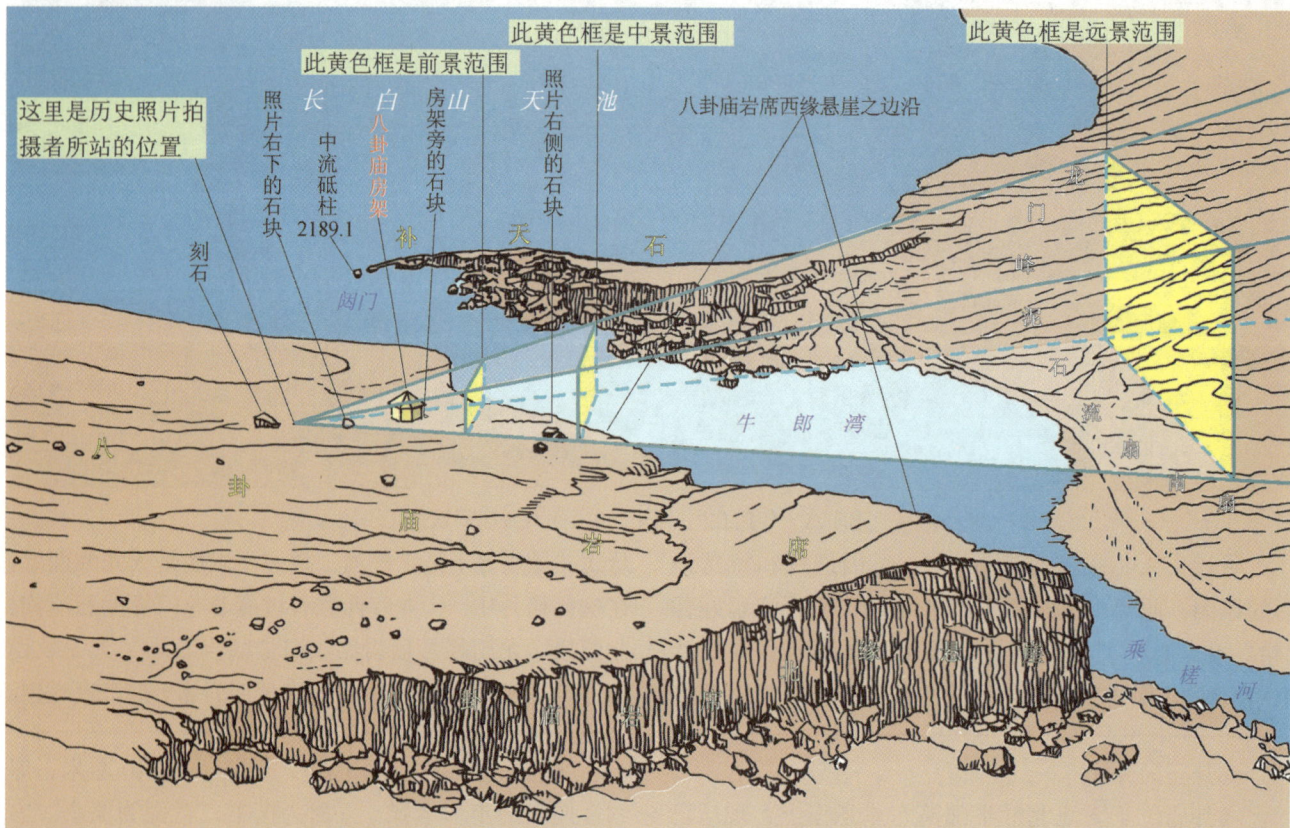

图4-19　八卦庙历史照片拍摄地点及方向考证图

## 4.1.16　天龙峡东壁的两座山峰：砥柱峰和织女峰

　　《长白山江岗志略》322页记载："砥柱山，在不老峰西。乘槎河由山根下流，声闻数里外。"本书依据刘建封所述，在图4-20中标出砥柱山（峰）的具体位置。

　　刘建封说"砥柱山，在不老峰西"。那么，不老峰在哪？同页说"不老峰，在落笔峰北偏西"。那么，落笔峰又在哪？同页说"落笔峰，在天豁峰北偏东"。如此互为参照，砥柱山的位置便不难标定。另一标定依据是"乘槎河由山根下流"。乘槎河总长仅990米，河东岸可称为"山"者仅此一山，非砥柱山莫属。

　　还需说明的是，本书将"砥柱山"改为"砥柱峰"。就一般定义而言，"山"的范围较大，"峰"的范围较小，本书的"砥柱峰"自然较刘建封的"砥柱山"范围小。另一原因就是刘建封所说的"砥柱山"今人已经将其一分为二，其北半部，现代地名工作者又有别的命名，就是下文要说到的织女峰。

　　《长白山江岗志略》中没有织女峰之名，在其他历史文献中亦未发现此名。《延边朝鲜族自治州地名录》记载："织女峰，1981年地名普查命名。"

　　"织女峰"的名称是今人所命。地名委员会为何命此峰为织女峰？这与离此不远的"牛郎渡"有关。刘建封命名的牛郎渡，其位置说得很明确，"在乘槎河口"。乘槎河在砥柱山根下绕行，于是，问题来了：

在这里，有牛郎（渡）而无织女（峰），这可与中国古代神话传说不同。牛郎织女的故事，在我国家喻户晓。说的是天上有七位编织天衣的仙女，有一天，众仙女突发奇想，要到人间去看看，于是偷偷下凡来到人间。果不其然，人间山清水秀，一派美丽风光。她们来到一处水湾（牛郎湾），洗浴游戏，多么高兴暂且不表。话说人间有一位放牛的青年，英俊潇洒，尚未娶妻，只有一头老黄牛与他做伴，人称牛郎。当他看见一群美貌少女在水中游戏，于是打定主意要娶她们中的一位为妻，便把仙女们放在岸上的一件衣服藏起来。找不到衣服的那位仙女无奈留了下来，牛郎把她领回家，仙女成了牛郎的妻子，而且还生了两个孩子，一家人生活得美满幸福。仙女乐不思蜀，不想回到天上过孤寂的生活了。但她长期不归、下凡为人妻的事终被发现。天帝大怒，命令把织女抓回来，王母娘娘亲自前往人间捉拿织女。但牛郎哪里肯放弃，挑起一双儿女去追赶织女，请求留下爱妻。此时，王母娘娘拔出头发上的金簪往地上一划，便在牛郎和织女之间划出一条天河（乘槎河）。牛郎无法渡过天河，只好眼睁睁地看着爱妻渐渐消失在天空中。痛苦、无奈的牛郎又回到水湾旁，与那头黄牛一起，扶养织女留下的一双儿女。故事的结尾还算可以，天帝考虑到他们爱情坚贞，且有子女，特准他们每年七月七日那天可以见一面。天上众喜鹊同情他们的不幸遭遇，便在天河上搭成一座鹊桥（牛郎渡），让牛郎织女相会。

这是一个美丽而凄婉的故事，长白先民们希望这个故事就发生在天池畔，便以乘槎河为天河，以乘槎河口那几块石头为鹊桥，称之为"牛郎渡"，牛郎每年可以从这里渡过乘槎河与织女相会。但不知是先民们的疏忽，还是记载此事的刘建封没有调查清楚，总之，牛郎在"牛郎渡"跨过乘槎河后，却不见织女的踪影。他眼巴巴地四处张望，担着一双儿女，傻傻地站在乘槎河边，垂头丧气，失望而伤心，发生在天池边的古老故事忽然中断，讲不下去了，而且这一拖就是近百年。时间到了公元1981年，地名委员会进行地名普查时来到这里，发现了这一情况，善解人意的委员们硬是从刘建封命名的砥柱山上分出一段，命名为织女峰，一举解决了牛郎过河不见织女的"老大难"问题。从此，每年七月七日，牛郎只需踏过牛郎渡的几块石头，走一里路就能来到织女峰下。平日里，生活在牛郎湾旁的牛郎，如果思念爱妻，一抬头就能望见隔乘槎河在织女峰上亭亭玉立的织女。虽说不能耳鬓厮磨，两两相望也是一种安慰。

如今，天池畔北坡口的天龙峡有了牛郎织女一家，

相信到此一游的人们在美丽的风景中，一定会有"山重水复疑无路，柳暗花明又一村"的感受，牛郎织女一家也会以主人的身份欢迎远方来客。

砥柱峰和织女峰的具体位置见图4-20中的标定。两峰相连的山脊，从地形上看是天豁峰向西北延伸的山脊，但从火山地质角度看，两峰与天豁峰的成因不同，天豁峰的顶部是黄色浮岩堆积而成，而此两峰是以灰绿色角砾凝灰岩为主的火山碎屑岩和少量的熔岩层层叠加而成。形成的年代也不同，比天豁峰低矮的砥柱峰和织女峰，年龄却比天豁峰大。砥柱和织女两座山峰面向天龙峡的悬崖是天豁——砥柱断裂（断层）的上盘，所见的悬崖是断层面，悬崖下是两峰悬崖风化崩落的倒石堆，断层的下盘陷入天龙峡中，被倒石堆和后期形成的八卦庙岩席所掩埋。

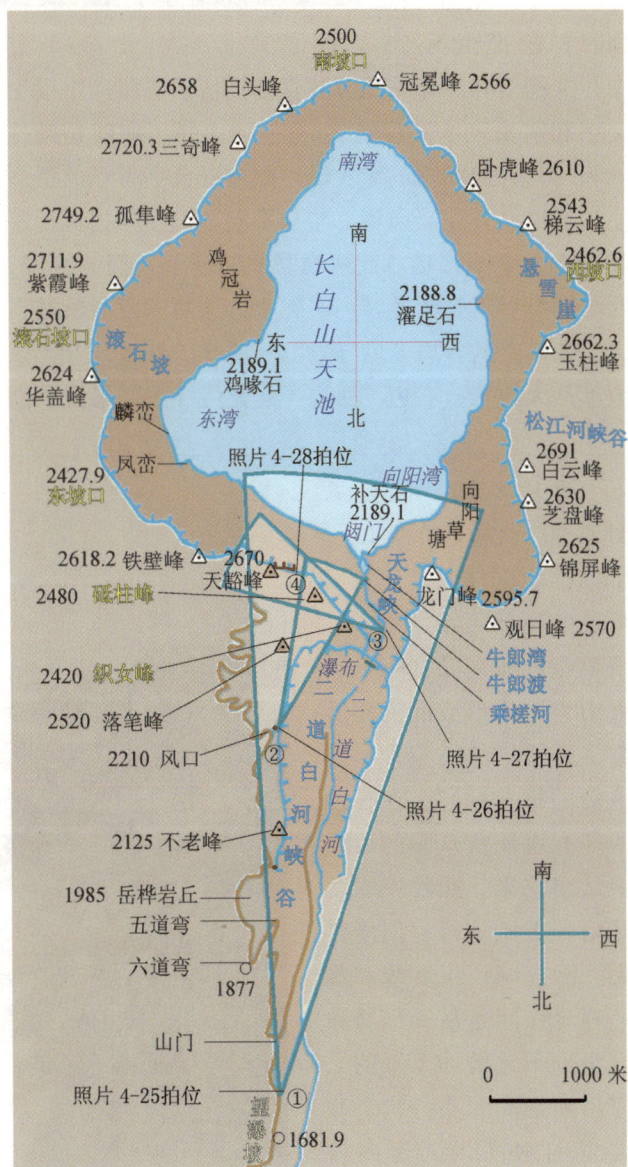

图4-20　砥柱峰、织女峰的位置及拍摄位置图

237

照片4-25（拍位见图4-20）：这是在二道白河峡谷中看到的砥柱峰和织女峰。当人们从北面越来越接近那座巍巍大山，来到二道白河峡谷中的时候，在正南面，即峡谷的尽头，会看见连绵群峰中有一个豁口，从那个豁口中隐隐约约有一条白练垂下来，那就是乘槎河及其下垂的瀑布（参见照片5-13、5-16）。

在瀑布左面（东面）（在照片4-25中，乘槎河和瀑布被路旁的森林挡住了，照片中仅用文字和箭头表示其位置），有一列山峰，那就是砥柱峰和与其并肩而立的织女峰。砥柱峰金字塔形的造型使它显得格外庄严肃穆，与众不同；织女峰则显得平和安稳，毫不张扬。此两峰联袂隔断了人们的视线，两峰的身后就是天龙峡。实际上，这两座山峰就站在天龙峡东壁的谷肩上。在照片中，两峰的外侧，左边（东边）是天豁峰，右边（西边）是龙门峰。如果说天豁

照片4-25　砥柱峰与织女峰并肩而立

峰和龙门峰是天池龙门的"守护神"，那么，砥柱峰和织女峰就是守护神麾下的龙门前哨官。织女峰（海拔2420米）和砥柱峰（海拔2480米）以较低的姿态，较之高高在上的天豁峰（海拔2670米）和龙门峰（海拔2595.7米），与前来拜谒者更为贴近，丝毫没有拒人于千里之外的意味。因此，砥柱和织女两峰使人感到亲切，人们向它们走过去毫无畏惧感，现在就让我们走过去吧。

照片4-26（拍位见图4-20）：这是在风口一带拍摄的砥柱峰。注意三角形的顶部，好像戴了一顶草帽，那是砥柱峰上层火山岩风化形成的三角形锥。砥柱峰的三角锥形是该峰的特殊标志，在很远的地方就能从众多的山峰中认出它来。照片中织女峰陪伴着砥柱峰，但刚露尖。砥柱峰、织女峰和落笔峰悬崖间是从天豁峰和虎头砬子北坡冲下来的二道白河最高源头冲沟，冲沟里的水注入二道白河（参见照片5-13）。

照片4-26　"草帽"砥柱峰

砥柱峰 2480

天豁峰 2670

天豁峰悬崖

砥柱峰悬崖

砥柱峰倒石堆

织女峰倒石堆直抵乘槎河

乘槎河

③

照片4-27：这幅照片是从瀑布碰子登上天龙峡后，在乘槎河中段西岸拍摄的（拍位见图4-20）。照片上左方是砥柱峰，右方是天豁峰，但天豁峰最美丽的浮岩面孔却没露出来，被它自己硕大的身躯即天豁峰悬崖挡住了，不过，再往前走一段就能看见天豁峰的美貌了。

砥柱峰悬崖充满了节理、裂隙，风化侵蚀利用这些节理、裂隙破坏着岩石，每年都在改变着砥柱峰的面貌，从悬崖上崩落的岩石碎块，在悬崖下堆积成巨大的倒石堆。砥柱峰倒石堆规模壮观，倒石堆的坡面长度可达二三百米，倒石堆的坡角约35度，难以爬行。崩落下来的大石块具有很大的动量，幸运的旅行者可以目睹一次岩崩的弹跳，如果是一块很大且等轴的大石块，从高耸的悬崖顶上飞下，它会画着弧形，呼啸着一溜烟滚落到倒石堆下的乘槎河里。

照片4-27　砥柱峰西面形貌

照片4-28（拍位见图4-20）：这是砥柱峰的尖顶。从虎头碰子向西北走，下坡不远即可看到砥柱峰的这个侧面，尖顶大有"刺破青天锷未残"的气势。可惜尖顶的基础打得不稳固。在长白山，火山喷发的"劣质工程"屡见不鲜，从照片中可以看到，角锥下部的岩石比较破碎，基础夹有一层火山碎屑岩，胶结疏松，这样的基础怎能长期承载巨大而沉重的"矛头"？

砥柱峰尖的形成，有地质学家认为是冰川侵蚀形成的，是冰斗发展形成的尖锐状角峰。郑德权不敢苟同，因为在长白山主峰上

2480 砥柱峰

砥柱峰西面

砥柱峰东面

砥柱峰南面

路水的碓岩

通往八卦庙

④

照片4-28　砥柱峰"刺破青天锷未残"

并没看到冰川活动遗迹。郑德权认为，是由构造断裂加上风化崩塌形成的。

239

照片 4-29：这是 20 世纪 70 年代拍摄的织女峰，那时它还没有名字（织女峰是 1981 年地名普查时命名的），是在乘槎河中段西岸拍摄的。可以看到织女峰悬崖的双层构造。悬崖由上层火山岩和下层火山岩相叠构成，两层之间是明显的不整合接触。上下层火山岩有较大的区别，岩石的颜色、流动构造的方向、节理裂隙的分布情况等皆不同。当然，岩石的矿物成分和化学成分也有差异，不过这得借助于显微镜和化学分析了。

这种双层构造说明，织女峰至少是由

照片4-29 织女峰悬崖的双层构造

两次火山喷发形成的。下层火山岩喷发形成后，有过长期的喷发间断，当火山再次喷发时，形成的上层火山岩，覆盖在下层火山岩之上。之后，环池断裂和辐状断裂的错动使断层下盘下降，切出一面悬崖，悬崖经风化侵蚀、重力崩塌等地质作用，形成目前看到的织女峰悬崖断面。织女峰悬崖多为火山角砾岩、角砾凝灰熔岩、熔结凝灰岩等，由于特殊的岩性，在之后的风化侵蚀过程中形成了许多形状奇特的峰脊。且看照片中织女峰脊部那一系列狼牙锯齿状的造型，在天空背景上风格多么独特。

## 4.1.17 年轻的织女峰，登天龙峡途中一路有你

织女峰，以中国古老传说中的仙女命名一座山峰，在长白山数以百计的名称当中，甚至包括整个东北亚，这"织女峰"也是独一无二的。光是这个美好而温馨的名字，就足以让来长白山的旅行者愿意走近它、亲近它。当人们在倒石堆上准备登天龙峡时，"织女"已经在瀑布旁边等候了，并且，在攀登瀑布悬崖，或在乱石丛中艰难爬行时，一路上一直会有"织女"伴随着人们，你会感到"织女"温馨的目光一刻也不曾离开你。

织女峰之名，前文已经说过，是地名工作者所命名，虽说是奇思妙想，倒也用心良苦，这种人性化的命名，使二道白河峡谷至天龙峡的一段旅程充满温情。但"织女"毕竟年轻，与已命名百年的环池十六峰的"老人"相比，资历未免太浅，再加上"织女"内向的性

格，从不张扬，"养在深闺人未识"，所以，许多关于长白山的书籍、文献资料等，几乎没有织女峰的一席之地，遍搜书海，完全见不到织女峰的名字，很多到过长白山的人根本就不知道还有个织女峰，不知道除了那十六位"老人"的严肃面孔外，还有一位淑女正温情地注视着人们。

现在，我们要"打抱不平"了，不惜花费时间进行野外调查、拍摄照片、素描写生，不惜笔墨为它绘图和撰文，决心让这位美丽的"织女"在长白山群峰中获得应有的地位，使"织女"能看到旅行者站在它面前时惊奇的目光，听到人们赞美它的声音。

照片4-30（拍位见图4-21）：在长白山主峰之中，织女峰有优越的位置，它就在声名显赫的长白瀑布旁边，看到瀑布就看见了它。没有比织女峰与乘槎河、瀑布的关系更密切的了。瀑布跌落处是一面68米高的悬崖，如果织女峰是一尊塑像，那么，悬崖东面的砬子就是塑像的底座。织女峰形成的时间虽然较短，它的底座却非常老。地质学家测定过瀑布上下岩层的年龄，这里选一组年龄数据供读者参考。《中国火山》（刘嘉麒，科学出版社，2000年）记载：瀑布剖面上部年龄21万年，中部年龄44.2万年，下部年龄55.1万年，底部年龄61.1万年。

① 照片4-30 织女峰面向二道白河峡谷的面貌

想来以万年为年龄单位的塑像底座肯定已经苍老到不再有魅力，我们还是把目光集中在年轻的织女峰上吧。

照片4-31（拍位见图4-21）：对于每个从瀑布旁边登天池的人来说，我们的左手边一直就是织女峰陪伴着你走过这一段惊心动魄的"登天"之路。在你右手边的玉壁倒石堆不断给你制造麻烦和危险的时候，河对岸这位可信赖的"仙女"却关切着你的行程。它虽然不能渡过乘槎河救你脱离险境，但可以给你信心和力量。你只需在织女峰的指引下，以它的倒石堆为参照系，就能到达目的地。当你登上天龙峡后，沿着乘槎河西岸继续向南前进，将要离开织女峰时，相信它还

② 照片4-31 织女峰向乘槎河面形貌

会用温柔的目光送你一程。

照片4-32（拍位见图4-21）：绕过织女峰和它的裙裾——倒石堆后，旅行者切不可只迷恋于织女峰温柔的目光而不顾前程，前面还有路。没有了织女峰的注视没有关系，前面还有砥柱峰在恭候你。砥柱峰是条"硬汉"，在乘槎河东岸威武地屹立着，如果没有砥柱峰以它那稳固的"金字塔"支撑着沉重的天穹，单凭织女峰那柔弱的肩膀，是不可能撑起天龙峡那片广阔的空间的，任你是经验丰富而又体魄健壮的旅行者，失去了山峰的支撑，没有了悬崖的顶托，为你提供空间，你是无法到达目的地的。所以，人们沿着乘槎河越来越接近砥柱峰时，请向砥柱峰致敬，然后再迈开脚步，向牛郎渡、牛郎湾和补天石前进，最终你一定会顺利到达天池之畔。

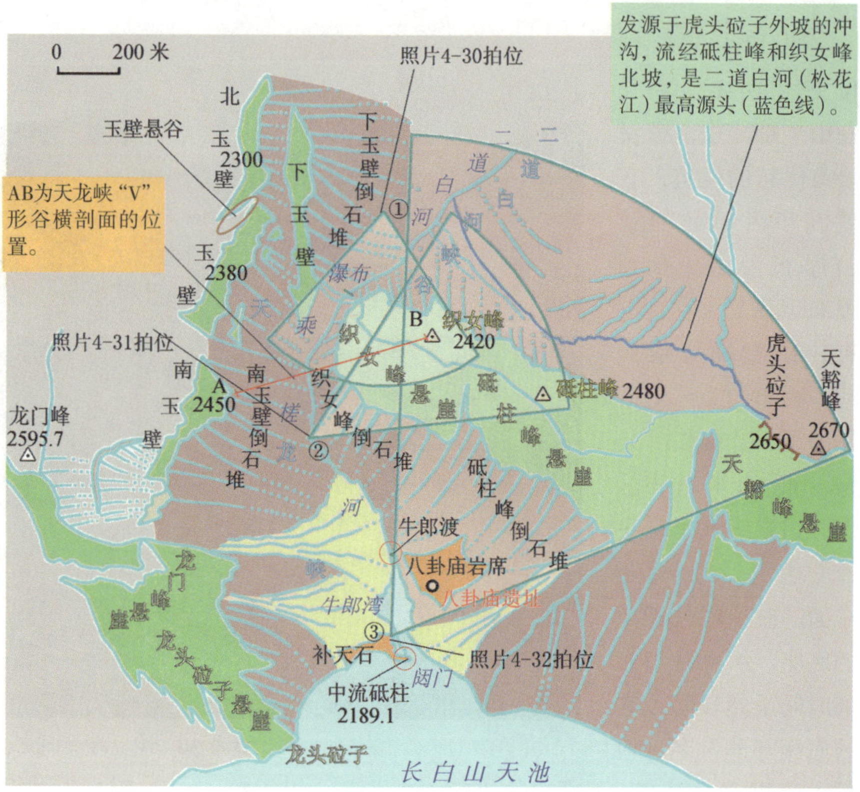

图4-21　不同视角下的织女峰和砥柱峰拍摄位置图

照片4-32　在补天石岩席上拍摄织女峰和砥柱峰

摄影者脚下是补天石岩席，补天石岩席与砥柱峰、天豁峰之间并非连在一起，还隔着牛郎湾。

图 4-22：从不同角度观察织女峰有不同的形象，好比人的面容，从正面看和侧面看是不一样的。对一个你不熟悉的人，只认识他的正面，当他侧面出现的时候，一下子可能认不出来，偶尔一次侧面相对，是

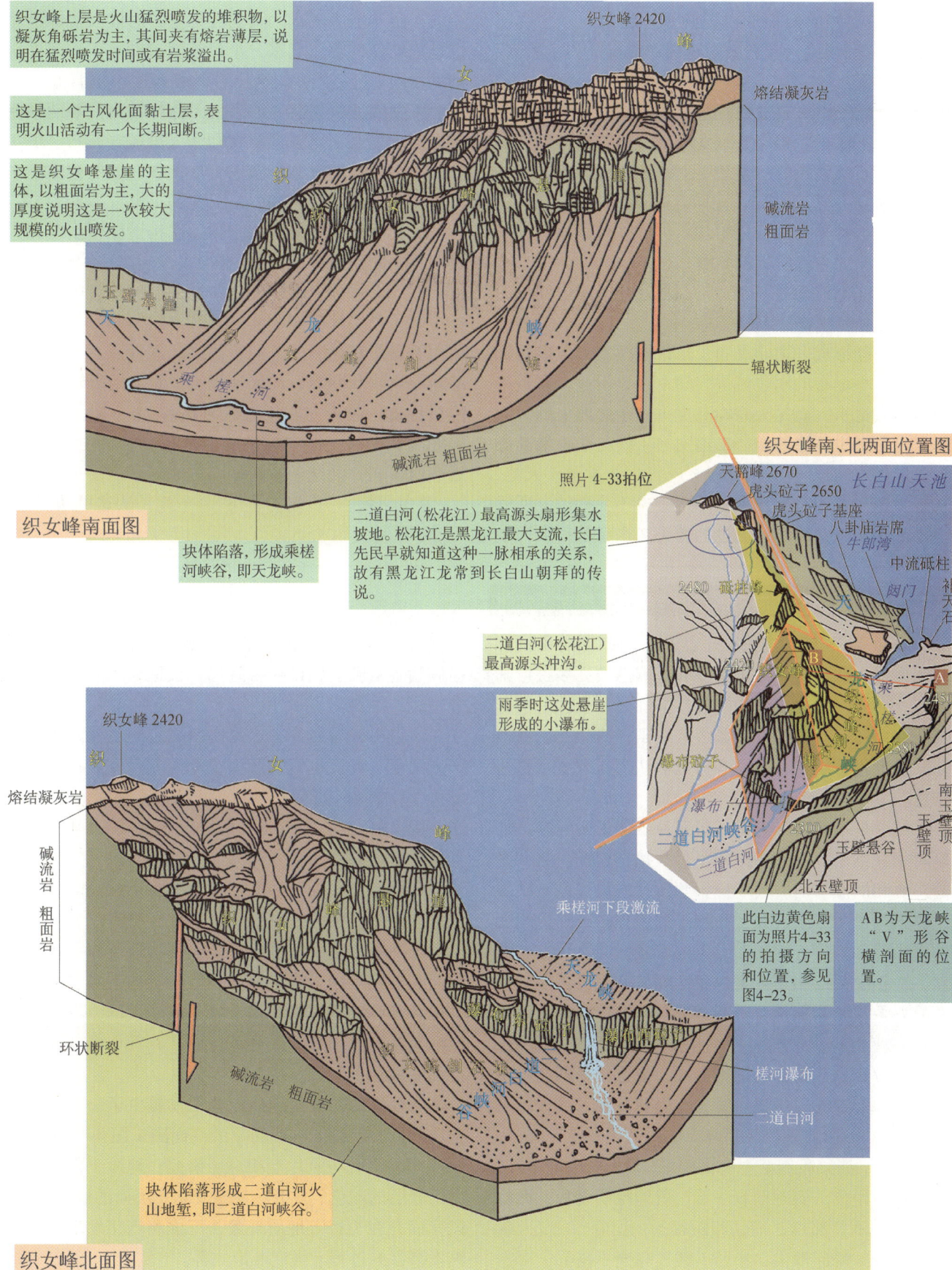

织女峰上层是火山猛烈喷发的堆积物，以凝灰角砾岩为主，其间夹有熔岩薄层，说明在猛烈喷发时间或有岩浆溢出。

这是一个古风化面黏土层，表明火山活动有一个长期间断。

这是织女峰悬崖的主体，以粗面岩为主，大的厚度说明这是一次较大规模的火山喷发。

织女峰 2420

峰

女

织

天

龙

峡

谷

乘槎河

熔结凝灰岩

碱流岩
粗面岩

辐状断裂

碱流岩 粗面岩

**织女峰南面图**

块体陷落，形成乘槎河峡谷，即天龙峡。

照片 4-33 拍位

二道白河（松花江）最高源头扇形集水坡地。松花江是黑龙江最大支流，长白先民早就知道这种一脉相承的关系，故有黑龙江龙常到长白山朝拜的传说。

二道白河（松花江）最高源头冲沟。

雨季时这处悬崖形成的小瀑布。

**织女峰南、北两面位置图**

天豁峰 2670
虎头砬子 2650
虎头砬子基座
八卦庙岩席
牛郎湾
中流砥柱
补天石
闼门
长白山天池

2480 玉柱峰

龙

门

乘

槎

河

A

2450

瀑布砬子

瀑布

二道白河峡谷

二道白河

2300

2300

南玉壁顶
玉壁悬谷
玉壁顶
北玉壁顶

此白边黄色扇面为照片4-33的拍摄方向和位置，参见图4-23。

AB 为天龙峡"V"形谷横剖面的位置。

织女峰 2420

织

女

峰

熔结凝灰岩

碱流岩
粗面岩

乘槎河下段激流

天龙峡

二道白河峡谷

环状断裂

碱流岩 粗面岩

槎河瀑布

二道白河

块体陷落形成二道白河火山地堑，即二道白河峡谷。

**织女峰北面图**

图4-22　织女峰南面与北面形貌及构造示意图

多么陌生。在长白山众多的山峰中，不只是织女峰变换一下角度就改变了形象，所有的山峰都是如此。人们在复杂的群山中认错山峰是难免的，所以有些书籍出现把同一山峰的两面标注为两个峰名的错误。图4-22把织女峰的两面形貌同画在一幅图上，为说明两面的位置，再画一幅俯瞰图说明"前额"和"后脑"的位置关系。

在俯瞰图中可以看到，乘槎河流出牛郎湾后，在砥柱峰脚下流过，再绕着织女峰倒石堆转来，最后在织女峰倒石堆底座的一面悬崖上跌落形成瀑布，于是，乘槎河摇身一变，变成二道白河与外面的世界见面了。织女峰在这种神奇的变化中功不可没。可以说，没有织女峰底座的悬崖，就没有瀑布。

织女峰的北面是一条冲沟，在右侧小图中标注的是"二道白河（松花江）最高源头冲沟"。雨水大的时候，这条冲沟能形成一道小瀑布，虽说规模不大，也是长白一景。小瀑布的水也流进二道白河，不过，它送来的不是天池水，而是天豁峰和虎头砬子北坡上的大气降水，在图中标注的是"二道白河（松花江）最高源头扇形集水坡地"。人们只说松花江之水发源于天池，从水文地质学的角度讲那是不准确也不公平的。所以应该说，从织女峰身旁流过的源头之水应是一大一小两条，大的当然是赫赫有名的槎河瀑布，小的就是这道小瀑布。单从高度上讲，小瀑布比声震山谷的大瀑布还略胜一筹，因为它有高度优势，可惜它还没有名称，也没有名气。当然，一年之中只在舞台上偶尔露面几天，小瀑布也不能太奢求，人们看见它的时候只要知道那也是松花江的源头之水，小瀑布就该知足了，就算达到了我们不惜笔墨介绍这位"小家碧玉"的目的。

织女峰地位显赫，如果说天豁峰和龙门峰两峰扼守天池，那么，可以说织女峰和玉壁扼守瀑布。织女峰的对面就是玉壁和玉壁倒石堆，在右侧的俯瞰图中只画出玉壁的顶面和背面，玉壁倒石堆看不见。

织女峰有明显的层状结构，在构造图中用绿和橘黄两种不同颜色画出。上面那层火山岩是后期形成的，覆盖在织女峰顶上，即使是非专业的旅行者也可以一目了然（见照片4-29、4-30、4-31、4-32）。织女峰两面的悬崖都是断层，图中画出了这一点。上幅图中的断层属辐状断裂，与天池近乎垂直，沿着这个断层陷落形成的是天龙峡（乘槎河峡谷）；下幅图中的断层属环状断裂（图中标注的是瀑布砬子），其走向接近东西方向，沿这条断裂塌陷形成二道白河火山地堑（二道白河峡谷）顶端的悬崖，瀑布就是从这里跌下的。

## 4.1.19　一张常被误解的照片——砥柱、织女相依照

照片4-33是在虎头砬子西端下坡拍摄的砥柱峰和织女峰合照，这个取景角度和范围总被许多摄影师看好，产生过不少出色的照片，但却是一张容易引起误会的照片。且看织女紧紧偎依在砥柱身旁，砥柱也几乎是拥抱着织女，这便有可能被认为是织女"移情别恋"了。

但这是不对的，光凭一张照片不能说明问题，怀疑者须仔细研究一下摄影师是怎么拍出这样一张"歪曲"真相的照片的。由于摄影师所站的位置高于被摄山体差不多120米，是居高临下的俯拍，砥柱、织女两座山峰和拍摄者同处在一条向下倾斜的直线上，所以，在拍出来的照片上难以将两峰拉开距离，以致使两峰好像在紧紧拥抱。曾有某专写长白山的书误认为这是一座山峰从中间豁开，并在图上定位为天豁峰，还以此解释刘建封命名的天豁峰，说这就是刘文中所说的"峰起双尖，中辟一线，有豁然开朗，令人不可思议之趣"。以此定位天豁峰，实为大误。

其实，如果我们登上虎头砬子，沿山脊往北下坡，再走一段距离，到跟前看一看，就能探明真相，两峰之间根本不是豁口，而是相距很远的山脊，将近400米长，与"峰起双尖，中辟一线"完全不搭界。哪有拥抱的"情侣"相距如此之远的？说来说去，一句话：织女峰与砥柱峰虽然从照片上看是"紧紧拥抱"着，但确为各自独立的山峰，且离得很远，织女绝无"移情别恋"之嫌。

还得再来看照片，这两座山峰之间不仅距离容易产生错觉，高度也容易产生视觉误差，在照片中，看上去织女峰好像更高一点，实际上砥柱峰海拔2480米，织女峰海拔2420米，织女比砥柱矮60米，是位身材玲珑的淑女。

在图4-23中，两峰之间及拍摄者所处的位置，三者的高差皆标注图中，一看就什么都明白了。

砥柱峰和织女峰都位于天池环状断裂和乘槎河辐状断裂的交汇处，乘槎河峡谷是断层的下降盘，也就是说，现存的砥柱峰和织女峰是该断层的上盘，两座山峰只是原先山峰的残存部分而已，其他部分已经陷落和剥蚀掉了。

砥柱峰的侧面给地质专业工作提供了一个很好的地质剖面，绘制了一幅简单的剖面图（图4-24）附在照片之下，可与照片互相对照研究。地质工作者根据火山岩层的颜色、成分、粒度变化、层面的接触关系、风化面存在与否等地质现象，可推测当年发生的火山喷发事件的过程、强度、形式等。

照片4-33（拍位见图4-23）：这就是那幅容易产生误会的照片，它给织女峰带来了一点小"麻烦"。两峰之间并非是一处豁口，相距近400米，但看上去好像紧挨着。绕过砥柱峰，从那个"豁口"下去，就可以到达天龙峡，涉过乘槎河，沿牛郎湾往南走就到天池了。

照片4-33 砥柱峰与织女峰"拥抱"照

图4-23：此剖面图地质界线依据照片4-33中的砥柱峰南面悬崖岩层叠置关系所绘。通过这样的剖面，我们可以知道这里曾经发生过的火山喷发事件，以此划分火山喷发期次，描述火山喷发形式和火山喷发强度等地质问题。砥柱峰不仅能给我们带来美丽的风光，还带来许多科学信息。来到这里的旅行者更应加倍爱惜这座娇贵而脆弱的尖峰。

图4-23 砥柱峰与织女峰"拥抱"照拍摄位置图

**火山喷发描述**

火山爆发到了"强弩之末"阶段，岩浆较为平静溢出，主要岩性为粗面岩。

猛烈的火山爆发，喷出浮岩、火山灰。

风化面表示这里有一个火山喷发间断。

火山喷发规模很大，但喷发方式并不很强烈。地下岩浆大量涌出、堆积、冷凝、固化。火山岩的柱状节理非常发育，主要岩石为粗面岩。

**地质剖面图**

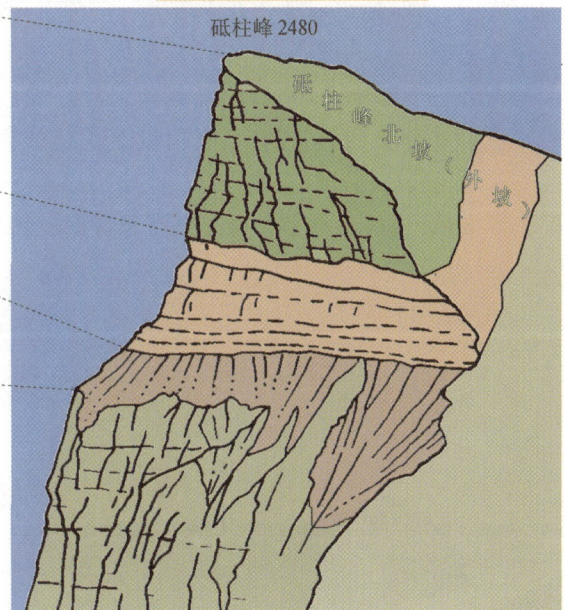

图4-24：图中标注的"照片4-33拍位"处是拍摄者从虎头砬子向西北方向走，下降约10米所站的位置，那里海拔约2640米。注意这个位置与砥柱峰（海拔2480米）、织女峰（2420米）处在一条直线上，高度是逐次下降的，这样拍出来的照片必然把这两座山峰挤在一起，好像它们离得很近，产生了"拥抱"的感觉。看了这幅平面图，误会自然会解除。

图4-24 砥柱峰地质剖面图

245

## 4.2 西坡口（悬雪崖）

西坡口位于天池西。《长白山江岗志略》314页记载："悬雪崖，在玉柱、梯云两峰之间，俗名西坡口。崖多海浮石，滑软异常。坡度急处，积雪丈余。长约十数丈，累年不消，故名之。崖高五里，宽二里，坡七十五度……如下临天池，以此崖较易，但浮石碎而柔滑。自池至崖，每有进三步退两步之艰。"

西坡口与悬雪崖是指同一地方的内外坡。在刘建封之前，这里就叫西坡口，是"五道坡口"之一，内坡因有厚层积雪，夏日难消而被刘建封命名为悬雪崖。

在长白山主峰之上，西坡口承载着许多沉重的历史事件。钦差大臣、边疆官吏、志士文人、庶民猎户等，都曾在西坡口留下他们的足迹。

康熙十六年（1677年）钦差大臣武木讷奉旨看验长白山，从四月十五日由北京出发，经过两个月零两天的长途跋涉，在六月十七日登上西坡口，再登上梯云峰、卧虎峰。在这一带观察"五峰围绕,临水而立"的山势，目估所站之峰高"五十余丈"；宣读康熙谕旨；跪拜祭祀。

光绪三十四年（1908年），刘建封等登长白山之巅，也是先登上西坡口的。《长白设治兼勘分奉吉界线书》（载《长白山江岗志略》437页）的《序言》和《再序》等文献记载：奉钦差大臣东三省总督徐世昌之命，

由勘界委员李廷玉率副委员刘建封、许中书，测绘生康瑞霖、李敦锡、刘殿玉、王瑞祥、陈德元、王贵然等，会同吉林勘界委员刘寿彭，五月二十九日，从临江起程，向长白山进发，寻找到西坡口，于六月二十八日登上了西坡口。这些朝廷命官及测绘员在西坡口、梯云峰、玉柱峰一带"放目纵观，三岗之脉，三江之源，宛在眼底"。当即论及国际形势：有日俄两强日益逼近长白山，又有朝鲜越垦流民毁我界碑，谋我领土，"图赖始祖肇兴之地"，"长白山一带地方危矣哉"，我等必须"竭尽血诚，踏勘山岗，寻测水线"，捍卫长白山。

一百年前，在西坡口一带上空，捍卫长白山的铿锵之音虽已湮灭，但曾经站在西坡口上的中国官员览山川、查地势，"无一逍者"的爱国精神是永远不会湮灭的。

刘建封是野外勘查的"领班"，相当于野外勘查队队长，他在西坡口带领两名士兵（一说是二兵一仆）下临天池，留给他最深的印象是"积雪冻冱"，在西坡口的内坡，虽已是夏初季节但还积有很厚的雪，所以，他将这处陡坡命名为"悬雪崖"。

悬雪崖在小玉柱峰和梯云峰之间的脊状平岗上。其范围如以岗上的原5号界碑算，北距小玉柱峰顶160米，接于小玉柱峰南坡麓；南距梯云峰570米，

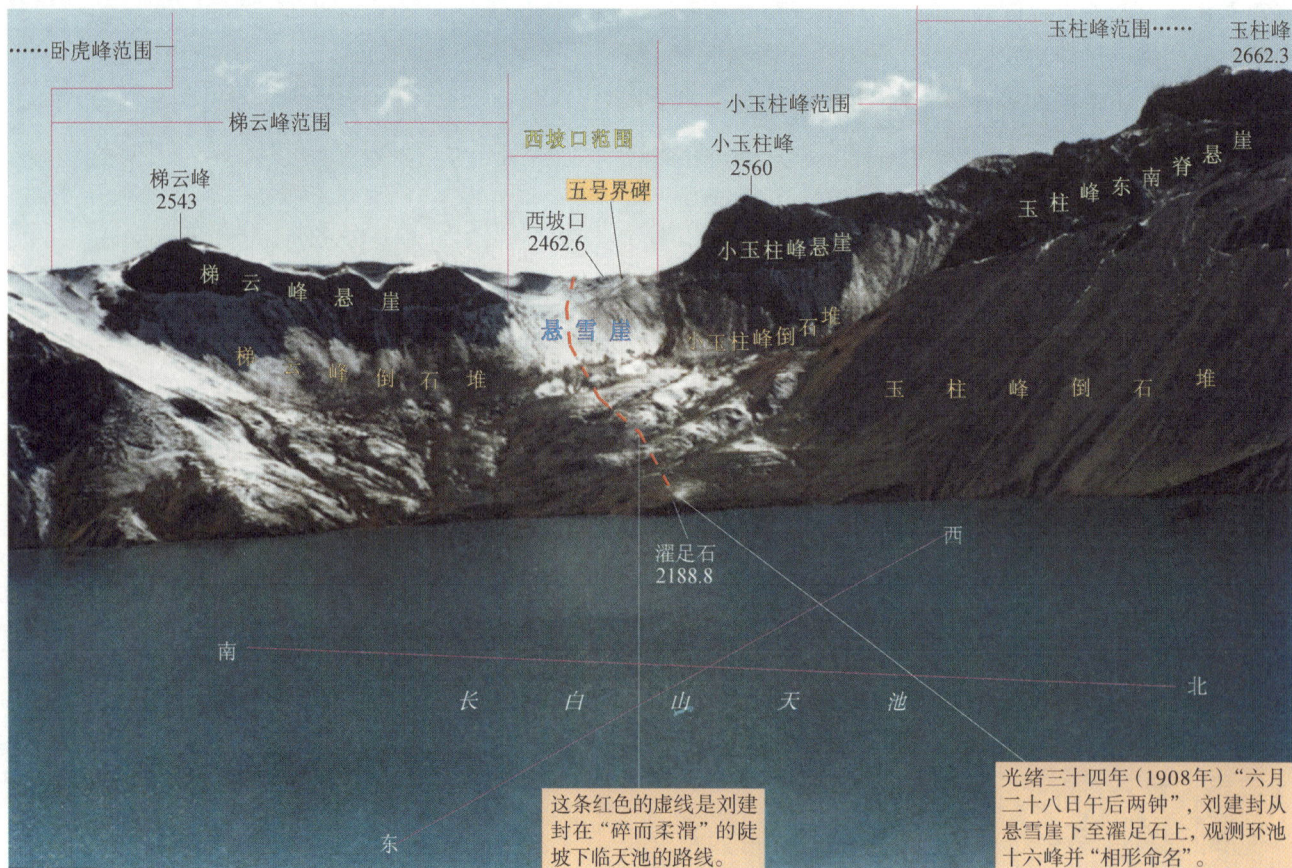

照片4-34　悬雪崖—西坡口

接于梯云峰北坡麓。此段平岗为天池火山锥外坡向内坡的转折脊，长约200米。悬雪崖外坡（西坡）较缓，约30度，内坡（东坡）较陡，约40度，刘建封说的"坡七十五度"，那是指悬雪崖局部特别陡的悬崖处。悬雪崖即西坡口包括外坡、内坡和内外坡转折脊。所谓悬雪，指的是悬雪崖内坡总是积存厚雪的现象。这种积雪现象与悬雪崖的特殊地形和长白山气候、风向有关。悬雪崖内外坡转折脊的走向为西北—东南走向，如此走向与山顶的风向垂直。据天池气象资料显示，"山顶终年吹偏西风，尤以西南偏西风为最多……长白山顶一年四季或在高空西风急流区中，或在急流的北侧，所以全年风速都极大，年平均风速竟达11.7米/秒，为全国之最"。（王季平主编的《长白山志》158页）因为风的方向与悬雪崖脊部走向垂直，所以从外坡吹来的风越过转折脊后，必然在背风的内坡形成向下的反向涡流，从而出现一个静风区，外坡即西坡的雪都被大风吹到内坡静风区积存下来。这种现象在"人"字形房顶上或沟坎背风处就能看到。内坡的积雪由于很厚，他处积雪都已融化，此处之雪还可以保留很长时间。刘建封用一个"悬"字写尽了此处地形和气象的特点，悬雪崖的命名也正是基于这一点。

如果从长白山火山锥西坡攀登，走西坡口是最容易的。2005年，长白山管委会成立，这里归池西区管理，修了栈道，共有1442个台阶。快到山顶时，就能看见前面有一处高高的平坦地形，这地方就是西坡口即悬雪崖顶部平岗。爬上此平岗，眼前豁然开朗，天池和环池山峰一下子展现在面前，登山者无不惊叹于悬雪崖东西两坡的景色居然有如此骤然的变化，所以悬雪崖也被称为观景台。在西坡口上，向东看是天池及环池山峰，向西看是老虎背和一望无际的熔岩台地。

---

照片4-34（拍位见图4-25）：这是在天豁峰上拍摄的西坡口照片。环池悬崖到小玉柱峰中断，出现一处平台，平台内壁有很厚的积雪。原5号界碑的位置，在悬雪崖上沿。注意濯足石，在此处看见的一块石头，好像突显在天池水面上。其实，这块石头并非濯足石。下到此处方知，这是一个大陡坡，再往下还有这么远的距离才到天池边。这时才能看见真正的濯足石。从5号界碑到濯足石的连线是中朝国界。因此，悬雪崖和濯足石的一半如今已经不在中国境内。光绪三十四年六月二十八日，午后两点，刘建封从悬雪崖下临天池为环池十六峰"相形命名"，站在濯足石上环顾环池诸峰，他写道："……池边眺望，只见峰头十二，若芝盘、紫霞、观日、锦屏四峰，未易窥其项背耳。"

为何还有四座山峰未能看见？因为有伸向天池的悬崖遮挡，所以有的山峰看不见。白云峰有一条直抵天池水底的崖脊，它挡住了芝盘、锦屏和观日三座山峰。鸡冠岩以其巨大的峰脊伸向天池中心部位，它挡住了紫霞峰（图4-25）。

正因为有的山峰在濯足石上看不见，所以刘建封又绕到天池东南，于七月七日从滚石坡下临天池，继续对环池十六峰进行观测和命名。

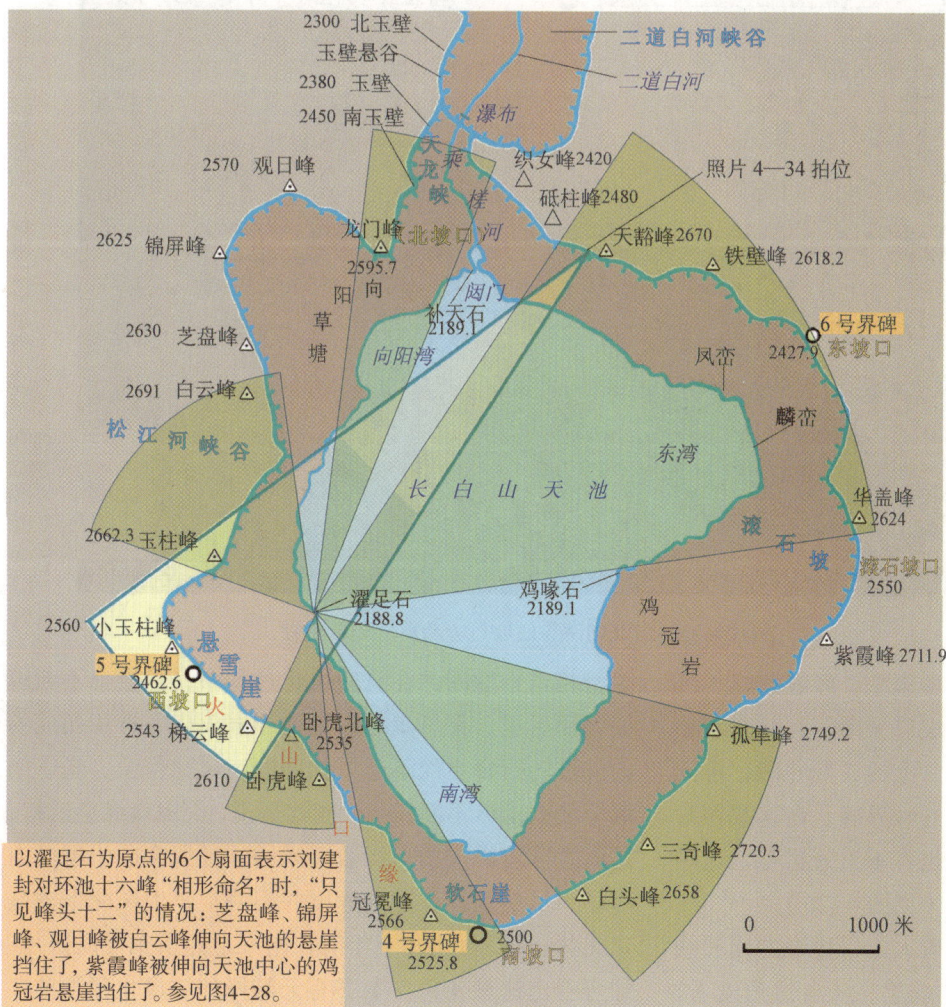

以濯足石为原点的6个扇面表示刘建封对环池十六峰"相形命名"时，"只见峰头十二"的情况：芝盘峰、锦屏峰、观日峰被白云峰伸向天池的悬崖挡住了，紫霞峰被伸向天池中心的鸡冠岩悬崖挡住了。参见图4-28。

图4-25 悬雪崖位置及拍摄位置图

### 4.2.1 悬雪崖琐碎谈

照片4-35（拍位见图4-26）：这幅照片是张福有在小玉柱峰顶向南拍摄的悬雪崖，与之在同一方向的梯云峰、卧虎北峰、卧虎峰也一并摄入镜头。照片左上角远景是白头峰。这样，悬雪崖和这些山峰的相对位置便一目了然了。因透视关系，它们之间距离在照片上被压缩了，看上去离得很近，其实，从悬雪崖的5号界碑到卧虎北峰950米，到卧虎峰1200米，到白头峰3400米。

中朝现在的国界走向是：自大旱河与伏龙沟交汇处的1号界碑到伏龙沟上段沟底的2号界碑，再到海拔2457.4米的火山锥上的3号界碑，再到立于南坡口的4号

照片4-35　由北向南看西坡口（悬雪崖）转折脊

康熙十六年（1677年）内大臣武木讷奉旨看验长白山，从西坡口登上梯云峰、卧虎峰。

光绪十七年（1891年）荣和在西坡口至卧虎峰一带绳测悬崖高度。

光绪三十四年（1908年）刘建封在西坡口下临天池观测十六峰并"相形命名"。

界碑，然后沿着天池火山口悬崖边缘，经冠冕峰、卧虎峰、卧虎北峰、梯云峰、西坡口平岗等，一路起伏跌宕，到立于西坡口（悬雪崖）上的5号界碑，再向东北方向越过天池到东坡口的6号界碑。在这幅照片中看不见南坡口和4号界碑，也看不见冠冕峰，这些地方都被高大的卧虎峰挡住了（见图4-26）。

郑德权和张福有曾多次沿着火山口边缘的国界线行走，看见了令人忧虑的自然现象。从自然角度看，国界线上这一系列的悬崖峭壁，岩石充满了节理、裂隙，相当不稳固，在自然风化过程中，悬崖会不断因崩塌而后退。在悬崖之间，由浮岩火山灰堆积而成的内外坡转折脊更经不起风化侵蚀。风化侵蚀、悬崖崩塌会使火山口不断扩大，也就是说，火山口缘会后移，这就意味着沿火山口缘数千米的国界线会向中国境内移动。虽然这种移动的速度并不明显，但风化侵蚀是永无休止的，对比几十年前在同一地点所拍摄的照片，即可看出这种变化。本书有天豁峰外坡风化侵蚀破坏的专述：在虎头碰子北坡，风化与河流的溯源侵蚀改

变着二道白河与三道白河分水线的位置，20 年间就有 10 米左右的位移。在火山口缘，悬崖崩塌后退随处可见，这是回避不了的自然现象。

对 4 号界碑到 5 号界碑这 3000 多米长的悬崖和火山灰之上国界线的后退，必须予以重视。大自然雨雪风霜的侵蚀破坏、长白山寒来暑往的寒冻风化，对充满裂隙而不断分崩离析的悬崖，对胶结甚差的火山灰堆积，对如一盘散沙般软弱无力的浮岩，自然侵蚀营力会更加"欺软怕硬"。日复一日，年复一年，从长远观点看，不可无视天池火山口缘尺寸之地的侵蚀，须知，毫厘的积累可导致成片土地的丧失，古人尚且以"尺地皆金"告诫，何况今人。

从 5 号界碑开始，国界线走向向东转折了一个直角弯，从悬雪崖向池畔走下去，经位于天池西畔的濯足石，越过水面，到天池东畔的风峦，再爬升到东坡口这条线，将天池火山口湖的水面一分为二，环池十六峰中的华盖、紫霞、孤隼、三奇、白头 5 座山峰划入朝鲜，冠冕、卧虎、梯云 3 座山峰成为界峰，在

界峰之间，国界线沿火山口缘的悬崖走，即火山口内壁划入朝鲜，火山锥外坡仍留在中国境内。

在照片 4-35 中，只摄入了 5 号界碑到卧虎峰的一段国界线，从卧虎峰到南坡口 4 号界碑的国界线连同冠冕峰都被卧虎峰挡住了。

图4-26　悬雪崖及照片4-35、4-36拍摄位置图

照片 4-36（拍位见图 4-26）：这是在与照片 4-35 相对方向拍摄的，是西坡口转折脊和内外坡地形。

悬雪崖由浮岩火山灰构成，天池火山大爆发时这里是火山口缘，射向天空的浮岩火山灰纷纷降落于此，呈一层层松散堆积，照片上能清楚看到规整的弧形层理。

刘建封当年下临天池就是在这些浮岩堆积层上行走的，他称浮岩为"海浮石"，把岩石性质描写为"滑软异常""浮石碎而柔滑"。当时西方地质科学思想已传入中国，刘建封知道这些"海浮石"与火山喷发有关，在《长白山江岗志略》297 页写道："泰西（注：泰西指西方国家）人云，辽东之长白山，系火山被焚而陷者。否则，池深为潭，石轻如粉，水无萍，山无木，果何为者？""石轻如粉"就是浮岩火山灰。刘建封在松散堆积的浮岩上下临天池，故有"进三步退两步之艰"。

照片4-36　由南向北看西坡口（悬雪崖）转折脊（拍摄地点在梯云峰西北半坡）

西坡口转折脊由疏松的浮岩火山灰堆积而成，这里的浮岩火山灰层胶结甚差，有的地方根本没有胶结，就是一盘散沙。外坡的火山灰层上只有稀疏的植被，内坡则完全裸露，一场暴风雨，一次雪融，都可以洗刷一层火山灰，近年人为践踏也不容忽视。久而久之，毫厘的累积也会使这条转折脊由东向西后退。

## 4.2.2 悬雪奇观

照片4-37：这是悬雪崖上的悬雪景观。这种情景一定被刘建封看见过。刘建封是阴历六月二十八日到达这里的，按阳历算是7月26日，长白山已是大暑后三日，此地尚有这样厚的积雪，哪能不引起踏查者的关注？刘建封的描述是："积雪丈余，长约十数丈，累年不消。"换算成现代的长度单位：厚约3米，长约40米。说这雪"累年不消"则与现代情况不同。现代，这雪墙一般再过一个月便完全融化了，只是在少数沟壑底部有积雪。也许一百年前的气候比现在寒冷，所以悬雪崖的雪才会出现"累年不消"的情况。2008年5月30日，张福有、曹保明、周长庆、梁琴为纪念刘建封踏长白山100周年，从西坡一段路2米高的雪墙穿过，悬雪崖的雪至少还有8米厚。

照片4-37 悬雪崖上的悬雪奇观

照片4-38：这幅照片拍摄的时间是1996年5月24日，从这幅照片中可以看到，在悬雪崖这里积雪最厚。请看照片底部，那里露出了地面，山花已开，悬雪崖的积雪仍未化。图中标"濯足石"之处，实际不是，下到那里才能看见，还有约2000米才能到池边的濯足石。

照片4-38 悬雪崖春花已开雪仍未化（张福有 摄）

**悬雪崖上悬雪的形成**

上图：长白山顶终年刮西风，风力很大，流体力学告诉我们，风遇到阻力后会在背风处形成向下的旋涡，出现静风区，被吹扬起来的雪便在这个静风区停下来，所以这里的积雪最厚。如果积雪填满了静风区，此静风区便向前移动，积雪层也随之向前移动，这样，积雪的厚度和范围都在不断扩大。如图所示，西坡口转折脊的走向垂直于风向，地形条件和气候条件都有利于积雪的形成，所以这里积雪的厚度远远大于其他地方。

下图：夏日的阳光使积雪消融，但最厚之处的积雪可以保留较长时间，故刘建封才有"累年不消"的描述。现代，有的年份这里的悬雪可以保留到七月末。如照片4-37中的情景。

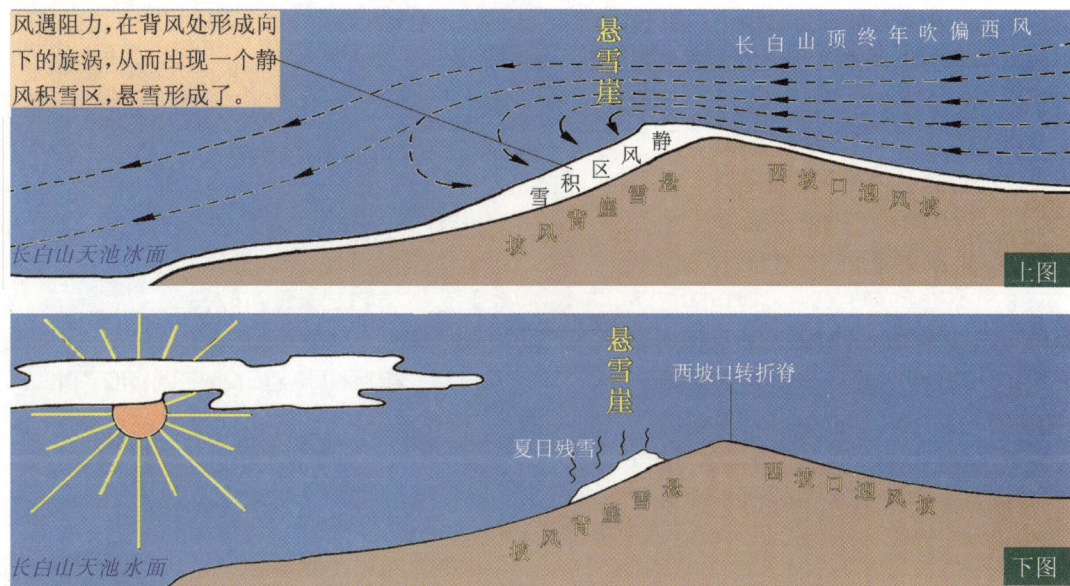

图4-27　悬雪崖上悬雪形成示意图

## 4.2.3　光绪三十四年（1908年）刘建封从悬雪崖下临天池为十六峰定位命名

光绪三十四年（1908年）六月二十八日，刘建封率队从长白山西面攀登，到达西坡口，旨在调查山境，并为诸多山峰定位命名。

长白山是清朝肇祖皇帝先世发祥地，只因"奠鼎幽燕，奉旨封禁，八旗臣庶扈从入关，辽沈以东草昧混沌，复无人迹"（张凤台：《长白汇征录》第4页），封禁长白山使龙兴之地韩民越垦，滋生边衅，日俄两强，觊觎日甚。长白山"以我龙兴圣迹，原中外所同知而乃图经不详，启外人以觊觎之渐，此祖宗之隐恫而薄海臣子所痛心疾首，群思一辩而无确据者也"。（刘建封：《长白山灵迹全影·序》）在内外交困的形势下，刘建封等不辞劳苦，不避险阻，毅然奔赴长白山，调查详确，并为长白山"奇峰十六，名胜百二"定位命名，以"昭告天下，使外人知吾根本重地"（刘建封语）。这些爱国官员来到长白山，为"改定协约"做出不屈不挠的努力。（按：句中"协约"，指丧权辱国的《图们江中韩界务条款》，其第一款称"以图们江为中韩两国国界，其江源地方，自定界碑至石乙水为

界"。条款中极其错误地指穆石为定界碑，致使长白山失去东南半壁。）

阴历六月二十八日，阳历7月26日，资料表明，一百多年前，长白山的气温较现在低，此时虽然已是盛夏，但山峰上还残存许多尚未消融的积雪，而在悬雪崖上，因地形等原因，存留着更厚的雪，刘建封站在悬崖上，看着眼前的积雪，遂命名此处为"悬雪崖"。

实际上，悬雪崖是一处较陡的坡，如果是陡立的崖，就不可能"悬"住积雪，正因为是坡，积雪才得以悬停而不致滑落。所以刘建封说："坡度急处，积雪丈余。"（刘建封：《长白山江岗志略》第314页）

刘建封爬悬雪崖时，感觉是"滑软异常"，他称脚下的东西是"海浮石"，海浮石就是浮石，学名浮岩，是火山喷发岩的一种。岩浆中所含的气体因压力骤减而释放，使岩石形成蜂巢状或泡沫状构造，很轻，能浮在水面上。浮岩呈浑圆块体或颗粒，很不结实，用脚就能碾碎。悬雪崖就是在火山爆发时，由喷射到空中的浮岩堆积而成的，试想，陡坡上尽是这种轻而易

251

碎之物，哪能不"滑软异常"？刘建封记述："浮石碎而柔滑，由池至崖，每有进三步而退两步之艰。"（刘建封：《长白山江岗志略》第 314 页）

刘建封踏查长白山后认为，在天池周边的"五道坡口"中，"下临天池以此崖较易"，这是不错的。对比而言，他在滚石坡，向下走休息十九次，向上攀爬休息五十二次，弄得浑身是伤。但在悬雪崖则没有那样艰难，可以一鼓作气，向下滑走，直达濯足石，向上攀登，即使是"进三步退两步"，休息三五次就能到顶。张福有从悬雪崖和滚石坡各下天池二次，还是西坡较易。

因天阴雾浓，无法观测，直等到下午两点，才乞得晴天，开始观测。但在濯足石一带，环池十六峰并不能全都看见，《长白山江岗志略》314 页记载："池边眺望，只见峰头十二，若芝盘、紫霞、观日、锦屏四峰，未易窥其项背耳。"

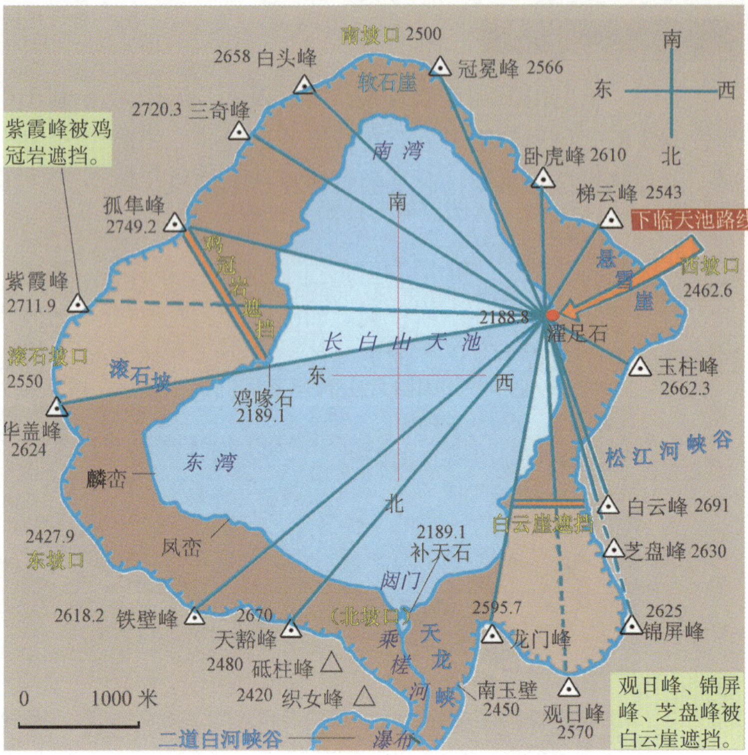

图4-28　刘建封在濯足石观测环池诸峰平面图

照片4-39　刘建封率兵仆从悬雪崖下临天池

根据历史文献记载将刘建封下临天池的情景描绘于现代照片之上。《长白山江岗志略》450 页记载："六月二十八日同跻白山之巅……委员封带兵二名，寻西坡口下临池畔。"另一说是刘建封带兵二名引路人一名下临天池。

为何有四座山峰看不见？用图解的方式予以说明：以濯足石为视点，向环池十六峰引线，可以看到，紫霞峰被伸入到天池中的鸡冠岩悬崖挡住了，观日峰、锦屏峰、芝盘峰被白云峰直抵天池水面的悬崖挡住了。注意，与龙门峰的连线也被白云崖挡住了，但却能看见龙门峰，这是因为白云峰悬崖的前端在插入天池水面时变低了。

《长白山江岗志略》314页记载："（悬雪）崖上暑表四十度，池中六十二度。《白山纪咏》有云：'雪崖上下五华里，暑度居然廿二差。'"

悬雪崖的高度，从天池水面算起，为273.5米。这个高差足以使山上和池边有较大温差，刘建封量得山上为华氏40度，相当于摄氏4.4度，很冷的，池边的温度上升为华氏62度，相当于摄氏16.7度，不

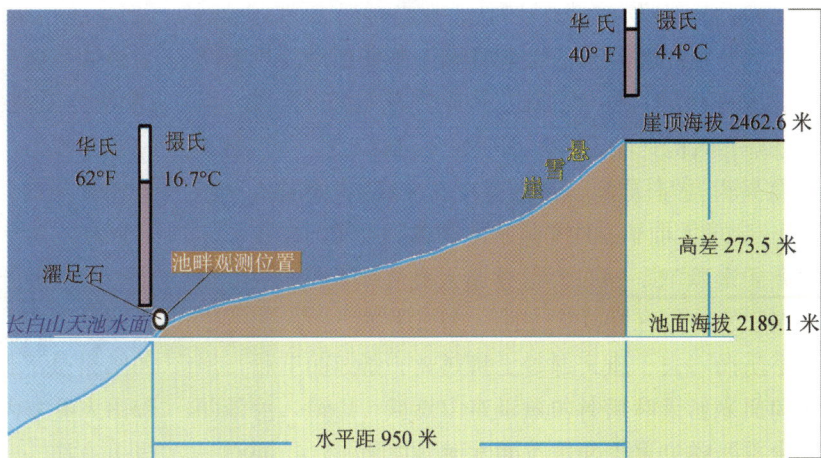

图4-29　刘建封下临天池路线地形剖面及当时气温变化图

再感到冷，两地温差摄氏12.3度。刘建封说有22度的温差，说的是华氏温度。

图4-29是根据1908年阴历六月二十八日中午时分刘建封测得的气温变化，加上悬雪崖上下地形变化绘制的。

## 4.2.4　濯足石怀旧

在天池西畔，悬雪崖内壁东麓，有一个小半岛，半岛的尖端向东突出，伸入天池，三面环水。刘建封在《长白山江岗志略》320页记载：从前，有一位从桦皮河来的猎人，名叫刘凤翔，每次来到西坡口都能看见一位僧人坐在天池边一块石头上洗脚。这是一个真实的故事，刘建封据此命名此石为濯足石。

那么，濯足石的具体位置在哪里？同页记载："濯足石，在金线泉下。池水围绕有情，高出水五尺。"金线泉在哪里？《长白山江岗志略》317页记载："金线泉，源出玉柱峰东，流入天池，斜垂如线。"金线泉水线长约五里，过濯足石流入天池，所以濯足石的位置不难确定。刘建封说濯足石"高约五尺"，当是指小半岛尖部而言。实际上，就整个小半岛而言，何止"五尺"高。但刘凤翔经常看见的那位僧人既然能坐着洗脚，这石头肯定不会是"五尺"，显然是太高了，坐不上去。所以濯足石当是指可以坐且能把脚伸到天池水中的石块，估计顶多就是一尺来高，而这个石块一定是在小半岛紧挨水面的地方，濯足石应当指这块能坐着洗脚的石块。但以一块并不大的石头作为地名，通常可以扩大范围泛指，这样，整个小半岛便被称为濯足石了。

濯足石，作为天池西畔池边形貌突出的地形，引人注目，凡从悬雪崖下临天池的人，无不顺路走到这块突出于天池水面的平台上，这里也确实是"近水楼台先得月"观赏天池的好地方。从地质角度说，濯足石是悬雪崖火口群喷溢的熔岩碎屑流的末端。这些高温流体，因

为黏稠而流动缓慢，流动时层层推挤叠加，最后，流体前缘冷却凝固在天池水边。天池周边类似濯足石的碎屑流还有很多，比如，与濯足石遥遥相对的凤峦和麟峦；向北，斜对过的补天石；向南，斜对过的钓鳌台、放鹤台、风月窝等，它们都是同期火山喷发的产物，其形成过程与流动形态特征都相似，岩流外貌也相似。由这些火山碎屑流构成的池边岩席，因为表面较为平缓，故能存留风化土和火山灰，且因海拔位置较低，气温又较山顶高，适宜植物生长，所以成为天池周边的绿洲，其与不能生长植物的悬崖峭壁和倒石堆形成鲜明对照，凡绿草茵茵，繁花似锦之处，大多都是这样的岩席，此种情形在航空照片或卫星照片上看得更明显。在悬雪崖箕斗底部因为生长着茂密的植物，从前，登山的先民常看见鹿群聚集，或吃草或躺卧。《长白山江岗志略》321页记载："鹿径，在梯云峰前，斜插天池。登山者常见麈鹿麇麇，骈田逼仄之象。"所谓"梯云峰前"，说的就是悬雪崖坡上。刘建封这次下临天池，他记载："余立濯足石前，见有数鹿，往来其间，若不畏人者。"这一带还有鹿群，古时候，长白山是野生动物的乐园，1677年武木讷奉旨看验长白山时，不仅看见鹿群，而且鹿竟多到因奔跑碰撞从悬崖上跌下来摔死7头，一直滚到人们站立的地方。

1908年阴历六月二十八日，刘建封从悬雪崖下临天池观测，天气忽阴忽晴，有阵阵雷声传来，顿起大雾，"眼前一物无所见"，又下了一阵雨，怎能观测？真是无可奈何。这时，但见刘建封在濯足石上摆开祭

场，烧香、下跪、作揖、叩首、念念有词，祭天池龙王以求晴天，刘建封留有诗句云：“愿看白山真面目，乞晴还得拜龙君。”祭祀完毕，天池龙王还真给面子，立即转晴。人们只道是旱天求雨，未曾闻雨天求旱，这当是刘建封内心的虔诚、学者的机智和文人的幽默吧。这时，他趁晴天站在濯足石上开始工作，但见环池山峰“全形毕露”，个个历历在目，倒影涟漪，顾不得欣赏天池的风光，这位野外勘查队的“领班”赶紧拿出指南针和纸笔，又量又画又写，记录各峰的方位、高度，描述各峰的形象并予以“相形命名”。两位年轻的士兵和一位仆人也忙前忙后，帮助他工作。大荒之中，天池之旁，濯足石上的这一幕，在浩如烟海的历史文献中，永远是一个闪烁的亮点。

张福有所摄照片 4-40，不是站在刘建封当年观测位置拍摄的，而是站在悬雪崖上沿，两地高差 274 米。所以，照片中环池各峰遮挡的情况与刘当年所见略有差别。刘建封说，“只见峰头十二，若芝盘、紫霞、观日、锦屏四峰，未易窥其项背耳”。这幅照片因拍位高，可以越过鸡冠岩看见紫霞峰的顶尖，而在濯足石上，因观位低，紫霞峰完全被鸡冠岩遮挡。此外还有不同之处，这幅照片中没有摄进白头峰和冠冕峰，卧虎峰仅见其脚，不见其身，但在濯足石上能看见上述这几座峰。所处的位置不同，遮挡的情况肯定不同，这并不奇怪。在天池旁，濯足石不过是一处突出的矮石崖，没有什么名气也不被人注意，但后来发生的一件事，改变了它的地位，它现在具有重要的地理意义。1962 年中朝重划国界时，野外实地踏勘人员选择了天池边上这个突出的地形，因为它毕竟是个明显的标志，国界线从 5 号界碑下来，通过濯足石，越过天池水面，到天池东岸池畔的凤峦，经东坡口到 6 号界碑，就是这条笔直的线把将天池一分为二，随着天池水面的拦腰切割，刘建封所命名的环池十六峰也被分开（见照片 4-40）。

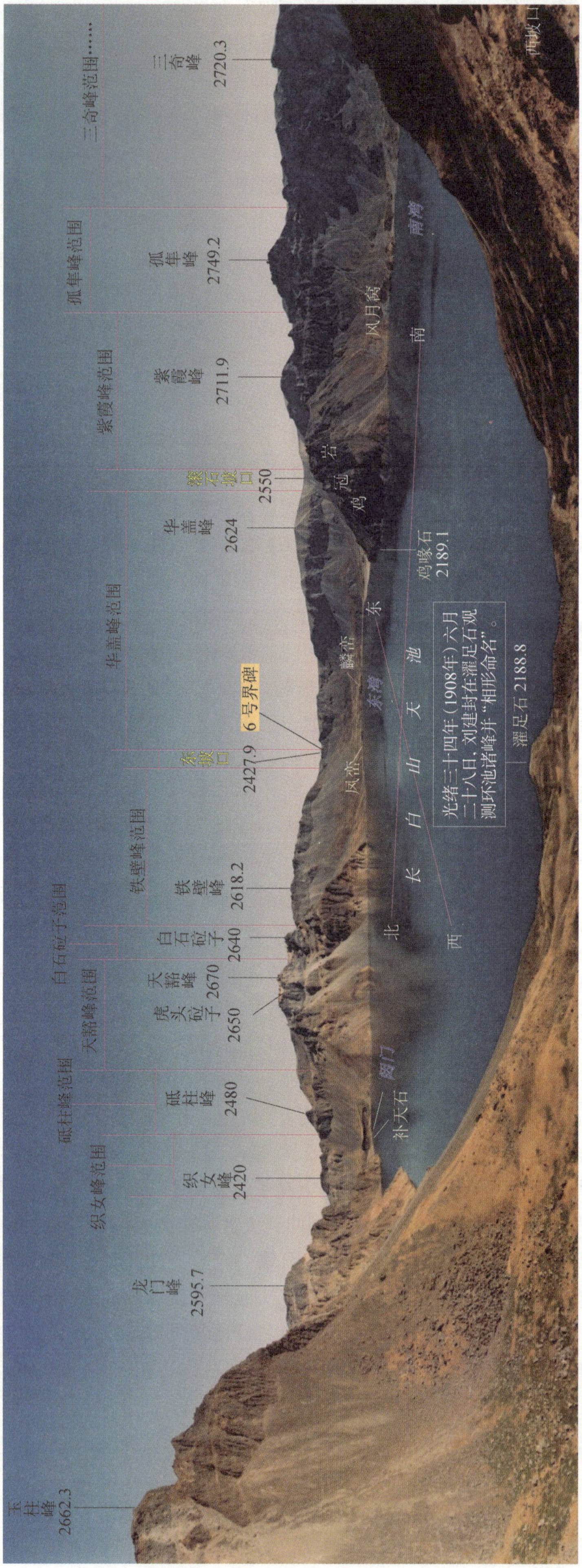

三奇峰范围……
三奇峰 2720.3
孤隼峰范围
孤隼峰 2749.2
紫霞峰范围
紫霞峰 2711.9
滚石坡口 2550
华盖峰 2624
华盖峰范围
6 号界碑
东坡口 2427.9
铁壁峰范围
铁壁峰 2618.2
白石砬子范围
白石砬子 2640
天豁峰范围
天豁峰 2670
虎头砬子 2650
砥柱峰范围
砥柱峰 2480
织女峰范围
织女峰 2420
龙门峰 2595.7
玉柱峰 2662.3
西坡口
南湾
风月窝
南
鸡冠岩
鸡喙石 2189.1
东
鳞峦
东湾
凤峦
长白山天池
北
西
阀门
补天石
光绪三十四年（1908年）六月二十八日，刘建封在濯足石观测环池诸峰并“相形命名”。
濯足石 2188.8


照片4-40　长白山西坡景象（张福有　摄）

悬雪崖火口群位于天池西侧，因在悬雪崖坡麓，故以悬雪崖火口群命名。天池火山口内壁有七个箕斗形地貌，在梯云峰和玉柱峰之间有一个，名为"梯云—玉柱箕斗"（亦称"悬雪崖箕斗"）。"箕斗"后缘由梯云峰悬崖、悬雪崖、小玉柱峰悬崖、2600峰悬崖、2610峰悬崖和玉柱峰悬崖构成。这些悬崖联袂形成一围椅状地形，使这里成为一个箕斗形，"箕斗"向着天池方向开口，口边直抵天池水面。在该"箕斗"底部有4个熔岩碎屑流喷溢口，可称之为火口。这4个火口在航空照片上容易分辨，图4-30就是依据航空照片上的纹理所描绘。火口分别编号为1、2、3、4号。其中1、2号靠近悬崖倒石堆坡脚，3、4号靠近天池畔。这4个火口规模都不大，口径约三四十米，形态都比较完整，互相间距离较近，从地质角度看，是相当密集的。这4个火口都有各自喷溢的熔岩碎屑流，但1号和2号火口的熔岩碎屑流大部分被倒石堆所覆盖，3号和4号火口喷溢的熔岩碎屑流则非常清楚，不只是在航空照片上清楚，在野外实地观察也是清晰的。熔岩碎屑流表现为一层层的叠瓦状流动构造，有如梯田。在图中，从这些纹理的弯曲方向可知道熔岩碎屑流的流动方向，明显地指向天池。3、4号火口的熔岩碎屑流直抵天池水面，如手指般形状（称为指状熔岩）伸到天池边，凝固在池畔。当火口喷溢时，炽热的熔岩碎屑流接触到冰冷的天池水，激起波浪，发出响声，黑色的浓烟和白色的蒸气滚滚升到空中，那情景是非常壮观的，难怪民间有传说"忽由池中突起五色云，向东南（注：当时刮西北风）而去，惟黑（浓烟）白（水蒸气）两色居后"，一定是有人看见了这次火山喷发的情景，再附丽想象而传为黑龙江龙王和天池龙王的传说。在长白山，民间传说往往隐含着火山喷发的信息，这里又是一个例证。3号火口的熔岩碎屑流，手指状突出伸向天池中，成为观赏天池全景的平台。光绪三十四年（1908年）刘建封就是在这个熔岩碎屑流的尖端上拜祭长白山天池并为环池十六峰定位和命名的。这条熔岩碎屑流的前端，被刘建封命名为"濯足石"。

由这4个火口喷溢的熔岩碎屑流联合构成了一面岩席，岩席铺满了悬雪崖箕斗的底面，岩性主要是凝灰角砾岩、凝灰集块岩和凝灰岩等。此次火山喷溢的数量不大，熔岩碎屑流流动的距离也很短。

这次火口喷溢的年代离现在较近，一般认为距今千年以内，有地质学家甚至认为是1668—1702年间火山活动的产物，距今不过300百多年，这些看法都有待于继续研究论证，这里的分析仅供读者参考。

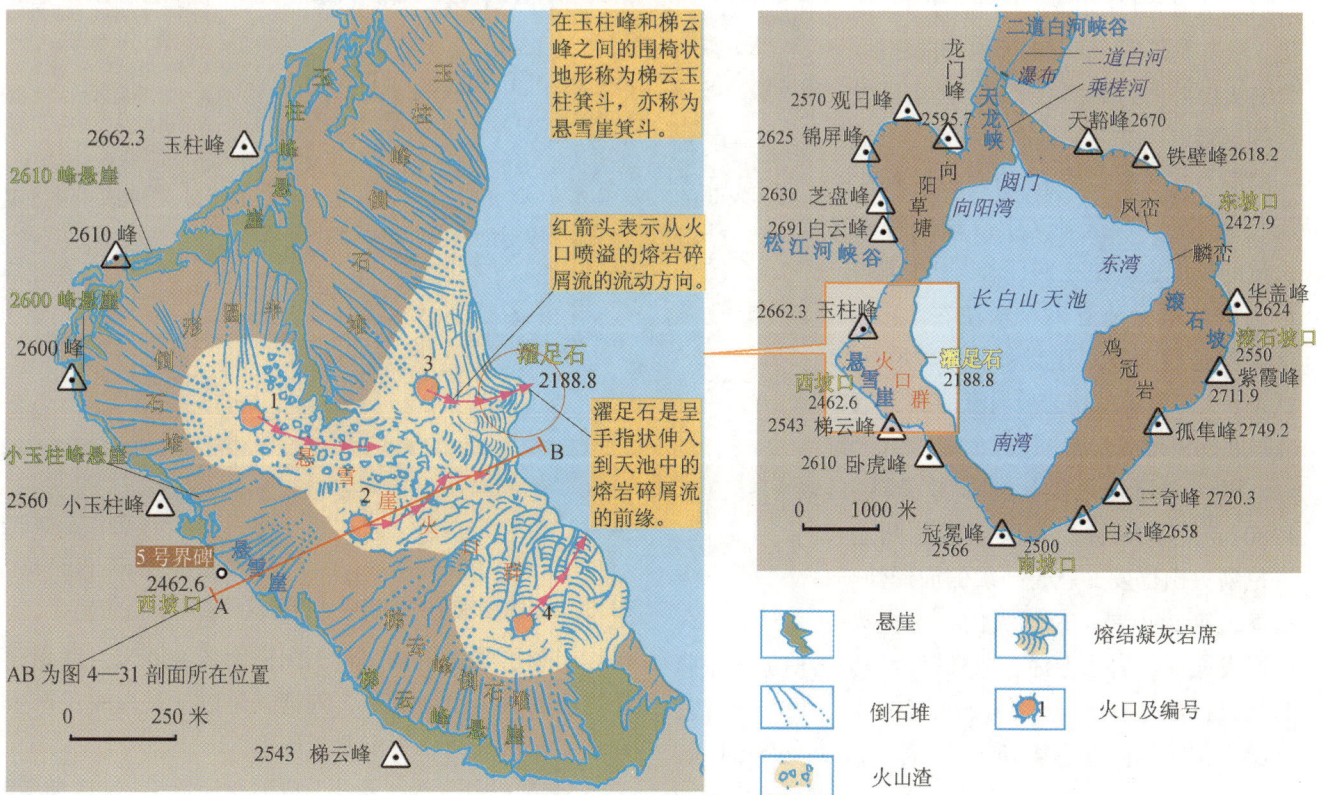

图4-30 悬雪崖火口群航空照片素描图及位置图

## 4.2.6 悬雪崖箕斗岩席形成示意图

一次侧向爆炸形成了"悬雪崖箕斗"和"箕斗"底部的熔岩碎屑流，我们将这个过程简化为三个阶段，分3幅示意图加以说明：

上图：大规模的火山爆发后，天池火山口平静了一段时间，大约在四五百年（也有人认为是八九百年）前，地下又重新聚集起岩浆，由于岩浆的上涌和膨胀，对地面产生强大的压力，在天池周边的环状断裂带上，上覆岩层被巨大的压力拱起来，充满了纵横交错的裂隙，岩层变得疏松了。

中图：地下岩浆继续向上运移，从岩浆中析出的高温高压气体超过了上覆岩层的承受能力，隆起来的地面先是发生松动，继而破碎，终于发生爆炸，掀飞了半个山坡，岩块飞向四周，因为这里的地形是倾斜的，是侧向爆炸，崩飞的碎石大多落入天池。

下图：高压气体掀开了山坡之后，大量的气体飞散到空中去了，能量得到了释放，岩浆中所含的气体已经不多，失去威力的岩浆只能与混杂在一起的碎屑物从爆炸口中以较为宁静的方式涌溢，沿着"箕斗"底部向天池方向流动。含有火山碎屑的黏稠的岩浆，随着阵发性的涌溢，一波一波地向前推挤，形成一层层叠瓦状流动构造。熔岩数量不多，流程也不远，在天池边上冷却凝固了。岩流的长度也就是三四百米，其中流得最远的伸进天池五六十米左右，它的前缘就是后来被刘建封命名的濯足石。这4个火口喷溢的熔岩碎屑流铺满了"箕斗"底部，形成岩席。

讲一个可与之类比的参考资料：1980年5月18日，美国华盛顿州圣海伦斯火山爆发，就是一次侧向爆炸。圣海伦斯火山是一座活火山，这次火山爆发之前，岩浆上涌，造成巨大压力，使地面呈隆起状态，岩石破裂，上覆岩石开始松动，并伴有地震，高温高压的气体忽然猛烈爆炸，岩石崩飞，火光冲天，巨大的蘑菇云升上天空，接着有岩浆流出。这次侧向爆炸崩掉了半面山体，将火山锥削低200米。联想到悬雪崖的火山侧向爆炸，其情景足以让长白先民产生许多关于从天池中飞出龙的传说。

"侧向爆炸"为"箕斗"成因众说之一，仅供参考。

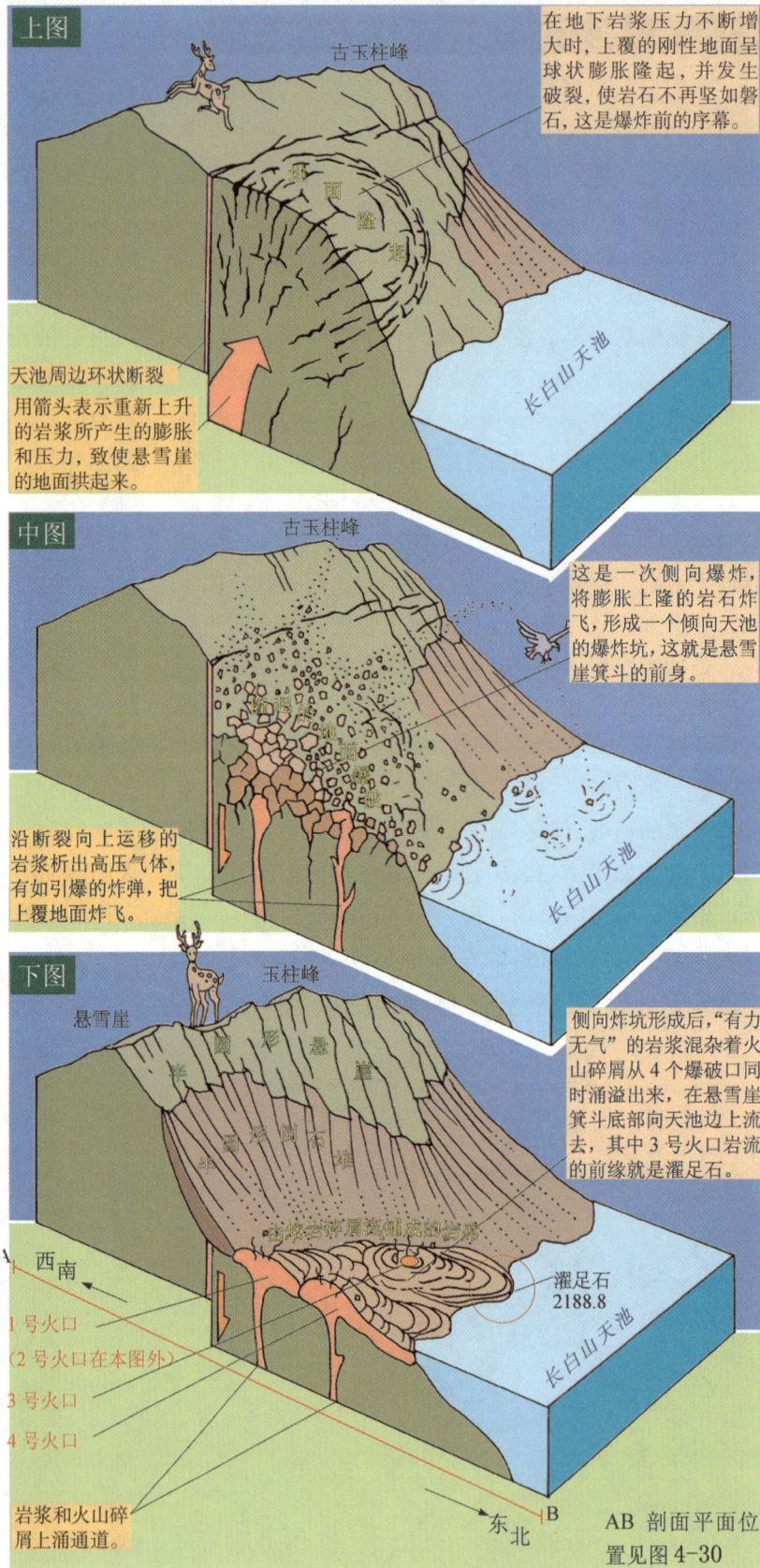

图4-31 悬雪崖箕斗及熔岩碎屑流形成示意图

上图
古玉柱峰
地面隆起
长白山天池

在地下岩浆压力不断增大时，上覆的刚性地面呈球状膨胀隆起，并发生破裂，使岩石不再坚如磐石，这是爆炸前的序幕。

天池周边环状断裂
用箭头表示重新上升的岩浆所产生的膨胀和压力，致使悬雪崖的地面拱起来。

中图
古玉柱峰
长白山天池

这是一次侧向爆炸，将膨胀上隆的岩石炸飞，形成一个倾向天池的爆炸坑，这就是悬雪崖箕斗的前身。

沿断裂向上运移的岩浆析出高压气体，有如引爆的炸弹，把上覆地面炸飞。

下图
玉柱峰
悬雪崖

西南
1号火口
（2号火口在本图外）
3号火口
4号火口
岩浆和火山碎屑上涌通道
东北
B

濯足石
2188.8
长白山天池

侧向炸坑形成后，"有力无气"的岩浆混杂着火山碎屑从4个破碎口同时涌溢出来，在悬雪崖箕斗底部向天池边上流去，其中3号火口岩流的前缘就是濯足石。

AB 剖面平面位置见图4-30

256

## 4.3 滚石坡口（汩石坡、滚石坡）

滚石坡，是天池火山口内壁一处陡坡，由火山泥石流和悬崖上崩落下来的倒石堆构成，坡上常见碎石滚动，虽然可以在上面行走，但却是非常困难和危险的。在这一带，除此之外皆是悬崖峭壁，根本不能攀登，相比之下，沿着这处陡坡勉强可以爬行，所以，滚石坡成为从这里下临天池的唯一通道。

滚石坡是我国先民对这个坡的称呼。刘建封在《长白山江岗志略》中命名为"汩石坡"。"汩石坡"之名文雅但生僻，所以刘建封有时也用滚石坡，如《白山调查记》中有"滚石坡异常危险"之句。"汩"是形容流水的样子，"流动的石块"毕竟不如"滚动的石块"来得贴切，故在本书也用民间俗称滚石坡。

滚石坡在什么位置？滚石坡的位置不难确定，《长白山灵迹全影》22页第11幅照片《滚石坡》拍摄的就是滚石坡。照片的"具图贴说"云："坡在天池东北，石无大小，盆若盘若轮若者，踏之立转，怒如走丸。稍不慎，人且立蹶。匍匐蛇行，引绳蹑足以往。左为紫霞，右为华盖，隐流泉，复出没于其间。石隙断纹，如应龙拏水，挟沙石俱下，澎湃有声，时复琴筑铿然，动人清听，里余忽伏不见，故名隐流。拨石寻之，触动雷殷，山鸣谷应。"

文中"左为紫霞，右为华盖"句，这是以面对天池的方向而言，把滚石坡定位在两峰之间。《长白山江岗志略》315页说得更明确："汩石坡，在紫霞、华盖两峰之间，俗名东北坡口。"

滚石坡的位置明确，又有照片为证，不应再有歧义，然而一些书籍将滚石坡的位置标错。郑德权与其争辩得知，问题出在对"坡在天池东北"之句的理解上。刘建封著作中有"坡在天池东北"和"俗名东北坡口"，其中"东北"二字被误解，有学者著述，据此"东北"二字将白石砬子和铁壁峰之间的一处泥石流标定为滚石坡，众皆以此为准，数十年来以讹传讹，造成混乱。

刘建封将滚石坡作为华盖峰、紫霞峰、避风石、隐流泉、钓鳌台、放鹤台等峰、崖、名胜定位的参照系，滚石坡一错，其他皆错，涉及多个山峰定位错误，还牵连着女真祭坛的位置，因为女真祭坛在钓鳌台上。女真祭坛又牵连到女真国王祭祀长白山的位置，进而

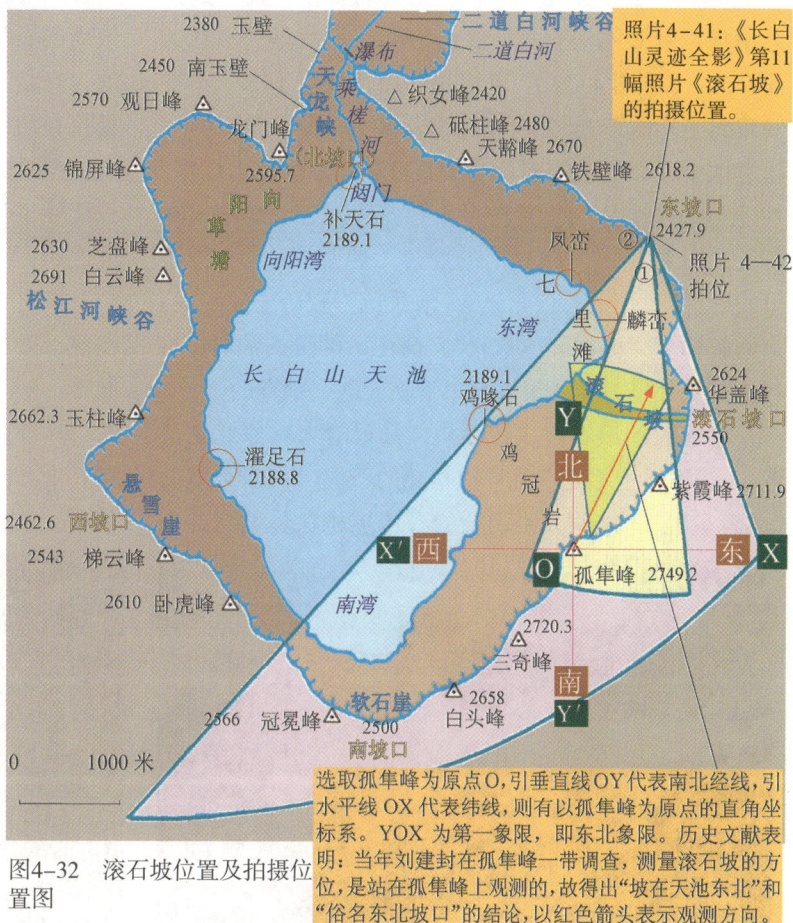

图4-32　滚石坡位置及拍摄位置图

照片4-41：《长白山灵迹全影》第11幅照片《滚石坡》的拍摄位置。

选取孤隼峰为原点O，引垂直线OY代表南北经线，引水平线OX代表纬线，则有以孤隼峰为原点的直角坐标系。YOX为第一象限，即东北象限。历史文献表明：当年刘建封在孤隼峰一带调查，测量滚石坡的方位，是站在孤隼峰上观测的，故得出"坡在天池东北"和"俗名东北坡口"的结论，以红色箭头表示观测方向。

可能牵连到1999年在天池边发现的女真文字碑的研究。鉴于此，郑德权分析了关于刘建封在叙述滚石坡的位置时，何以会有"坡在天池东北"之记述，以及对"东北"二字的辨析。

十六峰和五道坡口，是围绕着火山口外轮呈环形分布的，观测者在这个大环上所处的位置不同，对被观测的峰、崖、坡会有不同的方向判定，如仅仅以东、南、西、北等方向进行标定，肯定会有不同的结果。例如：站在孤隼峰上看滚石坡，滚石坡在观测者的东北方向，如果站在天豁峰看滚石坡，滚石坡则在观测者的东南方向。如果在天池水面上乘船观测，说某峰、某坡在天池的某某方向，也会因船的移动而得到很不一样的方向判定。只有一个点，即观测者位于天池中心，所测量的围绕火山口大圆环上的峰、崖、坡，才能得出唯一的方向判定。但这是不可能的，因为天池中心不划船是不可能到达的，何况，即使有船，没有现代测量仪器，这个中心点也难以寻求。准确标定环池各峰、崖、坡的位置，虽不能在天池水面实测，却可以"纸上谈兵"，即在地形图上测量，郑德权这样做了。

刘建封当年是在天池火山口东南部即在孤隼峰、

257

紫霞峰一带踏查并观测滚石坡的，他率北洋陆军测绘学堂毕业的王瑞祥等人踏查时是带着指南针的，从这里用指南针观测滚石坡所在的方向，那就是"坡在天池东北"（见图4-32）。事情很明白，如果不深入考证刘建封当年的踏查路线和地点，仅以"东北"二字为据，随意性太大，何况，当时的《滚石坡》照片是有力证据。刘建封拍摄照片的位置在今6号界碑附近，郑德权在相近之处拍出了一幅相同的照片（照片4-41），为了更明确说明，用的是广角镜头，取景范围较历史照片大。上面解释了"坡在天池东北"。现在，再回头看刘建封和他的兵仆是怎样从滚石坡"下临天池"踏查的。

刘建封的滚石坡之行确是"其艰险未有如此之甚者"。滚石坡上尽是杂乱堆积相叠的石块，"大者合抱"，"小者盈握"，这些大小相杂的石块堆积在陡坡上，毫

无胶结，注定不会稳定，石块之间只有几个点互相支撑，这样的支撑十分脆弱，只要破坏一个支点，就可能导致周围石块失去平衡，踏转一块，整个坡面会发生蠕动，光是石块之间摩擦撞击的响声就十分可怕。一旦裹挟在滚动的石块间，非死即伤。刘建封说"遇有大风，石即转移"，一点也没夸张。一场大风，一阵大雨，都能使不稳定的石块失去平衡，纷纷滚落。可见滚石坡之行是多么不容易。刘建封记载："手攀石，足试石，探之不转而后下，否即不敢登。上坡时，仆王桂在前，腰中系带，垂其两端，手足匍匐而进。余一手握带，一手扶石，后有队兵苏得胜用手扶持，而始得前，兵仆各受石伤数处。计下时休息十九次，上时休息五十二次。自沈阳至长白山东之红旗河往返数千里，其艰险未有如此之甚者。"（《长白山江岗志略》315页。）

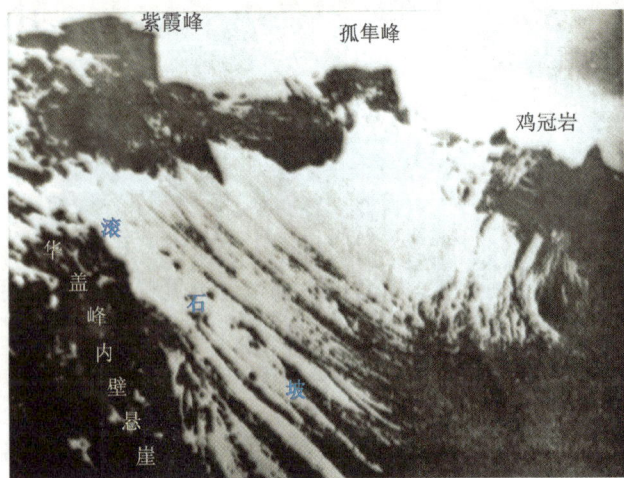

① 照片4-41　《长白山灵迹全影》中的《滚石坡》照片
历史照片《滚石坡》中的文字注记为笔者所加。

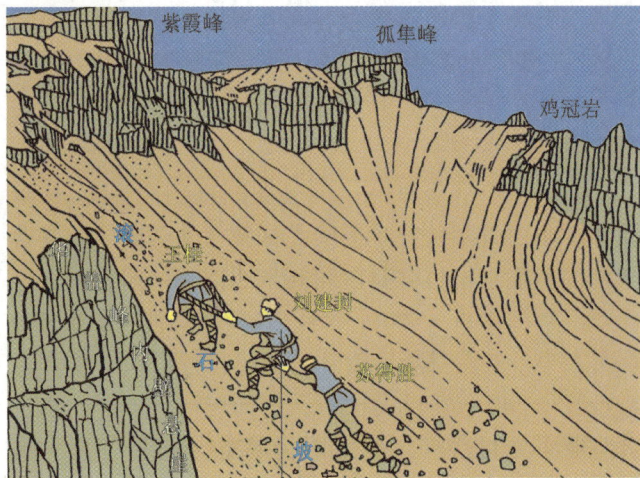

图4-33　刘建封在滚石坡攀登图

《长白山江岗志略》315页："上坡时，仆王桂在前，腰中系带，垂其两端，余一手握带，一手扶石，后有队兵苏得胜用手扶持，而始得前。"

照片4-41（拍位见图4-32）：这是《长白山灵迹全影》第11幅照片《滚石坡》。根据山形，求得拍摄地点在东坡口。除摄入滚石坡外，华盖峰摄入内壁的悬崖，紫霞峰和孤隼峰完整摄入，鸡冠岩摄入南半部。

照片4-42（拍位见图4-32）：这是在相近位置拍摄的滚石坡，比历史照片范围大。因拍摄角度略有不同，紫霞和孤隼两峰之间的距离也显得大一些。

照片4-42　1994年在相近位置用广角镜头所摄之滚石坡

## 4.3.1 刘建封从滚石坡下临天池，再为十六峰定位命名

光绪三十四年（1908 年），刘建封率领野外踏查队于六月廿八"同跻白山之巅"，由西坡口（悬雪崖）下临天池，立足于濯足石上，测定了环池山峰的方位，目估各峰的高度，观察各峰的形貌，为在濯足石上能看见的十二座山峰"相形命名"。

天池很大，环池山峰众多，刘建封知道，只在一处观测定位是不全面的。环绕天池的山峰和悬崖参差不齐，有的相互遮挡，致使观测者虽身处池畔而不可能看全所有山峰，如在濯足石上就只能看见十二座山峰。《长白山江岗志略·白山调查记》451 页记载："查天池势扼东北西南成不规之椭圆形，长约二十九里，划分三段，北段宽约二十里，中段宽约十里，南段宽约十二里，四周围只七十余里，形如初生莲叶之出水，盖非圆形也。"如此复杂错落的群峰，从不同角度观测，不仅山峰的数目看不全，而且其展现的形象也只能是山峰的某个侧面，正面和侧面是完全不同的。所以，对于环池诸峰还必须在不同地点、从不同方向进行观测。于是，刘建封与他的随从从天池西面绕到天池东面踏查去了。

刘建封于七月初七来到滚石坡，在此下临天池。据文献记载，由滚石坡下临天池的共有 5 人，除

刘建封外，还有引路人徐永顺、队兵苏得胜、队兵□□□、仆役王桂。他们从上午 10 点到下午 4 点，整整工作了 6 个小时。先是来到仙人岛、钓鳌台、放鹤台，在钓鳌台上看到一处石堆，相传，这是女真国王祭天池而修筑的祭坛，此是祭坛遗址。在放鹤台上用罗盘测定了环池各峰的方位，并再度对环池十六峰"相形命名"，刘还画了一幅草图。然后，他们从临池沙滩上走过，沿着天池东湾向北绕行，踏查了七里滩、麟峦和相距半里路的凤峦。接着又沿天池边向西走去，来到天豁峰脚下，然后折返。

在这 6 个小时中，刘建封对踏查过的地方，凡是可以成为名胜者，皆予以记录和命名。他写道：从滚石坡下临天池，"此游不负"，不然的话，"天池之旁，二台（钓鳌台、放鹤台）、三山（碧螺山、麟峦、凤峦）、隐泉（隐流泉）……皆湮没不彰云"。也就是说，如果没有滚石坡之行，这些名胜不知到何时才能为世人所知晓。

刘建封在天池西畔濯足石上对环池诸峰的观测，以及在天池东畔放鹤台上对环池诸峰的再次观测，终于对长白山主峰有了全面了解，标定了环池十六峰及其他名胜的位置，并为各峰、崖、坡、石、泉等予以命名，

① 照片4-43 刘建封从滚石坡下临天池，再为十六峰定位命名之路线考证图（从北向南看，拍位见图4-34）

在"龙兴之地"完成了"指证确凿，洵足为筹边者之一助""编定国史，汇纂志书，亦必乎是乎赖"的使命。

刘建封等爱国官员历时数月的长白山踏勘，对"谋完全永固之基"（东三省总督徐世昌奏折语，载《长白汇征录》8页，1909年），在长白山三江源区筹设"长白府—安图县—抚松县"大三角守备防范区（《奉吉两省勘分边界原案批牍》内容，载《长白汇征录》19页），为"明主权之有在，迹足为界务之先征"（东三省总督锡良进呈《长白山灵迹全影》奏折语，1911年），

"为将来勘国界者之一助"（刘建封《白山边碑辨》语，1908年），从历史沿革、地理方位、山川形势诸方面提供了脚注，这是刘建封对长白山"永固之基"做出的不可磨灭的贡献。

在《刘建封在滚石坡攀登图》（图4-33）中，刘建封44岁，引路人徐永顺28岁，在前面拉着刘建封的仆役王桂和在后面推他的队兵苏得胜都是二十多岁的年轻人，他们在攀登滚石坡时，为保护刘大人，都被滚落的石块砸伤，我们向这些捍卫长白山的年轻队兵致敬。

历史钩沉：康熙五十一年（1712年）穆克登奉旨查边，《东国文献备考》之《舆地考》对当时的情形有详细记载，记述穆克登等行至山顶所见："……有池如囟穴，周可二三十里，复不可测，壁削立，若糊丹垣，坼其北数尺，水溢出，为黑龙江源，又东有石狮子，色黄尾鬣如欲动者，中国人谓为望天吼云。"文献记述的情形在这幅照片中可以见到。其中"囟穴"指天池；"若糊丹垣"指如砖墙的悬崖；"坼"指天龙峡和闼门；"石狮子，色黄尾鬣如欲动者"指天豁峰。

照片4-44　刘建封从滚石坡下临天池的考证（拍位见图4-34）（张福有　摄）

### 4.3.2　刘建封踏查东湾沿途主要景观

刘建封沿东湾的踏查给我们留下了珍贵的史料。天池东湾景色非常美丽，东湾周边有丰富的火山地质现象。在这一带，除别处已有叙述之外，还有如下名胜：

麟峦：《长白山江岗志略》317页记载："麟峦，在天池东北，铁壁峰下，高约半里。"刘建封把此处前缘高出池面，后缘与铁壁峰倒石堆相接的地形称为"麟峦"。麟峦表面起起伏伏，以"峦"相称，十分恰当。从地质角度看，麟峦是火山熔岩流和火山碎屑流。麟峦的前缘并不太高，一般也就是两三米到十多米高。刘建封说它高约半里，那是把熔岩碎屑流的后缘也算入峦高的结果。前人所说的山"高"，有时是指坡面

的长度，如刘建封曾叙述长白山主峰的高度，他说"由麓至巅，高约三十六里"，实际上指的是长白山的坡长。所以，刘建封这里所说的麟峦"高约半里"，是指麟峦斜坡的长度。

凤峦：《长白山江岗志略》317页记载："凤峦，东距麟峦半里许。上多沙石，高半里。"凤峦的形态与成因和麟峦差不多，岩流的前缘也是终止于天池水面。凤峦岩流的厚度略小于麟峦，面积也小于麟峦。凤峦岩流的后缘接抵铁壁峰倒石堆，刘建封亦说它"高半里"，从凤峦的前缘向逐渐抬升的后缘走，斜坡的长度经步测，的确是半里左右。

七里滩：《长白山江岗志略》322页记载："七里滩，在华盖、铁壁、天豁三峰之下。"环绕天池边有时可以看到带状火山灰沙滩，分布于东湾的沙滩就是七里滩，七里滩与滚石坡之下的"临池沙滩"相连，沿着湖畔向北延伸，再转向西北方向，形成一条优美而流畅的弧形沙滩带。沙滩不很宽，最宽处也就几十米，窄的地方仅几米，但正是这条沙滩带宛如给天池镶上了一个银边。如果把天池比喻为丽人，那么七里滩就是丽人颈上的银项圈。但须说明：天池畔的沙滩不是很细的沙子，而由不同颜色的火山碎屑组成，因为这些火山碎屑形成的年代不是很久，所以磨圆度较差，抓在手里并没有海滩沙子那么柔软，有一种"涩"的感觉，这也正是天池沙滩的特色。如果像在海滩上那样躺在上面进行阳光浴的话，大概不会很舒服。

临池沙滩：《长白山江岗志略》316页在叙述放鹤台时云："……临池沙滩约有数里，光明如镜，真仙境也。"所说的"临池沙滩"不是专属名称，而是泛指。放鹤台前面的临池沙滩是天池周边最大一处沙滩，

沙滩浅水处，各种颜色的沙石在清澈的水中清晰可见，刘建封说临池沙滩"真仙境也"，名不虚传。

刘建封对放鹤台前的"临池沙滩"没有命名，临池沙滩可以包含在七里滩中。实际上，它们是相连的，也可以统称为"东湾火山灰沙滩"，或简称为"东湾滩"。

对水而言，有水而无滩，正如临海而无海滩一样，是不完整的景观。在天池畔，既然有一池"琼浆玉液"，它在无风的天气平如镜，但在大风刮来时也有惊涛拍岸，翻花的波浪一波波冲上沙滩又退下去，那是很美的景色，所以，对火山灰形成的沙滩和天池水面应该一视同仁，沙滩对任何水面都是必不可少的"共生景观"。此滩不另起名，在图和照片中就标注为"临池沙滩"。

刘建封对麟峦、凤峦和七里滩的踏查和命名是首创之举，因此他说，如果不是他的到来，就不会有人知道这里还有这么多的名胜之地。

如今凤峦位于中朝国界之上，麟峦、临池沙滩、七里滩的大部分在朝鲜境内（见图4-34）。

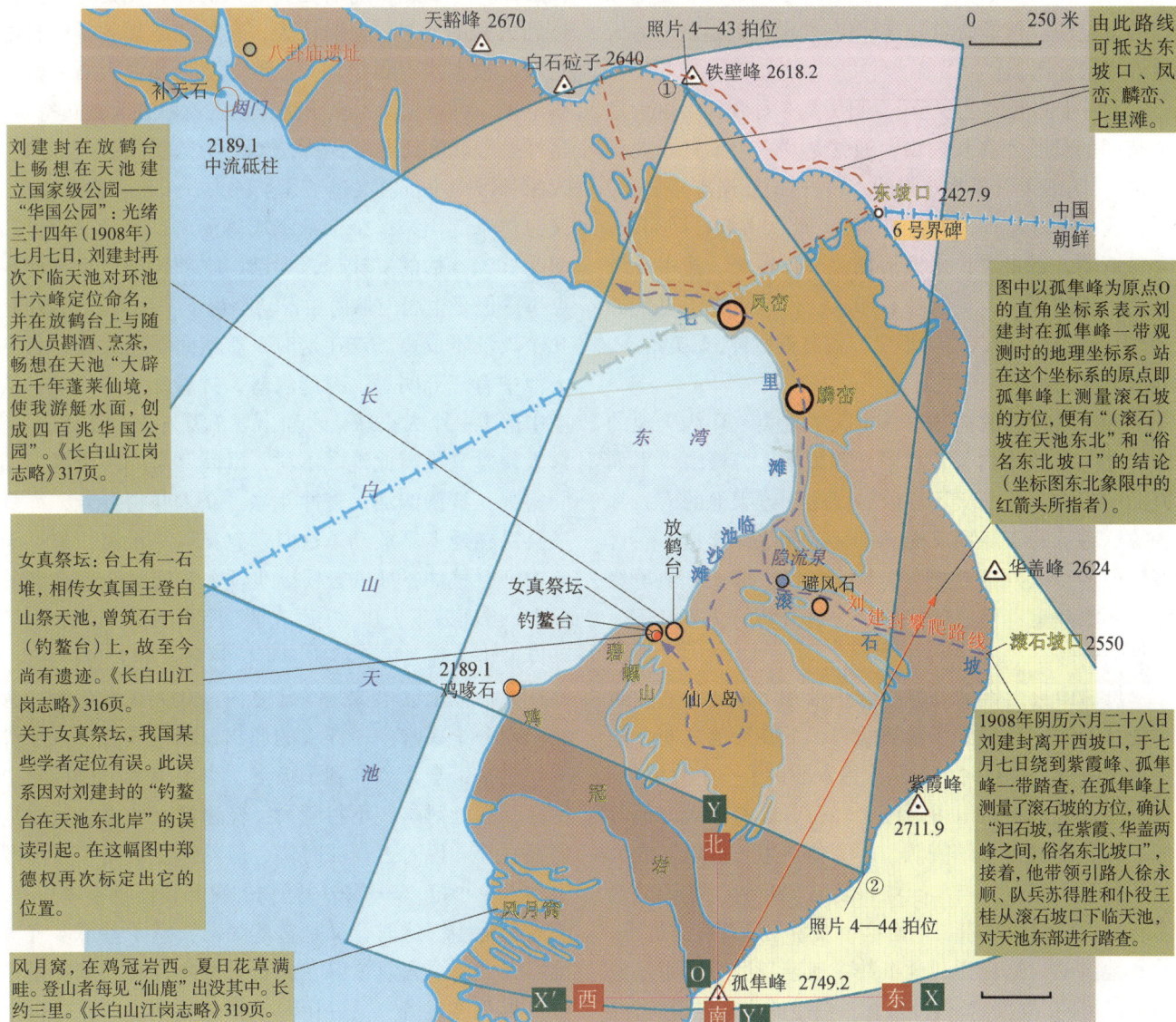

刘建封在放鹤台上畅想在天池建立国家级公园——"华国公园"：光绪三十四年（1908年）七月七日，刘建封再次下临天池对环池十六峰进行定位命名，并在放鹤台上与随行人员斟酒、烹茶，畅想在天池"大辟五千年蓬莱仙境，使我游艇水面，创成四百兆华国公园"。《长白山江岗志略》317页。

女真祭坛：台上有一石堆，相传女真国王登白山祭天池，曾筑石于台（钓鳌台）上，故至今尚有遗迹。《长白山江岗志略》316页。
关于女真祭坛，我国某些学者定位有误。此误系对刘建封的"钓鳌台在天池东北岸"的误读引起。在这幅图中郑德权再次标定出它的位置。

风月窝，在鸡冠岩西。夏日花草满畦。登山者每见"仙鹿"出没其中。长约三里。《长白山江岗志略》319页。

图中以孤隼峰为原点O的直角坐标系表示刘建封在孤隼峰一带观测时的地理坐标系。站在这个坐标系的原点即孤隼峰上测量滚石坡的方位，便有"（滚石）坡在天池东北"和"俗名东北坡口"的结论（坐标图东北象限中的红箭头所指者）。

1908年阴历六月二十八日刘建封离开西坡口，于七月七日绕到紫霞峰、孤隼峰一带踏查，在孤隼峰上测量滚石坡的方位，确认"汩石坡，在紫霞、华盖两峰之间，俗名东北坡口"，接着，他带领引路人徐永顺、队兵苏得胜和仆役王桂从滚石坡口下临天池，对天池东部进行踏查。

由此路线可抵达东坡口、凤峦、麟峦、七里滩。

天豁峰 2670
白石砬子 2640
照片4—43拍位
铁壁峰 2618.2
八卦庙遗址
补天石
阊门
2189.1 中流砥柱
东坡口 2427.9
6号界碑
中国 朝鲜
凤峦
麟峦
长白山天池
东湾滩
七里滩
沿临池沙滩
华盖峰 2624
放鹤台
隐流泉
滚石
避风石
刘建封攀爬路线
滚石坡口 2550
女真祭坛
钓鳌台
2189.1 鸡啄石
鳌冠岩
仙人岛
紫霞峰 2711.9
照片4—44拍位
风月窝
孤隼峰 2749.2
Y 北
X' 西
南 Y'
东 X
O
0 250米

图4-34　刘建封踏查东湾沿岸，畅想"创成四百兆华国公园"行程路线图

261

### 4.3.3 刘建封遨游天池畔，畅想"四百兆华国公园"

　　光绪三十四年（1908年）六月二十八日（阴历，下同，阳历是7月26日。）刘建封登上长白山主峰西坡口，下临天池对环池十六峰定位命名后，于六月三十日到鸭绿江北源暖江，探寻暖江及大旱河，"寻暖江源一日"，又到清风岭、龟山（大胭脂峰）等地踏查，"寻穆石一日"，在清风岭上寻到"穆克登审视碑"（穆石），刘建封虽然知道穆石是被朝鲜暗移至清风岭上的，已经不是原来的位置，为获取证据，还是拓印了两张。拓印完毕，往回走时迷失了方向，冒着凄风苦雨走了一整夜，在砚山一带的沟壑中绕了三圈，第二天天亮才辨明方向回到宿营地。"寻松花江源三日"后，到孝子山、木石河一带踏查，在木石河边悬崖上行走时，连人带马摔到崖下，腹背受伤，差一点摔死，"径走木石河边，坠马崖下，危而复苏，设帐调养三日"，喝山羊血、虎骨胶，方能行走。七月七日，摔伤并未痊愈，"仍令健仆扶持，缓步登山"，带领5名兵、仆，从东面登顶天池火山口缘，在滚石坡下临天池，复查环池十六峰的定位和"相形命名"，校核在濯足石上绘制的《天池群峰名称图》。

　　七月七日是"七夕节"，阳历是8月3日。这天是个晴朗的日子，在长白山，通常是"入山十日，九日遇雨"，晴朗天气是很难得的。《长白山江岗志略》307页记载："七月七日，余再到天池。此次由泪石坡而下。天气清明，近视之，水澄清如镜；远视之，池中五色灿烂，现象不一，如云峰石印入。何以近视不见？如云，山云掩映。何以晴时不变？盖灵秀所钟，无美不备，其为地气之蒸腾，理犹近之。"

　　这一段精彩的描述写尽了天池之美：环绕天池的山峰之上是蓝天白云，在阳光照耀下，群峰映入平如镜面的水中，画面美不胜收。每个到过天池的人，都会被这种五彩斑斓而又充满神秘的天池陶醉过，一百多年前的诗人刘建封概莫能外，所以，那天，他虽然摔伤还没痊愈，但心情格外好，他清新的文字浸透他的舒畅情绪。

　　长白山火山锥的外坡在这一带并不很陡，刘建封和随从及兵、仆来到了滚石坡口，下临天池之前，坐在火山口缘上休息时，引路人徐永顺讲了一个故事。

　　徐永顺是长白山中一位年轻而勇敢的猎人，他参加了刘建封的野外踏查队，因为他熟悉长白山，成为刘建封的引路人，自始至终跟随着刘建封。他知道很多有关长白山的故事。下面这个发生在滚石坡的故事，就是他讲的。据他说，这事并非他亲身经历，而是他弟弟亲历的。故事离奇古怪，和长白山的许多传说一样，

显然是在事实的基础上加入了想象和推测。因为故事发生的地点正是他们要去的滚石坡，刘建封很感兴趣，把故事收入《长白山江岗志略》（307、308页），趁他们坐在滚石坡口上休息时，赶紧把故事用白话文讲给年轻的读者听：

　　话说徐永顺有个弟弟叫徐复顺，光绪二十九年（1903年）五月，随同猎人王让、俞福等人从滚石坡往天池边上走。当猎人们正从滚石坡向下的时候，忽然看见有两只鹿向上登坡。猎人俞福放了一枪，二鹿见状逃到池边，猎人紧追不舍，王让放枪打死一只，另一只跳到池中不见了。猎人们从死鹿头上锯下鹿茸，这可是珍贵的药材，大家非常高兴。王让还要抽取鹿筋，鹿筋既是药材又是珍馐。操刀之际，忽然间一阵浓黑的大雾从池中升起，浓雾使得他们虽面对面却看不见对方。这样等了两个钟头，还是黑雾迷漫。猎人们害怕了，跪下祷告，但不起作用，打死鹿的王让主张赶快逃命，什么鹿茸鹿筋之类赶快扔掉。但是这个主意遭到大家的反对，他们认为，在如此浓黑的雾中爬滚石坡，根本找不到路，一旦滚石坡上那些大石头纷纷砸下来，可就没命了。于是，众人就趴在天池边等着，这样一等就等到半夜。寒风透骨，所带的干粮早已吃完，大家都饿得不行。又过了几个钟头，天空稍微透点亮，又忽然下起雨来，个个都浇成落汤鸡，又冷又饿，如何是好？惹祸的王让说，太饿，吃鹿肉吧，也许能顶点事。但是生鹿肉如何嚼得动咽得下？面对死亡威胁，几个人泣不成声。正在这时，忽然间雷雨大作，只见天池中有三五明星，忽起忽落，接着是一声巨响，从空中落下一个大火球，水面出现千万灯火，亮如白昼，众人想趁亮逃离此地。不料，瞬间又是响声隆隆，如同雷鸣，波涛汹涌，直冲斗牛。众人吓得要死，浑身发抖趴在地上不敢动。这时，忽又风平浪息，但见天池内亭台楼阁，插入云霄。少顷，又听见余音袅袅的歌声，继而鼓乐大作，乐殿光明，四围洞彻，状如水晶，陈设古雅非凡，男女往来上下。只是这些人身材高大，都在九尺以上，不像是平常之人。众人正疑惑间，忽然出现一个像水牛一样大的怪物，吼声震耳，张牙舞爪扑过来，众人恐怖到了极点，束手无策。俞福急中生智，举枪射击，不料哑火，怪物目光凶恶，就要把俞福吞掉。说时迟，那时快，但见徐复顺暗中拿出腰中的六轮小枪，一枪击中怪物的腹部，怪物咆哮长鸣，潜入天池中。这时，又是雹落如雨，雹子差不多有核桃那么大，众人急忙躲在岩石下，俞福和徐复顺还是被打得头破血流，只好用湿衣服包扎脑袋。此时再望

池内，又是黑雾如前，什么都看不见了。又过了两个钟头，天终于亮了，云淡风轻，微露峰尖，众人从滚石坡向上攀爬，总算是逃出天池。后来众人来到葡萄山下一座窝棚，卧病十多天才好一点。不消说，什么枪支弹药、什么鹿茸、鹿筋等等都丢在了滚石坡，到现在也没有人再敢去那里。

这个故事好离奇，年轻的猎人讲述的时候，面对那些洗耳恭听的听众，难免添枝加叶，把晕眩中的幻觉和从前听来的神话都穿凿附会一番，构成一个动听的故事。再几经传述，定会越发离奇，等到徐永顺讲给刘建封听的时候，就变成了上面的样子。

从现今的角度看，剥去神秘的外衣，我们似乎看到了一场小规模火山喷发的情景，所以也有地质学家认定徐永顺讲的这个故事隐含了距今最近一次火山喷发的信息。

且不管这些，总之，刘建封在他的著作中详细地记述了这个故事。听完这个故事后，无论是讲故事的人还是听故事的人，显然都没把故事中的情景当真，因为他们并不胆怯，还是从滚石坡上走了下去。

到天池边后，刘建封测量了池边的温度，华氏60度，即15摄氏度。坡上的温度是华氏35度，即2摄氏度。温度的变化，说明他们下降的高度有四五百米。

在这一带，有很多名胜。《长白山江岗志略》318页记载："仙人岛，在鸡冠岩北，长三里，宽里余。"

以现代地质学而论，仙人岛是一片火山角砾凝灰岩、火山碎屑岩和火山灰构成的岩席，上面生长着低矮的植物，是鸡冠岩东面悬崖峭壁下的一片绿洲。因为这片岩席高出周围地形，四周虽然没有水域，但从周围的紫霞峰、孤隼峰、鸡冠岩、碧螺山悬崖坡面上汇集的雨水和雪水在岩席周围形成小溪流，这大概是称其为"岛"的原因吧。关于仙人岛也有传说，是否还是徐永顺讲的，刘建封没有明说，反正他在《长白山江岗志略》318页记述了这个故事：

乾隆初年，从朝鲜过来一个樵夫，到砚山采药，忽然听见有牛叫声，看见有一个老人骑着牛从黑石河左岸走过，后面跟着六七个人，各自背着箱笼，向白山方向走，好像是去赶集。樵夫感到奇怪，附近没有集市啊，便偷偷尾随，想看个究竟。只见他们到了滚石坡口，但见鸡冠岩下，绵亘六七里地有一座城镇，也有很多人，男女老幼有背东西的，有挑担的，有骑马的，有乘车的，有走路的，纷至沓来，络绎不绝。樵夫也跟着下滚石坡向城中走去。走进城门，沿着街道向前，但见街道两旁有很多板房，但都空置着，唯有茶园、酒店、商店、戏院里到处都是人。又有楼台

相连，殿堂宫阙与他处很不一样。这时，忽然雷雨大作，人们纷纷跑进那些空置的板房内躲避。不一会儿，雨过天晴，人们拥挤着向西门走去。樵夫也跟着走了二里多路，看见城外湖水荡漾，湖面上有千百艘游船、渔舟，岸边的商店中陈列着菱角、莲子、鸡头米、果品等物。樵夫买了一点东西品尝，香气扑鼻，味道不错。吃剩下的揣在怀里，又高兴地登上一只小船。船游过木心亭，游览了临池楼阁，倚船栏远眺，见水天一色，花雪比邻，完全是另一番天地。不久，夕阳西坠，人影散乱。樵夫下船回到岸上，沿着原路返回。等到他爬到避风石旁坐下休息时，再回头看去，什么都没有了，只有烟云缭绕。樵夫以为刚才所经历的一切不是真实的，却又从怀里摸出来几粒刚才买来吃剩的莲子。樵夫回去给大伙看那些莲子，以证明他所言不虚，许多人都说，他到了仙市。这可能就是仙人岛的来历吧。

这里还有碧螺山。同书316页记载："碧螺山，又名小蓬莱，在鸡冠岩下天池之东。山多五色石、四坠花，每当晓日初升，夕阳晚照，其雄虹万丈，瑞霭千层。出没隐见，映出山尖，远望之若碧螺云。高约里余。"

从书中对碧螺山描述的方位、颜色和高度看，碧螺山就是鸡冠岩伸入天池部分的东北角，这里的悬崖峭壁是由黄、红褐、赭石、灰白等颜色的火山岩组成的。整个鸡冠岩山体，此处的峰峦颜色最为丰富，故称"山多五色石"。不消说，当阳光照射在这些斑驳的岩石上时，那绚丽的反光当然会使碧螺山"瑞霭千层"。它临池而立，其倒影更把"雄虹万丈"叠印出一幅朦胧的画面，在天池水的碧蓝中浮浮沉沉，那情景当然令刘建封惊叹不已，以艳丽词句描述不止。

还有钓鳌台，同书316页记载："钓鳌台，在天池东北岸，东距泪石坡半里余，顶平高起如台，碎石颇多，高七丈有余。"

钓鳌台的位置在碧螺山以东、滚石坡以西几百米的地方，那里是火山碎屑流前缘，已触及天池水面，一般黏稠的岩浆在流动终止处都会形成陡坎状地形，上面较为平坦，这就是"高起如台"之地。在天池周边，这样的地形很多，如铁壁峰、华盖峰之下的凤峦和麟峦，悬雪崖之下的濯足石，南坡口下的岩席等等。钓鳌台临水而立，天池中假如有鳌，这里还真是钓鳌最适合的地方。

钓鳌台也有传说：说从前有几位猎人来到泪石坡，看见一位老人在台上持竿垂钓，喊他也不答应，众人怀疑他不是凡人。一位猎人从滚石坡下来，到钓鳌台前看个究竟，但见老人光着头，赤着脚，身披一件用桦树皮制成的蓑衣，所用之钩用金制成，钩大如弓，而盛物的篮子里什么都没有。猎人作揖问他话，他也

不回答。过了一会儿，只见他收起钓竿，提起篮子，沿着池边朝仙人岛方向扬长而去。猎人一直在原地等他重新出现，但一直等到太阳落山，也没见到他的踪影。这是一个充满神秘色彩的故事，钓鳌的老人没说一句话，给听故事的人留下许多疑问。

天池东畔的钓鳌台，是刘建封随意命名的吗？不是的，是刘建封以他渊博的知识，用典故编排的。钓鳌台与天池北畔的补天石有密切的联系。相传共工氏为祝融所败，头触不周山，天柱折，地维缺。女娲炼五色石补天，折断鳌足支撑四极，以止洪水，杀死猛兽。《淮南子·览冥训》："女娲炼五色石以补苍天，断鳌足以立四极。"成公绥《天地赋》："断鳌足而续毁，炼玉石而补缺。"

这些文献都记载了女娲和鳌的故事。女娲，这位美丽、聪明而又勇敢的女英雄补天后，为稳固苍天不再倾斜，遂入海擒鳌并断其四足，立于大地的四角（四极），以支撑苍天。这相传数千年的故事在长白山天池找到了演绎的舞台：在天池北有女娲炼石补天之补天石，在天池东则有擒鳌断其四足之钓鳌台，天池这个大舞台就有了完整的故事。鳌是传说中潜伏在海里的巨兽，古人认为天池与海相通，在天池中就应该也潜伏有这种巨兽。鳌可能兴风作浪，如能将鳌从天池中钓出，岂不是为民除害？这大概是钓鳌台之设的另一寓意吧。刘建封记述了钓鳌人稳坐钓鳌台的故事，当然包含诗人的用意。那位光头赤足的老人出现了，但是他没有钓到鳌便消失在仙人岛中，是很奇怪的举动，这里还有什么寓意吗？他没有钓鳌的本领？他那个金钩太大？鳌还深藏于天池深处？刘建封没有深说。不管怎样，天池已经北有补天石，东有钓鳌台了，两两相对，从补天石到钓鳌台的2600米的距离，刘建封留给那些富于想象力的人们足够大的空间，让后人的思维任意驰骋。

钓鳌台上有一人工堆砌的石堆，相传是女真国王登长白山祭祀天池的祭坛，称为"女真祭坛"。长白山是我国古代东北肃慎族生息繁衍之地，是女真人的发祥地，从金国的皇帝到臣民，对长白山无限敬畏和崇拜。据文献记载，金国曾在长白山北建立庙宇，每年春秋两次举行隆重的祭祀典礼，并封长白山之神为"兴国灵应王""开天宏圣帝"。女真国王亲临长白山天池畔致祭，这一传说未见于正史，是民间口头相传的。

关于女真祭坛的位置，有一种错误的认定，此误沿讹数十年，亟待纠正。1999年9月28日，报载在天池边发现"女真文字碑"，认为可能是女真祭坛碑。

郑德权也是惊喜万分，因为多少年来不敢忘记对女真祭坛的寻觅。有学者认为这块文字碑是女真祭坛的实证，但对女真祭坛的位置却定位错误。女真祭坛在钓鳌台上，"钓鳌台在天池东北岸，东距泪石坡（即滚石坡）半里余"，滚石坡"在紫霞、华盖两峰之间"。如此连环参照说明：女真祭坛不在天池北，因为钓鳌台不在天池北，而在天池东（图4-34）。钓鳌台的误定系因对滚石坡的误定，滚石坡的误定系因对华盖峰和紫霞峰的误定，此两峰的误定系因对刘建封的"环池十六峰"的误定。如此连环之误，必然导致许多峰、崖、坡的位置混乱，沿讹数十年，莫衷一是，对长白山的历史、文化、科学、旅游等研究有很大的负面影响。尽管如此，女真文字碑的发现对长白山历史研究有重大意义。

刘建封一行来到了放鹤台。《长白山江岗志略》316页记载："放鹤台，南距钓鳌台六十余步。台上每有白鹤飞落，日夕尤多。临池沙滩约有数里，光明如镜，真仙境也。台高五丈余。"

放鹤台前面有一片数里长的池滨沙滩，这为确定放鹤台的位置提供了准确的佐证。观天池周边的火山灰沙滩，放鹤台前的这一片临池沙滩很开阔，也很美，难怪刘建封说它"真仙境也"。临池沙滩的后面是仙人岛熔岩碎屑流的前缘，前缘有高十多米的陡坎，坎上就是放鹤台。站在放鹤台上，视野开阔，如果真的在此放鹤，鹤会一飞冲天。刘建封正是在放鹤台上环视各山峰，再度测量群峰方位，相形命名，并校核《天池群峰名称图》的。

说到《天池群峰名称图》，借此机会说一说与这幅图有关的另一件事：刘建封在野外踏查时，在黄花松甸（即一里阔街）偶然遇上吉林边防局测绘员孙兰芬，孙兰芬正在这一带进行测绘。此时刘建封一行已经断粮，正无计可施，便向孙兰芬借够吃三天的粮，孙兰芬欣然应允，并请刘建封吃野猪肉。交谈中，孙兰芬知道刘建封正在勘查长白山，并已经绘制了《天池群峰名称图》，就向刘建封索要，刘建封自然也是欣然应允，答应日后还粮时复制一张给他。刘建封后来派兵还粮时，果然带给孙兰芬一张注明方位的《天池群峰名称图》。（刘建封借粮送图给孙兰芬的事记载于《长白山江岗志略》331、332页）。

刘建封等4人在放鹤台一带踏查了很长时间。他在317页写道："余带向导与兵仆三名，遨游于二台（注：指放鹤台和钓鳌台）之上，把酒同斟，烹茶分饮。时当日午，登台四顾，则见山明如画，水碧无尘，海燕双飞，金鸡对舞。碧螺山雄峙西南，隐流泉线悬东北，熏风吹我，万籁齐鸣。池水生波，锦纹毕露。偶见鹿游溪畔，与世无争；忽听鹤啸云霄，有声皆韵。问谁筑室山头，大辟五千年蓬莱仙境，使我游艇水面，创成四百兆华国公园。盖天池之旁，向无人迹。今见二台、三山，名胜若此，庶觉尽东北海外之大观而无憾。"

刘建封在天池畔的放鹤台上，流连忘返，饮酒喝茶，听"万籁齐鸣"，观"二台三山"，对环池十六峰定位、命名，勾画《天池群峰名称图》，想必是心中无限感慨。最可贵的是，他在放鹤台道出了在长白山天池建立"四百兆华国公园"（按：四百兆，指当时我国人口为四亿）的设想，很出人意料也很令人钦佩。

在刘建封那个时代，世界上已有一些国家建立了国家公园，最著名的是美国的黄石国家公园。黄石公园建立于1872年，其地质条件与长白山有诸多相似之处，都是火山形成的自然景观，海拔高度也在两千米以上。黄石公园中有峡谷、瀑布、温泉，长白山也无不具备，且更有自己的特色。作为知识渊博的爱国官员，刘建封是否受到国外建立国家公园的提示不得而知，他的设想是先进、大胆而又深谋远虑的。

长白山火山在世界上是不可多得的火山，它的面积之大，火山遗迹种类之多，火山活动的历史之悠久，有珍贵的科学价值；它的风景之优美壮观，景观之奇特怪异，也是不多见的。造化对此地情有独钟似的，经过千百万年的塑造，终于把一座蕴藏着无限价值的大山置于中华民族的大地上，难怪从古至今，从皇帝到臣民，无不对这座大山寄予厚望。如能在此开辟"四百兆华国公园"，无疑会成为中华民族大地上的一颗璀璨的明珠，"四百兆华国公园"可以与世界上任何地方的国家公园相媲美。

刘建封在放鹤台上畅想建立"华国公园"，并不是突发奇想，这是他的诗人气质、学者风范与长白山融会贯通激发出来的智慧火花，也是为捍卫长白山，不使长白山沦为异域的"极力筹划"的内容。

那时正值长白山处于危难之时，日本制造的"间岛问题"正甚嚣尘上，日本人纷纷来到长白山进行地理、地质、矿产、动植物调查，更有侵占长白山后，在此建立"国立公园"的设想，铺设参观路线，甚至设想在温泉地方修建疗养院等等（见《长白山自然地理概观》，7页，吉林省博物馆地志丛刊，第2号，1963年，吉林省博物馆）

那时，日本掠夺长白山已经付诸行动了。《长白山江岗志略》323页记载："光绪三十三年，日与韩人树木标于石右（注：石，指被暗移至清风岭的穆石），

高八尺余，四面书字。"《中韩国界说》记载："今者日领韩土，日人遂用暗侵手段，在白山左右黄花松上削木笔记，并于边碑之旁立一木标……暗订界址，谋我边疆。"《长白山江岗志略》449页第二篇《长白山记》记载："三十二年六月初旬，日陆军步兵大佐依田正中带兵十六名抵白山之麓……七月间，中岛可友带翻译胜麟旺并步兵三十名，测绘员六名，偕引路人王凤鸣等至汤泉……旋有陆地测量师平安之助，测量手直井武带步兵十二名往……八月十五日，日派陆军步兵中佐竹岛音次郎带马兵十六名至汤河会房……三十二年五月，日员带韩人至东坡口……三十三年四月间，日人偕韩官到白山东南，寻穆克登边碑，立木标于碑右，书字作志。近来日韩赴白山派子踏查者，削松记字，不可胜述。"《长白山江岗志略》295页第一篇《长白山记》记载："更于穆石之旁，私立木标，隐用暗侵手段，察其窥伺之心，直觉得尺则尺，得寸则寸。苟有利于彼国，即鸡鸣狗盗无不为也。若是，则长白山一带地方危矣哉！"

刘建封对日本的侵略行径极为愤慨。无奈清政府腐败无能，眼睁睁地看着"祖宗发祥之地"将沦为异域。此时，包括刘建封在内的一大批爱国志士，奋起反击，针锋相对。在长白山建立华国公园，当是"极力筹画"的措施之一。他在第一篇《长白山记》中最后说："吾国创业之始，始于长白；中兴之基，又基于长白也。长白山为南北满政治之关键，盖可忽乎哉！"（《长白山江岗志略》第295页）

在清末，长白山危难之时，刘建封能有如此真知灼见，振聋发聩。为拯救长白山，驱走外国侵略者，包括刘建封在内的爱国官员奔走呼号，极力筹划，值得后人永远纪念。我们应该记住一百多年前刘建封在天池畔放鹤台上构想的"四百兆华国公园"。

刘建封在仙人岛、钓鳌台、放鹤台一带，从上午10点到下午4点，共踏查了6个小时，为日后编写报告，撰文著书，为长白山大胆显于世，"使外人知吾根本重地"，为收回去失的领土，一马当先，不顾生命安危，收集了大量的野外资料，提供了有力证据。

太阳已经偏西，他们才从滚石坡向上攀爬。当年44岁的刘建封体力不支，在乱石堆间手足并用，匍匐攀登，连滚带爬。四个年轻人拼足了力气，前面用绳子拉，后面用手推，共休息52次，好不容易把"领班"大人弄到山顶，每个人都受了伤，足见其艰难程度。

这时，众人再回头看，天池已经云雾翻腾，两步以外不能见人，徐永顺感叹说："如果现在还在池边，那咱们就别想出来了。"（《长白山江岗志略》第316页）

## 4.3.4 "避风石"考

《长白山江岗志略》319页记载："避风石，在汩石坡上。登望天池，如在目前，游山者，一遇寒风，借石避之，故号为避风石。余三至石前，坐而休息。因于石上镂六字曰：'天池钓叟到此'，聊识长白之游。《白山纪咏》有云：'石边镂字者，也是避风人。'"

避风石有照片。《长白山灵迹全影》第19幅照片为避风石，其"具图贴说"云："石在滚石坡上，天风寒彻骨，虽盛夏必重裘。凌顶者，努力直上，歇三十余次，汗复涔涔。下至此，皆体噤栗起，不能自胜，得此以避之。俯视天池如在镜中，憩移时，扪石而下至池边，气一变转觉温暖。天池灵秀所钟独辟异境，洵然。"

避风石在哪？上述两书的记载都说避风石在滚石坡上，滚石坡是数里之长的陡坡，避风石具体在滚石坡的哪个位置？张福有与安龙祯、王宇先生去原被指认为滚石坡的地方铁壁峰与华盖峰之间的地方寻而未果。郑德权未曾在他推定的滚石坡上做实地寻求考证，只能加以推测。

先推测避风石所在的高度：引文中有"俯视天池"之述，由此得知避风石应在能俯视天池的高度上。所以，其位置不能太低。从避风石到池边的高差，气温已"一变转觉温暖"，说明避风石的位置又不会太高，故而推得避风石大约在滚石坡距天池水面三分之一左右，即距天池水面约200米高处。

再推测避风石的平面位置：《避风石》照片上的背景不甚清楚，但大体的山形还是可以分辨得出，左边可能是铁壁峰内壁东坡，右边可能是华盖峰内壁西坡。照片中以避风石为近景，因拍摄者离避风石很近，所以在照片中避风石占据了画面的大部分，避风石的影像将铁壁峰和华盖峰之间的东坡口完全遮挡了。再从照片上避风石受光面和背光面分析，这应是避风石的南面，即摄影者是站在避风石的南面向北拍摄的，只有这个角度和拍摄位置才能拍得照片中出现的背景。这样，又可以从照片的内容上再次求证避风石的位置。

顾名思义，避风石可以避风，可见是块很大的石头。从照片影纹分析，避风石是一块角砾凝灰岩。那么，这块角砾凝灰岩来自哪里？紫霞峰内壁悬崖北面有一处坡面岩席，这个坡面岩席的岩性就是角砾凝灰岩，从该坡面岩席和滚石坡、避风石三者的位置分析，避风石就是从该坡面岩席上崩落下来的大块体，因为块头太大，崩落下来后移动不远就停在半坡上，没能滚到池边，得以让刘建封躲在它的后面避风寒。

由于角砾凝灰岩的表面非常粗糙，岩性不均，裂隙发育，难以弄平，无法打磨，所以，刘建封想在上面刻字，那字的刻痕肯定不会规整而清晰。文献记载，调查队并没有在天池畔停留很长时间，他们没有时间对那6个字精雕细刻。当时的情景可以这样描述：爬山到此，众人已经冻得发抖，"皆体噤栗起"，浑身起鸡皮疙瘩，卫兵和仆役都挤在刘大人身边，躲在这块大石头后面，暂时避一下天池中那刺骨的寒风。身负朝廷重任而又"恐负此行"的刘大人见到如此巨石，他想，应该在石上镂字，以示大清国命官到此调查过。刘建封是位金石学家，对摩崖石刻情有独钟，他对此石命名后，还要把名字刻上去。在凛冽的寒风中，仆役们瑟瑟发抖的手握着冰冷的铁钎，那字哪能刻好？然后照相，以那时的照相条件，粗糙岩石上浅而模糊的刻痕不可能照清楚。底板冲洗出来后，根本看不清所刻的字。但为了纪念此行，只好用毛笔在玻璃底板上写字，聊以为记，既然用毛笔写，干脆就把所有三次到避风石的时间一并写上，原先刻在避风石上无法看清的"天池钓叟到此"6个字变成"戊申夏天池钓叟到此，己酉秋再到，庚戌秋三到"，共19个字。因为是用墨笔写上去的，字迹流畅，笔画宛转；又因为写在底板上的字是墨字，所以翻印成照片后，字变为白字。如此效果，在凸凹不平的岩石上用锤子凿刻是不可能完成的。说来说去，一句话：避风石上的字非凿刻之字，而是写在底板上的毛笔墨字。

照片中避风石上的19个字说明，1908年七月七日，刘建封从滚石坡下临天池对环池十六峰再度命名后，1909年又来过一次，1910年第三次到来，这时他已经是安图县知县了。在当年如此艰难的情况下，连着三年每年来一次，难怪他自号"天池钓叟"，此号不虚。

照片4-45　历史照片《避风石》

背景左为铁壁峰东坡，右为华盖峰内壁，中间被避风石挡住的远景是今东坡口的位置。

## 4.4 东坡口

东坡口位于天池东北，环池悬崖在这里有一段间断，从远处观察，在参差不齐的火山口壁上，这里的地势较低，所以称东坡口。注意，本书所标注的"东坡口"，并非刘建封在《白山调查记》中所说的"东坡口"，刘建封在他的著作中有时称滚石坡为东坡口，有时还称为东北坡口，这两种叫法，他都是指滚石坡而言，但不是本书所标定的东坡口。本书所标定的"东坡口"是位于滚石坡北边的一个山口。这里特别提请注意，请读者不要将其弄混。

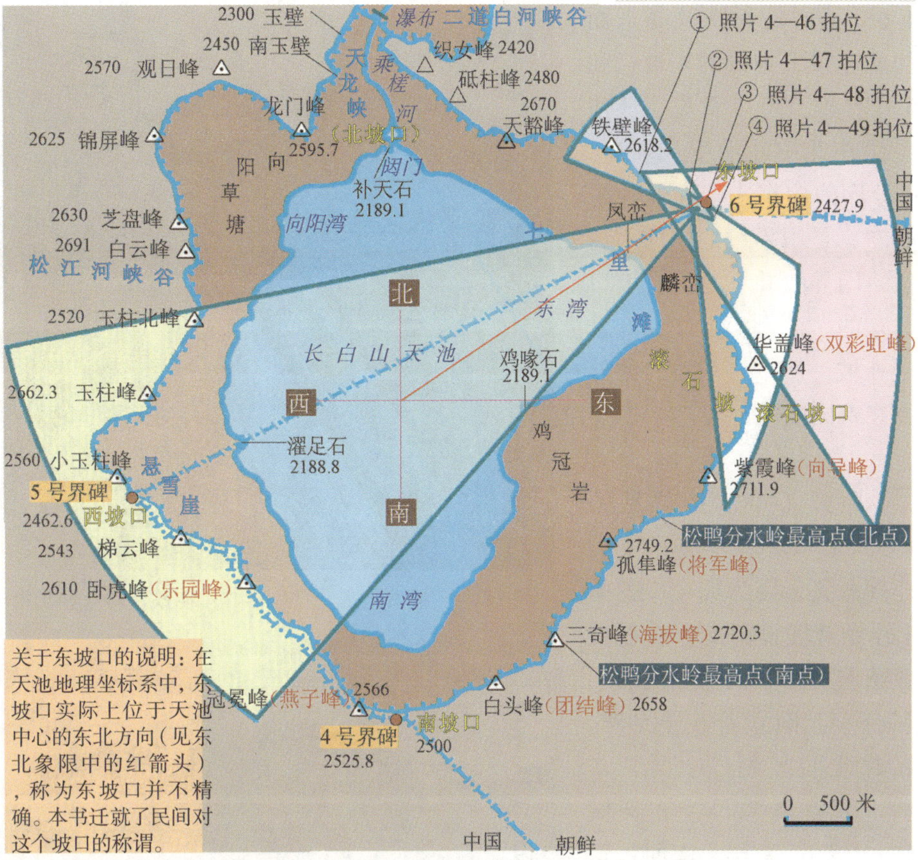

关于东坡口的说明：在天池地理坐标系中，东坡口实际上位于天池中心的东北方向（见东北象限中的红箭头），称为东坡口并不精确。本书迁就了民间对这个坡口的称谓。

图4-35　东坡口和6号界碑拍摄位置图（括号内为朝鲜对山峰的命名）

照片4-46　在铁壁峰东坡远摄东坡口和6号界碑

照片4-46（拍位见图4-35）：东坡口的具体位置在铁壁峰和华盖峰之间，天池火山口环池悬崖在这里凹下去，有一段悬崖缺失，形成坡口。坡口之上铺满碎石和火山灰，在这里可以顺着坡口直接下到天池边上。

东坡口上沿距天池畔平距只有700米，算上坡度也就是1千多米，没有太多的障碍，省时省力且不危险，所以，从东面来访的旅行者多由东坡口下临天池。到东坡口还有另外的途径，可以由天豁峰向东，沿着铁壁峰悬崖边缘走，虽然距离不算远，平距不到2千米，但因到处都是悬崖上的参差乱石，攀爬相当困难，走此路线时，旅行者须小心谨慎。

东坡口外坡有数条东北走向的山脊，站在东坡口顶部向火山锥外坡眺望，可以看到长着苔原植物的山脊，没有树木，显出光秃秃的浑圆状，这些浑圆长条

状山脊都是从火山口喷溢出来的熔岩流，它们大体保留了熔岩流的原始状态。这种特殊的熔岩地貌在别处是少见的。在这幅照片中，由这些熔岩流之间的夹空侵蚀形成的谷地或冲沟均是三道白河的源头，冲沟里大多都有季节性流水。

267

照片4-47（拍位见图4-35）：这是在铁壁峰东面的悬崖顶上拍摄的东坡口和6号界碑，可以看见，环池悬崖在此中断而变成坡口。6号界碑向东，即在照片中向左，是国界线的走向。注意，国界线并不是沿着坡口向东的，而是爬上华盖峰悬崖外坡，所以，东坡口的外坡在中国境内。

照片4-48（拍位见图4-35）：东坡口具有重要的地理意义，因为如今中朝原6号界碑埋设于此。东坡口旁悬崖上有一人工加固的小平台，上面立着6号界碑。界碑北面竖刻"中国"二字，下面刻"6"字，又横刻"1990"字样，南面是朝鲜语，余皆相同。站在6号界碑可越过天池水面看见5号界碑。两界碑通过濯足石以直线相连，位于此直线上的凤峦在6号界碑平台下的天池畔，被平台挡住了，在这里看不见。

照片4-49（拍位见图4-35）：从6号界碑开始，国界走向由东北方向转向近正东方向，越过数条三道白河源头冲沟，与相距3250米的7号界碑以直线相连。6号界碑向东的国界走向不是顺东坡口外侧的冲沟而下的，而是向东爬上6号界碑以南的山岗，穿过那座覆盖着高山苔原植被的缓脊，这条山岗的一半属于中国。要探视6号界碑，可沿着铁壁峰悬崖向东攀爬，就能到达6号界碑了。

268

华盖峰 2624

向北延伸的华盖峰悬崖在此中断，与铁壁峰悬崖并不相接，两者之间形成一处坡口，无论从外坡还是从内坡看，这个坡口都是很明显的。

华盖峰悬崖

华盖峰倒石堆

6号界碑
2427.9
东坡口

照片中的6号界碑经过放大处理

② 照片4-47　在铁壁峰东麓拍摄的东坡口和6号界碑

小虎峰 2470
卧虎峰 2610
卧虎北峰 2535
梯云峰 2543
西坡口 2462.6
5号界碑
小玉柱峰 2560
玉柱峰 2662.3
玉柱北峰 2520

悬雪崖

2188.8 濯足石

鸡啄石 2189.1

南 西

东 北

长白山天池

6号界碑

2427.9

照片中的5号界碑经过放大处理

照片4-48　在6号界碑处拍摄5号界碑

东坡口

由此可下至天池畔

조선
6
1990

6号界碑

2427.9

④ 照片4-49　东坡口与原6号界碑

照片4-50（拍位见图4-36）：这是张福有在悬雪崖上用摇头相机拍摄的天池全景。天池的东半面及环池峰、崖皆摄入照片。在照片中可以看见，从铁壁峰向华盖峰方向，环池悬崖逐渐降低，到东坡口降到最低，那里立有原6号界碑，然后，又逐渐抬升直至华盖峰。在天池西半面，就是摄影者站立的这面，西坡口（悬雪崖）是天池西面环池悬崖中最低处，其上立有原5号界碑，正是天池东、西两面环池悬崖最低之处的两座界碑的连线，将天池水面和环池山峰分割开来，使长白山主峰成为界峰，使天池成为界湖。

天池周边的五道坡口除南坡口被卧虎峰挡住外，皆可见到。5号界碑与6号界碑是以直线相连的，但在照片中，从6号界碑到凤峦，再越过天池到濯足石是直线，而从濯足石向5号界碑方向，国界线似乎发生了转折。其实，并非国界线在这里发生折曲，这是由地形变化产生的投影折曲。假如我们在5号界碑和6号界碑之间悬空拉一条直线，这条直线的垂直投影在起伏地形之上，观察者离开垂直投影线在一旁观察，所看见的垂直投在起伏地形上的投影线就不是直线，而是随着地形起伏变化的曲线。

照片4-50 在5号界碑（西坡口，悬雪崖）拍摄6号界碑和东坡口（张福有 摄）

269

照片4-51 长白山天池是中朝两国界湖（张福有 摄 括号内的峰名是朝鲜命名的）

照片4-51（拍位见图4-36）：这是张福有拍摄的全景天池航空照片。可以看到3号界碑峰上的3号界碑位置、南坡口上的4号界碑位置、西坡口（悬雪崖）上的5号界碑位置，东坡口上的6号界碑位置。环池十六峰中的华盖峰（双彩虹峰）、紫霞峰（向导峰）、孤隼峰（将军峰）、三奇峰（海拔峰）、白头峰（团结峰）五座山峰位于朝鲜境内；冠冕峰（燕子峰）、卧虎峰（乐园峰）、梯云峰三座山峰的内壁在朝鲜境内，外坡在中国境内。

从图 4-36 中的拍摄扇面可以看到，照片 4-50 所拍摄的是天池东半面。在拍摄扇面中由于取景范围的限制和峰、崖的遮挡，天池西北的白云峰、芝盘峰、锦屏峰、观日峰未在照片中出现；天池南的冠冕峰、南坡口、4 号界碑址、南墙和白头峰虽然位于拍摄扇面内，但由于卧虎北峰和卧虎峰的遮挡，也看不见。

照片 4-51 是航摄照片，从图中的拍摄扇面看，长白山主峰尽入镜头，所以环池十六峰的立体形象皆可看到。读者结合这幅平面图，环池十六峰的平面位置及它们的排列顺序会一目了然。照片中的出现的 3、4、5、6 号界碑址与平面图对照，国界线的走向和领土划分即可明了：“奇峰十六”中的华盖峰、紫霞峰、孤隼峰、三奇峰、白头峰五座山峰划归朝鲜，位于国界线上的冠冕峰、卧虎峰、梯云峰三座山峰的内坡划归朝鲜，外坡仍属中国。

照片远景诸峰不甚清楚，最远处的葡萄山隐没于云雾中完全看不见，未予标注。标注的远景诸峰虽然在照片中出现，但其平面位置已超出本图范围。

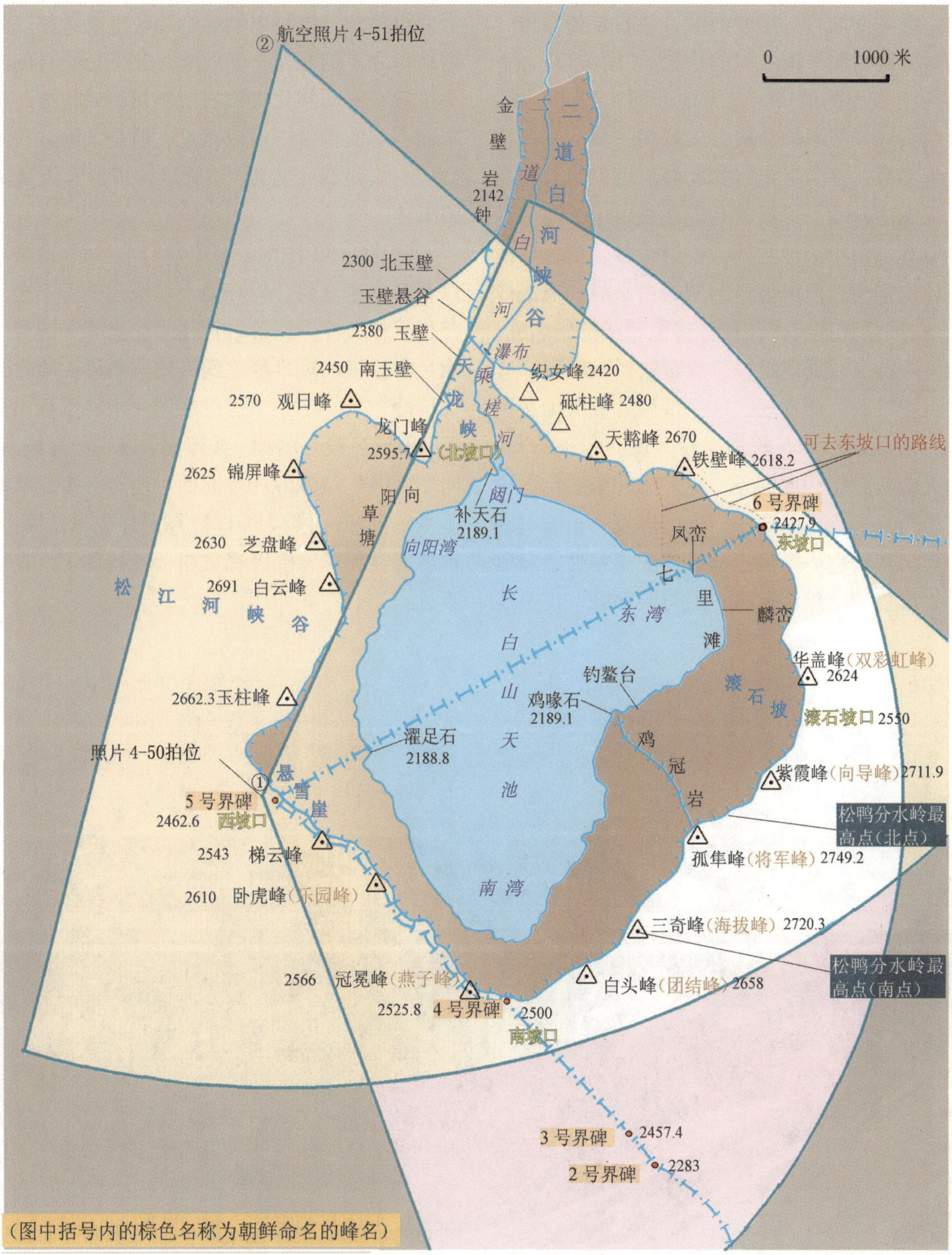

图4-36　东坡口拍摄位置图

291

## 4.5 南坡口（软石崖）

康熙十六年（1677年），武木讷遵旨看验长白山，他在给康熙皇帝的奏折中写道："山顶有池，五峰环绕，临水而立……其绕池诸峰势若倾颓，颇骇。瞻视正南一峰较诸峰稍低，宛然如门，池水不流。"

奏折中的"正南一峰较诸峰稍低"，就是指南坡口而言。南坡口东、西两侧，在东是白头峰，在西是冠冕峰。两座山峰夹一坡口，"宛然如门"。尽管"宛然如门"，但池中之水不并不从"门"中流出。《长白山江岗志略》314页记载："软石崖，在白头、冠冕两峰之间，俗名南坡口。崖峻而险，沙石软如面粉。"这里刘建封明确说明了南坡口的位置。"南坡口"，不言而喻是天池南面的坡口，在天池南面，只此一处。南坡口为白头峰和冠冕峰所夹，二峰夹一口，一口挟二峰，互为参照，互为标定，如此峰、坡的组合，南坡口的定位无法移动。这里就是现在长白山天池南区从横山登山看长白山天池之处。不过，尽管南坡口的定位人们异议很少，但南坡口两侧的白头峰和冠冕峰的定位，在我国学界还有人往往标错位置或标错名称。南坡口的另一特点，刘建封说"沙石软如面粉"。

到过南坡口的人会发现，这一带到处被火山灰覆盖，刘建封所说的"沙石软如面粉"就是指火山灰。南坡口的火山灰胶结程度甚差，更多的并未胶结，说它像"面粉"真是恰当的比喻。火山爆发时，喷射到高空中的火山灰在空中已经冷却，失去了黏性，散落在地上后，没能胶结成块。这一点与天豁峰、虎头碚

子和白石砬子的浮岩火山灰不同，那里的火山灰降落堆积后还保持着较高的温度，有黏性，重压之下胶结成块，能形成火山灰悬崖。单就南坡口的火山灰而言，松散的"面粉"本身是不能形成"崖"的，但这层火山灰是覆盖在先期喷发形成的粗面岩悬崖之上的，所以刘建封称这种软硬相叠的二元组合为"软石崖"，真是太贴切了。

所谓"坡口"，应该是可以下临天池之处，但如果真想从南坡口下临天池，非有点冒险精神不可，至今尚没寻到一处可以顺顺当当地下临天池之处。因为南坡口之下的悬崖——南墙，几乎是垂直的。南墙两头虽然有不同年代火山岩层斜切的风化面，那是一条窄而不牢的台阶，可以踏足，但是太险，一不小心便会"一失足成千古恨"。所以，很少有人从南坡口下临天池。

照片4-52（拍位见图4-37）：站在南坡口上，可以看到天池全貌，但环池十六峰还是看不全。卧虎峰挡住了梯云峰，白云峰挡住了芝盘峰和锦屏峰。请注意：白云峰和观日峰之间有座三角形尖峰常被人当成锦屏峰，其实不是，这里在照片中特别标出此峰的位置，但它还没有名称，按惯例，以它的海拔高程命名，叫2603峰。在2603峰北面，还有一个丘状峰，它也不是锦屏峰，而是2580峰，在照片中也已标出。那么，锦屏峰在哪里？锦屏峰被白云峰挡住了，在南坡口看不见。

①

照片4-52 在南坡口拍摄长白山天池全景

除此之外，在这幅照片上，鸡冠岩挡住了华盖峰，孤隼峰挡住了紫霞峰，三奇峰和白头峰没入镜。

在这里看，南坡口刚好面对北坡口，北坡口就是乘槎河峡谷，亦称天龙峡，是先民传说中的"龙门"。在南坡口看"龙门"，其势最壮观，东有天豁峰，西有龙门峰。刘建封有言：两峰"对峙而低，池水溢流而出，状若门形"，"门形"在此看得最清楚，虽然因为太远，看不清乘槎河，但天池水"溢流而出"之势十分清楚。

在南坡口可以清楚看到鸡冠岩西面的悬崖峭壁。在平面图中可以看到：本来近乎椭圆的天池被鸡冠岩拦腰挤压，所以以前文献中描述天池形状时多用"葫芦腰形"比喻，所绘的天池图形也是中间出现细腰，盖因鸡冠岩把天池挤扁之故。

在南坡口还可以清楚地看到玉柱峰下的濯足石。濯足石以手指状半岛形伸进天池，仿佛在试探天池的冷暖。仔细观察，可以看见濯足石上有层层梯田样的纹理，那是濯足石熔岩碎屑流的流动构造，岩浆从火口溢出后，层层叠叠推挤着流向天池，冷凝固化后保留下来这些流动构造。当年，火山喷发时，炽热的岩流接触到冰冷的天池水时，会发出阵阵咝咝声，水面上沸水翻腾，会有大量的蒸气腾空而起。上述这种情景只是根据现今火山爆发情景的一种推测。不管怎样，火山喷溢的岩浆形成了濯足石。濯足石为刘建封命名，1908年，刘建封就是站在它的前端，观测环池诸峰并予以命名的。濯足石现今有中、朝国界线通过，位于悬雪崖上的5号界碑与濯足石连线，将这条熔岩流一分为二，越过天池水面向东北方向延伸。但在这幅照片中看不见天池以东与濯足石相连的凤峦，凤峦被鸡冠岩挡住了，所以本幅照片看不全这条国界线是如何将天池划分开的。

南坡口内壁坡麓被角砾凝灰岩覆盖，是最近地质时期火山喷溢的产物，这些熔岩流和碎屑流规模不大，熔岩流的前缘直抵天池水面，其性质和形态与上面所说的濯足石相似，它们是同期产物，这些熔岩流和碎屑流对研究长白山火山活动，尤其是近期火山活动具有重要意义。

《长白山江岗志略》314页记载："余此次登山，五道坡口，惟软石崖被雨阻，未臻绝顶，余则皆到。"309页又记载："余自云门扶石而上，被雨阻，未臻绝顶。至今言之，犹以为憾。"两处说的是一件事。刘建封原本打算登白头峰，遇上大雨，只好半途而废。但从刘建封"沙石软如面粉"的描述可知，他已经离南坡口不太远了，而且已经看见白头峰"形如佛顶"了。

在我国境内，汽车可以到达离南坡口很近的地方。徒步登南坡口也是不错的选择，沿途可以远眺伏龙岗那条巍峨壮观、气象万千的熔岩流，还可以看与伏龙岗相伴的伏龙沟。伏龙沟如今地位特殊，中朝国界就以伏龙沟为界，伏龙沟以西为中国领土。

天龙峡（北坡口）东西方向　由龙门峰至天豁峰　可下临天池的小路

龙门峰 2595.7　南玉壁 2450　天龙峡　乘槎河　织女峰 2420　砥柱峰 2480　虎头砬子 2650　天豁峰 2670　白石砬子 2640　铁壁峰 2618.2　孤隼峰 2749.2　鸡冠岩　南墙

补天石 2189.1　闯门　2189.1 鸡啄石　凤月窝

长白山天池

照片4-53（拍位见图4-37）：南坡口外坡属于松花江流域，站在南坡口可以看见松花江最高集水坡，这个集水坡位于白头峰西坡和南坡，照片中所标注的那面山坡上，夏天的雨水和冬季的雪融水将汇集到干河，再汇入南锦江、松花江。照片中的平岗是白头峰向南延伸的山脊，翻过那条平岗，是白头峰的东坡，东坡的水最终也汇入南锦江。因此，整个白头峰，无论是内坡还是外坡，与南坡口一样，皆属于松花江流域。

照片4-53　近摄南坡口

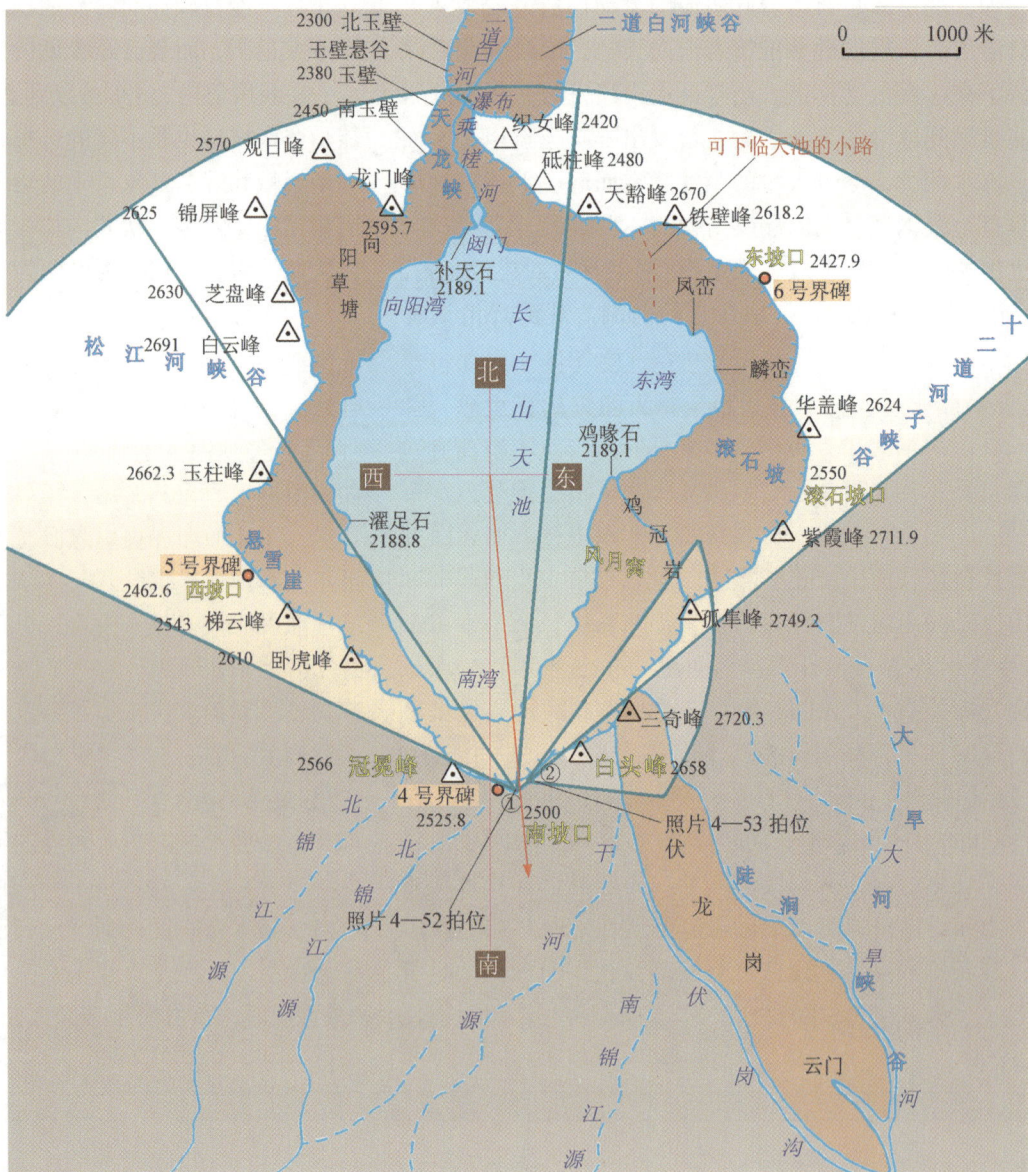

图4-37　在南坡口拍摄长白山天池全景位置图

# 第五章　长白山天池—乘槎河—二道白河一脉相承

长白山天池

乘槎河

二道白河峡谷中的火山景观

长白温泉

## 5.1 长白山天池

### 5.1.1 天池及其名称

我国东北先民肃慎族及其后裔女真族、满族生活繁衍在白山黑水间。《金史·本纪》云："生女直地有混同江、长白山。混同江亦号黑龙江，所谓'白山黑水'是也。"（吉林人民出版社《金史》1995年版第1页）乾隆帝诗《九月朔日作》："白山黑水多王气，三韩百济旧神州。"（《吉林通志》上卷第85页）以"白山黑水"为"王土"。嘉庆帝诗《赐吉林将军松筠》："天造邦家肇，吉林寔故乡。白山发祥远，黑水溯源长。守土依前则，诘戎率旧章。"（《吉林通志》上卷第99页）道光帝诗《赐吉林将军瑚松额》："发祥长白始，根本启皇清。弓马须精敏，风情务朴诚。"（《吉林通志》上卷99页）足见清朝诸帝历来以"白山黑水"为祖宗发祥地而竭力守护。

从地理上讲，松花江是黑龙江的支流，松花江发源于长白山天池，当然可以说"黑水"源于"白山"，则"白山"与"黑水"一脉相承。康熙五十一年（1712年）乌拉总管穆克登奉旨查边，他来到孤隼峰上，看见了天池，朝鲜《东国文献备考》记载："行至山顶，有池如囷穴（注：指天池）……坼其北数尺，水溢出，为黑龙江源。"明确黑龙江发源于天池。先民们在长期的生活实践中了解到这种关系。《松漠纪闻》40页载："长白山在冷山东南千余里……黑水发源于此。"这个"黑水"是指松花江全段和黑龙江下游直至河口段。《长白山江岗志略》306页记载民间传说有："每年三月间，陡有黑云自西北来，大雨雹至天池不见。阅数日忽由池中突起五色云，向东南而去，惟黑白两色居后。追十数日，见云自东南飞来，仍入池内，而黑云不在其中。相传，黑龙江龙王会同天池龙王，朝宗东海云。"

黑龙江龙王能到天池来，会同天池龙王到东海朝拜，即使是传说，也不是空穴来风。由黑龙江溯流经松花江而上，可以到达天池；反之，由天池顺流而下，可以漂到黑龙江，一直漂进大海。勇敢的肃慎先民肯定是做过尝试，才能产生这样的传说。再者，"朝宗东海"中的东海，也是实际存在的，那就是现在东北亚大陆濒太平洋锡霍特山脉与库页岛之间的鞑靼海峡，黑龙江出海口在那里，我国东北先民称那片海域为东海。既然从天池出发，一直可以漂流到东海，肃慎先民视黑龙江为"龙"，"龙兴之地"在长白山，这种一脉相承的关系早就深深扎入我国先民的脑中，终于演变成很多传说，世世代代流传于民间。

长白山是"龙兴之地"，主峰之上那片"大泽"被虔诚的女真先民赋予"龙潭"之名，是很自然的事。《长白山江岗志略》305页记载："十数年前，有猎者四人至钓鳌台，见芝盘峰下，自池中有物出水，金黄色，首大如盘，方顶有角，长项多须，低头摇动如吸水状。众惧登坡，至半，忽闻轰隆一声，回顾不见，均以为龙，故又名为龙潭。"这个传说虽不同于天池龙和黑龙江龙在"龙潭"相会，但传说中天池总是与龙有关却是一致的。

天池被称为"龙宫"。《长白山江岗志略》305页记载："池中雷声时作，音同炮弹，百里外犹闻其声，俗呼为龙宫演操。又云，平时水声澎湃，响如鸣金戛玉，俗呼为龙宫鼓乐。"这类传说也应不是空穴来风，是火山喷发的情景给先民留下了深刻的记忆，演变而来的。

天池被称为"海眼"。《长白山江岗志略》305页记载："土人云，池水平日不见涨落，每至七日一潮，意其与海水相呼吸，故又名海眼。"现代火山地质科学表明，天池是一个塌陷的火山口，由大气降水汇聚而成湖泊。天池距海岸最近的距离有140千米，尽管天池四周有很多断裂，但也不太可能与大海直接相通，所以海潮变化不可能影响到天池水位的变化，实际观察测量的水文记录，也不见有这种有规律的变化。所以，"七日一潮"只能当传说看待。但从这个传说中可以反映出女真先民把天池和大海紧密联系起来的情结：他们认为东海龙王与天池龙王有联系，便以传说的形式将长白山天池与天池之水最终的归属——东海联系起来，产生"与海水相呼吸"的传说。

天池被称为"温凉泊"。《长白山江岗志略》305页记载："又云，池水清浅处，可以行人。数年前，有猎夫自碧螺山下，渡至补天石旁，其中有热如汤泉，冷如冰海之处。五步外即深不可测。以足试之，滑腻异常，故又名温凉泊。"这不仅是传说了，现代地质调查证明，天池周边有多处温泉，但因流量小，不足以加温整个天池水体，所以，天池水温还是很低的。温凉泊这一名称是女真先民探索天池后得出的结论："温"和"凉"共存的湖泊，这种名称非以身试水而不可得。再有"五步外即深不可测"，更是先民对天池探测的结果。现代地质调查表明，天池周边水面下存在环池断层，所以天池可深达300多米。

先民还称天池为"闼门潭"，这是历史文献中见得较多的名称。《八旗通志》记载："长白山高二百余里，绵亘千余里，雄观峻极，扶舆灵气所钟。山上有潭，曰闼门，周八十余里，源深流广。"

《开国方略》记载："长白山上有潭曰闼门，周八十里。"

《吉林通志》1556页记载："长白山……横亘千里，高二百里，五峰环立，中有潭曰闼门……山半坦若石甃平台，五峰外抱，闼门潭渊然其间，缘潭陟山，可五十余丈，通地皆雪。"

《大清一统志》记载："长白山高二百里，其巅有潭，周八十里……其潭名闼门潭。"

《韩边外》91页之《南园丛稿》记载："山顶之东北，有澄水湖一，名曰闼门潭，亦曰天池。"

清代刘凤诰有《长白行》诗："长白山高高插天，万山之祖灵蜿蜒"，"颂诗载颂初生民，山顶闼门潭泻春"。（张福有：《长白山诗词选》第519、520页）

《延吉边务报告》38页记载："山顶五峰并峙，中央有湖，周围约三十里，称为天池，亦称闼门潭。"

《间岛问题》297页记载："二道白河，即自闼门潭溢出之水，古所称为松花江正源者。"

与闼门潭类似的名称还有"闼门泡"。光绪十七年（1891年）官修吉林省第一部全省通志时，有修志官员荣和深入到长白山天池实地测量绘图，并撰文《长白山闼门泡记》，该文题目中就引入"闼门泡"之名。（注：荣和，字子清，号白山游士。光绪十七年四月一日从省城出发，五月十三日到达长白山调查测绘。

还有"他们泡"之名。《东三省舆地图说》记载："长白山顶有潭，曰他们泡。"

还有"图们泊"之名。《东三省纪略》记载："山顶有潭，曰图们泊，译言万也，言万水之源也。"

还有"门池"之名。在《吉林旧界全图》中，在天池旁标注为"门池"。图见《吉林通志》附图第1图。

还有"水泡"之名。在《吉林通志》附图第14图《珲春城图》中，天池旁标注为"水泡"。

还有"水池"之名。

康熙十六年内大臣武木讷奉旨看验长白山后写给皇帝的奏折中称天池为"水池一曲"。

女真先民对天池还有其他种种称呼，足见他们对其崇拜的长白山主峰上这一池神秘的水是多么关注。

现在通称的"天池"之名，在历史文献中也很常见，但多以通称出现，不具专属性，如《盛京通志》："巅有天池曰图沦泊。"《清史稿》志30记载："长白山在北，上有天池。""天池"皆不是专名。为使其具有专属性，前人在"天池"前冠以"长白山"，称其为"长白山天池"，以区别于其他地方的天池（如新疆天池，山西的天池等）。此名虽不如"闼门潭"根基深厚，但因广泛流传，已经成为天池的专属名称。

长白山天池是美丽的火山口湖，是地质发展变化的产物，是地壳活动、火山喷发、火山口陷落，大气降水聚水成湖的天成之作。我国肃慎、女真先民对其怀着深深的敬畏之情。今天，我们面对天池不也是怀着同样的敬畏之情吗？近年有"天池怪兽"的传闻，目击者说，很像传说中的"龙"，可见，在中华儿女心中，总是希望天池有更多的神秘现象出现。无论是自然的还是人文的，天池都有一层层神秘的面纱有待于人们去揭开。

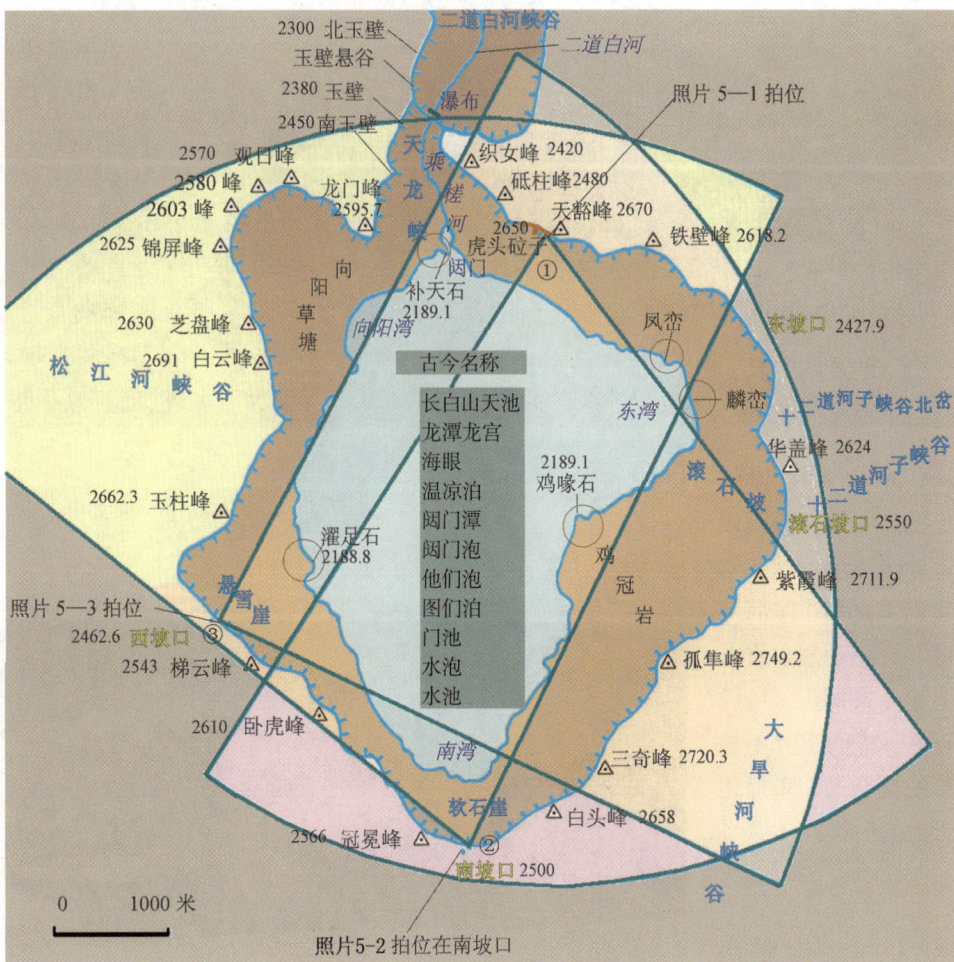

图5-1　长白山天池拍摄位置图

277

照片 5-1（拍位见图 5-1）：天池的形状，刘建封有多种描述。《长白山灵迹全影》第 3 幅照片《长白山天池》的具图贴说云："天池……池长腰狭，丰首而锐末，东北西南作葫芦形。"

在照片中可以看到：前人所说的"作葫芦形"，指鸡冠岩如葫芦腰向天池里挤入，使天池变得"池长腰狭"。

因鸡冠岩直插天池，使天池为之一束，挤成葫芦腰形。较之环池诸峰，鸡冠岩确伸入天池许多。康熙十六年（1677年）内大臣武木讷奉旨看验长白山后给皇帝的奏折中说"山上五峰回绕，水池一曲……正中一峰特立，群峰旁如门峙"。这"正中一峰特立"指的就是鸡冠岩向"水池一曲"中心伸入之势，使天池成为"葫芦腰形"。

华盖峰 2624　紫霞峰 2711.9　孤隼峰 2749.2　三奇峰 2720.3　白头峰 2658　南坡口 2500　冠冕峰 2566　小虎峰 2470　卧虎北峰 2610　卧虎峰 2535

鸡冠
南湾　南
东　西　北
鸡喙石 2189.1
长 白 山 天 池

照片5-1　在北坡虎头砬子看天池
①

卧虎峰 2610　卧虎北峰 2535　玉柱峰 2662.3　白云峰 2691　锦屏峰 2625　2603 峰　2580 峰　观日峰 2570　龙门峰 2595.7　南玉壁 2450　北坡口　天龙峡（拆）　织女峰 2420　砥柱峰 2480　虎头砬子 2650　白石砬子 2640　天豁峰 2670　铁壁峰 2618.2

天龙峡东西方向范围　AB 为天龙峡横剖面见 216 页

天龙峡即北坡口，中有乘槎河通过闼门将天池水泄出。天龙峡"V"形谷的东西范围是从龙门峰至天豁峰。

濯足石 2188.8　补天石 2189.1　闼门
向阳湾
西　北　东
长 白 山 天 池
南湾　南
鸡喙石 2189.1
鸡冠岩
内壁坡麓
冠冕峰　白头峰

白云峰和锦屏峰之间的芝盘峰海拔 2630 米，本幅照片中被海拔 2691 米的白云峰挡住。
②

照片 5-2（拍位见图 5-1）：在这幅照片中可以看到：在天池东面有鸡冠岩向里挤入，西面有濯足石向天池挤入，两面相挤，形成葫芦腰形。

照片5-2　在南坡口（软石崖）看天池

照片 5-3（拍位见图 5-1）：在悬雪崖上看天池的形状，刘建封描述的"作葫芦形"并不明显，看上去是个椭圆形。所以现在人们多用"不规则的椭圆形"来描述天池的形状。

天龙峡　织女峰 2420　砥柱峰 2480　虎头砬子 2670　白石砬子 2640　铁壁峰 2618.2　东坡口 2427.9　华盖峰 2624　紫霞峰 2711.9　孤隼峰 2749.2　三奇峰 2720.3

八卦庙岩庭
闼门　补天石 2189.1
玉柱峰　倒石堆
凤岩　麟岩
东湾　东
鸡冠岩
鸡喙石 2189.1
北　西
濯足石 2188.8
长 白 山 天 池
南湾　南
悬雪崖火口沿

照片5-3　在西坡悬雪崖（西坡口）看天池
③

悬 雪 崖 上 的 厚 层 悬 雪

0 500 米

龙门峰
海拔2595.7米
距水面406.6米

2300
北玉壁

2380
玉壁

2450
南玉壁

二道白河峡谷

织女峰
海拔2420米
距水面230.9米

观日峰
海拔2570.0米
距水面380.9米

锦屏峰
海拔2625.0米
距水面435.9米

芝盘峰
海拔2630.0米
距水面440.9米

白云峰
海拔2691.0米
距水面501.9米

松江河峡谷

玉柱峰
海拔2662.3米
距水面473.2米

瀑布

天龙峡
（北坳口）

乘槎河

牛郎湾

闼门

补天石
2189.1

向

阳

草

塘

向阳湾

破

火

山

观日峰

锦屏峰

芝盘峰

白云峰

玉柱峰

龙门峰

砥柱峰
海拔2480米
距水面290.9米

织女峰

砥柱峰

天豁峰

天豁峰
海拔2670.0米
距水面480.9米

铁壁峰

铁壁峰
海拔2618.2米
距水面429.1米

东坡口
海拔2427.9米
距水面238.8米

6号界碑
东坡口

中国
朝鲜

凤峦

麟峦

华盖峰
海拔2624.0米
距水面434.9米

华盖峰

滚石坡

滚石坡口

滚石坡口
海拔2550米
距水面360.9米

紫霞峰

紫霞峰
海拔2711.9米
距水面522.8米

外

缘

松鸭分水岭最高点（北点）

东西方向宽3.37千米

东湾

两界碑之间距离5.30千米

濯足石和凤峦之间相距3.50千米

南北方向长4.40千米

鸡嗉石
2189.1

鸡

冠

岩

濯足石
2188.8

破

火

山

口

塌

陷

5号界碑
西坡口

悬雪壁

陷

塌

口

西坡口
海拔2462.6米
距水面273.5米

梯云峰

卧虎峰

梯云峰
海拔2543.0米
距水面353.9米

卧虎峰
海拔2610.0米
距水面420.9米

南

湾

孤隼峰

孤隼峰
海拔2749.2米
距水面560.1米

松鸭分水岭最高点（南点）

三奇峰

冠冕峰

软石崖

白头峰

4号界碑

冠冕峰
海拔2566.0米
距水面376.9米

南坡口
海拔2500米
距水面310.9米

白头峰
海拔2658.0米
距水面468.9米

三奇峰
海拔2720.3米
距水面531.2米

天池周围有4处水湾：
(1)向北伸出的水域称牛郎湾
(2)向东伸出的水域称东湾
(3)向南伸出的水域称南湾
(4)向西北伸出的水域称向阳湾

注：天池水面面积数据系在图上求得，可能与他处不同，仅供参考。

中国　朝鲜

图5-2　长白山天池火山口湖基本状况数据图

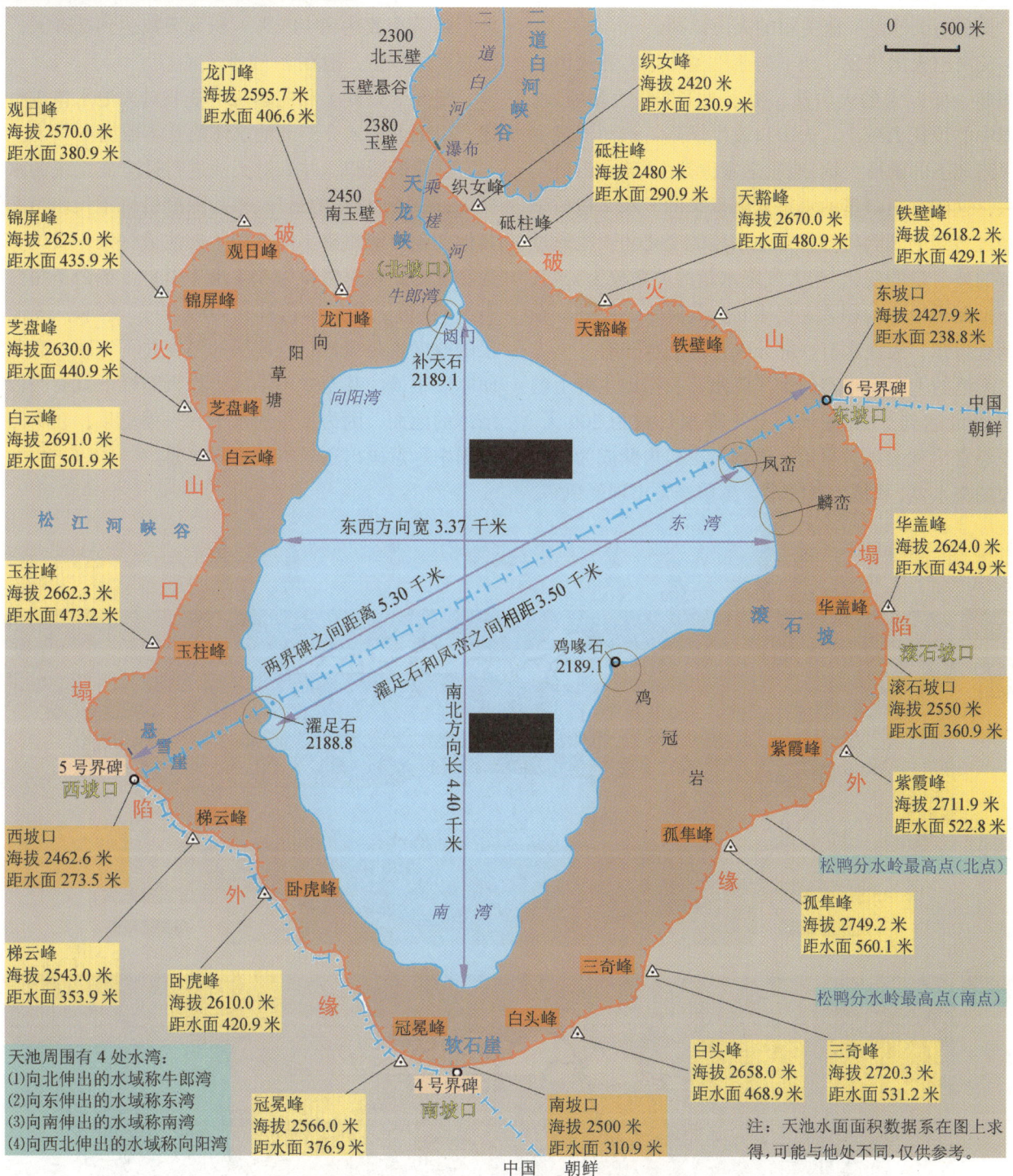

| | |
|---|---|
| 火山口湖水面面积9.82平方千米 | 破火山口内壁集水面积21.4平方千米 |
| 火山口湖水面周长13.1千米 | 破火山口上缘水平周长20.2千米 |
| 火山口湖平均水深204米 | 破火山口平面形状为不规则椭圆形 |
| 火山口湖最深处373米 | 环绕破火山口主要山峰有16座 |
| 水山口湖平均蓄水量20.4亿立方米 | 环绕破火山口的主要山峰平均高程海拔2640.3米 |
| 火山口湖水温0.7℃~11℃ | 环绕破火山口的山峰距水面平均高度451.2米 |
| 火山口湖年平均降水量1333毫米 | 环绕破火山口的坡口有5道 |
| 火山口湖年平均水面蒸发量450毫米 | 破火山口与外界相通的豁口有1处即北坡口或天龙峡 |
| 火山口湖水面海拔平均约2189.1米 | 火山口湖外泄河流1条，即天龙峡底部的乘槎河 |

长白山天池是一座美丽的火山口湖。

长白山火山爆发，地下岩浆喷溢的熔岩和火山灰堆积起一座巨大的火山锥。由于地下岩浆大量喷发，地壳中的顶托力减小，火山口发生塌陷，从而形成一个深陷地下的碗形大坑，地质学家称其为"破火山口"。那么，这破火山口里的水是从哪里来的？水文地质学家经过多年的观测得知，天池水位的变化和天池通过瀑布的外泄量的变化，与大气降水量的关系较为密切，进而推断天池水的积累主要来自大气降水。此外，在质调查得知，天池水有一部分来自地下水补给。

天池的上空有丰富的大气降水，长白山主峰上的年降水量达到1333毫米，全年降水日数为209天。夏季经常出现大雨、暴雨，碗形火山口内壁成为一个巨大的集水盆，承接大气降水。冬季经常出现暴风雪，全年降雪天数达到145天，积雪天数达到258天，天池表面的积雪一般在1—2米左右。

图5-3以夏季和冬季两个季节对天池水体进行描述，以剖面形式介绍天池水体的基本数据。

据我们所知，并未对天池进行过全面系统的水深探测，图中所标注的最深、平均深度引自《长白山志》，其他文献可能略有不同，如：天池最深处，我国资料为373米，朝鲜资料为384米（引自《革命圣岳白头山》，平壤，朝鲜画报社，1989年）。冬季，天池冰层的厚度也是概数，且冰层的厚度并不一致，有些池面冰层很薄，甚至并不结冰，如天豁峰下就有一段不结冰的池面，因为那里的水下有一处温泉，在本图冬季图中示意画出这处不结冰的池面。

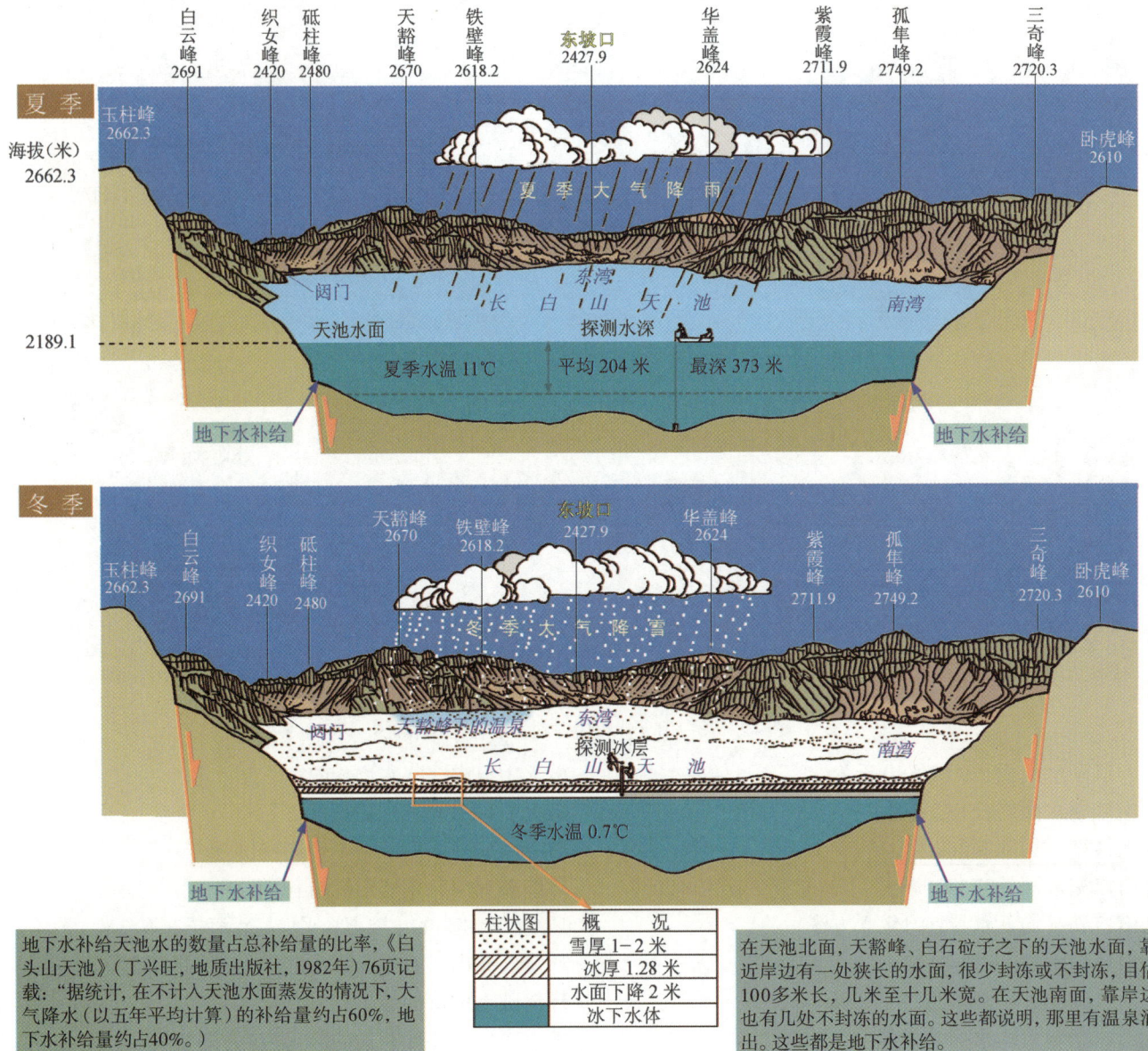

图5-3 长白山天池水体示意图

| 柱状图 | 概况 |
|---|---|
| | 雪厚1—2米 |
| | 冰厚1.28米 |
| | 水面下降2米 |
| | 冰下水体 |

地下水补给天池水的数量占总补给量的比率，《白头山天池》（丁兴旺，地质出版社，1982年）76页记载："据统计，在不计入天池水面蒸发的情况下，大气降水（以五年平均计算）的补给量约占60%，地下水补给量约占40%。"

在天池北面，天豁峰、白石砬子之下的天池水面，靠近岸边有一处狭长的水面，很少封冻或不封冻，目估100多米长，几米至十几米宽。在天池南面，靠岸边也有几处不封冻的水面。这些都说明，那里有温泉涌出。这些都是地下水补给。

280

长白山主峰上的大气年均降水量：1333毫米/年，历年最大降水量：1809.1毫米/年，为吉林之最。年降水日数209天。一百年前，刘建封踏查时记载："计入山十日，九日遇雨。"（《长白山江岗志略》292页）

松鸦分水岭最高点（北点）

松鸦分水岭最高点（南点）

用这位"现代天女"对长白山天池洒水表示大气降水补给天池水，经常是"倾盆大雨"。

年蒸发量：450毫米/年。天池流域水的蒸发包括9.82平方千米的水面和火山口内壁11.58平方千米的悬崖、坡面的蒸发。

2711.9　紫霞峰

2624　华盖峰

2550　滚石坡口

2149.2　孤隼峰

2720.3　三奇峰

2658　白头峰

2500

南坡口　2566　冠冕峰

2610　卧虎峰

2618.2　铁壁峰

2427.9　东坡口

梯云峰2543

西坡口2462.6

玉柱峰2662.3

白云峰2691

芝盘峰2630

东湾

鸡嗉石2189.1

南湾

东北南西

濯足石2188.8

阙门　2189.1　补天石

向阳湾

2640　白石砬子

2670　天豁峰

5

表示地下水补给天池水

瀑布

表示天池渗漏

锦屏峰2625

砥柱峰2480

织女峰2420

观日峰2570

龙门峰2595.7

表示天池渗漏：天池下有纵横交错的裂隙，天池水从这些裂隙中渗到火山锥外，变成温泉或冷泉。

玉壁2380

南玉壁2450

天池气象之最：
全年平均气温－7.3℃。
全年平均风速11.7米／秒。
全年刮大风（≥8级）日数269天。
全年降雪日数145天。
全年雾凇（树挂）日数165天。
全年降水量1333毫米。
全年降水日数209天。
全年雾天日数265天。

表示地下水补给天池，地下水补给天池的比例，据水文调查得知，大约占总补给量的40%。

天池蓄水量20.4亿立方米
天池水经乘槎河由瀑布下泄
夏季最大时3.42立方米/秒
冬季最小时0.88立方米/秒
年平均1.32立方米/秒

图中圈码代表：
① 七里滩集水箕斗
② 滚石坡集水箕斗
③ 南坡口集水箕斗
④ 悬雪崖集水箕斗

图5-4　长白山天池气象及水平衡示意图

天池自形成以来，就没有停止过水循环。天池之所以永远美丽，永远清新、纯净，是因为它每时每刻都在进行着水的更新。在世界水循环的大系统中，作为其中的一环，天池以其独特的地域——东北亚地区最高的水循环流域——参与了这个循环。天池湖面为9.82平方千米，算上周围的集水坡，流域面积也仅为21.4平方千米，较之几十万、几百万平方千米的大流域，实在小得很，只能称它为"微循环"。天池水微循环并非闭合系统，而是开放系统。正因为它很小，所以就好像摆在桌面上的水循环标本一样，使我们对大自然中的水循环是怎样进行的获得了直接的感性认识。须知，世界上大范围的水循环我们是看不到其循环全过程的，因为世界性的水循环系统实在太大了，我们只能看到云在飞腾，天在下雨，河水在奔流等局部现象。在天池这个小流域里，我们站在天池边上就能看到天池"微循环"的全过程。

有一位水文学家陪同他的妻子登顶天豁峰。天是那么蓝，阳光是那么灿烂，天池水比天更蓝，是一种具有魔力的深蓝，令人幻想到那片"琼浆玉液"中去体验幽深而神秘的世界。

这时，忽然一阵大风吹来，水文学家的妻子打了一个寒战，她感觉到有一些冷。几乎是转眼之间，刚才还是碧蓝的天空布满了乌云，乌云迅速下降，把整个天池都包了起来，接着就狂风大作，狂奔的云就在身边飞过，峰顶上的旅行者如同腾云驾雾，人们的身影时隐时现，这云雾又浓又冷。他们紧紧地抱在一起，他只觉得妻子的全身都在发抖，妻子不知道这是什么灾祸。实际上并不是灾祸，接下来，不过是一场倾盆大雨而已。当然，这雨着实很大，已经不是雨珠，倒像是从头上浇下来的瀑布。水文学家的妻子被转瞬间发生的事吓坏了，不断地说，"刚才还是万里无云的晴天，怎么一下子就这样了，这是天池对我们发威吗"？

水文学家安慰她说："不要怕，对于天池来说，这是正常现象，你不要把它看成是暴雨对你的突然袭击，天池不会对我的妻子发威。你得把这场倾盆大雨看成是再平常不过的大气降水，这是大自然正在进行水循环，或者说，天池正在进行水补给。天池也有口渴的时候，天池在喝水，与你我都没有关系。虽然它喝的不是时候，没考虑到我的妻子没带雨衣，但对于天池来说，却是必需的，必然的；如果天池不进行补给，没有水循环，它就会变成一池污浊的死水。"

雨水打得浑身疼痛，妻子说："就算不叫它暴风骤雨，像你说的是大气降水，是天池进行水补给，是

天池在喝水，它怎么喝起来就没完了呢？我已经湿透了。"水文学家说："我想很快就会过去的。在天池发生的事是不论多么突然，都有自然界的规律，不会以我妻子的意志为转移的，我们还是耐心等待吧。"

妻子说："我很冷，只是希望天池快点补完水。"她知道这是天池正在进行水循环，便不再恐惧，水文学家保护着他的妻子，耐心地等待着。

事情的结束和发生一样迅速。天池就是这个"脾气"，雷厉风行，变幻莫测。转眼间雨歇云散，天空明净如初，阳光灿烂。奇妙的是，整个天池水面飘散着白色的如丝如缕的水蒸气，那景色美极了。水文学家的妻子对大雨之后天池这一奇妙的气象现象很感兴趣，忙问她的丈夫，天池这又是在干什么？

"大雨过后，池面温度骤然降低，这是水蒸气在低温情况下得以显现的缘故。平时的蒸发我们难以看清，但我们可以从另外的现象看到天池水面的蒸发：在阳光照射下，紧贴在天池水面之上，有一个扰动层，透过这层空气看景物都是抖动的、扭曲的，不甚清晰的，其实那就是水面在蒸发，使空气的密度发生变化，从而产生折射的结果。天池水面的蒸发也是水循环的组成部分。"

"那么，"妻子问，"天池总是进行水循环吗？"

"当然，天池每年从天空获得的补给量达到几千万立方米。"

"天池满了怎么办？"

"这个你不必担心，大自然早就安排好了，它有一个泄水口呢，多余的水从乘槎河流到山下去了。我们一会儿就去看那条美丽的小河。"

水文学家带着他的妻子从天豁峰向北绕过砥柱峰，这里有一条从天豁峰下临天池的小路，他们从倒石堆上来到乘槎河旁。在这里，他们看见那条淅淅沥沥的流水，像个小姑娘，纯洁又清澈。

"这就是乘槎河，天池的泄水通道，天池在这里完成了它的水平衡作业，天池补给的水就从这里流向外面的世界。"

"刚才补给的水都从这里流出去吗？"

"不，从乘槎河流出去的仅是其中的一部分，因为还有水面蒸发，就是我们刚才看到的水面上的蒸汽，此外，还有一部分水从天池周围的裂隙渗漏掉了，这些渗水在火山锥周围形成泉。这三部分加起来差不多就是刚才淋湿我妻子的那场雨的数量。"

"看来，刚才我们是白白挨了一顿浇，补给的水又白白地流失掉了。"

"不，补给的大气降水，在天池中进了水的交换，之所以天池的水如此纯洁、清澈，就是每时每刻都在进行水的交换，没有这种吐故纳新，天池水恐怕要变成脏水了。"

经过了一次真正的洗礼，他们看到了一个完美而和谐的水循环过程，觉得没白来长白山天池一次。

水文学家告诉我们，天池水的主要来源是大气降水，即夏天的雨和冬天的雪。地质学家告诉我们，天池的水还有另一个重要来源，那就是地下水补给。但地下水补给是"暗补"，是地下水循环，我们在地表上看不见。这两部分水是天池水的"收入"，天池水的"支出"，主要是经由乘槎河外泄，这一池"琼浆玉液"源源不断地流进松花江中。天池水的"支出"，也有表面上看不见的部分，那就是水面的蒸发和池底的渗漏。天池有9.82平方千米的水面，水面蒸发也是天池水"支出"的途径。天池底下有很多断裂，从断裂渗漏出去的水也不少，火山锥周围有很多泉，大多是天池渗漏形成的。

天池水的"收入"和"支出"虽然途径有很多种，形式多样，但总量是平衡的。天池水在不断地更新、交换、吐故纳新，所以天池永远是晶莹、剔透而碧蓝的。在现代世界里，难得有这样一池圣洁的水呈现在旅行者面前。

---

### 5.1.6 圣洁之水不容污染

曾经在一本画册中看到一幅天池照片，近景是清澈见底的池水，水底各种颜色的沙砾石历历可数，仔细看，还有几条小鱼在游动。看照片旁边的文字说明，这些小鱼原来是人工放养的。后来又有报道，有人在瀑布下的河水中抓到了小鱼，鱼可能是天池中的鱼经由乘槎河，由瀑布落下来的。这种鱼身上的特点是背部有红色花斑点，肚皮白色，类似红点鲑鱼。

为什么要在天池里放养鱼？这是一个什么样的信号？

长白山天池有着原始的圣洁，一池水无论是平如镜还是波涛汹涌，都充满圣洁的魅力。自古以来，曾有那么多虔诚的来访者，经过千辛万苦，来到天池。那真是仿佛进入混沌之初，回到开天辟地之时，好像来到神秘的天宫。从前，总能看见有人面对天赐的琼浆玉液，俯池痛饮，还带回一瓶永久保存。

但是历史的脚步很快就把人间的污染带入这片圣洁的水域。1983年，长白山列入乙类开放地区，取消了严格控制审批手续的规定。当年进入长白山的旅游人数就达34880人，到了1988年，达到101103人，到2000年，达到156万，如今的人数更是不断翻番。人们更是修建了直达天池的阶梯，美丽而圣洁的天池，自诞生以来都没有见过这般轰轰烈烈的阵势。

我们总是能看到这样的情景：在天池畔火山砾石沙滩上，到处围坐着进餐的游客，他们一边观赏着天池的美景，一边大快朵颐，野餐无可非议，但事后的"杯盘狼藉"却不能容忍。

《魏书·勿吉传》记载："国南有徒太山，魏言太白。有虎、豹、罴、狼，不害人，人不得山上溲污，行径山者，皆以物盛去。"（上海古籍出版社《二十五史》第3卷第2424页。吉林人民出版社1995年版，太白作大白。脱"不"字，意反。还脱"去"字。）《北史·靺鞨传》记载：靺鞨"国南有從太山者，华言太皇，俗甚敬畏之"。（上海古籍出版社《二十五史》第4卷第3224页）

"人不得山上溲污"，就是说，到长白山的人不许在山上排泄粪便；"行径山者，皆以物盛去"，就是说，如果你实在憋不住，也行，但必须用什么东西把它包起来拿到山下去。勿吉和靺鞨是世居长白山的先民，这就是我们的祖先登长白山"俗甚敬畏之"的做法。

1129年，洪秀全二十八世祖、南宋礼部尚书洪皓出使金国，为金羁留不遣，流递于白山黑水间，他著有《松漠纪闻》，在第40页中记载："长白山在冷山东南千余里，盖白衣观音所居。其山禽兽皆白，人不敢入，恐秽其间，以致蛇虺之害。"一句"恐秽其间"道出了先民对长白山"皆白"之地的敬畏和爱护，之所以不敢随便登山，是怕因玷污了长白山的圣洁而受到惩罚。

长白山火山锥周围有多处温泉，先民认为那是为登山者洗去尘世污秽而设置的。光绪十七年（1891年），绘图官荣和测绘天池，他在《长白山阆门泡记》中写道："想此仙泉何来设此？以浴登山人之不洁，并易尘俗耳。"（王季平主编：《长白山志》第430页）这就是说，已经给你准备好了沐浴之处，先洗净你的身体和灵魂再去登山吧。

上述仅是顺手拈来只言片语，可见在先民心中长白山是容不得污秽的。

天池水的圣洁是大自然对人类的恩赐。长白山天池的形成，从地质角度讲，从地下岩浆喷发形成火山锥，到火山口塌陷，历经种种"磨难"，才得以形成火山口，然后又盈以"天水"，才成为不可再生的自然遗产。有智慧的人类怎样保护这个自然遗产，实在是每个登上长白山的人都应该思考的问题。

回头再说在天池养鱼。由于天池特殊的成因、特殊的地质条件、特殊的水文条件和特殊的地理位置，天池的水非常洁净，即使在现代工业高度发达的今天，也几乎没有受到污染。如果在天池放养鱼，无论是以科研为目的，还是以旅游开发为目的，或者任何其他理由，都是错误的做法。一旦天池有了鱼群，天池的灾难之旅或将开启。天池的鱼群会带来许多无法预料的后果，我们还不能预料人为的生物群落会带来什么问题。

## 5.1.7 说说"二水发真源"和"三江之源"

什么是"流域"？通俗地说，流域就是地表水和地下水在地形条件的制约下，最后都流到一条河里，这个范围就称为某河流的流域。在长白山，流域的分布和水系的构成，对研究长白山的历史和地理都是至关重要的。以地质时间衡量，长白山火山是一座年轻的火山，它喷出大片的熔岩将原来的水系和流域掩埋起来，完全打乱了原有河系的发展，在新形成的熔岩台地和火山锥上形成一套全新的水系。进入长白山可以看到，火山岩区内的河流发展正处于"初级阶段"，河谷多为构造谷和侵蚀谷。河水深深切入岩石，谷底狭窄，两壁陡峭，许多河段就在岩缝中曲折延伸，光是被称为"一线天"的河段就有好几处，还有好多河段被称为"吊水湖"。在火山锥上，河床纵剖面坡降很大，河流底部岩石裸露，崎岖不平，河水泛着白沫横冲直撞，形成许多激流、漩涡、跌水、瀑布。河谷类型多为隘谷、嶂谷和"V"形谷。又由于长白山火山有过多次猛烈爆发，喷出大量的火山灰掩盖大地山川，尤其在火山锥周围放射状水系的河源区常见河床改道、河床废弃、河水断流等现象。这些情况常使河系模糊不清，难以划分水系的归属，很容易混淆流域的界线。

正因为如此，在历史上，常被外国混淆是非，从而引发领土争端，酿成"历史疑案"；外国借此蚕食长白山，使"发祥之区沦为异域"。

固然，在长白山中朝界务争端中，因种种原因，我国"已属吃亏不少"（张凤台：《长白汇征录》241页），"对山川不能了然于心"（吴禄贞：《延吉边务报告》第4页）无疑是重要原因之一。这里仅从水系和流域方面以图文参照的形式予以说明。

（1）长白山主峰（长白山火山锥）外坡流域归属。

长白山主峰即长白山火山锥外坡的大气降水，包括夏季的雨水和冬季的雪融水，流向四面八方，形成以火山锥为中心的放射状水系，这些放射状水系分属不同的流域（见图5-5）。

由图中可以看出，直接接触天池火山口缘的流域为松花江流域和鸭绿江流域。从接触火山口缘的长度看，松花江流域包围着火山口缘，约占整个火山口缘长度的七分之六，鸭绿江流域仅东南一角接触到火山口缘，约占七分之一。图们江流域并没有直接接触到火山口缘。换一个形象的说法：如果你在大雨中绕着火山口缘走一圈，会看见火山口缘外坡（注意，不含火山口内壁）有七分之六的雨水沿冲沟进入松花江水系，七分之一的雨水进入鸭绿江水系，但在火山口缘没有一杯水直接进入图们江水系。

我国先民对这样的地理情况是有所了解的。康熙帝东巡吉林，在松花江边赋诗《望祀长白山》，前四句云："名山钟灵秀，二水发真源。翠霭笼天窟，红云拥地根。"（《吉林通志》84页）此诗中的"长白"是狭义的，专指长白山主峰，即长白山火山锥，所以康熙帝诗中的"二水"指的是松花江的两个源。

在康熙御制文和许多谕旨中，康熙帝常用广义的长白山定义，其范围不仅指火山锥，还包括火山锥周围"绵亘千里"之地，当然也包括图们江江源区。这样，便又有"三江源"之说。康熙年间诗人吴兆骞作《长白山赋》云："尔其混同（松花江）之本，鸭绿（鸭绿江）之源，衍为神池，以宅乎其间。"（张福有辑笺：《长白山诗词选》时代文艺出版社，1998年版，第319页。）这里所说的仅是松花、鸭绿二水源于长白山，此长白山也是狭义的，单指长白山主峰。

清代吉林诗人沈承瑞（1783—1840），字香余，有《长白山》诗云："帝业荒东北，兹山实效灵。龙形蟠大野，云气撼沧溟。水泻双流白，天开万古青。何年驻銮辂，珥笔侍仙廷。"（《香余诗钞》10页。）这里的"水泻双流白"，指的是长白瀑布的两股水流。

又有刘建封在《长白三江考略》中写道："全山左右，除暖江（注：鸭绿江北源）自山上流下自成一脉，其余群水，均入松花江。"这里的"全山"，也是专指长白山主峰，是狭义的长白山。

那么，人们为什么又说长白山是松花、鸭绿、图们三江之源呢？因为，广义的长白山，不仅是指长白山主峰，其所指的范围要大得多。因此，无论说长白山是"二江之源"还是说"三江之源"都是对的。因为长白山有广义和狭义之分：对狭义长白山而言，它是"二江之源"；对广义长白山而言，它是"三江之源"，一点儿都不矛盾。在漫长的历史发展中，长白山不仅名称在演变，地理概念也在演变，加之使用该名称者多不明示其狭义或广义之区别，便可能带来误读。

长白山的广义和狭义之分是在历史发展中逐渐形成的。关于这种情况，我国前人在论及长白山三江源时已有明确阐述：

《长白汇征录》54页在"三江源流"序中说："历考辽金元三史、《明一统志》、顾祖禹《方舆纪要》暨我《大清一统志》、《发祥世纪》、《开国方略》以及齐召南《水道提纲》、李绅耆《皇朝舆地全图》并《盛京通志》、《吉林外纪》等书佥称：鸭绿江发源于长白山西，图们江发源于山东，松花江发源于山北，历代相沿。究其实在方向尚多舛误。樊烛之见，直谓三江源皆发于长白山天池，语尤笼侗。"65页又说："图们江为中韩天然国界。自三江口以下，国界固分明斩截也，三江口以上至长白山东南之分水岭，众流交错，源泉混淆，遂多错误。《皇朝一统舆图》载有大小图们（注：图们江简称，下同）之说，当时延聘西儒强作解人，一江之源，解者纷如。又复区而为二，《会典》祖其说，遂以大图们出自白山东麓，二小水合流，小图们出其北，二小水合流等语，绘为图说。光绪十四年，朝鲜国王呈总署文，内列有宜由长白山东麓究寻水源，酌定界段等字样，借端狡展，卒至悬而未结者，实由此大小图们之说而起，其误一。"

我国先民在长白山除有"大小图们江"之说外，还有"大小长白"之说，在光绪年间中朝勘界时，在日本制造的"间岛问题"中，外国常"借端狡展"。吴禄贞有言："我国地理学尚未发达，边徼之地凤为我国民所不注意……疆域之形势，罕见于官书，地理之调查，不登于记载……悉在暗昧不明之列。"（《延吉边务报告》161页）

但是，前人对此也有所知晓和警惕。刘建封在《长白三江考略》中谈到图们江时说："盖图们江源谓发自长白山派子则可，谓有长白山流出则不可。"（《长白山江岗志略》第447页）所谓"派子"，就是山的支脉，如小白山、葡萄山等，均为长白山"派子"。可见，刘建封这里所说的长白山是狭义的，专指长白山主峰而言。吴禄贞在《延吉边务报告》89页写道："长白与小白相距不远，以绵亘千里观之，小白东麓即为长白东麓，何必另易其名？所以称为小白者，以朝鲜人相称已久，遽更其名，叙事恐难明显。"由此，中国文献也接受了这个名称。

正是基于这一点，故有长白山是三江之源一说，无论从地理概念还是历史事实角度来说，"长白山是三江之源"，一点都不错。刘建封在《长白山江岗志略》开卷即有："长白为王气所钟，襟三江，领三岗。"文中的"长白"者是广义的长白山，"襟三江"者，乃松花、鸭绿、图们三江，"领三岗"者，是老岭、龙岗、南岗（注：南岗指长白主峰向小白山方向延伸的东南分水岭，用吴禄贞语即是"实连长白为一本干"。（《延吉边务报告》38页）

（2）长白山天池火山口内壁大气降水归属：

长白山主峰上天池火山口的内壁及水面，构成天池流域，火山口内壁和外坡的转折线为天池流域的分水线（见图5-5）。

天池流域的峰、崖、坡等大气降水，都汇入天池中。就天池流域面积而言，天池流域是个小流域，袖珍而精美。说它"袖珍"，因为它的流域面积仅有21.4平方千米，说它"精美"，因为它是一座由自然力精雕细刻而成的艺术品般的火山口湖。天池流域的集水面将大气降水汇入天池后，由火山口北面的豁口即天池泄水口（阀门），流进乘槎河，乘槎河在瀑布处跌入二道白河，再汇入松花江，可以说，天池流域是广阔的松花江流域最顶端的一颗珍珠。

如果详细划分天池流域，可划分为以下几部分：

水面部分：天池、牛郎湾、向阳湾、东湾、南湾。

集水峰崖：环池十六峰内壁，即面向天池的悬崖。

集水坡面：织女砥柱坡、天豁坡、鸡冠坡、孤隼坡、三奇坡、卧虎坡、玉柱坡、龙门坡。

集水箕斗：七里滩集水箕斗、滚石坡集水箕斗、南坡口集水箕斗、悬雪崖集水箕斗、向阳草塘集水箕斗、天龙峡。

泉：金线泉、玉浆泉、隐流泉及数处水下温泉等。

泄水通道：天池泄水口（阀门）、乘槎河、瀑布。

长白山火山喷发掩埋了大面积的原始地面，彻底改变了原先的河流分布，重新形成了一套新的水系。

打开长白山地区的地图或卫星照片，就能看到新水系的特点：以火山锥为中心向四面散开的放射状水系。

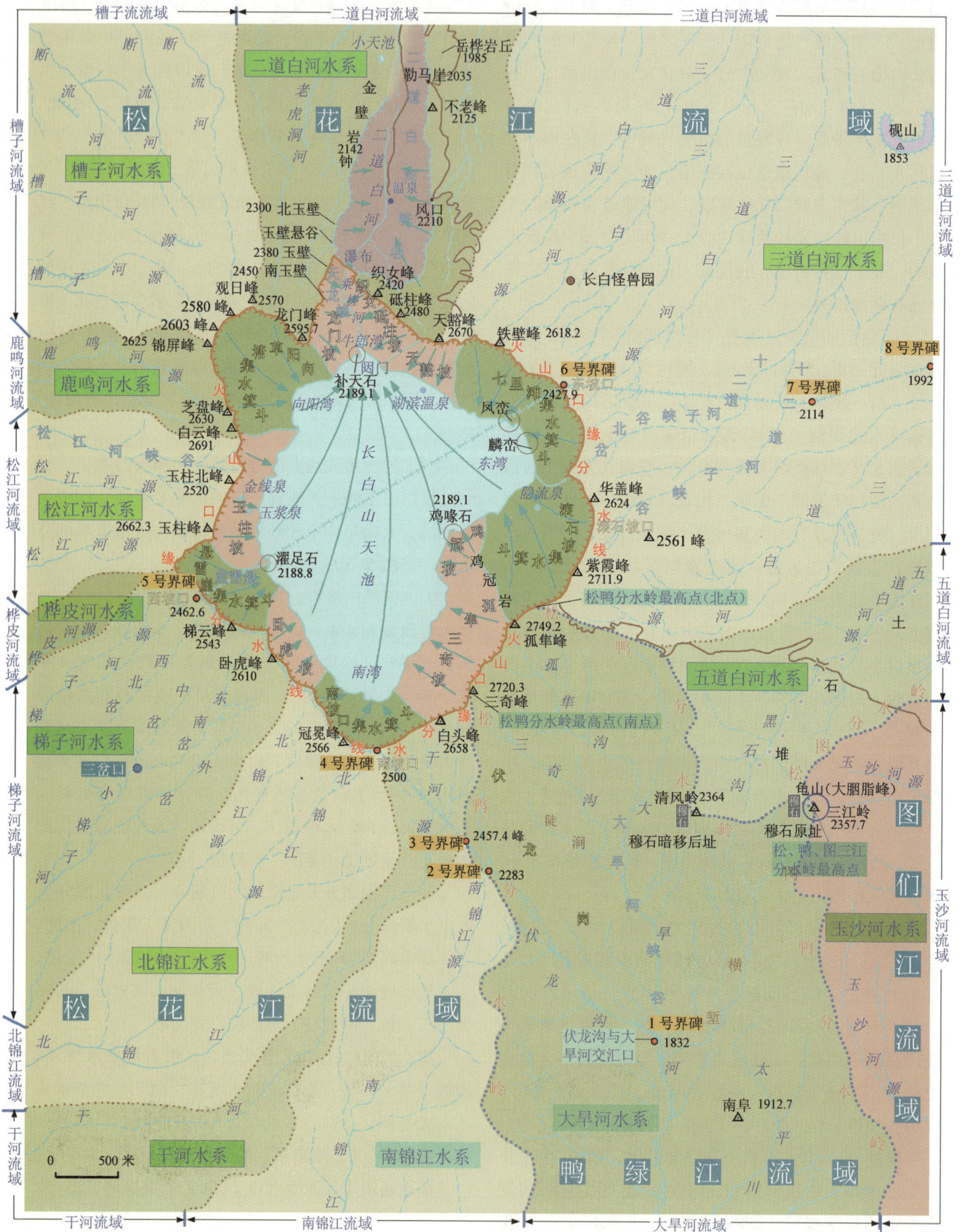

图5-5　长白山火山锥水系和流域图

0　500米

在长白山火山区，放射状水系有长白山火山锥放射状水系、望天鹅火山锥放射状水系、葡萄山火山锥放射状水系等（参见照片1-1及图1-5）。

图5-5是长白山火山锥周围放射状水系平面图。这些冲沟和河流都从火山锥顶部向四周呈散开状分布。它们从顶部的火山口缘到坡麓，有很大的坡降。山顶之上丰富的大气降水形成片流，片流洗刷着山峰、悬崖和坡面。片流的洗刷好比人们天天洗脸，使山体总是保持着干净的面孔；但同时又是一种侵蚀破坏，侵蚀使山峰、悬崖和坡面日渐消瘦。这种侵蚀在地质学上称为"片蚀"或"面蚀"。片流在凹凸不平的火山锥上汇集成股流，股流汇聚成细沟，细流不断地汇集，在熔岩流的夹空或凹地形成冲沟。冲沟是火山锥外坡上最明显的地貌，称为火山濑型沟系。在图5-5上，用断线表示这些冲沟。正是这些密集的冲沟在不断地侵蚀、刻蚀、切割、破坏着火山锥，使火山锥上沟壑纵横，在许多处形成隘谷、障谷等侵蚀谷。侵蚀是把双刃剑，既是大自然的破坏营力，又创造出大自然美不胜收的风景。著名的锦江大峡谷、黄松浦峡谷、槽子河峡谷、鹿鸣河峡谷、松江河峡谷、暖江峡谷、二十三道沟峡谷、十九道沟峡谷、十五道沟峡谷等幽谷奇观就是火山锥上无数细沟、冲沟的流水侵蚀而形成的。

图5-5中所画的"水系"，是表示那些冲沟的归属，所圈围的集水区就是水系的流域，某流域的地表水全都注入该流域的水系中，在图的四周标出与水系同名的流域名称。

火山锥上的地形虽然复杂，看似杂乱无章，但如果以水系来划分这些地形则十分明了，比如：以水系为纲对旅行路线进行规划或选定是很方便的。

图中所画的细沟或冲沟并不是总有流水，尤其是接近火山锥顶部的细沟，只有在雨季或冬雪消融的季节才有水。但不可小看这些细沟和冲沟，一场暴雨过后，大量的面流突然汇聚，小冲沟也会怒不可遏，携带着大量的泥石俯冲而下，甚至造成灾害。

注意，图们江流域并没有抵达火山口缘，它止于龟山（大胭脂峰）。龟山是一座具有特殊意义的山峰。它是松花江、鸭绿江和图们江三大流域分水岭的交汇点，站在龟山上环视，北面是松花江流域，西南面是鸭绿江流域，东南面是图们江流域，所以，我们称龟山为三江岭。说它特殊，是因为在三大流域中找不出第二座这样的山。龟山除了具有特殊的地理意义外，在历史上，因某些历史事件涉及它，所以，龟山还有历史意义。

诸多前人为捍卫长白山曾经进行过艰苦细致的调查，前人文献中记叙的包括龟山在内的三江源分布与现代绘制的三江源水系流域的划分是相符的。说明一百多年前，在当时险恶的国际环境和艰苦的自然条件下，前人对长白山进行过全面调查。留下的珍贵的文献资料，使我们得以了解那段历史的真相。

图5-5是根据现代地形图、航空照片、卫星照片、地面摄影以及野外调查资料绘制而成的。

### 5.1.9 天池火山口内壁地貌

天池火山口的内壁主要有4种不同的地貌类型（图5-6及5-7）：

1. 悬崖：这是天池周边最壮观的地貌。如果把天池火山口比喻为一只大碗，那么，这些高低不同的悬崖就是构成大碗上沿最陡的壁。当然，这是一个破损的碗，其中一个大缺口差不多裂到碗底，环池悬崖在此中断，这里成为天池泄水口（天龙峡）。除了这个缺口外，"大碗"周边的悬崖大部分是相连的，只有几处为坡口相隔。这些高低不同的悬崖，前人将其划分为十六座山峰，即环池十六峰。

2. 倒石堆：悬崖之下是倒石堆。有的悬崖下无倒石堆，直接插进天池水面，如白云峰悬崖、鸡冠岩、龙头砬子等。倒石堆是悬崖风化崩塌后在重力作用下，由碎石堆积而成。天池周边的倒石堆都是松散堆积体，倒石堆略有分选，堆顶部碎石粒度较小，越往下粒度越大，倒石堆边麓的石块有的很大，径可达几十厘米

至1米。倒石堆少有黏土等细粒物质胶结。倒石堆多以35至40度的坡角像裙裾围绕着天池，构成天池周边独有的倒石堆地貌。倒石堆上很少生长植物。

3. 泥石流扇：在天池周边有很多泥石流扇。它们不是直接由悬崖上崩落的石块在重力作用下的堆积，而是坡壁上的碎石、火山灰等通过流水搬运堆积，形态上多为扇形，所以称泥石流扇。泥石流扇，由各种粒径的石块和细粒火山灰混杂而成，略有胶结，很容易与松散的倒石堆区分开。泥石流扇上生长有稀疏的植物。

4. "箕斗"：在天池周边有一些较为平坦的箕斗状地形，简称"箕斗"。天池晚期火山喷发的熔岩碎屑流像席子一样铺在箕斗底部，形成天池特有的地貌类型。这些熔岩碎屑流上通常生长着茂盛的苔原植物，形成天池周边的绿洲，风景非常优美。

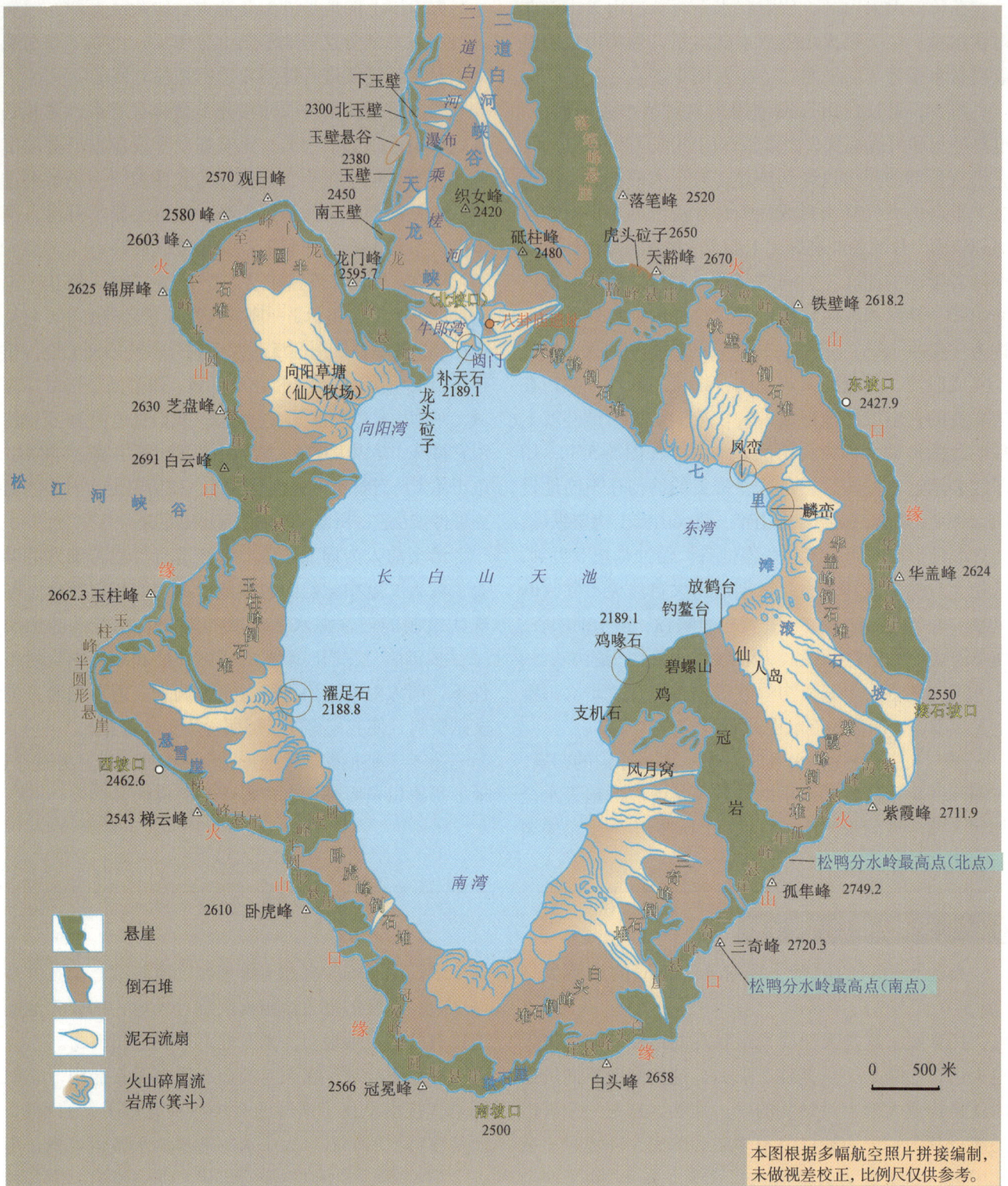

图5-6　长白山天池火山口内壁地貌图

## 5.1.10　天池周边特殊的火山地貌——"箕斗"

箕斗俗名簸箕。簸箕是用竹篾或柳条编成的器具，三面有边沿，一面敞口，用来簸粮食或暂时盛东西。那么，天池周边怎么会有这种东西？这是借用这种器具的形状来描述天池周边的一种地貌形态。完整叫法应该是"箕斗形地貌"，简称"箕斗"。

天池"箕斗"是什么样的呢？登上环池任何一座山峰，都会看到天池周边有一些像簸箕一样的地形，它的底部较为平坦，背后和两侧与悬崖或与倒石堆相连，面向天池的一面是倾向天池敞开的，直抵天池水面，这就是箕斗形地貌。因为这种形状还像围椅，所以又称围椅形地貌。

"箕斗"由后沿的环状断裂和覆盖斗底的岩席组

成。天池周边共有7个这样的"箕斗"。为区别它们，首先得给它们命名，即以"箕斗"背后的山峰为名。例如：背靠梯云峰和玉柱峰的"箕斗"就叫"梯云—玉柱箕斗"；覆盖在"箕斗"底部的岩席就叫"梯云—玉柱岩席"；"箕斗"后面的环状断裂就叫"梯云—玉柱环状断裂"。其他"箕斗"、岩席和断裂的称呼以此类推（图5-8）。

关于"箕斗"的成因，地质学家意见不一。有"火山口说"，有"冰蚀说"等。他们认为，"箕斗"的形成与天池破火山口周围的环状断裂有关，这些环状断裂是在火山口塌陷时形成的，在而后的地质活动中，环状断裂不仅使火山口周边继续塌陷，形成"箕斗"雏形，还成为岩浆再次喷溢的通道。当地下岩浆沿着环状断裂喷发的时候，岩浆和火山碎屑物就堆积在"箕斗"底部，形成岩席，所以天池周边的"箕斗"底部都分布有岩席。

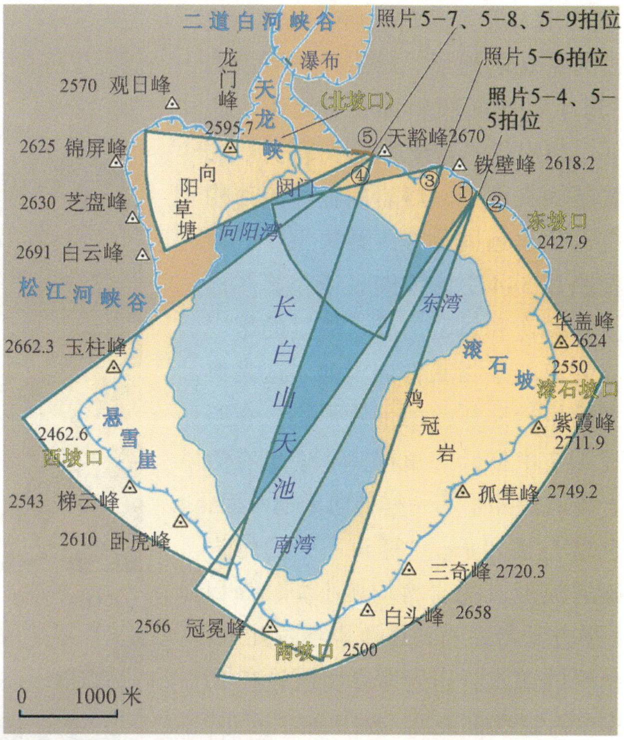

图5-7 长白山天池周边"箕斗"拍摄位置图

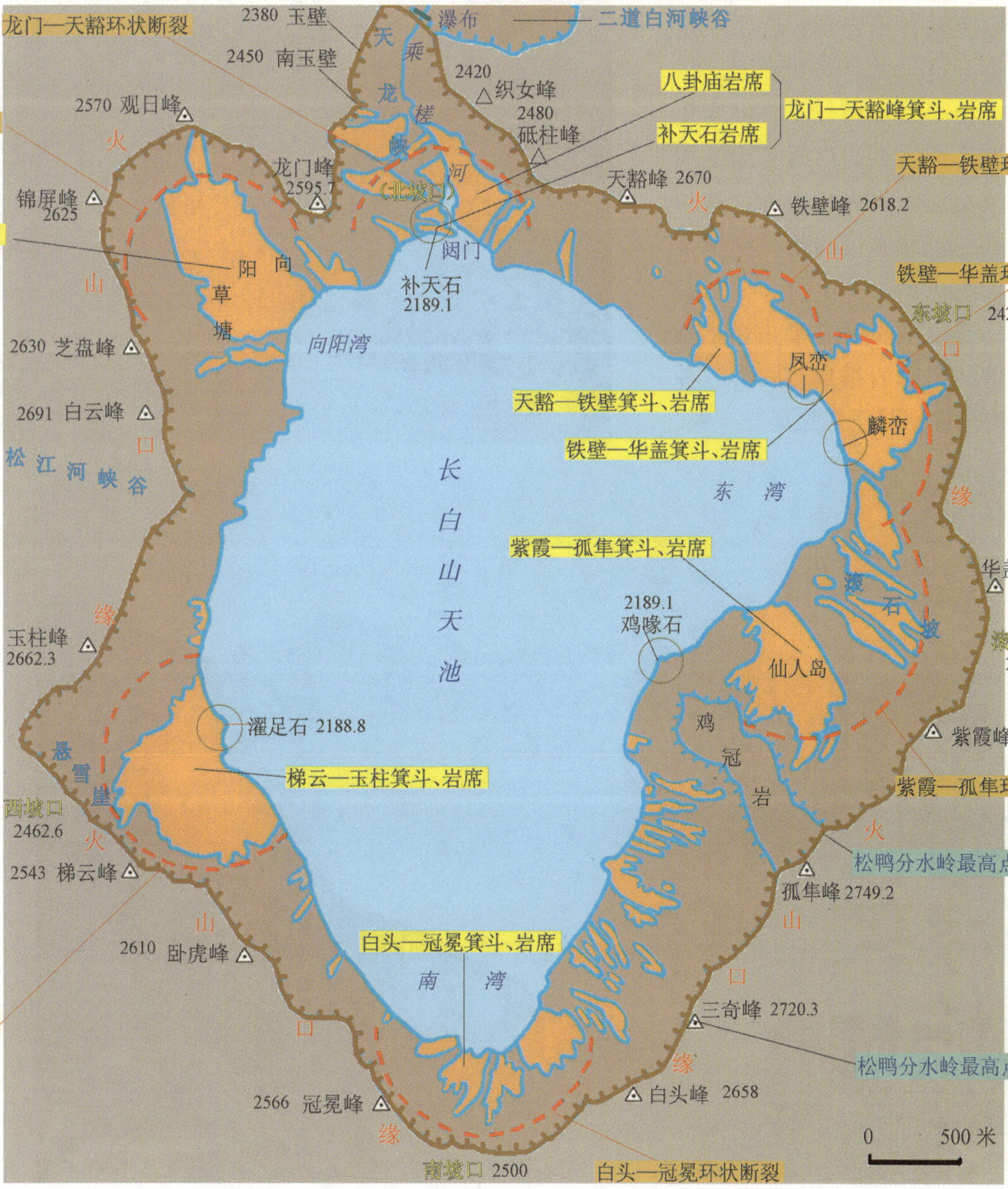

图中的橘黄色区域界线，系参考卫星照片影纹编绘。经实地考察，如此区域内，岩性多为晚期火山喷发形成的熔结凝灰岩、熔结角砾岩等，上有风化土层，富含水分，植被发育较好，故在卫星照片上易于与天池周边干燥而无土的悬崖、倒石堆等区分开来。

图5-8 长白山天池周边"箕斗"、岩席、环状断裂分布图

289

"箕斗"底部的岩席是天池周边较为平缓的地形。熔岩碎屑流沿着"箕斗"坡面倾斜铺在"箕斗"底部，当炽热的岩浆遇上冰冷的池水，就凝固在那里，熔岩的各种流动构造也就永远固化在天池边上了。请看照片5-4中的铁壁—华盖箕斗标注为麟峦和凤峦之处，那里的熔岩碎屑流如手指状伸向天池，这是典型的熔岩碎屑流的前缘形态。在照片5-7中梯云—玉柱箕斗中也有熔岩碎屑流如手掌一样伸向天池水面，它就是濯足石。"箕斗"中的熔岩碎屑流形成的岩席均属小型，面积1平方千米左右，厚度也不过几米，稍厚的如八卦庙岩席厚度也只有10多米。这些都说明，发生在"箕斗"中的火山活动并不强烈，岩浆喷发量也很小。这当然是对比而言，尽管此期火山喷发规模较小，但当年火山喷发形成这些岩席时，天池周边也是浓烟滚滚火光四射的，这与历史文献的记载和民间传说的情景差不多。

　　"箕斗"中的岩席主要由熔结凝灰岩、熔结角砾岩组成。因为这种岩石结构疏松，易于风化形成土壤，

①

②

③

（上）
照片5-4　铁壁—华盖箕斗和紫霞—孤隼箕斗（拍位见图5-7）

（中）
照片5-5　白头—冠冕箕斗（拍位见图5-7）

（下）
照片5-6　天豁—铁壁箕斗（拍位见图5-7）

"箕斗"底部较平坦，形成的土壤不易流失，有利于植物生长，加上"箕斗"底部较低，气温比山峰上高一些，差不多高出十几度，周围又有火山口壁遮蔽，较少受寒风吹袭，这些有利条件使"箕斗"成为天池周边的植物园。每到夏季，"箕斗"中也是一片花草，如照片5-9白云—龙门箕斗中的向阳草塘，先民称其为仙人牧场，传说有牛羊吃草，那里也真的是风光秀丽。

由于天池周边的"箕斗"底部平缓，易于行走，又面对天池敞开胸怀，较之天池周边无法攀登的悬崖峭壁和布满危险的倒石堆，"箕斗"是旅行者的好去处。很久以来，"箕斗"就成为探访者接近天池的通道。东坡口、西坡口、滚石坡口等处，都是人们可以攀爬踏查之地，在这里，人们可以安全地走近池畔，或在濯足石洗洗脚，或在凤峦洗洗脸，亲手试一下天池水的冷暖，尝一口清凉甘甜的天池水，是非常惬意的事。

（上）
照片5-7　梯云—玉柱箕斗（拍位见图5-7）

（中）
照片5-8　白云—龙门箕斗（拍位见图5-7）

照片右面龙门峰上方勾一条黑线用来分开远景2603峰。

（下）
照片5-9　白云—玉柱箕斗中的向阳草塘（仙人牧场）（拍位见图5-7）

我们无法知道是哪一位肃慎先民什么时候第一个登上天池的,可以猜想当他怀着胆怯而好奇的心情,步步登上这高耸入云的山顶时,在云雾缥缈中忽然看见一座美丽无比的湖泊,他一定会惊呆了,当把他的发现告诉部落里的人们后,会引起多大的震动。我们可以从"天池"的种种名称来推测先民们对这一发现的惊喜、神秘和崇拜之情。现在,我们当然不能用龙宫来解释天池的形成,地质科学告诉我们,天池的形成是地球发展过程中无数地质变化中的一个小插曲。

天池是美丽的,但是,美丽之物一定是大自然为愉悦人类而创造的吗?不一定。从地质科学的角度说,天池的创造实在谈不上美好和浪漫,甚至相反,它是残酷无情的,是大自然的震怒之举,是一场接一场的灾难,是火山爆发的产物。

在长白山火山锥和天池形成之前,这里的大地美丽而宁静,在地质学上称之为"第三纪夷平面丘陵风光":森林密布,草木葱茏,蜂飞蝶舞,百兽奔逐,好一个世外桃源。殊不知,在表面平静的大地深处,地火正在运行,涌动的岩浆正在向这里聚集,巨大的压力正将地壳慢慢拱起;终于,地壳的耐力达到了极限,坚不可摧的岩石迸裂了,大地颤抖着,岩浆喷射而出,爆炸声响彻云霄,炽热的熔岩如火龙一样四处乱爬,世外桃源变成了一片火海,生灵惨遭涂炭。由于喷出的岩浆黏稠如糕,一层推挤一层,一层覆盖一层,越堆越高,越堆越大,终于形成一座火山锥。如果这样的灾难只发生一次倒也罢了,不是的,又过了不知多少年,上述的灾难又发生了,大地再次被毁,原先的火山锥增高了。如此这般,在以百万年计的时间里,难以计数发生过多少次火山喷发,最后的结果是在东北亚濒临太平洋的大地上,突兀耸起一座崔巍的大山,这就是长白山火山锥。那么,在火山锥上怎么又出现了天池?

一般情况下,在火山锥顶上的火山口并不是很大,火山动力学告诉我们,像这座火山锥的火山口也就是一二百米宽,而不是现在所看见的四五千米宽的大陷坑。那么,这是怎么回事呢?这是火山口发生构造塌陷的结果。当大量的岩浆从地下喷出之后,贮存岩浆的岩浆房变得空虚,它无力承载上面新形成的山体的重量,塌陷了,出现一个大坑,使原来并不很大的火山口扩大了几倍十几倍。在地质学上,对这种构造塌陷形成的火山口有专门名称,叫"破火山口"。

我们居住的地球实际上是个充满活力的球体,它永远维持着自身的平衡。打破这种平衡,无论是自然或是人为造成的不平衡都会使地球不能忍受,它迟早得恢复它的平衡。岩浆在地下的形成和运移,乃至于火山喷发,所形成的火山锥的沉重压力都是打破平衡的自然现象,

地壳为重新寻求力的平衡,就以火山口塌陷这种形式表现出来,天池破火山口陷入地下的块体是对岩浆房空虚的物质补偿。

那么,天池破火山口是一次塌陷形成的吗?地质学家说,没那么简单,它是经过多次塌陷形成的。《长白山火山地质研究》200-201页写道:"锥体顶部发生第一次塌陷,形成破火山口……时代约10万年左右……全新世初期(1万年前)可能在天池北部局部发生塌陷,形成瀑布至冰场较开阔的沟谷……同时以天池为中心也发生第二次破火山口(塌陷)……(几千年前至千年前)天池破火山口又发生第三次坍塌。"

说天池是经过三次塌陷而成,这是关于破火山口形成的多种版本之一。究竟经过多少次塌陷,又都发生在什么时候,这恐怕是地质学界仍将继续争论的课题。上面所说的"塌陷版本"并非定论,我们须得耐心等待争论的结果了。

不管破火山口塌陷的过程怎样,总之它是塌陷了,天池形成了,对于观赏家来说,这就够了。这一池美丽的"琼浆玉液"在火山锥顶存在了至少几千年,古代文献早就记载了它。《山海经·大荒北经》中有:"大荒之中有山,名曰不咸,有肃慎氏之国。""不咸"是大泽,即湖。清代地图中多有在天池中印"大泽"的。东坡天池边仍有一碑,上刻"大太白""大泽守""神龙碑阁。"

天池破火山口塌陷形成后,并不是说从此就定形不变了,实际上,它还在不断扩大,这种后期的扩大是由岩石风化引起的。且看环绕天池的悬崖下,大多数都有裙裾般的倒石堆。倒石堆是从哪里来的?不用地质学家告诉,人们就能看出来,组成倒石堆的碎石是从悬崖上风化崩落下来的。天池破火山口的风化扩大还将继续进行下去,再过千百年,后人比对现在的照片会发现,环池悬崖后退了,十六峰变矮了,而悬崖底下的倒石堆变大了。至于天池,恐怕得变小了,因为不断扩大的倒石堆会逐渐掩埋它。

综上所述,原先并不太大的火山口,经过构造塌陷形成破火山口,再经风化扩大,终于变成现在的模样。

至此,我们说的还只是破火山口的形成。还有一个重要问题没说,那就是,这个破火山口怎么就形成天池了呢?水从哪里来?如此一个大坑,由谁来灌满天池?水文学家说,这不用愁,大气降水,夏天的雨,冬天的雪,足以把天池灌满。那么,光是大气降水吗?也不是,科学研究证明:大气降水大约占一多半,还有一部分是来自地下水,比如天池中上涌的温泉,流量虽然不很大,但它昼夜不息地涌出,毕竟是一个恒定的补给源,恐怕比"天有不测风云"的大气降水更可靠。

图 5-9：这幅图表示长白山火山锥顶部由于构造塌陷而形成破火山口的过程，以帮助读者了解地质学家对其形成的解释。火山锥及破火山口的形成是长期火山活动的结果，无论是地质构造还是发展过程都是非常复杂的，图中的描绘只是结合现有资料，说明它的原理，实际上是一幅示意性的原理图。所依据的地质资料是《长白山火山地质研究》一书中的"三次塌陷形成破火山口"的说法，图中的F1、F2、F3断层是环池断裂中的断层，断层的名称与编号引自该书67-69页。除了构造塌陷形成破火山口外，图中还在环池悬崖底下画了一圈倒石堆（褐色裙裾状），用以表示破火山口形成后悬崖的风化崩塌。破火山口内没有画天池水，天池水面应该在褐色的倒石堆坡脚处。不画天池水的目的是要使读者看清楚在天池水体下面也有由塌陷形成的悬崖，水下悬崖也可能被水中的倒石堆和水下泥石流掩埋。

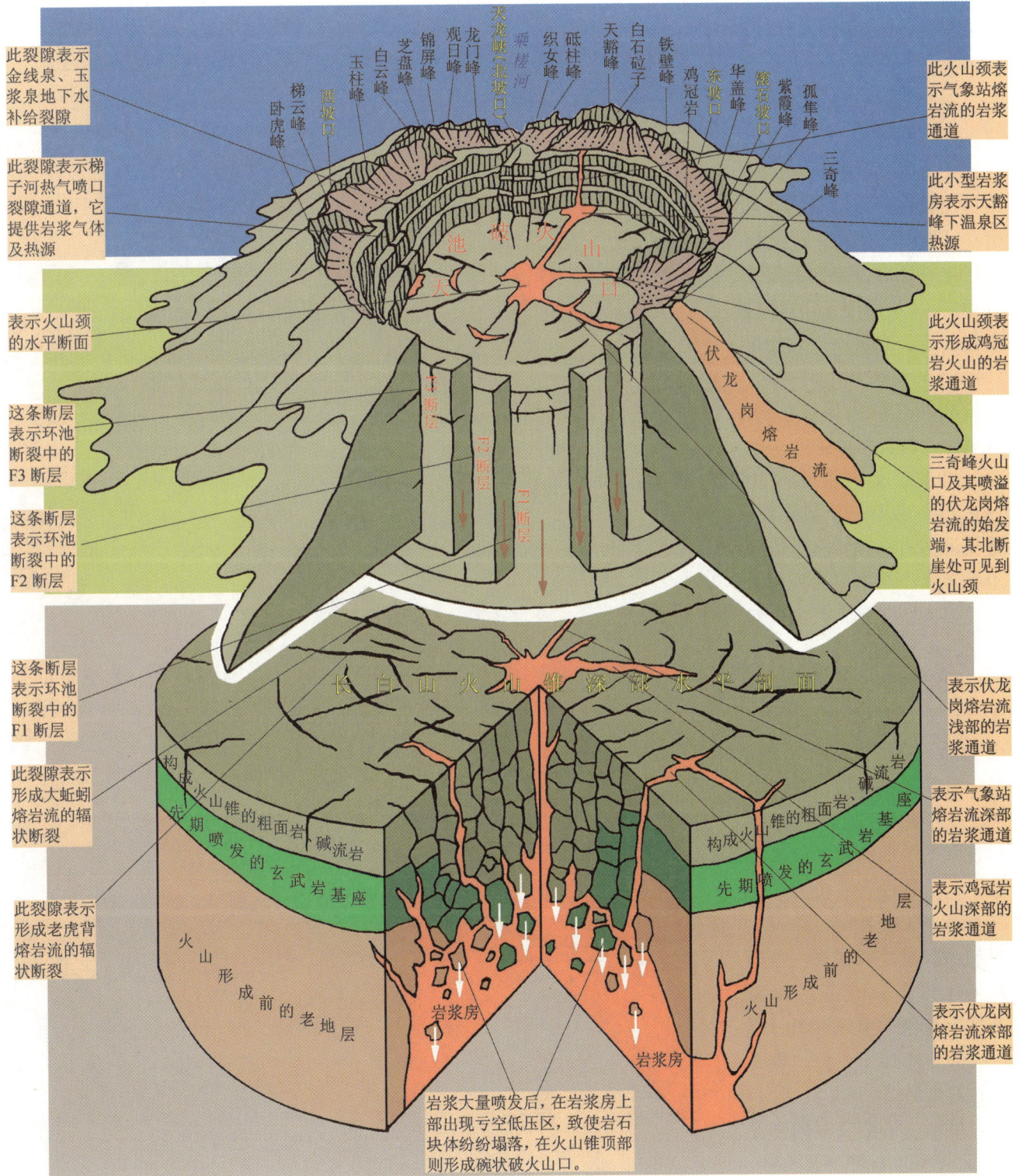

图5-9 长白山天池破火山口形成示意图

## 5.2 乘槎河

### 5.2.1 "松花江上乘槎客，寻到天池信有源"——乘槎河

《长白山江岗志略》312页记载："乘槎河，水自天池泻出天豁、龙门两峰之间，波浪汩汩，形同白练，即严冬不冻。下流五里，飞泉挂壁，宛成瀑布，声闻十里外，俗名吊水湖。北流二十五里，名二道白河，实松花江之正源也。"

刘建封之前的历史文献并不把闼门至瀑布这一段河流单独列出，乘槎河没有名称。单独作为"名胜百二"之一予以描述始于《长白山江岗志略》，书中刘建封对乘槎河首次予以命名。刘建封在《白山纪咏》中云："松花江上乘槎客，寻到天池信有源。"（《长白山江岗志略》第360页）刘是在探寻松花江源时来到这条小河旁的，得知松花江源头果然在此，遂赋诗并命名为乘槎河。

刘建封又记述道："小白山猎户徐某，十数年前，曾见河边有一独木舟，俗名卫护，横于东岸。此处树木不生，人迹罕到，一木自何而来，令人莫解。"

这个"令人莫解"的独木舟可能是刘建封将此河命名为乘槎河的根据。"槎"是一种简单的木筏，我国先民关于"乘槎"上天的神话传说常与牛郎织女的故事联在一起：传说有一位海客乘槎遨游于天上银河，在织女星和牛郎星之间往来。唐李商隐《海客》诗云："海客乘槎上紫氛，星娥罢织一相闻。只应不惮牵牛妒，聊用支机石赠君。"

果然，赠给海客的"支机石"竟也出现在天池畔。《长白山江岗志略》317页

记载："支机石，在鸡冠岩下。五色玲珑，光芒射眼，时有黄云围绕其上，故名之。"（支机石的位置见图2-4、图2-9）支机石的定位和命名真是刘建封的神来之笔。

这样，在天池畔北有乘槎河牛郎渡，有牛郎在那

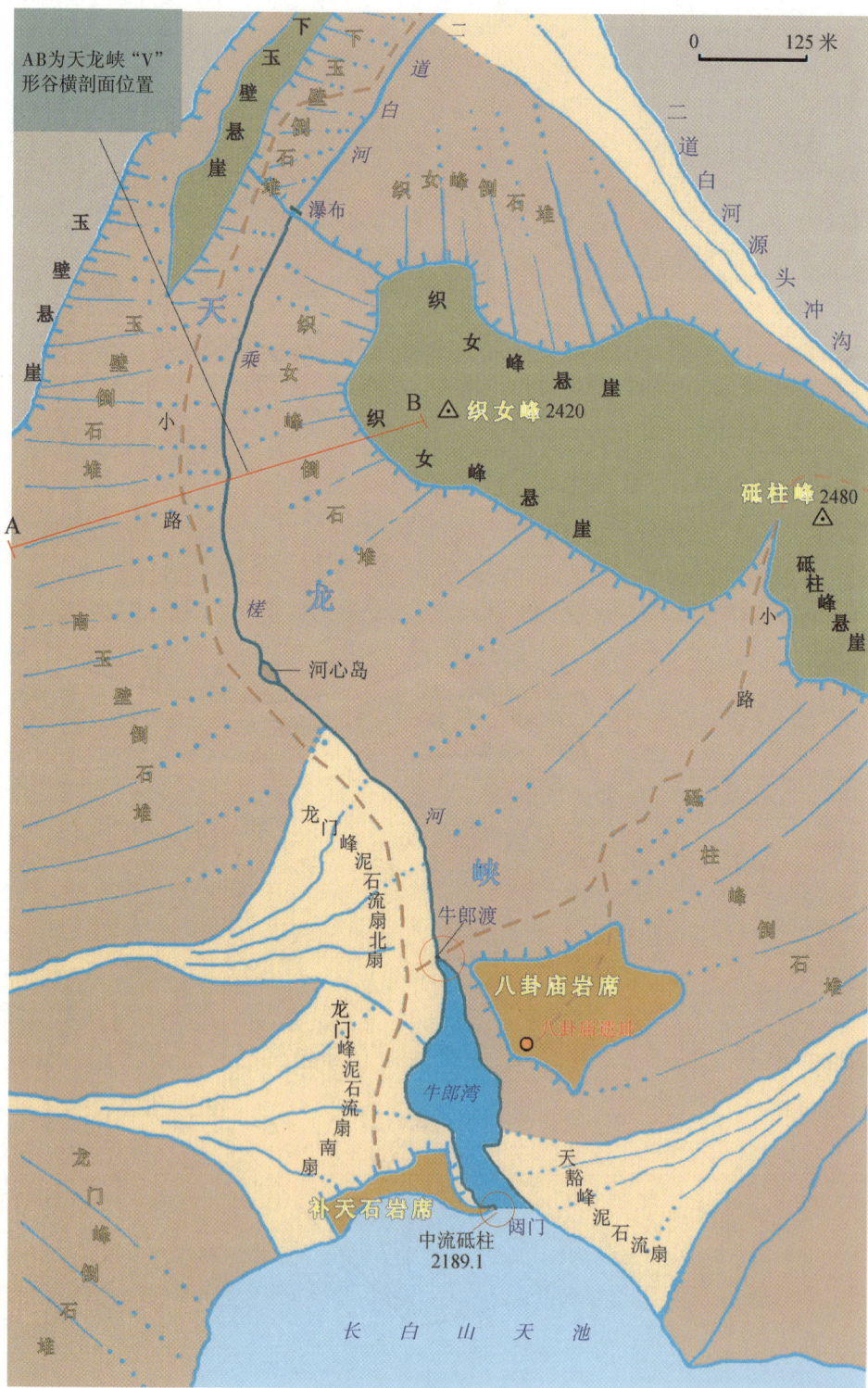

图5-10 乘槎河平面图

里翘首盼望；南有赠给海客的支机石，织女在"罢织"思念牛郎，天池南北两崖分明隐含着一个凄婉的故事。刘建封用他的渊博知识把我国民间故事巧妙地安放在天池周边：海客沿乘槎河行至天池，渡过天池到鸡冠岩下，织女听说有海客从人间来到天上，赶忙放下织布机与海客相见，请海客给人间的牛郎捎个话，并把支撑织布机的支机石赠给海客，算是海客给牛郎捎信儿的酬谢吧。

从刘建封对乘槎河、牛郎渡和支机石的定位和命名，以及他在"松花江上乘槎客，寻到天池信有源"诗句中自比"乘槎客"看，可以看出他愿扮演"海客"的角色。他把自己置于长白山天池神话传说中，作为"天池钓叟"（刘建封的号），他幻想着从天池南岸的鸡冠岩下把织女交给他的支机石带回到天池北岸的牛郎渡，转交给孤独的牛郎。刘建封是一位博学而浪漫的诗人，他对长白山"奇峰十六"和"名胜百二"的定位和命名，无不包含着诗人对长白山的崇敬和热爱之情，也饱含着他的善良和智慧，他用这些名称把中华民族的灿烂文化深深地融入了长白山的山山水水中。他坚定而又深谋远虑地捍卫着长白山，他把长白山视为"知己"，在木石河边踏查时险些丢掉性命，

但他置生死于度外，赋诗云："白山有幸留知己，坠马河边死又生"，表达了他的决心和勇气。文献记载：在踏查长白山之初，面对险恶环境，有人踟蹰不前，"皆以为难"，甚至认为不必"登峰造极、溯流穷源"，刘建封当即"破其拘泥，怒马当前"，率兵仆毅然前行。在捍卫长白山的历史上做出了不可磨灭的贡献，永远值得我们怀念……

我们还是回到乘槎河：乘槎河南北走向，起始于牛郎渡，终止于瀑布。《长白山志》140页记载："乘槎河全长1250米。"那是算上了牛郎湾的长度，如果减去牛郎湾的260米，乘槎河的长度应为990米（图5-11）。乘槎河的宽度5-10米不等，水深1米左右，但有的地方浅一些，最浅之处，挽起裤腿就能蹚过去。不过，人们还须小心，即使是夏日，河水还是冰冷彻骨的。河床多由从倒石堆上滚落下来的石块构成，也有火山灰沙充填于碎石之间。

图5-11是乘槎河纵剖面图。可以看到河床纵向坡降：上游平缓，水流平稳；下游变陡，水流渐急，形成激流，接近瀑布时，变成阶梯状跌水，河道中全是白色的泡沫，直至落下瀑布。

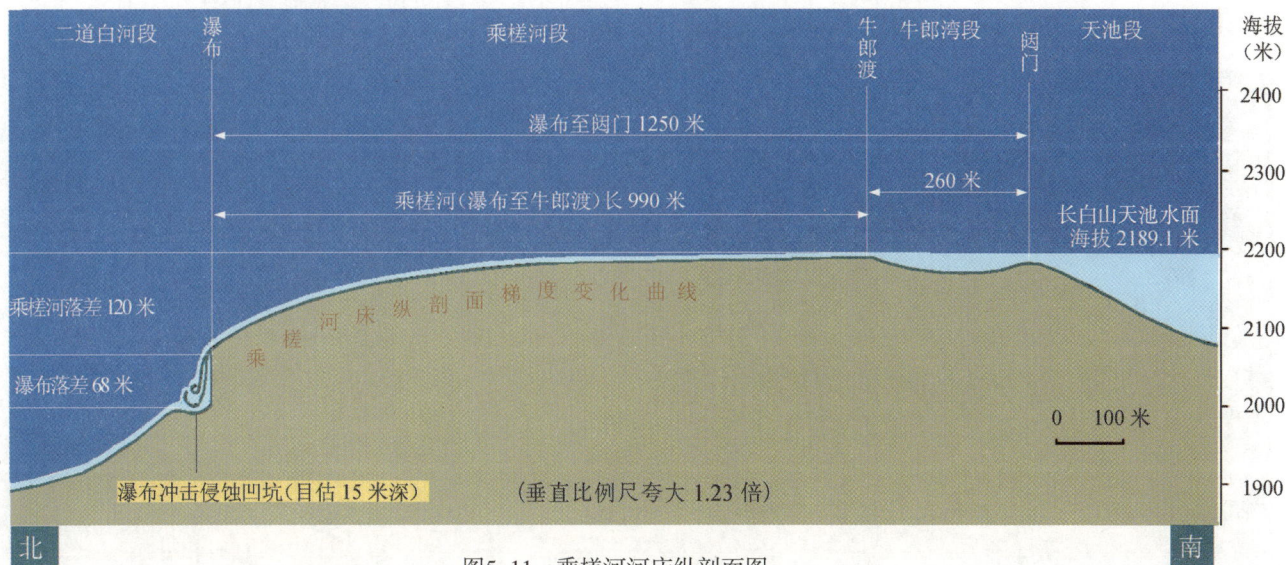

图5-11　乘槎河河床纵剖面图

## 5.2.2　乘槎河的不同面貌

照片5-10（拍位见图5-12）：照片中拍摄的河流就是乘槎河。乘槎河位于天龙峡谷底，从八卦庙岩席（照片中平卧的黑色楔形体）下的牛郎渡到摄影者脚下，是它的南段。乘槎河虽然短而小，河床地貌却一应俱全，有固定的流槽，随着河床纵向坡度的变化，有平流、急流、跌水和瀑布。与所有的河流一样，有侵蚀能力、搬运能力和堆积能力，照片中出现的边滩

就是河水携带的碎屑物堆积形成的，边滩由火山灰沙和砾石构成，水大的时候边滩被淹没。注意照片摄入了乘槎河中的河心岛（心滩），此岛至少存在了一百多年，1955年国家航摄大队拍摄的航空照片上它就在现在的位置，多年来这个岛没有被河水冲蚀而改变形状或消失，可见乘槎河是一条柔弱而又平静的小河。

照片中所摄的这一段的乘槎河坡度很小，河水流

速缓慢，河面微波涟涟，在绕过河中石块时，发出低吟，好像在窃窃私语。河水清澈，河底清晰可见。不过，河水冷得刺骨，难以赤脚涉渡。

乘槎河是一条如泣如诉的小河，昼夜不息地将洁净而晶莹的天池水缓缓导入人间。

走在乘槎河旁的人们，面对清澈的河水，真希望你们品尝一口，把一丝圣洁融入你的血液，留一点美好在你的心中。让我们像爱护天真而纯洁的儿童那样善待乘槎河吧。

历史钩沉：从这里能看见天池对面的孤隼峰，反过来，从孤隼峰能俯瞰乘槎河，孤隼峰毕竟比乘槎河高出560多米。借此照片让我们回顾一个历史事件：康熙五十一年（1712年）五月十五日，乌拉总管穆克登奉旨查边，在孤隼峰上，中隔天池，他们看见了天龙峡和乘槎河，并且知道从天池溢流出去的水是黑龙江源。还看见了乘槎河东面的天豁峰，说它像一头黄色的石狮子，"石狮子"的鬃毛和尾巴好像在飘动。朝鲜《东国文献备考》记载了这位钦差大臣查勘之情形。在照片中以孤隼峰为原点的两个黄色扇面表示他们眺望的方向和范围。

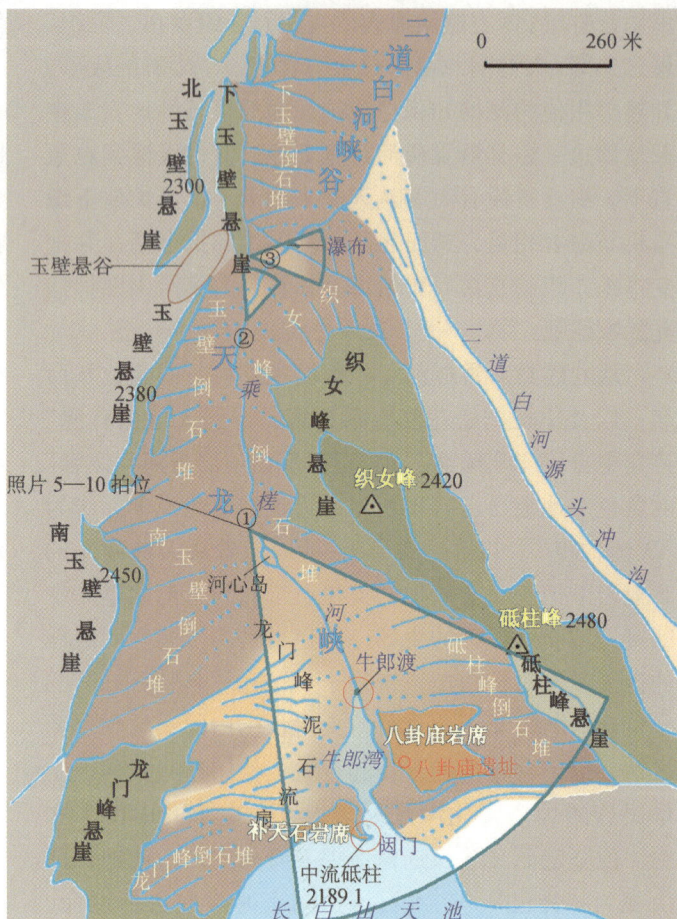

图5-12　乘槎河拍摄位置图

照片5-10　在河心岛向南拍摄的乘槎河（张福有　摄）

照片 5-11（拍位见图 5-12）：这是乘槎河的北段，河床纵向坡度逐渐变大，河水流速逐渐加快。在河床横向，西岸是玉壁倒石堆，东岸是织女峰倒石堆，河底是由这两个倒石堆相夹的乱石构成的。在如此恶劣的环境中，河水到处碰壁，时时受阻，原本是平静而温顺的乘槎河难免变得狂躁，喧嚣之声不绝于耳，原本透明清澈的流水充满了白色的泡沫，乘槎河平时温柔的面貌完全看不见了。

② 

照片5-11　乘槎河北段照片

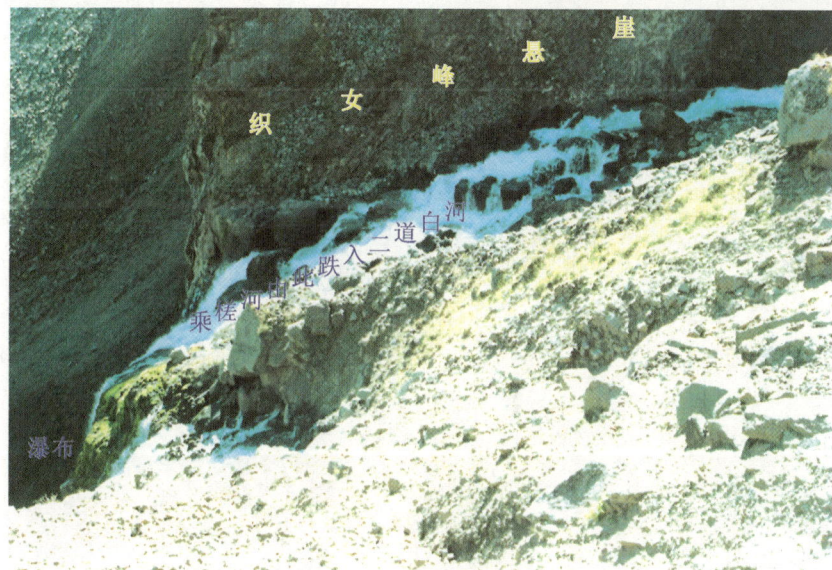

③ 

照片5-12　乘槎河的终结——跌入瀑布

照片 5-12（拍位见图 5-12）：乘槎河流到这里失去了控制，但见激流飞奔，横冲直撞，河床中的水完全变成了飞溅的泡沫。泡沫在黑而狰狞的岩石缝隙中发出令人恐怖的轰隆声。人们万不可以接近这条桀骜不驯的蛟龙。河水的冲击力很大，河床里杂乱堆积的石块充满杀机。乘槎河由一个小姑娘变成一条暴躁的龙。如果有谁不理会这种变化，以为还是从前那位柔弱的小姑娘，试图从这里涉渡，一旦踏空，很可能被卷入激流，随着瀑布跌入二道白河。

## 5.3　二道白河峡谷中的火山景观

### 5.3.1　二道白河峡谷——火山锥体敞开的胸怀

照片 5-13（拍位见图 5-13）：张福有航拍二道白河峡谷（断陷谷、火山地堑），从风光角度看，是长白山火山锥壮观而美丽的地方；从科学角度看，是观察长白山火山锥地质构造的好地方。这幅照片拍摄得相当成功，超越前人。峡谷犹如一把手术刀，把火山锥剖开来。当我们走进二道白河峡谷时，可以看见火山锥体的天然大剖面，可以观察、研究火山锥的内部构造。

在峡谷底举目仰望，首先能看见那些高耸的悬崖都是层状的，这说明什么？说明火山锥是由一层层的火山岩叠加而成的，所以地质学家给长白山火山锥下的定义是复合层状火山锥。复合层状火山锥又能说明什么？说

明火山锥是经过多次喷发逐渐堆积起来的：火山每喷发一次，就有一层火山岩堆积在前一次喷发形成的岩层之上，只有这样才能形成层状火山。每一次火山喷发无论是喷发强度、喷发方式还是岩浆成分、火山岩的结构构造、岩石颜色等都会有所不同，这些不同火山岩层层叠加，自然会形成层状山体。

我们还能看见那些悬崖多是阶状的，这又说明什么？火山喷发具有突发性和短暂性的特点。每次喷发的时间可能只有几天，有的甚至只有几个小时，但喷发间隔的时间却可以很长，可以长到几年，几百年，几千年，甚至几万年。在火山喷发间断期间，火山岩表面经风化，

297

能形成黏土状风化壳；当这层风化壳被下一次火山喷发物掩埋后，就会在两次喷发的火山岩层中形成风化壳黏土夹层，这个夹层就代表一次喷发间断。如果这个黏土层较厚，说明间断的时间长；如果很薄，说明间断的时间短。喷发间断即风化壳在地貌上表现明显，如果在悬崖上有阶梯状坎出现，那里可能就是一个喷发间断面。在二道白河峡谷两壁的悬崖上，可以看到很多这样的喷发间断面，如玉壁层状悬崖（照片 5-30）、落笔峰层状悬崖（照片 6-15、6-16）、不老峰层状大台阶（照片 6-37、6-38）。

上面所说的层状构造或阶状构造并不是如"千层糕"那样规整。由于长白山火山在造锥阶段主要是以熔岩流的形式堆积起来的，先后不同年代的熔岩流覆盖、叠加、挤压，如此形成的"层状"也好，"阶状"也好，当然是不会平整如席，有的地方甚至是杂乱的。

但地质学家可以把上述这些看似杂乱的地质现象理出头绪来，在空间上进行火山岩层次和空间尺度的划分，建立火山事件地层序列；在时间上进行火山活动期次划分，建立火山事件的时间序列，即排列出火山岩地层表和火山活动时间表。

那么，研究这些火山喷发事件有什么用处呢？查清长白山火山活动的历史，建立火山地质事件序列，就可以对长白山火山未来的动向，在时间上、空间上和火山喷发物质等方面的发展势态进行探索，最直接的目的就是对下一次火山喷发的时间、地点、喷发方式、喷发强度和喷发物等做出预报。火山喷发预报与地震预报一样，关系到可能发生的火山灾害对国民经济的影响。尽管火山喷发能制造出美丽的火山景观，但它毕竟是一种自然灾害，预测灾害可以防止或减轻灾害造成的损失。

我国科学家早就在长白山建立了火山监测站，二道白河峡谷中就有一个火山监测站。

在二道白河峡谷中还可以看见

许多断裂。火山喷发总是伴随着断裂，两者可以互为因果，断裂是岩浆上升的通道，岩浆喷发还能引发断裂。断裂破坏了火山锥的完整性，但也正是这些断裂，才使长白山火山更加美丽壮观。没有断裂就没有天池，因为天池是火山锥顶部沿着环状断裂塌陷形成的；没有断裂也没有我们现在进入的二道白河峡谷，因为它是沿着辐状断裂塌陷形成的；没有断裂就不会形成悬崖，自然不会形成瀑布，也不会产生温泉，因为温泉是沿着断裂上

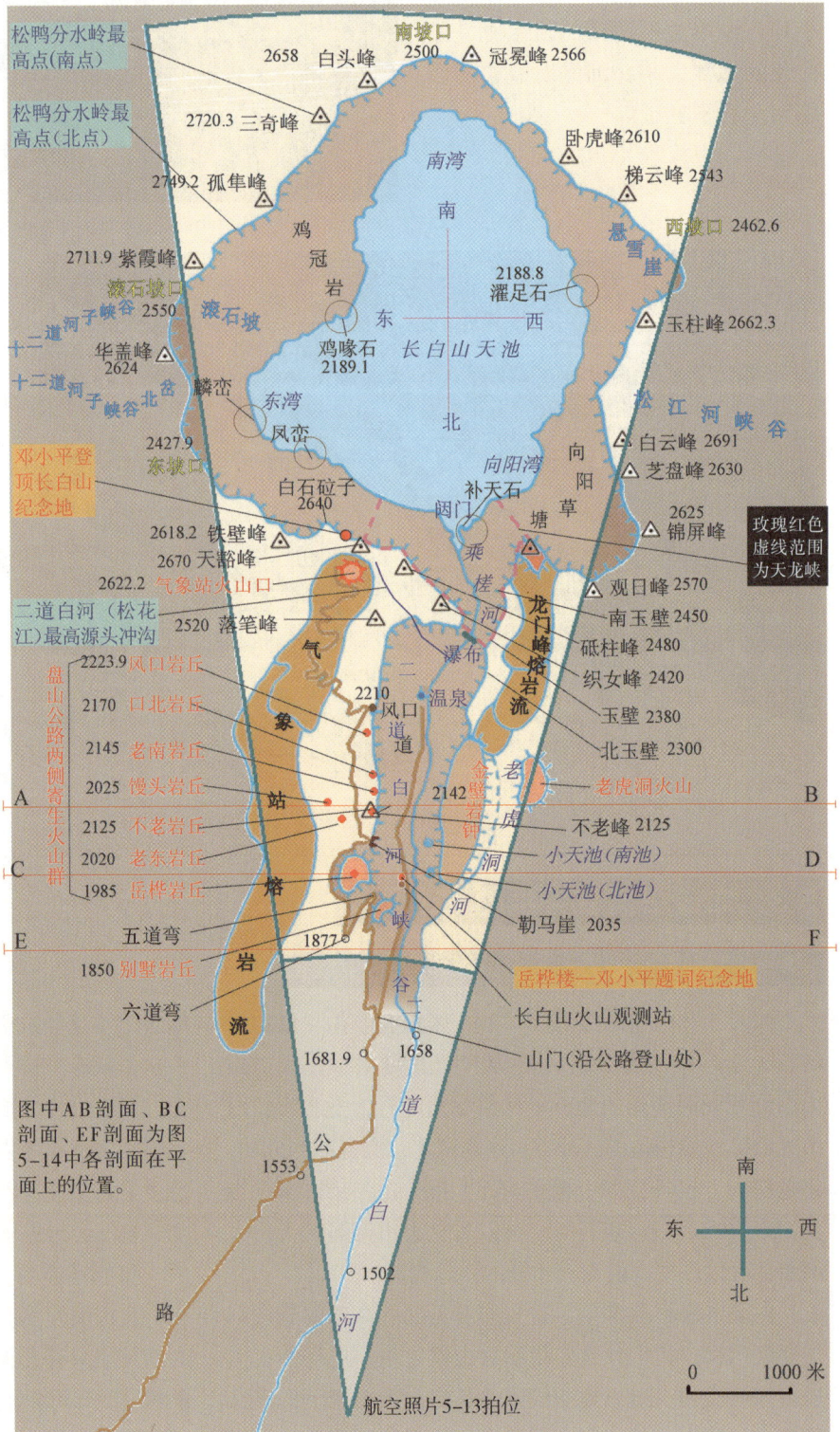

图5-13　二道白河峡谷航摄拍位地面投影图

升才得以来到地表的。

二道白河峡谷中另一个引人注目的是倒石堆。在峡谷东西两侧的悬崖下面，都分布有规模很大的倒石堆，倒石堆是重力垮落地貌。悬崖的风化使岩石解体，石块不断崩落，日积月累便形成了倒石堆，倒石堆与悬崖是二道白河峡谷最主要的地貌类型。

峡谷底部有二道白河从中穿行。二道白河是一条集多种性格于一身的河流，它是那么美丽、清澈，从高处俯瞰，它犹如一条白色的飘带在舞动，不枉"白河"之名；但有时它又是那么暴虐无情，能推动巨石连连翻滚，以摧枯拉朽之势向下奔腾，人们如有机会在暴雨季节观看二道白河的冲击和搬运功夫，一定会留下深刻印象。

二道白河峡谷无论从高空俯瞰还是在地面观察，都是长白山美丽而又具有科研价值之地。照片5-13是在直升机上俯拍的，从北向南正对着峡谷，整个峡谷一览无余，人们没有机会在高空俯瞰，也许这幅照片可以起到同样作用。

照片5-13 二道白河峡谷航空照片（张福有 摄）

图 5-14 是根据照片 5-13 绘制的。将二道白河峡谷切成三段，得出三个不同位置的地质剖面，用以表示二道白河峡谷的构造和形成原理。二道白河峡谷在地质上又称为火山断陷谷，顾名思义，断陷谷的意思就是在火山喷发过程中，沿着断裂陷落形成的峡谷。断陷谷谷壁陡直，由悬崖构成，深度很大。二道白河断陷谷是沿着天池北面的辐状断裂带（主要是 F6 和 F7 断层）塌陷而成的。

南
东 —— 西
北

孤隼峰 2749.2
鸡冠岩
三奇峰 2720.3
白头峰 2658
南坡口 2500
软石崖
冠冕峰 2566
卧虎峰 2610
龙门峰 2595.7
梯云峰 2543
西坡口 2462.6
悬雪崖

2670 天豁峰
2640 白石砬子
2618.2 铁壁峰

气象站火山口：气象站熔岩流喷溢口

南湾
2480 砥柱峰
2420 织女峰
长白山天池
濯足石
阀门

此剖面中这两条断裂表示包含 F6 断层在内的辐状断裂带。在断裂带内，可以发生多条断层，出现阶梯状塌陷，右边那条断层表示被埋在倒石堆下面的断层。

风口

温泉群

A
F5 断层
F6 断层
不名峰
F7 断层
F8 断层
B

岳桦岩丘（玄武岩渣丘）

勒马崖 2055

芝泉洞河北段

C
F6 断层
岳桦楼
杜鹃山庄
南池
小天池
F7 断层
F8 断层
D

1988

6-1道岔 1877
4 道岔

孤墨渣丘
二道白河
小天池

E
F6 断层
F8 断层
F

这条断层表示二道白河断陷谷西侧的断层，地质学上称为 F7 断层，南北方向展布，长 6.5 千米，倾向东，倾角 80 至 90 度，这条断层形成了断陷谷的西壁。（F7 断层的数据参考了《长白山火山地质研究》68 页的内容。）

这条断层表示二道白河断陷谷东侧的断层，地质学上称为 F6 断层，南北方向展布，长 6.5 千米，倾向西，倾角 80 至 90 度。这条断层形成了断陷谷的东壁。（F6 断层的数据参考了《长白山火山地质研究》68 页的内容。）

图中 AB、CD、EF 各剖面的平面位置见图 5-13。

F8 断层（老虎洞河断层）：《长白山火山地质研究》68 页："F8 断层顺老虎洞沟南北向展布，长大于 5 公里，倾向东，倾角 80—85 度"。

图5-14　二道白河峡谷构造示意图

照片中勾画的白色虚线为天龙峡和二道白河峡谷的分界线,走向如下:玉壁北端—下玉壁南端—瀑布西砬子—瀑布—瀑布东砬子—织女峰悬崖—织女峰。

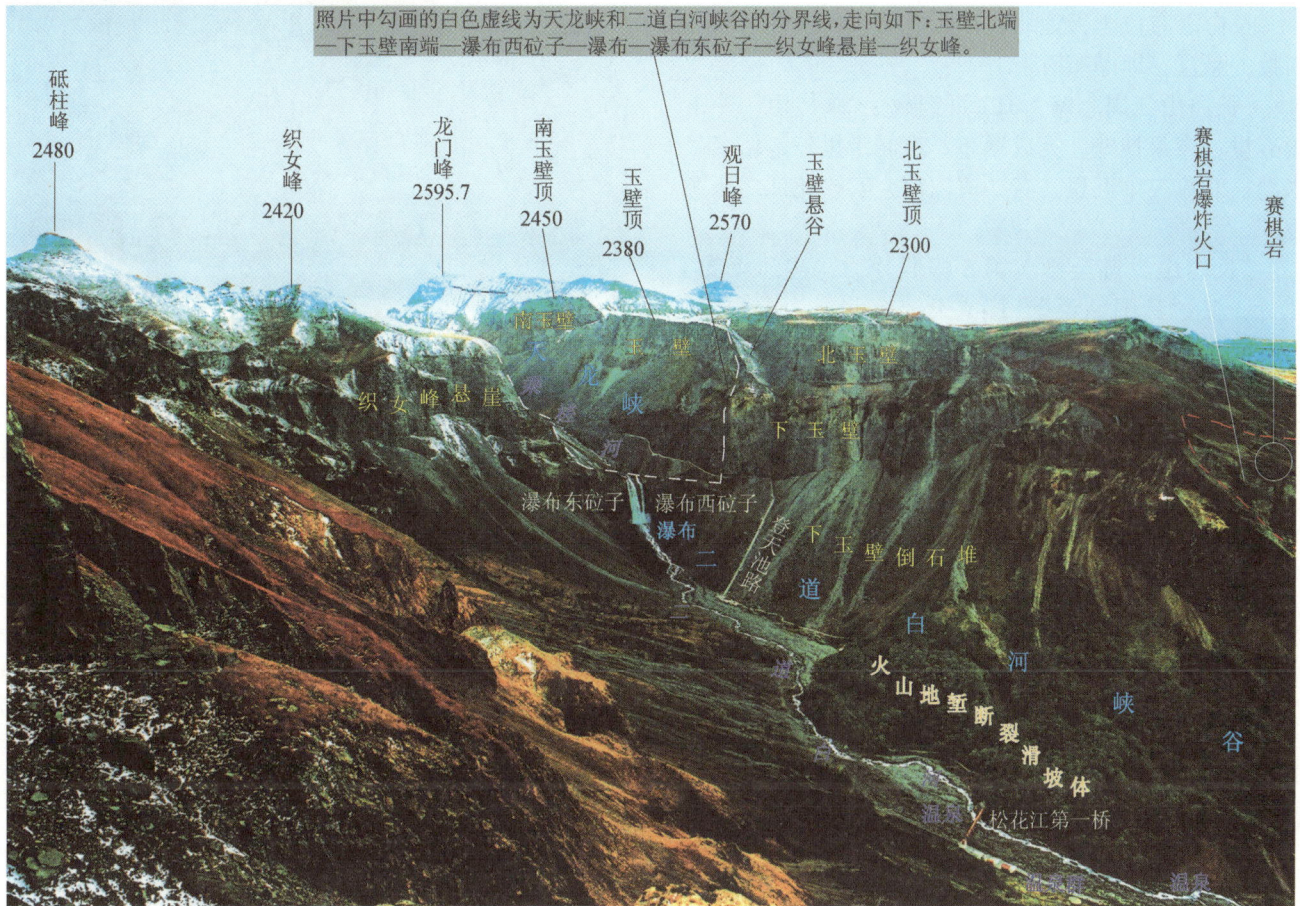

照片5-14  二道白河峡谷南段主要景观(拍位见图5-15)

F6和F7断层所夹块体塌陷形成二道白河塌陷谷,即二道白河峡谷。本图中所画的两条断层的位置参考了《长白山火山地质研究》69页图:《长白山天池复式火山机构断裂分布图》。

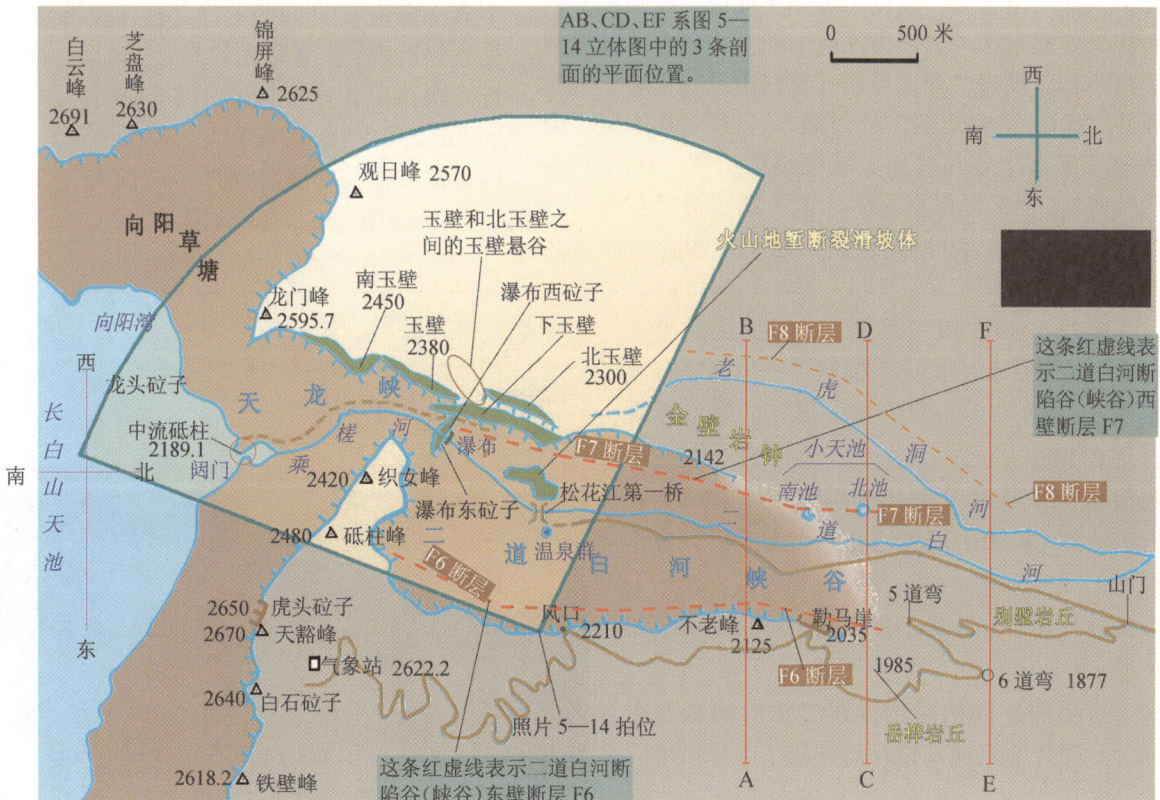

图5-15  二道白河峡谷火山地貌景观及拍摄位置图

301

### 5.3.4 长白瀑布（槎河瀑布）

长白瀑布位于天池北，在天龙峡和二道白河峡谷衔接的悬崖，即瀑布砬子上。

《长白山江岗志略》312 页记载："乘槎河……下流五里，飞泉挂壁，宛成瀑布，声闻十里外，俗名吊水湖。北流二十五里，名二道白河，实松花江之正源也。"

《长白山灵迹全影》第 5 幅照片为《槎河瀑布》照片，其"具图贴说"曰："天池东北流为乘槎河，松花江之正源也。悬崖直泻，瀑布轰隆。经落笔、不老、砥柱三峰，曲折奔腾，万弩齐发。由讷因部攀藤附葛以往，遥望之匹练悬天，半百里外，如在目前。摄影时雾气满山，浪花喷雪。过数峰后，珠玑溅水，飞湍、骇浪犹络绎不绝。下流为二道白河。"

这段文字把天池、乘槎河、瀑布和二道白河之间一脉相承的关系说得很清楚。瀑布是承上启下的转折点，经过瀑布，天池水结束了它平静而稳定的状态，从天上降到地上，开始漫长而艰辛的旅行。因此，无论从科学角度还是观赏角度来审视瀑布，瀑布都是长白山不可多得的景观。瀑布是平静的天池水的终点，又是流动的二道白河水的起点。瀑布无疑是长白山动人心魄的景观。面对瀑布，它让我们看见了流水的坠落、飞溅、腾越和撞击的奇观。

关于瀑布的名称，民间俗称吊水湖瀑布，但"吊水湖"一名，在长白山中有好几处，凡有流水跌落处差不多都叫吊水湖，所以吊水湖不能成为瀑布的专有名称。刘建封在《长白山江岗志略》中将瀑布归属乘槎河条目，没有单列，但在《长白山灵迹全影》中单列并"撮影"，命名为"槎河瀑布"，将名称固定。但是槎河瀑布之名在其他文献中很少出现。1981 年地名普查时，"根据群众习惯称谓"把槎河瀑布命名为"长白瀑布"。1989 版《长白山志》沿用长白瀑布之

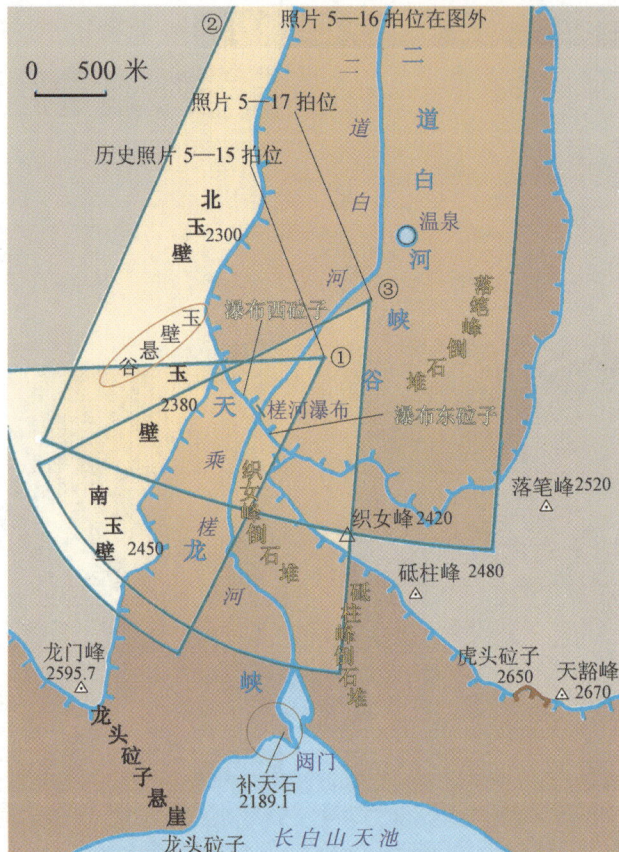

图5-16　长白瀑布（槎河瀑布）拍摄位置图

名，其后皆沿用此名。此外，还有"长白飞瀑"等名称。本书沿用"长白瀑布"，或简称"瀑布"，涉及前人文献时，偶尔也用"槎河瀑布"。民国《安图县志》中有一首孔广泉作的七律《槎河瀑布》，在瀑布景点处立一诗牌，作者写成刘建封，乃误。此牌立了多年，经多次指正，方改。在民国《安图县志》中，有大量的"前人"字样，在每个人名首次出现之后，为求简化，以后此人作品的属名，都称为"前人"。所以，标有"前人"字样的，并非都是刘建封。

照片 5-15（拍位见图 5-16）：这是《长白山灵迹全影》中的第 5 幅照片《槎河瀑布》。拍摄于 1908 年。可以看出，瀑布的基本形貌与现在相比并无太大改变，还是为一大一小两股水流，可以看见分开两股水流的那块岩石——有人称为中流砥柱。瀑布的水量好像比现在大一些。瀑布前飞腾的水雾很大，遮住了旁边的悬崖。照片中部模糊的山形是南玉壁和玉壁。

这幅照片的拍摄位置在二道白河峡谷东侧。此照片为跟随刘建封踏查的王瑞祥拍摄。

照片5-15　1908年：历史照片《槎河瀑布》
　　　　　照片中的文字为本书作者所加。

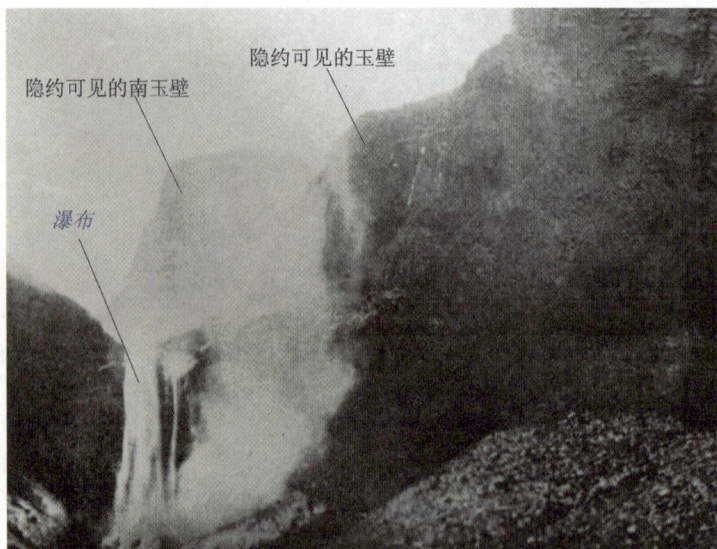

照片5-16（拍位见图5-16）：这是1970年远眺长白瀑布的照片，拍摄地点在叫望瀑坡的地方。在前往长白山的途中，从很远的地方就能看见如白练下垂的瀑布。唐李白诗《望庐山瀑布》："日照香炉生紫烟，遥看瀑布挂前川。飞流直下三千尺，疑是银河落九天。"如此美景在长白山也看见了。在望瀑坡还可以看到乘槎河激流，那是快要接近瀑布的河段，泛着白色的泡沫，在黑色的倒石堆背景下也是非常清楚的。照片中部的倒三角形豁口是天龙峡，乘槎河就是从那里奔流而出跌落为瀑布的。瀑布跌落处，东为织女峰倒石堆，西为下玉壁倒石堆。

② 照片5-16 摄于1970年，在望瀑坡远眺长白瀑布

---

照片5-17（拍位见图5-16）：这是1979年郑德权拍摄的瀑布。那时登天池是非常艰难的。在照片中标出了当时的小路，"之"字形路是在倒石堆中开拓出来的，爬上倒石堆后，就是紧贴悬崖的小路。小路没有任何防护措施，全凭攀登者的勇敢和谨慎才能走过去。

注意瀑布两股水流间的"中流砥柱"，还是那块巨石，依旧是它将瀑布一分为二的，与百年前的照片相比较，竟无多大变化，其顽强和坚韧实在令人敬佩。需要说明的是，分开瀑布的中流砥柱通常称为"瀑布中流砥柱"；另外还有一个中流砥柱位于天池泄水口闸门中，

拍摄瀑布照片时总能看见有一座巍峨悬崖耸立于此，游人常不知道它的真实角色，它就是位于天龙峡西壁中段的南玉壁。100多年前的历史照片《长白山灵迹全影》中《槎河瀑布》就摄入了南玉壁（见照片5-15）。它以凛然的姿态守护着天龙峡和长白瀑布。

玉壁位于天龙峡西壁北段，如一列城墙一般的悬崖顶天立地，构成天龙峡"V"形谷高不可攀的谷壁。玉壁悬崖之下是规模巨大的倒石堆，倒石堆的坡脚直抵天龙峡谷底的乘槎河（乘槎河在照片中看不到）。下玉壁悬崖下的倒石堆直抵瀑布。

③ 照片5-17 1979年拍摄的长白瀑布（郑德权 摄）

那是补天石伸入天池最尖端的一块岩石，通常称为"闿门中流砥柱"。

照片5-18：这是1979年拍摄的瀑布。拍摄位置离瀑布很近，瀑布撞击岩石飞溅的水花如蒙蒙细雨。拍摄的季节正是瀑布水量最大的时候，水撞岩石发出沉闷的巨响，人们听不清彼此说话的声音，连悬崖都在微微颤动。凝视瀑布，面对这种自然现象真是无以言表。这是水与岩石的撞击，是一柔一刚的较量，这是两种性质相反的物质发生碰撞。流水面对坚不可摧的岩石，柔软如棉，随意变形，随机应变，这种奇特的较量好像永远不会有胜负。岩石代表地球内营力，水代表地球外营力，从地球诞生之日起，内营力和外营力就开始较量，几十亿年过去了，这种较量还在不屈不挠地进行着，并无胜负可言。

立足于瀑布之前，还让我们看到一种物质的两面性格：水是晶莹剔透、温柔可爱之物，古人用来比喻女儿，但在悬崖之上，面对生死存亡即将跌落之时，每一掬水都改变了形态和性格，奋力增大自身的力量，女儿也会横冲直撞，飞身直下，虽粉身碎骨而不惜。常态的水以跌落而成为瀑布的形式展现着我们不常见的另一面，使我们不能不对瀑布肃然起敬。

照片5-18　1979年拍摄的瀑布（郑德权　摄）

照片5-19　1983年拍摄的瀑布（郑德权　摄）

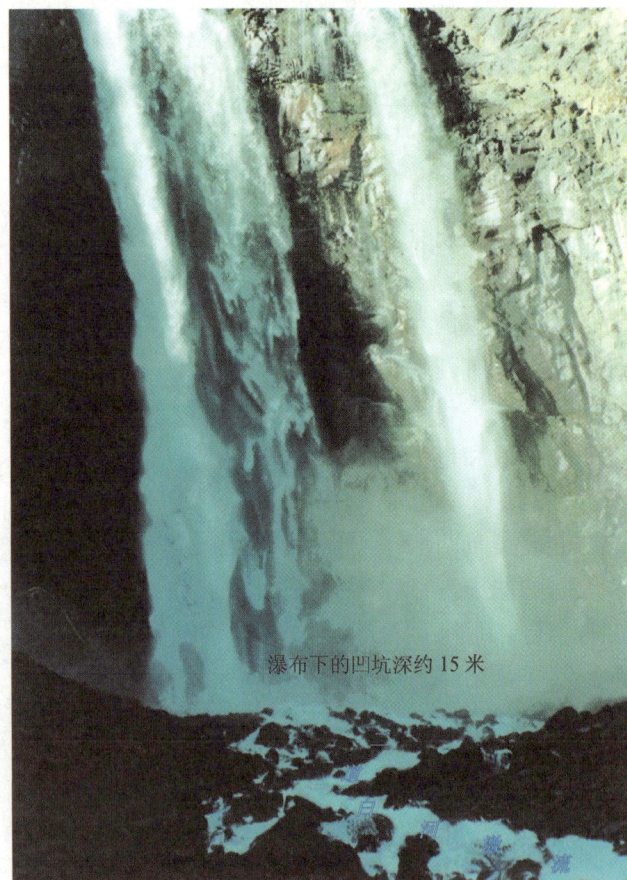

照片5-20　瀑布之下的凹坑

照片5-19、5-20：这两幅照片拍摄瀑布水量较大时的气势和瀑布下的凹坑。跌落的水体，势能变成动能，具有很大的冲击力和破坏力，当然会在瀑布下形成一个很大的凹坑。连房檐滴下的水滴都能在石头上打出坑来，何况这是一股很大的水流。郑德权和张福有年轻时曾数次冒险接近瀑布底部，但都遭到向外溅射的"水枪"的回击，难以近前。无法看清凹坑的深度，目估深10米到15米。《长白山志》记载："长白瀑布……崖下形成20多米深的水潭。"王季平：《长白山志》，1989年6月第1版第137页。但因为瀑布处于悬崖之下，不断有崩落的石块掉进凹坑中，两侧的倒石堆也不断有石块滚落下来充填，所以，这个冲击坑不可能很深。

照片5-21：这是春天的瀑布。二道白河峡谷中已是芳草萋萋，但山坡之上和瀑布之下还有未消融的积雪。瀑布的水量比冬日增大，水的主要来源是天池中逐渐融化的冰雪。因为水量不够大，瀑布分成多股下落。

照片5-21 春天的瀑布水量较小

照片5-22：这是瀑布下的彩虹，在照片右下角处微微显现。瀑布彩虹在民间有很多故事，传说彩虹是长白仙子"显灵"。忽一日，郑德权决定去会见仙子。虽然并没见到仙子，彩虹是真的看见了。实际上，瀑布彩虹只是一种气象现象，能欣赏到它的机会不多。观赏瀑布彩虹须得早起，一睹芳容不容易，须等待晴天到来，在整个二道白河峡谷还处在阴影之中时，就得早早来到瀑布前，选好位置，静候彩虹出现。当初升的太阳从峡谷东壁露出来时，便会有一束阳光斜射过来。这时，你是背对阳光，面对瀑布的，阳光必须照射在瀑布飞溅起来的雾雨上，这是能见到瀑布彩虹的必要条件。这时，在飘飘忽忽的细雨中彩虹出现了，是半圆形，有时一个弧，有时两个弧；有时浓妆艳抹，有时轻描淡写，如雾里看花，能拍到怎样的照片，全看旅行者的运气。太阳在慢慢爬升，彩虹的位置也在变化。当阳光只是侧面照到瀑布时，彩虹即"犹抱琵琶半遮面"了，当峡谷东壁的阴影遮住瀑布时，彩虹便消失了。前后只有很短的时间，错过了就得等下一个晴天。

照片5-22 瀑布下的彩虹

除了瀑布彩虹之外，长白山中还可见到更奇妙的彩虹——铁崖圆虹（其位置见图11-27中的标注）：刘建封《长白山江岗志略》350页记载："铁崖，在汤泉沟上。余（即刘建封）率兵队寻江源过此，见圆虹出现，众皆惊讶，或以为地势最高，得窥虹之全象，亦未可知。刘建封《白山纪咏》有云：'铁崖偶见圆虹现，疑是蟾蛾坠翠环。'"

305

2009年10月16日，长白山圆虹（张福有　摄）

张福有（左）与王宇（右）在白云峰上

## 长白山圆虹

新华社长春 2009 年 10 月 20 日电　位于吉林省东部的长白山近日出现圆虹，恰在当地旅游的许多游人有幸得见这一百年一遇的奇观。据介绍，当地有记录可查的同一景观，只在 1908 年出现过。

据当地媒体报道，10 月 16 日上午 10 时 30 分许，吉林省长白山文化研究会会长张福有在长白山主峰白云峰考察。当张福有正对着玉柱峰拍照时，忽然发现天池西侧上空出现圆虹，便连连拍摄，共拍得 100 多张图片。同行的长白山自然保护区管理局原副局长王宇也予以录像。

圆虹是日光透过云层中的冰晶时，经折射而形成的光学现象。据了解，当天空中出现卷层云时，空中飘浮着无数冰晶，在太阳周围的同一圆圈上的冰晶，就能将各种颜色的光折射到人的眼中而形成晕环。这次出现的长白山圆虹，外圈呈内红外蓝，中间杂有淡黄色和紫色，蔚为壮观。

据介绍，清光绪三十四年（1908 年），东三省总督徐世昌派刘建封任勘界委员，到长白山实地踏查，后其在《长白山江岗志略》中写道："余率队兵寻江源过此（铁崖），见圆虹出现，众皆惊讶。"这也是当地迄今仅有的圆虹记录。本次长白山所现圆虹，出现的地点在长白山西坡，与刘建封所描述地点很近，堪称是一个令人难以置信的奇迹。

照片5-23、5-24：着"冬装"的瀑布被埋在大雪之中，完全是另外一种风格。冬季乘槎河的流量大为减少，瀑布也似乎无精打采了，但是仍然有不断的流水垂帘而下。从远处看不见那落水，只见在悬崖上有一个窟窿样的造型，可称为雪窟，那就是瀑布之所在。瀑布之下的激流完全被厚雪埋住，只是局部露出，照片下部雪穴底下就是二道白河。

雪窟中的巨大的冰溜子密集排列，如帘一般下垂着，瀑布水顺着冰溜子落下。这些冰溜子会越来越大，越来越重，当它无法承受这个重量时，便会轰然跌下，落入冰窟之中。笔者有幸看到一次冰溜子的整体塌落，其情景非常壮观。那时，笔者正在拍雪窟照片，忽然听见一声沉闷的巨响，抬头一看，几十层楼高的大冰溜子突然开裂，整体砸下来，溅起旁边的积雪，跌进下面的雪窟中，那么大的体积，一瞬间就消失了，虽然离得很远也能感到微微的震动。巨响之后，低沉的余声在厚厚的雪层之下轰响了好一阵。失去了冰溜子的遮挡，雪窟扩大许多，露出里面黑色的岩石，仿佛张开的巨口。

照片5-23　冬季的瀑布

照片5-24　瀑布下的雪坑

## 5.3.5　瀑布形成示意图及说明

瀑布是怎样形成的？天池水通过闸门，进入牛郎湾，再经由乘槎河，流了990米，来到一面垂直的悬崖上骤然跌落，形成了瀑布，天池水转眼变成了二道白河激流。看来，没有这面垂直的悬崖，瀑布是不能形成的。那么，这面垂直的悬崖是怎么形成的？地质学家告诉我们：瀑布悬崖是一条断层。

什么是断层？简单而通俗地说就是，断层是岩体中的破裂面，沿破裂面两侧的岩体发生显著的错动或位移。断层的种类很多，单以相对位移的方向来说，断层分为平移断层和垂直断层（也叫正断层），前者是相对水平位移，后者是相对垂直位移。断层发生的位置都在断裂带内，所以我们还得说一说天池周边断裂带。

天池火山口在喷发和塌陷过程中产生很多断裂，在日常生活中我们能看到类似的情况：注意观察在建筑施工的地面上，如果有一个因重力而陷落的大坑，在坑的周围边缘一定有很多裂隙，这些裂隙初看纵横交错，杂乱无章，但仔细观察，它们基本上可分为两类：一类是围绕着陷坑的裂隙，大体与陷坑周围平行，称之为环状断裂，意思是环绕着陷坑；一类是大体垂直于陷坑周围的裂隙，称之为辐状断裂，意思是像自行车的轮辐一样呈放射状，所以有时也叫放射状断裂。为什么会出现这样的情况，这是个很复杂的应力场问题，这里不做介绍。对于天池火山口这个巨大的陷落，其情形也是大同小异的，它的周围也有很多环状断裂和辐状断裂，在图5-17中示意性地画出了这些断裂，并分别标注了它们的性质。断裂常以断裂带的形式出现，在断裂带内，由于重力作用，或挤压力场、位伸力场的作用，断裂两侧的岩体发生相对位移，位移面就是断层面。瀑布悬崖就是天池北面环状断裂带中的一条断层，在图中用"瀑布环状断裂"标注。

瀑布断层是垂直断层，即正断层，是重力断层，由重力作用形成。在天池火山口大塌陷形成破火山口的阶段中，由于差异塌陷，二道白河塌陷谷下降幅度较大，天龙峡下降幅度较小，就形成了一条断距达几十米的断层，这就是瀑布跌落的悬崖。正是这条悬崖，把泄出天池水的河流拦腰错断，呈阶梯状，阶梯之上是乘槎河，阶梯之下是二道白河，阶梯的垂直面，河水跌落形成瀑布。形成瀑布的断层，在《长白山火山地质研究》68页中称为F4断层，在图5-7中已经标注。

瀑布的高度为68米，瀑布悬崖的断距应该大于这个高度，因为后期的剥蚀和瀑布之下的倒石堆的掩埋使得瀑布悬崖变矮了。

为便于描述，瀑布断层以瀑布为界，东面的悬崖称为瀑布东碴子，西面的悬崖称为瀑布西碴子。

从地质发展的角度看，瀑布碴子在乘槎河的侵蚀作用下，注定会逐渐变矮和后退，虽然变矮和后退的速度不是很快，但这种发展趋势是不可避免的。

图中还画出了与瀑布环状断裂相垂直的两条辐状断裂。关于这两条辐状断裂，金伯禄、张希友：《长白山火山地质研究》中有专门叙述，各称为F6断层和F7断层，或称为二道白河辐状断裂，本图已在图中相应位置用"F6断层"和"F7断层"分别标出。F4、F6和F7这三条断层所夹的地块在天池火山口塌陷时也塌陷了，这个塌陷形成了二道白河火山地堑，地质上还称为断陷谷，在地貌上则称为二道白河峡谷。二道白河断陷谷的南端和天龙峡断陷谷的北端以断层接触，这断层就是F4断层。

正是这一系列的断裂塌陷，形成了包括瀑布在内的许多美丽的景观。

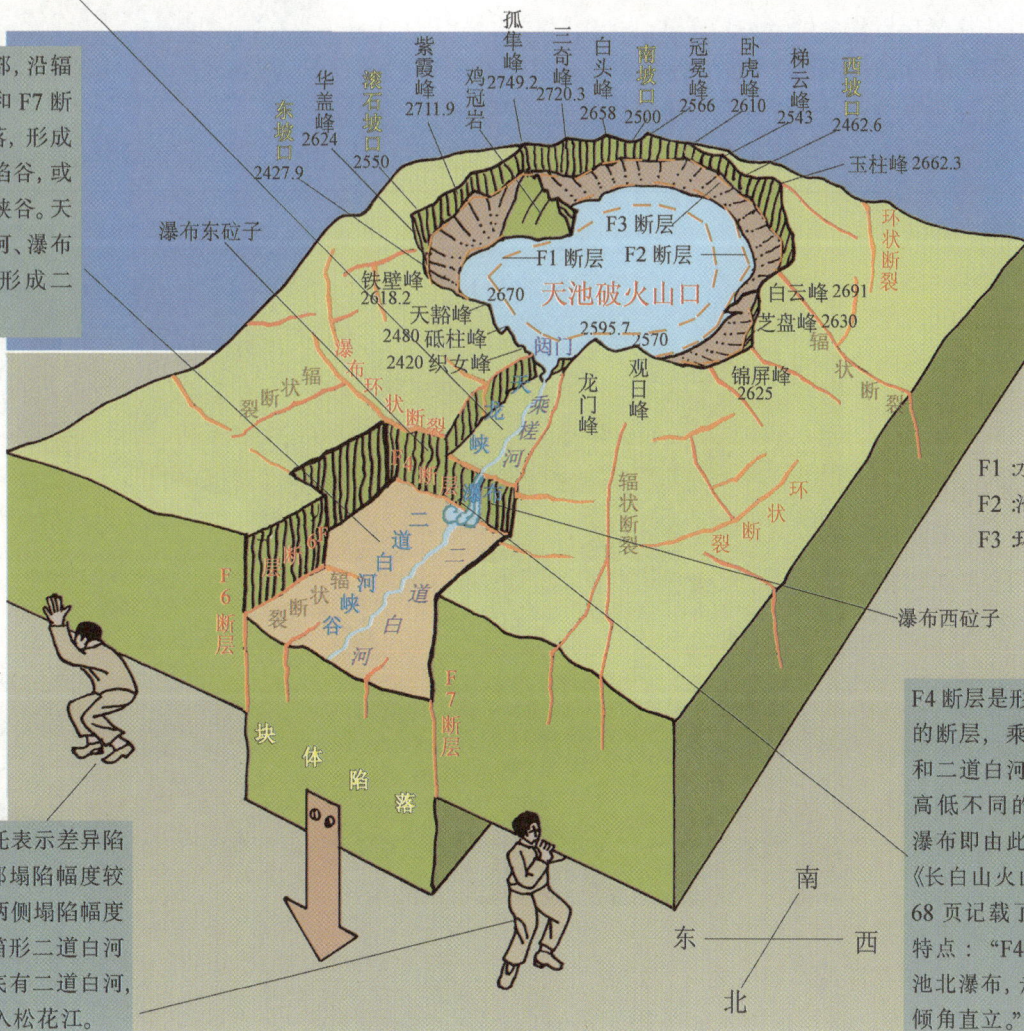

F1：水下隐伏断层
F2：池边断层
F3：环悬崖断层

图5-17　瀑布形成示意图

## 5.3.6 二道白河峡谷谷壁形貌

① 照片5-25 二道白河峡谷西壁北段

照片5-25（拍位见图5-18）：这是二道白河峡谷上段西壁照片，是在风口砬子上俯拍的。照片下部有二道白河从南向北流淌，看到的是一条白色的辫状线，那是因为河水激流翻滚，水中充满了气泡使之泛白所致。因为河流两岸有温泉注入，使二道白河严冬不冻。照片中从赛棋岩到金壁岩钟悬崖就是一条幅状断裂（即F7断层，见图5-18中的红断线），断陷谷就是沿着这条断裂下陷的。照片中沿金壁和赛棋岩爆炸火口勾勒的白线以西是老虎洞河峡谷，其间相隔几百米，由于透视关系，两者"粘"在一起了。

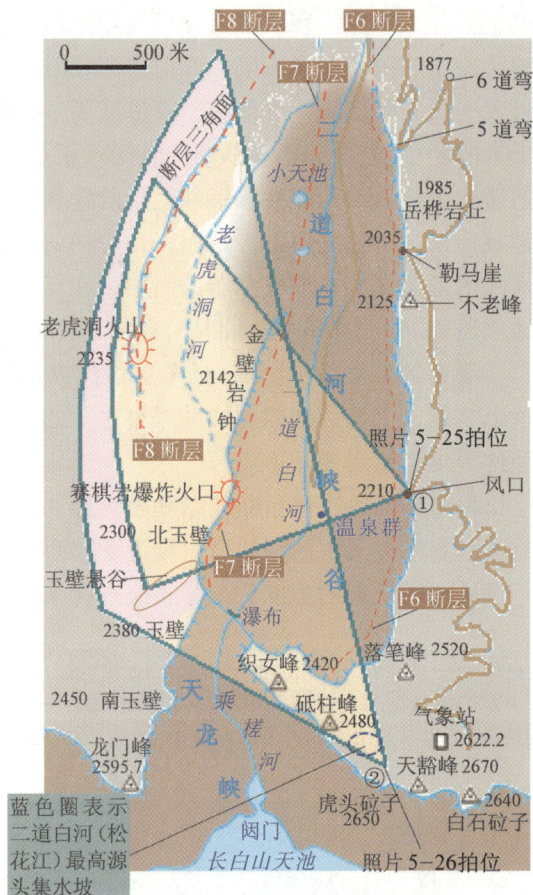

蓝色圈表示二道白河（松花江）最高源头集水坡

图5-18 二道白河峡谷西壁拍摄位置图

照片5-26（拍位见图5-18）：这是在虎头砬子上拍摄的二道白河峡谷上段，照片中隐没在阴影里的就是。在火山锥体上，如同一条巨大的罅隙，将山体从中豁开。从这里观看，火山断陷谷的宏观特征表现得相当明确：山体在这一长条形的地带塌陷。正是这个长条形塌陷，使火山口出现对外开放的通道，遂有二道白河将天池水引到外面的世界。

照片中用蓝色圈线标出"二道白河最高源头集水坡"，此处是松花江最高源头之一，发源于虎头砬子外坡、砥柱峰之东，这里的雨水和雪融水沿着此处的侵蚀细沟流入二道白河，再流入松花江。

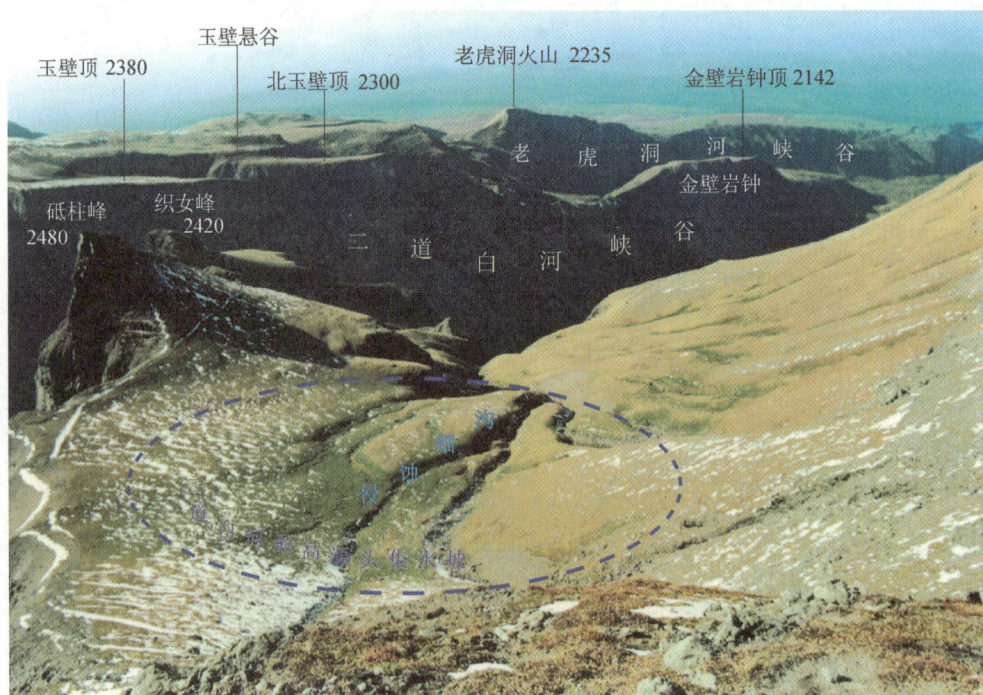

② 照片5-26 俯瞰二道白河峡谷上段（南段）

砬子北坡的大气降水的面流汇集起来，流入接续的冲沟中，流经砥柱峰和织女峰东麓，汇入二道白河、松花江，再汇入黑龙江。文献记载，长白先民知道这种水系关系，故有"黑龙江龙"到天池与"天池龙"相会的民间传说。（平面位置关系见图5-20）

310

照片5-27（拍位见图5-19）：这是二道白河峡谷东壁，由落笔峰悬崖到不老峰大台阶联袂组成，长2500米。从地质角度讲，是断陷谷东部的断层，《长白山火山地质研究》68页中称为F6断层，其性质是辐状断裂。在地貌上表现为一系列的悬崖。正是这条断层把长白山火山锥剖开来，形成一处天然地质剖面，让我们看到了火山锥的内部构造。

照片5-27 二道白河峡谷东壁

图5-19 二道白河峡谷东壁拍摄位置图

### 5.3.7 玉壁

刘建封《长白山江岗志略》322页记载："玉壁，在龙门峰北。乘槎河顺壁而下。"

刘建封定位命名的"玉壁"，较为概括，包括天龙峡和二道白河峡谷西壁南端的一系列悬崖峭壁。玉壁是重要的景观，对火山地质研究也有重要意义，故将玉壁依地质地貌情况进一步划分为4处独立的悬崖，各悬崖的位置及名称见图5-20。

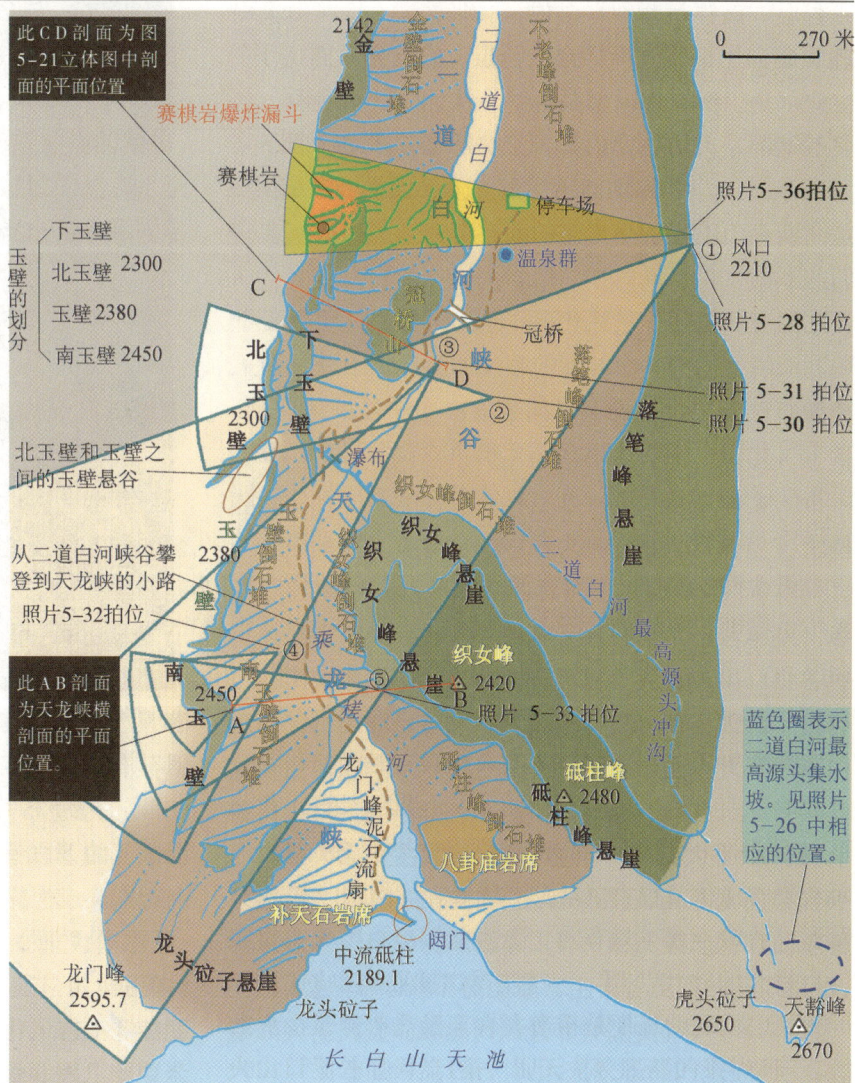

图5-20 玉壁群（含南玉壁、玉壁、北玉壁、下玉壁）及滑体冠桥山平面图和拍摄位置图

本图底图依据低空航空照片制作，未做视差校正，山川相对位置与地形图上的位置略有视差，所以图面上的比例尺仅供读者在度量距离时参考。

311

照片 5-28、5-29（拍位见图 5-20）：通过野外调查，对比航空照片和不同角度拍摄的地面照片，将玉壁细分为 4 个独立的悬崖，不另命名，仍以玉壁为词干，加方位词前缀以区别，则有：(1)下玉壁，(2)北玉壁，(3)玉壁，(4)南玉壁。如此细分是因为这 4 处悬崖从地貌角度看并不相连，独立存在，从地质角度看分属不同的熔岩流，从观赏角度看都可以单独成为一景。细分玉壁有利于对这些景观的描述（见图 5-20）

照片中白色虚线为天龙峡和二道白河峡谷的分界线

在这幅照片中，玉壁和北玉壁之间的玉壁悬谷的位置和形态看得比较清楚：它的开口悬在下玉壁悬崖之上，在雨季时，那里形成线状小瀑布。

① 照片5-28 瀑布一带熔岩流剖面照（在风口向二道白河峡谷拍摄）

玉壁的成因是断层崖，由天池火山口辐状断裂形成，这条辐状断裂位于天龙峡和二道白河峡谷的西侧，一直向北延伸，先是切断玉壁熔岩流，再切断金壁岩钟，终止于火山锥底部的玄武岩层。该辐状断裂在金伯禄、张希友《长白山火山地质研究》68 页中称为 F7 断层。它所形成的悬崖，在北部是玉壁，在南部是金壁。从地质学角度看，各段玉壁都是火山喷发的熔岩流被断层破坏而保留下来的残存部分。南玉壁、玉壁和北玉壁大致在同一高度，是同期火山喷发的熔岩流的残存部分；下玉壁伏在它们的下面，是不同时期的熔岩流，年龄要大得多。两者之间有一层明显的风化面，这个风化面说明下玉壁熔岩流喷发后有一个长期的喷发间断。下玉壁又覆盖在瀑布砬子之上，两者之间也有一个明显的风化面，这个风化面也说明这里有一个长期的喷发间断，表明瀑布砬子是更老的熔岩流。总体看，从上至下，一层悬崖比一层悬崖的年龄要大，这就给地质学家提供了一个火山喷发剖面，这样的剖面给研究长白山火山形成历史提供了可靠的实际资料。所以，玉壁系列悬崖和瀑布砬子构成了在地质研究中很有价值的天然剖面。

照片 9-29 是照片 9-28 的局部放大，使读者能更清楚地看到各悬崖之间的叠覆关系，即它们的新老关系。近摄的玉壁最明显的特点是悬崖上那些排列整齐而密集的柱状节理，节理上下贯通，说明是一次性喷发形成的熔岩流，只有同一冷却单元才能形成如此均匀而贯通的柱状节理。一次喷发出如此之多的熔岩，可见火山喷发的规模是相当大的。玉壁悬崖那些密集的节理使它们更易受到风化而剥落，悬崖之下巨大的

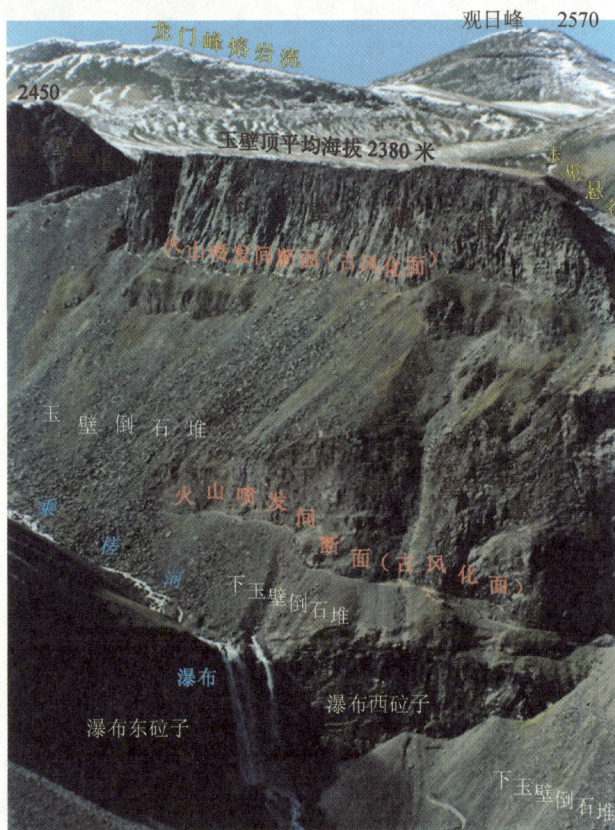

照片5-29 玉壁悬崖、下玉壁悬崖、瀑布砬子的叠覆关系

倒石堆就是崩落的石块堆积而成的。玉壁倒石堆的坡度很陡，约 35 度，崩落的石块直抵乘槎河。实际上，乘槎河的下段就是在倒石堆坡麓的乱石上奔流着，由倒石堆构成河床。

注意看照片中标注的火山喷发间断面，也就是古风化面。由二道白河峡谷向天池攀登的小路刚好就修筑在这个古风化面上，因为只有这个地方才能找到一个立足之地。修出来的小路是非常狭窄的，有的地方

仅能容一人走过，倘若对面来人，那就得双方都得侧身，互相扶持才能通过。当人们走在这条狭窄的小路上时，须知是正走在两次大规模火山喷发的间歇期间，你的脚下是先期喷发的熔岩，你的头上是后期喷发的熔岩。通过岩石年龄测定，这两次喷发的间断时间有数万年之久。在数万年间，熔岩表面风化形成了一层黏土，这层黏土被后来喷发的熔岩盖住了，从而夹在两层不同时期喷发的熔岩层中间。正是这个风化黏土层，带给我们很多信息，告诉我们火山喷发在这里有一个很长时间的间断。

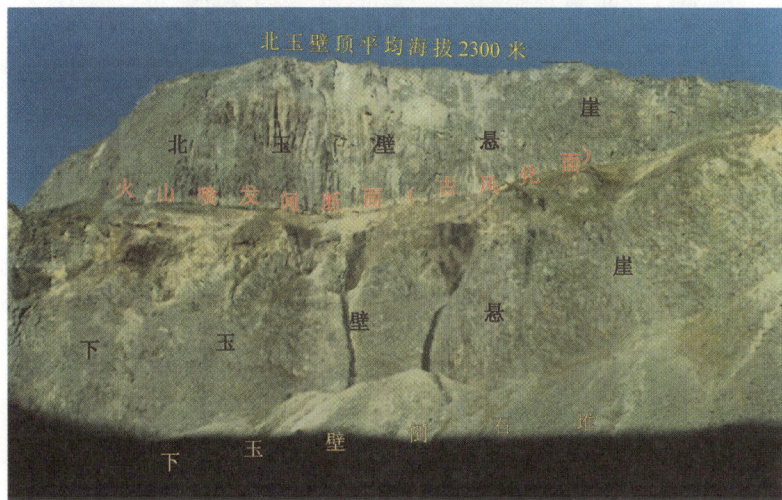

②

照片5-30 北玉壁和下玉壁之间的喷发间断面

照片5-30（拍位见图5-20）：这幅照片单独拍摄了北玉壁和下玉壁之间的关系。两层悬崖之间有一层近乎水平如台阶一样的地形。这是一个风化面，由黏土和火山碎屑岩组成，说明火山喷发在这里有一个长期的间断。下玉壁熔岩喷发在先，经过数万年后，喷发北玉壁熔岩，盖在下玉壁熔岩之上。地质研究得知，下玉壁要比北玉壁老得多，年龄相差很大，它们不是同一辈的。但岩性却没有大的差别，都是粗面岩，说明它们是来自同一岩浆房，同属一个粗面岩家族。

下玉壁上有两条小裂隙，那里不断地向外渗水，雨季时形成细线般的瀑布，也是一处好看的风景。

照片5-31（拍位见图5-20）是"镇守"天龙峡的南玉壁。站在二道白河峡谷向瀑布上方的天龙峡望去，总能看见在"V"形谷的中间耸立着一座平顶的悬崖，那就是南玉壁。摄影者凡从这个角度拍摄瀑布，南玉壁总是以最出风头的角色占据照片的中央位置，它有资格占据这个显赫的位置，它是镇守天龙峡的守护神。注意南玉壁后面有一个"犹抱琵琶半遮面"的山峰，照片中已标注，那是龙门峰。

照片5-31 "镇守"天龙峡的南玉壁

③

照片5-32（拍位见图5-20）：近摄南玉壁。从天龙峡登天池，右手方向总有南玉壁与人们相伴。这是一座顶天立地的悬崖，像武士般威严，守护着天龙峡走廊。南玉壁有非常发育的柱状节理，把南玉壁切割成许多岩柱。从南玉壁上崩落的石块堆成悬崖下的倒石堆，很壮观。南玉壁是一次大规模火山喷发后形成的，中间并无明显间断，岩性是粗面岩。

④　照片5-32 发育的垂直节理使南玉壁壮观而美丽

照片5-33（拍位见图5-20）：南玉壁正面照，这是南玉壁东面的形貌。南玉壁位于天龙峡西壁。南邻龙门峰，北邻玉壁。南玉壁的崖面不是一个平面，而是由两个近乎垂直的崖面组成，一个崖面朝向东北，一个崖面朝向东南。照片中阳光照射的一面是东南面，处于黑影中的是东北面，在二道白河峡谷中看到的"镇守"天龙峡的南玉壁其实只是它的东北面。南玉壁高峻陡立，从南玉壁北面的坡口可以爬到南玉壁顶上。注意照片中南玉壁的平顶上有一个小黑点，那是一位旅行者，与悬崖相比，站在上面的人显得多么渺小。

走近南玉壁，但见一面悬崖顶天立地，势若倾颓，不愧是"镇守"天龙峡的"将士"，其高峻可由站在悬崖顶上的人影推得，照片上那个人影小得几乎看不见，目估南玉壁高约200米。

照片5-33　南玉壁悬崖相互垂直的东南壁和东北壁

## 5.3.8　二道白河峡谷西壁的崩塌堆积——冠桥山

在二道白河峡谷南端西壁之下有一处从悬崖上因重力作用而形成的崩塌堆积，从成因角度说属于斜坡崩塌地貌。崩塌堆积在峡谷中形成一座小山，称之为冠桥山。小山的名称来源如下：山麓有一座桥，此桥1981年地名普查时被命名为冠桥（冠桥已被冲毁多次，几经重建，现在的冠桥早已不是当初命名的那座单孔石砌拱桥了），该处崩塌堆积借用冠桥之名，称之为冠桥山。冠桥山已成为二道白河峡谷中美丽的风景区。

照片5-34：这是在风口拍摄的崩塌堆积——冠桥山。因居高临下，把冠桥山及其附近的地形全部摄入镜头。从照片中看得出，在峡谷西壁那一长列的悬崖峭壁之下，冠桥山与谷底周围地形不协调地凸显出来；再看崩塌后的悬崖（崩塌壁），明显缺失了一大块。说明冠桥山的确是从悬崖上崩垮下来的。冠桥山在并不宽敞的峡谷底部挤占了不小的面积，迫使原先顺直的二道白河改道，在冠桥山的前缘不得不转几个弯向下流淌。

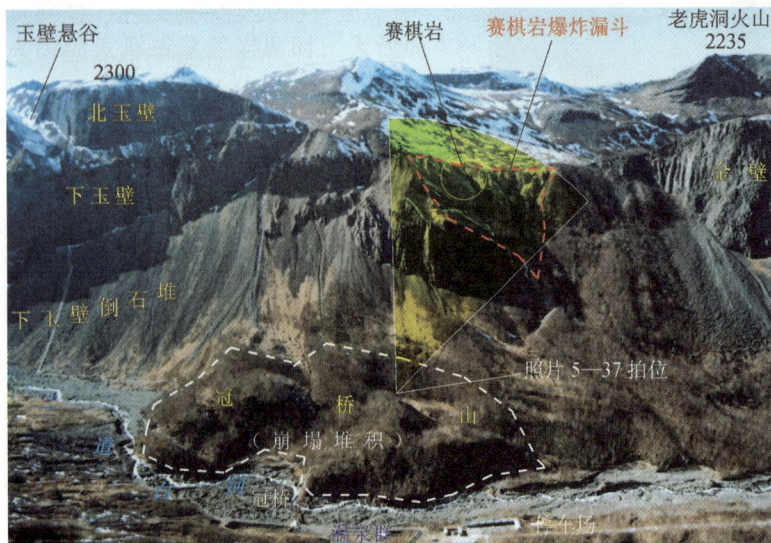

照片5-34　崩塌堆积——冠桥山（白虚线范围）

照片5-35，这是在温泉附近拍摄的崩塌堆积——冠桥山侧面形貌。二道白河转弯后沿着冠桥山边缘流淌。冠桥山成为峡谷中的一处风景优美的花园，它上面生长着茂密的岳桦林和苔原植物。冠桥山占据了谷底，挡住了观赏瀑布的视线。那座号称松花江第一桥的冠桥是借助于冠桥山山麓的石碴子建造的。过了冠桥就踏上了冠桥山，有一条小路沿着冠桥山边缘，会把你送到瀑布跟前。

照片5-35　在谷底看冠桥山

用图5-21示意崩塌堆积——冠桥山的形成：

上图：从火山构造角度看，二道白河峡谷是火山构造断陷谷，亦称火山地堑；火山地堑的侧壁是一系列近乎垂直的悬崖，它们都是由火山熔岩和火山碎屑岩组成的，岩石中充满了节理和裂隙，使悬崖很不稳定。悬崖的边缘更不稳定，岩石因为失去了依托，临空释重的重力使悬崖产生更多的张裂隙，沿着这些张裂隙不断有岩块崩落下来。悬崖的崩塌可以是一块一块地洒落，从而在悬崖下形成倒石堆。但在某些情况下，临空的崖壁会突然以很大的体积向下垮落。

图中用大力士的牵引表示悬崖上临空重力作用和方向。崩塌岩块的后缘已经裂开，岩块已经处于极不稳定的状态。促使崩塌的发生通常有触发外因，如地震就可以触发大面积的崩塌。

根据构造地质方面的观察，此处崩塌的触发外因很可能就是赛棋岩火口爆炸。赛棋岩那里有一处残留的漏斗形爆炸口（照片5-36），说明那里曾经发生过一次火山爆炸。爆炸会引起它旁边悬崖的震动，这就导致已经摇摇欲坠的岩块突然地、迅速地垮落。

崩塌的情景是非常恐怖的，民间称之为地裂山崩，高耸入云的悬崖一下子倒下来，飞沙走石，惊天动地。

岩体崩塌后，在二道白河谷底形成崩塌堆积——冠桥山。

这种具有突发性的崩塌常常造成很大的灾难。我们无法考证这次崩塌发生的时间，但这种灾难却可以给我们以提示：长白山火山岩层的结构并不稳定，到处是悬崖峭壁，崩塌的触发因素很多，我们必须密切注意山谷两侧悬崖的变化。地震观测资料告诉我们，长白山地震发生的频率很高，据国家地震局和吉林省地震局资料，"对天池火山区已作了11年的季节性微震观测……多年的观测结果表明，天池火山区确实存在每月约16次地震的微震活动"（刘若新、董继川、金伯禄等《吉林省靖宇平岗—赤松核电站厂址区火山安全性评价报告》30页，

1996年）。一旦出现较大震级，便可成为崩塌的触发外因。不考虑地质条件，在峡谷中建立各种旅游设施，不光是破坏了长白山的环境，还潜伏着被冠桥山那样的崩塌堆积掩埋的危险。

下图：崩塌岩体已经垮落到峡谷底部了，它掩埋了二道白河，形成了一座小山——冠桥山，迫使二道白河改变了流向，只得绕着崩塌堆积的前缘流淌。

这个崩塌堆积长约500米，宽约150米，厚约10-30米，粗略估计体积约1百万立方米。崩塌固然是灾害，但它所形成的冠桥山却是风景区，山上现在生长着茂密的岳桦林，生机盎然。

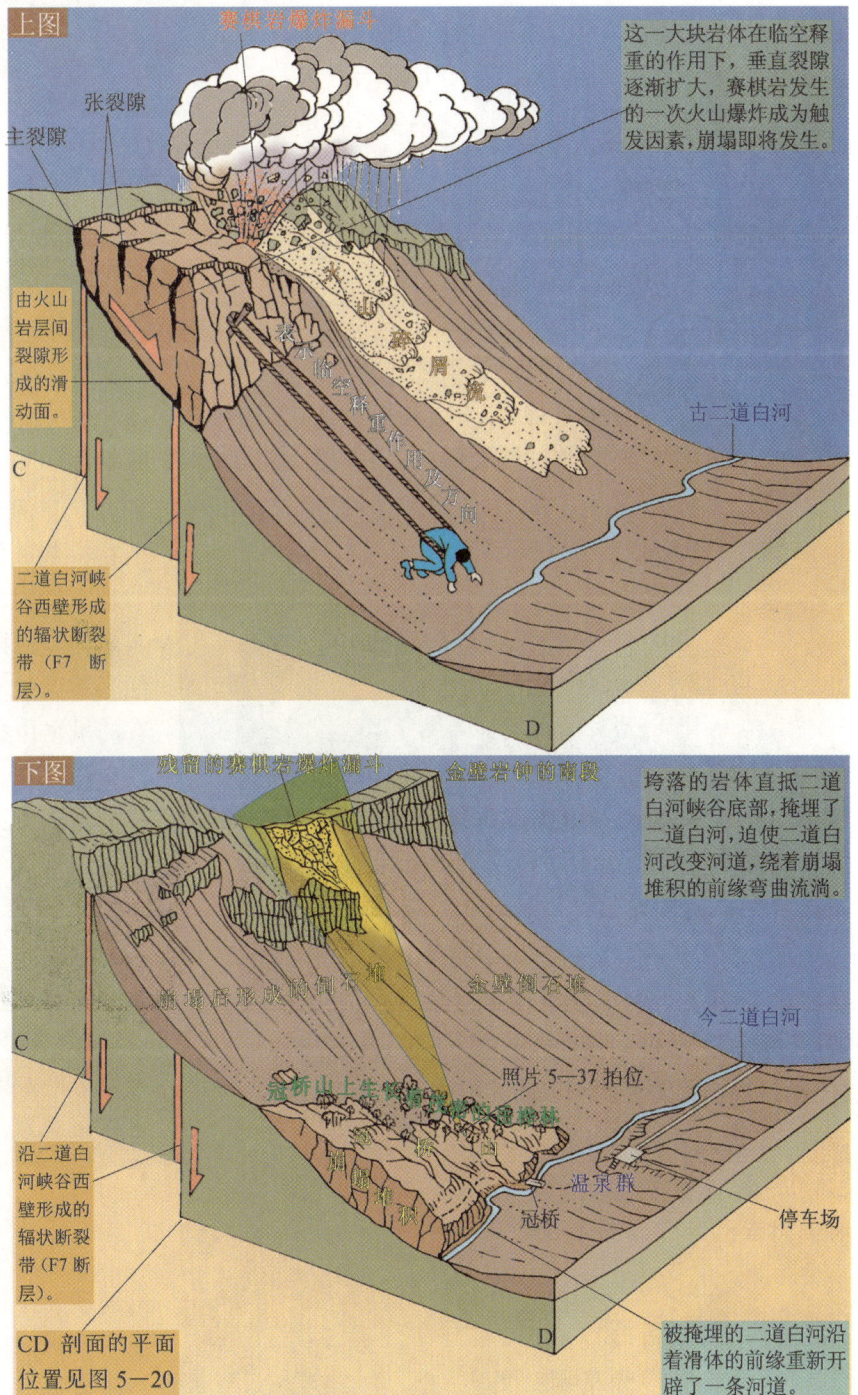

图5-21 崩塌堆积——冠桥山形成示意图

315

## 5.3.9 赛棋岩爆炸漏斗及赛棋岩（对弈台）

赛棋岩，《长白山江岗志略》未见记载。《长白山志》131页记载："对弈台，聚龙泉西北金壁中间，海拔2200米处，有两个高宽各4米的岩峰相对，中间平坦如桌，看去像两位老人蹲坐下棋，故名对弈台，俗称赛棋岩。"《延边朝鲜族自治州地名录》记载："对弈台，玉壁、金壁中间一高阜。又称赛棋岩。"

照片5-36（拍位见图5-20）：这是在风口隔二道白河峡谷拍摄的赛棋岩爆炸漏斗照片。

赛棋岩位于二道白河峡谷西壁。从地质构造位置上说，赛棋岩爆炸漏斗位于二道白河峡谷西壁的断裂带（F7断层）上。该断裂带是天池以北重要的辐状断裂带，二道白河峡谷就是沿着这条断裂带塌陷形成的构造谷，在这条断裂带上还有岩浆喷溢形成的金壁岩钟和高压气体爆炸形成的小天池。尽管我们没有目睹火山爆炸，但可以根据残留的漏斗坑推测曾经发生过的爆炸。从地貌上看，那

照片5-36 残留的赛棋岩爆炸漏斗（红色虚线范围）

里是凹下去的，呈漏斗状，凹坑的颜色与周围有明显差别。经地质调查，赛棋岩爆炸漏斗被断层切掉了一半，现在看到的只是它的残存部分。

照片5-37 远眺赛棋岩上的"棋手"

照片5-37（拍位见照片5-34、图5-21）：在爆炸漏斗中可以看到火山渣、浮岩、火山灰和熔结角砾岩、集块岩等。这些火山抛出物杂乱地堆积着，有的喷出物还是热的，有一定的黏性，胶结在一起；但胶结得并不牢固，岩石充满了冷凝节理、裂隙，有的仅仅是靠喷发物自身的重量压实而已。这样一些岩石的堆积体，经过风化剥蚀，便很容易出现奇形怪状的外形，有的呈尖锥状、有的呈锯齿状，有的看上去好像某种动物的形状，其中有一处岩石的形状好像是两位老者在下棋，我们前人称其为赛棋岩，又有造访的文人墨客称其为对弈台。

照片5-38 孤独的"棋手"在严寒中等待再风化出新"棋手"

照片5-38：随着岁月的消逝，两位老翁越发老态龙钟，终于有一位再也经受不住风化的折磨了，轰然倒下，摔到了山下。如今那里只剩下一位，因为精神太集中了，竟不知道对手已"死"去多年，还在沉思默想、运筹帷幄、跳马拱卒。从近况来看，幸存者的处境也不太妙，但见他越发瘦骨嶙峋，真是"年年岁岁岩相似，岁岁年年翁不同"啊！尤其令人担忧的是他的座椅已经摇摇欲坠，底下出现了一个凹坑，不知何年何日，也将追随对手而去。到那时候，完全没有了下棋人，赛棋岩就得改名了。

### 5.3.10 金壁——金壁岩钟

《长白山江岗志略》只有玉壁，并无金壁。金壁为1981年地名普查时命名，系由玉壁演变引申而来。金和玉都是珍贵之物，寓意财富、辉煌。金和玉总是相随相伴，组成美好事物，如"金声玉振""金科玉律""金口玉牙"。但见长白山中有玉（壁）无金（壁），刚巧玉壁之北有一面顶天立地的悬崖峭壁，和玉壁相距不远，何不顺水推舟，再促成一桩美事，让长白山的故事更加丰富而完美。君不见天龙峡有牛郎（渡）织女（峰），天池东湾有麟（峦）凤（峦）伉俪，天池南北有海客乘槎邀游银河接受织女馈赠支机石……于是，地名普查的委员们决心当一回月下老儿，让近

邻"金童玉女"来个"金玉良缘"，使二道白河峡谷内充满爱的温馨，遂有命名"金壁"之举。

照片5-39（拍位见5-22）：金壁，不枉其名，那真是一面顶天立地的悬崖峭壁。站在金壁面前，仰望壁垒森严的山体，无不被它的气势慑服。当清晨的阳光，从峡谷东壁射出并投向金壁时，金壁的岩石反射着淡黄的光芒，金壁之下的倒石堆有如裙裾，衬托着金壁，金壁真个"金碧（壁）辉煌"了。

金壁位于玉壁之北，两壁联袂构成二道白河峡谷西壁，在前往温泉的路上，右手方向的悬崖就是金壁。金壁倒石堆之下有二道白河由南向北流过。

金壁岩钟海拔2142米

①

照片中在金壁岩钟悬崖上勾画的红线为AB和CD剖面线，剖面的平面位置已画入图5-22中。关于这两条剖面的地质内容见图5-25《金壁岩钟形成示意图》。

从地质角度说，金壁是个单独的地质体，借金壁之名对其命名为"金壁岩钟"。

这幅照片是在二道白河峡谷东壁的勒马崖上拍摄的，为金壁东面的形貌。沿金壁岩钟顶上勾勒的白线后面是老虎洞河峡谷。

照片5-39　金壁岩钟东面形貌

照片5-40（拍位见图5-22）：这幅照片是在温泉以东的山坡上拍摄的，是金壁东南面的形貌。因为拍摄的地点较高，所以能看到金壁岩钟的顶面，那是波状起伏的浑圆丘形脊。每个丘形体都是一处黏稠岩浆挤出口，黏稠的岩浆挤出后就堆积在原地，形成丘状地形。

照片5-40　金壁岩钟东南面形貌

②

这个浑圆状丘是岩浆挤出口，因为这种岩浆很黏稠，不易流动，便堆积在挤出口上形成丘形。

照片中在金壁岩钟悬崖上勾画的红线为AB和CD剖面线，剖面的平面位置已画入图5-22中。关于这两条剖面的地质内容见图5-25《金壁岩钟形成示意图》。

照片 5-41：这幅照片是照片 5-40 的局部放大。主要是观察金壁岩钟悬崖上十分发育的柱状节理。

金壁岩钟是炽热而黏稠的岩浆靠地下强大的压力挤到地表形成的，当它逐渐冷却的时候，由于体积收缩，岩体形成许多节理；在金壁岩钟上，柱状节理把岩体切割成无数的岩石柱，它们破坏了岩体的完整性。在照片中可以清楚地看见这些密集的石柱很有秩序地排列着。节理加快了岩石的风化速度，那些并不牢固的石柱在冰楔作用下被剥离，不断产生岩石碎块，在重力作用下从悬崖上崩落，在悬崖下形成倒石堆。在无风的深夜，在万籁俱寂的山谷中，如你静静地躺在谷底，仰望着如墙一样遮住半面天空的悬崖，请仔细倾听，常常能听见石块从悬崖上坠落的声音，那大概就是一块岩石离开了它居住了几百年的地方，从高高在上的位置跌落。

倒石堆具有上细下粗的粗略分选：如果它是一块小石块，滚不多远就停留在倒石堆顶部；如果它是一块大石块，将以很大的动能跳跃着滚到倒石堆的坡脚。

照片5-41　金壁岩钟上密集的柱状节理（垂直节理）

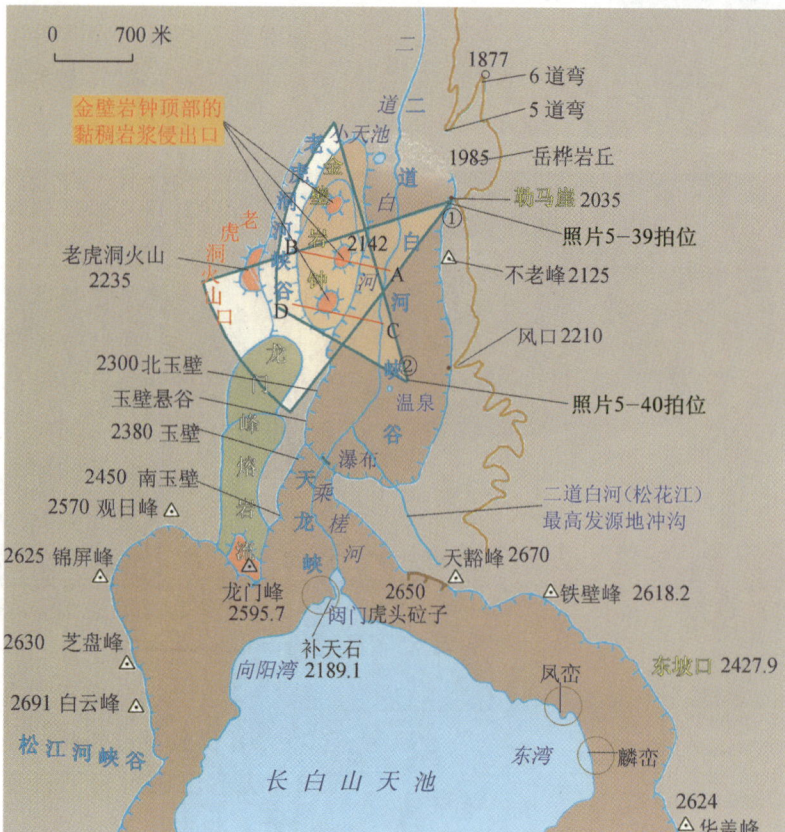

图5-22　金壁岩钟不同方向拍摄位置图

图 5-22 中金壁岩钟之上画有 3 个黏稠岩浆挤出口，这 3 个挤出口在野外实地观察得知，皆是凸出地面的浑圆状丘，每个丘的长度一般在 100 米左右。这几个浑圆丘呈南北方向排列，因为位于金壁岩钟的顶部，所以在二道白河峡谷谷底是看不见的，但登上较高位置可以看见。在照片 5-40 中就可以看见金壁岩钟顶部的这 3 个岩丘，照片中已予以标注，可与平面图一一对应。

照片5-42（拍位见图5-23）：这是在虎头砬子顶上拍摄的金壁岩钟。金壁岩钟位于二道白河峡谷和老虎洞河峡谷之间。正是金壁岩钟把这两条峡谷分开来，它的西边是老虎洞河峡谷，东边是二道白河峡谷。

远景是长白山火山锥的基座，即广阔的玄武岩熔岩台地。

照片5-42　金壁岩钟顶部形貌

照片5-43　在直升机上俯拍金壁岩钟（张福有　摄）

照片5-43（拍位见图5-23）：这是在空中俯拍的金壁岩钟。从整体上看，是长条丘状体，顶部几个浑圆丘呈南北向排列，野外调查得知，都是岩浆喷溢口。金壁岩钟两侧是悬崖，悬崖下是倒石堆。金壁岩钟东面是二道白河，西面是老虎洞河。以沟谷而论，金壁岩钟夹在二道白河峡谷和老虎洞河峡谷之间。老虎洞河是二道白河的支流，所以，金壁岩钟属于二道白河流域。

照片中AB、CD剖面的平面位置已经标注在图5-23中。注意，照片中金壁岩钟方向是上南下北，平面图中是上北下南，所以，剖面方向也相反。

图5-23　照片5-42拍摄位置及航空照片5-43俯拍位置地面投影图

## 5.3.11 俯瞰金壁岩钟及其构造图

在地质上，人们为了形象地对某种类型的火山岩岩体的形态进行描述，常拿日常生活中的器物来比喻，如马蹄形火山口、绳状熔岩等。在二道白河峡谷中，有一座钟形火山岩岩体，简称岩钟。这个"钟"是指寺庙中挂在横梁上的撞击器，即"当一天和尚撞一天钟"的那种钟。钟呈浑圆形，顶部陡直，向口缘变大并有散沿儿。岩钟是黏稠的岩浆从火山通道挤出地表堆积、冷凝而形成的地质体。标准的岩钟其形状应该有钟的那种外形，如安徽枞阳破火山口中的岩钟就很标准；但二道白河峡谷中的岩钟并不标准，从照片5-40、5-42、5-43和图5-24中可以看到，它是一个长椭圆形的丘状体，称其为钟形实在勉为其难，不过没有更形象的比喻来代替，我们就只好这样称呼它了。

岩钟是泛称，为了该岩钟有一个专属名称，必须在岩钟前面加定语，定语也是现成的。1981年金壁命名后可以借用，这样，这座火山岩岩体便有自己的专用名"金壁岩钟"了。

金壁岩钟位于二道白河峡谷西壁的辐状断裂带上。所谓断裂带，因为是一条"带"，其中有多条断层，从现有的地质资料看，至少有2条断层，一条通过小天池，称为小天池断层；一条通过金壁岩钟，称为金壁岩钟断层（图5-24）。金壁岩钟就是黏稠岩浆沿着金壁岩钟断层靠地下压力侵出地表形成的。

野外调查得知，金壁岩钟顶部至少有3个岩浆侵出口，这3个侵出口南北方向排成一线，这正是断裂带通过这里的证据。图中画在岩浆侵出口周围的弧线是岩浆流动构造，这些流动构造在野外实地看到的是

一层一层的小岩坎。这些小岩坎因风化剥蚀，原本不明显的岩坎就更不明显了，再加上上面覆盖着植被，走在山坡上如果不注意几乎看不出来。但这些流动构造小岩坎在航空照片上却可以看得出一圈套一圈的影纹，本图中的弧线就是依据航空照片的纹理描画的。

金壁岩钟在平面上呈椭圆形，长轴方向近南北向，长约1600米，短轴宽约400米，岩钟高约300米。顶部为丘状，南北两端为缓坡，东西两面是悬崖峭壁，其下为从悬崖上崩落堆积的倒石堆。

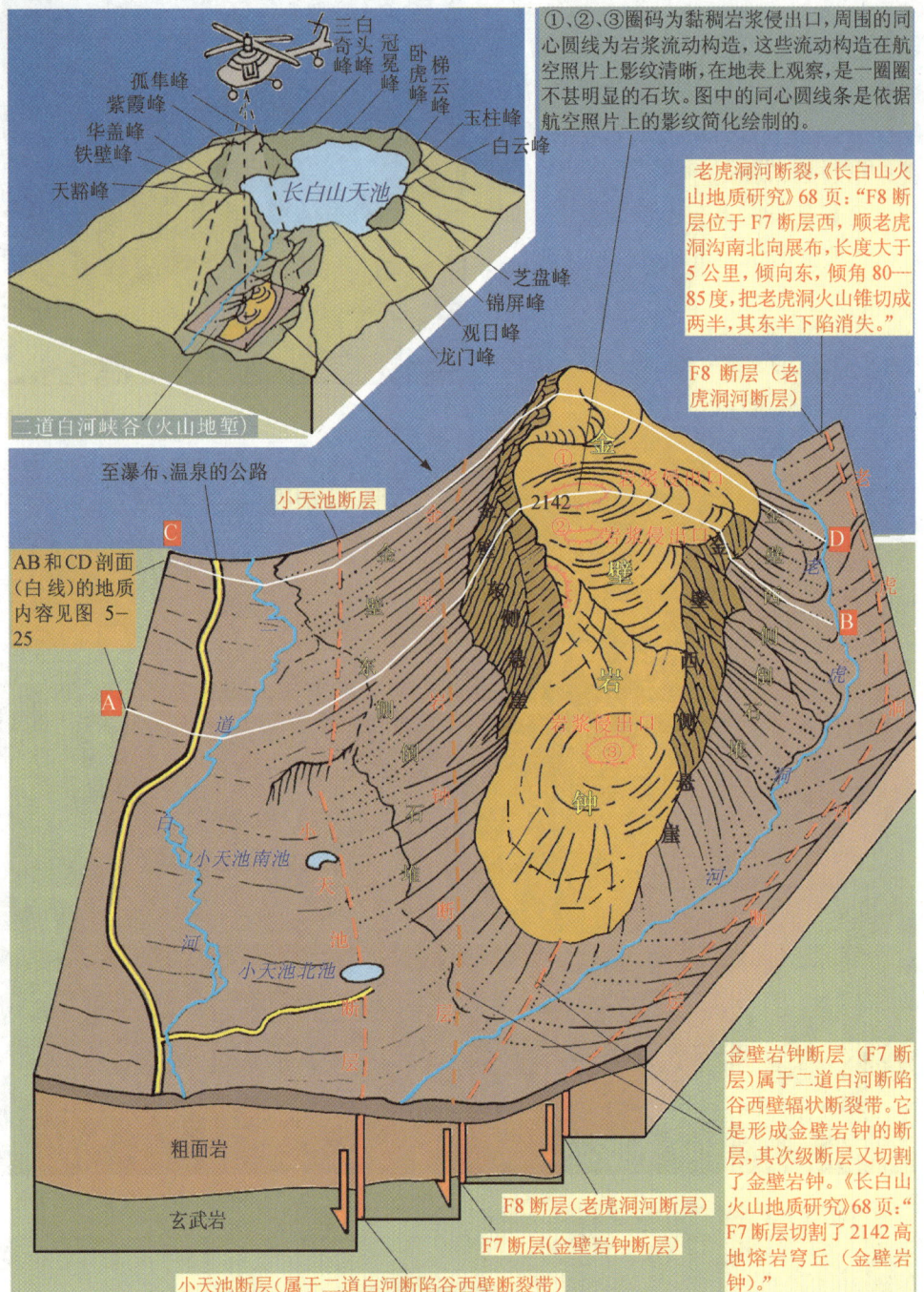

①、②、③圈码为黏稠岩浆侵出口，周围的同心圆线为岩浆流动构造，这些流动构造在航空照片上影纹清晰，在地表上观察，是一圈圈不甚明显的石坎。图中的同心圆线条是依据航空照片上的影纹简化绘制的。

老虎洞河断裂，《长白山火山地质研究》68页："F8断层位于F7断层西，顺老虎洞河沟南北向展布，长度大于5公里，倾向东，倾角80—85度，把老虎洞火山锥切成两半，其东半下陷消失。"

金壁岩钟断层（F7断层）属于二道白河断陷谷西壁辐状断裂带。它是形成金壁岩钟的断层，其次级断层又切割了金壁岩钟。《长白山火山地质研究》68页："F7断层切割了2142高地熔岩穹丘（金壁岩钟）。"

图5-24　金壁岩钟构造示意图

## 5.3.12　金壁岩钟是从火山口硬挤出来的

火山喷发有多种类型，如是猛烈爆发型，那是向外抛射各种火山碎屑物，如火山灰、火山弹、火山砾等堆积成火山锥；如是喷溢型，则是岩浆从火山口向外溢流，形成熔岩流、熔岩被、熔岩台地等；如果岩浆是黏稠的，而且几乎不含气体，它们涌到火山通道中便不会因高压气体发生猛烈的喷射，而是硬挤出地面。我们都有挤牙膏的经验，当挤出的牙膏越来越多时，牙膏便堆在一起。这些黏稠的岩浆也是这样，它们先是堆在一起，但是地下的岩浆还在不断地向上挤，则黏稠的岩浆便向四周膨胀开来。这里用"膨胀"而不用"流动"，是因为这些黏糊糊的物质单靠自重是难以流动的，非得硬挤才行。在地质学上称这样的喷发方式为"侵出"。上一节已经说过，在二道白河峡谷中见到的金壁岩钟就是从断裂中硬挤出来的，即侵出形成的。

第Ⅰ图：断裂构造，地块沿着辐状断裂下陷形成二道白河断陷谷（二道白河峡谷）。

第Ⅱ图：黏稠的粗面质岩浆沿着F7断层缓慢挤出地表，一层压一层地堆成了一座平面上呈椭圆形高大的山体，金壁岩钟就这样形成了。

第Ⅲ图：展示金壁岩钟的内部构造。将金壁岩钟从中间剖开，在剖面上可以看到：黏稠岩浆的侵出也并非一次完成，至少可划分为4次脉动，在剖面图中分别用①、②、③、④表示侵出的先后顺序和岩层的叠覆关系。这些现象在野外对金壁岩钟进行观察时是可以看到的（见照片5-30、5-40）。

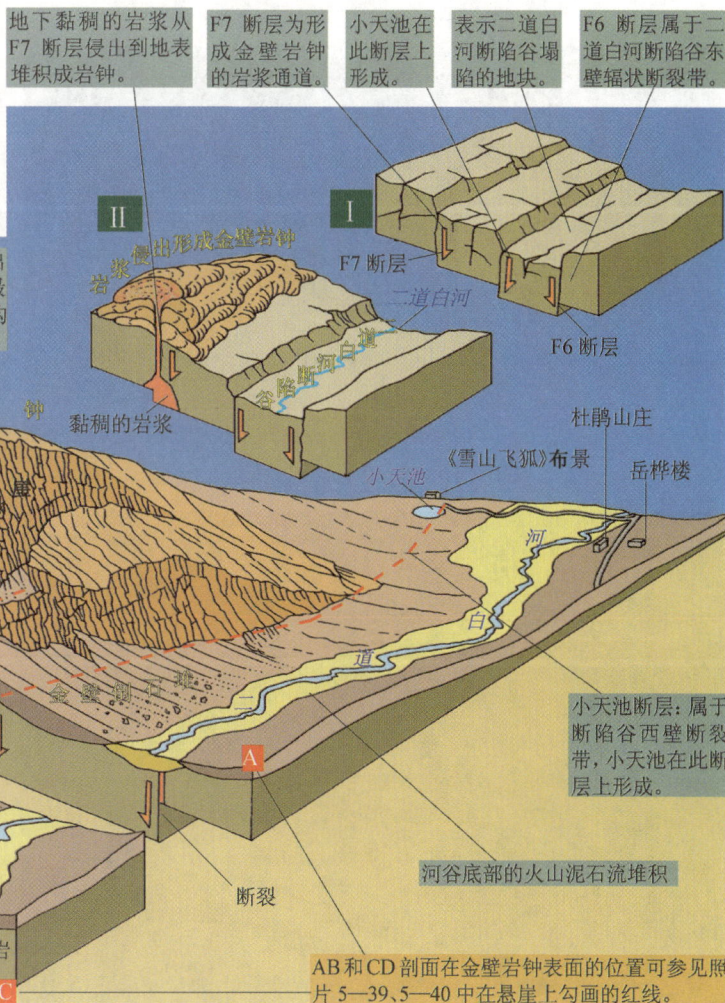

金壁岩钟位置图（含立体图AB、CD剖面的位置）

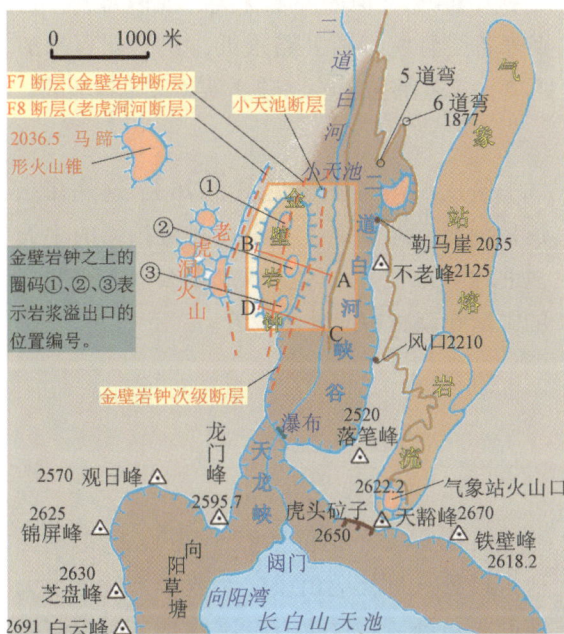

0　　1000 米

F7断层（金壁岩钟断层）
F8断层（老虎洞河断层）
2036.5
马蹄形火山锥
小天池断层
二道白河
5 道弯
6 道弯 1877
小天池
二道白河峡谷
气象站火山口

金壁岩钟之上的圈码①、②、③表示岩浆溢出口的位置编号。
勒马崖 2035
不老峰 2125
老虎洞火山
站峰
金壁岩钟次级断层
风口 2210
2520
落笔峰
2570 观日峰
龙门峰
天龙峡
瀑布
2595.7
2622.2 气象站火山口
2625 锦屏峰
虎头砬子
2650
天豁峰 2670
2630 芝盘峰
向阳草塘
向阳湾
铁壁峰 2618.2
2691 白云峰
阔门
长白山天池

地下黏稠的岩浆从F7断层侵出到地表堆积成岩钟。
F7断层为形成金壁岩钟的岩浆通道。
小天池在此断层上形成。
表示二道白河断陷谷塌陷的地块。
F6断层属于二道白河断陷谷东壁辐状断裂带。

Ⅱ
Ⅰ
F7断层
二道白河
F6断层
黏稠的岩浆

岩浆沿F7断层（金壁岩钟断层）分4次侵出地表，层层叠积，形成高大的金壁岩钟。
示意表示最后一次挤压侵出的岩浆堆积在金壁岩钟的最上面，在地表上看到的流动构造就是最后这次形成的。

《雪山飞狐》布景
小天池
岳桦楼
杜鹃山庄

Ⅲ
金壁岩钟
④③②①
二道白河

小天池断层：属于断陷谷西壁断裂带，小天池在此断层上形成。

粗面岩
粗面岩
粗面岩
粗面岩
断裂

F7断层作为岩浆通道形成了金壁岩钟，其次级断层又切割了金壁岩钟，《长白山火山地质研究》68页："F7断层切割了2142高地熔岩穹丘（金壁岩钟）。"

河谷底部的火山泥石流堆积

AB和CD剖面在金壁岩钟表面的位置可参见照片5-39、5-40中在悬崖上勾画的红线。

图5-25　金壁岩钟侵出形成示意图

小天池，又名长白湖、银环湖、对环湖。刘建封《长白山江岗志略》未记载小天池。《延边州地名录》记载："原称'小天池'，1984 年 7 月更名银环湖。"王季平《长白山志》135 页记载："银环湖，位于二道白河西岸，由东西两湖组成。原名小天池。"

本书两名皆用。小天池，有南北两池。北池呈圆形，直径约 83 米，周长约 260 米，水面面积约 5380 平方米，水深约 13 米。通常意义上的小天池多指北池而言。

南池近年亦称"赤湖"，呈半月形，周长约 180 米，南侧有少量的水，常呈干涸状态，露出湖底。

两池之间有一细流——银环溪相连。

小天池周围的地理情况在图 5-26 和照片 5-44 中均已标注。

小天池以小称著，深藏密林之中，"深藏闺中人未识"，但因环境优美，成因奇特，近年来备受青睐。离公路很近，只有几百米的距离，无须翻山越岭，顺途就可以前往观赏。

① 照片5-44 小天池北池和南池

照片 5-44（拍位见图 5-26）：这是在二道白河峡谷东壁之上勒马崖一带拍摄的小天池北池和南池。小天池两池多么像一双明亮的眼睛在森林中向外注视着。

② 照片5-45 小天池入口处

照片 5-45（拍位见图 5-26）：这是小天池入口处。过杜鹃山庄向北数十米就是小天池的入口处，在这里有一座跨越二道白河的小铁桥，过了小桥就走上了去小天池的小路，它会把人们带到小天池。

③ 照片5-46 邓小平题词"长白山""天池"之地——岳桦楼

照片 5-46（拍位见图 5-26）：这是在较近处拍摄的小天池北池。小天池隐藏在密林之中。从公路旁的小天池入口处到小天池，有一条林中小路相通，但在照片中看不到这条林中小路。

本幅照片摄入了岳桦楼，故对岳桦楼加简单介绍：岳桦楼是 20 世纪 60 年代修建的宾馆，后逐渐扩大改建。1981 年延边朝鲜族自治州地名委员会做地名普查时，因房舍周围皆为岳桦林，故命名此宾馆为"岳桦楼"。20 世纪，因有很多名人曾到此，因此岳桦楼成为著名的旅游胜地。1983 年 8 月 13 日，邓小平登顶长白山,在天豁峰上俯瞰天池,极目远望,连声称赞:"长白山天池,真是个好地方啊。"又叹道:"不到长白山,终生遗憾。"并由新华社记者刘恩泰在天豁峰旁摄影留念。

从天豁峰下山后,邓小平在岳桦楼201房间留下3幅珍贵的墨迹:"长白山""天池",又为延边题词:"把延边朝鲜族自治州建设得更快些更好些。"

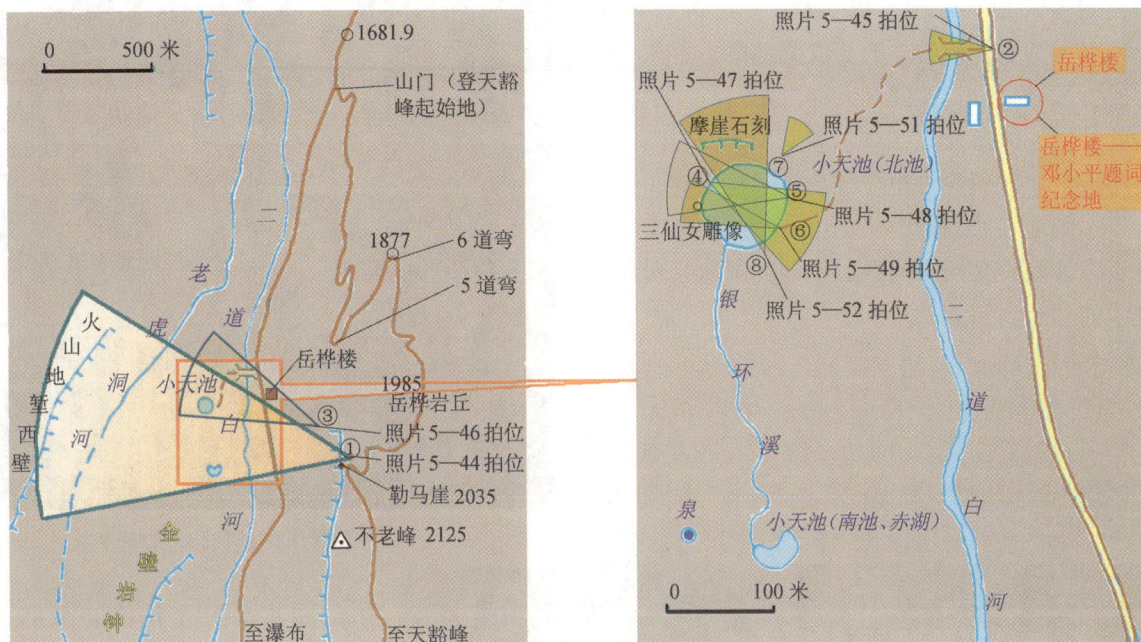

图5-26　小天池及岳桦楼位置图

④　照片5-47　在小天池西畔向东拍摄

⑤　照片5-48　在小天池东畔向西拍摄

照片5-47(拍位见图5-26):这是以二道白河峡谷东壁为背景的小天池,远景是不老峰。

照片5-48(拍位见图5-26):这是以二道白河峡谷西壁为背景的小天池,远景是金壁岩钟北麓。

照片5-49（拍位见图5-26）：人们在小天池边上可以看到一组雕像，是三位美丽的少女或坐或站于巨石之上。导游告诉人们：这就是长白先民传说中从天而降的三仙女。其中小妹佛库伦误吞朱果后，怀孕生下爱新觉罗·布库里雍顺，即清爱新觉罗氏的祖先。

刘建封《长白山江岗志略》339页记载："布尔瑚里，俗名元池……相传，有天女降池畔，吞朱果生圣子，后为三姓贝勒，实我朝发祥之始。"

这就是说，故事发生在布尔瑚里（元池、圆池），而不是小天池。放置雕像也应该放在圆池之畔，而不应是这里。圆池在长白山的历史中有特殊的意义，圆池从古至今涉及许多历史问题，不能把圆池只看作神话传说中的"天女浴躬处"。

⑥

照片5-49　三仙女雕像

照片5-50（拍位同5-49）：这是在冬季漫山大雪时拍摄的，三仙女仍然披着白纱立于寒风之中，实在难为她们了。但见她们依然神情自若，笑容可掬，对长白山的风霜雨雪竟毫不畏惧，承载着历史传说赋予她们的使命，展现着长白仙女的风姿。

照片5-50　立于风雪中的三仙女

照片5-51（拍位见图5-26）：小天池旁边还有一座小木屋，据说是为拍电视剧《雪山飞狐》而建的场景。

但如果真的把这个小木房作为长白山的一个人文景点对外宣传，怎样写这个景点的解说词呢？怎样解释《雪山飞狐》中的故事情节放在长白山的合理性呢？恐怕花费很多笔墨也不能解释清楚。但如果单纯作为一部电视剧的外景地来告诉人们小房的来历，则另当别论了。

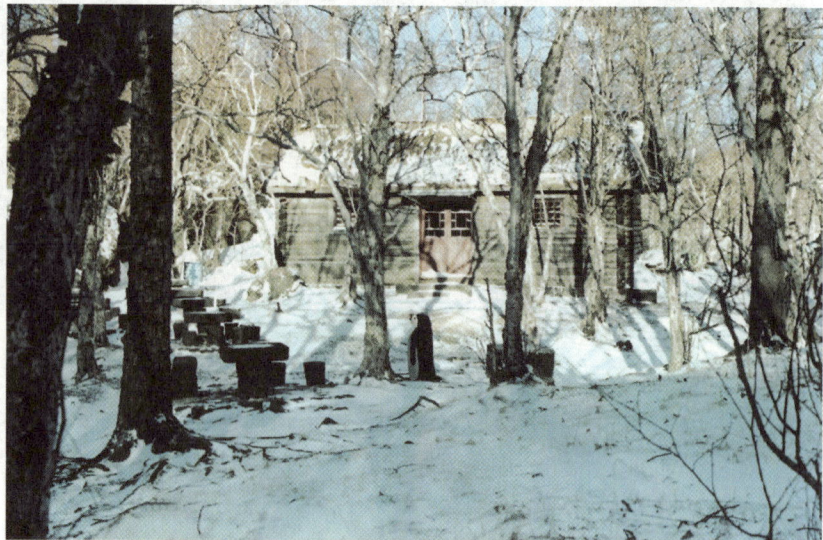

⑦

照片5-51　电视剧《雪山飞狐》的布景

在长白山的崇山峻岭中，有很多悬崖峭壁，但摩崖石刻却罕见。大概是清朝把长白山封禁二百多年，不允许任何人进入的关系吧。

现在也只见有少量石刻。岩石是文化的载体，文化是岩石的灵魂。1982 年 9 月，画家吴作人和许麟庐到长白山，吴氏留有墨迹"观瀑"二字，许氏留有"听涛"二字。后凿刻在两块火山岩之上，置于二道白河峡谷中岳桦楼门前，此二石现已不知去向。

浏览长白山历史文献，常见到有关长白山的诗文或墨迹，从皇帝到庶民，从古到今皆有，但皆散见于各处，埋在故纸堆中黯然失色，虽少有人问津，但非常珍贵。1998 年，张福有辑笺《长白山诗词选》收录古今 1145 首诗词曲赋（时代文艺出版社，1998 年 8 月版），洋洋大观，弥足珍贵。

照片5-52　小天池西北角悬崖上现代摩崖石刻

## 5.3.14　小天池的形成

小天池是怎样形成的？探索小天池的成因，应该先看小天池的特点：

(1)小天池位于长白山火山锥体的北坡，距天池仅 3800 米。从位置和规模上看，它附属于天池破火山口，即属于同一个火山机构。如果把天池比喻为母亲，小天池就是女儿，两者有"血缘关系"。

(2)小天池位于二道白河断陷谷西侧的断裂带上，这里是它的"出生地"。它的形成与这条断裂带有密切关系，这条断裂带是长白山火山锥向周围辐射的辐状断裂，在长白山火山地质上称为 F7 断层。这样，就可以说，小天池是长白山火山锥"分娩"的。

(3)小天池的外形为圆形。小天池南池从表面上看不是圆形，那是被淤泥充填的结果，实际上也是圆形。在长白山火山活动区，不大的圆形坑状地貌，最可能与火山喷发中的气体爆炸有关。

(4)小天池很小，北池稍大些，直径也不过 80 米，说明它可能是大规模火山活动后期形成的。

(5)小天池周边很少有火口抛射的碎屑物堆积的"看台"，这一点与西坡的王池不同，王池周围有体育场看台一样的地形，那是由从喷射口喷出的火山碎屑堆成的。这个特点说明小天池喷射口主要喷出物是高压气体。

(6)小天池没被后期形成的火山碎屑流或空降火山灰掩埋，说明它是晚期形成的，否则早就被掩埋了。

(7)小天池水量稳定，不干涸，也不溢出，说明它与地下断裂及地下水相通。

根据以上特征，可以描述小天池形成过程如下：约 1000 年前那次火山大爆发，改变了二道白河峡谷的面貌。在地下还有残余岩浆在活动，因为已是"强弩之末"，虽然已经接近地表，但无力喷出。当炽热的岩浆遇到地下水后，在地下形成大量的水蒸气，好比埋设的地雷，发生了爆炸。因为是气体爆炸，没有多少固体物质飞出，只留下这个圆形坑，集水成池，这就是小天池。

小天池的类型，在地质学上称为"低平火口"。《长白山火山地质研究》67 页写道："低平火山（口）：此类火山是由岩浆蒸气和蒸气喷发造成的，已知的低平火山（口）有圆池、王池、长白山小天池等，均已聚集了地表水，而形成火山口湖……小天池直径约83米，湖深13米，直径与湖深比值为1：6"。

关于小天池的其他话题：

小天池是一个相对封闭的环境，这样的湖泊，湖底所形成的沉积层有重要意义。由于环境是封闭的，这些沉积层没有被扰动，这样，它就相当完整地保留了许多信息，对古气候学、火山学、动植物学等有很高的研究价值。小天池并不太深，由于形成的时间短，池底的沉积物不会很厚，但就是这层沉积物，可能保存着自小天池形成以来，这里所发生的火山活动的信息，也可能保存着气候变化、植被变化等方面的信息。

这是很珍贵的"自然记录簿"。小天池的沉积层，现在还没有人去研究它。我们的任务是保护好小天池，不要去扰动它的沉积层。如果扰动了，使之变成混合的淤泥，就永远失去了它的科研价值。为此，我们万不可以在小天池内设游船或放养鱼。一定要保护好小天池的微环境，像珍惜眼睛一样爱护它。它也确实是长白山的一双眼睛，目睹了千百年来长白山火山的活动情况，以沉积物的形式一页一页地记录在自己的湖底，即使我们这一代人乃至后几代人没有可能研究它，但看管好总还是能做到的。

图5-27以小天池所在位置为中心，将二道白河断陷谷（峡谷）拦腰切断，得到一个地质剖面图，在剖面图中示意演示小天池的形成原理：上升的岩浆接近地表受阻，在炽热的岩浆体上方由岩浆水气和渗入地下的水所变成的水蒸气形成一个高温高压的水汽仓。当压力超过临界值，便发生气体爆炸，在地表形成一个炸坑，炸坑集水而形成小天池。

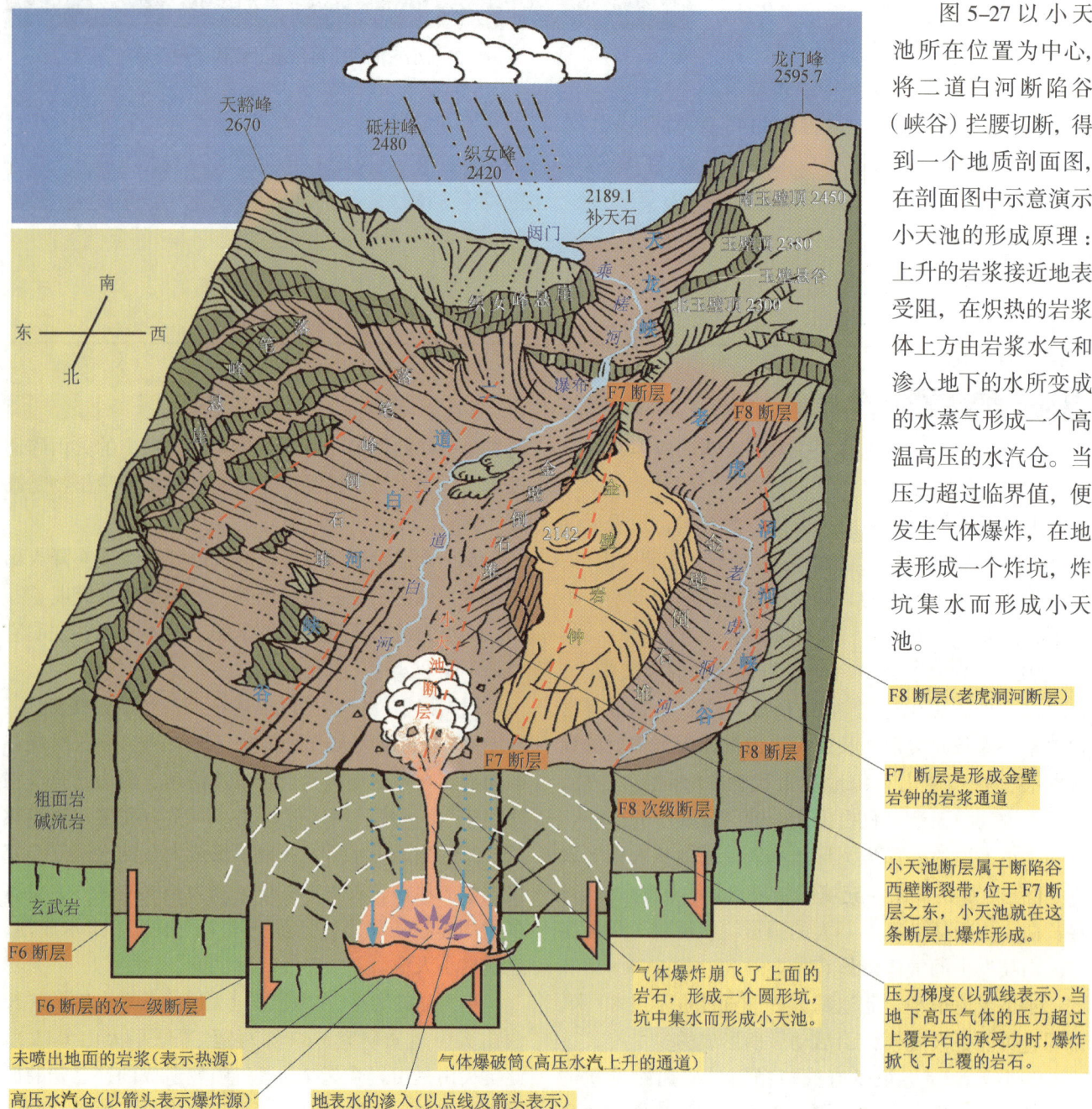

图5-27　小天池高压气体爆炸口形成示意图

## 5.3.15 谷底小岩丘

在二道白河峡谷底部常能见到小熔岩丘，照片5-53（拍位见图5-28）就拍摄了这样一座小岩丘。高约3米，底部径约5米，小岩丘表面破碎，呈开花馒头状。由于风化作用，破碎岩块塌落位移，看起来更像个乱石堆。

图5-29对谷底小岩丘的形成做如下解释：从地下喷出的岩浆形成熔岩流，在流动过程中逐渐冷凝，熔岩流的底部和表面总是先凝固，形成一个硬壳，但里面的岩浆还在流，好像一个管道。在某些情况下，管壳中的岩浆因流动受阻，或岩浆中所含的气体释放，使熔岩流表面已经凝固的外壳拱起来，如果管壳中的熔岩压力继续加大，凝固的壳便被拱破，熔岩外壳的碎块便与岩浆混杂在一起，堆成小丘。

这种小岩丘与黑龙江省五大连池石龙熔岩流上的翻花石有相似之处。五大连池翻花石的成因是：熔岩流在流动的过程中，冲破外壳，把已经半凝固或凝固的熔岩碎块堆积在一起，翻花一般，形成不太高的岩丘，俗称翻花石。二道白河谷底这种小熔岩丘并不叫翻花石，目前还没有很贴切的名称，暂用通称"小岩丘"代替。

图5-28  谷地小岩丘拍摄位置图

照片5-53  二道白河峡谷中的谷底小岩丘

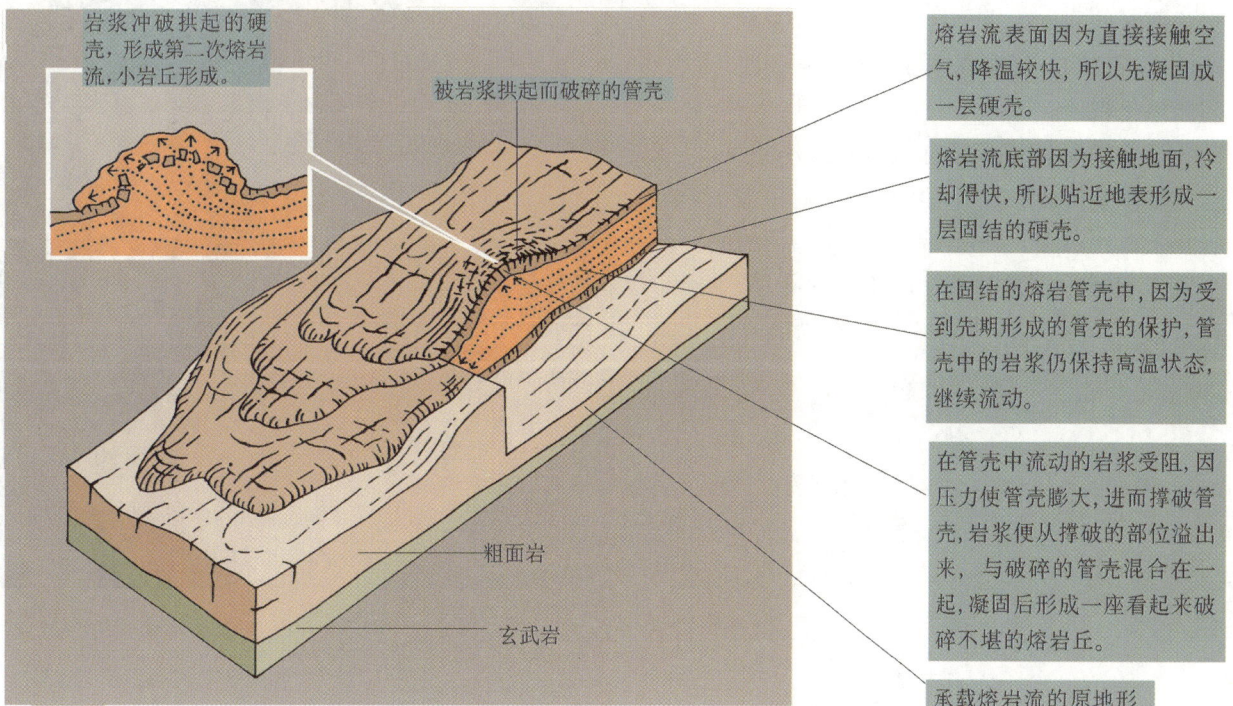

岩浆冲破拱起的硬壳，形成第二次熔岩流，小岩丘形成。

被岩浆拱起而破碎的管壳

熔岩流表面因为直接接触空气，降温较快，所以先凝固成一层硬壳。

熔岩流底部因为接触地面，冷却得快，所以贴近地表形成一层固结的硬壳。

在固结的熔岩管壳中，因为受到先期形成的管壳的保护，管壳中的岩浆仍保持高温状态，继续流动。

在管壳中流动的岩浆受阻，因压力使管壳膨大，进而撑破管壳，岩浆便从撑破的部位溢出来，与破碎的管壳混合在一起，凝固后形成一座看起来破碎不堪的熔岩丘。

粗面岩

玄武岩

承载熔岩流的原地形

图5-29  谷底小岩丘形成示意图

## 5.3.16　别墅岩丘

照片5-54（拍位见图5-30）：别墅岩丘位于二道白河峡谷东壁，在小天池北约500米的公路旁。因其附近有温泉别墅，故称此岩丘为别墅岩丘。别墅岩丘呈现浑圆的外形。

二道白河从别墅岩丘西麓由南向北流过。公路在别墅岩丘脚下的悬崖旁通过，别墅岩丘西缘悬崖是进入二道白河峡谷的"门框"，过了它，就进入峡谷了。

别墅岩丘是二道白河峡谷中除金壁岩钟外，另一座有岩钟特点的火山岩岩体，只因它的外貌更不像钟，所以无法称其为岩钟，退而求其次称为岩丘。别墅岩丘并不像金壁岩钟那样引人注意，它确实是小了点，高度不超过百米，长度也不大。它的存在很少受到重视，因此连名称都没有。别墅岩丘位于长白山火山锥北坡边部，从成因上看，是长白山火山锥的寄生火山。它溢出的岩浆以黏稠的粗面质岩浆为主，涌溢出火山口后，没流多远就凝固了。从地貌上看，它外形完整，没有被更晚期的火山喷发物所掩盖，这说明它形成的时间较晚。

乘车经过这里时，注意看一看公路旁的悬崖（照片中已经标注），那就是别墅岩丘西缘的原始边缘。悬崖下只有少量崩落的岩石碎块，说明它还没有经历很长时间的风化剥蚀。

沿着别墅岩丘南缘有一条登山小路，喜欢徒步登山的旅行者可沿此路爬到岳桦岩丘上，比沿着公路走要近很多。所谓的小路，实际上就是一条可以攀爬的陡坡，非常难爬。图5-30中画出了这条小路。

照片5-54　别墅岩丘

这一系列的悬崖就耸立在公路旁，是别墅岩丘的前缘，岩丘下还没形成因风化而崩落的大倒石锥，这说明它"经风化雨，见世面"的岁月还很短，也就是说，它还很"年轻"，是长白山火山晚期喷发的火山岩体。目前还没有见到该岩体的岩石年龄测试资料。

1850

丘

璧

公路旁

悬崖之下的公路

通向温泉、瀑布的路

至白山站

## 别墅岩丘的形成

从火山岩的岩相上看，别墅岩丘属于溢出—侵出相，就是即有溢出特征又有侵出特征。从左上角的平面图中可以看到，别墅岩丘的溢出—侵出中心在岩丘的南部，这里也是岩丘的主体部分。岩丘南部较陡，北部较缓，说明溢出—侵出的岩浆向北流动了一段距离。整个岩丘呈南头大、北头小的长圆形丘状体。登天豁峰的公路沿着岩丘东部边缘向上爬行，直到一处180度的折返弯（5道弯）才离开岩丘向岳桦岩丘爬去。（见小图。）

右上角的小图是岩丘的剖面图，剖面线 AB 的位置和方向见左上角平面图。从剖面图中可以看到，岩丘并不对称，南大北小，南高北低。说明黏稠的岩浆从地下溢出—侵出后，大部分都堆积在火口周围，但受到原始地形南高北低的影响和岩浆自身的推挤，黏稠的熔岩顺坡向北流动了一段距离。图中画出的红箭头表示岩浆挤出的方向，大部分岩浆还是被挤到下坡。但岩丘的最高处还是在火口的上方堆积着。

岩丘的形态和岩浆溢出—侵出口的位置是根据航空照片反映的地貌特征推断的。岩丘在地貌上为浑圆山丘。别墅岩丘上面生长着茂密的岳桦林。注意，图 5-30 中所画丘形的最高处并非岩丘的最高点，因为此图观察的视角很低，最高点（图中标注为海拔1850米）被它前面的山坡挡住了，最高点在丘形体的后面约100米处。

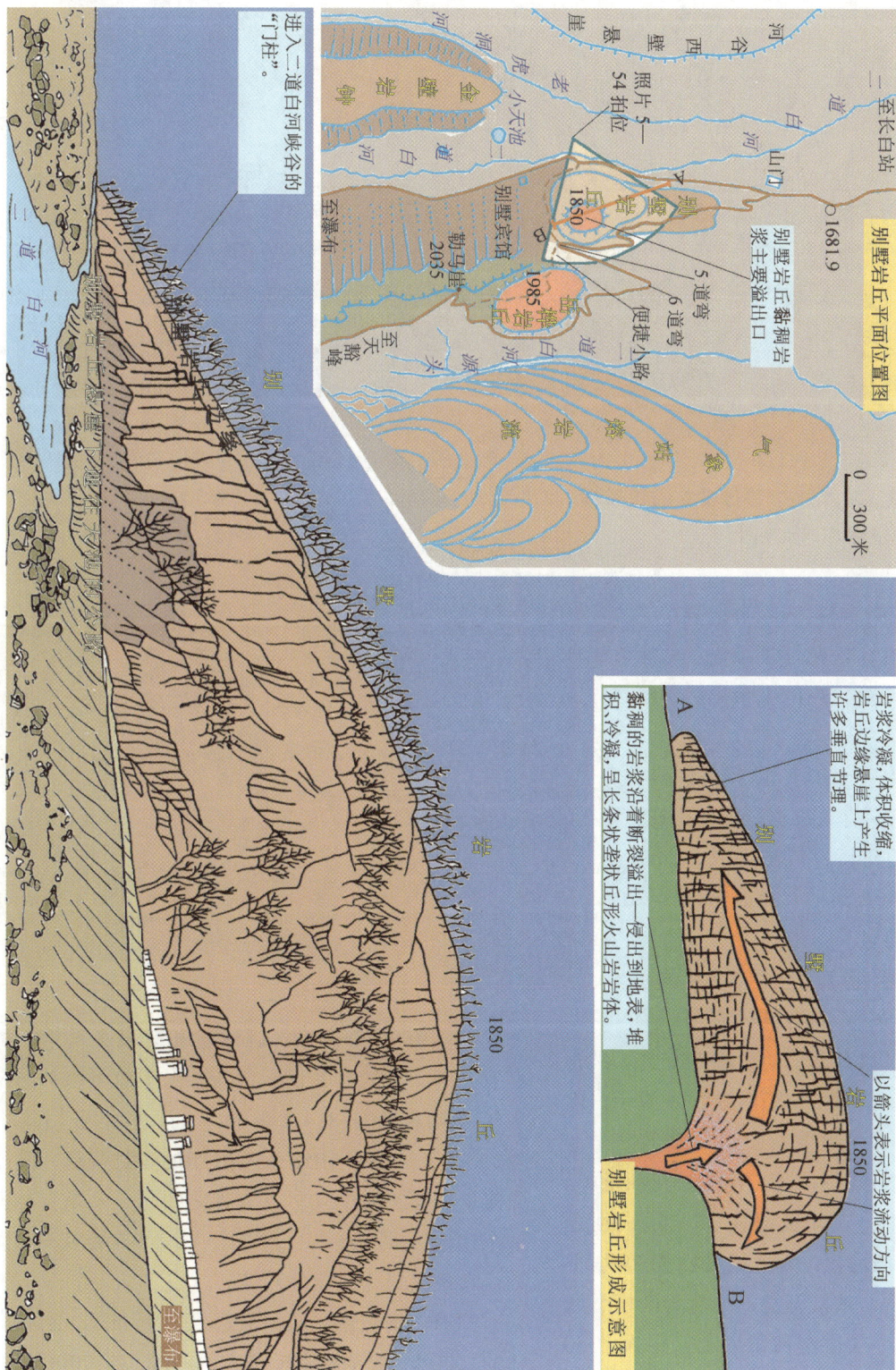

图5-30 别墅岩丘形貌及形成示意图

别墅岩丘平面位置图

别墅岩丘形成示意图

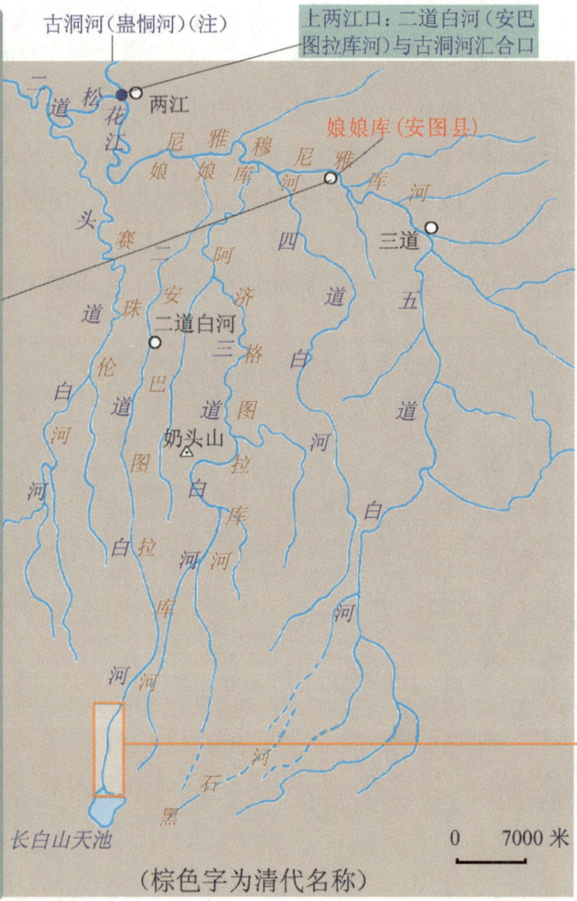

图5-31 安巴图拉库河水系图

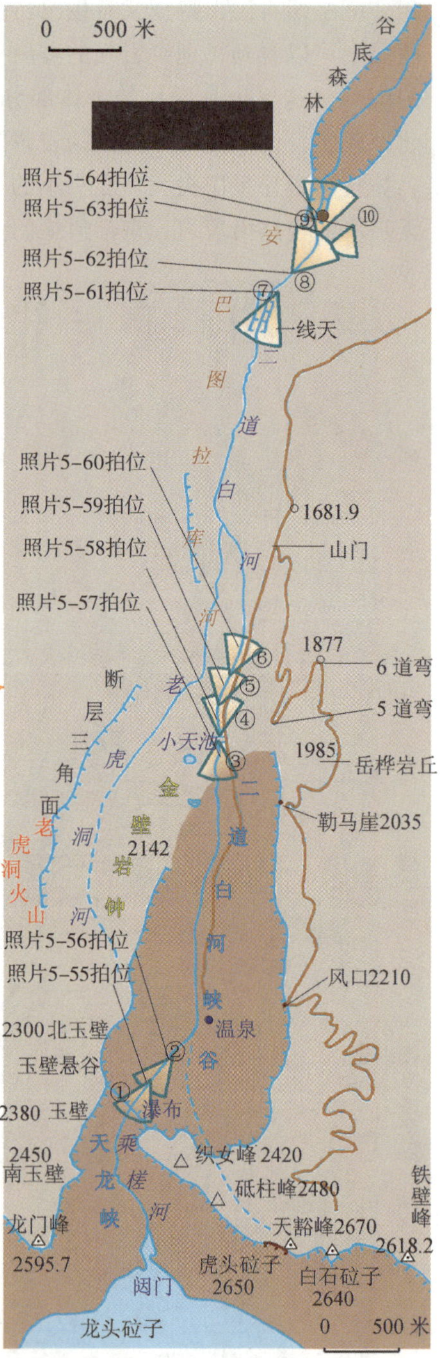

（棕色字为清代名称）

图5-32 二道白河上游照片拍摄位置图

刘建封《长白山江岗志略》344页记载："二道白河，即乘槎河下游，松花江正源也。两岸陡深六七丈，水自洞中流，声闻十余里。下流为二道江，产蛤珠。"

刘建封《长白山灵迹全影》第5幅《槎河瀑布》照片"具图贴说"有对二道白河的描述："……二道白河，两山对峙，屏障天成，中通一线，水势愈急峻，巨石滚动，有霹雳声，狭处深不可测，然一跃可过。"

关于二道白河是松花江的正源，《吉林通志》记载："长白山……其巅有潭曰闼门，周二十九里有奇，松花江出其北。"（上卷330页）又有徐世昌《东三省政略》记载："松花江"，发源于白山之北"，"正源二道白河"。徐世昌：《东三省政略》上卷第152页。可见，前人均以二道白河为松花江正源。

王季平《长白山志》144页记载："二道白河全长105公里，河道平均坡度7‰，流域面积2993平方公里。干流河槽窄深，坡陡流急，河床为断崖、卵石。多峡谷、小瀑布。二道白河镇以上，距天池50

公里，落差1300多米，因流急和有泉水补给，虽在零下三四十度的严冬仍不封冻。由于地下水补给，其多年平均径流深814.3毫米，大于多年平均降水深770.7毫米。根据1958—1980年的实测资料，其年平均流量在4.33—6.24秒立方米之间。……是吉林省也是东北地区源头最高、落差最大、瀑布最多、水流最急、水量又最为稳定的河流。"

二道白河上游，从河流起点的瀑布下，到谷底森林的入口处，是河床落差最大的河段，在7000米的距离内落差达到 500 米（从海拔 2000 米降到 1500 米），二道白河这一河段最具特色，它既是美丽的又是凶险的，它以截然相反的两种面貌展示着自己的魅力。这与它不平凡的经历有关。二道白河有过灾难的过去，它是在水与火山的搏斗中诞生的，是在极为恶劣的环境中成长的。它形成得不容易，经过千百年的磨难，依靠流水的冲刷，在坚硬的岩石中劈开一条生路，在与冷酷而坚硬的岩石的搏斗中，它怎能不凶险？二道白河的美丽变成凶险，这是河流发展的必然历程。

在长白山火山频繁的喷发中，二道白河曾经多次被熔岩和火山灰掩埋，我们现在无法知道它原来的模样。我们现在只能看到这条被烈火和岩石反复蹂躏后的二道白河。地质学家告诉我们，它最近一次被掩埋是发生在公元 1000 年左右。这样算来，经过改造的二道白河的年龄大约 1 千年左右。在动辄以万年计的地质历史中，她只能算个婴儿，也正是这个婴儿，以其顽强的生命力在火山岩和火山灰中不屈不挠、永不停息地开拓着自己的新河道。

## 5.3.18 前人对白河水系的认识

长白先民对白河水系已有充分了解。《吉林通志》389 页记载："……北行百余里，有大小图拉库河、尼雅穆尼雅库河合富尔哈河自东来入之。两图拉库河皆源出长白山巅，正当鸭绿江源之北，在西曰安巴图拉库，在东曰阿济格图拉库。国语安巴，大也；阿济格，小也；图拉库，瀑布也。激湍奔注，直下千寻，是以有图拉库之名矣。两水东西相距十余里，分流北行百余里，入于尼雅穆尼雅库河。河亦出长白山，合两源北流百数十里，折西流，受两图拉库河，屈西北流百里许，会富尔哈河。"

文献中记载的"安巴图拉库河"即今二道白河，"安巴"为满语，是"大"的意思，"图拉库"是瀑布的意思，译成汉语完整的意思是"大瀑布河"。本书根据历史文献将这些河流置于现代地图上，绘制了这幅《安巴图拉库河水系图》（图 5-31）。

白河水系包括从头道白河到五道白河共 5 条河流，以序号相称是民间称谓。由于这种名称不但反映了河流的分布特征，而且便于记忆和叙述，所以原先的名称被逐渐淡忘，遂以俗称代替了正名。《东三省政略》便以俗称入籍："二道白河出于长白山顶之天池，池水西北流八里半，水流忽断，由地中伏流八里，泉复涌出，是为二道白河之源。"徐世昌：《东三省政略》上卷第 152 页。

白河水系的 5 条河流中，头道白河发源于长白山火山锥北偏西坡；二道白河发源于北坡；三道白河发源于东北坡和东坡；四道白河较短，源头没到达火山锥；

五道白河发源于东偏南坡。五道白河源头与鸭绿江北源暖江（源头大旱河）相对。白河水系包围了长白山火山锥的北坡、东坡和东南坡，占发源于火山锥的河流的一半。如果加上头道松花江水系的槽子河、松江河、锦江，长白山火山锥有七分之六都被松花江水系所包围。

如单以长白山火山锥而论，发源于火山锥东坡是三道白河，东偏南坡是五道白河，而不是图们江。刘建封对这种地理分布情况是清楚的。《长白山江岗志略》447 页《长白三江考略》记载："……盖图们江源谓发自长白山派子则可，谓有长白山流出则不可。此图江上游之水线也。松花江源出自天池。全山左右，除暖江自山上流下自成一脉，其余群水，均入松江。乘槎河由天池北偏东下流如瀑布，二十里出矿泉一，土名二道白河，即讷殷旧部。而松江之源，则有头道白河出山北麓，三道白河出山东北麓，均与暖江成交尾形也，四道、五道白河均出老岭迤西，西北流二百余里与娘娘库河合流，土名上两江口。娘娘库地方，世称古女真国。"

这段话明确说明源于火山锥东南坡的不是图们江，而是松花江上源之一的五道白河，它是松花江的源流之一。

这里，文献记载得明白而准确，为我们现在了解白河水系的历史渊源提供了珍贵的历史资料。

清季，在中朝界务争端中，白河水系的五道白河源头黑石沟，由于清政府的腐败无能，最终还是失去了。

这里拍摄的 10 幅照片当然不足以表现二道白河的多种面貌，只是在不同河段拍摄了一些有代表性的照片，仅供旅行者初步了解二道白河。

如果沿着二道白河旅行，尤其在它的上游河段，要反复告诫自己，面对难以捉摸的二道白河不可掉以轻心。这是一条变化多端的河流，有时深深地切入岩缝中，形成极窄的河床，陡立的河床壁甚至超过了垂直面，使河槽变得上窄下宽。有时在岩石构造裂隙之下潜流，在地表看不见它的踪迹，那地方可能被树丛和枯枝烂叶覆盖着，人们须一边走一边倾听，如果有沉闷的隆隆声好像从遥远的地方传来，实际上那声音可能离你很近，或许就在你的脚下，这时必须停下脚步，仔细判断，是否二道白河在地下运行。最好还是离开那些发出轰隆流水声的地方，潜流的上方往往潜伏着危险，倒木枯枝叠床架屋，常使探险者失足落入岩缝之中，悲剧不是没有发生过。

① 照片5-55 二道白河滥觞地

照片 5-55（拍位见图 5-32）：天池水经由乘槎河，从一面高高的悬崖上跌落形成瀑布，瀑布下就是二道白河的滥觞之地。从照片中可以看到，瀑布下有一个被瀑布冲成的大坑，水从坑中飞溅到倒石堆上，跌宕而下。二道白河从一开始就以不同凡响的面貌展现在世人面前。从瀑布跌下的天池水跌跌撞撞，撞击在岩石和倒石堆上，水中混进大量的气体，原本晶莹的天池水变成雪白的泡沫，白色的泡沫与黑色的火山岩背景形成极端的反差，人们在很远的地方就能看见泡沫般的激流。在这里，二道白河没有河床，河水就在倒石堆上左冲右撞，杂乱奔腾，呈白色辫状扭结、分开，再扭结、再分开，在倒石堆上翻滚而下。

照片 5-56（拍位见图 5-32）：二道白河是一条不冻河，严冬不能使它屈服，大雪掩埋之下，它仍奔流不息。有的河段完全被积雪层埋住，这时，二道白河变成雪下的潜流，在不远处又冲开雪层露出来。河水不冻的原因是沿河有温泉加入。

② 照片5-56 潜伏在积雪之下的二道白河

照片5-57　二道白河狭窄的河槽

照片5-58　狭窄的河槽逐渐变宽

照片5-57、5-58（拍位见图5-32）：这是二道白河狭窄的河槽。拍摄地点在水文观测站的观测桥上，这两幅照片是在桥上同一地点向不同方向拍摄的，照片5-57镜头朝南，照片5-58镜头朝北。这段河槽又窄又深，最窄的地方一步就能跨过去。河槽有时被枯枝烂叶和草丛覆盖着，往往不被人注意。行进在这样的地方须特别小心，一旦失足，后果不堪设想。深深的河槽黑洞洞看不见底，只能听见激流撞击岩石的轰隆声。有的地方河槽底部反而比槽顶宽。这段河槽实际上就是一条曲曲折折的岩缝，到处是裸露的岩石，没有河流沉积物，全部被激流冲走。有的地方，河槽顶部的壁塌落了，巨大的石块悬空挤在一起无法落下，形成地下河，这就是前贤文献中常常描述的"伏流"。

照片5-59（拍位见图5-32）：二道白河流到这里，槽形河床逐渐变宽变浅，形成箱形河床，因为河床坡降还很大，所以水流还很湍急。

照片5-59　狭窄的河槽变成箱形河床

333

⑥ 照片5-60　冲出火山锥的二道白河

照片 5-60（拍位见图 5-32）：二道白河到了这里已经流出了长白山火山锥，由于地形变缓，河床落差变小，河床忽然变宽，流水散开，流速变小，河水的冲击力降低，所携带的沙石在这里沉积下来，形成一片碎石滩。这片碎石滩基本没有分选，大大小小的碎石块杂乱堆积，碎石磨圆度很差，说明这些碎石从火山锥上冲下来并未经过长距离搬运。

⑦ 照片5-61　洞天瀑

照片 5-61（拍位见图 5-32）：洞天瀑。二道白河从这个极窄的石缝中冲下来，可见它的旅程是多么艰难。河槽夹缝的上部有塌落的大石块，因为河床太窄而卡在其间，无法落下去，形成一个洞，有洞天瀑之称。

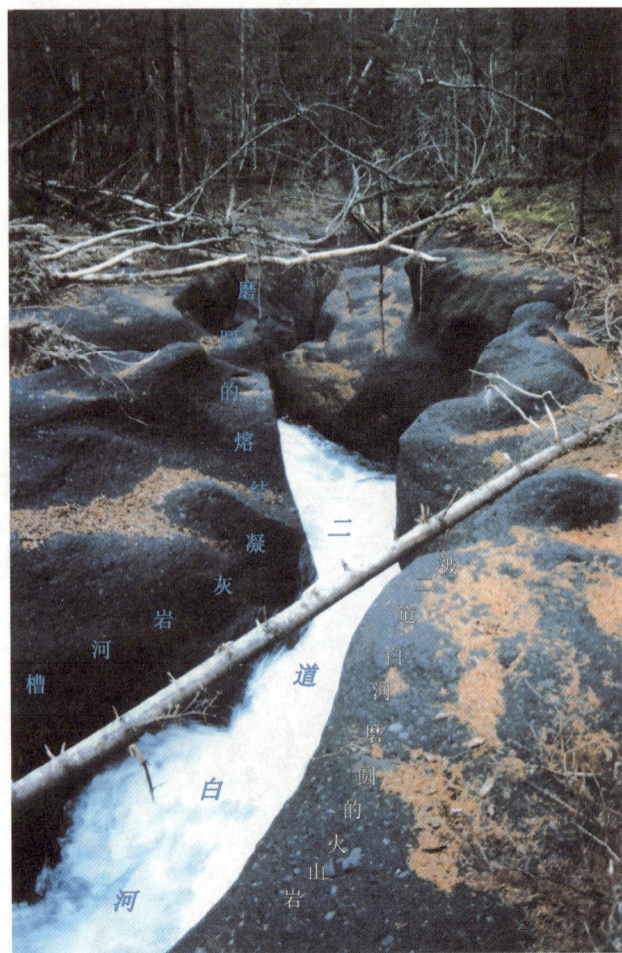

⑧ 照片5-62　二道白河的浑圆河槽

照片 5-62（拍位见图 5-32）：浑圆的石河槽。在前往谷底森林的途中，能看到很长一段光溜溜的石河槽。河槽的两壁原本是棱角分明的岩石，现在变得浑圆光滑，形成奇形怪状的浑圆体。流水的冲击力和压力，再加上流水所携带的沙石长年累月地打磨，无论多么坚硬的岩石也会被磨成这般模样。注意观察近处的岩石表面，在黑色的岩石中镶嵌着很多颜色较浅的颗粒，因为表面被磨得很光滑，岩石构造很清楚，这种岩石地质上称为火山角砾凝灰岩，是由火山喷发的火山灰流形成的。火山灰流是从火山口喷涌而出的炽热的流体，由火山碎屑、火山灰等组成。二道白河峡谷底部出现这种岩石，说明火山灰流曾把谷底掩埋，火山灰流冷凝后，这种坚硬的岩石占据了河谷底。现在所看到的河道是重新开拓出来的。这里所说的"重新"是地质时间尺度，从河床磨蚀的程度推断，总有千年之久的冲刷和磨蚀才能变成这般圆滑。这里的二道白河仍然是激流飞奔，泛着雪白的泡沫，在河槽中横冲直撞，发出震耳欲聋的响声。

照片5-63 二道白河河槽壁上的磨蚀锅穴

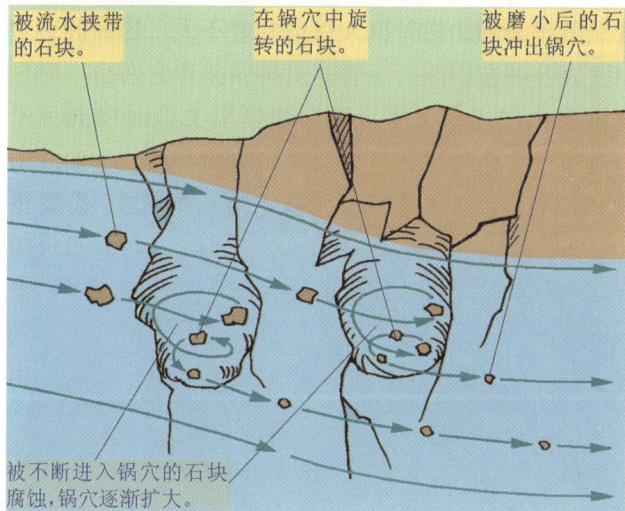

图5-33 河槽壁上磨蚀锅穴形成示意图

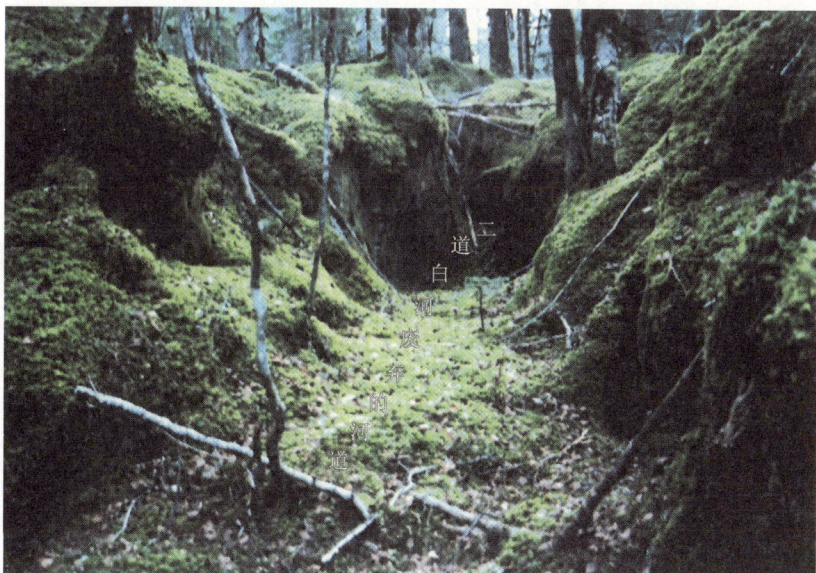

（图中标注：被流水挟带的石块。 在锅穴中旋转的石块。 被磨小后的石块冲出锅穴。 被不断进入锅穴的石块磨蚀，锅穴逐渐扩大。）

照片5-64 废弃的河道

照片5-63（拍位见图5-32）：磨蚀锅穴，这是个有趣的地质现象。在二道白河的河槽壁上有时能看到像佛龛一样的洞，不过里面供奉的不是佛像，而是一些小石块。佛龛状锅穴形成原理可用一幅图来说明（图5-33）。在洪水季节，整个河槽都充满了水，这些佛龛状锅穴都被水淹没了，河水中携带的石块总能有一些落进"佛龛"中。流水在洞中形成漩涡，带动落入坑中的石块旋转，石块和洞壁发生摩擦，这样，就好像球磨机在工作，日复一日地研磨这个洞，洞逐渐被磨深、扩大。在研磨的同时，那些落入洞中的石块也随之越磨越小，当小到一定程度时，便被流水冲出洞中带走。但锅穴中不会就此平静，不必担心锅穴会停止发展，流水总会把新的石块送入洞中，由此重复着那个研磨过程，锅穴便越来越大，越来越深，发展到最后，这个被磨蚀的锅穴崩落下来，河槽就变宽了，新一代的锅穴又会在适当的地方出现。

照片5-64（拍位见图5-32）：这是在二道白河谷底的一条干涸河床，是河流改道后废弃的河床。离这里不太远的较低处是一条新河道，河水正在那里狂奔着，而这条河道被废弃了。旧河道因为没有水了，长满了植物，但河床的模样还可以辨认出来。废弃的河床说明长白山火山的构造活动还相当活跃。地质学家告诉我们，长白山在上升，每年可上升3mm。这种上升长期积累必然要影响河流的重新分布，出现废弃河道并不奇怪。金伯禄、张希有：《长白山火山地质研究》203页记载："长白山天池区重力场出现椭圆形剩余异常，质量亏损达80余亿吨，正呈隆起状态，隆起速度每年约3mm±，挤压速度每年约3.13cm。"

不要小看这每年升起的3mm、3cm，以地质时间计算，累积起来就能改变山川布局。

**二道白河峡谷中的"一线天"**

刘建封《长白山灵迹全影》第5幅照片《槎河瀑布》"具图贴说"记载："二道白河……狭处深不可测，然一跃可过。"这里说的就是"一线天"。所谓一线天是指河床极为狭窄的河段，二道白河上游就有这样的地方。"一线天"是民间俗称，意思是，从谷底向上看天空，就是一条线。从地质角度看，它就是裂隙河（图5-34）。

二道白河峡谷底部分布着厚厚的火山岩，岩层中充满了节理、裂隙，其中垂直向下的节理更为发育，

这些垂直节里被流水侵蚀扩大加深，就能变成河流通道。随着流水的持续侵蚀切割，就形成了切入岩石很深的"裂隙河"。这种河有的地方上窄下宽，甚至在地表仅是一个一步就能跨过去的裂缝。当这种裂缝被茂密的植物遮盖时，在地表几乎看不见。在这里，只听见脚下有轰轰隆隆的流水声，却看不见河流在哪里。走在这样的地方，是非常危险的。虽然一步就能跨过去，但千万不要冒险。

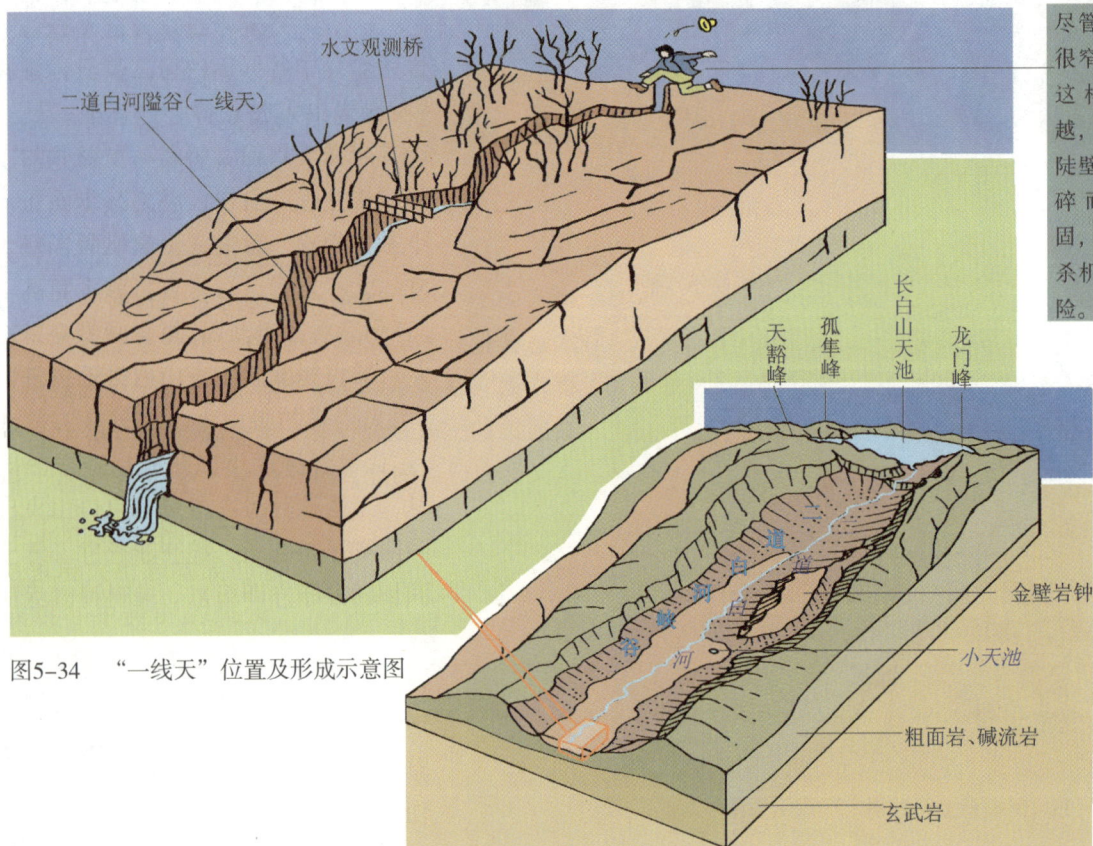

尽管"一线天"很窄，也不要这样冒险跨越，因为两岸陡壁的岩石破碎而又不稳固，到处隐藏杀机，非常危险。

图5-34　"一线天"位置及形成示意图

## 5.3.20 "蛟龙豁山劈岭"和火山泥石流

刘建封《长白山江岗志略》344页记载："二道白河……相传，古有五蛟出天池，跳跃长白山上，留有五道坡口。旋四蛟入池不见，唯一蛟从乘槎河豁山劈岭，向东北狂奔而去。池水随流，波浪滔天，水汨汨直下无阻。故至今河岸深险异常，与他水不同。"

在长白先民的传说中是这样的场景：天池上空忽然烟云翻滚，有五条蛟龙从水中跃出，在空中飞腾，呼风唤雨，其中四条重又跃入天池，唯有一条从乘槎河豁山劈岭，向东北方向飞去，五蛟龙在天池周围留下五道坡口。向东北飞去的蛟龙劈开一条陡峭深险的峡谷，天池的水顺着这条峡谷向外倾泄，浪涛汹涌，后来竟形成一条河流，这就是二道白河。

传说不是空穴来风，多与自然现象联系在一起。

先民见到奇怪的自然现象时，常将这些所见所闻加上自己的理解和想象，以故事的形式传播，越传越神，经过多少代人相传后，那种自然现象的真实描述已所剩无几。但是，对那些神奇的传说，我们可以从只言片语中筛选出某些信息。有关长白山的传说，很多都与火山爆发这种自然现象联系着，反映着火山爆发的情景。

那么，怎样看五蛟闹天池、一蛟豁山劈岭奔走二道白河的传说呢？分析传说中的情景，似乎就是公元1000年左右那次火山爆发的情景。地质学家告诉我们，这次火山爆发是非常猛烈的，"是地球上近2000年来最大的爆炸式喷发之一"（刘若新等：《长白山天池火山近代喷发》24页）。这次爆发除了掩埋大片土

地外，还有多条火山碎屑流从火山锥上冲下来，其中最壮观的恐怕就是二道白河火山碎屑流了。它曾以雷霆万钧之势从山上冲下来，顺着二道白河峡谷向北奔腾而去。

当年惊天动地的火山爆发，应该有人从远处看见。他们虽然不知道火山爆发的科学原理，但是蛟龙兴风作浪，呼风唤雨，能引发洪水的故事在他们的头脑中是根深蒂固的。祖先们认为，龙的威力无与伦比，只有龙能撼山震海，龙可以导致山崩地裂，龙吞云吐雾，既能带来火也能带来水。像火山爆发，只有龙才能完成，所以长白山有很多传说都与龙联系在一起。而这次大规模的火山喷发，在长白先民的头脑中，也一定会与龙联

系在一起，于是五蛟闹天池的传说诞生了。

当先民们看见长白山上忽然浓烟滚滚，自然会认为是蛟龙在作怪，几条蛟龙呢？事后发现天池周围有五道坡口，用五条蛟龙兴风作浪来解释最合情理，于是便有"五蛟出天池，跳跃长白山上，留有五道坡口"的传说。当他们又看见浓烟从山上冲下来，就认为那是一条向北飞奔的蛟龙，另外四条蛟龙没从山上飞下来，当然是又回到了天池中。向北飞奔的蛟龙顺着二道白河狂奔不已，大洪水随之而来……这种并非虚妄的真实情景变成传说流传开来，传说中包含了真实的自然现象。

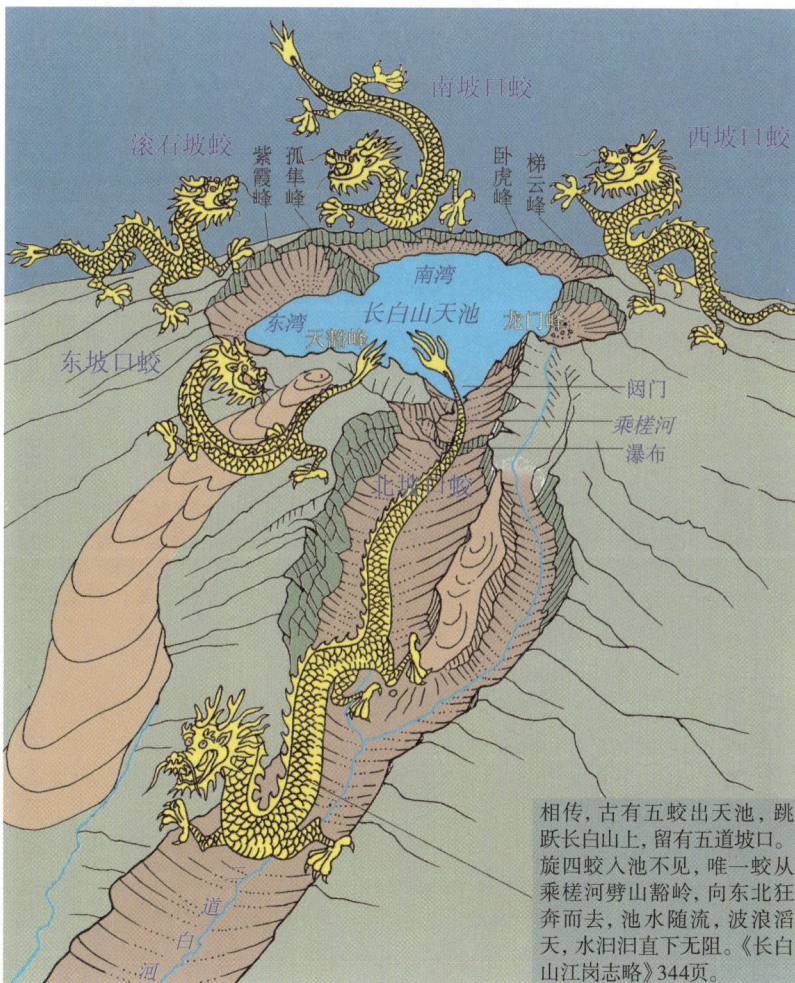

相传，古有五蛟出天池，跳跃长白山上，留有五道坡口。旋四蛟入池不见，唯一蛟从乘槎河劈山豁岭，向东北狂奔而去，池水随流，波浪滔天，水汨汨直下无阻。《长白山江岗志略》344页。

图5-35 "五蛟出天池"——我国古代对"五道坡口"的认识

图5-36 俯冲的火山碎屑流和火山泥石流

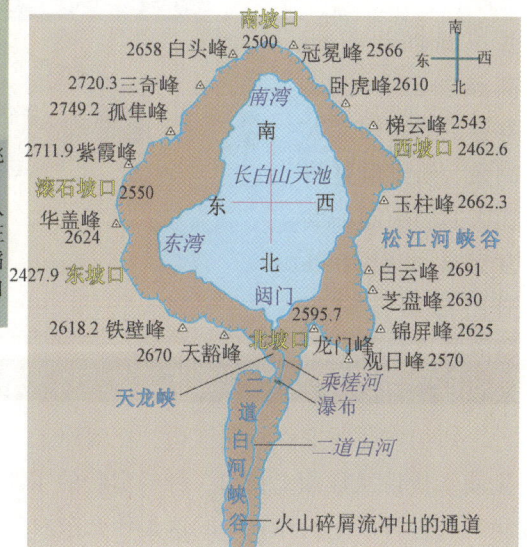

图5-37 "五道坡口"平面位置图

图5-35是将五蛟闹天池，一蛟北走的传说置于长白山火山锥的实际地貌上，将蛟龙分别置于坡口之上，以对应坡口系由蛟龙飞腾翻滚而成的传说，进而说明这个传说来源于真实的火山爆发现象。图5-36是火山大爆发的想象图，正是这样的情景形成了"古有五蛟出天池，跳跃长白山上"的民间传说。图5-37是天池、环池十六峰、五道坡口和二道白河峡谷的地理位置图。二图都可以与传说中五蛟的地理位置和一

蛟"狂奔而去"的方向对应起来，因此，我们便从古人的传说中获得了火山爆发的信息。

## 5.3.21  在被掩埋的二道白河洪泛平原上建立了保护

火山爆发,既是人类的灾难,同时也造福人类。我们不能判定火山爆发的善与恶。自然界在其发展过程中的所有行为都只是一种变化而已。行为的善与恶,是以对人类的利害关系而言。从远古讲,在地球早期,如果没有全球性的火山爆发,就没有地壳的形成,就没有包围地球的大气层,就没有海洋,没有生命。我们此刻能在宇宙的一个角落里谈天说地,首先要感谢的就应该是火山爆发。有了这几句开场白后,我们来看看长白山近代火山爆发给我们带来了什么,更具体地说,看看公元1000年左右的那次火山爆发给二道白河带来了什么。

那次火山爆发引发了一次规模巨大的火山泥石流泛滥,在二道白河两岸形成了宽广的泥石流洪泛平原(图5-38)。泥石流的泛滥固然带来了很大的破坏,

但它同时开辟了一片新天地。火山泥石流中带来了丰富的元素,造就了一片沃土,给植物的成长创造了条件。重新生长的森林改变了荒凉的面貌,森林里生长着各种飞禽走兽,使这里成为世界瞩目的自然保护区。也正是在这片泥石流泛滥平原上,人们建立了城市和村镇,从肥沃的土地上收获着幸福和快乐。但人们往往忘记火山给我们带来的好处,对它带来的灾难却总是记忆犹新,记入史册。火山爆发实际上是地球内部寻求平衡的结果,没有这样的平衡,地球是不能发展的,地球不能发展,居住在地球上的人岂不是"皮之不存,毛将焉附"?单就长白山火山而论,没有百万年持续不断的火山活动,哪能有今天的长白山风景区。

历史钩沉:光绪三十四年(1908年),现二道白河镇一带为长白府辖地,安图设治时归信道乡,有4户人家,民国十七年(1928年)属二区,1936年属两江村,1949年归六区(松江),1956年为二道乡,1983年为二道白河镇。(参见《安图县志》46页,1993年。)

历史钩沉:为保护长白山,1960年11月,根据中华人民共和国第一届全国人民代表大会第三次会议提案第92号案,成立吉林省长白山自然保护区管理局,局址设在二道白河镇,刘毅为第一任局长。保护区围绕长白山下设9个管理站,在长白山天池周围划定保护区面积为236750公顷,其中:绝对保护区为139875公顷,一般保护区面积96875公顷。(面积数据引自《长白山自然保护区管理局局志》,油印本,297页,1989年。)

| 岩性 | 地质描述 |
|---|---|
| (橙色) | 俯冲而下的火山泥石流堆积在河谷中,形成浮岩、火山碎屑、火山灰层,厚30米,堆积在玄武岩台地上的厚度较薄,数米至十数米不等。 |
| (黄色) | 玄武岩风化黄土 |
| (绿色) | 未风化的玄武岩 |

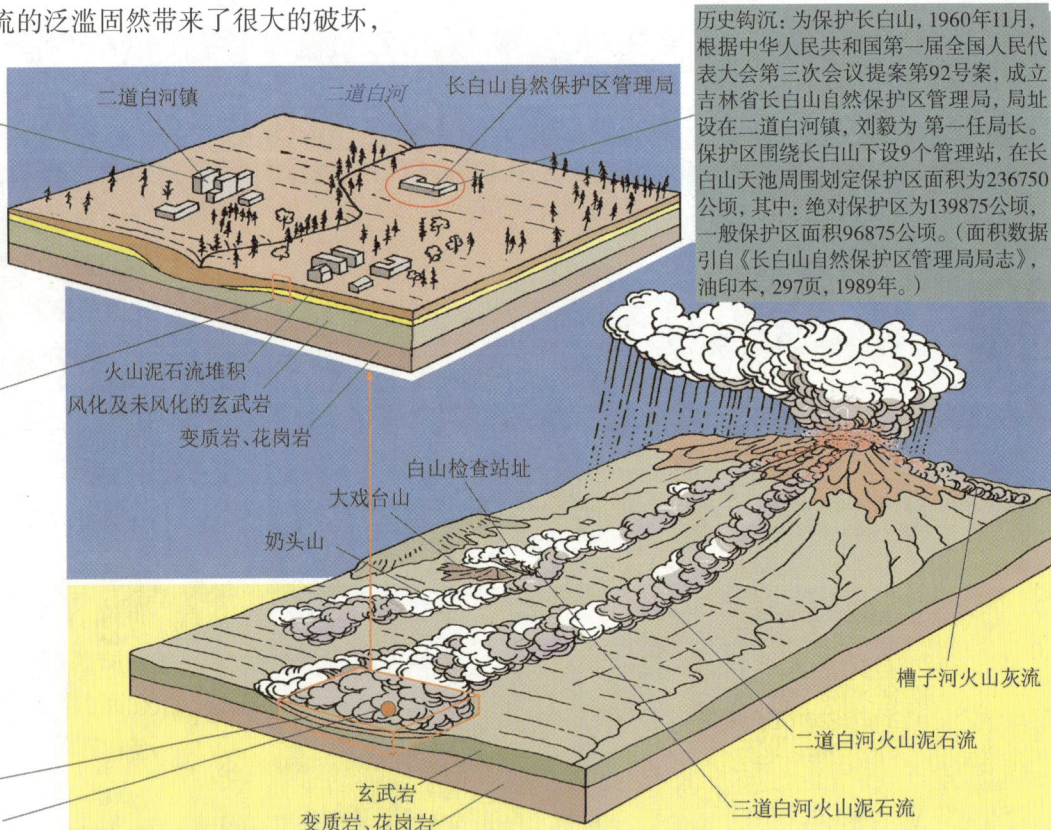

图5-38  俯冲而下的火山泥石流图

## 5.3.22  奔腾而下的火山泥石流曾经殃及整条松花江

郑德权儿时家住松花江边,在河滩上游玩,曾看见澡堂伙计从江面上捞起一种蜂窝状的东西,用于洗澡时磨去脚掌上的厚皮。问这是什么东西?答曰:"江石沫子。"又问怎么会有这种东西?答曰:"由江上漂着的泡沫变的。"江面上确有一团团泡沫顺流而下,用树枝去拍打便散开了,因为这两种东西的确很相似,便相信泡沫能变成搓脚石。学了地质以后,才知道那

东西叫浮岩(石),虽然能漂浮在水上,却不是泡沫变的,而是火山喷发的产物;不过似乎也应该算是泡沫变的,是岩浆泡沫喷射到空中冷凝变的。随后又有了新的疑问,这些浮岩是从哪里漂过来的?工作以后,在松花江沿岸搞地质普查,才知道江面上漂浮而下的浮岩是长白山火山喷发出来的。

人们如果上溯松花江去长白山,就像康熙十六年

（公元 1677 年）武木讷看验长白山时与陆路并行的那支沿江逆流而上的船队一样，如果你是一个善于观察的人，就会在松花江两岸的阶地、河漫滩上看见浮岩堆积层，涨水季节，不断有浮岩被洪水冲下来，顺江漂走。在松花江上见到的"江石沫子"就是从这里冲下来的。

浮岩虽为岩石，却可以漂浮在水上，它是岩浆的"泡沫"。浮岩浑身充满了孔隙，蜂窝一般，是很好的轻质建筑材料，此外还可以用作研磨、过滤、吸附等化工材料。沿江两岸的浮岩层早为当地居民当成矿产资源开采了。

火山喷发，尤其是猛烈的火山喷发，会带来巨大的灾难。它喷出的气体使人和动物窒息而死，喷出的火山灰能从空中降落掩埋整座城市，除此之外，还有一大灾害就是火山泥石流。长白山火山喷发的浮岩能以火山泥石流的形式顺江而下，沉积在松花江两岸。

在了解火山泥石流之前，先说什么是泥石流。泥石流是一种含有大量泥土、沙石、岩块等固体物质，在水的浸泡达到饱和的情况下，可以骤然间变成浓浊的洪流，迅猛异常地流动起来。

顾名思义，火山泥石流是由火山喷发形成的泥石流。火山喷出大量的固体物质，如火山灰、浮岩、晶屑、岩屑、各种火山角砾等，火山的热可以迅速融化火山顶部的冰雪，再加上天池蓄积的水，还有因气候突变引发的倾盆大雨，这些东西搅和在一起，便形成了火山泥石流。沿着陡峻的山坡冲入沟谷，现今二道白河一带就遭遇过这样的洗劫。火山泥石流有如万马奔腾，这时，如果从空中俯瞰或在远处眺望这种情景，那便像一条暴怒的巨龙在从长白山火山口俯冲而下向北奔腾。

火山泥石流冲下火山锥进入较为平坦的地带后，所携带的固体物质开始堆积。首先堆积下来的是那些又大又重的大石块，在三合水电站一带可以看到这样的堆积物。较轻较小的物质，尤其是浮岩块体和碎屑则被泥石流裹挟着冲出二道白河进入松花江。它们漫出河槽，以洪泛的形式把浮岩和火山灰堆积在离河床几百米，几千米甚至是十几千米的地方，堆积的厚度各地不同，最厚可达 5 米以上。在离天池 450 千米的小白旗一带，现今保存的厚度还在 3 米以上。可见当年火山泥石流波及的范围是多么大。

图 5-39 把从长白山到榆树一段的松花江沿岸的浮石堆积概略画出。很多浮石堆积层已被开采，成为矿产资源。但火山泥石流毕竟是一种自然灾害，害大利小，尤其在现今时代，沿松花江两岸已是城镇遍布，如再发生上述那种规模的火山泥石流泛滥，情形是相当可怕的。火山科学家们正在注视着长白山火山活动动向，针对火山泥石流灾害已有深入的研究。

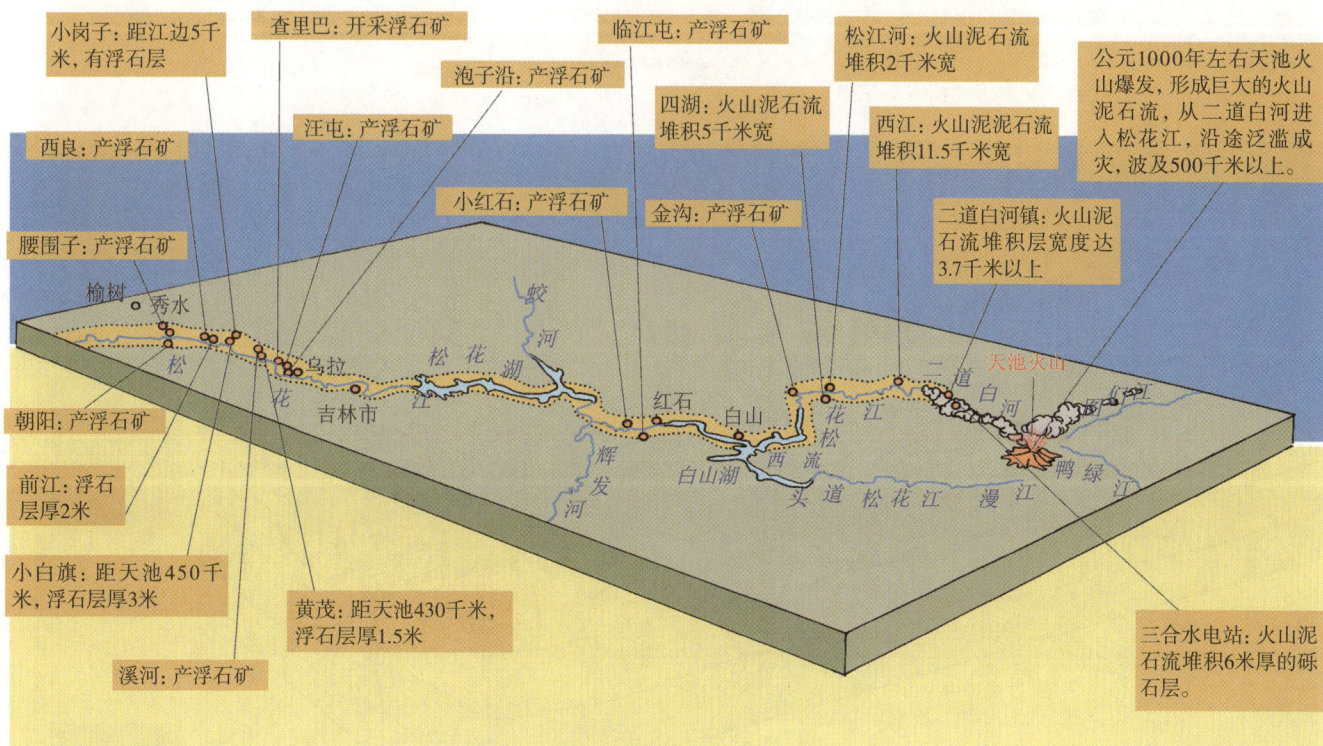

图5-39　火山泥石流灾害沿松花江分布略图
沿江虚点圈定的范围为火山泥石流泛滥区，图中地名均为现地名。本图是依据《长白山天池火山近代喷发》中的资料编绘的。

339

## 5.3.23 断陷谷（槽谷）和谷底森林

断陷谷是二道白河中游的一段槽形峡谷。断陷谷是成因名称，故又以形态特征称其为"槽谷"。槽谷走向呈东北—西南方向，长4700米，宽200—300米，深50—60米。槽谷由南向北逐渐变宽、变浅。谷壁由垂直的悬崖构成，两壁不对称，西北壁悬崖向北延续4700米，东南壁悬崖向北延续3000米，逐渐变成陡坡而消失。此段槽谷有较大的坡降，二道白河从剑门落下处海拔1502米，到完全流出槽谷，在4700米的距离内降至海拔1300米，落差达202米。所以槽谷中的二道白河依然是激浪翻滚，飞流直下，一路滔声不绝。此段槽谷的底部布满了大小不等的碎石和纵横交错的树木，在这里行走非常困难，很少有人涉足此地。槽谷底部生长着茂密的森林，站在槽谷壁顶，

这片森林就好像在脚下，故俗称"地下森林""谷底林海"，现多以"谷底森林"称呼。

1984年7月，延边州地名委员会进行地名普查时，将"谷底林海入口台地统称""阆苑"。名称很美，像神仙居地。南朝诗人庾肩吾《山池应令》诗开篇为："阆苑秋光暮，金塘牧潦清。"我们猜想地名委员会可

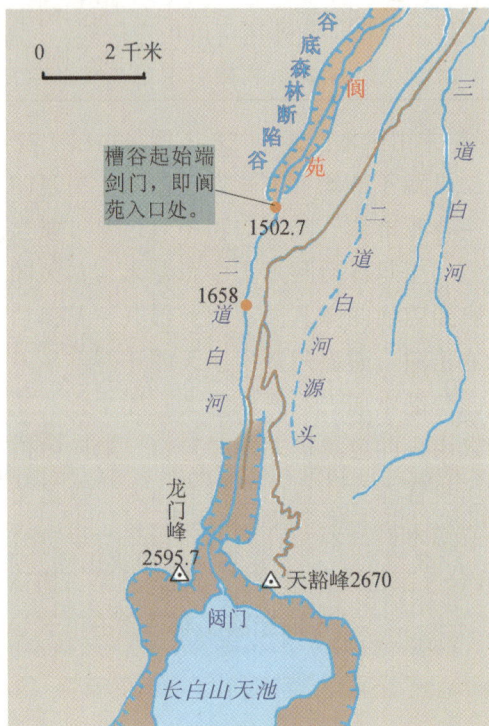

谷底森林断陷谷（槽谷）位置图

谷底森林断陷谷（槽谷）拍摄位置图

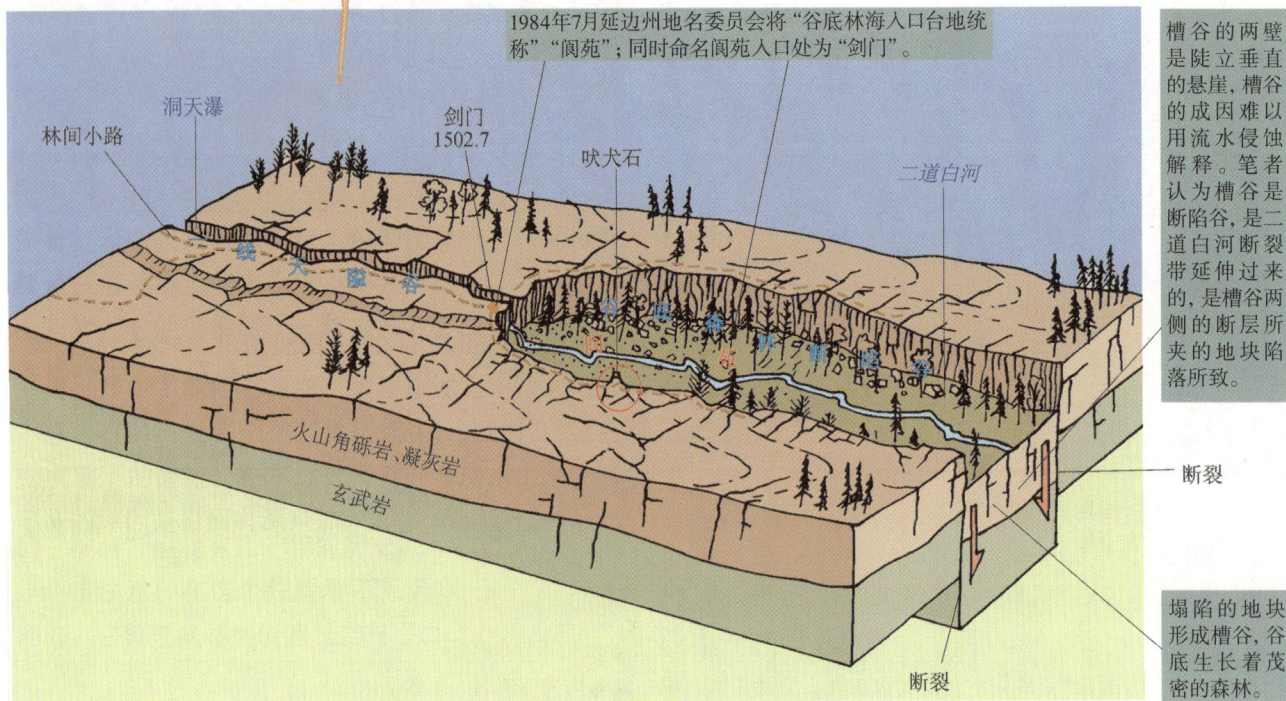

图5-40　谷底森林断陷谷（槽谷）构造及形成示意图

能是借用"山池"二字寓意"长白山天池"吧。

槽谷的成因，有的地质学家认为是流水侵蚀谷，还有的认为是由火山泥石流侵蚀形成的。笔者认为是断陷谷，或称火山构造地堑，是在火山活动中，沿着天池辐状断裂塌陷而成。在图5-40中可以看到两条东北—西南方向的断裂平行展布，所夹的条形地块垂直塌陷。槽谷壁的悬崖就是断层面，断层下盘下降成为谷底，中有二道白河从谷底流过。照片5-65和5-66所拍摄的悬崖就是断层面。

槽谷南端的剑门距登山的岔路口（山门）2700米。去谷底森林有林间小路，但道路崎岖，倒木纵横，森林密布，阴暗而潮湿，无疑是艰难之旅。

照片5-65（拍位见图5-40）：这是断陷谷东壁悬崖（断层面），悬崖高约60米，这个高度可视为垂直断距，即下盘相对下降60米。悬崖壁垂直，柱状节理发育，但不很密集，所以岩石被切割成粗大的柱状体。悬崖边部因重力作用，裂隙变宽，有的裂缝宽可达1米。由于崖顶比崖底高得多，在谷底生长的森林树梢达不到谷顶的地面，

照片5-65 谷底森林断陷谷东壁悬崖

站在谷顶可俯视谷底整片森林的顶部，这也是谷底森林名称的由来。

照片5-66（拍位见图5-40）：由谷壁悬崖崩塌的大石块堆积在悬崖下，其上生长着树木。因石堆上土壤很少，树木根系无法深扎，在无土的石块上，有的大树就用裸根抱着岩石，故附着力很差，很多树木还未来得及长得高大便被大风刮倒；所以在谷底到处是倒木，横躺竖卧，叠床架屋，形成倒木堆。倒木之上生长着厚厚的苔藓，其上又是枯枝败叶，还有密如织网的藤蔓缠绕，一旦落入其中，犹如坠入天罗地网，所以谷底森林是一处风景优美但充满危险的地方。

照片5-66 断陷谷悬崖下的森林

照片5-67、5-68（拍位见图5-40）：在槽谷东壁离槽壁几米远的地方有一个倾斜的石柱，看上去像一只半张着嘴的狗坐在那里，这块岩石民间俗称"叫狗"，此名通俗形象，但略显粗俗。后有到此一游的文人墨客对其另有雅号，以"吠犬石"相称，使其身价倍增，名声渐扬。此"犬"背朝西，面朝东，即朝向观赏它的游人，但见它只是张着嘴虚张声势，从来没有发出过任何声音，所谓"叫狗""吠犬"皆是徒有其名。

吠犬石是悬崖中垂直裂隙扩张而造成的柱状岩块，但它只倾斜而已，还没有倒下去。倾斜已经使它与崖体脱离，这种无依无靠的生存状态，真就像离群索居的丧家犬，会加大它的生存危机，它的未来不容乐观。临空重力作用将使岩柱越来越偏离中心线，离槽壁会越来越远，倾倒的速度会越来越快。在未来的岁月中，它会轰然倒下，但这也不会很快发生，它已经在这里存在了几百年，再存在几百年毫无问题，它的寿命比任何一条真正的狗都长得不知多少倍。

③ 照片5-67 吠犬石北面形态

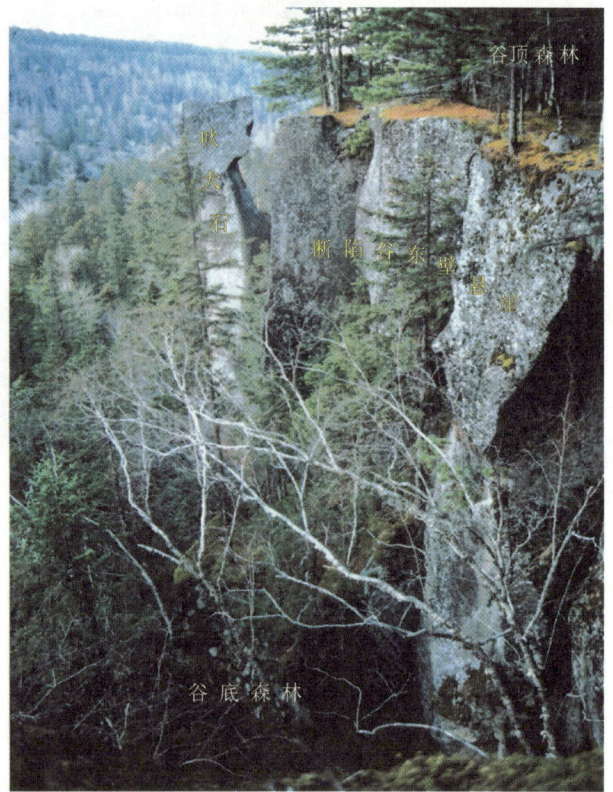

④ 照片5-68 吠犬石南面形态

图5-41：槽谷悬崖上有非常发育的柱状节理，靠近边缘的裂隙，在风化侵蚀过程中会逐渐扩大，最终从岩壁上剥落，现在，在悬崖下堆积的那些大大小小的岩石块体就是从崖体上剥离下来的。很多岩块的年代已经很久远了，上面被厚厚的苔藓包裹着，有的上面长出了参天大树，树龄至少有一二百年。

由于岩石风化，即使将来吠犬石倒下了，我们也不必"为后人担忧"，未来的旅行者也不必因只能在先人的照片中观赏到吠犬石而遗憾，因为岩石经过风化会有新的"雕塑"出现，我们相信大自然的巧手，会有更好的作品献给人类：也许会风化出一具"吼熊石"或"奔马石"什么的。

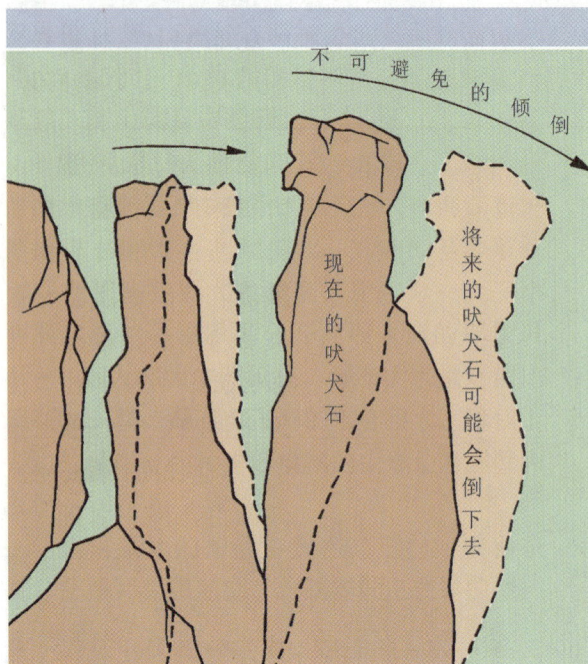

图5-41 吠犬石前景图

## 5.4 长白温泉

### 5.4.1 长白温泉——聚龙泉

刘建封:《长白山江岗志略》332页记载:"矿泉,即暖泉,在二道白河上游。北距讷殷部十二里。河边出数泉,水暖可浴,产硫黄。"刘建封未对温泉命名,仅以泛称描述,民间多以长白温泉称呼,但长白山有很多温泉,所指的是哪个温泉不能确定。延边州地名委员会在1981年地名普查时将其命名为聚龙泉。聚龙者,群龙聚集,每一处出水口视为一吐水龙口,符合群泉特征,但未把温泉最主要的特征的"温"字纳入名称,稍显遗憾。本书中两种名称都用,图和照片的标注大多用温泉字样。

刘建封:《长白山灵迹全影》第5幅照片《槎河瀑布》"具图贴说"有对温泉的描述:"……二道白河……东麓温泉宜浴,西麓热度最盛,可熟雉卵,猎人刲鹿肉投其中,炮而食之,有如沸鼎。白河有温凉二源,数里后始合流,宇宙奇观哉。"

温泉位于二道白河峡谷上端激流两岸,西南距瀑布约750米,东距悬崖上的黑风口水平距离500米。笔者早年曾参与温泉调查,得知涌水泉口达100多个,其中摄氏60度以上的热泉有47个,水温最高者达摄氏81.3度。涌水量较大者有7处。涌水量相对稳定,据测,泉口涌水量一般为1.8—3.6吨/小时,最大者为5.96吨/小时。温泉群日涌热水总量约6500吨,数量相当大。可惜大部分白白流失,仅利用一小部分。

在温泉分布平面图中仅概略画出主要涌水口,以蓝点表示其位置。

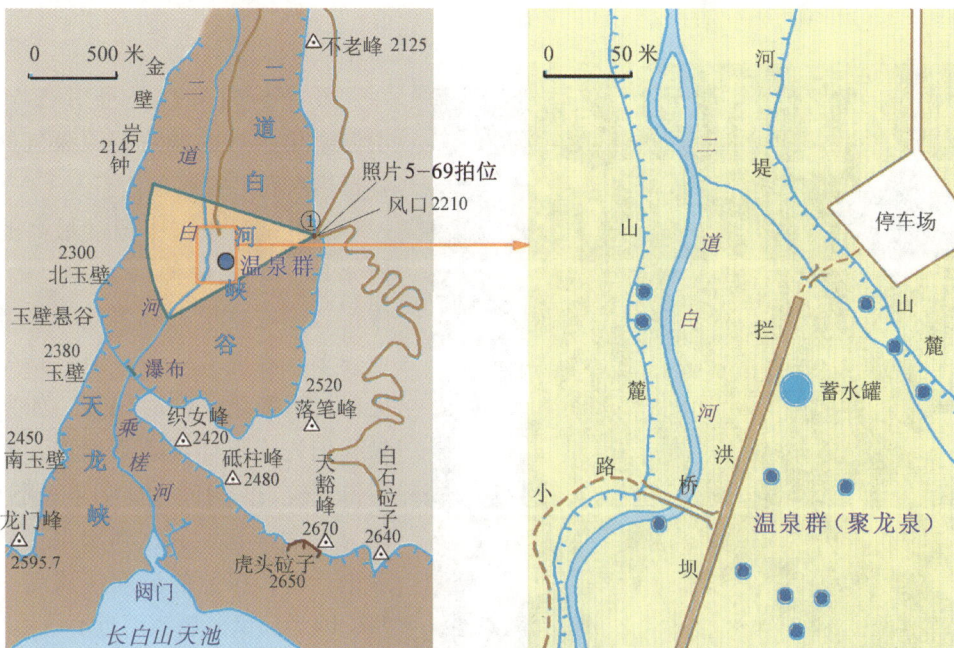

图5-42 二道白河峡谷内温泉分布图

照片5-69(拍位见图5-42):这幅照片是在黑风口旁侧的悬崖上俯拍的,温泉区尽收眼底。在照片中,从冠桥至停车场、拦洪坝及二道白河两岸,温泉成群出现。在冠桥山麓有数处温泉出水口;有的温泉位于二道白河河床中,热水直接进入河流,二道白河严冬不冻,主要是因为温泉的加入。

照片5-69 温泉群 ①

照片5-70：在照片中，凡翠绿或赭红色之处皆为泉口。这些鲜艳的颜色是辨认温泉最直观的标志，把手伸进去，肯定是热的，有的地方还烫手。最热一处的温泉，经多次测量，摄氏80多度。先民说能煮熟鸡蛋，刘建封也说"可熟雉卵"，并且说猎人把一块鹿肉扔进去也能煮熟。如果不是夸张，那就是一百多年前温泉的温度比现在要高，可惜前人没有留下实测资料，无法对比。但似乎可以从这些文字描述中得出从前温泉的温度比现在高一些的结论。

照片5-70　近摄温泉群

照片5-71　温泉出水口

照片5-71：这是照片5-70中温泉出水口的特写，深绿色处就是热水涌出的地方。

这里是温泉群中温度最高的涌水口。手无法伸进去，太烫，旅行者多在这里煮鸡蛋吃。笔者也曾多次在此煮鸡蛋，但总是欠火候，可能是煮的时间短。如果像我们先人那样用来煮鹿肉，恐怕得煮较长的时间才能咽下去吧，因为温泉毕竟没有达到沸点。从理论上讲，深部的温度应该高一些，因为那里离热源更近。

照片5-72：这是一处小型的泉华"瀑布"，高1米多，数股热水细流从一个陡坎上跌落，由于温泉中含有矿物质，在出露地表后，这些矿物质沉淀下来，形成彩色的泉华。这个小陡坎原来是一段人工修筑的坝基，上面沉淀的泉华已经很厚。在十多年内就能沉淀出这样多的泉华，说明这里的温泉含有大量的矿物质。

照片5-72　温泉出水口沉淀的泉华

照片5-73　近年形成的泉华

照片 5-73：仅仅十几年的时间就形成了这些泉华，可见温泉中熔解的物质是多么丰富。温泉中所含的矿物质主要是钙、镁的重碳酸盐。

《长白山江岗志略》记载这里"产硫黄"即指沉淀的泉华。

照片5-74　微型"钟乳石"

照片 5-74：这是泉华的细部，有一个有趣的地质现象，在一处小孔洞中，由于矿物质的沉淀，形成了微型泉华"钟乳石"。

照片 5-75：站在冠桥上向南看，在二道白河岸边总有一团团热气冉冉上升，尤其在逆光条件下格外显眼。这里也是一处温泉出水口，它涌出的热水直接进入二道白河。

照片5-75　冠桥下的温泉群

照片5-76　冠桥下温泉群涌水口特写

照片 5-76：这是照片 5-75 中涌水口的特写，五颜六色的泉华将河床中的砾石染上美丽的颜色。

照片 5-77：这是二道白河西岸的两处温泉涌水口，位于河床和坡脚的结合部，显示出翠绿和赭石色的地方便是涌水口，热水直接进入河中。由此可知，二道白河成为一条不冻河，沿途不断有温泉加入是个重要原因。

照片5-77　滑坡体下的温泉群

照片5-78　隆冬时节的温泉区

照片5-79　热气腾腾的温泉群

照片 5-78、5-79：隆冬时节的温泉区。在寒风凛冽、大雪封山、触目皆白的环境中，忽然出现一片热气腾腾的景象，一定会让游人振奋不已。这两幅照片是从不同角度拍摄的温泉区的景象。热气从地下升起，随风飘摇，走上前去，一阵阵潮湿而温暖的气浪迎面扑来，使人在冻彻骨髓的旅途中有了温暖的感受。有时候能看见兴趣盎然的旅行者在严寒中沐浴，也算是温泉群中的一景。

照片5-80　温泉边的树挂

温泉喷出的热气扩散到四周，凝结在树枝上，形成美丽的树挂。

照片5-81　温泉周围结霜的围栏

## 5.4.2　长白山火山锥地下水、地下气和地下热状况分布示意图及说明

地质学家用科学方法和地质理论揭示出长白山火山锥地下深部的流体状况，从而解释长白山火山锥周围为何有很多温泉和热气喷口，这里着用图解的形式予以说明（见图5-43）。

地下深处的岩浆经过多次火山喷发形成这座巨大的火山锥后，从表面上看，偃旗息鼓，火山活动停止了，那些喷出地表的炽热的岩浆早已冷却变成冷冰冰的岩石了；在火山锥顶上则覆盖积雪，成为蓝天下的一座雪山。但是，这只是表面现象，在地下深处，火山活动的余威犹在，地下岩浆并没有停止活动，尽管这种活力已经大不如前，没有足够的压力向上喷发，但它总归还是一个"烫手山芋"，还在向周围散发着余热。火山喷发后余热的散发是火山活动的继续，是火山活

动表现形式的一种。科学观测和理论计算得知，散发这些余热恐怕得几千年之久。这样，就等于在火山锥底下放置一个热源库。在本图中用一个红色的半圆表示残存在地壳内的岩浆房，尽管它暂时构不成火山喷发的危险，但是，它所存储的热量和其中所含的挥发成分是不能停止散发的。热量可以通过岩石介质扩散，挥发成分可以通过地壳中的裂隙上升到地表，即形成一个"热场"和"气场"。"热场"从理论上讲是一个从中心向周围逐渐衰减的层状体，离中心最近者是最热层，向外逐渐降温，直至与周围无温差。图中用弧形虚线表示这个圈层构造。长白山火山锥就在这个场的上方。

天池是一座水库，它所蓄的水除了从乘槎河、瀑

348

布向外排泄和水面蒸发外，还有相当一部分沿着裂隙渗入地下。须知，火山锥体经过多次塌陷，岩石破碎，布满了裂隙，这些裂隙的深度各不相同，渗水的深度也不同，图中用点线表示冷的天池水渗入地下后被加热再上升排出的理论途径。渗入地下很深的水因更接近热源，可以被加热到很高的温度，浅部的地下水因离热源远一些，温度当然要低一些，更浅的地下水因离热源太远并不被加热。这种随着深度的变化，即接近热源远近不同而形成的不同温度的地下水也表现出层状结构，在图中把它们分为：①最热水层②中热水层③稍热水层④冷水层。这些不同深度、不同层次、不同温度的地下水，当它们沿着裂隙又返回到地面的时候，就是人们所看到的不同温度的泉水。最热的温泉一定是来自地下最深处的热水层，冷泉当然是来自没被加热的冷水层。

残留在地壳中的岩浆房不光是一个长期的热源，还是一个不断向外散发各种挥发气体的气源，它把所含的大量气体源源不断地沿着裂隙送到地面。图中用小圆圈表示岩浆向外散发气体的途径，可以看出，它所走的路线和地下热水运行的路线差不多。水和气都是地壳中最活跃的物质，见缝就钻，脾气秉性相同，常沿着裂隙结伴而行，所以，在温泉涌出口总能看见泉水中含有大量的气泡。水有重力约束，太高的地方上不去，气体则没有重力约束，更具渗透性，无孔不入。气体常甩开同行的伙伴，单独行动，形成"气泉"，也称喷气口，分布在火山锥顶上，如芝盘峰喷气口、梯云峰喷气口等。气泉的组成，主要是水蒸气和二氧化碳，其次有氮气、氢气、甲烷、氦气和其他惰性气体。这里顺便提醒旅游者，在喷气口处不可造次，火山喷出的气体常有毒性，要离它远点，二氧化碳比重大，可聚于沟谷低处不散。进入这样的地方会窒息，虽然目前尚没有在长白山发现"死亡谷"，小心一点还是必要的。

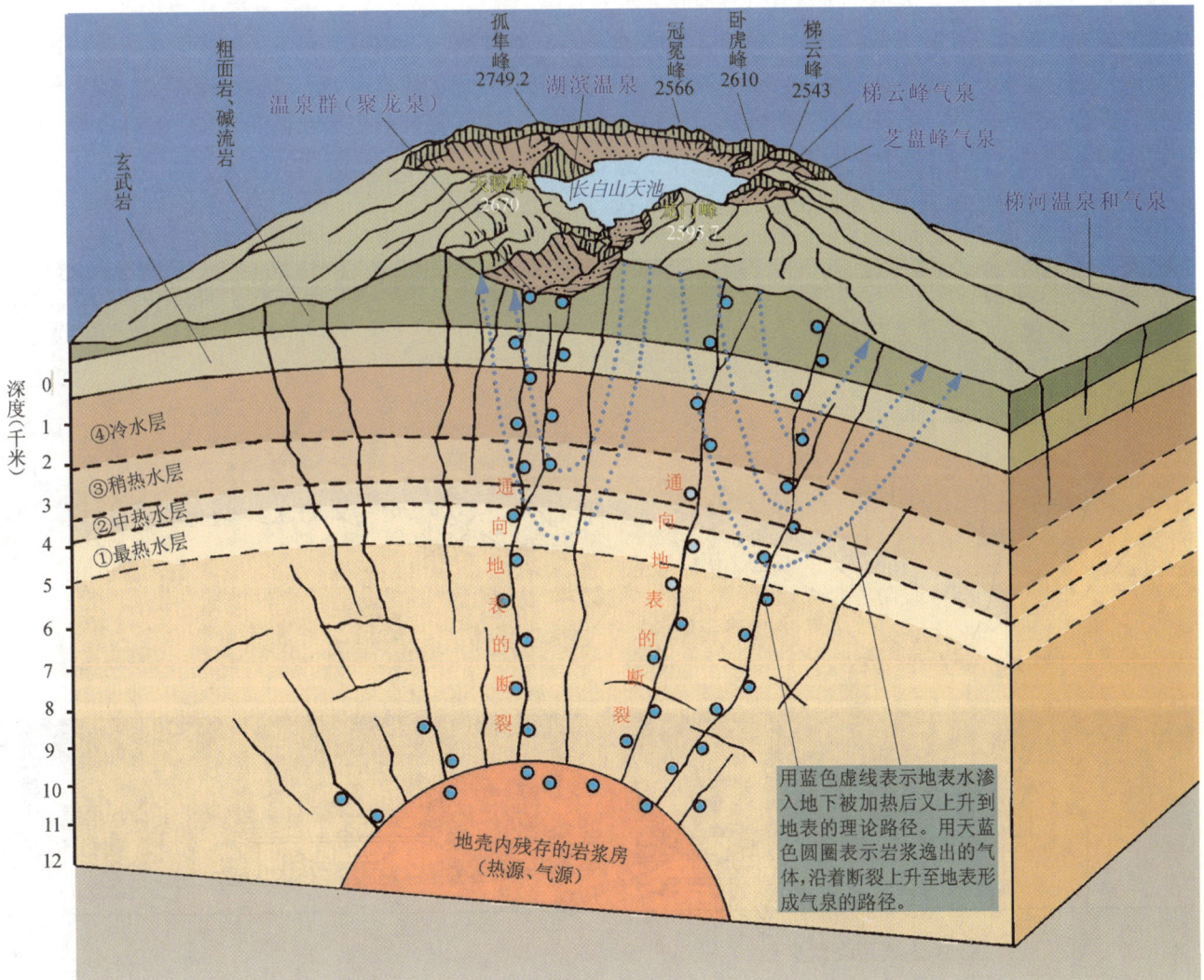

图5-43　长白山火山锥地下水、地下气、地下热状况分布示意图

图5-44：对长白温泉（聚龙泉）形成的解释：

形成温泉必须有三个基本条件：热源、水源、通道。

(1)热源：长白山火山锥底下有一个稳定的热源，它就是火山喷发后残留在地壳中的未冷却的岩浆体，姑且称它为"萎缩的岩浆房"，在本图中用一个半圆表示。它仍在向周围散发着余热。模拟图中用日常生活中的煤气灶来表示热源。

(2)水源：水从哪里来？如此大量的水，光是聚龙泉每昼夜就流出6500吨热水，再加上其他地方的温泉，也是昼夜不停地流淌，其数量是相当大的，没有一个稳定的水库不行。水的来源主要是天池水，天池水从哪里来的？它的补给主要是大气降水和一部分地下水。这个水源是稳定的，模拟图中用一个蓄水池和与其相通的水壶来表示源源不断的供水。

(3)通道：有了水壶，又有了煤气灶，剩下应该解决的就是通向各地的管道了。这也不成问题，管道就是地壳中的裂隙。要知道，我们人类赖以生存的地壳是由坚固无比的岩石组成不假，但是，它并不是"铁板一块"，它充满了各种性质的断裂。这些断裂纵横交错，所以天池水的输送不愁找不到"水管"，没有比地壳中的断裂更四通八达的管道了。模拟图中的进水管表示天池水渗入地下成为不同深度的地下水。这些地下水被加热后，因密度变小、体积膨胀，可以由裂隙自动上升到地面成为温泉。

因此，形成温泉的途径可表述如下：大气降水变成天池水，天池水渗入地下变成地下水，地下水被加热后，又上升变成地表温泉水，形成一个完美的水循环系统，它是自然界中水循环的一个分支。

这里要提醒读者注意的是，在这个循环系统中，水的性质发生了变化，这种变化不光是温度由冰手变成烫手，水的成分也不同了。地下水在循环过程中，沿途"顺手牵羊"，融入了许多矿物质，身价倍增，摇身变为又能泡澡、又能治病的矿泉水。不过，聚龙泉的水很不好喝，又苦又涩，尝一口倒也无妨，但把它当成饮料痛饮三大碗是万万使不得的。医学研究认为，聚龙泉对皮肤病、关节炎有一定的疗效，至于民间传说的那种神奇的医治功能，说跌断了腿的鹿只要在温泉中洗个澡就能飞奔而去，还是把它看成神话更理智一些。

远离火山锥的冷矿泉与天池水无关，长白山火山区周围有很多泉水，如头道白河冷矿泉、仙人桥温泉等，它们有另外的成因和循环系统，不在这个循环系统中。

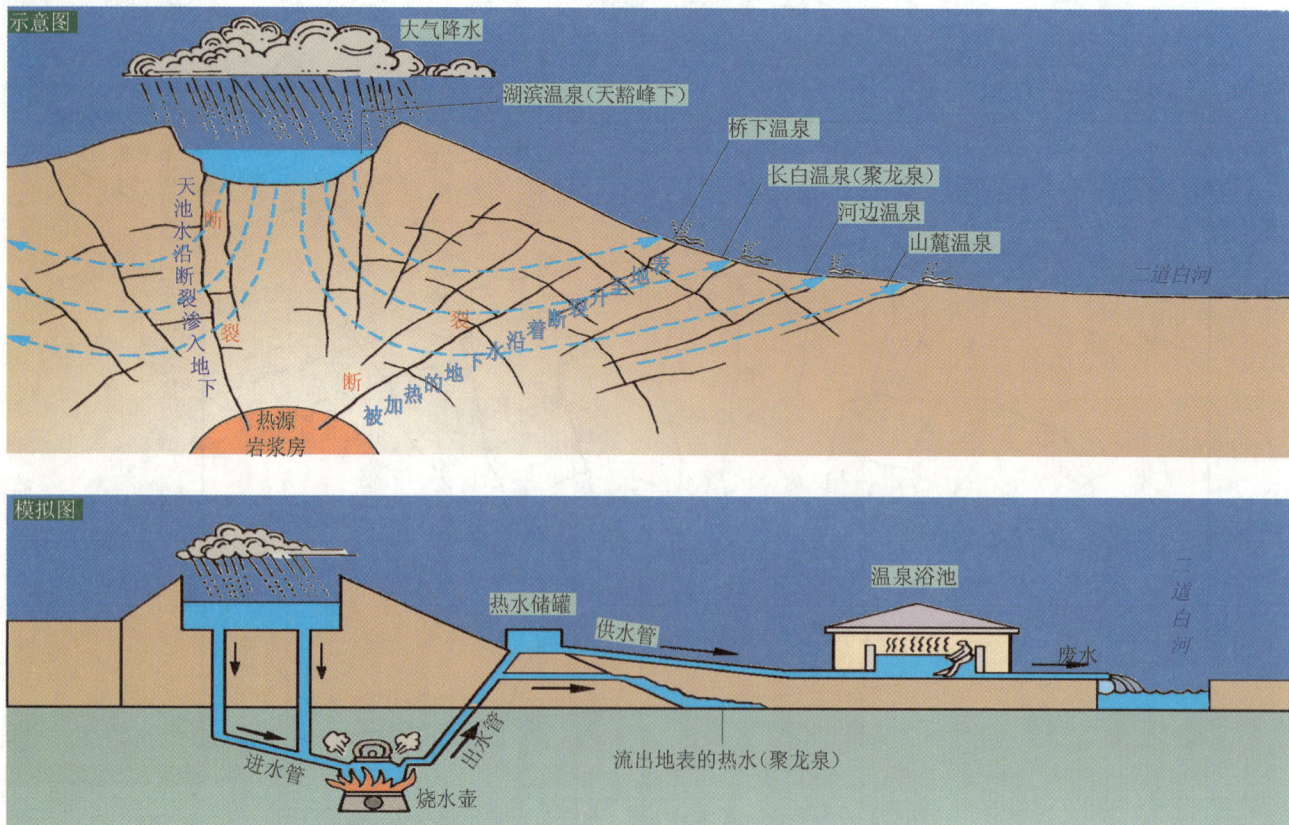

图5-44　长白温泉（聚龙泉）形成示意图

# 第六章　北坡盘山公路所经之火山景观

气象站火山熔岩穹丘

气象站熔岩流

落笔峰

风口

不老峰

北坡盘山公路两侧寄生火山群

长白山火山锥气温与植物垂直分带

# 6.1 气象站火山熔岩穹丘

## 6.1.1 小圆丘是寄生火山熔岩穹丘

照片6-1（拍位见图6-1）：人们坐汽车沿着"之"字形盘山道向天豁峰攀登，快到山顶了，望见峰顶和蓝天的接触线时，首先能看见峰顶上的一座房子，那就是我国东北地区海拔最高的气象站，它位于天豁峰东北400米的小圆丘顶上。

这是一个平缓的小圆丘，没有什么特别的地方，在小圆丘上行走，可能没有登山的感觉，只会感到那不过是一块还没有足球场大的平地而已，可能会忽略它的存在。那么，什么时候它能引起人们的注意呢？那是在人们登上天豁峰回头看时，会看到气象站刚好坐落在那个平缓的小圆丘顶部。即使这时，小圆丘也可能被忽略，因为人们可能只是把目光集中在那座气象站上，对小圆丘视而不见，这不能怪旅行者没有眼力，那个小圆丘实在平凡得不能引起人们的注意。

但在地质学家的眼中，他们特别看重这座小圆丘，之所以如此，因为它是一个火山口，它代表着一次火山喷发事件，在长白山火山喷发历史上占有一席之地。

地质学家告诉我们，那个小圆丘所在地，在不算遥远的过去，曾经发生过火山喷发。根据现代火山爆发的情景，我们可以这样描述：地下深处传来一阵阵沉闷的响声，那是"地狱之火"在滚动，整个长白山火山锥都微微颤抖着，地面裂开了几道缝隙，先是一股股毒气从裂缝中飘散出来，接着烟尘弥漫了天空，然后便是冲天的火焰飞腾而起，火光照亮了半面天空，犹如现今盛大节日燃放的焰火，接着，从被火焰冲开的口子里有一股股殷红色的炽热的黏稠岩浆从地下溢出来，形成一条熔岩流向山下冲去。

照片中标注文字：
- 这条白色虚线是二道白河与三道白河在源头的分水线，分水线以东的大气降水流入三道白河，以西的流入二道白河。即天豁峰北坡的大气降水流入三道白河，虎头砬子北坡的大气降水流入二道白河（以天蓝色箭头表示）。
- 此处陡立的石砬子是气象站熔岩穹丘的东部边缘。
- 虎头砬子北坡
- 气象站新址（20世纪80年代建造）
- 2622.2
- 气象站旧址（20世纪50年代建造）
- 气象站火山熔岩穹丘
- 二道白河与三道白河分水线
- 三道白河最高源头冲沟
- 天豁峰外坡（北坡）
- 摄影者脚下是火山爆发喷射到空中的浮岩降落堆积形成的天…

照片6-1 气象站火山口及气象站火山熔岩穹丘

照片中有二道白河与三道白河分水线，二道白河最高源头冲沟位于照片左外侧，这幅照片未将其摄入镜头，仅摄入三道白河最高源头冲沟。

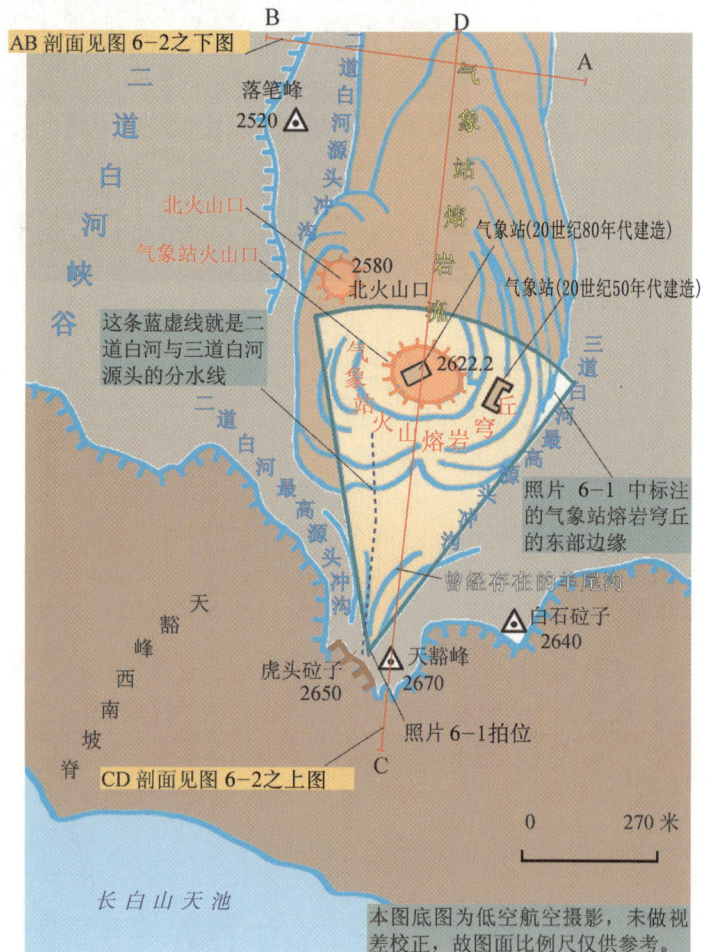

图中标注文字：
- AB 剖面见图6-2之下图
- B
- D
- A
- 二道白河峡谷
- 二道白河源头冲沟
- 落笔峰 2520
- 气象站熔岩穹丘
- 北火山口
- 气象站火山口
- 2580 北火山口
- 气象站（20世纪80年代建造）
- 气象站（20世纪50年代建造）
- 这条蓝虚线就是二道白河与三道白河源头的分水线
- 气象站火山熔岩
- 2622.2
- 三道白河最高源头冲沟
- 二道白河最高源头冲沟
- 照片6-1中标注的气象站熔岩穹丘的东部边缘
- 曾经存在的主熔岩…
- 天豁峰西南坡脊
- 白石砬子 2640
- 虎头砬子 2650
- 天豁峰 2670
- 照片6-1拍位
- CD 剖面见图6-2之上图
- 0 270 米
- 长白山天池
- 本图底图为低空航空摄影，未做视差校正，故图面比例尺仅供参考。

C

图6-1 气象站火山口及气象站火山熔岩穹丘拍摄位置图

那个岩浆喷溢口就是我们现在看到的不起眼的小圆丘在地质历史上曾经辉煌的一页。

这次火山喷发，在长白山火山喷发历史上被称为"气象站火山事件"。正是这次火山喷发，形成了这座小圆丘及其向北流去的熔岩流。小圆丘被命名为"气象站火山熔岩穹丘"，那条向北流去的熔岩流被命名为"气象站熔岩流"。

地质学家为了进一步说明气象站火山熔岩穹丘的属性，名称中又加入"寄生"二字，使之变成"气象站寄生火山熔岩穹丘"。如《长白山火山地质考察综合研究报告》17页（张普林，吉林省地质科技情报研究所，1991年）写道："在天文峰（天豁峰）北侧的碱流岩溢出口形成的同心圆状平缓盾状或略微凸起的饼状地貌可视之为白头山期（本书称祖峰期）的寄生火山。从该火口溢出的碱流岩……在火口周围形成蠕动状构造，最后在火口中心形成小圆丘。"还有《长白山火山地质研究》58页、《中国的活火山》25页等地质专著也确定了该小圆丘具有"寄生火山熔岩穹丘"的属性。

所谓寄生火山（亦称侧火山）是指附着在主火山锥体上的小火山，多是在业已形成的主火山锥的某个部位喷出形成的。这样的喷发多是在大规模火山喷发后，岩浆再次喷溢所致，在长白山火山区，一般来说，寄生火山规模较小，喷发也不太猛烈，所形成的小火山不能与先期形成的巨大而高耸的主火山相比，只能以附着在主火山锥上的形式"寄人篱下"似的存在着。

气象站火山事件是天池火山大规模喷发后的余波，已属强弩之末，岩浆中所含的气体大多散失，岩浆压力已经不大，所以喷发的强度不很猛烈；岩浆从火山口像饭锅里的粥溢出一样，所喷溢的物质也不完全是岩浆，还夹杂着许多固体物质，如岩屑、晶屑、火山岩碎块、火山渣、浮岩颗粒等。现在，我们再回头看那个岩浆喷溢口，当然，那里早已偃旗息鼓，炽热的岩浆和火山碎屑大部分已经流到山下，最后挤出来的岩浆已经黏得不能流动了，堆积在喷溢口上方慢慢冷凝下来，偶尔冒出一股热气，像是这次火山事件最后的叹息。岩浆凝固而成的小圆丘就是我们现在看到的"寄生火山熔岩穹丘"。

因为这个寄生熔岩穹丘和火山口在长白山火山锥上不止一处（据金伯禄："仅中国一侧已发现60余个火山口"），为区别它们，必须起一个有地域特点的名称，于是就把位于熔岩穹丘上的气象站拿来命名了，这便有了"气象站寄生火山熔岩穹丘"。因为这个学术名称太长，可简称为"气象站熔岩穹丘"，或更简化为"气象站岩丘"。

气象站火山事件发生在什么时候？或者说，气象站岩丘形成于什么年代？地质学家们还没有统一认识，各自测定的岩石年龄数据也不一样，但有一点是相同的，那就是：以地质时间尺度来衡量，这次火山事件离现在较近，或者说，气象站岩丘很年轻：有人给出的年龄是8.76万年（刘嘉麒，1981年。有的地质学家认为这个"年龄值偏高，故可信度不高"）；还有人给出的年龄是0.43万年，相当于我国历史上的尧、舜时期；还有人给出的年龄是0.4万年（刘若新等，2000年）相当于夏朝；还有人给出的年龄是0.2万年，相当于汉朝。

气象站火山事件形成的熔岩穹丘，位置很高，海拔2622米，仅比天豁峰矮48米。它表面平坦，四周开阔，在群峰林立的火山锥顶上难得有这样一块平缓之地，因此，1958年，当人们要在长白山顶建一座气象站时，考察人员选中了这里，觉得在这里盖房子真是再合适不过了。最初的石头房子不是建在现在的位置，而是建在熔岩穹丘的东侧边缘，比丘顶略低一点，目的是要避开丘顶上强劲的西风。在严寒而漫长的冬季，丘顶大风呼号，飞雪弥天，选一个背风的地方也在情理之中。但位于背风处的石头房子刚好是形成雪窝的地方，吹刮过来的积雪常把房子埋住，再加上老气象站已经破损，也太小了，决定重建一座气象站，到了20世纪80年代，他们搬家了。气象学家们这次搬迁虽然距离不远，只有一百多米，但却是一次超乎寻常之举，因为他们从熔岩穹丘的边缘搬到了熔岩穹丘的正中央，也就是说，他们把气象站分毫不差地建在火山口的正中央，所以才说这是一次超乎寻常的搬迁。

人们常把最危险的事情形容为"如同坐在火山口上"，他们现在就"坐在火山口上"了。但请大家放心，这只不过是曾经的火山口，它已经停息了几千年，并不构成威胁，一般不会再有危险。从火山地质角度讲，这个火山口已经凝固封死，即使火山再次爆发，一般也不会再在这里发生，岩浆会选择更脆弱的地方喷发。气象站的勇士们尽可以高枕无忧，何况，现代科学技术已在很大程度上能把握火山活动的脉搏了。

照片6-1所摄就是那座"寄生火山熔岩穹丘"和新、老两座气象站。登山公路一直修到火山口上。

注意照片中的"羊尾沟"和三道白河源头冲沟，前者是雪蚀洼地，在本书中有对它的描述，后者是松花江最高源头之一。那里曾经有一个用来装水的大水箱，只有这里的气象学家能喝上松花江最高源头的水。

## 6.1.2 气象站火山熔岩穹丘的形貌及构造

在直升机上的摄影家对气象站所在的位置大为惊奇,因为它不偏不倚坐落在岩浆喷溢口即火山口的正中央,使之在长白山火山锥上成为一处独特的景观。怎样知道那是火山口的正中央?从图6-2中可以看到:在气象站周围的地面上,犹如在平静的水中投入石块激起的一圈圈波纹,那圆心就是火山口的中心。

地质学家告诉我们,气象站周围这些同心圆状的波纹是岩浆从喷溢口溢出时扩散形成的熔岩流动构造,这种有趣的地质现象,姑且称之为"熔岩波环"。水中激起的波环几秒钟就会扩散而消失,岩浆扩散所形成的熔岩波环却会冷凝固化在熔岩穹丘上。

我们在地面上对岩浆流动形成的熔岩波环可能视而不见,因为它太大,即使在熔岩波环上徜徉,也只能看见波环的局部,犹如运动员在圆形跑道上只能看见弯曲的线一样。那么,人们脚下这些看起来是什么样呢?其实不过是一条条宽窄不一的碎石带或低矮的石坎而已。如果你沿着这些碎石带或石坎走,便会发现它是圆形的,就好像运动员绕场一周,可以闭合。只可惜现在这些熔岩波环已经很不明显了,风化侵蚀作用模糊了熔岩波环,更主要的是近几十年来在熔岩穹丘上的工程施工,修筑公路时的挖掘,汽车的碾压……原本一圈圈的熔岩波环已踏成平地,波环遗迹消失殆尽,与五十五年前第一次踏上这座岩丘时完全不同了,哪里还能沿着波环绕场一周?这是非常可惜而令人失望的事情。

不过,现在在空中从整体上还勉强可以看得到熔岩波环的残迹,那些残缺不全的熔岩波环依然可以构成一圈一圈的同心圆,在航空照片上有所显示。图6-2就是依据20世纪末航空照片的影纹绘制的。在图中,因为直升机位置较低,视线与地面夹角较小,本来是圆形的熔岩波环变成了椭圆形。

在图中,以线条形式简化而明确地画出熔岩波环的走向和形态,强调画出在岩浆喷溢扩散的中心部位的气象站。笔者曾经与气象站的建设者交谈,问为什么把气象站建在这里,是否知道这地方过去发生过什么事,无人知道此圆丘是火山口,曾经喷溢过炽热的岩浆。他们没有意识到他们的规划多么有独创性。让气象站建在火山口的正中央,尽管那是几千年前就已冷却凝固的火山口,这种布设在世界上恐怕也是独一无二的。

图中在气象站火山口以北,用箭头表示熔岩流动方向。可以看到,岩浆从火山口溢出后呈舌状向北流动。从图中可以看到,气象站熔岩穹丘海拔2622.2米,这个高度不算低,但在它的南面有比它更高的天豁峰(2670米)和虎头砬子(2650米),它们阻挡了气象站熔岩流向南流动,所以岩浆不可能流到天池里。这种情况说明一个重要的地质问题:天豁峰和虎头砬子形成在先,占据了制高点,形成一面向北倾斜的山坡,作为流体的熔岩流喷溢在后,顺着斜坡向山下流去。之所以强调这一点,是因为这种关系为确定天豁峰、虎头砬子与气象站岩丘的新老关系提供了地质证据:即天豁峰和虎头砬子的形成早于气象站熔岩穹丘。天豁峰、虎头砬子均由橘黄色的浮岩构成,它们是在火山大爆发中由喷射到空中的浮岩回落堆积形成的,此后过了若干年才有气象站火山喷溢形成熔岩穹丘。

这里有一个地质现象必须说明:既然气象站火山熔岩穹丘的形成晚于天豁峰、虎头砬子,就不应该有橘黄色的浮岩覆盖在岩丘之上。但有时在岩丘上能看见零星分布的浮岩,这是怎么回事?那应该是天豁峰斜坡片流洗刷作用的结果。片流是暂时性流水,如果你在天豁峰上遇上一场暴雨,就会看见这种片流。天豁峰的浮岩固然有良好的渗透性,但也能在山坡上形成片流。天豁峰外坡很陡,为40度左右,松散堆积的浮岩在较强的洗刷作用下,使天豁峰斜坡发生严重的水土流失,流失的橘黄色浮岩颗粒则被带到气象站岩丘之上,这样的堆积覆盖并非原生态,而是片流侵蚀、斜坡破坏、次生搬运堆积的结果。此次生覆盖不能作为建立火山事件序列的依据。

图中有一个标注为"北火山口"的小同心圆,在地面观察时很容易被忽略。北火山口与气象站熔岩穹丘相伴而生,一大一小,像一个小妹妹偎依在大姐姐身旁。为什么不说像女儿偎依母亲,那不是更温馨吗?不行,因为它们不是母女关系,它们是由同一岩浆源在同一时间形成的,两者没有辈分之别,所以是"一奶同胞"的"姐妹"关系。

北火山口也有自己的熔岩流,但规模窄而短,它紧紧挤在气象站熔岩流西缘,一大一小两条互相挤压的熔岩流在向北倾斜的原始山坡上同向流动,由姐妹火山口喷溢形成的姐妹熔岩流依然如故,手挽着手,肩并着肩共同走向山下,在图6-5中,对此有更清楚的描绘。气象站火山口和北火山口的上升通道在深处很可能是连在一起的,好比树枝的分叉,下面有一条总通道,此种情况在图6-6的剖面中有描绘。

北火山口及其喷溢形成的熔岩流规模虽然不可与

气象站火山口和气象站熔岩流相比，但它出现的位置有重要的地质意义，说明这里存在一条放射状辐状断裂，在这条断裂带上分布若干火山口，从整体上看，它们属于裂隙式喷溢。这条断裂在《长白山火山地质研究》68页中称为F5断裂（图6-4中标注了F5断裂）。

气象站火山口和它喷溢形成的熔岩流呈缓脊状高出原始山坡，成为二道白河上游和三道白河上游的分水岭。在源头最高地方，即天豁峰和虎头砬子外坡，图中用"两河最高分水线"表示两条河流最高源头冲沟的分界。此线左面的大气降水流入三道白河，右面的流入二道白河，也就是说，从天豁峰走向虎头砬子就等于从三道白河流域进入二道白河流域。

这条分水线并非固定不变，两河源头冲沟的"溯源侵蚀"使分水线变低变窄并位移。通过近四十年的观察，分水线已经向二道白河源头冲沟推进了几十米，说明三道白河的溯源侵蚀强于二道白河的溯源侵蚀。两条河流的溯源侵蚀都对天豁峰和虎头砬子北坡的浮岩层造成很大的破坏。

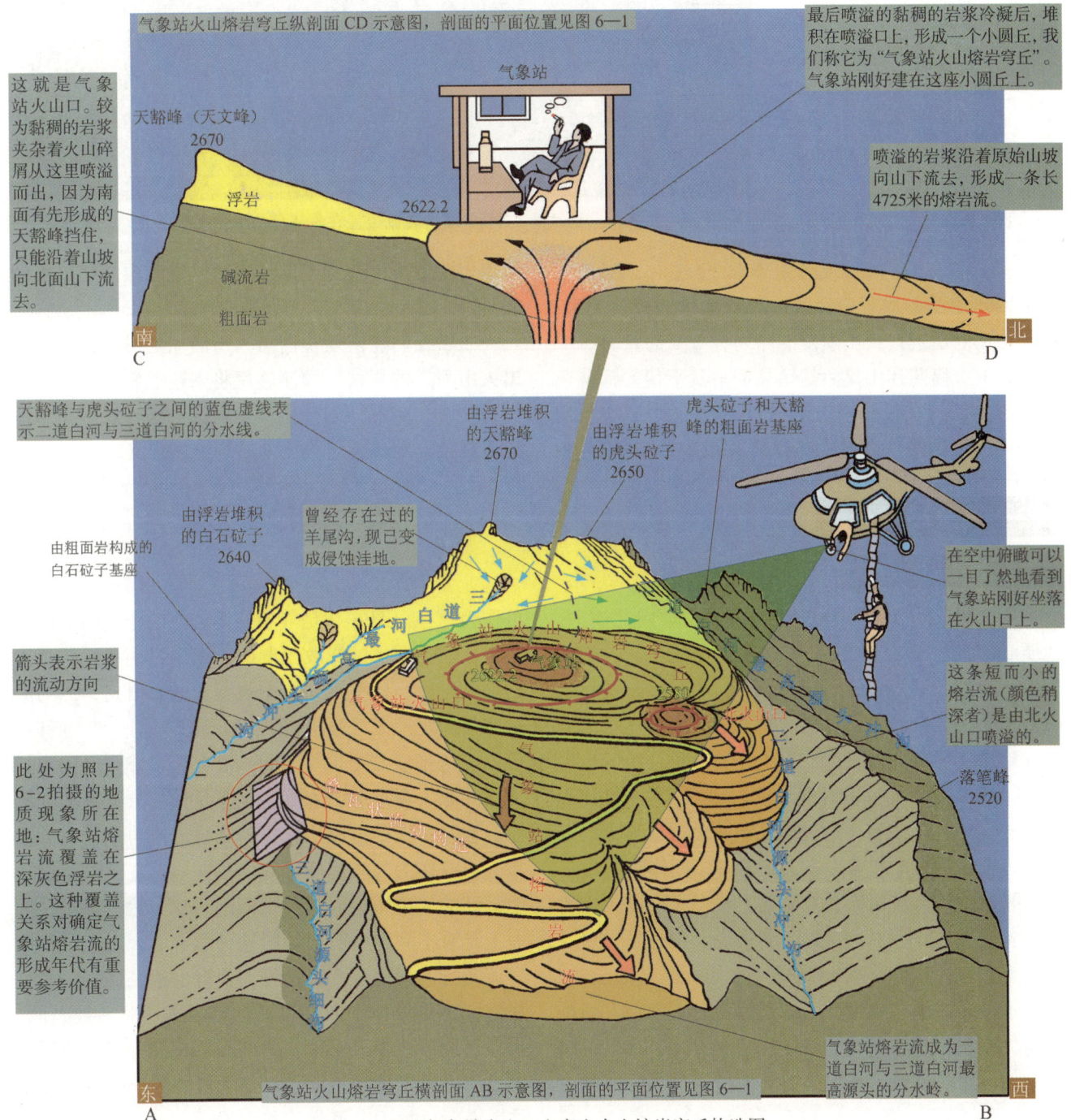

图6-2　天池气象站火山口和寄生火山熔岩穹丘构造图

### 6.1.3 气象站熔岩流与其下伏的浮岩接触关系说明了什么?

照片6-2拍摄的位置在气象站旧址石头房东约20米陡坎处,具体位置见图6-2中所标定的位置和范围。

照片6-2也许对游山玩水的旅行者没有什么吸引力,但对专门研究长白山火山的地质学家来说却有重要的意义。照片上部的陡崖是气象站火山口喷溢的气象站熔岩流,它直接覆盖在一层深灰色的浮岩之上。这种覆盖关系说明:在气象站火山口喷溢之前,一定还有一次规模很大且很猛烈的火山爆发,喷出了大量的浮岩。如果这层浮岩的年龄确定为6000年至7000年间,或者是4000年左右,那么气象站熔岩流的形成肯定在这之后。这样的覆盖关系,对研究长白山近代火山喷发的序列有重要的意义。

关于这幅照片中气象站熔岩流与其下伏的深灰色浮岩的关系,本书参考了《长白山火山地质研究》27页的《气象站东气象站期与浮岩关系图》;关于气象

照片6-2 气象站熔岩流覆盖在深灰色的浮岩之上

站熔岩流形成年代的不同认识,这里还参考了该书的39页。

如果我们能恢复长白山火山活动的排序,就能找出火山喷发的规律,预测这里将来还能发生什么,从而为防灾、减灾计划提供科学依据,这种看似简单的地质现象,却蕴含着火山地质学上的意义。

## 6.2 气象站熔岩流

### 6.2.1 气象站熔岩流

从气象站火山口喷溢的熔岩沿着山坡向北流去,地质学家把这条熔岩流冠以"气象站"之名,在地质学上称为气象站熔岩流。气象站火山口好像岩浆喷泉,喷溢出一条夹杂着火山碎屑的熔岩流,所以这条熔岩流在地质学界有人定义为"火山碎屑喷泉补给的熔岩流"(《长白山天池火山近代喷发》13页)。注意此学名中的"碎屑"二字,是说从气象站火山口喷溢的熔岩不完全是黏稠的岩浆,还夹杂着许多固体碎屑物。

气象站熔岩流因有其典型性,故在长白山火山研究中备受关注,但对许多旅行者来说,也许不知道或不了解它,因为其既无山峰的雄伟,也无悬崖的险峻,以为不过是一系列山坡而已。还因为它太大,人们难以窥见它的全貌,虽有公路修在它上面,也难以引起人们的注意,真是"不识庐山真面目,只缘身在此山中"。

为了看清它的全貌,最好是升到高空俯瞰。如没有机会乘坐直升机上天也无妨,这里提供一幅素描图

可作为弥补。图6-3是气象站熔岩流的全貌图。此图是根据航空照片的影纹绘制的。图中只用单线条画出的那些影纹,比实际在空中观察到的要概括,因为太过密集的纹理无法画出,但整体形态没有改变。所以,可以说这张素描图是写实的,没有艺术夸张或艺术加工,并非大写意的山水画,也不是抽象派笔下的变形体。地质学家尽可以用它作为岩浆流体力学研究的参考资料或作为勾画地质界线的依据。总之,这是在空中见到的气象站熔岩流的平面形态。当然,我们在地面上是看不到图中所描绘的这种形象的。人们沿着熔岩流爬行,即使登上天豁峰,视野也很受局限,只见局部,不见整体;而且那局部也因透视关系被歪曲。人们对地形地貌从空中整体俯瞰总有一种天然的陌生感,所以难以把在地面上局部视域的零碎印象拼成整体。面对这幅图,假如不加以说明,人们很难猜到这就是长白山中那条由岩浆喷溢形成的熔岩流,虽然你在登天豁峰的路上无论是乘车还是步行,其实都是在

356

这条熔岩流上爬上爬下。

现在，我们已经知道它是气象站熔岩流的整体形象，是我们在地面上无法看到的全貌。只有从整体观察才能对它有全面的认识。那么，气象站熔岩流这张素描图可以告诉读者什么呢？

第一，气象站熔岩流有优美的外貌。它的整体外形蛇曲，这种蛇曲显然是流体在不平坦的坡地上流动形成的。说明人们眼前所见到的整面的山坡曾经以熔融态形式流动过。它的行为遵循流体力学的规律，它由熔融态变成固态后，那些流体特征均保留下来。熔岩流是火山喷发的一种类型，是多种火山岩相中的一种。

第二，气象站熔岩流有非常发育的流动构造。从宏观上看，那些巨大的弧形呈叠瓦状优美而有序地排列着，说明这是一种黏度很大的流体。只有黏度很大的岩浆才能形成层层挤压、层层相叠的叠瓦状流动构造，从而可以推断岩浆的性质。在长白山火山区，如此岩流一般不会是玄武质岩浆，因为玄武质岩浆黏度小，从地下喷溢后会散开平铺在地表。地质学家告诉我们，气象站熔岩流是由黏稠的碱流质岩浆喷溢形成的。

第三，从气象站熔岩流的整体形态还可以知道，岩浆喷溢口除了气象站这个主要喷溢口外，还有相伴的小喷溢口。这几处小火山口在地表上仅见到一处，它就是气象站火山口西北约200米处的一个小火山口，图中用北火山口一名标出。根据气象站熔岩流的叠置、分叉、流动构造弧的疏密、弧度大小等种种现象推断，还有另外几个喷溢口，但被气象站这条巨大的熔岩流掩埋了，在地表看不见。这几个被掩埋的喷

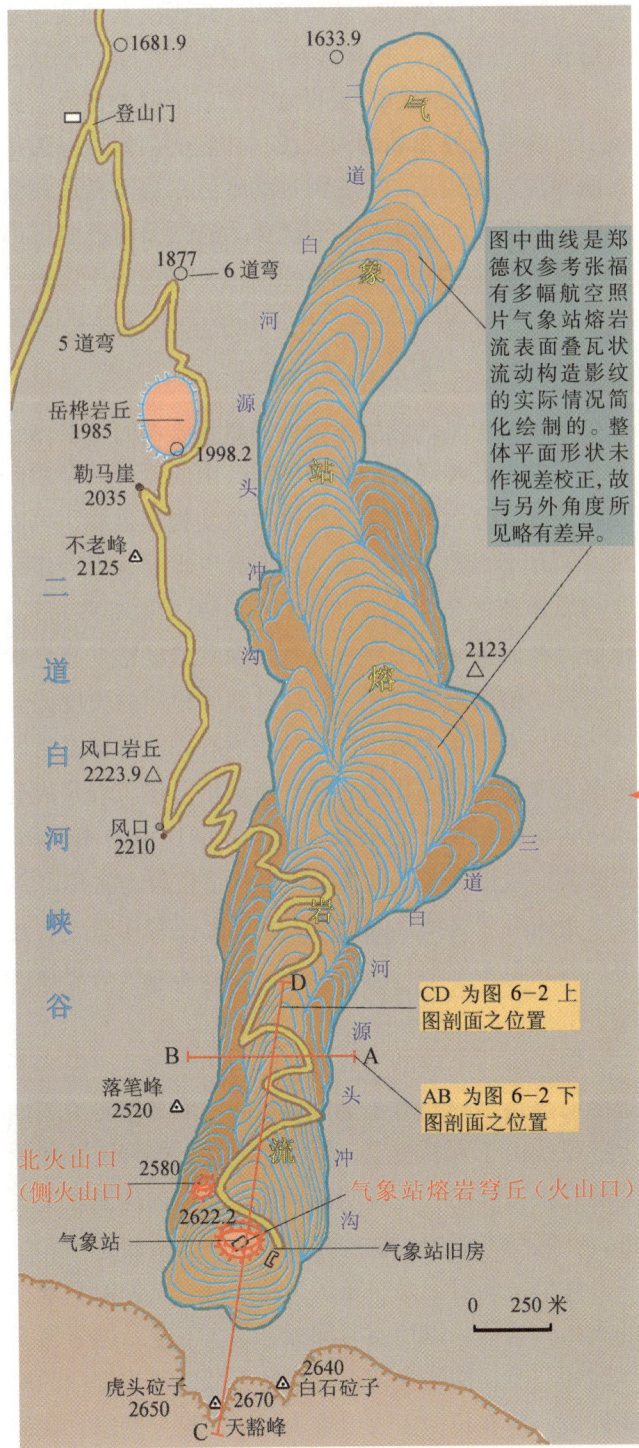

图6-3 气象站熔岩流平面图

图中曲线是郑德权参考张福有多幅航空照片气象站熔岩流表面叠瓦状流动构造影纹的实际情况简化绘制的。整体平面形状未作视差校正，故与另外角度所见略有差异。

CD 为图6-2 上图剖面之位置

AB 为图6-2 下图剖面之位置

图6-4 气象站熔岩流位置图

溢口呈南北向排列，即与F5断裂的方向一致，说明F5断裂有多个喷溢口。

第四，气象站熔岩流的形成与断裂有密切关系。气象站火山口位于长白山火山锥北部放射状断裂带上，岩浆沿这条断裂带喷发形成气象站熔岩流，这条放射状断裂在地质上称为F5断层。《长白山火山地质研究》68页记载："F5断层位于天文峰（天豁峰）至风口东沟，近南北向或北北东向分布，喷溢的大部分气象站期碱流岩、黑曜岩向北流，也有少量向南流。F5断层实际上是由多个断层组成的断裂带，多数断层被气象站期碱流岩所覆盖。此断裂属压剪性。气象站期碱流岩是沿着F5断裂谷呈垄状分布。"

第五，气象站熔岩流的形成是"一气呵成"的。即岩浆从火山口向外喷溢是持续性的，中间没有间断，说明这次火山喷溢持续的时间很短，短到可以是几天，甚至是几个小时。只有"一气呵成"，即所喷溢的岩浆在短时间内差不多同时凝固才能形成一条如此完美

而连贯的整体造型，在野外地质考察中并没有发现喷发间断的迹象。整条熔岩流岩性的一致性也说明是同源同时的产物。特别强调这一点是因为地质学家们对此有不同认识，有人认为气象站熔岩流是分好几个喷发阶段形成的。

气象站熔岩流的基本数据如下：熔岩流长4725米，平均宽500米，从岩浆喷溢口到熔岩流末端落差988.3米，平均厚度约50米，熔岩流体积约1.2亿立方米，即这次火山喷溢的喷发量。另有《长白山火山地质研究》38页计算为6.3亿吨，可参考。熔岩流的岩性：主要由碱流岩、角砾熔岩、角砾凝灰岩及黑曜岩组成。

第六，气象站熔岩流喷溢形成后，覆盖在原始山坡上。改变了原来的冲沟系统，在它的两侧边缘形成新的冲沟，西边是二道白河冲沟系，东边是三道白河冲沟系。所以，气象站熔岩流成为这两条河流源区的分水岭。

### 6.2.2 空中低角度俯视气象站熔岩流

图6-3是气象站熔岩流空中俯瞰图，该图是平面图，没有立体感。图6-5则是依据直升机低空摄影照片所绘，为空中低角度俯视图。为了更形象地说明气象站熔岩流的形态以及与火山锥北坡的关系，从长白山火山锥上切下有熔岩流的这一块，绘制一幅有立体感的图，供读者参考。

从图中可以看到，气象站熔岩流气势宏大，犹如一条披着鳞甲的巨龙从天豁峰上蜿蜒而下，在群山之中异常醒目。"巨龙"周界清晰，显示出与周围不同的地貌特征，成为一处单独的地貌单元。由于其形成的地质年代较近，熔岩流的外貌和流动构造保存得相当完好，它成为地质专业研究长白山火山的大标本。

注意观察熔岩流表面上弧形叠瓦状构造，这些构造包含着许多秘密：弧顶凸向流动方向，说明岩浆在流动时，中心部位温度高，流速快。两侧的岩浆因与地面接触，摩擦阻力增大，加上温度下降得更快，从而使岩浆变得比中心更黏稠。由于边部的岩浆流速变慢，但中间不太黏稠的岩浆还在快速向前推进，因此产生一层层向前凸的弧形构造。这与河水在河床中的流动情况类似：大河中心和表层的水流速快，近岸和河床底部的水因摩擦阻力而使流速变慢。河床不同部位流速不同，站在河边观察河面上的漂浮物就可以看到。在这里，虽然几千年前岩浆流动的情景我们看不到，但它已经把流动情景记录在熔岩流的表面上，固

化在熔岩流中了，这与亲眼见到岩浆流动的情景也差不了多少。已经固化的那些向前凸出的弧形就是相当准确的流速分布曲线。分析这些流动构造弧线，可以对人们并不很熟悉的岩浆的性质有更多的认识。作为非均质流体的岩浆，在流动过程中展示的那些特征，很值得我们去研究那些特征背后隐藏的秘密。叠瓦状弧形流动构造疏密不同，除反映原始地面的坡度差异外，还与岩浆从火山口溢出的速率有关。岩浆溢出的速率是喷发强度变化的表现。流动构造还与岩浆成分和所含固体物的比率有关，含有较高比率的固体物，岩浆流速变慢，叠瓦状弧形流动构造就较为密集。

我们沿着这些巨大的叠瓦状弧形流动构造走，还可以看到更多细部构造，从而对条熔岩流会有更深入的了解。

熔岩流的下段虽然被茂密的森林覆盖着，但它的边缘明显突出的地形还是很清楚的，只是熔岩流表面上的弧线由于森林覆盖，不太明显了。熔岩流舌状前缘的几根弧线是旨在说明流动构造的连贯性而画上去的，在实地考察中，那些弧线可能不太明显。

气象站熔岩流是一条从头到尾都完整保留到现在的火山岩岩体，以地质时间标准说，气象站熔岩流是年轻的，流动构造保留得较清楚，遭受风化剥蚀的时间较短，这在长白山火山锥上并不多见。所以，我们不要去破坏它，它是不可再生的，毁掉了就永远消失

了。在我国，除黑龙江五大连池火山外，如此清楚的熔岩流动构造并不多见。

从图中可以看到，通往天豁峰的公路，有一半就是修筑在这条熔岩流上的，无疑对它是很大的破坏。很多典型的熔岩流动构造和其他地质现象，在20世纪六七十年代公路两侧还可以见到，现在已荡然无存，都砸碎变成铺路石了。但愿没被毁坏的那部分能得到人们的关心和爱护。

在这幅图中还标示出在地面上拍摄该熔岩流的拍摄位置，那是在岳桦岩丘东侧的公路上。在公路上行进，有很长的一段路程只要向东看，都可以观察到占据整个山坡的熔岩流。不过，看一下拍摄的照片就会知道，如果不加解释，非专业的旅行者难以看出这面山坡与别处的山坡有什么不同。所以，下一节还要对在地面上拍摄的照片加以解说。

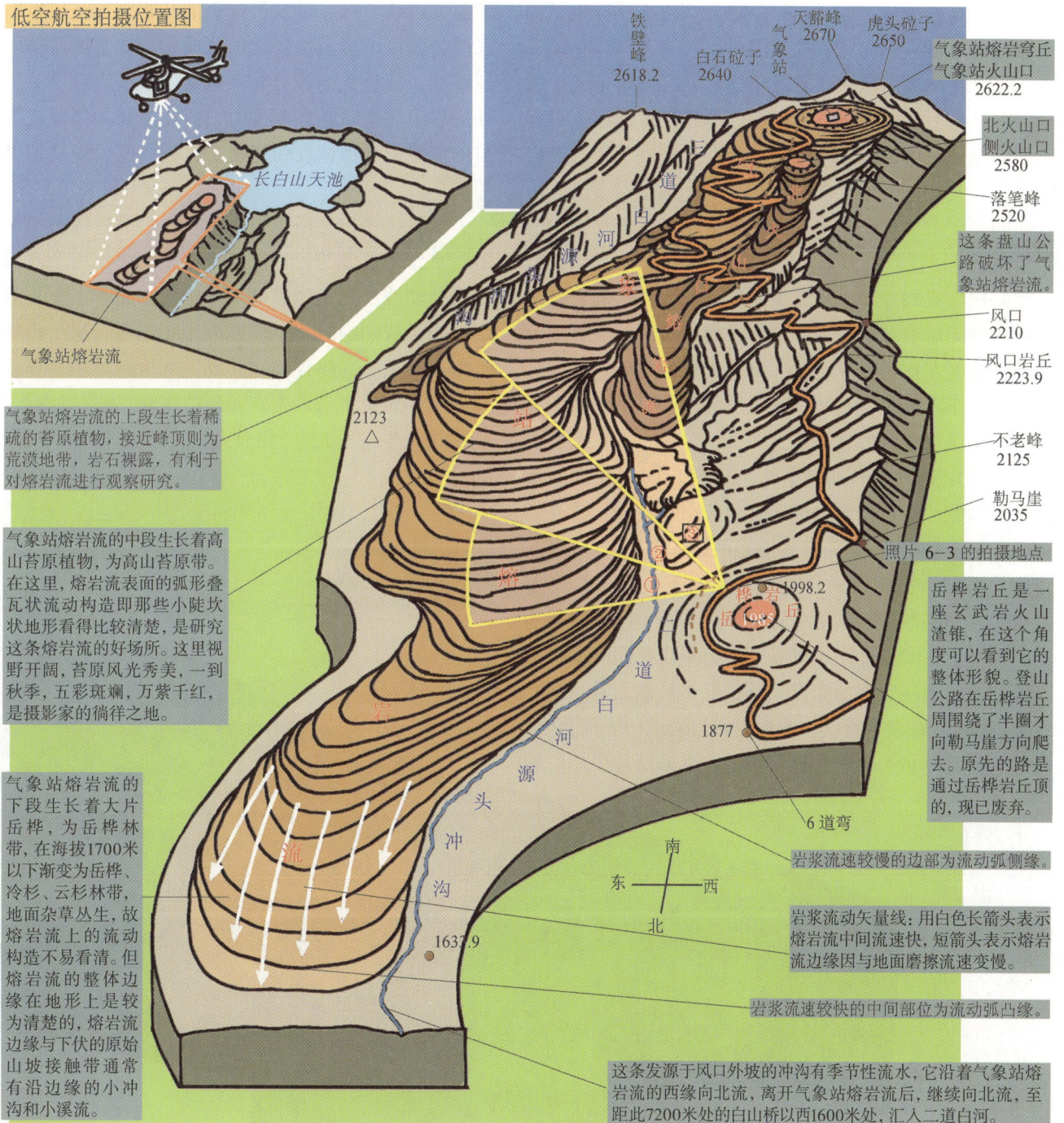

低空航空拍摄位置图

长白山天池

气象站熔岩流

气象站熔岩流的上段生长着稀疏的苔原植物，接近峰顶则为荒漠地带，岩石裸露，有利于对熔岩流进行观察研究。

气象站熔岩流的中段生长着高山苔原植物，为高山苔原带。在这里，熔岩流表面的弧形叠瓦状流动构造即那些小陡坎状地形看得比较清楚，是研究这条熔岩流的好场所。这里视野开阔，苔原风光秀美，一到秋季，五彩斑斓，万紫千红，是摄影家的徜徉之地。

气象站熔岩流的下段生长着大片岳桦，为岳桦林带，在海拔1700米以下渐变为岳桦、冷杉、云杉林带，地面杂草丛生，故熔岩流上的流动构造不易看清。但熔岩流的整体边缘在地形上是较为清楚的，熔岩流边缘与下伏的原始山坡接触带通常有沿边缘的小冲沟和小溪流。

铁壁峰 2618.2
白石砬子 2640
天豁峰 2670
气象站
虎头砬子 2650
气象站熔岩弯丘
气象站火山口 2622.2
北火山口
侧火山口 2580
落笔峰 2520
这条盘山公路破坏了气象站熔岩流。
风口 2210
风口岩丘 2223.9
不老峰 2125
勒马崖 2035
照片6-3的拍摄地点

岳桦岩丘是一座玄武岩火山渣锥，在这个角度可以看到它的整体形貌。登山公路在岳桦岩丘周围绕了半圈才向勒马崖方向爬去。原先的路是通过岳桦岩丘顶的，现已废弃。

岩浆流速较慢的边部为流动弧侧缘。

岩浆流动矢量线：用白色长箭头表示熔岩流中间流速快，短箭头表示熔岩流边缘因与地面磨擦流速变慢。

岩浆流速较快的中间部位为流动弧凸缘。

这条发源于风口外坡的冲沟有季节性流水，它沿着气象站熔岩流的西缘向北流，离开气象站熔岩流后，继续向北流，至距此7200米处的白山桥以西1600米处，汇入二道白河。

2123
岳桦岩丘 1998.2
1985
1877
6道弯
南 东 西 北
1637.9

图6-5　气象站熔岩流低空俯瞰切块立体图

359

## 6.2.3 气象站熔岩流的地面形态

我们已经展示过从空中以不同角度和不同高度俯瞰气象站熔岩流的形态，想必那蛇曲般的外形和美妙的弧形流动构造会给人们留下深刻的印象。但我们不能光在空中飞翔，旅行主要还是在地面上行进，那么，在地面上还能看到同样的情景吗？非常遗憾，看不到这些，因为观察的角度太低，离得太近，人们只能看到熔岩流的局部形态。

照片6-3是在地面拍摄的，是熔岩流中间的一段，拍摄地点在绕过岳桦岩丘的公路上，图6-5标出了拍摄地点、镜头朝向和取景范围。

沿着公路前行，一转过岳桦岩丘，向东望去，就能看见有一面向北倾斜的山坡，那就是在地质上很有名的气象站熔岩流在地面上的卧姿。观察气象站熔岩流，只有在这一带才能看得到照片上拍摄的形态。再向前走，一过风口，连这个也看不到了，不是因为愈来愈远，而是愈来愈近，迨我们沿着公路爬上熔岩流，就好比一只蚂蚁爬上了犀牛那布满褶皱皮肤的脊背一样，是无法看到整个犀牛的。在熔岩流的巨大弧形流动构造上左拐右拐，尽是一百八十度的急转弯，到处只看见小石坎和碎石坡，哪里还能像在空中观察那样分得清层层叠叠的叠瓦弧？

照片上的地形是气象站熔岩穹丘向北延伸的山脊，与照片右下角摄入的老熔岩流山坡比较，首先感觉它粗糙且凹凸不平。但是细心的旅行者肯定能发现，这些看似杂乱无章的包包坎坎其实有一定的排列方向，它们多数呈线状沿山脊延伸。实际上，这就是我们在平面图或立体图中所看到的那些优美而流畅的圆弧，只因现在观察的角度太低，好比从侧面看一摞盘子，把圆弧看成了直线。若你走在熔岩流的表面再看，每个圆弧都是小台阶和碎石带。在本幅照片中用"叠瓦前缘"字样标出了它们。这些叠瓦前缘是岩浆阵发性涌动推挤形成的，好比长江后浪推前浪。所不同的是岩浆是黏稠的，流速是缓慢的。

岩浆的温度很高，溢出火山口时有八九百度至一千度左右，呈红色，像炼铁炉渣，在地表流动一段距离，温度便降下来，变得更黏稠而不易流动了。这时，如果没有后面岩浆的推挤便难以前进，在后面岩浆向前推挤的过程中，形成了一道道陡坎。由于岩浆的温度持续下降，熔岩流的表面开始固化，但里面还在流，所以熔岩流已固化的表面和前缘常被挤破而变成碎块，使叠瓦前缘看起来像是一条条碎石带。当流动的岩浆完全冷却而凝固时，流动过程中那一波推一波的情景便被保留在熔岩流上，正如照片中所拍摄的那样。

如此描述，就是想告诉读者，眼前这面山坡不是由流水作用形成的侵蚀坡或冷冻和重力作用形成的土石层蠕动坡，它是岩浆喷溢形成的，它有不平凡的经历。如果我们把时间退回四五千年左右，这个山坡便是烈火炎炎，它整体都在移动、翻滚、推挤，冒着烟和蒸气。如果事情发生在漆黑的夜晚，那就更好看了：一片红光照亮了天空，好似火龙从天豁峰上蜿蜒而下。

这条陡坎是气象站熔岩流上的叠瓦状流动构造的前缘。

气象站熔岩流

气象站熔岩流西侧部缘

照片6-3　气象站熔岩流的地面形貌（拍摄地点、方向及范围见图6-5）

360

那火龙开始尚威风凛凛，气势磅礴，后来却越来越慢，火红的颜色慢慢变成暗红，然后变成黑色，那炽热的黏稠物质逐渐冷却变硬，最终变成了冰冷的岩石，那条翻腾的火龙完全失去了威风，没有了活力，最后冷却在山坡上。熔岩流辉煌的一页很快就翻过去了，它被岁月无情地遗弃在遥远而荒凉的"大荒"世界。这是一曲悲壮的岩浆喷发曲。如果我们把这样的动画情景叠印在眼前的山坡上，联想到它的火红而耀眼的历史和眼下悲壮的结局，你也许会面对看似平常的山坡而肃然起敬。

从照片上还可以看到如下现象：请看 3 幅照片中右面的那幅，从这幅照片的右上至左下画一条对角线（照片中用白虚线标出）就能看出，两边地貌不一样，左上部坡面极为粗糙，右下部坡面则光滑得多，

似简单的逻辑就是地质学上判定新老地层的"叠覆原理"。那么，新老熔岩流的表面何以有很大的差异？主要有以下两点原因：第一，岩性的差异，年轻的气象站熔岩流是碱流岩，岩浆中携带了很多固体物质，"流动之前是由炽热的火山碎屑物快速聚集，碎屑之间在高温状态下互相弥合在一起，再经地表流动而形成岩石"（《长白山天池火山近代喷发》第 12-13 页）。也就是说，它在未溢出火山口时就已经含有半凝固的块体和火山角砾火山碎屑了，这样一锅饱含着碎屑物质的岩浆当然不能指望它形成光滑的表面。但先期形成的熔岩流不同，它是含有少量固体物质的粗面质岩浆，凝固后能形成较为光滑的表面。第二，与熔岩流的年龄有关。较老的熔岩流经过长期的风化侵蚀，凸

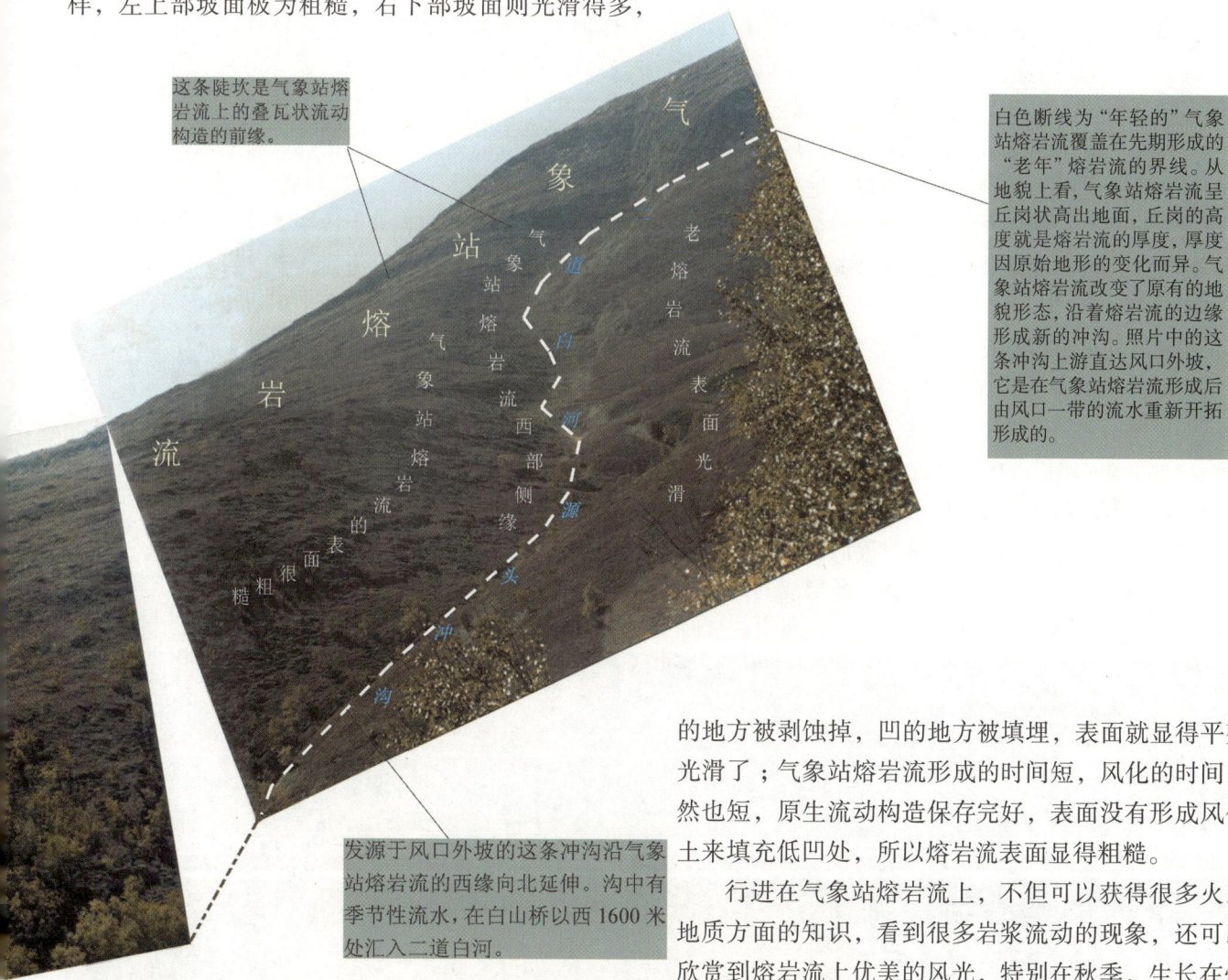

这条陡坎是气象站熔岩流上的叠瓦状流动构造的前缘。

白色断线为"年轻的"气象站熔岩流覆盖在先期形成的"老年"熔岩流的界线。从地貌上看，气象站熔岩流呈丘岗状高出地面，丘岗的高度就是熔岩流的厚度，厚度因原始地形的变化而异。气象站熔岩流改变了原有的地貌形态，沿着熔岩流的边缘形成新的冲沟。照片中的这条冲沟上游直达风口外坡，它是在气象站熔岩流形成后由风口一带的流水重新开拓形成的。

发源于风口外坡的这条冲沟沿气象站熔岩流的西缘向北延伸。沟中有季节性流水，在白山桥以西 1600 米处汇入二道白河。

这做何解释？粗糙的山坡是气象站熔岩流，光滑的山坡是更早以前的熔岩流，两者不是同时代的产物。前者覆盖在后者之上，这种覆盖不仅表现了它们在空间上的叠置关系，更重要的是反映了两者时间上的新老关系。新形成的熔岩流覆盖在老熔岩流上面，这种看

的地方被剥蚀掉，凹的地方被填埋，表面就显得平整光滑了；气象站熔岩流形成的时间短，风化的时间当然也短，原生流动构造保存完好，表面没有形成风化土来填充低凹处，所以熔岩流表面显得粗糙。

行进在气象站熔岩流上，不但可以获得很多火山地质方面的知识，看到很多岩浆流动的现象，还可以欣赏到熔岩流上优美的风光，特别在秋季，生长在熔岩流上的高山苔原带植被，那种姹紫嫣红的美丽风光会使人流连忘返。

图6-6是气象站熔岩流的纵剖面示意图，纵剖面的位置是从气象站火山熔岩穹丘向北，沿着气象站熔岩流将整个火山锥体纵向剖开的。制作纵剖面图要总结前面的文字叙述，使读者从纵向上对熔岩流有更多的了解。此图要点如下：

(1)气象站熔岩流覆盖在先期形成的老熔岩流之上，这些老熔岩流构成火山锥体北坡的原始坡面。从气象站火山口喷溢的岩浆就是沿着这个原始坡面从山顶流到山脚下的。气象站熔岩流形成后，改变了火山锥北坡原始火山地貌，使那里多了一条南北走向的山脊。

(2)气象站熔岩穹丘及气象站熔岩流是一次性火山喷溢产物的不同部位，两者"本是同根生"，是同一个火山岩岩体。岩浆从火山口溢出后，沿原始山坡向北流去，冷却凝固了，形成气象站熔岩流；最后溢出来的岩浆在岩浆溢出口上面停留下来，形成一座穹丘。这个穹丘虽然有单独的名称，其实它就是熔岩流的一部分，只因为它处于熔岩流的最顶端，地位显赫，又是圆滑的丘形，在地质学上才有自己的名称：气象站熔岩穹丘。它的特殊之处在于，下面就是火山口，即岩浆喷溢口。

(3)气象站火山口及其形成的熔岩流，在长白山火山喷发的期次划分上称为"气象站期"，地质学家用它代表长白山火山事件序列中的气象站火山事件。它虽然单独称为"期"，从现有资料看，实际上喷发的时间很短。所以前文曾说过：气象站熔岩流是"一蹴而就"的。换一种说法就是：携带碎屑物质的岩浆从气象站火山口溢出，几乎没有停顿，所形成的熔岩流是一鼓作气，一流到底，一次成形的。上文所说的"时

间很短"，能短到什么程度？根据对现代火山喷发的类似实例报道估计，也许就是几天，甚至几小时。气象站熔岩流的喷发量，计算为1.2亿立方米，换算成重量约3亿吨，《长白山火山地质研究》38页的数据为6.3亿吨。不管哪个数据更贴近实际，喷发的速率还是很可观的。

(4)据对气象站熔岩流形态的研究，推测形成气象站熔岩流的岩浆上升通道，地下有分支通道，而且不止一条，在地表岩浆喷溢口也并非一处。气象站位置的通道是主要溢出口，另外还有几个小火山口向外溢出小股岩浆，喷溢的小股熔岩流虽然与大股熔岩流合流了，但仍能分辨出来。这些小溢出口多被大股熔岩流掩埋了，出露在地表的，明显者只有一处，即气象站西北方向约200米的小熔岩丘，它的平面位置见图6-3、图6-5，图面上标注为"侧火山口"。

(5)熔岩流形成前的原始山坡虽不平坦，但没有很大的起伏，从总体上看，坡度一致，就整体熔岩流而言，岩浆流动的方向无太大改变，基本是南北向，两处大蛇曲在平面上显得平滑而优美，呈拉伸的"S"形。就局部而言，岩浆在流动过程中形成多种多样的流动构造（见照片6-4至照片6-13）。

(6)从整个熔岩流看，可以分为两种地形，一是熔岩陡坎，如同台阶的垂直面；二是熔岩坪，如同台阶的水平面，两者构成阶梯状陡坎地形。这些熔岩陡坎和熔岩坪从空中看，就是图6-3、图6-5中所画的那些优美的叠瓦状弧形流动构造线。

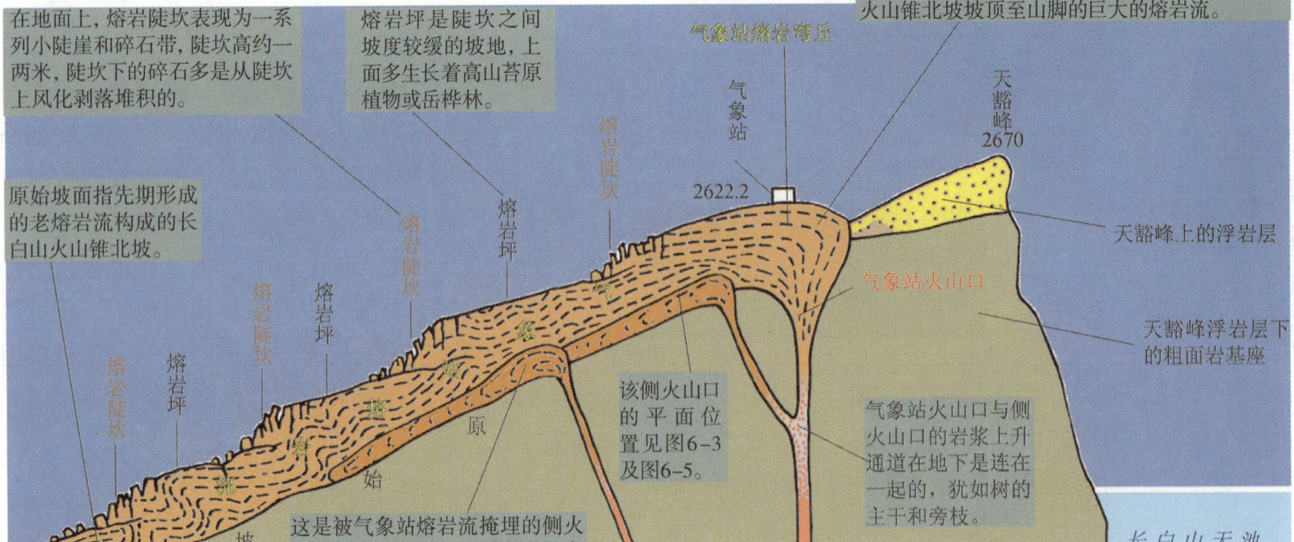

图6-6　气象站熔岩流剖面示意图

## 6.2.4　气象站熔岩流纵剖面示意图及说明

在熔岩陡坎上能看到很多细微的流动构造

熔岩陡坎

熔岩坪

熔岩流前缘（熔岩陡坎）之下因风化崩落而形成的碎石块，大部分被雪埋住。

照片6-4　较高的熔岩陡坎

照片6-4：沿着气象站熔岩流行走，可以看到很多这样的陡坎状地形，这些就是我们在图6-3和图6-5中所画的熔岩流上的弧线，那些弧线在实地就是这种样子。照片中的陡坎是熔岩流上层层的叠瓦状前缘，它是岩浆流动过程中，"后浪推前浪"推挤出的流动构造。这个陡坎高约3米，在航空照片上表现为线条较粗、颜色较深的影纹；而熔岩坪则表现为颜色较浅的影纹。陡坎断面上发育有密集的垂直节理。在冰楔作用和重力崩塌作用下，陡坎正在剥落，其下散落着垮塌的碎石块。

照片6-5：这是气象站熔岩流上较矮的熔岩陡坎，高约1米，在航空照片上表现为线条较细的影纹。该陡坎风化破坏得较为严重。尽管如此，从整体上看，它还大体上保留着岩浆流动构造叠瓦状前缘的模样。在未来的岁月中，风化会继续破坏它，它最终将变成一长列碎石带。注意熔岩坪上生长着高山苔原植被，而熔岩陡坎上则不能生长植物，这是因为熔岩坪较为平坦，可以保存风化土，有利于植物生长。

照片6-5　较矮的熔岩陡坎

在气象站熔岩流表面上，由于岩浆流动形成的台阶状叠瓦状构造，每个叠瓦的前缘形成陡坎地形，称为"熔岩陡坎"，两个陡坎之间如台阶平面之处称为"熔岩坪"。

熔岩坪

熔岩陡坎

绳状构造：像一条条粗大的绳子摞在一起，地质上称其为绳状构造。

照片6-6：这是气象站熔岩流的侧缘。远看像一条条粗大的绳子摞在一起，地质上有专门名词称呼这种流动构造：绳状构造。这里的绳状构造虽然并不典型，却是气象站熔岩流上常见的流动构造。我国典型的绳状构造见于黑龙江省的五大连池火山，称为"绳状石龙熔岩"，"通常由几股到几十股甚至百股似空心圆形的玄武岩拧紧，形状如'绳索'，外貌如航海轮船的'绳盘'"，本幅照片中的情况勉强可以称为绳状构造。

照片6-6　熔岩流侧缘的绳状构造

照片6-7:这是垄状构造。在气象站熔岩流上,走在这里,远远看上去,好像来到了一片被遗弃多年的撂荒地,好像可以分辨出地垄台和地垄沟似的。当然,气象站熔岩流上从来没有长白先民的农耕生产活动,它不是什么撂荒地,而是岩浆流动过程中形成的流动构造,因为有点像地垄,所以称其为垄状构造。

照片6-7 垄状构造

远远看去,很像一片被遗弃的撂荒地,似乎可以见到地垄台和地垄沟,但它却是气象站熔岩流表面的流动构造——垄状构造。

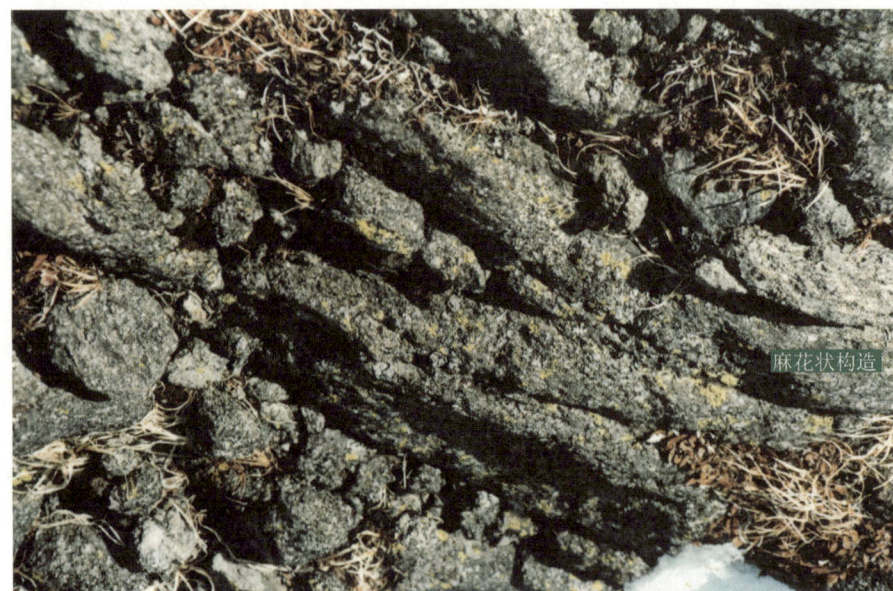

麻花状构造

照片6-8 麻花状构造

照片6-8:这是熔岩流上的麻花状构造。看上去有点像几根粗大的面条拧在一起形成的麻花,所以称为麻花状构造。

其实,说它是绳状构造也可以,因为它好像由一条条粗大的绳子挤在一起。无论是麻花状构造还是绳状构造都不过是一种形象的比喻,并无严谨的定义,读者甚至可以自己想象它像什么,从而对其命名。

照片6-9:这是气象站熔岩流上细微的流动构造之一。这里的熔岩像一片片纸板摞在一起,由于风化作用,"纸板"沿熔岩流的层面很容易被剥开,揭去一层还有一层,所以称为纸板状构造。

纸板状流动构造

照片6-9 纸板状构造

照片6-10：熔岩流的表面好像包着一层面包壳。它形成的原因是熔岩表面与空气直接接触并迅速冷却，从而形成如烘烤的面包壳一样的外壳。

照片中可见到熔岩流垂直冷却节理，节理切割了流面，说明这是一个流动单元，所以在冷却收缩时，形成上下贯通的冷却节理。正是这个流动单元的表面形成了面包壳状外貌。

照片6-10　面包壳状熔岩

照片6-11：这是在熔岩流顶部拍摄的景观。在这里，可以看到有如一圈圈水波纹样的纹理向外扩散。这种熔岩"波纹"令人想起《诗经·伐檀》中"河水清且涟漪"般诗情画意的画面，那说的是水，而这里是岩石，两者虽无共同之处，却有类似的外貌。遂借此称为"熔岩涟漪"。

照片6-11　"熔岩涟漪"

照片6-12：这处岩石露头多么像一把装刀剑的套子，所以称其为鞘状构造。可惜这个岩石露头已经在修路时被破坏了，所以这幅照片恐怕是仅存的形象了。照片中的白色虚线是为明确说明鞘状构造而沿着熔岩流的流线勾画的。

照片6-12　鞘状流动构造

365

照片6-13：照片中可以看到岩浆在流动中裹挟着一块大角砾向下流动。这块大角砾太笨重了，行动缓慢，岩浆受阻后向两边分开，超越并包裹了它。这画面很像流线型汽车在风洞中做阻力试验，迎面而来的气流被汽车分开，沿其表面流过。熔岩流把岩浆的"风洞试验"保存得十分完整，使我们对岩浆这种流体的认识不光停留在理论上，还有具体的实例来证实。只可惜此地在道路拓宽时被破坏，现在什么都看不到了。这是20世纪60年代拍摄的黑白照片，恐怕是仅存的一幅了。

照片6-13　被裹挟的火山角砾

## 6.3　落笔峰

### 6.3.1　"形如笔尖"的落笔峰

《长白山江岗志略》322页记载："落笔峰，在天豁峰北偏东，形如笔尖。"《长白山志》125页记载："落笔峰，在天豁峰北偏东，东南距天文峰700米，海拔2520米，柱状峰尖高耸入云，恰似笔尖放在浑圆笔筒之上，因名落笔峰。"《延边朝鲜族自治州地名录》记载："落笔峰，南距天文峰1.4里。"延边州地名委员会所编的《长白山游览》一书中对落笔峰的位置无文字说明，但在书的附图《长白山景观图》中对落笔峰（注：图中误为荷笔峰）标定了位置，在天文峰（天豁峰）正北，按图的比例尺量得是南距天文峰700米。这是所知的唯一在地图上标注有落笔峰的文献。

根据多种文献互相对比，落笔峰的定位大致可以确定。但据现代地形图、航空照片和野外调查结果，落笔峰应该在天豁峰"北偏西"，而不是"北偏东"。怎样解释这个偏差？我们注意到，现代地形图的坐标纵线即真子午线与磁子午线有近9度的磁偏角，一百多年前，刘建封所使用的指南针不大可能进行磁偏角修正，这就会导致出现"北偏东"的误差。

刘建封对落笔峰的"相形命名"是"形如笔尖"，对此，因"落笔"二字殊难理解，人们见仁见智。这"落笔"如果说的是笔，这笔是尖朝上还是横放？或者说的是笔架，正如《长白山志》所说的"恰似笔尖放在浑圆笔筒之上"，那是指笔筒了，皆不明确，莫衷一是，只得存疑。

落笔峰的范围系依山川走向划分：东部以源于气象站熔岩穹丘的二道白河源头冲沟为界，西南部以二道白河最高源头冲沟为界，西部以二道白河为界，北部以黑风口为界（见图6-9）。

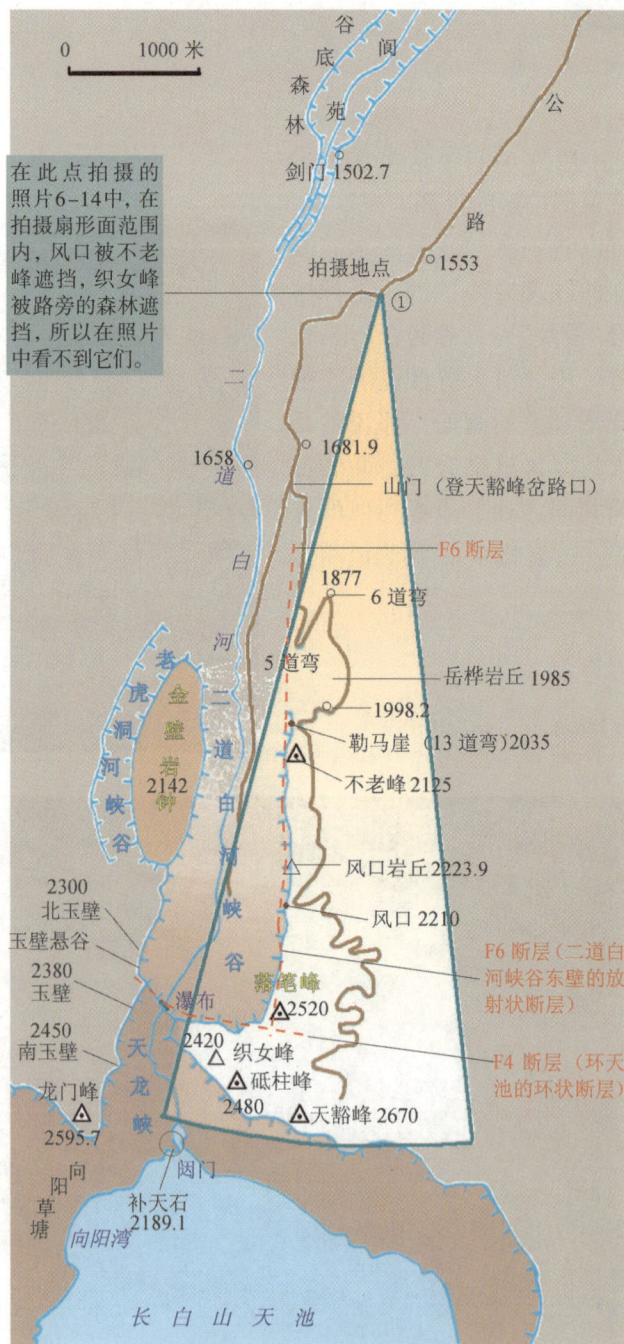

图6-7　落笔峰位置及照片6-14拍摄位置图

照片6-14（拍位见图6-7）：从火山锥北坡登山，在很远的地方就能看见落笔峰。这幅照片是在距落笔峰5600米的公路上拍摄的。此照片以落笔峰为中心，还摄入了天豁峰、砥柱峰和不老峰，这样，落笔峰的地理位置便一目了然了。因为落笔峰的名气不如天豁峰大，所以人们在这个地方看，常误指此峰为天豁峰，实际天豁峰在它背后。

注意，在拍摄扇面中应在照片中出现的风口被不老峰遮挡，织女峰被树林遮挡，故未在照片中出现。

① 照片6-14 在二道白河峡谷中远眺落笔峰

照片6-15（拍位见图6-8）：这是在二道白河峡谷南端西侧倒石堆上拍摄的落笔峰。注意它的层状构造。层与层之间是喷发间断面，每一层就是一个喷发单元，在地貌上表现为一面悬崖。在悬崖中有上下贯通的垂直节理。落笔峰下的倒石堆由悬崖崩落的碎石堆积而成，规模大，坡度陡，难以攀登。照片右边的"二道白河源头冲沟"是从虎头碚子背面延伸过来的冲沟，那里的大气降水就是从这条冲沟流下来汇入二道白河的，所以这条冲沟是松花江的最高源头之一。

② 照片6-15 落笔峰的层状悬崖

照片6-16（拍位见图6-8）：这是与照片6-15在同一位置拍摄的落笔峰，把织女峰北部的悬崖摄入一部分。照片中标注的"落笔峰断裂"是一条倾向天池的断裂，属于天池周边的环状断裂。断裂带内岩石破碎，因此，在流水侵蚀作用下，许多碎石和火山灰冲下来，形成泥石流扇，照片仅摄入这条泥石流扇的上半部分。

③ 照片6-16 落笔峰的断裂

367

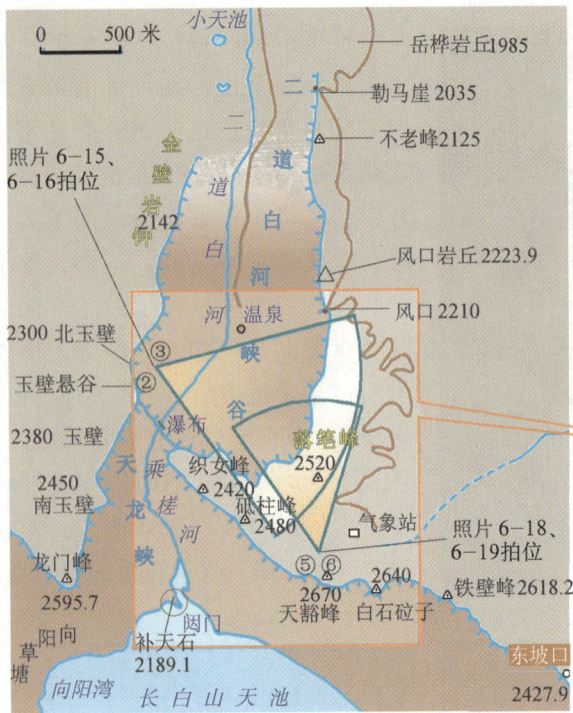

图6-8　落笔峰拍摄位置图

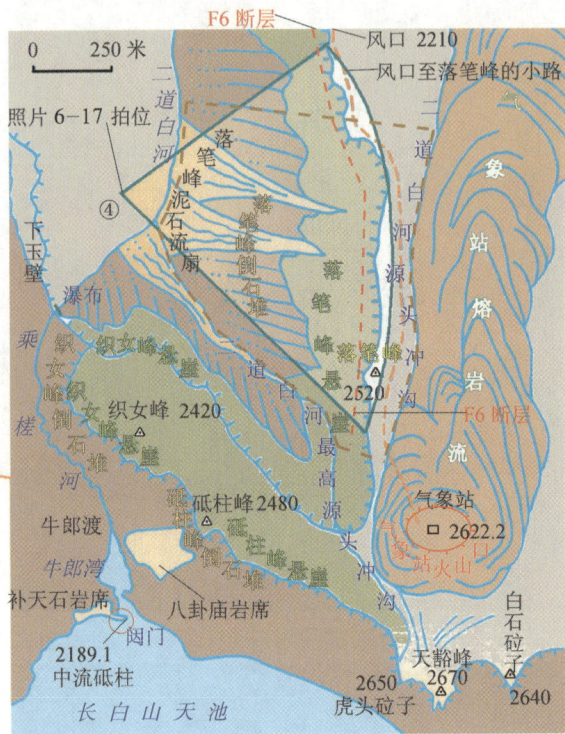

图6-9　落笔峰平面图
图中褐色虚线为落笔峰范围。

照片6-17（拍位见图6-9）：在二道白河峡谷底部向南看，在峡谷东壁，落笔峰占据了峡谷东壁的一半，这段由多层火山岩构成的悬崖构成峡谷中美丽的风景。不同喷发形式和不同火山物质层层叠加，使得落笔峰悬崖从形态上看错落有致；从颜色上看，五颜六色。面对层层悬崖，当峡谷的风忽然吹来，悬崖仿佛有天籁从地下深处传来。莫非地下深处的岩浆又在涌动运行了？又要奏响火山奏鸣曲了？实在是火山喷发已将它的声音凝固在熔岩的悬崖中了，那么，展示在人们面前的不正是一

照片6-17　在二道白河峡谷谷底仰视落笔峰西面形貌

本记录火山喷发声音的大谱表吗？需要我们以科学智慧和音乐天赋来解读这首火山喷发奏鸣曲。想必不同性质、不同颜色的火山岩，在它喷发形成时都会有自己独特的天籁，或沉闷如雷，或尖锐如哨，相信会有智者能读懂这部由悬崖构成的大乐谱并演奏它。

由于摄影位置是在峡谷底，故没有拍到落笔峰的顶尖，照片中标注的仅是落笔峰向北延伸的山脊。

注意看落笔峰下的两条泥石流扇，说是泥石流扇，实际泥质很少，以岩石碎块和火山灰为主。之所以称它为泥石流扇，因为它是冲沟中的水携带火山灰和碎石堆积成的，其间水是主要的侵蚀和搬运营力，这与扇两旁的倒石堆不一样，倒石堆形成的主要营力是重力崩塌，其形态也不是扇形，而是裾形或裙形。泥石流扇和倒石堆还是好区别的。照片中也相应地标出了倒石堆。

照片6-18　"其貌不扬"的落笔峰

照片6-18（拍位见图6-8）：这是在虎头碰子旁拍摄的落笔峰。人们可能想象不到这就是与天豁峰争妍的落笔峰。在近处看它的模样，实在不敢恭维。但见它"其貌不扬"，像个小丘，如果没有人提醒，不用说在它身旁经过，就是站在它上面也不一定知道这小丘就是落笔峰。但这不能说游人"有眼不识泰山"，实在是摄影者没摄取它最美的一面。

照片6-19　披上冬装的落笔峰

照片6-19（拍位见图6-8）：还是在这个位置，还是落笔峰，到了冬季，给它穿上了一身白色的婚纱，梳洗打扮一番，形象可能要好一点。正是这身冬装，如果摄影者换一个角度，让它处于另外的环境中，落笔峰就会有出色的表现。旅行者切不可仅仅根据这幅照片中的形象，对落笔峰感到失望。

照片6-20、6-21、6-22、6-23：在盘山公路驾驶途中见到的披雪的落笔峰是美丽的白天鹅。这几幅照片是在冬季拍摄的，在图6-10中标出了每幅照片的拍摄位置。

旅行者无论是沿着曲折迂回的盘山公路还是在崎岖的小路上步行，一过风口，就有落笔峰一路与你同行。在严冬的蓝天下，它静静地望着每一位在它身旁绕行的人。落笔峰内秀而含蓄，天然有一种亲切感，无论是谁都很容易接近它，登上它的峰顶。步行者在漫漫旅途中，虽踽踽独行于苍茫山间，但因有山峰的陪伴而使人们并不感到寂寞和疲倦。通常，登顶的旅行者并不以落笔峰为目标，只是路过它的脚下，天豁峰、虎头砬子和白石砬子这些山峰才是旅行者的目的地，但眼下这些山峰还在更远更高的地方，还看不见，还需要人们付出更多的体力才能一睹芳容。现在，我们的眼前只有落笔峰。但即使有人在落笔峰山麓前停下来，它似乎也知道这些旅行者只不过是匆匆过客。在艰难的旅途中，一路观赏落笔峰似乎会产生动力而向更高的峰顶攀登。现在，这被白雪覆盖的落笔峰在蓝天下闪烁着银子般的白光，那么纯洁，那么娴雅。每当在冬季攀登至此，看着落笔峰凄清的面庞，总觉得它在用失望的眼神目送每一位冷落它的登山者。

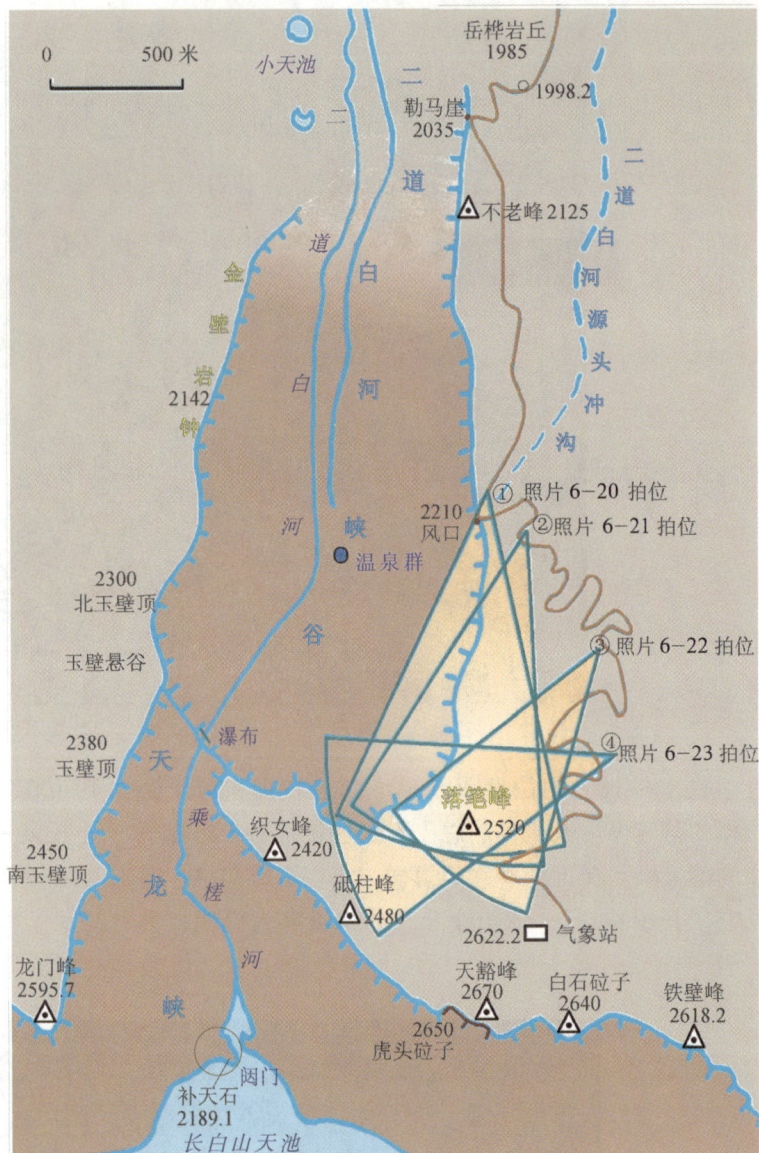

图6-10　在北坡盘山公路拍摄落笔峰地点图（照片6-20至6-23）

照片6-20　在风口拍摄的落笔峰

370

落笔峰
2520

②

照片6-21　落笔峰北面
（拍位见图6-10）

落笔峰
2520

③

照片6-22　落笔峰东北面（拍位见图6-10）

落笔峰
2520

乘槎河峡谷（天龙峡）

龙门峰
2595.7

南玉壁顶
2450

玉壁顶
2380

观日峰
2570

二道白河峡谷

玉壁嶝谷

④

照片 6-23（拍位见图
6-10）：这幅照片因为拍摄
地点较高，故摄进了二道
白河峡谷以西的地貌。从
照片上看，似乎它们和落
笔峰是连在一起的，实际
上中间还隔着乘槎河峡谷
和二道白河峡谷，只是因
为透视关系，使这些峰都
"粘"在一起了。

照片6-23　落笔峰东偏北面

371

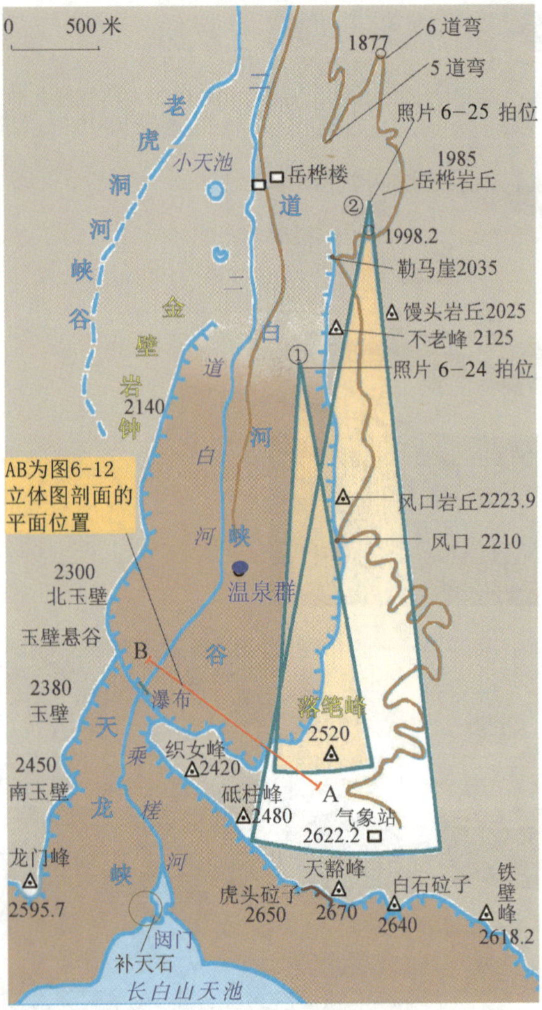

图6-11　落笔峰拍摄位置图

① 　照片6-24　在二道白河峡谷谷底拍摄的落笔峰

照片6-24（拍位见图6-11）：这是在二道白河峡谷谷底拍摄的落笔峰。清晨，天刚亮，整个峡谷还隐没在昏暗的晨曦中，阳光却先照射到落笔峰上。从峡谷底部看，落笔峰以稳定的金字塔形奠定了它在二道白河峡谷中无可争议的地位，它以高大雄伟的山体，遮住了天豁峰的光辉，使人们无法在谷底看到那位众峰之中最美的"天后"。在这里看，天豁峰确实是躲在落笔峰的后面，在图6-11中可以看到这样的位置关系。

照片6-25（拍位见图6-11）：这是在岳桦岩丘上拍摄的落笔峰北坡形象。注意落笔峰被"岩席"覆盖着，岩席大约有两三层，岩席是覆盖在落笔峰上的火山喷发的角砾凝灰岩，它的确像席子一样披覆在落笔峰上。岩席厚度一般为3至4米。岩席边缘已经风化剥落，残缺不全。作为覆盖物，说明岩席形成的年代较晚，地质学家认为落笔峰的"披肩"也就有几千年的历史。

请注意，在这个位置看不见天豁峰，它被气象站熔岩穹丘挡住了。

② 　照片6-25　在岳桦岩丘上拍摄的落笔峰

372

## 6.3.2 落笔峰西坡形貌及构造示意图

从图 6-12 中可以看到，落笔峰占据了二道白河峡谷东壁的半壁，是峡谷中最美丽的悬崖群。这幅图主要是描绘落笔峰的层状构造和断裂构造。落笔峰由多层不同岩性的火山岩相叠构成，说明它是由多期次、多方式的火山喷发所形成。主要岩性为粗面岩及其碎屑岩（图中用绿色画出），但最上部为后期火山喷发的碱流质角砾凝灰岩（图中用黄褐色画出）所覆盖。

落笔峰悬崖是一条南北方向的断层面，图中用两条红色的断层线和红字表示这个断层。它向北延续接于不老峰断层，两者共同构成二道白河辐状断裂的东壁断裂带，沿此断裂带陷落而形成二道白河断陷谷（火山地堑），即二道白河峡谷。

关于这条断层，在《长白山火山地质研究》68页有描述，断层编号为 F6，书中记载："F6断层位于

长白宾馆东侧，沿南北向陡崖展布，长 6.5 公里，倾向西，倾角 80—90 度，上盘 'U' 形谷底见多个平行断层……此断层切割了白头山期碱性粗面岩而被冰场期集块岩、熔结角砾岩、凝灰岩所覆盖。"

请注意图中还画有另外一条断层，标注为"落笔峰环状断层"，在地质上称为 F4 断层。这条断层是向外渗水的，沿此断层渗出的水流入源于虎头碴子的冲沟，再汇入瀑布之下的二道白河，一部分从倒石堆底下渗出，最终也汇入二道白河。关于这条断层，《长白山火山地质研究》68 页记载："F4 断层位于天池北瀑布，走向近东西，倾角直立，在图 5-21（此编号指该书的附图编号）上明显看到此断层南盘下降幅度较大，而北盘下降幅度较小，断距不足 20 米。"

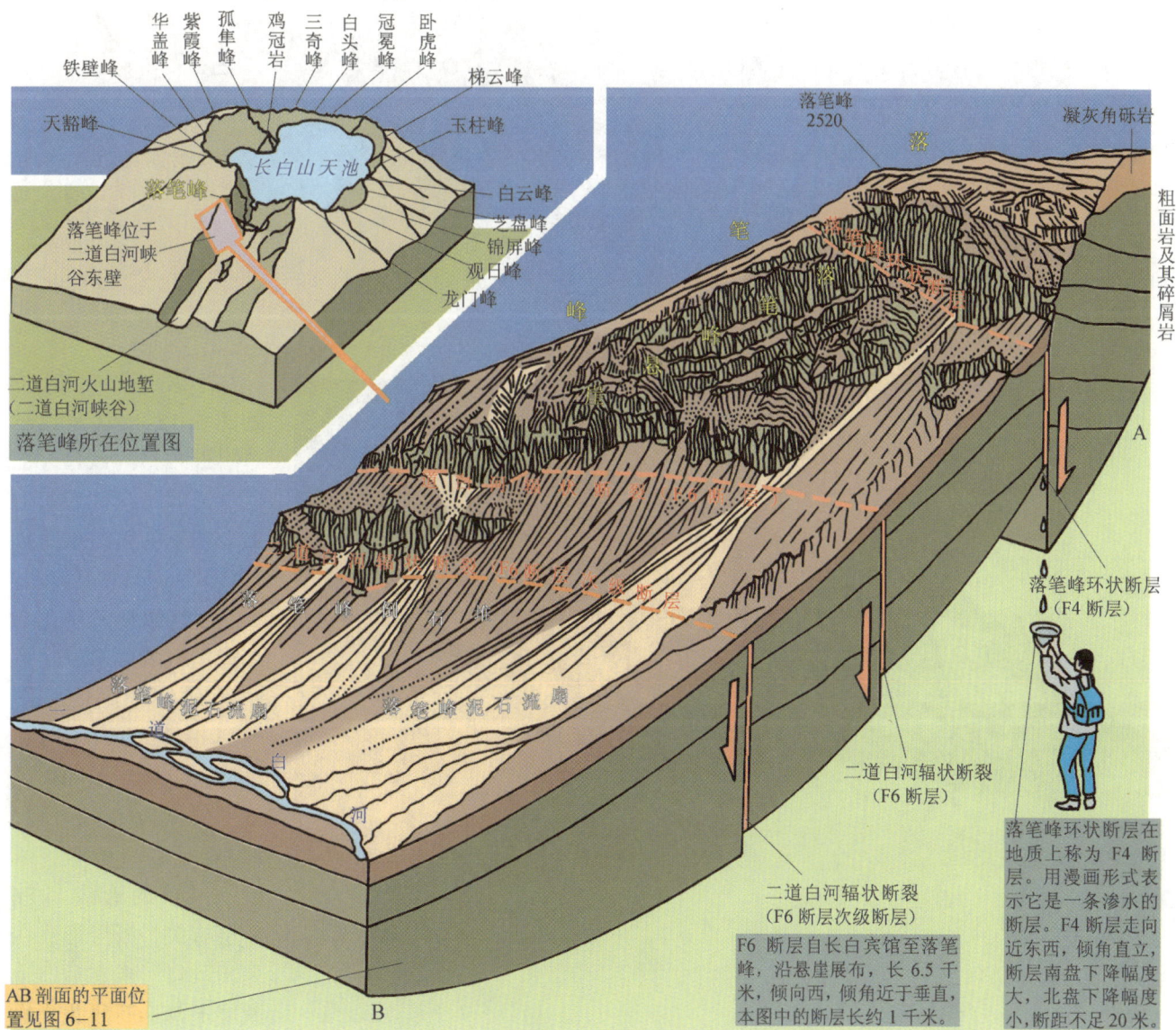

图6-12　落笔峰西坡形貌及构造示意图

373

## 6.4 风口

### 6.4.1 悬崖上的豁口——风口——黑风口

风口，亦称黑风口，位于二道白河峡谷东壁悬崖顶上，在连续如墙的悬崖峭壁上出现一个大豁口，那就是风口。风口，顾名思义，大风汇聚之口，地形特点使这里的风比别处大，风口之名由此而来。

《长白山江岗志略》无风口之名，其他历史文献也不见载。据笔者所知，风口之名的出现是在天豁峰上修建气象站以后的事。20世纪60年代初，有一部描写长白山气象工作者艰苦奋斗的故事片，其中描写他们在向山上攀登的途中，有狂风从这个豁口吹出，几名气象工作者冒着生命危险爬过这里，险些被狂风吹跑，因此称这个豁口为风口，从此，风口之名流传下来，并在一些介绍长白山的书中出现。

80年代地名普查时，此名收入《延边朝鲜族自治州地名录》，在书中"长白山部分标准地名表"中列有"风口"词条，注为"群众习惯称谓"。

图6-13　风口位置及拍摄位置图

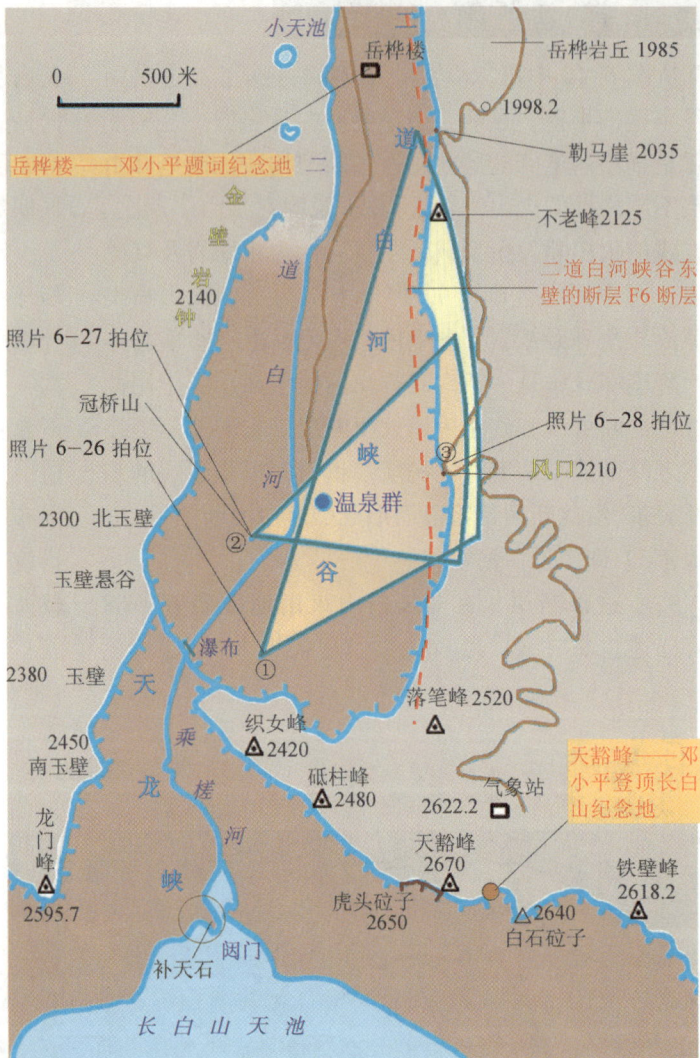

① 

照片6-26　二道白河峡谷东壁上的风口、风口砬子及挡风石

照片6-26（拍位见图6-13）：这是在瀑布附近拍摄的风口。二道白河峡谷东壁谷肩上那个明显的豁口就是风口。

在这幅照片中，在二道白河峡谷东壁，那一系列的悬崖就是图6-13标注的F6断层。风口、风口砬子和挡风石皆位于F6断层外侧，即F6断层的上盘，所以，风口的形成与F6断层有关，断层形成在先，风口形成在后，为断层上盘岩石风化崩塌所致。

照片6-27（拍位见图6-13）：这是在二道白河峡谷西壁崩塌堆积形成的冠桥山上拍摄的风口。从那里看，悬崖上的豁口更明显。风口景观不光是指那个长方形的豁口，应当包括风口两侧的岩石，即北面的风口碴子和南面的挡风石，它们共同组成了风口景观。

照片6-27　风口景观

② 照片6-28（拍位见图6-13）：沿着公路向山上爬行，在距不老峰约2000米的一个急转弯处，路旁有一个台阶，沿着这个台阶爬上去就是风口。由风口演变成"黑风口"是更近的事，1990年修筑观景台时，人们将"黑风口"三个大字用水泥浇铸在山坡的台阶旁。修了台阶后，人们可以轻易登上风口，不必像以前那样手脚并用向上攀爬了，少了艰难和危险，但也少了攀登岩石的乐趣。

③ 照片6-28　登风口的台阶

照片6-29（拍位见图6-14）：风口观景地从前只不过是一个乱石堆，后来人们修筑了这座简易的观景台。旅游者可以站在护栏里观看二道白河峡谷了。

④ 照片6-29　风口观景台

照片6-30（拍位见图6-14）：风口背面的这条干涸的小沟，只有雨季时其内才有流水，平时毫无特色，很容易被人忽略。但它却是二道白河的源头之一，也可以说是松花江的源头之一。

照片6-30　风口背面（东北面）——二道白河发源地之一

从玉壁悬崖至下玉壁悬崖、瀑布西砬子、瀑布、瀑布东砬子、织女峰悬崖、织女峰的连线，是天龙峡和二道白河峡谷的天然分界线。

照片6-31　在风口拍摄二道白河峡谷南端

照片6-31（拍位见图6-14）：这是从不同角度拍摄的风口近照，左面（南面）是挡风石，右面（北面）是风口砬子。从两者的位置看，不难看出它们从前是相连的，这个缺口就是崩塌的那一段"城墙"。正是这个缺口，给我们开辟了一个很方便就可以饱览二道白河峡谷（火山地堑）壮丽风光的地方。这里称为风口是因为这个豁口总是形成"穿堂风"，在相同的天气条件下，这里的风总比别处大。再有，照片标出的那块号称挡风石的岩石，它不但不能挡住风口的风，反而因为它的存在使风更集中于风口，风速变得更大，挡风石在帮倒忙。不过，在风和日丽的天气，风口是美丽而平和的。在风口上，向二道白河峡谷和天龙峡望去，玉壁各段悬崖及其下的倒石堆沐浴在灿烂的阳光中，真是一派火山断陷峡谷特有的风光。这时候，旅行者尽可以拿出你的照相机，支好三角架，调好镜头方向，摁下快门，肯定会有一张不错的照片进入相簿。

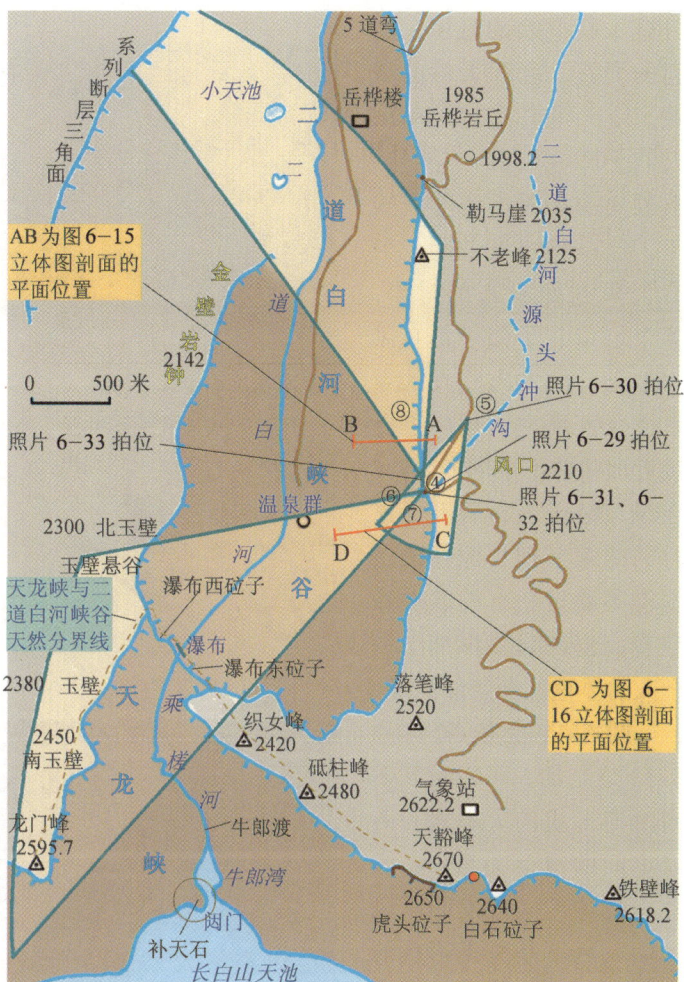

图6-14　不同角度和方向的风口拍摄位置图

照片6-32（拍位见图6-14）：这幅照片拍摄的位置为许多摄影师所青睐，这个豁口写尽了天龙峡和二道白河峡谷的美。

照片6-32　险峻的隘口——风口

## 6.4.2　风口碛子及其构造图

照片6-33（拍位见图6-14）：风口碛子是指风口北面的一段石碛子。这是在风口向北拍摄的，可以看到，很像建造于山脊上的一段残存的城墙。风口碛子高约10-20米，长约70米。如果从公路方向从风口碛子背面攀登，有30多度的坡度，坡上布满了风化碎石，不易行走。较容易攀登的路径是从观景台向北，爬上一个小坡就可以到达风口碛子顶上。风口碛子西面即面向二道白河峡谷那面，是垂直的悬崖。风

377

口碴子是危险的悬崖，翘起的岩石，张开大口的裂隙，令人毛骨悚然。单从人们手脚并用趴在悬崖上引颈向前探看的姿势就知道，这里有多么危险。当有大风迎面吹来的时候，整个风口碴子似乎都在风中颤动，风发出呼呼的声音，令人不寒而栗。不要接近那些并不牢固的岩石。在风口碴子上，岩石形成时的冷缩节理裂隙使悬崖变得不稳定。有的岩块悬空着，也许只要再加上一个人的体重便会忽然崩落。

图 6-15 是依据照片 6-33 绘制的，可以看到不同时期形成的火山岩和两者之间的覆盖关系。在照片中标注的"喷发间断风化面"之下是先期形成的山坡，在这个间断面之上是后期形成的坡面岩席。风口碴子每年都有崩落的石块，对比若干年前在同一位置拍摄的照片就会发现这种变化。但组成风口碴子的岩石毕竟是抗风化能力较强的角砾凝灰岩，比起那些疏松的浮岩悬崖，其风化崩塌的速度要慢了许多。

照片6-33　风口碴子

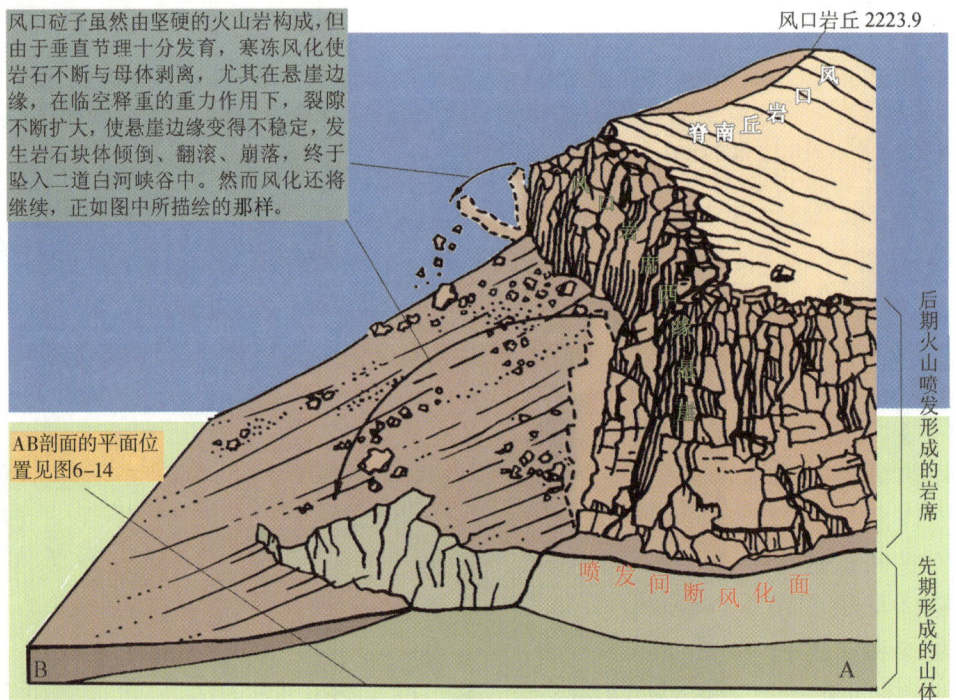

风口碴子虽然由坚硬的火山岩构成，但由于垂直节理十分发育，寒冻风化使岩石不断与母体剥离，尤其在悬崖边缘，在临空释重的重力作用下，裂隙不断扩大，使悬崖边缘变得不稳定，发生岩石块体倾倒、翻滚、崩落，终于坠入二道白河峡谷中。然而风化还将继续，正如图中所描绘的那样。

AB剖面的平面位置见图6-14

图6-15　风口碴子地质构造及重力崩塌图

## 6.4.3　风口形成示意图及说明

关于风口的成因，有研究者认为是风蚀作用的结果，是定向的风使悬崖上的裂缝扩大成沟槽，风又继续吹蚀，形成"凹"字形缺口，缺口再被定向的风猛烈吹蚀，慢慢扩大成为现在的风口。总之，是风蚀地貌。

但笔者持不同观点。风虽是一种地质营力，但仅靠风产生的压力，侵蚀能力却很小。干旱的沙漠地区由于风蚀作用出现的风蚀地貌，确实可以把岩柱吹成上粗下细的"风蚀塔"或头大颈细的"风蚀蘑菇"，但仅从贴近地面的岩柱变细这一点，就知道这主要是

风所扬起的沙石的摩擦和撞击作用所致。越贴近地面，扬起的沙石越多，颗粒越大，对岩柱的磨蚀越严重，而离开地面越高，风的扬沙量越少，磨蚀作用则变得越小。由此得知，风蚀作用主要靠的是扬沙，而不是纯净的气流。不挟带沙石的风，侵蚀作用有限。

长白山是森林覆盖区，在火山锥上，尽管超过8级的大风日数达269天，但风中扬沙量很小，风蚀作用不是主要作用，所以风口的形成不是风蚀作用的结果。风口的形成是冰冻作用加上重力崩塌作用的综合

结果。昼夜温差和季节温差使得岩缝里的水反复冻结和融化，冰的膨胀像楔子那样劈开岩石，在重力作用下，劈开的石块发生坠落而形成风口。

从落笔峰至风口一带的山体，覆盖着岩席，厚度一般3-5米。这些岩席是晚期火山喷发的产物，多为熔结凝灰岩、熔结角砾岩，从火山口喷出后覆盖在山坡上，岩席的边缘风化后形成陡坎状碴子。从落笔峰向北延伸的山脊上就覆盖着这样的岩席。岩席的陡坎一直延伸到风口碴子，风口碴子就是岩席边缘的陡坎。岩席中布满了熔岩冷凝收缩节理，这些密如蛛网的节理裂隙成为日后岩崩的重要诱因。山脊上的陡坎原本像一面完整的墙，风化剥蚀使得陡坎不断崩塌后退，在风化过程中，这面墙有的地方完全崩落了，有的地方还保留着，好比万里长城被毁坏的情形，坍塌出一个大口子，这就是风口（图6-16）。图中用断线表示原先完整时"城墙"的样子。从风口崩落的岩石坠落到山谷中去了。

当然，风口的形成可能经过几百年，才成为现在的模样。《长白山灵迹全影》中有一幅"石门"的照片，颇似风口。那是1909年刘建封率队踏查时与王瑞祥等人拍摄的，拍摄位置在木石河下游，与"风口"不是一个地方。

照片6-35中的"挡风石"，原本是岩席"城墙"的一部分，尽管它还没有崩塌，还在坚守阵地，但重力作用已迫使它沿着斜坡向下滑动了。它的脚下是疏松的风化面，这更使它立足不稳，好比我们站在有沙的山坡上。但也不是说它近期就要滑落到二道白河峡谷中去。正如上文所说的，地质变化的过程有时是很缓慢的，挡风石每年移动的距离恐怕用肉眼无法观测到。但这块岩石早晚会从几百米高的悬崖上整体滑落，但也许它先碎成小块，一块一块地坠入深渊。不管它以什么样的方式滑落，风口都将扩大，直至这面"墙"完全消失，那时，就没有什么风口可言了。

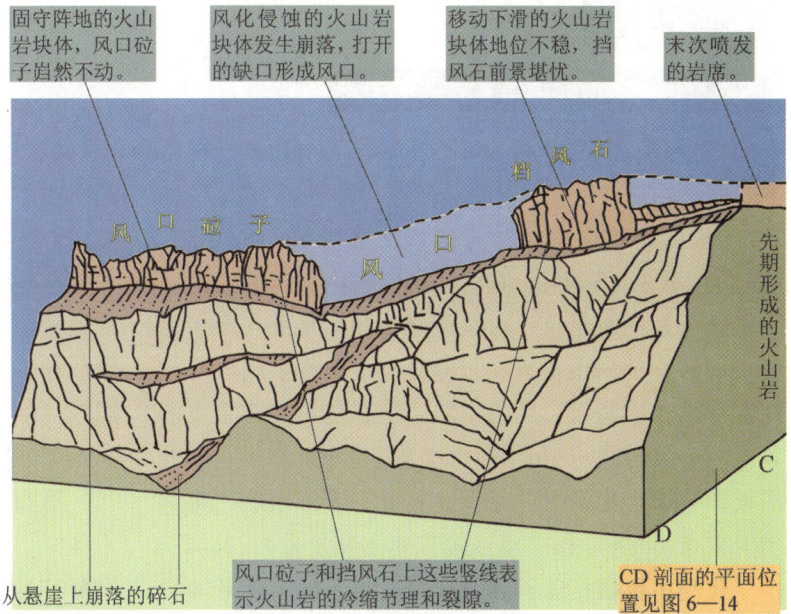

图6-16 风口形成示意图

照片6-34 风化崩塌形成风口

照片6-35 挡风石的"厄运"

## 6.5 不老峰

### 6.5.1 北坡登山途中第一峰—不老峰

《长白山江岗志略》322 页记载："不老峰，在落笔峰北偏西。"

《长白山志》引用《长白山江岗志略》的定位，125 页记载："不老峰，在落笔峰北偏西，与天文峰后脊联结逶迤向东延伸，山巅孤峰独立，是首先迎接北坡登山游客的白山主人。北侧有十余条沟壑组成的排列有序的峭壁长廊，团团絮絮、姿态各异的云朵飞落其上。长白名景——岳桦楼，就坐落在壁廊东麓岳桦林深处。登山小径沿'曲径天途'过不老峰东侧，可直攀天文峰。"（引文中的"天文峰"，本书恢复为"天豁峰"）

我们主要依据《长白山江岗志略》确定不老峰的位置：不老峰位于落笔峰北 2300 米、风口北 1200 米、不老峰向北距离盘山公路起始处 2100 米。由盘山公路起始点，公路几经曲折，经过 5 道弯、6 道弯、7 道弯、岳桦岩丘至勒马崖，一过勒马崖就算是踏上不老峰范围了。

在二道白河峡谷底部看，不老峰位于二道白河峡谷东壁谷肩之上。沿长白山火山锥北坡登山公路，不老峰是登山者遇见的第一座山峰。不老峰海拔 2125 米，峰形浑圆。它比二道白河峡谷底部（海拔 1755 米）高出 370 米，这个高度使得人们在谷底看不老峰必须仰视。但当我们沿着盘山公路步步爬升，终于看见不老峰时，人们却会有很不一样的感觉，在谷底看起来如此高峻的不老峰怎么竟是个仅有五六十米高的山丘？不是这样的，因为你已经沿着公路快爬升到它的顶上了。在这里，没有山峰与深谷的对比，当然感觉不到山的高峻。但等你爬上不老峰的顶峰，再向下看，身临二道白河峡谷深渊时，一定会让你吃惊不小。

不老峰风光秀丽，峰顶覆盖着地毯一般的高山苔原植被，夏季一片碧绿，秋季一片金黄，到了冬天，厚厚的积雪把不老峰严严实实地覆盖起来，浑圆的峰顶如同一位裹着洁白绒围巾的丽人迎接着旅行者。

关于不老峰名称的由来，《长白山江岗志略》中没有说明，遍查其他文献也未见记载。郑德权考证：不老峰之名当与长白山中一种俗名叫作"不老草"的药材有关。

不老草，学名草苁蓉，多年生寄生草本，是长白山中的珍稀药材，全草入药，有补肾壮阳，润肠通便之功效，生长在针阔混交林和岳桦林中；或林缘的深陡沟边。民间传说它有长生不老的功效，不老草之名由此而来。长白山北坡这一带就是不老草的产地。先民到长白山采集这种珍贵的药材，就把这一带最突出的山叫不老峰。果真如此的话，不老峰是借用民间名称而被记入《长白山江岗志略》的。

近些年，长白山火山锥上的不老草被乱采滥挖，采集者络绎不绝，不老草几乎快要灭绝了。不老草属濒危种，国家三级重点保护植物。希望人们不要乱采滥挖，别的不说，如果不老草真的灭绝了，依它命名的不老峰便徒有其名了。

第四台阶的悬崖上长满高山苔藓，因近风口，存不住雪。所以即使在冬天，不老峰也是红色的。张福有疑其为不老峰得名之所本。

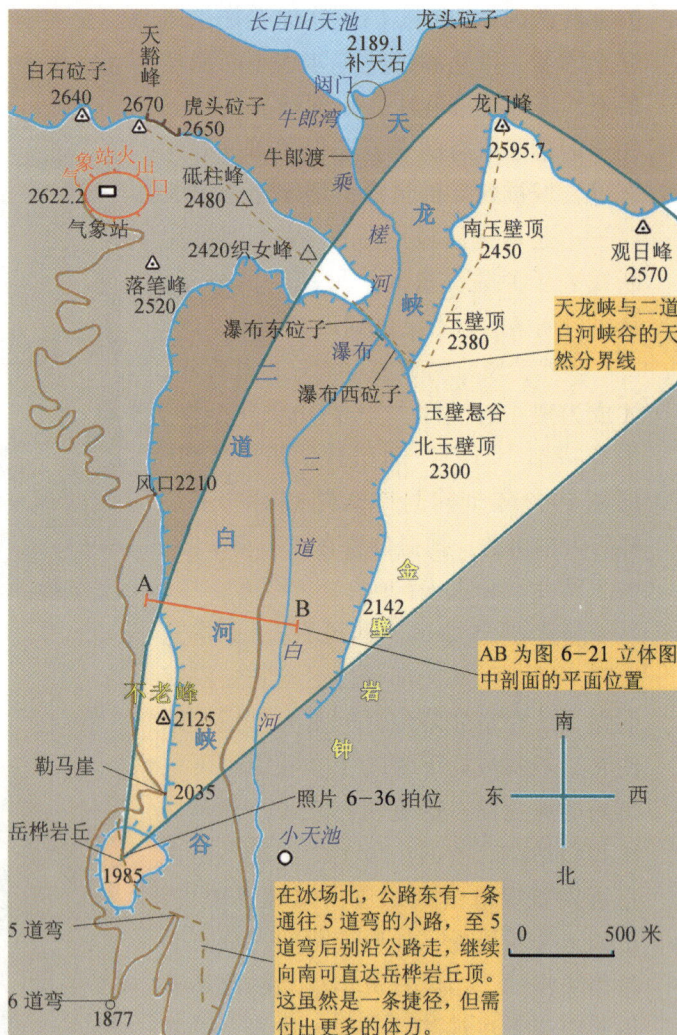

图6-17 不老峰的位置及拍摄位置图

因照片 6-36 中摄入了二道白河峡谷以西的金壁岩钟、龙门峰和观日峰，故本图将拍摄扇面扩大到龙门峰和观日峰。这样，读者便很容易明白属于二道白河峡谷东壁的不老峰何以会与西壁的金壁岩钟及更远处的龙门峰、观日峰出现在同一幅照片上。

照片6-36（拍位见图6-17）：这是在岳桦岩丘上拍摄的不老峰和勒马崖。脚下是岳桦岩丘上废弃的老公路，现在还能看见痕迹。新公路是绕着岳桦岩丘修筑的。一绕过岳桦岩丘，再转几道弯就来到了勒马崖。在勒马崖顶上，登山公路有一个180度的折返弯。站在勒马崖上，眼前豁然开朗，一望无际。过了这个急转弯，再向前就能看见在不远的前方有不老峰赫然屹立。不老峰呈半个浑圆体，仿佛被切掉一半，实际上，它也真是被切掉一半；从地质角度来说，不老峰是被二道白河峡谷中的辐状断裂（F6断层）切掉的，所形成的不老峰悬崖正是二道白河断陷谷的东壁。我们现在看到的是不老峰的北坡侧面，是残留下来的一半，即F6断层的上盘。继续向上攀登，公路在不老峰的后腰绕行，到了这里，已经快要到不老峰顶上了，如果要到不老峰顶上看一看，不老峰会铺展软绵绵的"地毯"欢迎你。不老峰的脊背平缓，坡度仅有二三十度，上面生长着高山苔原植被。走在上面，软绵绵的，或躺或卧，甚为舒服。因为爬上不老峰并不困难，所以，以前这里常成为旅客休息之地。登上不老峰就能看见二道白河峡谷全景。现在导游车中途中停，就上不去了。这幅照片中的不老峰给人以浑厚、慈祥的感觉，但切不要以为它总是这样"慈祥"，它的另一面是万丈深渊，不要说攀登，就是站在那狰狞而崎岖的石崖旁也会令人感到恐惧。

注意：照片远景的龙门峰、观日峰、金壁岩钟，这些山峰在二道白河峡谷之西（见图6-17），它们虽然看似与不老峰和勒马崖贴得很近，其实中间隔着又宽又深的二道白河峡谷。

照片6-36 走近不老峰

不老峰呈半个丘状体，它的另一半被二道白河峡谷中的辐状断裂（F6断层）切掉，断面呈高峻而陡峭的基崖直抵谷底。

这是勒马崖的顶部，其下是高达280米的悬崖。盘山公路在勒马崖上有一个180度的折返弯。

不老峰 2125
龙门峰 2595.7
观日峰 2570
勒马崖 2035
二道白河峡谷
金壁岩钟顶 2142
第3台阶背面（东面）
第4台阶背面（东面）

## 6.5.2 峡谷东壁的不老峰大台阶

见照片 6–37（拍位见图 6–18）：站在二道白河峡谷南端向东北方向看，峡谷东壁不老峰悬崖呈现数层依次向谷肩错开的悬崖，犹如台阶。为叙述方便，借用不老峰本名，命名为“不老峰大台阶”。

每个走进二道白河峡谷的人，无论处在峡谷中的什么位置，抬头就能看见不老峰大台阶，它占据了峡谷东壁上的显要位置，它与西壁的金壁岩钟相对，构成一条幽深的悬崖峭壁大走廊——二道白河峡谷北段。

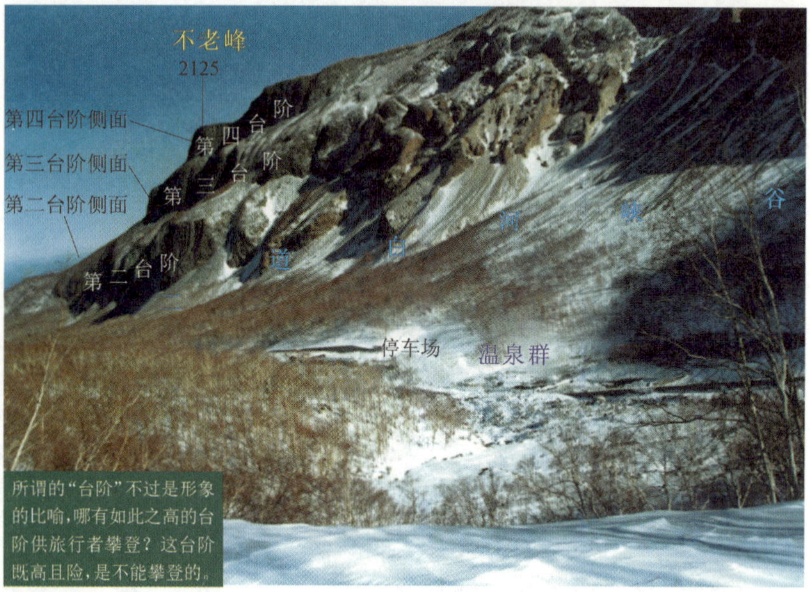


照片6–37　不老峰大台阶

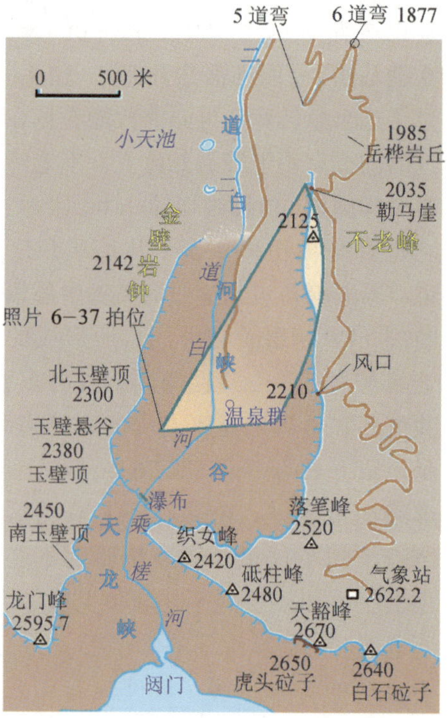


图6–18　不老峰大台阶拍摄位置图

照片 6–38（拍位见图 6–19）：不老峰大台阶由 4 层相叠的悬崖依次向后错开构成，大台阶高约 370 米。名为台阶，只因形似，其实不可以沿台阶攀登。一是因为这个所谓的台阶只有 4 层，每个台阶有七八十米到一百多米高，跨度太大了。二是不老峰悬崖峭壁地质条件恶劣，充满了节理裂隙，那些上下贯通的垂直节理将岩石切割成无数的岩柱，使悬崖上的岩块很不稳定，稍有风吹草动便可能会有岩块崩落。所以，在不老峰悬崖下形成很大的倒石堆，那是岩块从悬崖上不断崩落堆积的结果。在这样的地方攀登无疑极为冒险，所以，尽管叫台阶却不能攀登。

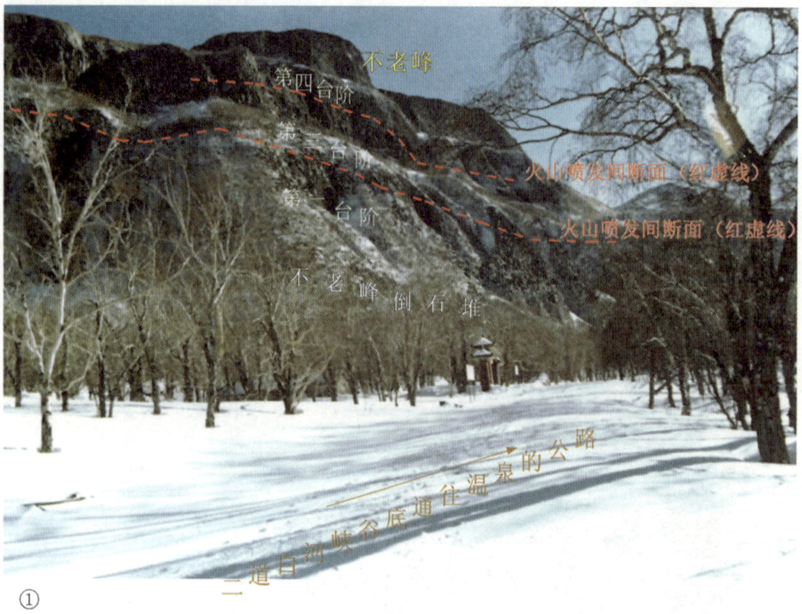


照片6–38　在二道白河峡谷底仰视不老峰大台阶

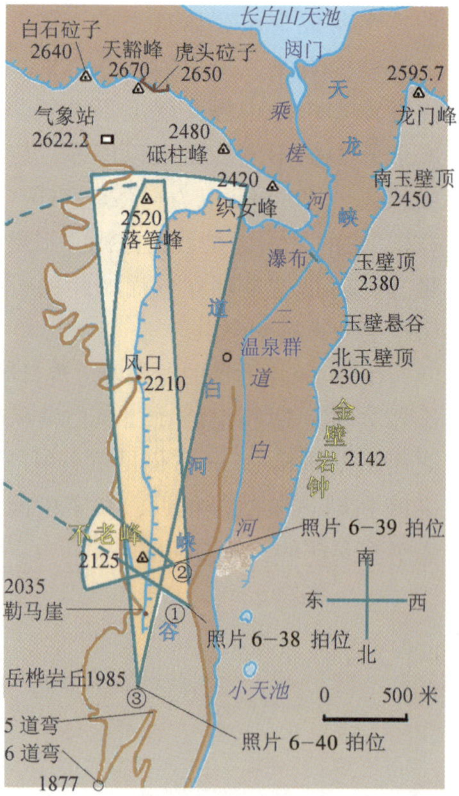


图6–19　不同角度不老峰拍摄位置图

火山喷发间断面（红虚线）
不老峰
第四台阶
第三台阶
第二台阶
第一台阶被倒石堆盖住
不 老 峰 倒 石 堆
通往采石场的小路

② 照片6-39　从二道白河谷底拍摄不老峰大台阶

照片 6-39（拍位见图 6-19）：沿着这条由悬崖峭壁构成的走廊，由北向南前进的时候，人们的左手边一直就有不老峰大台阶伴你同行。这几层台阶状的火山岩悬崖是由不同时期的火山喷发形成的。在这幅照片中能看到的是 3 个台阶，即第 2 台阶、第 3 台阶和第 4 台阶。第 1 台阶一半陷落在河谷下面，一半被倒石堆埋住了，看不见。地质学家告诉我们，这 4 个台阶可以看作是长白山火山锥 4 个火山喷发阶段的产物，每个台阶代表着一个火山喷发阶段。第 1 阶段喷发形成的火山岩构成第 1 台阶，之后，火山活动停止了，在火山活动停止期间，岩石表面形成了一层风化壳（在照片中用红虚线表示）。过了一段时期，又发生了火山活动，喷发的火山岩把第 1 阶段的喷发物及其表面的风化壳都盖在下面，这就是第 2 台阶。第 3 台阶和第 4 台阶也是以这样的过程和方式覆盖在前一次火山岩层之上的，直至第 4 阶段喷发形成不老峰顶尖为止。这是不同阶段火山喷发物在地貌上的表现。但地质研究不能光靠地貌特征，还应该有可相互验证的资料，如地层对比，构造分析，年龄测定等。

照片 6-38 和 6-39 中标注了两个火山喷发间断面。什么是火山喷发间断面？就是火山活动停止期间，在火山岩表面由于风化作用而形成的黏土层风化壳。因为它代表着火山喷发间断，研究它的性质和厚度，可以推知火山活动间断时间的长短。如果这层风化黏土很厚，说明风化时间很长，只有长时间的风化才能积累起较厚的风化黏土。所以，被不同时期的火山岩夹在中间的风化面黏土层，可以带给我们很多地质历史中的信息。

落笔峰
2520
不老峰
2125
第四台阶悬崖
公路在此折转 180 度
勒马崖
第三台阶悬崖

③ 照片6-40　近摄不老峰大台阶

照片 6-40（拍位见图 6-19）：这是靠近拍摄的不老峰大台阶。第一台阶被倒石堆掩埋了，第二台阶在这里看不见。第三台阶构成勒马崖，第四台阶，也就是最上面的台阶构成不老峰顶部。

383

从不同方向看不老峰，它有很不一样的形象，不老峰的两副面孔看得很清楚，右边（西面的悬崖）笔直陡峭，阴森恐怖，左边（东面的山坡）浑圆平缓，在阳光照射下，五彩斑驳。

不老峰大台阶的第4台阶构成不老峰顶部，它是第4阶段火山喷发的火山岩，天池火山的辐状断裂（F6断层）将不老峰的一半切断并使之陷落，这样，不老峰实际上是以半个身躯向人们展示自己风采的。也正因为这样，使得不老峰的两面具有完全不同的风格。从东面，就是从火山锥盘山公路那面看，不老峰浑圆、光滑，敞着宽阔的胸怀，铺着天然柔软的苔原红地毯迎接走来的客人，人们可以悠闲地登上它的峰顶。但在二道白河峡谷底，即不老峰的西面，再看这位温和的"长老"，完全是不同的面孔，展现在人们面前的是三百多米高的黑色悬崖，上面崎岖的岩石布满了裂隙，用阴冷而严厉的目光注视着世界，不要说獐狍野鹿，连植物都畏惧，不敢扎根其上；那里没有生命，没有绿色，没有热量，没有温情，只剩下冷冰冰的岩石，一副拒人千里之外的样子。所以，没有人敢靠近它，悬崖上布满了杀机，无法预测那些摇摇欲坠的岩石何时崩落。悬崖下也充满了危险，不能预知何时有石头落下。

不熟悉长白山的人们，从不同角度看，很难把这两副完全不同的形象看成是同一座山峰，所以对不老峰的描述常常不同，有人说它是浑圆形丘状岩体，有人说它说是一面顶天立地的悬崖，其实，人们说得都对，但都没说全面，不老峰有两副面孔，表现出截然不同的两种性格。

### 6.5.3 不老峰大台阶上的高压气体爆破口

在不老峰大台阶的第2和第3台阶之间有一个高压气体爆破口，照片6-41拍摄了它的位置，照片6-42拍摄了它的形态。

何谓高压气体爆破口？岩浆是一种高温的硅酸盐熔融体，深埋于地下，其中含有大量的挥发成分，岩浆在地下运行过程中，当它接近地表时，所含的高压气体析出，可以像地雷一样发生爆炸，把上面的岩石掀开崩飞，从而形成一个炮弹坑般的地形，地质学上称为高压气体爆破口。此爆破口形成的时间较近，虽然所处的位置在不老峰大台阶中，但不是那时形成的，是后期火山活动所致。这样的爆破口在长白山火山锥上还有。这个爆破口没有被风化崩落的碎石掩埋，说明它形成的时间距现在较近，风化产物还没来得及掩埋它。

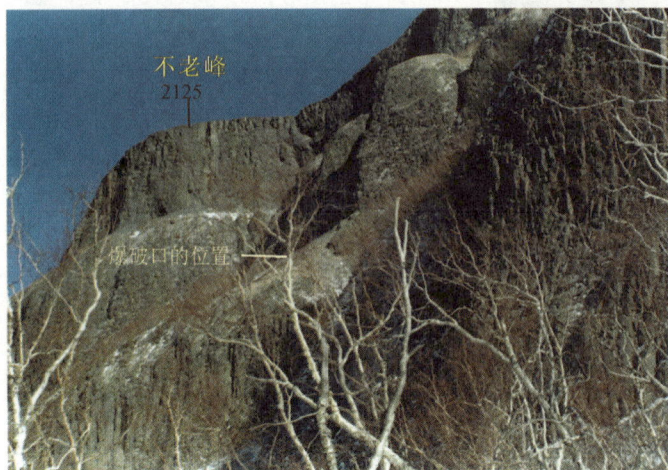

照片6-42　近摄高压气体爆破口

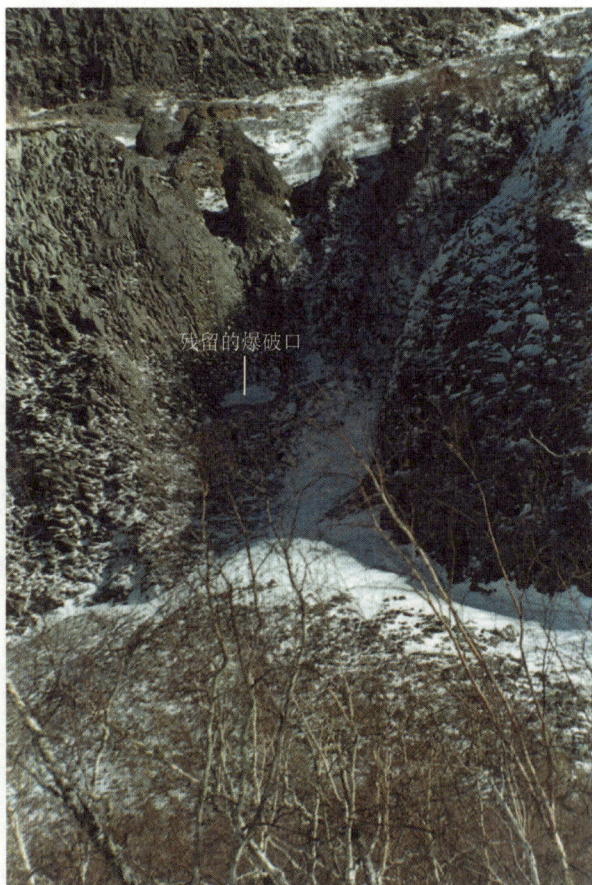

照片6-41　高压气体爆破口

### 6.5.4 万丈深渊勒马崖

勒马崖，位于不老峰北350米处，是不老峰第三台阶的顶部，所以，勒马崖属于不老峰。这里用两幅照片表现勒马崖的不同面貌。照片6-43（拍位见图6-20）是在二道白河峡谷底部，对峡谷东壁拍摄的，从中可以看到勒马崖与不老峰的位置关系。勒马崖海拔2035米，勒马崖下是一面垂直悬崖，从勒马崖顶到谷底高约280米。从二道白河谷底向崖顶望去，如果用望远镜观察，有时能看见有人站在崖边的栏杆旁，但用肉眼很难看到，可见悬崖之高和人之渺小。

勒马崖悬崖是不老峰大台阶的第三台阶，其下层悬崖是第二台阶，其上的悬崖是第四台阶（见照片6-43）。

照片6-43　在二道白河峡谷底仰望勒马崖

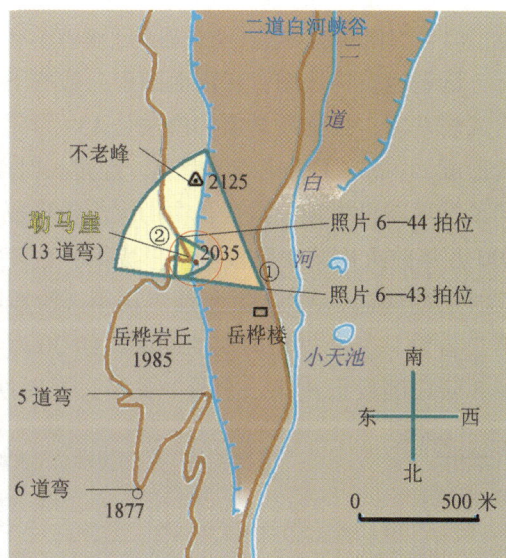

图6-20　勒马崖位置及拍摄位置图

照片6-44（拍位见图6-20）拍摄了勒马崖顶部。看上去像一个观景台，前面是长白山的美丽风光，但旅行者不要被美丽迷惑了你的头脑。这是一条直逼悬崖的公路，必须提前勒紧你手里的"缰绳"，在悬崖边上急速"勒马"，不能让你的惯性再向前半步，必须像撞在墙上那样弹回来。勒马崖风光无限，却是残酷无情的，请在勒马崖前悬崖勒马。

照片6-44　勒马崖顶部的"勒马"警示

### 6.5.5 不老峰大台阶构造示意图

请结合照片6-37看图6-21。从图中可以看到，不老峰大"台阶"一阶一阶地错开，长白山火山锥的层状构造特点在不老峰上表现得非常明显。火山锥的层状构造，至少说明它是由多次火山喷发一层层积累起来的。既然如此，喜欢追根问底的旅行者必然想进一步了解它的发展历史、地质构造等情况，就好像我们结交一位新朋友，总想多知道一些它的情况。

长白山火山锥是个庞然大物，构造复杂，说它是层

385

状火山，是就整体而言，并非就像千层糕那般整整齐齐。打个比方，一群人七手八脚地用锹堆一个土丘，每个人从锹中扬出的土是随机分布的，不一定落在什么地方，你的下一锹土不一定很准确且均匀地散落在上一锹土之上，对所有的劳动者都是如此，旁观者可能觉得这个土丘是一群人毫无章法地胡乱堆积的。但当我们解剖这个土丘时，会发现它是层状的。时间跨度越长，散落的土越呈现出层状特点。当然，土丘各局部的层状构造不一定完全一致。不老峰就是长白山火山锥的"局部"，它的层状构造虽不能完全代表整个火山锥的层状构造特点，但至少使我们对整个火山锥的了解有了参照物。

请看地质构造图，在剖面图中，最底下的一层是玄武岩基座，按地质学家的说法是159万年前火山喷发形成，它奠定了火山锥的基座。经过长时期的间断，到了早更新世中期，进入长白山火山锥形成阶段：约100万年前火山第1阶段喷发形成第一台阶，又经过长时期的间断，约55万年前火山第2阶段喷发形成第二台阶，又经过长时期的间断，约30万年前火山第3阶段喷发形成第三台阶，又经过长时期的间断，

约10万年前火山第4阶段喷发形成第四台阶（这里用"阶段"而不用"次"，因为每一个阶段很可能有好几次火山喷发）。上述这种"阶段"和"台阶"的划分，是概略性的。

图中标出的年代数据系概数，是采用多部学术著作中的测年数据综合而来的。还要说明的是，岩石测年的标本有的并不是直接采集于不老峰大台阶之上，而是根据火山地层对比，将相当于此层的他处岩石测年数据借用过来。在地质研究上，岩石测年，尤其是高龄岩石测年，是一项非常复杂又专业的工作，其准确性受很多因素影响，有时误差很大。人们不可拘泥于图中的测年数字。

但需知晓，人们所面对的不老峰并非不老，它老得很，一百万年前，长白山火山锥已经开始建造了。它用了一百万年的时间建造了4个台阶，尽管那些台阶足够大，但用一百万年的岁月也太急人了。须知，那时候，人类刚刚进化，正在学习打制石器，不老峰经过如此漫长的岁月才得以完成，大自然的"工作效率"实在不敢恭维。

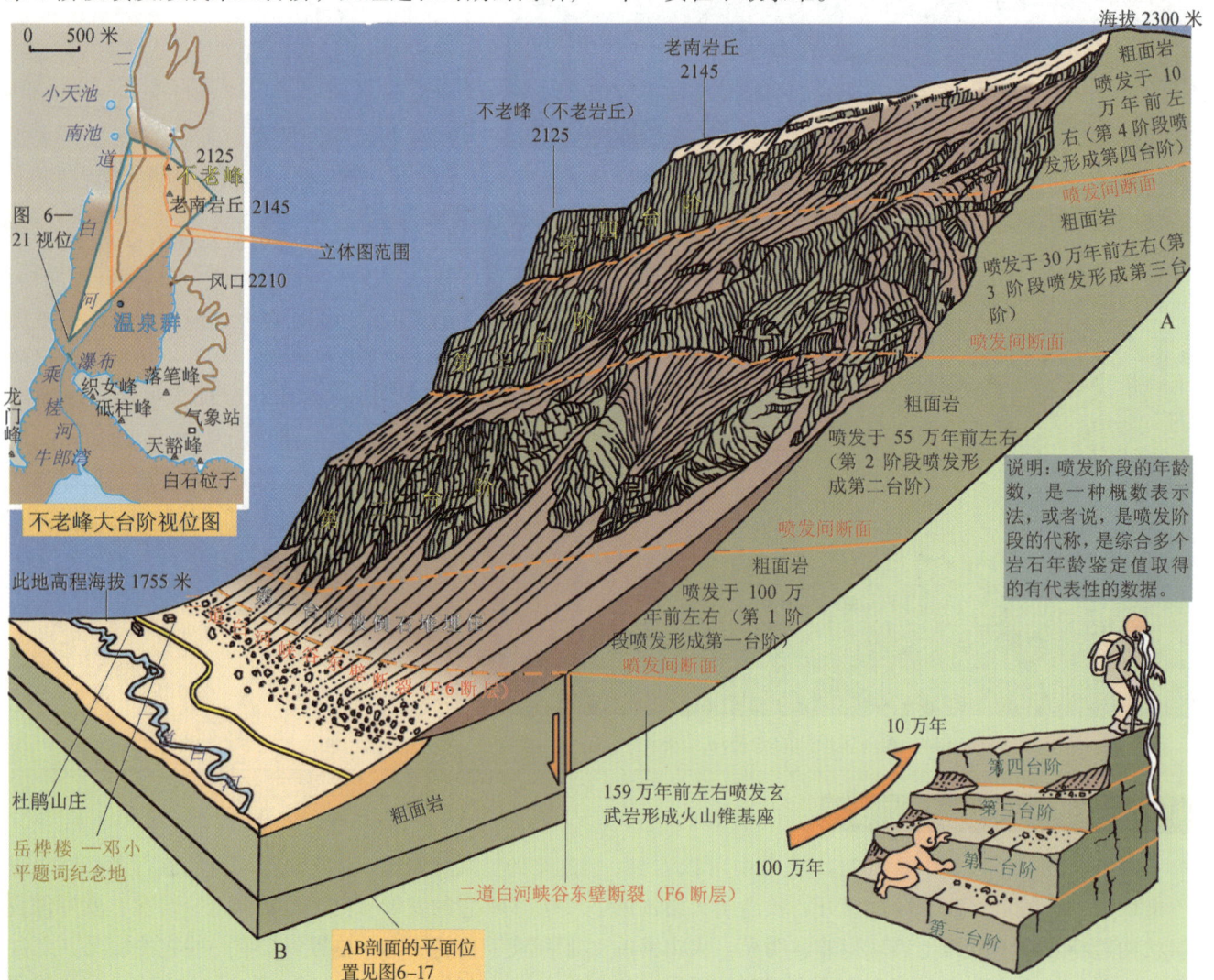

图6-21　不老峰大台阶构造示意图

## 6.6 北坡盘山公路两侧寄生火山群

### 6.6.1 北坡盘山公路两侧寄生火山群构造示意图及说明

照片6-45（拍位见图6-22）：这幅照片拍摄的是长白山火山锥北坡。有一条公路从火山锥山麓向上爬行，由于地形复杂而陡峻，公路盘曲向上，宛如一条巨蛇在群山中游移。公路起始于"山门"，一直到天豁峰上的气象站，全长约17千米。道路坡度大，汽车爬起来相当慢，不过可以在缓慢的登山过程中欣赏已经踏上的火山锥。如果不乘坐汽车，徒步攀登，脚踏火山锥，或在森林里钻行，或在软绵绵的苔原"地毯"上一步一个脚印地走过，或在崎岖的乱石坡上手脚并用地爬行，相信人们会得到更多的乐趣和收获。

这条公路经过红松—云杉冷杉林带、岳桦—冷杉云杉林带、岳桦林带、高山苔原带和不毛之地的荒漠带。以观赏植物为目的的旅行者会对这些因气候分带而发生的植被分带的变化感到好奇。以观赏火山地质为目的、旅行者沿公路爬行是一个考察火山活动的好机会。也许人们不太注意沿途的那些岩丘、陡坎和沟

壑，但对于一座火山来说，正是这些看上去平平常常的地形、地貌和岩石构成的火山锥体，向我们讲述了它们的形成过程和身世之谜。

别看这条公路曲曲弯弯，但从总路线上看，它没离开二道白河峡谷东壁悬崖的外坡。其实，东壁悬崖是一条大断层，在图6-23左上小图中用一条红色粗断线表示它的位置和走向。正是这条断层形成了许多美丽的火山风光。断层之西即断层下盘，已陷入地下，从而形成了二道白河峡谷，断层上盘即没有陷落的部分就是我们正在行进的公路所在地。

不要小看这条断裂带，它除了将火山锥体断开外，还成为熔岩喷发的通道，因为断裂可以达到地下很深的部位，到达岩浆存在的地方，岩浆就会沿着断裂喷出地表，形成熔岩丘。我们看图6-23就会知道，在这条断裂带的东侧，分布有很多熔岩喷溢口，以至连成一个喷溢带。喷溢的熔岩层层叠加，向低处（东北

照片中用白色虚线圈共标定出7处火山口中心的位置，熔岩喷溢铺展所形成的岩丘要比所画的火山口大得多。带箭头的直线表示熔岩流动方向，除岳桦岩丘的熔岩流向西北外，其他皆为东北方向。火山口形成的熔岩流是挤在一起的，它们共同构成了二道白河峡谷东谷肩的外坡。在坡脚地方，被后期喷溢形成的"年轻的"气象站熔岩流西缘（照片下边公路转弯处）所覆盖。

照片6-45 北坡盘山公路两侧寄生火山群

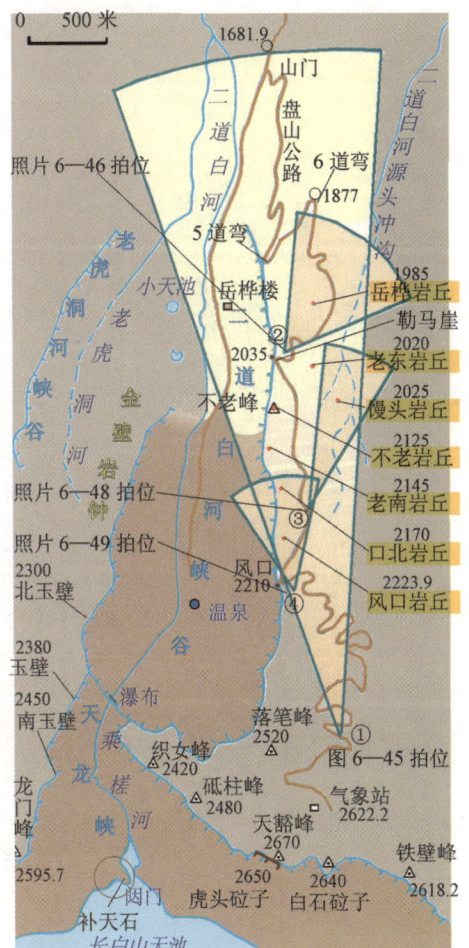

图6-22 北坡盘山公路寄生火山群位置及拍摄位置图

方向）流淌，这些近乎平行的熔岩流构形成了向东北倾斜的山坡，登天豁峰的公路就是横在这面山坡上修筑的。为叙述方便，对这些熔岩丘分别予以命名，从低向高依次是：(1)岳桦岩丘(2)老东岩丘(3)不老岩丘(4)馒头岩丘(5)老南岩丘(6)口北岩丘(7)风口岩丘。

在地面上看这些熔岩丘，很容易一走而过，但如果从空中观察或看航空照片却是很清楚的，图6-23上小平面图中画的那些弧形波纹（流动构造）就是依据航空照片的影纹所画。但在野外地面调查中，因风化剥蚀或植被覆盖，这些流动构造并不像在空中观察那样明显。

一般来说，这些熔岩丘属于长白山火山锥旁侧的寄生火山，也叫侧火山。紧靠悬崖边的熔岩丘多已残缺不全，被断层断掉了。离断层较远的几个熔岩丘保存较为完整，如岳桦岩丘、老东岩丘、馒头岩丘，都是

完整的熔岩丘，但它们都是F6断层次级断层形成的。

在图6-23中，用红色箭头表示熔岩流动的方向，可以看出，熔岩流淌不远就凝固在那里了，皆未超过1000米。这与熔岩的性质和喷发量有关，它们主要是粗面质熔岩，很黏稠，不容易流动；喷发量也少。这些熔岩流的末端挤在一起，与南北走向的气象站熔岩流的西侧缘形成一条相同走向的凹沟，此凹沟发展为二道白河源头冲沟之一。注意岳桦岩丘在图中画的是绿色，表示这个岩丘由玄武质熔岩流和火山渣堆积而成，它形成的时间较晚，在野外可以看到玄武质火山渣覆盖在粗面岩之上。

上述这些熔岩丘造型平平，只不过是浑圆而光秃的山包而已，但因为其上覆盖着高山苔原植物，披上了美丽的外衣，着实打扮了一番，一年四季随着气温的变化而呈现出不同的色调。尤其是秋天，这些身披彩衣的熔岩丘万紫千红，简直就是一块块调色板，那斑斓而浓重的色调把火山坡装饰得美丽非凡。

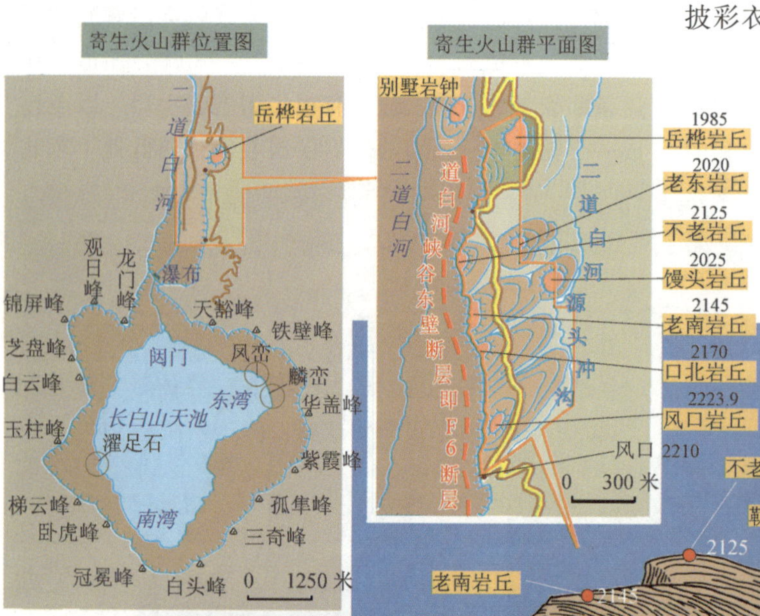

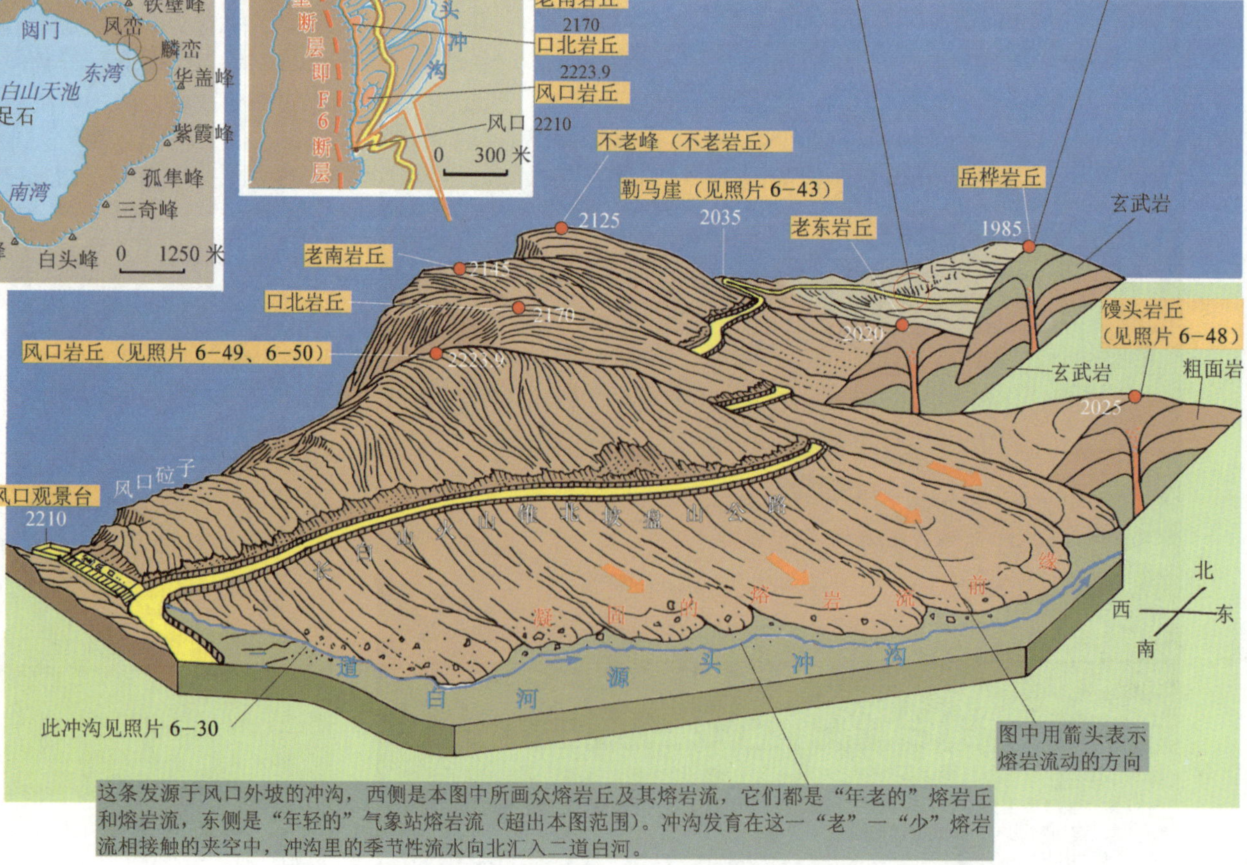

图6-23 北坡盘山公路两侧寄生火山构造示意图

说明：本图中熔岩丘的地质界线和熔岩流的流动构造皆参考了高空航空照片和在直升机上拍摄的低空照片。

## 6.6.2　岳桦岩丘

照片6-46（拍位见图6-22）：岳桦岩丘是长白山火山锥北坡上的一座寄生火山岩丘。岩丘平面呈南北向的椭圆形。此照片仅摄入了它的丘顶部分，即火山口部分。从这里喷出的熔岩和火山碎屑沿着向北倾斜的原始地形分布，熔岩的性质以玄武质岩浆为主。因为喷出的火山物质不多，所以分布范围不大，平面上的长度仅有1000米左右。岳桦岩丘的丘顶可以从照片中看到，像一个倒扣的铁锅，坡度平缓，整体浑圆。登上岳桦岩丘并不困难，悠闲散步就可以。20世纪五六十年代的登山公路就通过它的顶部，现在仍留有痕迹。从照片中可以看到丘顶中央不长树木，只贴地生长一些低矮的苔原植物；但从丘顶向下的西、北、东三面却生长着岳桦林。人们经过岳桦岩丘时，不妨到它的顶上驻足一会儿。你来到忽然没有树林遮挡视线的地方，极目远望，肯定会有一种海阔天空的感觉。脚下是软绵绵的"地毯"，或坐或卧，尽可伸展四肢，缓解登山的疲劳，让思维的翅膀飞向空中。躺在这里可以看到一种有趣的现象：这里恰好在火山锥体的植物分界带上，可以清楚地看到岳桦林带是怎样变为高山苔原带的。在这条分界带上，能找到最后一排岳桦林。气候的变化和植被的相应变化就是这样严格地遵守着自然法则，毫不含混。我们抚摸着岳桦林带最后一棵树的时候，对只是一步之遥便是另一番景象真是感慨万千，所谓一步之遥算是见到了实例。自然界中有许多边界，原以为是渐变的，其实并不是，往往会在某个地方找到突变的界线，变化是跳跃式的。在这里，岳桦林带变为高山苔原带就是突变的，两种植物分界带的界线分明。

沿着岳桦岩丘继续往前走，这里是欣赏不老峰和勒马崖的最佳位置，可以拍摄到不老峰那令人惊惧的悬崖，还可以看到从天豁峰上流下来的巨大的气象站熔岩流是如何伸展自己的身躯的。

照片6-47拍摄了岳桦岩丘旁一处火山渣露头，这是从前修公路时挖开的，就在公路旁，旅行者不妨

红虚线圈仅表示岳桦岩丘的丘顶，并非它的全部范围。该岩丘顶部由玄武质火山渣堆积而成。

玄武质火山渣露头地点

岳桦林带　　苔原带

岳桦林带

苔原带

照片6-46　岳桦岩丘及植物分带界线

照片中的植物分带，用白虚线勾勒界线，以示清晰。植物分带从整体上看呈犬牙交错状，但对局部而言，界线分明。

这是岳桦岩丘上的玄武质火山渣堆积物的露头，地点在照片6-46中标出。

照片6-47　岳桦岩丘旁的玄武质火山渣露头（拍摄地点见照片6-46白框）

驻足看一眼。这是一些像炉灰渣一样的东西，也像炼铁炉废料场上的炉渣，红色的、黑色的、紫色的渣状物堆积在一起，胶结疏松，用手就可以掰开。那么，这里古代曾经炼过铁吗？是古冶炼场遗址吗？不是的，这是一次火山爆发从地下喷射出来的岩浆和火山渣。地质研究结果告诉我们，这些是玄武质火山渣，主要由紫红色、黑色的火山渣、火山弹、火山角砾组成，火山岩中含有较多的气孔。其喷发的年代目前还没有统一认识，因为它覆盖在长白山火山锥斜坡上，是寄生火山，它的形成应该晚于火山锥的形成。

### 6.6.3 馒头岩丘

照片6-48（拍位见图6-22）：馒头岩丘位于不老峰东偏南500米，在公路上就能清楚看见它。岩丘为平缓的丘状体，表面大小约等于两个足球场。馒头岩丘东面陡然高起的山坡是气象站熔岩流中段西部侧缘。地质研究得知，馒头岩丘较气象站熔岩流老很多，即馒头岩丘形成后，过了很长地质时期，才由气象站火山口喷溢形成气象站熔岩流，后者覆盖在馒头岩丘之上。在馒头岩丘和气象站熔岩流的夹空中有二道白河源头冲沟通过，该沟中的季节性流水向北汇入二道白河。

馒头岩丘表面主要被高山苔原植物覆盖着，仅有几丛稀疏的岳桦。馒头岩丘上有美丽的苔原风光。秋

照片6-48 馒头岩丘

天，行走在厚厚的苔原植被之上，满目皆为金黄色，在阳光照射下，这平缓而开阔的丘顶处于静谧的氛围之中，偶尔隐约从空中传来一丝悠长的声音，却又看不见有飞鸟掠过，那可能是错觉吧，四周太静了。

### 6.6.4 风口岩丘

风口岩丘位于风口以北，与风口碴子相连，照片6-49（拍位见图6-22）和照片6-50是从不同角度拍摄的风口岩丘。如果想登上它的顶部，建议从风口台阶先登上风口，再沿着风口碴子向北走，十几分钟便可到达。站在风口岩丘上，有更开阔的视野，向西看，二道白河峡谷尽收眼底，向东看，气象站熔岩流一览无余。

风口岩丘是一座保存较完整的寄生火山锥，海拔高程2223.9米，相对高程173米。风口岩丘的熔岩流流向东北方向，长400米，中止于二道白河源头冲沟底部（见图6-23）。登天豁峰的公路在这条熔岩流的腰部横过。整个岩丘被密实的苔原植物覆盖着，但修公路时破坏了很多植被，使山腰的岩石裸露出来，自此后，裸露的地方不断被雨水冲刷，侵蚀速度加快了很多，裸露的

面积不断扩大。要知道，在火山锥体熔岩流表面上，形成一层苔原覆盖层得几百年甚至更长的时间，破坏的植被，再恢复原貌是相当困难的。

照片6-49 风口岩丘

390

照片 6-50：这是在风口碰子上拍摄的风口岩丘。风口碰子和风口岩丘由一条南北方向的山脊相连。两者相距约 500 米，山脊平缓，多碎石，局部覆盖着苔原植物，行走较容易，旅行者可以走这条山脊上的小路到达风口岩丘。

片6-50　风口碰子和风口岩丘

照片 6-51：这幅照片拍摄于约四十年前，岩石露头位于风口东北方向约 100 米的公路旁。当年，为拓宽道路向风口岩丘坡面开掘，剥去覆盖在岩石上的苔原植被，使这片山坡的岩石裸露出来。这些被裸露的火山岩布满了节理裂隙，并不牢固，裸露的范围不断扩大。在高山苔原带上，公路两旁像这样人为裸露的岩石露头很多，后遗症是更大范围的裸岩不断扩大，使美丽的苔原百孔千疮，变得丑陋不堪。如此下去，人们只能面对冷硬的岩石了。

照片中用白色虚线标注的是岩石露头上的主要节理，岩石崩塌主要是沿着这两组节理面进行的。

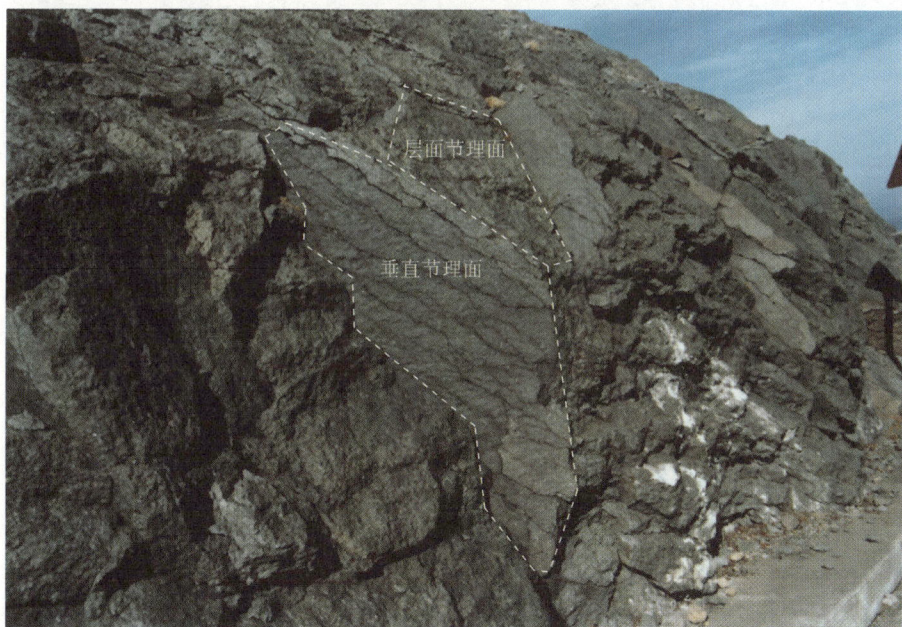

照片6-51　风口岩丘粗面质岩石露头

## 6.7　长白山火山锥气温与植物垂直分带

### 长白山火山锥植物组成与垂直分带示意图及各分带的照片

有这样一个地方，在夏季能感受到冬季的寒冷，在温带能看到寒带的风光，这就是长白山火山锥。长白山火山锥最高海拔 2700 多米，相对高度也有 2000 米。人们向上攀登，会觉得气温在逐渐下降，在山下

还是炎热的天气，穿薄衫单裤还汗流浃背，登山不久便会感到冷飕飕了。再向上攀登，到达山顶时，一阵冷风吹来，人会瑟瑟发抖。春天时，山下已是鲜花盛开，山上还被厚厚的积雪覆盖着。夏天最热时，山下

的温度是摄氏 28 度，山顶的温度不超过 8 度，在背阴沟壑的深处还能看到未融化的积雪。到了秋天，山下的树叶刚发黄，山上就已经大雪纷飞了。这就是气候的垂直分布。人们垂直攀登两千米，就等于从夏季走到了冬季，也等于在地球表面向北走了 1000 千米，相信在这样的气温变化中会给人们带来一种奇妙的感受。

长白山立体气候差异，导致植物分布具有垂直分带性。张福有拍摄的照片 6-52，从宏观上拍摄了长白山火山锥北半面植物垂直分带性。因地形、地貌和土壤的差异，这样的垂直分带是参差不齐的。

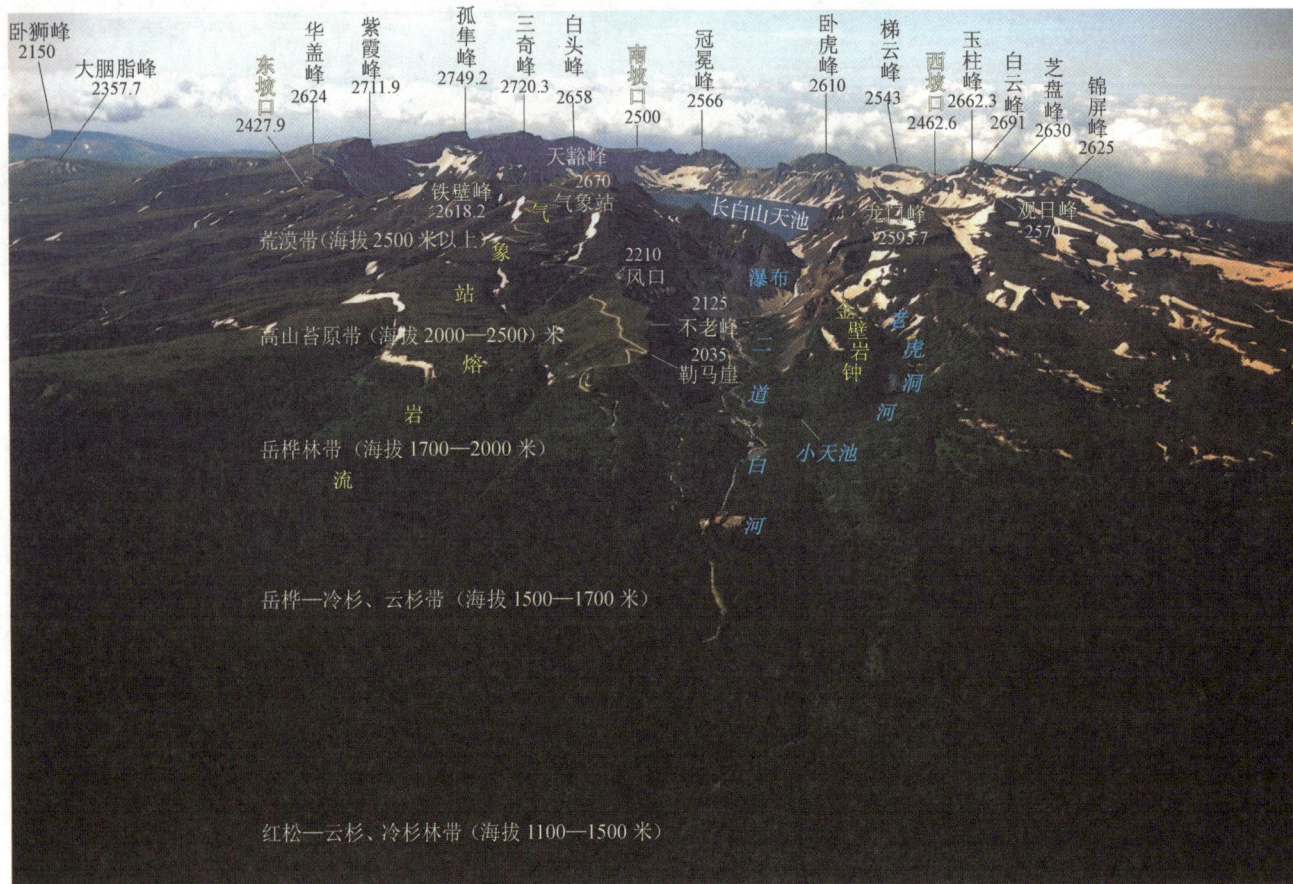

照片6-52　航摄长白山火山锥北半面植物分带（张福有　摄）

图 6-24：

由于气候的垂直分带性，使得长白山火山锥植物组成和分布相应形成了垂直分带性，根据航空照片资料将这种分带简化描绘在一幅火山锥立体图上。

植物分带的界线以点线表示，各带则以不同的颜色区分，因为是立体图，只能画出火山锥北半面的情况。下面是植物分布垂直性的不同景观带：

1. 落叶、阔叶混交林带（海拔 500 米以下）（此带已超出本图范围，图中没有画出）；

2. 红松、阔叶混交林带（海拔 500—1100 米）（此带已超出照片范围，但在图中已标出）；

3. 红松—云杉、冷杉林带（海拔 1100—1500 米）；

4. 岳桦—冷杉、云杉林带（海拔 1500—1700 米）；

5. 岳桦林带（海拔 1700—2000 米）；

6. 高山苔原带（海拔 2000—2500 米）；

7. 荒漠带（海拔 2500 米以上）。

图上的植物垂直分带，人们可以在登山过程中一一看到，那条通往天豁峰的公路就穿过各植物分带，人们可以一边登山一边欣赏不同风格的自然景观，也许会有一种跨越时空的奇妙感受。从郁郁葱葱的林海到稀疏扭曲的岳桦林，再忽然进入开阔的苔原地带，那里没有树木，只有地毯般的苔原植物，完全是一派寒带风光，等于跨越了 20 度的纬度。当人们登上火山锥的最顶部，会看到月球般的苍茫景象，到处是裸露的岩石和火山灰渣，只是在岩石的缝隙和石块间有时能见到一点植物。在这里，只有最顽强的小草和地衣在寒风中生存，在悬崖峭壁上，在倒石堆上则什么都没有，几乎是无生命的世界。

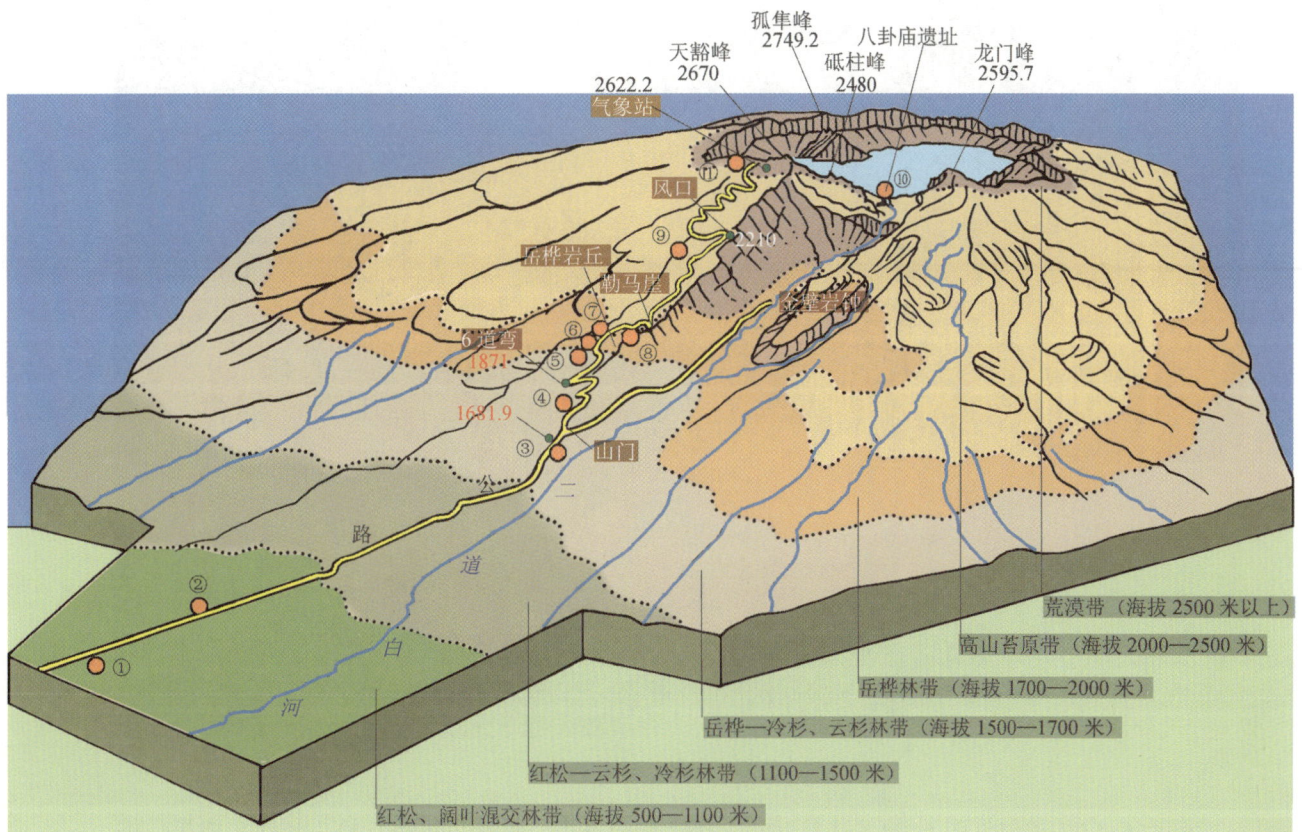

图6-24 长白山火山锥植物组成与垂直分带示意图

为对植物分带有初步了解，这里选出不同的景观照片供读者参考。拍摄位置均在公路旁，乘车或步行都可以看到照片中选取的景色。具体拍摄地点均标在图6-24中，可与照片号码对应。

照片6-53（拍位见图6-24）：这是一片次生林。原本为红松、阔叶混交林带，由于过度采伐，地带性森林植被的原始面貌已经荡然无存，优良树种针叶树已被采伐殆尽，白桦等速生树种生长起来。这片白桦林是最近几十年才生长起来的，树龄都不大。看上去这是一片美丽的桦树林，犹如一群女孩儿，洁白、俏丽、亭亭玉立，但它们却是人们破坏长白山原始植被的见证，美丽的背后是人类斧锯的残酷无情。

照片6-53 美丽而脆弱的小白桦林

② 照片6-54 针叶、阔叶混交林带

照片 6-54（拍位见图 6-24）:这是针叶、阔叶混交林带，针叶主要是红松，阔叶主要是白桦。

③ 照片6-55 岳桦、冷杉、云杉林带

照片 6-55（拍位见图 6-24）:这是远摄的岳桦—冷杉、云杉林带。位于海拔 1500-1700 米间，斑驳的 色调看得出是不同树种的混合。右边一块空地是长白山冰雪训练场。

照片6-56　红松、云杉、冷杉林带

照片6-57　岳桦、冷杉、云杉林带

照片6-58　岳桦林带

照片6-58（拍位见图6-24）：岳桦林生长在海拔1700—2000米之间，像一条裙带围绕在长白山火山锥的腰部。这里的年平均气温为零下4.4摄氏度，最热的七月平均气温为12摄氏度，最冷的一月平均气温为零下21.7摄氏度。气温非常低，风大，土壤瘠薄，在如此恶劣的环境中，其他树种都已经"知难而退"了，唯独这种耐寒而又不求沃土的岳桦顽强地生活在这里。正因为环境恶劣，它们大多长得矮小、弯曲，全无平原上白桦那种挺拔秀气的身材。它们聚集丛生，相互依托，用发达的根系抓住地面，以免被狂风吹倒。它们就是这样代代相传，以不屈的性格守护着长白山。

照片6-59（拍位见图6-24）：这是一株被恶劣的生存环境扭曲的岳桦，曲背弯腰，几乎匍匐在地，但磨难并没有使它丧失信心，它抵抗着严寒和贫瘠，仍充满希望地向天空招手。它就位于公路旁边，是一棵很有名气的树，曾与许多旅行者合影留念。它生长得相当缓慢，似乎老得也很慢，对比几十年前的照片，竟无很大的变化。

⑦　照片6-59　长白山顽强的"守护神"

照片6-60（拍位见图6-24）：这幅照片拍摄了岳桦林带和苔原带的交替部位。岳桦林一般不超过海拔2000米，一过这个高度，岳桦就再也没有能力向高处攀登了，而更耐寒的低等苔原植物茂盛繁衍起来，覆盖了整面山坡，形成高山苔原带植被景观。

照片6-60　岳桦林带与高山苔原带交接地带

⑧

照片6-61（拍位见图6-24）：这是高山苔原带景观，在海拔2000—2500米之间，位于火山锥的上部。这里的气候更加严酷，地表土层更加瘠薄，高大乔木已经绝迹，只有生长期短，开花集中，适应强风吹袭的矮小灌木，以及多年生草本、地衣、苔藓等，形成地毯似的苔原。夏季，在开阔的苔原上，也是一派美丽风光，各种颜色的小花争奇斗艳；秋季，则是一片耀眼的金黄色，与碧蓝的天空交相辉映，晚霞一般绚丽。火山锥上最美丽的景色当属这秋季的苔原风光。

⑨

照片6-61　高山苔原带

照片6-62 牛皮杜鹃

照片6-62（拍位见图6-24）：这是生长在天龙峡八卦庙岩席上的牛皮杜鹃。是长白山上主要的观赏植物，属常绿小灌木，株高半米，几乎是俯卧在地面上生长，所以经常连成片，结成密实的地毯状植被。大片翠绿色的牛皮杜鹃覆盖在八卦庙岩席上，成为这里一道秀丽的风景。

照片6-63（拍位见图6-24）：这幅照片是在铁壁峰外坡上拍摄的植物分带，近景是荒漠带，几乎不生长植物，中景是苔原带、岳桦林带，远景是针叶林带和针、阔叶混交林带。

照片6-63 在铁壁峰外坡拍摄的植物分带

## 岳桦岩丘上倒伏的岳桦林景观

照片6-64：在岳桦岩丘上，有一处奇特的景观，一定会令许多路过这里的旅行者停下脚步，因为这里的岳桦树是俯在地面上倾斜生长的，而且所有的树干都向东方倾倒。

为何会出现这种现象？《长白山志》158页写道："长白山的高处，因终年刮西风，风速又大，所以在海拔2000米处的树木均矮曲化，树身一律向东倾斜。"

岳桦岩丘上这种有趣的一边倒现象固然可以与终年为西风所吹联系起来，然而难以解释的是，处于同样地理位置的岳桦林有许多并不一齐向东伏倒，所以也许还有其他原因导致上述现象发生。郑德权反复观察那里的地形、土层、植物根系的生长等条件，认为这是山坡上的石块和土层的"蠕动作用"所致。张福有亦到北坡做过观察，赞同郑德权之说。

什么是蠕动作用？所谓蠕动就是在斜坡上的土石块在重力作用下缓慢下滑的一种现象。这里蠕动发生的原因是火山锥顶上冻融作用所致。石块或土块在反反复复地冻结和融化的过程中，因重力的分力指向山坡下，使得每冻结或融化一次，便移动一个微小的距离。尽管这种移动非常微小，但长期积累便可以看出效果，使扎根其上的树木也跟着移动了。但由于山坡表层移动的速度和距离大于深部，而树根又扎根于深部，牢牢抓住不放，这样，树身便在表面较快蠕动的土石块的推动下倾倒了。比方说，尽管你的脚是站在坑中并被挤住，很稳，但如果有一个外力推你的腿，可能会使你倾斜（图6-25）。

照片6-64　一律向东倾伏的岳桦林

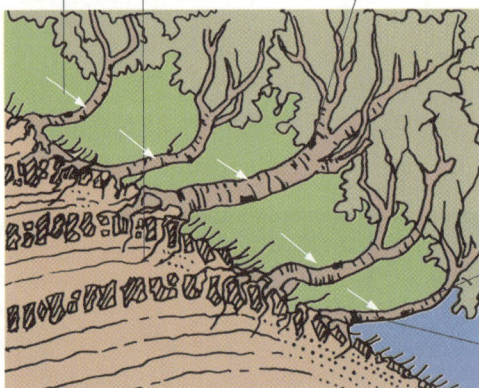

用白色箭头表示蠕动作用对树干的推力，但树根却牢牢抓住不放，于是，树干倾斜了。

倾伏的岳桦林

尽管根系在地下深部抓得很牢，但表层冻融层内的石块在冻融作用下沿着斜坡向下蠕动，是可以挤压树干向下坡移动的。试想，长年累月都有一个持续向下的推力对树干加压，树干肯定要倾斜，但树根又抓住原先的地方不撒手，根和干对决，互不相让，不得已，双方最可能的妥协方案就是树干倾斜。树干倾斜了，但枝丫不肯妥协，依然垂直向上生长，遂形成现在这等模样。

在表层"冻融蠕动层"中被迫倾斜的树干

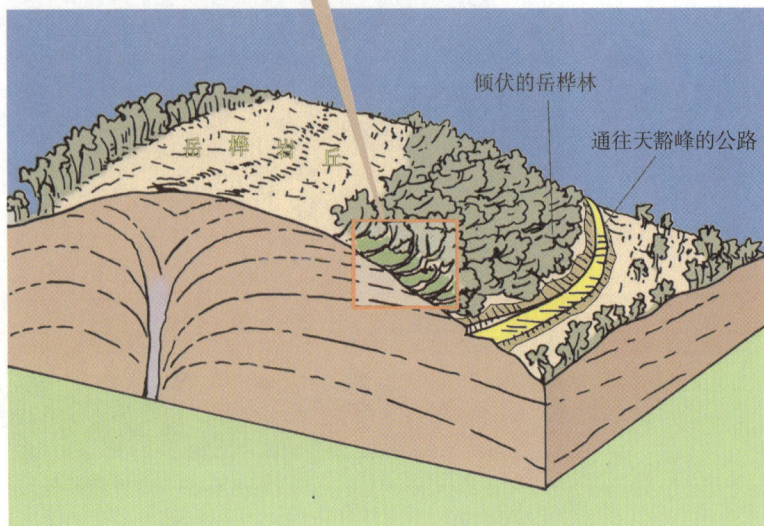

岳桦岩丘

倾伏的岳桦林

通往天豁峰的公路

图6-25　岳桦林一律向东倾伏的成因示意图

# 第七章　长白山北部和东部外围火山景观

老虎洞火山

黄松浦火山灰林

三道白河熔岩碎屑流

奶头山（乳头山）

圆池和赤峰

老房子小山火山群

甑峰山火山

头道白河药水泉

## 7.1 老虎洞火山

### 7.1.1 老虎洞河峡谷西壁断层三角面

照片7-1（拍位见图7-2）：进入老虎洞河峡谷后，可以看见峡谷西壁有10多个宽窄不同的等腰三角形悬崖一字排开，很是整齐，这就是断层三角面。这些断层三角面与其南部的老虎洞火山相连，共同构成老虎洞河峡谷西壁，反映出这里存在一条大断层，在地质上称为老虎洞河断裂，亦称F8断层（参见图7-2中的标注），它是一条辐状断裂。

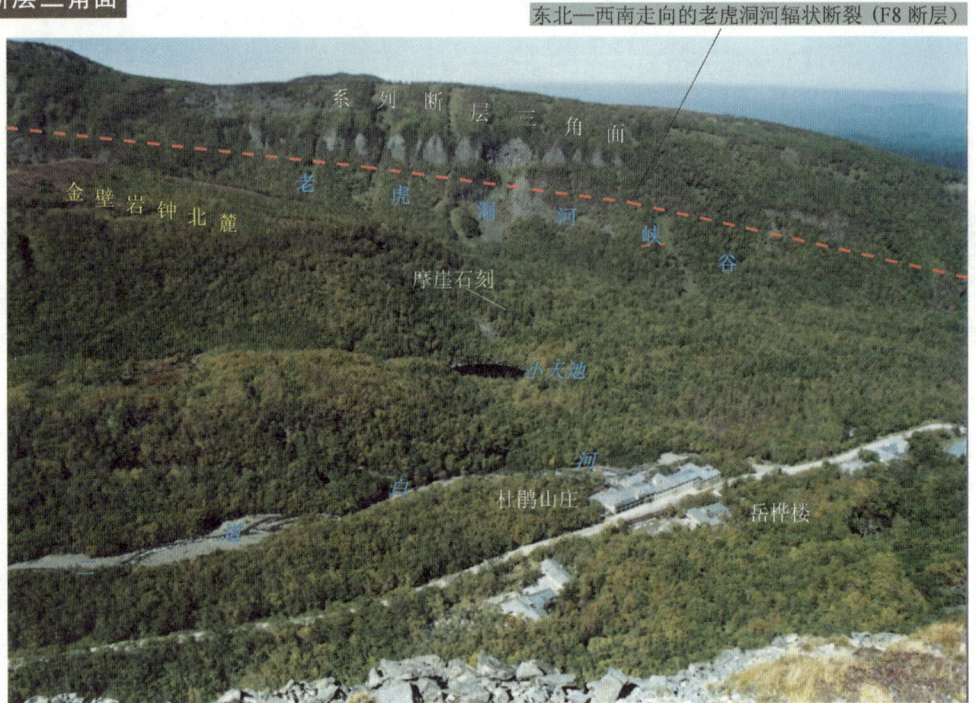

照片7-1　二道白河峡谷西壁系列断层三角面

图7-1：用图解方式说明系列断层三角面的形成原理。

上图：先是沿着老虎洞河断裂（F8断层）陷落形成老虎洞河断陷谷（峡谷）。断层形成之初，断层面是陡峻的，流水侵蚀在断层面悬崖上形成许多垂直于悬崖的冲沟，从冲沟中侵蚀下来的泥沙、碎石在悬崖下形成扇形冲出锥。同时，从悬崖上崩落的碎石块也都堆积在悬崖之下。

下图：原始断层面悬崖在长期的风化侵蚀中，那些冲沟变宽变深，侵蚀搬运下来更多的碎屑物质，在冲沟口形成的冲出锥和从悬崖上崩落的碎石混合在一起，形成规模很大的倒石堆和坡积裙。长期以来，断层崖不断被切割、变矮，且不断后退，使断层悬崖变成不连续的三角形悬崖面。最后，终于形成我们现在见到的系列断层三角面和其下的倒石堆。

图7-1　老虎洞河峡谷西壁系列悬崖演变示意图

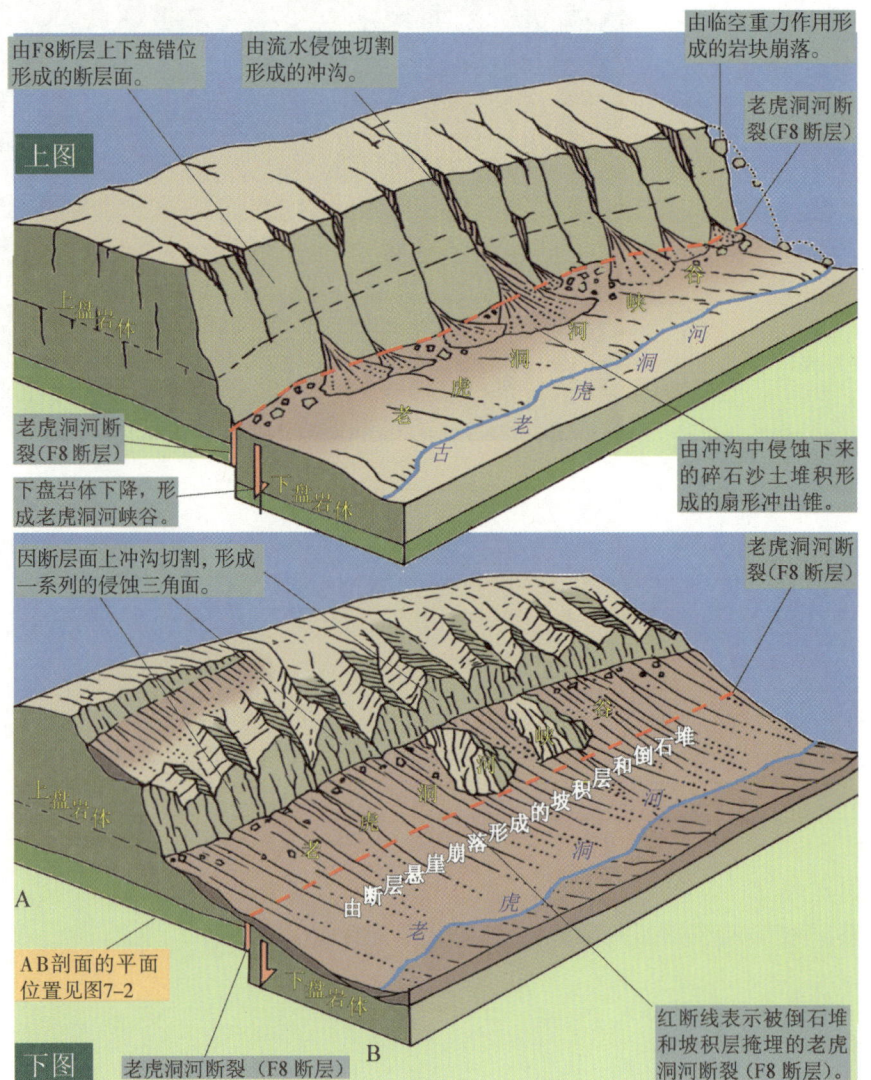

400

照片7-2（拍位见图7-2）：这是在二道白河峡谷东壁谷肩上拍摄的老虎洞河峡谷及峡谷西壁的系列断层三角面。照片中用红色虚线表示老虎洞河断裂的方向和位置。老虎洞河断裂是天池火山锥比较大的一条辐状断裂，是形成老虎洞河峡谷的断裂，老虎洞火山就在这条断裂带上。这条断裂带在地质上称为 F8 断层。《长白山火山地质研究》68 页记载："F8 断层位于 F7 断层西，顺老虎洞沟南北向展布，长大于 5 公里，倾向东，倾角 80—85 度，把老虎洞火山锥切为两半，其东半下陷消失。"该书 69 页《长白山天池复式火山机构断裂分布图》中画有这条断裂。

系列断层三角面和残留的老虎洞火山口都与这条断裂有成因关系。这幅照片把半个老虎洞火山和系列断层三角面摄在同一张照片上，可以更直观地看清这条断裂在老虎洞火山喷发和老虎洞河峡谷断陷的共同作用。

照片7-2　老虎洞河峡谷

残留的半圆形老虎洞火山口及半个火山锥

2235

老虎洞火山向北延伸的山脊

悬崖上的小路

老虎洞河峡谷西壁系列断层三角面

老虎洞河峡谷西壁系列断层三角面之下的倒石堆

用红色虚线表示老虎洞河断裂（F8断层）的走向和位置。老虎洞火山口和老虎洞河峡谷西壁系列断层三角面都位于这条断裂带上。在地质上，半个老虎洞火山口及半个火山锥，以及断层三角面的展布，都是老虎洞河断裂存在的证据。

401

## 7.1.2 老虎洞火山

老虎洞火山位于长白山火山锥北偏西坡，南距龙门峰2500米，东距金壁岩钟750米。老虎洞火山之名系借用山洞名称而命名的：在此地有一处熔岩洞，传说曾有老虎出没，当地人称为老虎洞，附近的河称为老虎洞河，20世纪80年代地质工作者对河谷西壁的一座寄生火山进行地质调查时，命名此火山为老虎洞火山。

老虎洞火山锥仅残存锥体的西半部，锥体的东半部已被F8断层断掉并爆炸崩飞。F8断层不仅切断了老虎洞火山，它还是形成老虎洞河的主要因素，即老虎洞河是沿F8断层发育的。火山锥顶部海拔2235米，高出老虎洞河谷底200米。老虎洞火山的东面为发源于龙门峰北坡的老虎洞河；西面为发源于龙门峰和观日峰之间凹地的冲沟，由此看来，老虎洞火山是夹在两条沟壑之间的（见图7-2、照片7-3）。

老虎洞火山由紫红色、黑色的玄武质火山渣及同质熔岩堆积而成。老虎洞火山口喷发的火山碎屑流和熔岩流向西北方向呈长扇面状分布（图中细红虚线范围），熔岩流末端距喷溢口约700米。老虎洞火山在航空照片上有明显的显示。在地面拍摄的照片中也可以看出。老虎洞火山在长白山火山锥西北坡一带是一座较大的火山，在地质研究上有重要意义，它代表一次火山事件，《长白山地质志》（1988年）称其为"老虎洞期玄武岩"，《长白山火山地质研究》给出的年龄值为34万年。《中国—朝鲜白头山区新生代火山事件的划分及对比》沿用此年龄值。关于老虎洞火山的年龄，地质学家看法不一，所以上述年龄仅供参考。

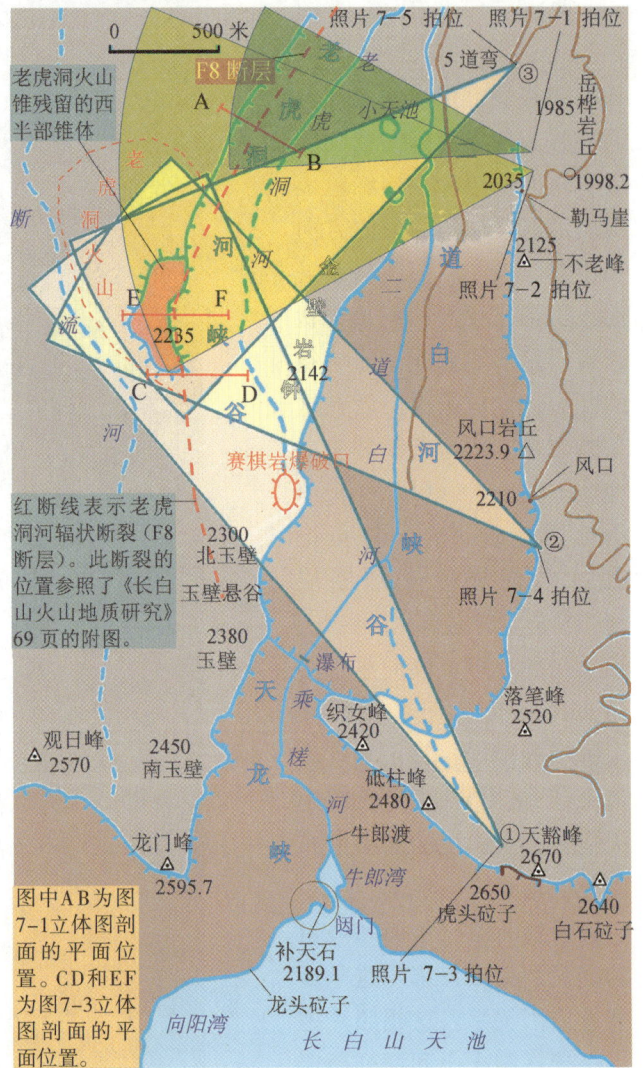

图7-2 老虎洞火山位置及拍摄位置图

照片中CD及EF剖面的平面位置见图7-2。

照片7-3（拍位见图7-2）：这是在虎头碴子上拍摄的。老虎洞火山夹在老虎洞河峡谷和断流河之间。在照片中用白色虚线勾画出老虎洞火山的半个锥体。照片中用一条红断线表示老虎洞河断裂（F8断层）通过那里，正是这条断层切断了老虎洞河火山锥，使东半部下陷消失。

照片7-3 老虎洞火山残留的半个锥体

照片 7-4（拍位见图 7-2）：老虎洞火山的半个锥体和半个碗形火山口在这里看得更清楚。

就整个火山锥的构造来看，老虎洞火山是一次喷发形成的。火山锥的层状构造很清楚，见照片中白圈内，那是老虎洞火山锥的南坡，可以看见火山锥的层状构造，在山坡上宛如阶梯。这些层状构造说明老虎洞火山是经过一阵又一阵的喷发层层堆积形成的。这里所说的"一阵又一阵"是指脉冲振荡式喷发，火山喷发时，有时强一点，有时弱一点；喷发物也有变化，有时含火山碎屑多一点，有时少

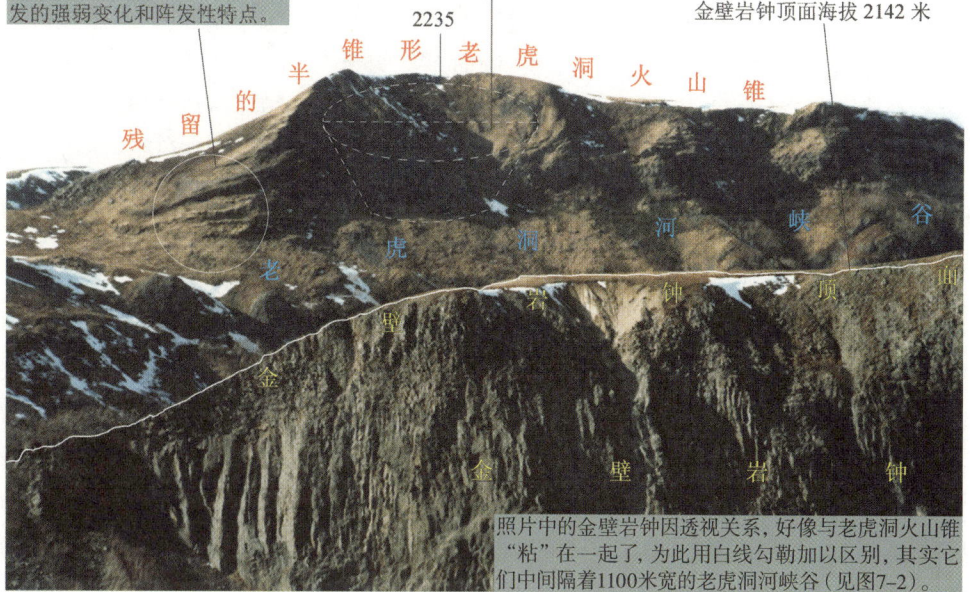

老虎洞火山锥为层状火山锥，可以看见此处的玄武岩和玄武质火山渣层层相叠，表明火山喷发的强弱变化和阵发性特点。

半碗形火山口因其像围椅，亦称围椅形火山口。

金壁岩钟顶面海拔 2142 米

2235

半锥形的残留 老虎洞火山锥

老虎洞峡谷

金壁岩钟

峡谷顶面

照片中的金壁岩钟因透视关系，好像与老虎洞火山锥"粘"在一起了，为此用白线勾勒加以区别，其实它们中间隔着1100米宽的老虎洞河峡谷（见图7-2）。

照片7-4　在风口拍摄老虎洞火山锥

一点，这都可以导致喷发物在堆积过程中是呈层状堆积的。

老虎洞火山口的半碗形状

老虎洞火山锥

老虎洞峡谷

照片 7-5（拍位见图 7-2）：被大雪覆盖的老虎洞火山仍可看出半个火山锥和半个火山口。尤其是火山口，如同半只碗，里面盛满了积雪。

照片7-5　半碗状老虎洞火山口

## 7.1.3　老虎洞火山构造及形成示意图

关于老虎洞火山的形成年代，地质学界并无统一认识。《长白山火山地质研究》25 页记载："老虎洞碱性玄武岩，分布于天池北、西侧，以老虎洞火山渣锥为代表，总厚约 116.8 米……其年龄值为 34 万年，时代属中更新世晚期。"此为 1992 年金伯禄、郑德权采

样，中科院地质所用钾氩定年法测试。《中国火山》23页记载："老虎洞玄武岩，6 万年。"《长白山地质志》（1988 年）记载："老虎洞期玄武岩，早全新世，距今11000—8000 年。"可见，对老虎洞火山形成年代的认识，从数十万年到数千年都有，相差很大。这些年龄数据

仅供读者参考。

对老虎洞火山半个锥体的形成原因，学界有不同的解释。《长白山火山地质研究》认为："F8 断层顺老虎洞沟南北向展布，长大于 5 公里，倾向东，倾角 80—85 度，把老虎洞火山锥切为两半，其东半下陷消失。"认为是断层断掉，现在所见为残留的西半部。

郑德权对老虎洞火山半个火山锥的消失进行过探讨，认为消失的半个火山锥不完全是由于断层切割东盘下降所致，还有如下可能：在火山爆发时，由于火山通道发生了堵塞，从而地下聚集起巨大的压力，爆炸崩飞了东半部而残留下西半部。探求实质，两种观点并不冲突。F8 断层是形成老虎洞火山的岩浆通道，断层在喷发岩浆的过程中，可以在切断火山锥的同时，发生猛烈爆炸。所以，老虎洞火山的残存应该是多种地质作用的结果。

上图：老虎洞火山最后的一声叹息，毁掉了它的半个身躯。

一般火山爆发，总是伴随着山体的崩塌。老虎洞火山喷发的熔岩和火山碎屑物堆成一座小山，溢出的熔岩流向北坡散布开来。但后来岩浆通道忽然被堵塞了，地下的岩浆及其析出的气体越聚越多，压力越来越大，上面的山体终于无法承受这种高温高压，岩石松动、破裂，犹如埋在地下的炸弹忽然爆炸，将先期形成的火山锥体炸掉了一半。因为那个爆炸口是向东倾斜的，所以把东半边火山锥完全炸飞。

像这样炸掉半面山体的情况，在世界上其他地区也时有所闻：1980 年 3 月 27 日美国圣海伦斯火山爆发时，侧面爆炸就把山头炸去近 400 米，岩浆、气体、崩碎的岩块等火山物质被抛向山下，它毁掉的体积比老虎洞火山崩塌的半边大得多。这样看来，老虎洞火山的爆炸，不过是"小巫见大巫"。

下图：这是老虎洞火山的内部构造。它喷发后覆盖在先期形成的粗面岩或碱流岩之上，而它的上面没有发现更晚期的火山喷发产物覆盖，相对而言，以地质年代的尺度衡量，老虎洞火山形成的年代较晚。

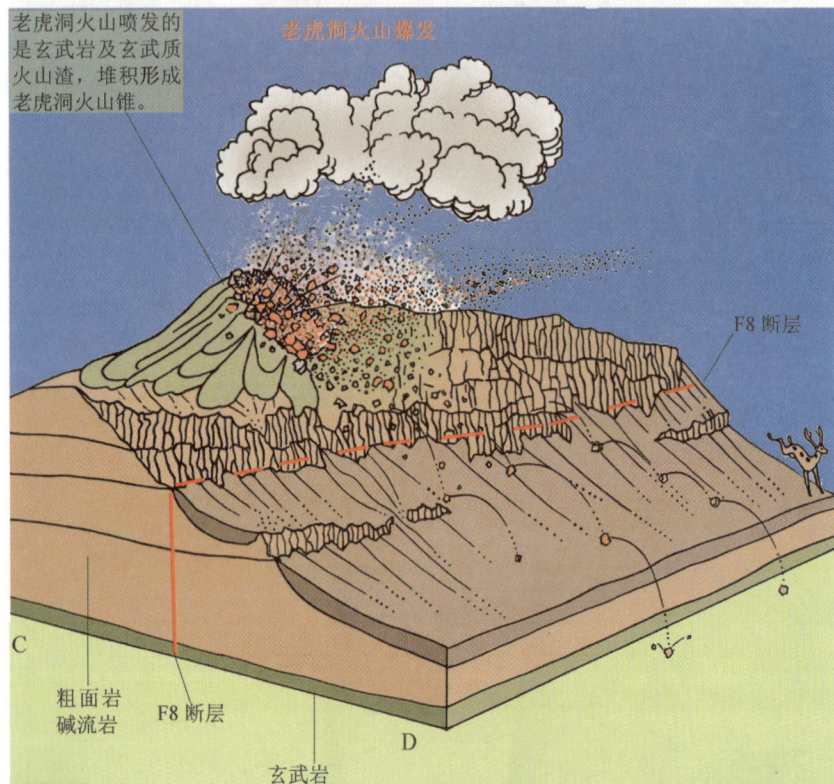

老虎洞火山喷发的是玄武岩及玄武质火山渣，堆积形成老虎洞火山锥。

老虎洞火山爆发

F8 断层

C

粗面岩
碱流岩

F8 断层

D

玄武岩

上图

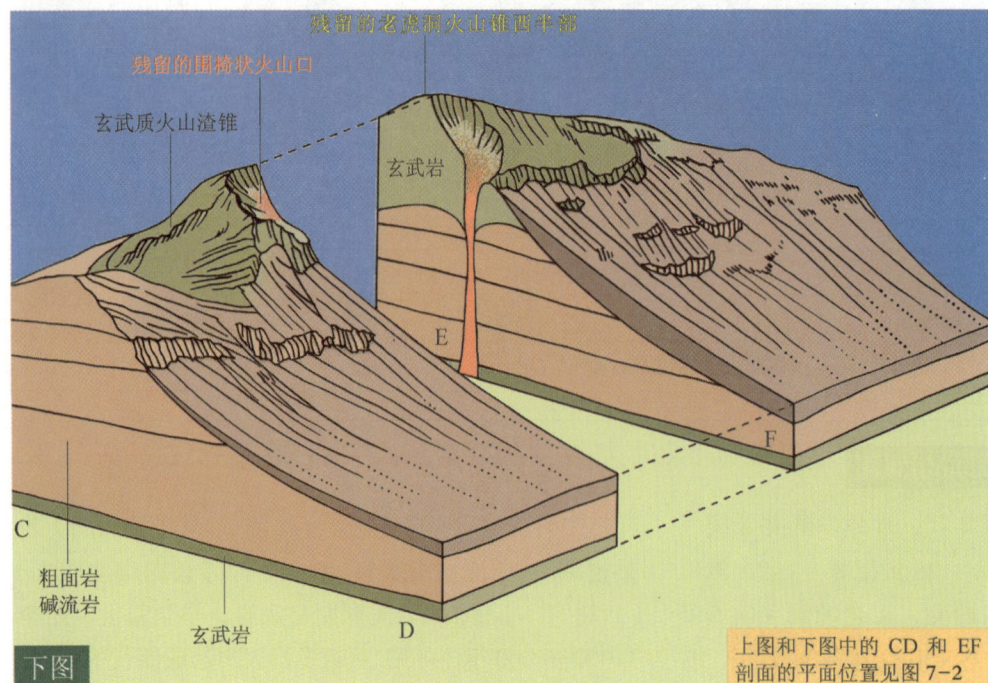

残留的老虎洞火山锥西半部

残留的围椅状火山口

玄武质火山渣锥

玄武岩

E

C

粗面岩
碱流岩

玄武岩

D

F

下图

上图和下图中的 CD 和 EF 剖面的平面位置见图 7-2

图7-3　老虎洞火山构造及形成示意图

## 7.2 黄松浦火山灰林

黄松浦火山灰林位于天池东北方18千米，和平营子东南4—6千米、三道白河上游支流峡谷中，因其附近曾设黄松浦保护站，故称黄松浦火山灰林。火山灰林还有浮石林、沙林等名称。火山灰林形成的物质基础是河谷中的火山灰层，由于差异风化作用，形成各种奇特的形状，成为长白山火山的一个独特的景观，到长白山的旅行者无不到这里欣赏这些奇特的火山地质地貌景观。有公路与此地相通（图7-4）。

这里，选几幅火山灰层经风化侵蚀后形成的各种形状怪异的残留体照片，供读者欣赏。

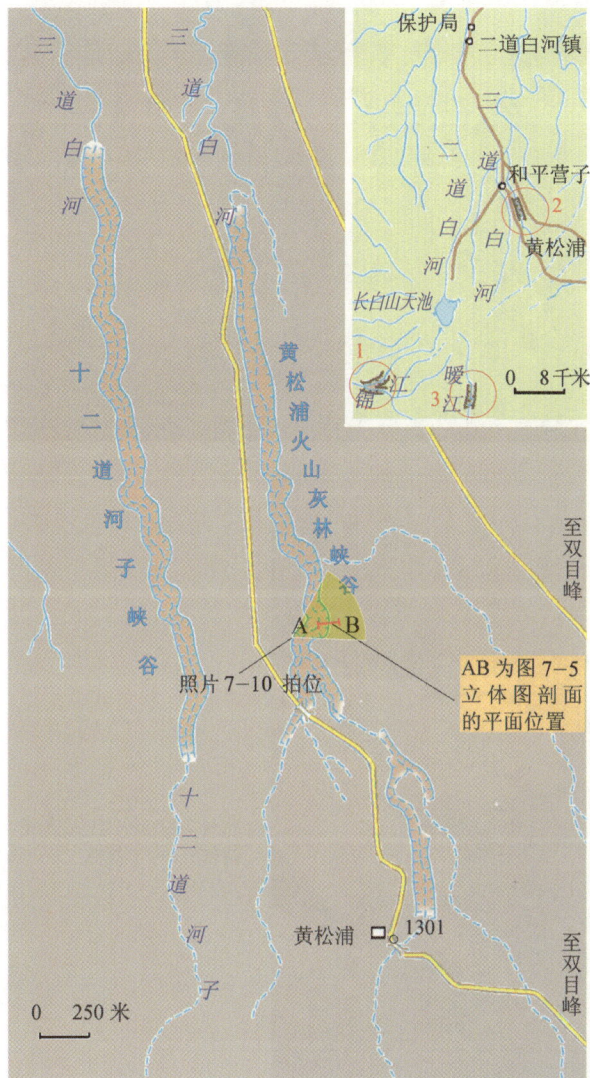

图7-4 黄松浦火山灰林位置及平面图

照片7-6 火山灰林残留体——"城堡"

右上小图中红色数码代表：

1. 锦江大峡谷火山灰林

2. 黄松浦火山灰林

3. 鸭绿江北源（暖江）峡谷虎牙石林（火山灰林）

照片7-7 火山灰林残留体——"无字碑"

405

照片7-8 火山灰林残留体——"石碑"

照片7-9 火山灰林残留体——"塔林"

## 黄松浦火山灰林形成示意图

　　依据照片7-10（拍位见图7-4）绘制了图7-5：左下面的小图表示天池火山的猛烈爆发，把大量的火山灰喷射到高空中，有一部分飘到这里降落下来；与此同时，还有从火山锥上滚滚而下的灰云浪和火山碎屑流也掩埋过来，层层叠加堆积，厚度可达几十米，甚至上百米。这些火山灰和碎屑流堆积时，还是炽热的，有黏性的，所以火山灰层有胶结作用，但胶结得并不均匀，有的地方结实一些，所以抗风化能力强一些；有的地方松散一些，所以容易被侵蚀，这便导致

在风化时形成各种奇特的形状。另外，火山灰层中的柱状节理在风化侵蚀中也起到很大的作用：节理首先把火山灰层切割成许多块体，风化总是首先沿着这些节理进行，加大的裂隙可以导致整块体积沿垂直方向塌落，从而留下垂直如壁的块体，有的犹如石碑，有的犹如一座房子，有的犹如一座碉堡。众多的垂直块体耸立在河谷中，如石林一般蔚为壮观，故有火山灰林之称。

　　火山灰堆积时的原始体积，在风化过程中大部

406

分都变成沙砾被流水带走了，留下来的就是我们现在所看到的奇形怪状的残留体。当然，这些残留体还会在日后的风化中逐渐变样，有些块体会逐渐变矮、变瘦，以至于成为一堆散沙，被坡面的雨水冲进峡谷中。

照片7-10 黄松浦峡谷火山灰林

从空中降落的火山灰和沿地面而来的火山灰流填满了沟谷。堆积的火山灰呈弱胶结，在漫长的岁月中，白色虚框内的体积已经被风化侵蚀掉，胶结稍强的火山灰残留下来，成为火山灰林。

对比这些独立块体的堆积层理，笔者发现在水平方向是可以相连的，好比被切成小块的"千层糕"，虽分置各处，但每块糕的层理还是可以对比的。说明它们原先是一个整体。

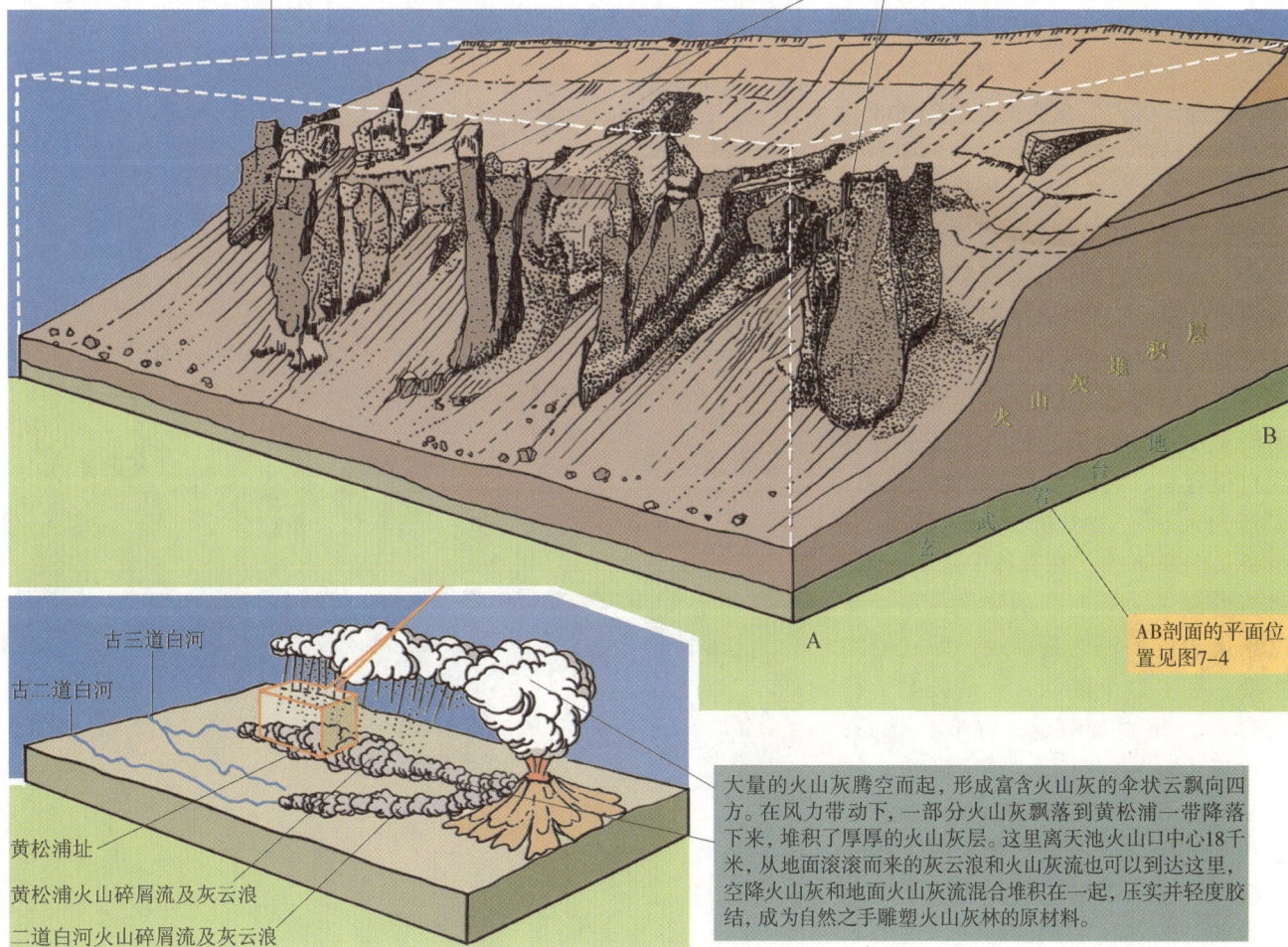

AB剖面的平面位置见图7-4

大量的火山灰腾空而起，形成富含火山灰的伞状云飘向四方。在风力带动下，一部分火山灰飘落到黄松浦一带降落下来，堆积了厚厚的火山灰层。这里离天池火山口中心18千米，从地面滚滚而来的灰云浪和火山灰流也可以到达这里，空降火山灰和地面火山灰流混合堆积在一起，压实并轻度胶结，成为自然之手雕塑火山灰林的原材料。

图7-5 黄松浦火山灰林形成示意图（素描形象据照片7-10）

407

## 7.3　三道白河熔岩碎屑流

在长白山火山锥上，有很多火山熔岩流、火山碎屑流，或两者相混的熔岩碎屑流，其中三道白河熔岩碎屑流就是其中一条。它由距天豁峰东北方向6千米的一个火山口喷溢流淌形成，熔岩裹胁着火山碎屑，向北沿着低洼谷地形成一条长9500米、宽300—800米、厚20—100米的熔岩碎屑流。这条熔岩碎屑流的外表形态保存得相当完整，在1：50万的卫星照片上隐约可看出它的形状，在1：5万的航空照片上则能清晰地看到它的全部轮廓和熔岩碎屑流表面的叠瓦状流动构造。图7-6就是根据航空照片的影纹绘制的。它的整体形态犹如一条远古时代的大爬虫，似乎可以分出头、颈和尾，甚至还有逼真的"体节"。试想，当年它从火山口喷溢出来的时候，必定是赤色洪流，浓烟滚滚，沿着沟谷奔腾而下。后来，岩浆枯竭了，喷溢口封闭了，大爬虫耗尽了能量，通红的身躯渐渐变暗，最后，冷却凝固在沟谷中。

但人们在地面上行走是看不到它的整体面貌的，因为它太大，好比一只蚂蚁行进在牛的脊背上，那感觉只是在毛丛中爬行，与人们在这条熔岩碎屑流上的森林中行进的感觉是一样的。图中所画的那些叠瓦状流动构造在地面上也只能看到局部。如果顺着熔岩碎屑流的脊背走，人们会看到，隔不远就会遇到一处陡坎状地形，那差不多就是一条叠瓦状流动构造的前缘陡坎。

之所以把这条熔岩碎屑流从众多的同类中展示出来，是因为旅行者找到它很容易，它就在前往天池的路边，三道白河桥（白山桥）从这里通过。由桥头向南下去，在森林中走200米，就能看到一个较明显的陡坎，那就是这条熔岩碎屑流的最前缘，即它的终止处。登上这个陡坎，就是爬上了它的脊背，继续向南走，将步步升高，经过近1万米的行程，便可到达它的喷溢口。不过这段旅程肯定不会轻松，必须穿越熔岩碎屑流脊背上的茂密的森林，没有一天的工夫是打不了一个来回的。按现在的旅游路线，这里不停车。

关于这条熔岩碎屑流的形成年代，《长白山火山地质研究》35页在"吉林省长白山区新生代火山岩同位素年代表"中所列，全岩钾氩法测年数据为103万年，得知这条熔岩碎屑流形成于一百多万年前。显然，这是一条年龄很大的熔岩碎屑流。岩石测年采样地点在图7-6、7-7和照片7-12中均有标定。

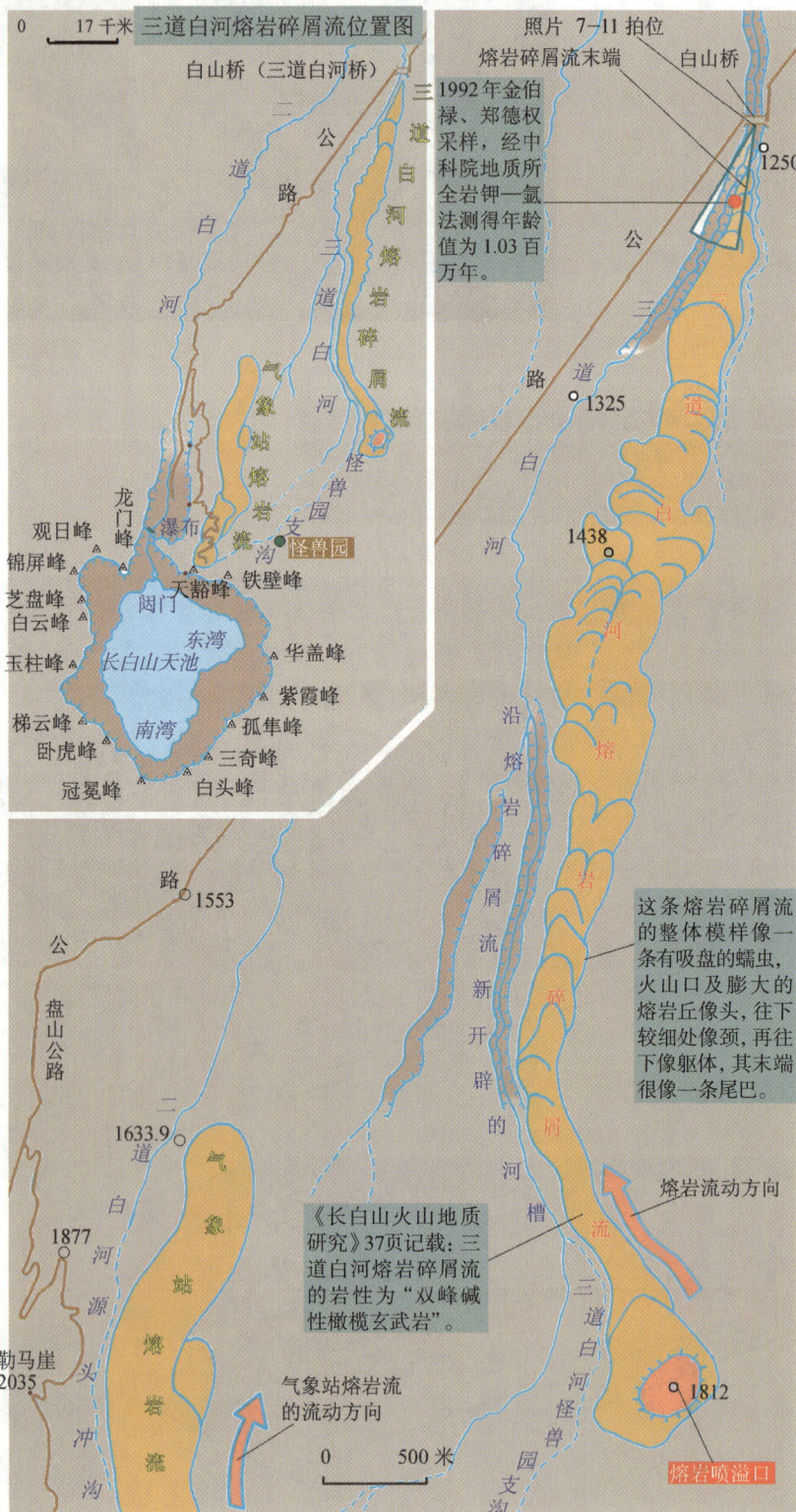

图7-6　三道白河熔岩碎屑流位置及平面图

408

照片7-11：三道白河熔岩碎屑流的末端，止于此桥的南面。从此桥走下去约200米，就能踏上这条熔岩碎屑流的脊背。

照片7-11　三道白河熔岩碎屑流的末端止于此桥之旁

照片7-12（拍位见图7-6、7-7）：这是三道白河的槽形河谷。河水和岩石处处撞击，到处是激流、跌水和漩涡。河上有一小木桥，木桥之东就是三道白河熔岩碎屑流的末端，岩石测年采样地点在小桥下不远的地方。

照片7-12　三道白河上游的槽形河谷

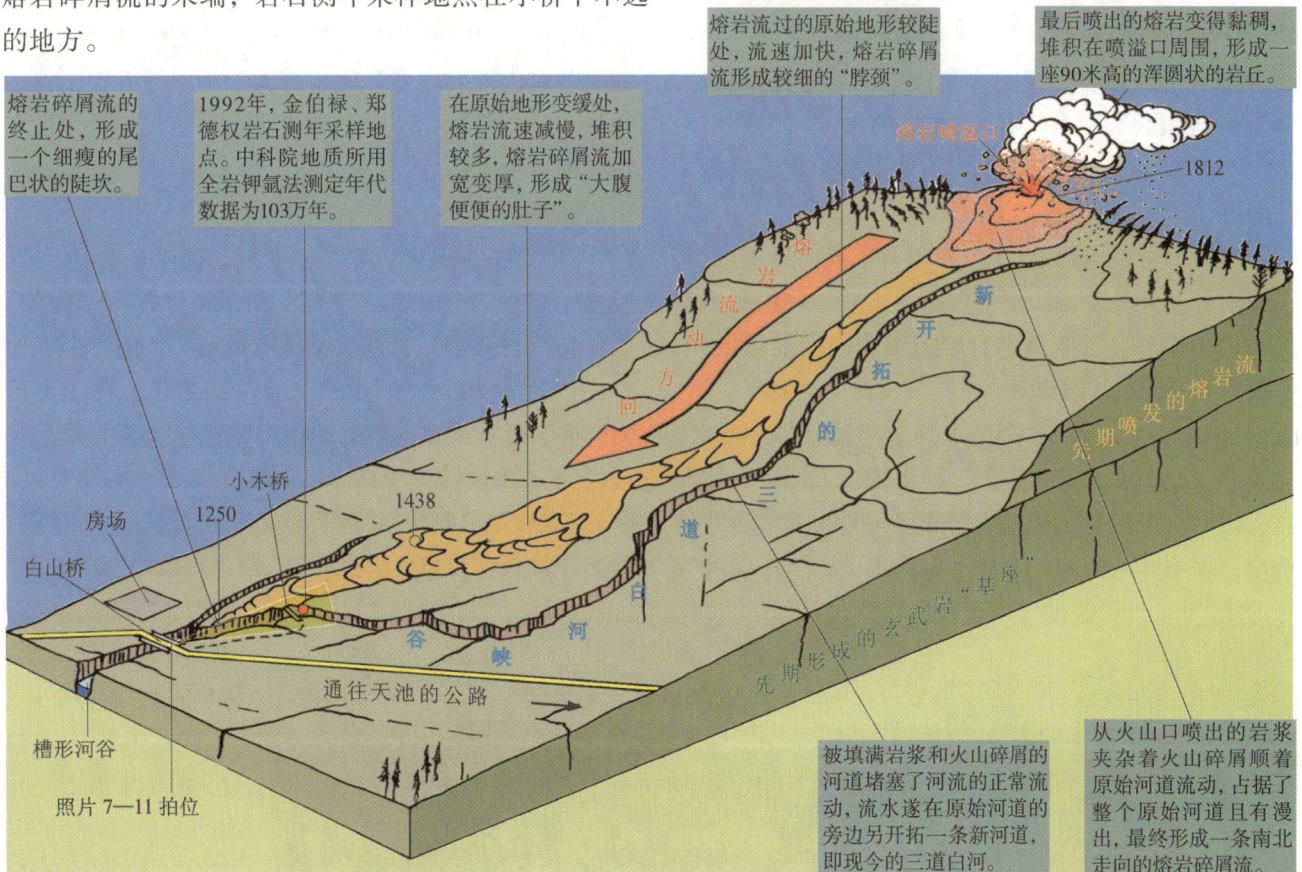

熔岩流过的原始地形较陡处，流速加快，熔岩碎屑流形成较细的"脖颈"。

最后喷出的熔岩变得黏稠，堆积在喷溢口周围，形成一座90米高的浑圆状的岩丘。

熔岩碎屑流的终止处，形成一个细瘦的尾巴状的陡坎。

1992年，金伯禄、郑德权岩石测年采样地点。中科院地质所用全岩钾氩法测定年代数据为103万年。

在原始地形变缓处，熔岩流速减慢，堆积较多，熔岩碎屑流加宽变厚，形成"大腹便便的肚子"。

被填满岩浆和火山碎屑的河道堵塞了河流的正常流动，流水遂在原始河道的旁边另开拓一条新河道，即现今的三道白河。

从火山口喷出的岩浆夹杂着火山碎屑顺着原始河道流动，占据了整个原始河道且有漫出，最终形成一条南北走向的熔岩碎屑流。

图7-7　道白河熔岩碎屑流形成示意图

图7-7是图7-6的立体化。熔岩及所含的火山碎屑从火山口喷溢后，沿着一条原始河道向下流淌，熔岩碎屑流掩埋填满了这条原始河道。此后，上游的水再无法从这里流过，河水必须另寻出路，于是，在这条熔岩碎屑流旁边另辟蹊径，经年累月的流水侵蚀，终于开拓出一条新河道，这就是现在我们见到的三道白河。新河道所处的位置是火山锥坡上，落差很大，河流借助于岩石裂隙，下切岩石很深，侵蚀出一条又深又窄的槽形河床。新开拓的三道白河此段隘谷，与这条熔岩碎屑流是并列平行发育的。

409

## 7.4 奶头山（乳头山）

《长白山江岗志略》415页记载："乳头山，在娘娘库东北（作者按：娘娘库即今安图县松江镇，奶头山在松江镇西南并非东北），相距六十里。两山形如乳头，故名之。"《长白山灵迹全影》第13幅照片摄有《乳头山》，"具图贴说"记载："山在长白东北，相距约百里。两峰对峙，一水中流，土人象形名为乳头。水即三道白河，出细鳞鱼，大者二尺余。"

奶头山位于安图县二道白河镇东南11千米。既然为奶头山，当然是两个，所以，有东奶头山和西奶头山之分。三道白河支流奶头河由南向北从两山之间流过。奶头河支流西奶头河从西奶头山西侧流过。

照片7-13（拍位见图7-9）：拍摄位置在长白山火山锥北坡。照片中的远景，那两座朦朦胧胧的山形就是奶头山，当地居民依此为奶头命名，也算是"象形命名"。照片中的近景布满森林的缓坡地，是长白山火山锥周围的山麓倾斜熔岩高原，海拔高度从1700米降至1000米，向下有5度左右的坡度。山麓倾斜熔岩高原的外围，在照片中向北至奶头山，是玄武岩熔岩台地，台地微微向北倾斜，从海拔1000米降至海拔800米左右，有1—3度的坡度。两个奶头山突兀显现在平坦的台地上，有如孤岛出露在一望无际的海（熔岩海）面。

奶头山虽然地处偏僻之处，但有重要的地理意义，在晚清中朝界务争端历史中占有一席之地。奶头山靠近长白山主峰，处于清朝封禁范围之内，禁例虽严，但仍有朝鲜饥民"冒险潜入"。据《安图县概况》（日文，1935年）记载："迄今120余年前，即1868年咸镜北道茂山郡六七户饥民，渡江迁入安图县，始在奶头山、头道白河定居。他们先以狩猎为业，后开垦荒地，逐渐建立家园，形成了白头山下第一个朝鲜族人的村庄。"（《吉林朝鲜族》，1993年，80页）

刘建封踏查长白山时，调查奶头山，见这里已成朝鲜越垦流民的村落。他召集这些村民，拍摄了一幅照片，即《长白山灵迹全影》第33幅照片《四方顶》，其"具图贴说"云："乳头山东，杰然高峙者，曰四方顶。树木尤繁，下有韩侨越界佃垦，结庐于此。旁设木架名水碓。与水确不同，用以舂者，因萃韩侨男妇，摄影于此。"

刘建封拍摄此照片的目的是要用实际所见让朝廷知道朝鲜人早已越过长白山进入中国结庐建村了。

清季，长白山危殆，为"谋完全永固之基"，捍卫发祥之地，东三省总督锡良奏请皇帝敕建"长白山之神之祠"于布勒瑚里（圆池）。故此，安图县首任知县刘建封曾派工师四处采探烧石灰的原料，以筹备建筑材料。经数月，于单道江地方找到了原料，并建立了石灰厂，后来还为此事"载酒贺之"。此石灰厂还被摄成照片，载入《长白山灵迹全影》进呈御览，照片名为《新立石灰厂》。其"具图贴说"记载："新立石灰厂，白山左右多矿产，惟石坚而黑，不易烧灰。兹因建筑天女庙于布尔湖，特派工师四处采探，以备燃烧。经数月，始于单道江（注：单道江的具体位置待考证）地方得之，顽石点头，愿供国用，因于立厂，后而载酒贺之。"

经研究，刘建封所建的石灰厂，就在奶头山一带。但这一带多为玄武岩，刘建封所说的"惟石坚而黑"者就是指玄武岩，玄武岩是不能烧制石灰的。但在西奶头山西南1000多米处有一座变质岩山，此山海拔919米，相对高度69米，此山的变质岩层中夹有大理岩，可烧制石灰，现在那里还有石灰窑（见图7-9）。故此，推测这里与清时安图县的"新建石灰厂"有关系。这里开采条件较好，位置适中，向北离娘娘库（安图）治所33千米，向南离圆池（布勒瑚里）40千米，地势平坦，修路不困难，运输方便。作者认为，奶头山一带就是安图县（娘娘库）地方设治之初最早的石灰生产地，新立石灰厂当在奶头山西南的919山。

岛状残山——西奶头山（玄武岩山）　　　岛状残山——东奶头山（变质岩山）

广阔的玄武岩熔岩台地——"熔岩海"

山麓倾斜熔岩高原

① 　　　　照片7-13　熔岩海中的岛状残山——东奶头山和西奶头山

照片 7-14（拍位见图 7-8）：这是从南向北拍摄的奶头山。两山相距约 1500 米。东奶头山海拔 1030.8 米，相对高度 200.8 米。由元古界变质岩构成，主要岩石有浅粒岩、变粒岩、石英岩、大理岩、片岩、片麻岩等，其中大理岩可以烧制石灰。西奶头山的情况见照片 7-15 的说明。从地质上说，东奶头山是变质岩，西奶头山是玄武岩，两者是完全不同的山体；年龄也相差很大，东奶头山年龄约 10 亿多年，比西奶头山年长几十倍甚至百倍。

西奶头山（玄武岩山）

通向长白山天池的公路

③

照片7-15　西奶头山——玄武岩岛状残山

照片 7-15（拍位见图 7-9）：这是在通往天池的路上拍摄的西奶头山的北坡。此山海拔 955 米，因其基座海拔 840 米，所以它的相对高度仅 115 米。西奶头山由玄武岩组成，形成年代为 1500 万年。

西奶头山（玄武岩山）

玄武岩熔岩台地

东奶头山（变质岩山）

通向二道白河镇的简易道路

②

照片7-14　两奶头山岛状残山

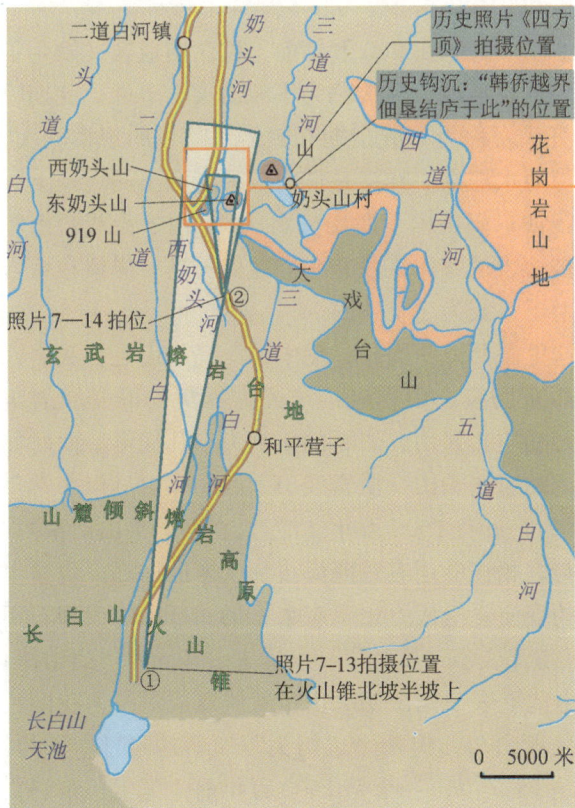

二道白河镇

奶头山河

三道白河山

四道白河

花岗岩山地

历史照片《四方顶》拍摄位置

历史钩沉："韩侨越界佃垦结庐于此"的位置

西奶头山
东奶头山
919 山

照片7—14 拍位

玄武岩熔岩台地

南奶头山河

大三道河

戏台山

二道白河河

和平营子

五道白河

山麓倾斜熔岩高原

长白山火山锥

照片7-13拍摄位置在火山锥北坡半坡上

长白山天池

0　5000 米

图7-8　熔岩海中的"孤岛"位置图

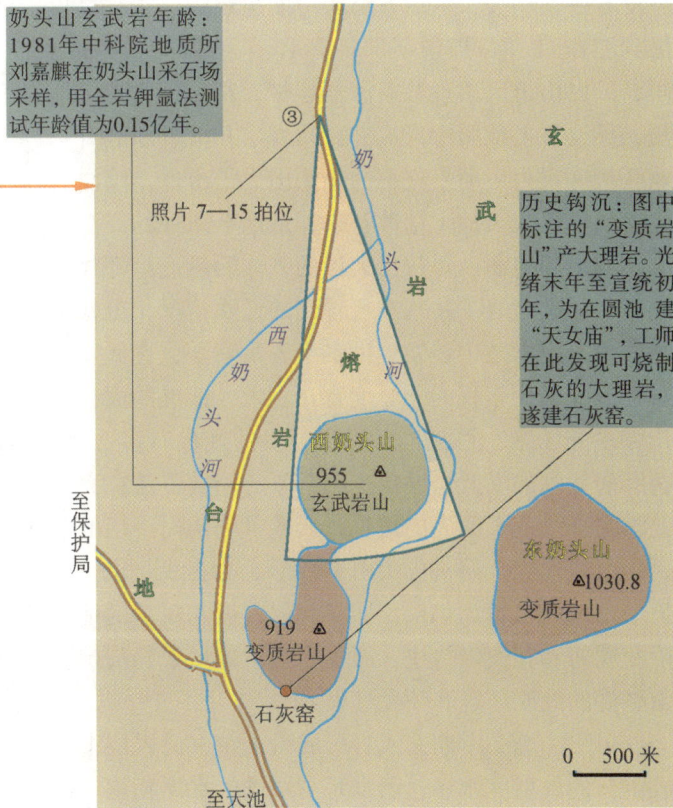

至二道白河镇

奶头山玄武岩年龄：1981年中科院地质所刘嘉麒在奶头山采石场采样，用全岩钾氩法测试年龄值为0.15亿年。

③

照片 7-15 拍位

奶头山河

西奶头山河

熔岩台地

西奶头山
955
玄武岩山

玄

武

岩

熔

岩

台

地

至保护局

919
变质岩山

石灰窑

历史钩沉：图中标注的"变质岩山"产大理岩。光绪末年至宣统初年，为在圆池建"天女庙"，工师在此发现可烧制石灰的大理岩，遂建石灰窑。

东奶头山
△1030.8
变质岩山

0　500 米

至天池

图7-9　熔岩海中的东、西奶头山"孤岛"平面图

天池火山锥，主要为粗面岩、碱流岩

熔岩台地，主要为军舰山期玄武岩

"孤岛"，主要为奶头山期玄武岩、变质岩山

"孤岛"——侏罗系碎屑岩、凝灰岩

"孤岛"——元古界变质岩

"孤岛"——花岗岩

## 奶头山岛状残山和大戏台山岛状残山的形成

广阔的熔岩台地和山麓倾斜熔岩高原，是长白山火山活动早期形成的，皆以玄武岩喷发为主，它成为后来的长白山火山锥的"基座"。地质学家把这个阶段的火山喷发概括称为"早期造盾阶段"。熔岩台地和熔岩高原分布的面积占长白山火山区总面积的80%，海拔高度由长白山火山锥底部的1700米向四周缓缓倾斜至800米。在这片广阔的地域旅行，人们常能看见孤岛般突兀而立的山丘，大多数是寄生火山锥，但其中奶头山、大戏台山等是以岛状残山（孤岛）的形式展现其面貌的，其性质与寄生火山锥不同。对于岛状残山的形成，这里用示意图说明（图7-10）：

上图：发生在遥远年代的火山喷发事件，我们只能根据火山喷发的物质推测它的过程。旅行者面对的奶头山或大戏台山，地质研究告诉我们，它大约形成于1500万年前。我们就依据这个年龄，构想当年火山喷发的情景并绘制示意图。

1500万年前是什么概念？那时候地球上还没有我们人类，如果这时候有一匹马在奔驰，这马与现代的马很不一样，它是马的祖先，是三趾的，即三趾马，还没有一条狗大，这就是那时可能出现的情景。这里提到三趾马，是想说明那是多么遥远的年代。那时候，长白山地区出现数条深断裂带，断裂带直达上地幔，导致在上地幔中形成玄武质岩浆并沿着断裂升到地面。这次火山喷发亦称为奶头山火山事件：喷溢到地表的岩浆在大地上铺散开来，从地下深处的高温高压环境来到地面，释放出大量的气体后迅速冷却凝固成坚硬的玄武岩。从现在所看到的地质情况，得知在奶头山火山事件中曾发生过多次岩浆喷溢，玄武岩一层层地叠加，累积的总厚度有几百米，铺展的面积有几百平方千米，可见当时火山喷发的规模有多么大。这厚而宽阔的玄武岩层像一床巨厚的棉被覆盖在大地上，完全改变了原先的地貌，形成了广阔而平坦的玄武岩台地地貌。奶头山火山事件形成的玄武岩层，在长白山地质上称为奶头山期玄武岩，被它覆盖的地层以变质岩和花岗岩为主。图中示意性画出了奶头山火山事件的地质环境和喷发过程。

中图：奶头山期玄武岩形成后，在玄武岩层上形成了新的放射状水系，新水系与原先的水系相连，以强大的流水侵蚀营力对新地形一刻不停地侵蚀着。流水侵蚀是地球陆地表面最强烈的侵蚀作用，它能把大地雕塑成各种各样的流水地貌。我们周围的地形，每时每刻都在遭受着流水侵蚀，地形每年都在发生变化，只是因为这种变化很慢，以至于人们一辈子也没

有感觉到我们周围的山在变矮，这种微小的变化不会引起人们的注意。但这种变化如果日积月累，比如经过几百万年甚至上千万年的侵蚀，大地会被流水重新塑造。奶头山期玄武岩与它周围的地形毫无例外地在千百万年的侵蚀中也会发生很大的变化。流水侵蚀虽然很强大，但也"欺软怕硬"：对软弱的岩石或充满裂隙的岩石，它侵蚀的力度大，速度快，地形容易低下去；对坚硬的岩石则刚好相反。相对于玄武岩周围的岩石，玄武岩是一种致密而坚硬的岩石，抗侵蚀能力强，所以，在同等侵蚀条件下，它被侵蚀的速度较慢。这样，经过千百万年的差异侵蚀，当玄武岩周围原先较高的地形因软弱可欺而低下去时，原先处于较低位置的玄武岩层则因"坚强不屈"而高出周围地形，形成桌状玄武岩台地。玄武岩虽然处于高位，也被侵蚀得支离破碎，边缘参差不齐，以不规则的形态突显在周围地形之上，这就是古大戏台山，原先与大戏台山相连的西奶头山被一条河流切断，西奶头山独立出来。此外，奶头山玄武岩周围的变质岩山有的也因差异侵蚀而仍然高耸着，这就是图中所画的王德山、东奶头山和919山。

下图：大约在260万年前，长白山地区又发生了广泛的岩浆喷溢，这次称为军舰山火山事件。此期喷出的玄武岩称为军舰山期玄武岩。喷溢的规模很大，岩浆像海水涨潮一样漫过群山，只有突出在大地上的高山，如东奶头山、西奶头山、919山、大戏台山等没有被熔岩的海洋淹没，它们便像孤岛一样留在熔岩海之上了，成为岛状残山。

这里需要说明的是，图中的西奶头山是玄武岩残山，而东奶头山由古老的早元古界集安群变质岩组成，是变质岩残山，岩石的年龄为十几亿年。面对如此之老的东奶头山变质岩残山，西奶头山显得非常年轻，因为它只有1500万年。注意，在西奶头山南偏西，几乎与之相连的还有一座海拔919米的山峰，也是由古老的变质岩组成，山下有采石场，开采的大理石用来烧石灰，这个"孤岛"与东奶头山是同时代的山体。

由此看来，两个奶头山虽然成双成对，为我国长白先民所命名，但两个"奶头"却不是同时生长的，一个是15亿岁，一个是1500万年前才诞生，东奶头山的年龄比西奶头山的年龄大一百倍。"土人象形名为乳头"的奶头山一经深入了解，便经不起推敲。如果单从地质年龄上考虑这种命名的合理性，这名称恐怕要被否定了，因为在同一躯体之上，哪能有年龄相差一百倍的"奶头"同时存在？

1500万年前，奶头山期玄武岩喷发淹没大地

奶头山期玄武岩大面积喷溢，形成玄武岩熔岩海，淹没覆盖了这片大地。

原始地形

原始地形

早期喷溢的奶头山期玄武岩形成的熔岩海
形成的时间约在1500万年前

奶头山早期玄武岩底部含有较多的橄榄岩包体（发现于黄松浦一带），说明这里的玄武岩来自地下很深处，为上地幔局部熔融的产物。橄榄岩包体是难熔的残余，随同喷溢的玄武岩浆一同被带到地面，使我们看到了地下深处上地幔岩的原始面貌。地质学家经研究后认为，它们来自地下102.3千米处。

花岗岩

早元古代集安群变质岩，岩石年龄约15亿年。

奶头山期玄武质岩浆库

长期风化剥蚀使地形差异降低

古大戏台山（奶头山期玄武岩）

坚硬的玄武岩抗风化侵蚀能力强，当周围地面受侵蚀降低后，奶头山期玄武岩呈残留状，反而突显在大地之上，成为大山。

经过长期的风化侵蚀，被侵蚀掉的物质由流水运走，使原始地面降低了数百米。

被剥蚀掉的部分

残留的奶头山期玄武岩

花岗岩

南
东　西
北

古919山（变质岩）

古西奶头山（奶头山期玄武岩）

萎缩的岩浆房

古东奶头山（变质岩）

古王德山（变质岩）

260万年前，军舰山期玄武岩喷发淹没大地

大戏台山（奶头山期玄武岩）

五道白河　四道白河

大戏台河

奶头河　西奶头河

驮载奶头山期玄武岩的花岗岩成为"孤岛"的底盘。

围绕"孤岛"的军舰山期玄武岩海

成为"孤岛"的奶头山期玄武岩残留山

扣平水场

花岗岩

南
东　西
北

军舰山期玄武质岩浆库

又经过了漫长的地质时期，在约260万年前，岩浆再次大面积喷发，形成军舰山期玄武岩海，再次将这片大地淹没覆盖，唯先前残留下来的奶头山期玄武岩山和古老变质岩山没有被完全淹没，逃过"灭顶"之灾，成为熔岩海中的岛状残山。

军舰山期玄武质岩浆库

珠津河

三道白河

奶头村

919山：变质岩岛状残山

西奶头山：玄武岩岛状残山

东奶头山：变质岩岛状残山

王德山：变质岩岛状残山

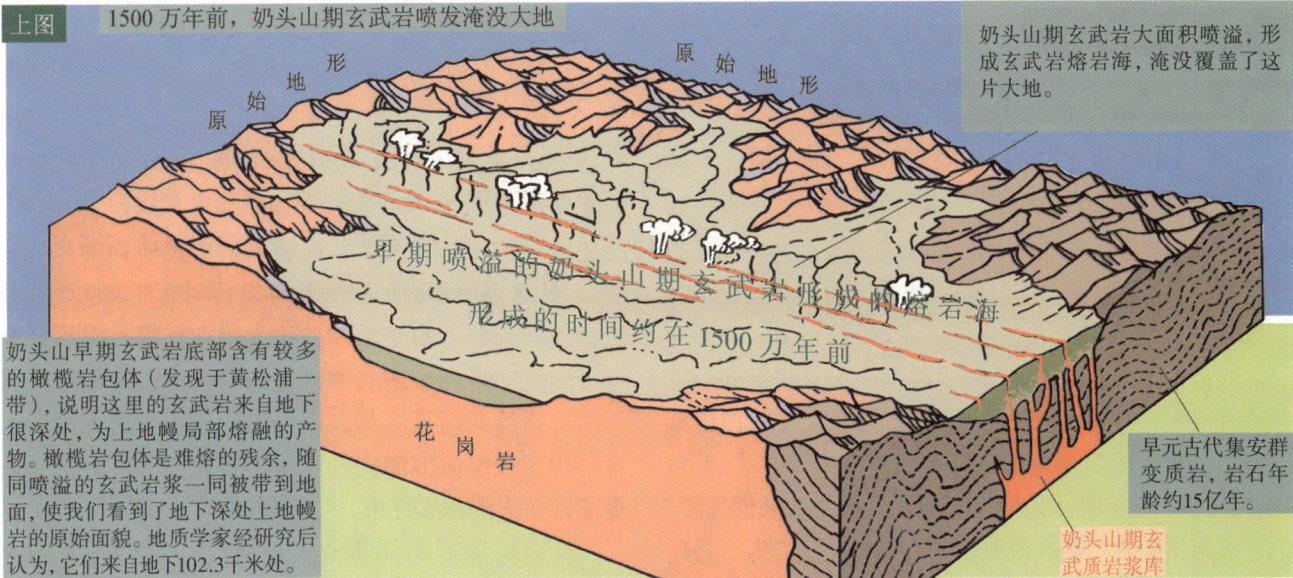

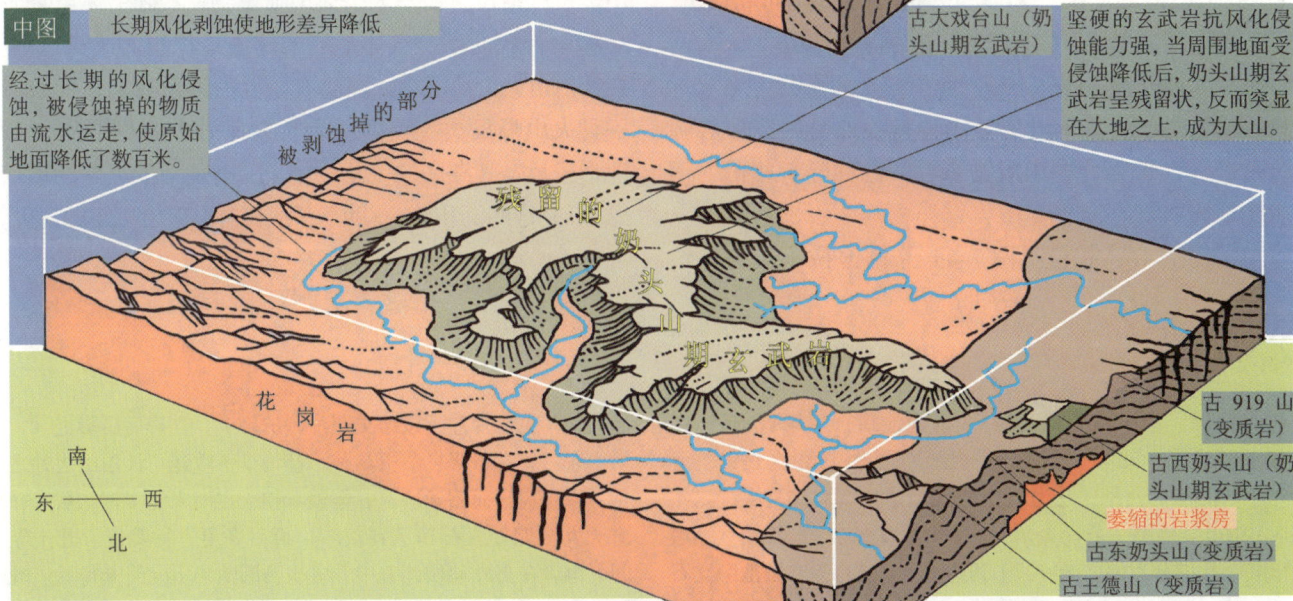

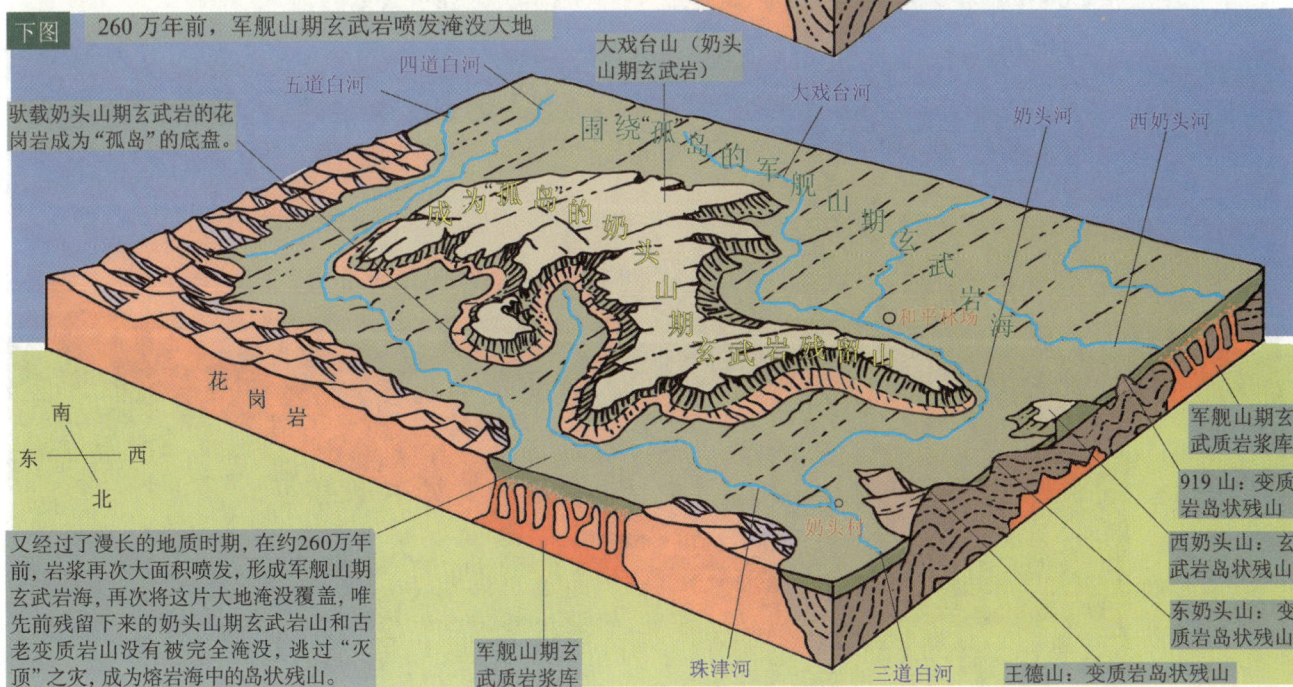

图7-10　奶头山岛状残山（孤岛）和大戏台山岛状残山（孤岛）形成示意图

413

## 7.5 圆池和赤峰

### 7.5.1 圆池（布尔瑚里、天女浴躬池）

《长白山江岗志略》339 页记载："布尔瑚里满洲语，俗名元池。因长白山东为第一名池故也。面积二里余，四周多松，参天蔽日，水清浅，终年不干。""相传，有天女降池畔，吞朱果生圣子，后为三姓贝勒，实我朝发祥之始"。

刘建封 3 次到过圆池，在此立有"天女浴躬处"碑并摄有照片，计划在池畔建"长白山神祠"。《长白山灵迹全影》第 1 幅照片《布勒瑚里》之"具图贴说"曰："布勒瑚里，布库里山下，龙盘虎踞，气佳哉。郁郁葱葱，华盖参天，随甘雨和风洒地，灵应王气者，实为布勒瑚里，我圣祖神宗发祥之地……详按形势，知布勒瑚里，实未尝隐没，因建石栏以护之。并勒石于其上：天女浴躬处，以昭敬重，而垂不朽。亟撮影与天下共宝之。"

圆池之名，系元池音转，还有一说是因池形为圆形而得名，近年许多出版物多以圆池称呼，相沿。而多处见称：园池，乃误。

照片 7-16（拍位见图 7-11）：圆池位于天池东约 31 千米，安图县南端，距中朝边界 20 号界碑（现 69 号界碑）约 1200 米。圆池平面呈圆形，直径约 180 米。池边水很浅，长满水草，遍布当地居民所称的"塔头墩"。从这幅照片的前景中就可以看到这种聚堆生长的植物。塔头墩下面是沼泽，行人走在这里，多从一个塔头墩跳向另一个塔头墩，跳跃式前行，常失足跌入沼泽。圆池四周是森林，以松树和白桦为主。深居大森林中这一泓清凉澈底的湖水，宛如天上落下的一面圆镜，在茫茫林海之中，令人精神为之一振。

从地质角度说，圆池为低平火口，即这里曾经有火山爆发，但没有留下多少火山喷发物，实际上是由岩浆运移中释放的高压气体形成的爆破口积水而成火口湖。在长白山火山地质中，圆池有重要的地质意义，代表着一种火山喷发类型。圆池是长白林海中的"眼睛"。圆池形成后，其湖底的沉积物中记录有而后的火山活动信息，研究这些沉积物，有助于了解长白山火山喷发的历史。

历史钩沉：清末，刘建封曾 3 次到圆池踏查：第 1 次是光绪三十四年（1908 年）七月，是为踏勘国界。第 2 次是宣统元年（1909 年）九月，是为筹建安图县选址。第 3 次是宣统二年（1910 年）九月九日（重阳节），由娘娘库（今松江镇）循黑山岭（松图分水岭之老岭段）到达圆池，是特为在圆池旁立石碑。碑文曰："宣统元年八月榖旦，天女浴躬处，安图刘建封敬勒"（见照片左下按历史照片画的碑）。立碑后摄影记录，后由东三省总督锡良恭折具陈，恭请皇帝敕建"长白山之神之祠，以保灵区而昭圣迹"，但因清朝灭亡而未能实现。后来，"天女浴躬处"石碑遭到破坏，再后来更不见踪迹。几十年间，笔者在野外地质调查中曾多次到圆池寻觅，终未得见。现圆池旁有今人补立的"天女浴躬池"之碑。

圆池、元池、布勒瑚里、天女浴躬池、仙湖……低平火山口

圆池周围是玄武岩熔岩流之上的沼泽

宣统元年八月榖旦
天女浴躬处
安图刘建封敬勒

这是按《长白山灵迹全影》中第 1 幅照片《布勒瑚里》中模糊不清的碑影所画的石碑，碑上的文字不甚清楚，尤其是右行下二字及左行上二字。左行下二字完全看不出来，笔者依据同书第 18 幅照片《老岭刻石》上的文字类推，揣摩写上。《老岭刻石》是刘建封为纪念"第一次拔木通道"而镌立于老岭的石碑，照片上的字也不甚清楚，但尚可辨认，因同为刘建封撰文，故此类推。关于碑文中"榖旦"二字，《长白山志》375 页中写的是"榖立"，《安图县志》580 页写的是"设立"，笔者认为皆不妥，应为"榖旦"二字，意为"良辰吉日"。

①

图7-11：赤峰（红土山）和圆池地处现今的中朝边界中国一侧。到长白山旅行的人，从东面的和龙市或北面的安图县都可以路过这里，旅行者不妨下车看看长白山历史上这不平常的一座山和一个湖。

赤峰火山锥由玄武岩火山渣和玄武岩熔岩混合堆积而成。与赤峰火山锥一脉相承的是赤峰玄武岩流（见图7-11右图）。赤峰玄武岩流由赤峰火山口所喷溢的玄武质岩浆向东流淌形成。从玄武岩流平面形状来看，是沿着东西走向的古图们江河谷分布的。赤峰玄武岩流是同期分两次喷溢叠加形成的，从平面图中可以看出至少有两条熔岩流组成，从叠覆关系上可以分出喷溢的先后顺序。

在地质上，赤峰玄武岩流属于广坪期玄武岩（见《长白山火山地质研究》26页）。广坪玄武岩沿图们江上游二级阶地河谷分布。广坪在赤峰以东29千米处。1981年刘嘉麒采样，中科院地质所用钾氩法测试，年代数据为0.982—1.54百万年。

如此看来，赤峰已经有一百万年左右的历史了。历史钩沉：光绪十四年（1888年）朝鲜国王给中国的咨文曰："愚臣以为申请立碑于长白山红土水之上，以符图典，而明疆界，实合事理。"朝鲜勘界官李重夏曰："只宜增竖一碑于红土之上。"（《延吉边务报告》92页、93页、101页。）朝鲜的荒谬主张被清政府严厉拒绝，中方勘界官称："深讶韩使狡展竟至于斯。"

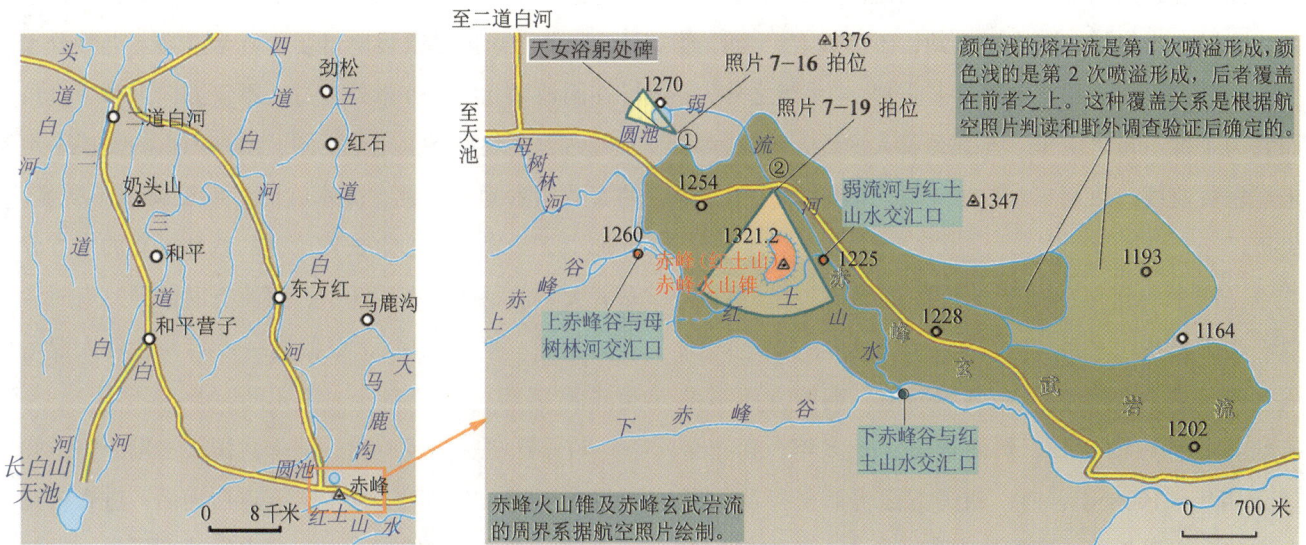

图7-11　圆池低平火口及赤峰火山锥（红土山）位置及平面图

### 7.5.2　请不要说图们江发源于圆池

在老岭东南，圆池北畔的沼泽中渗出一股溪水向东转又折向东南流淌，在红土山（赤峰）东麓汇入红土山水，这条小水就是弱流河（我国有的历史文献亦称弱流水）。弱流河很小，长度仅2560米，水很浅，窄的地方一步就能跨过去，宽的地方也不过几米。《长白山江岗志略》365页记载："弱流河，在布库里山（红土山、赤峰）东，源出老岭。"（见图7-11、图7-12）

就是这条溪流，在清季中朝界务争端中，成为双方争执的焦点之一，因此弱流河虽小却"名流千古"，见于诸多历史文献，现在是怀着复杂的心情叙说它。弱流河是当今研究长白山地理和历史的国人应该去看

一看的地方，不是去看它的风光，它只不过是一条潺潺低语的小河，在大森林里，毫不张扬，甚至不容易找到它，而是想让读者知道在历史上踏查者的身影曾经怎样频繁地出现在它的身旁，历史是怎样对待这个女孩儿般清澈可爱的小溪流的。

《长白山江岗志略》371页记载："韩人以黑石沟与弱流河相连，此言尤为荒谬。盖弱流河出自老岭，黑石沟出自清风岭。一左一右，中间隔一大岗。韩又以弱流河为越流江，其意以为黑石沟水越岭而流也，不知黑石沟下游，平衍无踪此次遇韩人数名于沟上与之辩诘，韩人皆结舌不能对，抑何所见而知其能越岭

415

而流也。"

引文中的"以为黑石沟水越岭而流",即韩方认为黑石沟的水可以越过老岭(注:松花江和图们江的分水岭)而流入图们江。从图7-12中我们可以看到,这是明显的谬误。同页记述了下面这件事:

刘建封在这一带进行野外踏查时,刚巧遇上几名潜入到这一带踏查的韩人,双方就河源流向展开了辩论,刘建封问韩人:难道就是这条河(注:指黑石沟)能翻越老岭流进弱流河再入图们江吗?面对实际的山川走向,几名韩人张口结舌,无言以对。(《长白山江岗志略》371页原文如下:"此次遇韩人数名于沟上与之辩诘,韩人皆结舌不能对。")刘在文中又说:"抑何所见而知其能越岭而流也。盖'越'与'弱',字音相同,犹之土门即图们也。夫弱流河在布尔瑚里之东。如以此为界江,是发祥之地,不为我有。当日穆克登,人虽至愚,亦绝不敢以肇基重地,拱手献之外人,而甘为千古不肖之臣子。至其受韩人愚弄,于立标时未经派员监视,致起二百数十年后之国际交涉,已属失著。"

光绪十一年(1885年)中朝勘界时,已经勘明黑石沟为松花江水系,黑石沟的水不可能越过老岭流入弱流河再入图们江。在事实面前,朝鲜方面不得不放弃其荒谬的主张。然而过了二十多年,到光绪三十四年(1908年)时,朝鲜方面仍然坚持认为黑石沟与弱流河相连,还派员在我国领土上暗中进行野外实地踏查,为其荒谬说法寻找地理依据,恰遇刘建封在野外踏查,"与之辩诘,韩人皆结舌不能对"。

刘建封记载的这件事发生在松花江和图们江分水岭上,其位置在图7-12中所标记的老岭处。刘建封曾经3次沿着老岭从娘娘库到圆池,筹划在圆池旁建立庙宇"长白山神祠",后因为清王朝灭亡而没能实现。因此,刘建封对老岭、圆池、弱流河、红土山(赤峰)一带山川走向是非常清楚的。

郑德权在这一带进行野外地质工作时,特别注意调查韩人为什么会在这里产生"黑石沟与弱流河相连"的"越流说"。

老岭(现代地图上有的标注为长红岭),是一条走向近南北的山岭,是松花江和图们江的分水岭。沿着老岭从北向南行进,向东望,可见到大马鹿沟河,这条河源于长山岭,先是由南向北流,再转向东,汇入红旗河,再转向东南汇入图们江;向西望,可见到五道白河(黑石沟所汇入的五道白河支流之一),该河紧贴老岭西麓由南向北流。由此,老岭成为图们江流域的大马鹿沟河与松花江流域的五道白河之间的分水岭。在这一带,老岭一般高出五道白河峡谷200米左右,所以站在老岭上,可以俯瞰分水岭两侧的地形,山川位置一目了然。居高临下,松花江流域和图们江流域怎能发生混淆?

那么,是不是还有可以被混淆之地?觉得问题可能出在老岭向西延伸的分水岭上,韩人正是在这段分水岭上大做文章的。

老岭由北而南,在圆池一带转折向西延伸,分水岭急转直下,岭的高度降低了100米左右。老岭分水岭在圆池以北约260米处通过,不仅方向上来个直角大转弯,地貌形态也完全不同,由高山大岭变成平坦的玄武岩台地。因此,分水岭的走向变得很不明显。再加上玄武岩台地上生长着茂密的森林,有的地方分布着大片的沼泽,在沼泽中,河流有时散开,有时渗入地下而"平衍无踪",更使这一带容易被韩人混淆是非。

许多历史文献反映出,清季我国很多勘界官员知道发源于清风岭的黑石沟汇入五道白河后,进入松花江流域;绝对不可能越过老岭分水岭流到圆池一带与弱流河相连。所以刘建封与韩人辩论时,以确凿的地理事实,问得韩方踏查者张口结舌。如此看来,即使在分水岭不明显的地形条件下,判定河流的归属也不是什么难事。

刘建封在《长白山江岗志略》452、453页《勘界说》中驳斥了朝鲜方面的说法:"韩以黑石河为越流,因之号为界江。日以土门子(注:指布尔哈通河畔安图县明月沟的土门岭)当碑文之'土门',因指延吉为韩界。及'间岛问题'一出,我无确当之判决,更无可证之志图,无惑乎积月累年无解决之实际也。今将鸭图两江源流,履勘已遍,并将韩之南北胞胎山、将军峰(注:指位于葡萄山之南的薛仁贵将军峰)等处,凡出水分流于鸭图两江间处,均经露宿十余日,细心考查，始知中韩界线实有天然区分，据形势以立论，指山水以相争，彼韩曰'界江'，日曰'土门'，已不战而败已，故曰知己知彼，百战百胜也。"

在圆池、弱流河一带，朝鲜除了"黑石沟与弱流河相连"之谬说外，还混淆"大小图们江"之说。中朝勘界中，朝鲜方面认为：红土山水为"大图们江"，而从圆池流出来的弱流河是"小图们江"，主张以此划定国界。光绪十三年（1887年）朝鲜勘界使李重夏说："敝职拟在长白山至红土水立界，贵局处（注：指中方勘界官及清朝总理衙门即总署）拟在小白山至石乙水立界，屡次商议未协。"（吴禄贞：《延吉边务报告》92页）朝鲜国王在光绪十四年（1888年）给中国的咨文中说："愚臣以为申请立碑于长白山红土水之上，以符图典，而明疆界，实合事理。臣于奉命之日，宜即登途，而既灼知实在情形，不可泯然遽行。"（《延吉边务报告》92-93页）

针对朝鲜这种荒谬的主张，中方勘界官方朗禀称："……深讶韩使狡展竟至于斯。其曰，《会典》载'大图们江出于长白山东麓二水合东流'云云，夫既曰'二水合东流'，则必举山以东之大条水而言，断非小泡（注：指圆池）支流（注：指弱流河）所能充数。若论水势之大者，自应以红丹、石乙为二水确证，且与东流字意吻合。按红土、元池，皆两小水汇向南流，东折而与石乙水合。以此为二水，犹嫌牵强，今该府使（注：指李重夏）冒以红土、元池两水为二水，则山以东如此小水不可胜计，何止曰二？"（《延吉边务报告》93页）

这是当时的情况，清朝勘界官根本不承认朝鲜如此荒谬地解释"大小图们江"之说。

一些书刊甚至教科书中，常见有"图们江发源于圆池"之说（注：这里说的是正源），而且还有某些影像宣传材料播放一些错误知识：一群人经过艰难跋涉，来到弱流河和圆池，以为寻到了图们江源头，他们欣喜地捧起圆池之水，告诉电视机前的观众说：这就是图们江的发源地。但是且慢，正如本书所述，无论从地理事实还是从历史沿革的角度，都不可以说图们江发源于圆池或弱流河，它们充其量就是源头区的小水，如此的"源"，即一百多年前中方勘界官方朗所说的"小泡支流"，真是"如此小水不可胜计"，少说也有几百条，弱流河只不过是其中一条而已，它怎么就成了图们江正源？

本书为此绘制一幅"圆池—弱流河图"。图中可以看到：发源于清风岭的黑石沟进入五道白河，再进入松花江，它不可能越过松花江和图们江的分水岭"与弱流河相连"。对"大、小图们江"之说产生的歧义，这幅图中所标记的仅是朝鲜勘界员的诸多说法之一，朝方认为发源于红土山的红土山水是"大图们江"，发源于圆池的弱流河是"小图们江"，也就是说，中朝国界应沿此"大图们江"即红土山水划定。这种荒谬的主张，遭到清政府严厉拒绝。

宣统元年（1909年）清政府与日本签订《图们江中韩界务条款》，规定中韩两国国界以石乙水为界，虽然这是一个蒙耻的条约，但保住了红土山水的主权，真是不幸之中的万幸。朝鲜方面的"黑石沟与弱流河相连""以弱流河为小图们江，以红土山水为大图们江"等种种荒谬说法，不攻自破。

当我们沿着那条叫弱流河的小溪走向圆池时，请记住，我们不是在寻找图们江的正源。当然就不能说图们江发源于圆池。无论从地理还是从历史的角度来看，图们江正源都不在这里。在历史上中朝界务争端中，这里是清政府一再退让、失去大片领土后，不想再退让的底线。赤峰、圆池和弱流河，是清政府勘界官为捍卫疆域据理力争的最后防线。

结合文字叙述，请参见附图7-12《圆池和弱流河图》。

图们江流域

松花江流域

鸭绿江流域

绿江流域

图7-12　圆池和弱流河流图

图中的黄底黑数字为现在在的界碑编号：1号位于伏发沟与大旱河河交汇处。2号位于天状沟上段。3号位于南坡口。4号位于天南坡口。5号位于天西坡口。6号位于天东坡口。7号位于华盖峰升坡北冲沟东侧。8号位于母树林河南面顶。18号位于黑石沟。10号位于母树林河与上赤峰各交汇处。20号位于母树树河与红土山水交汇处。21号位于弱流河与红土山水交汇处。

宣统元年七月，刘建封为"第一次设水通道之纪念"立石碑，为"众山皆小"之巅，立于老岭之上，此碑已失。

众山皆小
长白山设治局委员刘建封敬勒
宣统元年七月敬勒

天女浴躬处
宣统元年九月封长白山时敬勒

老岭分水岭此段山脊高200～300米
老岭分水岭出五道白河左右。

宣统二年（1910年）九月九日重阳节，安图知县刘建封带队由娘娘库（现安图县松江镇）走黑石沟出圆池，立"天女浴躬处"石碑。此碑已失。

老岭分水岭在此段转向西，降低90米，变成玄武岩台地。

这是前人所称之老岭，老岭是松花江流域和图们江流域的分水岭。在此处是松花江水系的五道白河上游（含黑石沟）与属图们江水系的大马鹿沟河河的分水岭。

韩人以黑石沟与弱流河相连。盖弱流河出自老岭，黑石沟出自南风岭，中间隔一大岗，一左一右，抑何所见而知此老岭越岭而流也？《长白山江岗志略》371页

以此箭头表示韩人所称的黑石沟越过老岭与弱流河相连的荒谬性。

朝鲜要在红土山上立碑：朝鲜国王光绪十四年（1888）咨文："臣愚以为申请立碑于长白山红土水之上，以符图典，而明疆界，实合事理。"（《延吉边务报告》92、93页）又有李重夏复说："只宜增竖一碑于红土之上"（《延吉边务报告》101页）

老岭分水岭变成倾斜玄武岩台地，向西延伸逐渐抬升。

长红岭 1397.7
松岭 1367.5
1339.8
1351
1375.9
红土山（赤峰） 1236
上赤峰
圆池 1270
弱流河
母树林河
双目峰（北峰） 1532.1
孝子山（五峰山） 1653.9
木头峰（红山） 1929.5
大角峰（龙山） 2164.4
小胭脂峰（红山） 2114
大胭脂峰（龟山） 2357.7
天豁峰 2670
东坡口 2427.9
三奇峰 2720.3
华盖峰 2749.2
清风岭 2384
2289
2131.4
松岗 1832
长白山天池
白云峰 2691
西坡口 2462.8
南坡口 2525.8
2467.4
漫天岭高山（慢石原山）
漫合暗移石山
石堆
黑堆
五峰山
老五道白河
大旱河
老岭
五道白河
四道白河
三道白河
二道白河
头道白河
松江河
小白河
龙岗河
沙河
红丹水
断流江

10 1795
8 1892
7 2114
14
18 1300.8
20 1180
21
1 1832
2
3
4
5

位于长白山以东的圆池，有一个美丽、动人而凄婉的传说，说的是满族祖先降生的故事。话说长白山以东不远处有一座红色的山叫布库里山，山下有湖叫布尔瑚里。不知道多少年以前，在一个春天里，忽从天上飘来三位美丽的仙女降落在这里。她们是三姐妹：大姐名叫恩固伦，二姐名叫正固伦，最小的三妹叫佛库伦。三仙女来到人间，被这座清澈而碧蓝的湖泊迷住了，便脱去衣服进入湖中嬉戏、沐浴。这时，有一只神鹊出现在圆池的上空，在三位仙女的头上盘旋不已。神鹊嘴里衔了一颗红色的果实，吐在三妹佛库伦放在岸边的衣服上，然后飞走了。佛库伦在穿衣服时发现了这颗朱果。这颗从没见过的果实，红莹莹，亮闪闪，煞是可爱，佛库伦爱不释手，便将朱果含在口中，继续穿衣服。两位姐姐见小妹把什么东西放在口中，问她吃了什么？小妹口中因含有东西，说话不便，不料，那颗朱果竟被她咽了下去，更意外的是，等她穿完衣服，要飞升上天的时候，腹内已经鼓胀了，无法再升天了。佛库伦捂着肚子哭起来，向两位姐姐求救："一定是刚才咽下去的朱果作怪，我驾不了云，回不到天上了，怎么办哪？"两位姐姐也想不出办法来，升天的时辰已到，她们不能久留人间，于是，不得不留下可怜的小妹，两位姐姐回到天上去了。

留下的小妹佛库伦经过阵痛之后，竟生下一个男孩。这男孩刚生下来就会叫额娘（妈妈），会走路，没过几天居然还能骑马射箭，舞刀弄枪了。额娘佛库伦教他认诵诗文，他过目不忘，他又读兵法，学会了排兵布阵，是一个非常聪明的孩子。

当这个孩子成长为一位英俊少年后，他向额娘问及自己的身世，额娘告诉他是自己吞咽神鹊扔下的朱果而生，还告诉他，你的名字叫布库里雍顺，姓爱新觉罗，你是奉天意来到人间的，是让你平定战乱，抚育百姓来的。

额娘说完便凌空而去，回到天上去了。爱新觉罗·布库里雍顺记住了额娘的话，按额娘的指点顺江而下到外面闯世界去了。一天，布库里雍顺来到一个叫三姓的地方，众人见他气度不凡，问他的来历，他说："我乃天女所生，姓爱新觉罗，名布库里雍顺，是来平定战乱的。"那时，那里正发生争夺三姓酋长的争斗。众人见天降圣人到来，便不再争斗了，一致推举他为三姓地方的部长，呼为贝勒。从此，他带领众人建堡、筑寨，创建了鄂多里城，立国号满洲，而他——布库里雍顺便成为满族人的始祖。

传说中的神鹊是什么鸟？有人说是杜鹃鸟，有人说是乌鸦，还有人说是鹰，其实这无关紧要，毕竟是神话传说，不必考证是什么鸟，对于传说来讲，没有比神鹊这个称呼更贴切的了。还有，朱果是什么？《长白山江岗志略》339页记载："朱果，草本，每茎不蔓不枝，高三寸许，无花而果，先青后朱，形同桑椹。味清香而甘酸，远胜桑椹，一名仙果。池左右颇多，他处未有。"

同页还记载了另一个传说："每年三月三日，早起至池边，见歌台舞榭，浮于池上。其管弦之音，俨然阳春白雪古调传来，惟始终不见一人出入。迨日出时，仅有云雾团团，环绕水面。静听之，池中余音袅袅，杂入水声，约半钟许，声始寂。故又以仙湖名之。"

照片7-17　天女佛库伦误吞朱果怀孕不能飞升

圆池摄影：张福有、王宇、辛若晰绘画合成

419

## 7.5.4 赤峰(布库里山、红土山)

《长白山江岗志略》338 页记载："布库里山，俗名红土山，因山多红土故也。西偏北距长白山八十里。高二里余。余拉荒至山上，见前后多枯阱俗名鹿窖，盖猎户择山深林密之处，为阱于中，深八尺，宽八尺，用铁尖置于阱底，上用小树枝横于阱口，再用土草掩盖其上，视之如平地无异。设鹿走阱上，陷而能获。岗后猎户修鹿窖者不少，而枯阱之多，莫过于此。"《长白山灵迹全影》第 2 幅照片摄有《布库里山》，其"具图贴说"曰："布库里山，山在天女浴池南约五里许，土人呼为红头山，以石色赤故也。山势不甚高大，惟石笋丛丛，艳如牡丹，与他山不同，实为长白山脉一点灵根所结而成……我朝鼻祖诞生于山下，考其名曰布库里雍顺者，盖亦就山之名而命名，以示不忘也。扶舆灵气，亘古于兹圣迹之关系，岂偶然哉。谨拍影为全球宝。"

赤峰之名，源于近代出版的地图，取山上的红土和红石颜色，以"赤"缀其首而名，同一山峰不同名称而已。光绪年间有关中朝勘界的历史文献中，对此山多以"红土山"称呼。现在，当地居民仍以红土山称呼。

赤峰是一座小火山锥，位于天池东 32 千米，西北距圆池 2 千米。在航空照片上看，是一座马蹄形火山锥，其凸处朝向东南，马蹄口朝向西北。整个火山锥体坡度不同，南坡最陡，达 40 度以上，难以攀登；东坡次之，约 20 至 30 度，攀爬稍难；西坡和北坡较缓，登上峰顶较容易。赤峰火山锥由玄武质火山渣、火山弹、火山角砾和火山灰堆积而成。锥体底部直径约 700 米，锥顶海拔 1321.2 米，但因其山脚海拔已经是 1230 米，所以相对高度仅 91 米。

刘建封文中所说的"惟石笋丛丛，艳如牡丹"是什么东西？这指的是各种形状的火山弹和火山角砾。这些火山喷发物体，形状怪异奇特，与别处的岩石的确"与他山不同"，刘建封说"惟石笋丛丛"，是象形比喻。这些火山渣、火山弹的颜色多为黑褐色、深红色、红色，颜色也真是鲜艳美丽，说它"艳如牡丹"并不为过，可见，当年刘建封踏查此山时观察是多么仔细。

布库里山(红土山)

照片　7—18 历史照片布库里山(1909 年摄)

历史钩沉：光绪年间中朝界务争端，由于清政府的腐败无能，国界线从西豆水西支流退至红丹水，再退至石乙水，朝鲜进而又提出"增竖一碑于红土之上"，就是要把界碑立在这座山上。(《延吉边务报告》101 页)但被清政府断然拒绝。

赤峰(布库里山、红土山)

摄影者脚下是空降浮岩堆积

② 照片 7-19　1999 年所摄之赤峰(布库里山)

照片 7-19 所摄是赤峰(布库里山、红土山)的北面形貌，与历史照片 7-18 所摄不是同一角度，因山体的侧面不同，所以两幅照片的形态不同。拍摄位置见图 7-11 右幅。

## 7.5.5　历史上发生在红土山的争端和猎户董士信

红土山（布库里山，赤峰）及山麓的红土山水，在光绪年间中朝界务争端中占有重要地位，双方勘界委员的脚步曾多次踏上这座不显眼的山包，蹚过山下那条不大的河流。历史在这片"空山荒寒之地"留下的痕迹已经被岁月的风霜雨雪侵蚀得无影无踪。作者每次登上红土山，总是试图发现一点历史痕迹，然而除了荒草丛丛和冷飕飕的清风外，什么也没有。

关于红土山和红土山水，历史文献的记载常与实地山川脱节，有文无图或"图学不讲"（刘建封：《长白山江岗志略》第303页）"图经不详"（刘建封：《长白山灵迹全影》第3页），在界务争端中，因此贻人口实者并不鲜见。作者力戒此种弊端，文字之外，尽量辅以图和照片，此或有益于读者从历史和地理相结合的角度，知道长白山曾经发生过的事情。红土山和红土山水的地理位置见图7-12。

红土山南麓有一条小水从西向东紧贴山脚围绕而过，这条小水被称为红土山水，有时也简称为红土水，盖因山而得名。红土山水源于老岭（松图分水岭）东侧，源头溪流称为母树林河，与上赤峰谷（此名为现代名）汇合，下与弱流河汇合。就是这条几步即可跨越的小水，曾被朝鲜方面谬称为"大图们江"，从而坚持以此水为界河。光绪十三年（1887年）中朝第二次勘界时，朝鲜勘界使李重夏遵照朝鲜政府旨意，极力主张在红土山上立一座界碑，《延吉边务报告》101页记载李重夏答辩语："……第今所勘之图们界限，既有明白图志可据，只宜增竖一碑于红土之上，以明穆碑土门之议。须一会公堂畅论，商定入山日子，趁速启程。"李重夏的意思是说，在红土山上立一界碑后，从红土山向天池南清风岭上的穆克登审视碑连为一线，即可定为国界。但此议遭到清政府勘界委员们的坚决反对，秦煐说："……府使（指李重夏）意在红土山增竖一碑，既经知定立之碑处，何为覆勘？又何为会议？其所以覆勘之由，原为不知其处。总之，溯流穷源，以定界址。持论既为公允，若各执意见于事，仍属无济。莫如商明日期，赶速起程，沿途指证，务期源流相贯，界画分明而后已。"朝鲜勘界官李重夏抓住我国历史图中关于"大小图们江"的不准确之处，说红土山水就是大图们江，他说："此次覆勘专为照古证今，务从公办。大小图们江既瞭然于中外地图，

则无庸远勘他水。"（《延吉边务报告》102页）

朝鲜方面力主在红土山上立界碑，在清朝勘界官员的坚决反对下并未得逞。

对此，吴禄贞评说："……中国勘界委员以体恤属邦之故，退主石乙水为图们江源，已觉失地甚远。该国王乃欲以红土水为大图们江源，岂非无餍之奢望乎？"（《延吉边务报告》121页）

此后，双方代表又经过多次激烈辩论，清朝方面从总署到勘界委员们多次表示，坚决不同意在红土山上或沿红土山水立界碑，从而保住了红土山和红土山水。

此外，还有民间事件曾发生在红土山、木石河一带。红土山及绕其南麓流淌的红土山水，历来是中国领土，那里居住着中国百姓，多以狩猎为生。当时越垦韩民经常来到这里，企图侵占，但遭到中国百姓的奋起反抗。《长白山江岗志略》371页记载了这样一件事情："今韩执红土山水为图们江，是有意暗侵我之根据地。曾前韩王派人到山后查勘地舆，欲立墓于此，被董棚董士信率众阻回二次。韩人争之，日人助之，真可谓无理取闹之尤者。"文中提到的董士信是居住在木石河董棚一带的猎人，在当地很有威望，在叙及木石河时提到过有关董士信的历史记载，这里再补说几句。董士信等中国猎人在木石河、八峰、红土山、圆池一带已经生活了几代，刘建封踏查这里后说："自国初有刘、冯、赵、董四姓接替"，刘建封在《白山纪咏》中留有诗句："二百余年传五姓"（《长白山江岗志略》第329页），说明这些中国猎人世世代代就生活在此地，他们以窖鹿、打貂等为业。中国猎人居地在木石河新民屯，离红土山不远，也就三四十里，那是他们的狩猎场，猎人们常到红土山窖鹿。那时有韩王派人勘查地舆，打算设立坟墓，这种举动当然会引起当地居民的恐慌。须知清朝始祖布库里雍顺就诞生在红土山以北的布勒瑚里（圆池）畔，那是清朝祖宗的发祥地，越境韩民的行动当然会遭到中国居民的反对。董士信义不容辞地担当起捍卫领土的责任，他带领众人坚决地把入境者阻挡回去，当入境者不肯罢休再次"有意暗侵我之根据地"时，"被董棚董士信率众阻回二次"。在历史文献中虽然只有短短的几句话记载此事，却向我们展示了这位猎人的爱国情怀。清末，在许多捍卫长白山的爱国者中，这位可敬的猎人应占有一席之地。

## 7.5.6 圆池和赤峰"山水伉俪"组合

人世间和谐美满的伉俪可传为佳话，鸟类也有始终不渝的伉俪典型，如鸳鸯。无机世界中最著名的伉俪是雄黄和雌黄这两种矿物，凡找到雄黄的地方，一定能找到雌黄，因为它们是共生矿物。在长白山火山中，也有伉俪，这就是圆池和赤峰这一对"夫妻"。长白先民对美丽的布尔瑚里（圆池）深怀敬仰，曾有天女吞朱果孕而生子的传说。但总觉得佛库伦在布尔瑚里还是有一位夫君才算完美。在地质调查中，发现根据圆池和赤峰的地质地貌特征，居然可以组成一个家庭。

一个是"低平火口"圆池，一个是火山锥赤峰，何以将不同的火山地貌"拉郎配"？理由是它们具备伉俪的基本要素：一个是山，一个是池；一主外，一主内；一刚，一柔；为山者敦厚而粗犷，为池者美丽而清秀；而且，山和池离得那么近，青梅竹马，相依相伴，永不分离。这两种火山地貌，尽管外表毫无共同之处，实际上是同源的，本是同根生，出自同一个母体岩浆房。

岩浆是熔融的岩石，形成于地下深处，岩浆中含有大量的挥发成分，主要是水和气体，这些挥发成分在地下深处高温高压环境中是不能释放出来的，但当岩浆冲破地壳喷发到地表，即从高温高压环境变成常温常压环境，溶解其中的大量的挥发成分便会释放出来。

在一般情况下，岩浆沿着断裂喷出地表时，岩浆中所含的气体立即散发到空气中，而岩浆中的液体和固体成分则堆成火山锥，赤峰就是这样形成的。在特殊情况下，上升的岩浆已经很接近地表了，但没找到上升的通道，或通道被冷凝的岩浆堵住了，从而形成一个接近地表的封闭环境。处在这样环境中的岩浆不断释放气体，使这个封闭的环境内压力越来越大，最后，覆盖在上面的地层承受不了这个压力，便会发生了猛烈的爆炸，炸出一个大坑。而已经释放过气体的岩浆失去了上冲力，冷却凝固在地下浅部。这个大坑就是圆池的前身，因大坑处在地下潜水面，自然很快就充满了水，圆池形成了（图7-13）。

总结一句话：赤峰是火山喷发物堆积形成的；圆池则是岩浆释放的气体爆炸形成的。这就是说，由于火山活动的方式不同而产生面貌截然不同的两种火山地貌，一个是火山锥，一个是爆炸坑，火山伉俪出现了。

圆池低平火口：岩浆析出高压气体，爆炸冲开地面，仅携带少量的火山碎屑，在火口旁并未形成多少堆积物，爆炸坑集水后，形成圆池。

空降浮岩层：天池火山猛烈爆发，浮岩碎屑喷射到高空中，被西北风吹到这里降落下来形成浮岩堆积，所以此浮岩层不是本地产物。

←31千米→

赤峰火山渣锥及其熔岩流：赤峰火山口喷发火山碎屑，在火山口周围堆积成一座小山，继而又有熔岩流从此火山口溢出，沿图们江河谷形成赤峰玄武岩流。

图们江玄武岩流：为裂隙式火山喷溢，玄武质岩浆沿图们江谷地向下流动，形成图们江玄武岩，约形成于148万年前。

长虹岭玄武岩：为裂隙式火山喷溢，形成巨厚盾状玄武岩台地，约形成于1800—1500万年前。

历史钩沉：圆池：清朝始祖发祥之地，长白先民传说天女吞朱果生圣子爱新觉罗氏。1909年刘建封在圆池立石碑，现碑已不见，今人补立新碑。

天女浴躬处
1270
圆池
浮岩层
弱流河
1321.2
北
西　东
南
红

长　红　岭
长红岭（老岭）
众山皆小

图　们　江　玄　武
岩　武　玄　岭　红　长
岩武玄岭

水　峰　水　玄　武　岩　流
土　山
图们江玄武岩流
基底岩石

赤峰火山先喷发玄武质火山渣、火山弹堆积成山，后又有玄武质岩浆溢出，从西北方向冲破锥体顶部，沿图们江河谷向东流淌，形成赤峰玄武岩流，被冲开的火山锥形成马蹄形火山口。

历史钩沉：长红岭，前人称老岭，宣统元年（1909年）刘建封在老岭之巅设立"为纪念第一次技木通道"在老岭之巅设立"众山皆小"石碑。现碑已不见。

图7-13　圆池低平火口及赤峰火山锥地质构造及形成示意图

### 7.5.7　圆池空降浮岩堆积层的人为破坏

照片 7-20：圆池、赤峰一带的浮岩层来自 30 千米外的天池火山猛烈爆发，大量的浮岩被喷射到高空中，在西风的吹刮下降落到这里。这里的浮岩颗粒均匀，呈松散状，说明浮岩经过几十千米的飘浮，已经不太热，也不太黏了，落地后便没有胶结成大块。浮岩层的厚度一般 1—2 米，个别地方达到 2 米以上。浮岩是一种天然的轻质建筑材料，也是化工辅料、磨料，正因为如此，被视为矿产开采。从 20 世纪 80 年代开始，这里便出现了许多采场，到处百孔千疮，坑洼狼藉。国家为保护长白山，采取了许多措施，禁止开采浮岩。但因地处偏僻，盗采时有发生。这两幅照片就是盗采者滥挖的采坑。

照片7-20　空降浮岩层的人为破坏

照片 7-21：这种层状构造表明空降浮岩堆积不是一次完成的，而是不同时期火山喷发层层堆积的。

照片7-21　空降浮岩堆集的层状构造

## 7.6　老房子小山火山群

### 7.6.1　老房子小山、北小山和对环山

在长白山火山区，行进在广阔的玄武岩台地上，经常能在林海中看见突兀耸立的一座座小火山锥，其中规模较大者离很远就能看见，较小者因为被森林挡住了视线，除非走到它跟前才知道又碰上了一座。这样的火山锥在长白山火山区有 300 多座。现在我们就去看看其中的几座。

老房子小山是一座小型火山锥，位于和平营子东南 9.7 千米，黄松浦火山灰林南端 4.2 千米处，有一条旧公路在旁边通过。此山在平面上呈马蹄形，地质上称为"马蹄形火山"，马蹄口朝向西北，这种形状在长白山火山区内是很普遍的。此山海拔 1433.3 米，不要看它海拔很高，须知当地的地面海拔 1350 米，所以它的相对高度仅 83.3 米，火山锥体直径约 500 米。

北小山位于老房子小山北 600 米处，是一座更小的火山锥，高度只有十多米，这里拍摄了一幅北小山的照片。有一条土路通过这里，所以它成了铺路的料场。

对环山位于老房子小山东北 2200 米处，是一座小火山锥，海拔 1395 米，相对高度 45 米。对环山的特点是由两个相对的马蹄形构成的。火山喷发时，由火山渣堆积的火山口本来是个圆形，但后来又被从火山口喷溢的岩浆从两个方向冲开了，结果形成两个半圆相对，这种情况在几百个小火山锥中很少见。

上述 3 座小型火山都是晚期火山活动的产物，大都由玄武质火山渣、火山弹和火山角砾组成。

图7-14 老房子小山火山群位置图

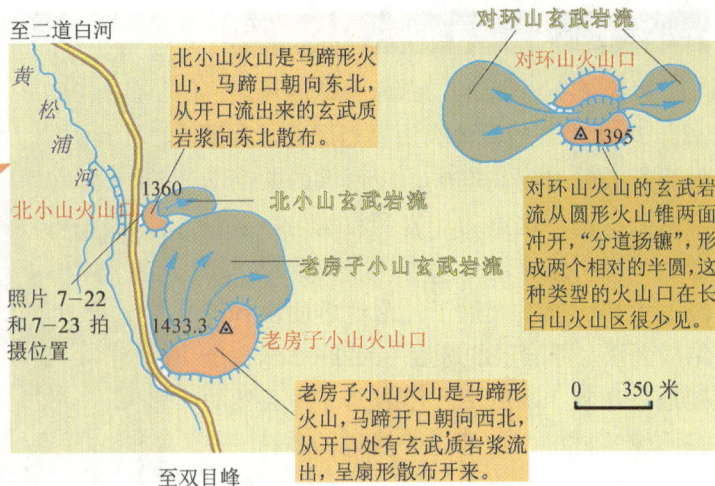

至二道白河

北小山火山是马蹄形火山，马蹄口朝向东北，从开口流出来的玄武质岩浆向东北散布。

对环山玄武岩流

对环山火山口

△1395

北小山火山口
1360

北小山玄武岩流

老房子小山玄武岩流

照片7-22
和7-23拍
摄位置

1433.3
△

老房子小山火山口

老房子小山火山是马蹄形火山，马蹄开口朝向西北，从开口处有玄武质岩浆流出，呈扇形散布开来。

对环山火山的玄武岩流从圆形火山锥两面冲开，"分道扬镳"，形成两个相对的半圆，这种类型的火山口在长白山火山区很少见。

0    350米

至双目峰

图7-15 老房子小山、北小山、对环山位置与平面图

照片7-22（拍位见图7-15）：北小山采石场。这幅照片拍摄的是北小山的西麓，它的主体部分在远景桦树林子里，火山锥由黑色、红色和紫色的火山渣、火山弹、火山角砾堆积而成，堆积物几乎没有胶结，呈疏松状，所以成为修路的天然采石场，土、石料无须爆破，直接装车就可以铺路，可见其松散程度。照片拍摄的就是一处采石场。

玄武质火山渣堆积

①

照片7-22 北小山采石场

照片7-23（拍位见图7-15）：北小山采料场的火山弹。火山弹是从火山口射出的一团半凝固的岩浆，落到地面后才慢慢冷凝。因为岩浆中含有大量的气体，冷凝时这些气体是要析出来的，所以火山弹最显著的特征是岩石中充满了气孔。此外，它在冷凝过程中是有塑性变形的，它的内部有冷凝构造层，外表有皮壳状构造。

这是从北小山火山锥中挖出来的一颗火山弹，径长120厘米。火山弹的外壳为面包皮状，从火山弹的断面可以看到，充满了大大小小的气孔，气孔多数被拉长，说明火山弹落到地面后，还是热的，软的，在凝固过程中有过变形，所以那些气孔不是圆形的。再看那些气孔的分布，近外表处的气孔小而密，越向中间气孔越大，这说明表面冷却的速度快，气泡还没来得

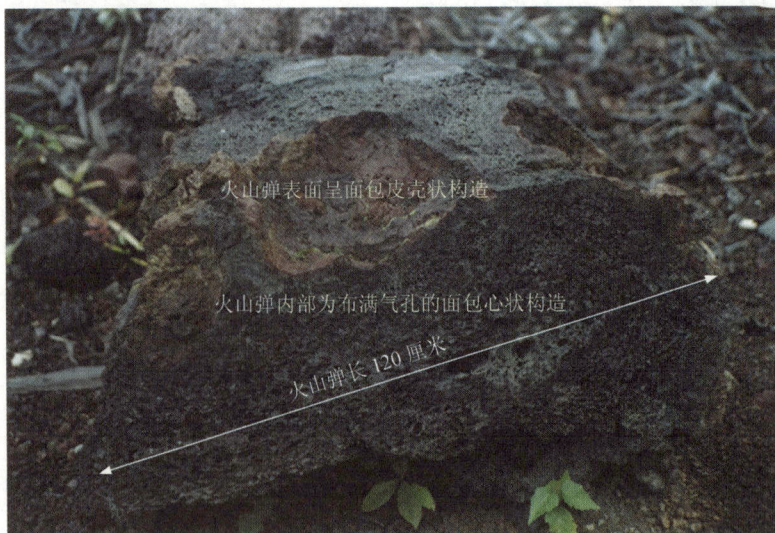

火山弹表面呈面包皮壳状构造

火山弹内部为布满气孔的面包心状构造

火山弹长120厘米

②

照片7-23 北小山采石场的火山弹

及会合变大就被固定了，而中间的岩浆经过较长时间才凝固，所以小气泡有时间相聚会合变大。

## 7.6.2　老房子小山和北小山形成示意图

老房子小山和北小山都是玄武岩台地上的小型火山锥，两者并列，虽大小不同，但其结构、形态和形成过程完全一样。两座火山锥都是由两部分构成的：一是玄武质火山渣堆积体，成锥状，锥顶向下凹陷；二是从锥顶火山口向外溢流的玄武岩流，冲破原本封闭的火山口，顺着先前形成的锥体斜面向下流淌，这些玄武岩流喷溢量很小，多呈扇面平铺在火山渣锥的一侧。

图左侧的框形图表示火山锥形成的过程：

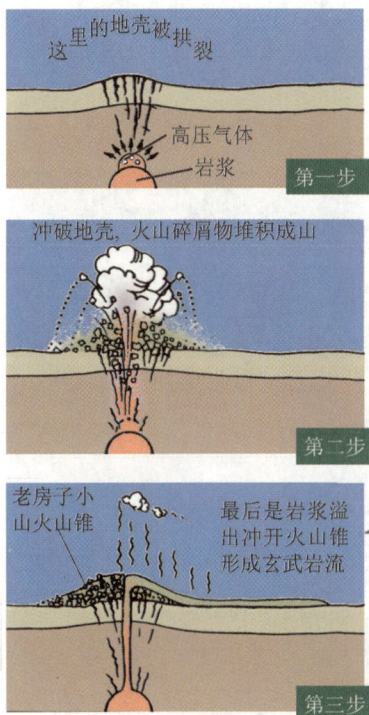

上图：地下岩浆聚集，析出高压气体，在岩浆房顶部呈沸腾状，高压之下，覆盖其上的岩石被拱起破裂。

中图：地下岩浆的压力继续增大，上覆岩层终于破裂，沸腾的岩浆夹杂着半凝固的火山弹和上覆岩层的碎块一起被喷射出来，在火山口周围堆成一座小山。

下图：高压气体和沸腾的岩浆喷射出来后，地下的压力骤然降低，猛烈的喷发停止了，接下来便是压力变低的岩浆从火山口溢出，冲开火山口，沿火山锥坡面流到地面上铺散开来。

这里的地壳被拱裂　高压气体　岩浆　第一步

冲破地壳，火山碎屑物堆积成山　第二步

老房子小山火山锥　最后是岩浆溢出冲开火山锥形成玄武岩流　第三步

老房子小山火山形成过程图

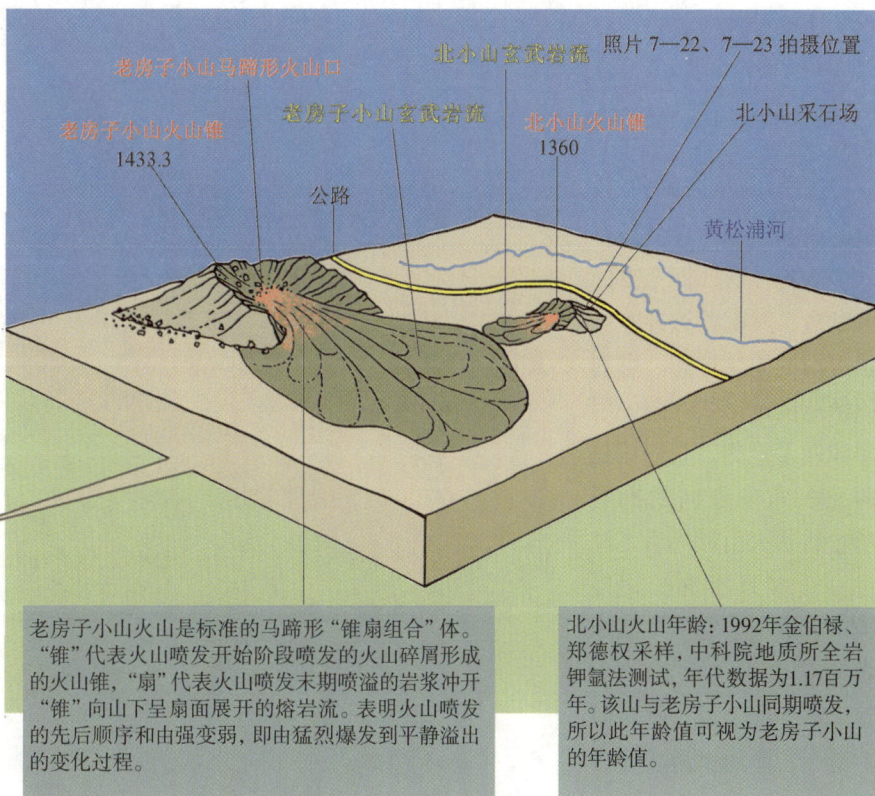

老房子小山马蹄形火山口　北小山玄武岩流　照片7—22、7—23拍摄位置

老房子小山火山锥 1433.3　老房子小山玄武岩流　北小山火山锥 1360　北小山采石场

公路　黄松浦河

老房子小山火山是标准的马蹄形"锥扇组合"体。"锥"代表火山喷发开始阶段喷发的火山碎屑形成的火山锥，"扇"代表火山喷发末期喷溢的岩浆冲开"锥"向山下呈扇面展开的熔岩流。表明火山喷发的先后顺序和由强变弱，即由猛烈爆发到平静溢出的变化过程。

北小山火山年龄：1992年金伯禄、郑德权采样，中科院地质所全岩钾氩法测试，年代数据为1.17百万年。该山与老房子小山同期喷发，所以此年龄值可视为老房子小山的年龄值。

图7-16　老房子小山和北小山形成示意图

# 7.7　甑峰山火山

甑峰山火山位于吉林省延边朝鲜族自治州。其范围北起古洞河与和安河汇合处，南至长红岭，长50千米，南北宽约30千米，平面上呈一椭圆形。在地理上甑峰山火山称为甑峰岭，最高峰为甑峰，海拔1676.6米。甑峰岭是松花江和图们江的分水岭，属松花江流域的古洞河发源于甑峰岭北坡，五道白河发源于西坡；属图们江流域的海兰江发源于甑峰岭东坡，红旗河发源于南坡。纵观水系分布，甑峰山火山周围为放射状水系（图7-18）。

甑峰岭在我国历史上称为大秫秸垛岭，其最高峰甑峰称为大秫秸垛。宣统元年（1909年）编绘的《延吉珲春一带地图》（载于《东三省政略》第4幅附图）中即这样标定的。注意，在甑峰岭（大秫秸垛）之西还有一处叫秫秸垛的山，位于大沙河与头道沟之间，两座山虽属同名，但可以用有无"大"字来区分（见图7-18）。

甑峰山火山与长白山火山在地域上和成因上都有密切的联系，所以甑峰山火山是长白山火山的一部分。甑峰山火山从整体上看是大面积覆盖在大地上的玄武岩台地，所以地质学上称为甑峰山玄武岩台地，也有人称为甑峰山盾状火山。因各有侧重，学术名称不同，但都是指同一个火山地质体。

图7-17 甑峰山火山位置及拍摄地点平面图

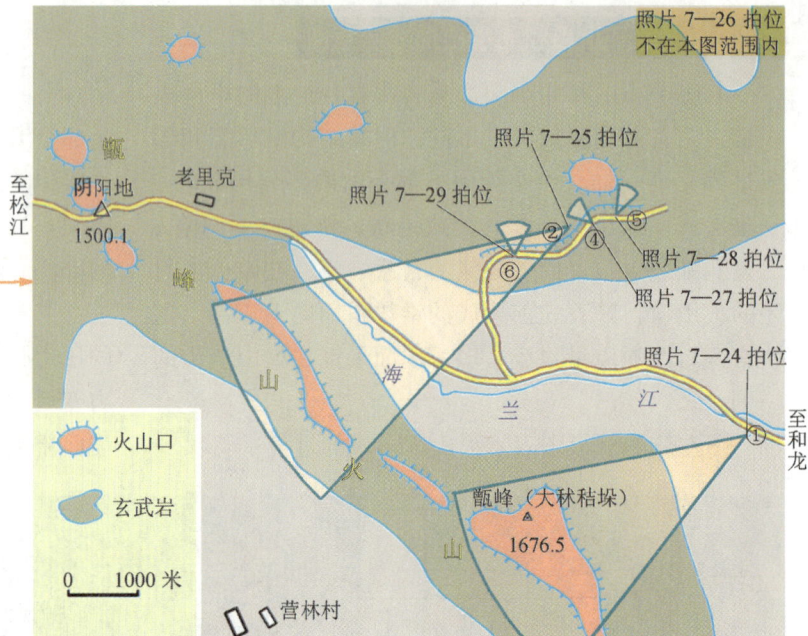

照片7—26 拍位
不在本图范围内

照片7—25 拍位
照片7—29 拍位
照片7—28 拍位
照片7—27 拍位
照片7—24 拍位

火山口
玄武岩

营林村

长白山天池

图7-18 中所画的"残留的盾状火山"像一条有众多软腕伸向四面八方的大章鱼，其实，这并非盾状火山的原始形态。它的原始范围及形状在图中用虚线做了推测，它应该是西北—东南走向的椭圆形。盾状火山形成后，经过一千多万年的长期侵蚀，形成了一套围绕甑峰山盾状火山的放射状水系。海兰江上游、红旗河上游、古洞河上游、大沙河上游、大荒沟上游等众多河流的溯源侵蚀从周围向中心地带开掘河谷，把几百米厚的玄武岩切透，露出玄武岩盖层之下的古老地层；侵蚀下来的物质被河水搬运带走，使甑峰山火山周围地形降低几百米，这样，甑峰山火山便突显成为高山大岭。

甑峰山火山的地质年龄：1981 年中科院地质研究所刘嘉麒在甑峰山顶采岩石样，用全岩钾氩法测试，年龄值为 1991 万年。

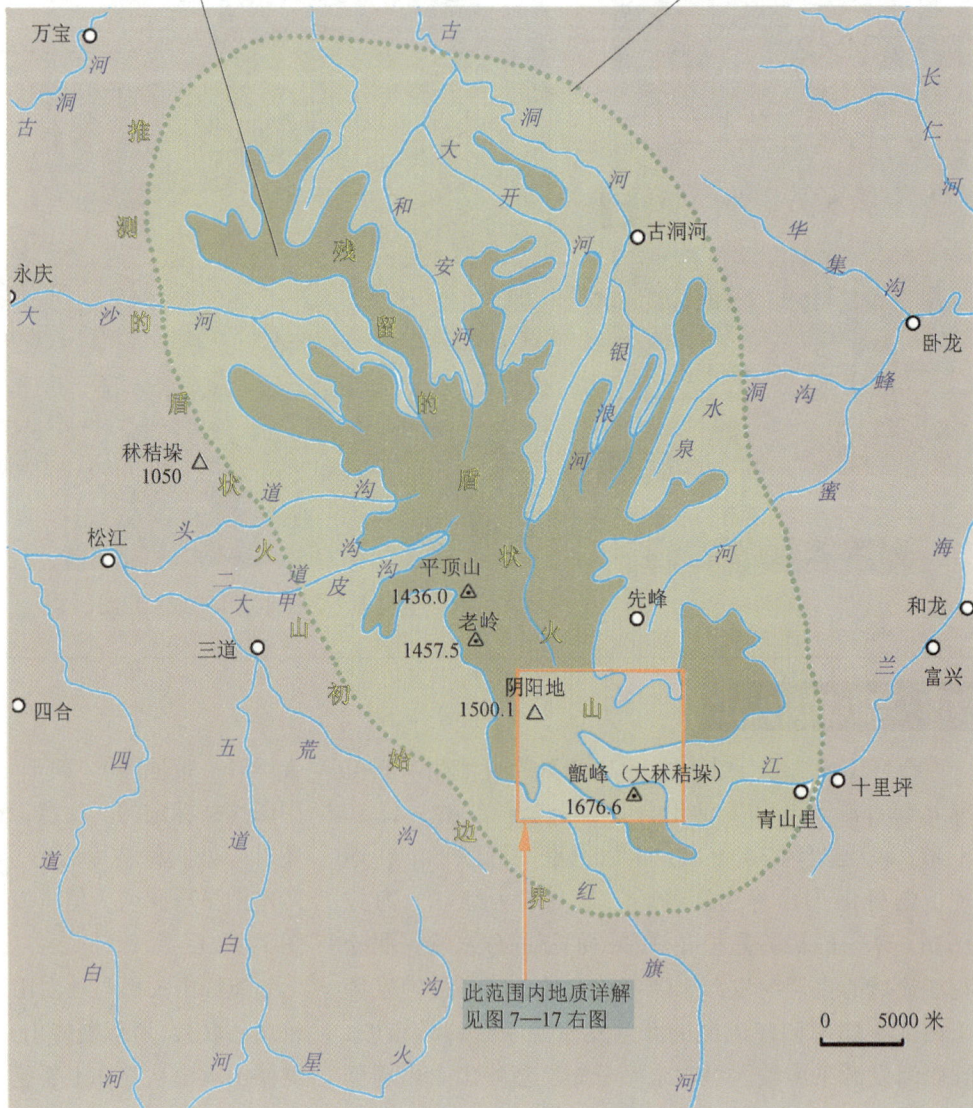

深绿色为甑峰山盾状火山经过一千多万年的河流溯源侵蚀残留下来的章鱼形火山岩岩体。

浅绿色为甑峰山盾状火山形成时的初始范围，大致呈西北—东南方向的椭圆形。

此范围内地质详解见图7—17右图

图7-18 甑峰山火山地质简图

照片7-24（拍位见图7-17）：这是甑峰山火山的主峰——甑峰。

甑峰山盾状火山在地理上称为甑峰岭。这座巨大的盾状火山是图们江流域和松花江流域的分水岭。

甑峰高大雄浑，气势磅礴，风光优美。旅行者走进甑峰岭，攀爬在这座两千万年前形成的大山中，会看到许多火山地质、火山地貌现象。

照片7-24　甑峰岭和甑峰

甑峰
海拔1676.6米

甑　峰　岭

①

玄武岩熔岩流平岗状山脊

甑　峰　岭

高峻而绵长的甑峰岭是松花江和图们江的分水岭，又是两地的天然分界，岭的那边是松花江流域的安图县，岭的这边是图们江流域的和龙市。

②

照片7-25（拍位见图7-17）：这是高峻而绵长的甑峰岭的一段。由火山喷发形成的这道天然屏障是和龙市和安图县的天然分界岭。翻过前面这道平如砥石的峻岭就是安图县了。从和龙去长白山天池，有一条公路就是翻过甑峰岭。

照片7-25　甑峰岭

照片7-26：这是发源于甑峰山火山东南坡的海兰江。

历史钩沉：在清朝历史上，海兰江流域是朝鲜越垦流民最先到达的地方，先后有大批难民越境到这里结舍、垦地。《延吉边务报告》60页记载："不（到）三十年，而韩民之生聚繁衍于此者，竟至五万余户。"清朝发现这一情况后，决定刷还这些流民，不愿回国者可入中国国籍。光绪八年（1882年），朝鲜国王恳请将流民刷还回国。清廷允之，限期一年内刷还，但到期朝鲜并不刷还，反而指使流民上告，说他们并没越界，说海兰江是分界江，说他们在朝鲜的土地上耕种有何不可？又说，早在康熙年间，康熙帝已经派穆克登把这片土地划入朝鲜，并要求与清政府勘界。《延吉边务报告》78页记载："此

海

兰

江

③

照片7-26　发源于甑峰山的海兰江

为图们江北越垦韩民意图混界之始，为此次提议勘界之原因，而今界务问题之起，亦即发生于此。"

发源于甑峰山的海兰江，是一条美丽而富饶的河流，海兰江流域土地肥沃，物产丰富，素有粮仓之称。

照片7-27（拍位见图7-17）：这是甑峰山火山玄武岩流的边缘之一，已经风化剥蚀成悬崖状。垂直的柱状节理和水平节理都很发育，把玄武岩切割成规整的岩块。注意悬崖底部颜色变淡处，那是修公路时剥露出来的岩块，因为原先是埋在土层里，所以被节理分割的岩块还保留着较为分明的棱角。而悬崖顶部因长期暴露在外面，经长期的风化侵蚀，岩块的棱角已经变圆，现出球状风化的特征。所以，整个悬崖看起来好像是由圆角的石块砌成的。

④ 　照片7-27　甑峰山玄武岩流边缘

⑥

照片7-29　玄武岩裂隙泉

照片7-29（拍位见图7-17）：这是玄武岩流边部的冷泉，属玄武岩裂隙水，由大气降水沿玄武岩裂隙渗透形成。这样的泉水在甑峰山上经常能看到。

（左）照片7-28（拍位见图7-17）：在这幅照片中可以看见一处火山喷发间断面，此面上方玄武岩的节理是倾斜的，那是在冷凝过程中又受到后续岩流的推挤所致，使得尚未完全固化的岩层移动了位置，因而节理倾斜而变形。

⑤　照片7-28　玄武岩喷发间断面及倾斜节理

428

## 甑峰山火山形成示意图

上图：在 1991 万年前，在这一带，岩浆沿着一条西北方向的深断裂带喷溢出来，地质上称为甑峰山火山事件。因为所喷溢的是玄武质岩浆，黏度小，易流动，岩浆填平了低地，淹没了那些较矮的山头，所铺展的面积达 1000 平方千米，原有的水文系统被掩埋了。

下图：在流水侵蚀过程中，因坚硬的玄武岩抵抗侵蚀能力强，当周围的岩石被侵蚀而低下去后，反而使得原本处于低位的玄武岩高出周围地面，成为高山大岭。在"触角"四伸的"甑峰山大章鱼"的周围形成新的放射状水文系统。

**上图**

甑峰山玄武岩喷发前，这一带的岩石主要是太古界变质岩、花岗岩和北部的白垩系沉积岩。亿万年前的火山喷发，大量的玄武质岩浆就是覆盖在这片广袤大地之上的。

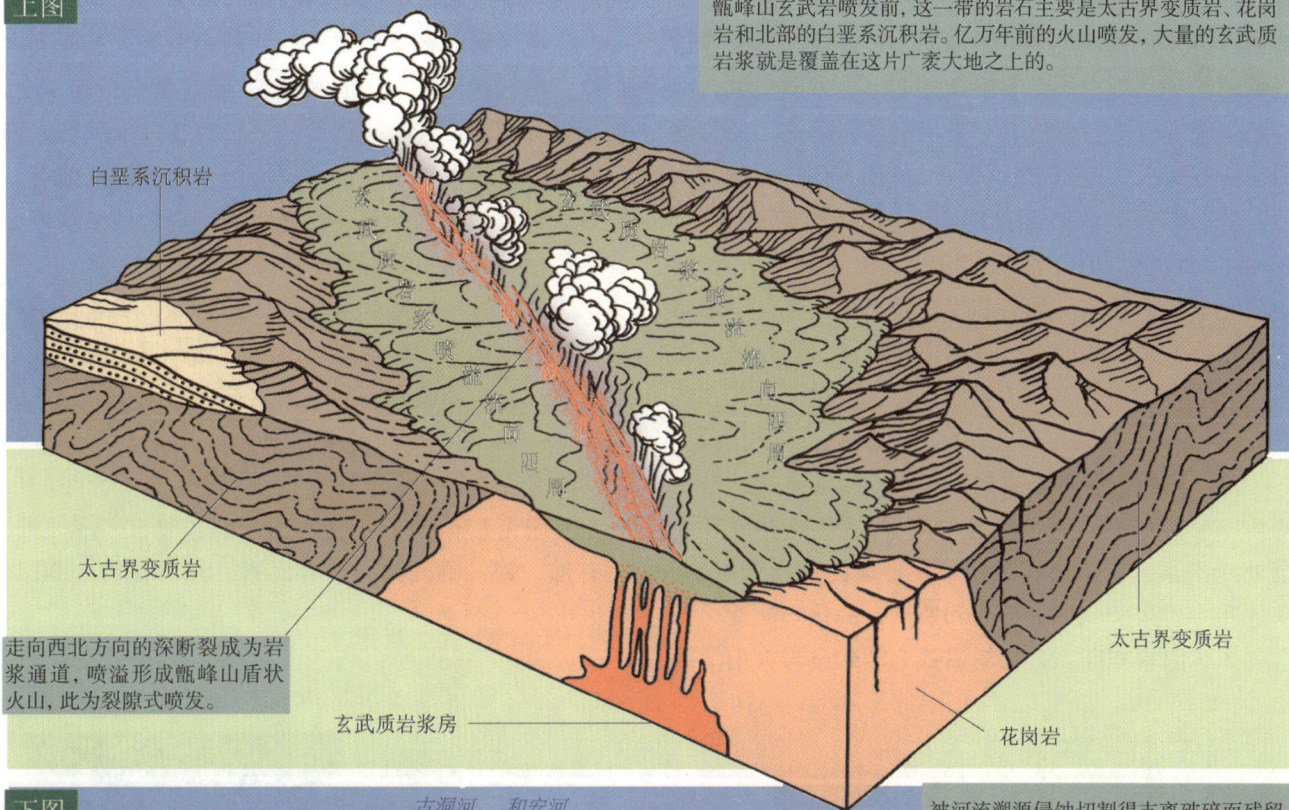

白垩系沉积岩

太古界变质岩

太古界变质岩

走向西北方向的深断裂成为岩浆通道，喷溢形成甑峰山盾状火山，此为裂隙式喷发。

玄武质岩浆房

花岗岩

**下图**

古洞河　和安河

大沙河

古洞河林场

被河流溯源侵蚀切割得支离破碎而残留下来的玄武岩层，像一只软腕伸向四面八方的大章鱼卧在群山之中。"甑峰山大章鱼"南北长约50千米，东西宽约30千米，厚约300米。

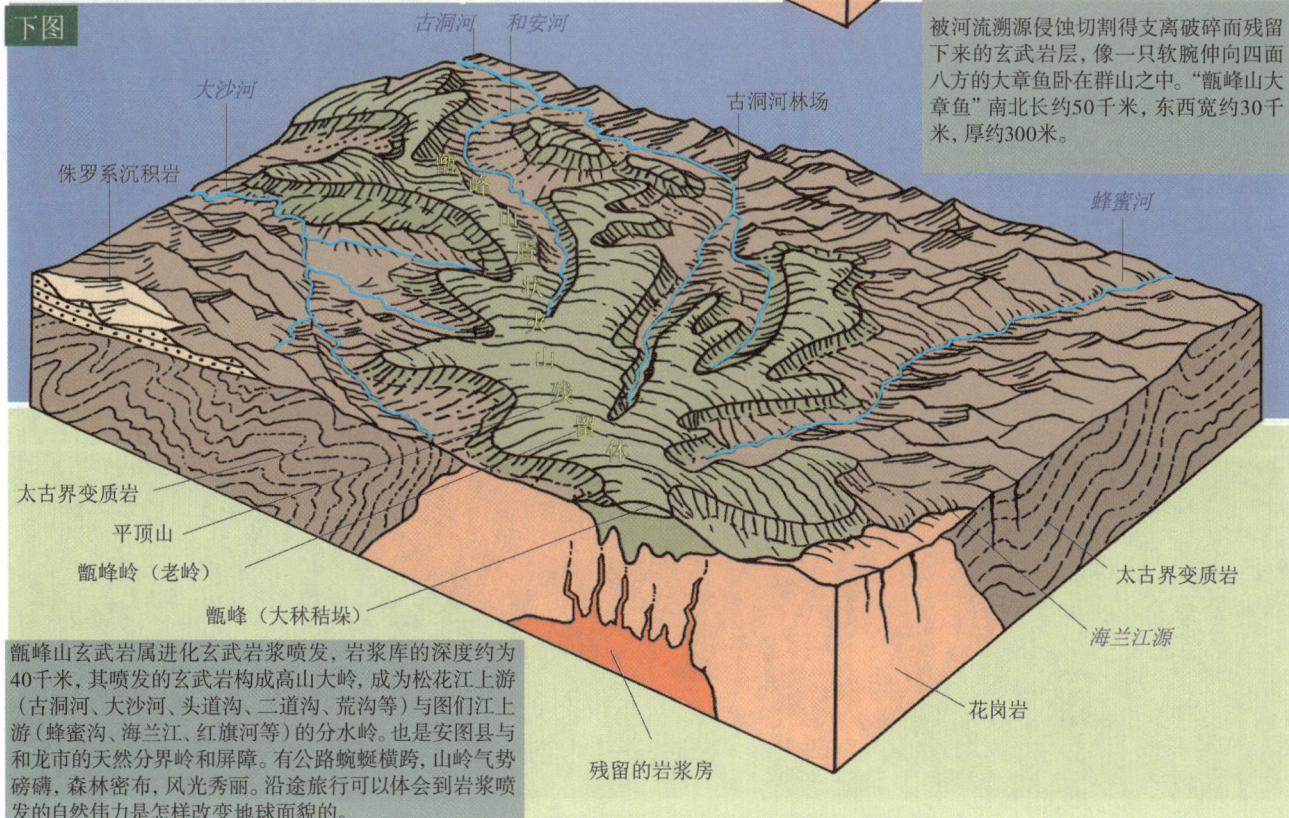

侏罗系沉积岩

蜂蜜河

太古界变质岩

平顶山

甑峰岭（老岭）

甑峰（大秫秸垛）

太古界变质岩

海兰江源

甑峰山玄武岩属进化玄武岩浆喷发，岩浆库的深度约为40千米，其喷发的玄武岩构成高山大岭，成为松花江上游（古洞河、大沙河、头道沟、二道沟、荒沟等）与图们江上游（蜂蜜沟、海兰江、红旗河等）的分水岭。也是安图县与和龙市的天然分界岭和屏障。有公路蜿蜒横跨，山岭气势磅礴，森林密布，风光秀丽。沿途旅行可以体会到岩浆喷发的自然伟力是怎样改变地球面貌的。

残留的岩浆房

花岗岩

图7-19　甑峰山火山形成示意图

## 7.8  头道白河药水泉

旅行者沿着头道白河向北走，会看到弯如蛇曲的河道峡谷。这段河谷位于玄武岩台地北部边缘。所谓蛇曲河道就是河流蜿蜒曲折迂回，地貌学上通常称为河曲。这段河道的曲率非常大，河流绕一圈回来差一点就闭合了，蛇曲的颈部已经相当狭窄，就发展趋势看，将来势必有一天河流会切开这个瓶颈，甩开这个圆形河道，直接冲进下一个河曲。一般情况下，像这样的河曲是河流发展到了晚期才能出现，但头道白河是条年轻的河流，所以，它是由玄武岩中交叉的裂隙深切拓宽而成的，是构造河曲。这里的河曲很有特色，河谷的凹岸谷壁直立如墙，围成一大圈，旋转的河水时而平稳沉静，时而浪花翻滚，直接冲撞石壁流过，峭壁之上林木茂密。河谷凸岸则是平坦浅滩，与凹岸刚好相反，站在浅滩上环视对岸的悬崖，真是风光无限。河曲一带处处都有美丽的景色，上坡下坡，左转右转，若想找"柳暗花明又一村"的感觉，非此地莫属。

此段河曲蕴含着丰富的矿泉水，因含有特殊的矿物质，又是低温，所以称为"冷矿泉"。已经发现十余处冷矿泉，皆出露在早期喷发形成的玄武岩层中。从这些冷矿泉所赋存的部位和所携带的化学元素、所含气体等因素判断，地质学家认为冷矿泉与火山活动有关。《长白山天池火山近代喷发》124页写道："天池火山区除了与现代火山活动有关的水热异常分布外，还有大量的与早期火山活动有关的冷矿泉分布。这些冷矿泉大多出露于早更新世玄武岩中，沿构造裂隙成串状分布。著名的有头道白河冷矿泉带，从头道白河疗养院至白河屯约10km内有14处冷矿泉出露。"

头道白河药水泉是在一处河曲峭壁上，有5个出水口，串珠状排列，日涌水量50吨，水温摄氏8度，水化学类型为重碳酸镁钙型。该泉百年以前就被人们发现，曾被传得神乎其神，说能治百病，说从前有一头摔断了腿的鹿，一瘸一拐地来到这里，用泉水冲了一会儿，飞奔而去，等等。

药水泉另外的特点是它的口感特殊，喝入口中有一种类似汽水那样的杀口、酥麻感觉，很是爽口。正因为如此，早就被人们当成天然饮料饮用了。这是因为泉水中含有大量的游离二氧化碳之故，其含量高达900毫克/升。此外，泉水中含有镁134毫克/升、钙110毫克/升、钠150毫克/升、偏硅酸50毫克/升，还有锂、锶、硒、锌、锆等元素，总矿化度1900毫克/升。

照片7-30  头道白河

矿泉亭

翠壁玄武岩喷溢锥

头　道　白　河

照片7-31　翠壁——头道白河矿泉水涌出地

照片7-32：矿泉水出口在头道白河西岸翠壁矿泉亭，须得用一条管子将泉水引导到东岸，这是东岸的临时储水罐。

现在的取水设施已经得到很好的改善了。

矿泉亭

临时储水罐

头道白河

照片7-32　矿泉水的利用

## 头道白河蛇曲及药水泉形成示意图

头道白河河曲的形成与药水泉的形成皆与地质构造和玄武岩裂隙有关。沿河玄武岩层中节理、裂隙十分发育，这些节理、裂隙可以成为地下水运行的"管道"，在适当的地方溢出地表便成为泉水（见图7-20），这里的药水泉便是其中之一。

头道白河药水泉中所含的大量的二氧化碳，人们认为与火山活动有关。黑龙江省五大连池矿泉水是碳酸水，它的形成与火山活动密切相关，是火山活动晚期的产物（见德都县科委：《黑龙江省德都五大连池火山地质和矿产资源的综合利用》66页）。以此对比分析，头道白河药水泉与长白山晚期火山活动有关。

借此机会，涉及一个虽与矿泉无关但与河曲有关的地质话题，漫谈头道白河这段河曲尚未发生但将来必然发生的地质现象：

请看图中的河曲颈部（曲流颈），此"颈"是那么细，所连接的"头"似乎摇摇欲坠了。在未来的岁月，河水将继续冲刷、侵蚀谷壁，必将使河曲颈部愈变愈窄，当最后波浪冲开这个细脖颈时，河水便会撇开原先绕行的圆圈，上游与下游在此贯通。对于这个地质变化过程，地质学上称之为"裁弯取直"。被甩开的圆形河湾两端被泥沙淤塞后，成为湖泊，称为"牛轭湖"。圈在牛轭湖中间的山称为"离堆山"。到那时候，旅行者再来到头道白河药水泉时，就会多两处景观了：如果命名的话，不妨称为"头道白河离堆山"和"头道白河牛轭湖"。

在长白山地区有没有这种已经完成裁弯取直的离堆山呢？有的。在图们江支流布尔哈通河的下段就有一座离堆山，笔者曾专门调查过那座离堆山。离堆山脚下有一座名叫碧水的小村庄，所以这座离堆山命名为碧水离堆山。只是那个牛轭湖已经完全淤塞，与布尔哈通河完全隔断，没有水了，原先的河道变成了稻田。碧水离堆山位于延吉市东北方向，长春到图们铁路线小盘岭站之南，此外还有公路通过小盘岭，只是得渡过布尔哈通河。

因为碧水离堆山是很典型的地质变化实例，多年前笔者曾撰写科普文章予以介绍，并建议在此建立一个自然科学旅游景点，将旅行路线延伸到这里。

碧水离堆山及原先布尔哈通河绕大圈流经的半圆形悬崖峭壁，有优美的自然风光，又有地质科学的内容。如在离堆山上立一块石碑，予以简单说明，也算是布尔哈通河留给长白山的自然遗产吧。

我们再回到头道白河药水泉。那个细"脖子"虽然还不知哪年哪月才能被河水切断，但现在只凭它的"瓶颈效应"和"预期的离堆山"，就可以成为旅行者关注的地方。

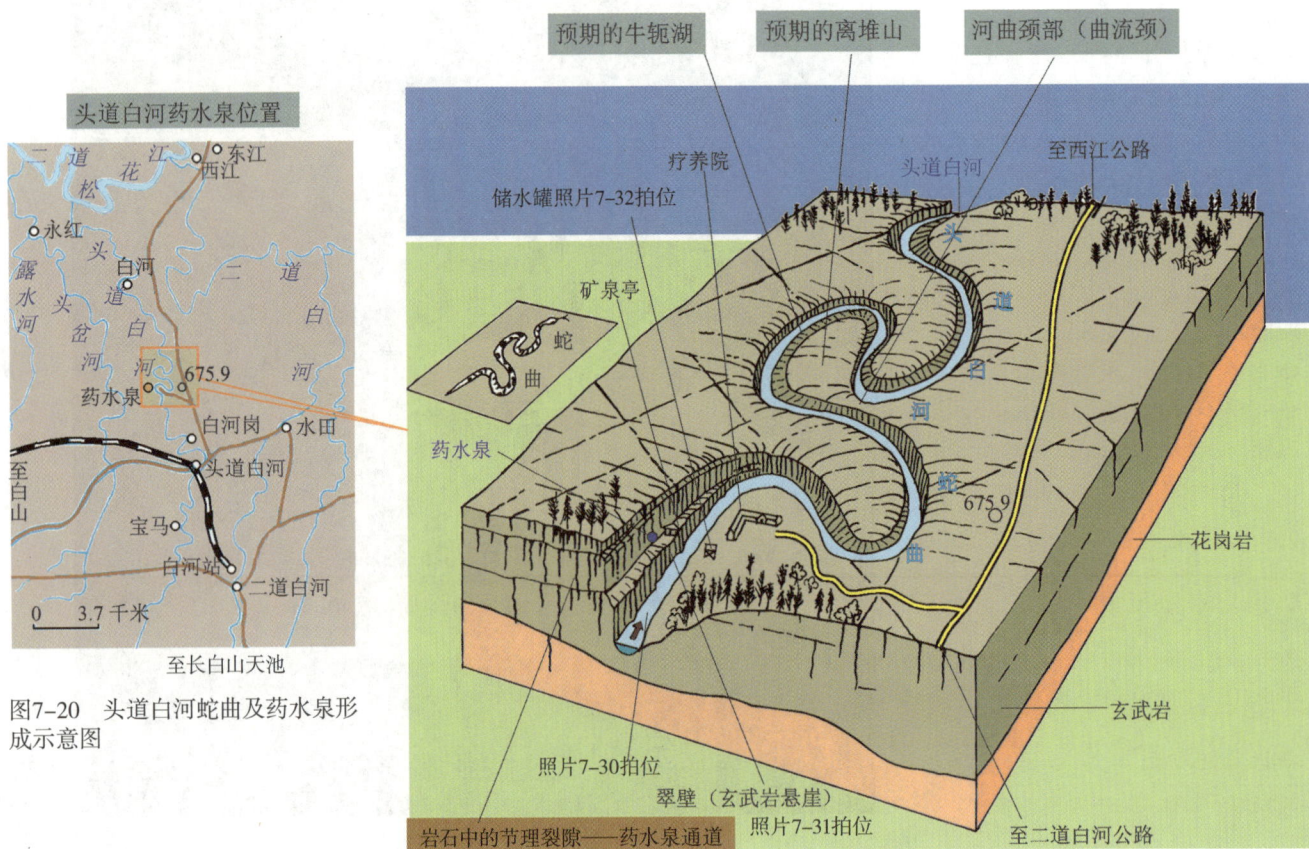

图7-20 头道白河蛇曲及药水泉形成示意图

# 第八章 长白山西部锦江流域火山景观

梯子河

老虎背

长白卧佛

锦江大峡谷火山灰林地貌

王池和王池小山——长白山西坡又现山水"伉俪"

梯河温泉（锦江温泉）

龙头山地热点

## 8.1 梯子河

### 8.1.1 梯子河与梯河瀑布

刘建封:《长白山江岗志略》350页记载:"梯子河,源出梯云峰西。上游两岔,斜挂峰腰,直同瀑布。下流六十里,至二里半地方南窝棚、吊水湖入锦江。"

图8-1:梯子河发源于梯云峰西南坡和卧虎峰西坡,上游分两岔:西岔仍称梯子河,东岔民间俗称小梯子河。

梯子河发源于西坡口外坡火山灰堆积层,先是由面流汇聚冲蚀形成冲沟,数条冲沟汇合绕过老虎背西缘。因为浮岩火山灰层结构松散,冲沟切割较深,常切穿火山灰层,露出被火山灰覆盖的基底岩石。

小梯子河源有3条冲沟,3条冲沟近乎平行,它们是西北岔、中岔、东南岔。皆向西南方向流,1—2千米后汇合,汇合口称为"三岔口"。小梯子河源头由厚层火山灰堆积而成。

梯子河与小梯子河的汇合口称为双梯口,汇合后,西南流20千米汇入锦江。梯子河是锦江上游源流之一,锦江是头道松花江源流,故可以说梯子河是松花江源区众多源流之一。

① 照片8-1 梯子河源头的微型"堰塞湖"

照片8-1(拍位见图8-1):这是梯子河最高处的水源,再向上攀登便是西坡口。在西坡口与梯云峰外坡之间的浮岩层中发育有梯子河最高源头冲沟,沟中的水是从浮岩层中渗出来的,淅淅沥沥汇成小溪向下流去。照片中这个小水泡,是梯子河最高源头之水。

沿着图8-1中标注的攀登悬雪崖的小路再往东走大约100米,就能到达天池火山口的西缘西坡口。照片中标注的悬雪崖在箭头所指的下方,在这里是看不见的,到达西坡口,才能看见急转直下的悬雪崖。一旦登上西坡口,放眼四望,天地间豁然开朗,天池及环池诸峰便骤然展现在眼前,用内大臣武木讷的话就是:"其绕池诸峰势若倾颓,颇骇。"(张福有:《寻访额赫讷殷》,吉林文史出版社,2015年7月第1版第492页。)

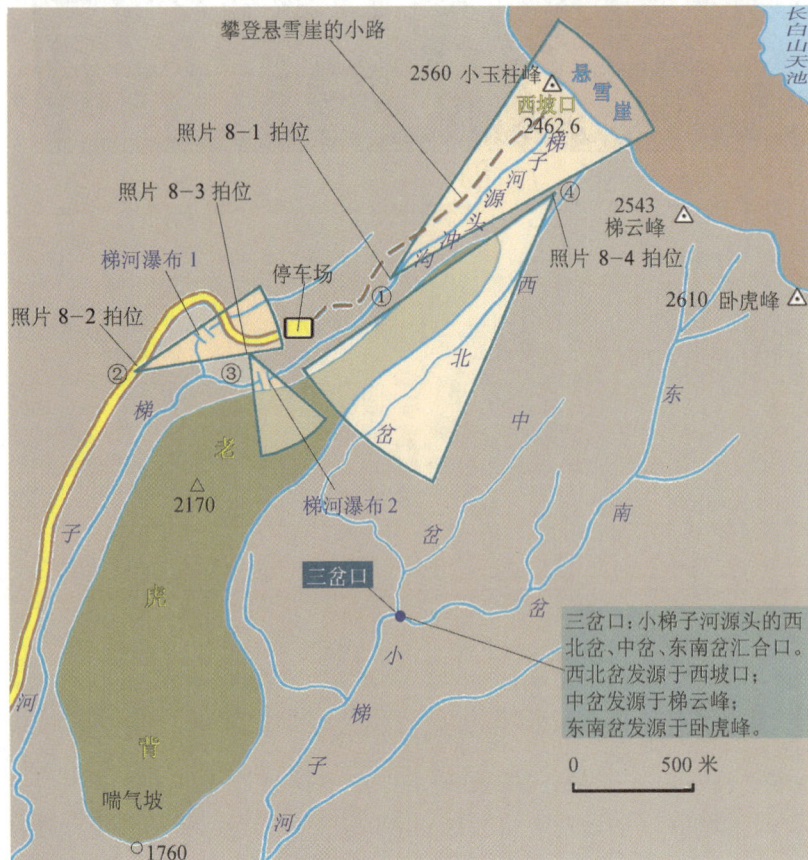

图8-1 梯子河和小梯子河源及阶梯式梯河瀑布拍摄位置图

照片8-2（拍位见图8-1）：由于梯子河上游很陡，形成多处阶梯状瀑布，这些瀑布在雨季水量较大，是很壮观的。梯子河名称的由来当与这些阶梯状瀑布有关：人们沿河攀爬时，如登天梯，遂有梯子河之名，后又有刘建封据"峰脊出梯河瀑布"命名所攀之峰为梯云峰。

照片中能看到植物分带情况：从下向上为：岳桦林带、苔原带、荒漠带（浮岩火山灰覆盖层）。

照片8-2　梯子河上游阶梯状瀑布

照片8-3（拍位见图8-1）：梯子河绕老虎背西北麓流淌，这是老虎背坡麓下的梯河瀑布，也是季节性瀑布。夏季水量很大，很壮观，那些变黑的悬崖都是瀑布水冲刷的结果。

照片8-3　老虎背西北坡麓的梯河瀑布

照片8-4（拍位见图8-1）：这是小梯子河源头的西北岔冲沟顶端，冲沟直抵梯云峰顶的浮岩层。站在冲沟顶向西南看：右边是老虎背熔岩流，左边是梯云峰熔岩流，两条熔岩流所夹出的空隙经侵蚀形成冲沟。这样的冲沟可以称为"火山濑型沟"。下雨时，梯云峰和西坡口外坡集水面上的雨水都集中到冲沟中。浮岩堆积疏松，很容易被雨水冲刷下来，浮岩颗粒纷纷被雨水携带进入冲沟。暴雨时节，可以直观地看见流水侵蚀的过程。以这样的速度侵蚀这些疏松堆积的浮岩层，也许我们的后代就看不到梯云峰和西坡口上这些美丽的白色浮岩"披纱"了。

照片8-4　小梯子河西北岔冲沟顶端及两侧的集水面

## 8.1.2 梯子河隘谷

梯子河绕过老虎背之后，流到玄武岩台地，在这里，河水进入了一条非常狭窄的槽形隘谷。隘谷长达数千米，又深又窄，窄到一步就能跨过去。照片8-5拍摄了隘谷的一段，黑洞洞的，看不见底。初看不像河，倒像一条地裂缝，但是下面的确是轰轰隆隆的流水。梯子河隘谷有时隐藏在灌木丛和草丛中，不走到跟前是看不到的，甚至有的地方走到跟前也看不到，只听见深处的流水声，这才知道已经到了隘谷边，走在这样的地方是很危险的。曾发现隘谷底有动物骨头，想必那是野猪、狍子、梅花鹿失足掉入谷底留下的遗骸。

在长白山火山锥周围，如此

图8-2　梯子河隘谷照片拍摄地点图

隘谷还有很多，除梯子河隘谷外，槽子河、鹿鸣河、松江河、二道白河、三道白河等皆发育有这样的隘谷。二道白河的一线天就是典型的隘谷，站在谷底向上看，蓝天变成一条缝，故称为一线天、洞天瀑等（参见照片5-57、5-61、5-62及图5-34）。如果人们进入梯子河隘谷底部向上看，也只会看到一线天，两者有异曲同工之妙。

在长白山火山锥周围这样的河流很多，前贤历史文献中多称其为"伏流"，或"暗河"。文献中还有描述为"只闻其声，不见其水"的河，那多半是指更窄的隘谷，两壁直立逼近，以致崩塌的谷壁不能落下，卡在中间，有如洞天瀑。

图8-3：玄武质熔岩在冷缩凝固时产生很多节理，以垂直节理更为发育，在厚层玄武岩中有的垂直节理可以上下贯通，形成的裂隙可达几十米深。纵横交错的节理裂隙可以连成裂隙网，再加上玄武岩是多孔的岩石，往往成为渗透性较强的岩石，所以，玄武岩层中富含地下水。地下水的侵蚀会使裂隙扩大、连通，这就有可能演变为地下河，地下河通道的坍塌进而可以形成槽形河床。

于是，在长白山火山锥周围的倾斜熔岩高原

照片8-5　梯子河隘谷

或熔岩台地上，由玄武岩裂隙发展而来的流水通道便很普遍了。流水的侵蚀会加深并拓宽裂隙，成为我们现在所看到的隘谷，隘谷继续发展变宽，成为槽形河。

隘谷的形成是流水长期侵蚀的结果。地质研究认为，这里的玄武岩属于早更新世白山玄武岩，金伯禄、张希友：《长白山火山地质研究》21页记载："白山玄武岩：分布于长白山天池周围……总厚约150米……其年龄值为159万年。"以这个年龄数值，可以估算隘谷的形成并非一朝一夕，

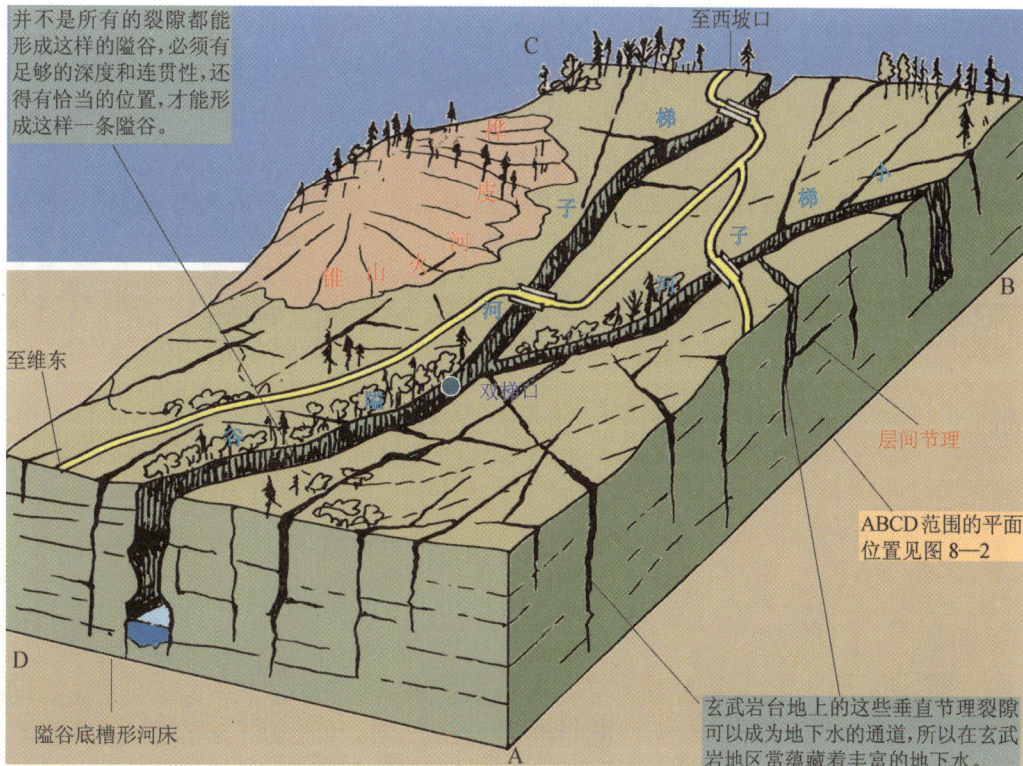

并不是所有的裂隙都能形成这样的隘谷，必须有足够的深度和连贯性，还得有恰当的位置，才能形成这样一条隘谷。

层间节理

ABCD范围的平面位置见图8—2

玄武岩台地上的这些垂直节理裂隙可以成为地下水的通道，所以在玄武岩地区常蕴藏着丰富的地下水。

隘谷底槽形河床

图8-3　梯子河隘谷构造及槽形河床形成示意图

应该是经过了几十万年的时间。

## 8.2　老虎背

在长白先民心目中，长白山藏龙卧虎，所以，产生许多有关龙、虎的传说和神话。然而世界上并没有龙，龙是中华民族的图腾；但虎不一样，虎是长白山实际存在的动物。康熙二十一年（1682年）康熙皇帝东巡吉林望祀长白山，一路上皇帝、皇太子和八旗将士"打住虎有六十多头"（[比利时]南怀仁：《鞑靼旅行记》141页）。这里说的是在辽东一带。辽东的虎尚且如此之多，更为遥远而荒僻的"大荒"长白山就更无须多说了。历来，长白山有"长白虎"威震天下之说，长白虎成为长白山的标志。文献记载，早年，在新民屯以打猎为生的山东人颜不冷，他的父亲就被两只猛虎吃掉了（《长白山江岗志略》329~330页）。刘建封在野外踏查时，在熊虎沟遇到三只小老虎，跑掉一只，抓住两只，一雄一雌，"带送奉天公署，转送京都万牲园"了（《长白山江岗志略》349页）。

虎如此之多，以虎命名之地常见于历史文献。刘建封"相形命名"的十六峰中就有卧虎峰，因为那里"临池多虎踪"。还有石虎滩、熊虎沟、老虎洞等。

如此这般说了半天，就是想告诉读者，长白山中还有一处以虎命名的山，那山叫"老虎背"。

关于老虎背在长白山中的定位并无争议，因为这座被称为老虎背的山实在很像一只卧在山中的猛虎。

照片8-6（拍位见图8-5）：照片左侧就是老虎背。照片是张福有在直升机上俯拍的，即使不标注文字，读者也会在群山之中认出这只卧着的"老虎"，当然，这是从空中看到的。那么，在地面上也能看到同样的形象吗？是的，因为先民起这个名字的时候，并不是从空中俯瞰，而是根据在地面上所看到的形象命名的。这样看来，无论是现代人从空中看，还是先民在地面上看，怎么看这座山都像一只老虎。何况，不要说在直升机上，就是地球外层空间拍摄的卫星照片上，我们这只"长白猛虎"也能显现出它的身影，但毕竟相距几百千米，不是很清楚。

老虎背位于长白山火山锥的西南坡，"老虎脖颈"直抵西坡口，"老虎屁股"卧在梯子河和小梯子河之间，整个山体呈东北—西南方向延伸，山体浑圆，平面形态及位置见图8-5。

老虎背是由地下岩浆喷发形成的熔岩流，是岩浆冷凝体，称为老虎背熔岩流。由于形成老虎背的岩浆黏度很大，喷出后便堆积成山。在老虎背熔岩流的坡

437

麓形成一面很陡的熔岩陡坎，这就是民间所称的"老虎屁股"。由"老虎屁股"攀登，虽然没有攀登悬崖那样惊险，但爬起来相当吃力，气喘不止，所以，这段山路俗称"喘气坡"。长白山还有几处陡坡也叫喘气坡，但那几处喘气坡都没有"老虎屁股"喘气坡出名。爬上喘气坡，穿过一片岳桦林带，就到老虎背上了。

老虎背上没有森林，为高山苔原植物覆盖，站在老虎背上，顿觉豁然开阔，脚踏地毯般的高山苔原植物，环视四周，美丽的风光尽收眼底。老虎背以它高大的"虎背"和开阔的视野，成为长白山火山锥西南坡的观景台：向东看，是身披浮岩层的梯云峰和卧虎峰，向东北看是巍峨的玉柱峰，向东南看是鲜花盛开的高山花园，向西南看是突兀显现的桦皮河火山锥……各个方向的风光各具特色，站在老虎背上，可以把长白山火山锥西南坡一览无余。

依据航空照片，制成一幅《老虎背模拟图》（图8-7），当然画入了想象和夸张，老虎有了头，又加重了虎纹的描绘，但山川的形状仍按照片描绘，没有很大的变化。

照片8-6　空中俯瞰老虎背和高山花园（张福有　摄）

图8-4 老虎背模拟图

照片8-7 高山花园冬景

照片 8-7（拍位见图 8-5）：高山花园有天然屏障：东北面是梯云峰和卧虎峰外坡坡麓，西北面是老虎背，东南面是小虎峰熔岩流支流丘岗，在三面高地包围的平缓谷地，有小梯子河从中流过，有山有水有森林有花草，高山花园名不虚传。

② 

439

照片中的丘岗是小虎峰熔岩流西支流的局部形貌，参见照片8-6、照片8-7、图8-4、图8-5，便可知道它是高山花园东南面的屏障，如一面大墙圈定了高山花园的东南界。翻过此"墙"就能看见小虎峰熔岩流主流，那是一条长达5300米的巨大熔岩流（见图3-55）。站在此"墙"向西望，老虎背和高山花园一览无余，长白无限风光尽收眼底。在高山花园徜徉者，倘有余力，不妨爬上这道墙，它不到100米高，也不算太陡，在"三角面"中找一处缓坡，还是很容易攀爬的。

小 虎 峰 熔 岩 流 西 支 流 丘 岗 上 的 岳 桦 林 带

小 虎 峰 熔 岩 流 西 支 流 侧 缘

小 梯 子 河 谷 底 的 岳 桦、冷 杉、云 杉 林 带

③ 照片8-8 高山花园东南面的屏障——小虎峰熔岩流西支流丘岗，这应是刘建封所言的"铁崖"（张福有 摄）

照片 8-8 拍摄的是高山花园中植物分带现象。小虎峰熔岩流西支流丘岗高出小梯子河谷底约 80 至 110 米，这个高差造成气温差别，丘岗上的气温较低，所以出现植物分带现象，在小虎峰熔岩流丘岗之上，几乎全是耐寒的岳桦林，而在岗下则是岳桦、冷杉、云杉混合林带。不同林带各具特色，春季，森林之下繁花似锦，五彩斑斓，构成高山花园独特又美丽的风光。

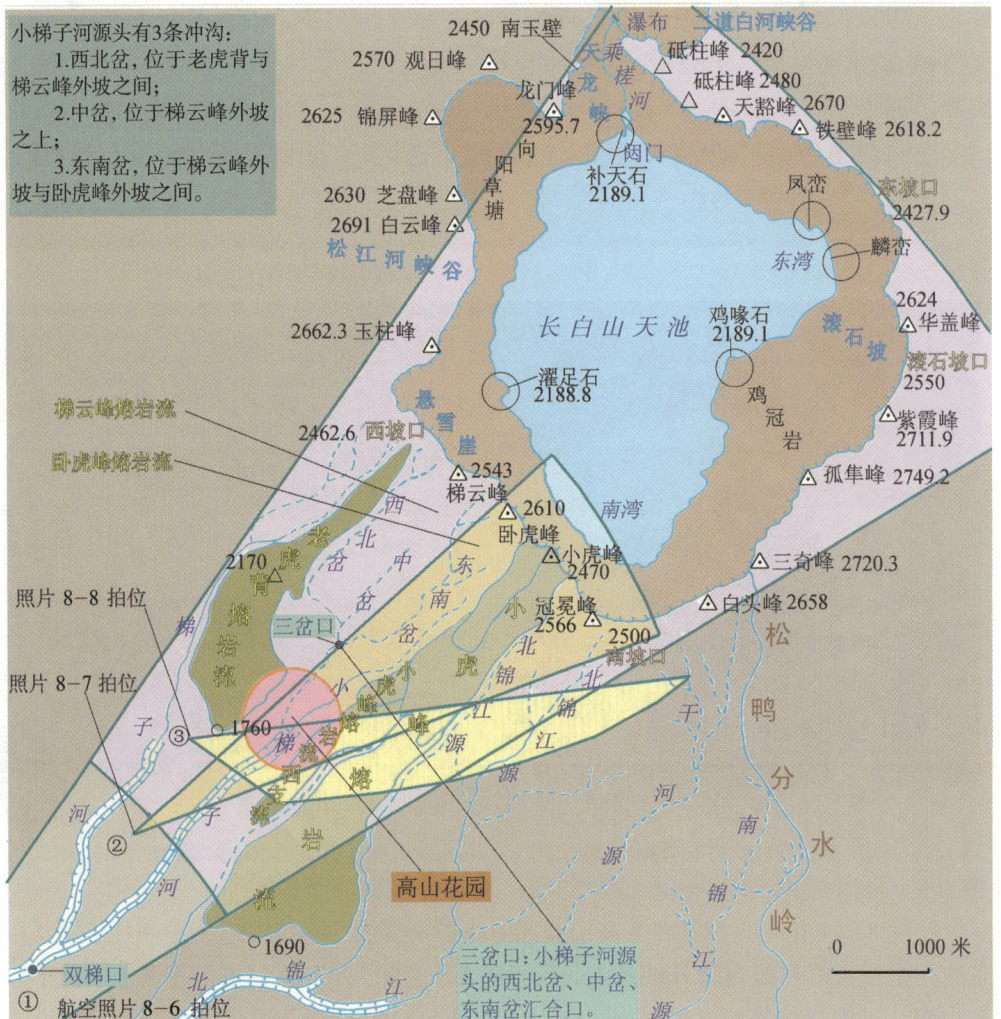

小梯子河源头有3条冲沟：
1. 西北岔，位于老虎背与梯云峰外坡之间；
2. 中岔，位于梯云峰外坡之上；
3. 东南岔，位于梯云峰外坡与卧虎峰外坡之间。

2450 南玉壁
2570 观日峰
2625 锦屏峰
龙门峰
2595.7
2630 芝盘峰
2691 白云峰
2662.3 玉柱峰
阆门
补天石 2189.1
瀑布 二道白河峡谷
砥柱峰 2420
砥柱峰 2480
天豁峰 2670
铁壁峰 2618.2
东渡口 2427.9
凤峦
东湾 麟峦
长白山天池
鸡喙石 2189.1
濯足石 2188.8
2624 华盖峰
滚石坡
滚石坡口 2550
紫霞峰 2711.9
孤隼峰 2749.2
三奇峰 2720.3
白头峰 2658
天乘
龙槎河
龙槎峰
向阳草塘
松江河峡谷
梯云峰熔岩流
卧虎峰熔岩流
悬雪崖
2462.6 西坡口
2543
梯云峰 2610
卧虎峰
2170 向阳
照片8-8拍位
照片8-7拍位
三岔口
③ 1760
②
1690
双梯口
鸡冠岩
南湾
小虎峰 2470
小冠冕峰 2566
南渡口 2500
高山花园
梯子河北源
西北岔
中岔
东南岔
虎
小虎峰熔岩流
锦江源
锦江源
鸭绿江源
分水岭
锦江源
松花江源
0 1000 米
三岔口：小梯子河源头的西北岔、中岔、东南岔汇合口。
① 航空照片8-6拍位

图8-5 老虎背和高山花园位置平面图

440

## 8.2.1 不同视角的老虎背不失"虎威"

老虎背熔岩流的最高点称为虎背峰，海拔2170米，比老虎背熔岩流前缘底部（喘气坡起始处，海拔1760米）高410米。这只"长白虎"卧在地上身高就达410米，真可谓一只"超级老虎"！从长白山火山地质角度说，老虎背火山是长白山火山锥斜坡上的寄生火山。虎背峰是老虎背火山最上面的一层熔岩流，即最后一次喷溢所形成。

照片8-9　沿着老虎背向西坡口攀登（张福有　摄）

照片8-9（拍位见图8-6）：这是1996年11月7日张福有拍摄的老虎背，确实像一只卧在群山中的老虎。当然，人们也不能对这座由火山扮演的老虎角色要求太高，毕竟是自然形成的火山熔岩体，有几分相像已属自然奇观。这幅照片是站在"老虎颈"上向西南方向拍摄的（见图中的标注），所拍摄的范围是老虎峰，即老虎背最高点，它应该是老虎的脊梁。不过，这是一条尖状脊，呈三角形，看上去瘦骨嶙峋，仿佛是一只饿得皮包骨的瘦虎，难以想象在空中见到的那么丰腴的"虎臀"竟有如此消瘦的脊梁，观察的角度不一样连虎的肥瘦也不同。

照片中的几位旅行者是站在老虎脖子上的，从其所站位置，面对虎背峰观察，左面是小北梯子河西北岔，右面是梯子河。

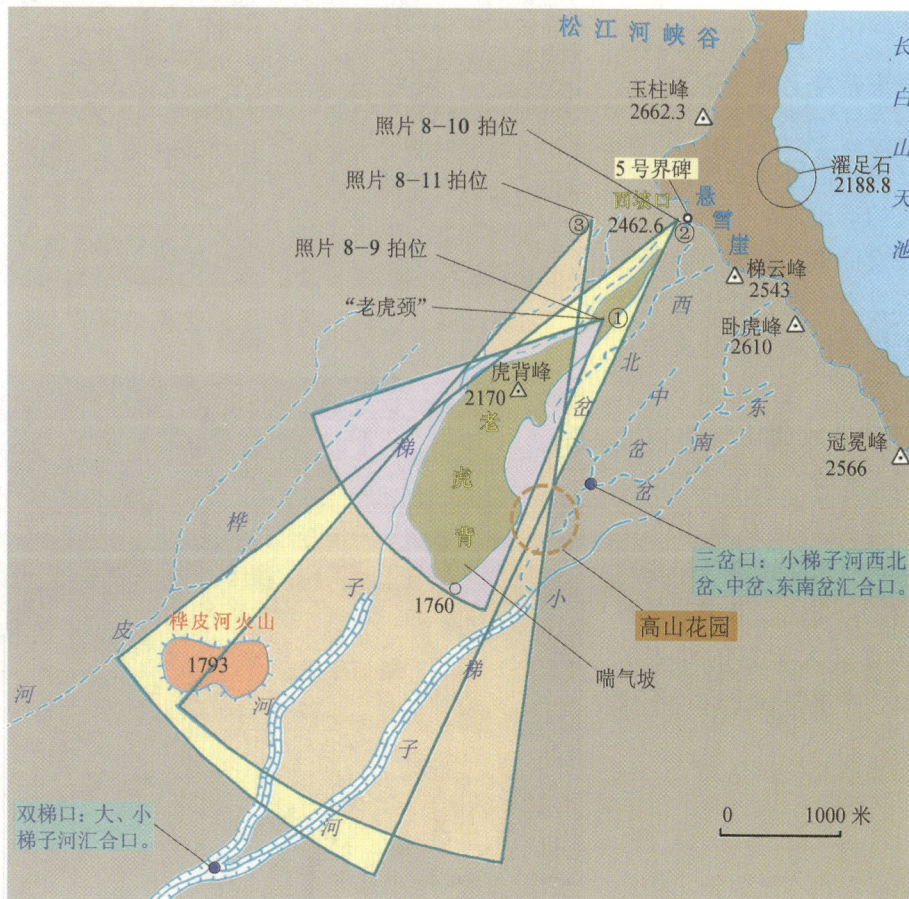

图8-6　不同视角下的老虎背拍摄位置图

照片 8-10、8-11（拍位见图 8-6）：这是老虎背的西北侧面。从这里看，依然很像老虎，可惜的是看上去像一只瘦虎，那些隐约可见的条纹像突显出来的肋骨。但如果把这些条纹看作虎身上的花纹也未尝不可。那么，这虎就有非常漂亮的外表了。图 8-7 和图 8-8 就是把"肋骨"看成虎身上的条纹来描画的，不用说，加入了想象和艺术夸张。岩浆喷溢的熔岩流毕竟只是一个毛坯。面对如此"模特"需要发挥想象力，不求形似，但求神似。总之，是一边素描，一边以写意方法进行艺术创作。说来说去，一句话，就是要使这座山看起来更像一只斑斓猛虎。

从火山地质角度说，老虎背身上的"花纹"是熔岩流的分层流动构造，它给我们研究老虎背熔岩流的形成带来了很多火山喷发信息。对地质学家来说，是否把它看成老虎身上的条纹或肋骨什么的并不重要，这座由地下岩浆喷溢堆成的山像不像老虎，对研究火山喷发的地质学家来说没有多大意义，对摄影家则又另当别论了。总之，老虎背的科学意义大于它的外表形象，本书将在下面详细说明。

照片8-10　"卧虎"照　②

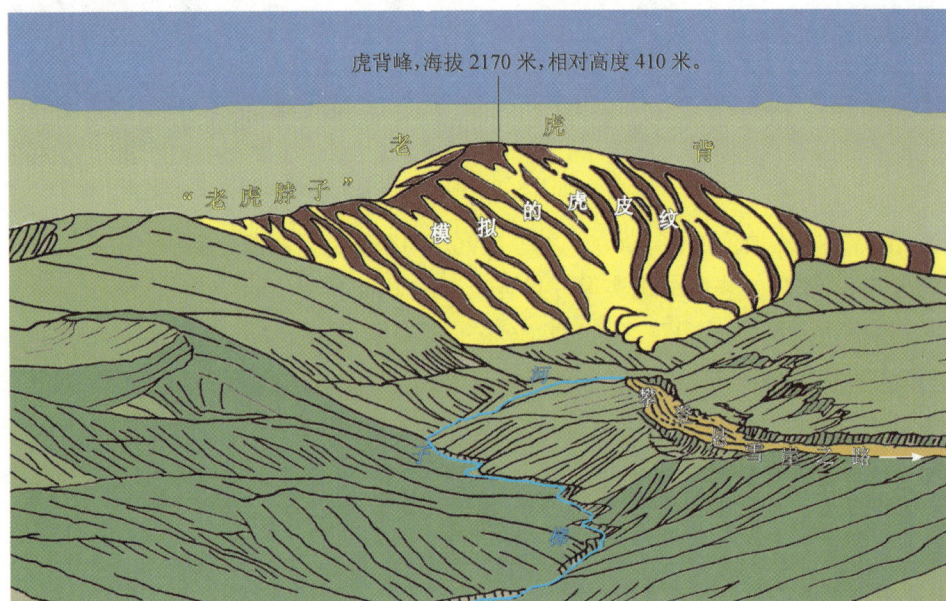

图8-7　"卧虎"模拟图（据照片8-10）　辛若晰绘

照片8-11　"躺虎"照　③

442

图8-8　"躺虎"模拟图（据照片8-11）

## 8.2.2　在地面所见到的老虎背熔岩流全貌

照片8-12（拍位见图8-9）：照片中的远景是玉柱峰和小玉柱峰，中景是老虎背熔岩流山体，由于拍摄的位置和光线的方向所致，远景和中景的透视关系未能表达清楚，结果是玉柱峰与老虎背"粘"在一起，看上去好像是一座山体，实际上两者之间还隔着一条沟，中有梯子河从中流过。为更好地说明老虎背熔岩流的形貌，在照片上用白线描画出老虎背的轮廓，再绘制一幅老虎背全貌素描图（图8-10），这样，便可从群山中分辨出老虎背的形状了。在素描图中加重画出老虎背熔岩流的纹理，这些纹理是不同层次的熔岩流相叠形成的。图8-10中"老虎屁股"上的三条弧形线是示意性的，表示一层层的熔岩流在此处也是相叠的。"老虎屁股"上生长着岳桦林，掩盖了那些流动构造。

老虎背从前是登西坡口的必经之地，可以从"老虎屁

图8-9　老虎背熔岩流拍摄位置图

443

股"直接爬上"老虎脊"，再沿着"老虎脊"登上西坡口。后来改修公路时没有选择老虎背，主要是因为老虎背熔岩流前缘的"喘气坡"太陡，便改修在梯子河谷。老虎背熔岩流是个独立的火山岩岩体，包含着丰富的火山地质信息。目前尚没有地质学家对其进行全面而深入的科学研究，也未见这方面的著作问世。这便更有必要对老虎背进行保护，给未来的地质学家留下珍贵的自然遗产。

旅行者、摄影师、画家、火山地质学家可以不走公路，徒步沿着原来的小路走老虎背，相信人们会有不少收获，只是需要付出相当多的体力。

照片8-12 老虎背熔岩流全貌

照片中沿着老虎背熔岩流顶部用白色虚线勾画，以与背景区别开来。背景是小玉柱峰和玉柱峰；还是用白色虚线勾画出老虎背熔岩流的底部界线。摄影者所站的位置是玄武岩台地。

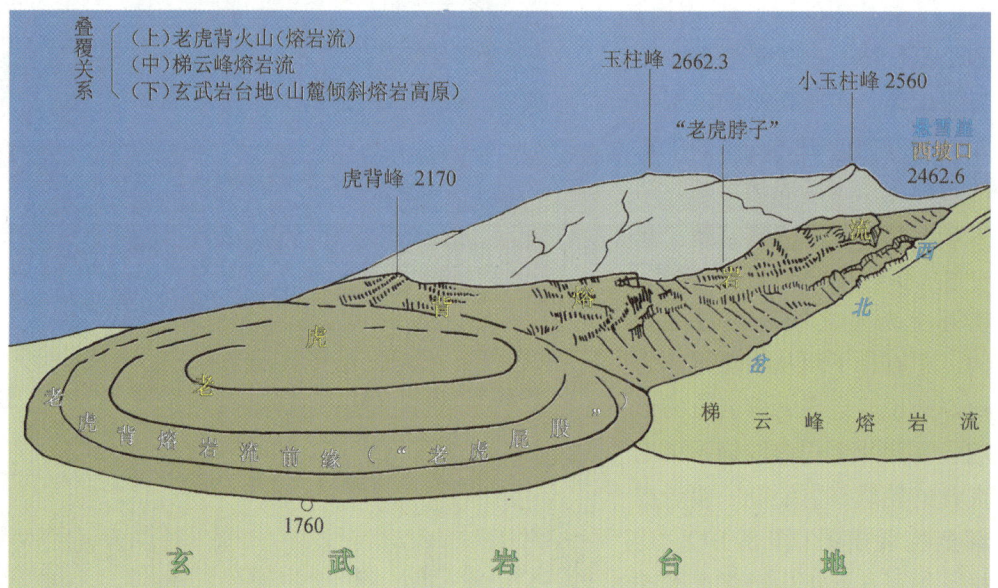

图8-10 老虎背及其与下伏地质体的覆盖关系图

图8-10：此素描图依据照片8-12所绘，强调画出老虎背熔岩流的流动构造。这些熔岩流动构造多数以平行的曲线展布，其走向多与老虎背熔岩流底缘一致。实地观察发现，这些流动构造是一条条高低不同的石砬子或由这些石砬子崩落而成的碎石带。从图中可以看出：老虎背熔岩流前缘直接覆盖在玄武岩台地上，即"老虎屁股"是"坐"在玄武岩台地之上的，这种覆盖接触关系，说明玄武岩台地形成在先，是"老一辈"，老虎背熔岩流形成在后，是"年轻的一代"。

老虎背熔岩流的东北部分覆盖在梯云峰外坡（西坡）熔岩流上，说明它不但比玄武岩台地年轻，还比梯云峰熔岩流年轻。从图中还可以看出，梯云峰熔岩流覆盖在玄武岩台地上。这样，根据地质学上的"叠覆原理"（叠覆律），便可得出三者形成的先后顺序：(1)玄武岩台地先形成，(2)然后是梯云峰熔岩流喷溢覆盖在玄武岩台地之上，(3)最后是老虎背熔岩流喷溢覆盖在(1)和(2)之上。对于地质调查来说，这样的叠覆关系至关重要，是建立长白山火山序列必不可少的地质依据。

444

## 8.2.3 老虎背火山地质特征

老虎背是长白山火山锥体西南坡上一个较大的火山岩岩体，因其外形像一只卧虎而称为老虎背。它除了外形像虎外，还有"虎纹"。爬上它的脊背或是在它身旁绕行，就能看到那些"虎纹"。老虎背是岩浆喷溢冷凝堆积的熔岩体，那些"虎纹"实际上是熔岩体上的层状流动构造。对于摄影师来说，可能更注重"虎"的形象和"虎纹"，对于地质学家来说，更注意那些"虎纹"的地质意义，因为这些"虎纹"能告诉我们关于老虎背火山的身世和经历。

我们先看图8-11。该图是根据平面航空照片描绘的。在众多的熔岩流中，老虎背的周界十分清楚，在航空照片上表现得很醒目，我们很容易在复杂的群山中把它分辨出来，甚至在地球卫星轨道上也能在天池的西南找到老虎背的身影。老虎背整个山体呈椭圆形，椭圆长轴呈东北—西南方向延伸，长轴约3000米，短轴约1000米，老虎背上的最高点虎背峰海拔2170米，老虎背底盘边缘海拔1760米。这样，得知"卧着的老虎"身高410米。除了外形与卧虎形似外，另外的特点就是那些围绕着"虎身"的平行条纹，条纹的走向大体随老虎背底盘的形状而弯曲。这些在高空看见的弯曲条纹，在地面上看则是一系列的小石碴子和碎石带。

沿着"老虎屁股"到"老虎脊"再到"老虎脖子"，就是旅行者所走的小路，人们实际上是走在一系列的熔岩喷溢口上，老虎背就是从这些喷溢口喷出熔岩冷凝而形成的，在图8-11中用长条形火山口符号标出。

右侧的熔岩流分层柱状图是根据照片8-13、8-14等地质资料绘制的，各层的上下叠覆关系也是依据照片资料绘制的：即第1层位于最下部，第2层叠覆在第1层之上，以此类推，第5层是最上面的一层，其上再无熔岩叠覆，仅有零星散布的火山灰。柱状图中的分层厚度是示意性的，并非按实际厚度的比例绘制。

老虎背熔岩流平面图上的条纹皆由航空照片中摄入的流动构造所形成的影纹简化绘制。

因为图中的老虎背熔岩流的形状是依据航片绘制的，未做视差校正，与正规的地形图相比存在视差，所以图中提供的比例尺仅供地理、地质工作者参考。

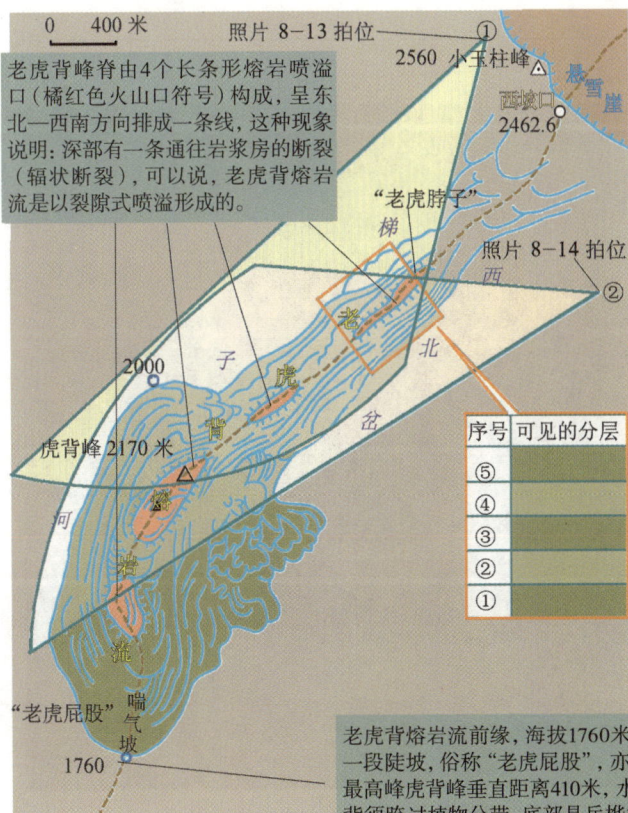

老虎背峰脊由4个长条形熔岩喷溢口（橘红色火山口符号）构成，呈东北—西南方向排成一条线，这种现象说明：深部有一条通往岩浆房的断裂（辐状断裂），可以说，老虎背熔岩流是以裂隙式喷溢形成的。

老虎背熔岩流前缘，海拔1760米。由此徒步攀登老虎背的一段陡坡，俗称"老虎屁股"，亦称喘气坡。此点距老虎背最高峰虎背峰垂直距离410米，水平距离1800米。攀登老虎背须跨过植物分带，底部是岳桦林带，顶部是高山苔原带。如果旅行者带着温度计，测一下气温就会发现：夏季，从老虎背底盘登到虎背峰，温度可能降低5摄氏度左右。

图8-11　老虎背火山及其熔岩流平面图

图8-12　老虎背位置图

445

## 老虎脖子熔岩流的分层构造

照片 8-13（拍位见图 8-11）：这幅照片是在小玉柱峰西坡上拍摄的，主要表现"老虎脖子"西北面的层状熔岩层层相叠的小陡崖。正是这些层状构造形成的小陡崖，在航空照片上表现为密集而有规律的弧状平行影纹，在图 8-11 中简化绘出。那么，这些条纹或层层相叠的悬崖是怎么形成的呢？它们是从火山口不断喷溢出来的岩浆冷凝而形成的。为什么是一层一层的呢？因为岩浆向外喷溢时，经常是脉动式的，有时多，有时少，有时出现间断。这样，先喷溢的被压在底下，后喷溢的覆盖在上面，一层压一层，在地面上就形成了层层相叠的陡坎状前缘，陡坎再经过后来的风化破坏，就是我们现在所看到的小石碴子。在照片 8-14 中用 5 个圈码表示岩浆 5 次喷溢

① 照片8-13 "老虎脖子"西北面熔岩分层构造（拍摄者站在小玉柱峰西坡）

形成的 5 个台阶式的熔岩前缘陡坎，其层序编号自下而上由①至⑤，这些编号同时也表示喷溢的先后顺序。在平面图 8-11 右侧的柱状图中也是用相同顺序的圈码表示熔岩层的层序关系和喷溢顺序的。

照片 8-14（拍位见图 8-11）：这幅照片的拍摄位置在梯云峰西坡，主要拍摄"老虎脖子"东南面熔岩流的层状构造。该 5 层相叠的熔岩的位置与照片 8-13 刚好相对：一个是"老虎脖子"的西北面，一个是东南面，分别从两面对应看，"老虎脖子"内部的层状构造就清楚了。就像一块巨大的千层糕，五层相叠的"熔岩饼"无论怎样切也不会改变其相叠的顺序。从下往上看，第一层在最下面，它也

② 照片8-14 "老虎脖子"东南面熔岩分层构造（拍摄者站位在梯云峰西坡）

是最先喷溢的，经过喷发间断后，第二层喷溢覆盖在第一层之上。以此类推，第五层最后喷溢，覆盖在最上面，就是人们现在踏足的"老虎脖子"的表面。

446

照片 8-15：这是老虎背熔岩流细部构造的照片。在老虎背航空照片上和老虎背平面图上看到的那些弯曲的线条，或者说从远处观察老虎背看到的老虎背上的花纹，走到近处一看，原来照片上所拍摄的东西，不过是一条条小石碴子和碎石带而已。旅行者也许会大失所望，但对于地质学家来源，这却是观察老虎背形成的好场所。在这个约十多米高的石碴子上，可以辨认出 4 个小陡坎，小陡坎之间有明确的界线。这种地质现象说明：岩浆从火山口向外喷溢时，有时快一点，有时慢一点，有时还有间歇，这些变化都可以在凝固后的熔岩流上反映出来。

这种现象，地质学上称之为"喷发韵律"，喷发

照片8-15　岩浆喷溢韵律照

韵律也有大小之分，这些韵律属于大喷发韵律中的次级喷发韵律。研究这些喷发韵律可以对岩浆喷发速率等做出判断，从而在岩浆动力学方面获得知识，也是研究长白山火山活动不可遗忘的课题。

照片 8-16：这是一处被剥蚀的熔岩流的边缘。岩浆喷溢时，流到这里凝固了，它的前缘较地面高出，像个台阶。当初这个台阶应该要比现在所见的圆滑一些，经过千百年的风化剥蚀，台阶被毁坏了，许多石块从台阶上崩落下来，堆在台阶之下，就是我们现在所见到的样子。

熔岩台阶在岩浆冷凝时就形成了密集的节理裂隙，埋下了隐患，这些裂隙使得熔岩台阶不很稳固，容易受到风化而崩落。

照片8-16　被剥蚀的熔岩流边缘

## 8.2.4 老虎背火山构造与形成示意图及说明

图 8-14 绘制说明：先把老虎背像切豆腐那样从长白山火山锥西南坡上切下来，但这样我们只能看见两个剖面，即图中所标注的 AB 剖面和 BC 剖面，为了说明老虎背底下的地质情况，必须再把这块"豆腐"水平剖开，便可获得 ABCD 水平剖面（D 点看不到，被上面的块体遮住了），这样，就可以把老虎背的内部构造用 3 组剖面构成的立体图展示给读者。

先说明与老虎背形成有密切关系的断裂构造。在天池火山口周围，分布着很多断裂，这些断裂大体上可以分为两大类，一类是围绕着天池的环状断裂，一类是与这些环状断裂垂直的辐状断裂，就好像自行车的辐条。这些断裂是在天池火山口塌陷的时候形成的，在后来的火山活动中，当地下的岩浆重新聚集，压力增大时，这些断裂常成为岩浆再次上涌的通道。长白山火山锥周围的许多包括老虎背火山在内的寄生火山（侧火山）就是沿着这些断裂形成的。

老虎背火山呈椭圆状卧在长白山火山锥西南坡上，峰脊上有长条形的岩浆喷溢口，呈线状排列，排列的方向与天池环状断裂垂直，说明它的下面有一条东北—西南走向的辐状断裂。在本图中的 ABCD 水平剖面上用"老虎背辐状断裂"标注了它的位置和走向。有了这条辐状断裂，老虎背的形成就有了先决条件，等于把岩浆通道准备好了，只待地下岩浆压力达到可

以喷溢的程度，岩浆就会沿着这些辐状断裂喷溢出来。当这些黏稠的岩浆越溢越多，体积越来越大时，老虎背就塑造成形了。与辐状断裂交叉的环状断裂在老虎背的形成中也起到了作用。在断裂交叉部位，岩石更为破碎，所以在这样的地方，岩浆喷溢量更大，表现在地面上就是那里更凸出。老虎背上至少有 4 个这样的凸出部位，它们就是老虎背上那些排列有序的火山口。

AB 剖面是横切"老虎脖子"的地质剖面，从"老虎脖子"的照片上看，前文已经说过，它的内部是层状的，也就是说，岩浆沿着断裂喷溢时，并不是一次告成，而是经过了多次喷溢才逐层相叠堆积起来的。这里，图中示意性地划分出 5 层，即表示这里至少有 5 次喷溢活动，实际次数可能还要更多。

老虎背火山形成的年代，尚无共识，不过有一点是共同的，它是长白山火山活动的后期产物，所以，从地质年龄上讲，它并不是一只"老态龙钟的虎"。无论从整个外形看，还是从它表面上的层状流动构造看，它还处在侵蚀的初级阶段，还大体保持着当初的模样，这些都说明老虎背还不太老。也可以说，你所踏足的是一只"年轻的斑斓猛虎"。当然这里所说的"年轻"不是以人类寿命为标准的，而是地质时间，地质时间常以百年、千年或万年为基本计算单位。

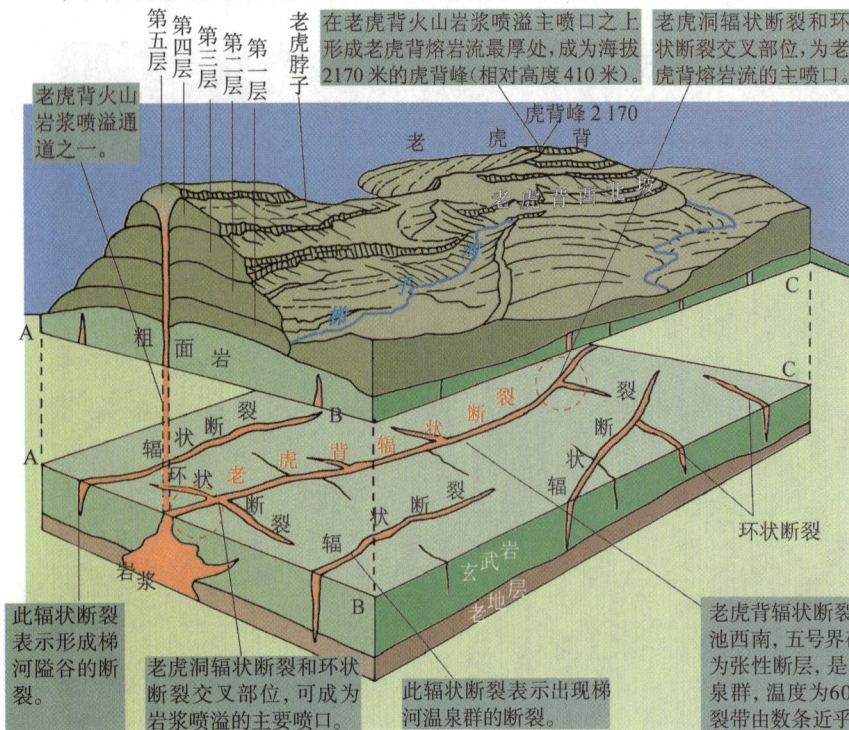

图8-14 老虎背火山构造及形成示意图

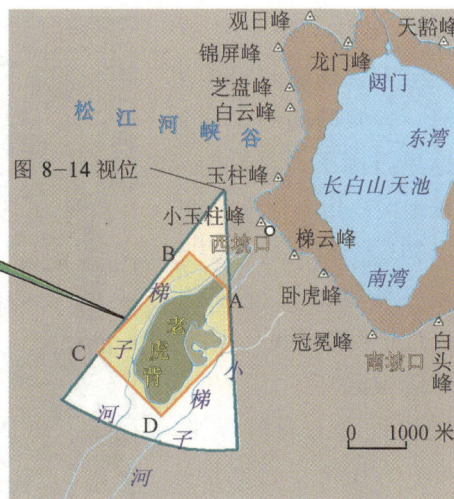

图8-13 老虎背位置图

老虎背辐状断裂：《长白山火山地质研究》68页记载："F11断层位于天池西南，五号界碑至维东站，呈南西向展布，长约8公里，倾角直立……为张性断层，是现代活动断裂……在此断裂东南梯云峰下出锦江温泉群，温度为60度左右。"本图中的老虎背断裂属于F11断裂带，该断裂带由数条近乎平行的次级辐状断裂组成，本图示意性画出。

此立体从图 8-13 中切下后水平旋转 180°，才呈现图 8-14 中的方位，即 AB 剖面调到前面，CD 剖面调到后面，或者说，ABCD 平面旋转 180 度。

## 8.3 长白卧佛

传说长白山发现一尊巨型卧佛，郑德权自信半生踏足长白，怎能不了解一二？便怀着浓厚的兴趣想探个究竟。忽一日，得到张福有拿来高继泰拍摄的一幅"长白卧佛"的照片（照片8-17，拍位见图8-16），放在面前一看，倒是吃了一惊，还真像一个仰卧的巨人，果然形象逼真，活灵活现，不愧卧佛之名。自然造化真是神奇，卧佛分为头、颈、胸、上腹、腹、脐部、下腹、腿、脚。凡人体所有，一应俱全。其头部最精彩，发、额、眉、眼、鼻、嘴、须，一样不缺，造形完整，比例关系恰到好处。卧佛呈仰卧状，卧而未眠，睁着眼睛，用忧郁的眼神望着苍穹，笔直的鼻子和浓密的胡须透着刚毅和庄严，惟妙惟肖，令人肃然起敬。

卧佛位于长白山火山锥西部山峰之上，由白云峰、玉柱峰、小玉柱峰和悬雪崖构成。或问，为什么由火山喷发的熔岩和风化的峰崖能形成一尊卧佛？我们还是看一看到底是怎么回事吧。感兴趣的旅行者可以跟我们从头到脚走一遭，当然不是去野外现场，那太艰难了。我们只是在照片和地图上漫游一番，纸上谈兵般地讲述，也会弄清长白卧佛形成的真相。

我们先看看卧佛的头，这头就是白云峰。白云峰既然构成了卧佛的头，那么，在现场能看到巨大的鼻子、眼睛和嘴的造形吗？不会的，你完全看不到这些东西，只能看见一系列的悬崖峭壁、风化的碎石和火山灰。原来，那额发是由白云峰尖西部的悬崖构成，眉、眼、鼻、嘴也是由陡立的悬崖构成，那些形似络腮胡子的也是一列悬崖。这些悬崖峭壁怎么就能形成一张逼真的脸呢？请看白云峰上的积雪，这些积雪都落在悬崖下较平坦的地方，所以，平置的额头、鼻梁和下巴上，从远处看上去皆为白色。而近乎垂直的悬崖，雪无法积存其上，所以还是悬崖本身的黑色，这样一来，便有了黑、白、灰的明暗调子，又有巧合的比例关系，再加上恰当的观察位置，便像一幅素描画了，显出在美术学院教室里石膏模特半身像那样的雕像效果。如果没有白雪和黑色悬崖的反衬，没有这些明暗调子般的"涂抹"，很难看得出那像一张脸。说来说去，一切都是悬崖错落有致的巧合，是视觉现象，是人们的感觉和联想，仅此而已。

从长白卧佛照片上看，佛面和佛身之间的颈椎，好像是把两者连在一起，旅行者可能以为，从络腮胡子上爬下来，大概很快就能到达佛身的胸部，因为照片上就是这样的。其实不然，岂不知佛面和佛身之间是一条很深的峡谷，即玉柱峰和白云峰之间的峡谷，也就是从百里之外就能看见的松江河峡谷。若想从佛头通过佛颈直接到达佛的胸部，没那么容易，或者干脆说，是不可能的，因为松江河峡谷顶端两壁全是无法攀登的悬崖，要跨越佛颈，非得绕道才行。我们还是绕到峡谷下面一处可以攀登的地方再来跨越这条大峡谷吧。这样，虽然多走很多路，爬陡坡，过冲沟，却可以安全抵达目的地，一个小时后，我们会到达佛胸之上的。

佛胸位于玉柱峰之西约1千米处，胸高200米，胸径600米，实际上佛胸是一座火山，是由火山碎屑岩和熔岩呈层状叠加形成的浑圆状锥体，海拔2520米，人站在佛胸上向西眺望，可以"一览众山小"。再向前走，由佛胸爬到佛的上腹比较容易，因为它们是连在一起的，我们只需爬一个不长的坡，这坡只有500米的距离。上腹主要由海拔2550米的高脊构成，该高脊是一条熔岩流的末端，由熔岩和火山碎屑岩组成，层状构造。接下来，从照片上能看到刚露顶的玉柱峰，它被海拔2550米的高脊遮住了，所以只能看见一个覆盖着白雪的小尖，不注意甚至可能会忽略玉柱峰的存在，所以在照片上特意标出来以引起注意，但不要以为马上就可以登上玉柱峰的尖顶了，到达那里还得越过一个500多米长的凹斗。必须指出的是，巍峨而美丽的玉柱峰对卧佛的视觉造形并没有起到多少作用，只半遮半掩露个小尖儿而已。但这只是表面现象，就内部结构而言，玉柱峰是卧佛的腰，它承载着整个卧佛的躯体，所有佛胸、佛腹，都是玉柱峰的组成部分，可以说，没有玉柱峰便没有长白卧佛，余咏"白云虬髯玉柱腰"。

再往前走，是卧佛的下腹，下腹突出而丰满，那是位于玉柱峰西南的海拔2555米的高脊，此高脊是一条熔岩流。再下一站是卧佛之阳，这是小玉柱峰，它的相对高度是60米，爬上它不难。走下小玉柱峰，下到了西坡口上，西坡口构成了卧佛的大腿；从古至今从长白山西坡登顶的旅行者，大多数是先在卧佛的大腿上徜徉后再下临天池或转而登上玉柱峰或梯云峰、卧虎峰的。再向前，走过像是膝盖的微突，便到了卧佛小腿之上。再向南，脚面向上微翘，没有脚趾是个遗憾，不过，这可以解释说，卧佛穿着一身拖地长袍，脚被长袍盖住了。

收回目光，还有照片下部的佛臂，这条"臂"实际上离佛的躯体相当远，是玉柱峰熔岩流的末端，只是因为透视关系才将这条佛臂和躯体叠加在一起。佛臂自有其独特之处，仔细看照片，佛臂上有植物分带现象，上面是高山苔原带，下面是岳桦林带，离我们更近的地方则是郁郁葱葱的针叶林带。

所有这些山峰、悬崖、高脊、丘岗、沟壑及其上面的积雪和植被，恰巧构成一尊穿着白色袈裟的卧佛。上面笼罩着天池上空湛蓝的天穹，卧佛舒衣展袖，庄严而静穆地仰卧在天池旁，为碧绿的林海所托，用略显忧郁的目光深沉思索着，构成一幅感人的画面。

我们在照片和图面上沿着卧佛躯体，终于从头走到了脚，完成了对卧佛的考察。那么，能得出什么结论呢？这个结论可能令人沮丧，那就是：卧佛不是一座天然的石雕像，更不是人工所为，它不具备雕像的任何特点。卧佛不是一个整体，而是由不同位置的峰、谷、崖、脊、岗等地形投影成像，卧佛是峰崖错落相叠的巧合，是这种巧合的视觉效果。一句话：长白卧佛，其实并不存在。

为了说明这个视觉现象，可以换个角度来观察和拍摄那些构成卧佛的组成部分。请看照片8-18（拍位见图8-16），还是那些地形地貌，但卧佛已经走形，照片8-19（拍位见图8-16）则完全没有卧佛的形态了，有多么丰富的想象力也找不到卧佛的踪迹了。如此看来，卧佛的存在与否，完全取决于观察者的位置和角度。而且，可供选择的观察范围也不是很大，观察角度也很狭窄。另外，观赏卧佛还有季节性，如果白云峰上没有积雪，卧佛的面部便不像。如此苛刻的观赏条件，使得长白卧佛隐藏得很深，不轻易与公众见面。

郑德权根据构成卧佛地形地貌的实际方位和距离，制成一幅卧佛形成投影解析图，感兴趣的旅行者可以对照相片揣摩一下。

尽管如此，如此峰、崖、沟、脊的巧妙组合本身也是造物的奇迹，是大自然的杰作。更重要的是，人们发现了这种巧妙的组合，并且赋予它生命和灵性。

此幅照片为高继泰先生拍摄，摄影者为长白山增加了一处有趣的自然景观。为此，张福有和郑德权各题一首诗表示谢意：

《题高继泰摄长白山卧佛照》（张福有）：

阊门极顶住慈航，仰卧长空放眼量。

鬼斧神工师造化，大荒深处沐天光。

《长白山钓鳌之神》（郑德权）：

白云虬髯玉柱腰，足抵梯云卧苍霄。

长白自古金汤固，卧虎藏龙擒池鳌。

注：诗中"白云"指白云峰；"玉柱"指玉柱峰；"梯云"指梯云峰；"卧虎"指卧虎峰；"龙"指龙门峰；"金汤固"引自"十字界碑"："华夏金汤固，河山带砺长"；"鳌"字取自"钓鳌台"。

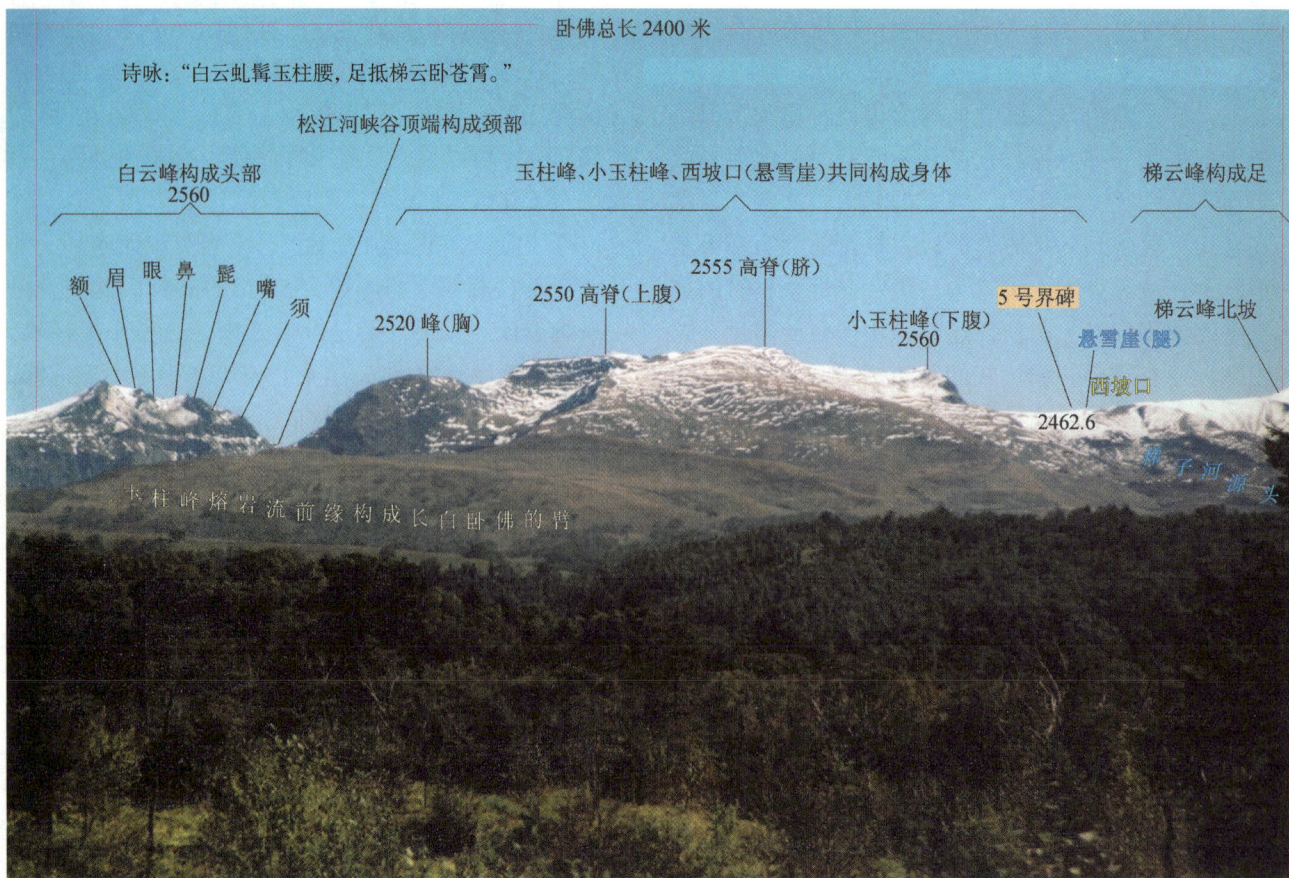

卧佛总长 2400 米

诗咏："白云虬髯玉柱腰，足抵梯云卧苍霄。"

松江河峡谷顶端构成颈部

白云峰构成头部 2560

玉柱峰、小玉柱峰、西坡口（悬雪崖）共同构成身体

梯云峰构成足

额 眉 眼 鼻 髭 嘴 须

2520峰（胸）

2550 高脊（上腹）

2555 高脊（脐）

小玉柱峰（下腹）2560

5号界碑

梯云峰北坡

悬雪崖（腿）

西坡口

2462.6

锦江河源头

玉柱峰熔岩流前缘构成长白卧佛的臂

① 照片8-17　长白卧佛照（高继泰　摄）

450

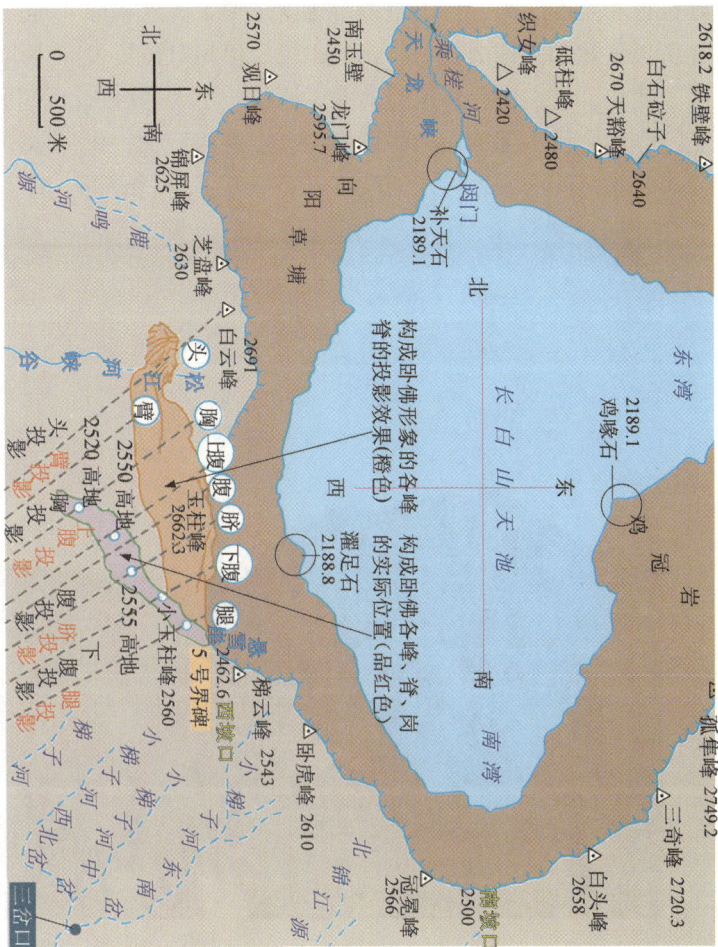

图8-15 长白卧佛实际地物投影成视觉图

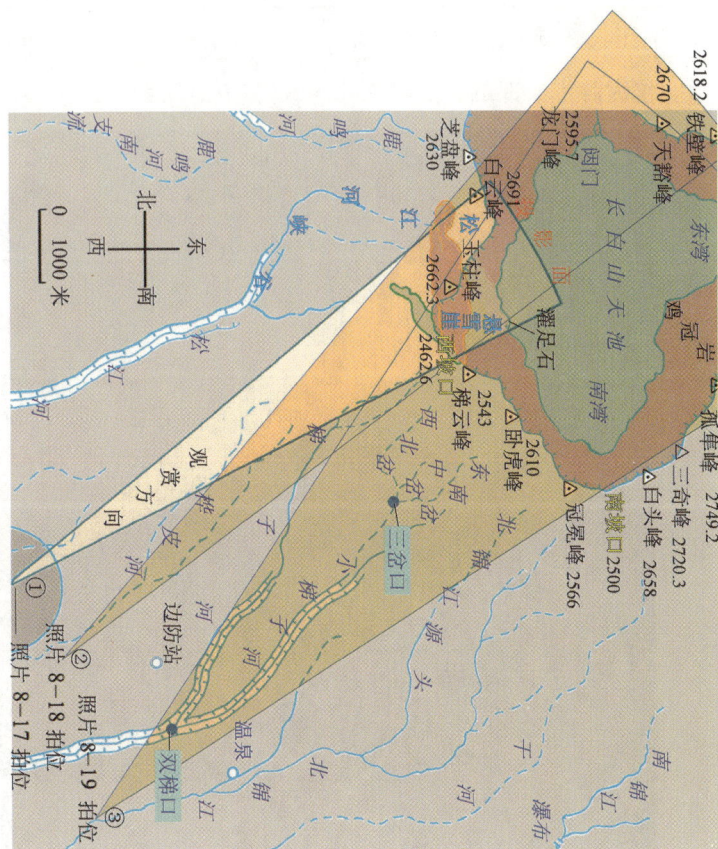

图8-16 观赏长白卧佛最佳位置图

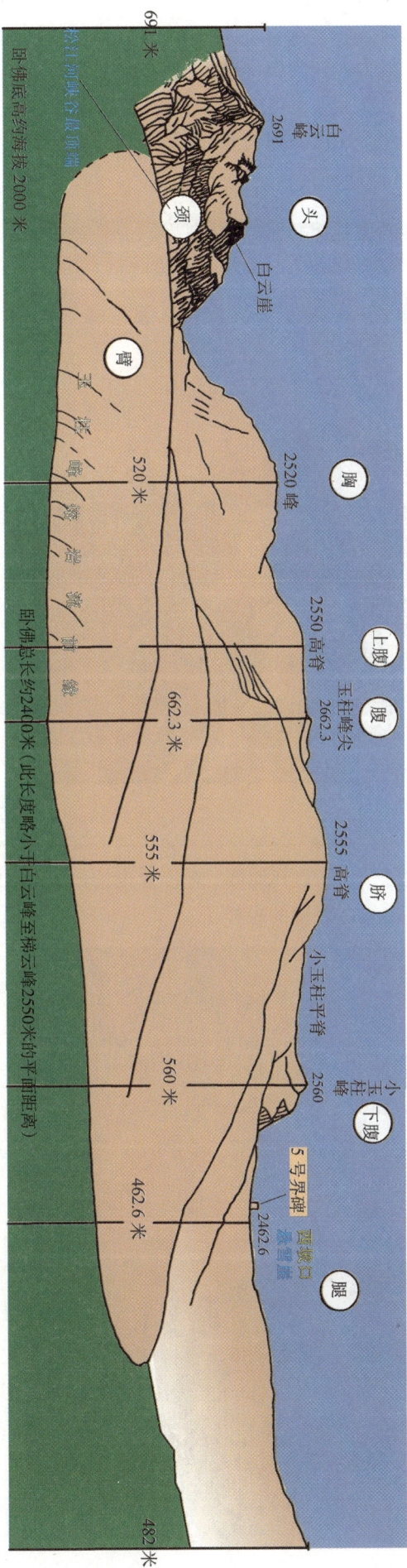

图8-17 长白卧佛山形组合解析图

照片 8-18（拍位见图 8-16）：观赏长白卧佛需选好位置和角度，离开这个范围卧佛就走形了。这幅照片所摄虽然都是构成长白卧佛的山峰，但相对位置发生了变化，它们的投影也就离开了原位，不太像卧佛了。作为卧佛头部的白云峰还多少有点脸的形状，作为头、胸之间的颈，松江河峡谷已经拉开了它们的距离，位移较大，使头和乳胸完全断离。胸和腹因为是同一个山体，尽管观察角度有所变化，对卧佛上半身影响不算太大。作为腹部的玉柱峰那个小尖，这时已变成一个大突起。作为小腹的小玉柱峰没摄入镜头。总之，在这个角度，得充分发挥想象力，才能在头脑中显现出卧佛的形象。

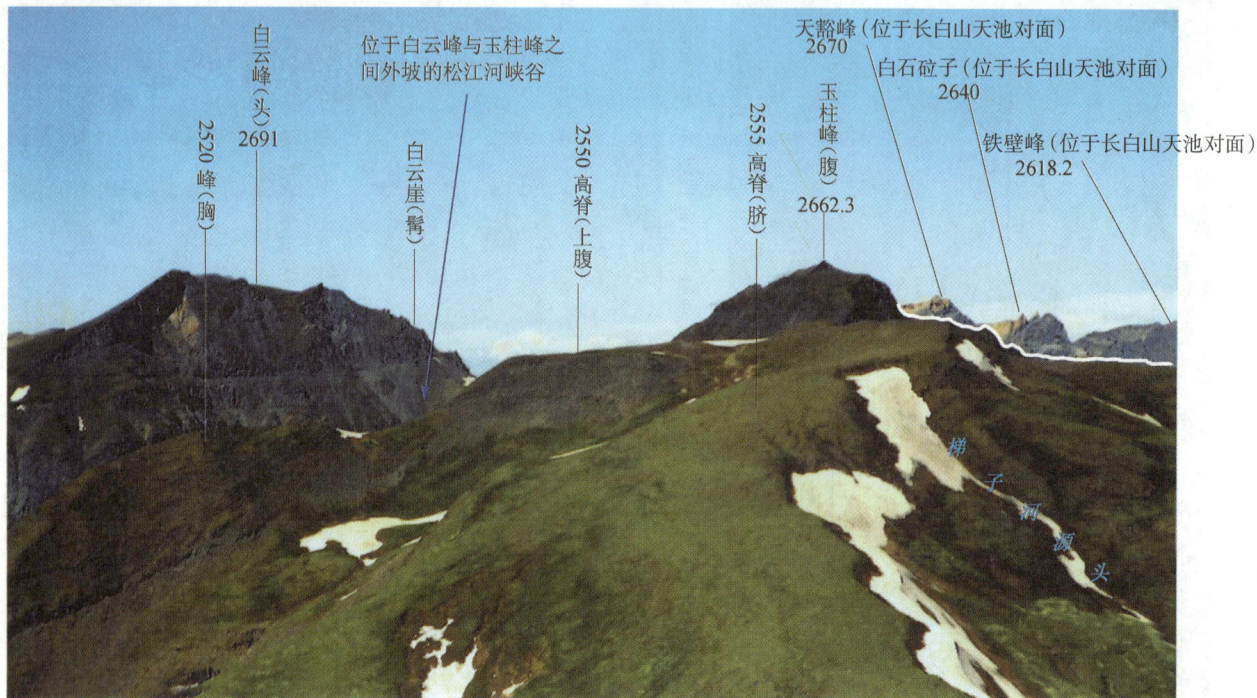

白云峰（头）
2691

2520 峰（胸）

位于白云峰与玉柱峰之间外坡的松江河峡谷

白云崖（髯）

2550 高脊（上腹）

2555 高脊（脐）

玉柱峰（腹）
2662.3

天豁峰（位于长白山天池对面）
2670

白石砬子（位于长白山天池对面）
2640

铁壁峰（位于长白山天池对面）
2618.2

梯子河源头

②

照片8-18　长白卧佛变形照之一

照片 8-19（拍位见图 8-16）：拍摄位置更向南移了。作为卧佛头部的白云峰和作为颈部的松江河峡谷皆被玉柱峰挡住了，其他峰、脊位置也偏移了，所以，再也看不出长白卧佛的模样了。

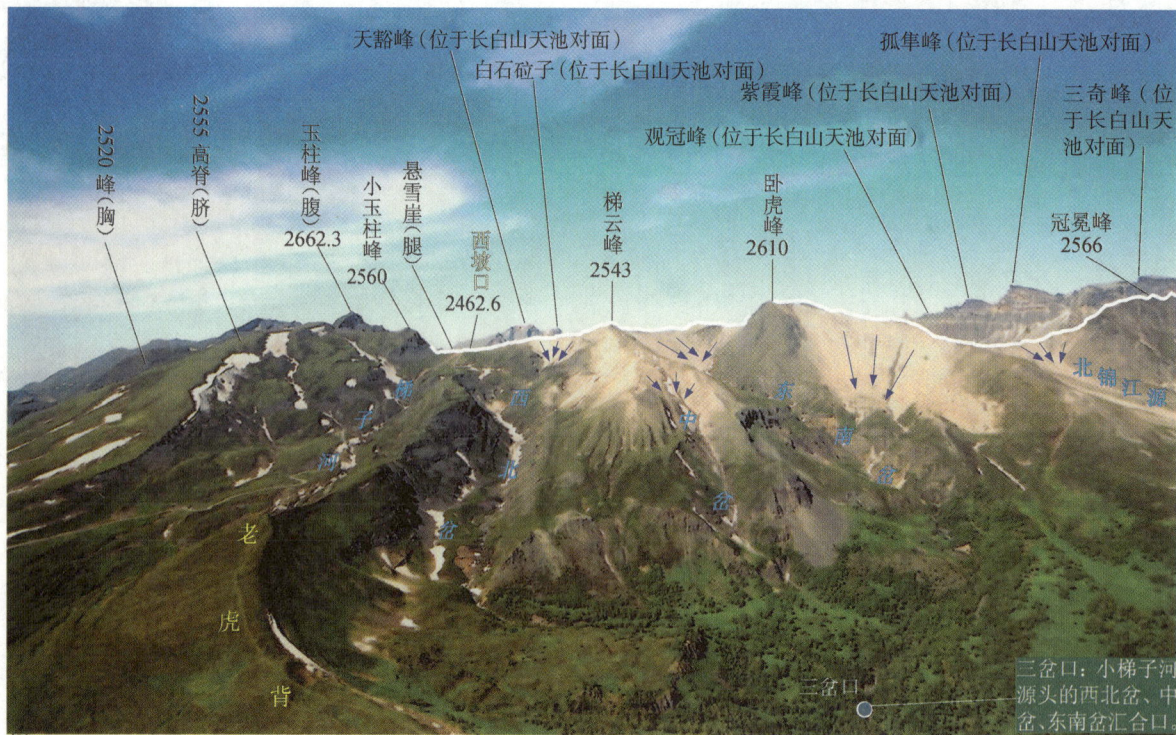

2520 峰（胸）

2555 高脊（脐）

玉柱峰（腹）
2662.3

小玉柱峰
2560

悬雪崖（腿）

西城口
2462.6

天豁峰（位于长白山天池对面）

白石砬子（位于长白山天池对面）

梯云峰
2543

观冠峰（位于长白山天池对面）

紫霞峰（位于长白山天池对面）

卧虎峰
2610

孤隼峰（位于长白山天池对面）

三奇峰（位于长白山天池对面）

冠冕峰
2566

北锦江源

老虎背

三岔口

三岔口：小梯子河源头的西北岔、中岔、东南岔汇合口。

③

照片8-19　长白卧佛变形照之二

## 8.4 锦江大峡谷火山灰林地貌

### 8.4.1 被流水豁开的大地——空中俯瞰锦江大峡谷

锦江有广义和狭义之分，广义的锦江，包括锦江流域的所有河流：秃尾巴河（兔尾河）、桦皮河、梯子河、蚂蚁河（马尾河）、北锦江、干河、南锦江、熊虎沟等（图11-27）。狭义的锦江由北锦江和南锦江构成，锦江大峡谷是指北锦江和南锦江交汇处的一段峡谷（图8-18）。

锦江大峡谷在卫星照片上隐约可见（照片1-1）。在平面图上，锦江大峡谷呈现一个卧着的"丫"形，北为北锦江峡谷，南为南锦江峡谷，两条峡谷交汇后成为一条主干峡谷。北锦江峡谷长3500米，南锦江峡谷长5000米，主干峡谷长3000米。峡谷宽度在200米左右，深百米左右。

锦江大峡谷为流水侵蚀谷。锦江流经火山灰分布区，这里有很厚的火山灰层，由于火山灰的特殊性质，在锦江流水的精雕细刻下，形成奇特的流水侵蚀火山灰林地貌，使锦江大峡谷秀美而壮丽。这种火山灰林，在我国是独一无二的，在长白山火山区仅有黄松浦火山灰林和虎牙峰火山灰林可与之相比。这是大自然赐给人类的美景，它使长白山的景观更为丰富多彩。

锦江是"能工巧匠"，是"雕塑家"。锦江的画面无论是"写意"还是"工笔"都非常出色。锦江给我们造就了一座火山灰林博物馆。

远处隐约可见的是长白山火山锥：距锦江大峡谷约15千米，火山锥隐没在云雾中，仅略显外形，但磅礴的气势依然令人震撼。地质研究认为：锦江大峡谷一带一二百米厚的火山灰层就是来自长白山火山锥的猛烈爆发，由高空的火山灰云和低空的火山灰流把大量的火山碎屑带到这里堆积形成的。

火山灰层之上生长了茂密的大森林

照片8-20（拍位见图8-18）：这是张福有在直升机上俯拍的锦江大峡谷。在平坦而广阔的熔岩台地上，是一望无际的浩瀚林海，自然之手以它不可抗拒的外营力，深深地豁出两条巨大的沟壑。走在峡谷中，会看到许多美丽的景致，会领略到长白山的神奇魅力。

横贯照片的是北锦江，照片下部是南锦江，两江交汇处在画面之外。远景隐约可见的是长白山主峰，即长白山火山锥，它显得那么缥缈而遥远。须知，形成锦江大峡谷的"原材料"正是从那里"空运"过来的。当年，长白山天池火山的猛烈爆发，把大量的火山灰喷射到高空中，散落到这里，层层堆积，才有了现在所见到的奇观。

① 照片8-20 厚厚的火山灰层被流水"犁开"——锦江大峡谷的形成（张福有 摄）

照片 8-21（拍位见图 8-18）：这是张福有在飞机上拍摄的北锦江火山灰林大走廊。这是直升机从照片 8-20 拍位向东南飞了约 400 米，对着北锦江峡谷走廊拍摄的。

自然营力犹如一具大铁犁，在长白山火山喷发形成的厚厚的火山灰层上犁出一条大沟。这"犁"就是锦江的流水，它以永不停息的韧劲，以精巧的"技法"，在平淡无奇的火山灰中雕刻出无与伦比的形体，令人间的雕塑大师惊叹不已。

锦江大峡谷像博物馆的大走廊，走廊两侧展示着无数的天成之作。走进这条大走廊，人们会有许多新奇的感受。

照片把南、北锦江交汇处摄入镜头，自然之手在那里创造了更多的杰作。

流水侵蚀是改造地球大陆表面最大的外营力，无以计数的河谷地貌是大陆表面最主要的地貌形态。流水侵蚀在锦江一带的厚层火山灰堆积层上豁开了一条大沟，并在沟里雕刻形成了美丽而奇特的火山灰林地貌，使原本平凡无奇的锦江成为著名的火山风景区。

照片8-21　北锦江火山灰林大走廊（张福有　摄）

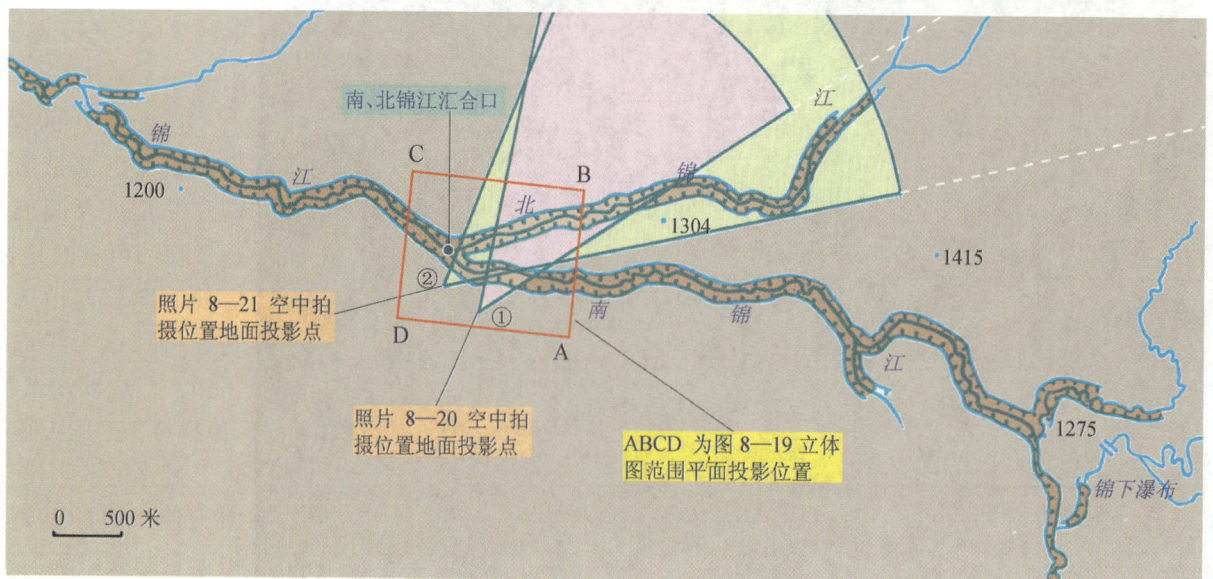

图8-18　锦江大峡谷航空拍摄位置地面投影图

照片 8-20 和 8-21 是低空俯拍的照片，拍摄扇面的地面投影范围仅画至照片中较为清晰的近景，远景隐约可见的长白山火山锥的平面位置在本图之外，离拍摄地点的平面距离约 15 千米。

图中的数字为地面海拔高程，高程表明锦江大峡谷坡降很大，故锦江流水的侵蚀能力很强。

454

## 8.4.2 锦江大峡谷火山灰林地貌形成示意图及说明

1

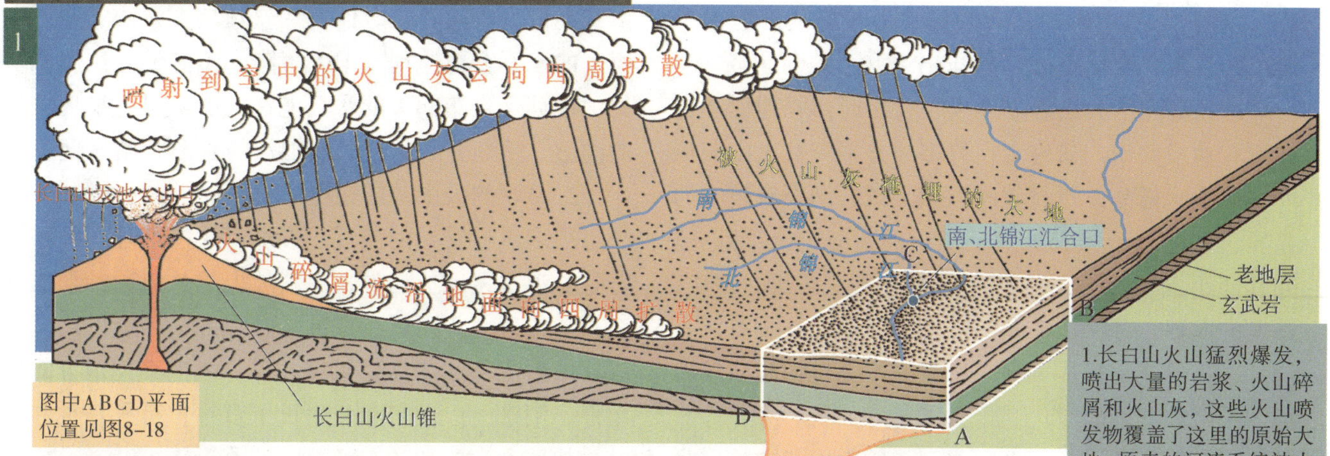
喷射到空中的火山灰云向四周扩散
火山碎屑流沿地面向四周扩散
南、北锦江汇合口
C
B
A
D
老地层
玄武岩
长白山火山锥
图中ABCD平面
位置见图8-18

1.长白山火山猛烈爆发，喷出大量的岩浆、火山碎屑和火山灰，这些火山喷发物覆盖了这里的原始大地，原来的河流系统被火山灰掩埋了，地面上的森林和森林中的飞禽走兽都被炽热的火山灰烧死掩埋了，数百平方千米之内死气沉沉，天空长期灰暗，大地一片荒凉。

2

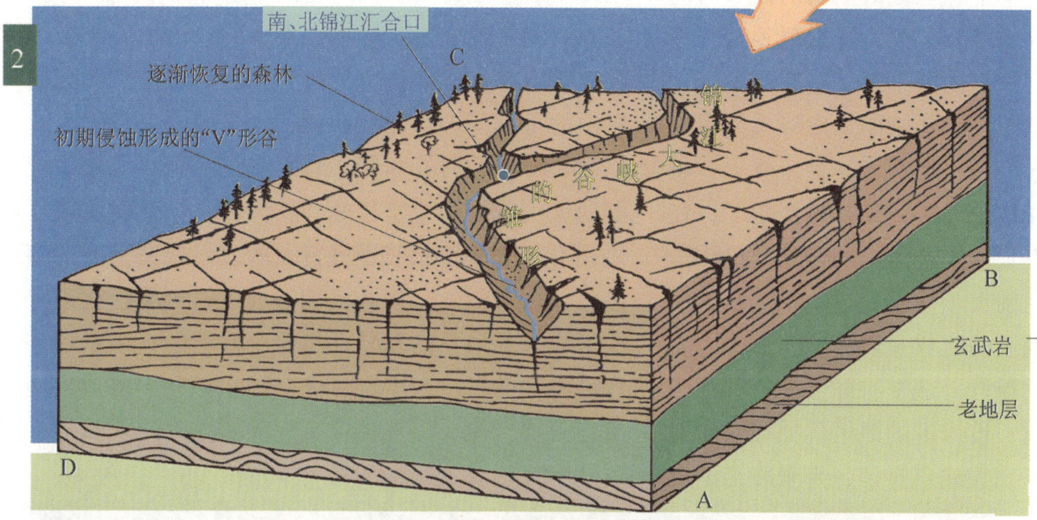
南、北锦江汇合口
C
逐渐恢复的森林
初期侵蚀形成的“V”形谷
B
玄武岩
老地层
D
A

2.在毫无生机的荒凉的火山灰层之上，大气降水无处可流，从火山锥上冲下来的雨水开始侵蚀火山灰层，昼夜不息地开掘着新的河道。若干年后，冲沟形成了，锦江大峡谷的雏形出现在火山灰层之上。与此同时，从远方被风吹过来的植物种子散落在火山灰上，荒凉的大地开始复苏，绿色渐渐扩大面积，在稀疏的森林和草丛中，逃亡的飞禽走兽又慢慢回到了这里。

3

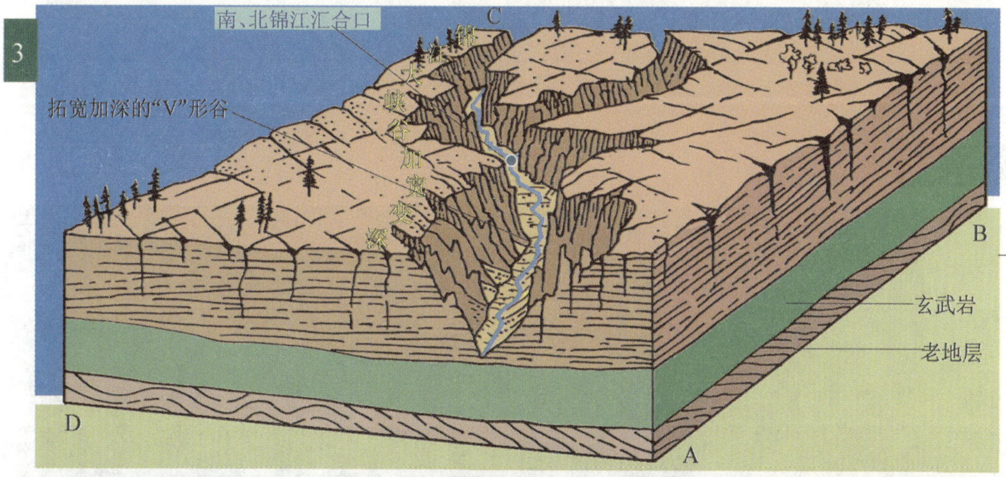
南、北锦江汇合口
C
拓宽加深的“V”形谷
B
玄武岩
老地层
D
A

3. 随着岁月的流逝，在火山灰层之上，流水侵蚀作用使锦江大峡谷日益拓宽、加深，峡谷两壁的侧向侵蚀作用得到加强，被侵蚀出许多侧向沟槽。这些侧向沟槽正在“孕育”着未来的火山灰林。

4

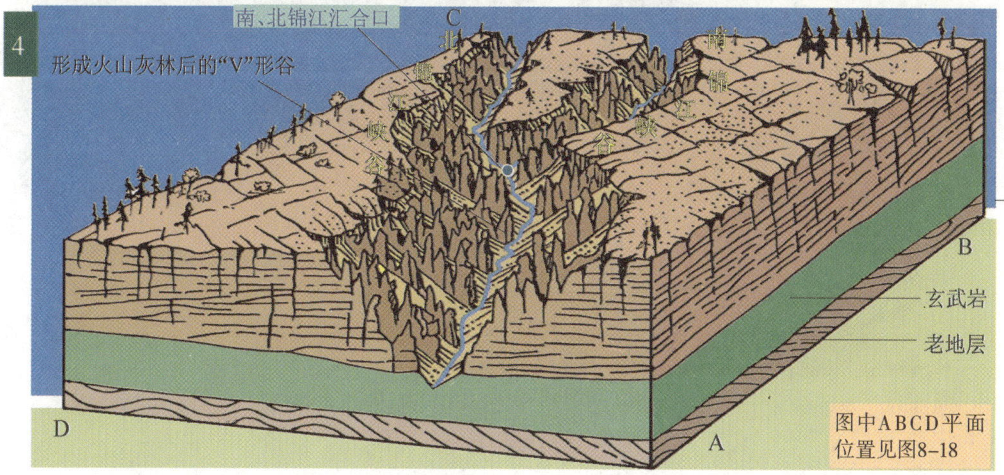
南、北锦江汇合口
C
形成火山灰林后的“V”形谷
B
玄武岩
老地层
D
A
图中ABCD平面
位置见图8-18

4.流水侵蚀作用永远不会停息，峡谷继续拓宽加深，峡谷两壁的沟槽逐渐被风化侵蚀出许多火山灰柱，这些火山灰柱有的崩塌了，残留下来的屹立如林，再经风化，形成许多形状怪异的峰脊。火山灰中含有丰富的营养元素，茂密的大森林又恢复到原始状态。长白山火山喷发完成了一个轮回，大自然用数千年的岁月终于造就成锦江大峡谷的美丽景色。

图8–19 锦江大峡谷火山灰林地貌形成示意图

在图 8-19 中对锦江大峡谷火山灰林的形成做了简单的解说，这里再做一些补充：

这场猛烈的火山爆发发生在什么时候？地质学界并没有达成共识。研究者在许多地方采集被火山灰掩埋的炭化木样品，进行碳同位素测试，结果有较大的差异，从七八千年到五六千年，再到两三千年都有。究其原因，实际上，关于这场火山爆发划归的期次、爆发的次数，各次所波及的范围等问题，并没有调查清楚，当然无法达成共识。所以，本书也无法向读者提供一个较准确的年代。

1. 在猛烈的火山爆发中，大量的火山灰被喷向高空，形成遮天蔽日的火山灰云，火山灰云飘到这一带的上空，从空中如下雨一样散落下来，一层层地堆积着。同时，还有沿着地面滚滚而来的火山碎屑流也掩杀过来，二者互相配合，在原始锦江一带造成了一场火山劫难：原先的河流被填埋了，森林被烧毁了，在河边草丛中和森林中生活的各种动物也都被烧死了。很快就在广阔的大地上铺上了一层超过一百米厚的火山灰。这层火山灰刚铺上的时候是炽热的，那些由岩浆膨化而变成蜂巢状的浮岩，还带有黏性，使得火山灰被压实并胶结在一起，被掩埋的地区犹如被一床突如其来的大热毯捂上了，大地窒息了，尚未冷却的火山灰在散发着热量，时而有一丝丝烟雾飘向天空……原来的河系全被掩埋，但大气降水不能没有出路，从火山锥坡上聚集起来的水只能在火山灰层上挖掘着新的沟壑，重新开辟河道，新锦江的雏形开始显现了。

2. 厚厚的火山灰层在冷却过程中，因为体积收缩，产生很多纵横交错的节理、裂隙，这些节理、裂隙最容易被流水侵蚀成沟谷，由斜坡上的片流冲蚀形成细沟，细沟进一步发展变成冲沟、隘谷……新的水文系统逐渐形成。又是许多年过去了，风把其他地方的植物种子刮来，火山灰上又生长了森林，有了森林和草地，劫后余生的动物们又返回来了。

3. 流水侵蚀是永远不会停止的，河道不断被加深和拓宽，在加深和拓宽的过程中，峡谷两侧的火山灰层中的垂直节理、裂隙加速了侧向侵蚀。

4. 陡峭的河谷两侧，有着密集的垂直节理，把两侧的火山灰层切成密集的柱状体，块体的倒塌或崩落往往沿着这些柱状节理进行。所以，残留下来的多是柱状体，它们耸立在谷底和谷坡上，森林，火山灰林便形成了。风化的差异性使每个残留的火山灰柱都有自己特殊的形状，千奇百怪。雨水把它们淋成尖锥状或刀刃状，使火山灰林看上去犹如立着的矛和匕首。

## 8.4.3  锦江大峡谷火山灰林展览

照片 8-22：北锦江。北锦江发源于冠冕峰西南坡，流向西南，它在火山锥体上有很大的坡降，形成许多激流、跌水和瀑布。在火山锥体上，从源头向下 4000 米距离内就从海拔 2300 米降至 1700 米。流出火山锥体后，进入玄武岩台地，开始下切侵蚀台地之上厚厚的火山灰层，这幅照片是在离源头约 10 千米处拍摄的。在这里，火山灰林地貌开始形成。

照片8-22  离源头10千米处的北锦江

照片8-23：这是北锦江典型的"V"形峡谷，河流以下切侵蚀为主，是河流发育阶段的幼年期。从照片中可以看到：峡谷横断面为"V"形；峡谷纵剖面坡降很大，河水湍急。由于以下切侵蚀作用为主，侧蚀作用较小，峡谷两壁还没有充分退缩，所以火山灰林还不成形。

照片8-23  火山灰林开始出现，但还不成形

照片8-24：这是北锦江"V"形峡谷的转弯处，峡谷底部非常窄，窄到只能容下河床，河流以侵蚀、搬运作用为主，由于河床坡降大，河道狭窄，河水侵蚀、搬运能力强大，在流水强大的冲刷下，河床两岸不能形成河漫滩之类的堆积物。这段峡谷中开始出现火山灰林，但造型还不够完美，有待于自然之手继续加工。

照片8-24  火山灰林逐渐增多

照片 8-25：这是南锦江的照片。南锦江发源于龙岗（老岭段）西，流向西南，源头坡度很大，源头段在火山锥体上，在短短的 3500 米距离内，坡降达 600 米，所以水流湍急，形成许多阶梯状瀑布，著名的锦江瀑布和锦上瀑布都在这个河段上。由于坡降大，河流下切侵蚀能力非常强大，形成许多狭窄而陡峭的谷壁。从火山锥体上流下来后进入较平缓的玄武岩台地上时，河流增强了侧蚀能力，形成了连续的河曲，河水在急速转弯中与岸边的岩石碰撞，发出轰鸣。河流进入火山灰分布区后，因岩性关系，又以下切为主，形成可与北锦江峡谷媲美的火山灰林地貌。

这是南锦江的一段河曲。一侧为垂直陡立的悬崖谷壁，一侧是已被侵蚀成斜坡的谷壁。

照片8-25　南锦江河曲

照片8-26　南锦江的激流

照片 8-26：南锦江的上游峡谷坡降很大，峡谷底布满碎石，有一些河段实际上还没有形成固定的河床，河水就在谷壁下的乱石堆中奔流，横冲直撞，河水变成了白色的泡沫，如一条白龙在森林中奔腾。河床中的这些大石块，在洪水季节可以翻滚下移，情景很是壮观。

照片8-27 尚未成"林"的火山灰层

照片 8-27：在锦江大峡谷中有很多尚未成"林"的火山灰层。这里虽然已经被锦江的流水垂直切开，但并没有出现那些奇特的造像，这是大自然的风化侵蚀还不到位。随着风化侵蚀的继续进行，会在这里出现一批新"林"。注意看垂直的谷壁，似乎正在孕育着火山灰林的胎儿，隐约可见的脊骨已经露出母体。但是话又说回来，这可不是"十月怀胎，一朝分娩"那么容易。这里的火山灰层虽然疏松脆弱，但若想在短时间内就有所成就，雕塑出一批新造像也是不容易的。

风化侵蚀自有它的规律，若想在峡谷两侧再造出新的火山灰林，火山灰悬崖必须再向后退几十米。在后退的过程中，由于火山灰胶结程度的差异、火山灰层中节理、裂隙密度的差异以及侵蚀风化的差异性等，自然之手会依照自然规律形成一批新的形状各异的火山灰林。看似简单的自然现象，其过程是非常复杂的，锦江大峡谷中的每一尊火山灰林造像，都好比雕塑家那样，是将多余的岩石凿去，只剩下残留的部分。自然之手就是这样将多余的火山灰剥蚀掉，其残留部分便是我们所看到的独具特色的火山灰林。一句话：这些美丽造像的形成是许多因素的综合结果，是很不容易发生的自然现象。所以，锦江大峡谷这样的自然景观，在我国少之又少。

我们现在所看到的那些美丽的火山灰林，如果预测它们未来的命运，实在不容乐观：火山灰林造像的材质和所处的地质环境、地质变化过程，决定了它们虽然非常精美，同时也非常脆弱。这些造像将在寒来暑往、风吹雨打、流水洗刷中，不可逆转地逐渐变矮变小，瘦成皮包骨，最后消失，变成一盘散沙。虽然这是不可避免的自然规律，但自然力也许会有保护的办法延缓它们的生命。

照片 8-28：这里的火山灰林已经初具规模，火山灰林已经出现等间距分割，但发育得还不够完全。随着峡谷侧蚀的继续进行，谷壁将继续向后退去，被分割的柱体将独立出来。那时，火山灰林将"脱颖而出"。

在照片中可以看到：从谷壁侧蚀沟中侵蚀下来的沙石形成冲出锥，冲出锥连在一起，变成冲出裙。锦江的弯曲使流水加大了对冲出裙的冲刷，流水携带着泥沙冲向下游。在洪水季节，水量增加几倍，这种侵蚀、搬运能力是非常强大的，有时几天工夫就面目全非；被锦江流水携带的泥沙，搬运到长白山外，多半堆积成河漫滩。沿松花江旅行，在那些富含浮石的河漫滩中，说不定就有从这里携带过去的浮石颗粒。

照片8-28 初具规模的火山灰林

照片8-29　北锦江峡谷中南壁的侧向侵蚀沟

由侵蚀剥蚀下来的碎屑物堆积而成的冲出锥，将北锦江推向对岸，使河道弯曲。

图8-20　据照片8-29绘制的侧向侵蚀沟形成图

　　照片8-29：这幅照片拍摄了峡谷南壁的侧向侵蚀沟，这是一条冲沟的雏形。下雨的时候，从谷壁顶部冲下来的流水，可以逐渐把这里冲开一条沟。被流水冲刷下来的火山灰碎屑在谷底堆积成一个陡立的锥形扇面，扇面底缘直抵锦江边，在地貌学上称为"冲出锥"。侧向冲沟中流水的持续冲刷侵蚀，冲沟势必会逐渐拓宽、加深和后退。若干年后，这里将出现一条横切锦江峡谷壁的侵蚀沟。它未来的模样，很可能与照片8-30所拍摄到的侵蚀沟差不多。

　　在锦江大峡谷两侧的谷壁上，这样的冲沟已经不少，它们日夜不息地刨掘着火山灰层，不断地改变着锦江大峡谷的面貌。侵蚀是把双刃剑：它们是破坏者，破坏着既成的火山灰林；它们又是建造者，制造出新的火山灰林。但须知，这只是一种自然现象，不以人的意志和偏好为转移。自然发展自有它的规律，旅行者也不必为它们的崩毁而惋惜。

　　照片8-30：这是垂直于锦江大峡谷谷壁的侧向侵蚀沟，已经变得很宽，像一条走廊从谷肩一直通向谷底，两侧就是火山灰林。大雨时，阵发性流水携带着泥沙就是从这个通道冲向锦江河床的。

　　从侧向侵蚀沟冲刷下来的碎屑物质直接冲进河床中，形成的冲出锥往往将河流推向对岸（图8-20）。这样的侧向侵蚀沟继续发展，会将谷壁切割开来。

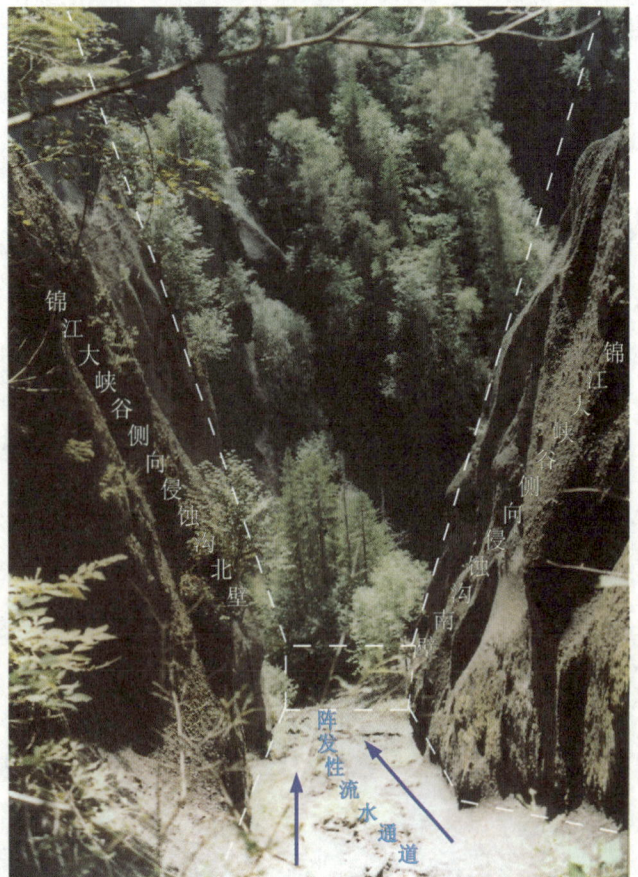

照片8-30　北锦江大峡谷北壁的侧向侵蚀沟

460

照片 8-31：这是北锦江峡谷南壁的火山灰林。一排排的火山灰林像墙一样，以等间距的排列把谷壁分隔成一个个单间。这种等间距排列有它的科学道理：这一带火山灰层的组成和结构较为均匀，厚层火山灰形成之后，是在相同环境中胶结冷却的，因此能在火山灰层中形成有规律的等间距节理、裂隙，从而在风化侵蚀过程中，沿着这些等间距节理、裂隙便有可能形成等间距的火山灰林。

照片8-31　北锦江大峡谷南壁等间距的火山灰林

照片 8-32：在锦江大峡谷的长廊中，有一条美丽的彩带出现在大峡谷的谷壁上。这种橘红色在灰暗和翠绿的背景上格外显眼，透过峡谷中飘忽不定的薄雾看去，那彩带似乎都飘浮起来。好像是锦江大峡谷中优美景色编织的交响乐中忽然加进来的一段高昂而悠扬的旋律，会使面对它的旅行者精神为之一振，发出赞叹。真是令人难以想象，在毁灭性的火山爆发中，在炽热的火山灰掩埋大地的时候，造物主会出人意料地抹上如此浓艳的一笔，造出一条美丽的彩带，使我们在面对自然变化过程中的神奇和大自然的创造能力时不得不肃然起敬。惊叹之后，也许旅行者会问：这美丽的彩带是怎么形成的？地质学家告诉我们：这是火山喷发过程中，含有较多的橘红色浮岩的火山灰降落在这里所致。这种鲜艳的浮岩在天豁峰和虎头砬子上也可以看到。

照片8-32　锦江大峡谷中橘红色火山灰彩带

461

照片8-33：这幅照片是在北锦江峡谷的北谷壁对着南谷壁拍摄的，目的是把两壁的橘红色火山灰对应起来。注意，拍摄地点脚下的橘红色火山灰与对面的橘红色火山灰是处于同一水平面之上的；两壁火山灰的厚度、颜色、岩性以及与下伏火山灰层的接触关系是一样的。因此，就有理由认为它们是同一层火山灰，是同时被天池火山大爆发的气浪冲到空中，又被火山灰云带到这里降落堆积下来的，它们是"一母所生"。大量的火山灰掩埋大地之后，包括这层橘红色火山灰，本是连成一片的。

很多年后，这里被流水侵蚀"犁"出一条沟，即原始锦江，后来，锦江

的流水继续侵蚀，峡谷拓宽加深，就是现在的锦江大峡谷，于是，这层橘红色的彩带便被分隔在峡谷两岸。被侵蚀下来的火山灰已被锦江流水搬运到下游去了。峡谷两壁的橘红色"彩带"，实际上是锦江"手术刀"实施的分离手术造成的。

照片8-33　锦江大峡谷两壁橘红色火山灰带对比照

图8-21：据野外地质调查和照片8-33所摄，绘制的峡谷两壁橘红色火山灰带对比图，对分置两谷壁的彩带做出图解。北锦江呈"V"形谷，如刀将火山灰层豁开，从而破坏了火山灰层的完整性，残留下来的包括那层橘红色火山灰层则分置两岸（图中用品红色线相连表示缺失的部分），像我们现在所看到的那样。侵蚀下来的火山灰以流水为主要外营力搬运到锦江下游和松花江中去了。但我们在松花江两岸只是看见次生的灰色的火山灰层，几乎看不到橘红色火山灰堆积，这是因为这种颜色美丽

的火山灰数量太少了，它们在搬运过程中被高度分散。但有时可以找到颜色较为鲜艳的浮岩碎块，那可能就是从这层橘红色火山灰层剥离下来流落过去的。

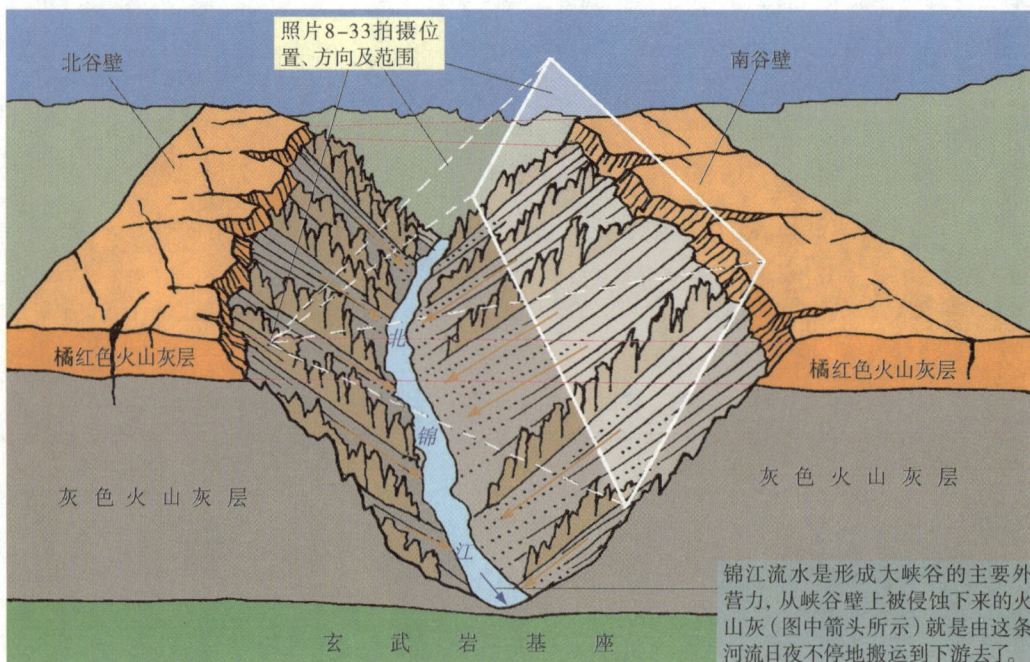

图8-21　锦江大峡谷两壁"彩带"构造图

462

照片8-34：这是在锦江大峡谷火山灰林上游拍摄的。这里还未形成火山灰林，但流水侵蚀已经把火山灰堆积层切成深深的峡谷了。照片中显示的悬崖便是峡谷的一壁，悬崖之下是北锦江。这面悬崖为我们提供了一处地质剖面，得以分析堆积层的组成及构造，从而推测火山灰层的形成过程。虽然没有文字记载火山爆发时的情景，分析这些火山灰堆积层，它会告诉我们当年这里曾发生过什么。图8-22即是根据此幅照片的地质情况编绘的示意图。

火山灰和火山碎屑流混杂堆积体

照片8-34　锦江大峡谷空降火山灰和火山碎屑流堆积体

锦江地区大面积分布的火山灰，形成于什么年代？是一次火山爆发形成的还是几次火山爆发叠覆形成的？这些地质问题，目前尚没有统一的认识。年龄测试所得到的年代数据也有差异，甚至有较大的差异。尽管如此，共识是这片火山灰形成的年代不会比1万年更久，而这些火山灰林的形成则是更晚的事。

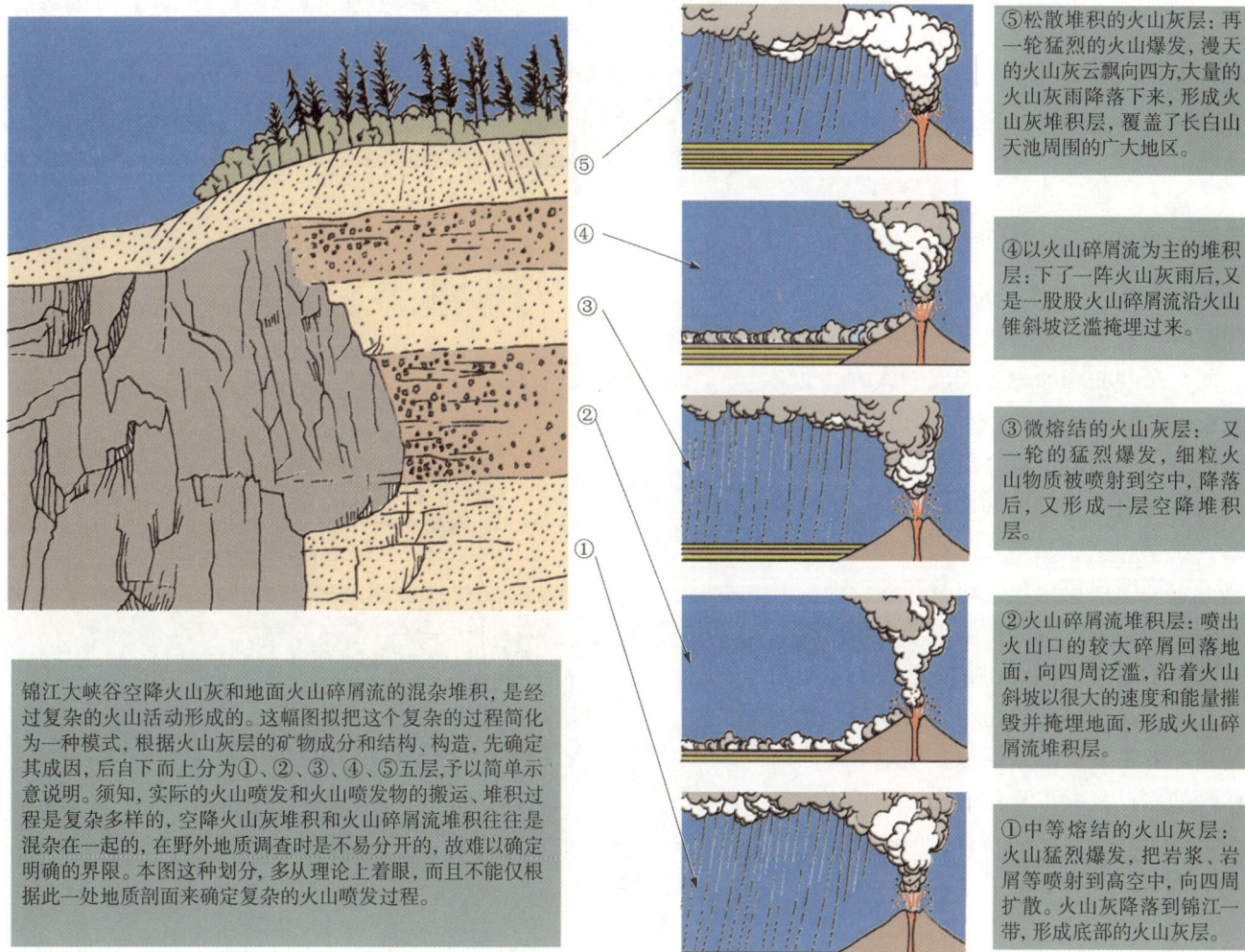

⑤松散堆积的火山灰层：再一轮猛烈的火山爆发，漫天的火山灰云飘向四方，大量的火山灰雨降落下来，形成火山灰堆积层，覆盖了长白山天池周围的广大地区。

④以火山碎屑流为主的堆积层：下了一阵火山雨后，又是一股股火山碎屑流沿火山锥斜坡泛滥掩埋过来。

③微熔结的火山灰层：又一轮的猛烈爆发，细粒火山物质被喷射到空中，降落后，又形成一层空降堆积层。

②火山碎屑流堆积层：喷出火山口的较大碎屑回落地面，向四周泛滥，沿着火山斜坡以很大的速度和能量摧毁并掩埋地面，形成火山碎屑流堆积层。

①中等熔结的火山灰层：火山猛烈爆发，把岩浆、岩屑等喷射到高空中，向四周扩散。火山灰降落到锦江一带，形成底部的火山灰层。

锦江大峡谷空降火山灰和地面火山碎屑流的混杂堆积，是经过复杂的火山活动形成的。这幅图拟把这个复杂的过程简化为一种模式，根据火山灰层的矿物成分和结构、构造，先确定其成因，后由下而上分为①、②、③、④、⑤五层，予以简单示意说明。须知，实际的火山喷发和火山喷发物的搬运、堆积过程是复杂多样的，空降火山灰堆积和火山碎屑流堆积往往是混杂在一起的，在野外地质调查时是不易分开的，故难以确定明确的界限。本图这种划分，多从理论上着眼，而且不能仅根据此一处地质剖面来确定复杂的火山喷发过程。

图8-22　锦江大峡谷火山灰层解析示意图

463

照片 8-35：这是位于北锦江峡谷北壁的奇特地貌。火山灰层因风化侵蚀而形成一处奇特的造型，因形似骆驼，故俗称骆驼峰。调查得知，此"骆驼"已存在许多年。对比不同年代拍摄的照片，骆驼峰还是有一些变化的，根据变化的速率推算，这头骆驼还会生存很多年，尽管它由火山灰组成，耐不住天长日久的风吹雨打，忍受不了寒暑轮番交替的磨难，但肯定会比一头真骆驼的寿命要长。

组成骆驼峰的火山灰中有一半是浮岩颗粒，这些火山灰在堆积过程中略有分选，所以形成水平的粒序层构造层理，骆驼峰浑身的那些隐约可见的横纹即是。骆驼峰火山灰堆积层的颗粒大小较为均匀，没有很大的颗粒，说明火山灰空降堆积是它形成的主要方式。如此看来，它是从天池火山口中喷射到天空中的，在火山灰云中腾云驾雾几十千米后从天而降的骆驼，是一头富有传奇经历的骆驼。每位面对骆驼峰拍照的旅行者不可小觑它，这沉默的骆驼虽然不会发出叫声，但它用"形体语言"告诉了人们它不平凡的身世。相信每个观赏它的旅行者，知道其身世后都会肃然起敬。

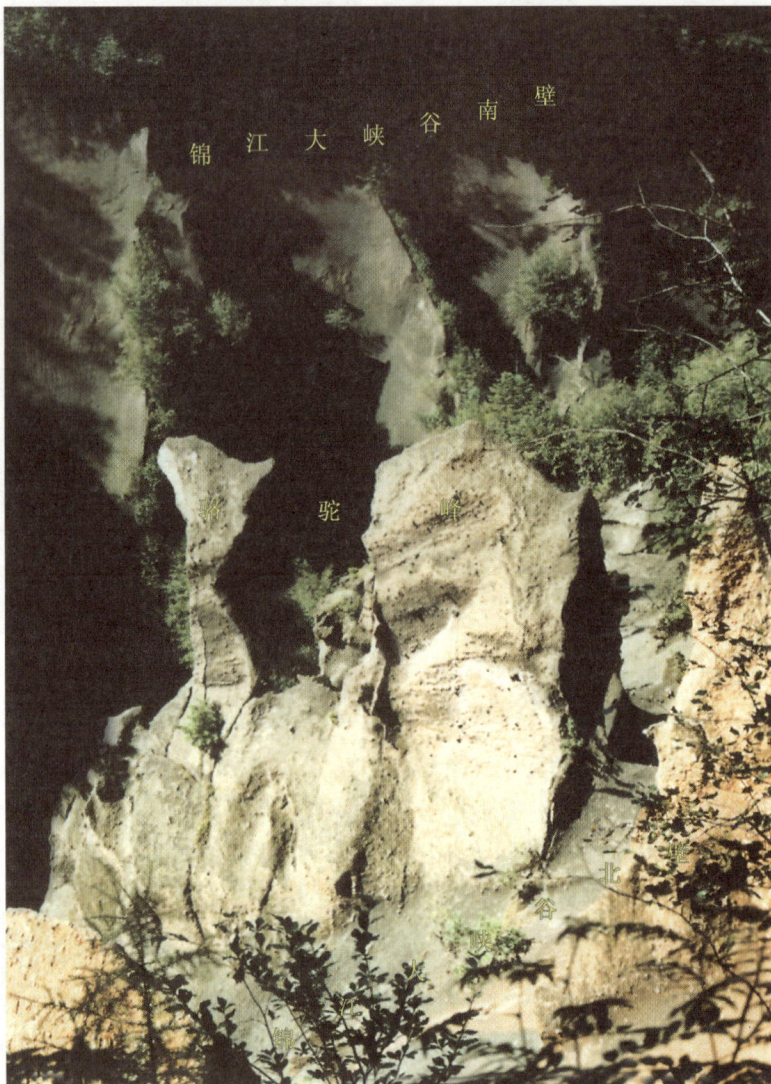

照片8-35　骆驼峰

图 8-23：在照片 8-35 中，骆驼头颈和驼峰上的横纹是可以连起来的，这说明它的头颈和驼峰原先是连成一体的，也就是说，骆驼的毛坯是一整块火山灰堆积体。骆驼身上的垂直节理、裂隙，对后来骆驼的造型起着至关重要的作用，正是这些裂缝，使得头颈和驼峰之间的那块火山灰得以沿着裂隙崩塌，才形成骆驼的造型。但是，节理、裂隙是一把双刃剑，它形成了骆驼峰的造像。同时，它将继续破坏骆驼峰，那些遍布的裂隙是很大的隐患，尤其是骆驼脖子上的那条裂隙，在雨水侵蚀和体内的水反复融冻作用下会逐渐扩大。说不定哪天就会将骆驼斩首，使它成为一头无头骆驼。

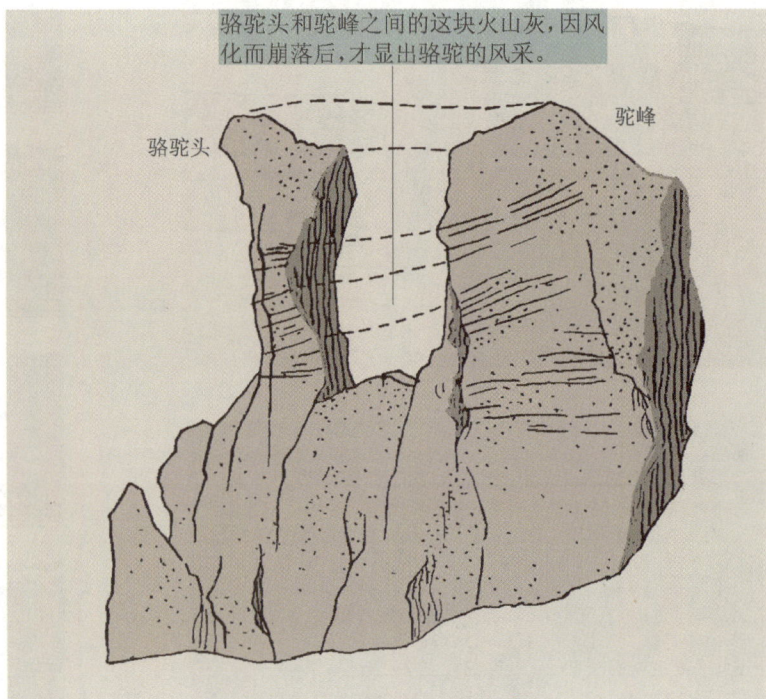

图8-23　骆驼峰造型形成图

照片 8-36：这张照片是换了个角度拍摄的骆驼峰，骆驼的形象已经大打折扣，又扁又瘦，还让它承担骆驼的角色实在有点勉为其难。但是，它仍是出色的，有如鹤立鸡群。围绕着它的小尖峰个头都小，造型平平，没有特色，众星拱月般地仰视着骆驼峰。

请注意，张福有拍摄的下面这张照片左下的橘红色火山灰堆积，是锦江大峡谷最鲜艳的颜色。这些橘红色的火山灰与灰色火山灰，在矿物成分和结构构造上无太大差别。那么为什么这层火山灰是橘红色的？有地质学家认为是火山灰中浮岩形成条件的变化所致，如氧化环境的变化可能引起浮岩火山灰颜色变化，这种颜色鲜艳的火山灰在锦江大峡谷中也不多见。张福有拍摄的这组锦江峡谷的照片（十张），千姿百态，美不胜收。

照片8-36　不同视角下的骆驼峰及其周围群峰

照片8-37 锦江大峡谷风光（之一）

照片8-38 锦江大峡谷风光（之二）

照片8-39 锦江大峡谷风光（之三）

照片8-40 锦江大峡谷风光（之四）

照片8-43 锦江大峡谷风光（之七）

照片8-41 锦江大峡谷风光（之五）

照片8-44 锦江大峡谷风光（之八）

照片8-42 锦江大峡谷风光（之六）

照片8-45　锦江大峡谷风光
（之九）

照片8-46　锦江大峡谷风
光（之十）

## 8.4.4 锦江瀑布

锦江瀑布位于长白山火山锥西南坡。从火山锥上冲下来的流水形成阶梯状瀑布，名为锦江瀑布。锦江瀑布由二级瀑布和其下的跌涛组成（见照片8–47）。第一阶瀑布高约40米，第二阶瀑布高约20米，跌涛高约10米，故此阶梯瀑布总落差约70米。瀑布水量充沛，与裸露的岩石发生猛烈撞击，发出巨大的声响，声闻数里，同时激起阵阵水雾。

除这幅照片所摄的锦江瀑布外，在锦江还有多处瀑布和跌涛，如锦上瀑布，与熊虎沟交汇处的锦下瀑布等，但这些瀑布都不如这个瀑布规模大。

照片8-47　锦江瀑布、跌涛和激流（张福有　摄）

## 8.5 王池和王池小山——长白山西坡又现山水"伉俪"

在长白山火山锥西南麓，梯子河中段的北岸，有一座火口湖和一座寄生火山，火口湖叫王池，寄生火山叫王池小山。这两个地质体离得很近，可以称得上是相依相伴。

王池，《长白山江岗志略》未见记载。《长白山志》136页记载："因传说罕王在此得救而得名。又名岳（檥）桦池，小王池。池不大而秀雅，水不深而清澈。远望宛如一轮皎月，镶嵌在林海之中，素有'王池笑月'之称。"

关于王池的民间传说主要有两种版本，一种说的是古时候有个少年名叫罕子，在山间得了重病，在一水池畔被一条金龙救起；成年后，罕子当上了国王，罕子为纪念救命之地，称此池为王池。另一种传说也是与一位叫罕子的少年有关，情节与前一种传说大同小异，不过，救他性命的是一只老虎。

与王池相伴的小山丘则没有名称，文献不见记载，也没有传说谈及它，后来在出版的一份地图上标注为王池小山，意思是指王池旁边的那座小山，实际上还是没有自己的名称，但就这样叫下来。在长白山火山地质调查中，因该山是一座火山，对这座火山命名时就称为王池小山火山。

照片8-48（拍位见图8-24）：这就是隐藏在长白山林海中的王池，地质学上叫"低平火口"。王池平面上呈一椭圆形，南北径长40米，东西径长30米，算是微型火口湖。池水不深，周围更浅，生长着水草和浮萍，湖深没有资料，也没有探测过，估计也就五六米深。王池虽小而清澈秀美，四周林木丛生，湖中蛙声阵阵，湖上飞鸟啾啾，在玄武岩台地上也是不可多遇的火山口湖。它虽然很小，但代表着火山喷发的一种类型。王池是由地下高压气体爆炸而成的，与圆池气体爆炸不同的是，王池的气体爆炸还带上来一些火山碎屑，这些碎屑就堆积在爆炸坑的周围。我们所看到的王池周围像堤坝一样高出池面的盆沿般的地形，就是火山渣堆积形成的。因为火山渣的数量不足以回落填满炸坑，炸坑保留了下来，它低于这里的潜水面，水渗进来，形成了王池。

王池这座"迷你"火口湖，与雍容华贵的长白山天池火山口湖相比，虽然是个"小家碧玉"，却也自有其独特的秀美之处，深藏闺中并不显山露水，却是长白山火山活动中低平火口的难得之作，因为它是火山活动的特殊类型。研究长白山火山活动的地质学家，不可不到此一游。

环绕王池的火山渣堆积台上长满了树木

王池

照片8-48 王池（张福有 摄）

470

照片8-49（拍位见图8-24）：王池在长白山西坡小有名气，拜访者络绎不绝，但与之相伴的王池小山却被冷落了。笔者深感遗憾，只好请读者在照片上与它见面了。王池小山是小型火山锥，在玄武岩台地上并不显眼，若无人指点，旅行者可能从它身边走过也不会注意到它的存在。也难怪旅行者没有眼力，这座小型火山自己不争气，实在没有值得炫耀之处。

由玄武质火山渣堆积形成的王池小山火山锥
1485
②

照片8-49　王池小山

我们看完了王池和王池小山，现在就该说说它们的"山水伉俪"关系了：

王池小山和王池相距约400米，两者的外形虽然完全不同，但成因相同，都是由火山喷发而形成，形成的年代也相差不太多。但这与伉俪有何关系？我们须得把这两处火山地质体拟人化，看看像不像一对夫妻。

王池和王池小山同在一个"部落"生活，青梅竹马，年龄相仿，一个是山，一个是水；一个敦厚，一个秀美，千百年来相望厮守，在王池抬头就能看见王池小山；在王池小山低头就能看见王池，在"大荒之中"几近耳鬓厮磨，王池小山整日守护着爱妻；王池整日偎依着夫君，它们不可能分道扬镳，注定白头偕老。难道这还不是一家"人"吗？还不够伉俪资格吗？

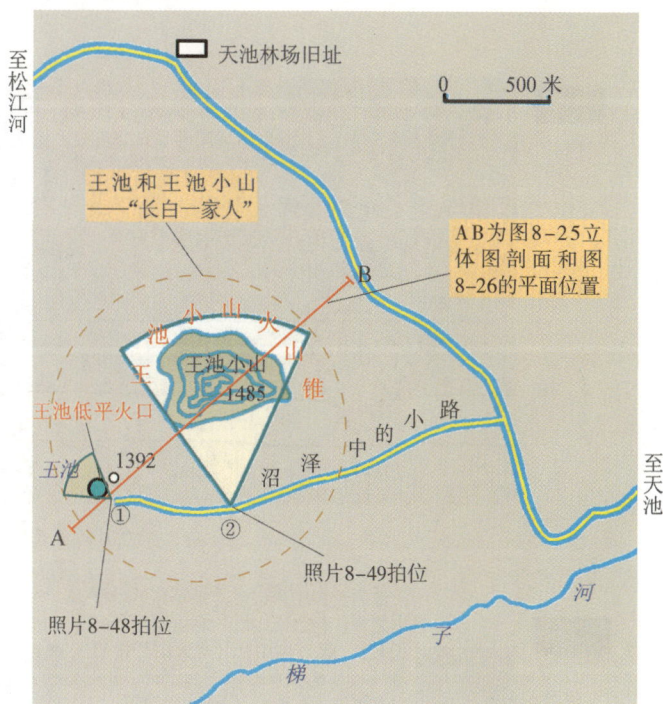

图8-24　王池和王池小山相伴位置图

图8-25、图8-26：王池小山平面上呈椭圆形，底径600—800米，锥顶海拔1485米，因它坐落在海拔1400米的玄武岩台地上，相对高度只有85米。王池小山是长白山玄武岩台地上数以百计的小火山锥之一，是玄武岩台地形成之后形成的，地质学界称为寄生火山（注），属长白山火山活动后期的产物，主要由玄武质火山渣堆积而成。火山锥形成后，因地下岩浆压力大为减小，尚未喷发完的岩浆溢出火山口，沿着已经形成的火山锥的东北坡流下去，盖住了一部分锥体，形成含有火山角砾的玄武质熔岩流，这就是王池小山的形成过程。

注：王池小山属于长白山火山的寄生火山，《长白山火山地质研究》58页："长白山区已知有250余个火山山，（包括朝鲜境内将超过300个）其中大部分为单式火山口或寄生火山口"；《长白山火山地质考察综合研究报告》，1991年，油印本，16页："环绕长白山近百里的方圆内分布着数以百计的寄生火山群体。"

AB 剖面线位置和走向

王池小山火山渣锥
1485

后喷溢的玄武岩流覆盖在锥体的东北坡

B（东北）

王池低平火口

公路

小路

可行车的

沼泽

梯子

河

北

西

东

西

南

（西南）A

1392

①

②

AB 剖面的平面位置见图8-24

照片8-48的拍位

照片8-49的拍位

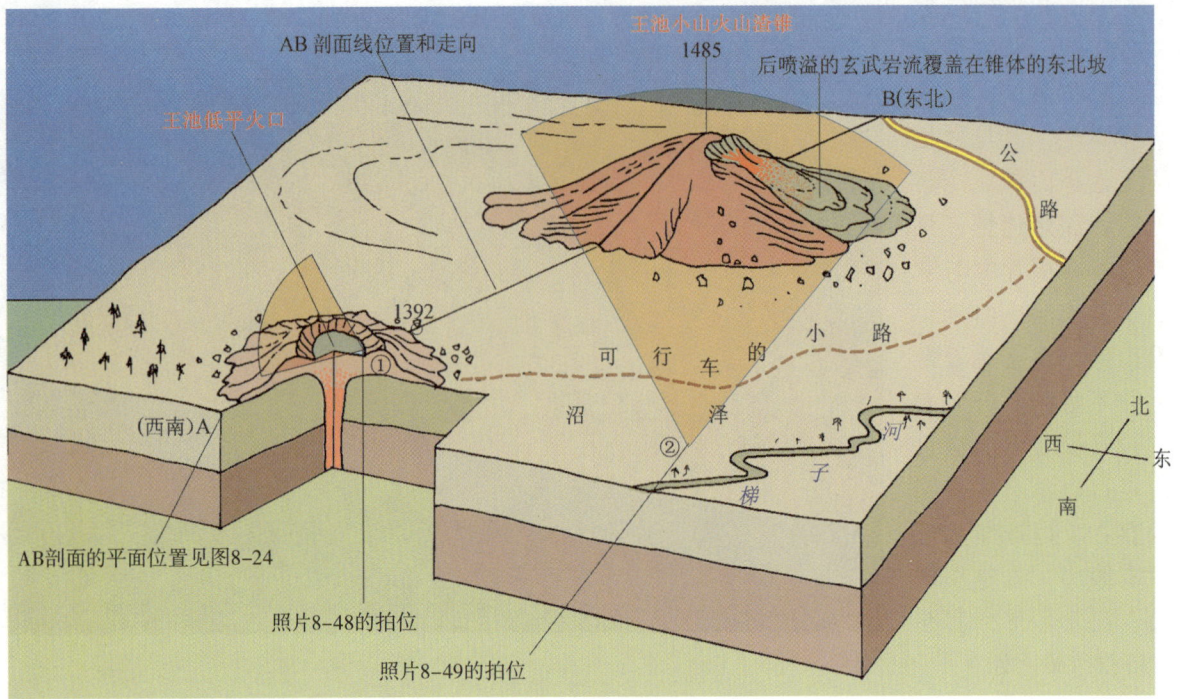

图8-25　王池和王池小山构造示意图

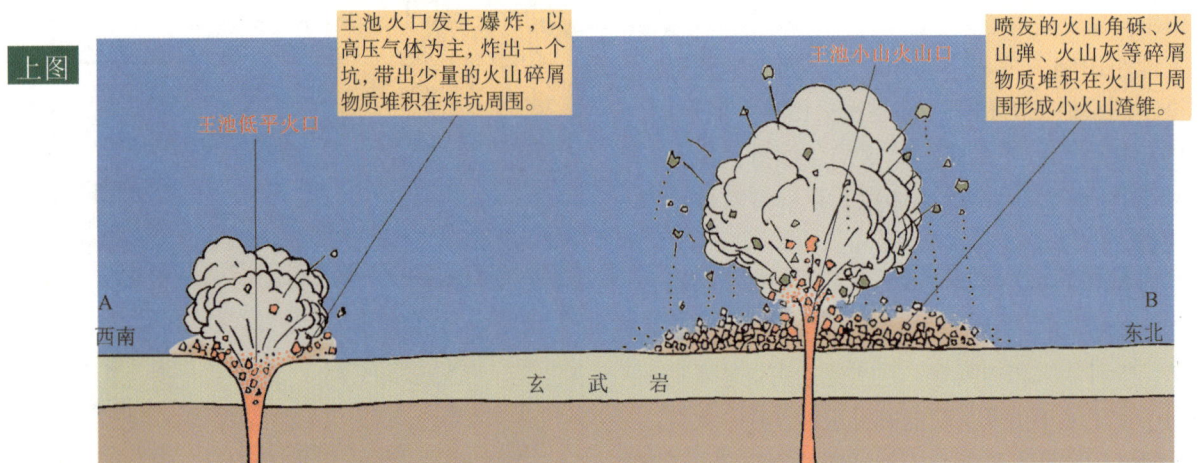

上图

王池火口发生爆炸，以高压气体为主，炸出一个坑，带出少量的火山碎屑物质堆积在炸坑周围。

王池小山火山口

喷发的火山角砾、火山弹、火山灰等碎屑物质堆积在火山口周围形成小火山渣锥。

王池低平火口

A
西南

玄武岩

B
东北

A—B剖面（西南—东北方向）

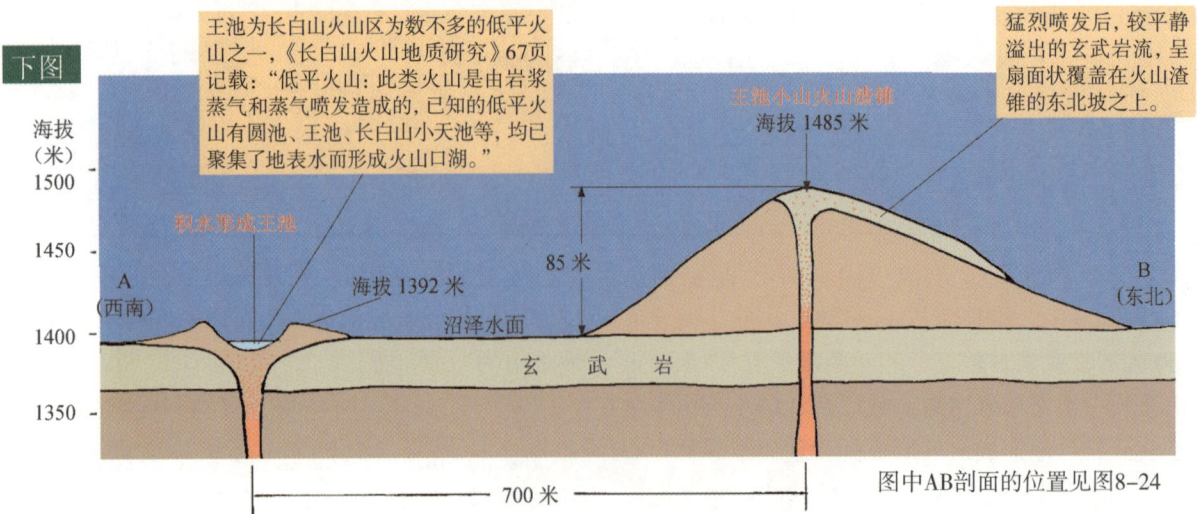

下图

王池为长白山火山区为数不多的低平火山之一，《长白山火山地质研究》67页记载："低平火山：此类火山是由岩浆蒸气和蒸气喷发造成的，已知的低平火山有圆池、王池、长白山小天池等，均已聚集了地表水而形成火山口湖。"

王池小山火山渣锥
海拔 1485 米

猛烈喷发后，较平静溢出的玄武岩流，呈扇面状覆盖在火山渣锥的东北坡之上。

海拔
（米）

1500

到水形成王池

1450

85 米

1400

海拔 1392 米

沼泽水面

A
（西南）

玄武岩

B
（东北）

1350

700 米

图中AB剖面的位置见图8-24

图8-26　王池和王池小山形成示意剖面图

AB 剖面图的垂直比例尺放大一倍。

472

## 8.6 梯河温泉（锦江温泉）

梯河温泉位于天池西，梯子河上游。《长白山江岗志略》350页记载："余偕许、刘诸君（注：文中'余'是刘建封自称；'许'指许中书，抚松调查员；'刘'指刘寿彭，吉林勘界委员）浴乎泉者两次。深山大泽之中，幸得暖泉可资沐浴，而神清气爽，为之一快。"

一百多年前，刘建封等野外踏查官员在温泉附近的森林中搭起了松棚，休息三天。夜晚，在松棚中挑灯布棋，饮酒赋诗，深夜不眠，此情此景，刘吟诗云："汤泉浴罢无多事，检点行装好入山。"又云："底是深山多胜迹，暖泉波起似珠圆。"又云："松棚灯下酒，布帐夜深棋。"当年，这些爱国官员不畏艰险，置生死于度外，踏查"龙兴之地"的山山水水，为捍卫国家主权做出了很大的努力，功不可没。这些野外生活情景跃然纸上，历历在目。

光绪十七年（1891年）为修《吉林通志》，测制《吉林全省舆图》，绘图官五品顶戴前锋校荣和（子清）带领测绘队赴长白山时，也曾在此温泉沐浴。他认为这温泉是仙泉，并命名为"雪窝温泉"。他在《长白山阆门泡记》中说："予抵长白山下时，五月中旬，冰雪未融，而水泽腹坚，其地之寒冷可知。忽山半麓

图8-27　梯河温泉位置图

冰雪窝中，有一温泉，大气上升如笼蒸，此天然浴泉也。深二尺许，长三尺有余，宽三尺，水温和干净。是日，浴于泉，次日登山，想此仙泉何来设此？以浴登山人之不洁，并易尘俗耳。"（引自《长白山志》430页）

1930年，抚松县县长张元俊带38人巡视长白山时，也曾在此沐浴。一行人当天就在温泉附近的森林中野营。张元俊在《白山天池记》中记载："至锦松（江）上源，江中有巨石特起，石上有双孔喷水如线，热达沸点，名洗眼汤。循江上行二里许，江岸有汤池，曰汤上。以名胜所在不可失之交臂，乃浴于汤池，顷刻之间汗出如浆。时已黄昏，傍汤池锦江东岸林中宿焉。"（引自《长白山志》413页）

经调查，此温泉至少有7个泉口，终年都有热水和热气喷溢。这幅照片是其中的一处。热水从河边一个洞穴中向外流淌，常见误入温泉的青蛙被烫死，漂浮在水面上。各泉口水温不一，一般为60度左右，总流量为578.8立方米/日。

梯河温泉，亦称锦江（紧江）温泉，盖因为梯子河是锦江支流，以主流称此温泉之故。

照片8-50　梯河温泉溢出口之一

473

## 8.7　龙头山地热点

龙头山火山锥位于天池西，距玉柱峰约 16 千米。在长白山火山锥西坡外侧的玄武岩台地上，突显一个小型火山锥，与相距不太远的松江河小山、王池小山、椅子山等同类型的小火山锥相望。

龙头山火山锥平面上呈现不规则的椭圆形，长轴近东西方向，长约 500 米，短轴长约 250 米。有 3 个相邻的小山丘沿长轴方向排列，东侧的最高，海拔 1197.1 米，但因为这里的玄武岩台地海拔 1150 米，所以龙头山火山锥看起来并不高，高度仅为 40 米左右。但在平坦的玄武岩台地上，在这一带算是最高点了，所以在龙头山上建有一座望火楼，以监视森林火情。登上楼顶，东望长白山真切而清晰，蓝天之下，白雪皑皑的山峰历历在目，这里是摄影师拍摄长白山全景的好地方。

在这个小型火山锥的顶部，地面热流值高于周围地方。在夏季，林木茂盛，芳草萋萋，感觉不到此地与别处有什么不同；但在冬季，这个山头总是积不住雪，成为林海雪原上的"不冻港"。据当地山民讲，近些年融雪范围有逐渐扩大的趋势，30 年前调查时，老乡们问，这是不是火山爆发的前兆？

在长白山火山区内，像这样的地热点还有不少。地面热流值的变化并不奇怪，地热活动的加强或减弱，由许多因素控制，并不意味着长白山火山近期会爆发。这座火山锥由火山角砾、火山弹和火山灰堆积而成，地面热流值升高应该是火山活动的余热，沿火山喷发通道传导至地面所致。从周围地质情况分析，传导热量的介质应该是气体，之所以没有发现热

照片8-51　建在龙头山顶的望火楼

气口，可能是因为气体数量较少或气体在传输过程中，分散到疏松的火山渣锥中，仅呈面状散发，没有形成热气口，只是引起较大面积地面的热流值升高。

到龙头山地热点有公路相通，在松江河到天池的公路上，有一条支路可以将汽车直接开到山前。

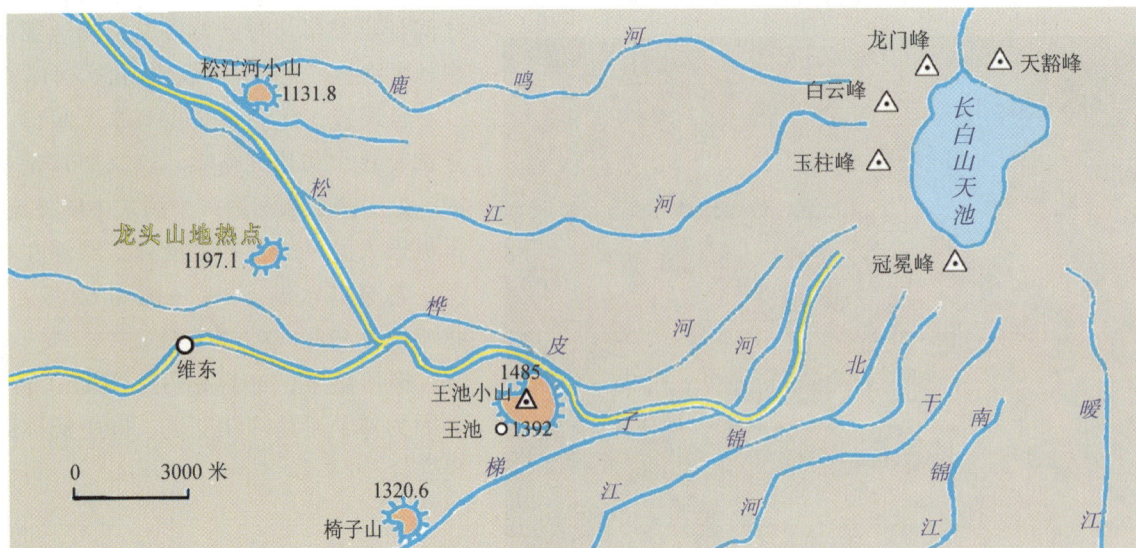

图8-28　龙头山地热点位置图

# 第九章　望天鹅火山群

望天鹅火山群

望天鹅火山——一座巨大的死火山

十五道沟——长白府之险要

### 9.1.1 望天鹅火山

　　站在长白山火山锥西坡口外坡（悬雪崖外坡）向西南方向望去，便能看见在苍茫的天底下有一片连绵的群山，因云雾迷漫使它变得模糊不清，但隐隐约约中还是能显出它那横卧在大地上的巨大身躯，那就是望天鹅火山（照片9-1）。

　　望天鹅火山是长白山火山群的重要组成部分，在东北亚大地上，它与天池火山并肩而立。在航空照片上，它以特殊的纹理与天池火山同样引人注目；在错综复杂而绚丽如画的长白山卫星照片上（见照片1-1），它与天池火山平分秋色。有人将这两座火山称为姊妹山，这当然是不错的比喻，但地质学家经过地质调查和岩石年龄测试告诉我们：望天鹅火山锥的年龄为数百万年，而天池火山锥的年龄是一百多万年，两者相差几倍，所以望天鹅火山可以说是一位祖母级的火山了。不过，如果从全球地质发展史动辄以亿年为时间单位来看，相比之下，这两座火山还都是地球母亲的"小女孩儿"，其差别不过是刚满月的婴儿和半周岁的婴儿之间的差别。这样看来，望天鹅火山和天池火山的确是一对姊妹火山。

这幅照片拍摄地点距离望天鹅火山约32千米，山体横贯照片中部，因距离太远，在云雾中只隐约可见。望天鹅火山规模巨大，连绵30千米。

照片9-1　在西坡口上远眺，隐约可见望天鹅火山

　　在照片9-1中，除了远处隐约可见的望天鹅火山外，中景浅黄色的平坦地形是松花江流域的锦江上游和碱场河上游一带的林海和高草地，其间隐藏着锦江大峡谷、梯子河隘谷和碱场河峡谷。注意照片左面的十五道沟，它发源于望天鹅火山南坡，那里已经是鸭绿江流域了，可见望天鹅火山是松花江流域和鸭绿江流域的分水岭。

　　照片的近景是长白山火山锥西坡，摄影者脚下是西坡口外坡，左面是梯云峰外坡，右面是老虎背。

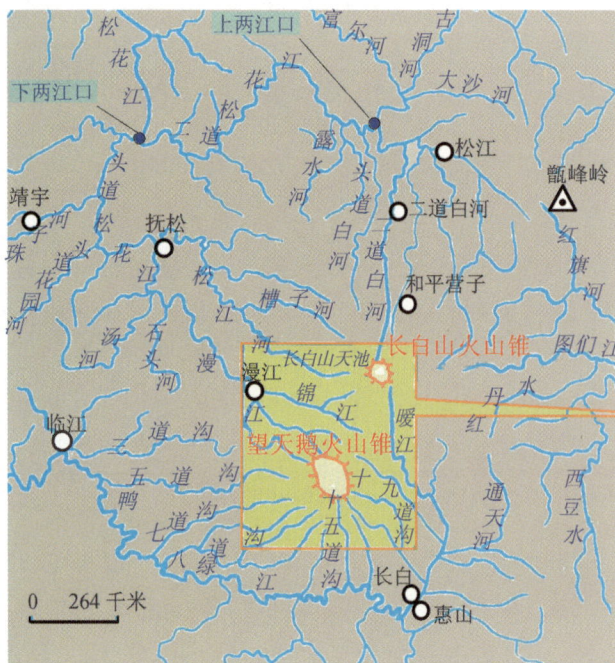

图9-1　望天鹅火山地理位置图

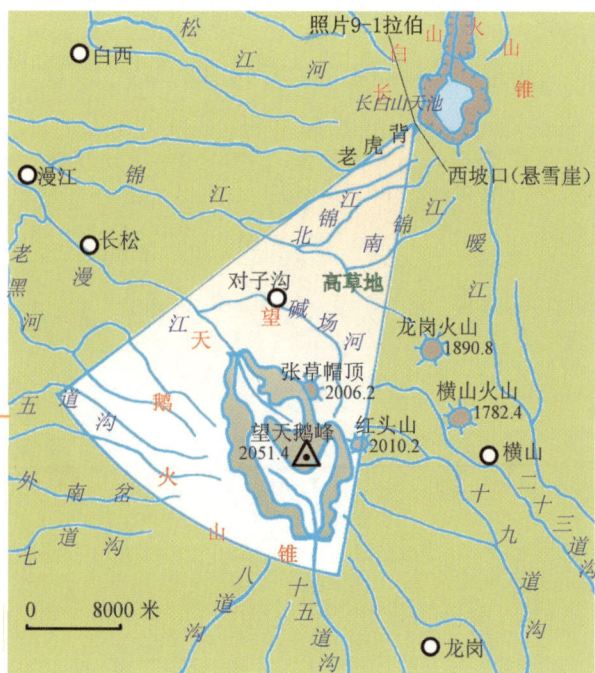

图9-2　在西坡口拍摄望天鹅火山位置图

长白先民认为松花江和鸭绿江之间横卧着一条巨龙，巨龙以绵延千里之势游走于两大"巨浸"（松花江和鸭绿江）之间。巨龙呼风唤雨，润泽大地，向南所吐之水都流入鸭绿江，向北所吐之水都流入松花江（图9-3）。巨龙之首就是长茂草顶（望天鹅火山）。以现代地理论，龙岗是松花江和鸭绿江两大流域的分水岭，望天鹅火山是起始端。

刘建封：《长白山江岗志略》386页记载："长茂草顶，为龙岗之首，东北距长白山百里，漫江发源于西北麓。"

《长白山江岗志略》只有长茂草顶（张草帽顶）这个名称，并无望天鹅之名。望天鹅这个名称系当地居民对长茂草顶之南的一座山峰的称谓。此峰海拔2051.4米，比长茂草顶（海拔2006.2米）高出45.2米，但长茂草顶的名气远比望天鹅峰大，它虽然稍微矮了一点，但它那生长着茂草的山顶所呈现的大片的浅绿色在深绿色的林海中特别显眼，一望便知。实际上，在野外实地观察，似乎感觉不到望天鹅峰比长茂草顶高，这可能就是刘建封把长茂草顶看作是这一带的最高峰的原因。他在该书385页写道："龙岗，干脉起自长白山之伏龙岗。南行三起三伏，为章斐岭。折而西南，为长茂草顶，漫江发源于西北，廿四至廿沟发源于东南。又西为团头山……"刘建封在这里把长茂草顶视为不同流域河流的发源地。从刘建封的叙述中

可知，这里所说的长茂草顶，不单是专指那个光秃秃有草无树的山头，其范围还包括这一带与之相连或立的山峰，长茂草顶不过是它们的总名称。所以他才说长茂草顶是龙岗之首，是两大水系的分水岭。

张凤台：《长白汇征录》71页记载："章茂草顶山：山在长白山之西南，漫江发源于山北，十五道沟水发源于山南，东接长白山，西连团秀山，山峰奇峻，亦长白之支裔也。"这里又出现一个"章茂草顶"，其实就是长茂草顶。

在1909年绘制的"长白府区域详图"中，十五道沟的源头分两岔，两岔之间标注的就是"章茂草顶"，而这个位置就是现代地图上所标注的以望天鹅山为代表的山峰（其中含望天鹅峰、天目山、草平山、四等房、二道岗北山、红头山、张草帽顶）。刘建封则以"长茂草顶"之名代表这些连绵群山。这样看，刘建封以长茂草顶为松花江与鸭绿江的分水岭是符合实际的，与我们现在对这片群山和河流的地理位置的认识没有太大的差别。所不同的是现代地质是以"望天鹅火山"之名代表这片连绵群山的。

如以现代地理描述则是：望天鹅火山位于吉林省南部临江市、抚松县和长白县交界处。最高峰是望天鹅峰，海拔2051.4米。西距临江市84千米，西北距抚松县84千米，东南距长白县42.5千米，东北距天池中心33.8千米。望天鹅火山是松花江上游和鸭绿

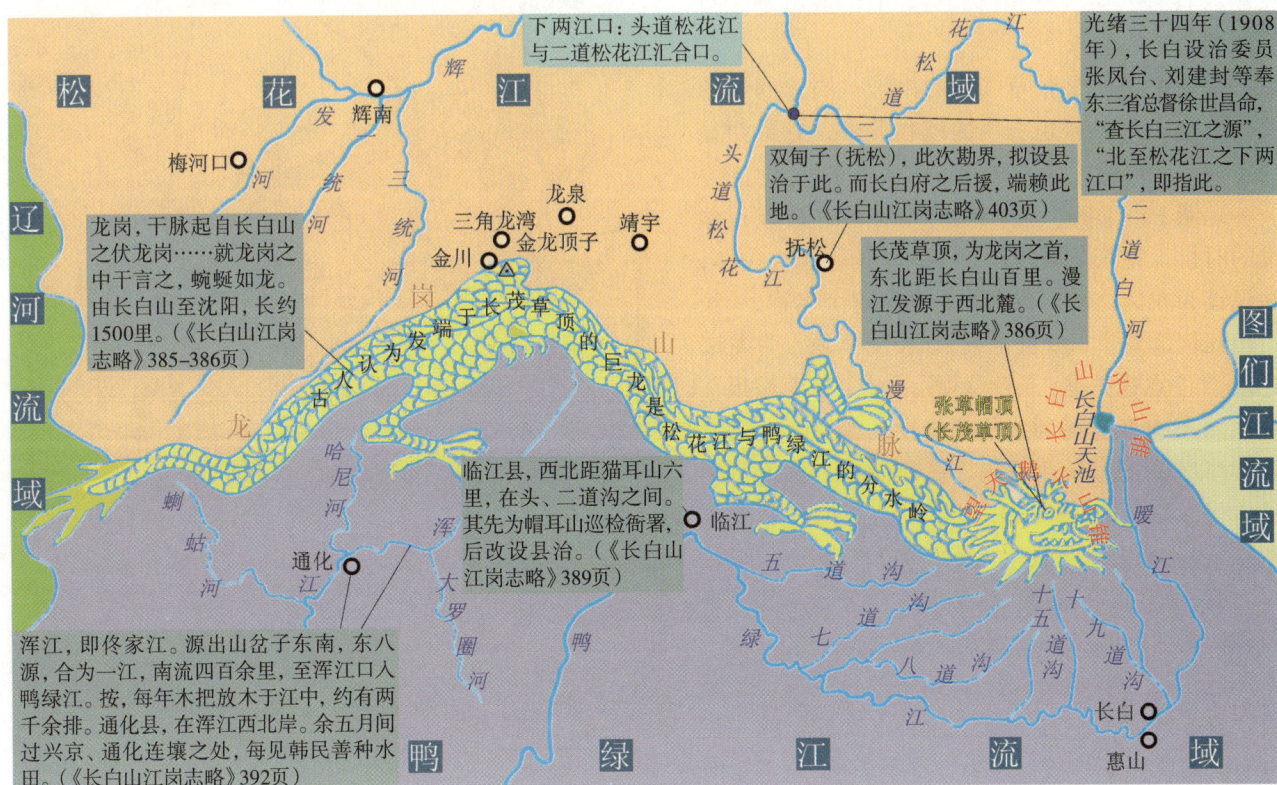

图9-3 长茂草顶——望天鹅火山龙岗之首图

477

江上游的分水岭：北为松花江流域，属松花江水系的漫江从北坡发源；东、南、西三面为鸭绿江流域，属鸭绿江水系的十九道沟发源于东坡，十五道沟发源于南坡，五道沟发源于西坡。

望天鹅火山为龙岗火山之首。长白先民传说龙岗是一条巨龙，它在大地上摇头摆尾，蜿蜒曲折，气势磅礴，它分开了鸭绿、松花两大河流后，向西延伸至千山，从辽东半岛尖端入渤海，在山东半岛登陆直奔泰山。从地质上看，龙岗的东段是一条"火龙"，即由火山喷发形成，有龙岗熔岩台地之称。火山作用使龙岗风光无限，不仅有望天鹅火山之美，还有靖宇、辉南一带的龙湾之秀，龙岗熔岩台地上分布着大龙湾、小龙湾、三角龙湾、南龙湾、北龙湾、四海龙湾等大大小小的火山口，其优美的风光独具特色，值得旅行家前往一游。

### 9.1.3 望天鹅火山周边群峰（部分）

照片9-2（拍位见图9-4）：张草帽顶（长茂草顶）位于望天鹅火山口的东北缘，是火山口缘的一座残留的火山锥，由这个火山口溢出的岩浆向北流淌，形成一条长8000米、宽4000米的熔岩流，称为张草帽顶熔岩流。此熔岩流从锥顶海拔2006.1米降至海拔1100米，降差达900多米，熔岩流的厚度达300米。张草帽顶由安粗质岩浆喷发堆积而成，这种岩浆较为黏稠，所以并没有像玄武质岩浆那样铺展开来，而是堆积成一座很高的山体。碱场河发源于它的东坡，绕着该熔岩流的边缘由东北转向北，又转向西北，再转向西，绕了半圈后汇入漫江。沿着碱场河谷有一条公路相通，路西的山麓就是张草帽顶熔岩流的前缘。

照片拍摄的是张草帽顶的南坡，高耸的纯角三角形的山形和颜色分明的植物分带是它最明显的特征，在群山之中一眼就可以认出它来。

光绪三十四年（1908年），刘建封踏查到这里的时候，把张草帽顶作为这一带的标志性山体，并视其为龙岗之首。但它原先不叫这个名称，《长白山江岗志略》386页记载："长茂草顶，为龙岗之首。"注意这里是"长茂草顶"，并非"张草帽顶"。刘在该书中多次提到过长茂草顶，如在《长白三江考略》又提过长茂草顶。显而易见，长茂草顶是"相形命名"：那山顶之上，确实是只生长着茂密的草，几乎无树（照片9-2），所以称为长茂草顶。

那么，"张草帽顶"这个名称是怎么来的？查阅多种文献，前后对比，感觉这个名称由误传而来：先是把"长"字变成"章"，即把"长茂草顶"变成"章茂草顶"，宣统元年（1909年）绘制的《长白府区域详图》中就标注为"章茂草顶"。不知何种原因，后来又把"章茂草顶"变为"章草茂顶"，

照片9-2　张草帽顶（长茂草顶）

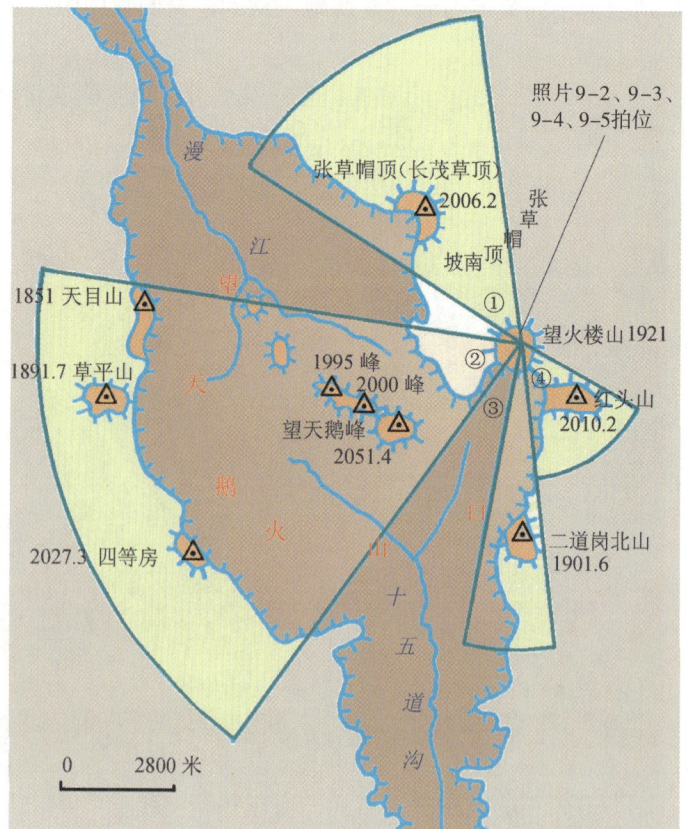

图9-4　望天鹅火山周边群峰位置及拍摄位置图

即中间两字换位了。这个改变可能是排版或书写之误，但也可能因为这山的形状本来就像当地人所戴的草帽。后来又把"章"字变成"张"字，这可能是因为姓"张"的远多于姓"章"的。所以，很容易把"章"误传成"张"。总之，名称演变过程如下：长茂草顶——章茂草顶——章草帽顶——张草帽顶。最后这个名称始见于现代文献，现在出版的地图上就皆标注为"张草帽顶"，而"长茂草顶"之名消失了。之所以花费笔墨叙及此事，是因为这是个有代表性的名称演变过程。笔者在这里没有恢复原名的意思，两个名称都很贴切，前者注重于山的颜色，后者注重于山的形状。只是提醒读者翻阅前人文献时，应了解"长茂草顶"就是"张草帽顶"。

在长白山，名称以谐音演变或误传的屡见不鲜，如"元池"与"圆池"、"松花江"与"宋瓦江"、"红丹水"与"红湍水"、"胭脂峰"与"连枝峰"、"布达山"与"葡萄山、胞胎山、蒲潭山、宝髻山"、"图们江"与"土门江、豆满江"等等。

照片9-3（拍位见图9-4）：这是在望火楼山顶上拍摄的望天鹅峰。此峰是望天鹅火山口中央部位的一座山峰：如果把望天鹅火山口看成一只碗，望天鹅峰的位置就好像碗里的一块石头。但从这幅照片中难以看出这种特征，因为这幅照片的拍摄位置低于望天鹅峰，不是俯瞰，所以无法表现出"碗里的一块石头"这种构造特点。望天鹅峰不是孤立的山峰，它与旁边的2000峰、1955峰相连，它们共同组成条形山体坐落在火山口的中央部位（见图9-4）。照片中右边的远景是草平山和天目山，它们构成火山口的西内壁。草平山和1955峰之间隔着漫江，由于透视关系，好像它们是相连的，实际完全不搭界。在图9-4中位于火山口西缘的四等房在照片中没有出现，它被望天鹅峰挡住了。

照片9-3　望天鹅火山

照片9-4（拍位见图9-4）：二道岗北山。二道岗北山位于望天鹅火山口东壁偏南，海拔1901.6米，距望天鹅峰4200米，山顶外坡平缓，向火山口内壁转折后急剧变陡，内壁之下是十五道沟河源头东岔。二道岗北山为火山口缘残存的火山锥，它的熔岩流向南流淌，岩性为安粗岩。

照片9-4　远摄二道岗北山

照片9-5（拍位见图9-4）：红头山。红头山位于望天鹅火山口东壁，距望天鹅峰5000米，海拔2012.2米，因山头有红褐色土，故名红头山。红头山喷发主要为安粗岩，厚度约300米，在红头山顶有碱流岩侵出，形成相熔岩穹丘。

红头山火山的喷发称为红头山火山事件。据《长白山火山地质研究》18页：红头山安粗岩年龄值为556万年，红头山顶部的碱流岩年龄值为311万年。

照片9-5　红头山

## 9.2　望天鹅火山——一座巨大的死火山

### 9.2.1　望天鹅火山地质简说

望天鹅山是一座火山，是由地下岩浆在几百万年间经多次喷发到地表形成的。这与它的邻居长白山天池火山是一样的，但它又与长白山天池火山有很大不同。望天鹅火山早在百万年前就停止了活动，不再喷发，一句话，它是一座死火山。而天池火山的喷发却从来没有停止过，直到最近几百年还有火山喷发，所以从地质上讲，天池火山是座活火山。两座火山虽然并肩而立，同样雄伟高大，堪称两姐妹，但一个已经死去多年，我们不必提防它再度喷发；一个还生机勃勃，喘息不止，随时会给我们带来麻烦，我们不得不在它的周边建立监测站以监视它的动向。要说这两姐妹的区别，一死一活，这是最大的区别。

望天鹅火山虽然是一座死火山，但它也曾有过辉煌的历史，它也是从充满活力的"青年时代"走过来的。在遥远的地质历史中，它曾经轰轰烈烈地喷发过，有过惊天动地的举动，把这一带的大地反复毁灭过多次，动辄浓烟滚滚，火光冲天，用炽热的熔岩覆盖了成百上千平方千米的大地，多次毁灭那里的生命。一句话，它曾多次发生过大规模的火山喷发，看看现在巨大的火山锥体，还巍峨地耸立在大地之上，就知道在火山历史上，望天鹅火山确实创造过辉煌的"业绩"。

望天鹅火山锥坐落在早于它喷发而形成的广阔的玄武岩台地上。在平面上，望天鹅火山锥大致为一圆形，底缘直径约35千米，面积约1000平方千米。锥体最高处是望天鹅峰，海拔2051.4米，相对高度约1000米。望天鹅火山的喷发量有多少？有地质学家具体计算了它的喷发规模，金伯禄、张希友：《长白山火山地质研究》38页计算了望天鹅火山的喷发量："火山面积1080平方千米，最大厚度330米，最小厚度30米，平均厚度180米，喷发量5404亿吨。"望天鹅火山是中心式喷发，从火山口溢出的岩浆向四周流淌。望天鹅火山喷发可以分出很多期次，火山锥的形成也不是一蹴而就的，也就是说，它是在漫长的地质历史时期中多次喷发叠加形成的。望天鹅火山锥由玄武岩、安粗岩、粗面岩和碱流岩等构成。

望天鹅火山锥形成后，由于地下岩浆房变得空虚，火山锥顶部发生了大规模的塌陷，形成了望天鹅破火山口，这个破火山口的平面形状为一椭圆形，直径10千米，深600米，内壁陡峻，外坡平缓，内、外坡有明显的差别，从高空看，是一个巨大的圆形坑，这一形态在卫星照片上显示得特别明显（见照片1-1）。在破火山口的边缘分布着一圈残留的喷溢锥（口），主要有张草帽顶、望火楼山、红头山、二道岗北山、1842峰、四等房、草平山、天目山等。另外，望天鹅破火山口的中心部位有一座高峻的火山锥，这个峰尖就是名声显赫的望天鹅峰。它是在破火山口塌陷的同时还是之后形成的，有待于地质学家进一步研究。望天鹅破火山口塌陷之后，经过了漫长的风化剥蚀，现在我们所见到的已经不完全是它的原貌，它被火山锥周围形成的放射状水系的溯源侵蚀破坏了，尤其是从南、北两个方向打开了缺口，真正成了一个"破火山口"了（图9-5、9-6）。

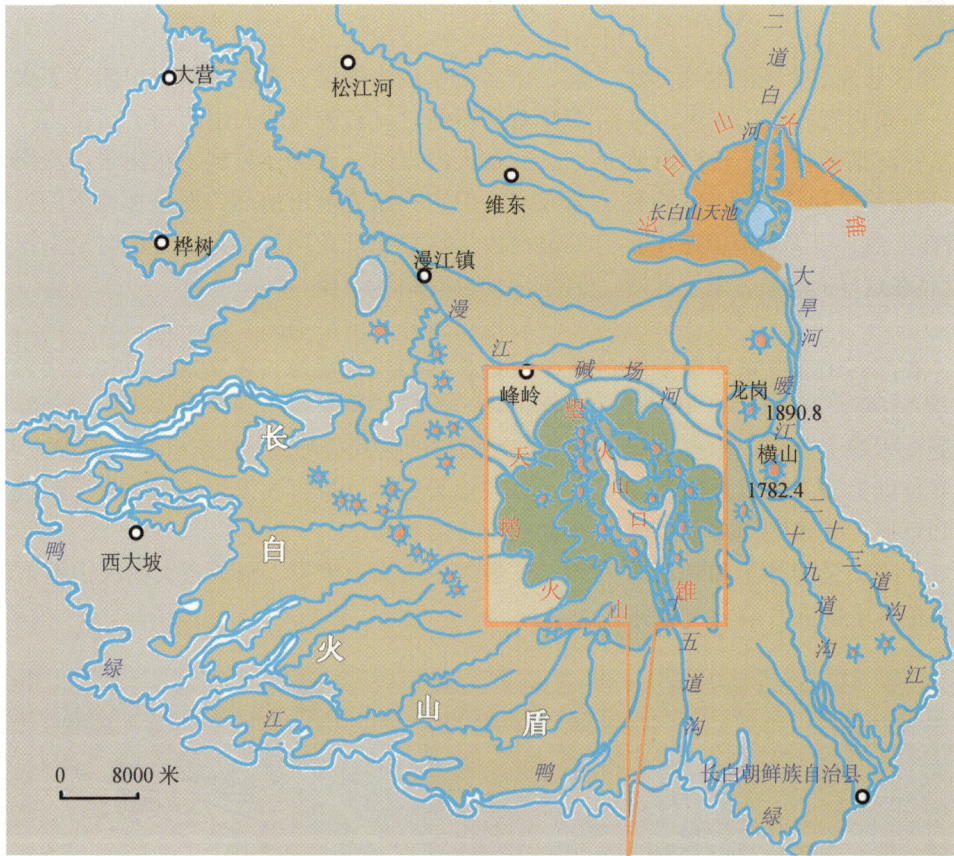

图9-5 望天鹅火山位置图

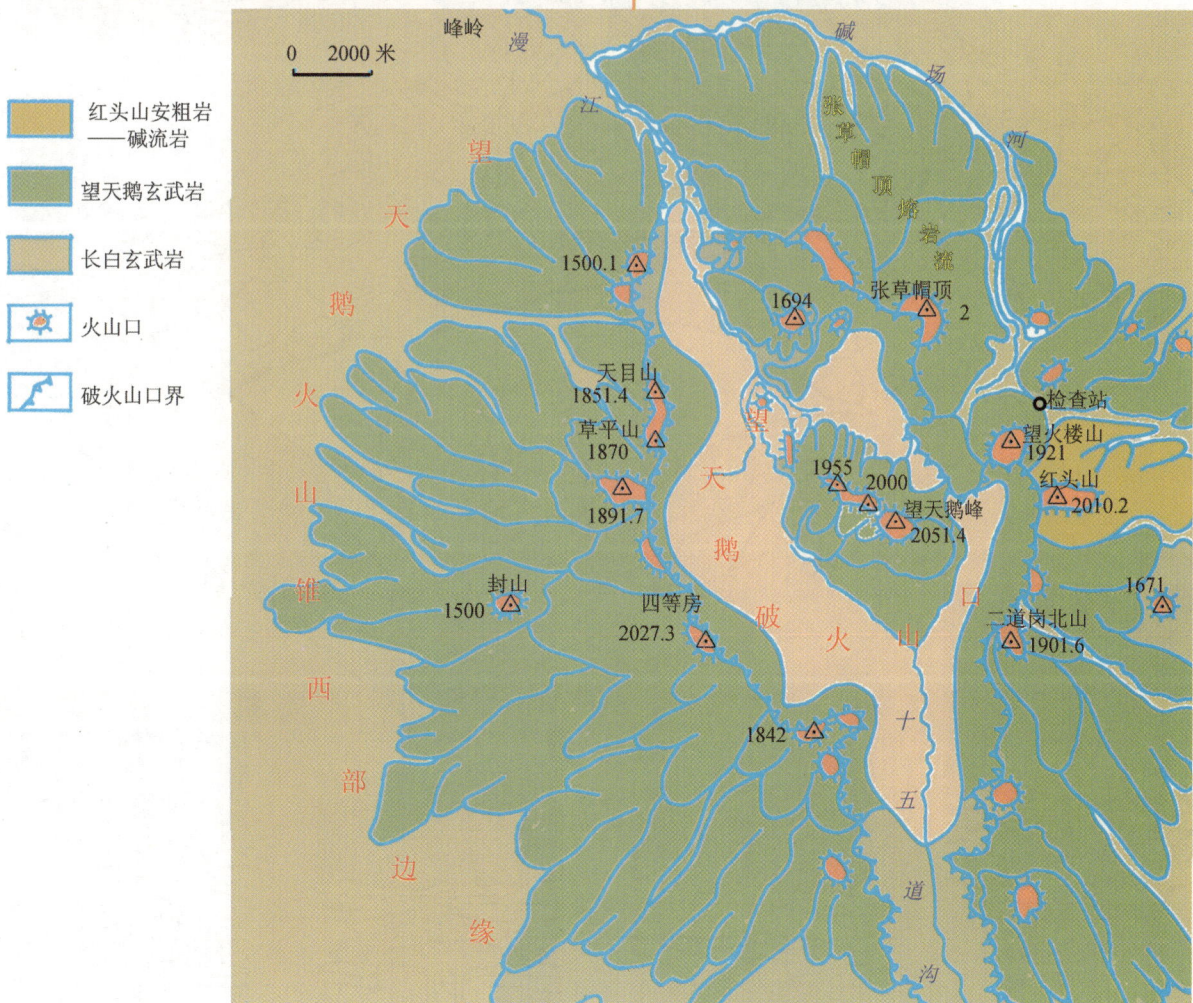

图9-6 望天鹅火山地质简图

481

从侏罗纪开始，长白山地区形成多个断陷盆地，盆地中广泛沉积了火山喷发——湖相沉积岩，在火山喷发的间歇期形成煤层。自第三纪渐新世末，长白山地区形成了马鞍山——三道白河断陷带和长白镇——奶头山——甑峰山坳陷带，两者在天池、望天鹅一带连片形成断陷盆地，望天鹅火山就是在这样的地质背景下开始活动了。

1. 在望天鹅火山口内，底部露出侏罗系地层。侏罗纪距今1.5亿年。该地层的主要岩石为砂岩、砾岩、页岩等沉积岩和安山岩、凝灰岩等火山岩。出现这样的岩石意味着这一带曾经有过湖泊，并可以推断那时大地的面貌是茂密的森林和草原，气候潮湿多雨，注入湖泊的河流经常泛滥成灾，把大量的沙土和砾石冲进湖中沉积下来，有时还将沼泽上的大片森林冲毁掩埋，压实变质成为煤层。夹在沉积岩中的许多火山岩意味着侏罗纪时就有频繁的火山活动了。

2. 在火山口内，底部还见到了花岗岩。花岗岩是岩浆岩，但它并没有喷出地面，而是在地下深处慢慢结晶而成。这里出现花岗岩，意味着那时地下深处的岩浆活动也有相当规模。

3. 地壳抬升，湖沼消失，这一带变成广阔的丘陵区，经过长期的风化侵蚀，侏罗系地层和花岗岩被暴露在地表。而后，当长白山地区进入火山活动频发期时，有大面积的玄武岩喷发，把这里的一切都掩埋了。

4. 在望天鹅峰一带再次发生火山喷发，形成了望天鹅火山锥的雏形。

5. 最后一次火山喷发，形成望天鹅火山锥顶部。

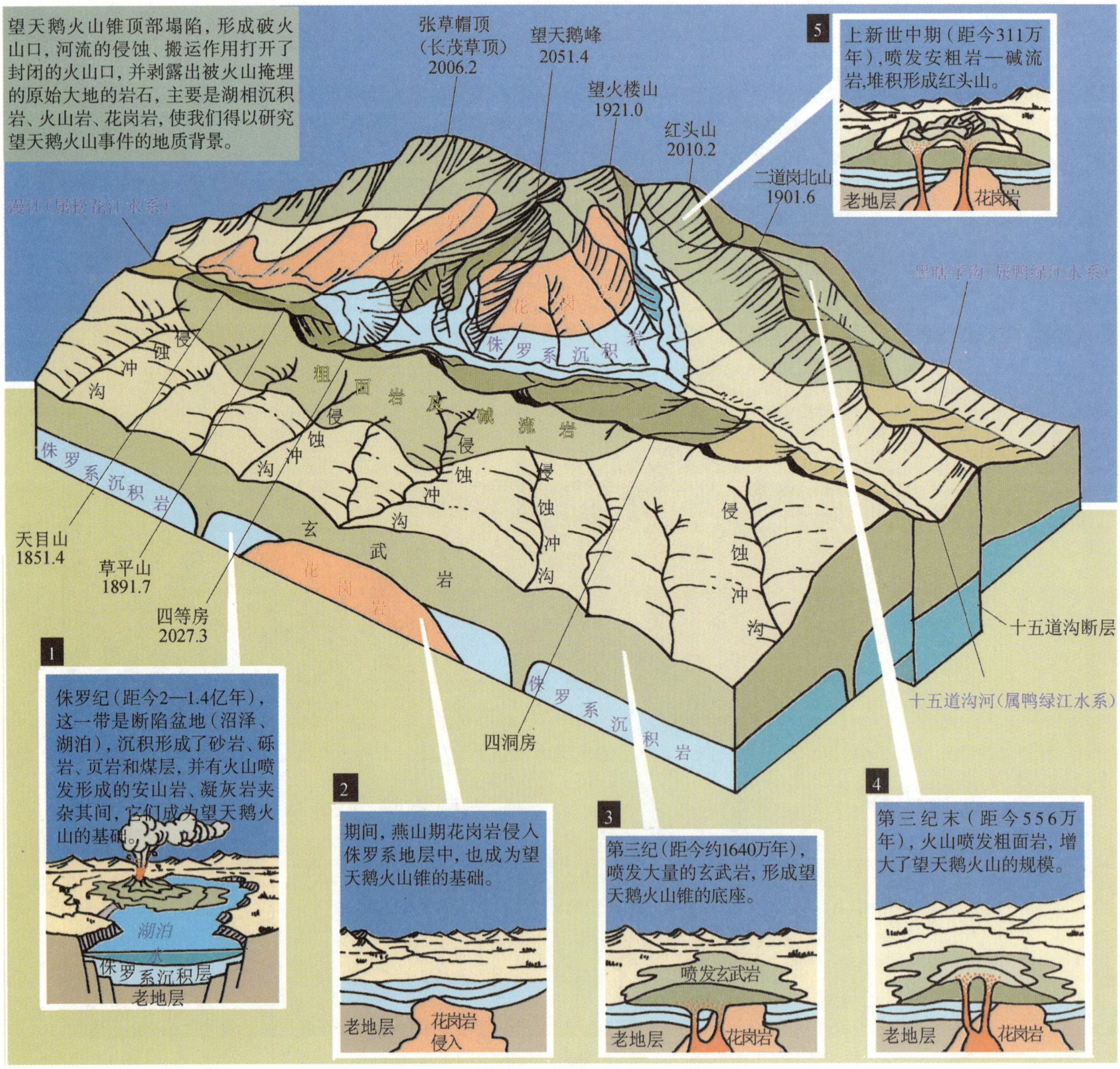

望天鹅火山锥顶部塌陷，形成破火山口，河流的侵蚀、搬运作用打开了封闭的火山口，并剥露出被火山掩埋的原始大地的岩石，主要是湖相沉积岩、火山岩、花岗岩，使我们得以研究望天鹅火山事件的地质背景。

上新世中期（距今311万年），喷发安粗岩—碱流岩，堆积形成红头山。

侏罗纪（距今2—1.4亿年），这一带是断陷盆地（沼泽、湖泊），沉积形成了砂岩、砾岩、页岩和煤层，并有火山喷发成的安山岩、凝灰岩夹杂其间，它们成为望天鹅火山的基础。

期间，燕山期花岗岩侵入侏罗系地层中，也成为望天鹅火山锥的基础。

第三纪（距今约1640万年），喷发大量的玄武岩，形成望天鹅火山锥的底座。

第三纪末（距今556万年），火山喷发粗面岩，增大了望天鹅火山的规模。

图9-7 望天鹅火山形成和构造示意图

## 9.2.3　望天鹅火山形成简史图及说明

1. 大约在 1600 万年前，长白山地区发生了火山活动，大量的玄武质岩浆沿着地壳裂隙溢出，这种温度高达一千多度的岩浆，在相当长的地质时间内，多次喷溢，淹没覆盖了几千平方千米的大地，形成了广阔的玄武岩台地，地质学上称为长白火山盾。

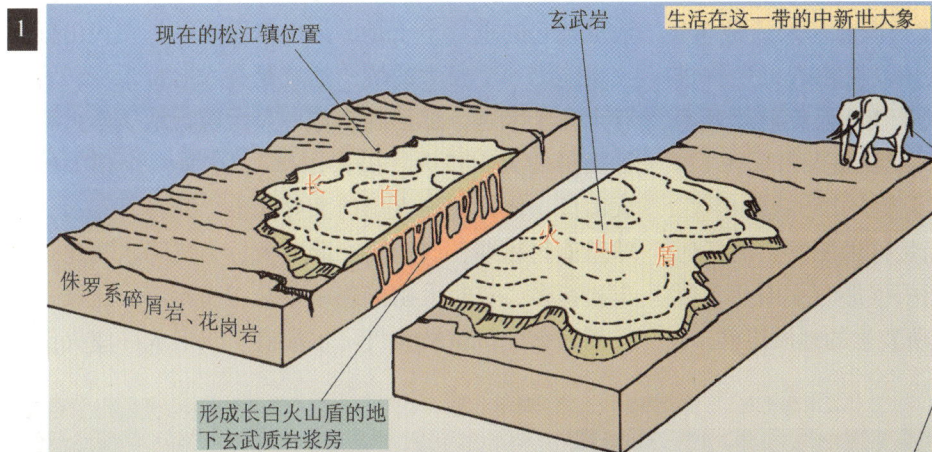

**图1 标注：**
- 现在的松江镇位置
- 玄武岩
- 生活在这一带的中新世大象
- 长白
- 火山盾
- 侏罗系碎屑岩、花岗岩
- 形成长白火山盾的地下玄武质岩浆房

> 中新世时（距今两千万年左右）这里是坳陷环境，分布有大片的森林、草原，还有湖泊、沼泽。生活着中新世动物群，如乳齿象、草原三趾马、皇冠鹿等。

2. 又过了几百万年，约在 1300 万年前，长白火山盾偏东地方再次发生岩浆喷溢，此期以中心式喷发为主，在长白火山盾上形成了望天鹅火山锥。

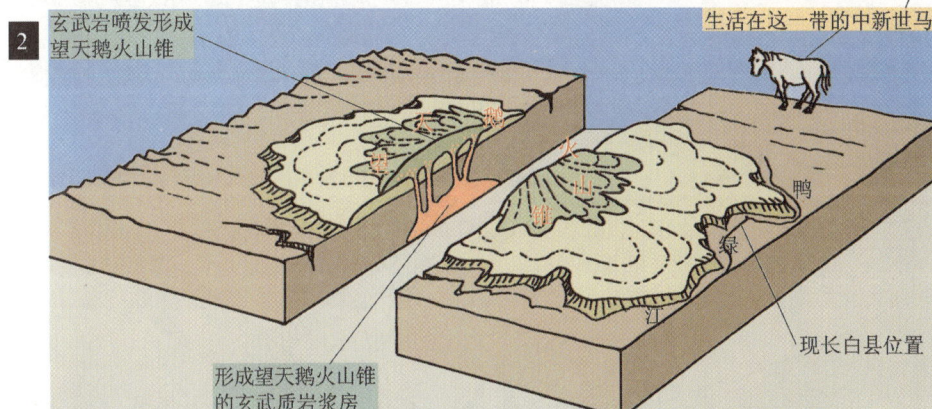

**图2 标注：**
- 玄武岩喷发形成望天鹅火山锥
- 生活在这一带的中新世马
- 鸭绿江
- 现长白县位置
- 形成望天鹅火山锥的玄武质岩浆房

3. 望天鹅火山锥形成后，地下岩浆房变得空虚，无力顶托它上面火山锥的重压，于是，在火山锥的中心部位，沿着火山口周围的环状断裂塌陷了，形成了一座破火山口，地质学上称为望天鹅破火山口。从图中断面可见，这些断裂的深度可直达岩浆房。

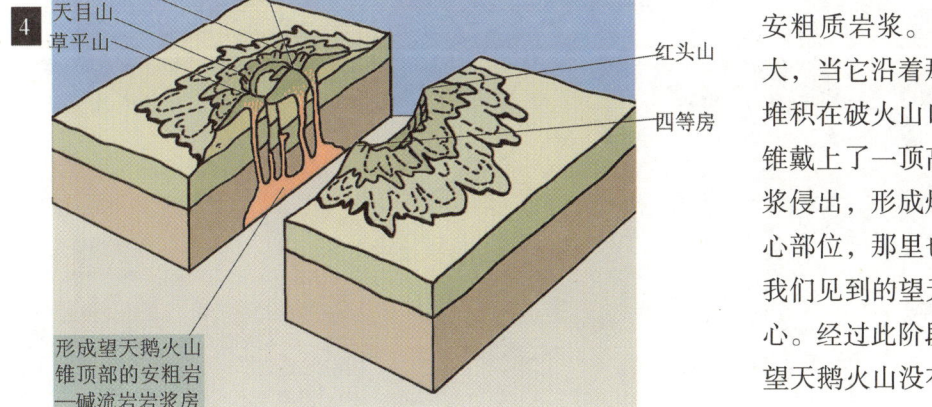

**图3 标注：**
- 望天鹅火山锥经过塌陷形成破火山口
- 望天鹅玄武岩
- 长白玄武岩
- 塌陷进岩浆房中的块体

4. 又过了几百万年，在地壳、地幔不断活动下又聚集了岩浆，重又产生了对地面的压力，蓄势待发。岩浆成分由玄武质岩浆演化为安粗质岩浆。安粗质岩浆较玄武质岩浆黏度大，当它沿着那些环状断裂喷溢出地表后，便堆积在破火山口顶部，仿佛给先前形成的火山锥戴上了一顶高帽子。在红头山还有碱流质岩浆侵出，形成熔岩穹丘。注意图中破火山口中心部位，那里也有岩浆喷出，形成的就是今天我们见到的望天鹅峰，它耸立在破火山口的中心。经过此阶段火山喷发后，几百万年过去了，望天鹅火山没有再发生火山活动，所以，地质学上称它为死火山。

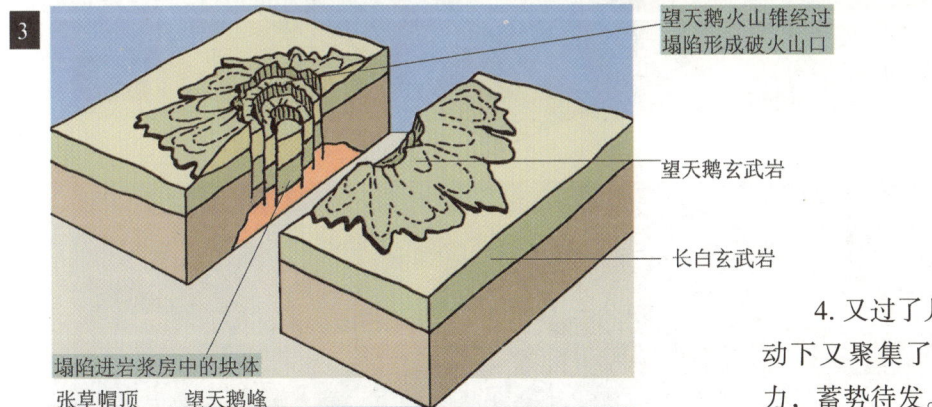

**图4 标注：**
- 张草帽顶　望天鹅峰
- 天目山
- 草平山
- 红头山
- 四等房
- 形成望天鹅火山锥顶部的安粗岩——碱流质岩浆房

图9-8　望天鹅火山形成简史示意图

地质学家研究望天鹅火山锥及其破火山口时,测定了组成岩石的年龄,尽管数据不尽相同,但都超过了几百万年,也就是说,它的形成是很久很久以前的事情了。这个"很久很久"是什么概念?大约是500万年前吧。500万年前,原始人还没有出现,生物进化科学告诉我们,由猿进化到人是300万年前才开始的;北京猿人出现在50万年前,元谋猿人出现在170万年前,都差得远。如此说来,望天鹅火山形成的年代,地球上连猿人的影儿都没有,当然这里所发生的任何事件都不会有人目睹。我们只能根据那时火山活动留下来的遗迹来推测遥远地质年代所发生的地质事件。

大约500万年前,这一带发生了规模巨大的火山喷发,炽热而黏稠的岩浆从地下喷溢出来,形成了一座高耸的火山锥;这座沉重无比的火山锥,使地壳无法承载它的重量,于是,火山口塌陷了,在火山锥顶上塌陷出一个很大的坑。这坑足有六七百米深,直径有十几千米宽,那形状就像一只大碗,地质学上称这种塌陷的火山口为"破火山口"。这是一个很大的破火山口,比天池破火山口大好几倍。几百万年前,地球正值间冰期,气温高,湿度大,大气降水要比现在丰沛得多,有时大雨能连续下几年而不停。这样,望天鹅破火山口就被大气降水灌满了,形成一座火山口

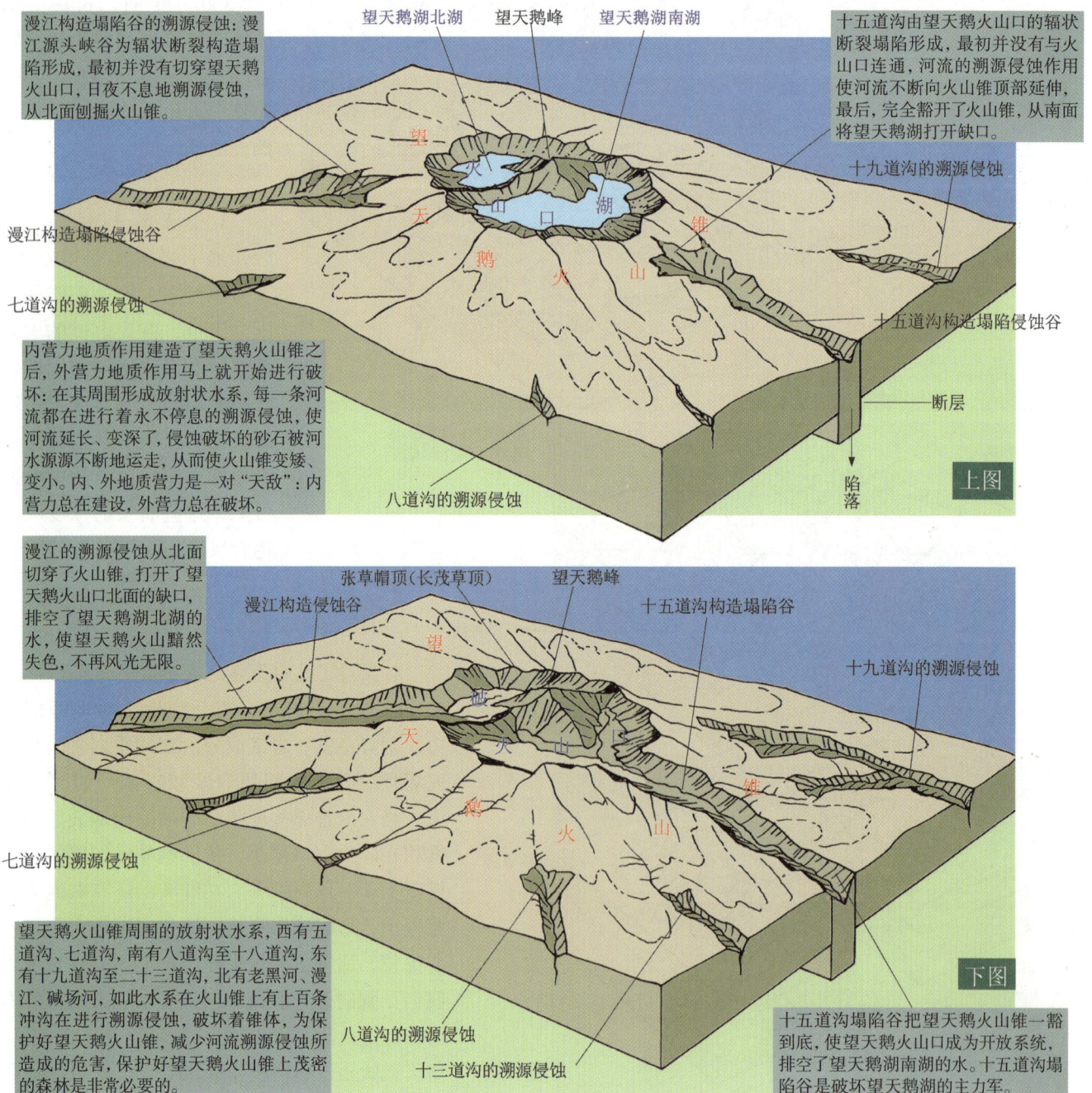

漫江构造塌陷谷的溯源侵蚀:漫江源头峡谷为辐状断裂构造塌陷形成,最初并没有切穿望天鹅火山口,日夜不息地溯源侵蚀,从北面刨掘火山锥。

望天鹅湖北湖　望天鹅峰　望天鹅湖南湖

十五道沟由望天鹅火山口的辐状断裂塌陷形成,最初并没有与火山口连通,河流的溯源侵蚀作用使河流不断向火山锥顶部延伸,最后,完全豁开了火山锥,从南面将望天鹅湖打开缺口。

漫江构造塌陷侵蚀谷

望天鹅火山口湖

十九道沟的溯源侵蚀

七道沟的溯源侵蚀

内营力地质作用建造了望天鹅火山锥之后,外营力地质作用马上就开始进行破坏:在其周围形成放射状水系,每一条河流都在进行着永不停息的溯源侵蚀,使河流延长、变深了,侵蚀破坏的砂石被河水源源不断地运走,从而使火山锥变矮、变小。内、外地质营力是一对"天敌":内营力总在建设,外营力总在破坏。

十五道沟构造塌陷侵蚀谷

断层

陷落

八道沟的溯源侵蚀

上图

漫江的溯源侵蚀从北面切穿了火山锥,打开了望天鹅火山口北面的缺口,排空了望天鹅湖北湖的水,使望天鹅火山黯然失色,不再风光无限。

张草帽顶(长茂草顶)　望天鹅峰

漫江构造侵蚀谷

十五道沟构造塌陷谷

十九道沟的溯源侵蚀

七道沟的溯源侵蚀

望天鹅火山锥周围的放射状水系,西有五道沟、七道沟,南有八道沟至十八道沟,东有十九道沟至二十三道沟,北有老黑河、漫江、碱场河,如此水系在火山锥上有上百条冲沟在进行溯源侵蚀,破坏着锥体,为保护好望天鹅火山锥,减少河流溯源侵蚀所造成的危害,保护好望天鹅火山锥上茂密的森林是非常必要的。

八道沟的溯源侵蚀

十三道沟的溯源侵蚀

十五道沟塌陷谷把望天鹅火山锥一豁到底,使望天鹅火山口成为开放系统,排空了望天鹅湖南湖的水。十五道沟塌陷谷是破坏望天鹅湖的主力军。

下图

图9-9 古望天鹅湖消失图

湖，姑且称它为"望天鹅湖"吧（见图9-9上图）。我们继续推测：

曾经存在过的望天鹅湖，由南、北两湖组成。两湖之间被一列山峰隔开，这是依据既存火山口的构造推测的：地质研究表明，在破火山口内，即在破火山口塌陷的过程中，沿着塌陷断裂还曾发生过火山喷发，正是这次火山口内的喷发形成了望天鹅峰和与其相连的数座山峰，它们横着把望天鹅湖分成了南、北二湖。

可以想象，那时候，这里风光优美，树影婆娑，微风阵阵，水波荡漾，在望天鹅湖周围的森林里和草原上生长着古菱齿象、野马、野牛、剑齿虎、大角鹿、鬣狗。在望天鹅湖周边的沼泽中生长着丹顶鹤、白鹳、黑鹳等，这些动物现在有的已经灭绝了。不用说，望天鹅湖是五百万年前东北亚最美丽的风景区，因为那时还没有形成长白山天池。只可惜那时还没有人类，望天鹅湖美丽的风光无人欣赏、无人喝彩。

望天鹅湖存在的时间不是很长，因为后来它被自然之手豁开了，且往下看：

望天鹅火山锥的外坡形成了放射状水系，这些河流从形成那一刻起就不断侵蚀切割着火山锥。其中北坡和南坡各有一条大河昼夜不息地向火山锥顶上凿着、刨着、挖着、掏着，并把挖下来的土石用河水运走，在地质学上这叫溯源侵蚀。终于，河流溯源侵蚀到达火山锥顶部，进而从南、北两个方向把望天鹅湖打开了缺口，这缺口越来越宽，越来越深，一直豁到湖底。不消说，湖水全都从这两个豁口中流走了，即使有更大的降水也不可能积水成湖了。相反，降水只能加大河水的流量，使火山口周围的冲沟得到更大的破坏营力。

这两条豁开望天鹅湖的河流，在北面的是现在的漫江，在南面的是现在的十五道沟河。前者向北流入松花江，后者向南流入鸭绿江。望天鹅湖完全消失了。从此，截顶的望天鹅火山锥变成了一道分水岭。

## 9.3　十五道沟——长白府之险要

十五道沟河是鸭绿江上游北岸按序号排列的支流。

清朝时，从临江开始，凡鸭绿江北岸和西岸的沟谷均以序号相称，在临江的沟谷称为头道沟，沿江上溯的沟谷为二道沟，再向上的沟谷为三道沟，如此排序，直至二十四道沟（注：本书排至二十六道沟）。《长白山江岗志略》采用了这样的排序名称。十五道沟就是从临江排过来的第十五条沟。

光绪三十四年（1908年）添设长白府时，长白府境已经成为韩民越垦之地。据《长白汇征录》244页记载，已有韩侨4644人。

当时，十五道沟已改名为庚顺社。庚顺社有华民8户21人，越垦韩民有15户49人。当时十五道沟被列为长白府险要之地，《长白汇征录》92页记载："十五道沟……沟绵长与八道沟相埒，由沟门深入，历新开龙华岗，迤逦而北，越章茂草顶，经老黑顶山之东，越竹木里之西，直接抚松之漫江营。若以一支兵横截其间，则南北消息不通矣。拟驻兵。"所以，在清光绪时长白山危殆时，十五道沟对保卫鸭绿江及长白山有十分重要的地理意义。

照片9-6（拍位见图9-11）：这是十五道沟口。十五道沟口位于长白县以西22千米处，有长白至临江的公路经过沟口，向沟里走只有简易公路。

① 照片9-6　十五道沟

485

照片9-7（拍位见图9-11）：
十五道沟河发源于望天鹅火山
口，源头有东、西两条支岔，沟
长27.5千米，沟底之河，上游河
宽约5—8米，水深0.3米，中下
游河宽约10米，水深0.3—1米。
河流由西北向东南，再转而向南，
汇入鸭绿江。

刘建封说："十五道沟，西
北入鸭绿江"（《长白山江岗志略》
第389页），意思是说从西北方
向来，汇入鸭绿江。

十五道沟内山川秀丽，风景
优美，有关门砬子、珍珠帘瀑布、
水帘洞瀑布、吊水湖瀑布等名胜。

照片9-7　十五道沟中段

图9-10　临江以上鸭绿江水系中国一侧河流分布图

图9-11　十五道沟位置图

486

## 9.3.1 十五道沟——一条奇特的构造陷落谷

十五道沟河发源于望天鹅火山口中，源头分东、西两岔，两岔之水汇合后流出火山口。此沟没有通常河流所具有的树枝状水系，这是十五道沟与其他沟谷明显不同之处。在卫星照片上，十五道沟像从望天鹅火山口甩出来的一条大尾巴（见照片1-1），"尾巴"根粗梢细，两侧密集排列着"羽毛"状的冲沟，十分奇特。

十五道沟的河谷表现出反常的形态，一般的河谷一定是越向下游越宽，十五道沟则相反，它的上游河谷宽5千米，中游宽3千米，下游宽2千米。这种上宽下窄的特点一定有它的特殊成因。它的两侧谷壁上密集排列着短冲沟，几乎是一条挨着一条，在27.5千米距离内竟有一百余条，这也是罕见的地质现象。

综合这些地质现象，我们认为十五道沟是一条构造塌陷谷。这里用一幅立体图表示它的成因。此图将十五道沟与望天鹅破火山口作为一个整体来考虑，因为它们的成因有内在联系。望天鹅火山锥形成后，因地下岩浆房变得空虚，产生负压，在火山锥顶塌陷过程中，沿着环状断裂形成望天鹅破火山口，沿着辐状断裂则形成十五道沟塌陷谷。沿着十五道沟辐状断裂有岩浆喷溢，在沟谷两壁可以见到岩浆喷溢形成的熔岩流。这些地质现象说明十五道沟辐状断裂的存在。

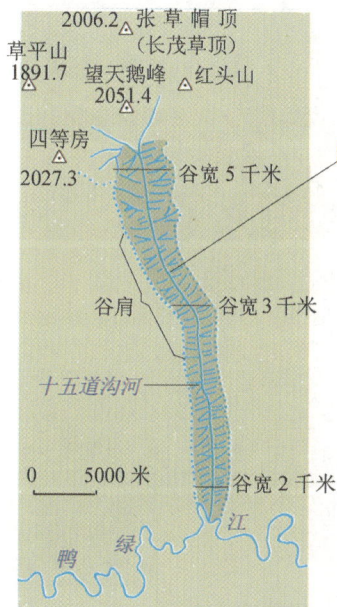

图9-12　十五道沟平面图

十五道沟平面图据卫星照片1-1绘制，虚线为河谷范围，河谷两侧的短线是谷坡上排列的冲沟。

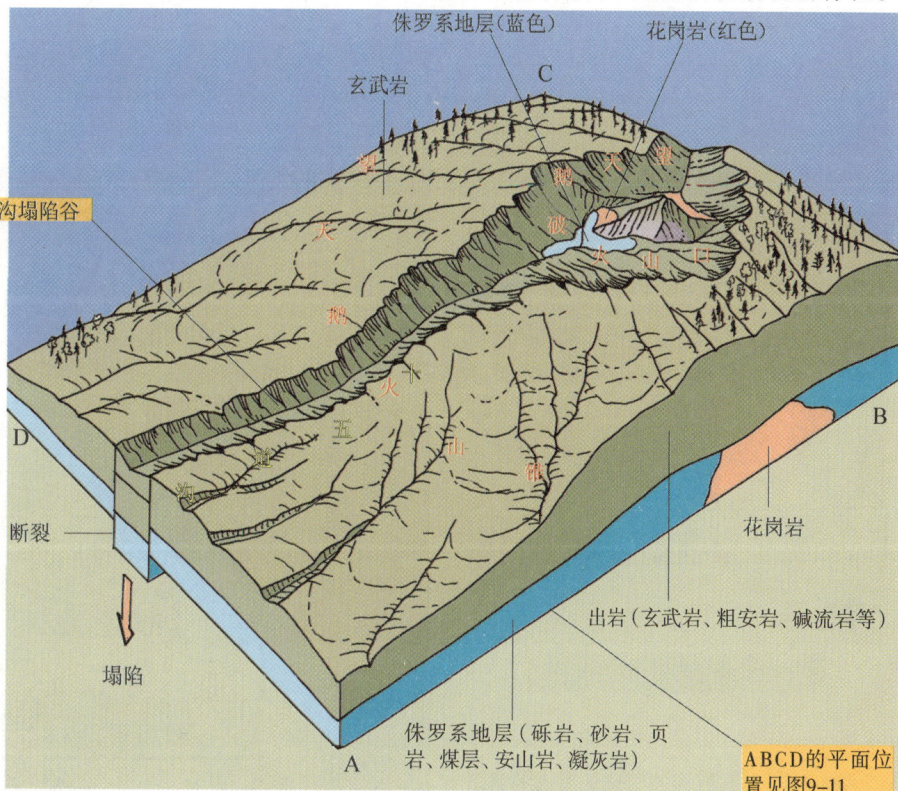

图9-13　十五道沟塌陷谷构造图

## 9.3.2 十五道沟内的关门砬子

关门砬子位于十五道沟中段。关门砬子两侧是直立的玄武岩峭壁，构成狭窄的大门洞，仅放河水从门中流过，因地势险要，故称关门砬子。

在长白山历史上，关门砬子曾是险要之地。"长白山为圣武发祥之地，尤应谋完全永固之基"（徐世昌：《奏折》，《长白山纪录》第8页），而长白山东南一带，以始祖所自出之根本重地而竟弃若瓯脱"。（《长白山江岗志略》第375页）在这种情况下，清朝拟在长白山设长白府，以"保皇基"。设长白府险要之地即有十五道沟。《长白山征录》中《长生堡兵事纪略》记载：光绪年间，匪患丛生，十五道沟常为匪徒往返奔袭亡命所经之地，"光绪二十八年，华人王恩与徐庆发啸聚匪徒二十余名，在塔甸左右肆行抢掠，旋亦从十五道沟奔岭后而去。光绪二十九年三月间，徐庆发、刘苗又从十五道沟奔塔甸抢掠。"（张凤台：《长白汇征录》第87页）

故此，十五道沟成为险要之地，而位于沟中的关门砬子为险要中之险要。

关门砬子位于十五道沟峡谷中段，谷底忽缩如门，河岸两壁垂直耸立，高不可攀，仅容河水通过，地势异常险要。所以，长白府将此沟列为九大险要之一，文献记载："若以一支兵横截其间，则南北消息不通矣。拟驻兵。"所说的"拟驻兵"指的就是关门砬子，这里有"一夫当关，万夫莫开"的险要地势。

图9-14：从地质上说，十五道沟是一条塌陷谷，整条沟就是一条南北走向的断陷带，沿着此断陷带屡有岩浆喷溢，在关门砬子这里就形成了很厚的熔岩流。对比河流两岸的悬崖，从位置和岩性上可以认定它们从前是相连的，地质活动使之陷落断开，形成沟谷中狭窄的门，门两侧由规整的石柱排列而成，石柱坚固如铁，垂直如墙，不能攀登。

那么，关门砬子上那些规整的石柱像人工修建的城堡防御工事，那么，它们是怎样形成的呢？其实，这是物体热胀冷缩现象：喷溢到地面上的玄武质岩浆，温度可以达到1千多度，好比炼铁炉流出来的铁水，在地面冷凝过程中体积必然要收缩，产生节理。在质地均匀的玄武岩中，这种收缩节理遵守几何定律，即每个收缩中心的分布是有规律的，致使所形成的收缩面具有美丽的几何形状。这种几何形状以六边形居多，也可见到五边形，四边形的很少。从垂直方向上看，则是笔直竖立的几何形柱体，地质学上称为柱状节理。左面小图是柱状节理形成原理图。

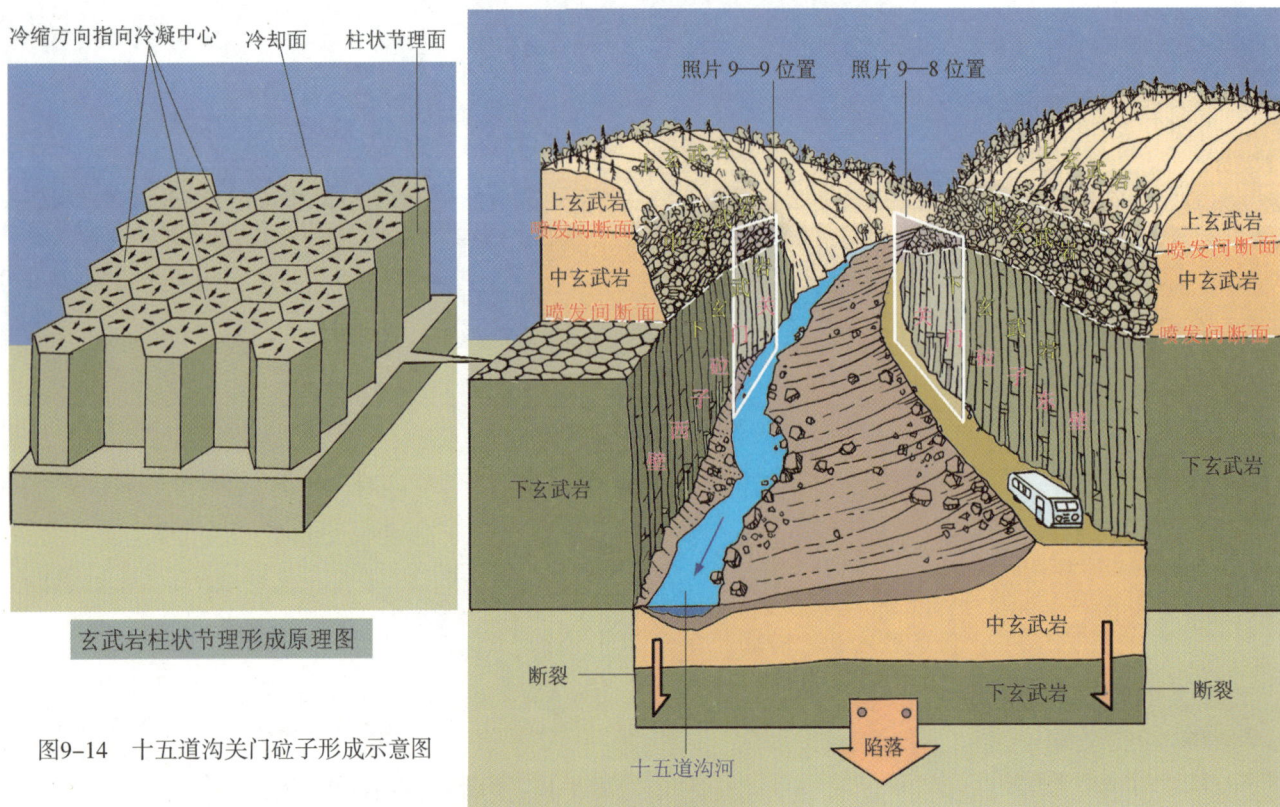

玄武岩柱状节理形成原理图

图9-14　十五道沟关门砬子形成示意图

照片9-8（拍位见图9-14）：这是十五道沟东壁的玄武岩悬崖。东壁悬崖的地质情况与西壁可以一一对应，整齐的石柱密集排列的是下玄武岩层，它的上面杂乱堆积的是中玄武岩层，上玄武岩层未摄入镜头。

照片9-8　关门砬子东壁

照片9-9（拍位见图9-14）：这是十五道沟西壁的玄武岩悬崖，也是由整齐的石柱密集排列；石柱呈角柱状，美丽而奇特，犹如人工雕琢，实际是自然天成，这是下玄武岩层。

覆盖在下玄武岩层之上的岩石，也是由条块状的玄武岩组成。但这些条块状岩石极不规整，被挤压、扭曲变形，有如一堆乱木头摞在一起。地质学家告诉我们，这是熔岩在冷凝的过程中不断受到后来的熔岩的推挤，在还没有完全凝固时，就被推移了，使得还处于塑性状态的石柱被扭曲，被推倒，揉变了形，那些节理面不再平直，成了曲面，等到熔岩完全冷凝时，这些不规整的条、柱、块便杂乱无章地堆积在一起，正如照片中所摄的那样。上玄武岩层未摄入照片，且被谷坡的树林覆盖，其形态与中玄武岩相似。

照片9-9　关门砬子西壁

## 9.3.3　十五道沟内的瀑布群

从十五道沟沟口向北走大约10多千米，在山谷两侧的石崖上有几处瀑布出现在人们面前，旅途劳顿的旅行者定会感到很惊喜，名不见经传的十五道沟还能有如此美丽的景观。这些瀑布的形成，与谷壁两侧的玄武岩裂隙有关，它们是裂隙水。这里的玄武岩有好几层，每一层的节理、裂隙的密度和方向都有所不同。有的节理、裂隙的密度大，甚至还有熔岩洞穴，形成透水层，大气降水就沿着这些密集的节理、裂隙或熔岩洞向下渗透。当渗透到不透水层时，地下水受阻，便能露出地表，形成裂隙泉和溪流，溪流遇到陡立的悬崖壁，便可形成瀑布，十五道沟的瀑布群大多是这样形成的。这些瀑布各有特色，人们根据它们的特点，分别起了不同的名称。下面这几幅照片就是其中的一部分：

照片9-10：吊水湖瀑布，位于十五道沟西壁，瀑布高约15米，从上层玄武岩中流出来，沿着斜坡湍急而下，在下层的柱状玄武岩上面凌空跌下，直接汇入十五道沟河。因水流集中，发出隆隆响声，与河水流动的声音合奏，形成这里的天籁。

照片9-10　吊水湖瀑布

照片9-11　水帘洞瀑布

照片 9-11：位于十五道沟东壁的悬崖峭壁之上，距沟口约 12 千米。是阶梯形瀑布，瀑布高约 20 米，宽约 20 米，数十条白色飞流在凸凹不平的玄武岩悬崖上跳跃着垂落，构成千姿百态的瀑布群落，规模虽然不大，但别有韵味。该瀑布之名是借用《西游记》孙悟空的花果山水帘洞之名。

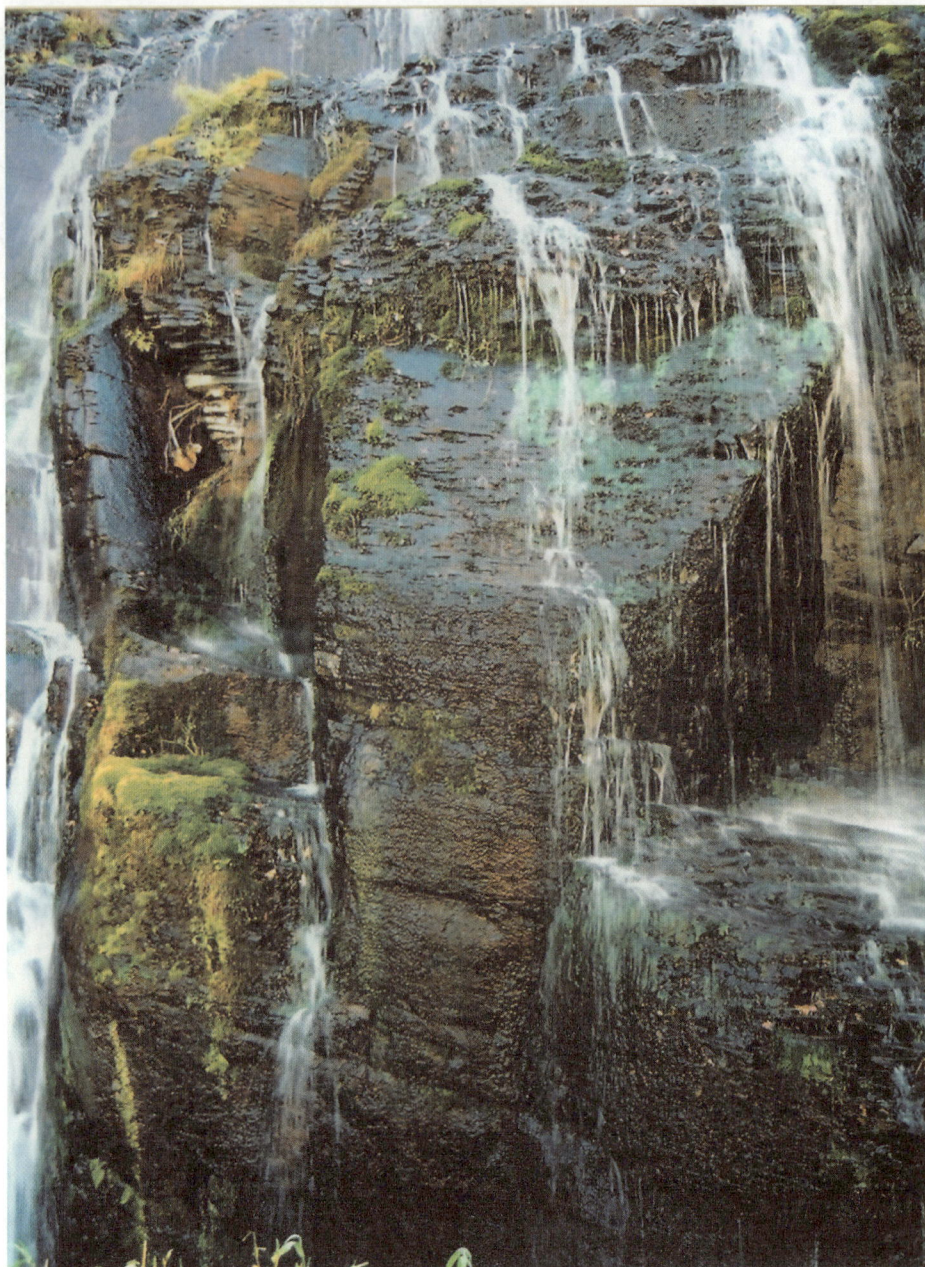

照片 9-12：位于水帘洞瀑布以北，也是在十五道沟东壁上。瀑布高约 10 多米，宽约 20 米。这个瀑布的特点是密集的雨丝般的细流垂直而下，真像是由珍珠串成的帘幕挂在悬崖前面，珍珠帘之名贴切得很。如果找一个恰当的角度，在有阳光的天气，还能看见瀑布飞溅的水雾形成的彩虹。当阵阵微风吹过，珍珠帘在风中摇曳、飘动，彩虹也随之变幻，好一派绮丽的十五道沟风光！

照片9-12　珍珠帘瀑布

# 第十章　鸭绿江北源

慎说鸭绿江源

美丽的暖江（鸭绿江北源）

## 10.1　请慎说鸭绿江源

鸭绿江源区有错综复杂的水系和沉重的历史，沿着这样一条河流考察它的发源地和历史，须十分谨慎。康熙五十一年（1712年）乌拉总管穆克登奉旨查边被误导，酿成无法弥补的错误，原因固然很多，对鸭绿江源区山川地理朦胧不清勿庸置疑是原因之一。

以长白山绵亘千里而论，从地理角度看，由主峰向东南延伸有一大分水岭，称为南岗，经由大胭脂峰、小白山、黄沙岭、葡萄山、白沙峰、漫岭、阿武山、黄峰、石开岭……绵延百多里，皆属长白山脉。从地质角度看，这是一条西北—东南方向延伸的火山带，上述那些巍峨大山皆由火山喷发而成，皆属长白山火山区。长白山火山的喷发，掩埋了原先的水系，形成了以长白山火山为中心的放射状水系，称之为"长白山放射状水系"。长白山放射状水系由3个次级放射状水系组成：即为①以长白山火山锥为中心，②以望天鹅火山锥为中心和③以葡萄山火山锥为中心的3个次级放射状水系，总称"长白山放射状水系"（见图10-1）。长白先民早就认识到长白山放射状水系的分布特征，故有长白山是三江之源的说法。《大清一统志》云：长白，"山之四围，百泉奔注，即三大江之所发源"。（《长白山江岗志略》第301页）"山之四围，百泉奔注"就是指"长白山放射状水系。

如果单看松花、鸭绿、图们三江水系的结构，它们就像参天大树，称为"树状水系"。三棵大树的树梢从不同方向交织在一起，站在长白山火山中心向"四围"看，又构成"百泉奔注"的放射状水系。这就是长白山源区复杂的水系结构。

江河源流可以有多条，主要源流只有一条，称为"正源"。寻觅正源或确定正源有重要意义，尤其对以河为国界的河流如鸭绿江和图们江更是至关重要。正源是依据河流的长度、水量、流域面积确定的，通常是"源远流长"者为正源。依这样的标准，鸭绿江的正源是虚川江。故《奉天通志》记载："依河流之天然系统，上游出朝鲜之虚川江，流长而源远，实为本水之干流。而旧志诸书沿以中国书考中国水之例，就发源中国者言则谓出长白山云，于是以支为干习而安之，不以为误也。"（引自王季平：《长白山志》147页）这里，批评了"旧志诸书"没有依河流的"天然系统"，而是错误地认定鸭绿江正源发源于长白山，"以支为干"，还"不以为误"。具体地说，这种错误就是把虽然发源于长白山但不是正源的暖江、葡萄河、通天河等说成是正源。

诚然，正源的认定还有非"天然系统"的历史原因。在中朝历史上，对鸭绿江正源的认识涉及国界的划分。我国前人并非不知道虚川江是鸭绿江的正源，但是出于非"天然"因素的种种考虑，在孰是鸭绿江正源的问题上放弃了"河流之天然系统"的地理实际，在基本地理概念上往往妥协、迁就。

《长白汇征录》55页记载："试就鸭江论其上源，如旱河、爱溥河（暖江）等水，均不及分水岭南葡萄河之大，何独以暖江为源，而不以葡萄河为源欤？"在这里，我国前人明知虚川江是鸭绿江正源，但却撇开虚川江不谈，只对以暖江为正源的说法提出反对意见，主张以葡萄河为正源，并视此河为国界。这无疑是个错误，授人以柄，未开局就先输一着。诚然，虚川江在朝鲜境内，前人也未曾主张以虚川江为国界，但无论如何也不能置虚川江是鸭绿江正源的地理事实避而不谈。

前人撇开虚川江，视葡萄河为鸭绿江正源，按通例，两国以正源为界，自然导致葡萄河成为国界。殊不知，葡萄河仅仅是鸭绿江的东北源之一。葡萄河发源于南葡萄山，在它的东边，还有一条更大的源流通天河，它也是鸭绿江东北源。通天河发源于北葡萄山，在《长白府区域详图》中载有通天沟（河）。

通天河上源直抵漫岭，与图们江正源西豆水西支流两两相对且相距最近，按康熙谕旨，那里是"二江之间地方知之不明"之地，乌拉总管穆克登应该到那里去巡查，因为通天河直接关系到国界的走向（见图10-2，参见图11-16、11-17）。

光绪十一年（1885年）中朝第一次勘界，清政府勘界员知道图们江正源是西豆水。西豆水是图们江源区流最长、水最大的河流，以"天然系统"考察，西豆水无疑是图们江正源。西豆水有一条西支流，此水发源于葡萄山东坡，与葡萄山西坡的通天河中间只隔一"漫岭"，两两相对且相距最近。漫岭的东坡二三里有一小水入图们江，漫岭的西坡二三里有一小水入鸭绿江，这入鸭绿江的"小水"就是通天河的源头之水。如此山川地势正是康熙谕旨中鸭绿、图们"二江之间地方知之不明"之地，也正是穆克登咨文中所说的"惠山、茂山之间相近此无

水之地"。基于此，国界线的走向，在图们江一侧为西豆水西支流，在鸭绿江一侧为通天河。

清政府在中朝界务争端中，以对藩属怀柔为策，"撤去"了西豆水为图们江正源的主张。《延吉边务报告》82页指出："至图们江源西豆水之东流，虽较大而长，且在朝鲜内地……断非以此为图们江之正流……东流既非正流，其西流自当随之撤去。"西豆水西支流一旦"撤去"，必然殃及隔分水岭与之"两两相对"的通天河。此后，清政府又把国界退到红丹水。《延吉边务报告》84页指出："以水之大小而言，固以西豆为当……我不争西豆，而专论红丹，已属曲为宽柔，尚安得为之过哉？"因为在分水岭西侧与红丹水两两相对的河只有葡萄河，便把葡萄河视为正源与朝鲜交涉了。

光绪十一年（1885年）中朝第一次勘界后，中国在图们江流域失去西豆水西支流，在鸭绿江流域

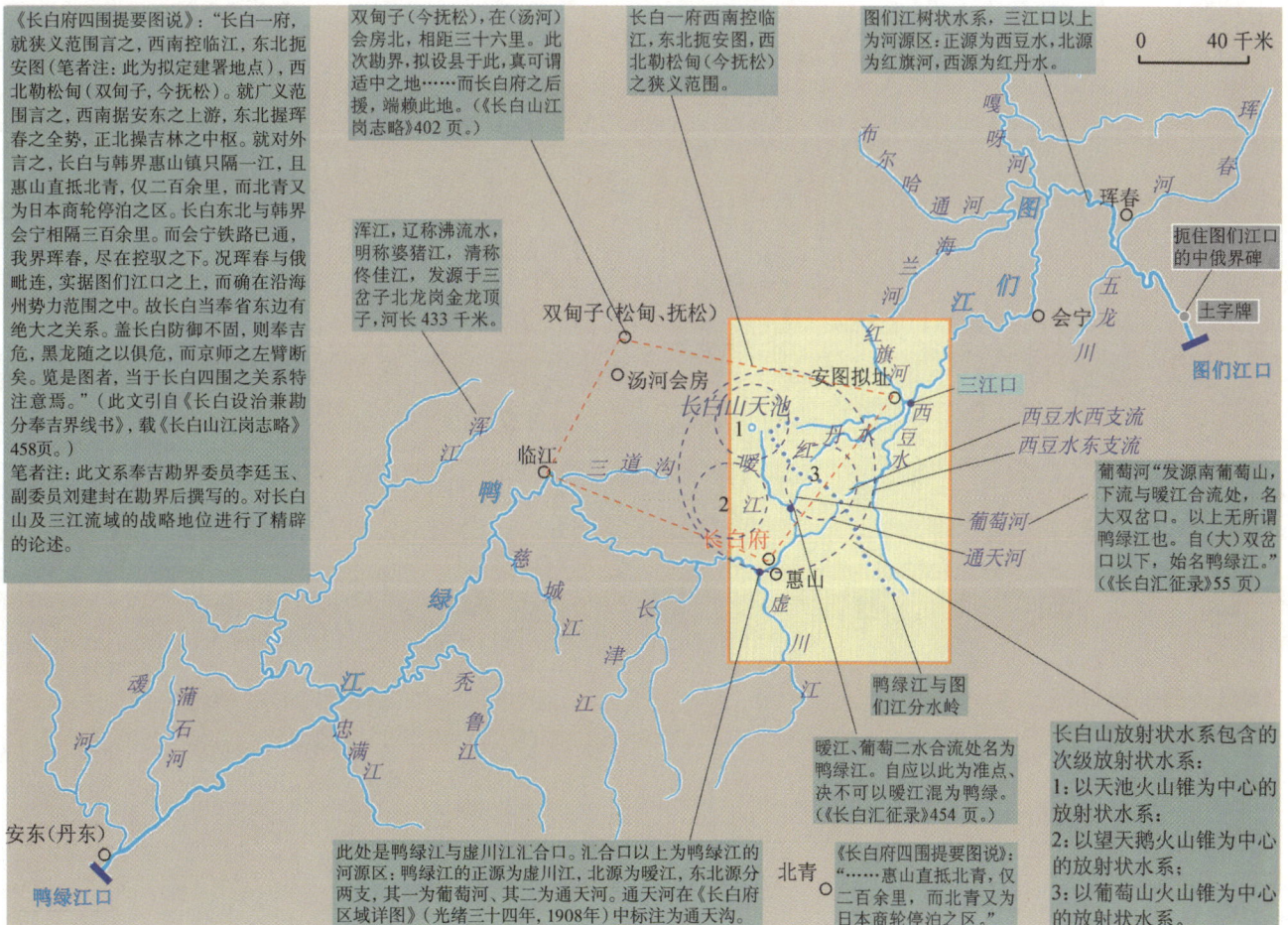

图10-1　鸭绿、图们二江水系图

493

西豆水、红丹水、红旗河合流处称三江口。三江口以上为图们江河源区，三江口以下始称图们江。关于图们江正源的认定，《古今地名大辞典》认定红丹水为正源，红旗河为北源，西豆水为南源。在光绪年间中朝勘界时，认为图们江有三源：红丹水为正源，西豆水为南源，石乙水为北源。按河流的长度、流量、流域面积等地理因素，清政府勘界员认为：西豆水为图们江正源，但后来又采取"我不争西豆，而专论红丹，已属曲为宽柔"之策，放弃了西豆水为图们江正源的说法，同时放弃了以西豆水西支流为国界的主张。

《延吉边务报告》87页："自朝鲜茂山府以东，会宁、钟城、稳城、庆源、庆兴五府，东至鹿屯岛海口，自有图们江天然界限之为划分，毫无可疑。彼此所断断未定者，茂山以西上距分水岭穆克登勒石之地。唯此二百八十余里间，仍即康熙谕旨所谓'二江之间地方知之不明'者，必须逐细考究，乃勘界之要领。"（关于朝鲜"六府"请参见图11-16）

松花江流域

安、抚、长白三角区：清季，安（图）、抚（松）、长白（府）兼筹并设，严密防范，借资声援三角区。

安图与抚松连线

二道白河峡谷

安图拟设址：清季，为安定图们江，保卫长白山，拟在红旗河口设安图县，以与长白府、抚松县形成掎角之势。后因故移至娘娘库（松江）。

以长白山火山锥为中心的次级放射状水系

弱流水与红土山水汇合口

红土山水与石乙水汇合口

母树林河
圆池
弱流水

2164.4
△龙山(大角峰)
穆石(暗移后址)
大胭脂峰2357.7

长白山天池
清风岭△2364
大旱河

大旱河与太平川汇合口以下称暖江

暖江峡谷
太平川
2189
小白山

图们江流域

西豆水、红丹水、红旗河汇合口

山字碑
带字碑
河字碑
固字碑
汤字碑
金字碑
夏字碑
华字碑

茂山 ○
图们
长字碑
砺字碑
三江口

西豆水西支流和东支流汇合口。东支流发源于鹉顶岭；西支流发源于葡萄山之漫岭。

七星湖
黄沙岭1401
北葡萄山2288.6
南葡萄山2434.8

望天鹅峰2051.4

惠山至茂山连线：查朝鲜之惠山镇治恰当小白山东南，土门江源红丹水实发于其北。茂山府治适居其西豆水合图们江处之东南，谷文既曰流于茂山两岸，又且与惠山、茂山相近，则固已查明土门江源之国界，实沿惠山附近以东至茂山附近也。《东三省政略·边务》102页）

"吉韩分界，在惠山、茂山之间，当时即已查明，足见与土石堆全不相涉。"（《延吉边务报告》75页）

漫岭：鸭、土两江源区两两相对最近处

鸭、土两江源区两两相对区域（断线范围内）

"鸭绿、土门二江之间地方知之不明"处（康熙谕旨语，见《延吉边务报告》69页）

小白川与暖江汇合口

暖江与银川沟汇合口
双岔

暖江与葡萄河汇合口，以下始称鸭绿江。葡萄河发源于南葡萄山，是鸭绿江的东北源之一。

大双岔

△1640

阿武山1802.8

以葡萄山火山锥为中心的次级放射状水系

黄峰2047

以望天鹅火山锥为中心的次级放射状水系

长白府与抚松连线

长白
惠山

主流鸭绿江与正源虚川江汇合口

通天河与鸭绿江汇合口。通天河发源于北葡萄山，是鸭绿江的东北源之一。通天河在《长白府区域详图》（光绪三十四年，1908年）中标注为通天沟。

鸭顶岭

鸭绿江流域

暖江是鸭绿江的北源，我国前人对鸭绿江北源河段的划分如下：
大旱河段：自清风岭至与太平川的汇合口。
暖江段：由大旱河与太平川汇合口至大双岔（暖江与葡萄河汇合口）。

虚川江是鸭绿江正源，发源于狼林山黄草岭的西南麓，河长187.5千米，流域面积5196平方千米。无论按河流的长度还是流域面积，虚川江都是鸭绿江的正源。《奉天通志》记载："依河流之天然系统，上游出朝鲜之虚川江，流长而源远，实为本水之干流。而旧志诸书沿以中国书考中国水之例，就发源中国者言则谓出长白山云，于是以支为干过而安之，不以为误也。"

0     8000米

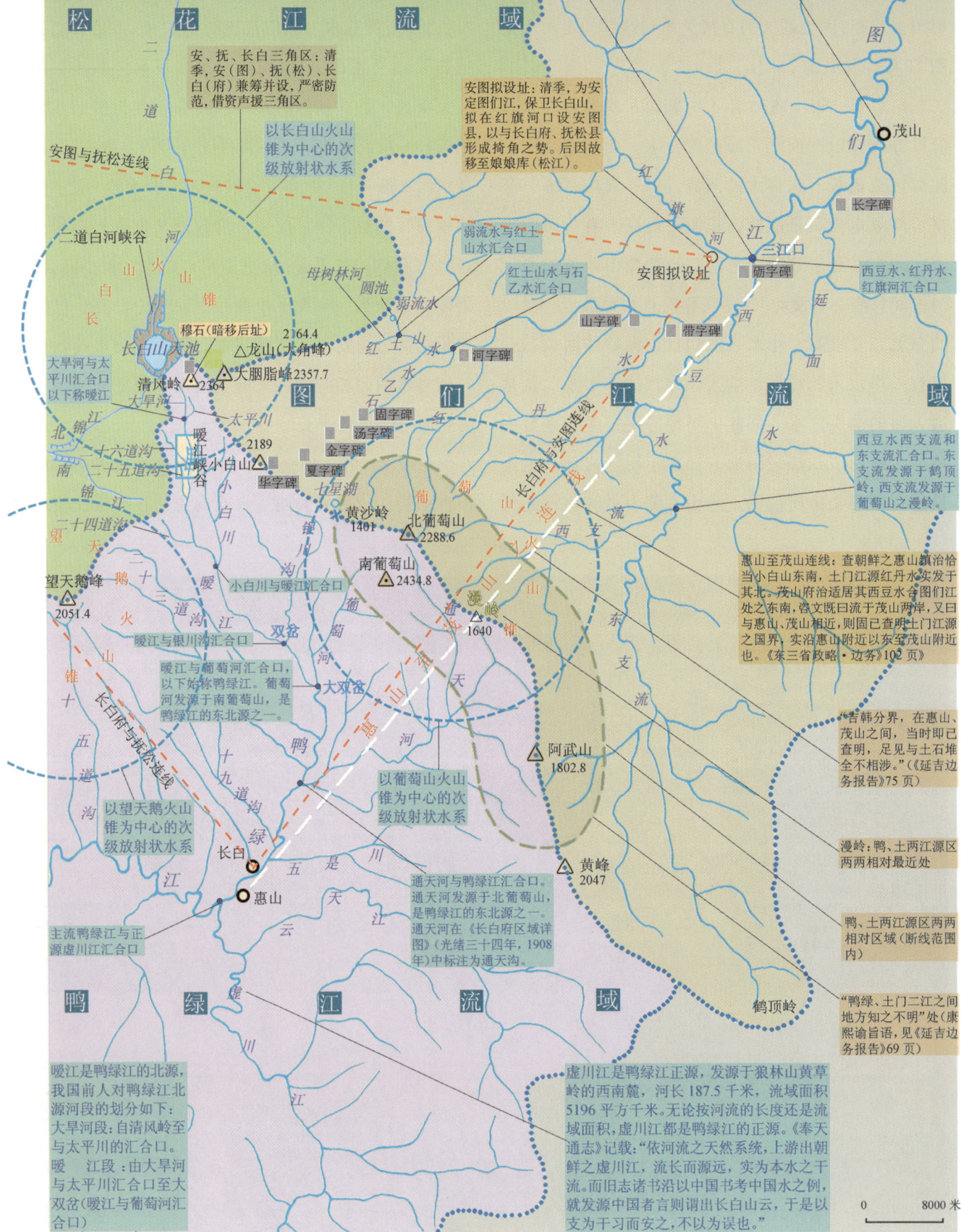

图10-2　鸭绿、图们二江源区图

失去通天河已成定局。光绪十三年（1887年）中朝第二次勘界，被视为图们江正源的红丹水也失去了。《延吉边务报告》94页指出："十三年，复会勘歧流诸水孰是正源，虽均心知其故，惟我则已思退让，彼则犹为强争。乃于石乙、红土二小水之间，相持不决，以至迄无成说。是为图们江源勘明之时期。观此，则两次勘界之结果，所恨者，江源既明，界碑迟疑未立也。所误者，明知红丹水为大图们江，乃欲舍之以迁就石乙水也……若异日欲完此未了之案，于所误者，改定之；于所恨者补正之，即成圆满。"

宣统元年（1909年），中日在北京签订了《图们江中韩界务条款》，其中第一款规定："中日两国政府彼此声明，以图们江为中韩两国国界，其江源地方自定界碑起至石乙水为界。"注意，《条款》中的定界碑指的审视碑（穆石），碑早已被朝鲜暗移至清风岭上。清风岭之西是大旱河，大旱河过南阜称为暖江。这样，除了根本不具定界性质的穆石被《条款》误指为定界碑外，原先并不被关注的鸭绿江北源暖江就从众多源流中突显出来，因为"审视碑"中有"西为鸭绿"一语，这就意味着大旱河及与其衔接的暖江将成为界河。

从历史文献可以看到，在中朝界务争端中，清朝官吏多关注图们江流域，为之引经据典，野外调查，"往复辩论"，著书立说，而对鸭绿江流域则"置鸭绿江于九霄"，"两江之间地方""置之高阁"。《长白汇征录》47页记载："鸭绿、图们为中韩两国分界，自辽、元后迄无异议，只此两江之间界址未定，仁庙（指康熙帝）睿虑周详，叠派臣僚履勘，注重在两江之间。奈历查界案，自康熙以至光绪年间，两国勘界员往复辩论图们江居多，置鸭绿江于九霄，殊不可解，岂其谓图们江源流既定，鸭绿江即可类推耶？在圣主仁皇帝明明以两江之间地方为虑，而斤斤焉仅以图们置辩。就令图们界定，而图们江之右，即鸭绿江之左，乃所谓两江之间地方也，其将谁属耶？……以致后世议界者为图们辩，不暇为鸭绿辩，将两江之间四字置之高阁，异哉。"

## 10.2 美丽的暖江（鸭绿江北源）

### 10.2.1 暖江（鸭绿江北源）峡谷和虎牙石林

鸭绿江北源是暖江，暖江上源是大旱河。

长白山火山锥东南火山口缘的孤隼峰与三奇峰外坡发育很多火山濑型冲沟，这些冲沟汇集的水形成大旱河，大旱河绕清风岭西麓向南流。大旱河流水不多，有时干涸，布满火山碎石，故先民称大旱河。流出清风岭后，西侧有伏龙沟水汇入，东侧有横堑冲沟汇入，水量稍增大，但沟内流水仍时隐时现。大旱河峡谷因坡降很大，形成连续的多阶梯跌水和瀑布。在南阜复现稳定流水后，东侧有源于南阜的太平川汇入，该汇合口以上称大旱河，汇合口以下始称暖江。暖江接续大旱河后，继续向南流，河谷两侧，东有鲜奥山、熊戏山，西有老岭山岗。暖江此段形成"V"形峡谷，峡谷中隐藏着由暖江侵蚀火山灰层形成的虎牙石林。

暖江向南有二十六道沟从西汇入，流经1500米后又有二十五道沟从西汇入，流经2500米后又有二十四道沟从西汇入，向下不远处又有二小水从东汇入，又有源于小白山的小白川从东汇入。暖江在此转折向东南流，有源于枕峰（棋盘山）的银川沟（鲤明水）从东汇入，此汇合口称为双岔（双岔口）。再向东南，与源于葡萄山的葡萄河汇合，此汇合口称为大双岔（大双岔口）。从大双岔口起，始称鸭绿江，两岸不断有支流汇入，河水逐渐增大，终成巨浸，一路浩浩荡荡，奔流千里，汇入黄海。

暖江之名来历说法不一。一说是由爱滹江演变而为暖江，爱滹为满语；一说是因为这里总是阴暗昏黑，故曰暖，直取字面之意。

我国现代出版的地图，并不标注暖江，却把鸭绿江标注在应该标注暖江的位置上。暖江是我国历史上对鸭绿北源的称呼，有特殊的历史含义，不在地图上标注暖江，关于长白山的历史问题无法阐述明白。暖江不能淡出国人的视野。翻开地图，暖江之名应该赫然在目。

在暖江峡谷中有美丽的火山灰林地貌，峡谷两侧耸立着一系列尖峰，尖锐如虎牙，故称虎牙石林，亦称虎牙峰。虎牙石林由厚层火山灰经流水侵蚀、风化形成，造形美丽而奇特，是暖江峡谷中的旅游名胜之地。

位于二十六道沟与暖江交汇处的头谷岛属于中国，可以在此下到谷底，近距离观赏这些美丽而奇特的峰尖。暖江下段峡谷变宽，河床也变宽，到与葡萄河交汇处的大双岔，已经是一条流水悠悠的大河了，汇合口以下，暖江完成了它的使命，将它汇集的长白山之水转给了鸭绿江。虎牙石林所在的暖江峡谷，如今是中朝国界（图10-4）。

张福有拍摄的5幅照片（照片10-1、2、3、4、5），拍摄者所站的位置在中国境内，隔暖江向东拍摄，所以，照片中的景观在朝鲜境内。

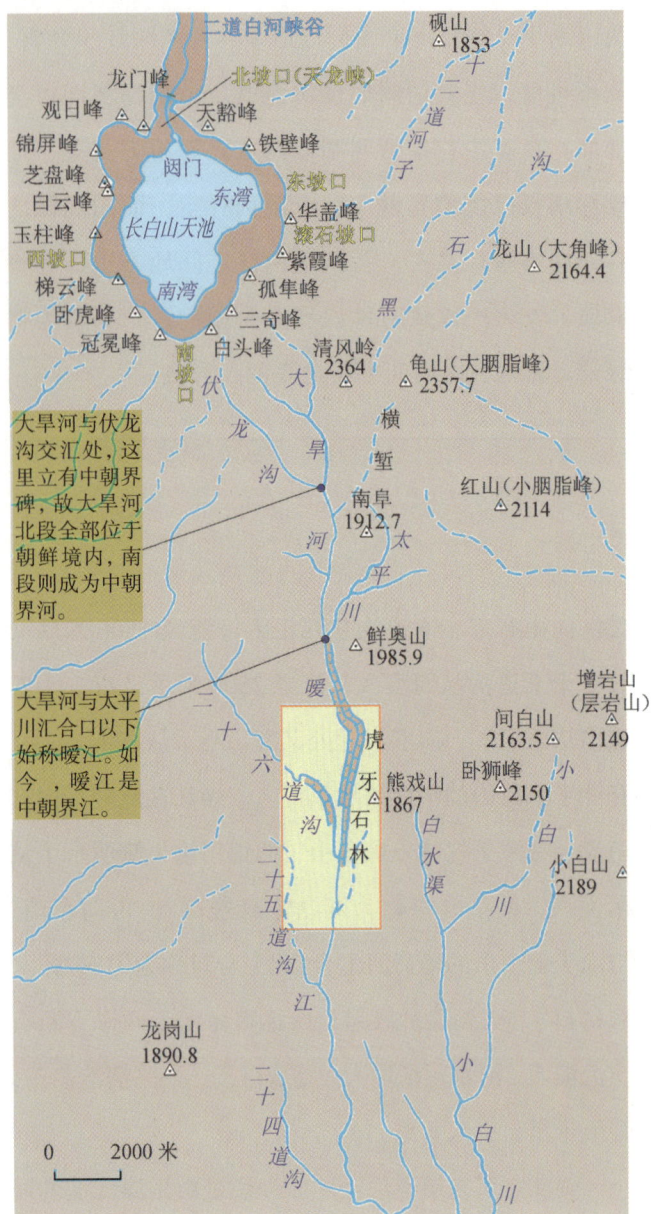

图10-3 虎牙石林位置图

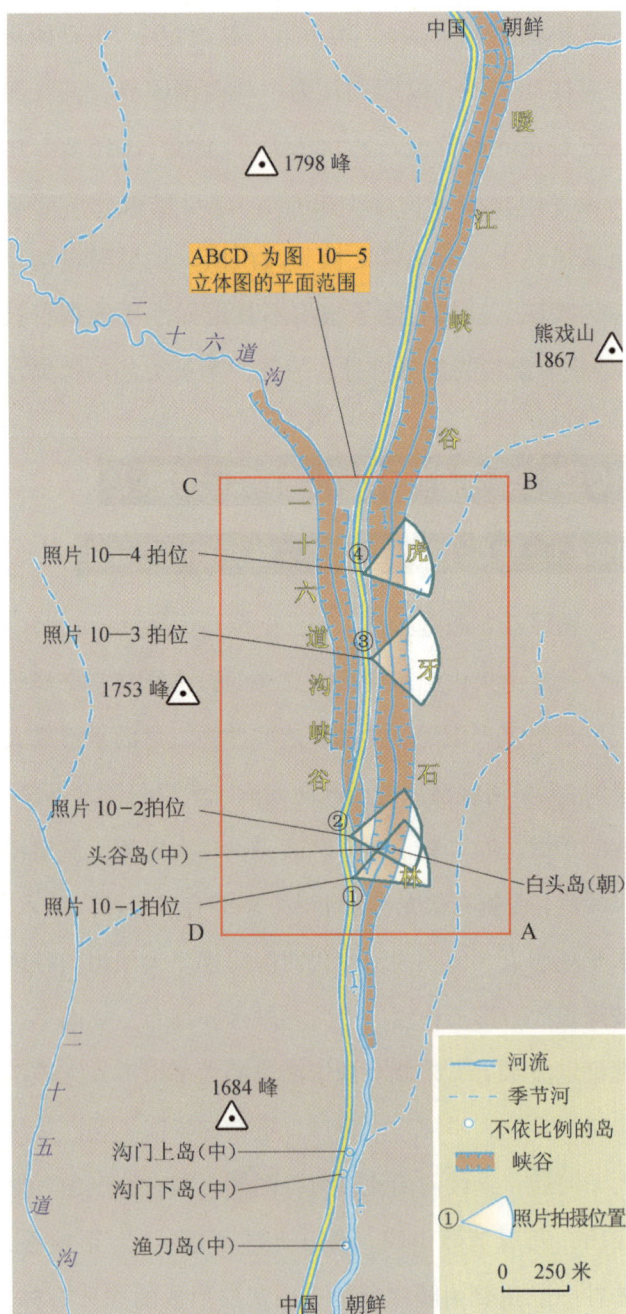

图10-4 虎牙石林平面图

照片10-3 虎牙石林风光之三

照片10-1 虎牙石林风光之一

照片10-4 虎牙石林风光之四

照片10-2 虎牙石林风光之二

497

照片10-5　虎牙石林风光之五（张福有　摄）

## 10.2.2　虎牙石林形成三步曲

图10-5为虎牙石林形成示意图，系依据照片10-6制作：

左上小图：表示虎牙石林和长白山火山锥的相对位置和形成关系。虎牙石林位于火山锥南麓，距天池火山口10千米，是天池火山大爆发的空降火山灰和地面火山碎屑流混杂堆积经侵蚀风化形成的。图中还画出了锦江火山碎屑流和黄松浦火山碎屑流的位置，用以参照这次大爆发所波及的范围，因为它们也与天池火山这次大爆发有同样的成因关系。

上图：天池火山这次大爆发，所喷发的火山物质是以两种方式堆积在古暖江峡谷中的。简单地讲，一是火山灰从空中降落覆盖，二是火山碎屑从地面泛滥覆盖，前者是火山爆发形成的火山灰云，后者是在地面或低空滚动的火山碎屑流。两者交替覆盖相叠，形成厚度很大的火山灰层，填充在古暖江峡谷中。这场火山爆发是大自然的一场劫难，它完全改变了古暖江的原貌，厚厚的火山灰焚毁并掩埋了山谷中的一切，

劫难过后，整个谷地死气沉沉，一片肃杀景象，地面没有一株草，没有一条虫，天上没有一只鸟，月球般荒凉。时而还能看到从尚未冷却的火山灰中散发出的阵阵热气，可闻到一阵阵硫磺味。

中图：被自身巨大的重量压实的火山灰逐渐冷却下来，在冷却过程中，体积收缩了，从表面到内部都产生了大量的节理、裂隙，这些节理、裂隙对日后形成虎牙石林起着至关重要的作用。古暖江峡谷被填平，当然也掩埋了谷底的河流，但大气降水必须找到出路，从火山锥上冲下来的水必须重新开拓一条河道，新一轮流水侵蚀作用立刻就在被火山灰填满的古暖江峡谷中开始了。流水侵蚀总是在最薄弱的地方开始，这就是那些纵横交错的节理、裂隙。它们被流水逐渐加深扩宽，年复一年地刨掘，并把侵蚀下来的碎屑物冲到下游去，这样，新暖江峡谷形成了。

下图：新暖江峡谷形成后，流水的下切作用随着河谷的加深而逐渐减弱，但谷壁两侧的侧蚀作用加

498

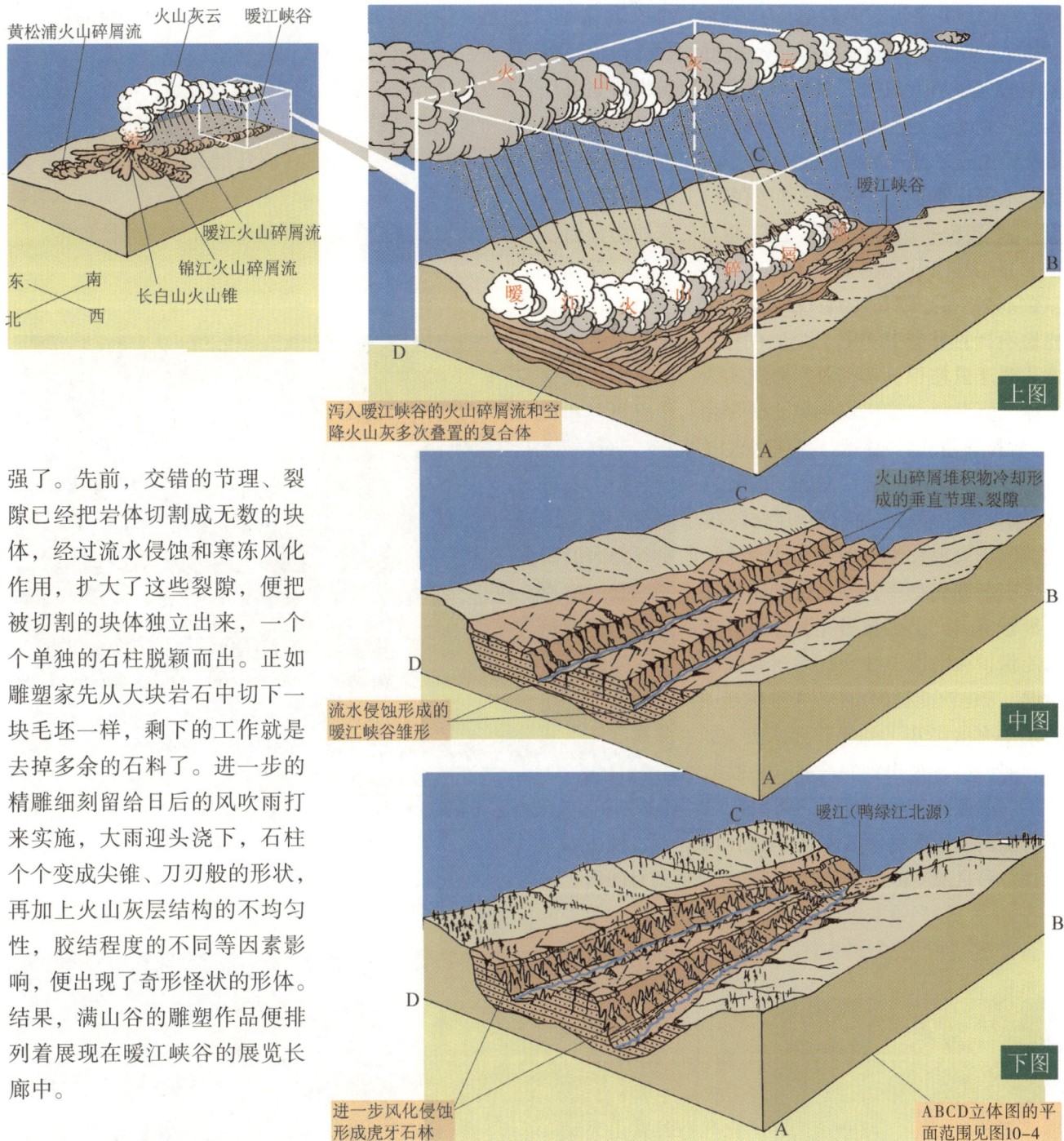

黄松浦火山碎屑流　火山灰云　暖江峡谷

东　南
北　西
长白山火山锥
锦江火山碎屑流
暖江火山碎屑流

火　山　灰　云

暖江峡谷

C
D
B
A

泻入暖江峡谷的火山碎屑流和空
降火山灰多次叠置的复合体

上图

火山碎屑堆积物冷却形
成的垂直节理、裂隙

C
D
B
A

流水侵蚀形成的
暖江峡谷雏形

中图

暖江（鸭绿江北源）

C
D
B
A

进一步风化侵蚀
形成虎牙石林

ABCD立体图的平
面范围见图10-4

下图

图10-5　暖江峡谷虎牙石林形成三步曲

强了。先前，交错的节理、裂隙已经把岩体切割成无数的块体，经过流水侵蚀和寒冻风化作用，扩大了这些裂隙，便把被切割的块体独立出来，一个个单独的石柱脱颖而出。正如雕塑家先从大块岩石中切下一块毛坯一样，剩下的工作就是去掉多余的石料了。进一步的精雕细刻留给日后的风吹雨打来实施，大雨迎头浇下，石柱个个变成尖锥、刀刃般的形状，再加上火山灰层结构的不均匀性，胶结程度的不同等因素影响，便出现了奇形怪状的形体。结果，满山谷的雕塑作品便排列着展现在暖江峡谷的展览长廊中。

### 10.2.3　虎牙石林火山灰、火山碎屑堆积层解析图

虎牙石林不仅给我们塑造了一道美丽的风景，还为我们提供了天池火山猛烈爆发的地质信息。分析虎牙石林火山灰堆积层的结构和岩性等地质特征，可以知道火山爆发的类型、强度，从而描述当年火山爆发的情景。面对虎牙石林，在欣赏这些奇异的造型时，想一想曾经发生过的惊天动地的灾难，肯定会使你对虎牙石林有更深刻的认识。

请把照片10-6和图10-6对照看，会发现形成虎牙石林的火山灰堆积层是层状的，一层压一层，数一

数，大约有20层之多。厚层可达几十米，薄层只有几米。请注意，薄层多数都凸出来，成为像台阶一样的陡坎。这意味着什么？意味着这些层比较坚硬，抗风化能力强，所以它凸出来；与此相反，厚层多为斜坡状，缩进去，说明它比较疏松，比较软，抗风化能力弱。这些软硬不同的层互相间隔开来，很有规律。那么，这些软硬相间的层说明了什么问题吗？是的，它们各有不同的成因。先说那些松而软的层，它们都是较细的火山灰，其中浮岩占相当比例，胶结程度很

499

差，有的层几乎没怎么胶结，用手就可以抠下来，它们的成因是空降火山灰堆积。火山猛烈爆发时，冲到空中的火山灰形成浓烟滚滚的火山灰云，飘到上空，火山灰纷纷落下，像下雪一样堆积起来。由于这些火山灰经过空中运移，本来是炽热的，现在变得不热了，所以堆积在地面时多以疏松状态存在，我们叫它火山灰层。那些较硬的层，从岩性上看，组成的颗粒比较粗，浮岩的比率较小，硬质火山碎屑含量增多。这些硬层多数不是空降堆积，而是在地面上或离地不高的半空中降下，以碎屑流的方式到这里堆积下来，因为是炽热的流体，所以胶结得比较结实，我们叫它火山碎屑流层。那么，为什么火山灰层会和火山碎屑流层交替出现呢？这是因为火山爆发的强烈程度是阵发性的。当火山发生猛烈爆发时，有大量火山灰冲到空中，形成火山灰云向四周飘落。火山猛烈爆发消耗了大量的能量，火山也得喘息一下，喘息的时候，火山没能把火山物质喷向高空，而是在火山口处泛滥开来，形成一股股碎屑流沿着火山锥斜坡冲下，把先前空降的火山灰层掩埋了。火山得到了暂短的喘息，地下岩浆又释放出大量的气体，火山口内压力急剧上升，下一轮的猛烈爆发发生了，又有大量火山灰被射向天空，降落后，覆盖在火山碎屑流层上。如此周而复始，便有了我们现在所见到的软硬相间的堆积层。这些堆积层在之后的风化侵蚀过程中，形成了奇特的火山灰林地貌。

现在，到长白山南坡旅游，路过这一地带，被称为：鸭绿江大峡谷，实际就是暖江峡谷虎牙石林。

照片10-6　虎牙石林火山灰、火山碎屑互层堆积照

喷到空中的火山灰云所挟带的火山灰纷纷落下

长白山天池火山

①③⑤⑦⑨⑪⑬⑮⑰⑲层为空降火山灰堆积层

火山灰云浪挟带着火山灰和碎屑沿山坡滚动冲下来

长白山天池火山

火山碎屑流堆积层
空降火山灰堆积层

②④⑥⑧⑩⑫⑭⑯⑱⑳层为火山碎屑流堆积层

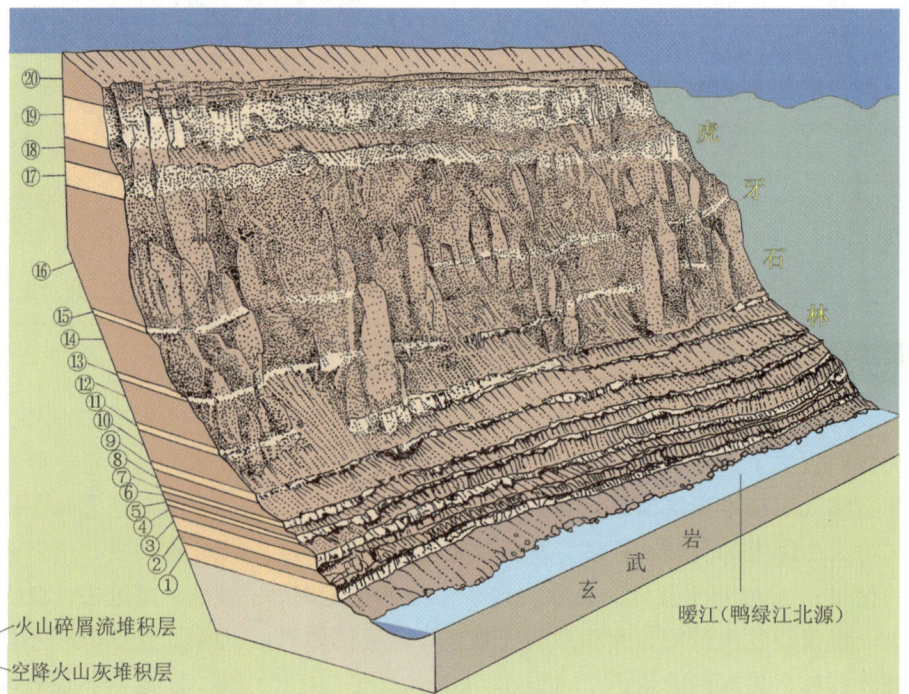

图10-6　暖江峡谷虎牙石林火山灰、火山碎屑堆积层解析图

# 第十一章 长白山要事纪略

长白山名称之演变

我国历代王朝在长白山的行政设置

我国先人祭祀长白山简述

康熙十六年（1677年）康熙派遣内大臣武木讷看验长白山

康熙二十一年（1682年）康熙东巡吉林——"祭白山，保黑水"之旅

康熙五十一年（1712年）乌拉总管穆克登奉旨巡查长白山

光绪十七年（1891年）绘图官荣和测绘《吉林全省舆图》至
　　　阌门泡（长白山天池）

光绪三十三年（1907年）吴禄贞等抵制日本非法侵占延边及
　　　调查长白山

光绪三十四年（1908年）刘建封踏查长白山及命名十六峰

东北亚大陆边缘、濒临太平洋有一"横亘千余里"的大山，我国古代称为长白山。从长白山到东北亚太平洋沿岸，向北延展，到外兴安岭，再向东，至黑龙江入海口，包括我国古代称呼的北海（鄂霍次克海）、东海（鞑靼海峡）和库页岛，自古以来就是我国东北肃慎民族生息繁衍之地。《点校〈吉林通志〉序》曰："吉林将军和宁古塔、吉林、三姓、阿勒楚喀、伯都讷、珲春等六副都统衙门和打牲乌拉总管衙门所管辖的旗丁驻防区域以及吉林分巡道管辖民事的区域，包括今天黑龙江省管辖的合江、牡丹江、松花江等地区、中俄《瑷珲条约》和《中俄北京条约》所丧失的外兴安岭以南和乌苏里江以东的地区，还有库页岛。"（《吉林通志》序17页）

我国古代用"白山黑水"来概括这一广大地区。"白山"是长白山，"黑水"是黑龙江。一白一黑，一山一水，构成了我国东北大地的骨架。在历史发展的长河中，"白山黑水"是中国不可分割的组成部分。清季，"黑水"丧失大半，"白山"历经"磨难"。

## 11.1　长白山名称之演变

生活在我国东北的肃慎族怎样称呼这座绵延千里的大山？它有一个很长的名字："果勒敏珊延阿林"，这是肃慎人的语言。《吉林通志》330页给出这样的解释："长白山，国语曰果勒敏珊延阿林，果勒敏，长也；珊延，白也；阿林，山也。"原来，译成汉语就是"长白山"。

长白山的古代名称还可以从诸多古籍中看到。我国古代第一部地理志《山海经》，是有关地理方面的著作，主要部分成书于战国时期，记载了我国东北古代的民族和山川名称，其中的《大荒北经》有这样的记载："大荒之中有山，名曰不咸，有肃慎氏之国。"袁珂译注：《山海经全译》，贵州人民出版社，1991年12月第1版第317页。这里明确说到肃慎族生息的地方有一座大山叫"不咸山"。

不咸山这个名称还见于其他史籍。《晋书·四夷传》第1531页，吉林人民出版社1995年版第1版（下同）云："肃慎氏，一名挹娄，在不咸山北。"《通典》云："挹娄，魏时通焉，云即古肃慎之国也"，"其国在不咸山北"。唐·杜佑：《通典》五，1988年12月第1版第5021页。

历代史学家研究，不咸山就是长白山。那么，"不咸"是什么意思？认为"不咸"是肃慎语，是"神巫"，"不咸山"是"有神之山"。有人认为"不咸"是满语"伯罗聂·显乾"的音译省略，汉语的意思是长白。有人认为是满语"寒冷"之意。

汉代称长白山为"单单大岭"。《后汉书·东夷传》1607页云："昭帝始元五年，罢临屯、真番，以并乐浪、玄菟。玄菟复徙句骊。自单单大岭以东，沃沮、秽貊悉属乐浪，后以境土广远，复分岭东七县……"。"单单"，满语，即"珊延"之音转，语义为"白"，"单单大岭"译为汉语是长白山。

汉、魏时，长白山又称为盖马大山。汉置盖马县于此，境内之山称盖马大山，是县名借用山名。《三国志·东夷传》618页："东沃沮在高句丽、盖马大山之东，滨海而居。其地形东北狭，西南长，可千里。"这里，盖马大山的范围相当于今长白山脉的中段和西南段。"盖马"是满语，汉语意思为"长白"之意。张璇如先生认为，"不咸"是古汉语。"不"，通"丕"，大之意。"咸"，湖、泽。"不咸"，即大泽。《易》之第三十一咸卦，上兑下艮，亦为"大泽"之意。《山海经》面世时，并无满语，不能用满语去解释"不咸"。

北魏称长白山为太白山，又称"徒太山"，又称"太皇"。《魏书·勿吉传》1360页："国南有徒太山（注：一说认为'徒'乃'徙'之误，孰正孰误，此不论)，魏言太皇。"《北史》卷94，《勿吉传》1713页记载："国南有从太山者，华言太皇，俗甚敬畏之"。

唐代，称长白山为太白山。《新唐书·北狄传》4460页："靺鞨七部，粟末部居最南，抵太白山，亦曰徒太山，与高丽接"。4461页《渤海传》记载：靺鞨及高丽余众东走，"渡辽水，保太白山之东北，阻奥娄河，树壁自固。"这里所出现的"太白山"，就是长白山。奥娄河，是牡丹江支流沙河。

长白山之名的普遍使用，出现在辽、金时代的文献中。洪皓：《松漠纪闻》40页记载："长白山在冷山东南千余里，盖白衣观音所居。"《辽史》412页中有："长白山三十部女直大王府。"《金史》1705页记载："黑水靺鞨，居古肃慎地，有山曰白山，盖长白山。"《金史》第1页记载："生女真地有混同江、长白山……"女真族的繁衍生息，金国的走向强大，均被认为是这座大山的护佑，全民族从皇帝到臣民都对其无限崇拜和敬畏，尤其是金国将长白山封为"兴国灵应王"，继而又封为"开天宏圣帝"后，长白山的地位与皇帝齐平了。长白山之名，无论在女真民族的心目中，还是在国家的制度上都最终被确认，长白山成为女真族及其后裔满族的根基。

元、明、清各代，皆沿用长白山之名，使长白山这一名称，在中国辽阔的大地上，与其横亘千里的山体一样，成为中华民族巨人躯体上名不可更改、不可分割的筋骨。如此看来，长白山之名已有千年历史。

长白山还称"老白山"，清代僧人行者禅松绘制的《万山之祖老白山江岗全图》就以"老白山"相称。

此外，还有简称"白山""长白"。简称使用的频率很高，尤其在诗词中更为多见。康熙皇帝诗《泛松花江》："源分长白波流迅。"乾隆皇帝诗《至克尔素河奉天官兵来接》："长白龙踪雾霭深。"近现代简称的使用更是比比皆是，冠有"长白"或"白山"字样的名称随处可见，如"长白府""长白县""白山市"等等。

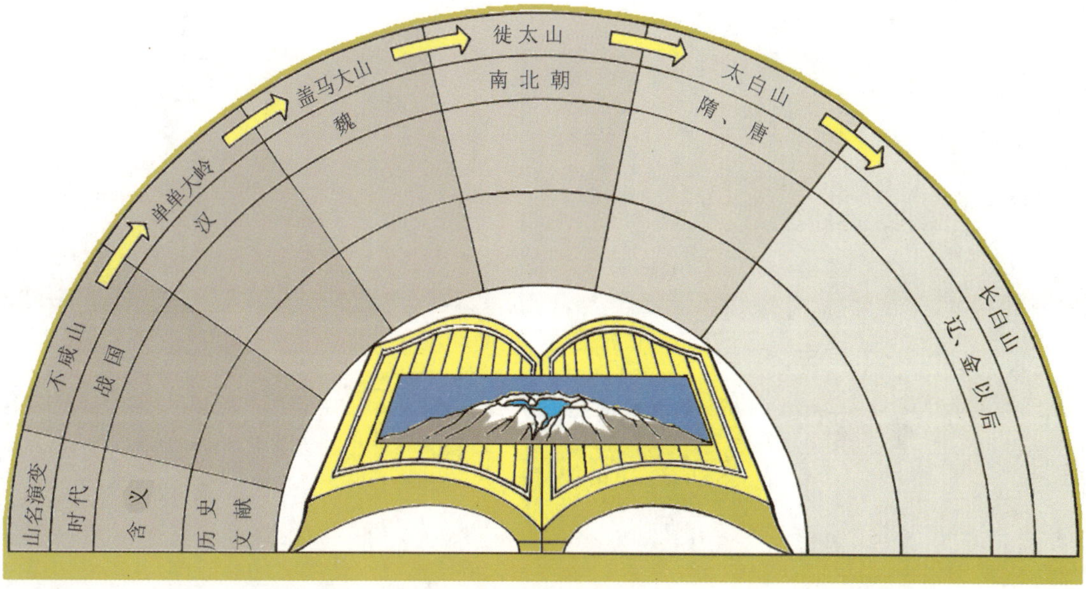

徒太山
南北朝
盖马大山
魏
太白山
隋、唐
单单大岭
汉
长白山
辽、金以后
不咸山
战国
山名演变
时代
含义
历史文献


图11-1 长白山名称演变图

## 11.2 我国历代王朝在长白山的行政设置

历史上，在东北地区，繁衍生息在“白山黑水”间的民族主要有肃慎族、秽貊族、夫余族、高句丽族、东胡族、鲜卑族、乌桓族、室韦族、蒙古族、靺鞨族、渤海族、契丹族、女真族、满族、汉族等。虽然有些民族在历史发展中互相融合或融合于汉民族中，但他们在开发和捍卫“白山黑水”的过程中都承担过历史重任，并做出了贡献。生活在长白山的各民族都受到中原王朝的册封，其土地都是中国疆域。中国历来在长白山地区有治理机构或行政设置，对长白山进行有效的管辖。从下面几幅历史地图中就可以看到，长白山从远古时代就在中国管辖之内。

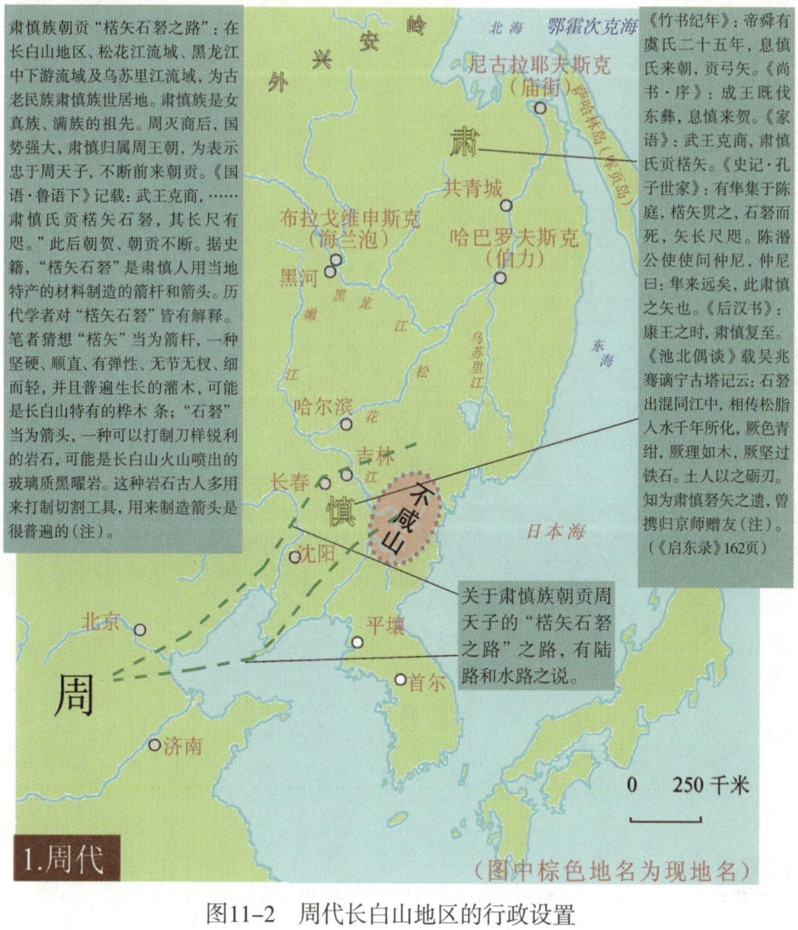

肃慎族朝贡“楛矢石砮之路”：在长白山地区、松花江流域、黑龙江中下游流域及乌苏里江流域，为古老民族肃慎族世居地。肃慎族是女真族、满族的祖先。周灭商后，国势强大，肃慎归属周王朝，为表示忠于周天子，不断前来朝贡。《国语·鲁语下》记载：武王克商，……肃慎氏贡楛矢石砮，其长尺有咫。”此后朝贺、朝贡不断。据史籍，“楛矢石砮”是肃慎人用当地特产的材料制造的箭杆和箭头。历代学者对“楛矢石砮”皆有解释。笔者猜想“楛矢”当为箭杆，一种坚硬、顺直、有弹性、无节无杈、细而轻，并且普遍生长的灌木，可能是长白山特有的桦木 条；“石砮”当为箭头，一种可以打制刀样锐利的岩石，可能是长白山火山喷出的玻璃质黑曜岩。这种岩石古人多用来打制切割工具，用来制造箭头是很普遍的（注）。
《竹书纪年》：帝舜有虞氏二十五年，息慎氏来朝，贡弓矢。《尚书·序》：成王既伐东彝，息慎来贺。《家语》：武王克商，肃慎氏贡楛矢。《史记·孔子世家》：有隼集于陈庭，楛矢贯之，石砮而死，矢长尺咫。陈湣公使使问仲尼，仲尼曰：隼来远矣，此肃慎之矢也。《后汉书》：康王之时，肃慎复至。《池北偶谈》载吴兆骞谪宁古塔记云：石砮出混同江中，相传松脂入水千年所化，厥色青绀，厥理如木，厥坚过铁石。土人以之砺刃。知为肃慎砮矢之遗，曾携归京师赠友（注）。（《启东录》162页）
外兴安岭
北海
鄂霍次克海
尼古拉耶夫斯克（庙街）
萨哈林岛（库页岛）
肃
共青城
布拉戈维申斯克（海兰泡）
哈巴罗夫斯克（伯力）
黑河
黑龙江
嫩江
乌苏里江
松花江
哈尔滨
吉林
长春
慎
不咸山
沈阳
日本海
北京
平壤
首尔
周
济南
关于肃慎族朝贡周天子的“楛矢石砮之路”之路，有陆路和水路之说。
0 250千米
1.周代
（图中棕色地名为现地名）


图11-2 周代长白山地区的行政设置

周代，居于长白山的肃慎族臣属于周朝天子，周称其地为“吾北土也”，肃慎族为表示忠于周而以“楛矢石砮”来贡。

关于“吾北土”：长白山历代为我国东北先民肃慎的领土。周时在东北设立郡县，对忠于周天子并纳贡于周的肃慎先民生息之地“白山黑水”向视为“吾北土”。《左传》鲁昭公九年：“肃慎、燕、亳，吾北土也。”

中国是多民族国家，有悠久的历史和广大的疆域，在历史演变中，不管各民族之间经历怎样的变迁，中国始终领属黑龙江全流域及其发源地长白山全山域，这是早有历史记载的。

注：在长白山区出土文物中发现用黑曜岩制造的箭头，如和龙市兴城遗址中就发现了黑曜岩矛和黑曜岩簇。长白山中现仍可找到黑曜岩碎块。黑曜岩为玻璃质火山岩，“石砮”多为黑曜岩所制。

图11-3 战国时代长白山地区的行政设置

图11-4 秦代长白山地区的行政设置

**图11-3 地图标注：**

《史记·朝鲜列传》："自始全燕时，尝略属真番、朝鲜，为置吏，筑障塞。"长白山及其北部地区皆为燕所辖。

东域：我国古代称肃慎地为东域。《启东录·叙》："帝出乎震，东方也"，"东方之位，天地之所以成始而成终"。《淮南子》："东方多君子之国，信哉。"这里的"东方"就是"东域"，指的就是松花江流域和黑龙江流域，还包括一部分辽河流域。

**图11-4 地图标注：**

北海：我国先民称为北海，即今鄂霍次克海。

东海：我国先民称为东海，即今日本海北部。

战国时的燕国，在东北设立郡县。燕将秦开北击东胡，东击朝鲜，尝略属朝鲜，为置吏。长白山地区为燕所管辖。

秦于公元前222年灭燕，燕之旧领属之地皆属秦，秦代设置辽东郡，长白山区属辽东郡外徼。

汉武帝时，在长白山区设苍海郡。公元前108年灭朝鲜后，遂于其地置玄菟等四郡，长白山隶属玄菟郡。前汉时在长白山地区设高句丽、上殷台、西盖马三县管辖长白山。

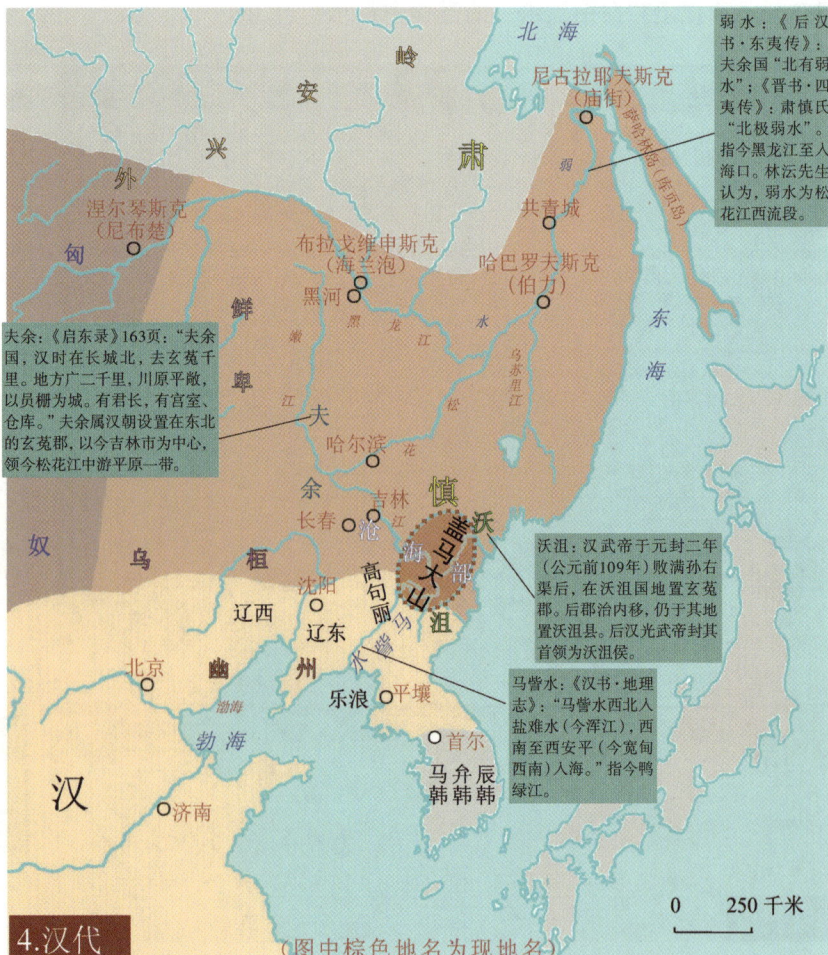

**图11-5 地图标注：**

弱水：《后汉书·东夷传》：夫余国"北有弱水"；《晋书·四夷传》：肃慎氏"北极弱水"。指今黑龙江至入海口。林沄先生认为，弱水为松花江西流段。

夫余：《启东录》163页："夫余国，汉时在长城北，去玄菟千里。地方广二千里，川原平敞，以员栅为城。有君长，有宫室、仓库。"夫余属汉朝设置在东北的玄菟郡，以今吉林市为中心，领今松花江中游平原一带。

沃沮：汉武帝于元封二年（公元前109年）败满孙右渠后，在沃沮国置玄菟郡。后郡治内移，仍于其地置沃沮县。后汉光武帝封其首领为沃沮侯。

马訾水：《汉书·地理志》："马訾水西北入盐难水（今浑江），西南至西安平（今宽甸西南）入海。"指今鸭绿江。

图11-5 汉代长白山地区的行政设置

关于"黑水":南宋使者洪皓及至金地,险遭不测,被流放到冷山(今黑龙江省五常市),身陷金国一十五年,著《松漠纪闻》。中有:"长白山在冷山东南千余里,盖白衣观音所居……黑水发源于此,旧名粟末河;契丹德光破晋,改为居混同江。"

此"黑水"即指今黑龙江、松花江、乌苏里江及汇合后直至入海口。松花江发源于长白山,故有"黑水"发源于长白山之说。黑水为我国先民领属,故有"黑水白山"之说。
《长白汇征录》22页:"周秦以前,统名肃慎。考东方国,最古者曰肃慎……查《后汉书》《晋书》载其国界,南包长白山,北抵弱水(即今黑龙江),东极大海。广袤数千里。"4页:"唐虞之际,唯肃慎氏国于不咸山之北。厥后相继而王,介乎辽沈之间,曰夫余氏,建都鸭绿江流域,襄百济吞三韩者,是为高句丽。汉岭东七都尉,悉属乐浪。魏晋时,三沃沮惟北沃沮领肃慎南界。亦越挹娄、勿吉、渤海靺鞨、契丹诸国,接踵齐驱,或袭前朝旧壤,或迁新国上京,筚路蓝缕,以启山林,总不离白山黑水之间。"

辽在"白山黑水"设大王府统治:计有五个大王府:
(一)长白山女直大王府,在今松花江上游、图们江流域,和龙、安图等地属之。(二)鸭绿江女直大王府,在今鸭绿江流域,含今宽甸、集安、临江一带。(三)回跋部大王府,在今辉发河流域。(四)蒲卢毛朵部大王府,在今海兰河流域及朝鲜咸兴平野。(五)濒海女直大王府,即东海女真,在今俄罗斯沿海州、珲春以东沿海一带。

混同江:指今松花江及黑龙江下游至入海口。《吉林通志》387页:"《契丹国志》曰:混同江,古之粟末河、黑水也。《大金国志》曰:长白山,黑水发源于此,旧名粟末河,契丹改名混同江。《松漠纪闻》曰:'黑水,掬之微黑。契丹目为混同江。是皆以黑水为混同江也。而《金史世纪》直云:'混同江亦号黑龙江。'"389页:"而今之松花、混同二名,实为上下游之通称。然取发源高远之义,则自长白山以下宜定名曰松花江(即松阿哩之义),论其受三江(嫩江、乌苏哩江、黑龙江)之大,则自嫩江以下始宜称曰混同江(会典《图说》如此)。因地定称,各有攸属。义符于古,名应其实,则源流不紊,而名号秩然矣。至于脉其枝流之吐纳,诊其沿路之所躔,则别为水道,详记于后焉。"

室韦:我国古代民族,分布于黑龙江南北两岸之地、嫩江流域、额尔古纳河一带。从北魏到唐代,向中原王朝纳贡。

靺鞨:先世为肃慎、挹娄、勿吉。分布于松花江流域及黑龙江中下游,东至日本海。

《新唐书·黑水靺鞨传》:开元十三年(725年)其酋来朝,拜勃利州刺史,于是置黑水府,以部长为都督,领黑水经略使。其地南距渤海,北东际于海,西抵室韦,南北表二千里,东西千里。《地理志》:黑水都督府,开元十四年(726年)置(《启东录》226页)。

渤海国:唐代我国东北以靺鞨粟末部为主体的地方政权。按唐制建立政治、经济制度,使用汉文。向唐朝贡,请封号。

粟末水:亦为速末水,指今源于长白山的西流松花江。

图11-6　唐代长白山地区的行政设置

唐高宗灭高句丽后,在辽东置安东都护府,长白山为其辖地。后唐王朝设立渤海都督府,长白山区受辖于渤海政权。开元中,在黑龙江下游置黑水府。

女真:我国东北古代民族,分布于松花江流域和黑龙江中下游流域,东至海。北宋末,阿骨打统一女真各部,建立金国,境内北至外兴安岭上的火鲁火疃谋克(位于女真称精奇哩河,俄称结雅河的上游)。《松漠纪闻》9页:"女真,即古肃慎氏也。五代时始称女真,其后避契丹讳,更为女直。"

纳水:又称那兀江、嫩泥江、那河,指今嫩江。

长白山女真大王府
鸭绿江女真大王府
大金得胜陀颂碑

图11-7　辽、金、宋时期长白山地区的行政设置

辽阳行省:直属元朝中央政府的一级行政区。辖境西起滦河、辽河、嫩江,南及朝鲜东北部地区、长白山,东至于海,包括今乌苏里江以东和黑龙江以北的大片土地。

那兀江:指今嫩江。
宋瓦江:指今松花江。

图11-8　元时期长白山地区的行政设置

辽灭渤海国,在其地置东丹国,长白山区属东丹国。辽在女真族聚居地区设大王府,其中有长白山女直大王府和鸭绿江女直大王府。长白山地区隶属之。金在东北设府、路,长白山地区为曷懒路所辖。

元代在东北设辽阳行省,其下设路、道、府,长白山东北大部为开元路辖区,"开元路南镇长白之山";长白山西南地区为东宁路所辖。

明永乐七年（1409年）设奴尔干都司，辖境包括黑龙江、精奇里江、乌苏里江、松花江流域、库页岛。

据《皇明四夷考》，明初女真族分布在"混同江东，东濒海，西接兀良哈，南及朝鲜，北至奴尔干"。

明代在东北设辽东都司和奴尔干都司，长白山最初受辖于辽东都司，后辖于奴尔干都司。

此时，李氏朝鲜将其北境扩至图们江南岸。

关于库页岛：《吉林通志·舆地志》425页：库叶岛在宁古塔城东北三千余里，混同江口之东大海中，旧隶三姓。《新唐书》："黑水东北有窟说部，亦号屈说。又流鬼南与莫曳鞨邻。"明《开原志》："苦兀在奴儿干海东。"《明一统图》："东北夷有兀列部。"特林碑亦有东海苦夷之语。今舆图作库叶，一作库页。凡窟说、屈说、莫曳、苦兀、兀列、苦夷、库页，皆库叶同声志也。其地四围皆海。虽一洲岛，而幅员千里，为混同江口大护沙。其间捕牲部落曰库页、曰费雅喀、曰鄂伦春。岁时贡貂皮于吉林。《一统志》谓为宁古塔所属大洲。《会典图说》谓为三姓所属海以外大洲。《盛京通志》之混同江口大洲，《水道提纲》之海中大长岛，皆此地也。南北袤长一千六百余里，东西最阔三四百里或一二百里。距西岸近处仅百里许。地形天矫，如游鱼中脊，有山连峰，自北至南，松林相望，蜿蜒不绝。

图11-9　明时期长白山地区的行政设置

关于庙街：庙街（图中庙屯），在黑龙江出海口，唐为羁縻黑水部都督府辖地。明属奴尔干都司。清初为吉林三姓副都统所辖。1850年，沙俄侵入黑龙江流域，侵略军驻扎庙街，并以沙皇尼古拉的名字改庙街为尼古拉耶夫斯克。沙俄东西伯利亚总督穆拉维约夫率兵舰直驱瑷珲城，施加压力，强迫清廷重新划定中、俄边界。关于《中俄瑷珲和约》：1858年，道光帝侄奕山在黑龙江将军任内，屈服于沙俄的军事压力，被迫签订了《中俄瑷珲和约》，将外兴安岭以南、黑龙江以北约60多万平方千米的中国领土"作为俄罗斯所属之地"割让。乌苏里江以东约40万平方千米的中国领土"作为两国共管之地"。关于《中俄北京条约》：《东陲纪闻》（秦岱源，1919年）："溯我国乌苏里江以东诸地之丧失，实由于北京条约……奕䜣少不更事……俄使索乌苏里江以东至海滨之两国公有地为报酬，竟许与之。"沙俄又将这片中国领土完全侵占。这样，沙俄从"白山黑水"掠去100多万平方千米的土地。

康熙二十四年（1685年）清军将侵入中国的沙俄军队驱逐出雅克萨。康熙二十八年（1689年）在尼布楚签订议界条约，确定中俄边界以外兴安岭为界。

清朝，吉林省由吉林、白都讷（又作伯都讷）、阿勒楚喀、宁古塔和三姓共5个副都统辖区组成。领有黑龙江下游、乌苏里江流域、松花江流域、长白山，东临大海，跨界领有库页岛，是我国海岸线最长的沿海大省。

图11-10　清时期长白山地区的行政设置

清代初设吉林将军，管辖范围北至黑龙江入海口及北海中的库页岛。实行行省制度后，长白山区分隶奉天、吉林两省，设长白府管辖长白山，"总控三江长白山脉"。因长白山区域过广，管辖难周，增设安图县。

506

## 11.3　我国先人祭祀长白山简述

世居东北的金国女真人（注：关于女真，宋朝鄱阳洪皓（1088—1155）《松漠纪闻》9 页记载："女真，即古肃慎国也……其后避契丹讳，更为女直，俗讹为女质。"清光绪五年（1879 年）林寿图《启东录》189 页："金国本名珠里真，后讹女真，或曰虑真。尝避契丹主宗真讳，更为女直，俗讹女质……至太祖，以国产金及有金水源，故称大金。案太祖建国之诏曰：宾铁虽坚终亦变坏，惟金不变。号大金，实取此。"），对长白山无限敬畏和崇拜。宋朝洪皓羁留金国时撰写的《松漠纪闻》中记载：女真人认为长白山是白衣观音居住的地方，那里的禽兽都是白色的，人不可轻易走进，唯恐玷污长白山的圣洁，以免招致不幸。女真人认为：他们之所以能统治"白山黑水"，建立金国，是长白山白衣观音的佑护，因此，金国效仿中原历代王朝对名山皆有封号、并建庙宇祭祀的做法，认为长白山是金国发迹兴起之地，理应得到尊崇。

金大定十二年（1172 年）十二月一日，礼部、太常、学士院奏请皇帝下诏封爵，以"兴国灵应王"为爵号，并在长白山北建筑庙宇。庙址即今安图松江宝马城遗址。2013 年 2 月 2 日，张福有在"宝马古城文化研讨会"上，依据金王寂《张子固奉命封册长白山回以诗送之》的七律和《长白山志》381 页载："此城疑即金朝为祭祀长白山所建庙宇之地。"经发掘证明，此城确为金代长白山神庙，被评为 2017 年全国"六大""十大"考古新发现，2019 年被国务院分布为第八批全国重点文物保护单位。《吉林通志》470 页所记描述颇详：庙宇规模宏大，有正殿三间，正门三扇，两夹廊各两间，东西两厢各七间。有举行祭祀的大堂、三间斋戒专用的斋厅、两间制作贡品的厨房、三间差官的寝殿、两间贮藏祭品的仓库等，可见庙宇气势非凡。典礼极为隆重，前往祭祀的仪仗队旌旗招展，浩浩荡荡，前有骑马的前导，后面跟随骑马的差官，数十辆载着祭品的马车由所经过的州县派官兵护送，行人须回避伫立。到达祠所，须戒斋三天。庙宇内外按仪陈设，香烟缭绕。在司仪官的引导下，两名"捧册官"和一名"读册官"缓缓步入大堂，在祭案前，捧册官跪着捧册，读册官高声宣读圣旨，此时，登鼓、钟磬齐鸣，殿堂之下群官跪拜，祭颂之声不绝于耳……文献记载的这些情景，足见典礼之隆重。如此大规模的祭祀，每年春、秋两次降香，严奉祭祀。大典之外，平日，派专门的"看庙户"守护，看庙户每年轮换一次。

明昌四年（1193 年），金国更加强大，"定鼎于燕"，皇帝认为这全仰赖发迹之地长白山，再派差官，率领 1300 人的庞大仪仗队来到祭庙，册封长白山为"开天宏圣帝"。长白山由"王"而升为"帝"，与皇帝共享尊崇之礼。

元朝祭祀长白山沿袭金的祭祀，《长白汇征录》53 页："明昌四年十月，复册为开天宏圣帝，元、明因之。"

到了明朝，统治者加强了对东北的管辖，在长白山地区设立都司、卫所行使主权，并派兵驻守。永乐十四、十五年（1416、1417 年）派张童儿率兵 1000 到长白山的罗延（注：今安图松江一带）屯田开发，并造"长白山寺"。据考，其址可能就是金朝建筑的"开天宏圣帝庙"旧址。新的长白山寺建成后，有女真僧人及近处有善心的僧人看守，并设置"僧纲司"进行管理。庙里的僧人还多次入朝奏报祭山情况。

清代因为视长白山为"龙兴之地"，所以祭山活动更加持久而隆重。

康熙十六年（1677 年），康熙皇帝派遣内大臣武木讷看验和祭祀长白山。此行从五月初五日起行，六月十七日才到达长白山顶，举行祭祀活动，对长白山宣读了康熙皇帝的圣旨。武木讷回到北京后，向康熙皇帝奏报看验和祭山情况后，深得康熙皇帝嘉许，敕封长白山为"长白山之神"。并决定，虽然现在还没建庙，但可在近山之处择地设帐幄立牌致祭，每年春秋两次。

康熙二十一年（1682 年）春夏，康熙帝第一次率皇太子及诸王大臣、八旗将士七万之众东巡吉林，在吉林乌拉的松花江畔面对长白山遥祭，行三拜九叩大礼。

康熙三十七年（1698 年）秋，康熙帝第二次东巡吉林，在松花江畔行望祀长白山大典。

康熙五十一年（1712 年），乌拉总管穆克登奉旨查边，同时祭祀长白山。

康熙五十二年（1713 年），遣一等侍卫觉罗外山祭祀长白山。

康熙六十一年（1722 年），遣散秩大臣觉罗诺尔逊祭祀长白山。

雍正十年（1732 年），因到长白山祭祀路途太遥远，清朝决定在吉林小白山建望祭殿，雍正谕旨："呈遥对长白西北方向，兴建牌楼二座，祭器楼二楹，正殿五楹。"令宁古塔将军常德选殿址。

雍正十一年（1733 年）在吉林乌喇城（今吉林市）西南的温德亨山（俗称小白山）建成望祭殿。望祭殿由吉林将军管理，春秋两季举行祭祀活动，此为大祭；平时每月初一、十五由吉林将军、副都统轮流烧香祭拜。此后，每年都由宁古塔派祭祀官员或由盛京派员到望祭殿祭祀。遇有重大事件，皇帝派钦差代皇帝"御祭"。

雍正十三年（1735 年）十月癸未，遣翰林院侍读学士保良致祭长白山。

乾隆八年（1743 年），乾隆皇帝第一次东巡吉林祭祀长白山。

乾隆十四年（1749年），五月己酉，遣内阁学士世臣致祭长白山。

乾隆十六年（1751年），十二月己酉，遣赫赫致祭长白山。

乾隆十九年（1754年），八月乙卯，乾隆皇帝第二次亲临温德亨望祭殿致祭长白山，祀典非常隆重，皇帝写有望祭诗文《驻跸吉林境望叩长白山》："吉林真吉林，长白郁嵚岑。作镇曾闻古，钟祥亦匪今。邠岐经处远，云雾望中深。天作心常忆，明禋志倍钦。"（此诗选自《吉林通志》上卷第85页。）

乾隆二十年（1755年），六月己巳，遣世贵致祭长白山。

乾隆二十四年（1759年），十一月丁卯，遣储麟趾致祭长白山。

乾隆三十二年（1767年），全面修缮望祭殿。

宣统元年（1909年），东三省总督锡良进呈《长白山灵迹全影》折，向皇帝奏请在圆池修建"长白山神祠"，以祭祀长白山。

长白县鸭绿江北岸的山顶上，有一座古塔，相传为唐代所修，故称为唐塔。清朝在长白府设治时，由设治有总办张凤台命名为灵光塔，意为长白灵光之映印。此塔修建在长白山脚下，人们在此祭祀长白山。

民间祭祀长白山也散见于历史文献。

《长白汇征录》122页记载："查山神之封始于金大定十二年，封长白山神为兴国灵应王，明昌四年，又封为开天宏圣帝。我朝康熙十六年，册封为长白山之神。自此以后，民间相沿成风，而山神之祀，遂遍东山（注：东山，指长白山）矣。"清代祭长白山之神，首次为康熙十七年（1678年），派武木纳的一等侍卫对秦致祭。

《长白汇征录》122页记载：长白山有个叫王诚的人，从山东到长白三十多年，曾经擒获7只老虎，未被虎吃掉，他相信是长白山之神保佑他，年近古稀，自费修庙以祭祀长白山神。

《长白山江岗志略》316页记载："在天池东北岸，钓鳌台上有一石堆，相传女真国王登白山祭天池，曾筑石于台上。"

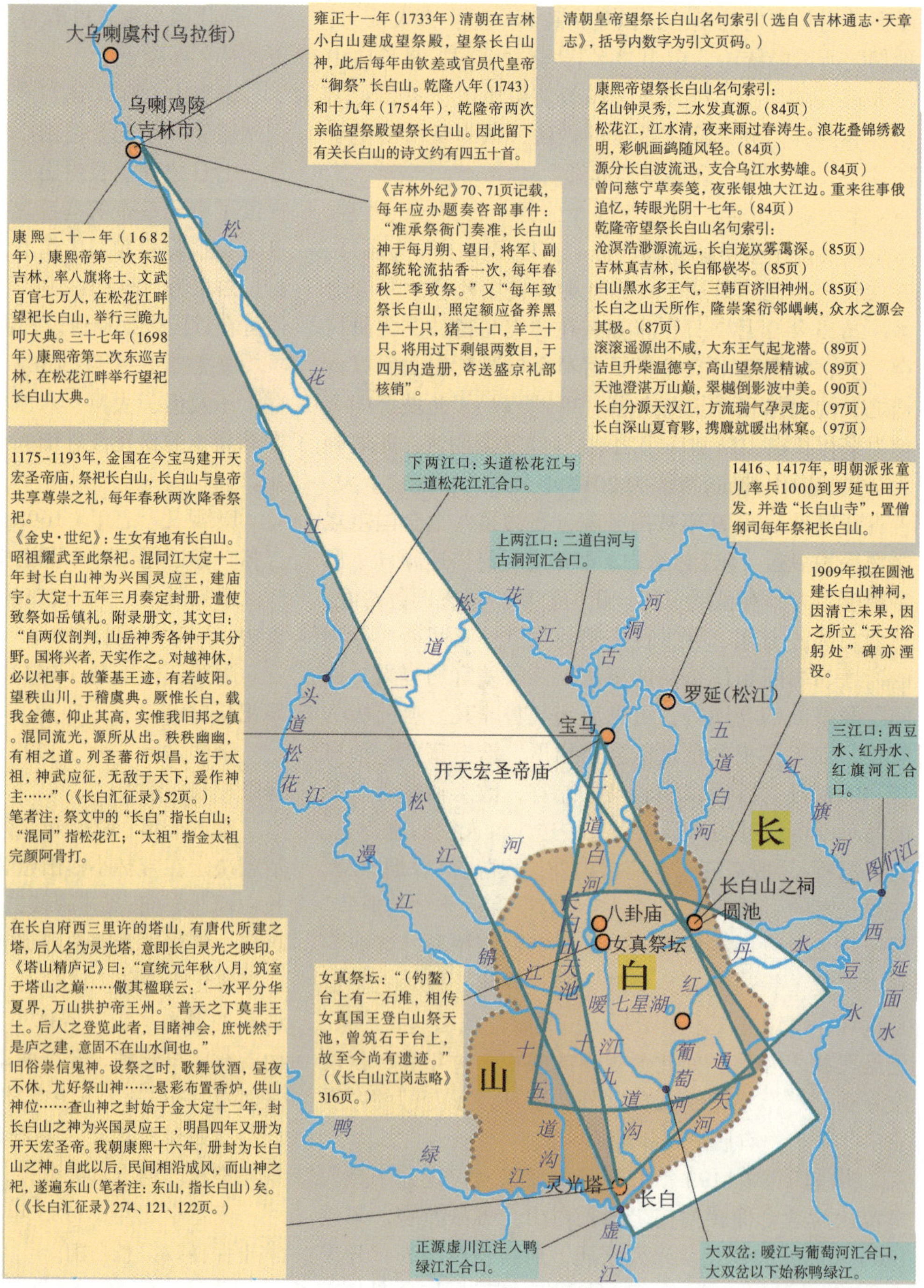

大乌喇虞村（乌拉街）
乌喇鸡陵（吉林市）
雍正十一年（1733年）清朝在吉林小白山建成望祭殿，望祭长白山神，此后每年由钦差或官员代皇帝"御祭"长白山。乾隆八年（1743）和十九年（1754年），乾隆帝两次亲临望祭殿望祭长白山。因此留下有关长白山的诗文约有四五十首。
清朝皇帝望祭长白山名句索引（选自《吉林通志·天章志》，括号内数字为引文页码。）
康熙帝望祭长白山名句索引：
名山钟灵秀，二水发真源。（84页）
松花江，江水清，夜来雨过春涛生。浪花叠锦绣縠明，彩帆画鹢随风轻。（84页）
源分长白波流迅，支合乌江水势雄。（84页）
曾问慈宁草奏笺，夜张银烛大江边。重来往事俄追忆，转眼光阴十七年。（84页）
乾隆帝望祭长白山名句索引：
沧溟浩渺源流远，长白巃嵸雾霭深。（85页）
吉林真吉林，长白郁嵚岑。（85页）
白山黑水多王气，三韩百济旧神州。（85页）
长白之山天所作，隆崇案衍邻嵎峡，众水之源会其极。（87页）
滚滚遥源出不咸，大东王气起龙潜。（89页）
诘旦升柴温德亨，高山望祭展精诚。（89页）
天池澄湛万山巅，翠樾倒影波中美。（90页）
长白分源天汉江，方流瑞气孕灵庞。（97页）
长白深山夏育夥，携麛就暖出林窠。（97页）
《吉林外纪》70、71页记载，每年应办题奏咨部事件："准承祭衙门奏准，长白山神于每月朔、望日，将军、副都统轮流拈香一次，每年春秋二季致祭。"又"每年致祭长白山，照定额应备养黑牛二十只，猪二十口，羊二十只。将用过下剩银两数目，于四月内造册，咨送盛京礼部核销"。
康熙二十一年（1682年），康熙帝第一次东巡吉林，率八旗将士、文武百官七万人，在松花江畔望祀长白山，举行三跪九叩大典。三十七年（1698年）康熙帝第二次东巡吉林，在松花江畔举行望祀长白山大典。
松
花
江
1175-1193年，金国在今宝马建开天宏圣帝庙，祭祀长白山，长白山与皇帝共享尊崇之礼，每年春秋两次降香祭祀。
《金史·世纪》：生女有地有长白山。昭祖耀武至此祭祀。混同江大定十二年封长白山神为兴国灵应王，建庙宇。大定十五年三月奏定封册，遣使致祭如岳镇礼。附录册文，其文曰："自两仪剖判，山岳神秀各钟于其分野。国将兴者，天实作之。对越神休，必以祀事。故肇基王迹，有若岐阳。望秩山川，于稽虞典。厥惟长白，载我金德，仰止其高，实惟我旧邦之镇。混同流光，源所从出。秩秩幽幽，有相之道。列圣蕃衍炽昌，迄于太祖，神武应征，无敌于天下，爰作神主……"（《长白汇征录》52页。）
笔者注：祭文中的"长白"指长白山；"混同"指松花江；"太祖"指金太祖完颜阿骨打。
下两江口：头道松花江与二道松花江汇合口。
上两江口：二道白河与古洞河汇合口。
1416、1417年，明朝派张童儿率兵1000到罗延屯田开发，并造"长白山寺"，置僧纲司每年祭祀长白山。
1909年拟在圆池建长白山神祠，因清亡未果，因之所立"天女浴躬处"碑亦湮没。
头道松花江
二道松花江
古洞河
罗延（松江）
宝马
开天宏圣帝庙
五道白河
红旗河
三江口：西豆水、红丹水、红旗河汇合口。
漫江
长
长白山之祠
圆池
图们江
八卦庙
女真祭坛
锦江
天池
白
红丹水
暖七星湖
西豆水
延面水
葡萄河
通天河
十五道沟
十九道沟
山
鸭绿江
灵光塔
长白
虚川江
在长白府西三里许的塔山，有唐代所建之塔，后人名为灵光塔，意即长白灵光之映印。《塔山精庐记》曰："宣统元年秋八月，筑室于塔山之巅……儆其楹联云：'一水平分华夏界，万山拱护帝王州。'普天之下莫非王土。后人之登览此者，目睹神会，庶恍然于是庐之建，意固不在山水间也。"
旧俗崇信鬼神。设祭之时，歌舞饮酒，昼夜不休，尤好祭山神……悬彩布置香炉，供山神位……查山神之封始于金大定十二年，封长白山之神为兴国灵应王，明昌四年又册为开天宏圣帝。我朝康熙十六年，册封为长白山之神。自此以后，民间相沿成风，而山神之祀，遂遍东山（笔者注：东山，指长白山）矣。（《长白汇征录》274、121、122页。）
女真祭坛："（钓鳌）台上有一石堆，相传女真国王登白山祭天池，曾筑石于台上，故至今尚有遗迹。"（《长白山江岗志略》316页。）
正源虚川江注入鸭绿江汇合口。
大双岔：暖江与葡萄河汇合口，大双岔以下始称鸭绿江。

图11-11　先人祭祀长白山简图

## 11.4 康熙十六年（1677年）康熙派遣内大臣武木讷看验长白山

康熙皇帝视为"龙兴之地"的长白山是清朝的根本，清王朝入主中原后，虽然离开了这片祖宗崛起的大地，但清王朝历代皇帝无不心系长白山，将其视为清王朝的守护神，其中康熙时对长白山"看验"、巡查次数最多。《间岛问题》315页记载："惟考康熙时，遣查满韩境界之举，共有四次：康熙十六年，吴木讷（武木讷）等登长白山观阁门潭；二十三年，勒楚等至鸭绿江为韩人所杀；二十九年，查山等由鸭绿江至图们江南岸；五十一年，则穆克登设立石碑之事也。"此外，康熙帝还不远千里亲自率文武百官从北京到吉林"三跪九叩"望祀长白山。

除了"普天之下，莫非王土；率土之滨，莫非王臣"的帝王观念外，康熙皇帝对长白山情有独钟。他在西方传教士的影响下，对科学有浓厚的兴趣，对长白山的山川分布有相当深入的研究，所以，叠派朝廷重臣到长白山调查和祭祀，康熙十六年（1677年）派遣内大臣武木讷看验长白山就是康熙时最早的一次。

武木讷是清朝入关以后，首位登上长白山的钦差大臣。此次看验长白山，从皇帝到大臣，从京城到边塞都极为重视。武木讷到达吉林后，乌喇将军巴海派协领萨布素（萨布素后升为黑龙江将军）率二百多名八旗兵一路护送。康熙坐镇北京亲自指挥，武木讷在看验长白山的途中，也与皇帝保持着密切联系，甚至在途中还接到康熙帝从北京经千里驿道跑马传送过来的谕旨。《长白汇征录》50页记载："二十八日正行之际，适遇颁到敕旨，当即叩头谢恩讫。"这在当时交通闭塞、环境恶劣、路途遥远的条件下是难以想象的，可见这是康熙时的一次非凡之举。

武木讷，满洲正黄旗人，曾经是康熙帝的侍卫，后逐步升至内大臣。他与康熙帝关系密切，因看验长白山有功，被康熙帝召至养心殿，让朝廷画师为他画了一幅肖像画，并赐给他，让他的子孙世世供享。这是一种规格相当高的恩赐。他去世于任上，康熙帝赐号为"尽忠臣"，并赐祭文称其"性行纯良"。

康熙十六年（1677年）四月十五日，武木讷和皇帝的一等侍卫兼御前侍卫费耀色、一等侍卫塞护理被召入宫内，康熙帝对他们说：长白山是祖宗发祥之地，至今没有人确切知道它的情况，你们到镇守吉林乌喇将军处，找几个熟悉路线的人带路，到长白山详细看验，以便考虑祭祀典礼；另外，再到宁古塔地方巡查一下。通知沿途各驿站，做好准备，大暑之前你们就出发。

武木讷等四人五月五日从北京出发，十四日到达盛京（沈阳），二十三日到达吉林乌喇地方。此时的吉林将军是巴海，当武木讷向巴海颁布了康熙帝的谕旨后，巴海极为重视，立即部署看验长白山。

巴海是沙尔虎达的长子，沙尔虎达是镇守宁古塔总管，死后由巴海袭职，任宁古塔将军，后移驻吉林乌喇，为吉林将军。吉林将军辖区向北到外兴安岭，包括整个黑龙江流域，向东越乌苏里江，至今鞑靼海峡和库页岛。巴海是清朝东北显赫的封疆大吏。

巴海将军隆重地接待了内大臣武木讷一行，派人召集乌喇村庄的猎户和经常进山采参、采珠的人，向他们了解情况。但这些人都说，没有上过长白山，只是从远处眺望过。这时，有一位叫达穆布鲁的猎人说，他曾经在额赫讷殷地方（注：达穆布鲁所说之处为今抚松漫江）居住。他说，虽然没有亲自攀登过长白山巅峰，但曾经听他父亲说过，在长白山脚下打猎时，曾经背着一头鹿走了三天，第四天才到家，这样算来，长白山离讷殷地方不怎么远。又访问了知道额赫讷殷地方的人，了解从水路或陆路几天才能到达那里。据管猎户噶喇达额赫说，如果骑马陆行，10天可到，如果乘船逆松花江而上，20天可到。但是，如果遇到河水上涨，就难说几天能到了。并介绍，有个叫噶喇的猎人知道陆路怎么走，他可以带路。

于是，武木讷和巴海将军商议，每个人可带上三个月的粮食前往，但考虑这些粮食万一不够，或者马匹乏力也是可能的，可以先运载一大船粮食到额赫讷殷地方预备。巴海将军说，大船恐怕不行，过不了松花江的大险处，可换成17艘小船载粮食前往。并与管猎户噶喇达额赫约定：武木讷大人等趁现在马匹肥壮，应立即从陆路前往，看过长白山后，返回时再由水路到额赫讷殷地方。做了充分的准备后，武木讷等在协领萨布素大队人马的护送下，于六月二日从吉林乌喇起行。

武木讷看验长白山之举，萨布素身负护送保卫钦差的重任，他实际上是这次看验长白山的野外行动总指挥。武木讷能圆满完成康熙帝交给他的任务，萨布素功不可没。

萨布素是满洲镶黄旗人，姓富察氏。顺治年间由领催授骁骑校，即由普通士兵升为军官，武木讷看验长白山时，他已经升为协领。文献记载，他"为人沉勇，好兵略，尤喜观山川形势"，"隘塞险阻，道里远近，多所延访，无不究悉"。武木讷到吉林乌喇时，他正在领兵自宁古塔向吉林"以绳量道里"，应令赶来护送武木讷上长白山。《吉林外纪》第136页，道光七年（1827年）编撰。

　　萨布素带着旗甲二百名护送武木讷骑马从陆路进山。队伍由吉林乌喇出发，先是沿温德亨河谷前进，翻越吉林哈达岭，进入辉发河流域，过那尔轰河，到下两江口，即今头道松花江和二道松花江合流处。意外的是，由噶喇达额赫带领的运粮船队，半个月的行程，7天就到了，水、陆两支队伍顺利会合。武木讷又与萨布素商议：武木讷由陆路改行水路，逆流前往额赫讷殷地方；萨布素带官兵马匹，先由干努河（今头道砬子河）逆流而上至源头，翻越分水岭（今北岗镇一带），进入佛多和河（今二道松江河），再顺流而下，到额赫讷殷会合。分途行进后，武木讷乘船逆流行至今抚松一带地方，萨布素已于前一天到达这里。再往前走，就是一望无际的茫茫林海了。武木讷又与萨布素商议：萨布素先行，让闲散章京（不在编制内的官员）尼喀达与引路人噶喇带领旗甲伐木开道，如果望见长白山，可将情况速来汇报。他们十二日那天又出发了。不久，萨布素即派人向武木讷报告：前行三十里后，到一山顶，爬上树就能看见长白山了，看样子已经不太遥远了。没过多长时间，萨布素又派人回来报告：又登上一座高山，从那里看见长白山相当清晰，约有百余里，山峰上见有片片白光。武木讷考虑，趁现在没下雨，要抢时间急往看视。他留下噶喇达额赫带领一部分人督捕珠蚌。那时的松花江中盛产珍珠，武木讷大概是要采一些珍珠送给皇帝吧。有了前方开出来的道路，武木讷十三日起行，沿着萨布素开的小路走着，速度加快。十四日便与萨布素相会于森林中，队伍白天前进，晚上就在森林里野营。十六日黎明，队伍忽然听到了鹤鸣声，大家一阵惊喜。十七日，云雾迷漫，大雾把一切都覆盖了，大家都辨不出方向，看不见山在何处，无奈，干脆就向鹤鸣的地方寻找。这时候，忽然有人发现了密集的鹿蹄印，大家就沿着这条鹿径走去，居然顺利地来到了长白山脚下。这里是茂密松林中的一片林间空地，地面平坦，覆有元沙（注：元沙，就是浮岩火山灰），有草无木，前面有水，松林离驻扎地半里消失了。林尽处有白桦木，好像是人工栽培的。香木丛生，黄花灿烂。武木讷命令把野营帐篷移到这里驻扎下来。然后，武木讷命令众士兵留在下面，因为要登顶了，"神山"是清静神圣之地，不可由众人乱踩踏。武木讷及其随从走出林外，徒步而行，见长白山被云雾遮盖，不能看清全貌。武木讷等走上前去，朝山跪下，宣读圣旨并礼拜。祭拜刚结束，忽然看见云雾散开，长白山一下子展现在眼前，

历历分明。众人又惊又喜，趁烟消云散之际，正好可以向山上攀登，武木纳等人不胜踊跃，沿鹿蹊而进。这时，来到一片平坦胜地（今西坡口），好像是人工建筑的台基一般。环视一周，遥望山形长阔，走到近处见地势浑圆，在远处所看见的那片片白光原来是山峰上的冰雪。长白山高约有百里，峰顶之上有池，池周围五峰环绕，临水而立。池中碧水澄清，波纹荡漾，池畔无草木。"臣等所立山峰"（今梯云峰、卧虎峰）（注，见512页上），离池水面约有五十余丈，周围宽阔，约有三四十里。池北岸有一像立熊样的东西（今天豁峰），看上去非常小。绕池环立的各山峰势如倒劈，好像要倾倒，令人胆战心惊，"正中一峰特立（今鸡冠岩），群峰旁如门峙"（此12字见于《长白先民传》145页）。望之正南一峰较诸峰稍低（今南坡口及冠冕峰一带），宛然如门，池水不流。山上清泉甚多，处处有水，左为松花江（上源乘槎河，右为大讷殷河（今漫江）和小讷殷河（今锦江）。围绕着长白山都是一望无际的大森林，远望诸山皆低。

　　相视山河毕，礼拜。下山时，崖头有一群鹿，这些鹿见到登山人就惊慌地跑开，但见有七头鹿好像有人推似的，从山崖上一头接一头跌落在闲散章京等人站立的地方，众人十分惊恐。但又一想，这可能是长白山之神赐给他们的礼物，因为上山之时，刚巧就是七个人，众人正饥肠辘辘，一齐向长白山叩谢。从得到鹿的地方向后退两三步，回头再看时，长白山群峰又忽然云雾迷山。他们考虑，神圣清静之地不宜久留，十七日在棚里住了一夜后，于十八日就往回返了。再瞻视长白山仍然是云雾朦胧，看不见山上的白光了。二十一日回到二讷殷河合流之处（今漫江与锦江汇合口，即讷殷古城处）。二十五日回到恰库河（今下两江口上下）。二十八日正行之际，接到皇帝从北京发来的诏令。二十九日自恰库河乘小船沿松花江顺流而下。武木讷等乘一叶小舟，虽历经大险九处但还算顺利。七月一日回到乌喇地方，十二日到宁古塔，武木讷又巡查了会宁府等处，十七日自宁古塔起行，八月二十一日回到北京，即刻向康熙皇帝呈上奏折，呈报看验长白山之行所见所闻。康熙帝下诏："长白山是我朝发祥重地，奇迹甚多，山灵宜加封号，永著祀典，以昭国家茂膺神贶之意。下内阁礼部议，封为长白山之神，每年享祭如五岳。"

　　武木讷看验长白山有功，卒于任，康熙帝赐号曰尽忠臣，赐祭葬如典礼，祭文称其性行纯良，材能供职云。

《吉林外纪》20页记载："吉林乌拉，为满洲虞猎之地。顺治十五年因防俄罗斯造战船于此，名曰船厂。后置省会，移驻将军，改名吉林乌拉。国语，吉林，沿也；乌拉，江也。至长白山一千三百里。"32页记载："吉林城，康熙十二年兵力修建。"38页记载："康熙十五年，宁古塔将军移驻吉林。"《吉林通志》443页记载："吉林将军署，在上仪街北，康熙十五年建，大堂五楹，后为穿堂。"巴海，满洲镶蓝旗人，康熙元年为宁古塔将军，康熙十五年移驻吉林。武木讷到来时，正是由吉林将军巴海接待。

"二十三日至乌拉地方，转宣上谕于将军等"。武木讷又走访当地居民，选取识路之人，筹划看验长白山事宜。拟定从水路和陆路两条路线同时向长白山进发。由协领萨布素（后来的黑龙江将军）率兵二百同行保护。

六月二日，备足三个月的粮草，武木讷一行骑马由陆路向长白山前进。

武木讷一行沿温德亨河谷向南前进。

翻越库勒讷窝集（今吉林哈达岭），进入辉发河流域。

渡过辉发河。

八日，武木讷一行到达讷阴地方江干（今下两江口），与萨布素的水路队伍会合。

十日，武木讷一行改乘船溯松花江前往讷阴。

十一日，武木讷至额赫讷殷，与十日已先期到达的萨布素队伍会合，商议由萨布素带队先行开路。

十二日，先行的萨布素两次差人向武木讷报告：已经望见长白山，不甚遥远，见有片片白光。留下噶喇大、额黑等在河中督捕珠蚌。（笔者注：古时松花江盛产东珠，《吉林外纪》109页："每年乌拉总管分别派官兵，乘船裹粮，溯流采取。遇水深处，用大杆插入水底，采者抱杆而下，入水搜取，蛤蚌携出，眼同采官剥开，或百十内得一颗。包裹用白花封记，至秋后方回。将军同总管挑选，如形体不足分数，或不光亮，仍弃之于河，以示严禁，不敢自私。至冬底人ului剥取。采珠是献给皇帝的。清朝对东珠极重视，王公等冠顶饰东珠多少以分等秩，昭宝贵焉。乾隆帝有专写东珠的诗：《东珠》。）

十三日，武木讷一行由额赫讷殷起程，沿着萨布素开出的路向长白山前进。

十四日，武木讷与萨布素在林中相会。相会地点在今锦江村一带。

十五日，队伍会合后，揣摸方向，继续前进。是夜驻扎在森林中。驻扎地点在今维东一带。

"十六日黎明，闻鹤鸣六七声"，复开道一日。是夜驻扎在森林中，驻扎地点在今玉柱峰、西坡口、梯云峰外坡山麓针叶林和岳桦林交错地带。

"十七日云雾迷漫，不见山在何处，因向鹤鸣处寻路而行，适遇鹿蹊，由此前进至长白山脚下，见一处周围林密，中央地平面圆，有草无木，前面有水，其林离驻扎处半里方尽，臣等随移于彼处驻扎，步出林外，远望云雾迷山，毫无所见，臣等近前，跪诵纶音，礼拜甫毕，云雾散开，长白山历历分明。臣等不胜骇异，又正值可以一路跻攀……"

"山高约有百里，山顶有池，五峰环绕，临水而立，碧水澄清，波纹荡漾，池畔无草木。臣等所立山峰，去池水约有五十余丈，周围宽阔，约有三四十里。"

吉林乌拉，康熙十六年，即武木讷看验长白山时，有满洲兵2521名（《吉林志略》234页。）康熙十三年设立水手营，共有水手丁303名，营造木船（235页）。为武木讷"看验"长白山"载米十七小船以往"。

水路溯松花江而上。因大船不能过松花江大险处，故用十七艘小船满载粮食和装备，由猎户噶喇达额赫等引路航行。

七天后，即六月八日，预计半个月的途程七天便走完，提前到达讷殷地方江干，即今之头道松花江和二道松花江汇合处——下两江口。

萨布素率兵马进入二道松花江支流干努河（今头道碰子河）谷，逆干努河谷陆行。

萨布素率队翻越分水岭进入佛多和河，顺谷西行，向额赫讷殷地方（今抚松漫江）前进。

康熙十六年（1677年）四月十五日，康熙帝谕旨："长白山系本朝祖宗发祥地，今乃无确知之人。尔等四人前赴镇守乌拉地方将军处，选取识路之人往看明白，以便酌量行礼。"内大臣武木讷、一等侍卫兼御前侍卫费耀色、一等侍卫塞护理等奉上谕，于五月初五日由北京起行。

此图中标注的长白山指"松花、鸭绿、土门三大江之源"区域，康熙皇帝多次谕旨中所指即此。长白山是清朝祖先的发祥地。康熙皇帝派遣内大臣武木讷从北京行走43天，行程2000里，到长白山专程看验"祖宗发祥之地"，在长白山主峰上宣读了康熙皇帝的圣旨。回京后，康熙皇帝敕封长白山为"长白山之神"，以"五岳"之首备受尊崇，"每年享祭如五岳"。

十八日，祭拜完毕，下山。二十日，回到额赫讷殷。二十五日，回到下两江口。二十八日，途中接到圣旨，叩头谢恩。七月一日，回到乌拉地方。八月二十一日，回到北京复命，谨具疏以闻。

笔者注：讷殷，明朝时女真部族之一，分布于三音讷殷江（今漫江；三音，满语，好之意；讷殷，流之意）、额赫讷殷江（今松江河。额赫，凶猛之意）、尼雅穆尼雅库河（娘娘库河）、赛珠伦河（头道白河）、安巴图拉库河（二道白河）、阿济格图拉库河（三道白河）、四道白河、五道白河等地，总之，为今长白山松花江上游一带的广大地域。

图11-12　武木讷遵旨看验长白山路线图

括号内为古地名

1　14千米

注：关于看验之地的考证。从武木讷的奏折来看，对天池的描述分两部分：第一部分是站在西坡口所见："山顶有池，五峰围绕，碧水澄清，波纹荡漾，池畔无草木"；第二部分的描述是站在山峰上，在"臣等所立山峰"所见的描述是"去池水约有五十余丈，周围宽阔，约有三四十里，池北岸有立熊，望之甚小。其绕池诸峰势若倾颓，颇骇。瞻视正南一峰较诸峰稍低，宛然如门，池水不流"。那么，"所立山峰"是现在的哪座山峰？从西坡口再向高处攀登，有3种可能：一是向东南方向登上今梯云峰；二是从梯云峰继续向东南方向登上卧虎峰；三是向西北方向登上玉柱峰。从可以看见南坡口"宛然如门"这点看，"所立山峰"应该是卧虎峰。至于登顶玉柱峰，无论从体力消耗还是时间上看，可能性很小，登顶玉柱峰的时间不够，武木讷等毕竟在山上只停留很短时间，因"清净胜地，不宜久留"，就"礼拜下山"了。所以，武木讷看验之地应该是西坡口、梯云峰和卧虎峰一带。

## 武木讷在长白山脚下驻扎设帐地点的考证

康熙十六年（1677年）六月十一日，武木讷与萨布素会合后，于十三日从额赫讷殷（今抚松县一带）继续向长白山行进。行进的路线在额赫讷殷河（今松江河）和三音讷殷河（今漫江及其支流锦江、桦皮河）之间的平岗地带。这里地形微微起伏，看起来更像是倾斜高原，被一望无际的原始森林覆盖着。

经现代地质调查得知，这里是辽阔而平坦的玄武岩台地，是那座高耸入云的长白山火山锥的巨大基座。这个巨型基座是几百万年以来经多次火山喷发形成的，所见的岩石都是黑色的有气孔的玄武岩。玄武岩台地上长满了森林，使这支长长的队伍行进得十分艰难。森林里永远是阴暗而潮湿的，那些参天大树紧密排列着，大树之下是灌木丛和缠绕如织网般的蔓藤植物，最难以通行的地方是千百年来被风刮倒的大树，横七竖八，叠床架屋，到处是陷阱，巨大的倒木上长满了青苔，脚踏上去便能踩出水来。最令人不能忍受的是素有"三要命"之称的蚊子、瞎虻和小咬，而不是隐藏在森林中的猛兽。对付猛兽有士兵的弓箭和大刀，但对云雾般扑面而来的蚊虫，士兵的勇敢和高强的武功无能为力，走在森林中的人们个个被蚊虫咬得脸面红肿，这些小虫对康熙皇帝的钦差大臣也毫不留情，武木讷亦是面目全非。流弹般飞舞的瞎虻叮咬那些驮着帐篷和粮食的马匹，它们成群地趴在马背上吸吮着驮马的鲜血，使马胆战心惊，乱蹦乱跳，士兵们挥动着大把的树枝，驱赶着在马背上吸血的瞎虻，鲜血淋漓。在如此恶劣的环境中，武木讷的队伍十四日与先遣开路的萨布素带领的人马相会于森林中。会合后的队伍朝着长白山的方向边走边探路。

十五日，队伍在森林中又走了一整天，渡过了数条湍急的河流，沿着今桦皮河与今锦江支流梯子河之间的台地上行进。天色渐黑，萨布素命令在森林中搭建帐篷，士兵们忙碌起来，武木讷的队伍在林中空地上驻扎下来。十六日黎明，忽然听到远处有鹤鸣声，他们知道长白山已经离此处不远了。早起的队伍谨慎

而缓慢地行进着。地势逐渐升高，天气变得阴冷，森林逐渐变得稀疏。从队伍行进的时间推测，这天应该接近今维东边防站一带了。十七日清晨，天刚蒙蒙亮，武木讷就走出帐篷查看周围情况，在给康熙皇帝的奏折中他这样写道：

"十七日云雾迷漫，不见山在何处，因向鹤鸣处寻路而行，适遇鹿蹊，由此前进，直至长白山角（脚）下，见一处周围林密，中央地平而圆，有草无木，前面有水，其林离驻扎处半里方尽。自林尽处有白桦木，宛如栽植，香林丛生，黄花灿烂。臣等随移于彼处驻扎，步出林外，远望云雾迷山，毫无所见。臣等近前，跪诵纶音，礼拜甫毕，云雾散开，长白山历历分明。臣等不胜骇异，又正值一路可以跻攀，中间有平坦胜地，如筑成台基，遥望山形长阔，近观地势颇圆，所见片片白光，皆冰雪也。"（《长白汇征录》49页。）

根据此描述，张福有拍摄了一幅符合如此描述的照片（见照片11-1），郑德权得以考证武木讷登顶前搭建帐篷的所在，以便对照。

从景色描述得知，武木讷的队伍最后一站的驻扎之处是岳桦、冷杉、云杉，还可能有长白松（注）。再向高处便是岳桦林带和更高处的高山苔原带了。由于地形的变化，植物分带的界线并非整齐划一，而是参差不齐，呈犬牙交错形态。所以在武木讷立足之地，既有冷杉、云杉等高大乔木，也有岳桦林，还有苔原植被，在丘状起伏的地形之上，构成一幅美丽的风景画。344年前，武木讷在奏折中所描写的风景，每句话都可以与现代所见到的风景一一对应，下面逐句求证：

"直至长白山角（脚）下"——远处是长白山西坡山峰的外坡，距离此地约有六七千米，所见山峰为今玉柱峰、小玉柱峰、西坡口（悬雪崖）、梯云峰和卧虎峰。奏折中所用的"山角（脚）"一词，可确定驻地的方位就是长白山主峰西坡山麓，朦胧的远山就是要去的地方。

"见一处周围林密，中央地平而圆，有草无木"——

因为照片所摄范围所限，"周围林密"的景色无法全部摄入，但从照片右侧依然可以看到茂密的松树林。驻扎设帐之处显然是一片有草无木的林间草地，平坦而开阔。此句话中的"圆"是什么意思？那是因为站在开阔地的中间向四周望去，一般的感觉就是这片平地为圆形，好比我们站在草原的中间，环视周围，感觉那大地就是圆形，那"圆"字应该理解为一种感觉。

"前面有水"——这是奏折中很关键的四个字。在长白山西麓的玄武岩台地上有一些湿地，但能形成沼泽、成为水泡子的并不多。这些水泡子多为季节性的，干旱时节变为泥泞的湿地。武木讷到来之时，是阴历六月十七日，已过干旱期，在较低处是可以见到这样的水泡子的，武木讷的队伍遇上了，所以奏折中才有"前面有水"的记述。长白山西麓山脚下的水泡子并不多见，只有几处，所以，"前面有水"的记述可以成为武木讷驻扎设帐地点的重要证据，只须找到几处"前面有水"的地方，再参照植物分带的景色描述，不难确定究竟哪个水泡子是当年"前面有水"之地了。

"其林离驻扎处半里方尽"——这句话里的"林"字应该是冷杉、云杉为主的森林地带。

"自林尽处有白桦木，宛如栽植"——在长白山主峰外坡，云杉、冷杉林带向高处逐渐变为岳桦林带。这句话描述的正是植物分带交界处的景观，松杉林和岳桦林呈交错分布，"林尽处"的"林"指的云杉、冷杉林带的边缘，这点在本幅照中可以看到。"宛如栽植"，说明武木讷看见的是清一色的"白桦木"，已经没有其他树种混杂其间了，即已经到了岳桦林带了，所以他才描述说，好像是人工栽植的，不然哪能全是"白桦木"？

武木讷没有岳桦的概念，岳桦是现代植物分类的树种，他在奏折中所称的"白桦木"就是岳桦。岳桦是白桦的一种，是长白山中非常耐寒的树木，终年忍受寒风吹袭，形态矮小，枝干弯曲，十分顽强。

"香木丛生"——香木是长白山特产植物。《长白山江岗志略》353页记载："（松香）河两岸产大字香，较他处特多。查香木本，状如矮松，高不足二尺，枝黄，实红，气味清馥异常。谚语南檀北松即指此香而言。焚之可以除湿气、杀毒虫、避瘟疫、清脑筋……余过河上采香掷野火中，其香味之厚，殆过于檀云。"照片中标注的香木，因影像太小，读者可能难以判断植物的属性，但"丛生"是可以看出来的，低矮的灌木，一丛丛地分布在松林之旁。那么，武木讷所称的"香木"是否就是231年后刘建封所说的"香木"？从这种植物分布地域看，指同一种植物无疑。俗称松香河就是现在所称的松江河，音近字不同而已。武木讷设帐之处就在松香河上游的桦皮河一带，这里生长香木。如此看来，奏折中的"香木"就是刘建封记载的松香河上游一带的"香木"。关于香木，《吉林通志·食货志》595页记载："香树，茎直丛生，花黄，长白山最多，可焚以祭神。土人取作香，生近山崖者有节，名竹根香，根作箭筒头极佳。安春香，生山岩洁净处，高一尺许，叶似柳叶而小，味香可供祭祀。长白山所产尤异常香，俗呼为安息香。又七里香，枝叶似安春香，叶大而厚，惟产于长白山，他处不见。"

"黄花灿烂"——武木讷来到之时是阴历六月十七日，正是黄花盛开时节，本幅照片将"黄花灿烂"这一景色摄入镜头，时间、地点都符合奏折中的描述。

奏折中景色的描述与现代实地景色可以对应，这不是巧合，而是武木讷将彼时观察到的情景如实记录的结果。那时的自然景色与现在的自然景色，虽然时间相差三百多年，但对于缓慢的自然变化，无论是山体形状，季节长短，气温高低，雨水多少，都不会有明显的不同，因而长白山的植物分带景观也不会有明显的不同。所以，根据武木讷对驻地景色的描述，完全可以推定武木讷驻扎设帐地点的高程和平面位置。

十七日这天，一大早，武木讷就开始登山了。登山的路线，奏折中没有详细描述。根据野外调查，考证有几条可能的攀登路线：一是走今老虎背路线，二是走今小梯子河谷路线，三是走今梯子河谷路线。不管武木讷走的是哪条路线，最终都会到达今西坡口，即悬雪崖上沿儿的火山口西缘。除了上述这三条路线外，其他坡、崖、岗都有相当的难度，或几乎不可能攀登。相信这些身经百战、经验丰富的将士不会舍近求远或舍易求难，会避开危险的悬崖峭壁，选择最好走的路线，把钦差大臣安然无恙地护送到长白山顶峰之上。

武木讷登顶后，仔细观察了"五峰围绕，临水而立"的天池，宣读了康熙的谕旨，进行了祭祀活动，当天就下山了。回到驻扎设帐处，士兵们点燃了篝火，吃"山灵赐予"的鹿肉。火光照亮了周围的森林，马儿在安静地吃夜草，武木讷、费耀色、塞护理、萨布素、尼喀达、噶喇及二百多名士兵，围在帐篷前的篝火旁，用酒和舞蹈庆贺历尽艰险"看验长白山"成功。篝火烧裂木头的声音打破了长白山原始森林的寂静，他们度过了不眠之夜，这历史的一幕永远留在长白山的群山之中。

照片11-1　武木讷在长白山脚下驻扎设帐地点的考证（在现代照片上据历史文献添绘人马和帐篷（张福有摄　郑德权标注）

照片中注记的八句话（带引号的黄字）皆为《武木讷奉旨看验长白山题奏》原文，分别标注在武木纳在奏折中所描述情景的相应位置上，例如："所见片片白光皆冰雪也"，在玉柱峰、梯云峰、卧虎峰上；"林尽处有白桦木"，是指以松为主的针叶林带，此句标注在岳桦林即"白桦木"上；"黄花灿烂"标注在黄花盛开之处，这个季节正是黄花盛开的季节；"见一处周围林密，中央地平而圆，有草无木"，照片中的实景与奏折相符；"前面有水"四字，其描述的实景是台地上的水泡子。

大纛上"大清"二字系据"穆克登审视碑"横额上"大清"二字推想而来；帐篷式样亦系推想。

需要说明的是，远景诸山峰康熙时并无专名，奏折中仅以"五峰环绕"描述，这幅照片为张福有所摄，郑德权所标注的峰、坡、崖名称，是光绪时由刘建封所命名。

## 11.5　康熙二十一年（1682年）康熙东巡吉林——"祭白山，保黑水"之旅

公元1661年，玄烨继位。六年后，年仅十三岁的康熙帝亲政，即将鳌拜褫职、禁锢，并下令撤藩，三藩叛乱，经八年剿抚，将其平定。年轻的皇帝遂将注意力转向不断侵扰东北的沙俄，康熙说："罗刹侵扰我黑龙江、松花江一带三十余年，其所窃据，距我发祥之地甚近，不速加剿除，边徼之民不获宁息，朕自十三岁亲政，即留意于此。细访其土地形胜，道路远近及人物性情，以故酌定天时地利，运饷进兵机宜，不徇众见，决意命将出师，深入挞伐。"（《吉林通志》875页）为驱逐沙俄进行战争准备。为保护长白山，康熙帝屡派重臣到长白山看验、祭祀，并敕封长白山为"神"。康熙二十一年（1682年），他亲自率领皇太子、诸王、大臣、各等官员及八旗禁军七万之众，浩浩荡荡，向东行进千余里，历时四十一天，到达乌喇鸡陵（吉林），在发源于长白山天池的松花江畔，面向东南，遥望"龙兴之地"长白山，行"三跪九叩"大礼。康熙此行表现了清朝捍卫"白山黑水"的决心。这里叙述的是康熙帝第一次东巡吉林的情况。历史留下的史料有《扈从东巡日录》《鞑靼旅行记》等。

《扈从东巡日录》，作者高士奇，浙江钱塘（今浙江杭州）人，入内廷供奉，授詹事府詹事，后充翰林院侍讲，《大清一统志》副总裁官。康熙此次东巡吉林，他以文学之士侍从，一路上恭记皇帝行程及有关诸事。身为翰林院侍讲，他文学功底深厚，博学多才，历史、地理知识丰富，为此次康熙东巡望祭长白山留下了翔实的史料，弥足珍贵。

《鞑靼旅行记》，作者南怀仁，比利时人，1658年来到中国，1660年应召进京，修历法，受命钦天监监副，经常谒见康熙皇帝，觐讲天文、数学、西方哲学、音乐，1682年特旨加其工部右侍郎。康熙此次东巡，命南怀仁随驾扈从。一路上，南怀仁伴随康熙左右，深得皇帝照顾。此书从西方人的视角记录了皇帝的行程，书中有很多生动而具体的描述，此书可与《扈从东巡日录》互为印证，使康熙此次东巡的情景历历在目。

本书编制康熙东巡吉林望祭长白山行程图，主要依据上述两种史籍，以《扈从东巡日录》记载为主，辅之以《鞑靼旅行记》中的描述，将康熙行程逐日标定在现代地图上，并摘录书中的片断，按日期排列，除个别处加以括注外，原封不动，以求原貌。有关地名和定位，从北京至盛京（沈阳）一段较容易考定，盛京向东至吉林，一过柳条边，地属蛮荒，人迹罕至，地名和定位较难考证，难免疏漏。下面就是逐日行程：

第1天，时为康熙二十一年（1682年）二月二十五日上午8时，康熙帝"率皇太子亲辞两宫毕，由东长安门出东直门。百官集午门跪送，卤簿设东直门外五里……诸王及八旗禁旅以次行，旌旗羽葆，络绎二十余里，雷动云从，诚盛观也……驻跸采果营"。

《鞑靼旅行记》136页记载："皇帝自己骑马走在前面，其次是随驾的十岁王子（注：即皇太子允礽，康熙第二子，1674年生，应为八周岁），后面是三位主要后妃，各自乘坐镀金轿子。再后是各位王爷、朝廷贵戚、各等官员，这些人又为众多的随员和侍从簇拥着，一行总共约有七万人。我奉皇帝之命，也参加了这一远征的行列，一路上伴随着他。一是我要用科学仪器进行观察，记载大气和土地的现象、纬度、磁针差度（注：磁偏角）以及山的高度，同时，还要回答陛下关于天文、气象等的询问，因此，被安排经常在他的左右。他挑选一名官员，在整个旅行中主管我的仪器的安全运输，这些仪器是用马驮着的。在这次长途旅行中，全赖他给了我无微不至的照顾。皇舅（康熙的岳父佟国维，满洲镶黄旗人，时为领侍卫大臣议政大臣）邀我留住在他的帐幕里，同桌共食，确是十分殷切。皇帝从他的马厩中拨出十多匹马给我，其中有不少是他骑过或使用过的，也分配给我随时使用，以便我骑坐的马疲劳时，随时替换。"

第2天，"马首东骞，微风振旆。过三河县……驻跸贤渠庄"。

第3天，"晓行，云气未开，盘山岚翠，缥缈不辨……驻跸玉田县城东"。

第4天，"驻跸丰润县城西。自玉田至此八十里中，地多汀渚。时有凫鹭，飞鸣上下。麦陇（垄）稻塍，畴壤绣错……是夜，云黑无月，周庐幕火，望若繁星也"。

第5天，"驻跸王家店东北，滦州界也。春寒甚厉，拥絮不寐，袭以重裘"。

第6天，"驻跸卢龙县范家庄北。地皆沙碛，微风骤起，则惊尘扑面。上泛舟滦河"。

第7天，"渡滦河，经永平府城南……驻跸抚宁县城西"。

第8天，"过抚宁县，郭外多乔木，参差睥睨。经渝关驿，为唐之渝关，去山海关六十里……驻跸二十里铺，夜听海潮声"。

第9天，"出山海关……出关数里有姜女祠，祠前土丘为姜女坟，望夫石在其侧。是日，行围桦皮山，皇上亲射三虎。皇太子年甫九龄，引弓跃马，驰骤山谷间，矢无虚发。见一虎，射之立毙，万人仰瞻，莫不震颂……驻跸王保河"。

第10天，"迟旦，海日欲出，朝烟变幻，散若绮霞。接顾之顷，焱然四彻，海光浩森，极目无际……驻跸中后所"。

第11天，"驻跸宁远城西，城中居民比屋，梵刹华整，祇树相望，塔碑可辨，多是前朝镇帅所建"。

第12天，"驻跸锦县杏山西七里河。是日，上行围"。

第13天，"清明。关塞地寒，草甲未拆，依依短柳，色变微黄。上憩小凌河，河水澄澈。初闻雷声，细雨旋霁。暮渡大凌河，驻跸东岸。大凌河去锦州四十里……锦州者，以城西有锦川水，故名"。

第14天，"过杏山，驻跸间阳驿"。

第15天，"晓雾溟濛，咫尺不辨，行乱山中，意谓不能见医巫间山色也。顷之日出。经广宁城。医巫间山在城西五里。上有桃花洞，又有圣水盆，三水悬崖下滩，虽冬不冰。仙人岩、飞瀑岩、北镇庙在山下，吕公岩在庙内……驻跸广宁县羊肠河东"。

第16天，"冒雪晓行，天寒如严冬。骋望数十里，绝无村落，平川旷野，如万顷银沙，或高或下。少焉雪霁，云影零乱，回顾医巫间诸山，积素晴岚，别是一境。驻跸滚脑儿"。

第17天，"驻跸白旗堡。地多雉兔，无源水。新凿百井以供行营，绠长泉浅，殊苦不给"。

第18天，"驻跸辽河，又名句骊河。河西为辽西，河东为辽东……是日，上渔于句骊河，获鱼甚多，遍赐扈从、诸王、大臣、从官、侍卫有差"。

《鞑靼旅行记》139页记载："沿途任何城镇，无法安顿这么大的人群住宿，也无法供应。所以一切需用品，必须随着这一行列一同运输。因之，无数的车辆、骆驼、骡、马，或是抄近道先走，或是跟在大队的后面。帐篷、寝具、食具等等，随同这一旅行行列，无法分辨，竟成为一个队伍了。加之，显贵们每天都不断地换乘坐骑，皇帝用的，王爷们用的驮马，也都需要许多士兵牵着。还有准备屠宰的牛群、羊群和猪群也一齐在两旁被驱赶着前进。虽然这一切都和后妃们要经由的道路保持了相当的距离，但是这车、人、兽相掺杂的不间断的大群，还是闹得尘埃飞扬，我们如同前进于无边际的云雾中，风从迎面或是侧面吹过来时，十五步到二十步远的地方，竟至什么也分辨不清。"

第19天，"驻跸永安桥……从沈阳至辽河百余里间，地皆葤泥洼下，不受车马。太祖高皇帝初定沈阳，命旗丁修除（筑）迭道，广可三丈，由辽河一百二十里直达沈阳，平坦如砥，师旅出入便之"。

《鞑靼旅行记》139页记载："为了使皇帝骑马、后妃们乘轿能够通行，从北京城到东边的终点，凡要经过的最偏僻的地方，全都开筑了崭新的道路。路宽十英尺，逾山涉谷，逢河架桥，长达一千多里，尽量修筑得笔直平坦。投到道路两旁的土，堆成一英尺高的规整的土墙，立有标柱，标示里程。道路很好地保护着，晴天如同打谷场一般光滑。为了维护道路，在皇帝和后妃们经过之前，为不准任何人经过，沿途均派人看守着。道路两侧接连不断地挂着绣龙的挂帐。"

第20天，"凌晨微雨，车驾过盛京城（沈阳）中，卤簿尽设，观者填塞道路，咸颂太平天子。是日，谒福陵（东陵，清太祖努尔哈赤陵墓）、昭陵（北陵，清太宗皇太极陵墓）毕，复入城观旧时宫殿……驻跸盛京城东北"。

第21天，"谒祭福陵，在盛京城东二十五里……驻跸盛京城内"。

第22天，"告祭福陵……驻跸盛京城内"。

第23天，"谒祭昭陵，在盛京城北八里许……驻跸盛京城内"。

第24天，"告祭昭陵……是日，赐诸臣宴于盛京大清门，奏乐陈百戏，恩赐有差。既告成功，复宣大赉，非惟汉廷角抵（类似摔交的技艺表演），实则虞阶羽干（一种舞蹈），观瞻者无不抃舞云（鼓掌欢跃；拍手而舞）。驻跸盛京城内。"

《鞑靼旅行记》142页记载："如此九百余里距离间，一天也不停地狩猎之后，我们终于到达了沈阳，在那里享受三四天的休息之乐。"138页记载："辽东首府沈阳，是相当宽敞、优美的，作为君主居住的象征，是神圣不可侵犯的。我一而再，再而三地观测其纬度，确定为四十一度五十六分。比北京高两度。"143页记载："到第五天，他把后妃留在这里，开始了早已预定的到辽东的前面、东部鞑靼继续旅行。"

第25天，"銮舆发盛京。过抚顺旧堡，败垒蓁莽中，居人十余家，与鬼伐为邻。惟一古刹，塑像狰狞，未经焚毁。炉香厨火，亦甚荒凉，过之黯惨……驻跸琉璃河。"

《鞑靼旅行记》137页记载："辽东及其以东地方，全是山岳，为几世纪间从不知斧锯的繁密的老槲林和其他树种的森林所覆盖。间有需用几天才能通过的榛棵矮林，我除了树木如此之多之外，什么也没有记忆……在辽东，村镇全已荒废。残垣断壁，瓦砾狼藉，连续不断。废墟上所建的房屋，毫无次序，有的是泥土夯筑，有的是石块堆砌，大多是草苫的，瓦顶的，木板圈房缘的极罕见到。战争前的许多村镇，其遗迹早已消失。"

第26天，"皇上行围过洼轰木（铁背山），崇山巨阜，岞崿横云，磊磊石崖，连续不断。浑河汤汤，一线围绕。薄暮，策马涉河，河流甚驶。月色如昼，行十余里，至萨尔浒，山势雄峻……驻跸札凯"。

第27天，"告祭永陵。大雪弥天，七十里中，岫嶂嵯峨，溪涧曲折，深林密树，四会纷迎。映带层峦，一里一转……陵后，山气郁葱，树木丛茂……是日，仍至札凯驻跸"。

第28天，"皇上以谒陵事毕，欲巡视边疆，远览形胜，省睹祖宗开创之艰难，兼讲春搜之礼，因率诸王、大臣、侍卫东行。自此入山，诘曲登陟，无复斥堠，但以马行记道里……驻跸嘉祜禅"。

第29天，"行万山中，春雪初融，地多泥淖，马蹄跋涉，登顿为难。时见千嶂嵚岹屹立天际，涧底寒冰，春深未解……驻跸曾家寨"。

第30天，"过哈达城，城在众山间，弹丸地耳。材木獐鹿，甲于诸处。每合围，獐鹿数百，常开一面释之"。

《鞑靼旅行记》140页记载："皇帝连同王侯百官，从此每天都狩猎，为此离开大道，走在道左边的层峦迭起的山峰，这山峰直连遥远的东方的山脉。此时，皇帝从亲卫军中，挑选出三千名弓箭武装的士兵。他们按照一定的顺序和间距，列队绕着山峰，向两侧扩展，圈成一个直径三里的环形。就这样，横越山岭和涧谷，把兽类圈在这个环形网中，再渐渐地围到一块没有树木的低地。三里半径的圆环，缩小到半径仅有二三百步的圆环。然后各自下马（七万人全都骑马，无一人步行），步比步，肩并肩地，穷追那些从洞穴中、从栖息地赶出来的兽类。兽类东窜西跳也找不到逃路，终于力竭就擒。我亲眼看见，用这种办法，仅半日间就抓住三百多只牡鹿和狼、狐狸以及其他野兽。在辽东前方鞑靼的边陲地方，我时常看到一个时辰就捕住一千多只牡鹿和穴居的熊。打住虎有六十多头，这是用另外的方法，使用其他武器击毙的。"

第31天，"道经柳条边，插柳结绳以界蒙古……有私越者，必置重典，故曰柳条边也……驻跸鸥鹰坡"。

第32天，"驻跸庚格。白草黄云，弥漫一状，牧人遗火，野烧横烟，顷刻异观矣"。

第33天，"所过山岭十余，高卑互倾，短长相接，老树稠生，连冈蔽涧，立马崇峦，暮云千里，不堪回望也。驻跸库鲁"。

第34天，"皇上万寿节，诸王、大臣、从官皆诣帐殿前行礼……驻跸三丸山"。

第35天，"驻跸夸兰山。河山渐平衍，细河屡渡"。

第36天，"驻跸阿尔滩讷门，由开原至乌喇驿道也。自嘉祐禅至此，罕有人径。地湫湿黑壤，落叶积雪，穷年相仍，渐成淤泥，深者二三尺，浅者尺余。两山积水，沉滞不流……山谷之间，淀水渟潴，积草凝尘，积尘生草，新者上浮水际，腐者退入淤泥，游根牵惹，累累成墩……土人谓之'塔儿头'"。

第37天，"驻跸塞木肯河，小阜横连，细流萦绕，新增驿道，徙奉天流人居此"。

第38天，"雨行四十里，陂陀微上，树有断行，一山已尽，一山复来，登顿疲劳，不知日暮。驻跸黄河"。

第39天，"宿雨未霁，行五十里，驻跸萨龙河"。

第40天，"雨初霁，行五十里……驻跸苏敦"。

第41天，"行七十里……将至乌喇鸡陵，皇上乘銮舆，率皇太子及诸王、大臣、从官至江干，望长白山行三跪九叩礼毕，鼓吹入城，驻跸将军署内。按，长白山在乌喇南六百里，峰峦绵亘，山巅有潭，南北五里，东西八里，渊深莫测。南流为鸭绿江，北流为混同江……皇上以祖宗发祥之地，曾遣侍卫裹粮往探其胜，春发秋还。具言岩壑清泠，松柏蓊郁，固灵仙之窟宅，山岳之神秀也。今国家有大典礼，必遣使臣祭告，每于此望祀焉"。

《鞑靼旅行记》143页记载："横断四百里，到达了吉林——位于发源自名山长白的松阿嘎江的江畔城市。长白山在吉林南面约四百里，山巅长年为白雪所掩覆，据说高耸云上，所以名曰长白。此山山麓或其支脉，是东鞑靼祖先的诞生地。因此，皇帝一到江畔，立刻下马，面南向山，为祭山和祭祖而三叩首。然后，乘坐金轿，在亲卫武官的簇拥中进入吉林城。"

第42天，"雨，驻跸乌喇鸡陵。又因造船于此，故曰船厂"。

第43天，"冒雨登舟，溯松花江顺流而下，风急浪涌，江流有声，断岸颓崖，悉生怪树……驻跸大乌喇虞村，去船厂八十余里"。

第44天，"驻跸大乌喇虞村。是日已立夏矣，景风不至，尚服重裘。乌喇故城，方广数里，土塘四面，中有一台。落日登临徘徊，寓目江岸，瓦屋数间"。

第45天，"驻跸大乌喇虞村。是日，上欲往观乌稽（森林），因雨不果"。

第46天，"驻跸大乌喇虞村。日暖风恬，客怀休畅，江烟洲草，晴景历历"。

第47天，"驻跸大乌喇虞村。暮雨翻盆，江昏云黑，客舍篝灯，淅沥终夜矣"。

第48天，"晨兴，细雨犹零，流云未歇……上渔于冷堋，是鳟鳇鱼处，去虞村又八十里，冒雨晚归，驻跸大乌喇虞村"。

第49天，"驾发自大乌喇虞村。舟行二十里，风雨欻至，骇水腾波，江烟泼墨，舟楫虺隤不能行，急就岸停泊……驻跸乌喇鸡陵"。

第50天，"驻跸乌喇鸡陵。烟霭连江，积阴不散，乍晴乍雨，顷刻迷茫"。

第51天，"驻跸乌喇鸡陵。上赐镇守诸臣筵宴，赏赉有差"。

第52天，"江雨初晴，銮舆晓发，回望山腰树杪，白雾喷薄，犹含湿翠"。

康熙率领这支庞大的祭祀队伍离开乌喇鸡陵后，返程并非完全按照原路，略述如下：

第53天，至英儿门。第54天，至黄河。第55天，至伊巴旦。第56天，至小雅哈河。第57天，至乌鸦岭。第58天，至西塔克图昂阿。第59天，至威远堡。第60天，至三道铺。第61天，至盛京（沈阳）。第62天，驻跸盛京。第63天，驻跸盛京。第64天，驻跸盛京。第65天，至辽阳。第66天，游千山。第67天，至牛庄。第68天，至沙岭。第69天，至壮镇堡。第70天，至大凌河西。第71天，至七里河。第72天，至宁远。第73天，至中后所。第74天，至王保河。第75天，过山海关，至二十里铺。第76天，至永平府。第77天，至丰润。第78天，至蓟州。第79天，驾回京师。

康熙率领皇太子、诸王、文臣武将、亲卫军、八旗劲旅浩浩荡荡，历尽艰险，第一次东巡吉林望祭长白山，来回历时79天，纵横两千余里。同时，还为驱逐侵入黑龙江的沙俄进行了战争准备和部署。

康熙三十七年（1698年）九月廿六日，康熙帝第二次东巡吉林，至松花江畔望祀长白山。此次东巡距上次东巡过了17年，康熙说："驻跸乌喇之船厂，忆壬戌（注：第一次东巡吉林为壬戌年）春夏巡行此地，每五日一奉请圣祖母太皇太后安，今不可得矣，书志慨慕。"赋诗曰："曾问慈宁草奏笺，夜张银烛大江边。重来往事俄追忆，转眼光阴十七年。"（《吉林通志》84-85页）

图11-13 康熙皇帝东巡吉林——"祭白山，保黑水"之旅行程图

地图注记：

皇太子　康熙帝

康熙东巡吉林"祭白山，保黑水"之旅

康熙帝由乌喇鸡陵乘船顺流而下，检阅水师，视察武备，写下《松花江放船歌》。东巡回京后，调乌喇、宁古塔兵，并置造船舰于黑龙江、呼马儿等处驻守。并造船运粮于松花江上，设立自吉林乌喇至黑龙江瑷珲的驿站。经过数年的准备，驱逐了侵入黑龙江的沙俄侵略者，取得了雅克萨之战的胜利。

《吉林通志·舆地志》387页记载："松花江。长白山在吉林东南，去府城六百余里，高二百余里，其巅有潭曰闼门，周二十九里有奇，松花江出其北。松松江即混同江也，本名鸭阿哩乌拉。魏曰速末水，唐曰粟末，辽曰鸭子河，改曰混同江，混同之名始见于此。金、元及明曾曰宋瓦江，明宣德时始有松花江之名。"（笔者注：关于混同江，我国古代亦称松花江及黑龙江下游直至入海口为混同江。同书同页记载：《金史·世纪》直云：混同江亦号黑龙江。389页记载："而今之松花、混同二名，实为上下游之通称。然取发源高远之义，则自长白山以下宜定名曰松花江（即松阿哩之义），论其受三江（嫩江、乌苏哩江、黑龙江）之大，则自嫩江以下始宜称曰混同江。"

（长白）山麓或其支脉，是东鞑祖先的诞生地。因此，皇帝一到江畔，立刻下马，面向she山，为she山和祭祖而三叩首。"《鞑靼旅行记》143页

皇上乘銮舆，率皇太子及诸王、大臣、从官至江干，望长白山行三跪九叩礼。《扈从东巡日录》109页

皇帝自己骑马走在前面，其次是随驾的十岁王子，他就是几年前册立为辽阔帝国的继承人。后面是三位主要妃子，各自乘坐镀金轿子。再后是各位王爷、朝廷贵戚、各等官员，这些人又为众多的随员和侍从簇拥着，一行总共约有七万人。七万人全都骑马，无一人步行。《鞑靼旅行记》136页、141页

此绿色范围为图11-12《武木讷遵旨看验长白山路线图》范围，可与本图互为参照：当年武木讷看验长白山的行程路线即在康熙帝望祀方向之内。

康熙二十一年（1682年）康熙东巡吉林，在松花江畔望长白山行三跪九叩礼，祭祀后，赋诗《望祀长白山》：
名山钟灵秀，二水发真源。
翠霭笼天窟，红云拥地垠。
千秋佳兆启，一代典仪尊。
翘首瞻晴昊，岩峣逼帝阍。
引自《吉林通志》84页

地名：北京　采果营　①　②三河　贤渠庄　③玉田　④丰润　⑤王家庄　⑥范家庄　⑦抚宁　⑧渝关　二十里铺　山海关　王宝　⑨中后所　⑩宁远（兴城）　⑪杏山　⑫⑬大凌河东　⑭间阳驿　⑮广宁　⑯滚脑儿　⑰⑱白旗堡　辽河　永安桥　沈阳　琉璃河　哈达　萨尔浒　永陵　威远堡　伊巴丹　黄河　伊尔门　苏敦　乌喇鸡陵　大乌喇虞村

松花江　辽东湾　渤海　鸭绿江口　长白山　长白山天池

0 40 80 千米

根据《圣主仁皇帝御制文》中康熙帝对起飞于长白山的龙的构想，将其画到地图上，以使读者对这条巨龙有更形象的认识。

"康熙龙"起飞于长白山，向西南飞越龙岗、千山，跨辽东半岛，"蜿蜒而南，磅礴起顿，峦岭重叠"，飞越旅顺口的铁山，潜入渤海，在渤海中龙脊时起时伏，在皇成（隍城）、砣矶诸岛露出龙脊，在山东登州登陆，飞越山东半岛向西南行八百里降落于泰山。

康熙聘请一位名叫南怀仁的比利时传教士观天象、修历法，此人得以经常觐讲西方的天文学、数学、地理学等。可见，康熙吸收了西方自然科学知识。一位荷兰使节在日记中写道："（康熙）熟悉科学的许多领域，每日都致力于钻研，还要处理国务，所以他在上午和下午都定出一定的时间来专心于学习。"（《清代西人见闻录》84页。）他曾雇用德国人古地利绘制大清版图。康熙四十七年（1708年）康熙帝派驻北京的法国传教士雷知思测绘长白山一带（《日本外交文书》第41卷第一册418页）。这些都说明康熙帝对清朝版图的山川走势是熟知的。"康熙龙"不是凭空想

象出来的，而是受到西方科学思想和科学知识影响的。《圣主仁皇帝御制文》所包含的地理内容是对中国东部山海走势的概括。将康熙对中国东部的山海走势排列起来有如下顺序：长白山、开运山、千山、铁山、渤海湾、隍城岛、砣矶岛、福山、大泽山、鲁山、泰山。也就是说，"康熙龙"及其飞腾走势，是由一系列走向东北—西南方向的山脉和海岛构成的。

按现代地质科学大地构造理论"地质力学"，东北亚确有一条"巨隆"——巨型隆起，这就是新华夏构造体系中的第二条隆起带（图11-15）。此隆起带自长白山始，向西南延续至龙岗、包括千山在内的辽东半岛、隍城岛、砣矶岛、大泽山、昆嵛山、鲁山、泰山。当然，这条现代科学的"巨隆"其两端还有延长。现将《康熙"巨龙"图》和《东亚"巨隆"图》进行对比，发现一个有趣的现象：一位古代皇帝的"巨龙"和现代地质科学的"巨隆"，从走向和所包括的山脉，很大部分可以对应。

无论从地理、地貌还是地质角度看，在亚洲东部确实存在一条东北—西南走向的隆起带，它以绵

延的山脉相连。这条隆起带的两侧是与之大致平行的凹陷带：在东是日本海、黄海；在西是相对凹下的东北平原、渤海、华北平原。很明显，这两条凹陷带夹着这条隆起带，使隆起带更加突出。所以，从古代起，先民在生活实践中，世世代代就对这种地貌布局有着深刻的印象。这种印象不能不对在地理上颇有研究的康熙帝产生影响，所以，他头脑中的东方之龙便形成了，遂有《圣主仁皇帝御制文》载入史册。

长白山是清朝祖宗发祥地，是"龙兴之地"，长白山是肃慎、女真及其后裔满族的根基。作为清朝皇帝，康熙当然要把祖宗发祥地长白山和象征中原的泰山结成一体，或者说，一个是龙首，一个是龙尾；一个是龙的起飞之地，一个是龙的降落之地。这种筋骨相连的关系，使东北与中原不可分离地化为一体了。

从现代地质科学角度看，"康熙龙"有朴素的唯物主义的思维，实际存在的大地构造是它产生的基础，如果没有东北亚大地构造的"巨隆"的背景，康熙帝也不大可能构想出如此气势磅礴的"巨龙"来。这大概也是"康熙龙"与现代大地构造学可以对比的原因吧。

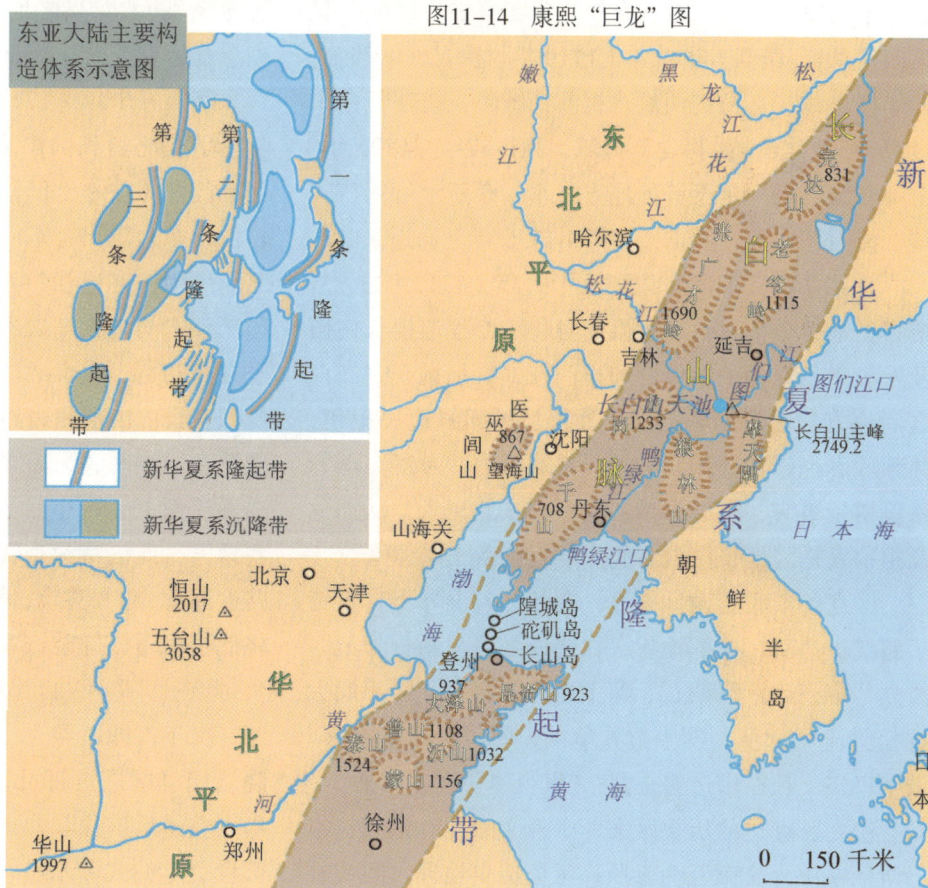

康熙帝

长白、绵亘乌拉之南，山之四围，百泉奔注，为松花、鸭绿、土门三大江之源。

康熙二十一年（1682年）康熙帝东巡乌喇鸡陵（吉林），与诸王大臣、八旗将士在松花江畔望祀长白山，行三跪九叩大礼之地点。

（长白山）其南麓分为两干，一干自西南指者，一干自西而北，复分二支，北支至盛京，西支入兴京门，至金州旅顺口之铁山，而龙脊时伏时现，海中皇成、鼍矶诸岛，皆其发露处也，接而为山东登州，海中伏龙于是乎陆起，西南行八百余里，结而为泰山，为五岳首。

泰山特起东方，张左右翼为障，朕细考形势，知泰山实发龙于长白山也。

古今论山脉九州，但言华山为虎，泰山为龙。

图11-14　康熙"巨龙"图

东亚大陆主要构造体系示意图

新华夏系隆起带

新华夏系沉降带

图11-15　东亚"巨隆"图（左上小图参考《中国大百科全书·地质学》568页，1993年。）

519

康熙皇帝这篇文章载于《吉林通志·天章志》，他把东北的长白山和关内的"五岳"紧密地连在一起，这不仅是地理学上的论述，也是一种以大山为中华民族骨架依托的情结，是对中国广阔疆域超越时空的审视，是中华民族多元一体格局在帝王头脑中的雏形。原文如下：

"古今论山脉九州，但言华山为虎，泰山为龙。地理家亦仅云：泰山特起东方，张左右翼为障。总未根究泰山之龙于何处发脉。朕细考形势，深究地络，遣人航海测量，知泰山实发龙于长白山也。长白，绵亘乌拉之南。山之四围，百泉奔注，为松花、鸭绿、土门三大江之源。其南麓分为二干，一干西南指者，东至鸭绿，西至通加，大抵高丽诸山，皆其支裔也。其一干自西而北至纳禄窝集，复分二支，北支至盛京，为天柱、隆业山。折西为医巫闾山，西支入兴京门为开运山，蜿蜒而南，磅礴起顿，峦岭重叠，至金州旅顺口之铁山，而龙脊时伏时现，海中皇成、鼍矶诸岛，皆其发露处也。接而为山东登州之福山、丹崖山，海中伏龙于是乎陆起。西南行八百余里，结而为泰山，穹崇盘屈，为五岳首。此论虽古人所未及，而形理有确然可据者。或以界海为疑，夫山势联属而喻之曰龙，以其形气无不到也。班固曰：形与气为首尾。今风水家有过峡，有界水。渤海者，泰山之大过峡耳。宋魏校《地理说》曰：传乎江，放乎海。则长白山之龙，放海而为泰山也，固宜。且以泰山体位证之，面西北而背东南。若云自函谷而尽泰山，岂有龙从西来而面反向西乎？此又理之明白易晓者也。"

## 11.6　康熙五十一年（1712年）乌拉总管穆克登奉旨巡查长白山

穆克登，生于康熙三年（1664年），出身清代官宦世家，祖籍珲春东海互尔喀部，富察氏，隶满洲镶黄旗。青年时代曾任康熙皇帝的侍卫，与康熙皇帝关系密切，深得信任。康熙三十七年（1698年）穆克登三十四岁时，回到吉林乌拉，世袭官爵，继任乌拉第四任总管，康熙五十八年（1719年）授吉林副都统，转年授吉林、乌拉街两城八旗前锋统领，统辖长白山区域、松花江流域、黑龙江流域。雍正三年（1725年）出师新疆，任阿尔泰等处地方将军。雍正十年（1732年）授内务大臣，雍正十三年（1735年）病逝。

穆克登在任期间，康熙五十一年（1712年），皇帝召见他，令他以钦差大臣的身份，专程巡视长白山及发源于长白山的鸭绿江和土门江，特别调查"二江之间地方知之不明"处，以杜藩属国朝鲜边民犯越，并到珲春一带加强国防力量，部署兵力，考察在珲春添设协领事宜，以防沙俄从海上向东北侵入，从而危及祖宗发祥之地长白山。这一年，穆克登48岁。

穆克登奉康熙谕旨查边，在朝鲜人误导下，走错了路线，违背了康熙谕旨，在错误之地"勒石为记"，凿立"审视碑"（穆石），留下诸多隐患。光绪年间大批朝鲜流民越垦，发生边界争端，朝鲜以"审视碑"滋生口实。长白山遭遇蚕食，"审视碑"授人以柄。

穆克登查边的历史疑案，中外文献皆有记载，本书所依系中外文献互为参照，考证历史地理，间或补充野外调查结果，力求在穆克登查边这一重大历史问题上，恢复历史本来面貌，确认穆克登"勒石为记"所凿立的"穆石"并非界碑。

清朝入主中原后，长白山悉行封禁，禁例甚严，使民绝迹，官则鞭长莫及，疏于管理，致使封禁之地遭遇窥视，"龙兴之地"不宁，康熙皇帝决定派遣乌喇总管穆克登前往巡查。

康熙五十年（1711年）五月初五日，"仁庙谕大学士等，略谓长白山之西，中与韩既以鸭绿江为界，而土门江（注：土门江为今图们江之音转，下同）自长白山东边流出，东南入海，土门江西南属朝鲜，东北属中国，亦以江为界，此处俱已明白。但鸭绿、土门二江之间地方知之不明，因派出打牲乌拉总管穆克登往查边界。是年八月奉谕旨：'今年穆克登等自凤凰城至长白山查我边界，因路远水大，未获即抵彼处。俟明春冰泮时，另差司员同穆克登，自义州江源造小船溯流而上，若小船不能前进，即由陆路往土门江查我地方，此去特为查我边境，与彼国无涉。但我边内路途遥远，地方甚险，倘中国有阻，令朝鲜国稍为照管。将此情由著该部晓谕朝鲜国本年进贡官员，令其抄写赍付该王。'"（引自《延吉边务报告》69页、70页。）

次年，即康熙五十一年（1712年）二月初七日，晓谕朝鲜国进贡官员，令其抄写带给其国王。五月，穆克登遵旨前往长白山。所率者有侍卫布苏伦、主事鄂世、笔帖式苏尔昌、通官二哥、画师等官员，还有20名甲士、仆役、石匠、行厨等，以及由38匹马及数十名牵夫、背夫组成的辎重队。朝鲜是清朝的藩属国，每岁朝贡。朝贡官带回康熙谕旨后，朝鲜国王特派议政府右参赞朴权、咸镜道观察使李善溥为接伴使，率领朝鲜军官、差使官、通官和引路人等迎接穆克登并陪同进山。

### 1. 朝鲜接伴使朴权上书穆克登试图阻止穆克登前往长白山

朝鲜方面对穆克登查边十分惊恐，先是对穆克登极尽奉承，接着以山川险恶，跋涉极为艰难相恫吓，力图阻止穆克登前往。未遂，又建议：为安全起见，钦差大人不必亲自前往，朝鲜可以派出引路人，带上穆克登的画师，替他到长白山画一张山川地图，归奏康熙帝，如何？但穆克登没理会这些恫吓和建议，并且不准朴权等朝鲜高官路上陪同。

上述情况见载于朝鲜承文院藏《穆克登查边故实》，中有《接伴使请偕行白山贴》记载："伏以大人恭承皇命，辱临远邦，跋履山川，备尝险阻，而志气弥励，勇往不息，尽瘁之义，叱驭之忠，实有令人起敬而兴叹者矣，职等叨忝候任，获睹皇华，非不敢竭诚殚心，以体邦君尊敬之意……侧闻阁下为审两江水源，征旆将指长白山顶，职等于此不胜忧虑之至，盖山顶大池之水，溢而西下为鸭绿上流，而自山下至山顶，其间数百里，俱是断崖峭壁，绝壑深谷，猎夫、佃户仅得攀援穿过，蜀道井陉不足以喻其险也，今阁下以千金之躯，轻涉不测之地，纵有神明之扶护，必致途道之颠顿，此职等所以懔然寒心者也……长白山之高大，甲于海内，虽当盛暑，冰雪不消，况今雨势连日，已有成霖之渐，若于谷中猝遇烈风暴雨，则许多人畜必不免死伤之患……职等愚意有一得焉。鸭绿江之发源于山顶大池，派脉连接，涧谷分明，不待明者而一见可知。阁下倘选跟随中跂捷明敏者数三人，与敝邦译官及知路人偕往看审，且令画师图写以来，则水源山径，可以了然于心目之间，以此归奏，恐无不可，未知阁下以为如何耶？且闻阁下令职等勿为随行，先往茂山待候，此必阁下悯怜职等衰老疲残之状，有此曲恕之教，而职等既受国君之命，候接钦差之行，而自占便安之地，使阁下独冒畏道，此实义分之不敢出也，伏愿阁下俯加谅察，特许职等一人得陪后尘，千万幸甚。康熙五十一年五月十七日。"（摘引自《中国朝鲜族历史研究参考资料汇编》263-265页）

康熙皇帝对长白山颇多了解，康熙四十八年（1709年），康熙帝为绘制《大清一统舆图》聘请法国人用经纬度测量方法，到东北地区用经纬仪测绘了鸭绿江、长白山和土门江的山川形势，这在当时是最先进的测量技术。有丰富地理知识的康熙皇帝对长白山及发源于此的鸭绿、土门二江源区，尚觉得有"知之不明"处，查明此处关系重大，所以，穆克登此行须审视明白。但朝鲜方面不以为然，他们认为康熙帝所说的"知之不明"处应在长白山顶，所以朴权上书中说"侧闻阁下为审两江水源，征旆将指长白山顶"，进而更具体说"山顶大池之水，溢而西下为鸭绿上流"，又说"鸭绿江之发源于山顶大池"。朴权上书中的"山顶大池"就是今天的长白山天池。按朴权的意思，穆克登只须到"山顶大池"审视一下就"一见可知"了。

但康熙帝知道，"二江之间地方知之不明"处，不在山顶，更不在"山顶大池"，而在长白山主峰向南延伸的分水岭上，即在惠山、茂山之间的布达山（葡萄山）。《大清一统舆图》中也是这样绘制的，但只知道大致位置，即在茂山、惠山之间。在穆克登出发前，康熙帝不能不摊开地图向穆克登说明"二江之间地方知之不明"处不在"山顶大池"。另外，康熙帝已有明确指示："此去特为查我边境，与彼国无涉。"既与朝鲜无涉，何须朝鲜接伴使陪同，康熙帝只是让朝鲜在"地方甚险"处"稍为照管"一下而已。穆克登当然要排除干扰，自己选择行程路线，去寻找"二江之间地方知之不明"之地。

但是，穆克登又不可能做到这一点。这是因为：他和他的队伍都是第一次来到长白山，对这里的情况完全陌生，在万山丛中没有向导引路，穆克登的队伍几乎无法前行。所以，还得用朝鲜人引路。清朝对长白山长期封禁，长白久虚而鞭长莫及，但朝鲜潜入者却相当熟悉长白山，这一点从朴权上书对长白山的描述便可知晓。彼昭昭而我昏昏，怎能不被误导？吉林乌拉大总管在自己统辖的长白山反而需要外人引路，这就是封禁的恶果。有先人叹曰："奉旨封禁，地广人稀，遂成瓯脱。"康熙皇帝是知道这种情况的，故谕旨中有"令朝鲜国稍为照管"之意。所以，穆克登又不得不依靠对长白山很熟悉的朝鲜人引导他去审视他并不清楚的"二江之间地方知之不明"之地。但为了减少误导，他只允许朝鲜下级军官及朝鲜"引路人"陪行，他也许觉得这些人与老谋深算的朝鲜高官不同，以为这些人不会误导他。但事实证明，他错了。

就是在这种情况下，穆克登的队伍在朝鲜引路人和下级军官的带领下踏上了查明"二江之间地方知不明"处的征途。

**2. 穆克登被误导错过布达山（葡萄山）和小白山**

穆克登的队伍先是在义州江源造船，然后溯鸭绿江而上，当然，正如上文所述，他不允许接伴使朴权同行，令朴权等到厚州等候。他自己领着他的队伍溯江而上。鸭绿江是一条美丽的巨浸，两岸是陡峭的悬崖和茂密的森林，悠悠江水浮载着皇帝的钦差，昼看漪澜，夜听涛声，一路逆江而上。

10天后到达厚州。厚州是个荒凉的村落，穆克登会见了已从陆上先到这里等候的朝鲜接伴使，再令他们到更上游的惠山等候。第14天，航船到达惠山。惠山是朝鲜的城镇，江对岸中国地方有一座山，山上有一座塔，后人称为灵光塔，为唐朝时所建，故又名唐塔。穆克登是否拜祭了此塔未见文献记载。

惠山以上，鸭绿江变窄变浅，遍布礁石沙滩，无法行船，于是，穆克登一行弃船登陆。一到陆地上，穆克登立刻面对的就是长白山的茫茫林海。崇山峻岭连绵起伏，沟壑纵横，身居其间，南北莫辨，在这样的地方，穆克登只能由朝鲜人在前面带路了。

穆克登此行的档案曾藏于珲春副都统衙门，后来毁于一次火灾，所以有关文献较少。但有朝鲜洪凤汉等《东国文献备考》记当日之情形，这里摘录其《舆地考》中的部分情节（转摘自《间岛问题》293页）：

"洪世泰记云，肃宗三十八年（康熙五十一年，1712年），乌拉总管穆克登来白头山定界（注：朝鲜《舆地考》中的"定界"二字与康熙谕旨"此去特为查我边境，与彼国无涉"完全不同），我国遣接伴使朴权、咸镜监司李善溥，往遇克登于三水府之莲困。克登但与译官金应瀗（德）、金庆门同上山。自挂弓亭下沿五时川，北度柏德七十里，剑门二十五里，昆长隅十五里，有大山当前，乃西渡江水，斩木缘岸，行五六里，路断，复从山坡行。山名桦皮德，视柏德峻，行八十余里，有一小泽，又东行三十余里，登韩德立支当，行数十里，树渐稀，山渐露，自此山皆纯骨，色苍白，东望一峰插天，即小白山也。迤过山址西十余里，至山顶尚有二三十里，稍东有一岭，小白之支也。陟其上脊，望见白头山，雄峙千里，一苍顶，如覆白瓮于高俎。"

将文献中可考之地名标到现代地图上，则行程路线相当明确。这条路线完全按照朝鲜方面的意图行进，即按照朴权上书穆克登咨文中的"征筛将指长白山顶"和"鸭绿江之发源于山顶大池"的说法行进，这就完全违背了康熙的旨意。从朝鲜文献记载中能看出来，那些陪同的官员从上到下都知道穆克登此行的重要意义，那些下级军官、翻译和引路人也不例外，他们当然要按照朝鲜国的意图引导穆克登的队伍直接朝着"长白山顶"走去，根本不理会康熙谕旨中的"知之不明"处并不在长白山顶。具体行程路线如下：从惠山登陆后，过五时川，过柏德岭，过昆长隅，"有大山当前"，这"大山"就是葡萄山（注：康熙时称布达山），按"二江之间地方知之不明"处，穆克登的队伍应该向葡萄山方向前进，因为鸭绿江源和土门江源两两相对者在葡萄山，那里的分水岭上有最为明显的"西为鸭绿，东为土门"的地理要素。但是穆克登在完全不知情的情况下错过了这条分水岭，他的脚步向小白山方向迈去。"乃西渡江水"，这"江水"就是葡萄河。过葡萄河后，又渡过银川沟。"行数十里，树渐稀，山渐露。自此，山皆纯骨，色苍白，东望一峰插天，即小白山也"。这段文字描述了小白山的形貌。小白山及与其毗连的几座山峰都在海拔2000米以上，不长树木，只有高山苔原等低矮植物，远远望去，光秃秃的。穆克登到这里时，山峰上还有未消融的积雪，故有"山皆纯骨，色苍白"的描述。这时，穆克登的队伍所在位置是白水渠上游，他就是在这里"东望"小白山的。穆克登的头脑中没有小白山的概念，他也不知道小白山是长白山主峰的延续，与葡萄山一样，也是"西为鸭绿，东为土门"的分水岭。但是，队伍再一次错过了这条重要的分水岭，没有向小白山攀登，而是朝着相反的方向走去。退一步说，如果穆克登沿着分水岭向东登上小白山，那么他也许能看出小白山也是鸭绿江和土门江的分水岭。

错过小白山后，就"陟其上脊"了，这"上脊"就是现今鲜奥山（仙五山）与马鞍峰之间的山脊。在这里，"离山顶尚有二三十里，稍东有一岭，小白之支也"，这句描述的是，他们向东看见了当今所呼的马鞍峰、间白山和增（层）岩山，这几座山连成一线，它们是小白山的支脉；说"稍东有一岭"，是因为队伍所在的位置在这条支脉迤西。然后，骤然间，长白山主峰的雄姿立刻出现在这支队伍的面前。它高大雄伟，与天相接，峰顶的积雪清晰耀眼，历历在目，整个队伍一定是被震惊了。文献写道："陟其上脊，望见白头山，雄峙千里，一苍顶，如覆白瓮于高俎"，文字虽然没有直接描写观察者的情感，但字里行间却能透出山的高耸和人的惊骇。穆克登被大山吸引着，跟着朝鲜引路人向西北方向走去，他仍然不知道那是他不应该去的错误方向。

### 3. 穆克登在龟山（大胭脂峰）上"勒石为记"

穆克登的队伍从鲜奥山与马鞍峰之间的分水岭上走下来，越过玉沙河向西延伸的河谷，这条河谷东西走向，有季节性流水。再向北是平坦而开阔但步步抬升的缓坡。这里到处是厚厚的火山灰，由于流水冲刷，在火山灰层上形成纵横交错的冲沟，这些冲沟又窄又深。《舆地考》中是这样记载的："从岭底行数里，山皆童濯。行五六里，山忽中陷，成堑，横如带，深无底，广仅二尺，或跃过，或接手以渡。四五里，又有堑，劈木作架以渡。"（《延吉边务报告》第 293 页）"山皆童濯"是指这里的地貌特征。这一带的地势高度都已经超过海拔 2000 米，属高寒地带，地面上除低矮而稀疏的苔原植物外，就是熔岩流和火山灰。越向上攀登，植物越稀少，山峰上寸草不生，一片荒凉，未消的积雪闪着阴冷的光，疏松的火山灰覆盖在坚硬的火山岩的低凹处，所见的山头看上去都圆乎乎光秃秃的。撰此文献的洪世泰以"童濯"二字描写这里的地貌像婴儿没有毛发的脑袋，是恰当的比喻。

朝鲜人终于把穆克登的队伍引导到此地，达到了他们的目的，再走一段距离就能看见朴权上书穆克登信中所说的"山顶大池"了。火山锥顶部这一段路因为是火山锥的外坡，不很陡，不难攀爬。那么现在穆克登到了什么位置？没有很确切的叙述，但从地形分析，穆克登攀爬的路线就是长白山东坡现今公路所在的缓脊。因为，稍有经验的爬山者都会自然而然地沿着较易行走的地方，不是特殊需要，都会选择这条山脊向顶峰攀爬。可以确定，穆克登的队伍登上了现今的紫霞峰和孤隼峰之间的地方，这已经快到火山口缘了，再走几百步就能一览无余地俯瞰天池火山口湖的全貌。

下面，《舆地考》中这样描述："稍西数百步，行至山顶，有池如囟穴，周可二三十里，复不可测，壁削立，若糊丹垣，坼其北数尺，水溢出，为黑龙江源。又东有石狮子，色黄尾鬈如欲动者，中国人谓为望天吼云。"（《延吉边务报告》第 293 页）从这段准确而形象的描述中可以判定，穆克登和随行的清朝官员们是站在今孤隼峰上俯视天池的，因为"稍西数百步，行至山顶"这种描述，无论是从方向上还是距离上都符合现今孤隼峰的位置，非此峰莫属。

这就是说，穆克登登上了长白山主峰。这里是清

王朝发祥地的最高峰，他以钦差的身份代替康熙皇帝从插入云端的孤隼峰上审视了"龙兴之地"的龙潭（长白山天池）。康熙皇帝所构想的巨龙就是在这个美丽无比的龙潭中一飞冲天的，巨龙呼风唤雨，"蜿蜒而南，磅礴起顿，峦岭重叠，……接而为山东登州之福山、丹崖山，海中伏龙于是乎陆起，西南行八百里，结而为泰山"（《圣主仁皇帝御制文》）。

朝鲜学者洪世泰虽然不知道这是一个火山口，但火山口的地貌特征却在文献中做了贴切的描述，他用"有池如囟穴"比喻火山口。"囟穴"是新生儿头顶上的下陷部位，此处颅骨尚未闭合硬化，看上去像个塌陷坑，而天池的最明显的特征莫过于此：高山顶上的塌陷坑。洪世泰写道：囟穴"周可二三十里"，这个目估是比较准确的，现代测量天池周长 13.1 千米。"壁削立，若糊丹垣"，说的是崖壁垂直，如砌的红砖墙一般，正是火山口的特征。"坼其北数尺，水溢出，为黑龙江源"。"坼"，裂开，即池北面的裂口，这是指天池北面的出水口（今闼门），天池水从闼门溢出，经乘槎河瀑布跌落二道白河，再入松花江及黑龙江。穆克登还看见了天池火山口北缘那座颜色和形状都很特殊的山峰，洪世泰又有一个比喻："又东有石狮子"。这头"石狮子"，就是长白山天池出水口（闼门）东边的山峰，光绪年间刘建封命名为天豁峰。天豁峰颜色鲜艳，由橘黄色的浮岩堆积而成，又因风化侵蚀，形状怪异，说它像狮子，很贴切。天池周边如此鲜艳而怪异的山峰仅此一处，无论站在何处看，它都出类拔萃，特别显眼。那么，洪世泰为何又有"石狮子""尾鬈如欲动"的描述呢？这其实是一种气象现象。他们登山那天一定是赶上了晴天，在阳光照射下，山峰上热气膨胀上升，由于空气扰动，使山峰远远望去好像在抖动。因此这个描述是符合实际情况的，是可信的，不亲临现场是难有如此确切而生动的描述的。这个"石狮子"，"中国人谓为望天吼"，这说明在康熙年间，这座山峰已有名称。推敲光绪年间刘建封命名的"天豁峰"和康熙年间的"望天吼"，仅就"天豁"和"天吼"的谐音来看，有着某种内在的联系。

朝鲜人把穆克登带到长白山主峰之上后，达到了朴权上书中的"征旆将指长白山顶"的目的。那么，这里真的是康熙命令穆克登应巡查的"二江之间地方知之不明"处吗？这时候穆克登还没有醒悟吗？他知道被引导到此是走错路线了吗？从穆克登而后的行程分析，他似乎感觉到了这个行程有点不对劲儿。首先，

他看到天池只有一个"圻"，从这个"圻"溢出的水，流入松花江，再入黑龙江，此外并没有别的"圻"向外溢水，天池只是松花江之源。那么，朴权上书为何说"山顶大池之水，溢而西下为鸭绿上流"，又说"鸭绿江发源于山顶大池"呢？接伴使极力阻挠穆克登亲自前往是不是害怕"山顶大池之水，溢而西下为鸭绿上流"的谎言被揭穿？其次，穆克登到实地踏查后，得知土门江与"长白山顶"或"山顶大池"完全无涉，康熙帝谕旨中的"二江之间地方知之不明"处显然不在山顶之上。穆克登凭感觉只是知道须得从山顶之上沿分水岭往南走。但究竟往南走多远才行？他不知道。他带着满腹疑虑从山顶走下来，往南去寻找康熙谕旨中"二江之间地方知之不明"处了。从他而后的行程看，他心里根本没有底，从而导致他走出一个误区后又进入另一个误区。

《舆地考》记载："从冈脊下三四里，有泉出，未数十百步，峡圻为大壑，中注。"（《边务报告》第 293 页）这是什么地方？从孤隼峰上走下来，在这样的距离内可称为大壑者，非大旱河峡谷莫属。此"大壑"南北走向，长 6000 米，宽 1000 米，深 210 米，称"大壑"不为过；"中注"，就是壑底已经有流水了。"大壑"有季节性流水，穆克登上山时是阴历五月十五，应该有水。这个后来被称为"大旱河"的"大壑"是鸭绿江北源，但不是正源。它的位置在孤隼峰和三奇峰以南，清风岭以西。朴权咨文"鸭绿江发源于山顶大池"这句话中的鸭绿江，就是指这个"大壑"而言，朝鲜人也许会说：鸭绿江虽然不是直接发源于山顶大池，但离山顶大池也不算远，从而后的事实看，穆克登默认了朝鲜关于此"大壑"是鸭绿江正源的说法。他下一步就是要找到与"大壑"相对的土门江源，所以他继续往南走。《舆地考》接着记载："又东逾一短冈"，这"短冈"就是清风岭向东延伸的平脊，位于清风岭和大胭脂峰之间（见图 11-18 及图 11-19）。站在此"短冈"上，视野开阔，可极目远眺周围地形，最为触目者莫过于"短冈"北坡下的一条明显的冲沟了。此沟虽然不大，但两岸界线清晰，一目了然。它明确地向东北方向延伸着，切割着光秃秃的山坡和苔原带，钻进远处苍莽的林海中看不见了。这就是后来光绪年间中朝双方勘界人员都十分关注的黄花松沟，亦称黑石沟。黑石沟向北注入五道白河，再与四、三、二、头道白河汇合，向西注入松花江，流入中国内地，流经今吉林市即康熙十五年建在松花江畔的乌喇总管将军

府所在地，穆克登就是在那里每年两次望祭长白山的，如今穆克登在此地看见了松花江的源头。黑石沟虽然与分水岭以西的鸭绿江源头之一的"大壑"（即大旱河）相对，但黑石沟非常明确的走向说明它并不是土门江源头，穆克登肯定知道这一点，所以他并没有停下脚步。同样，朝鲜人也肯定知道那是松花江源头，与土门江无涉。至于后来他们为什么把伪设的国界标识土堆和石堆沿黑石沟筑设，那是另有所图，下文将要说到。

接着，朝鲜文献《万机要览》记载："……上白头山，从冈背下，始得鸭绿江之源，有泉从山穴中出，又东逾一冈，得一泉西流，别出二派，其一派与西泉合，一派东流，又东逾一冈，有泉东流，中泉之歧而东流者来合焉。克登（坐）中泉三水间曰：'此可名分水岭'，以定界伐石立碑。"又有《洪世泰白山记》记载："克登坐中泉三水间，顾谓庆门等曰：'此名分水岭，立碑定界乎？'金庆门曰：'甚善'。"

就这样，穆克登在这条"短冈"上只走了很短的距离就停下来，停在了不应该停的地方。尽管这里是长白山主峰向南延伸的分水岭，但此地离"山顶大池"不过四五里，而分水岭向南延伸有百里之长，这"短冈"仅是分水岭上的起始点，这里绝不是鸭、土二江正源相对之地。但穆克登做了错误的判断，以为这就是谕旨中"二江之间地方知之不明"处的分水岭。于是，他命令在此"勒石为记"，而不是定界。他是否说了"定界"二字，实际上不得而知。位置的选定，从表面上看是穆克登自己选定的，实际上他只不过是对着几股细微的泉流做出的"微观"决定，朝鲜人已经从宏观上把他引导到这里来，即使差上几十步或几股细泉，也符合朝鲜人"征旆将指长白山顶"的目的。这样一来，朝鲜就把国界从布达山（葡萄山）跨越 50 多千米，推到"山顶大池"之旁，所差者只是"山顶大池"尚没能从穆克登手中取得而已。197 年后，长白府设治委员们所哀叹的"如尖锥形直入长白山之中心点，譬如利箭穿胸"的结局盖滥觞于此。

穆克登哪里知道，鸭、土二江的分水岭绵延百里，从大胭脂峰向东南方向过小白山、七星湖旁的黄沙岭、北葡萄山、北实岭、白沙峰、崔哥岭、阿武山等，这些山皆在分水岭上。这条绵延起伏的山岗，处处都是分水岭。分水岭不是一个点，而是一条高低错落走向曲折的线。穆克登应该在这条漫长的分水岭上寻找二江正源两两对举且相距最近处，那才是应该审视之地。

但穆克登没有这样做，他只在这条长长的分水岭上走了几里就停下来。朝鲜人对这里的山川布局十分清楚，他们利用穆克登的不知情，达到了他们的目的，《舆地考》用"甚善"二字表达了他们的喜悦之情。

穆克登虽然选定了"勒石为记"的位置，但又能看出他的犹豫和谨慎，他站在拟凿石之地向东望去，实在没有把握确定那股向东流的细流就是土门江源，因为这股细流在不远处就渗到地下不知所踪了。而"童濯"之下不远处就是苍莽林海，无边无际，极尽天缘，哪里能看得见土门江的痕迹？文献记载了当时的情况："克登谓：'土门源流间断，伏行地中，不可轻议竖碑。'乃令其二人同爱顺往审水道，金应瀗（德）、赵台相随后，行六十余里，日暮，二人者还曰：'水果东流矣。'"这段描述可以看作是由朝鲜人和清朝官员联合进行的水源调查，不用说，还是朝鲜人引路。从现代地理考查得知，从大胭脂峰向东行六十里，所看见的东流之水，从方向、距离推断，就是后来被称为石乙水的河流。从大胭脂峰到石乙水水源处量得距离约23千米，换算成清代的里，约合46里，但这是直距，如果算上弯曲和坡度，差不多就是六十里。须知，石乙水并不是土门江正源，它只不过是土门江源的一条小支流。

穆克登得知"水果东流"后，《万机要览》记载："克登乃使人伐石，广可二尺，长三尺余，又于分水岭取龟趺，碑既具，列书其额大清，字稍大，其下文曰：'乌喇总管穆克登奉旨查边至此，审视西为鸭绿，东为土门，故于分水岭上勒石为记。康熙五十一年五月十五日。笔帖式苏尔昌、通官二哥。朝鲜军官李义复、赵台相，差使官许樑、朴道常。通官金应昌（德）、金庆门。'遂镌而立之。"穆石和龟趺皆为就地取材的火山凝灰岩。粗略打磨、书写、镌刻，挖坑，置龟趺以托碑，砌石填土。石上文字为汉文正楷，字体端严、工整，石额横书"大清"二字，余皆竖书，9行，计82字。

这就是长白山历史上著名的穆石。我国典籍中亦称"查边碑"或"审视碑"。康熙钦命穆克登此行，是到清朝祖宗发祥地查边和审视，康熙皇帝特别强调，"此去特为查我边境，与彼国无涉"。康熙谕旨十分明确，穆克登如何能擅自定界？所以，此碑绝不是定界碑。但朝鲜接伴使上书中为何有"立碑"字样？吴禄贞在《延吉边务报告》71页、72页中写道："虽韩之接伴使呈文有查明交界，分水岭上立碑为标之语，此

盖彼等迎合之词，不得指为立碑者本意也。后之论界务者，乃欲以此为证，致生难决之疑问，夫以不思之甚矣！"

穆克登立石后，并不是顺原路返回，而是向东南方向过木头峰，进入广阔而平坦的黄花松甸。在这里，穆克登看到了连绵高耸的布达山（葡萄山），环视大地，一目了然，那是绵亘千里的长白山向东南延伸的分水岭。布达山以东为西豆水，西豆水的西支流发源于布达山，以河流的长度和水量的丰沛衡量，西豆水是土门江正源；布达山以西是鸭绿江上源通天河（沟），它与西豆水西支流两两对举且最近，按康熙旨意，这个地方才是"二江之间地方知之不明"处。

布达山（葡萄山）为清朝统辖之地，乾隆四十三年（1778年）《盛京吉林黑龙江等处标注战迹舆图》中就标注为"布达山"。穆克登此时看见了从长白山延伸过来的布达山，他怎能不知道那是清王朝的领土？

布达山（葡萄山）位于惠山、茂山之间，穆克登此行的走向应该由惠山到茂山，他应该登上布达山，但是他已经在大胭脂峰上"勒石为记"了。当穆克登沿红丹水再向东走，渡过西豆水，到达茂山时，经过一路的观察，他终于弄清楚惠山到茂山的山川布局原来如此。到这时才完全醒悟，被人愚弄了：朝鲜人引领着他向北兜了个大圈子，远远偏离了康熙谕旨中的"二江之间地方知之不明"处。那么，怎样弥补这个重大的失误？于是，在他离开长白山的十三天后，即五月二十八日，他移咨朝鲜接伴使朴权和咸镜观察使李善溥，商议筑设国界标识之事，内容如下："为查边事，我亲至白山审视，鸭绿、土门两江俱从白山根底发源，东西两边分流，原定江北为大国之境，江南为朝鲜之境，历年已久可置不议外，在两江发源分水岭之中立碑，从土门江之源顺流而下审视，流至数十里，不见水痕，从石缝暗流至百里方现巨水，流于茂山，两岸草稀地平，人不知边界，所以往返越境结舍，路径交杂。故此于（与）接伴、观察同商议，于茂山、惠山相近此无水之地，如何设立坚守，使众人知有边界，不敢越境生事，庶可以副皇帝轸念生民之至意，且你我两边无事。为此相议咨送，康熙五十一年五月二十八日。"（《边务报告》第70页）

在此移文中，穆克登特别强调了"于茂山、惠山相近此无水之地，如何设立坚守"。而这正是朝鲜方不愿意接受的，所以，朝鲜的回咨就避开了这个最关

键最要害的地方。回咨全文如下："朝鲜国接伴使议政府右参赞朴权、咸镜道观察使李善溥等谨呈：为审定境界，树栅立标，以杜日后之弊事。伏以金大人钦承皇命，辱莅敝邦，跋履险阻，查明交界，分水岭上立碑为标。而又虑土门江源暗伏潜流，有欠明白，既以图本，亲自指示立栅之便否，复为面询，犹恐其不能详尽，有此送咨更问之举，其所以仰体皇上一视之仁，俯轸小邦生事之端，委曲谆复，一至于此。感激钦叹，无以为喻。日者，阁下以设栅便宜，俯赐询问，职等以木栅非长久之计，或筑土，或聚石，或树栅，趁农歇始役之意，及大国人监董与否仰的禀。则大人以为，既已定界之后，则立标之时，似无烦大国人来监之事，而农民不可出役，且非一日为急之事。监司主张，随便始役，虽至二三年后完毕，亦且无妨。每年节使之来，以举行形止言及通官转至俺处，则或不无转达皇上之道为教。故职等辞退后，以此意状闻于国王，咨文中两边无事之道，此外更无所达矣。且回咨则有所不敢。谨以呈文仰答，伏惟阁下曲加恕察，不胜幸甚，合行具呈，须至呈者。右谨具呈。康熙五十一年六月初二日。朝鲜国接伴使、议政府右参赞朴权、咸镜道观察使李善溥。"

朝鲜人回咨认为穆克登"勒石为记"是定界，而树栅立标则是与凿立之石相接连处，就是大胭脂峰向东的所谓"土门江源暗伏潜流"地方。完全避开穆克登所强调的"茂山、惠山相近此无水之地，如何设立坚守"的"商议"。

这样，穆克登不但"勒石为记"于错误之地，而且完全丧失警惕，没再回咨强调在惠山、茂山之间立标，而且默认"立标"这等大事由朝鲜单独去做。穆克登就这样匆匆地走了。

清末爱国将领吴禄贞对此事有切骨之述："韩人无所施其伎俩，于是貌托恭顺，又利其速归，力以善后事自任……则彼韩员等何爱于穆，惟恐其久羁行役；又何爱于中国人，立标之事，既愿代劳而并我之监视者亦止之哉！盖以此方僻远为我所不经意，日谋侵越，蓄意已久，一旦查明与彼大有不利，而立标一事，尤为彼所深惧，故借独任之词，阴行其混界之计。穆氏为其甘言所惑，专以委之，于是茂山、惠山相近之地界标之设立如何，竟成疑案，而种种狡赖之词遂从此起。"（《延吉边务报告》74页）

清末，刘建封踏查长白山三江之源后说："当日穆克登，人虽至愚，亦决不敢以肇基重地，拱手献之外人，而甘为千古不肖之臣子。至其受韩人愚弄，于立标时未

经派员监视，致起二百数十年后之国际交涉，已属失着。所幸者，文字不灭，曰鸭绿、曰土门、曰分水岭上，落落数语，确有可据。"（《长白山江岗志略》371页）

### 4. 穆克登走后李氏朝鲜移石筑堆

穆克登在茂山造了4条小船，顺流而下，水陆两支队伍并行，一直巡查到土门江口，在珲春地方稍事停留，沿着嘎呀河北上，去了宁古塔。那么，穆克登离开长白山后，这里发生了什么事？

他们在穆克登走后便以筑土、聚石的形式开始施工界标，但筑设的地点，既不是穆克登令爱顺、金应德等向东行六十里"往查水道"的大胭脂峰至木头峰再往东至石乙水一带，更不是穆克登所指示的"茂山、惠山相近此无水之地"，而是清风岭至大胭脂峰之间"短冈"北坡的黑石沟（黄花松沟）。黑石沟是松花江源头，在松花江流域内，河道明确地向东北方向延伸，入五道白河，再入娘娘库河，再入松花江。此沟与土门江完全无涉。朝鲜人就地取材，用遍布山坡的火山岩碎石堆成石堆，自黑石沟头起在其南岸以密集的距离排列，由于越往山下石块越少，则以土堆代之，相延数十里，这就是朴权咨文中所说的"或筑土，或聚石，或树栅，趁农歇始役"，"二、三年后完毕"的"立标"之举。史称这些标识为"土石堆"。

但穆克登"勒石为记"是在大胭脂峰，并不与黑石沟相接。于是，朝鲜把穆石挖出，移到清风岭上。这样，便与黑石沟的土石堆相接了，从而伪造了一条国界线。

但是，这条伪造的国界线有太过明显的谬误，在光绪年间中朝勘界争端中，朝鲜始终不能自圆其说，因为黑石沟的水无论如何也翻不过老岭流进弱流河，或与海兰江相连更属荒谬。所以，朝鲜放弃了黑石沟这条伪造的国界线。

穆克登查边"勒石为记"的失误，光绪年间，刘建封在《白山边碑辩》中写道："乌喇总管穆克登，奉旨查边，立碑长白山东南麓之分水岭，文曰'审视西为鸭绿，东为土门'含混之辞，贻误殊非浅鲜……一误岂容再误，故不得不作碑辩，为将来勘界者之一助焉。"（刘建封：《长白山江岗志国各》455—457页。）

宣统元年（1909年），筹备长白设治委员张凤台愤然批有《穆石辩》，文中写道："就石文释穆案，决非界碑，已成铁板注脚，洵千古不磨之文，应列入志乘，以资确据。穆总管有灵，当亦倾佩于九泉也，恨不能携此文置之海牙仲裁判所秉公判决耳。"（《长白汇征录》475页《长白设治兼勘分奉吉界线书》）。

敦化

松

花

江

流

域

哈
尔
下
巴
畔
岭
岭

**哈尔巴岭**：满语，哈尔巴意为肩胛骨，对岭之形而言。

**下畔岭**：哈尔巴岭音转。

明月镇

土门岭

朝
阳
河

**穆克登沿嘎呀河谷北上，翻过老岭，去宁古塔将军驻地，结束了奉旨查边之行。**

嘎
呀
河

**穆克登巡视至珲春考察，决定在此增设边防，后于康熙五十三年设珲春协领衙门统辖。康熙五十四年，经领协那儿九勘查，在图们江以东二十里，珲春河北岸修建衙门。皆系草房，并无围墙。（引自《珲春县志》82页，1927年。）**

珲
春
河

**古洞河**：土语"蛊恫河"之音转，意阴险，使坏、多灾之河。

**英额岭**：英额，满语，意为"稠李子"（山荆子），可食之山果。

**延吉**：光绪二十六年（1900年），光绪帝"御赐""延吉"两字，"寓吉林伸展延续，大喜吉祥之意"。

英
额
岭

古
洞
河

**上两江口**：二道白河与古洞河汇合口。

**海兰河**，据《满洲源流考》：金设海兰路；元设海兰府；明设海兰卫。

密占

图们

稳城

甩湾子

珲春

**穆克登在此渡过土门江。**

**窝集岭**：满语，布满森林之岭。现称华集岭。

布
尔
哈
通
河

延吉

通

图

们

慶源

西步江

**娘娘库**：满语，大雁起落之地。

上两江口

江

两江

娘娘库（松江）

海
兰
河

龙井

钟城

图
们
江

黑顶子

**杯秸垛**：满语，小白鱼之意。

和龙峪

**图们江（土门江，统门水），即土门色禽，色禽者，江源之意。**

慶兴

二道白河

奶头山1030.8

杯
秸
垛

和龙

大
林
秸
垛

甑峰山1676.6

火狐狸沟

三合

稽查处

**穆克登巡视至土门江入海口，确证了康熙谕旨："土门江东南入海，土门江西南属朝鲜，东北属中国，亦以江为界，此处俱已明白。"**

图们江口

松
江

三
道
白
河

五
道
白
河

四
道
白
河

松

江

流

域

**三江口**：红丹水、红旗河、西豆水汇合口。

会宁

**穆克登命令造4条小船，水陆并下，沿途巡视土门江。**

长白山天池沟

石
土
山
水

黑
石
土

雄太鱼峰2164.4

穆石

新民屯

大胭脂峰2357.7

小白山2189

北葡萄山2288.6

域

七
星
湖

德化

**亦称红溪河**

红
丹
水

大
满
沟

大
满
沟

长
白
山

甑山1510.2

红
旗
河

长坡

岭

崇善

三江口

茂山

外
四
道
沟

外
五
道
沟

外
六
道
沟

流

**穆克登误认江审视鸭绿，沿红丹水、西豆水至主流土门江，又返行二百里，到达茂山，朝鲜陪伴使已先期到茂山迎候。**

2364
清
风
岭

穆
石
（
暗
移
后
址
）

天
异
河

南葡萄山2434.8

2009

北实岭

白沙峰2056.7

1640

惠
山
、
茂
山
之
间
连
线

西
豆
水
东
支
流

西豆水东支流和西支流汇合口

南（浦）坪

**乌拉总管衙门所在地** **宁古塔**

**宁古塔将军所在地**

**大乌拉**

吉林

上两江口

下两江口

头
道
松
花
江

二
道
松
花
江

松
花
江

发
河

珲
春
河

嘎
呀
河

图
们
江

大鸭绿江沟

鸭
绿
江

分

暖
江
河

南
葡
萄
山

西
豆
水
东
支
流

天
通

崔哥岭1572

阿武山1820.8

**漫岭**：指康熙谕旨中"鸭绿、土门二江之间地方知之不明"地方。

上两江口

下两江口

慶源

慶兴

图们江口

长白山天池

**康熙谕旨中"鸭绿、土门二江之间地方知之不明"处**

茂山

穆石山

惠山

**第14天至惠山。**

**穆克登被误导而走的路线**

鸭
绿
江

九
道
沟

大双岔

**大双岔以下始称鸭绿江**

鸭
绿
江

流
域

崔
哥
岭

五
星
川

通

长白

惠山

石开岭1877

鹤顶岭

**此框内详情见图11—17**

盛京

厚州

**康熙五十一年穆克登奉旨巡查长白山，由盛京至凤凰城，再至义州。**

**第10天至厚州。**

辽
河

浑
河

浑
江

鸭
绿
江

凤凰厅

义州

**穆不许朝鲜接伴使同行，令其到厚州等候。**

**穆命令在江源造船，溯鸭绿江而上。**

**穆克登至义州，朝鲜接伴使朴权等迎接。**

日
本
海

0    40千米

图11-16　穆克登从鸭绿江口至土门江口应巡查的路线和实际走的路线

➡️ 穆克登被误导而走的路线　　- - -➡️ 穆克登遵照康熙谕旨应该走的路线

图11-17　穆克登应巡查路线与被误导路线对比图

　　　　　穆克登被误导实际走的路线　　　　　穆克登遵照康熙谕旨应该走的路线

说明:图中沿行程排列的框内文字①—⑩是从《东国文献备考·舆地考》中引用的,见《间岛问题》293页。

图11-18　穆克登"勒石为记"详细路线图

图11-19　图中ABCD为图11-19立体图平面投影位置

**山峰标注：**

白云峰 2691
玉柱峰 2595.7
2662.3
2543
2670 天豁峰
铁壁峰 2618.2
华盖峰 2624
紫霞峰 2711.9
冠冕峰 2566
白头峰 2658
三奇峰 2720.3
孤隼峰 2749.2
碑后山 2198
龙山 2164.4（大角峰）
玉带山 2160（大胭脂峰）
2364
2357.7（龟山）
2248
南岸 1912.7
鹤顶岭 2114
1974
木头峰 1929.5

**水系标注：**

松花江　松花江流域
鸭绿江　鸭绿江流域
图们江　图们江流域
黑龙江
锦江
松干
鸭绿江干
尾龙岗岭
长白山天池
天文峰
风峦
东湾
南湾
三江源
黑石沟
松江河道
图江分水
五道白河
玉沙河支流
清风岭
暗流
双天河
伏龙岗

0　500米

**注记文字：**

⑥东其北峰数处，水溢出，为黑龙江源。

④又东有石狮子，色黄尾鬣，劲欲观天者，中国人谓为观天狮。

⑤稍西数百步，行至山顶，有池幼圆，周可二三十里，复不可测，岩翮丹壁削立。

③行五六里，山岔中临，岭峻如带，深无底尺，或跃过，或接手以渡。

②从岭底行数里，山背童濯，厚层火山灰或浮石所覆盖。

①望其上脊，望见白头山，雄峙千里，一套头山，如覆白瓮于高俎。

⑦又东渡一短冈，得一泉瀑流，其门冀曰："此名分水岭，立碑定界乎？"金庆门曰："甚善。"

⑧从双岭下三四里，有泉出，未为数十百步，峡拆为大麓，中注。

本图名称的题解：穆克登"勒石为记"不同。

图中中框虚线引自《东三省舆地图》，内文字引自《东国文献备考》。

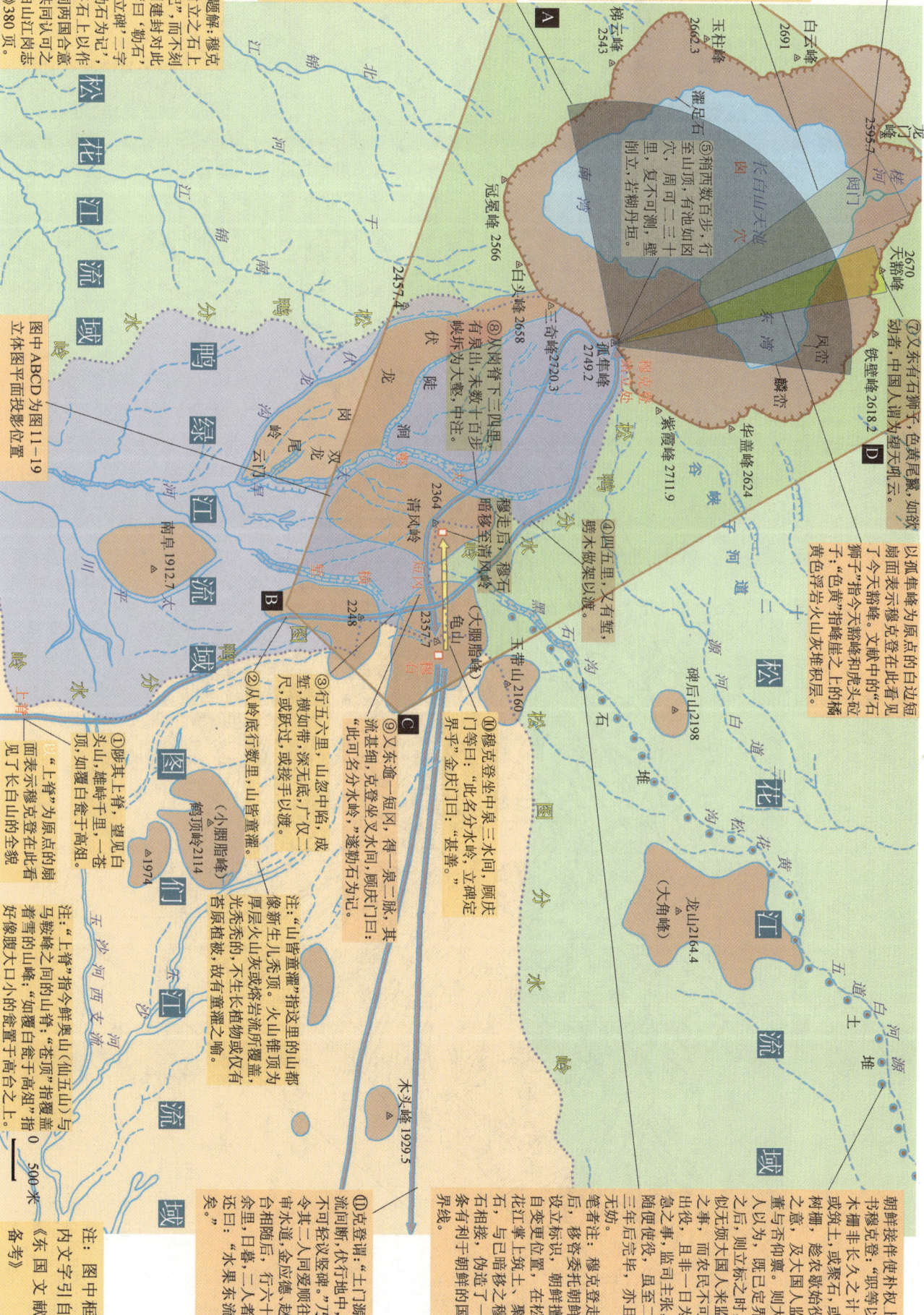

图11-19 暗移之审视碑与松花江掌上土石堆分布图

松花江北源 "长白正源"

松花江南流

松鸭分水岭

松图分水岭

鸭图分水岭

鸭绿江流域

松花江流域

图们江流域

黑石沟

十二道河峡谷

东北
西北
西南
东南

卧虎峰 2506
冠冕峰 2610
梯云峰 2543
玉柱峰 2462.6 2662.3
白云峰 2691
芝盘峰 2630
锦屏峰 2625
龙门峰 2570 2595.7
观日峰
天豁峰 2670
铁壁峰 2618.2
华盖峰 2427.9
天樑口
2156峰

2283（原2号界碑位置）

2525.8（原4号界碑位置）
2457.4峰（原3号界碑位置）

A  B  C  D

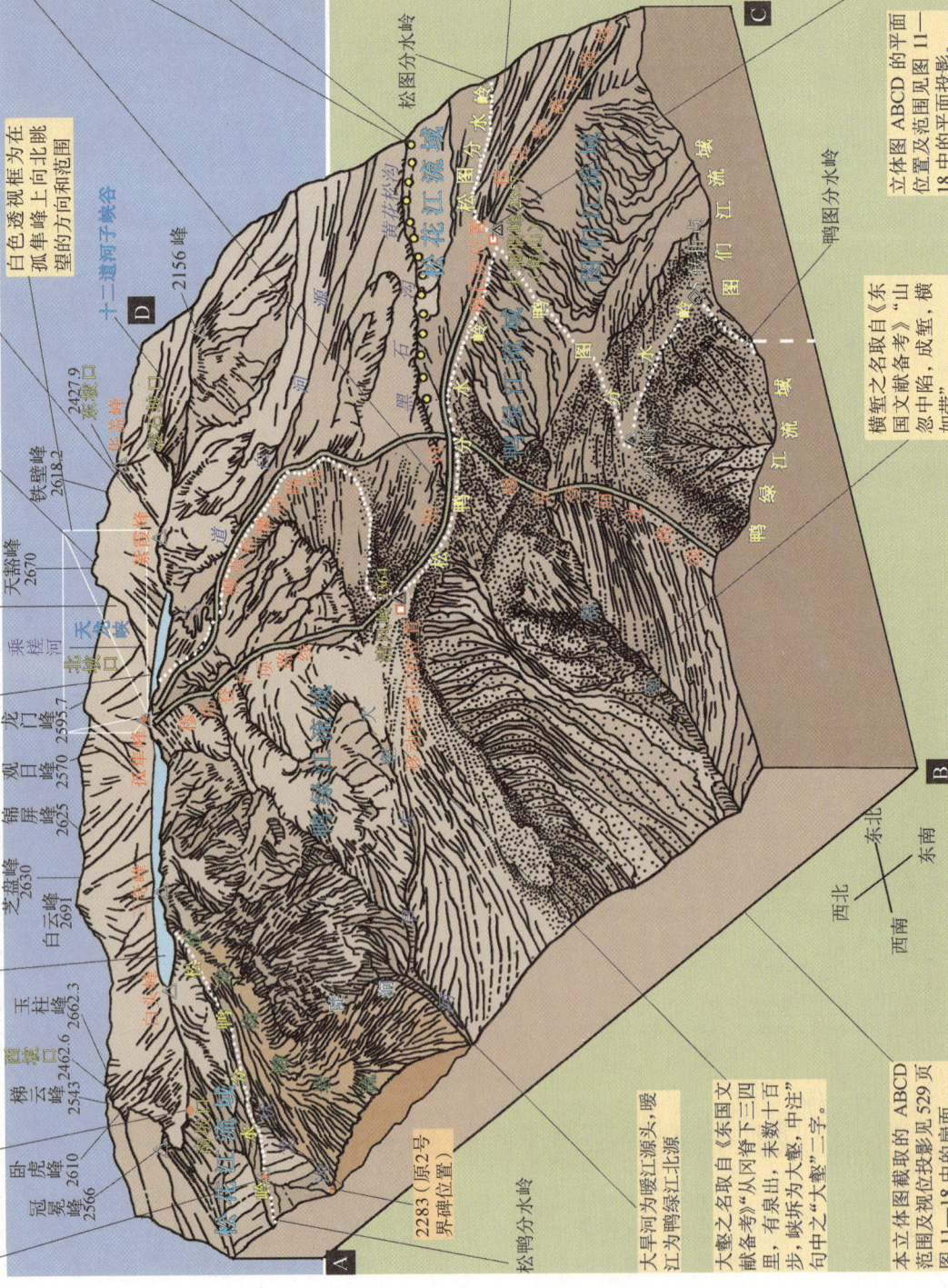

530

清季，腐败的清政府在沙俄的威逼之下失去一百多万平方千米的领土，先是被沙俄掠去黑龙江以北外兴安岭以南的领域，接踵丧失的是乌苏里江以东到沿海，越过鞑靼海峡包括库页岛在内的领域。后来，连图们江口也被封住，使吉林省由我国海岸线最长的省变成没有海岸线的内陆省。日本亦虎视眈眈，日益逼进包括长白山在内的东北地区，"龙兴之地"长白山有失去的危险。俄日强邻如此，朝鲜在日本插手之下，对我国长白山也生觊觎之心，越垦流民屡滋事端，致使中朝发生界务争端。

光绪十一年（1885年）和十三年（1887年），中朝两次勘界，结果是中方步步退缩，国界线逐步向北移动，中国在长白山又失去了大片领土。

在我国东北，领土不断丧失，深深刺痛了清政府和有识之士。在如此严峻的国际环境中，遂有吉林修志之举。修志的理由固然很多，理清地舆疆界，查明山脉分布、明晰水道走向等等地理情况，肯定是一个重要理由。光绪十五年（1889年）成立了吉林志书局，调集大批"学问优长之人"进行前期的资料搜集，舆图测绘等工作。其中荣和就是一位负责绘图的修志官员（见《吉林通志·衔名四》22页）。

荣和，字子清，号白山游士，五品顶戴前锋校。光绪十七年（1891年）奉大宪长命测绘鸡林（吉林）全省舆图，他亲自到长白山勘测以获取第一手实地资料，并写有《长白山闼门泡记》（其文影印件载于《长白山志》426页）。本书即据此文编绘其行程图并简述其事。

荣和于光绪十七年（1891年）四月初一日由省城吉林出发，行进的路线是沿温德亨河谷向南，翻越吉林哈达岭，进入辉发河流域进行调查，来到韩边外领地。

韩边外是山东登州人韩效忠的外号，此人聚集采金工，自任首领，占据大片山场。荣和于十日越过其领地，此时韩边外已归顺清廷，所以荣和勘查辉发河并未受阻。勘毕辉发河，过那尔轰河、头道花园河、二道花园河、三道花园河，于十七日到达汤河。汤河因有温泉而闻名，这里有居民散布。荣和在此地招募多名向导，令他们"持斧开道"。此间，大雨不停，沟涧水涨，前进屡屡受阻，有时数日不能前行。过锦江后，在锦江和松江河之间的台地上行进，较为顺利。于五月十三日抵达梯河温泉，雨还在下。梯河温泉是长白山西坡有名的温泉，荣和称其为"雪窝温泉"，远远就

能看见如蒸笼般的热气升上天空。他们在温泉旁住下，在温暖而干净的泉水中洗尘。第二天即十四日，一行人怀着敬畏之情开始登山。雨还是在不停地下，偶尔稍晴也是云雾迷山，他们只好"冒云穿雾"，"俯行而登至巅顶"。

荣和的调查队在哪里登山？据文中记述此地"浮石盈坡"和"浮石如沙，举步没胫"等情况，认为只有后来所称的梯云峰和卧虎峰外坡与文章中的描述相符，再根据梯云峰外坡岗崖和沟壑的分布，推测荣和一行是沿着今老虎背以东，即今高山花园处，沿小梯子河上游的西北岔、中岔或东南岔从梯云峰外坡的火山灰层上攀爬的。

荣和的调查队攀登到峰顶时，已到中午，这时，忽然"云静天开"，荣和看见了长白山天池深如盂底，周约三十里，湛蓝的潭水，上面还有未融化的冰块。在梯云峰上，他们用测绳丈量了从悬崖到水面的高度。在这里，荣和看见了对面的天豁峰，他用"顶黄色，似冠"描写了天豁峰的特点。他还看见了天池泄水口乘槎河谷，知道那是松花江源。这时，天又下起雨来，而测绘工作还没结束，众人一拜再拜，希望乞得一个晴天。大概虔诚之心真的感动了"长白山之神"，天空果然放晴了，于是，他们重又开始测量，援绳索自悬崖顶下到池边，"坠绳一百六十丈"，这是悬崖的高度。

在测量工作中，有一位向导从天池水面抱得一块厚尺许的冰块，让众人品尝，荣和写道："饮之弥甘芳美，顿觉肺腑清明"，这个小插曲真是生动有趣。后来，天色渐暗，乌云逐渐聚集上来，可惜的是未能绕到天池北面临登绝顶。测量完毕时，天将暮，荣和带领调查队下山了。再回头看，云雾已将大山封住，又下起了雨。第二天，本拟详细测绘山之外围，但雷雨大作，他们在篷中等了五天，大雨也没有停歇，不得已，只好返回。

荣和带领调查队测量长白山天池及其外围，虽然时间很短，但成果丰富，这从《吉林通志》附图即可看出。

《吉林通志》修志名单中，在"绘图"条目下，除了荣和之外还有陈树勋、刘元恺、李越川三人。这四位绘图官负责《吉林通志》的图件编绘。《吉林通志》附图共有14幅，这些附图有很重要的参考价值。在这些附图中，第一图《吉林旧界全图》、第二图《吉林新界全图》、第十四幅《珲春城图》绘有长白山及其周围水系。《珲春城图》还注记有"十字界碑"，这是非常

罕见的，为研究历史上中朝界务争端提供了珍贵的史料。

　　《吉林通志》所附14幅地图，是吉林省和长白山较早的地图。由这些地图可知，他们除了广搜旁引之外，还做了很多实地踏查和测绘工作，在那样的历史条件下，能绘制出这些地图，非常不易。固然，有的地图如《吉林旧界全图》存在不少缺憾，甚至有"政治性错误"（《点校〈吉林通志〉序》中语），后人仍对荣和等在国家危难之时所做的工作表示深深的敬意。

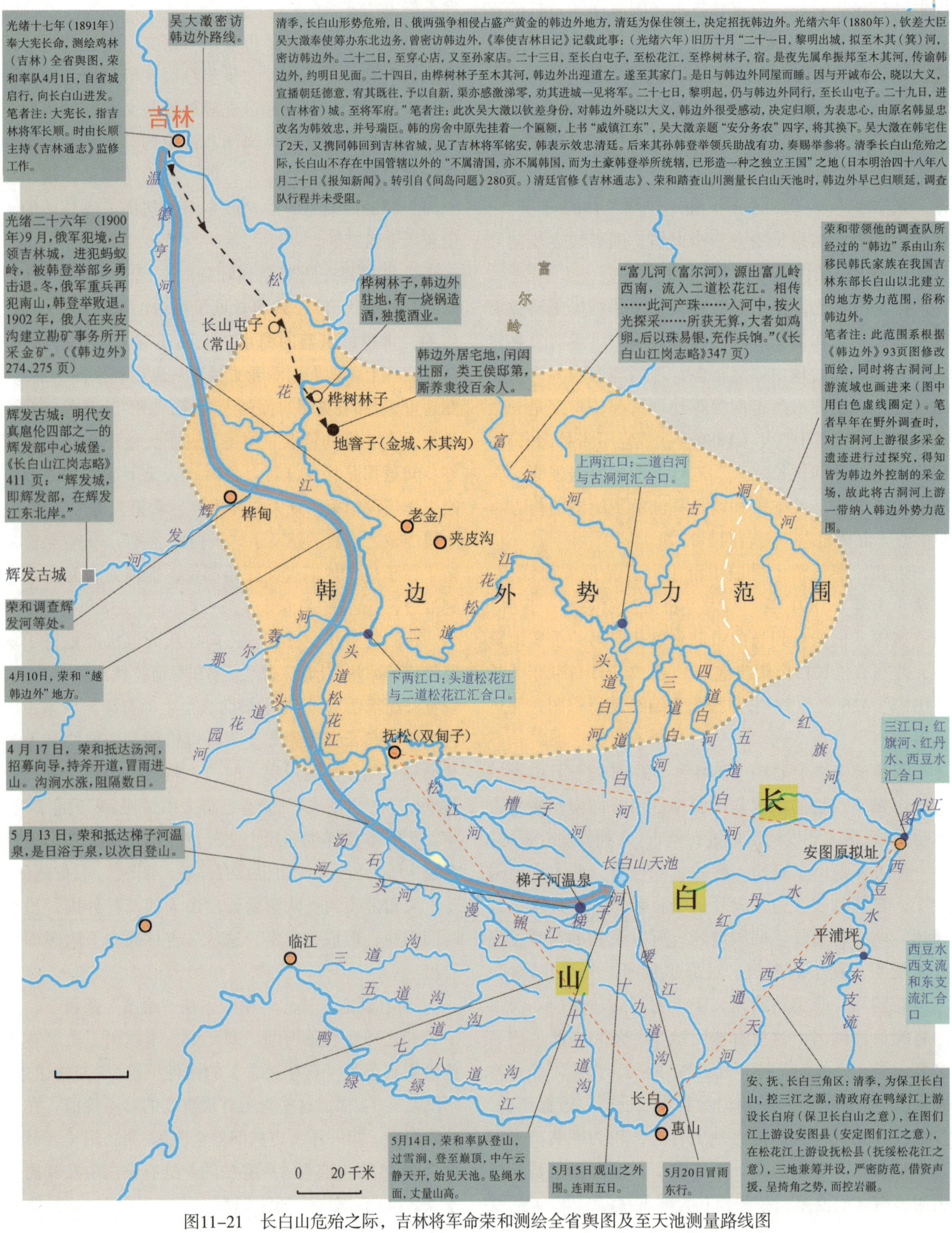

图11-21　长白山危殆之际，吉林将军命荣和测绘全省舆图及至天池测量路线图

## 11.8　光绪三十三年（1907年）吴禄贞等抵制日本非法侵占延边及调查长白山

图 11–23 系根据《东三省政略》附图《延吉界务专图》，将原图资料摘要置于现代地图上重新编绘，考证了吴禄贞等行程路线并绘于图上。又加绘了图们江流域范围，这样会对读者了解“间岛”、“图们江”、“土门”、“分界江”、“豆满江”、长白山等历史问题更为方便。原图有“图说”一文，附之：

“丁未（1907 年）六月，禄贞奉三省军督命，率同科员周维桢、李恩荣并学生六人，自吉林省起，经敦化县、延吉厅、珲春等处，沿图们江达于长白山，由夹皮沟折至省城而止，计纵横二千六百余里，历七十有三日，测量始竣事，爰以五十万分之一制成是图。本为界务起见，凡沿图们江一带以至长白、小白山顶，与吉韩界务有关者，皆系用仪器以迅速之法精细测之，余则概用步测。盖因山岭丛错，森林密茂，测手既少，时日复迫，故于边界较远之区，只得稍从简略，虽有平面而无水准，而方向距离尚觉精确，于界务不无小补云。

光绪三十三年十二月二十五日，帮办吉林边务、陆军协都统衔、正参领吴禄贞谨制。”（《东三省政略》下册，图 9 页。）

下面将吴禄贞长白山之行的重要事件标注图中：

① 1907 年夏，吴禄贞随东三省总督徐世昌去奉天，任军事参议。时值日本制造“间岛问题”，妄图侵占我固有领土延边等地，危难之时，徐世昌亟派吴禄贞前往调查，吴禄贞先是在吉林查阅了大量有关图们江、延边、长白山等地的文献史料，然后率领督练处科员周维桢、李恩荣两位科员及六名测绘员，冒暑就道，踏上了赴延边的旅途。

②途经江密峰、四道河子等地，翻越老爷岭，进入牡丹江流域，经意气松、额穆、沙河桥至敦化。

③由敦化经大桥、大石头，翻越哈尔巴岭，即由牡丹江流域进入图们江流域之布尔哈通河河谷。布尔哈通河是图们江支流，发源于哈尔巴岭，流向东偏南，横贯延吉盆地，河长 172 千米，流域面积 7065 平方千米。日人所制地图改布尔哈通河为“土门江”，指此河为“分界江”，妄图将布尔哈通河流域划入朝鲜。

④土门子，亦称土门岭，为布尔哈通河畔一小岗状地形，位于今明月镇通往石门乡之途中，现长图铁路经此。此小土岗被日韩谬指为穆克登“审视碑”碑文“西为鸭绿，东为土门”中的“土门”，谬将布尔哈通河改称“土门江”。光绪三十三年，吴禄贞为捍卫延边，在土门岭上立一石碑，上刻“石门山”三字，以申明此“土门子”或“土门岭”非彼“土门”，并寓意此土门子如石门之坚，不容篡改、歪曲、侵犯，严驳日韩谬说。穆克登审视碑离此尚有二百八十里之遥，相隔崇山峻岭，将碑文中之“西为鸭绿，东为土门”与毫不相干的“土门子”联系起来，荒谬至极。

⑤吴禄贞率队沿布尔哈通河河谷经亮兵台（练兵台）、明月沟（瓮声砬子）、老头沟、铜佛寺、朝阳川，一路测量、调查，抵达延吉。

⑥海兰河（江），发源于甑峰山，流向东北，贯穿和龙盆地，经龙井平原，注入布尔哈通河，河长 145 千米，流域面积 2934 平方千米。海兰河流域土质肥沃，水源充足，盛产稻米。在中韩界务争端中，日韩“有以海兰河为土门者，如光绪九年钟城府使照会及十一年韩人所绘地图是也”，在“韩民越垦滋衅时期，韩民之越垦者，既日增月盛，且以土地肥沃，谷产丰盈之故，朝鲜六镇之民，皆仰给于图们江北输运之谷食。于是韩人以艳羡之心，遂生侵占之计”。清政府出于怀柔之目的，“十一年，设越垦局，划图们江北长约七百里、宽约四五十里为收纳韩民之地，所予韩民权利，且较华民为优，博以大字小之虚名，忘引盗入室之实祸”。（《延吉边务报告》64 页、65 页）

⑦吴禄贞到达延吉厅。《东三省政略》56 页记载：“延吉位置，居长白东北麓，北循哈尔巴岭及老黑山一带以卫吉林，东据佛多石岭与俄罗斯界，南依图们江与朝鲜界，面积约八万四千余方里，被山带河，四塞为固。考肃慎氏以来历史，固形胜必争之地，东方霸国之故墟也。”“国朝发祥重地，西徙人民入关，定封禁之制，毋许采伐，财力雄富之故土，浸成荒芜……而地方寥阔，无异羁縻，势易时移，竟于根本重地，

図11-23 长白山危殆之际，吴禄贞调查长白山行程图

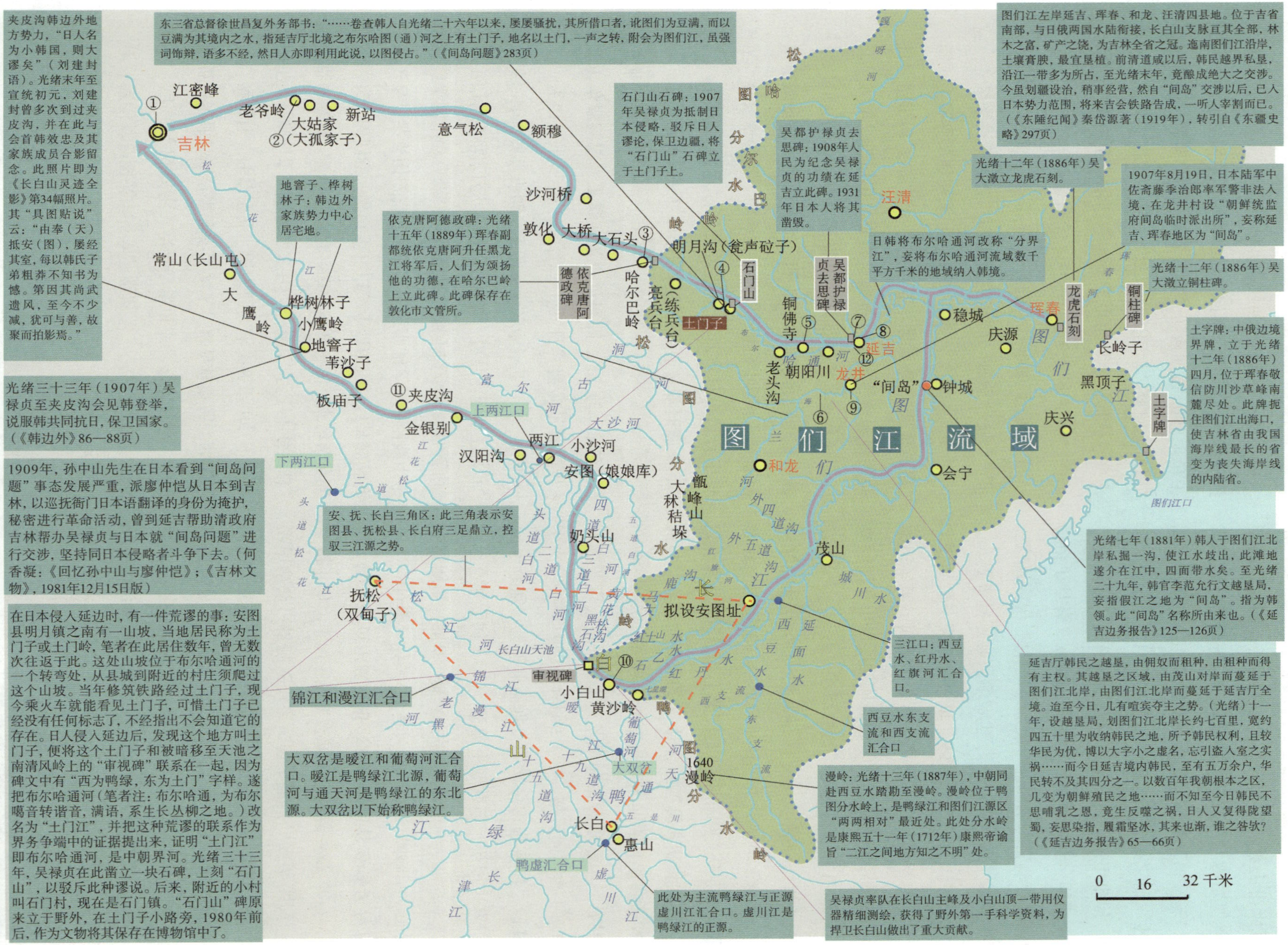

频生边务交涉。""自日俄战后，朝鲜夷为保护国，日人遂欲袭其争界故智，诡造'间岛'谬说，以谋侵占我领土。世昌奉命督东，洞知情势，乃派吴禄贞驰往调查。到延之次日，日人适派员率兵入境，仓猝相遇，在日人固不料我之有备也，而我幸得竭力筹谋，以为应付抵制之策。于是日谋稍阻，乃可从容谈判。以折其方张之势。"

⑧ 1907年4月18日，日本陆军中佐斋藤季治郎等潜入延吉厅地区，进行间谍活动。8月19日，斋藤季治郎奉日本驻朝鲜统监府统监伊藤博文命令，率宪兵从朝鲜会宁出发，侵入龙井村。23日，强行设立"朝鲜统监府临时间岛派出所"，发布"保护韩民"告示，妄称延吉、珲春地区为"间岛"。正在进行界务调查的吴禄贞，以无可争辩的事实和严正威武的态度，同斋藤进行了面对面的交涉，使斋藤有所收敛。

⑨ 1907年9月，清政府设吉林边务处。10月，吴禄贞在延吉组建边务督办公署，建成边楼。为抵制日本侵略，在龙井、和龙峪（今智新镇）等地设11个派办处。同时，吴禄贞与日本人进行一系列针锋相对的斗争。

⑩ 吴禄贞率队沿图们江溯流而上，调查测量红丹水、红土山水、石乙水、西豆水、三汲泡、葡萄山等

与国界有关者。又登小白山顶，再登长白山主峰，进行详细的野外调查并用仪器测量，明确了中韩国界的历史和现状。

⑪ 吴禄贞率队从长白山主峰进入松花江流域，继续调查、测量，沿二道白河和三道白河之间至娘娘库地方（今安图松江镇），再至上两江口，沿西流松花江北岸进入"韩边外"地方，经汉阳沟（汉窑沟）、金银别至夹皮沟（即日人妄指为"北间岛"地方），经苇沙子、地窨子（地印子），翻越小鹰岭渡过松花江，翻越大鹰岭，走温德亨河谷到达吉林，完成了野外调查任务。此行历时73天，跋涉2600余里，获得了丰富的第一手资料。其后吴禄贞撰写的《延吉边务报告》在对日交涉中起到很大作用。吴禄贞及其著作至今仍发挥着重要作用。

⑫ 吴禄贞遇害后，民国初年，延吉各界人士在延吉督办公署院外为吴禄贞立"吴都护禄贞去思碑"。民国十五年将此碑移至西公园（今延吉公园），1931年，日人将石碑凿毁，1935年又将碑址拆除。

⑬ 2009年9月18日，延边州政府、中共延吉市政府重修"吴都护禄贞去思碑"，中共吉林省委常委、延边州委书记邓凯题写碑名，中共吉林省委宣传部副部长、吉林省长白山文化研究会会长张福有撰并书《重修吴都护禄贞去思碑记》，缅怀英贤。

---

**附：吴禄贞生平简介**

吴禄贞（1880—1911），字绶卿，湖北云梦人，中国民主革命者。

他少年时期即勤奋好学，锐意上进。1895年进湖北织布局做工。翌年入湖广总督张之洞军中当工程兵，旋被选派至湖北武备学堂习读。

1898年冬赴日本，入士官学校骑兵科，开始接受孙中山先生的民主革命思想，加入兴中会。1900年7月潜回国内，参加唐才常的自立军反清起义，失败后，经上海转赴日本继续求学。

1902年，吴禄贞从日本陆军士官学校毕业回国，在张之洞新军任学务处会办、营务处帮办、将弁学堂总教习等要职。利用职务之便，吴禄贞继续积极从事

革命。1903年至湖南长沙与黄兴、宋教仁、陈天华等建立革命组织华兴会。1904年5月，奉命调至北京，任练兵处军学司训练科马队监督。1906年往陕、甘、新疆一带考察新军时，因微服往见陕甘总督升允，被罗织罪名撤职。

1907年7月，随首任东三省总督徐世昌去奉天，任军事参议。时值日本制造"间岛问题"，妄图侵占延边，徐世昌派吴禄贞前往调查吉林边务。吴禄贞带领督练处科员周维桢、李恩荣和6名测绘生，至吉林查阅资料；复经敦化、延吉至珲春；再由珲春沿图们江岸西行，沿江源登上长白山。历时73天，行程2600余里，终于完成实地勘察任务。绘制出延吉地

区第一张五十万分之一的界务专图，又历时 4 个月编撰 10 余万字的《调查延吉边务报告书》（《延吉边务报告》），以确凿的证据和翔实的历史资料，证明延边地区自古以来就是中国的领土，有力地驳斥了日本制造"间岛问题"的谬论。

1907 年 8 月 19 日，日本陆军中佐斋藤季治郎率军警非法入境，在龙井村设"朝鲜统监府间岛临时派出所"，斋藤任所长。正在进行界务调查的吴禄贞，以无可争辩的事实和严正威武的态度，同斋藤进行了面对面的交涉，迫使骄横的斋藤不得不有所收敛。斋藤曾任陆军日本士官学校教官，想以师生关系迫使吴禄贞就范，可是吴禄贞以民族利益为重，使斋藤诡计终不得逞，斋藤惊叹道："中国尚有人在，如吴禄贞者，不可欺也。"

1907 年 9 月，清政府设吉林边务处，任吴禄贞为陆军正参领帮办吉林边务。10 月，吴禄贞到延吉组建边务督办公署，建戍边楼。在延吉、珲春部署防军。在龙井村、和龙峪（今龙井市智新镇）等地设 11 个派办处，分理地方行政，同时监视日本宪兵分遣所的活动。吴禄贞派兵保护和龙峪分防经历衙门，并增调巡警百余名，维持秩序，稳定民心。

1907 年 7 月，吴禄贞以边务督办公署的名义，查封天宝山银矿，制止日本侵夺；在稽查处（今龙井市三合镇清水村）扣留日本人吉见圆藏私运出境的矿砂；封闭杉松背森林，不许日人盗伐；取缔日本在延边非法设置的都社长及其行政区划，禁止掠夺农民土地。1908 年 2 月，日本军宪在三合至龙井村 90 里的地段上私钉木桩，将中国地名篡改为"间岛某某社"，吴禄贞闻知，派人连夜拔掉毁弃，并严正驳回斋藤的无理指责。

吴禄贞派人调查日本宪兵在龙井一带敲诈勒索、残害朝鲜族民众事件，向斋藤一伙提出抗议。他张贴布告，揭露日本的侵略罪行。根据民众的控诉和强烈要求，逮捕日本非法设立的"总社长"、作恶多端的李義英，驱逐反动的"一进会"头子金海龙，截回日本强行押解出境的我朝鲜族边民。经过吴禄贞两年多的交涉和抗争，日本被迫释放延吉厅总乡约（相当于乡长）玄德胜。

吴禄贞重视边疆建设，招工程兵一营专事修路，修筑了吉林经敦化、延吉至珲春，西至六道沟，西北至娘娘库（今安图县松江镇），东北至宁古塔（今黑龙江省海林市长汀镇）的道路，这是吉林省近代第二次开通道路。经东三省总督批准，他从边务经费中拨出专款办学，以开发民智。

1908 年冬，吴禄贞奉调回京，任外务部吉林边务顾问。吴禄贞与周维桢撰写了"中朝界务长文节略"，1909 年 3 月 18 日外务部即以此答复日本政府，逐条批驳了日本政府妄图改变中朝国界的所谓照会。

1909 年初，清政府重新起用吴禄贞。5 月，吴禄贞回延吉边务督办公署任督办，建新军一镇（师），自兼镇统（师长），并在三道湾设屯田营，任革命党人柏文蔚为标统（团长）。吴禄贞还根据国际公法和中国法律确认：凡领有中国土地的朝鲜垦民，"其原有国籍应即声明取消，一切与华人无异"，严词拒绝了日本侵占中国领土的无理要求。吴禄贞在与日本交涉"间岛问题"时，捍卫了中国主权，但清政府却怀疑吴禄贞"有革命嫌疑"，以经费拮据为由，于 1910 年 2 月 17 日，将延吉边务督办公署撤销，调吴禄贞回京，补授镶红旗蒙古副都统。1910 年 12 月 23 日，又调任保定第六镇统制。

1911 年 10 月，武昌起义爆发，吴禄贞率先响应，驻军交通枢纽石家庄，扣留清政府运往武汉前线的军火、粮食。复至山西组织燕晋联军，任大都督兼总司令，制订三路大军夹攻北京，推翻清王朝的计划。当此紧要关头，吴禄贞却缺乏必要的革命警惕，11 月 7 日，被袁世凯（一说良弼）派人刺杀于石家庄车站，时年 32 岁。延边人民惊闻噩耗，莫不哀痛。民国初年，延吉各界人士在原延吉边务督办公署东南隅，建立"吴都护禄贞去思碑"，以示缅怀。

（《吴禄贞生平简介》摘引自《延边朝鲜族自治州志》1772－1773 页。）

## 11.9 光绪三十四年（1908年）刘建封踏查长白山并命名十六峰

### 11.9.1 "奇峰十六，名胜百二"的命名者刘建封

长白山是清朝祖宗发祥地，清朝入主中原后，将长白山"悉行封禁"，不准人们进入长白山。两百年的封禁，使长白山地僻荒蛮。图们江、鸭绿江南北数千里地广人稀，"遂成瓯脱，陵谷变迁，疆界亦多牵混"。东三省总督徐世昌在拟请添设府治的奏折中说："自日俄战争以后，韩民侨居日众，时生事端，木植、江防动滋交涉。近来隔岸韩境日人设厂、置屯，日臻严密。该县（指临江县）辖境既远，权望亦轻，内外交乘，治理必愈形竭蹶，亟应添设府治（注：指设长白府），以资控驭。"朝廷上下及有识之士意识到，祖宗发祥地有丧失的危险。光绪三十三年，为保住"祖宗发祥地"，东三省改设行省，在长白山先后设立长白府、抚松县、安图县等行政机构，以抵御外国侵略。同时，清朝一大批官员，对长白山进行了全面详细的调查，与觊觎和侵入长白山者进行了坚决而有力的斗争，刘建封是其中的佼佼者。

刘建封，1865年生，卒于1952年。山东省安丘县临吾乡芝畔村人，又名刘大同，号芝叟道人、芝里老人、天池钓叟。清末贡生。光绪二十年（1894年）赴辽宁，任奉天候补知县。光绪三十四年（1908年）奉命勘查奉（辽宁）吉（吉林）两省界线，兼查长白山三江之源。刘建封为勘界委员，被推举为"领班"，率测绘生、卫兵、仆役、向导等进入长白山。他在《长白山江岗志略》"缘起"中说："长白山原系我朝发祥之地，图们、鸭绿两江又系中韩国界。朝廷所注意，督帅所留心，国民所关切者，莫重乎此，因告许（中书）、刘（寿彭）两员曰：'吾辈冒险而来，如不调查详确，恐负此行，诸君勉旃。'"

作为"领班"的刘建封，在野外调查期间，在极其艰苦和危险的环境中，大义凛然，将生死置之度外，对勘查队员"晓以大义，破其拘泥"，以身作则，"怒马当前"，甚至曾死里逃生。在木石河边调查时，"径走木石河边，坠马崖下，危而复苏，设帐调养三日，仍令健仆扶持，缓步登山"，他写道："白山有幸留知己，坠马河边死又生"，这是多么令人感动的场面！

刘建封领导的这次野外踏查历时三个多月，其范围西起头道花园，东至红旗河，北起下两江口，南至团头山，东西长六百里，南北阔三百六十里。调查队详查了长白山江岗全貌，并"登坡口者四次，临天池者二次，寻穆石者一日，寻暖江源者一日，寻松花江源者三日……调查葡萄山、圣水渠、小白山一带，始将国界地点，了然于胸中，而不能为传言混淆矣"。更可贵的是，他以赤诚的爱国精神和锐敏的眼光，对自古以来就属于我国的长白山天池周围的山峰进行了踏查、测绘，确立了各山峰的位置，并一一"相形命名"。

长白山天池火山口外轮山呈狼牙锯齿状悬崖绕天池一周，悬崖突兀者构成山峰，共有16座。刘建封以前，对环池诸峰多以"五峰"相称，即划分为5座山峰。康熙十六年（1677年）武木讷奉旨看验长白山时，以"山顶有池，五峰围绕，临水而立"描述环池诸峰，划分为5座山峰。此后我国文献多沿用"五峰"之说。吴禄贞在叙述"延吉境内山脉略考"时说："山顶五峰并峙，中央有湖"（《延吉边务报告》38页）。尽管划为"五峰"，但对于"五峰"并没有相应固定的名称。

刘建封在《白山纪咏》开篇写道："辽东第一佳山水，留到于今我命名。"在《长白山江岗志略》开篇写道："环池多奇峰，大者有六：曰白云、曰冠冕、曰白头、曰三奇、曰天豁、曰芝盘。小者有十：曰玉柱、曰梯云、曰卧虎、曰孤隼、曰紫霞、曰华盖、曰铁壁、曰龙门、曰观日、曰锦屏。"

刘建封对环池十六峰的"相形命名"，蕴含着浓厚的中华文化特色，单是这些峰名就可以成为长白山文化宝库中的珍珠。

为了纪念刘建封踏查长白山100周年，2008年5月底至6月初，吉林省长白山文化研究会会长张福有率副会长曹保明、梁琴、周长庆重走刘建封踏查路，出版《百年苦旅》。

### 刘建封野外踏查时迷路获救

读前人文献，对心中敬仰的人物，常不满足于文字描述，总希望能目睹他们的影像。幸而刘建封时代已发明照相技术，且已传入中国。刘建封踏查长白山时，是带着照相机的。我们对踏查队留在文献中的每一幅照片都怀着深深的敬意和感激之情，更对照片中的人物形象和景物发生兴趣。这些照片虽然模糊不清，但很珍贵。

刘建封踏查长白山共留下41幅照片，其中有好几幅都留有他和踏查队员们的影像，这里选择的是他们在野外踏查时拍摄的照片。在照片中，我们能看到踏查队员们的穿戴和他们那种虔诚而执着的神情。

此照片载于《长白山灵迹全影》，照片名称为《龙

岗》（照片11-3）。照片下的"具图贴说"记述了拍摄此照片的原委：刘建封带领队员们在龙岗一带踏查时迷路了，幸而遇到一位捕貂的猎人，把他们领出迷途。刘等不胜感激，与捕貂人合拍了一张照片，以资纪念。照片中，左起第一人为刘建封，双手抱臂，拄一根用树枝削成的拐杖，脚穿乌拉，腰系皮垫，胡须稍长，神态镇定自若。站在刘建封旁边的人就是捕貂猎人，其余3人是踏查队员，推测他们是：测绘兼调查员刘韵琴、护卫队长谢恩鸣和队兵苏得胜。照片背景是用木杆和草搭的窝棚。在长白山密林中猎人通常都搭建这种临时住处，只能容纳一两人居住，遮风避雨。长白山盛产紫貂，貂皮是贵重皮货，多为皇室所用。刘建封踏查长白山时，长白山已经解除封禁，关内山东、河北等地流民已有人冒险进入长白山，他们主要以捕紫貂和挖人参为业。猎人们所处的生存环境极为恶劣，捕貂猎人的生活也是很艰苦，他们深入原始森林，或结伴，或独处，也经常因在深山迷路而丧生。刘建封

等人迷路后能遇上这位猎人是很幸运的，否则，他们很难走出那无边无际的大森林。刘建封肯用当时极为珍贵的摄影器材与捕貂者合影，且将此片载入供皇帝御览的奏折中，可见刘建封是多重视这次迷途获救之事。拍此照片的人不在其中，他们所带的照相机没有自拍功能，他应该是北洋陆军测绘毕业生王瑞祥。

照片11-3　刘建封与踏查队员迷失获救后和捕貂猎人合影

### 11.9.2　刘建封和《长白山江岗志略》

《长白山江岗志略》是一部关于长白山的不朽之作。与刘建封一同踏查长白山的李廷玉在为该书写的序言中说："玉（李廷玉）与诸城刘君石荪（刘建封）奉东三省总督徐公（徐世昌）之命，踏查白山，为奉吉分界基础。归呈报告，徐公韪之。而石荪又于足迹所经，目力所及，遂决然有《长白山江岗志略》之作。由是著录两阅月，都为十万言。其心力殚而目的远，有非恒人所及知者。玉与石荪厚，且为同时勘界之人，故考定校雠，毅然任之。书成后，略叙巅末，附于卷中，俾通人流览，知此书取裁不尚宏富，而访查详切，指证确凿，洵足为筹边者之一助。即异时编定国史、汇纂志书，亦必于是乎赖。盖名为'志略'，实则'志详'之嚆矢也。故志之。"

可见，与刘建封同时代的人就给予这部书很高的评价。随着历史进程的发展，这部著作越发显示出其在长白山文献中的重要地位。《长白山江岗志略》是我国历史上第一部如此深入而广泛地论述长白山的著作。就《志略》的体例来说，类似山水志，但并不受志的约束，不拘于志的格套。从《志略》中可以看出，刘建封学识渊博，文笔优美，短短的两个月就完成大作，很不容易，令人无比钦佩。

《长白山江岗志略》以长白山"奇峰十六，名胜百二"为经，连缀325个地名为纬，使复杂的山川格局变得条理清晰而分明，每个地名之下首先阐明地理

位置，然后说明名称的来历、演变，间或叙述有关的历史事实，山珍物产，时而插叙奇闻逸事和神话传说，夹叙夹议，尽舒感怀。《长白山江岗志略》中还有很多诗词，使该书文采斐然。值得一提的是，刘建封将他命名的环绕天池的十六座山峰有序排列于书中，对每座山峰的高度、特征及与相邻山峰的距离等都有说明，这些描述是该书最精彩之处，对我们今天研究环池十六峰颇有裨益。

在清末长白山危在旦夕之时，刘建封亲率调查队完成任务后，不辞劳苦，奋笔疾书，在很短时间内就完成了《长白山江岗志略》的写作，为与外国侵略势力做斗争提供了有力的武器。书中字里行间都表达出对外国势力渗透、蚕食、侵入长白山的愤怒之情，号召国人奋起反击，保卫长白山，同时，以无可辩驳的事实回击国外种种谬说。

刘建封还在书中提出了抵御外国侵入、加强国力、巩固国防的具体措施。很多论据、论证对现今长白山历史和地理研究仍有很重要的价值。

《长白山江岗志略》著录于光绪三十四年（1908年），流传甚少，几近湮灭，幸于20世纪80年代由李澍田先生编的《长白丛书》所收录，得以再版而流传。

### 附：刘建封《长白山记》

长白为王气所钟，襟三江，领三岗（老岭、龙岗、南岗），奇峰十六，名胜百二。崔巍磅礴，蜿蜒于亚细

亚东北海隅，为一绝大名山，于乎盛矣！

戊申夏四月，建封与李守廷玉等，适奉钦帅徐公委

勘奉吉界线。五月入山，亲率猛士健仆被被褥，踏乌拉，头笼碧纱避小咬，腰系皮垫御草地寒湿，直抵山巅，登临天池，徘徊四顾，因有感焉。南望将军（一名天山）（注：刘建封这里的"将军"指位于南葡萄山之南5100米处的将军峰，此峰又名薛将军峰，传说唐朝薛仁贵征东到过这里）、葡萄就南胞胎山而言诸峰，嵯嵯峨峨，斜峙鸭绿、图们两江，迤南其为朝鲜故址，箕子之所遗乎！而其东则布库里山，俗名红土山。下有池曰布尔瑚里，俗名元池。实天女吞朱果、生圣子，我朝发祥之始也。西望赫图阿拉兴京地方，扶舆灵气，萃聚于此。列祖列宗之流风善政，犹有存者。北俯松花江流域，沃野千里。华韩居者，各安其业。而山林之富，物产之饶，自古称肃慎、粟末、靺鞨、完颜，历代建国区域。其气象之雄厚，宛然如昨。又岂西地长安，南朝金陵所可比隆者哉？虽然有可虑者，东北沿海各州，为俄割据矣。库页滨海全岛被日先占矣。韩人毁我十字界碑，原立于圣水渠之分水岭及葡萄山下，碑文曰"华夏金汤固，河山带砺长"十字，竟以穆石穆克登所立为凭，又将图赖始祖肇兴之地矣。合办森林，

约订鸭江右岸长线自帽儿山东头道沟至二十四道沟为止点，以上属暖江。统归吾国专办，横线以六十华里为止点，其余龙岗前后统归吾国专办，越界私垦，直赴松江上游头道江、二道江，均有韩侨。长白山以东，捏名"东间岛"。长白山以西，捏名"西间岛"。更于穆石之旁，私立木标，隐用暗侵手段，察其窥伺之心，直觉得尺则尺，得寸则寸。苟有利于彼国，即鸡鸣狗盗无不为也。若是，则长白山一带地方危矣哉！且夫边患之起，不自今始，而其实发端于长白山东南半壁之无人烟。

倘使鸭、图两江以上，添设江巡，则国界可守也。左右两岗之木，变为官有，则林业可保也。设官治民，平时加以教练，则农即兵也。造舟为梁，贸易便于交通，则商必兴也。苟得其人极力筹画，则生聚十年，训练十年，吾知日韩不敢北下而牧马，俄占自将完璧以还我。是吾国创业之始，始于长白；中兴之基，又基于长白也。长白山为南北满政治之关键，盖可忽乎哉！

奉吉勘界员、知县刘建封　谨识

## 11.9.3　刘建封和《长白山灵迹全影》

《长白山灵迹全影》是刘建封领导野外踏查长白山期间所拍摄的摄影集，它是我国历史上关于长白山最早的一部摄影集。《长白山灵迹全影》共有42幅照片（注：内中包含1幅《安图设治员司合影》），每幅照片都有刘建封所撰写的"具图贴说"，对照片加以说明。

《东北地理总论》记载："刘建封于宣统元年（1909年）署理安图县知事，兼统带松图两江林政局军队，率勘测员，携摄影器入山，共摄四十一图。"（注：此未计《长白山灵迹全影》中最后一幅《安图设治员司合影》照片，故为四十一幅）。据东三省总督锡良写给皇帝的奏折，《全影》是"进呈御览"，给皇帝看的。目的是向国人和世界展现长白山的真实面貌，以此昭告天下，祖宗发祥之地不许外国侵入，是为"持公理与列强颉颃"而提供的铁证。同时还恭请皇帝敕建"长白山之神之祠"，地点选在布勒（尔）瑚里（圆池）池畔，以此"保灵区而昭圣迹"。所以，不能把《全影》只看成是长白山的风光片，它负载着特殊的历史使命，它是清季国人捍卫长白山的组成部分。

面对《长白山灵迹全影》这些陈旧的摄影作品，我们不能不感慨万千。一百年前，在荒蛮的高山大川间，难以想象前人是在怎样困难的情况下拍得这些照片的。那时，照相技术刚刚从国外传来，设备简陋而笨重。照相机是一个大木箱子，带有一个大木架，照相底板是玻璃片制作的，每次只能照一张。摄影者必须把自己和大木箱子用一块黑布蒙起来，以便取景和对焦。照相机没有快门，全凭用手揭开或盖上镜头盖来控制

曝光时间。那时的底板感光速度很慢，托相机的脚架稍一晃动就前功尽弃。装底板和卸底板的过程也非常麻烦。每照一幅照片都要经过复杂的过程，小心翼翼地操作才能拍得。刘建封等先后四次入山，背着粮食和摄影器材，长途跋涉，攀岩爬坡，如雀跃，如蛇行，遇大雾时，几步之外便看不见，须得手牵着手，互相呼喊着才不致于迷失方向。这些情景都生动地说明了刘建封等为"使外人知吾根本重地"、彰显"龙兴圣迹"，付出了多大努力。他在《全影》序言中说，"不辞苦难，不辟险阻，择要摄影，贡诸大府，以备改定协约之用。"（注：句中的"协约"指《间岛协约》，即《图们江中韩界务条款》，刘建封一直念念不忘为改定协约中的第一款而做不懈的努力。）"以此次摄影，为庙谟睿算所据，以定议者夫。"

这里还要提到一位跟随刘建封一同踏查的人，他就是王瑞祥。此人为北洋陆军测绘学堂毕业，时年二十多岁，踏查长白山后，刘建封留在安图县当第一任知县，王瑞祥也被留下来，任林政局稽员通判（林政总查员）。《长白山灵迹全影》中的照片大部分是他拍摄的。以当时的标准，这位年轻人称得上是位摄影家。当然，有几幅照片在后期洗印修版时难免出现瑕疵，还有几幅照片，刘建封所撰写的"具图贴说"与王瑞祥所洗印的照片在编辑中出现差误，但这些均无损《长白山灵迹全影》的历史价值。

附图：《〈长白山灵迹全影〉照片拍摄地点考证图》

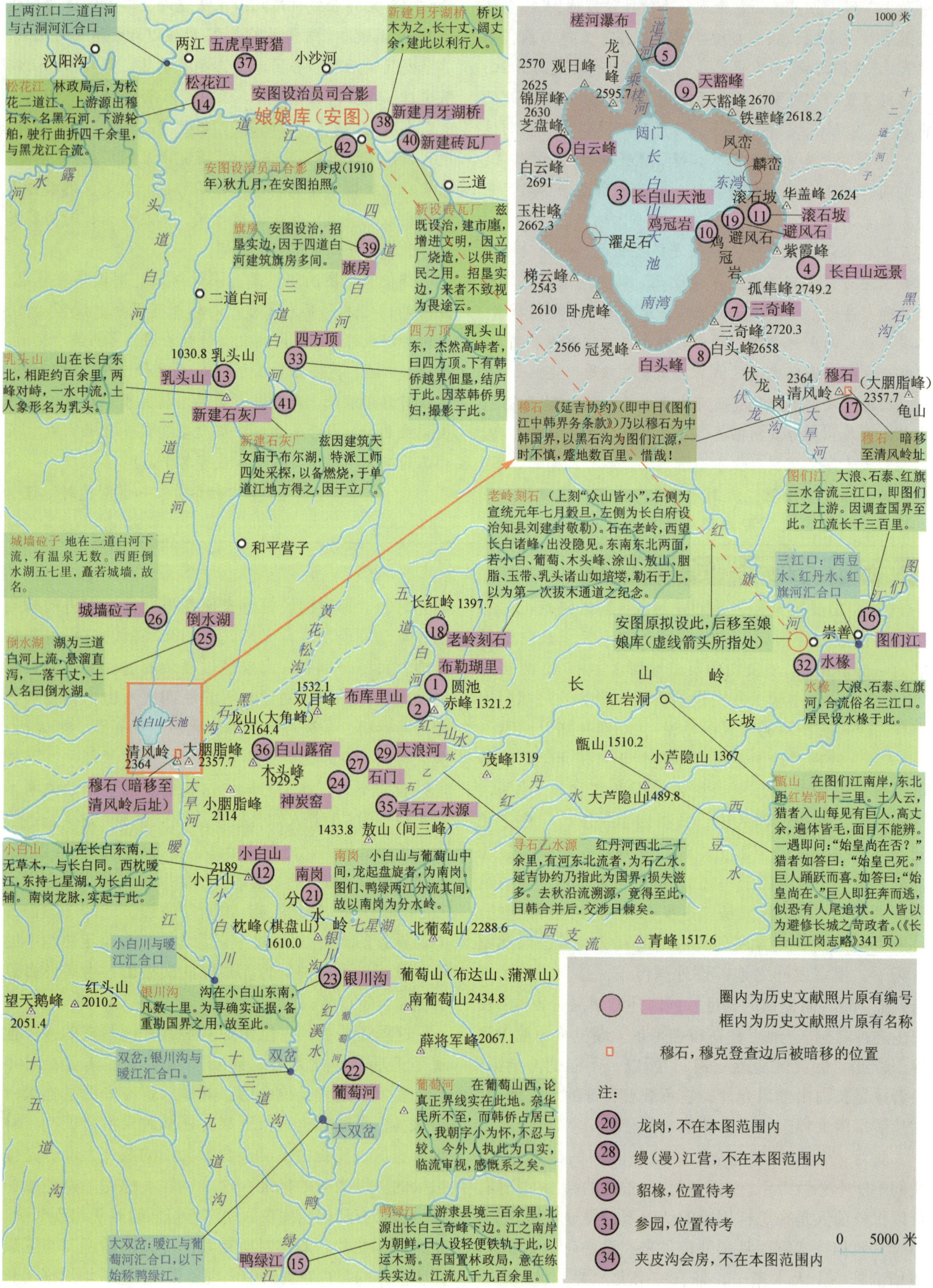

图11-24 《长白山灵迹全影》照片拍摄地点考证图

说明：框内文字皆摘录自《长白山灵迹全影》照片所附的"具图贴说"。"具图贴说"的编号与照片编号相同。《布勒瑚里》《布库里山》《长白山天池》《长白山远景》等照片，因他处有"具图贴说"，此图未录，仅标定拍摄位置。

## 附：《长白山灵迹全影》序

天地之大，秀灵之所钟毓。磅礴郁积，历数百千年。间世一发，在地为山岳，在人为贤人君子，恢奇杰出之士，瑞气所聚。为圣、为帝王，其尤异者，乃以圣人为天子，丰沛云气，望之皆有异采。尝历观古今，而叹命世非偶然也。

长白山为我朝发祥之地，天生圣人，削平区宇于万斯年。自中外互市以来，长白山乃愈震全球之耳目。其地龙岗起伏，挟东北海外群山万壑而来，直走辽沈，复兜转而结此山，盖以神矣。顾以僻处边境，与朝鲜北邻，华民足迹所不至，而又广阔高峻，隐见不常，林密山深，冬夏积雪。康熙朝屡派大臣，按形势，终未由得其真面。近年英、德、俄迭次调查，日人且派专员，多次露宿兼旬，第不为冰雪雨雹所困，则以雾起昼晦，久待无功而还。

建封奉宪命踏勘国界，裹粮入山，不能马，则攀藤扪石。又不能，则雀跃蛇行以进。遇阴霾必联臂应声，雾气迷蒙，三步外即恐相失，然且鼓勇直前，终至凌顶。率众以往者，前后凡四，始略得撮影而归，乃不禁盱衡而有感焉！

嗟乎！王公设险，以守其国。长白区域，当中韩界之冲，而列祖列宗实兴于此，特以人烟隔绝，山径险恶而不通，视同瓯脱者，垂三百年。自俄人乘吾国有事，潜割黑龙江东岸，当事者漫然应之，蹙地五千方里，外人持议者，遂以为吾国不重边地之证，然其时国力尚称全盛也。今乃悟国家寸土不可予人，而肘腋耽耽（眈眈），狂心无厌，既不能以兵力建威消萌，惟恃界务分明，持公理与列强颉颃，或尚有济。

朝鲜本吾属国，越界占垦，安忍与较。自日人监韩，延吉协约，暗图蚕食。边防当局，聩聩竟饱其欲，贻误大局，闻者发指。迩者日韩合并，又见告矣。此后非邻于韩，实邻于日耳。

以我国龙兴圣迹，原中外所同知，而乃图经不详，启外人以觊觎之渐，此祖宗之隐恫，而薄海臣子所痛心疾首，群思一辨，而无确据者也。用是不辞苦难，不辟险阻，择要撮影，贡诸大府，以备改定协约之用。设治后，移民实边，招垦讲武，实力既充，慑列强于无形，吾国其尚有豸乎。

抑又闻之，五岳视三公，曷维乔岳祀典攸崇，向第致祭于吉林之小白山，相距尚七八百里。今长白大胆显于世，而又划归奉省，倘再厘定祀典，昭告天下，使外人知吾根本重地，断非偶然。亿万年有道之长，或即以此次撮影，为庙谟睿算所据，以定议者夫。

统带松图两江林政局军队、试办安图设治委员刘建封谨识（《刘大同集》292、293页）

## 附：东三省总督锡良奏，进呈《长白山灵迹全影》折

奏为恭请敕建神祠于长白山，以保灵区而昭圣迹，并将山景全图，进呈御览，恭折仰祈圣鉴事。窃长白山乃国家发祥之地，鸭绿、图们、松花三江皆导源于是，北达俄而南连韩，为今日中外国界所关。我朝诞膺景命备迓天麻，神鹊朱果，纷纶葳蕤之符，天池龙岗，磅礴蜿蟺之气，声灵有赫，冯翼无疆。旧传天女降临，圣神载诞浴池灵迹实在布勒（尔）瑚里，居中位而定一尊，绝地通天，人迹罕至。自奉圣祖仁皇帝谕遣内大臣觉罗吴木讷等，看验遥祭之后，百年神秘，悠悠莫宣。近以筹边设治长白安图分设府县，臣前委员勘查国界，特饬调查山境，摄影全图，嗣经安图设治委员刘建封具图贴说呈送前来，臣敬谨捧观，详稽圣迹，溯发祥之有，自信符瑞之非虚，紫气炳霄丹陵毓庆，天生神圣良非偶然。谨将全图恭装成册，进呈御览。臣伏念太皥降生，虹彩绕华胥之渚；姬周受录，房心应苍帝之精，自昔兴王，恒征瑞应。我朝发祥基业，媲美豳岐，天女神灵，万年作佑，臣下曷敢妄议禋祀。窃考金时，封长白山神为兴国灵应王，即其山北地，建庙宇，又册为开天宏圣帝。

本朝康熙十七年尊为长白山之神昀时，致祭崇报特隆，今拟恭请敕建神祠于布勒（尔）瑚里，拟名为敕建长白山之神之祠，以保灵区而昭圣迹。

查东省边防孔亟，国界待勘，黑水白山，正天之所以限中外，今诚建设神祠，立碑正界，既以明主权之有在，迹足为界务之先征，如蒙俞允，当由臣饬令兴工修建，早观厥成。庶皇图巩固，合神契而耀祥符，圣奥庄严，隆上都而光万国，山川毓秀，河岳效灵，而一祠千秋，与国家亿万年有道之基，并垂百世矣。所有请建长白山神祠，并恭呈山景全图缘由，谨恭折具陈，伏乞皇上圣鉴。谨奏。（《刘大同集》294页）

## 附：《长白山灵迹全影》目录

**历史照片集《长白山灵迹全景》照片选：**

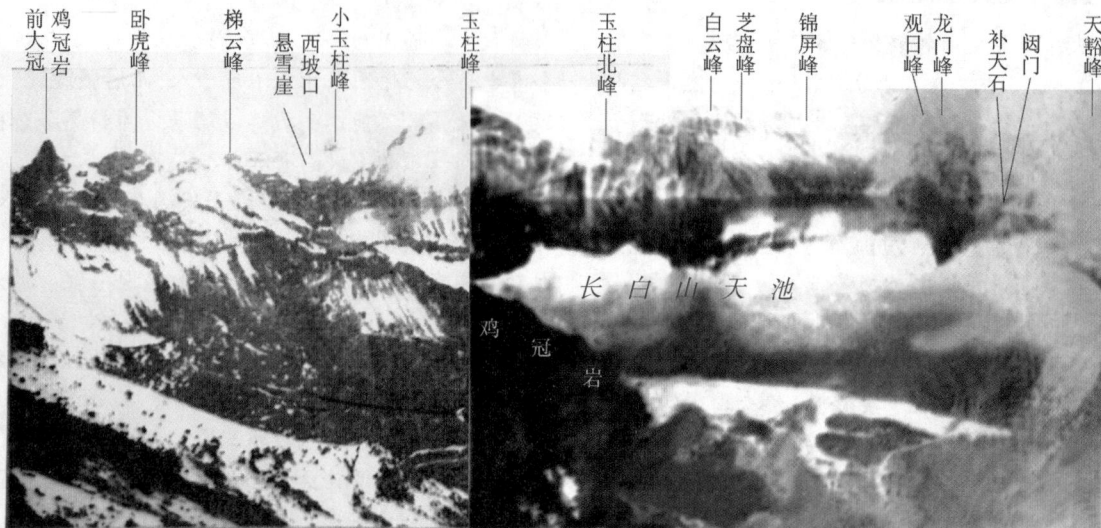

① 照片11-4 历史照片《鸡冠岩》 ② 照片11-5 历史照片《长白山天池》

历史照片中的文字注记为笔者所加。

《长白山灵迹全影》中第3幅照片《长白山天池》和第10幅照片《鸡冠岩》，虽然照片名称不同，在影集中放置的位置也不相连，但却可以将这两幅拼接成一幅天池全景照。从照片拍摄的位置和取景范围分析，这是在同一位置拍摄的两幅照片。从照片中的细节推断，摄影者连相机的脚架都没动，只是把镜箱转了一个角度，连续拍下这两幅照片。因为，只有这样，照片才可以拼接在一起（见照片11-4和照片11-5）。

从照片中的景物分析，拍摄地点当在紫霞峰和华盖峰之间，即滚石坡上沿，只有这个位置才能拍出照片上的景物。拍位的高度应该比鸡冠岩的北段高，不然不会越过鸡冠岩悬崖拍到梯云峰和卧虎峰。照片中

前景是滚石坡下段，即接近天池的那段。中景是鸡冠岩，最左边是鸡冠岩北尖，即前大冠，鸡冠岩向右延伸到天池中心。远景自左向右是：卧虎峰、梯云峰、悬雪崖、西坡口、小玉柱峰、玉柱峰、玉柱北峰、白云峰、芝盘峰、锦屏峰、观日峰、龙门峰、补天石、阌门、天豁峰。龙门峰较模糊，但它的三角形倒影十分清楚。龙门峰向右是补天石、阌门，也不清楚，再向右是天豁峰伸向天池的一条脊，也不清楚，而天豁峰更不清楚。照片摄入半面天池和环池十六峰中的9座山峰。尽管有些山峰不甚清楚，但仍不失为一幅珍贵的历史摄影作品。

③ 照片11-6 历史照片《长白山远景》

这是《长白山灵迹全影》中第4幅照片《长白山远景》。从照片所拍摄的山峰分析，拍摄地点应该在木头峰上。照片摄入的是孤隼峰和紫霞峰，照片右面是紫霞峰向东南延伸的山脊。

此照片中孤隼峰和紫霞峰之间是松花江流域与鸭绿江流域的分水岭，孤隼峰属鸭绿江流域，紫霞峰属松花江流域，照片中两峰之间靠近孤隼峰的低岗就是这道分水岭。

属松花江流域的黑石沟的南部，即照片近景下半部为玉沙河流域，玉沙河的水流入图们江，所以近景为图们江流域。这样，照片11-6摄入了松花江、鸭绿江、图们江三个流域，其拍摄位置参见图11-25。

历史照片11-4、11-5、11-6拍摄位置的确定，系用照片上景物交汇法在地形图上进行的。但由于前人使用的照相机的焦距是估计的，所以只能粗略推测拍摄位置。《长白山远景》这幅照片，用交汇法推测的位置在木头峰附近。再从地形地貌条件考虑，这一带只有登上木头峰视野才更开阔，远望长白山火山锥主峰一览无余，一般情况下，在这一带拍摄照片，都会不约而同地登上木头峰。就是现在，到此旅行的人，也都是选择木头峰这个最佳拍摄地点，所以，可以进一步推断这幅照片是在木头峰顶上拍摄的。

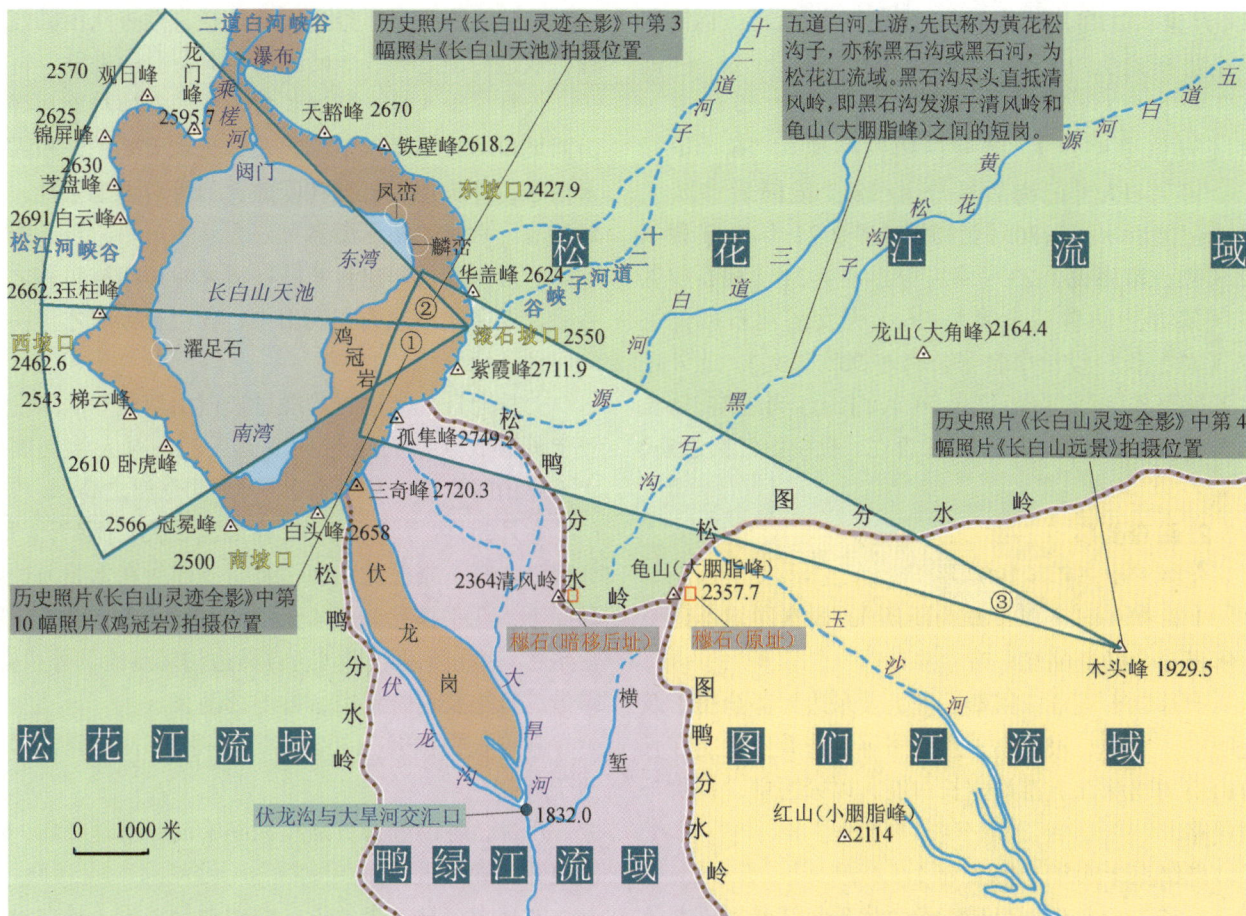

图11-25 历史照片《鸡冠岩》、《长白山天池》和《长白山远景》的拍摄位置考证图

### 11.9.4 刘建封踏查长白山

#### 1. 踏查队成立

日本吞并朝鲜后，加紧对中国东北地区的侵略，直接威胁清朝祖先发祥地长白山的安危，钦差大臣、东三省总督徐世昌奏请在长白山区添设府治，名曰长白府，以加强对长白山的管辖，抵御外国势力侵入"祖宗发祥之地"。为此派出得力官员对长白府划界以确定管辖范围，同时，对长白山三江源区进行全面详细的勘查。徐世昌令张凤台、李廷玉等进行筹划。为此，组织了一支勘查队进入长白山。这支勘查队共同推举奉天候补知县刘建封为"领班"，开展了为期数月的野外勘查工作。刘建封领导的对长白山的野外勘查，在长白山历史上是史无前例的，影响是深远的，为保卫长白山做出了很大的贡献。

勘查队的主要负责成员如下：

委员：李廷玉（调奉同知）、张凤台（直隶州知州、总办长白设治委员、后任长白府知府）；

副委员：许中书（府经历）、刘寿彭（吉林勘界委员）；

领班：刘建封（野外勘查总负责、留奉知县、安图县首任知县）。

其他襄办人员如下：刘龙兴（县丞职衔）、王大经（县丞职衔）、徐家馨（布政司理问衔）、陈鉴（候补知县）、吴瑞芬（附生）、饶亮采（廪贡生）、陈鸿图（候补县丞）、王毓秀（附生）、许味三（参军）、刘作三（大令）、陈冰生（大令）、杨炳初（二尹）

测绘兼调查员如下：陈德元、康瑞霖、王瑞祥、刘殿玉、李敦锡、王献芝、王贵然、刘韵琴（以上均为北洋陆军测绘学堂毕业）。

护卫队长：谢鸿恩。

队兵及仆役：苏得胜、王桂、郝金、刘五、刘什长等。

引路人：王凤鸣、徐永顺。

此次野外勘查范围：西起头道花园，东至红旗河，长六百里;北起下两江口,南至团头山,阔三百六十里。

此次勘查提交的报告为《长白设治兼勘分奉吉界线书》,其中包含:1.《长白三江考略》、2.《长白山记》、3.《白山调查记》、4.《长、安、松沿江设警议》、5.《勘界说》、6.《中韩国界说》、7.《白山边碑辩》、8.《天池(白山)附近形势一览图说》、9.《长白府四围提要图说》、10.《奉吉分界关系图说》、11.《"间岛"辩》、12.《图江设治说》、13.《松江设治说》、14.《开修要路议》、15.《白山铁路说》、16.《记岗后会房》、17.《记岗后垦户》、18.《记岗后参园》、19.《记岗后木植》、20.《记岗后矿产》、21.《木、矿说》、22.《创设市廛说》、23.《奉吉分界说》、24.《穆石辩》、25.《筹办边防善后十策》、26.《天女浴池石影记》、27.《总办长白设治事宜张公鸣岐德政碑文》。此外还有下列著作:《长白汇征录》《长白山江岗志略》《长白山灵迹全影》《白山纪咏》(含在《长白山江岗志略》中)。

**2. 踏查要事**

光绪三十三年(1907年)

十月初一日(以下均为阴历),调奉同知李廷玉同傅强奉命勘查临江一带。

十月二十五日,回奉,呈上《东边形势全图》及说明书、照片、报告书、意见书等。清政府决定在长白山南的鸭绿江上游设立长白府,以固边疆,抵御外国侵略。

光绪三十四年(1908年)

一月二十七日,李廷玉奉命代理临江县事,并筹划设立长白府事宜,委任为奉吉勘界委员,进行奉吉两省界线勘测及对长白山三江源勘查。

四月初,加派直隶知州张凤台为设立长白府总办,李廷玉协同办理。刘建封、许中书、刘寿彭等亦到任。首先组成勘查队伍,由张凤台拟订计划,包括对长白山主支各脉、鸭绿江、图们江、松花江三江各主、支流进行勘查。刘建封被推选为领班。刘建封即刻派兵到三百里外采购粮食、帐篷和野外勘查所必需的各种用品、工具等。为确保勘查顺利进行,定有训令十条,交由刘建封、许中书。

五月二十八日,经过充分准备,勘查队由临江起程,取道白山之北、老岭之后,向长白山进发。

六月二十八日,到达长白山顶,刘建封率兵寻白山西坡口(悬雪崖)下临天池,见水天一色,积雪尚未消融,峰头十六,宛在眼前,刘等对天池祭拜,并对环池十六峰"相形命名"。

七月二日,刘建封率队在清风岭拓印被暗移之穆石后,返回途中迷失在砚山中,夜行至天明才辨明方向回到驻地。

七月七日,刘建封等绕过长白山南麓,从东南面登上峰顶,从滚石坡带兵下到天池,对天池周围的十六座山峰再度"相形命名",并测悬崖之高深。

七月,月内登坡口4次,临天池2次,寻穆石1日,寻暖江1日,查松花江源3日。刘建封在木石河边坠马崖下,几乎摔死,经4天治疗方能行走。勘查中粮食殆尽,幸在新民屯北偶遇吉林边防局测绘员孙兰芬,得借三日粮及食野猪肉,方继续勘查。

遍查长白山及三江源后,尽得长白山形势,"了然于胸"。

八月,各勘查官员陆续回到临江,整理资料,绘制地图,编写报告。

九月十二日,李廷玉、刘建封等编成《长白设治兼勘分奉吉界线书》。经张福有校勘,《长白山设治兼勘分奉吉界线书》的内容,应是刘建封自署《长白山江岗志略》一书副题《东荒谭余》的内容。

本年内刘建封著录两阅月,写成《长白山江岗志略》,张凤台主撰完成《长白汇征录》。

## 11.9.5 刘建封踏查长白山主要地点摘录及分布图

光绪三十四年(1908年),刘建封率队历时3个多月,历尽艰辛,死而复生,足迹踏遍长白山,终于对"龙兴之地"了然于胸,在保卫长白山不受外国侵略方面功不可没。钩沉辑录历史文献,寻其踪迹,展示于现代地图之上,并以小标题与图中编号一一对应,再将要事摘录列在后面(括号内文字为简注),并注明出处。这样,读者既可以在图中找到当年的地理位置,又可以在文中看到在那里曾经发生过什么,俾为便捷。此次踏勘,踏查目标三百余处,下面仅选择少数重要目标编列。

**(1)在奉天受命** 戊申(光绪三十四年,1908年)夏四月(阴历,下同),建封探访总局李牧照岱处,适有长白设治张守凤台、李守廷玉之约,奉钦差大臣、东三省总督徐(世昌),委勘奉(辽宁)吉(吉林)两省界线,兼查长白三江之源。(《长白山江岗志略》291页)

**(2)由奉天起程** 委员等奉委往勘奉吉界线,以为长白山为我朝发祥之地,图们、鸭绿两江之源,又与国界大有关系。四月十九日由奉(沈阳)起程。(《长白山江岗志略》450页)

**(3)过柳条边奇遇** 戊申四月,余(刘建封)与李石臣太守、李择臣大令,过柳条边门,夜半见火球

于岭上。（长白山江岗《志略》314页）

（4）**过兴京、通化** 余（刘建封）五月间过兴京、通化连壤之处。每见（越垦）韩民善种水田。《白山纪咏》有云："看山山不断，山气映斜晖。榆荚争岚翠，梨花带雨肥。偶逢他客过，问自插秧归。更有天然趣，泉声入耳微。"（《长白山江岗志略》392页）

（5）**刘任领班，由临江出发踏查** （刘建封）会同许府经中书、吉林委员刘令寿彭，带同测绘五员、队兵十六名，于五月二十八日，自临江束装就道。同事诸君共推建封为领班，建封亦不敢辞。当即同赴岗后，逐处履勘。（《长白山江岗志略》291页）

（6）**越双松岭遇熊** 五月二十九日，余（刘建封）偕勘界员许味三参军、刘作三大令、测绘员王君献芝等五名，及队长谢鸿恩、队兵苏得胜等十六名，早起渡岭（双松岭，一名椴抱松岭），细雨淋淋，山路泥泞，谢队长率兵二名引路在前，余等骑驴随后。至岭下约半里许，前一水渠，有三熊伏渠饮水，适当草道之中。谢回顾告余曰："前有数熊当路，放枪吓之若何？"余曰："善。"嘱众下骑，各持短枪以待。意必逃遁，孰料猛熊负隅四顾，若无事者然。队兵刘五连发三枪。熊咆哮跳跃。树木震动，山鸣谷应，骡马战栗有逃奔之状。余嘱众各吹警笛。有数兵居后，闻笛声急追而至，争赴渠边，连珠齐发。枪声、熊声、树声，杂于荒山峻岭中。内有一兵名郝金，年壮有胆，勇往直前，被倒木挂跌。一熊臂受枪伤，疼痛难忍，势欲噬人，奔跃坐郝身上，爪抓郝腿，口咬郝足。众皆情急，怒目视熊而枪不敢发矣。幸有刘什长枪法甚善，迎熊口急放一枪，而熊即翻身而死。（《志略》390-391页。）

（7）**过山岔子** 余（刘建封）过此早餐曹姓家。《白山纪咏》有云："转过山头闻犬吠，两三间屋野人家。"（《长白山江岗志略》392页）（2008年，张福有一行找到林子头曹献春一家。其祖曹建德，百年前供刘建封一行早餐，就此赋诗刊石，立碑刊《曹家沟纪略》。找到曹建德之墓，张福有撰碑文，蒋力华书丹。《长白山文化观丛·第四辑》）

（8）**委员们拟定方针** 由山岔子（三岔子）地方北越龙岗，抵花园岭。详查地势，参以舆论，因与刘令寿彭等面议，此次同奉帅（徐世昌）谕勘界，理应求一天然界址，方觉不负委任，切勿稍存此疆彼界之心，众皆韪之。于是方针已定，西以头道花园河为起点，东以红旗河尾间为止点，南至团头山（费德里山），北至松花江之下两江口，东西长约六百余里，南北阔约三百六十里，奉吉两省以水为界，均经分班详勘，择其山径冲要之处，悬书界牌，聊尽职务，无一息者。（《长白山江岗志略》291页）

（9）**委员互诫** 建封以为，长白山原系我朝发祥之地，图们、鸭绿两江又系中韩国界。朝廷所注意，督帅所留心，国民所关切者，莫重乎此，因告许（中书）、刘（寿彭）两员曰："吾辈冒险而来，如不调查详确，恐负此行，诸君勉旃。"（《长白山江岗志略》291-292页）

（10）**筹措粮草** 建封同赴二道江而去。建封派兵四出购粮于三百里外，以作入山露宿之计。（《长白山江岗志略》292页）

（11）**李廷玉言志** 我朝龙兴长白，赖地势之雄厚，物产之丰饶，崛起一隅，遂有天下。韩人，国初纳款列为附庸，界限定以图们、鸭绿两江。……去年钦差大臣东三省总督部院徐（世昌），旌节初建，于"间岛"问题力求解决，土门图们之辩，日人已口噤无可设辞。……今春派玉（李廷玉）充奉吉勘界委员，濒行时，论以长白主支各脉，鸭绿、图们、松江正副发源，均为勘测所最要，当即敬谨荦记。率副委员刘建封、许中书、测绘生康瑞霖、李敦锡、刘殿玉、王瑞祥、陈德元、王贵然等，会同吉林勘界委员刘寿彭，秉承长白设治总办张凤台之计划，于五月二十九日，由临江起程。（《长白山江岗志略》442、443页）

（12）**登上长白山之巅** 六月二十二日（一说二十八日），直跻白山之巅。放目纵观，三岗之脉，三江之源，宛在眼底……玉（李廷玉）等仰承意旨，竭尽血诚，踏勘山岗，寻测水线。迨归来取径，一走白山之脊，一走白山之阳，始于山脉江流，全揽形势。（《长白山江岗志略》443页）

（13）**从悬雪崖下临天池，命名十六峰** 六月二十八日，午后两钟（点），（刘建封等）从悬雪崖下临天池。（《长白山江岗志略》314页）同跻白山之巅，当时云雾冥蒙，水声鸣鼓，候两句钟，天光清朗，始露白山真面，委员封（刘建封）带兵二名，寻西坡口下临池畔，见水天一色，积雪冻冱，峰头十六，宛在目前。（《长白山江岗志略》450页）

（14）**拓印穆克登审视碑（穆石）** 越三日（六月三十日）印拓边碑兼查暖江之源。（《长白山江岗志略》450页）余寻穆石于岭（注：清风岭）旁。思拓印，遇雨。纸亦罕贵，仅印两张。一呈奉天公署，一呈吉林公署。字迹不甚清楚。（《长白山江岗志略》323页）

（15）**迷走砚山** （拓印穆石后）迨返，寻露宿处，迷径。过夜半，风寒雨湿，兵仆忍饥耐冷，扶余周砚山而走。至三匝，汗雨交杂，怨不成声。（《长白山江岗志略》323页）

（16）**露宿木头峰下** 露宿木头峰下，在此设帐篷，生火作饭。在帐篷布上写有"安图县员弁调查森

545

林露宿木头峰下影"16个大字。即《长白山灵迹全影》第36幅照片《白山露宿》。(《长白山灵迹全影》)余(刘建封)登峰顶,见数雕,体大如轮,飞落峰上,但未见其巢耳。(《长白山江岗志略》326页)。刘后来在木头峰上拍摄了《长白山远景》照片,即《长白山灵迹全影》第4幅照片。

(17) **木石河边坠马崖下** 余(刘建封)寻三江源,至河(木石河)上坠马崖下,腹背受伤。危而复苏,露宿河边。(《长白山江岗志略》325页)

(18) **再次命名十六峰** 七月七日,余再到天池。此次由汩石坡(滚石坡)而下。(《长白山江岗志略》307页)。时值天晴,封(刘建封)带引路人(徐永顺)一名,兵三名,再登山顶,由东坡口下(即滚石坡,异常危险),见池旁犹有二台三山,形势耸矗,遂合十六峰,象形命名。兼测白山天池之高深。(《长白山江岗志略》450—451页)

(19) **过沙岭,见日俄遗物** 余过岭(沙岭,西北距列宿泊五里余)上,见下有木架横斜沟中。命仆入沟,取出视之,乃照相架也。引路人(徐永顺)云,光绪三十二年,王耀带俄人数名至此遇雹,遗物不少,今仅拾一木架,其为俄人所弃无疑。又云,日人年前至此,遗失之物亦多。(《长白山江岗志略》324页)

(20) **向孙兰芬借粮** 余至此("此"指黄花松甸,又名一里阔街,在新民屯北),猝遇吉林边防局测绘员孙君兰芬,幸得借三日粮兼食野猪肉。孙君向余索天池群峰名称。余于遣兵还粮时,绘一略图,即将白山十六峰注明方向,书以赠之。(《长白山江岗志略》331、332页)

(21) **登小白山象形命名** 小白山,在长白山南偏东,距天池约有五十余里。山有三峰,东南为笔尖峰;中为豹头峰,微高;北为马鞍峰,皆象形名之(《长白山江岗志略》334页)

(22) **踏勘七星湖** 七星湖(三汲泡),在小白、葡萄两山之间,突出湖水,大小不一,列如北斗,故名之。(《长白山江岗志略》334页)

(23) **拉荒布库里山** 布库里山,俗名红土山。西偏北,距长白山八十里,高二里余。(《长白山江岗志略》338页)

(24) **祭拜天女生圣子池** 布尔瑚里,俗名元池。相传,有天女降池畔,吞朱果生圣子,后为三姓贝勒,实我朝发祥之始。(《长白山江岗志略》339页)

(25) **踏查红岩洞、登甑山** 甑山,在图们江南岸,东北距红岩洞十三里。(《长白山江岗志略》341页)

(26) **踏查葡萄山** 葡萄山,一名蒲潭山。山形如葡萄,环长白山左右,重峦叠嶂,毕极雄厚,而未

有如葡萄山之高且大者。(《长白山江岗志略》341页)

(27) **踏勘韩人掩毁界碑地** 相传,中韩界碑立于北葡萄山下。光绪初年,人犹见之。后被韩人掩毁,而今亡矣。(《长白山江岗志略》341页)

(28) **踏勘被韩人毁十字界碑地** 该处华韩猎户俱云,三十年前葡萄山下有一界碑,圣水渠前有一界碑,均被韩人所毁,后即不见。查两处之碑,其为十字界碑无疑。(《长白山江岗志略》369页)

(29) **踏勘南北葡萄山和(薛)将军峰** 凡出水分流于鸭、图两江间处,均经露宿十余日,细心考察,始知中韩界线实有天然区分(《长白山江岗志略》453页)登将军峰怀古:将军峰,一名天山,在葡萄山南偏西……唐薛仁贵东征至此,韩人至今犹呼为薛将军峰,春秋至祭。(《长白山江岗志略》342、343页)

(30) **在宝泰洞赠韩士诗** 宝泰(注:宝泰,葡萄、胞胎谐音。)洞,在剑川江右岸。余八月间过此,见黑菊,枝紫蕊黑。适韩士金光汉求书籧扇,因咏之曰:"放而弥也卷而藏,半面风光半面凉。不是多情偏爱汝,惟君知我热心肠。"旋许文渊求书团扇,又咏之曰:"寒气袭人秋在手,清风扑我月当头。问君团体何时结,好绘东西两半球。"(《长白山江岗志略》343页)

(31) **过三汲泡分水岭** 分水岭,北距七星湖(三汲泡)四里余。前有中韩十字界碑立于岭中。土人云,界碑形式与葡萄山下之碑无异,较穆石高尺余。后被韩人私毁,改修天王堂、圣人庙。暗记当日立界碑之地点云。(《长白山江岗志略》343页)

(32) **宿孔圣人庙赋诗** 圣水渠,源出南岗。渠北有板庙两座,东为天王府,西为圣人庙。相传前有界碑,后被韩人所毁,因修庙焉。余偕测绘员王献芝露宿庙房,咏之曰:"孔子庙修于渠上,野人愿近圣人居。"(《长白山江岗志略》362页)

(33) **踏勘头道白河** 头道白河,源出长白山北麓,与松香河成交尾形,下流入二道松花江。(《长白山江岗志略》344页)

(34) **踏勘二道白河** 二道白河,即乘槎河下游,松花江正源也。两岸陡深六七丈,水自洞中流,声闻十余里。下流为二道江。产蛤珠。(《长白山江岗志略》344页)

(35) **踏勘三道白河** 三道白河,源出汩石坡。左右共四岔,无水处甚多。惟北源一岔,水势颇畅,俨若飞泉挂壁。东北流五十里,入二道松花江。(《长白山江岗志略》344页)

(36) **踏勘四道白河** 四道白河,源出老岭西麓,下流入娘娘库河。(《长白山江岗志略》345页)

(37) **踏勘五道白河** 五道白河,源出老岭西麓。

西南距四道白河三十余里，下流为娘娘库河。（《长白山江岗志略》345页）

（38）踏勘黑石沟土石堆　黑石沟，一名黑石河，源出清风岭，西北距穆石百余步，河身细微，多黑石。有水之处甚鲜。南岸上游垒有石堆若干，下游积有土堆若干。沟长四十六里，至黄花松甸即平衍无踪。（《长白山江岗志略》344、345页）又有记载："今就黑石河上下履勘，不但无土门形势，并无土门名称，且此河黑石极多，上游深不盈尺，下游宽不满丈，河身长只四十里，下即平衍无踪。（《长白山江岗志略》456页）

（39）踏勘锦江　锦江，土名紧江，因水流过急故也。有三源，均出长白山之伏龙岗西。（《长白山江岗志略》348页）

（40）踏勘漫江　漫江，源出龙岗之长茂草顶。合数小水西北流百六十余里，至孤顶子山后，会于锦江。（《长白山江岗志略》351页）

（41）踏勘锦江、漫江左右众河　踏勘清水渠、梯子河、桦皮河、马尾河、兔尾河、黑河、板石河。（《长白山江岗志略》350页）

（42）踏勘松香河采大字香　松香河（今松江河），源出老旱河，西北流二百余里。至双甸子（今抚松）地方，入头道松花江。土人云，数年前，吉林将军每年派员带人采大字香至此，以备供差。河两岸产大字香，较他处特多。焚之可以除湿气、杀毒虫、避瘟疫、清脑筋。河中亦产蛤珠。（《长白山江岗志略》353页）

（43）踏勘松香河左右众河　踏勘槽子河、柳茂河、二道松香河、三道松香河、蒲芩河、碴子河、万里河、汤河、鹅河、榆树川、大清沟。（《长白山江岗志略》353、354页）

（44）踏勘松花江上游　松花江，古粟末水。其大源有二：南源为头道松花江，北源为二道松花江，周长白山左右。至山之西南麓、西麓、西北麓诸水，均入头道江。山之东麓、东北麓、北麓诸水，均入二道江。两江所隔，曰平安岭。犹之鸭绿与图们隔一南岗；头道松花与鸭绿隔一龙岗；二道松花与图们隔一老岭耳。北源水出天池，曰乘槎河，实松花江之正源也。（《长白山江岗志略》354、355页）

（45）沿大旱河行进　大旱河，出三奇峰之南麓。罄底无水，多沙石。顺长白山根而西南六里余，至云门又有一罄（注：指伏龙沟）插入，直奔而南，至南阜约三十里始出。（《长白山江岗志略》360页）

（46）沿暖江行进　暖江，源出大旱河。其发源处，东有太平川一水，南流十余里自东来注。又南，东有白水渠、银川沟二水入焉。西有桃叶津、柳阴溪二小水入焉。又南与葡萄河合流，即名鸭绿。（《长白山江岗志略》361页）

（47）踏勘圣水渠　圣水渠，源出南岗。北距七星湖五里，在圣人庙前。西南流五十里，入剑川江。（《长白山江岗志略》362页）

（48）踏勘剑川江　剑川江，一名袍脱河，源出南葡萄山西南麓，西南流百七十里，与暖江合流处，即为鸭绿江。世传，唐薛仁贵平高丽归渡河，军士各脱战袍，洗于河上。至今宝泰洞西河崖，犹称为洗袍处。（《长白山江岗志略》362页）

（49）踏勘鸭绿江　鸭绿江，古马訾水也，为中韩界江，上游自暖江与剑川江汇流处，始命名焉。辽时，鸭绿部设于江右。江水西南流……长约千三百里，（《长白山江岗志略》362页）

（50）踏勘鸭绿江北源第一起　余（刘建封）此次寻鸭绿江源，系由上而下，分作三起，第一起带兵一、仆一、引路人一，由白山三奇峰下大旱河，至南阜出水之暖江，约二十八里。（《长白山江岗志略》365页）

（51）踏勘鸭绿江北源第二起　越数日，率测绘员刘韵琴、队长谢鸿恩等，自暖江源下至两江口，（与葡萄河合流处），约百三十里，均属步履。陵谷崎岖，并无鸟道，实为人力所难通。此第二起也。（《长白山江岗志略》365页）

（52）踏勘鸭绿江北源第三起　又数日，顺江而下，过二十四道沟以及十九道沟，约百八十里。（《长白山江岗志略》365页）

（53）宿双岔口赋诗　夜宿双岔口（两江口），赋诗："二水居然合而一，鸭绿汩汩向南流。"夜宿二十四道沟赋诗："二十四沟明月夜，江边露宿不知愁。"（《长白山江岗志略》365页）

（54）惠山见闻感叹赋诗　余南渡鸭江，至惠山镇，见韩人受日人之凌虐，无奇不有，令人浩叹。《白山纪咏》有云："几渡鸭江几流涕，三韩是我一前车。"又云："不见朝鲜同印度，齿寒才觉两唇亡。"因韩民越垦，又云："恼恨三韩风雨急，不时飞过大江西。"（《长白山江岗志略》388、389页）

（55）踏勘龙岗　龙岗，干脉起自长白山之伏龙岗。就龙岗之中干言之，蜿蜒如龙。由长白山至沈阳，长约一千五百里。（《长白山江岗志略》385、386页）

（56）横山猎鹿众友食脯　横山，在二十四沟之北，山横如岭，下皆黄松，俗名横山派子。余（刘建封）过此，突遇四熊，未肯放枪。行四里许，又遇一鹿。经队官谢鸿恩连枪击毙。晒鹿脯四十余斤，过长白府，被设治公所诸友分食。（《长白山江岗志略》386页）

（57）踏勘长茂草顶　长茂草顶，为龙岗之首，东北距长白山百里，漫江发源于西北麓。（《长白山江

547

岗志略》386 页）

（58）**踏勘团头山** 团头山，即费德里山，南距长白府一百八十里。三沟、八沟、十九沟，均出山南。（《长白山江岗志略》386 页）

（59）**渡长津江感慨万千** 长津江，韩之巨川也。西北流四百余里，会于鸭绿。余自长白归渡长津，见日本之江巡，与华之工人（系日本雇觅之工人），渡者往来不绝。韩之舟子金姓，任其呼唤，不敢稍懈，舟至江心，日人唱歌，韩人合之……《白山纪咏》有云："猫山（猫耳山）鸭水（鸭绿江）木商多，半是华工半是倭。韩士不知亡国恨，横舟犹唱渡江歌。"（《长白山江岗志略》389 页）

（60）**长白府** 长白府，在鸭绿江北岸，唐塔之东南，与韩之协山城对岸。光绪戊申奏设。（《长白山江岗志略》388 页）

（61）**惠山镇改协山城质疑** （康熙五十一年穆克登查边至长白）穆总管咨文有"商议于茂山、惠山相近之地，设立坚守"等语，韩使朴权复文曰："职等以木栅非长久之计，或筑土、或聚石、或树栅，趁农歇始役"等语。查韩之惠山镇治，原在小白山东南；茂山府治，适居三江口东南。今，日人以韩之协山城，改名惠山镇。其居心叵测，亦可概见。况当日所立之标，或土、或石、或栅，应在茂山、惠山之间，而今则毫无遗迹，果何为者？（《长白山江岗志略》369 页）

（62）**自白山归登唐塔怀古** 唐塔，在鸭绿十九道沟之梨树沟口，高阜之上，阜形如龙首。相传，唐时建修，查此塔建立已久。或云尉迟敬德所筑，或云薛仁贵所筑，或云刘仁轨所筑，碑记无存，未易考核，惟所称皆系唐人。其为唐塔无疑。余自白山归，登塔眺望，见塔内有一木牌，上书朱字。近视之乃李石臣太守怀古诗七律三首，中有"梦里飞熊探雪窟，眼前弩马驾冰舟"及"胆落三韩凭妙算，功收一箭肃边防"之句，读之而九部河山，三韩风雪，宛然如在目前也。塔后有一池，池旁荆棘删净。闻张鸣岐太守拟修草亭于上，名为"京祜亭"云。（《长白山江岗志略》388 页）

（63）**踏查石乙河** 石逸河（石乙水），源出南岗，东北距大浪河十余里，下流三十里入大浪河。（《长白山江岗志略》365 页）

（64）**踏查红土沟** 红土沟，在布库里山南，源出老岭，东南流十余里，与弱流河会入大浪河。（《长白山江岗志略》365 页）

（65）**踏查红丹河** 红丹河，源出北葡萄山，水流浩瀚，东北流六十里，与大浪河汇流。（《长白山江岗志略》365 页）

（66）**踏查红旗河口，拟设安图县** 红旗河，一名红溪河，源出黑山岭，与荒沟成交尾形，东南入图们江。河口西距布库里山百余里。现拟设安图县治，实为防边陲，守国界，保护根本重地之要政。此处设治，图们江流域可保安全。况国界攸关，尤不得不极力整顿，以防日人之暗侵，韩民之越垦。（《长白山江岗志略》366 页）

（67）**返回临江县** 临江县，西北距猫耳山（帽儿山）六里，在头、二道沟之间。其先为帽耳山巡检衙署，后改设县治。余（刘建封）五月至临江，见市场交易，半之韩民。《白山纪咏》有云："江边只有千余户，五百华人七百韩。"因临邑无车，又云："城中自古无车迹，东道难于蜀道难。"八月，自白山返临（江），荡平岭路已修有盘道，始闻车声。又云："儿童不识为何物，看罢归来问父兄。"（《长白山江岗志略》389 页）

在临江（县）于重阳夜（九月九日）同史育廷别驾（官名），见火球于鸭绿江左岸。（《长白山江岗志略》314 页）

刘建封率队五月二十八日由临江县起程进入长白山，八月末返回临江县，历时三个多月，各路官员也都陆续回到这里。勘查队整理资料、绘制地图、编写报告，呈报朝廷。

按：长白山历史地理有两处称为"黄花松甸"的地方（见图 11-26），这里有必要说明它们的不同。

南部的"黄花松甸"系指位于石乙水上流水涸处以西生长黄花松的大片沼泽地，为通称，非地名。光绪十三年在中朝勘界中，测量到此处时，朝方说此地无"黄花松甸"之名，中方派员秦煐照会朝方派员李重夏说明情况："……盖黄花松甸并非岗之总名，因其处尽产黄花松树，非岗非岭，俨若平坡，若有水若无水，泥土常湿，足迹所经不时淤陷……据查石乙水上流水涸处，溯流而上，视之若似漫岗，及由小白山顺沟而下察看地势，又似平坡，该处情形实是甸子，又有黄松，故谓黄花松甸。取其通称如此。"（引文见《延吉边务报告》106 页）

北部的"黄花松甸"为地名，又名"一里阔街"。

此两处相同名称之地不可混淆。据前所知，我国史界有一些人误将"地名黄花松甸"视为"通称黄花松甸"，从而误认为"十字界碑"中的"金""汤"二碑在北部黄花松甸"一里阔街"处，即在五道白河上游黑石沟（黄花松沟）一带，那里有康熙五十一年穆克登查边后，朝鲜擅自私筑的土石堆，是伪设的国界标识，如果误以为"十字界碑"设于此，那就大错特错了，岂不是由图们江流域退到松花江流域，这与光绪十一年和十三年中朝两次勘界的历史事实和地理事实大相径庭。所以本书除在图中特别标示外，还在此特别注释，以提醒读者注意。

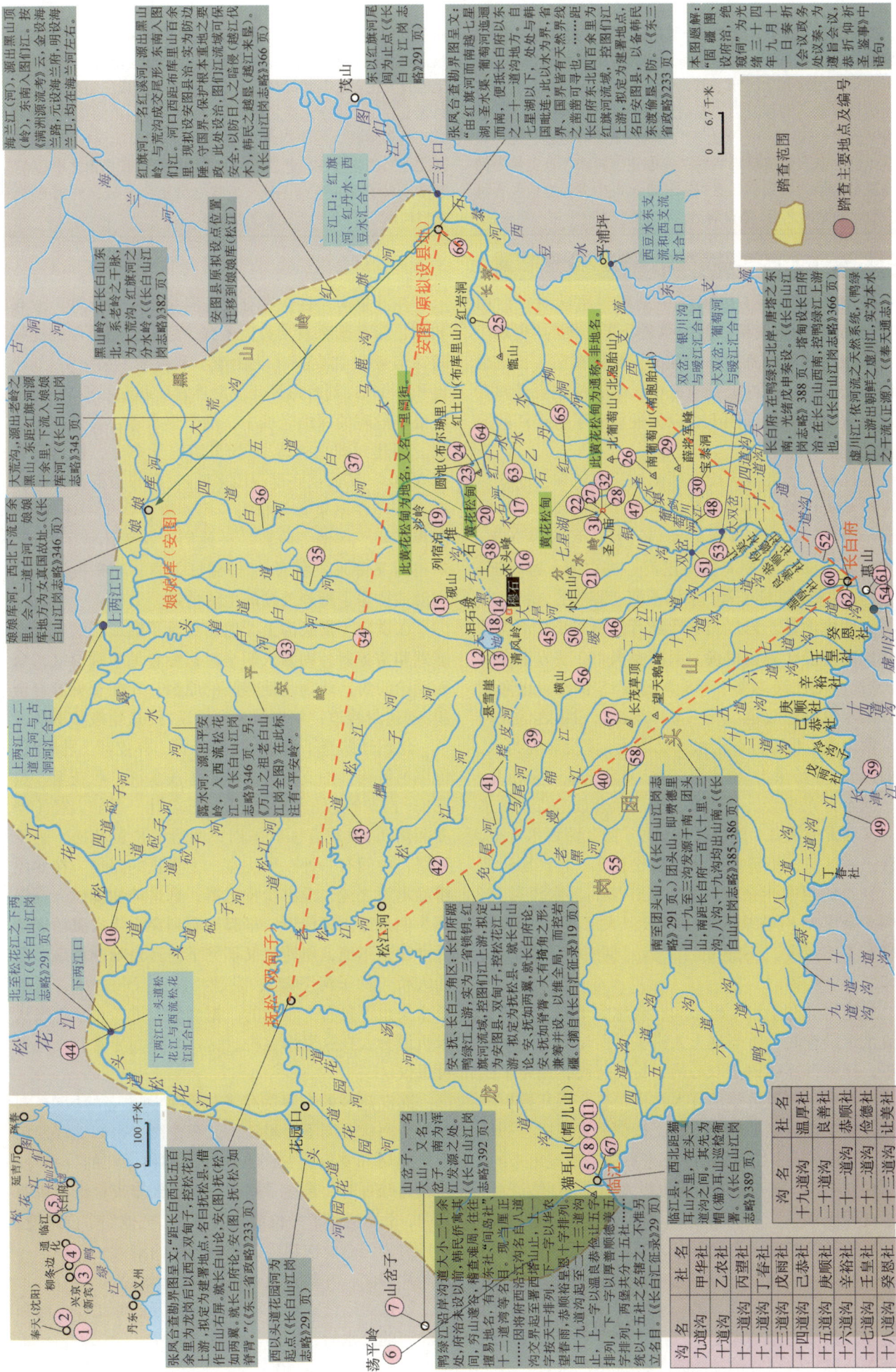

图11-26 为"固疆圉、设府治、绝觊觎"，刘建封等奉命踏查长白山主要地点分布图

| 沟名 | 社名 |
|---|---|
| 九道沟 | 甲华社 |
| 十道沟 | 乙农社 |
| 十一道沟 | 丙望社 |
| 十二道沟 | 丁春社 |
| 十三道沟 | 戊雨社 |
| 十四道沟 | 己恭社 |
| 十五道沟 | 庚顺社 |
| 十六道沟 | 辛裕社 |
| 十七道沟 | 壬皇社 |
| 十八道沟 | 癸美社 |

| 沟名 | 社名 |
|---|---|
| 十九道沟 | 温良社 |
| 二十道沟 | 良善社 |
| 二十一道沟 | 恭顺社 |
| 二十二道沟 | 俭德社 |
| 二十三道沟 | 让美社 |

549

关于图 11-25 中 "安—抚—长白三角区" 的说明：清季，日俄窥边，疆土日蹙，长白危殆，朝野上下莫不震惊。光绪三十四年（1908 年），《东三省总督兼署奉天巡抚徐奏为奉省东北边境辽阔，交涉日繁，拟请添设府治，以固边防，恭折仰祈圣鉴事》云："……伏查长白山为圣武发祥之地，尤应谋完全永固之基。事机已属后时，筹办岂容再缓。自上年冬间迭经派员履勘，拟划临江县以东长生、庆生二保之地及吉林长白山北麓龙岗之后，添设府治，名曰长白（府）……" 很快，

政务处议奏，获得皇太后和皇帝批准。李廷玉、张凤台等官员急驰前往筹办。同时，在松花江上游设抚松县，在图们江上游设安图县，与鸭绿江上游设长白府，形成三足鼎立之势，以谋长白山 "完全永固之基"。一场保卫长白山的全面调查和筹划全面展开。由于清政府的腐败无能，没能保住 "圣武发祥之地" 的完整性，竟遭遇 "如尖锥形直入长白山之中心点，譬如利箭穿胸，几何不毙！发祥之区沦为异域，列祖有灵，饮恨何堪。"（《长白汇征录》241 页）。

## 11.9.6 刘建封对锦江流域的踏查及名胜分布图

光绪三十四年（1908 年）刘建封率队对长白山进行全面勘查时，对锦江流域也进行了详细的 "履勘"，留下了很多珍贵的资料，锦江的资料散布在《长白山江岗志略》和《长白汇征录》中，笔者将主要者归在一起，置于现代地形图上，以方便读者了解锦江的历史和地理。

锦江发源于天池火山锥西南坡，锦江和它的众多的支流从火山锥上冲下来后，由西南转向西，再转向西北，在花碇子注入漫江（图 11-27），全长 57 千米。锦江支流众多，主要有秃尾巴河、桦皮河、维东河、苇沙河、蚂蚁河、梯子河、小梯子河、北锦江、南锦江、干河、熊虎沟等。锦江流域北隔万松岭与松江河流域相接，南与漫江流域相接，流域面积 492 平方千米。

《长白山江岗志略》348 页记载："锦江，土名紧江，因水流过急故也。有三源，均出长白山之伏龙岗西。西南流，北受碎石沟水。又西流，南受熊虎沟水。折而西北，有汤泉沟、清水渠二水，自东来注。又西北，梯子河水自东来会。又西流，桦皮河合数水自东南来会。又西北有漫江，南自长茂草顶，西北流百六十里，来合于两江口。下流始名为头道松花江。自江源至两江口，长约百七十余里。按，江中多石，水流过急，声闻十余里外。《白山纪咏》有云：'大江西去波涛涌，水打石头不住声。' 夜过锦江又云：'烟围岭顶如华盖，月印江心疑钓钩。'"

刘建封等在干沟（碎石沟、现称为干河，有季节性流水）踏查时，听当地土人讲关于两岸产双心木的故事，这种奇怪的树是双心的，特别坚硬，用斧子砍能流出血来。传说数年前有人在沟口砍一棵几抱粗的大树，树里竟像泉一样流出血，砍倒后发现树心朽烂中空，里面有很多蛇在蠕动，原来那血是蛇流出来的。但这种双心木，既不是中空的也没发现蛇，却能流血，真是奇闻怪事。

刘建封等在熊虎沟踏查时，闻说此沟常有熊虎相斗，巧的是还真遇见三只小老虎，放枪吓唬，一只跑到沟底去了，抓到了两只，一雄一雌，虽是幼虎，但也咆哮发威。它们一天吃了三斤羊肉。后来让人送到了奉天公署，转送京都动物园了。

在汤泉沟，在铁崖有几处温泉，水如沸腾，波起如珠，俗名珍珠泉。旁边还有一处泉，温暖可以洗眼睛，沟旁有 "煤渣"（火山渣）和硫磺（泉华）。刘建封和许中书、刘寿彭等几位勘界官员两次在温泉洗浴，在艰难危险的深山老林中，泡个热水澡，真是神清气爽。刘建封即兴吟诗："汤泉浴罢无多事，检点行装好入山。" 又云："底是深山多胜迹，暖泉波起似珠圆。" 勘查队还在温泉旁支布帐，用松树枝搭了一座棚子，深夜下棋、喝酒、吟诗……他们在这里休整了三天。刘建封又诗兴大发云："松棚灯下酒，布帐夜深棋。" 生动地描写了野外踏勘的生活情景。

在铁崖（汤泉沟上）他们看见了圆形彩虹，大家感到非常惊讶，因为人们平时只能看见半圆彩虹，众人议论纷纷，认为是地势高的原因，才能看见彩虹全貌。刘建封吟道："铁崖偶见圆虹现，疑是蟾蛾坠翠环。"

他们还踏查了清水渠、梯子河、桦皮河、马尾河、兔尾河等锦江的支流，又踏查了浅水汀、兰花塘、黄花甸、白花岭、仙人径、仙人桥等名胜。在仙人径（桦皮河南），发现有一处平岗，两边都是黄花松，葱茏苍翠，中间有一处二十丈宽，十里长的路径。在如此僻静幽深之地，没有尘世之器，真是神仙境地，难怪称为仙人径。又传说：早起能看到穿古代衣服的老幼男女往来不绝，但转眼又不见了，真是咄咄怪事。在仙人桥（梯子河下游），发现一座三尺长的桥，既不是木头也不是石头制造的。据当地人讲，百余年来从未听说有人在这里修过桥，这桥却坚固异常，真是不可思议。

锦江流域的东界为伏龙岗和龙岗（老岭段），刘建封曾由伏龙岗下至暖江，又登龙岗，得知锦江发源于伏龙岗和龙岗，龙岗是松花江和鸭绿江的分水岭。在龙岗踏查时，走迷了路，一直走到半夜也没有辨明方向，幸而遇到了一位捕貂的猎人，把他们带出险境。刘建封为纪念此次遇险，还同捕貂的猎人一起拍了一张照片留念，并载入《长白山灵迹全影》。

刘建封还踏查了万松岭，得知万松岭是桦皮河和松江河的分水岭，即锦江流域之北界。

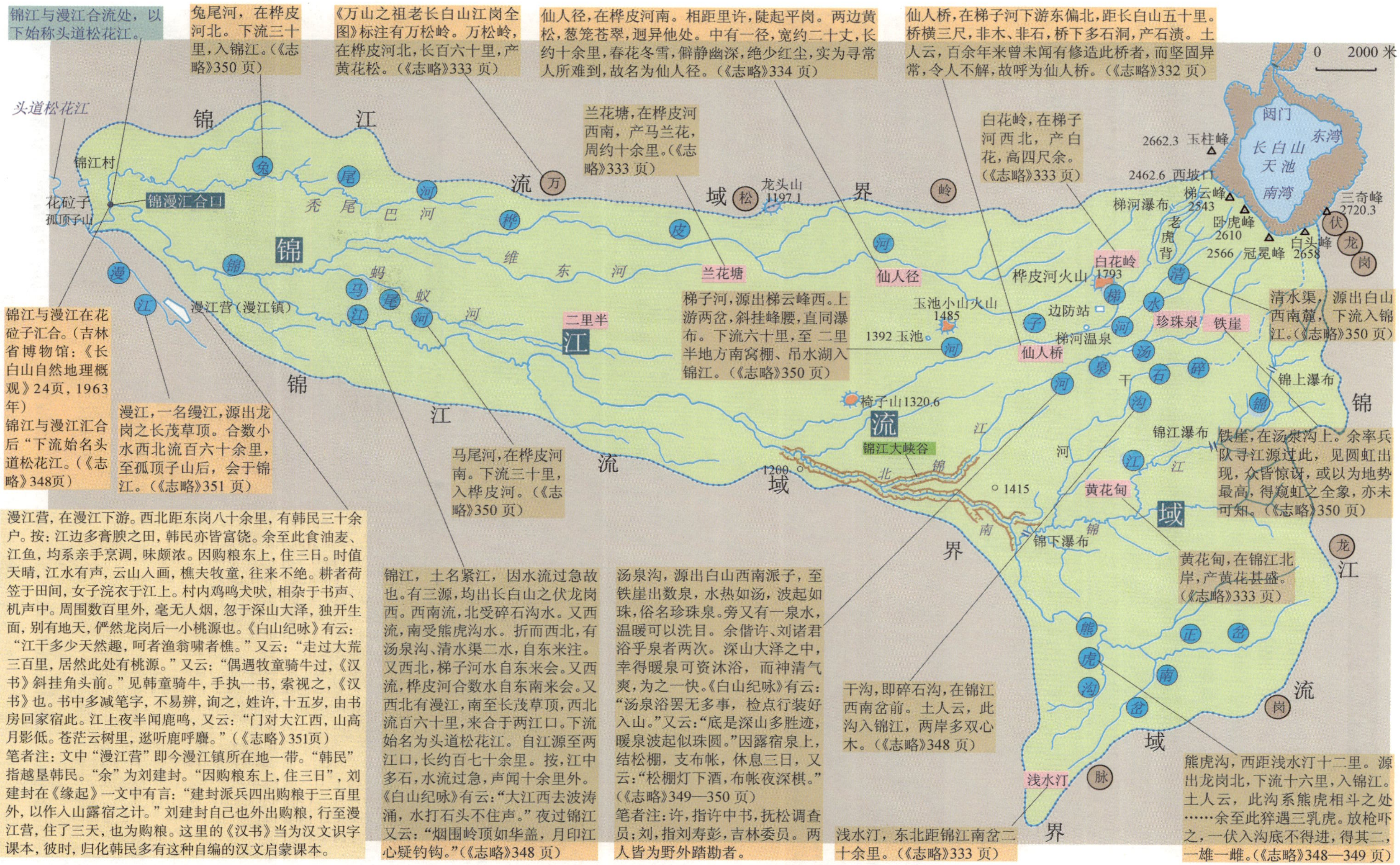

图11-27　刘建封对锦江流域的踏查及名胜分布图

说明：图中文字框内的《志略》为《长白山江岗志略》的简称。

**地图标注（山峰、水系、地名）：**

三奇峰2720.3　伏龙　龙岗　东湾　闸门　长白山天池　南湾　卧虎峰2658　白头峰　玉柱峰2662.3　西坡2462.6　锦河峰2543　2610　2566冠冕峰　清水溪　锦河墓　铁壁　铁背　珍珠泉　水　汤　河　梯云峰1193　白花岭　桦皮河火山　边防站　梯河温泉　仙人桥　龙岗　黄花甸　虎　流域　界　浅水汀　1415　锦江瀑布　岭　界　仙人径　玉地小口尖山1485　1392玉池　梯子山1320.6　锦江大峡谷　流域　北　界　龙松山1191　域　松　界　兰花塘　1200　万　流域　江　二里半　东河　维河　蚁河　尾河　马尾河　秃尾河　巴河　鹤河　鸡河　兔　锦江镇　漫江营　漫江　锦江村　头道松花江　花砬子孤顶山　锦砬子

**文字框内容：**

锦江与漫江合流处，以下始称头道松花江。

兔尾河，在桦皮河北，下流三十里，入锦江。《志略》350页

仙人径，在桦皮河南，相距里许，陡起平冈，两边江石。中有一径，幽静清深，绝少寻常人迹，故名为仙人径。《志略》334页

（万山之祖老长白山江岗全图）标注有万松岭，万松岭在桦皮河北，长白六十里，产黄花松。《志略》333页

仙人桥，在梯子河下游东系偏北，距长白山五十里。距长白山洞，产石黄、土。人云，百余年来曾未闻有修造此桥者，而坚固异常，令人入桥为仙人桥。《志略》332页

马尾河，在桦皮河南，下流三十里，入桦皮河。《志略》350页

兰花塘，在桦皮河西南，产马兰花，周约十余里。《志略》333页

梯子河，源出梯云峰西，上游两岔，斜挂峰腰，直同瀑布，下流六十里，至二里半地方南窝棚，吊水湖入锦江。《志略》350页

白花岭，在梯子河西北，产白花，高四尺余。《志略》333页

漫江，一名缘江，源出龙岗之东，水西北流百六十里，会于秃顶子山合三峰至孤顶子山，会于锦江。《志略》348页

漫江与锦江汇合后，下流始称头道松花江（吉林省博物馆：《长白山自然地理概观》24页，1963年）

锦江与漫江汇合后，下流始称头道松花江。《志略》348页

漫江营，在漫江下游，西北距锦江岗八十余里。有韩民三十余户。江边多青腴之田，味颇浓，韩民亦食油麦。余至此食油麦，天晴，江水有声，云山人声，在来不绝。耕荷时值，女子浣衣于江上。村内鸡鸣犬吠，忽然深山大泽，独开生面，别有地天，周围数百里外，毫无人烟。《白山纪咏》有云："江干多少夹桃源。"又云："走过江流三四里，居然此处有桃源。"又云："隔遇牧童骑牛过，手执一书，余观之，《汉书》也。"斜挂角头问之，"见弗童骑牛，手执一书，紫观之，'门对苍江西北流，山高月影照江天，遂即能呼渠"也。文中"漫江营"即今漫江镇所在地一带。笔者注：文中韩民，即今之朝鲜民，住三日，指越居韩民。"余"为刘建封。《缘起》一文中有言："建封派兵四出购粮子三百里外，以作入山露宿之计。"刘建封自己也外出购粮，行至漫江营，住了三天，也为购粮，归化韩民多为这种自编的汉文启蒙课本。这是用土著的《汉书》当为汉文识字课本。苍茫云树里，《志略》351页

锦江，土名紫江，因水流过急故也。有三源，均出长白山之伏龙岗西，西南两流，北受碎石沟水，又西流，南受熊虎沟水，折而西北，有汤泉水，清水溪二水，自东米注。又西北，桦皮河合数水自东南来会。又北西北有漫江，南至松草草顶，西北又合三岔，来合子两江口。下流流江六十里，米合于松花江。自江源至两流江，长约百七十余里，水流过急，声同吼多也。《白山纪咏》有云："大江西去放涛涌，水打石头不住声。"夜过锦江又云："烟围岭灯如华盖，心疑钓钩。"《志略》348页

汤泉沟，源出白山西南派子，至铁崖出数泉，俗名珍珠泉，波起如珠，南受熊虎沟水，折而西北，有温暖可以出泉。余惜诸君浴乎泉者两次，深入大泽之中，幸得暖泉可资沐浴，而神清气爽。为之一快。《白山纪咏》有云："汤泉浴客无多事，底是深山多胜迹。"又云："松棚灯下酒，休息次深棋。""松棚灯下酒，布帐深深棋。"《志略》349—350页　笔者注：许，指许中书，抚松调查员。刘，指刘寿堂，吉林委员。两人皆为野外踏勘者。

清水溪，西南派云同上。余率兵见凡源过此，义寻红潭过此，水甚惊讶，得虹如之最高，得虹如可知。《志略》350页

铁壁，在锦江下流入锦上瀑布。《志略》350页

黄花甸，在锦江岸，产黄花甚盛。《志略》333页

熊虎沟，两岸浅水约十二里。源出龙岗北，下流十六里，入锦江。此沟系熊虎相斗之处，……余至此家过三乳虎，放掷叶之，一伏入沟底不得进，得其二，一雄一雌。《志略》348—349页

干沟，即碎石沟，在锦江西南岔中。土人云，此沟入锦江，两岸多双心木。《志略》348页

浅水汀，在锦江南岔，东北距锦江南岔二十余里。《志略》333页

551

## 11.9.7 刘建封"迷入砚山走三匝"记事

在长白山火山区中有大大小小的众多火山，砚山是其中一个并不大但形状奇特的马蹄形火山，它之所以被刘建封载入《长白山江岗志略》中，是因为他曾经迷失在砚山一带，冒着大雨在砚山和十二道河子峡谷、三道白河上游峡谷一带纵横交错的沟壑中行走了一夜，吃尽了跋涉之苦，实在不能忘记，于是在书中记载了这件事：

光绪三十四年（1908年）六月三十日，刘建封在清风岭上寻到了"穆克登审视碑"（穆石）。他虽然知道这并不是穆石的原来位置，是朝鲜暗移到这里妄图混淆国界的，但他还是把凿在石碑上的文字拓印下来，以作为重要证据与日韩争辩，"为将来勘国界者

之一助焉"（《长白山江岗志略》457页）并且，刘在回到临江后撰写了《白山边碑辩》，以脚注证明穆石并非界碑且已经被朝鲜人暗移。

这时，天空淅淅沥沥下起雨来，加上那时纸是罕见且珍贵之物，在兵仆们遮挡下，只拓印了两张，准备一张呈送奉天公署，一张呈送吉林公署。拓印完毕，天色已晚，不宜久留，他们便往回走，寻找宿营地，但是不知怎么走的，竟然迷失了方向，找不到回去的路了。天色越来越黑，雨也越下越大，气温也越来越低，一直折腾到半夜也没有找到返回的路。他们有些惊恐，迷失在长白山的丛山峻岭中可有九死一生的危险。在漆黑的夜中，完全看不见周围的情况，又是风寒雨湿，

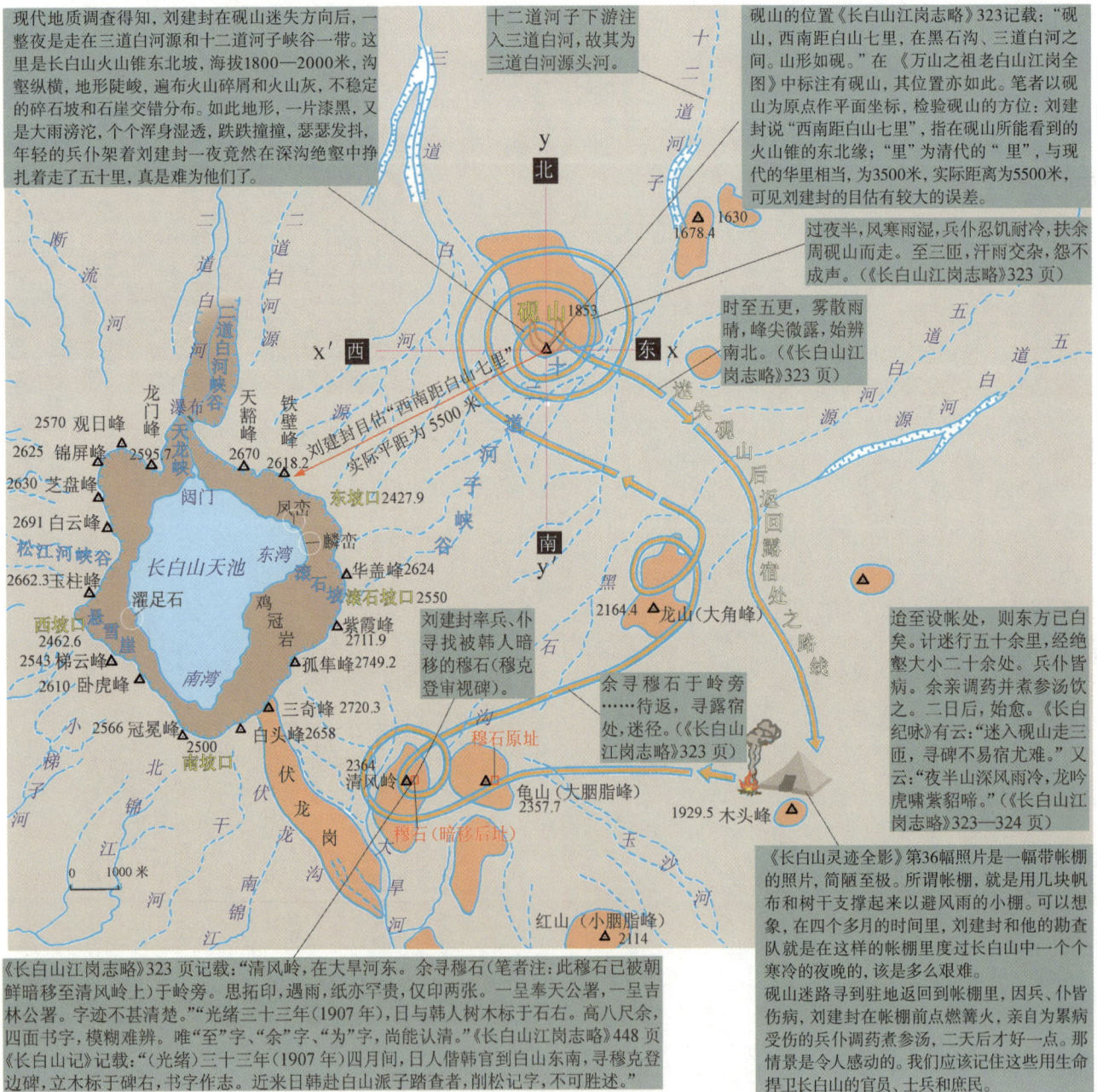

图11-28 刘建封在清风岭拓印穆石后迷入砚山考证图

一筹莫展。跟随刘建封的卫兵和仆役，忍饥挨饿，但还是尽力搀扶着他们的刘大人艰难地前行。在黑暗中摸索探路，不知怎么竟来到了砚山。砚山周围地形更是复杂，难以辨别方向，致使他们在砚山一带绕了三圈也没走出迷途。在黑暗的山野中，这一行人在火山灰渣和熔岩流中连滚带爬，攀崖爬坡，其惨状是不难想象的，士兵和仆役都怨不成声。就这样，他们在大深山里走了一整夜，一直到五更时分。天空才稍有亮光，浓雾渐渐散去，周围的峰峦露出轮廓。晨曦的光尽管微弱，总比伸手不见五指的夜晚好走一些。又走了一阵，他们居然辨明了方向，找到了回去的路。大家松了一口气，总算是逃过这一劫。等到回到宿营地，天还没有大亮。这一夜，刘建封回忆，他们翻越了大小二十多处深沟绝壑，刘建封身上带着记录步数的米达表，他推测这一夜走了五十里路。后来，士兵和仆役都病倒了，刘建封亲自为他们调药、煮参汤。还没有痊愈，他们又出发了，二天后才觉得好一些。《长白山江岗志略》323-324页记录了这件事。后来，刘建封在《白山纪咏》中云："迷入砚山走三匝，寻碑不易宿尤难。"又云："夜半山深风雨冷，龙吟虎啸紫貂啼。"

## 附：砚山——马蹄形火山

刘建封拓印穆石后迷入砚山，走了一夜，绕砚山走了三圈，到天亮才辨明方向。这里从地质角度说说一百年前我们前人曾经迷入其中的砚山。

砚山，顾名思义，砚台形状的山，这是个颇有文气的山名，当为刘建封"象形命名"。刘建封一定是站在比砚山高的地方观察，才能看出这个半圆形的火山地貌。砚山南面的任何地方都比砚山高，如图中所绘出的几处高程点，刘建封当是站在这一带。当他踏查长白山看到了这个半圆形的地貌时，这位文人、书法家，对砚台情有独钟，所以，很自然地联想到砚台，那就叫它砚山吧。这种带有文人气质的名称在刘建封对山川的命名系列中有很多，如落笔峰、笔尖峰、笔架峰等。在长白山中有这么多的"笔"，却没有砚台，无法挥毫，现在终于发现了一座大"砚台"，以砚山命名这座山很符合刘建封的诗人气质，在他看来，这是天造地设，是长白山特意为他送来的一座大砚台。

当今，使用砚台的人恐怕只有少数书法家了，现今的墨汁都是现成的，不必像先前那样在砚台中研墨块，砚台失去了它的主要功能，转而成为艺术品了，在古玩店中看到的机会比在文具店中多。砚台的构造通常是一个浅盘子，多用变质泥灰岩制造，中间凹下去的地方用来研墨，凹坑向一面开口，通向一个水槽，这就是砚台的基本形状。

自然界中，有一种火山的形状是半圆形的，砚山就是一座半圆型火山。在长白山卫星照片中可以看见砚山的半圆形，在航空照片上砚山的半圆形显得很清楚。

砚山形成的过程是这样的：火山刚开始喷发时，先是喷射出火山碎屑物，这些火山碎屑物都堆积在喷发口周围，形成一圈如运动场看台那样的高台，接着又溢出炽热的岩浆，岩浆冲开先前形成的"看台"向低处流去，只留下半圈"看台"。砚山火山位于天池火山锥东北坡，地势向北倾斜，所以，半圆形向北开口，从这个开口溢出的岩浆向北扩散成一个扇形熔岩坡。

刘建封在书中记载了砚山的位置："砚山，西南距白山七里，在黑石沟，三道白河之间。山形如砚。"（《长白山江岗志略》323页。）用现代地形图标定位置则是：砚山位于长白山火山锥东北坡，三道白河源头和十二道河子源头之间，在天豁峰东北方向6400米。其西北方向有和平营子至气象站的公路，相距7000米，其间隔有几条深沟；东北方向有和平营子至老房子小山的公路，从老房子小山到砚山距离9000米，这一带地势平坦，如能在此修一条公路，到达砚山是很方便的。

砚山海拔1853米，但这并非是它的真正高度，因为它是蹲在长白山火山锥这个巨人的肩膀上，才有这样的高度，其实它的相对高度只有150米，而那个半圆形的"看台"，仅有几十米高。被围起来的"运动场"是向北倾斜的半圆形平地。只要稍加平整，就是一座不错的运动场。

砚山在地质学上称为马蹄形火山，"马蹄"与"砚台"有异曲同工之妙。但"马蹄形"来自西方地质学界。他们没有砚台，于是便找了一个也很形象的比喻：马蹄子。但这个比喻有一个缺点，马必须四蹄朝天，才能让人们看见那个半圆形，而这样的机会很少，且有被马踢伤之虞；而中国的砚台，是摆在桌面上的，"抬头不见低头见"，且绝对安全。如此说，无意将"马蹄形火山"改成具有中国特色的"砚台形火山"，毕竟只是个比喻，用"泊来品"还是用"土产品"比喻火山的形状都是可以的，不必计较。

砚山火山及其东部的1792火山、1702火山、1678火山、1630火山、1585火山组成"砚山火山群"。砚山火山群是"双峰火山群"的组成部分。《长白山火山地质研究》65页记载的"双峰火山群"，除砚山

553

火山群之外，还包括老房子小山火山群及双目峰火山群（后两者皆不在本图范围内），此3处火山群归在一起，地质上统称双峰火山群。

砚山火山的马蹄形锥体由玄武质火山渣、火山弹、火山角砾组成，砚山熔岩流由玄武岩组成。砚山火山的年龄，经中国科学院地质研究所采样测定为117万年，笔者认为这个年龄值偏大很多，有待于继续研究。

十二道河子峡谷是三道白河源头，形成"V"形谷，峡谷一直延伸到华盖峰外坡，直抵天池火山口边缘的滚石坡口。刘建封当年"迷入砚山走三匝"的路线是从木头峰开始的，是经大胭脂峰、清风岭、龙山到砚山的，现在已经不能再沿着这条路线到砚山"走三匝"了。

图中的数字是海拔高程。从高程上看，从砚山开始，向南即向火山锥顶步步抬升，在这一带都可以俯视砚山马蹄形火山。

砚山风光秀丽，有刘建封"迷入砚山走三匝"的历史故事，将来可以凿立石碑于砚山顶上，叙其颠末，以纪念前人事迹，也许能成为一个不错的旅游景点。

砚山火山喷发碎屑物堆积成火山锥后，又从砚山火山口溢出岩浆，炽热的岩浆冲开堆积在火山口周围的火山碎屑向下流去。因为砚山火山口位于长白山火山锥东北坡，溢出的岩浆便顺坡而下，呈扇面状冷凝在原始山坡之上。堆积在火山口周围的火山碎屑下流方向被岩浆冲掉一半，上坡方向则残留下来，使残缺的火山口成为马蹄形，当然，马蹄口一定是朝下坡方向开放的。

砚山火山口喷发的火山碎屑多为紫红色火山渣、火山弹、火山角砾，火山碎屑堆积在喷发口周围，因为喷发量不大，所形成的火山锥规模较小。

由于砚山火山群及其熔岩流的覆盖，局部改变了发源于长白山火山锥东北坡的三道白河源区原来的水文系统，形成了新的沟壑系统，刘建封就是在砚山沟壑系统中迷失方向的，以致绕了三圈也没有走出迷途。

三道白河上游是十二道河子，十二道河子的上游分两岔，东岔俗称奶头河，西岔俗称奶头河西支流，但这两个名称容易与相距34千米的奶头山附近的奶头河相混，故本书不采用，仍俗称为十二道河子，其源头峡谷则称为十二道河子峡谷。

此河俗称奶头河，本书不采用此名。

此河俗称奶头河西支流，本书不采用此名。

砚山火山群包括：砚山火山、1792火山、1702火山、1678火山、1630火山、1585火山，上述6座火山在图中用红色虚线圈在一起。此种划分与《长白山火山地质研究》略有不同，笔者把老房子小山火山、双目峰火山等划归其他火山群。

图11-29 砚山火山群地质平面简图

木石河，位于天池东偏南22千米处，北距双目峰6千米。东北距布库里山（赤峰）和天女浴躬池（圆池）10千米（图11-30）。

《长白山江岗志略》325页载："木石河，源出双泉眼，两岸多松，上游有水处无多，中多白石，下游无水，至徐棚东（即新民屯），即散漫无河身。长约二十八里。"《长白汇征录》附图《长白府区域详图》中绘有木石河及新民屯，虽然仅注记"新民屯"字样，但木石河与新民屯的地理位置十分明确。1932年，行者禅松绘制的《万山之祖老白山江岗全图》中，画有木石河和新民屯，位置准确，注记明确。

清朝时有三条道路通向木石河旁的新民屯：第一条路是从娘娘库（今松江镇）走五道白河、黄花松甸、黑石沟到新民屯；第二条路是从抚松县走马尾河、二里半、梯子河仙人桥、大旱河、玉沙河到新民屯；第三条路是从长白府走葡萄河、圣水渠、七星湖（三汲泡）、敖山到新民屯。清顺治、康熙、嘉庆年间，关内山东、河北先民冒封禁之险在清属木石河一带居住狩猎。

从地质角度看，木石河分布在天池火山东部的空降浮岩火山灰堆积层上。火山灰堆积层很厚，地质调查得知，厚度超过100米。炽热的火山灰掩埋了大片的森林，所以那里盛产炭化木，古人不知道炭化木的成因，故以神炭窑呼之，以为是神仙烧炭之处。刘建封凭他的智慧和学识认为，那不是什么"神炭"，他在《长白山灵迹全影》的《神炭窑》照片"具图贴说"中说："显系风摧古木，为砂石所覆，经火燃烧而成。"这已经很接近地质学上炭化木形成的理论了。

木石河水量很少，河谷是火山灰堆积层上的冲沟。刘建封说："上游有水处无多，中多白石，下游无水。"但在雨季还是有水的，不然，这冲沟就形成不了。

木石河共有大小七条近于平行的冲沟，走向近东西，东端则向北转去，大致呈向南凸出的弧形（图11-30）。大的冲沟有三条，北沟长约10千米，西端由3个小而窄的冲沟汇合，汇合后，冲沟骤然变深变宽，深达10米，宽约200米。中沟最大，长约11千米，最宽处可达300米，平均深度在10米左右，最深处可达27米，文献记载"两岸壁削，高七八丈"，

差不多这么高。正是在这样的地方，能看到被火山灰掩埋的整棵的炭化木。从而可以推断，火山爆发前，这里是茂密的森林，炽热的火山灰掩埋了森林，而且是迅速掩埋的，使被掩埋的树木在无氧环境中加热，这正是烧炭所需要的环境，所以这里就成了"神炭窑"。南沟较短，长约6千米，宽不足百米，深5至10米。

木石河上游无固定水源，经刘建封勘查，多来自泉水，他说："双泉眼，水出长岭南沟，下流为木石河源。"

从航空照片上分析，双泉眼当在木头峰西北一带，但恐怕不止这一处可以作为木石河的水源地，其水源地实际上是个扇状坡面，从这个扇状坡面上流下来的面流都可以汇聚到木石河中。这个扇面在孝子山（五峰山）和木头峰之间。这是一个很大的集水扇面，雨季时，会形成较大的水流，冲进木石河，从而形成冲沟。

木石河冲沟没有继续向下延伸，刘建封记载"木石河……至徐棚东。即散漫无河身"了。

郑德权调查，在木石河向东延伸方向上形成了大片的沼泽化地。沼泽化地长约11千米，面积约20平方千米，一直延续到红土山水，以地下水的形式进入红土山水，再进入图们江，所以木石河属图们江流域。木石河两岸由疏松的浮岩火山灰构成。在这样的地方进行野外调查，不用说，是充满危险的，当年，难怪刘建封一失足"坠马河边"，几乎摔死，不得不在此露宿四天，饮山羊血，吃虎骨胶，方能行动。但这位坚强的爱国官员并未因伤退缩，反而幽默吟诗："白山有幸留知己，坠马河边死又生。"

刘建封在《石门》照片"具图贴说"中谈到了一个有趣的现象：木石河上结冰后，每天早上都能看见"有水飞流冰上"，很准时，从未出现过差错，好像是海水涨潮一样准，所以他称之为"河潮"。刘建封在这里养伤数天，对这种现象进行了观察，所以有"候之不少爽见者"的描述和体会。其实这是长白山中常能看到的"衍流水"，多由泉水涌出，在已经结冰的河面上流过，并不是很奇怪的事。刘建封认为这就是地理家所说的"山间有蒸馏泉泻阔，皆有定时，盖即此类"。笔者未亲临现场观察，刘建封说的这种现象是不是间歇泉？

在木石河畔有一个小村落叫新民屯，刘建封来到这里的时候只有几间桦皮屋，一间山庙。所说的桦皮屋是用桦树皮建筑的小房子。在长白山，有很多桦树林，桦树皮可以整张剥下来，此物柔软坚韧，不易腐烂，是遮风挡雨的好材料，就是现在在长白山中也有用桦树皮搭建的临时小屋。清朝时，这里虽为封禁区，严禁人民涉足，但仍有不少关内汉人冒死进入这里，山高皇帝远，竟也繁衍生息下来。在新民屯，前后有刘、冯、赵、董四姓人家相杂接替，后又有徐姓加入（即徐棚）。所以刘建封诗中吟道："二百余年传五姓，一人两屋即成村。"这里气候寒冷，环境恶劣，冬季大雪封山，人们无法生存，所以大雪封山前，人们就搬到讷殷部去了，等到第二年开春再搬回来。刘建封又吟道："最好两间树皮屋，半年浮住半年闲。"这里的先民以打猎为生，主要的猎物是鹿和貂，前者取鹿茸，后者取貂皮。每年可得不少鹿茸和数十张貂皮。到内地可发一笔小财，所以新民屯居民不断增加，遂成村落，主要是从关内山东、河北来的汉人。

距新民屯不远处有一座山，叫孝子山。说的是清朝初年，有一位叫颜不冷的山东人在这里居住，盖了间房子，以打猎为生。一次，他父亲外出到讷殷部（注：现松江河、漫江一带）访友，去了好多天也没回来，颜不冷便去找，一直找到讷殷部也没见到。往回走的时候，在一片草甸子中发现了一个背夹，走近一看，原来是他父亲用过的，左右再找，看见一堆头发和骨头，这才知道父亲被老虎吃掉了。痛哭一场后，他背回父亲的遗骨埋葬了。然后，昼夜磨刀、修枪、补鞋，志在丧父之仇。三天后，他对邻居说："这山里有一只猛虎，把我爹吃了，我也不想活了，我一定得打死它，如果我死了，各位把我的尸体埋在山下，多谢了！"众人没能劝止住，第二天，天还没亮他就直奔山上而去。猎友们醒来后不见了他，急忙尾随而去。颜不冷远远地看见有两只老虎从山后跳出来，他连放三枪，打死一只，另一只咆哮着跳到他跟前，颜来不及放枪，就用枪托跟虎博斗起来，枪托被虎咬掉，虎爪抓住颜不冷的左臂，他急取刀乱砍，虎不停地跳跃着，对着颜不冷怒吼不止，他一跃而起，连手带刀一齐插入虎口，虎咬住他的手臂，再也拽不出来，相持不下。在

远处的猎友举枪而不敢放，怕误伤到颜不冷。等到猎友奔到跟前，虎已死，颜不冷也奄奄一息，他说："虎被我杀了，我的仇报了，好朋友们把我埋了吧……"一语未尽，颜不冷也死去了，他的手臂和刀仍在虎口中，他两眼未闭，面有生气。众人剖开两虎腹取出虎心祭奠他，颜不冷才闭上眼睛。众人叹服颜不冷的孝心，厚葬了他，埋在这座山上，从此，这山就叫孝子山。孝子山的位置见图11-30。（这个故事据《长白山江岗志略》329-330页）

这里还有一处叫义士阜的地方，也有一个故事：说的是清朝嘉庆年间，也是一位山东人，叫董士信，住在这里。此人从小就胆略过人，长大后，慷慨好义。白山猎户都很佩服他，人们遇到难事都请他决断。有朋友被韩人抢去两架鹿茸并且被杀死。董士信用了几个月的时间到处搜寻杀人者，直至找到，为死去的朋友报了仇。董还是一位可敬的爱国者，他虽然只是一位山野猎人，但他知道他所居住的地方是大清国的领土，是不容侵犯的。据说韩王曾派人到山后勘查地形，打算在那里修建墓地，被董士信率众乡人阻回两次。董士信一直活到97岁，众人都说这是他行义的结果，他被称为"义士"，后来这里就叫义士阜。义士阜的位置在孝子山东南麓，在图11-30中有标注。（据《长白山江岗志略》330页、371页）

这里还流传一个迷人甸的故事。迷人甸，在木石河北岸，是一大片荒草甸子，当地人说，数年前，有7个人迷入甸中，遇上暴风雪，结果这7个人都冻死在甸子中。后来有人看见7具尸骸，旁边有韩人使用的铜碗，判断是越境韩人。（据《长白山江岗志略》328页）

清朝，木石河及新民屯是我国领土。光绪十二年，清朝砍修官道，至木石河。这些故事是我国先民在开发木石河时流传下来的。1885年至1887年中朝勘界，木石河并未丧失，即使按宣统元年（1909年）的《图们江中韩界务条款》第一款"中日两国政府彼此声明，以图们江为中韩两国国界，其江源地方自定界碑（注：指被暗移至清风岭的审视碑即穆石）至石乙水为界"之规定，木石河仍在中国境内（见图11-20）。

刘建封在木石河拍了两幅照片，即《长白山灵迹全影》中的第24幅《神炭窑》和第27幅《石门》：

历史照片《神炭窑》"具图贴说"：木石河下流，两岸壁削，高七八丈，以崖下产自然木炭。大者合抱，长或数十丈，燃之有硫磺气，土人呼为神炭窑。木质与寻常木炭无少异。登长白时，携有数段，入炉试之，炭气最重。西人云，煤矿皆太古草木积压而成，有软煤硬煤草煤之分，此之所谓神炭者，显系风吹古木，为沙石所覆，经地火燃烧而成，证以各处汤泉，意者此草煤之历年未久，受地面压力较少，而未结煤层煤块者欤？

木石河一带分布有很厚的火山灰层，系火山爆发时，喷发到空中的火山灰从天降落堆积所致。在木石河火山灰层中埋藏着丰富的炭化木。火山爆发前，木石河一带生长着大片茂密森林，树龄可达几百岁，当大量炽热的火山灰在很短时间内降落在这片大森林时，这些树木还来不及燃烧就被掩埋于厚厚的火山灰层之下。被掩埋的树木在七八百度的高温中被加热，且与空气隔绝，便形成了炭。刘建封说它是"自然木炭"，一点儿都不错。这种"自然木炭"在地质学上叫炭化木，是火山岩年龄鉴定最受重视的信息来源。地质学家寻找并采集炭化木，调查炭化木分布的范围和密度，对碳同位素进行测定和对比，从而计算树木死亡时的年代，知道了树木是什么时候变成炭化木的，就等于知道了什么时候发生的火山爆发。木石河火山灰层中蕴藏着大量的炭化木，是很难得的地质科学研

照片11-7 历史照片《神炭窑》

究基地，它隐含着长白山火山活动的大量信息。当然，长白山的其他地方也产炭化木，如圆池一带，那里也是火山灰降落区，也有很多树木被掩埋而形成炭化木，但都不如木石河炭化木之丰富。

刘建封时代，近代地质学传入中国，所以刘建封知道煤的形成原理，但他也知道炭化木不是煤，他认为木石河炭化木的形成是"砂石所覆，经地火燃烧而成"，且"历年未久"，这已经非常接近现代的炭化木形成的理论了。在那个年代，一百多年前，并非研究地质的朝廷命官能有这样的认识，是难能可贵的，说明刘建封不愧是一位学识渊博的学者型官员。

正因为木石河产丰富的炭化木，所以，木石河在这一带很有名气，以至于这里有神炭窑之称，使我国先民常到这里采掘这些自然形成的木炭。

至于木石河名称的来历，当与产木炭有关，文献说"（木石河）中多白石，下游无水"，如此看来，把这条又产木炭又有白石的河叫木石河还是形象而贴切的。

照片11-8 历史照片《石门》

历史照片《石门》"具图贴说"：

木石河下流，两峡束水，左右各门，土人名曰石门。门外水势尤急，水涸时，砂碛横亘。河结冰，每晨辄有水飞流冰上，次日复然。候之不少爽见者，谓为河潮。按地理家言，山间有蒸馏泉泻闳，皆有定时，盖即此类。

## 木石河图及历史钩沉

我国前人在《长白府区域详图》中绘有木石河，以图例中"旱河"的地理符号绘之，即木石河是一条旱河。在同一幅地图上用相同"旱河"符号绘出的还有发源于清风岭北坡的黑石沟和源于西坡的大旱河，此外，还有发源于芝盘峰的老旱河，刘建封所说的老旱河就是今天的槽子河。我国前人用同一"旱河"符号画的这些河流具有相同的特征，就是一个"旱"字。用现代地理学名词来说，与长白山区的季节性河流相当，雨季时有水，旱季时干涸或仅有少许流水。如此看来，我国前人对木石河有很深入的调查。刘建封在木石河"坠马河边死又生"后，养了好几天伤，其间对木石河做了更详细的调查。走访"土人"，得知有一处很神奇的地方：在结冰的河面上，每天早晨在同一时间都有水飞流冰上，很准时。刘建封称这种现象为"河潮"。在进呈长白山灵迹全影，供皇帝御览的41幅照片中，在木石河就拍摄了二幅（《神炭窑》和《石门》），并对"河潮"进行了描述。可见前人对木石河甚为重视。更早的光绪十二年（1886年），清朝"砍修官道，仅至木石河"（《长白山江岗志略》448页），即路已经修到木石河了。

本书在此绘制了一幅木石河详图，图中标注了一些主要历史事件。

关于孝子山：刘建封在《长白山江岗志略》329页记载："孝子山，在新民屯东北六里余。"

然而，据笔者调查走访，新民屯东北方向为发育在厚层火山灰层中的木石河系列冲沟，此外皆为平地、缓丘或沼泽，在新民屯东北方向六里或更大的范围内，并没有可以称得上是山的地形，那么刘建封为什么记载"孝子山，在新民屯东北六里余"？疑为"东北"系"西北"笔误。新民屯西北六里余却有一座赫然耸立的孤山，那是一座小型的火山锥，锥顶海拔1653.9米，但相对高度并不高，从木石河西端冲沟尽处看，仅为134米（图11-30），我们称其为"孝子山火山锥"。火山锥呈马蹄形，马蹄口朝向东南，火山锥东西方向长1100米，南北方向宽800米，西、北、东三面坡较陡，东南方向即马蹄开口一面坡势较缓，从这里登山较容易。马蹄形开口缓坡一带，是风光优美的"风水宝地"，我国长白山先民常选择此地为坟茔地。那里埋葬着一位早年从关内山东到此的"杀虎英雄"、孝子颜不冷，还埋葬着一位慷慨好义、抱打不平的山东诸城人董士信。所以那山叫孝子山，那坟茔地就叫"义士阜"（见图11-30）。

那么，这座在当地颇有名气的山是不是孝子山？

《长白汇征录》33页记载："由长（白府）至安图之路线记云：经小白山后，二十里至沙河，复经涂山后，行二十余里至新民屯，又经孝子山后，行四十余里至黄松甸子，四十里至讷殷部，六十里至乳头山下。"

从这段有关从长白府到乳头山（奶头山）的道路记述中，可以推得孝子山确在新民屯西北方向而不是东北方向。因为从新民屯往黄花松甸方向修路，不可能舍近求远绕到新民屯东北方向，越过那些纵横交错的木石河系列冲沟，那里根本就过不去，就是当下，那里也没有修路。而新民屯西北方向，却是地形平坦的缓坡，没有冲沟，没有沼泽，更重要的是，方向刚好指向黄花松甸一带（见图11-30上部标注的黄花松甸符号）。前人修路走这条路线是必然的，完全符合"行二十余里至新民屯，又经孝子山后，行四十余里至黄松甸子"的记述。这是一个铁证，故本书将孝子山定位于此。现今，从七星湖到双目峰的公路，就沿着前人所修的道路通过上述地方，一过新民屯，就能看见西北方向三千米，即文献中所说的"六里余"，赫然耸立的孝子山（图11-30）。

孝子山，在现今地形图上标注为"五峰山"。

关于"八峰"：

《延吉边务报告》82页记载："碑之东南四十里为小白山，山之东北坡有一沟东北去，由大角峰之南，东北流至八峰东首之董维窝棚前面，距小白山已八十里，又东北流十余里，水入石塘不见，十数里复出北流，与此水以西发源八峰之斜乙水，并斜乙水西之黄花松沟子水合流入娘娘库，折入松花江。"

上段文字中两次提到"八峰"，经调查，这一带并无"八峰"之名。那么，"八峰"指何地何峰？原来，"八峰"并非专指某峰，而是八座山峰的合称。长白山主峰东面地势平缓，在玄武岩台地上，在不太大的范围内，耸立着八座小型火山锥，它们是：① 1532峰（海拔1532米）、② 双目峰（海拔1532.1米）、③ 1556峰（海拔1556米）、④ 1814峰（海拔1814米）、⑤ 1673峰（海拔1673米）、⑥ 1668峰（海拔1668米）、⑦ 1636峰（海拔1636米）、⑧ 孝子山（海拔1653.9米）。这八座山峰多数没有名称，故而用某峰的海拔高程代替名称。"八峰"是河源区，故而本书用"八峰源区"之名表示这一区域（图中用褐色虚线圈定）。这八座火山锥在航空照片上赫然在目，在100万分之一的卫星照片上也明晰可辨，一目了然。

"八峰"的八座小型火山，因为都集中在一起，故称"八峰火山群"。火山的形状为圆锥形或马蹄形火山锥，由玄武质火山渣和玄武质熔岩构成。形成年代约为几十万年前。

朝鲜　　中国

迷人甸，在木石河北岸。甸产松。雨雪时，人不易行。土人云，数年前，有韩人七名迷入山甸中，适遇大雪，见有七人骨骸，半埋雪中，后有入山者至甸，均冻死甸内。盖铜碗任券，始知为韩人。（《长白山江岗志略》328页）

石门，木石河下流，多白石，左右各门，门外水势尤急，水涧回之。《长白山灵贴说》第27幅照片具图贴说）

沙门，西南距炭崖四里余。两岸高数丈，河底无炭，河中大块沙若干，堆立叠起，其形如门。内一水道，门两边沙亦若干，要，人不龙行，水亦不得出。门高文余。《长白山江岗志略》325—326页）

炭崖，在木石河下游。崖深两丈余。崖底出木炭甚多。土人因其出于地中，故猎者每拾以为炊，以"神炭"呼之。《长白山江岗志略》325页）

木石河，源出双泉眼，上游有松。两岸多松，中多白石。下游无水，即棚东（即新民屯。长约二十八里。《长白山江岗志略》325页）

16 号界碑 1335

双目峰，由南北两峰组成。北峰海拔1532.1米，南峰海拔1545米，相对高度约150米。双目峰由两座马蹄形火山锥相连，由紫红色玄武质玄武弹、玄武质熔岩堆积而成，属第四纪黑石河期玄武岩，火山岩同位素年龄值为18万年，笔者依据地理和地质情况，将双目峰划入长白山东部火山群之一。

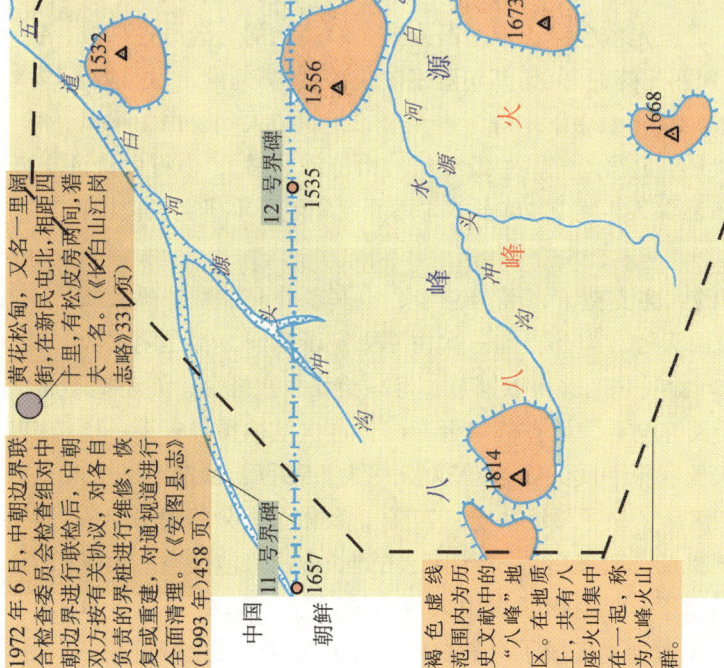

15 号界碑 1396

14 号界碑 3351 （北峰）
双目峰 △1545 （南峰）
1636 △

13 号界碑 1446

孝子山（五峰山）△1653.9

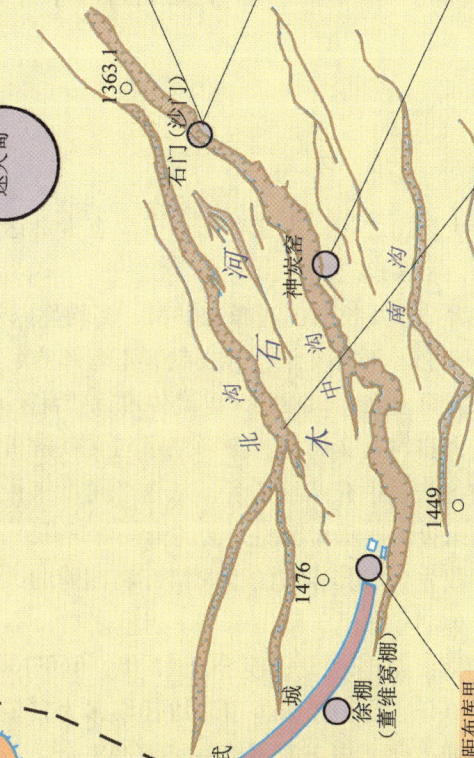

又土草山，在孝子山东南，相距半里余。《长白山江岗志略》330页）（笔者按：孝子山，又土草里荦着土草山人颂不冷和董土信。）

新民屯，即徐棚东偏南，距库房里山二十八里。有籍皮屋两间，山庙一间。自国初有刘、冯、赵、董四姓接替，均以管鹿、打貂为业。二《白山记咏》有云："二百余年传五姓，一人两屋即成杙。"（《长白山江岗志略》329页）（笔者按：以"国初"和"二百余年传五姓"推算，中国居民在顺治年间被就在这一带住了。）

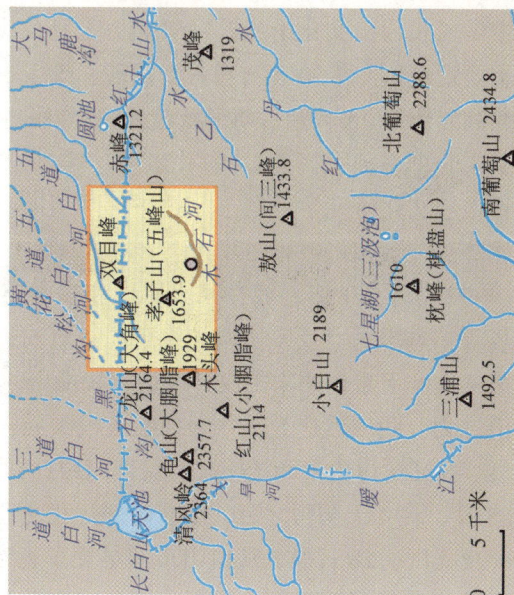

城 武
徐棚（董维资窝棚）

石门（沙门）1363.1
神炭器
1476　1449

北沟　中沟　南沟　木石河

11 号界碑 1657

1972年6月，中朝边界联合检查委员会检查组着对中朝边界按进行联检后，中朝双方按有关协议，对各自负责的界桩进行维修，恢复或重建，对通视道进行全面清理。（《安图县志》458页）

黄花松甸，又名一里甸，在新民屯北。相距四十里。有松皮房两间，猎夫一名。《长白山江岗志略》331页）

褐色虚线为历史上中央文献中的"八峰"地区。在地质上，共有八座火山集中在一起，称为八峰火山群。

1532 △　1556 △　1535　12 号界碑
1673 △　1668 △　1814 △

五道白河源　八道白河源

中国　朝鲜

0　500 米

图11-30　木石河图

0　5 千米

# 张福有：跋

长白山乃中华十大名山之一。古往今来，多少志士贤达、山主书生，诗家墨客、旅者游人，都为长白山所倾倒，不倦地登攀，不懈地研究。

但就目前所见，大凡涉及长白山诸峰之书籍，多均称以刘建封命名为据，而实际上却鲜有不存在差错者。究其原因，盖在于善摄影者不善文献，善文献者不善踏查，善游历者不善考据，写出文章，配发照片，往往张冠李戴、移花接木。再出书、印画册，以讹传讹，错乱不堪。

本书力求在地质考察与人文研究、摄影纪录与文献辨析、历史面貌与当今现状、实地游览与案头鉴赏的基础上，深入浅出地把长白山介绍给读者。从这个角度来说，这是系统而又深入、全方位而又有重点、科学而又通俗地介绍长白山火山地质与历史人文的第一部著作。

地质工作者郑德权先生以其赤诚的爱国情怀和渊博的火山地质学知识，踏查长白山，从不知倦；劬劬苦无言，平生磨一剑。他率子郑昆，踏山奋笔；启世之功，不可埋没。尤其是因本书多年来未能出版，于2009年11月不幸突发脑出血，卧床失语，至今已12年，但仍挂心此书出版事宜。

本人自1996-2000年在白山市委、市政协任职，为宣传长白山，利用自己所有能利用的业余时间，不畏寒暑，登山考察；东西南北，绕天池摄珍一览无遗。余曾戏言：在自己的业余爱好中，最不能割舍的是诗词写作，最不顾个人安危的是在长白山摄影，最不敢懈怠的是对长白山区的考古调查与开发史研究。这些业余爱好和收获，能为长白山文化研究和建设尽绵薄之力，能为国家和民族、历史和后人留下一笔研究地域文化的基础资料和精神财富，也是一大幸事。因而，尚能做到：宠辱无忧，浑忘得失；苦中寻乐，牢记兴衰。自1996年以来，我接手蒋力华先生开启的长白山文化研究工作，主持、参与召开了9次长白山文化研讨会，28年间203次进长白山考察，辑笺《长白山诗词选》、著《长白山诗词史话》，编著《长白山诗词论说》、与梁琴合作主编《长白山文化论丛》1—4辑，与孙仁杰、迟勇先生合作，走遍国内夫余、高句丽、渤海古墓群、古城和重要遗址，取得30多项考古新发现，出版《高句丽王陵通考》《高句丽王陵统鉴》《高句丽千里长城》《集安麻线高句丽碑》《夫余后期王城考》《高句丽古城考鉴》（上中下）等考古专著，组织诗人到长白山采风，编辑出版《长白山池南撷韵》《韵补东荒》等20多本大型主题诗集，主编《长白山诗派丛书》，力行以诗证史，举全省地域文化研究学者之力，使长白山文化研究不断深入。尤其2004年与郑德权先生联手研究长白山以来，欣收优势互补、相得益彰之效。

1999年6月28日，我在某大军区和白山市委的大力支持下，经与总参、空军、外交、直升机大队、军用机场等多方努力、反复协调，终于同意航拍长白山天池。但是，前三次由军方定了时间，都是阴雨天，特别是第三次，下暴雨，未拍成。最后，我提出，时间由我来定，得以同意，但只给我一次机会，如还拍不成，就取消计划。我欣然应允，并立即给省气象局宋局长打电话，请省气象台专门为这次航拍预报未来一周长白山天气。我又请白山市和抚松县气象部门跟进，每天给我报一次天气，确保万无一失。5天后，预报结果出来了：6月28日，在4天阴雨之后，全天晴好！我便通知部队，做了最终决定。27日，我做了充分的拍摄准备，兴奋得一夜无眠。28日晨，从白山市起早开车赶到某机场。起飞后，一个小时飞到长白山天池上空。上午拍了三个来回，然后回到机场吃午饭。下午，在我的恳求下，又返回长白山天池，拍了三个来回。7月5日，又从长白山到丹东，拍摄了鸭绿江全域。一共用了55个胶卷，完成了对长白山天池和鸭绿江的全域航拍，取得了极为宝贵的航拍资料。我这次摄得的长白山天池上空全景照片和在天池水面乘船拍诸峰照片，转交郑德权先生，他如获至宝，兴奋异常，当即一一指出每座山峰、每条沟壑的名字。他标注、绘图后，用于书中，解决了困扰其多年的难题。

关于长白山天池周围十六峰，以前的出版物，位置基本都不对，多数错在天文峰和所谓将军峰上。刘建封命名的长白山天池十六峰，地理坐标，不可移位。只要错一个，就全错。这是我决定接受郑德权先生诚邀，加盟本书写作和运筹的一个重要缘由。长白山天池周围十六峰，有刘建封自己画的图，早在1909年，已用于张凤台的《长白汇征录》。1932年，长白山道人圣闻又用于《万山之祖老白山江岗全图》。第一高峰是孤隼峰。本书，在围绕长白山的一系列重要问题上，都从地质科学、历史依据、文化脉络、自然景观与旅游的结合上，深入浅出地做了科学介绍，是寓科普与文史、历史与地理、自然与人文为一体的学术性读物。约略统计，全书120万字，500多幅照片，400多幅绘图，从2004年起至今，历经十七年。我们在前贤著述基础上，实地踏查，纠误补遗，从长白山火山地质理论、人文历史与考古发现的结合上，承前启后，拓展开新，力求集科学性、学术性、趣味性、实用性于一体。尤其是对穆克登奉旨查边，刘建封全面踏查等历史问题，更是正本清源，填补空白，以正视听，增强学术话语权、国家软实力和学术储备。恰如蒋力华先生所言："本书是长白山第一部火山与文史工具书，图文并重，资料丰富，学术性强。为长白山地质考察、人文史迹追述贡献甚巨，既有科学性，更有实用性。"

感谢邓凯同志为本书作序。感谢吉林省委宣传部、省新闻出版部门和吉林出版集团、吉林文史出版社排除万难，促成本书出版。感谢测绘部门和审稿专家，多方帮助本书不断完善，得以出版。

张福有

2005年1月1日初稿
2021年4月25日修改于长春养根斋

# 参考文献

［1］清·王瑞祥，刘建封.长白山灵迹全影［M］.长春：吉林省图书馆，1911.

［2］通化地质大队.吉林省长白县马鞍山硅藻土矿地质研究报告［R］.长春：吉林省地质局，1969.

［3］吉林省区调队.抚松幅1∶20万区域地质调查报告［R］.长春：吉林地质局，1971.

［4］吉林省区调队.长白幅1∶20万区域地质测量［M］.长春：吉林省地质局，1974.

［5］王雨灼，孙建中.吉林省新生代火山活动期的初步划分［J］.吉林地质，1980，（2）.

［6］李石，王彤.火山岩［M］.北京：地质出版社，1981.

［7］刘嘉麒.长白山地区新生代火山活动的研究［C］.北京：中国科学院地质研究所，1981届硕士学位论文集.

［8］郑祥身.长白山地区新生代火山岩的成因演化特征［C］.北京：中国科学院地研究所，1981届硕士学位论文集.

［9］刘嘉麒，王松山.长白山与天池的形成时代［J］.科学通报，1982，（21）.

［10］吉林物探大队.吉林省深部构造研究报告［R］.长春：吉林省地质局出版，1984.

［11］清·长顺修，李桂林，李澍田.吉林通志［M］.长春：吉林文史出版社，1986.

［12］吴禄贞.延吉边务报告［M］.长春：吉林文史出版社，1986.

［13］宋教仁.间岛问题［M］.长春：吉林文史出版社，1986.

［14］曹荣龙.中国东部岩石圈新生代岩浆作用与构造格局［J］.北京：科学通报，1986，（19）.

［15］宋·洪皓，李澍田.松漠纪闻［M］.长春：吉林文史出版社，1986.

［16］清·高士奇，陈见微，李澍田.扈从东巡日录［M］.长春：吉林文史出版社，1986.

［17］清·吴大澂，关大虹，李晓晨，李澍田.皇华纪程［M］.长春：吉林文史出版社，1986.

［18］郭殿忱，陈见微.长白先民传［M］.长春：吉林文史出版社，1987.

［19］李澍田，宋抵，乔钏，胡维革.韩边外［M］.长春：吉林文史出版社，1987.

［20］张凤台.长白汇征录［M］.长春：吉林文史出版社，1987.

［21］刘建封.长白山江岗志略［M］.长春：吉林文史出版社，1987.

［22］刘嘉麒.中国东北地区新生代火山岩［J］.北京：1988.

［23］池际尚.中国东部新生代玄武岩及上地幔研究［M］.北京：中国地质大学出版社，1988.31.

［24］刘若新，魏海泉，李继泰.长白山天池火山近代喷发［M］.北京：科学出版社，1998.

［25］邓晋福.大陆裂谷岩浆作用及深部过程（载于池际尚主编《中国东部新生代玄武岩及上地幔研究》）［C］.北京：中国地质大学出版社，1988.

［26］刘嘉麒.中国东北地区新生代火山幕［J］.岩石学报，1988（1）.

［27］李澍田，宋抵.吉林志书［M］.长春：吉林文史出版社，1988.

［28］高永一.中国朝鲜族历史研究参考资料汇编（第一辑）［M］.延边：延边大学出版社，1989.

［29］长白山自然保护区管理局.吉林长白山国家级自然保护区管理局志［M］.吉林人民出版社，2003.

［30］徐世昌，李澍田.东三省政略（上，下）［M］.长春：吉林文史出版社，1989.

［31］王季平.长白山志［M］.长春：吉林文史出版社，1989.

［32］宋海远.长白山火山研究［M］.延边：延边大学出版社，1990.

［33］袁柯.山海经全译［M］.贵阳：贵州人民出版社，1991.

［34］张成梁，张普林.长白山火山喷发物的堆积类型及火山活动机理［J］.吉林地质，1992（2）.

［35］金伯禄，张希友.长白山火山地质研究［M］.哈尔滨：东北朝鲜民族教育出版社，1994.

［36］抚松县地方志编纂委员会.抚松县志［M］.北京：中华书局，1994.

［37］李澍田，李健才，衣保中.东疆史略［M］.长春：吉林文史出版社，1995.

［38］阿桂.盛京通志（上，下）［M］.沈阳：辽海出版社，1997.

［39］刘若新，魏海泉，李继泰.长白山天池火山近代喷发［M］.北京：科学出版社，1998.

［40］张福有.长白山诗词选［M］.长春：时代文艺出版社，1998.

［41］王树楠，吴廷燮，金毓黻.奉天通志［M］.长春：民国铅印本，吉林省图书馆1998年复印本.

［42］刘嘉麒.中国火山［M］.北京：科学出版社，1999.

［43］刘若新.中国的活火山［M］.北京：地震出版社，2000.

［44］赵兴元.同文汇考中朝史料（一，二，三，四）［M］.长春：吉林文史出版社，2003—2005.

［45］张福有，孙仁杰，迟勇.高句丽王陵通考［M］.香港：香港亚洲出版社，2007.

［46］张福有.高句丽王陵统鉴［M］.香港：香港亚洲出版社，2007.

［47］张福有.长白山池南撷韵［M］.长春：吉林人民出版社，2008.

［48］张福有，曹保明，梁琴，周长庆.百年苦旅［M］.长春：吉林人民出版社，2009.

［49］陈慧.穆克登碑问题研究［M］.北京：中央编译出版社，2011.

［50］张福有.寻访额赫讷殷——漫江文史考察记［M］.长春：吉林文史出版社，2015.

［51］张福有.夫余后期王城考［M］.长春：吉林文史出版社，2016.

［52］清·吴大澂.愙斋行书诗册［M］.杭州：西泠印社出版社，2019.